「東京」がわかる本
4000冊

日外アソシエーツ

Complete List
of
4000 Books about Tokyo

Compiled by

Nichigai Associates, Inc.

©2016 by Nichigai Associates, Inc.

Printed in Japan

本書はディジタルデータでご利用いただくことができます。詳細はお問い合わせください。

●編集担当● 高橋 朝子

刊行にあたって

　東京は、日本の地域のひとつではあるが、その政治的、経済的、文化的影響力は国内の他の地域とは比べものにならないほどに大きい。地方に在住していたとしても、国の機関や企業、交通機関、大学、文化施設などが東京に集中しており、仕事や家庭上の関係、あるいは趣味嗜好からも東京と無縁の暮らしを営むことは難しいだろう。さらにいえばこうした地方と東京とのつながりは今日に限ったことではない。徳川幕府時代、諸藩が江戸（東京）に屋敷を構えることで地方（国許）と江戸の人的・物的往還が頻繁に行われ、互いが影響を受け合う関係が築かれていた。東京（江戸）の文化・歴史は日本各地のそれと密接につながっており、地方史を調べる場合でも東京（江戸）を対象から外すことはできないであろう。

　また東京で暮らす、あるいは訪れる外国人は多い。東京の街では世界各地の人がコミュニティーを形成し、日本人と融合している。このことは東京の文化の多様化に大きく寄与している。が、一方で東京への一極集中の弊害も叫ばれ続けている。とりわけ大地震により東京の機能が停止したらどうなるのか、懸念されている。東京の防災はすなわち国の防災にもつながっており、その面での関心も高い。

　本書は、近年国内で刊行された、「東京」に関する図書の目録である。「東京」もしくは「江戸」について語られている本から、東京五輪（1940、1964、2020）、関東大震災、東京大空襲について書かれた本、歴史探訪・紀行案内記、文学や芸術・芸能、グルメ情報まで多岐にわたる図書を収集し、3,954点を収録した。

　収録した図書は、主題別に見出しを立てて分類した。各図書には基本的な書誌事項のほか、内容情報をできる限り付した。また、巻

末に、各図書の書名から引ける「書名索引」と、キーワード、人名などから検索できる「事項名索引」を付け、便宜を図った。

　「東京」に関する図書の数は大変多く、編集にあたっては入手・閲覧しやすいものを優先したこともあり、地方自治体の行政資料をはじめとする各種の資料、古文書を復刻した史料、個別の施設や団体に関する図書の多くを割愛せざるを得ず、その他不十分な点も多々あると思われる。お気付きの点はご教示いただければ幸いである。本書が多くの方々に利用されることを期待したい。

　　2016 年 10 月

　　　　　　　　　　　　　　　　日外アソシエーツ

目　　次

凡　例 ·· （6）

見出し一覧 ·· （8）

「東京」がわかる本 4000 冊

　東京全般 ·· 1

　民俗・宗教 ··· 33

　歴史・地理 ··· 53

　社会科学 ··· 194

　暮らし ··· 230

　自然科学 ··· 238

　技術・工業 ·· 250

　産　業 ··· 267

　芸術・芸能 ·· 289

　スポーツ ··· 300

　言語・文学 ·· 303

書名索引 ··· 315

事項名索引 ··· 355

凡　例

1．本書の内容

本書は、東京に関する図書を集め、主題別にまとめた図書目録である。

2．収録の対象

1990 年（平成 2 年）以降に日本国内で刊行された図書を対象とし、ガイドブック、私家版等も含め 3,954 点を収録した。初版と改訂版、単行本と文庫版、年刊ものなどの場合は、原則として最新版を収録した。

3．見出し

各図書を「東京全般」「民俗・宗教」「歴史・地理」「社会科学」「暮らし」「自然科学」「技術・工業」「産業」「芸術・芸能」「スポーツ」「言語・文学」に大別し、さらにテーマごとに小見出しを設けて分類した。詳細は「見出し一覧」を参照されたい。

4．図書の排列

各見出しの下で図書の刊行年月の新しい順に排列した。刊行年月が同一の場合は、書名の五十音順に排列した。

5．図書の記述

書名／副書名／巻次／各巻書名／各巻副書名／各巻巻次／著者表示／版表示／出版地＊／出版者／刊行年月／ページ数または冊数／大きさ／叢書名／叢書番号／副叢書名／副叢書番号／叢書責任者表示／注記／定価（刊行時）／ ISBN ／ NDC ／内容／文献番号

＊出版地が東京の場合は省略した。

6．索　引

（1）書名索引

　　各図書の書名を見出しとし五十音順に排列した。文献の所在は文献番号で示した。

（2）事項名索引

　　本文の各見出しに関連する用語、テーマ、地名、人名、団体名などを五十音順に排列し、その見出しと本文での掲載ページを示した。

7．書誌事項等の出所

本書に掲載した各図書の書誌事項等は、主に次の資料に拠っている。

データベース「bookplus」

JAPAN/MARC

見出し一覧

東京全般 ……… 1

江戸・東京 ……… 1
　東京論 ……… 3
　都市開発・都市計画 ……… 8
　緑地・公園・庭園 ……… 18
事典 ……… 19
書誌・目録 ……… 19
文化施設 ……… 23
オリンピック ……… 26
　1940東京五輪 ……… 27
　1964東京五輪 ……… 28
　2020東京五輪 ……… 29

民俗・宗教 ……… 33

民俗・風習 ……… 33
　祭礼・年中行事 ……… 39
　伝説・民話 ……… 43
　民謡 ……… 45
宗教・民間信仰 ……… 45
　神道 ……… 48
　仏教 ……… 49
　キリスト教 ……… 51

歴史・地理 ……… 53

江戸・東京史 ……… 53
　考古・原始・古代 ……… 57
江戸 ……… 60
　中世 ……… 65
　近世 ……… 66
東京史 ……… 68
　明治～戦中 ……… 71
　関東大震災 ……… 75
　太平洋戦争 ……… 75
　東京大空襲 ……… 79
　戦後～現代 ……… 81
各地の歴史 ……… 85
　23区 ……… 85
　秋葉原 ……… 95

銀座 ……… 96
日本橋 ……… 97
新宿 ……… 97
上野 ……… 98
浅草 ……… 99
品川 ……… 99
世田谷 ……… 100
渋谷 ……… 100
池袋 ……… 101
葛飾 ……… 101
多摩地域 ……… 102
　八王子 ……… 111
　吉祥寺 ……… 113
島嶼部 ……… 113
東京湾 ……… 114
伝記 ……… 115
地理 ……… 119
　紀行・案内記 ……… 127
　23区 ……… 146
　秋葉原 ……… 155
　銀座 ……… 157
　日本橋 ……… 160
　新宿 ……… 161
　上野 ……… 166
　浅草 ……… 166
　品川 ……… 167
　世田谷 ……… 167
　渋谷 ……… 168
　池袋 ……… 169
　葛飾 ……… 169
　多摩地域 ……… 170
　八王子 ……… 172
　高尾山 ……… 173
　吉祥寺 ……… 174
　島嶼部 ……… 174
　海・川 ……… 175
名所図会・古地図 ……… 179
史跡・名勝 ……… 185

社会科学 ……… 194

政治・行政 ……… 194

見出し一覧

東京都政 ……………………… 195
　都知事 ……………………… 199
　都議会 ……………………… 202
地方行政・地方議会 ………… 203
　23区 ………………………… 203
　多摩地域 …………………… 206
法律・条例 …………………… 209
経済 …………………………… 210
　人口・土地 ………………… 210
　経営 ………………………… 211
財政 …………………………… 212
社会 …………………………… 213
　労働 ………………………… 214
　福祉 ………………………… 214
　女性 ………………………… 215
　子ども ……………………… 217
　高齢者 ……………………… 218
　障害者 ……………………… 219
　事件・犯罪 ………………… 219
　住民運動 …………………… 220
　災害・防災・減災 ………… 221
教育 …………………………… 224
　学校教育 …………………… 228
　　都立学校 ………………… 228
　社会教育 …………………… 229

暮らし ………………………… 230

　暮らし・生活 ……………… 230
　　衣・ファッション ……… 231
　　食・グルメ ……………… 231
　　住・リビング …………… 236

自然科学 ……………………… 238

　自然・環境 ………………… 238
　地学 ………………………… 240
　気象 ………………………… 241
　水 …………………………… 241
　生物 ………………………… 241
　　植物 ……………………… 242
　　動物 ……………………… 245
　　　動物園・水族館 ……… 247
　医療 ………………………… 248

技術・工業 …………………… 250

技術・工業 …………………… 250
公害・環境問題 ……………… 253
建設・土木技術 ……………… 255
　水道・水路 ………………… 255
　橋 …………………………… 258
建築 …………………………… 259
　東京タワー ………………… 263
　東京スカイツリー ………… 264

産業 …………………………… 267

産業・職業 …………………… 267
農業 …………………………… 267
林業 …………………………… 269
水産業 ………………………… 269
商業 …………………………… 270
　築地市場 …………………… 271
交通 …………………………… 272
　道路 ………………………… 273
　鉄道 ………………………… 274
　　駅・沿線 ………………… 277
　　東京駅 …………………… 284
　　路面電車 ………………… 285
　航空交通 …………………… 287
　水上交通 …………………… 288
情報・通信 …………………… 288

芸術・芸能 …………………… 289

芸術・美術・文化活動 ……… 289
彫刻 …………………………… 292
絵画・書・デザイン ………… 292
写真 …………………………… 293
工芸 …………………………… 293
音楽 …………………………… 294
映画・芸能 …………………… 295

スポーツ ……………………… 300

スポーツ振興 ………………… 300
各種スポーツ関連団体 ……… 301

(9)

見出し一覧

言語・文学 ··303

東京のことば ··303
江戸語 ··303
島ことば ··304
東京と文学 ··304
文学探訪 ··305
文学碑 ··310
作家と東京 ··310

東京全般

江戸・東京

◇東京のブランド力—世界が憧れる5つの魅力　森記念財団編　森記念財団　2012.7　73,27p　30cm　1000円　Ⓝ361.78　〔0001〕

◇スモール・トーキョー　ダルコ・ラドヴィッチ,ダヴィシー・プンタム編　Tokyo Flick Studio　c2012　111p　26cm　(Measuring the non-measurable 1)　〈訳：Kazuko Asakuraほか　文献あり〉　1142円　Ⓘ978-4-904894-02-6　Ⓝ361.78　〔0002〕

◇江戸＝東京の下町から—生きられた記憶への旅　川田順造著　岩波書店　2011.11　339p　20cm　2800円　Ⓘ978-4-00-022286-0　Ⓝ213.61

内容　あたしの「川向う」—集合的記憶の場としての「地域」　第1部　江戸＝東京が記憶するもの(立ちのぼる声たち　運ぶ川、結ぶ橋　ほか)　第2部　江戸＝東京下町はどのように描かれたか(川と橋のある街『助六』をめぐって　ほか)　第3部　川に生きる—連続と断絶(川に生きる—パリとの対比で　海辺の都市、江戸＝東京　ほか)　第4部　江戸＝東京の生きられた自然(自然とのつきあい方—江戸＝東京人の場合　江戸＝東京人の季節感と「行動文化」　ほか)　第5部　災害のなかの江戸＝東京下町(荒ぶる自然に、心を託す「荒ぶる自然」と「みやびな自然」再考　ほか)　「地域」から「国家」を眺める　〔0003〕

◇TOKYO発奇跡の最終面　吉岡逸夫著　燦葉出版社　2010.6　203p　19cm　1300円　Ⓘ978-4-87925-099-5　Ⓝ302.136

内容　1　動物編　2　謎解き編　3　トレンド編　4　活動編　5　人物編　6　発見編　〔0004〕

◇要塞都市・東京の真実—首都防衛の気になる噂を完全解明！　宝島編集部編　宝島社　2009.12　223p　19cm　〈2004年刊の加筆修正、改訂　文献あり〉　571円　Ⓘ978-4-7966-7554-3　Ⓝ392.1076

内容　巻頭グラビア　対テロ防衛を見据えた自衛隊の最新軍備　第1章　日本を取り巻く危機的状況　第2章　首都の地下鉄網に秘められた謎　第3章　自衛隊「専守防衛」のジレンマ　第4章　首都の心臓部にVIPの逃走経路あり　第5章　首都の安全を守る「陸・海・空」重要拠点　〔0005〕

◇トーキョーの謎は今日も深まる　マイケル・プロンコ著、矢羽野薫訳　メディアファクトリー　2009.11　207p　19cm　1200円　Ⓘ978-4-8401-3107-0　Ⓝ302.136

内容　第1章　「東京らしさ」を見つめて(謝罪のスピード　外国人同士の東京作法　ほか)　第2章　深まるミ

ステリー(乗り物酔いの街　ささやかな意見たち　ほか)　第3章　迷宮にも季節はめぐる(近くて遠い瞑想の街　苦悶の春　ほか)　第4章　底の見えないこの街で(虫が起こす車内革命　おしゃべりはプールサイドで　ほか)　〔0006〕

◇東京人のしきたり—そのスカシっぷりには、けっこう笑えるね！　大野益弘著　河出書房新社　2008.4　223p　15cm　(Kawade夢文庫)　514円　Ⓘ978-4-309-49681-8　Ⓝ361.42

内容　其の1　意外にカワイらしい東京人の「ホンネ」　其の2　摩訶フシギな東京人の「生活」　其の3　ビミョウに可笑しい東京人の「文化」　其の4　けっこう笑える東京人の「住む街」　其の5　自由自在、でもない東京人の「交通」　其の6　なんだかヘンな東京人の「地方観」　〔0007〕

◇東京読書—少々造園的心情による　坂崎重盛著　晶文社　2008.1　435p　19cm　〈文献あり〉　2400円　Ⓘ978-4-7949-6721-3　Ⓝ291.36

内容　田沼武能編『木村伊兵衛　昭和を写す』—写真の記録性と魅力を再確認　柴田宵曲『随筆集　団扇の画』—明治の文人を愛した随筆集　桑原甲子雄『東京1934〜1993』—写真入手のための写真美術館へ　野坂昭如『東京十二契』—入手しにくくなった野坂作品を読む　槌田満文編『明治東京歳時記』(その一)—「東京年中行事」類の本を集め親しむ　槌田満文編『明治東京歳時記』(その二)—明治の面影を“感情資料”によって再現　坪内祐三『靖国』—空間概念の死角に光を当てる一冊　丸谷才一選『花柳小説名作選』—虚構空間・花柳界の人間模様を写す　成島柳北『柳橋新誌』—幕末から明治にかけての遊里案内記　半藤一利『永井荷風の昭和』—向島生まれの著者が荷風日記に随行〔ほか〕　〔0008〕

◇僕、トーキョーの味方です—アメリカ人哲学者が日本に魅せられる理由　マイケル・プロンコ著,矢羽野薫訳　メディアファクトリー　2006.6　205p　19cm　1200円　Ⓘ4-8401-1549-4　Ⓝ302.136

内容　第1章　緻密で優雅な人びと　第2章　愉しい混乱　第3章　電車の風景　第4章　美しさと混沌—トーキョー生活、あれこれ　第5章　思考の迷路　第6章　東京にて、トーキョーを書く　〔0009〕

◇東京ルール—快適なシティライフを送るための47のルール　都会生活研究プロジェクト著　中経出版　2006.3　143p　19cm　1000円　Ⓘ4-8061-2375-7　Ⓝ361.42

内容　交通編(満員電車でドアの近くに立っていたら　たとえ自分の降車駅でなくとも、降りる人を通さなければならない　混雑した電車で新聞を読むときは、細長くたたまなければならない　ほか)　生活編(美容院で、「かゆいところはございませんか？」

江戸・東京　　　　　　　　　　　　　　　　　　　　　　　　　　　東京全般

と聞かれたらどんなにかゆくても「いえ」と迷わず答える　近所へ出かけるのにも、手を抜いてはいけない〔ほか〕　街なか編（エスカレーターは左側に立ち右側を歩く人のために空けておかなければならない　街を歩いているとき、知らない人に声をかけられたら、無視する〔ほか〕　住宅編（つかず離れず、ビミョーな距離感を保つ　隣の部屋の物音をいちいち気にしてはいけない〔ほか〕　会話・人間関係編（「東京キー局は、全国どこでも見られる」と、信じてやまない　地名を略す〔ほか〕　できるだけ略す〔ほか〕　　〔0010〕

◇東京人の横顔―大都市の日本人　高橋勇悦著　恒星社厚生閣　2005.3　168p　22cm　2700円　Ⓘ4-7699-1009-6　Ⓝ361.78
内容　第1章　東京人の形成　第2章　日本人の「都市」のイメージ―俳句に詠まれた「都市」　第3章　日本人の東京のイメージ―俳句に詠まれた「東京」　第4章　町内会・自治会活動とボランティア活動　第5章　東京の青少年問題―東京都・1982～1998の期間を中心に　第6章　生きがいの社会学　第7章　日本社会における「個人」の問題―社会学と社会学用語　〔0011〕

◇これから5年、東京はこうなる　星野克美著　PHP研究所　2003.12　198p　19cm　1200円
内容　第1章　これから五年、東京はこうなる　第2章　シリコンバレーからデジタルマウントへ　第3章　東京は未来都市へ進化する　第4章　都心ゴールドラッシュはじまる―闇から光への秘策　第5章　未来都市モデルをめざせ　第6章　未来型知識産業をめざせ　第7章　未来的ビジネススタイルの萌芽　第8章　必勝の都心戦略とは　第9章　東京は未来都市モデルになる　　〔0012〕

◇東京のかぞえかた　吉田稔著　情報センター出版局　2003.4　111p　20cm　〈英文併記〉　1350円　Ⓘ4-7958-2313-8　Ⓝ302.136
＊59人の他殺者と、2567人の自殺者。31万1553人の失業者と、34人の過労死者。2万8593組の離婚と、1600人の孤独死。4276件のドメスティック・バイオレンスと、104軒のSMクラブ…。こんなギャップと矛盾を抱え込みながら、今日もこの国の首都が息づいている。　　〔0013〕

◇東京の魅力と活力　東京都職員研修所編　東京都職員研修所　2002.3　179,17p　30cm　（政策課題ライブラリー　4）　Ⓝ602.136
内容　対談：東京の魅力と活力を語る（福原義春, 松岡正剛述）　論文：東京の新生に向けて（森稔著）　モノづくり都市東京（橋本久義著）　東京からの情報発信（木村忠正著）　ニューヨークと東京（今村保雄著）　東京における行政の取り組み：杉並区におけるアニメ産業の振興（森雅之著）　持続可能な地域社会実現への挑戦（宇山正幸著）　アジア大都市ネットワーク21（ANMC21）（青木博之著）　東京都におけるロードプライシングの検討について（東郷展彦著）　千客万来の世界都市・東京をめざして（中尾根明子著）　　〔0014〕

◇東京本遊覧記　坂崎重盛著　晶文社　2002.3　254p　20cm　2200円　Ⓘ4-7949-6523-0　Ⓝ291.36
内容　『大東京繁昌記』（下町篇）東京日日新聞社篇　『新編東京繁昌記』木村荘八　『鏑木清方随筆集』山田肇

編　『乱歩と東京』松山巌　日本の名随筆・別巻32『散歩』川本三郎編　『荷風随筆集』（上）野口冨士男編　『東京ハイカラ散歩』野田宇太郎　『東京路上細見』3酒井不二雄　『江戸切絵図集』市古夏生・鈴木健一編　『昔・東京の町の売り声』安藤鶴夫〔ほか〕　　〔0015〕

◇東京圏これから伸びる街―街を選べば会社も人生も変わる　増田悦佐著　講談社　2002.2　302p　20cm　（Kodansha sophia books）　1800円　Ⓘ4-06-269172-8　Ⓝ361.78
内容　第1章　街にも寿命がある　第2章　街にも性別がある　第3章　東京圏は「南西」高「北東」低　第4章　性格のいい街わるい街　第5章　東京圏はこれからどうなる　　〔0016〕

◇スチャラカ東京のオキテ　谷崎光著　祥伝社　2001.4　294p　16cm　（祥伝社黄金文庫）　562円　Ⓘ4-396-31253-9　Ⓝ361.42
内容　家さがしで学んだ "東京の掟"　家さがし、東と西でこんなに違うの？　東京のセクハラは一味違う　東京の味を決める土、昆布、見栄　買物で学んだ東京人気質　私を驚かせた東京の男たち　東京娘は "見せ方" 上手？　恋愛に関する東西の真実　「大阪のいいトコ教えて」と言われても　東京のサラリーマン、大阪で苦労するのはなぜ？　〔ほか〕　　〔0017〕

◇東京法則―何気ない "東京感覚" のつかみ方　三善里沙子著　光文社　2000.9　247p　19cm　1400円　Ⓘ4-334-97274-8　Ⓝ302.136
内容　第1章　東京法則あらカルト　第2章　東京法則・原罪編　第3章　ユイガー・ドックソンの東京サイト　第4章　東京エリア別・独舌ガイドだよ　第5章　東京沿線民俗学ですよ　第6章　ああ、東京エトランゼ　第7章　東京人・悪魔の辞典　　〔0018〕

◇東京私生活　冨田均著　作品社　2000.6　379,9p　21cm　〈年表あり〉　2800円　Ⓘ4-87893-355-0　Ⓝ523.136
内容　都電　新宿　浅草　喪山　菓子屋　酒屋　豆腐屋　八百屋　魚屋　雑貨屋〔ほか〕　　〔0019〕

◇すっぱり東京　アン・マクドナルド著, 二葉幾久超訳　清水弘文堂書房　1999.7　252p　20cm　1400円　Ⓘ4-87950-527-7　Ⓝ302.136　〔0020〕

◇東京　陣内秀信著　文藝春秋　1999.5　376,7p　16cm　（文春文庫　世界の都市の物語）　562円　Ⓘ4-16-762301-3　Ⓝ213.6
内容　東京歩きのガイダンス　1　都心の空間　2　隅田川沿い　3　ベイエリア　4　江戸周辺部の町　5　山の手　6　近代の盛り場　7　江戸の郊外―荒川線の旅　エピローグ　東京の現在、これから　　〔0021〕

◇多国籍東京人　桐島貴子著, 残間政之写真　同文書院　1998.8　222p　19cm　1400円　Ⓘ4-8103-7526-9　Ⓝ334.41
内容　東京は心のない都会、人々の大きな塊にすぎない　在京28年―ぼくは日本人でもガイジンでもない　わたしの好きな日本語は、「明日は明日の風が吹く」　日本企業で働く―「コーラン」の教えでは頭下げるのは神様だけだったけど　東京の失われつつある風景を、ひとつでも多く描きとめてゆきたい　大都会なのに安全、これは目に見えない宝物　帰化す

2　「東京」がわかる本　4000冊　　　　　　　　　　　　　　　　　　　　　　　〔0011～0022〕

東京全般　　　　　　　　　　　　　　　　　　　　　　　　　　　　江戸・東京

るということ―表も中身も日本人と同じにしたかった　東京の女の子は自分の財布を出さないものだと思ってた　わたしは「東京に住んでいる外国人でなく」でなく、ひとりの「地球人」　東京で生活することの問題点は、なによりもレイシズムです　東京という大都会で暮らして、自信がつきました　日本ではひとつの方向でしかモノを教えない　外国人のための電話相談室―昨年の相談件数は一般ラインだけで6925件　　　　　　　　　　　　　　　〔0022〕

◇時の標―Generation「1958-1963」東京　平川幸児写真集　平川幸児著　ラ・テール出版局　1997.2　1冊（ページ付なし）　26cm　2719円　Ⓝ4-947681-17-9　Ⓝ748　　　　　　〔0023〕

◇江戸の都市空間―江戸遺跡研究会第10回大会発表要旨　江戸遺跡研究会編　江戸遺跡研究会　1996.12　121p　26cm〈会期・会場：1996年12月7日―8日　江戸東京博物館　文献あり〉　Ⓝ384.2　　　　　　　　　　　　　　　〔0024〕

◇世界都市博覧会―東京フロンティア―構想から中止まで　東京フロンティア協会編　東京フロンティア協会　1996.3　327p　31cm　Ⓝ606.9　　　　　　　　　　　　　　　　　　　〔0025〕

◇100％東京人　大槻茂著　リバティ書房　1996.3　207p　19cm〈参考文献：p204〜207〉1200円　Ⓝ4-947629-82-7　Ⓝ361.42
内容　第1章　東京のいま　第2章　江戸と東京　第3章　江戸っ子と東京っ子　第4章　言葉　第5章　食べる　第6章　住まう　第7章　情報都市　第8章　数字を読む　　　　　　　　　　　　　　　　　　〔0026〕

◇東京人の研究―都市住民とコミュニティ　高橋勇悦著　恒星社厚生閣　1995.7　373p　22cm〈経歴・著作：p351〜360〉5871円　Ⓝ4-7699-0804-0　Ⓝ361.78　　　　　　　　　〔0027〕

◇東京はいつまで東京でいつづけるか　枝川公一著　講談社　1993.7　255p　20cm　1600円　Ⓝ4-06-206467-7　Ⓝ302.136
内容　1部　二十一世紀の東京は、ここから出発するように運命づけられているのか…（この都市は、無理をしはじめたようである　都庁舎と「レインボーブリッジ」のたくらみ　都市改造に込められた「都市軸」の発想　過去と未来をつなぐ「糸」　切り取られ、閉じ込められる「江戸東京」　あなたは東京に住みつづけられるか）　2部　東京の近未来を予感させる“試薬”としての街で、人々はどう生きるのか…（市民は、ある覚悟を求められている　多摩ニュータウン「二十年の成熟」　多民族混住の街、新大久保の混沌と困惑　人と魚が跳ねる街、築地の落日　御茶の水には「東京のすべて」がある　吉祥寺商店街は「客と店と街の共生」に賭ける）　　　　　　　　〔0028〕

◇世界の都市の物語　12　東京　陣内秀信著　文芸春秋　1992.12　341,15p　20cm〈参考文献：p335〜341　巻末：東京年表〉2000円　Ⓝ4-16-509640-7　Ⓝ209
内容　0 東京歩きのガイダンス　1 都心の空間　2 隅田川沿い　3 ベイエリア　4 江戸周辺の街　5 山の手　6 近代の盛り場　7 江戸の郊外―荒川線の旅

◇「図説」2001年東京圏の豊かさと不安　平本一雄＋三菱総合研究所都市経営部著　PHP研究所　1991.8　127p　21cm　1450円　Ⓝ4-569-53086-9　Ⓝ361.78
内容　第1章　世界の中の東京（世界のメトロポリスとして　東京のパワーはまだ増大するか　情報発信力はいま一歩　外国人労働は大問題　住みにくき世界一）　第2章　日本の中の東京（まだまだ進む東京への集中　先端機能を集める東京　中枢を集める東京　トレンド型ライフスタイル　高くて貧しい生活空間　いつかはくる大地震　瀕死の大都市　地方への首都機能分散）　第3章　国民にとっての東京（大改造の進む東京圏　通勤圏は拡大する　あなたのオフィスが変わる　住宅はこれからどうなるか　続々、出現するアミューズメント・スポット　消費スタイル革命　高齢化と都市病理の進展）　第4章　貴方にとっての東京　　　　　　　　　　　　　　　　　　〔0030〕

◇2001年の東京　塚田博康著　岩波書店　1991.3　274p　18cm（岩波新書）　620円　Ⓝ4-00-430162-9　Ⓝ361.78
内容　第1章　人口―ピラミッドからキノコへ　第2章　開発―「超都心」化への道　第3章　経済―政・官・財複合体の舞台　第4章　国際化―外資系の進出、外国人の増加　第5章　情報化―発信・供給・消費　第6章　土地―異常高騰、高値安定、そして　第7章　住宅―「狭・高・遠・古」のゆくえ　第8章　交通―混雑と渋滞はどうなるか　第9章　環境―クリーンな東京は実現するか　第10章　ごみ―危機の構造とその将来　終章　2001年の東京―三つのシナリオ　　〔0031〕

◇東京の噂　2　トウキョウ・ルーマーズ編　クラブハウス　1991.1　254p　19cm（Clip books）〈発売：日本経済通信社　1の出版者：日本経済通信社〉980円　Ⓝ4-8187-0106-8　Ⓝ302.136
内容　1 ゴシップ＆エンターテイメント　2 カルチャー＆メディア　3 スポーツ　4 トレンド＆プレイ　5 ニュース＆ポリティクス＆エコノミー　6 ストリート　7 ミステリー　8 ワークス　9 海外　10 ルーマーズヴォイス　　　　　　　　　　　　〔0032〕

◇東京の噂　1　トウキョウルーマーズ編　日本経済通信社　1990.8　238p　19cm（Clip books）〈企画編集：クラブハウス〉980円　Ⓝ4-8187-0104-1　Ⓝ302.136
内容　1 ゴシップ＆エンターテイメント　2 プレイ＆トレンド　3 社会・風俗　4 オフィス・企業文化　5 海外文化　ルーマーズ・エントリーシート　〔0033〕

《東京論》

◇東京β―更新され続ける都市の物語　速水健朗著　筑摩書房　2016.4　253p　19cm〈文献あり〉1400円　Ⓝ978-4-480-86443-7　Ⓝ361.78
内容　第1章　東京湾岸の日常―家族と高層集合住宅のクロニクル　第2章　副都心の系譜―二つの刑事ドラマから見る副都心の発展　第3章　東京のランドマーク変遷史―東京タワーからスカイツリーへ　第4章　水運都市・東京―水の都江戸と二層レイヤーの都市　第5章　接続点としての新橋―鉄道とテレビ、二つのメディアのステーション　第6章　空の玄関・羽田空

〔0023〜0034〕　　　　　　　　　　　　　　　　　　　「東京」がわかる本 4000冊　　3

江戸・東京　　　　　　　　　　　　　　　　　　　　東京全般

港の今昔―観光の時代の始まりと現在　〔0034〕

◇ぐにゃり東京―アンダークラスの漂流地図　平井玄著　現代書館　2015.8　253p　19cm　2200円　①978-4-7684-5734-4　Ⓝ291.361
[内容] 1 ぐにゃり東京（王子の東側の不気味―高速下で無人祝祭劇場　「江戸」が濁る北品川　ゴーストたちの大川端　火星の多摩センター　北池袋ブルーズ・アウェイ　ほか）　2 群衆史（北関東ノクターン　太陽のない街2008―復刻版に寄せて）　〔0035〕

◇新東京風景論―箱化する都市、衰退する街　三浦展著　NHK出版　2014.9　214p　19cm（NHKブックス　1221）〈文献あり〉1150円　①978-4-14-091221-8　Ⓝ518.8
[内容] 第1章 箱化する都市　第2章 サティアンとショッピングモール　第3章 原発と国立競技場　第4章 東京の原風景　第5章 アトムとジブリ　第6章 ニュータウンの盛衰　第7章 戦後東京という原風景　〔0036〕

◇東京断想　マニュエル・タルディッツ著、石井朱美訳　鹿島出版会　2014.4　302p　20cm　2700円　①978-4-306-04603-0　Ⓝ361.78
[内容] 道程　フィクション　現実　島から…　島まで　借用　浮世絵　フェードアウト　フロイス21　〔ほか〕　〔0037〕

◇近世首都論―都市江戸の機能と性格　大石学編　岩田書院　2013.11　551p　22cm　15800円　①978-4-87294-827-1　Ⓝ213.61　〔0038〕

◇東京下町山の手―1867-1923　エドワード・サイデンステッカー著、安西徹雄訳　講談社　2013.11　406p　図版16p　15cm（講談社学術文庫　2204）〈筑摩書房　1992年刊の再刊〉1200円　①978-4-06-292204-3　Ⓝ213.61
[内容] 1 終末、そして発端　2 文明開化　3 二重生活　4 デカダンスの退廃　5 下町　山の手　6 大正ルック　〔0039〕

◇中央線がなかったら見えてくる東京の古層　陣内秀信,三浦展編著　NTT出版　2012.12　223p　21cm〈文献あり〉1900円　①978-4-7571-4301-2　Ⓝ213.6
[内容] マップ　対談 近代以前の東京の原形を探る　第1部 中野・杉並編（新宿〜中野〜青梅街道から中央線へ移動した軸　高円寺―前近代の宗教地域から近代軍事都市へ　阿佐ヶ谷―聖域・湧水・古道・河川・釣り堀から読む地域構造）　第2部 多摩編（国分寺〜府中―いにしえの東京を探しに、古代武蔵の中心をめぐる　日野―用水路を軸とした農村、宿場から鉄道のベッドタウンへ）　〔0040〕

◇モダン東京の歴史社会学―「丸の内」をめぐる想像力と社会空間の変容　松橋達矢著　京都ミネルヴァ書房　2012.10　298,19p　22cm〈文献あり　索引あり〉3800円　①978-4-623-06372-7　Ⓝ361.78
[内容] 序章「丸の内らしさ」に見る「モダン東京」の基層　第1章 歴史的存在としての「モダン東京」　第2章 丸の内の誕生前史―江戸から東京へ　第3章「新しい」都市空間の創出と「都市政治」の成立―丸の内

の誕生とその背景　第4章「モダン東京」の誕生と丸の内の中心化―「丸の内」という場所の構築　第5章「都市づくり」におけるポリティクスの審美化―「景観」の複数性はいかに浮上するか　第6章 再開発下における場所の構築と新たな「丸の内らしさ」　終章 近代都市空間の生産とその経験　〔0041〕

◇美しい東京―それぞれの風景のものがたり　美しい東京をつくる都民の会編　東京農業大学出版会　2012.8　198p　21cm〈年譜あり〉1200円　①978-4-88694-414-6　Ⓝ518.8
[内容] 第1章 東京の景観これまでとこれから（私がつきあってきた東京の景観行政四〇年史）　第2章 私のまち、私の東京、私の風景論（水と緑と生きものの風景 賑わいの風景　ほか）　第3章 世界のまち、世界の風景、世界の風景論（潮風の吹く町―シドニー　新しい風景を生み出す力―ニューヨーク・ハイライン公園　ほか）　第4章「美しい東京をつくる都民の会」の十年（「美しい東京をつくる都民の会」誕生秘話　「美しい東京をつくる都民の会」のこれまでとこれから　ほか）　〔0042〕

◇東京はなぜ世界一の都市なのか―新TOKYO名所案内　鈴木伸子著　PHP研究所　2012.1　189p　18cm（PHP新書 779）〈文献あり〉720円　①978-4-569-80236-7　Ⓝ689.2136
[内容] 第1章 世界都市・東京（二十一世紀の世界都市「世界都市ランキング」における東京の順位は？　東京とパリのライバル世界都市―ニューヨーク、ロンドン、パリ　アジアにおけるライバル―シンガポール、ソウル、香港、北京、上海　東京は世界一の都市か？）　第2章 観光都市・東京（グルメ　ショッピング　ジャパン・ポップ・カルチャー　ファッション　伝統）　第3章 観光都市・東京には無限の可能性がある（観光立国という国策　東京観光の現場を見る！　英文旅行ガイドを読んでわかる東京の魅力　国別、クラス別、宿泊先に見る東京観光スタイル　日本人がその価値に気づいていない、外国人が目指す東京観光名所　東京はもっと都市の魅力を発信できる　東日本大震災、原発事故以降、東京観光をいかに盛り返してゆくか）　〔0043〕

◇新・ムラ論TOKYO　隈研吾,清野由美著　集英社　2011.7　235p　18cm（集英社新書　0600B）760円　①978-4-08-720600-5　Ⓝ361.78
[内容] 第1回 下北沢（「自由」を謳歌する路地裏に、戦後の巨大道路計画が忍び寄る　都市計画とは運動神経だ　ほか）　第2回 高円寺（高円寺を「ムラ」たらしめているものとは　湯と石鹸の香り漂う商店街　ほか）　第3回 秋葉原（アキバムラのヘンタイ性こそが日本の未来を拓く　ラジオ、家電、パソコン、萌えほか）　第4回 小布施（小布施という町の「都市性」「町並み修景事業」という頭脳パズル　ほか）　〔0044〕

◇トーキョー・ストレンジャー―都市では誰もが異邦人　姜尚中著　集英社　2011.6　238p　19cm〈文献あり〉1300円　①978-4-08-780598-7　Ⓝ291.361
[内容] 序章 都市で出会う他者と自分　第1章 非日常空間を探して　第2章 モダン・ポストモダン・その先へ　第3章 グローバル化するトーキョー　対談 小泉今日子×姜尚中―トーキョー〜交差する記憶と未来　第4章 文化装置は健在か　第5章 砂粒化する個人　第

4　「東京」がわかる本 4000冊　　　　　　　　　　　　　〔0035〜0045〕

6章　都市は人を自由にするか　　　　　〔0045〕

◇首都東京の近代化と市民社会　中嶋久人著　吉
川弘文館　2010.12　305,7p　22cm〈索引あ
り〉9500円　①978-4-642-03797-6　Ⓝ318.236
　内容　第1部　文明開化と東京会議所（東京会議所の成
立・事業と民会論　街灯整備事業と都市民衆　東京
における「公共墓地」の成立）　第2部　市区改正と東
京府会・東京市会（東京府会における都市近代化政策
と「自治」　市区改正計画と水道改良計画　東京の
都市行政における権力構造の転換―水道鉄管汚職事
件を中心に）　　　　　　　　　　　　〔0046〕

◇東京「進化」論―伸びる街・変わる街・儲かる
街　増田悦佐著　朝日新聞出版　2009.6　246p
18cm　（朝日新書 180）〈文献あり〉780円
①978-4-02-273280-4　Ⓝ361.78
　内容　序章　東京の「どこ」に行く？　第1章　みんなが
知っている「あの街」の意外な素顔（なぜ渋谷は年齢
不詳の美女なのか　ワルが似合う六本木 ほか）　第
2章　時代は「派手街」から「地味街」へ（駅は人間見
本市―膨張する品川　一つ目小町、「隠れ家」の大井町
ほか）　第3章　東京よ、どこへ行く？（一つ目小町
界に新スター誕生の予感　「勝ち組」渋谷に忍び寄
る危機 ほか）　　　　　　　　　　　〔0047〕

◇都と京（みやこ）　酒井順子著　新潮社　2009.3
296p　16cm　（新潮文庫 さ-23-9）〈文献あ
り〉438円　①978-4-10-135119-3　Ⓝ291.62
　内容　言葉―いけずと意地悪、もっさいとダサい　料
理―薄味と濃い味　節約―始末とケチ　贈答―おた
めとお返し　高所―比叡山と東京タワー　祭り―祇
園祭と高円寺阿波おどり　流通―市場と神田　神仏
―観光寺院と葬式寺院　大学―京都大学と東京大学
書店、喫茶店―恵文社とabc〔ほか〕　　〔0048〕

◇新・都市論Tokyo　隈研吾,清野由美著　集英社
2008.1　238p　18cm　（集英社新書）720円
①978-4-08-720426-1　Ⓝ518.8
　内容　都市開発の手法を概観する　第1回　汐留―悲し
い「白鳥の歌」が響き渡る二一世紀の大再開発　第2
回　丸の内―東京の超一等地に三菱の「余裕」がどこ
まで肉薄するか　第3回　六本木ヒルズ―森稔の執念
が結実した東京の蜃気楼　第4回　代官山―凶暴な熊
に荒らされる運命のユートピア　第5回　町田―「郊
外」かと思っていたら「都市」だったという逆説　対
話篇　そして北京　　　　　　　　　　〔0049〕

◇東京から考える―格差・郊外・ナショナリズム
東浩紀,北田暁大著　日本放送出版協会　2007.
1　297p　19cm　（NHKブックス 1074）
1160円　①978-4-14-091074-0　Ⓝ361.78
　内容　1 渋谷から都市を考える（東京の東西差　東京
のサブカルチャー的多様性 ほか）　2 青葉台から郊
外を考える（青葉台はいつ誕生したのか　駅前風景の
変遷 ほか）　3 足立区から格差を考える（記号的空
間と動物的空間　なぜ、ガーデンプレイスは「ジャ
スコ的」に見えるのか ほか）　4 池袋から個性を考
える（池袋と西武　北京の都市再開発 ほか）　5 東
京からネイションを考える（都市を覆う人間工学的デ
ザイン　ネイション形成の身体的動機 ほか）〔0050〕

◇大都市東京の社会学―コミュニティから全体構
造へ　和田清美著　有信堂高文社　2006.2

267,31p　22cm〈文献あり〉6200円　①4-
8420-6569-9　Ⓝ361.78
　内容　序章　大都市東京の全体構造把握をめざす「大都
市コミュニティ研究」　第1章　戦後東京に関する社会
学的研究の系譜と問題―大都市コミュニティ研究の
分析枠組みの構築　第2章　大都市東京における都市
圏の拡大と地域構造の変容―大都市コミュニティの
物的・構造的基盤の分析　第3章　大都市東京におけ
る社会構成の変化と地帯構成―大都市コミュニティ
の社会経済的基盤の分析　第4章　大都市東京におけ
る地帯構成別コミュニティの実態分析―六つの事例
研究　第5章　大都市コミュニティの形成における住
民・市民活動、運動と都市政策の意味―コミュニティ
政策の検討を通して　終章　二一世紀大都市東京の社
会変動と大都市コミュニティ研究の展望　〔0051〕

◇私の東京風景　海野弘著　右文書院　2006.1
270p　20cm　（海野弘コレクション 1）　2600
円　①4-8421-0061-3　Ⓝ914.6
　内容　1 私の東京風景　2 東京ロマネスク　3 絵の中
の東京　4 武蔵野としての東京　5 ウォーキングの
詩学　6 ふたつの世紀末東京　　　　　〔0052〕

◇江戸東京学　小木新造著　都市出版　2005.8
225p　19cm　〈著作目録あり〉1714円　①4-
901783-19-X　Ⓝ213.61
　内容　第1章　江戸東京学（望まれる江戸東京学　建設
途上の江戸東京博物館に寄せて　江戸東京序説）　第
2章　江戸東京のトポス（隅田川随想　山の手の変貌
東京近郊の変容）　第3章　日常生活・衣食住・教育
（東京庶民の仕事と暮らしに学ぶ　東京の庶民生活
―文明開化期を中心として　江戸・明治の庶民住宅
上水道　寺子屋）　第4章　遊び（芝居町と観客
万華鏡・江戸から東京へ―江戸悪場所の変貌　遊び
の都市空間―盛り場浅草）　第5章　サロン・文化（大
江戸曼荼羅―江戸のサロン　江戸―回顧片々）
　　　　　　　　　　　　　　　　　　〔0053〕

◇東京スタディーズ　吉見俊哉,若林幹夫編著
紀伊國屋書店　2005.4　285p　21cm〈折り込1
枚　文献あり〉2000円　①4-314-00979-9
Ⓝ361.78
　内容　臨海副都心　六本木　エスニック・スポット　新
宗教建築　野宿者　米軍基地　ストリート　ハイキ
ング　郊外　文学〔ほか〕　　　　　　〔0054〕

◇東京の常識は世界の非常識―柴田徳衛版東京物
語　柴田徳衛著　自治体研究社　2003.11
126p　21cm　1300円　①4-88037-396-6
Ⓝ361.78
　内容　第1部　海外から東京、そして日本を見る（集中す
る若者　「横断歩道橋」はなぜある？―道路特定財
源考　東京の大地主さま（戦前編）ほか）　第2部　江
戸から東京へ―その本質は（新東京の登場　西欧先
進首都の機能と歴史　一七世紀当初に突如現れた二
大都市 ほか）　第3部　世界を新たに一周して（2003
年9月）（チェコの首都プラハにて　オランダにて―
海面下の国土　ロンドンの芸術性 ほか）　〔0055〕

◇東京都市論―進化する都市で暮らすということ
都市は新たな富と豊かな生活を生み出す　青山
佾著　かんき出版　2003.2　223p　20cm
1500円　①4-7612-6067-X　Ⓝ518.8　〔0056〕

江戸・東京　　　　　　　　　　　　　　　　　　　　　　　　　東京全般

◇東京育ちの東京論─東と西の文化が共生する都市　伊藤滋著　PHP研究所　2002.1　206p　18cm　（PHP新書）　660円　Ⓘ4-569-61666-6　Ⓝ361.78
　内容　第1章 日本列島の東西論　第2章 東京の東西南北論　第3章 震災後、拡大する東京　第4章 戦後の住宅を提供した庶民地主　第5章 埋立地の活用で日本経済復興を　第6章 「東京」の中心は南進する　第7章 「勝者」必滅、「生者」再生の街　第8章 拡大する東京圏　　　　　　　　　　　　　　　〔0057〕

◇篠原一男経由東京発東京論　篠原一男編　鹿島出版会　2001.7　262p　19cm　2200円　Ⓘ4-306-04419-X　Ⓝ518.8
　内容　趣意書　確認事項/東京と「カオス」　ウェブ都市論考　イギリス建築家の見た東京カオス　メトロポリス：東京─ベルリン　都市、ピース（断片）、ロゴ、Z軸、空虚な舞台、寛容、そしてカーレンベルクからの眺め　同時性のレイヤー　都市の傷　隠れた複雑性　都市とデコレーション〔ほか〕　　〔0058〕

◇東京改都─時代は「ネオ中世」　深川保典著　中央公論新社　2001.5　176p　18cm　（中公新書ラクレ）　660円　Ⓘ4-12-150008-3　Ⓝ601.136
　内容　序章 国家の時代は終わった　第1章 「平成の遷都」はアナクロだ（世界一の大都市　景気対策で新首都建設!?　「分都」こそ現実的　ほか）　第2章 「東京改都」の断行（首都は「東京首都特別区（Tokyo Med）」　中央銀行は「大阪」へ　最高裁判所は「仙台」へほか）　第3章 「十七都道府州制」で日本連合（JU）を（日本人は「多民族」、日本は「広い」　府県合併で「十七都道府州制」へ　省庁再編は朝三暮四　ほか）　　　　　　　　　　　　　　　　　　　　　　〔0059〕

◇東京：巨大空間の諸相　藤田直晴編著　大明堂　2001.3　320p　22cm　4000円　Ⓘ4-470-55058-2　Ⓝ361.78
　内容　第1部 東京空間の建造（東京の巨大都市化と世界都市比較　東京の巨大都市化と空間的特性　東京の都市的性格）　第2部 東京空間の社会経済的諸相（巨大都市東京の通勤事情　巨大都市東京の情報空間　東京の教育・文化と福祉　明治期東京の中国人留学生諸相）　　　　　　　　　　〔0060〕

◇東京学　小川和佑著　新潮社　2000.4　258p　16cm　（新潮文庫）　438円　Ⓘ4-10-126421-X　Ⓝ361.42
　内容　プロローグ 東京は「とうけい」であった！　第1章 東京人気質入門─組織・流行・画一化　第2章 東京人の人間関係─東京人は冷たいか　第3章 スジを通すぞ東京人─ホンネとタテマエ　第4章 食の坩堝─東京の味あれこれ　第5章 東京の女性たちはいま─OL、ギャル、コギャル　第6章 東京ことば─「山の手ことば」と「下町ことば」　第7章 東京の街と風俗　第8章 どうなる、どうする、これからの東京　第9章 首都圏という名の東京　エピローグ 「東京学」っていったい…何？　　　　　　　　　　　〔0061〕

◇東京─このいとしき未完都市　寺island弘著　日本図書刊行会　2000.1　255p　19cm　〈発売：近代文芸社〉　1500円　Ⓘ4-8231-0535-4　Ⓝ361.78
　内容　第1章 ゆらゆらと消えていく王国─幻影化する東京　第2章 東京の肖像─「資本の欲」「資本の力」　第3章 世紀末東京の現状と再生─カオスこそ　第4章 東京─このいとしき未完都市　付章 東京有情　　　　　　　　　　　　　　　　　　　　　〔0062〕

◇東京年輪論─産業拠点の立地の変遷　永井弘著　技報堂出版　1999.11　218p　19cm　2200円　Ⓘ4-7655-4223-8　Ⓝ602.136
　内容　序章 東京一極集中（ビジネス機能の一極集中　遊びの機能の一極集中　ほか）　第1章 企業年輪（新規店頭公開企業の本社立地　産業の隆盛と本社の立地　ほか）　第2章 アーバンリゾート年輪（江戸のアーバンリゾート　近代的アーバンリゾートの出現　ほか）　第3章 ホテル年輪（都心から周辺部へ　ホテル大衆化と都市再開発　ほか）　　　　　　〔0063〕

◇江戸東京における首都機能の集中─江戸東京学の現状と課題　東京都江戸東京博物館都市歴史研究室編　東京都歴史文化財団東京都江戸東京博物館　1999.3　177p　18cm　（江戸東京博物館シンポジウム報告書 2）　Ⓘ4-924965-13-8　Ⓝ213.61　　　　　　　　　　　　　　　　〔0064〕

◇対訳東京の美学─混沌と秩序　芦原義信著，渡辺洋訳　市ケ谷出版社　1998.12　150p　25cm　〈英文併記〉　2200円　Ⓘ4-87071-193-1　Ⓝ518.8
　内容　1 日本人の空間意識（靴をぬぐ習慣─「床の建築」　西洋の基本─「壁の意味」　住居表示のちがい　ほか）　2 東京の光と影（違法駐車と都市　高速道路の不便さ　河川行政の貧困さ　ほか）　3 東京の処方箋（東京の公共空間　公共空間の象徴性　東京を象徴する公共性　ほか）　4 ポスト・モダン都市─東京（混沌の都市　ポスト・モダンの時代に　21世紀に向かって　ほか）　　　　　　　　　〔0065〕

◇世界都市・東京のアジア系移住者　田嶋淳子著　学文社　1998.3　259p　22cm　（淑徳大学社会学部研究叢書 8）　〈文献あり　索引あり〉　2900円　Ⓘ4-7620-0787-0　Ⓝ334.41
　内容　第1部 モダニズム以後の都市研究（グローバル化と都市地域社会　東京の世界都市化とインナーエリア）　第2部 磁場としてのインナーエリア（エスニック・ネットワークの形成過程─豊島区池袋地区　構造化される下位文化世界─新宿区大久保地区　在日コミュニティの社会変容─荒川区荒川・日暮里地区）　第3部 グローバル化の中の再領域化（インナーエリアにおけるエスニック・ビジネスの展開　世界都市・東京におけるグローバル化のゆくえ）　　　〔0066〕

◇積み木の都市東京─不連続な街の集積　田村明監修，水島孝治，檜槙貢編　都市出版　1997.6　454p　20cm　2190円　Ⓘ4-924831-50-6　Ⓝ291.36
　内容　1 東京駅─赤レンガの「点」と「線」　2 丸の内─ビジネスセンターの変遷と飛躍　3 霞が関─超高層ビルの出現　4 築地─都市のライフライン　5 浅草─六区、ロック座、ROX物語　6 隅田川・多摩川─都市河川の50年　7 秋葉原・アメ横─消費の夢をかなえ続ける街　8 渋谷地下街─東京の地下都市のゆくえ　9 荒川線─路面電車の老兵は消えず　10 六本木─アークヒルズの10年　11 杉並─清掃工場とご

6　「東京」がわかる本 4000冊　　　　　　　　　　　　　　〔0057～0067〕

東京全般　　　　　　　　　　　　　　　　　　　　　江戸・東京

み戦争　12　町田―郊外大規模住宅団地　13　八王子
―大学の郊外移転と東京　14　三郷浄水場―東京水道
の切り札　　　　　　　　　　　　　　　　　　　〔0067〕

◇アジールとしての東京―日常のなかの聖域　奥
井智之著　弘文堂　1996.2　222p　22cm
2575円　⑭4-335-55068-5　Ⓝ361.78
　＊東京をめぐる「上京」と「定住」の物語。不特定多
　数の人々が集う聖域＝アジールとしての都市空間、
　東京。漱石の小説、小津安二郎の映画、向田邦子の
　TVドラマなどのテクストに導かれて濃密なアジー
　ル空間に分け入り、駅、下宿、坂、公園、病院、ス
　ラム、橋、郊外、住宅、百貨店、カフェー、旅とい
　う、12のトポスから近代の日本人の心性を問う、都
　市社会学の新しい試み。　　　　　　　　　〔0068〕

◇江戸東京学への招待　3　生活誌篇　小木新造、
内田雄造編著　日本放送出版協会　1996.1
273p　19cm　（NHKブックス 752）　1100円
⑭4-14-001752-X　Ⓝ213.61
　内容　序　江戸東京をどう受け止めるか　1　江戸東京の
　　住まい　2　都市に生きる人びと　3　都市の生活環境
　　　　　　　　　　　　　　　　　　　　　　〔0069〕

◇江戸東京学への招待　2　都市誌篇　小木新造,
陣内秀信編著　日本放送出版協会　1995.12
282p　19cm　（NHKブックス 751）　1100円
⑭4-14-001751-1　Ⓝ213.6
　内容　序　江戸東京―都市空間の過去・現在・未来　1
　　江戸東京の土地と空間　2　都市生活のライフライン
　　3　都市の装置　　　　　　　　　　　　　〔0070〕

◇江戸東京学への招待　1　文化誌篇　小木新造
編著　日本放送出版協会　1995.11　290p
19cm　（NHKブックス 750）　1100円　⑭4-
14-001750-3　Ⓝ213.6
　内容　1　図像の中の江戸を歩く　2　江戸の娯楽　3　江
　　戸のモードと風俗　4　祝祭都市・江戸東京　5　メディ
　　アの中の江戸東京　　　　　　　　　　　　〔0071〕

◇ロスト・シティ・Tokyo―忘れられた風景から
の都市論　大岩剛一文, 斎部功写真　清流出版
1995.7　267p　21cm〈参考文献：p264～266〉
2500円　⑭4-916028-05-8　Ⓝ361.78
　内容　空き地論―原野の記憶から　聖なる森のネット
　　ワーク―天皇からニュータウンまで　白いインテリ
　　ア―等身大の鏡　ボロ切れと大地―ボンベイ・そし
　　てニッポン　引込線を追って―異界への旅　川崎球
　　場　銭湯　裏庭　ダリアとカンナ　路地と長屋
　　　　　　　　　　　　　　　　　　　　　　〔0072〕

◇「世界都市」東京の構造転換―都市リストラク
チュアリングの社会学　町村敬志著　東京大学
出版会　1994.10　317p　22cm　（社会学シ
リーズ）　4944円　⑭4-13-050125-9　Ⓝ361.78
　内容　序　世界、国家、都市のゆらぎの中で　1章　グロー
　　バル社会と都市社会の論理―世界都市論の理論的背
　　景　2章　東京改造の系譜―リストラクチュアリング
　　の過去と現在　3章　リストラクチュアリングの経済
　　的基盤―変化する産業と労働　4章　都市構造再編連
　　合の盛衰―都市リストラクチュアリングの政治社会
　　学　5章　東京臨海部開発の政治過程―動員的コーポ
　　ラティズムの成功と挫折　6章　フレクシブルな空間

の生産？―都市改造のねらいと現実　7章　都心社会
の変動と「まちづくり」　8章　外国籍住民の増加と
東京の再編　結　未完の世界都市　　　　　　〔0073〕

◇二つの東京物語　東秀紀著　講談社　1994.8
247p　20cm〈主要参考文献：p241～247〉
1600円　⑭4-06-206664-5　Ⓝ518.8
　内容　第1章　『舞姫』の誕生―鷗外　第2章　霧黄なる
　　都―漱石　第3章　都会の憂愁―荷風　終章　漱石た
　　ちの東京　　　　　　　　　　　　　　　　〔0074〕

◇しなやかな都市東京―比較都市空間学入門　市
川宏雄著　都市出版　1994.4　305p　19cm
（都市選書）〈各章末：主要な参考文献〉　2000
円　⑭4-924831-09-3　Ⓝ361.78
　内容　序章　都市形成のメカニズム　第1章　日本の都
　　市の系譜―東京ができるまで（都市の形成と計画　江
　　戸・東京の計画の系譜）　第2章　世界の都市空間―時
　　間・文化・計画（都市空間の形成とコンセプト　都市
　　を特徴づける）　第3章　しなやかな巨大都市・東京―
　　この先にあるもの（東京のアイデンティティ　しなや
　　かさ―東京を理解するキーワード　しなやかさの先に
　　　　　　　　　　　　　　　　　　　　　　〔0075〕

◇東京の美学―混沌と秩序　芦原義信著　岩波書
店　1994.1　187p　18cm　（岩波新書）　580
円　⑭4-00-430319-2　Ⓝ518.8
　内容　第1章　日本人の空間意識（日本人はなぜ靴をぬ
　　ぐのか　日本だけの都市風景　部分発想と全体発想
　　平等主義かアイデンティティーか）　第2章　東京の光
　　と影（街の観察　東京の土地問題と交通渋滞　パリ、
　　ニューヨーク、ワシントン、ラスベガスから東京を
　　見る）　第3章　東京の処方箋（公共空間の象徴性　住
　　まいの充実　都市のアメニティー―逃避的・中間的・
　　積極的　二十一世紀に向かっての東京）　終章　ポス
　　ト・モダン都市―東京（二十一世紀に向けて　変わり
　　ゆく東京）　　　　　　　　　　　　　　　〔0076〕

◇東京の空間人類学　陣内秀信著　筑摩書房
1992.11　332p　15cm　（ちくま学芸文庫）
900円　⑭4-480-08025-2　Ⓝ291.36
　内容　1　「山の手」の表層と深層　2　「水の都」のコス
　　モロジー　3　近代都市のレトリック　4　モダニズム
　　の都市造形　　　　　　　　　　　　　　　〔0077〕

◇立ちあがる東京―廃墟、復興、そして喧騒の都
市へ　エドワード・サイデンステッカー著, 安
西徹雄訳　早川書房　1992.10　304p　22cm
〈折り込図1枚〉3000円　⑭4-15-203533-1
Ⓝ213.6
　内容　余燼　再建の活況　暗雲　棒鱈と芋　オリンピ
　　ック時代　昭和の爛熟　下町の衰微と山の手の興隆
　　　　　　　　　　　　　　　　　　　　　　〔0078〕

◇東京集客術―人集まるところに神宿る　松村潤
之介著　日本能率協会マネジメントセンター
1991.12　168p　21cm　1800円　⑭4-8207-
0814-7　Ⓝ361.78
　内容　東京山手線―駅一神　上野対浦安、神々の対決
　　水際の神々の賑わい　集客司る企業の神様たち　お
　　祭りの原点、遊園地の神々　　　　　　　　〔0079〕

◇日本近代都市論―東京：1868～1923　石塚裕道

〔0068～0080〕　　　　　　　　　　「東京」がわかる本 4000冊　**7**

江戸・東京　　　　　　　　　　　　　　　　　　　　　　　　　　東京全般

著　東京大学出版会　1991.9　253p　22cm
4635円　Ⓘ4-13-020096-8　Ⓝ213.6
内容 序章 1000万都市東京の発足―1920年代初めまで　第1章 首都東京、その「脱亜入欧」の道―19世紀後半の横浜も含めて　第2章 世紀末東京の都市空間（市区改正か、上水道の改良か―「我カ東京ノ如タル…皮相ノ壮観ノミ」　社会病理としての伝染病史―「悪疫大流行期」の都市スラム）　第3章 資本主義・都市問題・民衆生活（結核と公害のなかの東京―産業革命期の都市環境衛生　20世紀初め、路地裏への視線―下層社会に「細民」住居論　明治東京の盛り場・道路をめぐる規制―追われる大道芸人たち）　第4章 首都東京と京浜工業地帯（京浜工業地帯へ向かって―「工業に栄ゆる川崎町」　第一次世界大戦期の京浜工業地帯―工業化とその裏側　資本主義の形成と農村・都市　近代日本における都市人口の推移）　終章（日本近代都市史研究の課題と方法―東京研究への手さぐり）　付論（東京・横浜二港物語―製糸立国をめぐる "攻防"　書評―藤森照信『明治の東京計画』について）　〔0080〕

◇どうなるどうする東京　日本建築学会編　彰国社　1991.5　164p　19cm〈執筆：伊藤滋ほか〉1550円　Ⓘ4-395-00320-6　Ⓝ361.78
内容 第1部 世界都市・東京はどうなる（東京の過去・現在・未来　東京を具体的にさぐる　東京はどうなる―まとめ）　第2部 21世紀の東京にどう住む（東京人にとっての東京　東京に住むことは可能か　東京の街づくり計画）　〔0081〕

◇江戸東京学事始め　小木新造著　筑摩書房　1991.3　243p　19cm（ちくまライブラリー54）　1230円　Ⓘ4-480-05154-6　Ⓝ213.6
内容 江戸東京への案内（江戸東京、連続と非連続　東京の生い立ち）　首都江戸東京（中央都市　消費都市　情報都市）　文化の断面（江戸東京のサロン　江戸文化の行方）　都市の日常（江戸東京の12カ月　江戸東京の衣生活　江戸東京の食生活　江戸東京の住生活）　〔0082〕

◇東京を創る人びと―ルポルタージュ風東京論　畑田重夫著　あけび書房　1991.2　237p　19cm　1545円　Ⓘ4-900423-44-0　Ⓝ318.236
内容 1部 「開発」を見つめる人びと　2部 「福祉」を創る人びと　3部 「教育・子育て」を創る人びと　4部 「文化」を創る人びと　5部 「まち」を見つめる人びと　〔0083〕

◇東京―世界都市化の構図　井上純一ほか著　青木書店　1990.11　270p　20cm〈参考文献：p265～270〉　2678円　Ⓘ4-250-90036-3　Ⓝ361.78
内容 1 大都市経済の構造変動　2 現代都市の政治的対抗　3 住民生活の変動　4 大都市地域住民組織の変容　5 現代都市計画の展開と展望　6 都市文化の危機と再生　7 都市思想の系譜　〔0084〕

◇「東京」の社会学　加藤秀俊著　PHP研究所　1990.4　235p　15cm（PHP文庫）　440円　Ⓘ4-569-56249-3　Ⓝ361.78
内容 第1章 都市とはなにか　第2章 日本の都市文化　第3章 江戸の暮らし　第4章 明治・大正の東京　第5章 現在から未来へ　第6章 東京の同時代史　第7章 江戸の娯楽　〔0085〕

◇私の東京　E.G.サイデンステッカー、百瀬博教著　富士見書房　1989.11　253p　22cm　2500円　Ⓘ4-8291-7088-3　Ⓝ291.36　〔0086〕

《都市開発・都市計画》

◇東京のストリート景観と路地空間―銀座・丸の内・神楽坂　法政大学デザイン工学部建築学科岡本哲志研究室著, 法政大学デザイン工学部建築学科岡本哲志研究室編　法政大学エコ地域デザイン研究所　2016.3　95p　30cm　Ⓘ978-4-9907970-5-8　Ⓝ518.84　〔0087〕

◇東京・都市再生の真実―ガラパゴス化する不動産開発の最前線　北崎朋希著　水曜社　2015.12　206p　21cm〈文献あり　索引あり〉　2300円　Ⓘ978-4-88065-369-3　Ⓝ518.8
内容 第1章 ガラパゴス化する東京の不動産開発（バブル期に匹敵する不動産開発の増加　第一のガラパゴス化：市場の論理から乖離した用途構成 ほか）　第2章 都市再生の発案と構築（経済対策として発案され選挙対策として始動した都市再生　小泉内閣による都市再生本部の設置 ほか）　第3章 都市再生の光：地価上昇と多様な公共貢献の創出（再生した大都市中心部　再生の最大要因は規制緩和による不動産開発 ほか）　第4章 都市再生の影：不透明な規制緩和の手続き（事前相談によって全てが決定される都市再生特別地区　民間事業者と自治体職員との事前相談の実態 ほか）　第5章 今後の東京に求められる不動産開発のあり方（高く評価される丸の内・大手町と六本木・赤坂の不動産開発　利用主体で異なる大規模複合施設やエリアの評価構造 ほか）　〔0088〕

◇東京一極集中が日本を救う　市川宏雄著　ディスカヴァー・トゥエンティワン　2015.10　263p　18cm（ディスカヴァー携書154）　1000円　Ⓘ978-4-7993-1774-7　Ⓝ518.8
内容 第1章 東京一極集中という「歴史の必然」　第2章 東京が沈めば地方が沈む　第3章 国際都市間競争の時代　第4章 リニアが日本地図を書き換える　第5章 二度目のオリンピックは何をもたらすのか　第6章 東京にすべてを集めて大丈夫なのか　〔0089〕

◇東京2025ポスト五輪の都市戦略　市川宏雄, 森記念財団都市戦略研究所著　東洋経済新報社　2015.10　275p　20cm　2000円　Ⓘ978-4-492-76220-2　Ⓝ361.78
内容 プロローグ 2025年の東京―海外出張するビジネスパーソンからみた東京の風景　第1章 東京をとりまく環境の変化（成長戦略としての「国家戦略特区」　日本再興戦略としての「地方創生」　日本の将来を展望する）　第2章 東京の都市力を分析する（東京の都市総合力における強みと弱み　集積の進む東京都心　世界に比類なき「東京都市圏」の力　国際競争力をもった東京の実現）　第3章 大きく動き出す東京都心（2020年東京五輪とその経済波及効果　東京五輪後に東京は失速するのか　東京の都市構造の組み換え　世界と戦える都市へ）　第4章 海外ライバル都市の動向（世界を牽引する東京のライバル都市たち　東京を猛追するアジアのライバル都市たち）　〔0090〕

◇東京の未来地図―最新計画版　ロム・インター

8　「東京」がわかる本 4000冊　　　　　　　　　　　　　　　〔0081～0091〕

東京全般　　　　　　　　　　　　　　　　　　　　　　　　江戸・東京

ナショナル著　河出書房新社　2015.3　219p
15cm　（KAWADE夢文庫 K1015）〈文献あ
り〉620円　①978-4-309-49915-4　⑩518.8
[内容] 1 山手線新駅から、空港アクセスの整備まで―
鉄道・道路の拡充で交通網はこう変わる！　2 新国
立競技場の誕生からお台場・有明地区の整備まで―
2020年オリンピック開催で会場周辺はこう変わる！
3 大手町再開発から隅田川周辺の活性化まで―激化
する国際競争のなかでビジネス・観光エリアはこう
変わる！　4 カジノ計画から新客船ターミナルの建
設まで―人が集まる新名所の出現で湾岸エリアはこ
う変わる！　5「コンパクトシティ」実現から外国
人労働者の増加まで―膨張する高齢社会で首都はこ
う変わる！　6 国土強靱化計画から公衆無線LAN
の環境整備まで―安心・快適な未来を目指しインフ
ラと暮らしはこう変わる！　〔0091〕

◇平成忠臣蔵・泉岳寺景観の危機　吉田朱音, 牟
田賢明, 五十嵐敬喜著　公人の友社　2015.2
96p　21cm　（地方自治ジャーナルブックレッ
ト No.66）〈年表あり〉800円　①978-4-
87555-655-8　⑩518.8
[内容] はじめに　墓地とマンションの不条理　望みは唯
ひとつ　泉岳寺ひとつにとって景観とは何か　泉岳寺・赤
穂浪士と世界遺産　巻末資料　　　　　　　　〔0092〕

◇2030年の東京　パート3　森記念財団都市整備
研究所編　森記念財団都市整備研究所　2014.
12　4,93p　30cm　（東京中心部における都市
構造の研究 8）　1500円　①978-4-905249-13-9
⑩361.78
[内容] 成熟した世界都市の街づくり―東京の資産を有
効利用し、生活多様性社会を構築する　　　〔0093〕

◇東京都市計画の遺産―防災・復興・オリンピッ
ク　越澤明著　筑摩書房　2014.10　286p
18cm　（ちくま新書 1094）　980円　①978-4-
480-06798-2　⑩518.8
[内容] 序章 歴史とともに再生する街・東京　第1章 帝
都復興と大東京の誕生　第2章 東京大戦災復興
の正負の遺産　第3章 "山の手"復興物語―中野、阿
佐ケ谷を復興させた人たち　第4章 神宮外苑と三つ
の東京オリンピック―一九四〇・一九六四・二〇二
〇　第5章 防災まちづくり―来るべき首都地震に備
えて　終章 東京の都市政策に何が必要か　〔0094〕

◇江戸・東京の都市史―近代移行期の都市・建
築・社会　松山恵著　東京大学出版会　2014.3
369,5p　22cm　（明治大学人文科学研究所叢
書）〈索引あり〉7400円　①978-4-13-026608-6
⑩518.8
[内容] 近代移行期の都市空間と社会文化形成　第1部
首都化―「郭内」における「葦殺の下」の表出（「郭内」
と「郭外」―首都・東京の祖型　再考・銀座煉瓦街
計画　「皇大神宮遙拝殿」計画）　第2部 明治東京、
もうひとつの原景―「郭外」の諸相（明治初年の場末
町々移住計画をめぐって―交錯する都市変容の論理
旧幕臣屋敷の転用実態―町人化と町人資本
による開発　日本各地の「神社遙拝所」の簇生につ
いて　広場のゆくえ―広小路から新開町へ）　第3部
江戸・東京と近代都市計画（東京市区改正事業の実像
―日本橋通りの拡幅をめぐって　東京市区改正条例
の運用実態と住慣習―土地建物の価値をめぐる転回

とその波紋）　江戸から東京へ―都市空間の再編とそ
の波及　　　　　　　　　　　　　　　　　　〔0095〕

◇たたかう東京―東京計画2030＋　伊藤滋著　鹿
島出版会　2014.3　143p　26cm　3500円
①978-4-306-07305-0　⑩518.8
[内容] 起 世界第4位の都市TOKYO（東京のポテンシ
ャルと課題　2030年、東京の老いが始まる）　承 都
市空間のグランドデザイン論（エコノミストからみ
た東京再生　森・伊藤の東京の将来都市像）　転 東
京都心の市街地像2030＋（魅力ある都市になるため
の目標・計画・提案）　結「Invest Tokyo」と"Visit
Tokyo"　補論　　　　　　　　　　　　　　〔0096〕

◇東京2020計画地図　東京都市計画研究会編　か
んき出版　2014.2　141p　21cm　1400円
①978-4-7612-6974-6　⑩518.8
[内容] 1 江東～臨海部はオリンピックで都心軸を引き
寄せる―鉄道3線もLRT・BRTも走る！　2 銀座～
豊洲が賑わいで連続する街になる―路面電車が走り
川も流れる!?　3 新橋～虎ノ門が東西を貫く大動脈
になる―環状2号線があのシャンゼリゼに！　4 浜松
町～竹芝は空路と海路の玄関口になる―外国人観光
客があふれる！　5 品川～田町は空路と陸路の目的
地になる―運河もかかれる超ド級のサウスゲート！
6 日本橋～日比谷に川辺の街が大復活する―東京都
心に江戸市中が出現！　7 渋谷～神宮が新宿を超え
る大都会になる―近未来を先取りして川も復活！
　　　　　　　　　　　　　　　　　　　　　〔0097〕

◇都市の質を探して―自由が丘、九品仏川緑道百
景　Darko Radović監修、ダルコ・ラドヴィッ
チ, ダヴィシー・プンタム著　Tokyo flick
studio　c2014　115p　26cm　（Measuring the
Non-Measurable 08）〈本文は英語　日本語抄
訳付〉1111円　①978-4-904894-19-4　⑩518.8
[内容] アーバニティを探して　ダルコ・ラドヴィッチ著
都市の質を探す　ダルコ・ラドヴィッチ著　日本の
建物のあいだのアクティビティ　デヴィッド・シム著
人間的側面　ヤン・ゲール著　パブリックな生活の学
び方　ヤン・ゲール著　都市の質を探す　日常生活の
質をつくりだす　日常生活における詩学　ヴク・ラド
ヴィッチ著　　　　　　　　　　　　　　　　〔0098〕

◇空から見える東京の道と街づくり―カラー版
竹内正浩著　実業之日本社　2013.3　159p
18cm　（じっぴコンパクト新書 146）〈文献あ
り〉900円　①978-4-408-10984-8　⑩518.84
[内容] 第1部 都市計画としての道（環状道路の過去・未
来・現在　首都高・外環・圏央道　ハイスピードの環
状線計画　東京の放射道路）　第2部 政治の意志が見
える道（見え隠れする、時代の意志と歴史）〔0099〕

◇都市近郊の耕地整理と地域社会―東京・世田谷
の郊外開発　高嶋修一著　日本経済評論社
2013.2　296p　22cm〈文献あり　索引あり〉
5800円　①978-4-8188-2225-2　⑩518.86
[内容] 序章 対象と分析視角　第1章 東京近郊における
宅地開発と土地整理　第2章 耕地整理組合の結成と
地域社会秩序　第3章 耕地整理事業の開始と村域東
部の組合運営　第4章 耕地整理事業の展開と村域中
央部・西部における組合運営の変化　結章 耕地整理
と社会編成原理の転換　補章 土地区画整理のヘゲモ

〔0092～0100〕　　　　　　　　　　　　　　　　　「東京」がわかる本 4000冊　9

江戸・東京 東京全般

ニー――雑誌『都市公論』の検討を手掛かりに〔0100〕

◇東京の未来戦略―大変貌する世界最大の都市圏
市川宏雄、久保隆行著　東洋経済新報社　2012.
11　286p　20cm　2000円　Ⓘ978-4-492-
76209-7　Ⓝ361.78
内容 第1章 グローバル都市のTOKYOの知られざる
すごさ　第2章 見えてきた東京の成長の限界　第3章
東日本大震災の影響と迫りくる首都直下地震の危機
第4章 国際舞台で猛追するアジアのライバル都市た
ち　第5章 どうなる？　どうする？　東京のゆくえ
―4つの未来シナリオ　第6章 東京の未来戦略を成功
に導くブレークスルー・プロジェクト　　　〔0101〕

◇多摩ニュータウン物語―オールドタウンと呼ば
せない　上野淳、松本真澄著　鹿島出版会
2012.9　209p　21cm　2600円　Ⓘ978-4-306-
04581-1　Ⓝ518.83
内容 第1章 多摩ニュータウンの成り立ちと系譜　第
2章 多摩ニュータウン団地居住高齢者の生活像と居
住環境整備の課題　第3章 諏訪・永山地区の高齢者の
居場所　第4章 福祉亭の人々　第5章 子どもの育つ
環境としての多摩ニュータウン　第6章 多摩ニュー
タウンの地域活動　第7章 近隣センター商店街の栄
枯盛衰　第8章 住宅・都市公共施設の賦活・再生
〔0102〕

◇この都市のまほろば―消えるもの、残すもの、
そして創ること　Vol.6　東京編　尾島俊雄著
中央公論新社　2012.7　221p　19cm〈文献あ
り〉2000円　Ⓘ978-4-12-004408-3　Ⓝ518.8
内容 世界最大の都 武蔵国・江戸―東京都　天皇の住
む区―千代田区　日本一の賑わい区―中央　大使館
の多い区―港　若者の街心区―新宿　若者のファッシ
ョンタウン―渋谷　サンシャイン60の区―豊島　大学
と寺町―文京・台東　下町の風情残る区―荒川・北
江東デルタ―墨田・江東〔ほか〕　　　　　〔0103〕

◇2030年の東京　パート2 超高齢社会の暮らしと
街づくり編　森記念財団都市整備研究所編　森
記念財団都市整備研究所　2012.7　4,77p
30cm（東京中心部における都市構造の研究
6）〈パート2超高齢社会の暮らしと街づくり編
のタイトル関連情報：元気なお年寄りが、楽し
く暮らし、生き生き働き「自分らしく生きる」
社会〉2000円　Ⓝ361.78　　　　　　　〔0104〕

◇2030年の東京　パート2 超高齢社会データ・
ブック編　森記念財団都市整備研究所編　森記
念財団都市整備研究所　2012.7　73p　30cm
（東京中心部における都市構造の研究 7）
2000円　Ⓝ361.78　　　　　　　　　　〔0105〕

◇臨海副都心の過去・現在・未来　武蔵野大学政
治経済研究所編　西東京　武蔵野大学出版会
2012.6　238p　19cm　1800円　Ⓘ978-4-
903281-21-6　Ⓝ518.8
内容 第1章 臨海副都心の夜明けまえ―台場の築造とそ
の後　第2章 湾岸の新副都心―その誕生と成長　第3
章 ウォーターフロントの新都市建設型複合開発　第
4章 ビジネスの場としての臨海副都心―企業進出の
変遷と現状　第5章 臨海副都心の地域ブランド　第
6章 東京都のエネルギー政策と臨海副都心―『2020

年の東京』を手がかりに　第7章 臨海副都心と武蔵
野大学の教育―日本の高等教育全体の問題性との関
連で　　　　　　　　　　　　　　　　〔0106〕

◇森鷗外の「帝都地図」隠された地下網の秘密
秋庭俊著　洋泉社　2011.11　221p　19cm〈付
（1枚）：東京方眼図　文献あり〉1600円
Ⓘ978-4-86248-803-9　Ⓝ518.8
内容 序章 鷗外コード　第1章 鷗外の地図が見つかっ
た！　第2章 時計型の水路　第3章 ヤン・ヨーステ
ンと江戸の上水　第4章 江戸城建設にまつわる謎に
迫る　第5章 江戸の地下の秘密を解く　第6章 開国
から明治新政府へ　第7章 こうして地下は秘密となっ
た　第8章 鷗外の大いなる挑戦　第9章 『青年』を
読み解く　　　　　　　　　　　　　　〔0107〕

◇東京の都市計画　越沢明著　岩波書店　2011.7
（第11刷）262p　18cm（岩波新書）〈文献
あり〉820円　Ⓓ4-00-430200-5　Ⓝ518.8〔0108〕

◇航空斜写真で見る多摩ニュータウン―パルテノ
ン多摩収蔵写真資料集　多摩市文化振興財団編
多摩　多摩市文化振興財団　2011.3　103p　21
×30cm　Ⓝ518.83　　　　　　　　　　〔0109〕

◇東京をどうするか―福祉と環境の都市構想　渡
辺治、進藤兵編　岩波書店　2011.3　278p
20cm　2700円　Ⓘ978-4-00-025799-2　Ⓝ318.
236
内容 序章 新しい福祉国家型自治体の構想を　第1章
福祉と環境の都市・東京へ　第2章 人間らしく生き
られるまちへ―生活保障の構想　第3章 東京の都市
ビジョンと環境経済政策　第4章 東京のまちづくり
と防災　第5章 新自由主義教育「改革」を超えて　第
6章 東京都の税財政―現状と新たな構想　第7章 豊
かな自治の都市へ　　　　　　　　　　〔0110〕

◇環境貢献都市東京のリ・デザイン―広域的な環
境価値最大化を目指して　浅見泰司、中井検裕、
山口幹幸、佐土原聡、陣内秀信編著、遠藤薫、井関
和朗、今泉宜子、奥森清喜、河村茂、楠亀典之、齋
藤智香子、祖父江光治、中川智之著　清文社
2010.11　384p　22cm〈索引あり〉3600円
Ⓘ978-4-433-58300-2　Ⓝ518.8
内容 第1章 環境貢献都市（これからの都市形成　環
境貢献都市の形成　国土の環境と経済を料率させる
ための東京の経済と環境の両立）　第2章 東京のリ・
デザイン（環境貢献都市・東京の形成　環境貢献都
市と環境経済政策）　第3章 東京都の進める
環境戦略（都市づくりの歴史と環境・景観　東京の都
市環境政策）　第4章 環境貢献都市 東京を目指して
（東京における水辺空間の活用の可能性　環境貢献都
市 東京のリ・デザイン）　　　　　　　〔0111〕

◇写真と地図で読む！　帝都東京地下の謎　秋庭
俊編著　完全版　洋泉社　2010.9　95p　26cm
〈文献あり〉1200円　Ⓘ978-4-86248-615-8
Ⓝ518.8
内容 1 知られざる東京の地下スポット15（防空壕を
改築してできた 千代田線霞ヶ関駅　三つのビルが共
有している謎 日比谷シティ地下駐車場　なぜ幻の存
在となったのか 銀座「幻の地下街」ほか）　2 隠さ
れた地下の謎に迫る2大スポット（帝都の象徴・国会

10　「東京」がわかる本 4000冊　　　　　　　　　　　　　　　　〔0101～0112〕

東京全般　　　　　　　　　　　　　　　　　　　　　　　　　　　　江戸・東京

議事堂周辺を探る　霞が関こそが地下拠点だった！）
3　東京の地下にはもう一つの東京が潜んでいる（太田
道灌の江戸城は地下に眠っている！　海のなかを走
る道路と大江戸線　帝都の地下鉄免許を争った3人の
鉄道王　ほか）　　　　　　　　　　　　　　〔0112〕

◇東京計画地図―ビジネス発想の大ヒント集　東
京計画研究会編　かんき出版　2010.7　191p
21cm　1800円　①978-4-7612-6694-3　Ⓝ518.8
内容 1　東京スカイツリー・下町エリア　2　日本橋エ
リア　3　京橋エリア　4　大丸有エリア　5　お茶の水
エリア　6　六本木・環2エリア　7　渋谷エリア
〔0113〕

◇高山英華―東京の都市計画家　東秀紀著　鹿島
出版会　2010.6　386p　20cm　〈文献あり〉
3300円　①978-4-306-09407-9　Ⓝ518.8
＊高度成長時代における日本の都市づくりをリード
した高山英華。若いころベルリン・オリンピックの
サッカー日本代表候補となり、戦後はオリンピック、
博覧会、ニュータウン、江戸、国家的プロジェクトを
まとめながら、裏通りの居酒屋をこよなく愛した庶
民派であった。教育者として全共闘学生にも敬慕さ
れたその豊かな人間性を通して、都市計画・まちづ
くりのあるべき姿を描く。　　　　　　　　〔0114〕

◇多摩ニュータウンアーカイブプロジェクト　第
1編　草創期～中興期の夢と苦悩を知る　多摩
ニュータウン学会アーカイブ研究部会編著　八
王子　多摩ニュータウン学会　2010.5　295p
30cm　Ⓝ518.83　　　　　　　　　　　　〔0115〕

◇技師たちがみた江戸・東京の風景　笠原知子著
京都　学芸出版社　2010.4　158p　21cm
1800円　①978-4-7615-1270-5　Ⓝ518.8
内容 1章　庶民が楽しんだ江戸・東京の風景（町の変
貌―江戸から東京へ　庶民が楽しんだ江戸の風景・
東京の風景　風景の楽しみからは変わったか）　2章
技師たちがみた江戸・東京の風景（日本橋における
「みもの」づくり　日本橋通りを東京の目抜き通りへ
外濠をめぐる開発と保存問題）　3章　近代都市東京を
つくる（変貌する江戸　不体裁な都市東京の出現と美
観意識の萌芽　美観のための制度の誕生）　4章　風景
と向き合う（風景観の混沌から学ぶこと　風景の楽し
みを語ろう）　　　　　　　　　　　　　　〔0116〕

◇オーラル・ヒストリー多摩ニュータウン　細野
助博、中庭光彦編著　八王子　中央大学出版部
2010.3　339p　22cm　〈中央大学政策文化総合
研究所研究叢書 11）〈文献あり　年表あり
索引あり〉4100円　①978-4-8057-1410-2
Ⓝ518.83
内容 第1部　導入編（歴史のニュータウン・明日のニ
ュータウン―オーラル・ヒストリーへの時間軸　多
摩ニュータウンにおける開発政策史研究の課題　多
摩ニュータウンに見る東京都住宅政策の変容過程　ま
ちづくりはソーシャル・キャピタルの形成からはじま
る―学びから出発した2つのNPO法人　座談会：地域
政策史におけるオーラル・ヒストリーの可能性）　第
2部　証言編（都市計画の潮流と多摩ニュータウン　立
地政策から見た国土開発と都市政策　戦後住宅開発
計画思想の履歴　東京都政から見た多摩ニュータウン
事業　多摩市政20年の当事者として　用地提供者の
開発利益）　　　　　　　　　　　　　　　〔0117〕

◇私には夢がある―2016年.東京が変わる　藤岡
和賀夫著　PHP研究所　2009.10　78p　19cm
〈著作目録あり〉1000円　①978-4-569-77416-9
Ⓝ518.8
内容 夢・1　都心首都高が引退　夢・2　水路・水辺が
復活　夢百まで　ひとり言＋―ひとり想いの新水辺八
景　座談会 2016年東京はこれで決まり！―都心首都
高引退で美しい都づくりへ進み出す　資料　〔0118〕

◇東京モデル―密集市街地のリ・デザイン　日端
康雄、浅見泰司、遠藤薫、山口幹幸編著、永森清
隆、中川智之、楠亀典之、齋藤智香子、松村秀弦著
清文社　2009.8　283p　22cm　〈索引あり〉
2800円　①978-4-433-37039-8　Ⓝ518.8
内容 第1章　東京モデル―自律連携による都市マネジ
メント（東京をとりまく社会情勢　都市・地域政策上
の課題　自律連携による都市マネジメントの実現：
東京モデル　ほか）　第2章　密集市街地プロジェクト
の展開と課題（密集市街地の現状　密集市街地の整備
事例　密集市街地整備の課題　ほか）　第3章　容積移
転を活用した密集市街地整備―事業論・各論（容積移
転を活用した都市部の強化―東京モデルによる試論
密集市街地整備と容積移転　地域間連携による密集
市街地整備の構図　ほか）　　　　　　　　〔0119〕

◇巨大防衛都市・東京の隠された真実―我々は東
京について何も知らされていない！　別冊宝
島編集部編　宝島社　2009.3　127p　26cm
〈文献あり〉1300円　①978-4-7966-6657-2
Ⓝ518.8
内容 第1章　知られざる東京地下を行く（世界最大の
地下都市・東京駅の全容　増殖を続ける新宿地下街
のミステリー　東京メトロ副都心線開通で完成した
地下からの防衛体制　ほか）　第2章　増強しつつある
日本の防衛（東京を守る砦のR16号　東京に隠された
緊急時の首相官邸　原発に隠されたもう1つの国家的
使命　ほか）　第3章　東京からの非常口（舞浜が沈没
する日　地下鉄乗車中に地震、その脱出法は　東京
ドームから逃げ出せ ほか）　　　　　　　〔0120〕

◇都市を読む・東京2008―workshop ＆ essay
「都市を読む・東京2008」実行委員会編著・企画
〔小金井〕　法政大学工学部建築学科陣内研究
室　2009.3　81p　21×30cm　Ⓝ361.78〔0121〕

◇大東京の地下400年99の謎　秋庭俊著　二見書
房　2008.10　243p　15cm　〈二見文庫〉〈文
献あり〉600円　①978-4-576-08151-9　Ⓝ518.8
内容 1　東京の地下建設は江戸初期から！　2　オラン
ダ築城術と都市型城塞「江戸」の謎　3　江戸城の地下
道網と「天下普請」の謎　4　明治新政府が進めた地
下近代化の謎　5　地下鉄建設の黎明期に秘められた
謎　6　震災後の「帝都復興」と地下変貌の謎　7　「帝
都防衛」で拡大した地下要塞の謎　8　戦後もなお残
る大東京の地下の謎　　　　　　　　　　　〔0122〕

◇2030年の東京　パート1　趨勢予測による姿
森記念財団編　森記念財団　2008.7　115p
30cm　（東京中心部における都市構造の研究
5）1000円　Ⓝ361.78　　　　　　　　　〔0123〕

◇グローバルフロント東京―魅力創造の超都市戦
略　福川伸次、市川宏雄編著　都市出版　2008.

〔0113～0124〕　　　　　　　　　「東京」がわかる本 4000冊　11

江戸・東京　　　　　　　　　　　　　　　　　　　　　　　　　　東京全般

5　262p　21cm　1905円　Ⓘ978-4-901783-31-
6　Ⓝ361.78
内容 序章 東京の都市空間の魅力　第1章 東京の磁力
を高める—磁場を創る　第2章 東京のユニークな政
策と力学—対立と調整のあや　第3章 知的創造都市・
東京を目指して—情報価値と文化機能　第4章 東京
生活を愉しむ—豊富な生活スタイル　第5章 東京の
したたかな経済力—知らないうちにそっと　終章 グ
ローバル・フロントランナー東京の戦略　アクション・
ン・プロポーザル　　　　　　　　　　　　　　〔0124〕

◇東京、きのう今日あした　伊藤滋著　NTT出版
2008.3　273p　19cm　（NTT出版ライブラ
リーレゾナント 43）　1800円　Ⓘ978-4-7571-
4174-2　Ⓝ361.78
内容 第1章 世界の中の東京　第2章 七つのセールス
ポイント　第3章 市街地の空間像　第4章 東京人の
社会意識　第5章 快適性と安全性　第6章 横丁につ
いて　第7章 都心と三つの副都心　第8章 サブ・カ
ルチャーの繁華街　第9章 港の物語　第10章 東京を
計画する　　　　　　　　　　　　　　　　　　〔0125〕

◇新説東京地下要塞—隠された巨大地下ネット
ワークの真実　秋庭俊著　講談社　2007.7
246p　16cm　（講談社＋α文庫）〈2006年刊の
増訂　文献あり〉648円　Ⓘ978-4-06-281124-8
Ⓝ518.8
内容 第1章 サンシャインシティの地下施設　第2章
足元に広がる洞道　第3章 現代の極秘地下建設　第
4章 都営浅草線の真実　第5章 新宿・都営軌道　第6
章 天下を掌握したのは誰か　第7章 先に地下があっ
た　　　　　　　　　　　　　　　　　　　　　〔0126〕

◇自然が育んだ江戸東京の都市文化　法政大学大
学院エコ地域デザイン研究所歴史プロジェク
ト・陣内研究室編　〔小金井〕　法政大学大学
院エコ地域デザイン研究所歴史プロジェクト・
陣内研究室　2007.3　151p　30cm　〈文献あり〉
Ⓝ213.61
内容 江戸の富士塚 大野聡子著　食の老舗から読む江
戸東京の場所性 草山瑠美著　聖なる水辺 西村弘代
著　大森の都市空間に関する研究 大井友彦著
　　　　　　　　　　　　　　　　　　　　　　〔0127〕

◇オフィス・ナウ・東京街語り—Tokyo office
area report　増田富夫著　プログレス　2007.2
322p　20cm　〈折り込み2枚〉2300円　Ⓘ978-4-
901431-54-5　Ⓝ673.99
内容 二〇〇三年（平成一五年）（海外ブランド勢の旺
盛な出店意欲が続く銀座地区　東京駅周辺の活発な再
開発事業は再生を図る日本経済の写し絵 ほか）　二
〇〇四年（平成一六年）（二〇〇四年前半の東京貸
ビル市場は目に見えて改善か　上場Jリートの資産規模
は約一兆五、〇〇〇億円ほど ほか）　二〇〇五年（平成
一七年）（二〇〇五年の東京貸ビル市場は継続賃料値
上げの好機　強烈な衝撃を与える「ヨドバシAkibaビ
ル店舗棟」の出現 ほか）　二〇〇六年（平成一八年）
（共益費込み坪当り賃料三万円以上が当たり前に　首
都圏郊外のマンション用地仕入れ価格は危険水域に
ほか）　　　　　　　　　　　　　　　　　　　〔0128〕

◇東京問題　柴田徳衛編著　京都　クリエイツか
もがわ　2007.2　250p　21cm　〈発売：かもが

わ出版（京都）〉2400円　Ⓘ978-4-902244-75-5
Ⓝ318.736
内容 第1章 東京問題の背景—住宅・土地から見て　第
2章 世界都市問題の最前線を往く　第3章 オリン
ピック、スポーツイベントと都市　第4章 東京の交通
政策を考える—道路、公共交通を中心に　第5章 死
者を出さない都市政策—防災と都市政策　第6章 居
住改善からまちづくりを探る　第7章 東京の保健・
医療問題　第8章 水の商品化と電気の構造改革　第
9章「空」と「音」と「水」の東京の都市改革　第
10章 東京問題の解決を求めて　　　　　　　　〔0129〕

◇大東京の地下99の謎　秋庭俊著　二見書房
2006.12　239p　15cm　（二見文庫）〈文献あ
り〉600円　Ⓘ4-576-06218-2　Ⓝ518.8
内容 1「皇居・霞ケ関周辺」地下の謎（皇居の地下に、
もうひとつの江戸城が眠っている　皇居地下の巨大
駐車場、いったい誰が使うのか？ ほか）　2「山手・
中央線周辺」地下の謎（上野の西郷の銅像の下に、な
んと2kmもの地下道がある　御徒町駅北口の道路陥
没事故は、新旧地下空間が原因？ ほか）　3 大東京
を走る「地下鉄」の謎（迷路のように複雑怪奇な東京
の地下鉄、その理由は？　複雑！2路線交差6mの
隙間に南北線の駅を新設 ほか）　4 地下鉄「駅」の
謎（千代田線霞ケ関駅は旧海軍の地下防空壕を改造！
ホームがあるのに停まらない駅とは？ ほか）　5 地
下鉄「路線」の謎（地下鉄路線図にはない「秘密のト
ンネル」とは？　東京地下鉄環状線「ゆめもぐら」
は、なぜ消えた？ ほか）　　　　　　　　　　〔0130〕

◇東京の果てに　平山洋介著　NTT出版　2006.
10　298p　20cm　（日本の〈現代〉15　猪木武
徳, 北岡伸一, 坂村健, 松山巌編）2400円　Ⓘ4-
7571-4109-2　Ⓝ518.8
内容 序 前線は何処に　第1章 東京を改造する　第2
章 再生と対峙　第3章 梯子を登る　第4章 死者たち
と住む　結 多重の前線へ　　　　　　　　　　〔0131〕

◇帝都東京・隠された地下網の秘密　2（地下の誕
生から「1-8計画」まで）　秋庭俊著　新潮社
2006.6　278p　16cm　（新潮文庫）〈文献あ
り〉476円　Ⓘ4-10-126352-3　Ⓝ518.8
内容 序 七つの謎　第1章 地下の誕生　第2章 砲台
第3章 暗号地図　第4章 輝く東京　第5章 ダイヤモ
ンドカット　第6章 1‐8計画　　　　　　　　〔0132〕

◇Future visionの系譜—水の都市の未来像　東京
エコシティ展「Future visionの系譜」実行委員
会, 法政大学大学院エコ地域デザイン研究所, 東
京キャナル・プロジェクト実行委員会編著　鹿
島出版会　2006.3　141p　26cm　〈会期・会場：
2006年1月27日—3月5日　東京都江戸東京博物
館　年表あり〉2300円　Ⓘ4-306-04467-X
Ⓝ518.8
内容 水と人との関わりを根本的に考えた環境の豊か
さとは—大高正人 みなとみらい21/東京湾計画/千
葉港中央地区計画　先駆けとして日本文化を守る環
境、建築を見ていきたい—菊竹清訓 海上都市 水辺
への投資が進むと対自然の関係も変わらざるをえな
い—槇文彦 浮かぶ劇場 制度の衰退が消えた都市で
は誰もファサードを信用しない—磯崎新 コンピュー
タ・エイデッド・シティ　湾岸は生態系のもっとも大
事な場所だから埋め立てるべきではない—黒川紀章

12　「東京」がわかる本 4000冊　　　　　　　　　　　　　　　　　　　　〔0125〜0133〕

東京全般　　　　　　　　　　　　　　　　　　　　　　　　　江戸・東京

環状都市東京計画2025　「環境」という言葉はデザインの諸分野を総合し分類するなかで生まれた―川添登　世界デザイン会議で得たもの　Future Vision Graffiti―「東京計画1960」以降　アプローチを上手につくれば海は活かせる―長谷川逸子　横浜　多島美プロジェクト　提案よりも視点を水側に変えていくほうが先じゃないか―石山修武　松崎・気仙沼・唐桑プロジェクト/横浜グランモール計画　日本固有の水との多彩なつきあい方を思い出してほしい―篠原修　油津堀川運河/越前勝山大清水/片山津温泉まちなか広場（仮称）〔ほか〕　　　　　　　　　　〔0133〕

◇帝都東京・隠された地下網の秘密　秋庭俊著　新潮社　2006.2　430p　16cm　（新潮文庫）〈文献あり〉　629円　Ⓘ4-10-126351-5　Ⓝ518.8
　内容 序　七つの謎　第1章　入れ換えられた線路　第2章　一等不採用　第3章　知られざる東京の地下　第4章　地下は新宿を向いていた　第5章　二〇〇ヤード　第6章　戦前、ここにも地下鉄が走っていた　第7章　帝都復興　第8章　東京の下にはもう一つの東京がある　　　　　　　　　　　　　　　　　　　〔0134〕

◇東京エコシティ―新たなる水の都市へ　法政大学大学院エコ地域デザイン研究所、東京キャナル・プロジェクト実行委員会編著、陣内秀信監修、岡本哲志、寺田真理子企画編集　鹿島出版会　2006.2　159p　26cm〈会期・会場：2006年1月27日～3月5日　江戸東京博物館〉　2500円　Ⓘ4-306-04464-5　Ⓝ518.8
　内容 第1部　水の都市・東京の400年（湿原から寛永の江戸へ（1590～1657年）―「水の都市」の誕生　100万都市江戸（1657～1868年）―「水の都市」の発展　近代都市東京の発展（1868～1945年）―モダンな「水の都市」への転換　高度成長期を迎える東京（1945～1973年）―水辺の破壊と喪失　近現在の東京（1973～2005年）―「水の都市」の再生へ）　第2部　東京エコシティを読み解く7つのテーマ（地層の成り立ち　都市の形成―水の都市から陸の都市へ　河川整備と洪水　自然のエコロジー　暮らしのエコロジー　水際のデザイン　新たなる水の都市へのコンセプト）　〔0135〕

◇多摩ニュータウン今昔―写真集　大石武朗撮影・文、多摩市文化振興財団編　多摩　多摩市文化振興財団　2005.12　63p　30cm〈年表あり〉　Ⓝ518.83　　　　　　　　　　〔0136〕

◇東京プロジェクト―"風景"を変えた都市再生12大事業の全貌　平本一雄編著、東大都市工都市再生研究会、東京工科大都市メディア研究会著　日経BP社　2005.8　264p　28cm〈発売：日経BP出版センター〉　4762円　Ⓘ4-8222-0477-4　Ⓝ518.8
　内容 第1章　変貌する東京風景（風景変貌と都市再生激変記録35年―西新宿定点撮影写真　座談会「東京再生のこれから」）　第2章　東京のプロジェクトを縦断する（東京を変えるプロジェクト　都市再生プロジェクトの特徴を見る　座談会「プロジェクトの成功条件」）　第3章　東京の時間を再生する（時間再生が街を重層化する）　第4章　東京の街のイメージ（街のイメージ変化　座談会「市民が街をつくり、人が街を変える」）　　　　　　　　　　〔0137〕

◇東京白書　2　再生・市民まちづくり　東京自治研究センター編　第一書林　2005.4　226p

21cm　2381円　Ⓘ4-88646-185-9　Ⓝ302.136
　内容 第1部　総論（東京の都市構造―その形成と課題　人口減少に向かう東京の都市像）　第2部　街（東京の環境　東京・都市空間の経済　地域からつくる防災まちづくり）　第3部　市民（協働型まちづくりと都市再生　市民まちづくりルール）　第4部　都市再生（都市再生）　　　　　　　　　　　　　〔0138〕

◇帝都東京・地下の謎86　秋庭俊著　洋泉社　2005.2　220p　19cm〈文献あり〉　1400円　Ⓘ4-89691-888-6　Ⓝ518.8
　内容 第1章　北部（太田道灌の城はいまも地下に眠っている―江戸城跡/皇居　パレスサイドビルの地下七階には大浴場がある―竹橋/千代田区　ほか）　第2章　南東部（一般参賀の国民の足下には巨大な地下駐車場がある―表御座所前広場/皇居　資本も系列も異なるビルが地下駐車場を共有している―日比谷シティ/千代田区　ほか）　第3章　南西部（警視庁の地下―桜田門（1）/千代田区　桜田門の地下自動車道路―桜田門（2）/千代田区　ほか）　第4章　北西部（皇居吹上には大本営の防空壕があった―吹上/皇居　千鳥ヶ淵はいつ、現在の形になったのか―千鳥ヶ淵/皇居　ほか）　　　　　　　　　　　　　　　〔0139〕

◇ニュートーキョー・パラダイス―都市再生の地下茎　2003年度報告書　町村敬志、一橋大学社会学部町村ゼミナール編　〔国立〕　町村敬志　2004.12　208p　26cm〈共同刊行：一橋大学社会学部町村ゼミナール〉　Ⓝ361.78
　内容 「都市再生」政策に関する一考察（平野慎也著）　都市緑地不可欠論（池永泰浩著）　日本の中心の生活者（首藤奈美美著）　かんだ食堂（古山宇央著）　まちをつくるもの（遠藤ゆう著）　なぜ彼らは神田に集まるのか？（関哲著）　「品川」の紹介（植田剛史著）　「青物横丁に住み続けたい」という感覚（佐志田みさと著）　品川宿再生とその担い手層（山路健太郎著）　地域一体による自治の実現へ（北島剛著）　「都市を計画する」ということ（植田剛史著）　〔0140〕

◇東京のインフラストラクチャー―巨大都市を支える　中村英夫、家田仁編著、東京大学社会基盤学教室著　第2版　技報堂出版　2004.3　488p　21cm　4600円　Ⓘ4-7655-1646-6　Ⓝ518.8
　内容 プロローグ　巨大都市東京の課題とインフラストラクチャー　第1部　東京はどのようにしてつくられてきたのか―歴史的経緯と現状（地図が語る東京の地形とその変遷　水運のつくった江戸下町と鉄道のつくった東京山手ほか）　第2部　東京はどのような技術に支えられているのか―都市づくりの工学とデザイン（地下へ広がる都市空間と建設技術　東京の軟弱地盤の諸問題ほか）　第3部　東京はどのような問題に直面しているのか―課題と対応（都市空間の創造に向けて　地震に強い都市システム　ほか）　エピローグ　安全で快適そして豊かな東京へ向けて　　　〔0141〕

◇東京再生―ハーバード・慶應義塾・明治大学プロジェクトチームによる合同提案　小林正美編、伊藤滋、東京インナーシティプロジェクト実行委員会著　京都　学芸出版社　2003.12　131p　29cm〈英文併記〉　2400円　Ⓘ4-7615-2331-X　Ⓝ518.8
　内容 イントロダクション　東京の基層を考える　江戸/東京の社会的ストックとしての緑地とランドスケー

〔0134～0142〕　　　　　　　　　　　　　　「東京」がわかる本　4000冊　13

江戸・東京　　　　　　　　　　　　　　　　　　　　　　　　　　東京全般

ブ　江戸/東京：空間構造と社会文化的形態　江戸/
東京のゲニウス・ロキ　これからの東京モデルとは
何か？　プロジェクト　課題＋敷地の説明　慶應義
塾大学＋明治大学の提案　ハーバード大学の提案
〔0142〕

◇オフィス・ナウ‐東京物語り　増田富夫著　プ
ログレス　2003.10　342p　20cm　2300円
Ⓘ4-901431-18-8　Ⓝ673.99
内容　品川区のオフィス相場を大きく変えた再開発計
画　昭和四三年の霞ヶ関ビル竣工が東京オフィス市
場の転換点　不動産売却の動きは、ここ一〜二年が
ヤマ場　存在価値を厳しく問われるこれからの貸ビ
ル　プロジェクト　ダイレクト・インの新規ビル　メ
ディア関連企業が集約する「24時間眠らない街」が
誕生　先進技術の情報交流をテーマに街づくり　流
動化の時代を迎えて、不動産取得はここ数年がチャ
ンス　今年は「夜明け前」の一年、市況好転の兆し
は年末に　新しく動き出したサブリースの行方〔ほ
か〕
〔0143〕

◇2010年東京圏大変貌　矢田晶紀著　ベストセ
ラーズ　2003.9　230p　19cm〈著作目録あり〉
1500円　Ⓘ4-584-18762-2　Ⓝ518.8
内容　第1章　東京を襲う6つのショック（東京を襲うシ
ョック1―2004年問題　東京を襲うショック2―都市
再生問題　ほか）　第2章　変貌を遂げる東京の街（新
橋は第一級のビジネスタウンへ変身する　商いの原
点が銀座をよみがえらせる　ほか）　第3章　ビジネス
がもたらす街の変化（丸の内は新しいライフスタイ
ルを提案できるか　品川と丸の内の戦い、勝敗を分
けるものは　ほか）　第4章　住まいと暮らしの変化に
東京の将来を見る（超高層マンションが終焉する時代
が来た　超高級マンションの定義が変化している　ほ
か）　第5章　2010年、東京圏はこう変身する（中国から
のUターンで東京はよみがえる　中国企業村やロシ
ア系エリアが東京に出現する日　ほか）　〔0144〕

◇24365東京　北山孝雄、北山創造研究所著　集英
社インターナショナル　2003.5　317p　21cm
〈発売：集英社〉2400円　Ⓘ4-7976-7081-9
Ⓝ518.8
内容　0　現（GDP130倍　自殺者15分に1人　ほか）　1
人（心体　身の丈尺度　ほか）　2　環（空気も買う時代
島が沈む　ほか）　3　繋（24時間365日交流　マニュア
ル対応、実態対応　ほか）　4　響（驚き感動1951年渋
谷駅前　2000年間人々を魅きつける名所　ほか）　5
活（日本製を楽しむ　活かせ資産　ほか）　6　知（未来
を描く力　創造力不足　ほか）
〔0145〕

◇全図解東京開発計画―この地図でビジネスチャ
ンスが見つかる　21世紀都市研究会編著　ダイ
ヤモンド社　2003.1　206p　21cm　1600円
Ⓘ4-478-24096-5　Ⓝ518.8
内容　丸の内・八重洲エリア　都心エリア　ベイエリ
ア　京浜エリア　西エリア　道路　鉄道・新交通シ
ステム　空港
〔0146〕

◇Tokyo環境戦略―自然を育む首都再構築に向け
て　小礒明著　万葉舎　2002.5　427p　20cm
〈年表あり　文献あり〉2000円　Ⓘ4-86050-
003-2　Ⓝ519.1
内容　第1部　自然を育む首都再構築をめざす（ロード
プライシング―自動車文明との共生　クリーンエネ

ルギー―化石燃料依存からの脱却　環境・防災・安
全都市―ライフラインの確保　環境公共システム―
循環型社会の具体像　環境ビジネス―新産業革明の
始動　ほか）　第2部　東京のグランドデザインを語る
（環境問題の最先端を語る　環境先進都市をめざして
自然と共生する東京人のロマン）
〔0147〕

◇「ルポ」東京再興―進む「戦略的エリア」の創
造　島田章著　日本経済新聞社　2002.5　311p
19cm　1600円　Ⓘ4-532-14979-7　Ⓝ518.8
内容　序章　なぜ今、東京再興なのか　第1章「戦略的
エリア」への挑戦―六六に夢を乗せて　第2章　民間
初の大規模コンプレックス―実験都市アークヒルズ
第3章　老舗の復活はなるか―丸の内改造計画　第4章
国鉄跡地の三井VS三菱―新しい本群の集積　第5
章　街がよみがえる―再開発のつち音　第6章　都市間
競争の時代―首都圏の再生プロジェクト　第7章　東
京再生、最後の挑戦
〔0148〕

◇大都市社会のリストラクチャリング―東京のイ
ンナーシティ問題　高橋勇悦編　復刻版　八王
子　東京都立大学都市研究所　2001.10　261p
21cm　（都市研究叢書　6）〈発行所：東京都立
大学出版会〉3500円　Ⓘ4-925235-15-X
Ⓝ361.78
内容　第1章　東京のインナーシティ問題　第2章　東京
の産業構造と再編成　第3章　東京下町の社会的再編
成　第4章　インナーエリアにおける社会移動と地域
形成　第5章　インナーエリアーとコミュニティの変
容　第6章「インナーシティ問題」と地域社会の重
層化　第7章　インナーシティにおける土地・住宅問
題　第8章　住宅市街地の再生　第9章　住民によるイ
ンナーシティ再開発
〔0149〕

◇大都市のサブ・センターの変容と再生の可能性
―21世紀と世田谷区・三軒茶屋の新しい胎動
大黒聰、佐々木隆爾、世田谷自治問題研究所編
こうち書房　2001.10　145p　21cm　（ブック
レット「巨大都市東京の地域と住民生活」の実
態分析シリーズ　4（世田谷区）2）〈発売：桐書
房（〔東京〕）〉1200円　Ⓘ4-87647-541-5
Ⓝ318.7361
内容　キャロット・タワーと世田谷の街―社会の変化
が、建物の機能を変える　第1部　キャロット・タワー
のできるまで―三軒茶屋とはどういう街か、いま何
が起こっているか（三軒茶屋のむかしと今―その基本
的性格　再開発ビル＝キャロット・タワーと三軒茶
屋地域の住民）　第2部　キャロット・タワー建設のあ
とに―三軒茶屋地域の新しい様相（変動のとび口に立
つ三軒茶屋―静かに進んでいた新しい地域政策　仲
見世再開発と商店街・行政、そして大企業）　第3部
三軒茶屋、そして世田谷区の21世紀（IT革命・情報通
信問題と世田谷区政―国道246号線沿いの新しい意味
きびすを接して噴出する事業―世田谷区を変える東
京都の施策案）
〔0150〕

◇東京計画2001　宇野求、岡河貢著　鹿島出版会
2001.10　125p　21cm　2400円　Ⓘ4-306-
04415-7　Ⓝ518.8
内容　マルチモデュロールハウジング　ジャンクショ
ンシティ　グラスファームヴィレッジ　ワンルーム
スカイスクレイパー　プリンティッドシティ　ウォー
ターフロントレジデンス　知的産業特区　公団公園

東京全般 江戸・東京

ハイウェイレジデンス　バイナリータワーズ　ライ
ステラスハウジング　コンビニエンスハウジング　リ
ニアシティ　クロノシティ　〔0151〕

◇メイド・イン・トーキョー　貝島桃代,黒田潤
三,塚本由晴著　鹿島出版会　2001.8　191p
21cm〈年表あり　文献あり〉1900円　Ⓘ4-
306-04421-1　Ⓝ518.8
内容「メイド・イン・トーキョー」東京の都市空間と
建築　メイド・イン・トーキョーの方法　メイド・イ
ン・トーキョーを考える10のキーワード　メイド・
イン・トーキョー：ガイドブック(倉庫コート　エレ
クトリックパサージュ ほか)　地図 ホンマタカシ
との対話　沿革　略歴　書誌　〔0152〕

◇東京都市計画物語　越澤明著　筑摩書房
2001.3　389,9p　15cm（ちくま学芸文庫）
1300円　Ⓝ518.8
内容 1 後藤新平と帝都復興計画　2 帝都復興の思想
と復興事業の遺産　3 水辺のプロムナード・隅田公
園　4 神宮外苑の銀杏並木　5 大東京の成立と新宿
新都心のルーツ　6 優美なアーバンデザイン・常盤
台　7 山の手の形成・区画整理と風致地区―郷土開
発にかけた情熱　8 宮城外苑―シビック・ランドス
ケープの思想　9 東京緑地計画―グリーンベルトの
思想とその遺産　10 防空と建物疎開　11 幻の環状
三号線―戦災復興計画の理想と挫折　12 東京オリン
ピックと首都高速道路　終章 東京都市計画の負の遺
産　二一世紀の東京都市計画の課題　〔0153〕

◇日本の首都江戸・東京―都市づくり物語　河村
茂著　都政新報社　2001.2　287p　20cm〈年
表あり　文献あり〉1800円　Ⓘ4-88614-061-0
Ⓝ518.8
内容 第1部 近世都市・江戸(防衛都市の建設―「統治」
都市の防災構造化と輸送路の整備―「流通」　祝祭
都市づくり―「粋・活き」)　第2部 近代都市・東京
(帝都の建設―「威信」　産業都市の整備―「効率」
生活・交流都市づくり―「多種多様」)　〔0154〕

◇東京再生情報―21世紀Tokyoが一目でわかる！
伊藤雄一郎著　講談社　2000.9　230p　20cm
1900円　Ⓘ4-06-210268-4　Ⓝ518.8
内容 プロローグ どうなる？　東京大改造計画　第1
部 再生プロジェクト編(汐留プロジェクト―国際水
準の街づくり構想が動き出す　拡大ITベルト地帯―
元気なニュージャパン企業が集結する　新都心ルネサ
ンス―ビジネスのコアゾーンが生まれ変わる　新国
際文化都市―六本木に続々と新名所が誕生する ほ
か)　第2部 インフラ編(池袋～渋谷間に新たな二つ
の大動脈・営団地下鉄13号線、首都高速中央環状線
―池袋・新宿・渋谷、副都心の連携を強化　都心再
生のキーをにぎる幹線道路・環状二号線(虎ノ門～有
明北)―半世紀ぶりに実現する通称「マッカーサー道
路」　最後のウォーターフロント、いよいよ開発へ・
有明北・豊洲土地区画整理事業―両地区に人口六万
人の都市を誕生させる　ベイエリアの交通アクセス
充実・新鉄道計画―地下鉄半蔵門線、日暮里・舎
人線、臨海副都心線、ゆりかもめ、常磐新線)〔0155〕

◇臨海副都心物語―「お台場」をめぐる政治経済
力学　平本一雄著　中央公論新社　2000.6
297p　18cm（中公新書）〈年表あり〉840円
Ⓘ4-12-101541-X　Ⓝ518.8

内容 プロローグ　1 埋立地に未来都市の夢　2 政治
の介入、防戦の民活目玉プロジェクト　3 企業の進
出合戦から一転、バブル経済崩壊へ　4 PR役の博覧
会がいつの間にか主役に　5 情報都市から集客都市
へ　エピローグ　〔0156〕

◇都心活性化地図―ビジネス発想の大ヒント集
成戸寿彦,青山伨編　かんき出版　2000.5
223p　21cm　1800円　Ⓘ4-7612-5863-2
Ⓝ518.8
内容 Prologue 東京の魅力と都心活性化　1 スマー
トシティ　2 ベイエリア　3 センターシティ　4 ニ
ューコマース　5 ウェストコリドー　6 サウスフロ
ンティア　7 コミュニティーミックス　8 ダウンタ
ウン　9 都心活性化プラン　〔0157〕

◇東京のグランドデザイン―都市経営フォーラム
講演録　伊藤滋著　慶應義塾大学出版会
2000.3　319p　19cm（Keio UP選書）2200
円　Ⓘ4-7664-0783-0　Ⓝ518.8
内容 第1章 東京湾地域の再整備について　第2章 日
本の都市のこれからの動向　第3章 世紀末の巨大都
市・東京　第4章 先進諸国の都市観について　第5章
東京のグランドデザイン試論　第6章 続・東京のグ
ランドデザイン試論　第7章 世紀末的都市空間私論
第8章 都市空間の規制とその緩和について　第9章
都市居住と郊外居住　第10章 21世紀における都市
整備の視点　〔0158〕

◇二子玉川アーバニズム―玉川高島屋SC界隈の創
造と実験　彦坂裕編著　鹿島出版会　1999.11
127p　26cm　3100円　Ⓘ4-306-07225-8
Ⓝ518.8
内容 第1部 田園都市アーバニズムの100年―鼎談・田
園都市アーバニズムの100年　第2部 二子玉川アーバ
ニズム(古地図に見る二子玉川　地図に見る二子玉川
の変容 ほか)　第3部 ショッピングセンターを核と
する街づくり(地域のディベロップ＆マネジメント
商業環境進化の構図)　第4部 夢の競演する街をめ
ざして(新たな神話の創造へ　「生活地」としての界
隈 ほか)　〔0159〕

◇都心改創の構図―東京業務地区再生の論理　依
田和夫編著　鹿島出版会　1999.4　158p
22cm　2800円　Ⓘ4-306-07219-3　Ⓝ518.8
内容 第1章 今、なぜ、東京都心か　第2章 都心の生
い立ちと特徴　第3章 都心の成り立ちと特徴　第4章
都心の危うさ　第5章 都心改創の空間ビジョン　第
6章 都心改創へのシナリオ　〔0160〕

◇東京の大深度地下―具体的提案と技術的検討
土木編　森麟,小泉淳編著　早稲田大学出版部
1999.2　160p　21cm（早稲田大学理工総研シ
リーズ 11）2000円　Ⓘ4-657-99106-X
Ⓝ518.8
内容 第1章 大深度多目的トンネルの必要性　第2章
廃棄物の輸送とその集中処理　第3章 トンネルの設
置ルートとその収容インフラ　第4章 東京の地盤構
造と土丹層の特性　第5章 トンネルと立坑の形式と
機能　第6章 立坑とトンネルについての技術的検討
第7章 第二期計画および将来計画への展望　〔0161〕

◇環境革命時代の建築―巨大都市東京の限界と蘇

〔0152～0162〕　　　　　「東京」がわかる本 4000冊　15

江戸・東京　　　　　　　　　　　　　　　　　　　　　　　　　　　　　　　　　　東京全般

生　尾島俊雄監修　彰国社　1998.10　190p
26cm　2857円　Ⓘ4-395-51063-9　Ⓝ518.8
内容 第1章 環境革命の時代（環境革命時代の建築　東
京の限界と未来─7大プロジェクトをめぐって）　第
2章 東京に住まう（住まいのかたち　次世代の集住の
あり方を考える　防災計画原論から見た住環境）　第
3章 東京を蘇生させる（木造密集地区と街づくり　環
境汚染と人工環境　防災と救助　歴史の伝承　地下
デザイン　都市居住と防災街区　首都機能をめぐっ
て）　第4章 七大プロジェクトの提案　　　　〔0162〕

◇多摩ニュータウン開発の軌跡─「巨大な実験都
市」の誕生と変容　企画展　パルテノン多摩編
多摩　パルテノン多摩　1998.10　63p　30cm
Ⓝ518.83　　　　　　　　　　　　　　　　　〔0163〕

◇東京の大深度地下　建築編　尾島俊雄、高橋信
之著　早稲田大学出版部　1998.5　209p
21cm　（早稲田大学理工総研シリーズ 10）〈折
り込み1枚〉2000円　Ⓘ4-657-98421-7　Ⓝ518.8
内容 第1章 発想　第2章 計画　第3章 先行的な第一
期ルート計画─1994年　第4章 第二期ルートの検討
─1996年　第5章 各省庁及び地方自治体の取り組み
と経緯　　　　　　　　　　　　　　　　　　〔0164〕

◇あらためて東京の景観を考える─外から見る東
京、内から見る東京　東京都生活文化局コミュ
ニティ文化部振興計画課編　東京都　1998.3
56p　30cm　（都市美シンポジウム講演録 平成
9年度）〈会期：平成10年2月16日〉Ⓝ518.8
　　　　　　　　　　　　　　　　　　　　　〔0165〕

◇成熟都市東京のゆくえ─2008年の都市基盤と政
策　市川宏雄編著、富士総合研究所東京問題研
究会著　ぎょうせい　1998.2　237p　21cm
2600円　Ⓘ4-324-05306-5　Ⓝ518.8
内容 第1章 成熟都市とは　第2章 成熟都市・東京の
未来　第3章 成熟都市の都市基盤─整備と維持・管
理　第4章 成熟化に向けた東京のストック整備
　　　　　　　　　　　　　　　　　　　　　〔0166〕

◇魅力発見東京まち歩きノート　Teku・Teku編
著　彰国社　1997.7　164p　21cm　2000円
Ⓘ4-395-00477-6　Ⓝ518.8
内容 1 まちを訪ね、語る場を求めて　2 いろいろな
まちを歩いて知る（開発型の大規模なまち─輝ける
都市空間の誕生　ウォーターフロントのまち─忘れ
られた水辺の復権　アーバンデザインが彩るまち─
街角が風景になるとき　ラビリンスのまち─迷路が
奏でるファンタジー　手づくり再開発のまち─暮ら
しが息づくまちづくり　集合住宅がつくるまち─都
市性と居住性の間で　界隈性のあるまち─まちはな
りゆきで変わりゆく）　3 まちを歩けば見えてくる
　　　　　　　　　　　　　　　　　　　　　〔0167〕

◇新・変貌する東京圏最後はこうなる─極秘資料
が証す！　矢田晶紀著　経済界　1996.7
215p　19cm　（Ryu selection）1300円　Ⓘ4-
7667-8125-2　Ⓝ518.8
内容 第1章 巨大プロジェクトが東京圏をどう変える
か　第2章 10年後の栄枯盛衰を完全予測　第3章 21
世紀の新交通地図はこうなる　第4章 この先、東京
圏の住環境はこう変わる　第5章 進化する都市が生

むニュービジネス　第6章 ソフト育成型「東京大改
造」が始まった　　　　　　　　　　　　　　〔0168〕

◇虹のむこうに森をつくろう─ヘンな市民の臨海
副都心開発懇談会傍聴記　破綻した開発を市民
参加で見直すために　小林蔦子著　アルファ
ベータ　1996.6　239p　18cm　1500円　Ⓘ4-
87198-443-5　Ⓝ518.8
内容 ヘンな市民の臨界副都心開発懇談会傍聴記（最
終報告は、なんと両論並記！　初めて公開された懇
談会 いざ、傍聴 ほか）　臨海用語の基礎知識（私
的諮問機関　第三セクター　新土地利用方式 ほか）
資料─臨海副都心開発懇談会最終報告　　　　〔0169〕

◇Q&Aで読む・とうきょうプラン　自治体計画
研究会編　公職研　1996.3　63p　21cm　600
円　Ⓘ4-87526-140-3　Ⓝ518.8
内容 第1章 青島知事ととうきょうプラン（そもそも
青島カラーとは　青島さんは典型的な東京人 ほか）
第2章 生活都市東京をめざして（生活者とは何か　生
活都市東京の条件 ほか）　第3章 自治体と計画（自治
体における計画の意義　基本構想・長期計画・中期
計画 ほか）　　　　　　　　　　　　　　　　〔0170〕

◇東京はこう変わる─「遷都」「分権」の基礎知識
市川宏雄、富士総研東京問題研究会著　東洋経
済新報社　1995.12　252p　21cm〈主たる参考
文献：p249～251〉1600円　Ⓘ4-492-08537-8
Ⓝ518.8
内容 第1章 巨大都市・東京の課題　第2章 世界都市
・東京の危機　第3章 遷都・首都機能移転　第4章 遷
都の功罪　第5章 分権─権限・財源の移譲　第6章 地
方分権の功罪　第7章 東京のシナリオ　　　　〔0171〕

◇東京都心のグランドデザイン─東京都心地域の
あり方に関する調査委員会報告　国土庁大都市
圏整備局編　大蔵省印刷局　1995.10　65p
30cm　1200円　Ⓘ4-17-294015-3　Ⓝ518.8
内容 第1章 国土政策における東京都心の位置づけ
第2章 都心集中の構造変化　第3章 東京都心の新た
な役割　第4章 東京都心のグランドデザイン
　　　　　　　　　　　　　　　　　　　　　〔0172〕

◇破綻！　臨海副都心開発─ドキュメント・東京
を食い荒らす巨大利権プロジェクト　岡部裕三
著　あけび書房　1995.6　207p　19cm　1600
円　Ⓘ4-900423-85-8　Ⓝ518.8
内容 プロローグ 阪神大震災が警告するウォーターフ
ロント開発の愚挙　1 10兆円プロジェクトの破綻　2
加速する東京一極集中　3 世界都市博覧会の大いな
るムダ　4 官政財癒着の黒い構図　5 「都民が主人
公」の都政を　　　　　　　　　　　　　　　〔0173〕

◇東京都市計画史論─明治・大正・昭和・平成
寺西弘文著　政治都市計画研究会　1995.4
305p　22cm〈発行所：東京都市計画社　参考
文献：p293～296〉3000円　Ⓘ4-924944-01-7
Ⓝ518.8　　　　　　　　　　　　　　　　　〔0174〕

◇東京の先端風景　尾島俊雄著　早稲田大学出版
部　1995.1　216p　21cm　（早稲田大学理工総
研シリーズ 2）2000円　Ⓘ4-657-94732-X
Ⓝ518.8

16　「東京」がわかる本 4000冊

東京全般　　　　　　　　　　　　　　　　　　　　　　　　　　　　　　　　江戸・東京

内容 第1章 東京の先端風景　第2章 インフラストラクチャー　第3章 都心機能の蘇生　第4章 コミュニティの復活　第5章 首都・東京の心象　　〔0175〕

◇都電型都市空間のすすめ　伊藤滋編著　彰国社　1994.10　214p　19cm　2230円　Ⓘ4-395-00421-0　Ⓝ518.8
内容 序章 都電型都市空間　第1章 都電型都市空間の要素　第2章 街を調べて考える　第3章 都電型都市空間の試み　第4章 都電型都市空間のヒント　　〔0176〕

◇臨海副都心開発—ゼネコン癒着10兆円プロジェクト ドキュメント　岡部裕三著　あけび書房　1993.6　254p　19cm〈年表・参考文献：p248〜254〉1600円　Ⓘ4-900423-72-6　Ⓝ518.8
内容 プロローグ 金丸流利権プロジェクト＝東京臨海副都心開発　1 底なしのゼネコンゆき　2 都民の憩いの場をつぶす　3 金丸介入の舞台裏　4 企業による企業のための開発　5 奇怪な東京フロンティア博　6 臨海にとどまらぬ金権都政　7 都議会自社公民の罪　　〔0177〕

◇東京改造計画の軌跡—多心型都市の形成と都庁舎移転　東郷尚武著　東京市政調査会　1993.5　273p　19cm　（都市問題研究叢書 5）〈発売：そしえて〉3200円　Ⓘ4-88169-663-7　Ⓝ518.8
内容 第1章 東京の都市改造の視点　第2章 東京における多心型都市構造論の系譜　第3章 東京圏計画の策定過程　第4章 多心型都市づくりの政策形成　第5章 東京都庁舎の移転　第6章 都市づくりの政策の検証　資料　　〔0178〕

◇東京再発見—土木遺産は語る　伊東孝著　岩波書店　1993.5　235,3p　18cm　（岩波新書）〈巻末：参考文献〉580円　Ⓘ4-00-430284-6　Ⓝ518.8
内容 1 装飾のメタファー　2 アーチの空中回廊　3 見える地下、見えない地下　4 帝都の門　5 水辺のオアシス　6 近代土木遺産を考える　　〔0179〕

◇物語東京の都市計画と建築行政　大河原春雄著　鹿島出版会　1992.12　224p　19cm　2678円　Ⓘ4-306-07184-7　Ⓝ518.8
内容 序章 戦争と東京の計画　第1章 終戦直後の建築行政　第2章 終戦後の建築行政と事件　第3章 交通整備と都市計画　第4章 建築基準法の変遷　第5章 東京都の住宅政策　第6章 都市計画事業　第7章 多摩ニュータウンの建設　　〔0180〕

◇どうなる！　21世紀の東京　長沢宏編著　三和総合研究所・SANMIC本部　1992.9　108p　26cm　1500円　Ⓝ518.8　　〔0181〕

◇江戸東京まちづくり物語—生成・変動・歪み・展望　田村明著　時事通信社　1992.4　487p　22cm〈江戸東京略年表：p481〜483〉4200円　Ⓘ4-7887-9209-5　Ⓝ518.8
内容 1 都市・江戸の形成—都市の誕生・形成　2 東京の都市形成—その光と影　3 戦後から現在への復興・成長・変動・歪み・課題　　〔0182〕

◇東京一極集中のメンタリティー　藤本建夫著

京都　ミネルヴァ書房　1992.4　257,6p　20cm（Minerva21世紀ライブラリー 1）　2300円　Ⓘ4-623-02196-3　Ⓝ361.78
内容 序章 東京プロブレムとは何なのか　第1章「ああ上野駅」　第2章「トーダイ」を目指すメンタリティー　第3章 日本型出世コースの生成　第4章 東京イズムに背を向けて　第5章 もうひとつの生活文化—ドイツの自動販売機　終章 新たな分散的文化・経済圏の創造は可能だろうか　　〔0183〕

◇変貌する東京圏最後はこうなる 続　矢田晶紀著　経済界　1992.4　237p　18cm　（タツの本 Ryu books）〈「続」編の副書名：この先10年、秘密計画の全容を公開　極秘資料が証す〉750円　Ⓘ4-7667-0215-8　Ⓝ518.8
内容 序章 東京大改造、これが極秘の青写真だ　1章 この巨大プロジェクトが地図を塗り替える　2章 10年後の栄枯盛衰を完全予測　3章 最新資料が証す東京圏新路線図　4章 この先、東京圏の住環境はこう変わる　5章 進化する都市が生んだニュービジネス　　〔0184〕

◇異議あり！　臨海副都心　尾島俊雄著　岩波書店　1992.3　62p　21cm　（岩波ブックレット no.247）〈年表：p61〜62〉350円　Ⓘ4-00-003187-2　Ⓝ518.8
内容 臨海副都心構想の背景　臨海部はどう変わるか—極集中のなかでの極集中論　埋立地の安全と経済　本格的な見直しはこれから　　〔0185〕

◇生活都市の時代—リビジョン東京　伊藤滋,大都市生活構造研究会編著　イースト・プレス　1992.3　270p　20cm　1700円　Ⓘ4-900568-42-2　Ⓝ518.8
内容 序説 メガシティー東京の21世紀をめざして　第1部 東京、その過去・現在・未来（中流意識と階層化 業務機能の巨大化と集中化 通勤と住宅・土地問題 都市構造変化の可能性 豊かな居住スタイル実現の条件）　第2部 大都市問題の解決に向けて（日本にニューヨークRPAをつくれるか ラージとスモール—21世紀の都市開発コンセプト 計画と参加—パブリックとプライベートのあり方 日米交流の必要性）　対談「都市計画家」登場への期待　　〔0186〕

◇トウキョウ・ベイ、トウキョウ・アーバン—世界都市東京圏の役割と将来　NKK都市総合研究所編　ぎょうせい　1991.8　176p　21cm〈監修：伊藤滋〉1500円　Ⓘ4-324-02810-9　Ⓝ518.8
内容 基調報告（世界都市東京圏の役割と将来 アメリカのダウンタウンはいかにして再生したか ロンドン・ドックランズに見る英国の都市再開発）　討議（世界に向けての文化発信 京浜臨海部の将来像を求めて）　　〔0187〕

◇Tokyo新川ストーリー—ウォーターフロントの100年　佐藤正之著　日本評論社　1991.6　218p　21cm〈引用・参考文献：p215〜218〉2500円　Ⓘ4-535-57944-X　Ⓝ213.6
内容 第1章 急激なオフィス街化　第2章 酒問屋と三菱の時代　第3章 激動期の土地所有の形態　第4章 関東大震災と金融恐慌　第5章 再開発への序曲　第6章 変革迫られる都市政策　　〔0188〕

江戸・東京　　　　　　　　　　　　　　　　　　　　　　　　　　　　東京全般

◇これでいいのか東京臨海部開発―10兆円の計画をやめ、住宅・福祉・教育の充実を　三沢美喜著　自治体研究社　1991.4　159p　19cm　1200円　Ⓘ4-88037-123-8　Ⓝ518.8

内容　第1章　あまりに拙速なその進め方　第2章　ひどすぎる大企業とのゆ着　第3章　住宅建設でもふみにじられた都民要望　第4章　環境へのチェックをごまかして計画を強行　第5章　東京一極集中をさらに加速するもの　第6章　末はゴーストタウン？　第7章　基本的な問題点はたなあげのまま　第8章　弊害が大きい「東京フロンティア」　むすび　今ならまだ間にあう　〔0189〕

◇よみがえる東京―再開発22　日刊建設通信新聞社　1990.11　199p　31cm　〈監修：東京都都市計画局開発計画部再開発計画課〉　11000円　Ⓘ4-930735-15-6　Ⓝ518.8

内容　第1部　ケーススタディ―再開発22地区の素顔（都市が取り込んだ東京の24時間―赤坂・六本木地区　東京のまん中の水際都市―飯田橋地区　副都心の賭け、7番目の核づくり―大崎駅東口第1地区　よみがえった江戸の参道―音羽一丁目地区　板張りアパートから駅の顔へ―大井町駅東口第1地区（ほか）　第2部　市計画の中の再開発―行政が語る街づくりの手法（都市再開発の夜明け―戦後、東京の街づくり　座談会　東京都施行が意味するもの　座談会　行政から見た組合再開発　都市再開発の意義と手法）　〔0190〕

◇巨大都市東京の計画論　計画論研究会編、川上秀光著　彰国社　1990.10　135p　26cm　2580円　Ⓘ4-395-00304-4　Ⓝ518.8

内容　1　機能・構造論（東京計画論の変遷　都市計画における「機能」と「構造」の概念）　2　再開発論（再開発の必要性と可能性　東京都区部再開発方針の考察）　3　高度利用論（土地高度利用政策の起源、軌跡、展開　都市の構造転換と高度利用）　4　多心型都市構造論（東京中心街地の多心化の実態　多心型都市構造の概念と展望）　5　都心居住・郊外開発論（都心居住の行方　ニュータウン開発と開発複合体）　〔0191〕

◇世界都市東京の創造と課題　大都市圏研究開発協会編　ぎょうせい　1990.9　150p　21cm　1500円　Ⓘ4-324-02429-4　Ⓝ518.8

内容　東京本質論―総合部会（東京の世界的使命―「世界都市センター」の提案　大都市圏の行政システム論―都区制改革について　"超首都圏"時代と都心の機能）　都市問題―ハード面（首都圏の交通問題　深刻化する大気汚染　首都圏における廃棄物処理問題と今後　東京の渋滞解消への提案）　人間都市東京の課題と創造―ソフト面（海外から見た日本人　留学生問題を考える　外国人労働者問題―日本のとるべき道　高齢化とまちづくり）　未来都市構想―ハード・ソフトの調和（リニアモーターカーの開発について　磁気浮上と21世紀の大都市圏―HSSTの構想と展望　高度情報化社会の地震対策）　〔0192〕

◇現代に生きるまち―東京のまちの過去・未来を読み取る　佐藤滋,街区環境研究会著　彰国社　1990.3　191p　19cm　〈参考文献リスト：p190〉2050円　Ⓘ4-395-00291-9　Ⓝ518.8

内容　序章　まちの変容と街区の系統発生　第1章　重なり合う計画の歴史―台東区小島町　第2章　現代に生きるまちの歴史―新宿区四谷左門町　第3章　見えな

いまちの深層構造―北区滝野川　第4章　まちの景観の発見―神田川流域　第5章　まちづくりの文脈的方法―川口市本町、金山町　第6章　見えてきたまちの姿―上尾市仲町　〔0193〕

◇ジオ・フロント構想で東京圏はこう変わる―「提言」一極集中型から首都機能分散型へ　大深度地下活用　朝倉堅五著　HBJ出版局　1990.1　239p　19cm　（HBJ business express）〈参考文献：p238～239〉1250円　Ⓘ4-8337-3041-3　Ⓝ518.8

内容　第1章　なぜ地下構想なのか（「東京プロブレム」を明らかにする7つの視点　ますます顕著になる東京一極集中（ほか）　第2章　多彩な地下空間利用の展開（地下街開発の方向　地下の鉄道交通の現況　ますます重要となる地下ダム、地下河川　地下の貯蔵施設はどうなっているか　ほか）　第3章　ジオ・フロント構想と技術開発（次々に提案される大深度地下利用構想　ジオ・フロント構想を支える技術開発　地下調査技術の進歩　ほか）　第4章　提言―21世紀の地下都市をめざして（業務核都市構想からの東京地下構想　東京地下構想への提言　ほか）　〔0194〕

◆緑地・公園・庭園

◇江戸大名庭園の魅力―東京都文化財庭園ガイドの誕生　都立文化財庭園研究会編著　東京農業大学出版会　2014.9　215p　30cm　非売品　Ⓘ978-4-88694-441-2　Ⓝ629.21

内容　第1部　庭園ガイド活動＆研究ノート（庭園ガイド第一期生として　六義園ガイド発足11年を振り返ってほか）　第2部　都立文化財庭園ボランティアガイドの誕生とその後（都立文化財庭園のボランティアガイドシステム導入の頃　都立庭園ガイドボランティアについて―成立の経過及びその成果　ほか）　第3部　資料編1（都立文化財庭園案内　都立文化財庭園の主な年間開催行事一覧（平成25年）　ほか）　第4部　資料編2―「都市公園」掲載記事より（都立庭園におけるガイドシステム―庭園の魅力をより多くの都民へ　都立庭園ガイドの活動その後―導入一年を経過して　ほか）　〔0195〕

◇お寺が守る都市の緑地―江戸からの歴史的ストックとして　北川順也著　今日の話題社（発売）　2012.8　201p　18cm　〈文献あり〉800円　Ⓘ978-4-87565-610-4　Ⓝ518.85

内容　第1章　都市における寺院空間について　第2章　近世以降のお寺の緑地空間について　第3章　文京区旧日光御成道沿いのお寺の緑地保全　第4章　台東区浅草旧新寺町通り周辺のお寺の緑地保全　第5章　これからのお寺の緑地空間のあり方　第6章　都市環境を考える　〔0196〕

◇多摩ニュータウンの公園緑地　伊藤精美著　東京都公園協会　2011.1　196p　18cm　（東京公園文庫　51）〈文献あり〉1050円　Ⓝ518.85　〔0197〕

◇江戸東京の庭園散歩　田中昭三著　JTBパブリッシング　2010.4　127p　21cm　（楽学ブックス　文学歴史　12）〈写真：西田伸夫　文献あり〉1500円　Ⓘ978-4-533-07841-5　Ⓝ629.21

内容　江戸の町と大名庭園　小石川から駒込へ　目白

東京全般　　　　　　　　　　　　　　　　　　　　　　　　書誌・目録

から早稲田へ　新宿から原宿へ　広尾から戸越まで　汐留から江戸城へ　清澄から向島へ　横浜の名園　〔0198〕

◇目黒・みどりへの誘い―地域をつくり地域を育む　進士五十八，山崎憲治編著　二宮書店　2008.10　156p　21cm　（めぐろシティカレッジ叢書　10）　1500円　Ⓘ978-4-8176-0330-2　Ⓝ518.85
内容　第1章　みどりをつくる（みどり（生物的自然）との共生　建築とみどり　みどりを文学の中に求めて―イギリス文学にみる庭、森、みどり）　第2章　川とみどり（目黒の地形とみどり　目黒川―水と緑の復権を求めて　目黒川の環境保全と景観）　第3章　街を見る視点・つくる視点（景観論への路上観察学的アプローチ　一枚の写真にみる「わたしの目黒」）　第4章　これからの「めぐろシティカレッジ」（めぐろシティカレッジ一〇周年記念シンポジューム・わが街めぐろシティカレッジの『あした』―地域の教育力を育む　めぐろシティカレッジこれからの一〇年を展望して）　〔0199〕

◇都市の緑はどうあるべきか―東京緑地計画の考察から　真田純子著　技報堂出版　2007.2　196p　21cm　3200円　Ⓘ978-4-7655-1713-3　Ⓝ518.85
内容　第1章　緑地をめぐるふたつの考えかた　第2章　景園地計画（景園地計画の概要　パークシステムと郊外の緑地　ほか）　第3章　環状緑地帯計画（環状緑地帯計画の概要　環状緑地帯計画作成の経緯　ほか）　第4章　保健道路計画（保健道路の概要　保健道路と北村徳太郎　ほか）　第5章　行楽と風景（北村徳太郎の行楽地観、風景観　行楽における風景観）　〔0200〕

◇東京の公園と原地形　田中正大著　立川　けやき出版　2005.4　343p　22cm　〈文献あり〉　1800円　Ⓘ4-87751-272-1　Ⓝ629.3
内容　第1章　原地形と谷戸　第2章　武蔵野台の谷戸　第3章　丘陵の谷戸　第4章　崖線の谷戸　第5章　ロイヤルグリーン　第6章　大名庭園と谷戸　第7章　明治・大正の庭園と谷戸　第8章　谷戸の傑作　第9章　谷津につくられた西山荘　第10章　「谷地」につくられた南湖公園―もとより地勢にしたがふ計なり　〔0201〕

◇都立公園ガイド　2003　東京都建設局公園緑地部管理課　2003　170p　26cm　Ⓝ629.3　〔0202〕

◇みんなのための公園づくり―世田谷の公園レポート　東京農業大学短期大学部環境緑地学科緑地計画学研究室編　東京農業大学出版会　2002.3　143p　26cm　1800円　Ⓘ4-88694-148-6　Ⓝ518.85
内容　第1章　人にやさしい公園づくり―バリアフリーの視点から（バリアフリーとは　身体障害者とはほか）　第2章　人が求める公園づくり―マンウォッチングの視点から（調査方法　入口調査ほか）　第3章　安心・安全な公園づくり（安心・安全に関する対策　公園調査ほか）　第4章　レクリエーションニーズに応えた公園づくり―住民の声から（調査方法　分析方法ほか）　〔0203〕

◇東京鎌倉横浜名庭を歩く―江戸の庭園文化を訪ねて　日本交通公社出版事業局　1996.3　144p　21cm　（JTBキャンブックス）　1500円　Ⓘ4-

533-02424-6　Ⓝ629.21　〔0204〕

◇東京の公園通誌　下　末松四郎著　改訂版　東京都公園協会　1996.1　106p　18cm　（東京公園文庫　32）〈叢書の監修：東京都公園緑地部〉　Ⓝ629.4136　〔0205〕

◇東京の公園通誌　上　末松四郎著　改訂版　東京都公園協会　1995.11　134p　18cm　（東京公園文庫　31）〈叢書の監修：東京都公園緑地部〉　Ⓝ629.4136　〔0206〕

◇東京庭園散歩　青木登著　八王子　のんぶる舎　1995.4　261p　21cm　〈参考文献：p260〜261〉　1800円　Ⓘ4-931247-31-8　Ⓝ629.21　〔0207〕

◇東京の公園120年　東京都建設局公園緑地部　1995.3　513p　21cm　〈編集：東京都公園協会〉　非売品　Ⓝ629.3　〔0208〕

事典

◇江戸東京学事典　小木新造ほか編　新装版　三省堂　2003.3　1052,34p　図版24枚　22cm　〈年表あり〉　4800円　Ⓘ4-385-15388-4　Ⓝ291.36
内容　都市空間（都市のイメージ　自然史と地形　ほか）　江戸東京の日常（江戸東京考古学　生活意識ほか）　都市文化（コミュニケーション　江戸ことば・東京ことば　ほか）　災害と病い（地震・噴火・津波　関東大震災　ほか）　〔0209〕

◇江戸学事典　西山松之助ほか編　弘文堂　1994.2　593, 40p　22cm　〈縮刷版〉　4800円　Ⓘ4-335-25053-3　Ⓝ213.6
＊魅力あふれる江戸の都市文化を第一級の編集陣・執筆陣が浮かび上がらせた名著の普及縮刷版。〔0210〕

◇江戸・東京ものしり図典　太田記念美術館学芸部企画・編集　太田記念美術館　1990.8　99p　26cm　Ⓝ213.6　〔0211〕

◇東京百科事典　東京学芸大学地理学会30周年記念出版専門委員会編　第2版　国土地理協会　1986.5　729p　19cm　2500円　Ⓝ291.36
内容　第1部　東京と自然　第2部　東京の歴史　第3部　区市町村の地誌　第4部　産業と流通　第5部　生活と文化　〔0212〕

書誌・目録

◇東京都（板橋区・練馬区）EL新聞記事情報リスト　2014　エレクトロニック・ライブラリー編　エレクトロニック・ライブラリー　2015.2　285,398p　30cm　〈奥付のタイトル：東京都EL新聞記事情報リスト　制作：日外アソシエーツ〉　Ⓝ025.81361　〔0213〕

◇東京都（葛飾区・江戸川区）EL新聞記事情報リスト　2014　エレクトロニック・ライブラリー編　エレクトロニック・ライブラリー　2015.2

〔0199〜0214〕　　　　　　　　　　　　　　「東京」がわかる本 4000冊　　19

書誌・目録　　　　　　　　　　　　　　　　　　　　　　　　　　　　　　　東京全般

238,312p　30cm〈奥付のタイトル：東京都EL新聞記事情報リスト　制作：日外アソシエーツ〉Ⓝ025.81361　　　〔0214〕

◇東京都（北区・荒川区・足立区）EL新聞記事情報リスト　2014　エレクトロニック・ライブラリー編　エレクトロニック・ライブラリー　2015.2　334,200,339p　30cm〈奥付のタイトル：東京都EL新聞記事情報リスト　制作：日外アソシエーツ〉Ⓝ025.81361　　　〔0215〕

◇東京都（北多摩I）EL新聞記事情報リスト　2014　エレクトロニック・ライブラリー編　エレクトロニック・ライブラリー　2015.2　1冊　30cm〈制作：日外アソシエーツ〉Ⓝ025.81365
　［内容］武蔵野市　三鷹市　小金井市　小平市　東村山市　国分寺市　清瀬市　東久留米市　西東京市　　　〔0216〕

◇東京都（北多摩II）EL新聞記事情報リスト　2014　エレクトロニック・ライブラリー編　エレクトロニック・ライブラリー　2015.2　1冊　30cm〈制作：日外アソシエーツ〉Ⓝ025.81365
　［内容］立川市　青梅市　昭島市　福生市　東大和市　武蔵村山市　羽村市　あきる野市　　　〔0217〕

◇東京都江東区EL新聞記事情報リスト　2014　エレクトロニック・ライブラリー編　エレクトロニック・ライブラリー　2015.2　808p　30cm〈制作：日外アソシエーツ〉Ⓝ025.81361〔0218〕

◇東京都（品川区・大田区）EL新聞記事情報リスト　2014　エレクトロニック・ライブラリー編　エレクトロニック・ライブラリー　2015.2　447,538p　30cm〈奥付のタイトル：東京都EL新聞記事情報リスト　制作：日外アソシエーツ〉Ⓝ025.81361　　　〔0219〕

◇東京都渋谷区EL新聞記事情報リスト　2014　エレクトロニック・ライブラリー編　エレクトロニック・ライブラリー　2015.2　780p　30cm〈制作：日外アソシエーツ〉Ⓝ025.81361〔0220〕

◇東京都新宿区EL新聞記事情報リスト　2014　エレクトロニック・ライブラリー編　エレクトロニック・ライブラリー　2015.2　895p　30cm〈制作：日外アソシエーツ〉Ⓝ025.81361〔0221〕

◇東京都全域EL新聞記事情報リスト　2014-25　エレクトロニック・ライブラリー編　エレクトロニック・ライブラリー　2015.2　p20371-21366　30cm〈制作：日外アソシエーツ〉Ⓝ025.8136　　　〔0222〕

◇東京都全域EL新聞記事情報リスト　2014-24　エレクトロニック・ライブラリー編　エレクトロニック・ライブラリー　2015.2　p19413-20370　30cm〈制作：日外アソシエーツ〉Ⓝ025.8136　　　〔0223〕

◇東京都全域EL新聞記事情報リスト　2014-23　エレクトロニック・ライブラリー編　エレクト

ロニック・ライブラリー　2015.2　p18407-19411　30cm〈制作：日外アソシエーツ〉Ⓝ025.8136　　　〔0224〕

◇東京都全域EL新聞記事情報リスト　2014-22　エレクトロニック・ライブラリー編　エレクトロニック・ライブラリー　2015.2　p17309-18405　30cm〈制作：日外アソシエーツ〉Ⓝ025.8136　　　〔0225〕

◇東京都全域EL新聞記事情報リスト　2014-21　エレクトロニック・ライブラリー編　エレクトロニック・ライブラリー　2015.2　p16275-17308　30cm〈制作：日外アソシエーツ〉Ⓝ025.8136　　　〔0226〕

◇東京都全域EL新聞記事情報リスト　2014-20　エレクトロニック・ライブラリー編　エレクトロニック・ライブラリー　2015.2　p15175-16273　30cm〈制作：日外アソシエーツ〉Ⓝ025.8136　　　〔0227〕

◇東京都全域EL新聞記事情報リスト　2014-19　エレクトロニック・ライブラリー編　エレクトロニック・ライブラリー　2015.2　p14273-15173　30cm〈制作：日外アソシエーツ〉Ⓝ025.8136　　　〔0228〕

◇東京都全域EL新聞記事情報リスト　2014-18　エレクトロニック・ライブラリー編　エレクトロニック・ライブラリー　2015.2　p13579-14272　30cm〈制作：日外アソシエーツ〉Ⓝ025.8136　　　〔0229〕

◇東京都全域EL新聞記事情報リスト　2014-17　エレクトロニック・ライブラリー編　エレクトロニック・ライブラリー　2015.2　p12081-13578　30cm〈制作：日外アソシエーツ〉Ⓝ025.8136　　　〔0230〕

◇東京都全域EL新聞記事情報リスト　2014-16　エレクトロニック・ライブラリー編　エレクトロニック・ライブラリー　2015.2　p11087-12079　30cm〈制作：日外アソシエーツ〉Ⓝ025.8136　　　〔0231〕

◇東京都全域EL新聞記事情報リスト　2014-15　エレクトロニック・ライブラリー編　エレクトロニック・ライブラリー　2015.2　p10171-11086　30cm〈制作：日外アソシエーツ〉Ⓝ025.8136　　　〔0232〕

◇東京都全域EL新聞記事情報リスト　2014-14　エレクトロニック・ライブラリー編　エレクトロニック・ライブラリー　2015.2　p8913-10169　30cm〈制作：日外アソシエーツ〉Ⓝ025.8136　　　〔0233〕

◇東京都全域EL新聞記事情報リスト　2014-13　エレクトロニック・ライブラリー編　エレクトロニック・ライブラリー　2015.2　p7965-8911

東京全般　　　　　　　　　　　　　　　　　　　　　　　　　　　　　　　　書誌・目録

30cm〈制作：日外アソシエーツ〉Ⓝ025.8136
〔0234〕

◇東京都全域EL新聞記事情報リスト　2014-12
エレクトロニック・ライブラリー編　エレクト
ロニック・ライブラリー　2015.2　p7283-7964
30cm〈制作：日外アソシエーツ〉Ⓝ025.8136
〔0235〕

◇東京都全域EL新聞記事情報リスト　2014-11
エレクトロニック・ライブラリー編　エレクト
ロニック・ライブラリー　2015.2　p6631-7281
30cm〈制作：日外アソシエーツ〉Ⓝ025.8136
〔0236〕

◇東京都全域EL新聞記事情報リスト　2014-10
エレクトロニック・ライブラリー編　エレクト
ロニック・ライブラリー　2015.2　p5963-6629
30cm〈制作：日外アソシエーツ〉Ⓝ025.8136
〔0237〕

◇東京都全域EL新聞記事情報リスト　2014-9
エレクトロニック・ライブラリー編　エレクト
ロニック・ライブラリー　2015.2　p5315-5961
30cm〈制作：日外アソシエーツ〉Ⓝ025.8136
〔0238〕

◇東京都全域EL新聞記事情報リスト　2014-8
エレクトロニック・ライブラリー編　エレクト
ロニック・ライブラリー　2015.2　p4763-5313
30cm〈制作：日外アソシエーツ〉Ⓝ025.8136
〔0239〕

◇東京都全域EL新聞記事情報リスト　2014-7
エレクトロニック・ライブラリー編　エレクト
ロニック・ライブラリー　2015.2　p4099-4762
30cm〈制作：日外アソシエーツ〉Ⓝ025.8136
〔0240〕

◇東京都全域EL新聞記事情報リスト　2014-6
エレクトロニック・ライブラリー編　エレクト
ロニック・ライブラリー　2015.2　p3447-4097
30cm〈制作：日外アソシエーツ〉Ⓝ025.8136
〔0241〕

◇東京都全域EL新聞記事情報リスト　2014-5
エレクトロニック・ライブラリー編　エレクト
ロニック・ライブラリー　2015.2　p2839-3446
30cm〈制作：日外アソシエーツ〉Ⓝ025.8136
〔0242〕

◇東京都全域EL新聞記事情報リスト　2014-4
エレクトロニック・ライブラリー編　エレクト
ロニック・ライブラリー　2015.2　p2165-2838
30cm〈制作：日外アソシエーツ〉Ⓝ025.8136
〔0243〕

◇東京都全域EL新聞記事情報リスト　2014-3
エレクトロニック・ライブラリー編　エレクト
ロニック・ライブラリー　2015.2　p1531-2163
30cm〈制作：日外アソシエーツ〉Ⓝ025.8136
〔0244〕

◇東京都全域EL新聞記事情報リスト　2014-2
エレクトロニック・ライブラリー編　エレクト
ロニック・ライブラリー　2015.2　p847-1529
30cm〈制作：日外アソシエーツ〉Ⓝ025.8136
〔0245〕

◇東京都全域EL新聞記事情報リスト　2014-1　エ
レクトロニック・ライブラリー編　エレクトロ
ニック・ライブラリー　2015.2　845p　30cm
〈制作：日外アソシエーツ〉Ⓝ025.8136〔0246〕

◇東京都（台東区・墨田区）EL新聞記事情報リス
ト　2014　エレクトロニック・ライブラリー編
エレクトロニック・ライブラリー　2015.2
389,381p　30cm〈奥付のタイトル：東京都EL
新聞記事情報リスト　制作：日外アソシエー
ツ〉Ⓝ025.81361　　　　　　　　　　〔0247〕

◇東京都中央区EL新聞記事情報リスト　2014　エ
レクトロニック・ライブラリー編　エレクトロ
ニック・ライブラリー　2015.2　1101p　30cm
〈制作：日外アソシエーツ〉Ⓝ025.81361〔0248〕

◇東京都千代田区EL新聞記事情報リスト　2014-2
エレクトロニック・ライブラリー編　エレクト
ロニック・ライブラリー　2015.2　p701-1873
30cm〈制作：日外アソシエーツ〉Ⓝ025.81361
〔0249〕

◇東京都千代田区EL新聞記事情報リスト　2014-1
エレクトロニック・ライブラリー編　エレクト
ロニック・ライブラリー　2015.2　700p　30cm
〈制作：日外アソシエーツ〉Ⓝ025.81361〔0250〕

◇東京都（中野区・杉並区）EL新聞記事情報リス
ト　2014　エレクトロニック・ライブラリー編
エレクトロニック・ライブラリー　2015.2
297,430p　30cm〈奥付のタイトル：東京都EL
新聞記事情報リスト　制作：日外アソシエー
ツ〉Ⓝ025.81361　　　　　　　　　　〔0251〕

◇東京都（文京区・豊島区）EL新聞記事情報リス
ト　2014　エレクトロニック・ライブラリー編
エレクトロニック・ライブラリー　2015.2
457,419p　30cm〈奥付のタイトル：東京都EL
新聞記事情報リスト　制作：日外アソシエー
ツ〉Ⓝ025.81361　　　　　　　　　　〔0252〕

◇東京都港区EL新聞記事情報リスト　2014-2
エレクトロニック・ライブラリー編　エレクト
ロニック・ライブラリー　2015.2　p581-1559
30cm〈制作：日外アソシエーツ〉Ⓝ025.81361
〔0253〕

◇東京都港区EL新聞記事情報リスト　2014-1　エ
レクトロニック・ライブラリー編　エレクトロ
ニック・ライブラリー　2015.2　580p　30cm
〈制作：日外アソシエーツ〉Ⓝ025.81361〔0254〕

◇東京都（南多摩I）EL新聞記事情報リスト　2014

書誌・目録　　　　　　　　　　　　　　　　　　　　　　　　　　　　　　　　東京全般

エレクトロニック・ライブラリー編　エレクト
ロニック・ライブラリー　2015.2　329,106,
169p　30cm〈制作：日外アソシエーツ〉
Ⓝ025.81365
内容 八王子市　日野市　多摩市　　　　　〔0255〕

◇東京都（南多摩Ⅱ）EL新聞記事情報リスト
2014　エレクトロニック・ライブラリー編　エ
レクトロニック・ライブラリー　2015.2　1冊
30cm〈制作：日外アソシエーツ〉Ⓝ025.81365
内容 府中市　調布市　町田市　国立市　狛江市　稲
城市　　　　　　　　　　　　　　　　　〔0256〕

◇東京都（目黒区・世田谷区）EL新聞記事情報リ
スト　2014　エレクトロニック・ライブラリー
編　エレクトロニック・ライブラリー　2015.2
282,671p　30cm〈奥付のタイトル：東京都EL
新聞記事情報リスト　制作：日外アソシエー
ツ〉Ⓝ025.81361　　　　　　　　　　　〔0257〕

◇葛飾区立図書館所蔵葛飾コレクション図録　葛
飾区立中央図書館『葛飾コレクション図録』制
作グループ企画・編集　葛飾区立中央図書館
『葛飾コレクション図録』制作グループ　2011.3
76p　30cm〈葛飾区立中央図書館開館一周年記
念〉Ⓝ025.81361　　　　　　　　　　　〔0258〕

◇新島村・伊豆諸島及び小笠原諸島の文献・雑録
リスト　磯部一洋編　〔新島村（東京都）〕　磯
部一洋　2006.4　181p　30cm　Ⓝ025.81369
　　　　　　　　　　　　　　　　　　　〔0259〕

◇東京都立中央図書館逐次刊行物目録—東京資料
編　新聞・雑誌　2001年1月末現在　東京都立中
央図書館編　東京都立中央図書館　2001.3
182p　30cm　Ⓝ318.236　　　　　　　　〔0260〕

◇東京都立中央図書館逐次刊行物目録—東京資料
編　年鑑・年報　2001年1月末現在　東京都立中
央図書館編　東京都立中央図書館　2001.3
842p　30cm　Ⓝ318.236　　　　　　　　〔0261〕

◇東京都立多摩図書館行政郷土資料目録—年鑑・
年報　1999年9月末現在　東京都立多摩図書館
編　立川　東京都立多摩図書館　1999.12
970p　30cm　Ⓝ025.8136　　　　　　　〔0262〕

◇東京資料目録—東京都立中央図書館・東京都立
多摩図書館所蔵　新聞・雑誌　東京都立中央図
書館, 東京都立多摩図書館編　東京都立中央図
書館　1999.3　216p　30cm　Ⓝ318.236〔0263〕

◇青梅地域史文献目録—もっと青梅を知るために
青梅　青梅市郷土博物館　1998.3　75p　30cm
Ⓝ025.81365　　　　　　　　　　　　　〔0264〕

◇東京都立多摩図書館行政郷土資料目録—年鑑・
年報　1997年11月末現在　東京都立多摩図書館
編　立川　東京都立多摩図書館　1998.1　855p
30cm　Ⓝ025.8136　　　　　　　　　　　〔0265〕

◇東京都立中央図書館東京資料目録　和図書

1996年9月末現在　書名索引　東京都立中央図書
館編　東京都立中央図書館　1997.3　1620p
26cm　Ⓝ318.236　　　　　　　　　　　〔0266〕

◇東京都立中央図書館東京資料目録　和図書
1996年9月末現在　著者名索引　東京都立中央図
書館編　東京都立中央図書館　1997.3　1262p
26cm　Ⓝ318.236　　　　　　　　　　　〔0267〕

◇東京都立中央図書館東京資料目録　和図書
1996年9月末現在　東京都立中央図書館編　東
京都立中央図書館　1997.3　2冊　26cm
Ⓝ318.236　　　　　　　　　　　　　　〔0268〕

◇東京都立多摩図書館行政郷土資料/新聞・雑誌
目録　1996年2月現在　東京都立多摩図書館参
考奉仕課編　立川　東京都立多摩図書館
1996.3　181p　30cm　Ⓝ025.8136　　　〔0269〕

◇東京都立中央図書館東京資料目録—年鑑・年報
1995年9月末現在　東京都立中央図書館編　東
京都立中央図書館　1996.3　959p　26cm〈背
の書名：東京資料目録〉Ⓝ318.236　　　〔0270〕

◇豊島区立中央図書館所蔵地域資料目録　平成7
年4月末日現在　東京都豊島区立中央図書館編
豊島区立中央図書館　1996.3　165p　30cm
Ⓝ025.8136　　　　　　　　　　　　　　〔0271〕

◇江戸・東京学雑誌論文総覧　大串夏身, 江戸・
東京資料研究会編　青弓社　1994.10　620p
22cm　20600円　⑭4-7872-0018-6　Ⓝ213.6
内容 第1部 本書のわかりやすい使い方　第2部 こと
ば（件名）から探せる研究論文総覧　第3部 『江戸学
事典』『江戸東京学事典』見出し一覧　　　〔0272〕

◇渋谷区地域資料目録　1992年版　〔東京都〕渋
谷区立中央図書館　1993.3　147p　26cm〈平
成4年8月31日現在　共同刊行：渋谷区立西原図
書館ほか〉Ⓝ025.8136　　　　　　　　　〔0273〕

◇東京都立多摩図書館行政郷土資料目録—年鑑・
年報　1992年12月末現在　東京都立多摩図書館
編　立川　東京都立多摩図書館　1993.3　2冊
26cm〈「書名編」「分類編」に分冊刊行〉
Ⓝ025.8136　　　　　　　　　　　　　　〔0274〕

◇富岡丘蔵文庫目録—郷土資料室所蔵　東京都目
黒区守屋教育会館郷土資料室編　目黒区守屋教
育会館郷土資料室　1993.3　139p　26cm
Ⓝ025.8136　　　　　　　　　　　　　　〔0275〕

◇東京に関する文献目録—雑誌文献編　東京市政
調査会市政専門図書館編　東京市政調査会
1992.3　276p　27cm　4500円　Ⓝ318.236
　　　　　　　　　　　　　　　　　　　〔0276〕

◇板橋区立図書館郷土・行政資料総合目録　平成
3年6月30日現在　東京都板橋区立図書館編　板
橋区立図書館　1992.2　233p　26cm〈奥付・
背の書名：郷土・行政資料総合目録〉Ⓝ025.
8136　　　　　　　　　　　　　　　　　〔0277〕

22　「東京」がわかる本 4000冊　　　　　　　　　　　　　　　　　　　　　　　〔0256〜0277〕

東京全般　　　　　　　　　　　　　　　　　　　　　　　　　　　　　　　　　文化施設

◇江戸・東京学研究文献案内　大串夏身，江戸・東京資料研究会編　青弓社　1991.10　352p　22cm　8240円　Ⓝ025.8136　　〔0278〕

◇田無市立図書館所蔵郷土・行政資料目録　1990年4月1日現在　田無市立図書館編　田無　田無市立図書館　1991.1　169p　26cm　Ⓝ025.8136　　〔0279〕

◇中央区立京橋図書館郷土資料室所蔵地域資料目録　2（1983年4月～1988年3月増加分）　東京都中央区立京橋図書館編　東京都中央区立京橋図書館　1990.3　126p　26cm　Ⓝ025.8136　〔0280〕

◇板橋区立図書館郷土・行政資料総合目録　平成元年6月30日現在　東京都板橋区立図書館編　板橋区立図書館　1990.2　172p　26cm　〈奥付・背の書名：郷土・行政資料総合目録〉　Ⓝ025.8136　　〔0281〕

文化施設

◇東京都写真美術館総合開館20周年史――一次施設開館から25年のあゆみ　柴田尚子編　東京都歴史文化財団東京都写真美術館　2016.3　533p　26cm　〈執筆：福原義春ほか　年表あり〉　Ⓝ740.69　〔0282〕

◇アール・デコ建築意匠――朝香宮邸の美と技法　東京都庭園美術館編　鹿島出版会　2014.12　151p　27cm　〈文献あり〉　3000円　Ⓘ978-4-306-04616-0　Ⓝ529.021361
　内容 1章 朝香宮邸が伝えるもの――アール・デコの美と技法　2章 フランスのアール・デコ――匠たちの日仏コラボレーション（正面玄関　大広間　次室　大客室　大食室　小客室　書斎　殿下居間）　3章 日本のアール・デコ――伝統と革新 匠たちの挑戦（石材　タイル　漆喰・石膏　木材　硝子　装飾金物　経師　家具）　4章 出自としての『関係費書類』と『工事録』を読み解く（解説 資材にみる建築材料と技術の粋　付表 資料でたどる工程と関係者の実像）　〔0283〕

◇庭園美術館へようこそ――旧朝香宮邸をめぐる6つの物語　朝吹真理子，福田里香，小林エリカ，ほしよりこ，mamoru，阿部海太郎著　河出書房新社　2014.11　119p　20cm　〈年譜あり〉　1800円　Ⓘ978-4-309-25557-6　Ⓝ706.9
　内容 かわらないもの（朝吹真理子）　母と娘の、たてものととべもの（福田里香）　はじまり（小林エリカ）　デジュネのまえに（ほしよりこ）　そして、すべては残響する（mamoru）　ピアノのための小組曲"三つの装飾"（阿部海太郎）　〔0284〕

◇東京都庭園美術館30＋1　東京都歴史文化財団東京都庭園美術館編　東京都歴史文化財団東京都庭園美術館　2014.11　167p　26cm　〈開館30周年＆リニューアルオープン記念　年表あり〉　Ⓝ706.9　　〔0285〕

◇古本屋ツアー・イン・神保町　小山力也著　本の雑誌社　2014.11　333p　19cm　2000円

Ⓘ978-4-86011-262-2　Ⓝ024.8　〔0286〕

◇江戸東京博物館 江戸東京たてもの園 20年のあゆみ　東京都江戸東京博物館　2014.9　102p　30cm　〈年表あり〉　Ⓝ213.6　〔0287〕

◇新江戸東京たてもの園物語　江戸東京たてもの園，スタジオジブリ企画・編集　東京都江戸東京博物館　2014.7　447p　20cm　〈年表あり〉　Ⓝ382.136　　〔0288〕

◇東京23区区立博物館 "辛口" 批評　干場辰夫著　花伝社　2013.10　251p　21cm　〈文献あり　発売：共栄書房〉　1500円　Ⓘ978-4-7634-0679-8　Ⓝ069.021361
　内容 都心・副都心エリア（千代田区立日比谷図書文化館　中央区立郷土天文館（タイムドーム明石）ほか）　城東エリア（台東区立下町風俗資料館　すみだ郷土文化資料館 ほか）　城南エリア（品川区品川歴史館　目黒区めぐろ歴史資料館 ほか）　城西エリア（世田谷区立郷土資料館　山崎記念中野区立歴史民俗資料館 ほか）　城北エリア（北区飛鳥山博物館　板橋区立郷土資料館 ほか）　〔0289〕

◇図書館を創る力――都立中央図書館開館への記録　都立図書館の歴史を残すプロジェクト（都立図書館を考える会）編　東京都庁職員労働組合教育庁支部日比谷分会　2013.10　78,57p　26cm　〈年表あり〉　1000円　Ⓝ016.2136　〔0290〕

◇疎開した四〇万冊の図書　金高謙二著　幻戯書房　2013.8　277p　20cm　〈文献あり〉　2400円　Ⓘ978-4-86488-030-5　Ⓝ016.2136
　内容 第1章 文化か、人か　第2章 時代を映す鏡　第3章 国策としての図書疎開　第4章 中田邦造の読書会運動　第5章 疎開の困難と障害　第6章 わずかな時間差　第7章 躊躇による失敗　第8章 事業の打ち切り　　　　　　　　　　　　　　〔0291〕

◇コミュニティ・ミュージアムへ――「江戸東京たてもの園」再生の現場から　佐々木秀彦著　岩波書店　2013.2　240p　20cm　〈文献あり〉　2900円　Ⓘ978-4-00-022925-8　Ⓝ521.06
　内容 第1章 漂流するミュージアム――閉園の危機　第2章 地域が支えるミュージアム――再生への糸口　第3章 対話と連携のミュージアム――社会との絆づくり　第4章 知を分かち合うミュージアム――再生への道　第5章 コミュニティ・ミュージアムへ――制度のあり方を問う　終章 アート・コミュニティをめざして――「とびらプロジェクト」　〔0292〕

◇名物「本屋さん」をゆく　井上理津子著　宝島社　2013.2　191p　16cm　（宝島SUGOI文庫 Dい-2-1）　600円　Ⓘ978-4-8002-0748-7　Ⓝ024.1361
　内容 本屋さん（街道文庫――北品川　BIBLIO-PHILIC&bookunion――新宿　Shelf――神宮前　旅の本屋のまど――西荻北　COOKCOOP――渋谷 ほか）　ブックバー（Cafe RASHIKU――千歳烏山　ブックカフェ槐多――明大前　Rainy Day Bookstore&Cafe――西麻布　Heimat Cafe――武蔵小山　ブックス＆カフェブーザンゴ――千駄木 ほか）　〔0293〕

◇東京ミュージアム50ボイス――博物館や美術館の

〔0278～0294〕　　　　　　　　　　　　　「東京」がわかる本 4000冊　23

文化施設　　　　　　　　　　　　　　　　　　　　　　　　　　東京全般

見方がガラリと変わる！　NHK『あなたが主役50ボイス』制作班編　プレジデント社　2012.9　213p　19cm　1300円　①978-4-8334-2004-4　Ⓝ069.021

内容　東京国立博物館　先端技術館＠TEPIA　科学技術館　国立科学博物館　東京国立近代美術館　東京国立近代美術館フィルムセンター　東京都写真美術館　東京都庭園美術館　東京都現代美術館　国立新美術館〔ほか〕　〔0294〕

◇東京都美術館ものがたり―ニッポン・アート史ダイジェスト　東京都美術館編, 浅生ハルミン絵　鹿島出版会　2012.7　167p　21cm　〈会期・会場：2012年7月15日（日）→9月30日（日）東京都美術館ギャラリーC　主催：東京都美術館　文献あり　年表あり〉　1500円　①978-4-306-04578-1　Ⓝ706.9

内容　第1章　美の殿堂―旧館時代　最初の公立美術館（「芸術の秋」はここからはじまった　百万円と佐藤慶太郎―石炭商の「公私一如」　ほか）　第2章　ニッポン・アート史ダイジェスト―「旧館篇」1926→1975（近現代美術史の合わせ鏡　一九三〇年協会と佐伯祐三―パリ野獣派からの衝撃　ほか）　第3章　森に溶け込む美術館―新館時代　公立美術のさきがけとして（仰ぎ見る殿堂から地中に潜る建築　新館と前川國男―小さな都市空間としての建物　ほか）　第4章　ニッポン・アート史ダイジェスト―「新館編」1975→（アーティストが生まれる場　新制作展と澄川喜一―教育の場としての公募展　ほか）　第5章　アートへの入口として―美術館はもっと身近に（現代建築の継承と成熟　シンボルマークと吉岡徳仁―造形の新たな原点へ　ほか）　〔0295〕

◇デジタル時代の都立図書館像―第24期東京都立図書館協議会提言　第24期東京都立図書館協議会編　東京都立中央図書館管理部企画経営課　2011.3　27p　30cm　Ⓝ016.2136　〔0296〕

◇古本道場　角田光代, 岡崎武志著　ポプラ社　2008.6　279p　16cm　（ポプラ文庫）〈2005年刊の増訂〉　560円　①978-4-591-10349-4　Ⓝ024.8

内容　古本道場其の1　入門心得　神保町　古本道場其の2　なつかしい, あの本と再会　代官山・渋谷　古本道場其の3　代官山で知る古本屋の未来形　東京駅・銀座　古本道場其の4　夜のパラダイスよ, 花の東京　早稲田　古本道場其の5　早稲田古本街で青春プレイバック　青山・田園調布　古本道場其の6　ついに二階級特進！　西荻窪　古本道場其の7　西荻村を満喫　鎌倉　古本道場其の8　土地柄と値段を学ぶ　ふたたび神保町　海外の古本屋へ　古本道場　実践編　〔0297〕

◇記憶と再生―東京都美術館80周年記念誌　東京都美術館編　東京都美術館　2007.3　351p　27cm　〈年表あり〉　Ⓝ706.9　〔0298〕

◇東京府美術館の時代―1926-1970　資料編　東京都現代美術館編　東京都歴史文化財団東京都現代美術館　2007.3　144,19p　31cm　〈文献あり　年表あり〉　Ⓝ706.9　〔0299〕

◇早稲田古本街　向井透史著　未來社　2006.

10　254p　20cm　〈文献あり　年表あり〉　1800円　①4-624-40059-3　Ⓝ024.8

内容　序章　昭和二〇年, 早稲田古本屋街消滅（茗荷の名産地に学校誕生　カエル鳴く地に古本屋　ほか）　第1章　早稲田の三羽烏（競る―文英堂書店　陽光が戻る場所―三楽書房　ほか）　第2章　開店まで（思い出の続き―西北書房　山, 継ぎて―金峯堂書店　ほか）　第3章　店を継ぐもの―二代目店主の物語（赤とんぼ―稲光堂書店　幸せのカタチ―照文堂書店　ほか）　第4章　古本市, はじまる（早稲田系古本市の源流―新宿古本まつり　定着へ―BIGBOX古本感謝市　ほか）　〔0300〕

◇東京の美術館　木島俊介監修　生活情報センター　2006.6　183p　30cm　3400円　①4-86126-256-9　Ⓝ706.9

内容　旧白洲邸武相荘　台東区立朝倉彫塑館　玉堂美術館　熊谷守一美術館　日本民藝館　ちひろ美術館・東京　ミュゼ浜口陽三・ヤマサコレクション　町田市立国際版画美術館　アド・ミュージアム東京　東京国立近代美術館フィルムセンター〔ほか〕　〔0301〕

◇東京府美術館史の研究　齊藤泰嘉著　〔つくば〕筑波大学芸術学系齊藤泰嘉研究室　2005.9　276,108p　26cm　〈文献あり〉　Ⓝ706.9　〔0302〕

◇東京府美術館の時代―1926-1970　開館10周年記念　東京都現代美術館編　東京都歴史文化財団東京都現代美術館　2005.9　161p　31cm　〈会期・会場：2005年9月23日―12月4日　東京都現代美術館〉　Ⓝ702.07　〔0303〕

◇古本買い十八番勝負　嵐山光三郎著　集英社　2005.6　254p　18cm　（集英社新書）　700円　①4-08-720295-X　Ⓝ024.8

内容　一番勝負・銀座　二番勝負・青山　三番勝負・渋谷　四番勝負・西神田　五番勝負・水道橋白山通り沿い　六番勝負・神保町交差点付近　七番勝負・神保町靖国通り沿い　八番勝負・駿河台下　九番勝負・神保町ニューウェーブ古書店　十番勝負・上野, 浅草　十一番勝負・高田馬場　十二番勝負・早稲田　十三番勝負・高円寺　十四番勝負・荻窪　十五番勝負・西荻窪　十六番勝負・吉祥寺　十七番勝負・国立　十八番勝負・古書市　〔0304〕

◇本の街神保町古書店案内　ピエ・ブックス　2005.3　135p　21cm　1800円　①4-89444-421-6　Ⓝ024.8

＊手元に置いておきたい, 持ち歩きたいビジュアルガイド。セレクト・ニューウェイブ古書店をはじめ, 20〜30代の若い人達も気軽に入ることが出来るお店が本の街・神保町にもたくさん増えてきました。カフェや美味しい食べ物の店も含め, 新しい神保町の魅力を紹介します。　〔0305〕

◇神保町の蟲―新東京古書店グラフィティ　池谷伊佐夫著　東京書籍　2004.11　183p　21cm　〈折り込1枚〉　1700円　①4-487-79935-X　Ⓝ024.8

内容　エッセイ（神保町の虫　ちいろば, キントト, かげろう, うたたねさん, お電話です。　敷居の高い店には, どう入る　ほか）　ルポ（あなたも神保町の古書店主に）　グラフィティ（うたたね文庫　友愛書房

24　「東京」がわかる本 4000冊

海坂書房 ほか）　　　　　　　　　〔0306〕

◇私の神保町　紀田順一郎著　晶文社　2004.10
257p　20cm　1800円　Ⓘ4-7949-6626-1
Ⓝ024.8
　内容 1 古書ファンが愛した街　2 わが青春の神保町
　3 神田古書街の記憶　4 本をめぐる本の話　5 本に
　恋した人たち　6 変わりゆく神保町　　　〔0307〕

◇東京にデポジット・ライブラリーを―多摩発、
共同保存図書館基本構想　多摩地域の図書館を
むすび育てる会著　ポット出版　2003.12
189p　19cm　1600円　Ⓘ4-939015-57-2
Ⓝ014.68
　内容 第1部 多摩発・共同保存図書館（デポジット・ライ
　ブラリー）基本構想（保存と利用をめぐる図書館の現
　状と課題　東京にデポジット・ライブラリー（Deposit
　Library）を作ろう　多摩地域デポジット・ライブラ
　リーの基本的な対応　デポジット・ライブラリー実
　現に向けた経費の概算　NPO法人でデポジット・ラ
　イブラリーを運営した場合）　第2部 資料　〔0308〕

◇江戸東京博物館―400年の時の旅　山本博文監
修　小学館　2003.7　241p　15cm　（小学館文
庫）　695円　Ⓘ4-09-418371-X　Ⓝ213.61
　内容 第1部 江戸東京博物館を楽しむ（江戸ゾーン　東
　京ゾーン　通史ゾーン）　第2部 江戸・東京の歴史に
　出合う（幕府のしくみ幕府政治の特質と将軍・大
　名・武士の生活　都市と住まい―江戸の都市計画と
　庶民の住まい　江戸の食文化―料理は江戸に限る一
　食のクロスロード　江戸の裁判制度――〇両盗めば
　首が飛ぶ！　刑罰の実態　ほか）　　　　〔0309〕

◇大澤正雄60年代の東京の図書館を語る―薬袋秀
樹著『図書館運動は何を残したか』をめぐって
大澤正雄著　図書館問題研究会東京支部　2003.
7　102p　26cm　1000円　Ⓝ016.21361〔0310〕

◇東京都立中央図書館三十年史　東京都立中央図
書館編　東京都立中央図書館　2003.3　95p
30cm　〈年表あり〉　Ⓝ016.2136　　　　〔0311〕

◇都立図書館は進化する有機体である―二〇一〇
年の東京都立図書館像を描く　ライブラリーマネジ
メント研究会編著　ひつじ書房　2003.3　119p
21cm　1000円　Ⓘ4-89476-194-7　Ⓝ016.2136
　内容 第1部 二〇一〇年の都立図書館像（これからの
　都立図書館はどうあるべきか―東京の情報拠点のリー
　ダーへ　「進化する有機体」であり続けるために　ほ
　か）　第2部 二〇〇二年の都立図書館―「都政新報」
　シリーズ図書館NOWから（都立図書館は、あなたの
　情報ナビゲーター　レファレンスこそは、都立図書館
　のいのち―一日五〇〇件のレファレンス　ほか）　第
　3部 私が描く二〇一〇年の都立図書館（誕生！　首都
　圏図書館　前進のための自己評価　ほか）　第4部 二
　〇一〇年の都立図書館に期待する（都立図書館の成功
　と失敗、図書館情報学教育に登場する都立図書館　ほ
　か）　　　　　　　　　　　　　　　　〔0312〕

◇東京の美術館ガイド　朝日新聞社編　朝日新聞
社　2001.5　261,8p　15cm　（朝日文庫）　571
円　Ⓘ4-02-261345-9　Ⓝ706.9
　内容 台東区・文京区　千代田区・中央区　港区・渋

谷区　新宿区・中野区・豊島区　目黒区・品川区　世
田谷区・大田区　北区・板橋区・練馬区　都下の各
市　「神奈川県」横浜市・川崎市　「神奈川県」鎌
倉・湘南・箱根　千葉県　埼玉県　　　　〔0313〕

◇タダで入れる美術館・博物館―お得で楽しい
Tokyo散歩　東京散策倶楽部著　新潮社　2000.
10　205p　16cm　（新潮OH！　文庫）　486円
Ⓘ4-10-290030-6　Ⓝ069.02136
　内容 1 こだわりのコレクション―企業・団体のミュー
　ジアム1（ミサワ・バウハウスコレクション―モダン
　デザインの原点に出会う　虎屋ギャラリー（虎屋文
　庫）―和菓子文化にふれる老舗コレクション　ほか）
　2 おもしろくてタメになる―企業・団体のミュージ
　アム2（NHK放送博物館―貴重な放送資料から現代史
　がわかる　電力館―楽しみながら電気を学ぶ　ほか）
　3 大学の中の異世界（国立音楽大学楽器学資料館―民
　族楽器の音色があふれる音楽情報館　早稲田大学演
　劇博物館―国内唯一の演劇専門ミュージアム　ほか）
　4 ユニークな公立博物館（日本銀行金融研究所貨幣博
　物館―「お金」の持つ意味を実感　お札と切手の博物
　館（大蔵省印刷局記念館）―一億円の重さを体感　ほ
　か）　5 楽しいBUNGAKU&ART（東京都近代文学
　博物館―旧侯爵家の洋館で近代文学を学ぶ　田端文
　士村記念館―かつて田端に芸術家村があった ほか）
　　　　　　　　　　　　　　　　　　　〔0314〕

◇東京都の図書館　23区編　馬場萬дес, 飯澤文夫,
古川絹子著　東京堂出版　2000.9　546p
20cm　〈三多摩編の出版者：三一書房〉3600円
Ⓘ4-490-20415-9　Ⓝ010.35
　内容 足立区立郷土博物館　板橋区立郷土資料館　板
　橋区立大東文化大学図書館　江戸川区郷土資
　料室　大田区立郷土博物館　紙の博物館図書室　東
　京外国語大学アジア・アフリカ言語文化研究所図書
　室　東京外国語大学ヒンディー語研究室　東京外国
　語大学附属図書館〔ほか〕　　　　　　　〔0315〕

◇東京都江戸東京博物館資料目録　考古資料 1
東京都歴史文化財団東京都江戸東京博物館編
東京都江戸東京博物館　2000.3　51p　30cm
Ⓘ4-924965-24-3　Ⓝ069.9　　　　　　　〔0316〕

◇東京都公立図書館関係新聞記事索引―1973～
1997 25年の軌跡　東京都立中央図書館編　東
京都立中央図書館　1999.2　81p　30cm
Ⓝ016.2136　　　　　　　　　　　　　　〔0317〕

◇東京の近代図書館史　佐藤政孝著　国分寺　新
風舎　1998.10　359p　21cm　2400円　Ⓘ4-
7974-0590-2　Ⓝ016.2136　　　　　　　〔0318〕

◇東京の美術館―都内でみられる世界の名作　講
談社編　改訂新版　講談社　1998.3　143p
21cm　（講談社カルチャーブックス 125）〈索
引あり〉1700円　Ⓘ4-06-198128-5　Ⓝ706.9
　内容 麻布美術工芸館　板橋区立美術館　伊勢丹美術
　館　出光美術館　いわさきちひろ絵本美術館　上野
　の森美術館　永青文庫　江戸東京博物館　大倉集古
　館　大田区立龍子記念館〔ほか〕　　　　〔0319〕

◇東京都の図書館　三多摩編　馬場萬夫, 飯澤文
夫, 古川絹子著　三一書房　1997.11　317p
20cm　（県別図書館案内シリーズ）〈索引あり

文献あり〉3500円　⑭4-380-97300-X　Ⓝ010.35

内容 北多摩（アジア・アフリカ図書館　亜細亜大学図書館　大国魂神社宝物殿 ほか）　南多摩（旧多摩聖蹟記念館　共立女子大学八王子図書館　工学院大学八王子図書館 ほか）　西多摩（昭島市民図書館　阿伎留神社　あきる野市五日市図書館 ほか）　島嶼地区（大島町郷土資料館　伊豆大島火山博物館　小笠原父島村民会館図書室 ほか）　〔0320〕

◇東京の図書館百年の歩み　佐藤政孝著　泰流社　1996.6　316p　21cm〈東京の図書館年表：p304〜316〉8240円　⑭4-8121-0141-7　Ⓝ016.2136

内容 第1章 近代図書館の黎明期　第2章 東京市立図書館の開設　第3章 東京市立図書館の発展期　第4章 関東大震火災と図書館の復興　第5章 戦時体制下の市立図書館　第6章 図書館の再建と復興　第7章 図書館発展への萌芽期　第8章 東京の図書館の躍進　第9章 杉並区立図書館の50年の歩み　〔0321〕

◇海野弘の街あるき館さがし─旅の名手がつづる1日散策　東京23区・千葉県編　海野弘著, 毎日ムック・アミューズ編集部編　毎日新聞社　1996.4　129p　29cm　（毎日ムック）　2000円　Ⓝ069.8　〔0322〕

◇江戸東京たてもの園物語　江戸東京たてもの園, スタジオジブリ企画・編集　東京都江戸東京博物館　1995.5　206p　22cm〈江戸東京たてもの園の歩み：p198〜199　参考文献：p205〉1600円　Ⓝ382.136　〔0323〕

◇東京23区に司書制度を─利用者・住民の利益を第一義に優先して　図書館問題研究会東京支部編　図書館問題研究会東京支部　1994.10　85p　26cm　900円　Ⓝ010.2136　〔0324〕

◇東京都立中央図書館20周年記念誌　東京都立中央図書館編　東京都立中央図書館　1994.3　105p　30cm〈東京都制施行50周年記念協賛事業　都立図書館沿革：p104〜105〉Ⓝ016.2136　〔0325〕

◇江戸東京博物館─総合案内　東京都江戸東京博物館, 日本放送出版協会編　江戸東京歴史財団　1993.3　191p　29cm〈江戸東京通史・略年表：p176〜189〉Ⓝ213.6　〔0326〕

◇東京都写真美術館概要　1993　東京都文化振興会, 東京都写真美術館編　東京都写真美術館　c1993　75p　30cm　Ⓝ740.69　〔0327〕

◇東京の博物館─美術館・博物館・動物園・植物園・水族館　東京都博物館協議会編　改訂18版　東京都博物館協議会　1991.9　394p　19cm　1000円　Ⓝ069.0236　〔0328〕

◇東京の美術館案内　レダック編　主婦と生活社　1990.12　79p　20cm　1200円　⑭4-391-11311-2　Ⓝ706.9
＊絵画、版画、彫刻、陶芸、工芸─。いま、話題のアートスポット37館をオールカラーで紹介。美術館巡り

に最適の1冊。　〔0329〕

オリンピック

◇オリンピック・パラリンピック大百科　1　2つの東京オリンピック－1964/2020　日本オリンピック・アカデミー監修　小峰書店　2016.4　43p　29×23cm〈索引あり〉3000円　⑭978-4-338-30001-8　Ⓝ780.69

内容 1 1964年、東京にオリンピックがやってきた！（アジア初のオリンピック　7年間にわたった招致活動　建設ラッシュにわいた東京　ととのえられた熱戦の舞台　活躍した選手たち）　2 アジアで行われたオリンピック（1972年冬季・札幌　1988年夏季・ソウル　1998年冬季・長野　2008年夏季・北京　オリンピックと小・中学生）　3 東京にオリンピックがやってくる！（2013年9月、東京開催が決定！　開催に向けて進む準備　予定されている競技会場　応援しよう！　未来の選手たち　被災地の人たちといっしょに大会をもりあげよう！　日本のよいところを発見し、未来へつなげよう！）　〔0330〕

◇TOKYO1/4と考えるオリンピック文化プログラム─2016から未来へ　東京文化資源会議編　勉誠出版　2016.3　255p　21cm〈文献あり〉2500円　⑭978-4-585-20043-7　Ⓝ709.136

内容 1 オリンピック文化プログラムとは何か（「オリンピック文化プログラム」序論─東京五輪の文化プログラムは二〇一六年夏に始まる　太下義之（三菱UFJリサーチ＆コンサルティング芸術・文化政策センター長））　対談 オリンピックが「戦後」を終わらせる　青柳正規（文化庁長官）・御厨貴（東京大学名誉教授）　2 フロントランナー、4人が語る！　（回帰する都市　リノベーションする都市　隈研吾（建築家）　熱狂の中心を作り出すために　猪子寿之（teamLab代表） ほか）　3 文化プログラムのトリガー・文化資源（二〇二〇年へのレガシー─二〇二〇年あらためて考える　吉見俊哉（東京大学教授）　東京の文化資源の多様性と東京文化資源区構想の意義　柳与志夫（東京文化資源会議事務局長） ほか）　4 全国に展開する文化プログラム（偶都・東京─東京文化資源区構想と東京オリンピック二〇二〇をめぐって　南後由和（明治大学専任講師）　水と土に育まれた「創造交流都市にいがた」篠田昭（新潟市長） ほか）　〔0331〕

◇東京1964-2020─オリンピックを機に変貌する大都市の光と影、そして未来　森彰英著　北辰堂出版　2015.9　236p　19cm　1900円　⑭978-4-86427-193-6　Ⓝ213.61

内容 第1章 東京はどう変わるか（1964年東京国際都市への急速な変貌　2020年に向けて東京はこう動いている）　第2章 東京の記憶─達人たちに聞く（渡辺眸（写真家）　本橋信宏（ノンフィクション作家） ほか）　第3章 作家たちは東京をどう描いたか（三田完『マリちゃん』『モーニングサービス』『黄金街』林真理子『アッコちゃんの時代』『不機嫌な果実』 ほか）　第4章 東京はどこへ行くのか（東京は膨張を続けてきた　山の手はこうして形成された ほか）　〔0332〕

◇地図で読み解く東京五輪─1940年・1964年・2020年　竹内正浩著　ベストセラーズ　2014.11　191p　18cm　（ベスト新書 453.ヴィジュ

東京全般　オリンピック

アル新書）〈文献あり〉1000円　Ⓘ978-4-584-
12453-6　Ⓝ780.69
内容 序章 メインスタジアムの変遷（一九四〇年 一
九六四年 ほか）　第1章 二〇二〇年オリンピックで
何が変わるのか（大混戦の招致レース 三都市それぞ
れの弱点 ほか）　第2章 一九四〇年オリンピックと
戦火（リットン調査団と建国運動 満洲国の国際大
会参加問題 ほか）　第3章 一九六四年オリンピック
への道（終戦翌年の国民体育大会 オリンピック復帰
への長い道のり ほか）　第4章 新幹線とオリンピッ
ク道路（「都民への期待」 水不足で井戸を掘った選
手村 ほか）　　　　　　　　　　　　　　〔0333〕

◇私の東京オリンピック―過去から学び、未来へ
　夢を　北野生涯教育振興会監修, 小笠原英司, 小
　松章編　ぎょうせい（印刷）　2014.11　209p
　19cm　（私の生涯教育実践シリーズ '14）〈著
　作目録あり〉1000円　Ⓘ978-4-324-80073-7
　Ⓝ780.69
内容 序章 東京オリンピック―昭和人の思い出と平
成人への期待　第1章 甦る東京オリンピック―記憶
の先へ　第2章 オリンピックが映し出すもの　第3章
私の望む東京オリンピック　第4章 オリンピックが
教えてくれたもの―私の金メダルをめざして　終章
東京オリンピックと日本の再設計　　　　　〔0334〕

◇スポーツのチカラ―東京オリンピック・パラリ
　ンピック戦略　遠藤利明著　論創社　2014.4
　211p　19cm　〈文献あり〉1200円　Ⓘ978-4-
　8460-1329-5　Ⓝ780.21
内容 第1章 ラガー政治家の原点　第2章 スポーツ立
国戦略へ走る　第3章 スポーツ基本法　第4章 あし
たのスポーツ　スペシャル対談 スポーツのチカラ
（山口香×遠藤利明）　付録 スポーツ基本法条文
　　　　　　　　　　　　　　　　　　　　〔0335〕

◇オリンピック・シティ東京―1940・1964　片木
　篤著　河出書房新社　2010.2　266p　19cm
　（河出ブックス 012）　1400円　Ⓘ978-4-309-
　62412-9　Ⓝ518.8
内容 第1部 第12回オリンピック大会（一九四〇年）
（オリンピック招致から返上へ　戦前の都市計画　競
技場　オリンピック村　都市基盤）　第18回オリン
ピック大会（一九六四年）（オリンピック招致から開
催へ　戦後の都市計画　競技場　選手村　都市基盤）
補遺 第31回オリンピック大会（二〇一六年）招致
　　　　　　　　　　　　　　　　　　　　〔0336〕

◇東京オリンピック1964・2016　メディアパル
　2006.10　95p　26cm　（メディアパルムック）
　1200円　Ⓘ4-89610-472-2　　　　　　　〔0337〕

◇「がんばれ！ ニッポン！」- 号外は語るふたつ
　の東京オリンピック―荒川ふるさと文化館企画
　展　東京都荒川区教育委員会, 東京都荒川区立
　荒川ふるさと文化館編　荒川区教育委員会
　2000.1　22p　30cm〈会期：平成12年1月29
　日 - 3月19日　共同刊行：荒川区立荒川ふるさと
　文化館　年表あり　文献あり〉Ⓝ780.69〔0338〕

《1940東京五輪》

◇「幻の東京オリンピック」の夢にかけた男―日
　本近代スポーツの父・岸清一物語　古城庸夫著
　横浜　春風社　2016.8　286p　19cm〈年譜あ
　り〉2000円　Ⓘ978-4-86110-484-8　Ⓝ289.1
内容 プロローグ　第1章 いざ、東京へ　第2章 「ス
ポーツ」との出会いと目覚め―大学予備門入学前夜
第3章 東西の「近代スポーツの父」―清一とストレン
ジとの出会い　第4章 ボートレースの醍醐味を満喫
―東京大学在学時代　第5章 清一の"国際人"として
の船出　第6章 清一の新しい「使命」―日本初のオ
リンピック参加に向かって　第7章 清一、日本のス
ポーツ界を牽引する　第8章 近代スポーツの曙　第
9章 夢へのかけ橋―東京オリンピックへの道　終章
つながれた夢　　　　　　　　　　　　　　〔0339〕

◇幻の東京五輪・万博1940　夫馬信一著　原書房
　2016.1　292p 図版16p　22cm〈文献あり〉
　3500円　Ⓘ978-4-562-05273-8　Ⓝ780.69
内容 2013年、ブエノスアイレス　祭典前夜　第12回
オリンピック競技大会・東京　第5回オリンピック冬
季競技大会・札幌　紀元二千六百年記念日本万国博
覧会　世界が祭典を待っている　祭典はチャンスだ
歌い奏でる祭典　祭典のアート・ギャラリー　祭典
を呼ぶ祭典　「幻」の五輪、もし戦わば　暗転する
祭典　祭典の痕跡　祭典の「遺産」　　　　〔0340〕

◇幻の東京オリンピック―1940年大会招致から返
　上まで　橋本一夫著　講談社　2014.1　284p
　15cm　（講談社学術文庫 2213）〈日本放送出
　版協会　1994年刊の再刊　文献あり〉960円
　Ⓘ978-4-06-292213-5　Ⓝ780.69
内容 第1章 オリンピックを東京に―市長永田秀次郎
の夢（紀元二千六百年を記念して 腰の重い招致委員
会 ほか）　第2章 招致実現に向けて―ヒトラーも協力
（ベルリン大会を前に IOC会長の変心 ほか）　第
3章 戦火ただよなかで―問題山積の開催準備（難
航した組織委員会の発足 テレビ中継をめざして ほ
か）　第4章 オリンピックの火は消えた―ついに大会
を返上（雄大な聖火リレー計画 着工できない競技場
ほか）　　　　　　　　　　　　　　　　　〔0341〕

◇幻の東京オリンピックとその時代―戦時期のス
　ポーツ・都市・身体　坂上康博, 高岡裕之編著
　青弓社　2009.9　448p　21cm　4000円
　Ⓘ978-4-7872-2036-3　Ⓝ780.69
内容 第1部 オリンピックの政治的中立性!?（IOC会長
バイエ＝ラトゥールから見た東京オリンピック　イ
ギリス協調外交と東京オリンピック―「自然死」を待
つ帝国）　第2部 東京オリンピックの衝撃（東京オリ
ンピックのインパクト―スポーツ空間と都市空間の
変容　二つの東京オリンピック―広告グラフィック
の変容とプロパガンダ　アジアのオリンピック・東
亜競技大会―紀元二千六百年の祭典）　第3部 総力戦
とスポーツ界/武道界、都市（大日本体育会の成立―
総力戦体制とスポーツ界　武道界の戦時体制化―武
道総合団体「大日本武徳会」の成立　標的としての
都市―厚生省による運動施設拡充政策の展開　都市
の思惑―名古屋市瑞穂運動場の誕生）　第4部 統制と
奨励の諸相（学生野球の国家統制と自治―戦時下の飛
田穂洲　関西メディアと野球―戦時下の甲子園大会
を中心に　量産される集団体操―国民精神総動員と

オリンピック　　　　　　　　　　　　　　　　　　　　　　　　　　　　東京全般

集団体操の国家的イベント化）　　　〔0342〕

◇幻の東京オリンピック　橋本一夫著　日本放送
出版協会　1994.8　254p　19cm　（NHKブック
ス 709）〈主要参考・引用文献：p249～254〉
890円　Ⓘ4-14-001709-0　Ⓝ780.69
内容 第1部 オリンピックを東京に―市長永田秀次郎
の夢　第2部 招致実現に向けて―ヒトラーも協力　第
3部 戦火ただようなかで―問題山積の開催準備　第
4部 オリンピックの火は消えた―ついに大会を返上
　　　　　　　　　　　　　　　　　　〔0343〕

《1964東京五輪》

◇昭和30年代の家計簿―東京オリンピックで変
わった日本の暮らし　武田晴人監修　宝島社
2016.9　95p　30cm　（別冊宝島 2492）〈文献
あり〉920円　Ⓘ978-4-8002-5862-5　Ⓝ337.821
　　　　　　　　　　　　　　　　　　〔0344〕

◇激動東京五輪1964　大沢在昌、藤田宜永、堂場瞬
一、井上夢人、今野敏、月村了衛、東山彰良著　講
談社　2015.9　280p　19cm　1550円　Ⓘ978-
4-06-219606-2　Ⓝ913.68
内容 不適切な排除（大沢在昌）　あなたについてゆ
く（藤田宜永）　号外（堂場瞬一）　予行演習（井上夢
人）　アリバイ（今野敏）　連環（月村了衛）　陽のあ
たる場所（東山彰良）　　　　　　　　〔0345〕

◇地図と写真で見る東京オリンピック1964　ブ
ルーガイド編集部編集　実業之日本社　2015.2
119p　20×21cm　〈文献あり〉1800円　Ⓘ978-
4-408-00868-4　Ⓝ780.69
内容 巻頭特集 さようなら、国立競技場　国立競技場
（奇跡の青空が迎えたセレモニー　連日熱戦のメイ
ン・スタジアム）　代々木第一体育館―数々の伝説を
生んだ、競泳の聖地　代々木第二体育館―カタツム
リ型のサブスタジアム　東京体育館―「体操ニッポ
ン」の名を轟かせた地　選手村―世界のアスリートが
寝食を共にした場所　秩父宮ラグビー場―サッカーで
使ったラグビーの聖地　渋谷公会堂―未来的でスタ
イリッシュな会場　旧都庁・日本橋―聖火を迎えた
首都・東京の中心　丸の内・日比谷・有楽町―高
度成長で活気づくオフィス街〔ほか〕　〔0346〕

◇フレッド和田勇―1964年の東京オリンピック開
催を情熱で実現した人　松岡節文、さかいしん
絵　大阪　出版文化社　2014.11　31p　31cm
（世のため人のため絵本シリーズ 1）〈文献あ
り　年譜あり〉1200円　Ⓘ978-4-88338-572-0
Ⓝ289.3
＊貧困と苦境をのり越え祖国・日本の復興のために「世
界的スポーツイベント」開催に力を尽くした日系ア
メリカ人の物語。　　　　　　　　　　〔0347〕

◇1964東京オリンピックと杉並―1964年東京オリ
ンピック・パラリンピック50周年記念 - 杉並区
立郷土博物館分館企画展　杉並区立郷土博物館
分館編　杉並区立郷土博物館分館　2014.10
70p　30cm　〈会期：平成26年9月20日～12月7
日〉非売品　Ⓝ780.69　　　　　　　〔0348〕

◇東京オリンピックと新幹線　東京都江戸東京博
物館、行吉正一、米山淳一編著　京都　青幻舎
2014.10　209p　26cm　〈会期・会場：2014年9
月30日（火）-11月16日（日）　東京都江戸東京博
物館　主催：東京都江戸東京博物館　東映ほか
文献あり　年表あり〉2130円　Ⓘ978-4-86152-
452-3　Ⓝ780.69
内容 第1章 終戦から高度経済成長へ（ラジオ・デイ
ズ（民衆のいぶき）　オキュパイド・ジャパン（占領
下日本）　自由の産声　民主主義の時代へ　生活革命
文学者たちの見た1964年東京オリンピック）　第2章
高速鉄道、新幹線の歴史（新幹線前史・華の東海道線
夢の超特急新幹線の開業　未来にはばたく新幹線　歴
史を語る鉄道模型　新幹線と日本人の生活文化）　第
3章 1964年東京オリンピック・パラリンピック（幻の
1940年東京オリンピック　1964年オリンピック東京
大会　1964年パラリンピック国際身体障害者スポー
ツ大会　1964年東京パラリンピック）　〔0349〕

◇1964年東京オリンピック全記録―日本国民が奮
い立った、あの感動をもう一度！ - 完全保存
版！　宝島社　2014.2　111p　30cm　（TJ
MOOK）〈文献あり〉838円　Ⓘ978-4-8002-
2203-9　　　　　　　　　　　　　　　〔0350〕

◇東京オリンピックへの遥かな道　波多野勝著
草思社　2014.2　282p　16cm　（草思社文庫
は2-2）〈2004年刊に一部加筆　文献あり〉800
円　Ⓘ978-4-7942-2030-1　Ⓝ780.69
内容 はじめに 三十四年目の夢の実現　第1章 日本人
とオリンピック　第2章 幻の東京大会　第3章 敗戦
からの挑戦　第4章 総力戦の招致活動　第5章 聖火、
東京へ　おわりに 日本人が自信を取り戻した日
　　　　　　　　　　　　　　　　　　〔0351〕

◇1964年の東京オリンピック―「世紀の祭典」は
いかに書かれ、語られたか　石井正己編　河出
書房新社　2014.1　213p　21cm　〈表紙のタイ
トル：TOKYO OLYMPIC 1964〉1800円
Ⓘ978-4-309-02253-6　Ⓝ780.69
内容 1 開会式（東洋と西洋を結ぶ火（三島由紀夫）
開会式に思う（石川達三）　ほか）　オリンピックま
で（ローマから東京へ（井上靖）　江分利満氏のオリ
ンピック論（山口瞳）　ほか）　2 観戦記（ボクシング
―競技初日の風景（三島由紀夫）　重量あげ一天にら
む一瞬（柴田錬三郎）　ほか）　オリンピックのさなか
（男子選手村の風景（阿川弘之）　禁男の園・女子選手
村（曾野綾子）　ほか）　3 閉会式（「別れもたのし」の
祭典（三島由紀夫）　聖火消えず移りゆくのみ（石原
慎太郎）　ほか）　祭りのあと（祭のあと（遠藤周作）
一人の不正直な銀行家（小田実）　ほか）〔0352〕

◇東京オリンピック―文学者の見た世紀の祭典
講談社編　講談社　2014.1　396p　16cm　（講
談社文芸文庫 こS1）1600円　Ⓘ978-4-06-
290217-5　Ⓝ914.68
内容 1 開会式（オリンピック東京大会讃歌（佐藤春
夫）　燃えろ東京オリンピック精神（堀口大學）ほか）　2 競技
（ボクシングを見て（三島由紀夫）　重量あげの三宅選
手（井上友一郎）　ほか）　3 閉会式（たくまざる名演
出（井上靖）　「別れもたのし」の祭典（三島由紀夫）
ほか）　4 随想（オリンピックのテレビ（小林秀雄）
わしがよんだわけじゃない（小田実）　ほか）〔0353〕

28　「東京」がわかる本 4000冊　　　　　　　　　　　　　　　　　　　　〔0343～0353〕

東京全般　オリンピック

◇東京オリンピック—完全復刻アサヒグラフ　朝日新聞出版復刊朝日編集部編　朝日新聞出版　2013.10　230p　34cm〈『'64東京オリンピック』（朝日新聞社　1964年刊）の複製〉933円　Ⓘ978-4-02-331257-9　Ⓝ780.69　〔0354〕

◇東京五輪1964　佐藤次郎著　文藝春秋　2013.10　283p　18cm（文春新書 947）830円　Ⓘ978-4-16-660947-5　Ⓝ780.69　内容 聖火ランナー坂井義則が見た青空　「屈辱」乗り越えたホッケー代表　三宅義信エースの中のエース　ボート「選抜」クルーの挑戦　サッカー代表の大番狂わせ　一瞬にかけたスターター　夢を実現した織田幹雄　ヘーシンクの髪を切った女性理容師　田中聰子力の限り泳いだ　レスリング八田イズムで頂点へ　JUDO初の金メダル　マラソン　寺澤徹の挫折と復活　テレビオリンピックの幕開け　男子バレーの価値ある銅　国境が消えた閉会式　〔0355〕

◇大島鎌吉の東京オリンピック　岡邦行著　東海教育研究所　2013.9　318p　19cm〈発売：東海大学出版会（秦野）　年譜あり〉1800円　Ⓘ978-4-486-03781-1　Ⓝ780.69　内容 序章 ケンチキ　第1章 八咫烏　第2章 跳ぶ哲学者　第3章 復興　第4章 招致へ　第5章 東京オリンピック　第6章 宴のあと　終章 平和運動〔0356〕

◇アジア独立と東京五輪（オリンピック）—「ガネホ」とアジア主義　浦辺登著　福岡　弦書房　2013.2　184p　19cm〈文献あり　年表あり　索引あり〉1800円　Ⓘ978-4-86329-086-0　Ⓝ319.2　内容 第1章 東京オリンピックの世紀　第2章 オランダの帝国主義　第3章 鎖国の時代　第4章 開国前夜　第5章 インドネシア独立戦争　第6章 ガネホと東京オリンピック〔0357〕

◇東京オリンピック1964デザインプロジェクト　東京国立近代美術館編　東京国立近代美術館　2013.2　161p　26cm〈会期・会場：2013年2月13日-5月26日　東京国立近代美術館　年表あり　文献あり〉Ⓘ978-4-907102-03-6　Ⓝ757.021　〔0358〕

◇東京オリンピックの社会経済史　老川慶喜編著　日本経済評論社　2009.10　299p　22cm　4200円　Ⓘ978-4-8188-2060-9　Ⓝ210.76　内容 第1部 東京オリンピック（東京オリンピックと日本万国博覧会—消費される祝祭空間　東京オリンピックと渋谷、東京　「消費は美徳」の経済思想—新たなオリンピック行進曲をめざして　ロンドン・オリンピック—慌しく開催された二つの大会）　第2部 東京オリンピックの時代（住まいの理想と現実—高度経済成長期の東京　ベビーブーム世代の進学問題　東海道新幹線の開業—十河信二と国鉄経営　湘南海岸をかけめぐった東京五輪—「太陽の季節」から「若大将」へ　「防衛庁」から「フラワーショー」へ—一九六〇年代と郊外遊園地　貿易・資本の自由化と花王の流通システム合理化戦略）〔0359〕

◇東京オリンピック1964　フォート・キシモト，新潮社編　新潮社　2009.8　127p　21cm（とんぼの本）1400円　Ⓘ978-4-10-602191-6

Ⓝ780.69　内容 序章 東京大改造（小田実　梶山季之　斎藤茂太）　第1章 1964年10月10日—開会式（堀口大學　杉本苑子　石川達三）　第2章 祭典の舞台（武田泰淳）　第3章 美と力の協奏（大松博文　柴田錬三郎　菊村到　富田常雄　三島由紀夫　曽野綾子）　第4章 映画『東京オリンピック』—史上空前の記録映画（市川崑　泉荘一郎　安岡章太郎　黛敏郎）　第5章 「ツブラヤがんばれ！」（永井龍男　山口瞳）　第6章 SAYONARA—閉会式（石原慎太郎　北杜夫　ヤン・デンマン）　〔0360〕

◇東京オリンピックと新幹線　講談社編　講談社　1990.6　326,8p　27×22cm（昭和二万日の全記録 13）2796円　Ⓘ4-06-194363-4　Ⓝ210.7　＊国際的地位の復活を告げた東京オリンピック。整備される大量・高速輸送網、「3C時代」の到来—経済成長は続いた。しかし、公害の激化、交通事故の急増など、高度成長の「ひずみ」が列島に刻まれていく。1日きざみの“日録”全ドキュメント・スタイル。〔0361〕

◇祖国へ、熱き心を—フレッド・和田勇物語　下　高杉良著　世界文化社　1990.4　325p　19cm　1320円　Ⓘ4-418-90504-9　＊オリンピックを東京で開催したい。そんな夢のようなヴィジョンに向って奔走した。こんなに凄い日系人がいた。知られざる日本の恩人、フレッド・和田勇の勇気ある生き様。　〔0362〕

◇祖国へ、熱き心を—フレッド・和田勇物語　上　高杉良著　世界文化社　1990.4　300p　19cm　1320円　Ⓘ4-418-90503-0　＊敗戦で打ちひしがれた日本人を奮いたたせたトビウオ・古橋。その活躍の陰にこんな熱い日系人がいた—。昭和史の一面をささえたロスの日系人、フレッド・和田勇の熱血の半生。　〔0363〕

《2020東京五輪》

◇東京オリンピック—「問題」の核心は何か　小川勝著　集英社　2016.8　185p　18cm（集英社新書 0846）〈文献あり〉700円　Ⓘ978-4-08-720846-7　Ⓝ780.69　内容 序章 一九六四年の光と、二〇二〇年の影（一九六四年の開会式　ダークサイドの露呈 ほか）　第1章 オリンピックは「開催国のために行なう大会」ではない（「自信を失いかけてきた日本」とは？　経済の盛衰とスポーツ選手の活躍は無関係である ほか）　第2章 オリンピックは「国同士の争い」ではない（メダルは国家のものではない　五輪とナショナリズムとの「戦い」の歴史 ほか）　第3章 オリンピックに「経済効果」を求めてはならない（五輪の黒字は、五輪競技に還元しなければならない　「五輪の経済効果」はどの程度？　ほか）　終章 オリンピックの理念は「勝敗」ではない（IOCの競技運営とオリンピック憲章の乖離　「五輪依存」からの脱却が必要 ほか）〔0364〕

◇反東京オリンピック宣言　小笠原博毅, 山本敦久編　航思社　2016.8　269p　21cm　2200円　Ⓘ978-4-906738-20-5　Ⓝ780.69　内容 イメージとフレーム（鵜飼哲著）　私のオリンピ

オリンピック　　　　　　　　　　　　　　　　　　　　　　　　　　　　東京全般

ック反対論（池内了著）　災害資本主義の只中での忘却への圧力（塚原東吾著）　先取りされた未来の憂鬱（阿部潔著）　「リップサービス」としてのナショナリズム（石川義正著）　メガ・イヴェントはメディアの祝福をうけながら空転する（酒井隆史著）　貧富の戦争がはじまる（原口剛著）　オリンピックと生活の闘い（小川てつオ著）　反オリンピック（ジュールズ・ボイコフ，鈴木直文著）　祝賀資本主義に対抗する市民の力（鈴木直文著）　ありがとう，でももう結構（フィル・コーエン著，小美濃彰，友常勉訳）　トラックの裏側（友常勉著）　競技場に闘技が入場するとき（小泉義之著）　アスリートたちの反オリンピック（山本敦久著）　なぜ僕がいまだにオリンピックを憎んでいるのか（テリエ・ハーコンセン著，山本敦久訳）　反東京オリンピック宣言（小笠原博毅著）　〔0365〕

◇なぜぼくが新国立競技場をつくるのか―建築家・隈研吾の覚悟　隈研吾著　日経BP社　2016.5　209p　19cm　〈発売：日経BPマーケティング〉1500円　①978-4-8222-5152-9　Ⓝ780.67

　内容　第1章　逆風のなか，新国立競技場をつくる　第2章　木の建築だからできる“偉大なる平凡”　第3章　都市のさまざまな矛盾を引き受ける　第4章　“辺境”の日本から理屈を超えた建築を　第5章　先輩の仕事を引き継ぐ―大成建設・山内隆司会長　第6章　黒子として支える―梓設計・杉谷文彦社長　第7章　都市の祝祭性と建築―対談・茂木健一郎　〔0366〕

◇偶有性操縦法（コンティンジェンシーマニュアル）―何が新国立競技場問題を迷走させたのか　磯崎新著　青土社　2016.4　213p　19cm　〈年譜あり〉1800円　①978-4-7917-6914-8　Ⓝ520.4

　内容　1　理不尽なアーキテクチュア（うつふね ARK NOVA―二〇一一年九月　フクシマで，あなたは何もみていない。―二〇一二年二月　近代国家のエンブレム―二〇一三年九月　瓦礫と隊列―二〇一六年一月）　2　偶有性操縦法（「ハイパー統合システム」―二〇一五年八月　「日の丸」排外主義―二〇一五年九月　奇奇怪怪建築―二〇一五年一〇月　「魔女狩り」―二〇一五年一一月　「空地」が生まれた―二〇一五年一二月）　〔0367〕

◇東京五輪マラソンで日本がメダルを取るために必要なこと　酒井政人著　ポプラ社　2015.12　207p　18cm　（ポプラ新書 075）〈文献あり〉780円　①978-4-591-14769-6　Ⓝ782.3

　内容　第1章　北京世界選手権のマラソンが惨敗した理由　第2章　日本はかつて「マラソン王国」だった　第3章　マラソン高速化の波に取り残された日本　第4章　駅伝がマラソンをダメにしたのか？　第5章　東京五輪で活躍が期待される有望選手たち　第6章　東京五輪のマラソンでメダルを獲得する方法　〔0368〕

◇東京五輪はこうなる！―読めばすべてわかる！東京五輪最新情報！　宝島社　2015.12　95p　30cm　（別冊宝島 2412）900円　①978-4-8002-4836-7　Ⓝ780.69　〔0369〕

◇新国立競技場問題の真実―無責任国家・日本の縮図　森本智之著　幻冬舎　2015.11　269p　18cm　（幻冬舎新書 も-11-1）840円　①978-4-344-98403-5　Ⓝ780.67

　内容　第1章　「この計画は無茶です」―長い取材の始まり（建築家・槇文彦さんのエッセーとの出会い　五輪史上最大規模のスタジアム　ほか）　第2章　ドキュメント・巨大スタジアム計画誕生（第1回有識者会議―2012年3月6日　最初から決まっていた「8万人規模」第1回「施設建築」ワーキンググループ―2012年4月10日　高さ15メートル以上の建築物が禁じられている地区　ほか）　第3章　露呈する矛盾・暴走する計画（衝撃の「建設費3000億円」報道　建設費1785億円―見直したのはコストだけ　ほか）　第4章　白紙撤回―計画自滅までの60日（「計画に問題あり」と初めて公に認める　「帝国陸軍を彷彿とさせる壮大な無責任体制」ほか）　第5章　問題はまだ終わっていない（新計画策定と失敗検証の同時進行　「失敗の原因は巨大すぎること」という槇さんたちの指摘　ほか）〔0370〕

◇2020狂騒の東京オリンピック―稼げなければ，メダルは獲れない　吉野次郎著　日経BP社　2015.11　221p　19cm　〈発売：日経BPマーケティング　文献あり　年表あり〉1400円　①978-4-8222-7938-7　Ⓝ780.21

　内容　プロローグ　第1章　国家の“喜劇”（破綻の序曲　14人の重鎮たち　ほか）　第2章　遠き金メダル（甲子園200年分の売り上げ　天皇が引き出した柔道家の本音　ほか）　第3章　戦争の残滓（汚職政治家が残した借金　丘陵地に出現した巨大スポーツ施設群　ほか）第4章　夜明け前（羽生や浅田がフィギュア界にもたらす「富」　「20億円の男」が目撃した広島カープの変貌　ほか）　〔0371〕

◇森のなかのスタジアム―新国立競技場暴走を考える　森まゆみ著　みすず書房　2015.9　225，53p　19cm　〈文献あり　年表あり〉2400円　①978-4-622-07949-1　Ⓝ518.8

　内容　新国立競技場をここに建てていいのか　神宮外苑を歩く　長い長い二〇一三年十一月二十五日　気持ちよく，いつまでもここにいたい景観とは？　後追いの規制緩和，近隣住民の不安　ホワイト・エレファント―使われない厄介者にしないために　移転させられる人たち　語り出したスポーツ関係者　どうやって規制を外したのか？　環境アセスと久米設計の改修案をめぐって　基本設計発表，反対のメッセージ　環境問題，とくにヒートアイランド　入札不調と都の所有地　自民党無駄撲滅プロジェクトチーム　キラキラ外苑ウォーク　〔0372〕

◇悪いのは誰だ！　新国立競技場　上杉隆著　扶桑社　2015.9　199p　18cm　（扶桑社新書 192）〈年表あり〉760円　①978-4-594-07352-7　Ⓝ780.67

　内容　第1章　迷走の序曲～すべてはスキー場から始まった―証言者/團紀彦氏（建築家）　第2章　1つ目の利権～ラグビー利権―証言者/松沢成文参議院議員　第3章　2つ目の利権～JSC利権―証言者/玉木雄一郎衆議院議員　第4章　3つ目の利権～東京都利権―証言者/猪瀬直樹氏（作家）　第5章　不可解なデザインコンペ―証言者/團紀彦氏（建築家），笠浩史衆議員議員　第6章　新国立競技場問題，悪いのは誰だ！―証言者/有森裕子氏（五輪メダリスト），玉木正之氏（スポーツ評論家），下村博文文部科学大臣　〔0373〕

◇東京オリンピック・パラリンピックのレガシーと大阪経済　大阪　大阪産業経済リサーチセンター　2015.3　42p　30cm　（資料 no.146）

30　「東京」がわかる本 4000冊　　　　　　　　　　〔0366～0374〕

東京全般　　　　　　　　　　　　　　　　　　　　　　　　　　オリンピック

〈文献あり〉Ⓝ332.163　　　　　〔0374〕

◇2020年東京オリンピック・パラリンピック競技
大会実施に伴う影響等調査報告書　中央区企画
部オリンピック・パラリンピック調整担当課編
中央区企画部オリンピック・パラリンピック調
整担当課　2015.3　288p　30cm　Ⓝ601.1361
　　　　　　　　　　　　　　　　　　　　〔0375〕

◇人間だけでは生きられない―科学者として東京
オリンピックに反対します　池内了著　興山舎
2014.12　315p　19cm　2300円　Ⓘ978-4-
908027-02-4　Ⓝ404
　内容　第1章　天空から見たいのち　第2章　地球を大事
　にする生き方　第3章　生物なしには生きられない　第
　4章　あらゆる生と死に学ぶ　第5章　科学が証明する
　宗教の心　第6章　人間の行動はいかに不思議か　第
　7章　人間は核と共存できるか―東日本大震災福島原
　発事故の教訓　　　　　　　　　　　　　　　〔0376〕

◇人間の真の生き方と武道、スポーツの活用―二
〇二〇年、東京オリンピックとパラリンピック
を目指して　水口修成著　日新報道　2014.12
198p　19cm　1200円　Ⓘ978-4-8174-0781-8
Ⓝ914.6
　内容　オリンピック　真実の人間の生き方　一九六四
　年（昭和三十九年）東京オリンピックの意義　梶田晴
　男君の闘い　パラリンピック　勝浦出身で広島カー
　プ外野手の丸ং浩選手　朝日新聞「ちば」版の城西
　国際大学観光学部の紹介　宇和島の古谷和夫さんと
　水口の絆　ユーハイム・河本武社長と水口　愛媛県
　剣道連盟の推移と今後、そして新しい道　日本武道
　の最も歴史のある相撲と国際化の先駆者・前田山英
　五郎　中村剛志さん、福原明知さん、そして元吉宏
　行さん　広島県安芸高田市の水頭千恵登さんの体験
　宇和島藩の歴史と現在―特に伊達宗城と二宮敬作氏
　ら　宇和島地方の武道・スポーツの歴史　エピロー
　グ―日本の地方と国家の真の改革のために　〔0377〕

◇転換点にたつオリンピック―異議あり！　2020
東京オリンピック・パラリンピック　革新都政
をつくる会編著　京都　かもがわ出版　2014.
11　63p　21cm　（かもがわブックレット
198）　600円　Ⓘ978-4-7803-0742-9　Ⓝ780.69
　内容　1（民意なき立候補　異議続出の開催計画　計画
　からはずされた駒沢競技場　ほか）　2（酷暑のなかの
　オリンピック　東京大改造計画で東京は　はじまっ
　た施設見直し　ほか）　データ編（2020オリンピック・
　パラリンピックを考える会施設見直し提案　オリン
　ピック憲章とアジェンダ21（抜粋）　招致活動の経緯
　ほか）　　　　　　　　　　　　　　　　　〔0378〕

◇東京オリンピックを迎える学生・社会人のため
の観光・人流概論―for students and
foreigners　寺前秀一著　静岡　システムオリ
ジン　2014.11　175p　30cm　3500円　Ⓘ978-
4-9906799-2-7　Ⓝ689
　内容　第1章　観光・人流原論　第2章　観光・人流の歴史
　第3章　観光資源―観光者（ツーリスト）の視点　第4
　章　観光活動―供給者側の視点　第5章　観光政策　第
　6章　観光・人流情報　　　　　　　　　　　〔0379〕

◇2020東京五輪と日本の皇室　皇室とスポーツを

考える会編著　ジャパンメディアアソシエイ
ション　2014.10　367p　31cm　〈発売：平成報
道協会〉36000円　Ⓝ780.69　　　　　　〔0380〕

◇2020東京五輪へ―定点観測者としての通信社
新聞通信調査会、共同通信社編　新聞通信調査
会　2014.9　52p　30cm　〈会期・会場：2014年
9月27日-10月11日　東京国際フォーラムガラ
ス棟ロビーギャラリーほか〉1700円　Ⓘ978-4-
907087-05-0　Ⓝ748　　　　　　　　　　〔0381〕

◇2020年東京五輪の黒いカネ　一ノ宮美成、グ
ループ・K21著　宝島社　2014.6　255p　19cm
1200円　Ⓘ978-4-8002-2088-2　Ⓝ780.69
　内容　序章　ヤクザ・オリンピック　第1章　五輪招致と
　カネと旧皇族　第2章　森喜朗と「新国立競技場」の
　深い闇　第3章　五輪ビジネスの支配者たち　第4章
　東京大改造バブル　第5章　築地市場移転と五輪利権
　第6章「カジノ利権」に蠢く政財界ウラ人脈　第7章
　東京ホットスポット　終章「石原・猪瀬・舛添」の
　黒い紐帯　　　　　　　　　　　　　　　　　〔0382〕

◇異議あり！　新国立競技場―2020年オリンピック
を市民の手に　森まゆみ編、山本想太郎、松隈
洋、藤本昌也、日置雅晴、森山高至執筆　岩波書
店　2014.4　62p　21cm　（岩波ブックレット
No.895）　520円　Ⓘ978-4-00-270895-9
Ⓝ518.9
　内容　1章　国立競技場を市民の手に取り戻すために　2
　章　専門性ではなく総合性の問題として　3章　歴史の
　中の神宮外苑　4章　今、建築家が議論すべき肝心な
　問題は何か　5章　法的係争の可能性　6章　国立競技
　場は改修可能だ！　　　　　　　　　　　　〔0383〕

◇日本が世界を救う―核をなくすベストシナリオ
・2020年東京オリンピック　スティーブン・
リーパー著　燦葉出版社　2014.4　154p
19cm　1200円　Ⓘ978-4-87925-113-8　Ⓝ319.8
　内容　日本は世界で最も重要な国の一つ　核兵器がな
　くなれば原発もなくなる　核兵器と世界情勢　核軍
　縮の歴史（1945～2000年　2000～2010年）　新しい
　運動　過去の実績　核廃絶へのベストシナリオ　日
　本のみなさんへ　　　　　　　　　　　　　〔0384〕

◇新国立競技場、何が問題か―オリンピックの17
日間と神宮の杜の100年　槇文彦、大野秀敏編著
平凡社　2014.3　198p　19cm　1400円
Ⓘ978-4-582-82471-1　Ⓝ518.8
　内容　1　プロローグ―10・11　神宮の杜で　2　新国立競
　技場案を神宮外苑の歴史的文脈の中で考える　3　ひ
　とつの建築を通して、何が問われているのか―シン
　ポジウム　新国立競技場案を神宮外苑の歴史的文脈の
　中で考える（問題の根本はプログラムにある　明治神
　宮と外苑はいかにつくられたか　環境倫理学から街
　づくりへ　歴史との対話から都市を計画する　いい
　街づくりには何が必要か　今後の展開とメディアの
　役割）　4 "市民の目"が景観をつくる―アムステル
　ダムから　5　新国立競技場は、神宮外苑とオリンピッ
　クの歴史を踏まえるべき　今、私たちの見識と想像力が試されている　東
　京のランドスケープ・ダイバーシティを市民
　の立場から国立競技場を考える―国立競技場のユー
　ザークライアントとして　ロンドンオリンピック施

〔0375～0385〕　　　　　　　　　　「東京」がわかる本 4000冊　31

オリンピック   東京全般

設計画・設計の事例に触れて―問題を機に日本の建
築まちづくりの仕組みを変える）   〔0385〕

◇2020年東京五輪に参加するために読む本　日本
文芸社　2014.3　96p　26cm　（にちぶん
MOOK）　743円　①978-4-537-12271-8〔0386〕

◇オリンピックの光と影―東京招致の勝利とス
ポーツの力　結城和香子著　中央公論新社
2014.1　235p　20cm　1400円　①978-4-12-
004588-2　Ⓝ780.69
　内容　第1章　東京開催決定（豪雨　宣言　ほか）　第2章
　嵐の中の攻防　IOC総会直前（汚染水の影　直前の失
　点　ほか）　第3章　プレゼンテーションが生んだ翼（ス
　タンバイ　イスタンブール　ほか）　第4章　東京招致
　舞台裏（唯一無二のチャンス　はじめの一歩　ほか）
　第5章　五輪の光と闇（オリンピックの遺産　ボウフラ
　の飼育場　ほか）   〔0387〕

◇東京五輪で日本はどこまで復活するのか　市川
宏雄著　KADOKAWA　2013.12　205p
18cm　（メディアファクトリー新書 090）
840円　①978-4-04-066197-1　Ⓝ601.136
　内容　第1章　なぜ東京に決まったのか―都市政策の視
　点から　第2章　経済波及効果は18兆円以上　第3章
　東京五輪と大阪万博が日本にもたらしたもの　第4章
　東京の都市空間が「更新」される　第5章　新たな産
　業と雇用の創出　第6章　向上する東京の国際競争力
　第7章　日本全国に希望と未来が広がる　　　〔0388〕

◇日本に生まれて良かった―日本のイイとこ再発
見！　2020年東京五輪を成功させよう！　　北
弘志著　福井　創文堂印刷　2013.11　177p
21cm　1000円　①978-4-9907285-1-9　Ⓝ361.
42   〔0389〕

◇なぜ東京五輪招致は成功したのか？　松瀬学
著　扶桑社　2013.10　238p　18cm　（扶桑社
新書 150）〈文献あり〉740円　①978-4-594-
06919-3　Ⓝ780.69
　内容　序章　五輪招致狂騒曲が奏でられた末、ついに
　東京に！　第1章　招致レース白熱化（雨のローザン
　ヌ　マドリードが巻き返し　ほか）　第2章　勝負の年
　がやってきた（勝負の年、2013年　IOC評価委員会
　が東京に来襲　ほか）　第3章　IOCという組織の正体
　（東京五輪を再現させるための驚きのシナリオ―藤
　原庸介　2016年東京招致レガシー―河野一郎　ほか）
　第4章　五輪報道（スポーツの力―結城和香子　情報開
　示を―小田光康　ほか）   〔0390〕

32　「東京」がわかる本　4000冊   〔0386～0390〕

民俗・宗教

民俗・風習

◇円楽の大江戸なんでも番付—江戸の暮らし・文化の謎をオモシロ調査！　BS朝日『円楽の大江戸なんでも番付』制作チーム著　河出書房新社　2016.2　220p　19cm　1200円　①978-4-309-22649-1　Ⓝ382.1361
　内容 1章 美食の都はいかに生まれたか 江戸のグルメ三昧(これぞ、江戸っ子のソウルフード 「江戸三大蕎麦」の誕生と人気の秘密とは?—蕎麦 「江戸前」とは本来、コレを指した 安い、旨い、栄養満点! 庶民に愛されたファストフード—うなぎの蒲焼 ほか)2章 創意工夫がしのぎを削った 江戸の商売と職人たち(「越後屋が見えそうなものと富士で言い」呉服屋の概念を変えた、初代・三井高利の画期的な商法とは?—越後屋 高利を取らず、よきものを売れ 信用と品質で勝負! 越後屋のライバルはいかに身代を築いたか—白木屋 ほか)3章 人気のレジャースポットは? 江戸の物見遊山(グルメ、土産、絶景スポット…の宝庫 日本橋〜戸塚の約十里を往く! 歴史が薫る街道の旅—田町名物「反魂丹」から鶴見名物「まんぢう」まで 東海道から、ちょいと寄り道 江戸の庶民のワンダーランド! 娯楽、グルメ、信仰…の島—江の島参り ほか)4章 現代にも意外なほど通じる 江戸の人情と美意識(夏でぃ! 祭でワッショイ 山王祭と神田祭…、あと一つは? 「江戸三大祭」の謎をさぐる—江戸の天下祭 誰も恐ろし…お化けに幽霊 庶民が熱狂した『東海道四谷怪談』に秘められた真実—江戸の怪談 ほか)5章 歴史の真実や"お楽しみ"の宝庫 江戸の神社・仏閣(お手本は、京都と延暦寺 上野の山を比叡山に!幕府を支えた天海僧正の夢と野望—寛永寺 ありがたいね、楽しいね 下町きっての大古利は、今も昔も超人気エリア!—浅草寺 ほか)　〔0391〕

◇江戸府内絵本風俗往来　菊池貴一郎文・絵　新装版　青蛙房　2015.11　434p　22cm　(青蛙選書 9)〈新装版 2003年刊の再刊 東陽堂支店 明治38年刊の複製〉4800円　①978-4-7905-0882-3　Ⓝ382.1361
　内容 絵本風俗往来上編序(外の部) 絵本風俗往来中編序(内の部) 絵本風俗往来下編序(雑の部) 外の部 図絵 内の部 図絵 雑の部 図絵　〔0392〕

◇江戸考証読本　2　大江戸八百八町編　稲垣史生著　KADOKAWA　2015.9　414p　15cm　(新人物文庫 い-1-3)〈『楽しく読める江戸考証読本　2』(新人物往来社 2010年刊)の改題、新編集〉800円　①978-4-04-601254-8　Ⓝ382.1
　内容 江戸の町並み 江戸の町のしくみ 江戸っ子のくらし お金の話 粋な男たち 粋な女たち　〔0393〕

◇江戸考証読本　1　将軍様と町人編　稲垣史生著　KADOKAWA　2015.8　398p　15cm　(新人物文庫 い-1-2)〈『楽しく読める江戸考証読本』(新人物往来社 2009年刊)の改題、新編集〉800円　①978-4-04-601253-1　Ⓝ382.1
　内容 徳川将軍家 江戸城の日々 大奥事情 江戸の町 江戸のくらし 江戸の四季　〔0394〕

◇江戸300年の暮らし大全—スーパービジュアル 大江戸歴史文化研究会著　PHPエディターズ・グループ　2015.7　111p　29cm〈文献あり 発売:PHP研究所〉850円　①978-4-569-82601-1　Ⓝ382.1361
　内容 序章 江戸のなりたち 第1部 江戸のにぎわい 第2部 武家の世界 第3部 江戸の町人地 第4部 江戸の風俗 第5部 江戸の仕組み 第6部 江戸の歳時記　〔0395〕

◇玉の井という街があった　前田豊著　筑摩書房　2015.7　267p　15cm　(ちくま文庫 ま49-1)〈立風書房 1986年刊の再刊〉800円　①978-4-480-43281-0　Ⓝ384.9
　内容 暗い青春 私娼窟玉の井の誕生 魔の迷路/娼家の構造 下駄をはかせね病院/迷路を泳ぐ名士たち 解放はありがた迷惑 『濹東綺譚』の周辺 奇縁ずくめの荷風と高見順 本所に多かった私娼/玉の井娼婦の生態 主役は東武電車/太宰治と菊谷栄のこと エノケンと花電車/誰も知らない小林多喜二 玉の井名物、交番 風呂屋さん お稲荷さん 玉の井と犯罪 始祖バラバラ事件 華やかでやがて淋しい終焉 新興鳩の街繁盛記　〔0396〕

◇絵から読み解く江戸庶民の暮らし　安村敏信監修　TOブックス　2015.5　254p　19cm〈文献あり〉2500円　①978-4-86472-386-2　Ⓝ382.1361　〔0397〕

◇日本史探究：東京とその縁辺—地域と人々の生活　神立春樹著　教育文献刊行会　2014.11　88p　21cm〈二松学舎大学柏キャンパス生涯学習講座資料 年譜あり〉Ⓝ382.136　〔0398〕

◇百万都市江戸の経済　北原進著　KADOKAWA　2014.9　210p　15cm　〔角川ソフィア文庫〕〔I117-2〕〈『八百八町いきなやりくり』(教育出版 2000年刊)の改題、加筆・修正 文献あり〉720円　①978-4-04-406308-5　Ⓝ213.61
　内容 1 天下様の都(八百八町いきなやりくり 金遣い経済圏の中心地 百万都市の経済のしくみ 消費都市の暮しぶり) 2 武士と商人の経済(旗本財政と高利貸 米相場のつたえかた 商人に学ぶ知恵) 3 町づくり 住まいかた(江戸に住むこと 町づくりの洋風化) 4 身のまわりの経済(町の売り声 灯りと

〔0391〜0399〕　「東京」がわかる本 4000冊　**33**

民俗・風習　　　　　　　　　　　　　　　　　　　　　　　　　　　　　民俗・宗教

薪炭　職人の技）　5　消費経済がもたらした文化（季
節の庶民行事　祭りだ、祭りだ！　文字と絵の広が
り　旅路の果て）　　　　　　　　　　　　　　〔0399〕

◇江戸東京実見画録　長谷川渓石画，進士慶幹，花
咲一男注解　岩波書店　2014.7　298p　15cm
（岩波文庫 33-577-1）〈底本：有光書房　1968
年刊〉780円　①978-4-00-335771-2　Ⓝ382.
1361
　内容　至尊の御入城　明治一、二年頃の官吏の姿　逮
捕の市中巡邏（邏）　官軍の隊長と彰義隊の隊長　西
丸大手前（供待）　将軍の御成　パリスの登城　諸
大名の老中廻り　町家の出火　丸の内同〔ほか〕
　　　　　　　　　　　　　　　　　　　　　〔0400〕

◇百万都市江戸の生活　北原進著
KADOKAWA　2014.1　287p　15cm　（〔角川
ソフィア文庫〕〔I117-1〕）〔角川書店　1991
年刊の再刊　文献あり〉840円　①978-4-04-
406307-8　Ⓝ382.1361
　内容　1　町の風景（天下の江戸　江戸十二景　ほか）　2
江戸っ子の町（産湯と水道　大酒、大食の記録　ほか）
3　消費都市の経済と商業（みんな飲んじゃう　九六
銭勘定　ほか）　4　武士の生活（将軍の威信と権兵衛
誰がために腹は切る　ほか）　5　武士は食わねど（経
済の発展と武士の頽廃　不良幕臣列伝ほか）　6　大
江戸事件簿（鼠小僧にささぐ　溺れ死んだ御金蔵破り
ほか）　　　　　　　　　　　　　　　　　　〔0401〕

◇事典江戸の暮らしの考古学　古泉弘編　吉川弘
文館　2013.12　355,29p　20cm〈文献あり
索引あり〉3800円　①978-4-642-08091-0
Ⓝ382.1
　内容　1　江戸の住人（発掘された大名屋敷　大名屋敷
の装置　ほか）　2　江戸のインフラ（江戸城はどのよ
うに造られたか　江戸城の堀と石垣　ほか）　3　江戸
の衣食住（江戸の髪型　髪型と結髪用具　ほか）　4　江戸を
生きる（やきもので作られたさまざまな人形　演じる
木人形　ほか）　5　江戸のなりわい（隅田川沿岸で作
られたやきもの　地下で行われた麹作り　ほか）　6
江戸わたしたち（品川御台場─江戸湾海防のために築
かれた砲台　日本鉄道発祥の地　ほか）　　〔0402〕

◇アンダーグラウンドイベント東京　フクサコア
ヤコ，Photo'sGate著　芸術新聞社　2013.11
157p　20cm　2200円　①978-4-87586-376-2
Ⓝ367.9
　内容　アンダーグラウンド・シーン（フェティッシュ
アンダーグラウンド　セクシャルマイノリティ　ほ
か）　アンダーグラウンドへの道（アンダーグラウン
ドの小径　MOCAオフショットインタビュー　女子
たちのアンダーグラウンド道　Izumi CAY×フクサ
コアヤコ　アンダーグラウンド便覧　Vocabulary　ほ
か）　アンダーグラウンド・イベントガイド（デパー
トメントH　女装ニューハーフプロパガンダ　ダイ
ヤモンドカッター　ほか）　　　　　　　　　〔0403〕

◇洲崎遊廓物語　岡崎柾男著　新装版　青蛙房
2013.10　307p　22cm　（青蛙選書 69）〈年表
あり〉3000円　①978-4-7905-0169-5　Ⓝ384.9
　内容　1　初会─プロローグ　2　裏─裏の裏そのまた裏
の商売　3　馴染─遣手・安藤きわの場合　4　居続─
妓夫太郎・山地辰の場合　5　素見─洲崎遊廓前史　6

付馬─廓の旦那と家族たち　7　後朝─エピローグ
　　　　　　　　　　　　　　　　　　　　　〔0404〕

◇江戸色街散歩　岩永文夫筆　ベストセラーズ
2013.5　221p　18cm　（ベスト新書 407　ヴィ
ジュアル新書）〈文献あり〉1000円　①978-4-
584-12407-9　Ⓝ384.9
　内容　第1章　江戸吉原散歩、色街の変遷をたどる　第
2章　品川歩き、四宿と飯盛女の街　第3章　江戸から
東京、新宿街歩き　第4章　深川七場所、かつての同
場所散歩　第5章　上野、根津、谷中　茶屋女を追って
第6章　ドブ店、十二階そして六区　浅草を歩く
　　　　　　　　　　　　　　　　　　　　　〔0405〕

◇品川宿遊里三代　秋谷勝三著　新装版　青蛙房
2013.2　310p　22cm　（青蛙選書 64）〈文献
あり　年表あり〉3000円　①978-4-7905-0164-
0　Ⓝ384.9
　内容　上の巻　品川遊里の伝承（東海道親宿の繁昌　明
治の新政と遊廓　大正以後の品川遊廓　ほか）　中の
巻　父祖三代の品川宿（「江戸前」の町　宿通りの町並
み　宿場町の暮らし　ほか）　下の巻　貸座敷春秋（宿
駕篭稼業と俥宿　品川の「遊び」　大正の震災前後
ほか）　　　　　　　　　　　　　　　　　　〔0406〕

◇将軍家の鷹場と杉並─平成23年度特別展：展示
図録　杉並区立郷土博物館編　杉並区立郷土博
物館　2011.10　40p　30cm〈会期：平成23年
10月8日─11月23日〉400円　Ⓝ787.6　〔0407〕

◇江戸賣笑記　宮川曼魚著　新装版　青蛙房
2011.5　265p　22cm　（青蛙選書 60）　2700
円　①978-4-7905-0160-2　Ⓝ384.9
　内容　1　わが国に於ける売笑の沿革　2　江戸売笑の第
一期　3　江戸売笑の第二期　4　第二期の私娼　5　江
戸売笑の第三期　6　第三期の私娼　7　江戸売笑の第
四期　8　第四期の私娼　9　江戸売笑の第五期　附　遊
女こぼれ話　　　　　　　　　　　　　　　　〔0408〕

◇東京考現学図鑑　今和次郎，吉田謙吉著，泉麻人
編著　学研パブリッシング　2011.3　287p
19cm〈文献あり　年譜あり　発売：学研マー
ケティング〉1900円　①978-4-05-404626-9
Ⓝ382.1361
　内容　銀座　浅草　本所・深川　玉の井　新宿　高円
寺・阿佐ケ谷　井の頭公園　学生街─早稲田・三田・
本郷　考現学採集コレクション　2010年暮れ銀座調
査　　　　　　　　　　　　　　　　　　　　〔0409〕

◇江戸人のしきたり　北嶋廣敏著　幻冬舎
2010.10　231p　16cm　（幻冬舎文庫　き-26-
1）〈文献あり〉571円　①978-4-344-41543-0
Ⓝ382.1361
　内容　第1章　大江戸の春夏秋冬（江戸っ子の初詣─方
角を重視した理由　江戸名物の桜餅、その誕生秘話
ほか）　第2章　江戸っ子の生活模様（家財は湯沸かし
だけ、一中一、質屋に通う　長屋の家賃は月1万7000
円　ほか）　第3章　江戸っ子の教育と豊かな文化（江
戸っ子が好んだ「粋」とは？　時刻を知らせる鐘はど
こで撞いたのか　ほか）　第4章　恋と情事と吉原と
（銭湯に備えつけの石─その使用目的は何か　江戸
のソープランド、「湯女風呂」の繁盛ぶりとは？　ほ
か）　第5章　将軍と鬼平（江戸のシンボル、「日本橋」

民俗・宗教　　　　　　　　　　　　　　　　民俗・風習

の由来とは？　将軍はどんな一日を過ごしていたの
か ほか）　　　　　　　　　　　　　　　〔0410〕

◇玉の井―色街の社会と暮らし　日比恆明著　自
由国民社　2010.10　421p　21cm〈文献あり〉
2800円　①978-4-426-11034-5　Ⓝ384.9
内容 玉の井との出会い　玉の井とはどんな街だったか
玉の井の経歴―戦前戦後　赤線の成立と遍歴　経営
者について　カフェーについて　組合について　カ
フェーの経営について　女給について　悲しい手紙
生活環境について　赤線廃止後の玉の井　その他の
出来事、など　　　　　　　　　　　　　〔0411〕

◇幕末のお江戸を時代考証！―坂本龍馬・勝麟太
郎・新門辰五郎・そして、『JIN-仁-』の南方
先生も歩いた江戸の町の仕組みとは？　山田
順子著　ベストセラーズ　2010.8　269p
19cm〈文献あり　年表あり〉1429円　①978-
4-584-13248-7　Ⓝ382.1361
内容 第1章 小石川の水戸家屋敷　第2章 湯島の旗本
屋敷　第3章 本所相生町二ツ目の長屋　第4章 下谷
の西洋医学所と医学館　第5章 吉原の遊廓　第6章
猿若町の芝居小屋　第7章 浅草の火消し・新門辰五
郎　第8章 日本橋の醬油倉　第9章 築地の坂本龍馬、
赤坂の勝麟太郎　　　　　　　　　　　　〔0412〕

◇江戸っ子はなぜ宵越しの銭を持たないのか？―
落語でひもとくニッポンのしきたり　田中優子
著　小学館　2010.6　222p　18cm　（小学館
101新書 084）〈文献あり〉720円　①978-4-
09-825084-4　Ⓝ382.1361
内容 第1章 江戸っ子はなぜ宵越しの銭を持たないの
か？　第2章 絆が人を幸せにする　第3章 結婚は切
実な経済問題である　第4章 経済の発展は人を幸せ
にするか？　第5章 取り戻すべきライフスタイル
第6章 遊びが文化を培った　第7章 命と自然への敬
意　　　　　　　　　　　　　　　　　　〔0413〕

◇知識ゼロからの大江戸入門　北嶋廣敏監修　幻
冬舎　2009.4　190p　21cm〈文献あり〉1300
円　①978-4-344-90150-6　Ⓝ382.1361
内容 第1章 江戸っ子の住まい　第2章 お仕事事情
第3章 江戸の人々の日常　第4章 江戸のカルチャー
第5章 江戸時代の恋と情事　第6章 江戸の事件　第
7章 江戸城内のしくみ　　　　　　　　　〔0414〕

◇都市のドラマトゥルギー―東京・盛り場の社会
史　吉見俊哉著　河出書房新社　2008.12
423p　15cm　（河出文庫）1200円　①978-4-
309-40937-5　Ⓝ361.78
内容 序章 盛り場へのアプローチ　1章 盛り場研究の
系譜　2章 博覧会と盛り場の明治　3章 盛り場の一
九二〇年代　4章 盛り場の一九七〇年代　結章 近代
化日本と盛り場の上演　　　　　　　　　〔0415〕

◇なぜ江戸っ子を「ちゃきちゃき」と言うのか―
粋な江戸の生活事情　中江克己著　PHP研究所
2008.9　239p　19cm〈文献あり〉1200円
①978-4-569-70187-5　Ⓝ382.136
内容 「こちとらちゃきちゃきの江戸っ子でい」―江
戸っ子の決めゼリフ　「火事と喧嘩は江戸の華」―揉
めごとに効く啖呵　「浅葱裏は野暮天の看板」―勤
番侍や江戸庶民の服装　「月も朧に白魚の…」―隅

田川と江戸っ子の食生活　「椀と箸を持って来やれ
と壁をぶち」―長屋の日常生活　「現銀安売掛値な
し」―新しい商法の売り文句　「嬶ァを質に入れて
も初鰹を食う」―初物に美学を感じる江戸っ子哲学
「二本差しが怖くて目刺しが食えるか」―武士なにす
るものぞの心意気　「何くわぬ顔で男にけつまづき」
―男と女の出会い　「田舎者でござい、冷えもので
ござい」―江戸のしきたり　「知らざあ言って聞か
せやしょう」―歌舞伎、川柳など町人文化　「花の
雲鐘は上野か浅草か」―俳句や川柳に描かれた盛り
場　「水道の水を産湯につかう」―上水道が江戸っ
子の自慢　　　　　　　　　　　　　　　〔0416〕

◇図説浮世絵に見る江戸の一日　佐藤要人、高橋
雅夫監修、藤原千恵子編　新装版　河出書房新
社　2008.8　127p　22cm　（ふくろうの本）
1800円　①978-4-309-76118-3　Ⓝ382.1361
内容 寅の刻―暁七つ　卯の刻―明六つ　辰の刻―朝
五つ　申の刻―夕七つ　酉の刻―暮六つ　戌の刻―
宵五つ　巳の刻―昼四つ　午の刻―昼九つ　未の刻
―昼八つ　亥の刻―夜四つ　子の刻―夜九つ　丑の
刻―夜八つ　　　　　　　　　　　　　　〔0417〕

◇東京花街・粋な街　上村敏彦著　街と暮らし社
2008.8　247p　21cm〈文献あり〉2000円
①978-4-901317-19-1　Ⓝ384.9
内容 観音様で栄えてきた浅草花街―台東区　芸妓数
最多を誇る向嶋花街―墨田区　伝統の芸を誇る新橋
花街―中央・港区　花なら牡丹の赤坂花柳界―港
区　情緒ただよう神楽坂花街―新宿区　江戸時代か
ら続く葭町の花街界―中央区　風情ただよう大塚花
柳界―豊島区　八王子の絹織物産業と花街―八王子
市　隅田川で栄えた柳橋の花街―台東区　丸善の裏
手にあった日本橋花柳界―中央区〔ほか〕〔0418〕

◇お江戸のニコニコ人情暮らし　中江香寿　中経
出版　2008.7　255p　15cm　（中経の文庫）
571円　①978-4-8061-3061-1　Ⓝ382.1361
内容 第1章 お江戸のご近所づきあい（井戸端会議は
いまも昔も女の社交場　江戸市中の大家の人数は約
二万人 ほか）　第2章 お江戸は「もったいない」が
基本（長屋の住人は着物を何枚もっていたの？　江戸の
庶民は着物を何枚もっていたの？ ほか）　第3章 子
どもはお江戸の宝物（すでに胎教にも熱心だった江戸
の親たち　出産はご近所総出の一大イベント ほか）
第4章 お江戸のグルメ事情（江戸の朝は納豆売りの声
で始まる　コンビニが長屋まで歩いてやってくる!?
ほか）　第5章 お江戸の娯楽事情（江戸っ子は、なぜ
そんなに「ゆ」が好きだったの？　江戸時代の髪結
い事情・おもしろエトセトラ ほか）　　　〔0419〕

◇漫画お江戸の風俗帳―長屋の生活から大奥の秘
密まで　金森健雄著　PHP研究所　2008.6
237p　15cm　（PHP文庫）533円　①978-4-
569-67048-5　Ⓝ382.1361
内容 第1章 江戸っ子の生活風景　第2章 大江戸の面
白商売あれこれ　第3章 大江戸なるほど歳時記　第
4章 江戸城大奥の秘密　第5章 大江戸の花街ご案内
第6章 江戸っ子の旅と旅すがた　第7章 大江戸“痛
快"捕物帳　江戸時代に関する図表＆資料　〔0420〕

◇江戸のしきたり―面白すぎる博学知識　歴史の
謎を探る会編　河出書房新社　2008.5　221p
15cm　（Kawade夢文庫）〈文献あり〉514円

民俗・風習　　　　　　　　　　　　　　　　　　　　　　　　民俗・宗教

①978-4-309-49684-9　Ⓝ382.1361
内容 1章 生きるための知恵の宝庫！ 江戸の暮らしのしきたり 2章 いつでもどこでも、和気あいあい！ 江戸の近所づきあいの巧みさ 3章 上手な人づきあいの秘訣！ 江戸の身だしなみの作法 4章 知らないと"無粋"と笑われる！ 江戸の遊びのマナー 5章 家格や年齢でがんじがらめ！ 江戸の恋愛と結婚のオキテ 6章 生活に"うるおい"をもたらす！ 江戸の年中行事の決まりごと 7章 アイデアに満ちあふれている！ 江戸の商いの約束ごと 8章 "天下泰平の世"を支える！ 江戸の武士の正式作法 9章 信じられないほど"過酷"！ 江戸の刑罰のしきたり
〔0421〕

◇芸者の粋と意地—向島花柳界に舞う女たちの生き様 出馬康成著 角川学芸出版 2008.2 252p 20cm 〈発売：角川グループパブリッシング〉 1619円 ①978-4-04-621606-9 Ⓝ384.9
内容 花柳界「向島」に遊ぶというのはどういうことか？ 向島ラビリンス 向島の花柳界としての歴史 花柳界のしくみ 向島芸者人生読本 向島の最高齢の元芸者 昭和の向島の名妓、扇夢姐さん 今だからこそ語れる向島の思い出話 現代の料亭と芸者たち 芸者の着物 現代の芸者たちとお座敷遊び ベテラン芸者と老舗割烹料亭でのお座敷遊び お座敷の礼儀作法 花柳界の言葉 新世代の芸者と女将たち 向島で一番大きな老舗料亭「櫻茶ヤ」 料亭で食事して芸者を上げたら一体いくらで遊べるの？ 芸者部屋に潜入
〔0422〕

◇江戸歳時記—都市民俗誌の試み 宮田登著 吉川弘文館 2007.12 211p 20cm （歴史文化セレクション） 1700円 ①978-4-642-06342-5 Ⓝ382.1361
内容 江戸歳時の思想(休み日と物忌み 日の吉凶とケガレ ほか) 江戸歳時の世界(正月の年中 コトハジメ・コトオサメ ほか) 「歳時記」を超えて(霊場を求める—江戸の内と外 大山詣—現世の中の他界 ほか) 「歳時記」の基礎(江戸の神仏 江戸の生活文化—市井の年中行事と関連させて) 〔0423〕

◇江戸生活事典 三田村鳶魚原著, 稲垣史生編 新装版 青蛙房 2007.9 561p 20cm 〈年表あり〉 4500円 ①978-4-7905-0501-3 Ⓝ382.1361 〔0424〕

◇図解・江戸の暮らし事典—江戸時代の生活をイラストで解説 決定版 河合敦監修, 河合敦、橋場日月, 古川敏夫, 中西立太執筆 学習研究社 2007.9 159p 26cm （歴史群像シリーズ 特別編集） 1900円 ①978-4-05-604783-7 〔0425〕

◇図説江戸っ子のたしなみ 藤原千恵子編 河出書房新社 2007.9 111p 22cm （ふくろうの本） 1800円 ①978-4-309-76101-5 Ⓝ382.1361
内容 なんでもかでもずっとよしよし 町内におくびの師匠ができたので稽古をしたいんだ モノを持たない得 出世しない得 悩まない得 かやうのたわけ世に多きも 実に太平の御代の春 事もおろかやかいる世に 住む民とて豊かなる 君の恵ぞありがたき さよなら三角またきて四角 百も合点二百も承知 まかしとけっ 無駄な苦労は売ってでもするなよ 遊びを

せむとや生まれけむ 目を明けて聞いて居るなり四方の春 たのしみは春の桜に秋の月 夫婦中よく三度くふめし 〔ほか〕 〔0426〕

◇図説暮らしとしきたりが見えてくる江戸しぐさ—日本人なら忘れてはいけない「気づかい」「心づかい」 越川禮子監修 青春出版社 2007.7 95p 26cm 1000円 ①978-4-413-00897-6 Ⓝ382.1361
内容 1章 暮らしを楽しむ江戸しぐさ(いただきます—毎日の糧に感謝をあらわす気持ち 半畳を入れる—江戸一番の娯楽から生まれたしぐさ ほか) 2章 江戸っ子の粋な身のこなし(年代しぐさ—頼りにされた町のご隠居さん つまらない物ですが—物をあげるときの気づかい ほか) 3章 江戸社会のつき合いの心得(世辞—悪いことではなかった江戸の気配り ふときしぐさ・わがままししぐさ—助け合いが基本の江戸で嫌われたしぐさ ほか) 4章 江戸商人に見習う心づかい(魚屋しぐさ—子どもの心を考えた気づかい 念入りしぐさ—大店の番頭が心がけた商売繁盛の秘訣 ほか) 〔0427〕

◇大江戸風俗往来—一問一答クイズ 楽しく学べる江戸八百八町 久染健夫監修 実業之日本社 2007.6 253p 19cm 〈年表あり〉 476円 ①978-4-408-61156-3 Ⓝ382.1361
内容 第1章 江戸庶民の生活空間・長屋(「九尺二間に過ぎたるものは…」？ 行灯の照明はどのくらいの明るさだったか？ ほか) 第2章 江戸庶民が江戸をつくった材木・木場の変遷(家康が江戸に入った記念日は？ 江戸初期の町づくりを何普請といったか？ ほか) 第3章 隅田川沿岸の蔵と江戸の経済(一両は銭に換算するといくら？ 江戸っ子が主食としていた米の値段は？ ほか) 第4章 暮らしのアクセント 年中行事—自然との共生(江戸生まれを誇る遊びの精神とは？ 江戸っ子の自意識と粋とは？ ほか) 貨幣・度量衡・年表 〔0428〕

◇「江戸っ子」事典—日本史百科 歴史真相研究会編著 シーエイチシー 2007.1 209p 19cm 〈発売：コアラブックス〉 1400円 ①978-4-86097-221-9 Ⓝ382.1361
内容 1 江戸っ子の由来 2 江戸っ子の服装 3 江戸っ子の商売 4 江戸っ子の生活 5 江戸っ子の春夏秋冬 6 江戸っ子の遊び 7 江戸っ子と興行 8 江戸っ子の逸話 9 ことわざにみる江戸の姿 〔0429〕

◇東京アンダーグラウンドパーティ 下関マグロ著 二見書房 2007.1 237p 19cm 〈年表あり〉 1700円 ①4-576-06224-7 Ⓝ367.9
内容 1章 アンダーグラウンド事始め 2章 伝説のフェティッシュパーティ 3章 バラエティ豊かな地下パーティ 4章 ドラァグクイーンはパーティの華 5章 嗚呼、素晴らしきパフォーマーたち 6章 僕が出会った変態さんたち 7章 進化し越境する変態パーティ 〔0430〕

◇東京時代—江戸と東京の間で 小木新造著 講談社 2006.6 275p 15cm （講談社学術文庫） 〈年表あり 文献あり〉 960円 ①4-06-159765-5 Ⓝ213.6
内容 序章 変革の嵐 第1章 「文明開化」の幻影 第2章 暮らしの曲線 第3章 開化の蔭で 第4章 庶民

36　「東京」がわかる本 4000冊　　　　　　　　　　　　　　　　　　　　　　　　〔0422〜0431〕

民俗・宗教　　　　　　　　　　　　　　　　　　　　　民俗・風習

の遊び　第5章 寺子屋始末記　終章 東京時代
〔0431〕

◇江戸の人情「長屋」がわかる　凡平著　技術評論社　2006.2　198p　21cm　（落語カルチャーブックス　志ん生で味わう江戸情緒 4）〈付属資料：CD1枚（12cm）〉1880円　Ⓘ4-7741-2649-7　Ⓝ382.1361
内容 1章 長屋のつくり（江戸の往来、表通りのにぎわい　江戸の町人地 ほか）　2章 長屋の人々（担ぎ商いが彩った江戸の往来　職人と担ぎ商い ほか）　3章 長屋の日常生活（屋台で生まれた江戸っ子の味　九尺二間の空間 ほか）　4章 長屋の文化（長屋人情を育んだ民衆パワー　町内の髪結床と湯屋 ほか）〔0432〕

◇アスファルトの下の江戸─住まいと暮らし　寺島孝一著　吉川弘文館　2005.6　213p　19cm　（歴史文化ライブラリー 192）　1700円　Ⓘ4-642-05592-4　Ⓝ382.1361
内容 アスファルトの下の目線から─プロローグ　江戸の家並み　どんぶりと割り箸　ヒジキに油揚げ五合飯　みつかる道具　禁じられた遊び　真の豊かさとは─エピローグ
〔0433〕

◇川柳で読み解く「お江戸」の事情　中江克己監修　青春出版社　2005.2　188p　18cm　（プレイブックスインテリジェンス）　700円　Ⓘ4-413-04113-5　Ⓝ382.136
内容 第1章 風情を愉しむ江戸の「歳時記」　第2章 初物で粋を競う江戸の「食」　第3章 権威を笑った江戸っ子の「心意気」　第4章 好いた惚れたの江戸の「色恋」　第5章 人情あふれる江戸っ子の「暮らしぶり」　第6章 遊女の本音がちらりとのぞく「色街事情」
〔0434〕

◇大江戸庶民のあっと驚く生活考─意外な風俗、しきたり、信仰心がわかる本　渡辺信一郎著　青春出版社　2003.9　286p　20cm　〈文献あり〉1380円　Ⓘ4-413-03428-7　Ⓝ382.1361
内容 第1章 江戸庶民のこんな意外な風習（行灯の微細な穴でばれた隠し妻　お産婆さんは臍の緒を何で切ったか ほか）　第2章 「困ったときはお互いさま」の長屋の人情（井戸端へ「人の噂」を汲みに行く女たち　御茶の水をはじめ各地に湧水あり ほか）　第3章 「宵越しの金は持たない」大らかな暮らし（金が手元に無くとも、いついかい時が来る　居宅を持たず隠居を楽しむ ほか）　第4章 四季折々を楽しむ元祖スローライフ（春の陽気に誘われ摘み草をしに郊外へ　道々、人の荷物を持つ「坊主持ち」遊び ほか）　第5章 簡素で豊かな信心深い生き方（神仏からの加護を求めて“お百度詣で”　健康祈願の仁王像に紙を千切って投げる ほか）
〔0435〕

◇江戸東京〈もの〉がたり─江戸東京博物館特別収蔵品展　江戸開府400年・江戸東京博物館開館10周年記念　東京都江戸東京博物館編　東京都江戸東京博物館　2003.3　69p　30cm　〈会期：平成15年3月6日─30日〉Ⓘ4-924965-43-X　Ⓝ382.136
〔0436〕

◇東京風俗帖　木村荘八著　筑摩書房　2003.2　488p　15cm　（ちくま学芸文庫）〈肖像あり〉1500円　Ⓘ4-480-08739-7　Ⓝ382.136

内容 東京の風俗帖　現代風俗帖　定稿 両国界隈（両国界隈　両国・浅草橋真図）　銀座煉瓦　東京繁昌記（隅田川両岸一覧　七夕と盆踊り　佃島 東京の民家　花火 ほか）
〔0437〕

◇江戸生業物価事典　三好一光編　新装版　青蛙房　2002.12　461p　20cm　4500円　Ⓘ4-7905-0511-1　Ⓝ382.1361
内容 1 職業物価編　2 医薬編　3 信仰編　4 飲食編　5 店名編
〔0438〕

◇花の大江戸風俗案内　菊地ひと美著　筑摩書房　2002.12　175p　15cm　（ちくま文庫）　820円　Ⓘ4-480-03776-4　Ⓝ382.1361
内容 其の1 花の吉原案内　其の2 武士と町人の暮らしと服装　其の3 髪型　其の4 浮世絵にみる四季の装い　其の5 芝居に多い商売づくし　其の6 小物の話
〔0439〕

◇江戸で暮らしてみる　近松鴻二責任編集　中央公論新社　2002.11　124p　21cm　（江戸東京歴史探検 第3巻　東京都江戸東京博物館監修）1800円　Ⓘ4-12-490224-7　Ⓝ382.136
内容 武家の暮らし　町に暮らす　お金となりわい　異国文化にふれる　匠の技を見る　趣味と娯楽のなかに
〔0440〕

◇下町のオキテ　畠山健二著　講談社　2002.10　322p　15cm　（講談社文庫）　667円　Ⓘ4-06-273574-1　Ⓝ382.1361
内容 下町にまつわるエトセトラ（男も女も大いにげびるべし　カタ屋の記憶を手繰り寄せ郷愁を拾うべし　現代にカタ屋を呼び戻すべし　お稽古ごとを嗜むべし ほか）　はるみき下町のイベント（撫牛と二股大根　豆とチョコレート　白梅と金玉棒　隅田公園と上野公園 ほか）
〔0441〕

◇桶屋一代江戸を復元する　三浦宏著, 小田豊二聞き書き, 石崎幸治写真　筑摩書房　2002.9　222p　20cm　1900円　Ⓘ4-480-81621-6　Ⓝ382.1361
〔0442〕

◇江戸と東京風俗野史　伊藤晴雨著, 宮尾與男編注　国書刊行会　2001.6　415p　27cm　〈複製を含む　年譜あり〉5800円　Ⓘ4-336-03067-7　Ⓝ382.1361
〔0443〕

◇江戸東京のエコロジー─江戸の残像を今日に探る コラム　安藤義雄著　足立区郷土史料刊行会　2001.5　207p　19cm　（史談文庫 1）900円　Ⓝ382.1361
〔0444〕

◇新編東京の盛り場　海野弘著　アーツアンドクラフツ　2000.12　285p　20cm　〈発売：アドリブ〉2200円　Ⓘ4-900632-46-5　Ⓝ213.61
内容 1 東京の盛り場（ボヘミアンが都市の盛り場をつくる　東京の盛り場）　2 東京の感性（新東京百景を歩く　失われたモダン都市を求めて ほか）　3 都市の装置（帝国ホテルの時代　東京のデパートの歴史 ほか）　4 私の東京地図（東京一九二〇・八〇紀行─浅草・神田・銀座　東京舟行─隅田川・神田川・日本橋川 ほか）
〔0445〕

◇東京風俗志　下　平出鏗二郎著　筑摩書房

「東京」がわかる本 4000冊　37

民俗・風習　　　　　　　　　　　　　　　　　　　　　　　民俗・宗教

2000.11　314p　15cm　（ちくま学芸文庫）
1000円　Ⓘ4-480-08584-X　Ⓝ382.136
内容 中の巻（承前）（容儀服飾　飲食及び料理店）　下
の巻（婚姻、出産、葬祭　歌舞音楽及び諸興行物　遊
嬉賞翫）　　　　　　　　　　　　　　　　　〔0446〕

◇東京風俗志　上　平出鏗二郎著　筑摩書房
2000.11　303p　15cm　（ちくま学芸文庫）
1000円　Ⓘ4-480-08583-1　Ⓝ382.136
内容 上の巻（風土及び市井の有様　社会の組織及び
その情態　人情道徳及び教育　宗教及び迷信）　中の
巻（年中行事　住居及び家什雑具）　　　　　〔0447〕

◇いたばし動物ものがたり―自然・狩猟・見世物
板橋区立郷土資料館編　板橋区立郷土資料館
2000.10　52p　30cm　〈特別展：平成12年11月
14-28日〉　Ⓝ382.1361　　　　　　　　　　　〔0448〕

◇下町の紋様―東京の下町追想イラスト集　遊佐
喜美男著　新装版　下町タイムス社　2000.9
140p　21cm　（下町・人間の生きざまシリーズ
4）〈発売：新時代社〉　Ⓘ4-7874-9013-3
Ⓝ382.136　　　　　　　　　　　　　　　　　〔0449〕

◇八百八町いきなやりくり　北原進著　教育出版
2000.8　203p　19cm　（江戸東京ライブラリー
13）〈文献あり〉1500円　Ⓘ4-316-35820-0
Ⓝ213.61
内容 1 天下さまの都（金遣い経済圏の中心都市　百万
都市の経済の仕組み　消費都市の暮らしぶり ほか）
2 町づくり・住まい方（江戸に住むこと　町づくりの
洋風化）3 身のまわりの経済（江戸の食　江戸のと
もし灯　江戸の職人技）4 消費経済がもたらした文
化（季節の庶民行事　祭りだ、祭りだ！　文字と絵
の広がり ほか）　　　　　　　　　　　　　〔0450〕

◇江東風俗二十帖　濱本高明著　演劇出版社出版
事業部　2000.6　157p　21cm　1143円　Ⓘ4-
900256-58-7　Ⓝ213.61　　　　　　　　　　　〔0451〕

◇江戸・東京はどんな色―色彩表現を読む　小林
忠雄著　教育出版　2000.5　181p　19cm　（江
戸東京ライブラリー 12）1500円　Ⓘ4-316-
35810-3　Ⓝ382.136
内容 第1章 色彩と歴史の交差点（赤色と青色は日本
文化の基調　黒色の粋な感覚 ほか）第2章 江戸の
色彩を読む　第3章 東京に出現した色彩（新たな赤色
表現　高級感覚を示す青色表現 ほか）第4章 地方
都市の色彩表現―都市民俗学の視点から（マチ場成立
の歴史　マチ場の生業 ほか）第5章 都市は感覚を
表現する場（都市民俗のとらえ方　都市の感覚の表現
の変容性 ほか）　　　　　　　　　　　　　〔0452〕

◇東京風俗三十帖　濱本高明著　演劇出版社出版
事業部　1998.12　211p　21cm　1500円　Ⓘ4-
900256-56-0　Ⓝ291.361　　　　　　　　　　　〔0453〕

◇多摩弁暦　平井英次著　教育報道社　1998.7
141p　20cm　（教報ブックス）　1500円
Ⓝ382.1365　　　　　　　　　　　　　　　　　〔0454〕

◇東京山の手大研究　岩渕潤子, ハイライフ研究
所山の手文化研究会編著　都市出版　1998.3

195p　19cm　（都市選書）　1333円　Ⓘ4-
924831-67-0　Ⓝ382.1361
内容 第1章 序論　山の手研究を思い立った「曖昧」な
理由　第2章 居住者分布で見た「山の手」の拡大　第
3章 山の手住宅地の成立　第4章 回想の山の手　第5
章 異文化としての山の手　第6章 近代日本人と「山
の手」という自意識　第7章 山の手キーワード集
　　　　　　　　　　　　　　　　　　　　　　〔0455〕

◇多摩民具事典　小川直之ほか編著　国立　たま
しん地域文化財団　1997.10　399p　21cm〈発
売：けやき出版（立川）〉2500円　Ⓘ4-87751-
026-5　Ⓝ383.91
内容 足踏脱穀機　鮎籠　アラク　粟穂稗穂　上州の
小正月ツクリモノ　筏流し　石　石臼　イチとマチ
井戸〔ほか〕　　　　　　　　　　　　　　　〔0456〕

◇川柳江戸歳時記　花咲一男著　岩波書店
1997.3　299p　20cm　3000円　Ⓘ4-00-000214-
7　Ⓝ382.1361　　　　　　　　　　　　　　　〔0457〕

◇とんびの独言―鳶頭政五郎覚書　山口政五郎著
角川書店　1996.7　251p　20cm　1600円
Ⓘ4-04-883456-8　Ⓝ384.3
内容 町鳶に生きる　町鳶・町火消と江戸の町　町鳶
と江戸の祭り　江戸っ子と粋　江戸鳶の木遣　半纏・
纏・階子乗り　錦絵に見る江戸町火消　納札・千社
札とぼち袋　浮島彦太郎と『江戸三火消図鑑』
　　　　　　　　　　　　　　　　　　　　　　〔0458〕

◇目でみる江戸・明治百科　第6巻　明治新東京
名所、地方名所の巻　国書刊行会編　国書刊行
会　1996.6　159p　14×20cm　2400円　Ⓘ4-
336-03801-5　Ⓝ382.1
内容 新東京名所（帝国議会御臨幸の図　御堀端の図
二七不動縁日の図　万世橋開橋式の図 ほか）地方
名所（会津の年中行事　会津雪中の風俗　川越大祭の
景況　成田鉄道線路図 ほか）　　　　　　　〔0459〕

◇目でみる江戸・明治百科　第4巻　明治時代四
季の行楽と博覧会の巻　国書刊行会編　国書刊
行会　1996.4　157p　14×20cm　2400円
Ⓘ4-336-03799-X　Ⓝ382.1
内容 四季の行楽（現今新年　日本橋新年の景況　新年
の乗合船　芸妓街の元旦 ほか）大勧業博（東京勧業
博覧会全図　東京勧業博覧会行幸当日第一会場正門
外の光景　東京勧業博覧会褒賞授与式 ほか）郵船
（船客乗込の図　石炭積込の景況　乗客船内に上るの
図 ほか）　　　　　　　　　　　　　　　　　〔0460〕

◇江戸繁昌記の世界―寺門静軒と爛熟期の江戸
特別展　寺門静軒著, 水戸市立博物館編　〔水
戸〕　水戸市立博物館　1996　72p　26cm〈著
者の肖像あり　会期：平成8年2月20日～3月20
日　年表・参考文献：p66～71〉Ⓝ213.6〔0461〕

◇柴又からの贈りもの―寅さんのおばちゃんの知
恵袋　石川光子著　アリアドネ企画　1995.12
223p　20cm〈発売：三修社〉1500円　Ⓘ4-
384-02297-2　Ⓝ382.136
内容 第1章 映画と柴又　第2章 生まれ育った柴又の
風景　第3章 だんご屋のいまむかし　第4章 柴又の
味　第5章 家つき娘の悲哀　第6章 随想―ちょっと

民俗・宗教　　　　　　　　　　　　　　　　　　　　　　　　　　　　　　民俗・風習

した思い出　第7章　柴又の人々　第8章　手作りの幸せ　　　　　　　　　　　　　　　　　　　　〔0462〕

◇東京四方山ばなし—江戸っ子 "加太こうじ"　加太こうじ著　リバティ書房　1995.4　159p　19cm　1000円　Ⓝ382.136
　内容　親代々の東京生まれ、東京ぐらしです　幼時　東京言葉　山手と下町　東京の川　東京の祭り　東京の歌　東京の芝居〔ほか〕　　　　　〔0463〕

◇佃に渡しがあった　尾崎一郎写真、ジョルダン・サンド、森まゆみ文　岩波書店　1994.11　93p　26cm　（ビジュアルブック水辺の生活誌）〈付：参考文献一覧〉2000円　Ⓘ4-00-008491-7　Ⓝ213.6　　　　　　　　　　　　　　〔0464〕

◇江戸彩東京噂の下町　林伸行著　日本図書刊行会　1994.7　121p　20cm〈発売：近代文芸社〉1000円　Ⓘ4-7733-2829-0　Ⓝ213.6　〔0465〕

◇吉原・道玄坂昔語り　堀田恭子著　日本図書刊行会　1993.10　187p　20cm〈発売：近代文芸社〉1500円　Ⓘ4-7733-2718-9　Ⓝ213.6
　内容　第1部　吉原と界隈（たけくらべのモデルを求めて　吉原界隈）　第2部　戦後の道玄坂（終戦　昭和二十一年　父の死　渋谷の家を建てる　大向小学校　闇の話〔ほか〕　　　　　　　　　　　〔0466〕

◇隅田川界隈—明治・大正の想い出スケッチ2　竹内喜十郎著　高文堂出版社　1992.10　67p　21cm　（誘惑双書）　800円　Ⓘ4-7707-0403-8　Ⓝ382.136
　内容　夢十話（下町のこと）　太公望の夢　隅田川夢のまた夢　一銭蒸気はポンポン蒸気　海の名は　吾妻橋にはビールが似合う　造園園の巡り合い　三囲から竹屋の渡し　一貫三百どうでもいい　明治の女房　お萬さんは妖怪か　明治、大正のお正月　振り出しの使い奴〔ほか〕　　　　　　　　　　〔0467〕

◇かつしか物語—江戸川葛飾のむかし　亀井杉芽女著、亀井千歩子編　彩流社　1992.1　254p　20cm〈著者の肖像あり〉2200円　Ⓘ4-88202-214-1　Ⓝ382.136
　内容　第1章　葛飾風物詩—葛飾の四季（新春・餅花飾る春・蓮汲う　夏・蓮の風　秋・小松菜播く　冬・注連縄づくり）　第2章　葛飾のわらべ唄　第3章　葛飾・奥戸村今昔（明治・大正の思い出　中野家と奥戸の西洋野菜　前栽売りと中川の渡し　前栽売りの話あれこれ　葛飾の野菜づくりと相場　紫つゆ草の思い出）　　　　　　　　　　　　　　　〔0468〕

◇東京の盛り場—江戸からモダン都市へ　海野弘著　六興出版　1991.10　265p　20cm　1700円　Ⓘ4-8453-6056-X　Ⓝ291.36
　内容　1 東京の盛り場　2 東京の感性（新東京百景を歩く　世界と東京、1920年代　都市のアンダーワールド　ジャズとモダン都市　昭和3年のモダン東京　東京のエロス）　3 都市の装置（帝国ホテルの時代　東京のデパートの歴史　モダン銀座と広告　遊園都市論への序章）　4 モダン都市と文学（谷崎潤一郎　梶井基次郎　広津和郎　秦豊吉）　5 私の東京地図（東京1920・80紀行　東京舟行　馬込文学散歩　マイ・トレイル　親しい街　私の好きな美術館）　〔0469〕

◇宵越しの銭—東京っ子ことば・秋谷勝三老人聞き書き　林えり子著　河出書房新社　1991.7　221p　20cm　1600円　Ⓘ4-309-00707-4　Ⓝ382.136
　内容　相撲の太鼓　焼けた稲荷　犬っかわ　弱い相撲　神楽の笛　かめの子の煮こごり　いもむしゃ鯨　土瓶の口　大川でしり　かんたん　夜店のステッキ　裏弁天　気っぷだ　ぞっき　おくれ　お他力車力車足　かっちゃん数の子　たまげた、こまげた、日和下駄　下手な紋付き　お付け木代わり　いま鳥耳だよ　ぼたもちの千人斬り　およねさん　海っかわ、山っかわ　火たき　お面をかぶって　勧進帳をのべる　浮き難儀　聖天さまに笑われる　七穴ゆるむ　その意気、その意気、虫の息　天神さまに見放される　雨が降る日は天気が悪い　戸板に豆　鬼に金棒、鉄の棒　機転丸ドジ下し　坊っちゃんご成人　宵越しの銭　こやが軽い　下風ひいたら　北がなければ　そくいでつけて　北向きの鬼がわら　九は病　一声二節だ　いずれと化け物　秋谷さんの余談ひと言　銀座の商人　秋谷さんのこと　　　　〔0470〕

◇百万都市江戸の生活　北原進著　角川書店　1991.6　294p　19cm　（角川選書 215）　1400円　Ⓘ4-04-703215-8　Ⓝ213.6
　内容　1 町の風景　江戸っ子の町　3 消費都市の経済と商業　4 武士の生活　5 武士は食わねど　6 大江戸事件簿　　　　　　　　　　　　　　　〔0471〕

◇磯田光一著作集　5　思想としての東京・鹿鳴館の系譜　小沢書店　1991.4　558p　20cm　4944円　Ⓝ918.68　　　　　　　　　　　〔0472〕

◇下町の紋様—東京の下町追想イラスト集　続　遊佐喜美男著　下町タイムス社　1990.10　146p　21cm　（下町・人間の生きざまシリーズ24）　1164円　Ⓝ382.1361　　〔0473〕

◇隅田川への誘惑—明治・大正の思い出スケッチ　竹内喜十郎著　高文堂出版社　1990.10　55p　21cm　（誘惑双書）　780円　Ⓘ4-7707-0333-3　Ⓝ382.136
　内容　下町の風情　有為転変　鐘と太鼓と栗もち売り　樽御輿　雪の本所竹町河岸　叱られて　殿様のルーツ　明治43年の大洪水と箱舟（方舟）の思い出　明治、大正時代の台所風景　みかわや質店時代〔ほか〕　　　　　　　　　　　　　　　〔0474〕

《祭礼・年中行事》

◇東京三匹獅子舞事典　石川博司著　第2版〔出版地不明〕　石川博司　2016.6　285p　30cm〈文献あり〉Ⓝ386.8136　〔0475〕

◇江戸の祭礼屋台と山車絵巻—神田祭と山王祭　福原敏男著　渡辺出版　2015.6　219p　21×30cm　（神田明神選書 4）　5800円　Ⓘ978-4-902119-21-3　Ⓝ386.1361　　〔0476〕

◇神田祭—神田祭と神田明神を知るための本　平成27年版　神田神社　2015.4　100p　29cm〈天平2年（730）創建ご遷座400年奉祝〉649円　Ⓘ978-4-902583-06-9　Ⓝ386.1361　　〔0477〕

〔0463～0477〕　　　　　　　　　　　　　「東京」がわかる本 4000冊　39

民俗・風習　　　　　　　　　　　　　　　　　　　　　　民俗・宗教

◇江戸の人になってみる　岸本葉子著　晶文社
　2014.7　261p　19cm　1500円　Ⓘ978-4-7949-
　6852-4　Ⓝ386.1361
　[内容]　1 お江戸の一年(浅草寺の花祭　身近な富士詣
　御用祭の夏　秋はお月見　火事と喧嘩が華なのは　歳
　末近き酉の市　お正月を迎える　初午の稲荷神社へ
　寺子屋へ入門)　2 お江戸の一日(一日のはじまり
　ごはんの支度 起きるもの、化粧　髪をセット　仕事
　に出ると　家事をするうち昼下がり　井戸とトイレ
　お風呂でスキンケア　たまの息抜き　そろそろおや
　すみ　病のときは)　　　　　　　　　　　　〔0478〕

◇〈絵解き〉江戸の暮らしと二十四節気　土屋ゆふ
　著　静山社　2014.3　287p　15cm　(〔静山社
　文庫〕　〔つ2-1〕)　〈文献あり〉680円　Ⓘ978-
　4-86389-275-0　Ⓝ386.1361
　[内容]　第1章 春(立春　雨水 ほか)　第2章 夏(立夏
　小満 ほか)　第3章 秋(立秋　処暑 ほか)　第4章
　冬(立冬　小雪 ほか)　　　　　　　　　　　〔0479〕

◇江戸暦・江戸暮らし─浅草仲見世助六・江戸趣
　味小玩具　木村吉隆著、藤井恵子聞き書き、鈴木
　俊介写真　亜紀書房　2013.12　205p　21cm
　〈英語抄訳付　文献あり〉2300円　Ⓘ978-4-
　7505-1334-8　Ⓝ386.1361
　[内容]　第1章 江戸暦(春 夏 秋 ほか)　第2章 江戸
　暮らし(武家の都・江戸　町火消　自身番 ほか)
　第3章 江戸の町(江戸の大店　庶民好みの食べもの
　屋　江戸の見世屋いろいろ ほか)　第4章 助六職人
　噺　　　　　　　　　　　　　　　　　　　　〔0480〕

◇江戸最盛期の神田祭絵巻─文政六年御雇祭と附
　祭　福原敏男著　渡辺出版　2012.3　142p　22
　×31cm　(神田明神選書 3)　2800円　Ⓘ978-
　4-902119-14-5　Ⓝ386.1361　　　　　　　〔0481〕

◇江戸天下祭絵巻の世界─うたいおどりばける
　都市と祭礼研究会編　岩田書院　2011.4　174p
　22×31cm　(神田明神選書 2)　2800円
　Ⓘ978-4-87294-685-7　Ⓝ386.1361　　　〔0482〕

◇江戸・東京下町の歳時記　荒井修著　集英社
　2010.12　206p　18cm　(集英社新書)　700円
　Ⓘ978-4-08-720570-1　Ⓝ386.1361
　[内容]　1月　2月　3月　4月　5月　6月　7月　8月　9
　月　10月　11月　12月　　　　　　　　　　　〔0483〕

◇明治東京歳時記　槌田満文編　新装版　青蛙房
　2009.10　417p　22cm　〈索引あり〉3800円
　Ⓘ978-4-7905-0126-8　Ⓝ386.1361
　[内容]　明治東京鳥瞰　挿絵について　四季の行事
　月々の行事　季節の物売り　社寺の縁日　　〔0484〕

◇鬼がゆく─江戸の華神田祭　木下直之,福原敏男
　編　平凡社　2009.4　126p　26cm　〈年表あり〉
　2000円　Ⓘ978-4-582-83431-4　Ⓝ386.1361
　[内容]　第1章 神田祭とは何か(なぜ鬼がゆくのか　江
　戸っ子の神田祭　神田祭を構成する四つ　江戸祭礼
　の賑わい)　第2章 よみがえる神田祭(神田祭の近代
　神社神田神社由緒　神田明神祭礼年表)　　〔0485〕

◇東京お særり！ 大事典─毎日使える大江戸歳時
　記　井上一馬著　ミシマ社　2009.1　210p

21cm　〈索引あり〉1600円　Ⓘ978-4-903908-
11-3　Ⓝ386.136
　[内容]　1月(カウントダウン・初詣　王子・狐の行列 迎
　光祭 ほか)　2月(餅つき　節分　僧兵行事 ほか)
　3月(ひな祭り　深大寺だるま市　啓蟄 ほか)　4月
　(春の義士祭　奉納相撲　川崎かなまら祭り ほか)
　5月(鉄砲洲稲荷神社例大祭　八十八夜　青梅大祭 ほ
　か)　6月(品川天王祭　白髭神社例大祭　千住天王祭
　ほか)　7月(駒込富士の山開き　平塚七夕祭り　下町
　七夕祭 ほか)　8月(築地本願寺盆踊り　川崎・稲毛
　神社山王祭　中目黒祭り ほか)　9月(二百十日　鹿
　島神宮・秋の例大祭　自由が丘・熊野神社例大祭 ほ
　か)　10月(井草八幡宮・流鏑馬　ウォーターフロン
　ト祭　土浦全国花火競技大会 ほか)　11月(東京時
　代祭り　明治神宮・流鏑馬 ほか)　12月(秩父夜祭
　王子神社熊手市　ジョン・レノンの命日 ほか)
　　　　　　　　　　　　　　　　　　　　　　〔0486〕

◇江戸っ子歳事記　鈴木理生著　三省堂　2008.
　11　287p　20cm　1800円　Ⓘ978-4-385-
　36385-1　Ⓝ386.1361
　[内容]　新年(初詣　門松のこと ほか)　春(年内立春
　雛祭り ほか)　夏(女性の呼び方　牡丹に唐獅子 ほ
　か)　秋(文の月　七夕は秋の行事 ほか)　冬(お会
　式　引越酒 ほか)　　　　　　　　　　　　　〔0487〕

◇「ふるさと東京」民俗芸能　2　佐藤高写真・文
　新装版　朝文社　2008.7　237p　21cm　2381
　円　Ⓘ978-4-88695-212-7　Ⓝ386.8
　[内容]　第1章 雅楽　第2章 能・式三番・地芝居　第3章
　江戸の技芸　第4章 語り物・念仏　第5章 民謡・俚
　謡　第6章 日本の楽器　第7章 きそい　　　〔0488〕

◇わっしょい深川─二〇〇八年江戸三大祭り深川
　八幡祭り　クリオ・プロジェクト　2008.7
　112p　29cm　(タウン誌「深川」別冊号)　952
　円　Ⓝ386.1361　　　　　　　　　　　　　〔0489〕

◇「ふるさと東京」民俗芸能　1　佐藤高写真・文
　普及版　朝文社　2008.6　237p　21cm　2381
　円　Ⓘ978-4-88695-211-0　Ⓝ386.8136
　[内容]　第1章 神楽(太太神楽・神前舞　里神楽 神代神
　楽　湯立神楽　太神楽　花神楽)　第2章 田楽(田遊
　び 田楽舞)　第3章 風流(羯鼓獅子舞　風流踊　祭
　礼囃子)　　　　　　　　　　　　　　　　　〔0490〕

◇江戸ごよみ十二ヶ月─季節とあそぶ 旧暦でめぐ
　る四季のくらし　高橋達郎文　人文社　2007.9
　143p　22cm　(ものしりミニシリーズ)　1400
　円　Ⓘ978-4-7959-1989-1　Ⓝ386.1361　〔0491〕

◇立川の祭り─写真集　写真集立川の祭り刊行委
　員会編　国書刊行会　2007.8　293p　37cm
　14286円　Ⓘ978-4-336-04960-5　Ⓝ386.136
　[内容]　第1部 写真記録「立川の祭り」平成十八(二〇〇
　六)年(立川の夏・祭　砂川・阿豆佐味天神社秋祭り
　ほか)　第2部「立川の祭り」の歴史と思い出(諏訪
　まつりの歴史と思い出　立川諏訪まつり昭和五十六
　年 ほか)　第3部 祭りとともに(南商連　祭りの主
　役・神輿 ほか)　第4部 祭りの記録(山車の里帰り
　関東一の巨大幟 ほか)　　　　　　　　　　〔0492〕

◇天下祭読本─幕末の神田明神祭礼を読み解く
　都市と祭礼研究会編　雄山閣　2007.4　261p

40　「東京」がわかる本 4000冊　　　　　　　　　　〔0478〜0493〕

民俗・宗教　　　　　　　　　　　　　　　　　　　　　　　民俗・風習

21cm　（神田明神選書 1）〈文献あり〉2000円
①978-4-639-01980-0　Ⓝ386.1361
内容 資料翻刻本文「嘉永四亥年九月神田明神祭礼御
用留」　読解帖（現代の神田祭について　天下祭の真
の意味　国芳が描いた天下祭　附祭の音楽　天下祭
と三熊野神社大祭　山車人形と人形師　祭礼に熱狂
する人々―家持・若者・鳶の者　祭礼番附の見方　江
戸の職人と天下祭）　資料編（「神田明神御祭礼附祭
番附」（嘉永四年）　上野学園大学蔵「神田明神附祭
芸人名前帳」（嘉永四年）　『藤岡屋日記』嘉永四年九
月（抜粋）　日本橋・神田地域の名主支配町と祭礼町）
〔0493〕

◇東京ミレナリオ祝祭の「輝」跡　オレンジペー
ジ　2006.12　79p　34cm　3000円　①4-
87303-476-0　Ⓝ386.1361
＊冬の東京を彩る光の祭典「東京ミレナリオ」。アー
チ型構造体に光を配し、数百メートルの道路を光の
回廊に変身させる。「感動」という無形の価値を見
いだす「東京の新しい祝祭」。　　　　　　　〔0494〕

◇「ふるさと東京」江戸風物誌　佐藤高写真・文
普及版　朝文社　2006.12　189,22p　21cm
2381円　①4-88695-191-0　Ⓝ386.136
内容 第1章 春の風物（江戸の春　河岸の賑わい ほ
か）　第2章 夏の風物（江戸の夏　船遊山・納涼と川
開き ほか）　第3章 秋の風物（江戸の秋　二十六夜
待と仲秋の明月 ほか）　第4章 冬の風物（江戸の冬
お会式 ほか）　第5章 市と縁日（市さまざま　縁日）
〔0495〕

◇「ふるさと東京」祭事祭礼　佐藤高写真・文
普及版　朝文社　2006.12　227p　21cm〈文献
あり〉2381円　①4-88695-192-9　Ⓝ386.136
内容 第1章 神迎え（きよめ〔清め〕　むかえ〔迎え〕
ほか）　第2章 神と人との交歓（みゆき〔神幸〕　なお
らい〔直会〕　わざおぎ・かみぶり〔神態〕　きそい〔競
い〕）　第3章 神送り（おくり〔送り〕）　　　〔0496〕

◇「ふるさと東京」民俗歳事記　佐藤高写真・文
普及版　朝文社　2006.11　213p　21cm〈文献
あり〉2552円　①4-88695-190-2　Ⓝ386.136
内容 第1章 民俗歳事記（大正月　七草粥　仕事はじ
め　正月の物つくり ほか）　第2章 共同祈願（塞ぎ
の行事　防風祈願―風祭り・風除け　雨乞いと水止
め　虫送り ほか）　　　　　　　　　　　　〔0497〕

◇四〇〇年目の江戸祭禮―その風景と情熱の人々
江都天下祭研究会神田倶楽部著　武蔵野書院
2004.11　122p　31cm〈付属資料：1枚＋贈呈
書1枚〉2857円　①4-8386-0410-6　Ⓝ386.1361
内容 お江戸日本橋創架四〇〇年　神田祭　小舟町・
大提灯　江戸天下祭　対談 "江戸噺あれこれ"　寄稿
〔0498〕

◇くにたちの年中行事―四季の祈り〈秋から冬へ〉
企画展　くにたち文化・スポーツ振興財団、く
にたち郷土文化館編　国立　くにたち文化・ス
ポーツ振興財団　2003.1　48p　30cm〈会期：
平成15年1月25日―3月30日　共同刊行：くにた
ち郷土文化館〉Ⓝ386.1365　　　　　　　　〔0499〕

◇多摩地方の仕来　平井英次著　教育報道社

2002.7　87p　19cm　（教報ブックス）　1000
円　①4-905713-09-9　Ⓝ386.1365
＊多摩地方に伝わる年間行事は、先祖から父母へと伝
わり私達が受け継いできたものであるが、家族制度
が姿を消し、単位世帯が中心となったことにより、
行事内容を尋ねようとしても教えてくれる人が少な
くなり、その雲散霧消を憂うる人々が多く、伝統行
事の記録要望が史家・方言研究家の著者に―。
核家族化のこんにち、ふるさとから消えゆきつつあ
る伝統行事・仕来を後世に伝える。日本文芸アカデ
ミー賞第1回受賞作品も収録。　　　　　　　〔0500〕

◇鳥越の夜祭り　鏑木啓麿編著　アクロス
2002.4　174p　27cm　（江戸神輿図鑑 2）〈発
売：星雲社〉3500円　①4-434-01894-9　Ⓝ386.
1361
内容 1 鳥越神社略誌　2 御本社神輿について　3 想
い出写真館　4 神社ならびに敬神会と睦会の時代変
遷　5 祭りと睦会について　6 鳥越拾八ヶ町物語　7
平成十三年鳥越神社御鎮座千三百五十年記念大祭に
ついて　8 平成十三年度鳥越神社大祭関連名簿と睦
会会員名簿　　　　　　　　　　　　　　　　〔0501〕

◇江戸の歳事風俗誌　小野武雄著　講談社
2002.1　258p　15cm　（講談社学術文庫）
1000円　①4-06-159527-X　Ⓝ386.1361
内容 一月（門松　年始　鏡餅 ほか）　二月（節分・立
春・豆まき　立春大吉　稲荷 ほか）　三月（雛祭　彼
岸　三月日暦 ほか）　四月（灌仏　二堂のこと　初鰹　四
月日暦 ほか）　五月（梅雨　田植　端午の節句のこと　五
月日暦）　六月（富士祭・お山開き　山王祭　江戸浅
間祭 ほか）　七月（七夕祭　盂蘭盆会　七月日暦）
八月（八朔　紋日　月見のこと ほか）　九月（菊　神
田祭　九月日暦）　十月（神無月と縁結びと婚礼の
こと　猪子祝〔玄猪〕　十月日暦）　十一月（十一月
日暦）　十二月（鶴の献上　事始めと事納め　歳の市
十二月日暦）　　　　　　　　　　　　　　　〔0502〕

◇くにたちの年中行事―四季の祈り〈春から夏へ〉
企画展　くにたち文化・スポーツ振興財団、く
にたち郷土文化館編　国立　くにたち文化・ス
ポーツ振興財団　2002.1　48p　30cm〈会期：
平成14年1月26日―3月31日　共同刊行：くにた
ち郷土文化館〉Ⓝ386.1365　　　　　　　　〔0503〕

◇新訂東都歳事記　下　斎藤月岑著、市古夏生、鈴
木健一校訂　筑摩書房　2001.6　332p　15cm
（ちくま学芸文庫）　1100円　①4-480-08622-6
Ⓝ386.1361
内容 巻之三 秋之部　巻之四 冬之部　　　〔0504〕

◇新訂東都歳事記　上　斎藤月岑著、市古夏生、鈴
木健一校訂　筑摩書房　2001.5　278p　15cm
（ちくま学芸文庫）　1000円　①4-480-08621-8
Ⓝ386.1361
内容 巻之一 春之部（正月　二月　三月）　巻之二 夏
之部（四月　五月　六月）　　　　　　　　　〔0505〕

◇江戸東京歳時記　長沢利明著　吉川弘文館
2001.4　223p　19cm　（歴史文化ライブラリー
115）1700円　①4-642-05515-0　Ⓝ386.1361
内容 春（睦月の招福　如月の除災　弥生の遊覧）　夏
（卯月の仏参　皐月の祭礼　水無月の防疫）　秋（文

民俗・風習　　　　　　　　　　　　　　　　　　　　　　　　　民俗・宗教

月の霊祭　葉月の風流　長月の除難　冬（神無月の
法要　霜月の鎮火　師走の年暮）　　　　　　〔0506〕

◇くにたちの祭り―企画展　くにたち文化・ス
ポーツ振興財団,くにたち郷土文化館編　国立
くにたち文化・スポーツ振興財団　2001.1　47p
30cm〈会期:2001年1月27日～3月31日　共同
刊行:くにたち郷土文化館〉386.1365〔0507〕

◇東京の祭り暦　原義郎著　小学館　2001.1
143p　21cm　（Shotor travel）　1700円　Ⓓ4-
09-343167-1　Ⓝ386.136
内容 初詣（浅草寺ほか）　消防出初式（東京ビッグ
サイト）　七草火焚き神事（愛宕神社）　子供やぶさめ
（六郷神社）　俎開き（坂東報恩寺）　おびしゃ祭り
（葛谷御霊神社ほか）　鏡開き（日本武道館）　釜鳴り
神事（御田八幡神社）　百々手式（明治神宮）　閻魔詣
（勝専寺）〔ほか〕　　　　　　　　　　　　〔0508〕

◇八王子いちょう祭り大作戦―市民力による街づ
くり・夢おこし　八王子いちょう祭り祭典委員
会編著　日本地域社会研究所　2000.11　297p
19cm　1900円　Ⓓ4-89022-792-X　Ⓝ601.1365
内容 序章 ガンバレ!! いちょう祭り　第1章 市民手
づくりの祭り　第2章 わくわくイベント大創造　第
3章 ミニ独立国「銀杏国」誕生　第4章 開かれた市
民祭をめざして　第5章 祭りは地域活性化の源泉で
ある　　　　　　　　　　　　　　　　　　〔0509〕

◇四季暦江戸模様　久保元彦著　〔久保元彦〕
2000.2　238p　21cm　Ⓝ386.1361　　　〔0510〕

◇江戸東京の年中行事　長沢利明著　三弥井書店
1999.11　378p　20cm　3200円　Ⓓ4-8382-
9051-9　Ⓝ386.1361
内容 初夢の宝船―新宿区須賀神社および諏訪神社・
港区永坂更科　東京の左義長―台東区鳥越神社　鬼
の節分―新宿区稲荷鬼王神社　浅草の針供養―台東
区浅草寺淡島堂　東京の涅槃会―文京区護国寺・港
区増上寺・他　雛祭と金魚―多摩地方・江戸川区船
堀地区　東京花祭案内―台東区浅草寺・港区増上寺・
大田区本門寺・文京区護国寺　端午の節供と清正公
―港区覚林寺　六所宮と田植え禁忌―府中市大国魂
神社　富士の開山―文京区駒込富士・台東区浅草富
士・他〔ほか〕　　　　　　　　　　　　　〔0511〕

◇深川の祭り　木村喜久男, 岡田睦子, 今村宗一郎
編著,柳隆司ほか写真　アクロス　1998.5
261p　27cm　（江戸神輿図鑑 1）〈発売:星雲
社〉5000円　Ⓓ4-7952-8913-1　Ⓝ386.1361
内容 1 富岡八幡宮　2 猿江神社　3 宇迦八幡宮　4
洲崎神社永更科　5 深川明宮　6 遠くで祭り囃子が聞こ
える　7 江戸神輿・深川神輿　8 江東区の神輿　9 あ
とがきにかえて　　　　　　　　　　　　　〔0512〕

◇江戸の春秋　三田村鳶魚著,朝倉治彦編　中央
公論社　1997.11　322p　16cm　（中公文庫
鳶魚江戸文庫 15）　629円　Ⓓ4-12-202999-6
Ⓝ386.1361　　　　　　　　　　　　　　〔0513〕

◇図説浮世絵に見る江戸の歳時記　佐藤要人監修,
藤原千恵子編　河出書房新社　1997.11　127p
22cm　1800円　Ⓓ4-309-72571-6　Ⓝ386.1361

＊めぐる季節が江戸の町を染める。豊かな四季の暮ら
し。300枚の浮世絵が語る江戸の一年。　〔0514〕

◇東京わが町宮神輿名鑑　原義郎撮影・編著　三
省堂　1997.9　383p　31cm〈おもに図　付属
資料:図1枚　年表あり　文献あり〉12000円
Ⓓ4-385-35771-4　Ⓝ386.136
＊東京の宮神輿293基を祭の開催順に収録。各々に神
社名、鎮座地、製作者、作成年代、寸法、祭の開催
月日、祭神、氏子町会数、神輿の特徴を写真付きで
解説。　　　　　　　　　　　　　　　　　〔0515〕

◇大江戸の春　西山松之助著　小学館　1996.12
157p　18cm　1200円　Ⓓ4-09-626058-4
Ⓝ210.5
内容 1章 うららかな春の風物詩（参賀のための美々
しい行列　絵师―冴えたエスプリ　福を招く三河万
歳 ほか）　2章 夏にほとばしるエネルギー（初鰹に
大金を投じる気質　卯の花とほととぎす　端午の節
句と鯉幟 ほか）　3章 大江戸の「行動文化」（非日
常空間」への旅　人気をよんだ出開帳　庶民主催の
大相撲 ほか）　　　　　　　　　　　　　　〔0516〕

◇絵暦・江戸の365日　沢田真理絵と文　河出書
房新社　1996.11　1冊（頁付なし）　22cm
1800円　Ⓓ4-309-22301-X　Ⓝ386.136
＊江戸っ子の元旦から大晦日までを季節感豊かに描く
手書きカレンダー。行事・祝い事の日どりの旧暦・
新暦対比が一目でわかる。　　　　　　　　〔0517〕

◇東京イラスト歳時記　毎日新聞東京本社社会部
編,遊佐喜美男イラスト　博文館新社　1995.7
245p　21cm　2000円　Ⓓ4-89177-957-8
Ⓝ386.136
＊新たにイラストマップ、マップポイント、季語、新
東京百景などを加えたイラストと文章で綴る東京歳
時記ガイドブックの決定版。東京にいる人、くる人、
きたい人、これない人、すべての人に生きた思い出
をつくる本。　　　　　　　　　　　　　　〔0518〕

◇東京の市と縁日―Tokyo情緒歳時記　江戸をさが
す半日旅　婦人画報社　1994.12　127p　21cm
（Ars books 20）　1600円　Ⓓ4-573-40020-6
Ⓝ386.136
内容 第1章 季節の市を訪ねる　第2章 暮らしの中の
市と縁日　第3章 江戸庶民の生活と縁日　第4章 よ
もやま談義・懐かしの昭和縁日　第5章 縁日人生・香
具師たちの横顔　　　　　　　　　　　　　〔0519〕

◇江戸の夏―その涼と美　東京都江戸東京博物館
編　江戸東京歴史財団　1994.7　92p　30cm
〈会期:平成6年7月26日～9月4日　参考図書・
映像音響資料紹介:p81～82〉386.136〔0520〕

◇Sanja―男たちの歳時記　浅草三社祭　アクロス
編　アクロス　1993.4　125p　26cm〈撮影:
大高克俊ほか　発売:星雲社　付:参考・引用
文献〉3500円　Ⓓ4-7952-8910-7　Ⓝ386.136
内容 宮出し　町内渡御　宮入り　思い出の宝物　町
内神輿　三社祭大行列　浅草歳時記　江戸神輿大会
思い出の宝物　浅草MAP　三社祭―一寸昔　仲見世
町会　三社祭の思い出　浅草三社祭　　　　〔0521〕

◇江戸風俗東都歳時記を読む　川田寿著　東京堂

42　「東京」がわかる本　4000冊　　　　　　　　　　　　　　　　　　　　　　〔0507～0522〕

民俗・宗教　　　　　　　　　　　　　　　　　　　　　　　　　　　　　民俗・風習

出版　1993.1　193p　21cm　2600円　Ⓘ4-
490-20203-2　Ⓝ386.136
＊初午詣・花見・汐干狩・七夕・二十六夜待・酉の市…。
江戸市民の生活に四季おりおりの彩をそえた江戸の
年中行事39をとりあげ、人々の暮らしぶりを活写。
『東京歳事記』の興趣あふれる挿絵と平易な解説に、
華やかな江戸の賑わいが満喫できる。
〔0522〕

◇江戸東京の民俗芸能　中村規著　主婦の友社
1992.11　5冊　30cm　全50000円　Ⓘ4-07-
938522-6　Ⓝ386.8
内容 第1巻 神楽　第2巻 風流　第3巻 獅子舞
第4巻 田楽・田遊び・地狂言ほか　第5巻 民謡
〔0523〕

◇祭礼事典―都道府県別　東京都　東京都祭礼研
究会編　桜楓社　1992.9　191p　27cm〈監
修：倉林正次〉　6200円　Ⓘ4-273-02475-6
Ⓝ386.033
〔0524〕

◇浅草「三社祭の日」―昭和52年(1977)～平成4
年(1992)　吉野義朗写真集　吉野義朗著　いわ
き　美術写真印刷研究室　1992.8　104p　21×
30cm　2500円　Ⓝ748
〔0525〕

◇浅草子どもの歳時記　続　漆原喜一郎著　晩成
書房　1992.4　240p　20cm　1648円　Ⓘ4-
89380-141-4　Ⓝ382.136
内容 夏(入学の日　市電通学　歩け歩け　早実健児
煉炭火まつり ほか)秋(縁故疎開　いじめっ子　食事
の支度　貰い湯　安原先生の教え ほか)冬(教師
になりたい　入校初期訓練　師範魂　真夏の夜の夢
腹鳴り ほか　春(大食記録　気胸療法　遠足での
失敗　蜘蛛の糸　学費稼ぎ ほか)
〔0526〕

◇東京年中行事　下の巻　若月紫蘭著　大空社
1992.2　1冊　22cm　(文学地誌「東京」叢書
第6巻)〈春陽堂明治44年刊の複製〉11000円
Ⓘ4-87236-220-9　Ⓝ386.136
〔0527〕

◇東京年中行事　上の巻　若月紫蘭著　大空社
1992.2　1冊　22cm　(文学地誌「東京」叢書
第5巻)〈春陽堂明治44年刊の複製〉10000円
Ⓘ4-87236-219-5　Ⓝ386.136
〔0528〕

◇祭礼行事―都道府県別　東京都　高橋秀雄、原
義郎編　桜楓社　1992.1　149p　27cm　4800
円　Ⓘ4-273-02476-4　Ⓝ386.1
内容 東京の祭礼行事歳時記　カラー祭り紀行 府中の
くらやみ祭り　総論 東京都の祭り　祭り探訪 カツ
オの漁りする神事　東京の祭礼行事・解説　東京都
の祭礼行事一覧
〔0529〕

◇復活日本一黄金大神輿―東京深川富岡八幡宮御
本社神輿　本田嘉郎著　ぎょうせい　1991.11
157p　30cm〈監修：富岡茂水禰宜〉8000円
Ⓘ4-324-03049-9　Ⓝ386.136
内容 第1章 大神輿舞う　第2章 大神輿誕生　第3章
深川八幡祭り
〔0530〕

◇東京いまとむかし―祭り・行事・伝説を訪ねて
下　山本富夫絵・文　彩流社　1991.4　236p
19cm　1700円　Ⓘ4-88202-192-7　Ⓝ386.136

内容 板橋周辺と縁切り榎　板橋北野神社「田遊び」
東京大仏と赤塚城周辺　赤塚諏訪神社の田遊び　か
れんな風情、浮間のさくら草　練馬九品院のそば喰
い地蔵　名残の花嫁市と木遣師、長命寺の開帳法会
殿塚、姫塚の伝説ねむる三宝寺池　大泉町に残る惣
兵衛の力石　東久留米の火の玉、木の精　随所に残
る武蔵野の史跡、東村山周辺　田無市総持寺のさび
しいダルマ市　東国唯一の分社、保谷の東伏見稲荷
関のお会式とボロ市　骨董市で賑わう新井薬師〔ほ
か〕
〔0531〕

◇東京いまとむかし―祭り・行事・伝説を訪ねて
中　山本富夫絵・文　彩流社　1991.2　225p
19cm　1700円　Ⓘ4-88202-191-9　Ⓝ386.136
内容 古代のロマンス秘める湯島妻恋稲荷　白梅かお
る湯島天神　キツネ、女中につく　八百屋お七と吉
祥寺　ツツジ祭りも賑やかな根津神社　小石川のコ
ンニャクえんま　信仰と繁昌と、駒込・浅草の両お
富士さん　ひな人形市と浅草橋　鳥越神社のどんど
焼き　壮観ジャンボ神輿、夜の宮入り〔ほか〕
〔0532〕

◇東京いまとむかし―祭り・行事・伝説を訪ねて
上　山本富夫絵・文　彩流社　1991.1　237p
19cm　1700円　Ⓘ4-88202-190-0　Ⓝ386.136
内容 佃島と月島　念仏踊りを今に、佃島の盆踊り　下
町のたたずまい築地・赤石町付近　大川端の高尾稲
荷　間屋の大安売り薬研堀蔵の市　金に執着、死後
ヘビとなる　冬近し告げる日本橋べったら市「明
治一代女」と浜町河岸　珍しいイカリ神輿の日本橋
水天宮　夏の風物詩、人形町"草市"〔ほか〕〔0533〕

◇東京市暦　川端誠作　リブロポート　1990.7
1冊(頁付なし)　26×26cm　(リブロの絵本)
2060円　Ⓘ4-8457-0508-7　Ⓝ386.136
〔0534〕

◇浅草三社祭　野口由美子文、竹田晴夫ほか写真
アクロス　1990.4　79p　27cm〈発売：星雲社
参考文献：p79〉3000円　Ⓘ4-7952-8906-9
Ⓝ386.136
内容 三社祭のこと　浅草寺と浅草神社　三社祭によ
せて　祭り命そして熱い心　火消し気質今に健在　三
社祭は浅草のストリートパフォーマンス　一本締め
で神輿が舞う　浅草、青春の思い出小箱　三社祭の
日程　掛け声　袢天は祭りの舞台衣裳　江戸の手技、
現代に生きる　神輿塗師二代、漆を語る　浅草歳時
記
〔0535〕

◇浅草子どもの歳時記　漆原喜一郎著　晩成書房
1990.3　213p　20cm　1648円　Ⓘ4-89380-113-
9　Ⓝ382.136
内容 春(紅白幕　父の背中　芝居見物　銭湯　花祭
り　家賃　子守りほか)　夏(父の将棋　チンドン
屋　満洲原っぱ　迷い子　ベーごま　安田庭園　戸
沢墓骨院 ほか)　秋(赤とんぼ　アッチッチ　豆腐
のしぼり汁　関西相撲　浅草花屋敷　髪結い　お八
つ ほか)　冬(日曜学校　餅つき　お正月　母の歌
雪の日のできごと　節分の夜　初午　芸者さんの着
物　先生の宿直　焼き芋 ほか)
〔0536〕

《伝説・民話》

◇あやかしの深川―受け継がれる怪異な土地の物

〔0523～0537〕　　　　　　　　　「東京」がわかる本 4000冊　　43

民俗・風習　　　　　　　　　　　　　　　　　　　　民俗・宗教

語　東雅夫編　猿江商會　2016.7　316p
19cm　2000円　Ⓘ978-4-908260-05-6　Ⓝ388.1
内容 深川七不思議（松川碧泉）　深川七不思議（伊東
潮花〈口演〉　門賀美央子〈抄訳〉）　刺青（谷崎潤一
郎）　鵺の来歴（日影丈吉）　時雨рядом（宮部みゆき）
深川浅景（泉鏡花）　深川の散歩（永井荷風）　永代
橋と深川八幡（種村季弘）　鶴屋南北の町（今尾哲也）
怪談阿三の森（三遊亭圓朝）　赤坂与力の妻亡霊の事
（根岸鎮衛）　海嘯が生んだ怪談（矢田挿雲）　海坊
主（田辺貞之助）　崎川橋にて（加門七海）　編者解
説（東雅夫）　　　　　　　　　　　　　　　〔0537〕

◇八丈島の民話　浅沼良次編　未来社　2016.5
216p　19cm　（〈新版〉日本の民話 40）　2000
円　Ⓘ978-4-624-93540-5　Ⓝ388.1369
内容 女護が島　やまんばァ　こんきゅう坂　黒瀬の
荒れるわけ　テンジと山番　八十八重姫　人捨ヤア
かせぎめ　てんぐの菌　ベニジャラとカケジャラ　タ
ナ婆の話　道ろくじん　トコラ　タコのムコ殿　女
に化けた猫　鬼の宝物　ほととぎすの兄弟　負うた
子に教えられる　女人禁制の山　大根芋と親子　す
ずめとうぐいす　チウセンヨウ様　赦免花　七曜様
亡魂船　フクロウと鶏の問答　一ツ目の女　せいず
のたいら　鬼の石　化猫退治　テレンの長三郎　猫
の恩がえし　七人の坊さん　流人とネズ粒　ふん
げの鳥　三郎とマツカリガケ　みこし入道　羽倉簡
堂　まじけたアッパメ　お蚕虫　業平と権左　汗を
流す地蔵　痘瘡の神　半ヒゾク　お蚕金次郎　鳥の
キダマギ　ほうれんごし　おっちょが浜のいわれ　ア
バタの伝左衛門　漂着船の歌　金塊チャラリン　子
育て天狗　アズバタの木　亀とどの海　継母と継子
孤灯行者　こけ丸・ひげ丸　桶七ズニン　嫁かつぎ
近藤ヂイの話　ゆずり葉　　　　　　　　　〔0538〕

◇猫の花魁遊び─江戸下町の民話・伝説集　岡崎
柾男著　げんごろう　2011.7印刷　278p
20cm　2000円　Ⓘ978-4-906426-18-8　Ⓝ388.
136　　　　　　　　　　　　　　　　　　　　〔0539〕

◇奥多摩の世間話─ダムに沈んだ村で人々が語り
伝えたこと　渡辺節子編著　青木書店　2010.
12　523p　22cm　7000円　Ⓘ978-4-250-
21100-3　Ⓝ388.1365
内容 第1部　村がダムに沈む前の口伝え（小河内乃郷土
伝説）　第2部　村がダムに沈んだ後の口伝え（旧小河
内村〈峰谷川沿い〉　境地区　氷川・日原その他　丹
波山村にて）　　　　　　　　　　　　　　〔0540〕

◇隅田川文化の誕生─梅若伝説と幻の町・隅田宿
すみだ郷土文化資料館開館十周年記念特別展
展示図録　墨田区教育委員会事務局生涯学習課
すみだ郷土文化資料館編　墨田区教育委員会事
務局生涯学習課すみだ郷土文化資料館　2008.
11　173p　30cm〈会期・会場：平成20年11月
15日─平成21年1月16日　すみだ郷土文化資料
館　文献あり〉Ⓝ388.1361　　　　　　　　〔0541〕

◇もち歩き裏江戸東京散歩─根岸鎮衛『耳嚢』で
訪ねる江戸東京の怪・奇・妖　人文社編集部
企画・編集　人文社　2006.3　152p　24cm
〈古地図ライブラリー　別冊〉　1700円　Ⓘ4-
7959-1297-1　Ⓝ388.1361
内容 御曲輪内大名小路絵図　麹町永田町外桜田絵図

東都番町大絵図　飯田町駿河台小川町絵図　日本橋
北内神田両国浜町明細絵図　八町堀霊岸嶋日本橋南
之絵図　京橋南築地鉄炮洲絵図　芝口南西久保愛宕
下之図　今井谷六本木赤坂絵図　千駄ケ谷鮫ケ橋四
ツ谷絵図〔ほか〕　　　　　　　　　　　　　〔0542〕

◇江戸東京の噂話─「こんな晩」から「口裂け女」
まで　野村純一著　大修館書店　2005.2　215p
20cm　1800円　Ⓘ4-469-22169-4　Ⓝ388.136
内容 1章　幸せを招く若者たち　2章　生まれ変わって
きた子どもたち　3章　再生される噂　4章　変貌する
都市型妖怪　5章　異界から現れるものたち　6章　駆
けめぐる鼠と猫　7章　旅をする狸　　　　　〔0543〕

◇江戸城七不思議─江戸・東京・山手線の民話
岡崎柾男著　げんごろう　2000.10　254p
20cm　2000円　Ⓘ4-906426-12-3　Ⓝ388.136
　　　　　　　　　　　　　　　　　　　　〔0544〕

◇隅田川の伝説と歴史　すみだ郷土文化資料館編
東京堂出版　2000.6　165p　21cm　1600円
Ⓘ4-490-20397-7　Ⓝ388.1361
内容 隅田川周辺の伝説と歴史（伝説と歴史学　梅若
伝説　在原業平伝説〈伊勢物語〉　竹芝伝説〈更級日
記〉ほか）　隅田川伝説紀行（木母寺・梅若塚─梅若
伝説の故地　古代東海道と隅田の渡─在原業平伝説
の故地　立石と瑞光石─房州石をもつ古墳石材　吾
嬬神社─古代「浮島」の遺称地　済海寺─竹芝伝説
の故地ほか）　　　　　　　　　　　　　　〔0545〕

◇大江戸路地裏人間図鑑　岸井良衞著　小学館
1999.10　267p　16cm　（小学館文庫）　533円
Ⓘ4-09-403461-7　Ⓝ388.136
内容 第1面　江戸の売り声　第2面　侍のくしゃみ　第
3面　恋の急所　第4面　百万都市の怪談　第5面　慶安
口と湯屋の噂　第6面　明日の神だのみ　　　〔0546〕

◇江戸の闇・魔界めぐり─怨霊スターと怪異伝説
岡崎柾男著　東京美術　1998.8　141p　21cm
1600円　Ⓘ4-8087-0652-0　Ⓝ388.136
内容 怨念の主役たち（闇夜を飛ぶ首─平将門　天神
様は怨霊の祖─菅原道真　役者の芸の魔力─梅若丸
ほか）　七つの不思議空間（本所七不思議　千住七不
思議　麻布七不思議　豊島七不思議）　密閉された謎
空間（江戸城七不思議　東海寺七不思議　番町七不思
議ほか）　　　　　　　　　　　　　　　　〔0547〕

◇とんとん昔話　菊地正著　東京新聞出版局
1998.3　215p　19cm　1400円　Ⓘ4-8083-0621-
2　Ⓝ388.136
内容 おゆばな　風流の名医　鵺の森さま　こぶいち
奉公　十月十日再生　中尾根の狸　イボ取りくらべ
てかざし松　水車の唄　佐竹氏の恨み〔ほか〕
　　　　　　　　　　　　　　　　　　　　〔0548〕

◇おいてけ堀─江戸・東京下町の民話　岡崎柾男
著　げんごろう　1993.11　253p　20cm　1800
円　Ⓝ388.136　　　　　　　　　　　　　　〔0549〕

◇高尾山の昔話 1　菊地正著　八王子 京王出
版　1991.2　206p　19cm〈製作：多摩文化工
房協同組合　発売：三省堂書店（東京）〉1200
円　Ⓘ4-87701-553-1　Ⓝ388.136
内容 ごろごろ縁結び　こんぴら狸　カラスの源さん

44　「東京」がわかる本 4000冊　　　　　　　　〔0538〜0550〕

民俗・宗教　　　　　　　　　　　　　　　　　　　　　　　　　宗教・民間信仰

蛇滝の龍神　盗っ人の耳つき板　へばらん力　バチあたりの六蔵作　大歳の火　たこ杉の開運祈願　ひとつ目鬼　小仏川のすずり石　天狗わらい　炭焼き三太郎　盆グモさま　天狗の壷　くらぼっこ　ぼろろん琵琶滝　お大師さまの岩屋　影なし長者　天狗の湯　〔0550〕

◇とんとんむかし十二か月　菊地正著　東京新聞出版局　1991.2　250p　19cm　1400円　Ⓘ4-8083-0396-5　Ⓝ388.136
内容 粥正月　夢ちがえ観音　鬼打ち豆　「鬼は内」梅の里　白蛇の絵馬　春の山ゆれ　太鼓ヶ峯　くらやんまつり　男の宮　霧の仏塔　片目のおくまんさま　流れ観音　七夕の露　八朔の荒れ　八幡の薮知らず　二つ鐘の権五郎　くだぎつね　めみょうの石　百一参り　御所水の錦　風邪ご用心　円通寺の金穴　落ち目の人情〔ほか〕　〔0551〕

◆民謡

◇八丈島古謡—奥山熊雄の歌と太鼓　奥山熊雄, 金田章宏, ジェーン・アラシェフスカ共編　笠間書院　2005.2　107p　19cm　〈付属資料：CD1枚（12cm）　文献あり〉　1800円　Ⓘ4-305-70286-X　Ⓝ388.91369
＊日本各地から集った古い文化や風俗が生きたまま生活の一部として保存された島、八丈島の古老の記憶。〔0552〕

◇奥山熊雄の八丈島古謡　金田章宏著　笠間書院（発売）　2004.8　289p　21cm　〈肖像あり「奥山熊雄の八丈島のうたと太鼓」（1999年刊）の増補改訂〉　1857円　Ⓘ4-305-60210-5　Ⓝ388.91369　〔0553〕

◇東京の農民と筏師　竹内勉著　本阿弥書店　2004.5　381p　20cm　（民謡地図 5）　3200円　Ⓘ4-7768-0042-X　Ⓝ388.9136
内容 田の神に捧げる多摩川流域の「田植唄」　婚礼の褒め言葉は「これさま」の唄問答で　「羽田節」の孫が「お江戸日本橋」　茅葺き屋根葺き替え祝いの「ふきごもり唄」　小麦の「棒打ち唄」の向こうに羽田と品川の蕨が「木挽き唄」と「西行さん」　多摩川の「筏乗り唄」　〔0554〕

◇東京の漁師と船頭　竹内勉著　本阿弥書店　2004.1　401p　20cm　（民謡地図 4）　3200円　Ⓘ4-7768-0000-4　Ⓝ388.9136
内容 「東京の古謡」と私　家康公と佃漁民と「佃島盆踊り」　荒川船頭の「千住節」と「追分」　葛西の「海苔採り唄」と川崎の「ひやかし節」　東京最後の「瞽女」は明治四年生まれ　「新川地曳き」の娘を追って　足立区に残る江戸の「小町踊り」〔0555〕

◇伊豆大島元町民謡集　宮尾与男ほか編　東京都民俗芸能振興会　1994.3　56p　26cm　（民俗芸能セミナーブックス 2）〈監修：三隅治雄　限定版〉　Ⓝ767.5136　〔0556〕

宗教・民間信仰

◇東京の「怪道」をゆく—「異界」発掘散歩　遊郭

の変遷、隅田川の周辺ゾーン　七不思議や妖霊伝説の数々……　川副秀樹著　言視舎　2014.12　223p　21cm　（言視BOOKS）　1800円　Ⓘ978-4-86565-006-8　Ⓝ291.361
内容 第1章 吉原誕生までの足跡を巡る（江戸に別世界を創った男の足跡—元吉原まで　新吉原周辺を歩く）　第2章 隅田川の橋と渡しと水門巡り（隅田川の橋と渡しの概要　勝鬨橋から両国橋まで　両国橋から鐘が淵、千住汐入大橋まで　千住汐入大橋から岩淵水門まで）　第3章 「七不思議」を歩く（七不思議のはじめ　本所七不思議を巡る　千住七不思議を語る　麻布七不思議を語る）　第4章 「怪道」をゆく（河童・狐狸・亡霊などの史跡巡り）　〔0557〕

◇江戸寺社大名庭園　こちずライブラリ　2014.10　89p　19cm　（シリーズ古地図物語）〈外箱入　発売：メディアパル〉　1300円　Ⓘ978-4-89610-835-4　Ⓝ185.91361
内容 皇居・日枝神社周辺　上野公園・浅草寺周辺　小石川後楽園・護国寺周辺　新宿御苑・明治神宮周辺　増上寺・国立自然教育園周辺　清澄庭園・亀戸天満宮周辺　〔0558〕

◇東京街角お地蔵・稲荷・石塔めぐり—散策地図付き　街中、街の片隅の "小さな聖地" を探訪！　佐藤テツ著　廣済堂出版　2013.12　175p　21cm　1600円　Ⓘ978-4-331-51786-4　Ⓝ387
内容 新宿—お地蔵さん、再開発の街を生きる　銀座—隙間に、路上に、屋上に　日本橋人形町—「お社詣で」蔵町芸術と往く　神田—「下町の神様」こんにちは　三田・高輪界隈—尊顔極まれり　谷中から入谷—神も仏も霊神も　墨東"向島—荷風とめぐる　深川から佃—水辺の街で祈る　小石川・白山—そのお姿、多彩に　池袋から大塚界隈—駅前に住む "謎の神様"　要町界隈—「石の文化」豊かなり　王子・十条—お狐様に化ける夜　板橋—犬も歩けば庚申塔　〔0559〕

◇東京魔界巡礼　並木伸一郎著　イースト・プレス　2013.10　252p　15cm　（文庫ぎんが堂 4-1）　667円　Ⓘ978-4-7816-7098-0　Ⓝ175.936
内容 東京魔界巡礼　負のパワー危険度 小（10～30%）　負のパワー危険度 中（35～65%）　負のパワー危険度 大（70～95%）　世界のパワースポットインタビュー　〔0560〕

◇戦国期東武蔵の戦乱と信仰　加増啓二著　岩田書院　2013.9　346,23p　22cm　（戦国史研究叢書 10）　8200円　Ⓘ978-4-87294-790-8　Ⓝ213.61　〔0561〕

◇渋谷の神々　石井研士編著　雄山閣　2013.2　342p　21cm　（渋谷学叢書 3　國學院大學研究開発推進センター渋谷学研究会編）　3400円　Ⓘ978-4-639-02261-9　Ⓝ162.1361
内容 第1章 神社から見た渋谷　第2章 渋谷の住宅地と神社祭礼　第3章 祭りからみえてくる「渋谷」—SHIBUYA109前に集う神輿　金王八幡宮の祭り　第4章 渋谷の寺院—近世を中心として　第5章 渋谷のキリスト教　第6章 新宗教と渋谷　第7章 「渋谷」の小さな神々　第8章 渋谷の "祝祭"—スクランブル交差点につどう人々　〔0562〕

宗教・民間信仰　　　　　　　　　　　　　　　　　　　民俗・宗教

◇大江戸寺社繁昌記　鈴木一夫著　中央公論新社　2012.10　265p　16cm　（中公文庫　す22-2）〈「江戸・もうひとつの風景」（読売新聞社　1998年刊）の改題〉705円　①978-4-12-205714-2　Ⓝ210.5

内容　神田っ子の神様に朝敵のレッテル―神田神社と将門の首塚　お賽銭で稼ぐ大名屋敷―安産信仰で大繁昌の水天宮　金運の御利益で江戸っ子がフィーバー―虎ノ門金刀比羅宮と江戸の金比羅信仰　戊辰戦争をくぐり抜けた清水の観音様―寛永寺の清水観音堂と関東の清水寺　音楽と金運に蓮飯の味覚―江戸の行楽地不忍池の福神　人が集まる観音の寺、観音の町―浅草寺と浅草の町　一年を三日で暮らすお酉様―鷲神社と長国寺をめぐるお酉様信仰　神仏も相撲も興行する盛り場の寺―参詣か行楽か、二股かける回向院　成田不動尊が江戸に出張―深川不動堂と成田不動講の活動　新開地に咲いた王朝趣味の花―太宰府から江戸にやってきた天神様〔ほか〕　〔0563〕

◇青ヶ島の神々―〈でいらほん流〉神道の星座　菅田正昭著　創土社　2012.8　255p　22cm〈文献あり　年表あり　索引あり〉2800円　①978-4-7988-0212-1　Ⓝ387.021369

内容　序に代えて―孤島・青ヶ島との邂逅　ぼくがシャ二ンになれたわけ　"でいらほん"とは何か？　ミコケとカミソウゼ　女たちの"聖なる家"他火小屋―その精神的遺産　青ヶ島の祭祀組織と消えたハカセ（博士）の職掌と双丹姓の謎　"読み上げ祭り"―青ヶ島の祭りの構造　サンヤサマとカウヤサマ―遥三日月の"黄金の舟"の神秘　青ヶ島の節分習俗フンクサ　石場とイシバサマ―神社の原像〔ほか〕　〔0564〕

◇江戸の神社・お寺を歩く―ヴィジュアル版　城西編　黒田涼著　祥伝社　2012.7　348p　18cm　（祥伝社新書　281）1100円　①978-4-396-11281-3　Ⓝ175.936

内容　品川・東海道の玄関口（歩行距離13キロ）―荏原神社、東海寺、海蔵寺、品川寺ほか　三田・高輪・江戸南部の寺院密集地帯（歩行距離11キロ）―泉岳寺、東禅寺、亀塚稲荷ほか　白金・目黒・江戸庶民の行楽地（歩行距離12キロ）―大円寺、五百羅漢寺、目黒不動尊瀧泉寺ほか　麻布・恵比寿・大名の墓地も並ぶ名刹が続く（歩行距離11キロ）―善福寺、光林寺、広尾稲荷ほか　愛宕・芝・徳川の菩提寺・増上寺に存在感（歩行距離9キロ）―烏森神社、増上寺、芝東照宮ほか　原宿・渋谷・ビルの谷間に広大な墓地（歩行距離11キロ）―代々木八幡宮、鳩森八幡、梅窓院ほか　赤坂・六本木・江戸の坂を巡る街（歩行距離13キロ）―日枝神社、氷川神社、長谷寺ほか　四谷・新宿・甲州街道に沿って多くの社寺（歩行距離12キロ）―平河天満宮、太宗寺、花園神社ほか　牛込・健脚向きの台地の社寺（歩行距離13キロ）―穴八幡宮、赤城神社、善国寺　湯島・本郷・大名屋敷の隙間を縫う（歩行距離9キロ）―湯島天神、伝通院ほか　池袋・小日向・神田川北方の社寺（歩行距離11キロ）―鬼子母神堂、目白不動金剛院、護国寺ほか　白山・本駒込・格式と庶民の伝説が同居（歩行距離13キロ）―根津神社、吉祥寺ほか　巣鴨・板橋・庶民の信仰が現れる道（歩行距離12キロ）―高岩寺、本妙寺、巣鴨庚申塚ほか　〔0565〕

◇江戸の神社・お寺を歩く―ヴィジュアル版　城東編　黒田涼著　祥伝社　2012.6　332p　18cm　（祥伝社新書　280）1100円　①978-4-

396-11280-6　Ⓝ175.936

内容　銀座・八丁堀　町人の街には庶民派寺社（歩行距離12キロ）―銀座出世地蔵尊、鉄砲洲稲荷、築地本願寺ほか　神田・日本橋　ビルの谷間の稲荷探検（歩行距離14キロ）―繁栄お玉稲荷、初音森神社、水天宮ほか　上野・谷中　寺むらの最密集地帯（歩行距離10キロ）―不忍池弁財天、寛永寺、東照宮、谷中寺町ほか　王子・田端　渋い個性の光る寺社たち（歩行距離12キロ）―王子神社、染井稲荷、天王寺ほか　入谷・千束　吉原もあった江戸郊外の街（歩行距離13キロ）―真源寺・鬼子母神、お化け地蔵、待乳山聖天ほか　浅草　江戸最大の行楽地（歩行距離12キロ）―下谷神社、浅草寺、銀杏岡八幡、源空寺ほか　荒川　素朴な信仰がしのばれる（歩行距離11キロ）―尾久石尊、袈裟塚耳無不動、浄閑寺ほか　北千住　日光街道の宿場で栄える（歩行距離12キロ）―千住本氷川神社、木母寺、小塚原回向院ほか　向島　川向こうの行楽地と農村地帯（歩行距離14キロ）―牛嶋神社、三囲神社、吾嬬神社、長命寺ほか　本所　江戸の物流拠点（歩行距離10キロ）―回向院、江島杉山神社、妙見山別院ほか　深川　下町の寺院密集地帯（歩行距離11キロ）―霊巌寺、富岡八幡宮、洲崎神社ほか　亀戸・砂　江戸の近郊の農村地帯（歩行距離11キロ）―亀戸天神、浅間神社、持宝院ほか　〔0566〕

◇江戸東京の寺社609を歩く　下町・東郊編　槙野修著、山折哲雄監修　PHP研究所　2011.9　365p　18cm　（PHP新書　757）〈索引あり〉920円　①978-4-569-79351-1　Ⓝ185.9136

内容　1　日本橋・築地・佃・神田周辺の寺社　2　浅草・蔵前・旧吉原周辺の寺社　3　上野・谷中・根岸周辺の寺社　4　隅田川東岸（墨堤）沿いの寺社　5　両国・亀戸・本所・深川の寺社　6　南千住・北千住・竹ノ塚周辺の寺社　7　葛飾と江戸川区域に点在する寺社　〔0567〕

◇江戸東京の寺社609を歩く　山の手・西郊編　槙野修著、山折哲雄監修　PHP研究所　2011.9　517p　18cm　（PHP新書　758）〈文献あり　索引あり〉920円　①978-4-569-79783-0　Ⓝ185.9136

内容　九段・麹町・赤坂周辺の寺社　湯島・本郷・小石川周辺の寺社　本駒込・白山・根津周辺の寺社　大塚・音羽・小日向周辺の寺社　駒込・巣鴨・雑司が谷周辺の寺社　新橋・芝・高輪周辺の寺社　三田・白金台周辺の寺社　品川・大田区域の寺社　新宿・四ツ谷・市ヶ谷周辺の寺社　渋谷・代々木周辺の寺社　目黒・世田谷区域の寺社　中野・杉並・練馬区域の寺社　北・板橋区域の寺社　東京都の西域郊外の寺社　〔0568〕

◇〈渋谷〉の神々―ターミナル都市に息づくカミとホトケ　石井研士編　國學院大學渋谷学研究会　2010.3　125p　21cm　（渋谷学ブックレット）Ⓝ175.9361　〔0569〕

◇泉麻人の東京・七福神の町あるき　泉麻人著　京都　淡交社　2007.12　221p　19cm　1500円　①978-4-473-03443-4　Ⓝ291.36

内容　隅田川七福神―濹東の七福は肉離れに効能あり？　柴又七福神―寅さんの町の野趣な寺　港七福神―ヒルズの狭間のオシャレな神々　谷中七福神―上野の山から日暮らしの里へ　荏原七福神―立会川沿いの西郊巡礼地　東久留米七福神―武蔵野の川べりを歩

民俗・宗教　　　　　　　　　　　　　　　　　　　　　　　宗教・民間信仰

〈 東海七福神―品川宿の面影を探して　元祖山手七福神―目黒不動からシロガネーゼ地帯へ　伊興七福神―東京二十三区最北の寺町を歩く　小石川七福神―文京の迷宮で隠れキャラ探し〔ほか〕　〔0570〕

◇江戸東京伝説散歩　岡崎柾男著　青蛙房
2005.5　166p　19cm　1800円　Ⓟ4-7905-0445-X　Ⓝ291.361
内容 1番 天下をゆるがす大事件を歩く（皇居・丸の内八重洲・日本橋 兜町 ほか）　2番 妖怪変化 七不思議を歩く（両国 錦糸町・亀戸 麻布・六本木）　3番 色と欲 怨愛犯科帳を歩く（新宿 四谷・信濃町 南千住・三ノ輪 吉原・樋口一葉 浅草）　〔0571〕

◇ご利益散歩に出かけよう　平野恵理子著　筑摩書房　2005.1　172p　19cm　1400円　Ⓟ4-480-87761-4　Ⓝ291.36
内容 谷中七福神巡り　王子凧市　神田明神節分祭　浅草寺淡島堂の針供養　高尾山薬王院大火渡り祭　浅草寺本尊示現会　池上本門寺植木市　白金清正公大祭　とげぬき地蔵五月の大祭　愛宕神社千日詣りのほおずき縁日〔ほか〕　〔0572〕

◇江戸・Tokyo陰陽百景　加門七海著　講談社
2003.9　231p　19cm〈折り込1枚〉1300円
Ⓟ4-06-212071-2　Ⓝ291.361
内容 1 ぜひ行ってみましょう。（貧乏神―名前で嫌わないでね、福祠けるから　富士塚―ご利益抜群。ミニチュア富士登山　柳森神社―駄洒落パワー炸裂！あなどるなかれ、おたぬき様 ほか）　2 行ってみます？（今戸神社―かわいい？ 巨大招き猫が鎮座 銀座八丁目のお稲荷さん―狐口密集地帯!? 銀座を行く　秋葉原―最先端のPC街、その主は天狗だった ほか）　3 行きたいなら止めません。（渋谷―大が南向きゃ、魔物がのさばる!? 池袋―一度ハマると抜けられぬ。「袋」に溜まるモノあれこれ　上野―旧幕軍のサムライが徘徊!? お化けの宴会にご用心 ほか）　〔0573〕

◇江戸東京魔界紀行　歴史と文学の会編　勉誠出版　2003.8　222p　19cm　1500円　Ⓟ4-585-05084-1　Ⓝ291.361
内容 1 江戸東京の魔界　2 魔界を封じる呪術者　3 地獄図絵　4 悪霊鎮めの聖域　5 江戸の奇所　6 江戸の怪奇本　7 怪奇世界に生きる　〔0574〕

◇東京霊感紀行　大島憲治著　竜鱗堂　2003.5
92p　22cm　2000円　Ⓝ291.361　〔0575〕

◇東京魔界案内―見つけよう、「隠された魅力」を三善里沙子著　光文社　2003.1　287p　16cm（知恵の森文庫）　800円　Ⓟ4-334-78197-7　Ⓝ291.36
内容 1の巻 江戸と東京をつなぐ平将門の"聖地"　2の巻 超オカルトスポット、「西郷どん」と上野　3の巻 風水で守られた江戸城＝皇居の秘密　4の巻 江戸の仕掛け・吉原というシステム　5の巻 火事・花火・喧嘩、そして「お岩さま」　6の巻「裏鬼門」増上寺と東京タワーの怪　7の巻 科学時代の妖怪と亡霊たち　8の巻 人間がつくった魔界・異界・霊界　9の巻 エレクトロニクスの幽霊　10の巻 光と闇がなければ、都市は発狂する　終の巻 東京魔界のタブーに迫る　〔0576〕

◇江戸の祈り―江戸遺跡研究会第15回大会 発表

要旨　江戸遺跡研究会編　江戸遺跡研究会
2002.1　296p　26cm〈会期・会場：2002年1月26日―27日　江戸東京博物館　文献あり〉
Ⓝ387.021361　〔0577〕

◇江戸の陰陽師―天海のランドスケープデザイン宮元健次著　京都　人文書院　2001.11　205p　19cm〈文献あり〉1900円　Ⓟ4-409-52035-0　Ⓝ213.61
内容 序章 天海という男　第1章 江戸の風水デザイン　第2章 桂離宮と修学院離宮　第3章 江戸の地霊鎮魂　第4章 東照宮の秘儀　終章 その後の天海　〔0578〕

◇陰陽道古都魔界ツアー　1（京都・江戸）　吉田憲右著　勁文社　2001.10　159p　19cm　1200円　Ⓟ4-7669-3932-8　Ⓝ148.4
内容 古都魔界ツアー「京都」（平安京 羅城門 晴明神社 一条戻橋 北野天満宮 ほか）　古都魔界ツアー「江戸」（東叡山寛永寺 東京都庁 笠森稲荷 熊野神社 東京競馬場 ほか）　陰陽道 古都魔界ツアー モデルコース　〔0579〕

◇江戸東京ご利益散歩　金子桂三著　新潮社
1999.12　111p　22cm（とんぼの本）1600円　Ⓟ4-10-602081-5　Ⓝ175.936
内容 神田神社（勝運）　日枝神社（厄除け・酒造繁栄）水天宮（安産）　薬研堀不動院（厄難開運）　宝田神社（商売繁盛）　愛宕神社（火除け）　赤坂・豊川稲荷（強運）　御田八幡（延命長寿）　玉鳳寺（諸病平癒）芝大神宮（延命長寿）〔ほか〕　〔0580〕

◇東京のえんぎもの　早川光著　求龍堂　1999.12　134p　19cm　1300円　Ⓟ4-7630-9943-4　Ⓝ387.02136
内容 愛宕神社　穴守稲荷神社　新井薬師（梅照院薬王寺）　池上本門寺　今戸神社　上野五条天神社　入谷鬼子母神（真源寺）　秋葉神社　回向院　於岩稲荷田宮神社〔ほか〕　〔0581〕

◇東京のお寺・神社謎とき散歩―歩いて訪ねる首都圏のご利益さん　岸乃青柳著　廣済堂出版
1998.12　291p　19cm　1600円　Ⓟ4-331-50666-5　Ⓝ185.9136
内容 第1章 皇居周辺の勝運と子育て 東京駅圏　第2章 開運でにぎわう下町の社寺 上野・浅草駅圏　第3章 中山道に沿った学問の神々 池袋駅圏　第4章 旧東海道沿いは福の街道 品川駅圏　第5章 物語をかみしめる社と寺 渋谷駅圏　第6章 幸運を秘めた歴史の街道 新宿駅圏　第7章 福を招く初詣での巨大寺社 東京・近県　〔0582〕

◇ワールド・ミステリー・ツアー13　4（東京篇）首都は、妖都と化す　同朋舎　1998.11　220p　21cm〈折り込1枚〉1400円　Ⓟ4-8104-2533-9　Ⓝ290.9
内容 1 東京の顔、都庁を風水する（加門七海）　2 四谷怪談の真相に迫る（村上健司）　3 妖怪博士の妖怪庭園を歩く（千葉幹夫）　4 古本屋探偵、神田に現わる（紀田順一郎）　5 東京・妖怪お化けツアー13を組む（多田克己）　6 現代の都市伝説を行く（小池壮彦）　7 円朝の幽霊画を愛でる（阿部正路）　8 岡本綺堂の怪談に震える（島村菜津）　9 東京の将門伝説を巡る（加門七海）　10 大江戸の怪談奇談に耳を傾ける（下

宗教・民間信仰　　　　　　　　　　　　　　　　　　　　　　　　民俗・宗教

山弘）　11 お化け建築家の物の怪を探す（青木祐介）
12 江戸の捕物と拷問の世界を知る（伊能秀明）　13
乱歩の東京幻想空間に彷徨う　　　　　　　　〔0583〕

◇江戸東京はやり信仰事典　新倉善之編　北辰堂
1998.5　346p　20cm　3200円　①4-89287-221-
0　Ⓝ387
[内容] 千代田区　中央区　港区　台東区　文京区　北
区　荒川区　足立区　葛飾区〔ほか〕　　　　〔0584〕

◇東京魔方陣—首都に息づくハイテク風水の正体
加門七海著　河出書房新社　1997.10　236p
15cm　（河出文庫）　540円　①4-309-47337-7
Ⓝ291.361　　　　　　　　　　　　　　　　〔0585〕

◇大江戸魔方陣—徳川三百年を護った風水の謎
加門七海著　河出書房新社　1997.9　265p
15cm　（河出文庫）　580円　①4-309-47336-9
Ⓝ291.361
[内容] 四神相応（結界を捜しだせ　東京・熊野・魔方
陣）　大江戸魔方陣（江戸の鬼門　江戸の魔方陣　江
戸の呪術師）　日光魔方陣（武蔵野の地霊を顕現させ
よ　聖地・聖人・陣取り合戦）　　　　　　　〔0586〕

◇江戸東京の庶民信仰　長沢利明著　三弥井書店
1996.11　347p　20cm　2800円　①4-8382-
9032-2　Ⓝ387
[内容] 庶民信仰と願かけ　江戸の貧乏神　狸の守護神
東京の宝船　巡礼とお砂踏み　化粧地蔵・白粉地蔵
カンカン石・カンカン地蔵　迷子の石標　鬼の信仰
縁切榎—板橋区本町〔ほか〕　　　　　　　〔0587〕

◇江戸の新興宗教—文京の富士講　文京ふるさと
歴史館編　〔東京都〕文京区教育委員会　1995.
10　48p　30cm　（特別展図録）〈会期：平成7
年10月28日～12月10日　主要参考文献一覧：
p48〉Ⓝ213.6　　　　　　　　　　　　　　〔0588〕

◇東京ご利益散歩　大江戸探検会編・著　川崎
博美館出版　1994.5　220p　19cm　1300円
①4-938546-66-3　Ⓝ175.936
[内容] 新婚さんの安産祈願に　『四国八十八か所』参
りができる　招き猫タマのご利益で商売繁盛　家の
方除け、良縁にめぐまれる　お参りすれば美人にな
れる　出っぱる病気におなで石　悪夢をバクが喰っ
てくれる　子育てを見守る“仙台萩”政岡　ハシカ封
じに祐天寺の穴くぐり　火難除け“カマドの仏さま”
染色家が信仰『染物地蔵』〔ほか〕　　　　〔0589〕

◇銀座の神々—都市に溶け込む宗教　石井研士著
新曜社　1994.3　293p　20cm　（ロンド叢書
1）〈参考文献：p279～289〉2472円　①4-
7885-0485-5　Ⓝ161.3
[内容] 1 銀座の近代化と創出される神話　2 都市化の
なかの神々　3 キリスト教の波　4 企業神の群像　5
都市に溶け込む宗教　　　　　　　　　　　　〔0590〕

◇砂川の神社と寺院　榎本直樹著　立川　立川市
教育委員会　1993.3　122p　22cm　Ⓝ175.
9365　　　　　　　　　　　　　　　　　　〔0591〕

《神道》

◇江戸の神社と都市社会　竹ノ内雅人著　校倉書
房　2016.7　278p　22cm　（歴史科学叢書）
〈索引あり〉8000円　①978-4-7517-4690-5
Ⓝ175.9361
[内容] 序章 問題関心と研究史整理　第1章 神社と神職
集団—江戸における神職の諸相　第2章 江戸の古跡
地神主と社家編成　第3章 近世後期江戸市中におけ
る「道場」の展開　第4章 十九世紀の江戸・東京にお
ける修験と神職　第5章 近世後期佃島の社会と住吉
神社　第6章 江戸の神社とその周辺—祭礼をめぐっ
て　第7章 江戸祭礼の表象　終章 総括と展望
　　　　　　　　　　　　　　　　　　　　〔0592〕

◇東京古事記—都内四百社の祭神ガイド　古賀牧
人著　雄山閣　2016.4　254p　19cm〈文献あ
り〉2200円　①978-4-639-02393-7　Ⓝ172
[内容] 第1章 街の鎮守のいまむかし　第2章 神々の点
描（天之御中主神　高御産巣日神　神産巣日神　天神
七代　国之常立命　豊雲野神　於母陀流命　阿夜訶
志古泥命　天神第六代坐榊皇大御神　伊邪那岐神 ほ
か）　第3章 神社と祭神　　　　　　　　　〔0593〕

◇神社でたどる「江戸・東京」歴史散歩　戸所民
夫著　洋泉社　2015.10　207p　18cm　（歴史
新書）〈文献あり〉990円　①978-4-8003-0712-
5　Ⓝ291.36
[内容] 第1章 神社で探る古代の江戸・東京　第2章 「東
国武士団」の面影を神社に訪ねる　第3章 戦国の混乱
と江戸開発の幕開け　第4章 徳川家康の都市計画と
江戸の守り神　第5章 徳川将軍にゆかりの神社　第6
章 江戸庶民の信仰を集めた藩邸内の神社　第7章 江
戸の「名所・名物」「事件・物語」の舞台をめぐる　第
8章 江戸から東京へ—神社でたどる帝都の歴史
　　　　　　　　　　　　　　　　　　　　〔0594〕

◇東京の宮神輿—カラー版　春夏編　戎光祥出版
編集部編　戎光祥出版　2010.5　223p　22cm
〈文献あり〉2800円　①978-4-86403-010-6
Ⓝ386.136
[内容] 卯月（四月）（大嶽神社（桧原村白倉）　大宮神
社（あきる野市引田）ほか）　皐月（五月）（大國魂
神社（府中市宮町）　春日神社（桧原村神戸）ほか）
水無月（六月）（鳥越神社（台東区鳥越）　浦守稲荷
神社（大田区大森南）ほか）　文月（七月）（十二所
神社（武蔵村山市三ツ木）　八雲神社（瑞穂町箱根ケ
崎）ほか）　葉月（八月）（亀戸浅間神社（江東区亀
戸）　物忌奈命神社（神津島村）ほか）　　　〔0595〕

◇大國魂神社の歳時記　大國魂神社監修, 桜井信
夫文　小金井　ネット武蔵野　2002.7　31p
27cm〈写真：桜井信夫, 松島惇〉1143円　①4-
944237-08-1　Ⓝ175.9365
[内容] 年の初めの「初詣で」一月一日　冬空に鳶が舞
う「出初め式」一月六日　福を呼び、春を呼ぶ「節
分祭」二月三日　五穀豊穣を祈る「祈年祭」二月十
七日　八基の神輿が揺れる「暗闇祭」四月三十日～
五月六日　例大祭次第　半年の厄を落とす「大祓式」
六月三十日　天下泰平を祈る「青袖祭」「杉舞祭」七
月十二日・十三日　からす団扇を手に「すもも祭」七
月二十日　子どもたちが主役の「八朔相撲祭」八月
一日〔ほか〕　　　　　　　　　　　　　　〔0596〕

民俗・宗教　　　　　　　　　　　　　　　　　　　　　　宗教・民間信仰

◇東京の熊野神社　宇井邦夫著　巌松堂出版
2000.10　129p　19cm　1600円　Ⓘ4-87356-
914-1　Ⓝ175.936
　内容 千代田区・港区・中央区　渋谷区・新宿区・文
京区・豊島区　台東区・江東区・墨田区　江戸川区・
葛飾区・荒川区・足立区　品川区・目黒区・大田区
世田谷区・杉並区・中野区　北区・板橋区・練馬区
旧北多摩郡　旧南多摩郡　旧西多摩郡〔ほか〕
　　　　　　　　　　　　　　　　　　　　　〔0597〕

◇江戸古社70　小山和著　NTT出版　1998.5
210p　19cm　（気球の本 Around the world
library）　1500円　Ⓘ4-87188-653-0　Ⓝ175.
936
　内容 1 上野・浅草と隅田川周辺　2 千代田・渋谷と
世田谷区周辺　3 新宿周辺　4 中野と杉並周辺　5 文
京・豊島・板橋と北区周辺　6 港・品川・大田と目黒
周辺　7 荒川・足立と葛飾周辺　8 東京近郊「武蔵
野の古社」
　　　　　　　　　　　　　　　　　　　　　〔0598〕

《仏教》

◇浅草と高尾山の不思議―東京を再発見する大人
の旅　川副秀樹著　言視舎　2016.8　191p
19cm　〈文献あり〉　1600円　Ⓘ978-4-86565-
062-4　Ⓝ188.45
　内容 第1章 国際的観光地の浅草と高尾山、どこか似
ている（「共通点1」境内に主役に劣らぬ神社がある
「共通点2」誰一人拝んだ者がいない伝説の本尊 ほ
か）　第2章 環境・風俗を比べてますます納得（黄金の
河童vs黄金の天狗　メロンパンvs天狗焼 ほか）　第
3章 古絵図で再発見、浅草寺と薬王院の不思議（江戸
時代の浅草寺境内を散策する　江戸末期から昭和まで
の高尾山を眺める）　第4章 不思議な神仏が集う信
仰ランド（恋愛成就の平内様と愛染明王　浅草寺のお
狸さまと薬王院のお狐さま ほか）　第5章 附浅草寺
と薬王院の秘かな楽しみ方（私説・消えた浅草寺本尊
の行方　筆者が推薦する高尾山のパワースポット）
　　　　　　　　　　　　　　　　　　　　　〔0599〕

◇浅草寺diary―名作散歩で親しむ仏教　壬生真
康著　鎌倉　公硯舎　2016.4　175p　19cm
1500円　Ⓘ978-4-9908461-2-1　Ⓝ188.45
　内容 春から夏へ（春ひらく　大きな乗り物 ほか）
夏から秋へ（綺麗な心　歩みゆけば ほか）　秋から
冬へ（秋の花の世界　過ごしやすい時 ほか）　冬か
ら春へ（同じ音から　待つ間 ほか）　　〔0600〕

◇武蔵国分寺のはなし―見学ガイド　国分寺市教
育委員会ふるさと文化財課編　改訂2版,増補版
〔国分寺〕　国分寺市教育委員会　2014.5
147p　21cm　〈年表あり〉　Ⓝ185.91365　〔0601〕

◇髙尾山薬王院の歴史　外山徹著　八王子　大本
山高尾山薬王院　2014.1　279p　21cm　〈発行
所：ふこく出版　発売：星雲社〉　1900円
Ⓘ978-4-434-18739-1　Ⓝ188.55
　内容 第1章 高尾山信仰のあけぼの　第2章 信仰の山
―高尾山　第3章 江戸幕府の寺社支配と高尾山　第
4章 武家による信仰　第5章 高尾山信仰の興隆　第
6章 伽藍形成・山内名所と寺院経営　終章 幕末・明
治維新の高尾山
　　　　　　　　　　　　　　　　　　　　　〔0602〕

◇江戸の大名菩提寺―平成24年度港区立港郷土資
料館特別展　港区立港郷土資料館編　港区立港
郷土資料館　2012.10　100p　30cm　〈会期・会
場：平成24年10月27日―12月16日　港区立港郷
土資料館　文献あり〉　Ⓝ185.91361　〔0603〕

◇武州高尾山（たかおざん）の歴史と信仰　外山徹
著　2011.11　212p　22cm　〈タイト
ル：武州高尾山の歴史と信仰　文献あり〉　5000
円　Ⓘ978-4-88621-582-6　Ⓝ188.55
　内容 第1章 古代・中世から近世初頭の高尾山　第2章
高尾山信仰の展開　第3章 高尾山信仰圏の構造　第
4章 護摩札配札と信仰圏の拡張　第5章 講活動と開
帳　第6章 名所としての高尾山像の形成　第7章 高
尾山と巨大都市江戸　第8章 経済基盤と経営　第9章
近代への展望
　　　　　　　　　　　　　　　　　　　　　〔0604〕

◇浅草　深見東州著　たちばな出版　2011.4
93p　19cm　（パワースポットガイドシリーズ）
1000円　Ⓘ978-4-8133-2376-1　Ⓝ188.45
　内容 1 浅草観音とほおずき市（七月十日は富士の正観
音が来ておられる　聖観音がいらっしゃる浅草寺　浅
草観音には何を第一に祈るのか ほか）　2 観音様の
お働き（「観世音」と訳したのは三蔵法師　聖観音は観
音の代表　観音様はオールマイティー ほか）　3 浅
草観音の秘められた功徳（浅草観音の六つの功徳　お
経はただ唱えればいいというものではない　延命十
句観音経 ほか）
　　　　　　　　　　　　　　　　　　　　　〔0605〕

◇東京お遍路大江戸めぐり―江戸御府内八十八ケ
所 出会いと発見、心が澄み渡る旅ガイド　林
えり子著　主婦の友社　2011.4　191p　21cm
（主婦の友ベストbooks 50代からの人生の羅針
盤シリーズ）　〈画：相原健二〉　1600円　Ⓘ978-
4-07-275412-2　Ⓝ186.91361
　内容 第一番・東京別院（港区高輪）　第十三番・龍生
院（港区三田）　第八十番・長延寺（港区三田）　第六
十五番・大聖院（港区三田）　第六十九番・宝生院（港
区三田）　第八十四番・明王院（港区三田）　第六十
七番・真福寺（港区愛宕）　第二十番・鏡照院（港区愛
宕）　第二十三番・薬研堀不動院（中央区東日本橋）
第三十七番・萬徳院（江東区深川）〔ほか〕　〔0606〕

◇烏山寺町―平成二十二年度特別展　世田谷区立
郷土資料館編　世田谷区立郷土資料館　2010.
10　143p　21cm　〈会期：平成22年10月30日―
11月28日〉　Ⓝ185.9136　　　　　　　〔0607〕

◇江戸時代に生まれた庶民信仰の空間―音羽と雑
司ヶ谷　文の京地域文化インタープリター,日
本女子大学永村研究室企画・編集　日本女子大
学　2010.9　85p　30cm　〈会期：平成22年9月
24日―10月5日　年表あり〉　Ⓝ188.55　〔0608〕

◇心とカラダが元気になる観音めぐり―巡礼・江
戸三十三観音を行く　江藤玲著　総合法令出版
2010.8　215p　21cm　〈文献あり〉　1300円
Ⓘ978-4-86280-215-6　Ⓝ185.91361
　内容 第1章 あなたのとなりの観音さま（観音さまっ
て、どんな存在？　仏教が教えてくれること　仏教
の来た道 仏さまの種類を知ろう！ ほか）　第2章
札所めぐり―三十三ヵ所紹介（江戸っ子の遊び場で

宗教・民間信仰　　　　　　　　　　　　　　　　　　　　　　　　　　民俗・宗教

半日のんびりお参りコース　江戸の名残を残す町で、観音さまに会おうコース　上野の森から湯島へ散策しようコース　江戸の寺町を散歩がてらお参りしようコース　ほか）　第3章 祈りが届く巡礼作法（観音さまを前にして　江戸三十三観音Q&A）〔0609〕

◇鎮護国家の大伽藍・武蔵国分寺　福田信夫著　新泉社　2008.12　93p　21cm　（シリーズ「遺跡を学ぶ」52）〈年表あり　文献あり〉1500円　①978-4-7877-0932-5　Ⓝ213.65
　内容　第1章「国華にふさわしい好処」に建つ（曠遠なる国の国分寺　国分寺造営の背景）　第2章 江戸時代に始まる探究（江戸時代の地誌ブーム　科学的調査の出発点）　第3章 武蔵国分寺を掘る（発掘調査が始まる　大伽藍の範囲　尼寺跡の調査　東山道武蔵路）　第4章 大伽藍の威容とその変遷（寺跡の構造　武蔵国分寺の変遷　武蔵国分寺の規模　付属諸院　武蔵国分寺の古瓦）　第5章 歴史のまち国分寺（歴史公園僧寺跡の保存整備）〔0610〕

◇「浅草寺社会事業」の歴史的展開―地域社会との関連で　大久保秀子著　ドメス出版　2008.11　293p　22cm〈年表あり〉3800円　①978-4-8107-0711-3　Ⓝ187.6
　内容　序章 本研究の意義と目的　第1章 浅草寺社会事業前史―民衆仏教信仰の拠点として　第2章 浅草寺社会事業成立期―臨時救護所からの出発　第3章 浅草寺社会事業展開期―本格的な活動展開期　第4章 浅草寺社会事業縮小期―戦後の再出発　終章 考察と今後の課題〔0611〕

◇お江戸寺町散歩　吉田さらさ著　集英社　2006.10　207p　16cm　（集英社be文庫）762円　①4-08-650116-3　Ⓝ291.361
　内容　浅草～向島　上野～谷中　本郷～小石川　三田～高輪　王子～巣鴨　高円寺～永福〔0612〕

◇お寺で遊ぶ東京散歩　吉田さらさ著　新宿書房　2006.4　270p　19cm〈折り込1枚〉1800円　①4-88008-352-6　Ⓝ291.361
　内容　第1章 お江戸の三大寺巡り（上野寛永寺とその周辺　浅草寺と広域浅草　ほか）　第2章 魅惑の寺町を歩く（南北千住大縦断ツアー　元住人による巣鴨案内　ほか）　第3章 お寺のイベントを楽しむ（九品仏で菩薩コスプレをする　新井薬師の骨董市　ほか）　第4章 お寺巡りの便利帳（おすすめのイベントカレンダー　一日乗車券でお得に寺散歩　ほか）〔0613〕

◇昭和新撰江戸三十三所観音巡礼　新妻久郎著　大阪　朱鷺書房　2005.11　234p　19cm〈文献あり〉1400円　①4-88602-334-7　Ⓝ185.91361
　内容　浅草寺（台東区浅草）　清水寺（台東区松が谷）　大観音寺（中央区日本橋人形町）　回向院（墨田区両国）　大安楽寺（中央区日本橋小伝馬町）　清水観音堂（台東区上野公園）　心城院（文京区湯島）　清林寺（文京区向丘）　定泉寺（文京区本駒込）　浄心寺（文京区向丘）〔ほか〕〔0614〕

◇無漏西游あきる野遍路―秋川流域七十五ヶ寺を巡る　栗原亭著　立川　けやき出版　2005.2　275p　21cm〈文献あり〉1500円　①4-87751-262-4　Ⓝ186.91365
　内容　天台宗鷲峰山玉泉寺　臨済宗建長寺派平沢山広

済寺　臨済宗建長寺派神護山普門寺　臨済宗建長寺派寿城山新開院　臨済宗建長寺派天寧山林泉寺　臨済宗南禅寺派神応山法林寺　日蓮宗水谷山宝清寺　臨済宗南禅寺派大光山慈眼寺　臨済宗建長寺派雷雨山地蔵院　天台宗円満山雨間院西光寺〔ほか〕〔0615〕

◇東京お寺も～で―楽しい仏教ワールドのおすすめスポット!!　此経啓助、安東玲子著　日本地域社会研究所　2004.11　260p　19cm　（コミュニティ・ブックス）1700円　①4-89022-831-4　Ⓝ185.9136
　内容　第1章 必見お寺スポット（名水まいり/伝説の湧水を伝えるお寺　花咲くお寺/極楽浄土は一年中春とか ほか）　第2章 仏教の年中行事（まないた開き/1月12日・坂東報恩寺　餅つき踊り/成人の日・西福寺 ほか）　第3章 ぐるっと寺町めぐり（妙法寺/参詣者でにぎわう3のつく縁日　武蔵国分寺/水のせせらぎ聞こえる散策コース ほか）　第4章 中央線・山手線沿線寺院探見（都心のオアシスで一休み/増上寺　東京にもある比叡山と高野山/寛永寺・長命寺 ほか）〔0616〕

◇武蔵野観音霊場三十三札所巡礼スケッチ―心の安らぎを求めて　山岸秀夫著　入間　山岸秀夫　2004.11　74p　16×22cm〈折り込1枚〉Ⓝ185.9136〔0617〕

◇江戸・東京の三十三所　石川靖夫著　富士見　石川靖夫　2003.2　104p　19cm　Ⓝ185.9136〔0618〕

◇小石川の寺院　小石川仏教会編　西田書店　2002.10　2冊（セット）22×16cm〈付属資料：地図1〉6000円　①4-88866-358-0
　内容　第1章 小石川の寺院/概観（武蔵野の地勢と江戸・小石川　武蔵野と仏教の伝来　武士政権と武蔵野の仏教寺院 ほか）　第2章 小石川寺院名鑑（指ヶ谷の谷に沿って　小石川の谷に沿って　小石川台地・伝通院の近辺 ほか）　第3章 寺院のある風景（伝承を超えた話　僧の伝承　水と樹木の神秘 ほか）〔0619〕

◇大江戸めぐり―御府内八十八ヶ所　和田信子著　集英社　2002.9　237p　22cm　1700円　①4-08-781227-8　Ⓝ185.91361
　内容　城南二十ヶ寺めぐり―港区・渋谷区・品川区・大田区（東京別院（高輪）龍生院（三田）ほか）　城東二十八ヶ寺めぐり―中央区・江東区・墨田区・台東区・北区（薬研堀不動院（東日本橋）永代寺（深川）ほか）　城北二十四ヶ寺めぐり―文京区・豊島区・新宿区（円満寺（湯島）霊雲寺（湯島）ほか）　城西十六ヶ寺めぐり―練馬区・板橋区・世田谷区・日野市・神奈川県秦野市・杉並区（宝仙寺（中野）光徳院（上高田）ほか）〔0620〕

◇観音の道に誘われて　奥冨義雄著　立川　けやき出版（製作）2001.5　94p　20cm　1000円　①4-87751-141-5　Ⓝ185.91365〔0621〕

◇御府内八十八ヶ所霊場案内―弘法大師霊場・巡拝行脚 エリア別　塚田芳雄、遊佐喜美男共著　下町タイムス社　2000.12　238p　19cm　1429円　Ⓝ185.91361〔0622〕

◇武相観音めぐり―武蔵・相模四十八ヶ所　橋本

50　「東京」がわかる本 4000冊　　　　　　　　　　　　　　　〔0610～0623〕

民俗・宗教　　　　　　　　　　　　　　　　　　　宗教・民間信仰

豊治画, 佐藤広著　八王子　のんぶる舎　1999.
11　173p　21cm　〈文献あり〉　1800円　Ⓘ4-
931247-70-9　Ⓝ185.91365
　　　　　　　　　　　　　　　　　　　　　〔0623〕

◇住職がつづるとっておき深大寺物語　谷玄昭著
四季社　1998.4　179p　19cm　（日本の古寺
1）〈奥付のタイトル：深大寺物語〉　1200円
Ⓘ4-915894-69-X　Ⓝ188.45
　内容 「縁起絵巻」は深大寺の履歴書　吉凶織りなす深
　大寺の歴史　湧き水がつづる「深大寺物語」　門外
　不出の秘仏「深沙大王像」　名字に「福」がつく人は
　帰化人の子孫？　関東最古の「白鳳仏」は謎のベー
　ルの中　だるま市は年一回の「スーパーデー」　ア
　イディアマン浅田さん奮戦す　「創意工夫の深大寺」
　玉乗り、ブランコ…。門前にはサーカス小屋も〔ほ
　か〕　　　　　　　　　　　　　　　　　　　〔0624〕

◇江戸古寺70　小山和著　NTT出版　1997.9
210p　19cm　（気球の本）　1500円　Ⓘ4-
87188-644-1　Ⓝ185.9136
　内容 1 上野・浅草・隅田川　2 千代田・渋谷・世田谷
　3 新宿・杉並周辺　4 豊島と文京周辺—板橋・練馬
　を含む　5 品川・大田と目黒周辺　6 足立と葛飾　7
　東京西郊「武蔵野の寺」　　　　　　　　　　〔0625〕

◇図説浅草寺—今むかし　あさくさかんのん　金
竜山浅草寺編　金竜山浅草寺　1996.11　127p
21cm　〈略年表：p126～127〉　1500円　Ⓘ4-
8087-0635-0　Ⓝ188.45
　内容 第1章 浅草寺境内案内　第2章 浅草寺と寺宝
　第3章 年中行事　　　　　　　　　　　　　〔0626〕

◇江戸名刹巡礼　柴田博, 相川浩子著　シバ
1995.9　189p　19cm　（シバ巡礼シリーズ 4）
1400円　Ⓘ4-915543-04-8　Ⓝ185.9136　〔0627〕

◇武蔵野の観音さま　柴田博, 相川浩子著　シバ
1995.6　190p　19cm　（シバ巡礼シリーズ 3）
1400円　Ⓘ4-915543-03-X　Ⓝ185.9136
　内容 東高野山長命寺（練馬区）　豊島山道場寺（練馬
　区）　亀頂山三宝寺（練馬区）　光明山如意輪寺（保谷
　市）　宝塔山吉相寺（東久留米市）　安松山全龍寺（清
　瀬市）　福寿山徳蔵寺（東村山市）　安宗山円乗院（東
　大和市）　野老山実蔵院（所沢市）　遊石山新光寺（所
　沢市）〔ほか〕　　　　　　　　　　　　　　〔0628〕

◇東京南部地蔵参り　新田明江著　栴檀社
1994.5　157p　18cm　〈発売：星雲社〉　800円
Ⓘ4-7952-2838-8　Ⓝ387
　内容 地蔵とは　賽の河原はこの世にもある　口は地
　蔵菩薩　お地蔵様の頭をなでれば何でも叶う　地蔵
　菩薩は善悪の報いを示す〔ほか〕　　　　　　〔0629〕

◇武蔵野古寺巡礼　柴田博, 相川浩子著　シバ
1994.5　205p　19cm　（シバ巡礼シリーズ 2）
1200円　Ⓘ4-915543-02-1　Ⓝ185.9136　〔0630〕

◇多摩のお寺めぐり　坂本正仁ほか編　雄山閣出
版　1993.8　262p　19cm　2200円　Ⓘ4-639-
01180-6　Ⓝ185.9136
　内容 第1章 さまざまな祈りと願いの寺　第2章 花と
　木と文学の寺を歩く　第3章 四季の祭りと行事　第
　4章 多摩の寺の歴史を歩く　第5章 巡礼の寺々—札

所一覧　第6章 多摩の寺の由緒と紹介—寺誌一覧
　　　　　　　　　　　　　　　　　　　　　〔0631〕

◇八王子三十三観音霊場—その案内と現況　西田
鼎江著　八王子　揺籃社　1993.8　246p
19cm　〈参考文献：p241～242〉　1500円　Ⓘ4-
946430-79-2　Ⓝ185.9136
　　　　　　　　　　　　　　　　　　　　　〔0632〕

◇お寺巡り健康法—心と体によい東京80か寺　朝
倉光太郎著　佼成出版社　1992.10　172p
19cm　1200円　Ⓘ4-333-01587-1　Ⓝ185.9136
　＊豊富な写真、イラストマップ、わかりやすい解説で、
　おとどけする“お寺巡り健康ガイド”。　　　〔0633〕

◇江戸三十三観音めぐり—心から心への旅路　山
田英二著　大蔵出版　1992.8　212p　18cm
〈監修：仲田順和　新装版〉　1500円　Ⓘ4-8043-
1507-1　Ⓝ185.9136
　内容 昭和新撰江戸三十三観音めぐり　般若心経　観
　音経偈文　新旧江戸観音札所番付対照表　道しるべ
　あとがき　心から心への旅路　　　　　　　〔0634〕

◇探訪日本の古寺　3　東京・鎌倉　第2版　小学
館　1991.3　179p　27cm　〈監修：井上靖ほか
東京・鎌倉仏教関連年表：p178～179〉　2000円
Ⓘ4-09-377103-0　Ⓝ185.91
　内容 浅草寺（浅草観音）　題経寺（柴又帝釈天）　寛永
　寺　増上寺　泉岳寺　護国寺　本門寺　平間寺（川崎
　大師）　総持寺　深大寺　武蔵国分寺跡　正福寺　金
　剛寺（高幡不動）　観音寺（塩船観音）　有喜寺（薬王
　院）　武蔵野の古寺　鎌倉五山　鎌倉のみほとけ　鎌
　倉古刹の四季　鎌倉の石造物　称名寺　霊山寺（日向
　薬師）　大山寺（大山不動）　浄持光寺（遊行寺）　最
　乗寺（道了寺）　早雲寺　名僧列伝日蓮　古寺探訪
　（将軍慶喜の蟄居—寛永寺　江戸へのタイム・スリッ
　プ—浅草寺　武蔵野追想—深大寺・武蔵国分寺　江
　ノ電にのって—高徳院・長谷寺・極楽寺　松風吹いく
　禅刹—建長寺・円覚寺　勤行蝉の森—早雲寺）　全国
　古寺めぐり東京・鎌倉　古寺美術　鎌倉時代の仏—運
　慶と東国　特集近世仏教と檀林　宗派紹介日蓮宗
　　　　　　　　　　　　　　　　　　　　　〔0635〕

◇江戸浅草を語る　浅草寺日並記研究会編　東京
美術　1990.12　272p　19cm　1600円　Ⓘ4-
8087-0562-1　Ⓝ188.45
　内容 第1章 描かれた浅草寺　第2章 信仰と民俗　第
　3章 浅草寺領と門前町　第4章 江戸の華　第5章 文
　人と浅草寺　第6章 境内の賑わい　　　　　〔0636〕

◇東京名刹散歩　辻野透著　文化総合出版
1990.2　299p　20cm　〈折り込図1枚〉　1700円
Ⓘ4-89246-179-2　Ⓝ185.9136
　内容 浅草寺　伝通院　麟祥院　護国寺　吉祥寺　祐
　天寺　豪徳寺　広徳寺　太宗寺　鬼子母神　大龍寺
　増上寺　泉岳寺　寛永寺　源空寺　誓教寺　天王寺
　深川不動　浄心寺　回向院　弘福寺　東海禅寺　西
　新井大師　本門寺　目黒不動　木下川薬師　柴又帝
　釈天　　　　　　　　　　　　　　　　　　　〔0637〕

《キリスト教》

◇この器では受け切れなくて—山谷兄弟の家伝道

宗教・民間信仰　　　　　　　　　　　　　　　　　　　　　　　　　民俗・宗教

所物語　菊地譲著　新教出版社　2012.12
249p　19cm　1500円　①978-4-400-52723-7
Ⓝ198.37
内容 1章 山谷と啓示　2章 新まりや食堂とボランテ
ィア　3章 愛犬甲斐　4章 木曜礼拝　5章 土の器　6
章 御言葉から学ぶ政治　　　　　　　　　　　〔0638〕

◇バプテストの東京地区伝道―1874年～1940年
大島良雄著　府中（東京都）　ダビデ社　2009.
10　501p　19cm〈文献あり〉2500円　①978-
4-925205-05-4　Ⓝ198.67　　　　　　　〔0639〕

◇素晴らしき出会い―東京のカトリック教会を訪
ねて　ペーター・パウル・バロン著,菅野義彦
訳　長崎　聖母の騎士社　2001.8　187p
15cm　（聖母文庫）　①4-88216-221-0　Ⓝ526.
19　　　　　　　　　　　　　　　　　　　　〔0640〕

◇一粒の麦―東京大司教区創立100周年記念誌
東京教区創立100周年記念誌編集委員会編　上
智社会事業団出版部　1991.9　153p　31cm
3500円　①4-915687-12-0　Ⓝ198.221　〔0641〕

52　「東京」がわかる本 4000冊　　　　　　　　　　　　　〔0639～0641〕

歴史・地理

江戸・東京史

◇江戸東京の下町と考古学—地域考古学のすすめ
谷口榮著 雄山閣 2016.2 196p 19cm〈文
献あり〉2200円 ①978-4-639-02378-4 Ⓝ213.
6

内容 1 東京の下町と考古学—東京低地の研究史（江
戸の下町と東京の下町 東京低地の地勢 ほか） 2
東京低地の開発（低地のフロンティア 低地に築か
れた古墳 ほか） 3 隅田川沿岸の中世世界（中世江
戸前島の景観 浅草寺と瓦 ほか） 4 近世都市江戸
とその周縁（近世都市江戸の形成 江戸の忘れ物 ほ
か） 5 近代化と東京（文明開化と煉瓦 近代工業と
軍需 ほか） 〔0642〕

◇地図と写真から見える！ 江戸・東京歴史を愉
しむ！ 南谷果林著 西東社 2014.9 223p
19cm〈文献あり 索引あり〉1200円 ①978-
4-7916-2088-3 Ⓝ213.61

内容 第1章 江戸・東京10大事件 第2章 江戸以前の
歴史をたどる 第3章 江戸の町づくりの歴史をたど
る 第4章 江戸城の歴史をたどる 第5章 古地図と
絵で見る江戸・東京 第6章 名所めぐりと江戸の町
第7章 江戸の地形と発展 第8章 東京の歴史と発展
第9章 寺社をめぐる 〔0643〕

◇本当はすごい！ 東京の歴史—高天原、大和は
関東にあった！ 田中英道著 ビジネス社
2014.6 237p 19cm〈文献あり〉1400円
①978-4-8284-1753-0 Ⓝ213.61

内容 第1章 世界が期待する日本人の自然観 第2章
縄文と弥生の融合地点 第3章 神話につづく古墳の
時代と東国 第4章 神と仏の時代の豊かな東国 第
5章 東国を舞台に台頭する武士 第6章 変遷する江
戸の支配者 第7章 大火のあとの新しい江戸 第8章
建国の歴史に立ち戻る幕末 第9章 江戸から東京へ
第10章 二度の惨禍を経た「現代」東京 〔0644〕

◇東京の「年輪」発掘散歩—旧街道ごとにたどる
大都市の「境界」 川副秀樹著 言視舎 2013.
5 199p 21cm〔言視BOOKS〕1600円
①978-4-905369-60-8 Ⓝ291.361

内容 第1章 年輪の核を探る（江戸の基礎ができるま
で 最初の年輪・外堀と見附 ほか） 第2章 東海道
の年輪を探る（高輪大木戸と東海道裏道 旧東海道
の生・性・聖 ほか） 第3章 甲州街道の年輪を探る
（桜田門、半蔵門から四谷大木戸へ 内藤新宿・飯盛
女・追分 ほか） 第4章 中山道の年輪を探る（筋違御
門から旧中山道へ 板橋宿・木曾路への入口 ほか）
第5章 日光・奥州街道の年輪を探る（江戸の聖域と賤
域 北部に集中する悪文化 ほか） 〔0645〕

◇江戸から東京へ大都市TOKYOはいかにしてつ

くられたか？ 津川康雄監修 実業之日本社
2011.7 223p 18cm （じっぴコンパクト新書
083）〈文献あり〉762円 ①978-4-408-10893-3
Ⓝ361.78

内容 序章 都市を形成する象徴物—ランドマークか
ら見た都市論 第1章 大江戸八百八町は世界一の大
都市だった 第2章 文明開化の鎚音高く建設された
帝都・東京 第3章 震災の悪夢から立ち直った復興
都市 第4章 敗戦後の高度成長から近代的な都市へ
終章 世界が注目する近代都市・TOKYO 〔0646〕

◇東京都の歴史 竹内誠, 古泉弘, 池上裕子, 加藤
貴, 藤野敦著 第2版 山川出版社 2010.11
349,51p 20cm （県史 13 児玉幸多監修）
〈文献あり 年表あり 索引あり〉2400円
①978-4-634-32131-1 Ⓝ213.6

内容 1章 武蔵野の開拓者 2章 大福長者と水陸に生
きる人びと 3章 江戸・八王子築城と戦乱の時代 4
章 天下の総城下町の建設 5章 百万都市江戸の出現
6章 江戸っ子の登場 7章 大江戸の展開 8章 幕末
の江戸 9章 東京の成立 10章 近代都市の建設と東
京都の半世紀 〔0647〕

◇江戸・東京の歴史と地理—超雑学読んだら話し
たくなる 江戸の"魅力"がこの一冊で！ 安藤
優一郎著 日本実業出版社 2010.4 221p
19cm〈文献あり〉1300円 ①978-4-534-
04693-2 Ⓝ213.61

内容 第1章 江戸の歴史・文化を知ろう（江戸城を造っ
たのは、いったい誰か？ 人口100万人の江戸は武士
の街だった ほか） 第2章 明治以降の東京の歴史を
知ろう（いつから、江戸は東京になったのか？ 江戸
城西丸御殿が天皇の最初の宮殿になった ほか） 第3
章 江戸・東京のインフラ・建物を知る（江戸城の遺産
が都市改造に使われた 幕府閣僚の公邸が皇居前広
場になった ほか） 第4章 現在の東京の地名のルー
ツを知る（丸の内は江戸城内を表わす名称だった 日
本橋は東京橋川界隈の商人町を表わす言葉だった ほ
か） 第5章 江戸・東京紙上散歩（江戸城散歩 丸の
内散歩 ほか） 〔0648〕

◇江戸東京千年の土魂を探る 橘健一著, 櫻井正
信監修 藍書房 2010.3 310p 19cm〈年表
あり 文献あり〉2200円 ①978-4-900876-25-
5 Ⓝ213.61

内容 家康以前の江戸 江戸という時代 江戸の町づ
くり 町の自治と治安 のどかな町人暮らし 江戸
の遊興 江戸の教育 〔0649〕

◇遺跡が語る東京の歴史 鈴木直人, 谷口榮, 深澤
靖幸編 東京堂出版 2009.9 273p 21cm
〈文献あり 索引あり〉2500円 ①978-4-490-
20663-0 Ⓝ213.6

江戸・東京史　　　　　　　　　　　　　　　　　　　　　　　　　　　　歴史・地理

内容 1 東京というところ　2 歴史の流れ　3 都心部の遺跡　4 多摩地域の遺跡　5 東京低地部の遺跡　6 島嶼部の遺跡 〔0650〕

◇東京の地霊（ゲニウス・ロキ）　鈴木博之著　筑摩書房　2009.2　300p　15cm　（ちくま学芸文庫 ス10-1）　1100円　Ⓘ978-4-480-09201-4　Ⓝ213.61
内容 港区六本木 民活第一号の土地にまつわる薄幸―時代に翻弄された皇女の影を引きずる林野庁宿舎跡地　千代田区紀尾井町 「暗殺の土地」が辿った百年の道のり―怨霊鎮魂のため袋地となった司法研修所跡地の変遷　文京区・護国寺 明治の覇者達が求めた新しい地霊―その「茶道化」の立役者・高橋箒庵　台東区・上野公園 江戸の鬼門に「京都」があった―いまも生きつづける家康の政治顧問・天海の構想　品川区・御殿山 江戸の「桜名所」の大いなる変身―庶民の行楽地から時代の覇者達の邸宅地へ　港区芝 現代の「五秀六艶楼」のあるじ―「さつまっぱら」と郷誠之助と日本電気の関係　新宿区・新宿御苑 幻と化した「新宿ヴェルサイユ宮殿」―造園家・福羽逸人の構想と三代の聖域　文京区・椿山荘 白の将軍の軍略にも似た地政学―権力者・山県有朋の土地と庭園に対する眼力　中央区日本橋室町 三井と張り合う都内最強の土地―一九三坪二合九勺に賭けた久能木一族の意地　目黒区目黒 「目黒の殿様」がみせた士魂商才―明治の秀才・久米邦武の土地に対する先見の明　文京区本郷 東大キャンパスの様々なる意匠―安田講堂はなぜ東大の「象徴」なのか　世田谷区深沢 東京西郊の新開地・うたがたの地霊―近衛文麿の末期の眼に映った巨大和風庭園の終焉　渋谷区広尾 昭和・平成二代にわたる皇后の「館」―前皇后が住まい、現皇后が学んだ土地の縁 〔0651〕

◇帝都・東京　別冊宝島編集部編　宝島社　2009.1　239p　16cm　（宝島sugoi文庫）〈1995年刊の改訂〉　590円　Ⓘ978-4-7966-6853-8　Ⓝ213.6
内容 プロローグ 帝都誕生前夜（帝都誕生へのプレリュード 東京はいつ、どのようにして首都となったのか？）　第1部 聖空間の出現―ミカドの都（聖空間1・皇居 町なかの京都御所から、「神聖不可侵」の宮城へ！　聖空間2・明治神宮/神宮外苑 最新技術を駆使した明治大帝のモニュメント ほか）　第2部 歴史発見！ 帝都の演出装置（演出装置1・花電車 花電車は帝のプロパガンダ装置だった！　演出装置2・遊覧バス 「はとバス」観光コースに組み込まれた帝都の記憶 ほか）　第3部 軍都東京大元帥の都（帝都の軍事施設府山ケ原 都の西北に生きつづける帝国陸軍の伝説 帝都遺跡・「軍事編」探訪！ 帝都防衛に挫折した軍事遺跡） 〔0652〕

◇痛恨の江戸東京史　青山佾著　祥伝社　2008.9　401p　16cm　（祥伝社黄金文庫）〈年表あり〉　695円　Ⓘ978-4-396-31465-1　Ⓝ213.6
内容 江戸から東京へ―幕末篇（吉田松陰、弟子の奮起を促して刑死を選ぶ　トップ慶喜に失望、ミドル井上清直過労死 ほか）　東京一維新篇（明治維新政府官庁街、無計画に武家地を切り取る　東京府知事由利公正の銀座通り二十五間構想、支持されず ほか）　東京一戦前篇（日本初の都市計画である東京市区改正、実現まで二十年以上を費やす　市制・町村制をつくった山県有朋、国民に理解されず ほか）　東京一戦後篇（実行されなかった戦災復興の環状道路計画マッカーサー、農地改革で公園用地を細分化して売り渡す ほか） 〔0653〕

◇地域史・江戸東京　江戸東京近郊地域史研究会編　岩田書院　2008.4　327p　22cm　7900円　Ⓘ978-4-87294-507-2　Ⓝ213.61
内容 中近世の信仰と社会：江戸近郊における熊野信仰の一事例 野尻かおる著　中世牛込郷の寺院と領主 赤澤春彦著　武州葛飾郡小梅村三囲稲荷の経営と越後屋三井家 斉藤照徳著　近世板橋地域の富士講と富士信仰の受容 吉田政博著　近世社会の諸相：江戸の大名屋敷と捨子 中野達哉著　祭礼番附と江戸本囲屋森屋治兵衛 亀川泰照著　嘉永期における村内寺社の「除地高」認定 保垣孝幸著　近代の物流と交通：幕末維新期における中川番所の機能と「国産改所」計画 小泉雅弘著　鉄道敷設計画からみた旧北豊島郡域の地域像 伊藤暢直著　武蔵野鉄道・旧西武鉄道の沿線開発と地域社会 奥原哲志著 〔0654〕

◇東京都―新風土記　岩波書店　2007.12　64p　19cm　（岩波写真文庫 復刻版　川本三郎セレクション）〈原本：1956年刊〉　800円　Ⓘ978-4-00-028215-4　Ⓝ291.36
内容 自然　江戸城ができるまで　江戸から東京へ　首都東京　商工業 〔0655〕

◇江戸東京の路地―身体感覚で探る場の魅力　岡本哲志著　京都 学芸出版社　2006.8　175p　22cm　1900円　4-7615-1215-6　Ⓝ213.61
内容 序論 路地とは何か　1章 江戸時代―路地空間の原型の誕生　2章 明治・大正期―ネットワーク化する路地の進化　3章 昭和初期―路地空間の多様化　4章 戦後―組み合わせ路地の迷宮化　5章 高度成長期以降―回遊を楽しむ路地の創造　結 路地論からまちづくりへ 〔0656〕

◇江戸・東京近郊の史的空間―地方史研究協議会第53回（東京）大会成果論集　地方史研究協議会編　雄山閣　2003.10　307p　22cm　5700円　4-639-01825-8　Ⓝ213.61
内容 第1章 江戸北郊の地域形成（豊島郡における武士の成立と交通・開発　領域と霊域―中世入間川流域と女性往生伝説　江戸幕府創業期における国郡制と「領」の構造 ほか）　第2章 江戸・東京北郊における都市機能の展開（江戸北郊地域における花名所の創出 十九世紀江戸・東京の植木屋の多様化―近郊農村型から都市型へ　近世都市江戸における火葬場の成立と変容―小塚原「火葬寺」を中心として）　第3章 東京北郊における産業の変貌（東京北郊地域における漬物業の展開―東京府北豊島郡赤塚村加藤家の事例を中心に　東京における近郊農業の展開 北豊島郡の工業化について） 〔0657〕

◇江戸・東京を造った人々 2 『東京人』編集室編　筑摩書房　2003.8　478p　15cm　（ちくま学芸文庫）　1400円　4-480-08788-5　Ⓝ213.61
内容 大久保長安と八王子千人隊（童門冬二）　庄司甚右衛門と吉原遊廓（南原幹雄）　三井高利の「現金掛値なし」（北原亞以子）　大岡忠相と江戸の流通革命（大石慎三郎）　江戸の外食産業（渡辺善次郎）　都会に幽霊を解き放った鶴屋南北（横山泰子）　二人の情報マン―斎藤月岑と藤岡屋由蔵（吉原健一郎）　平賀源内と『江戸繁昌記』（杉浦明平）　「大江戸ラブストーリー」の創始者・為永春水（石川英輔）　江戸のくすり

54　「東京」がわかる本 4000冊　　　　　　　　　　　　　　　　　　〔0651〜0658〕

歴史・地理　　　　　　　　　　　　　　　　　　　　　　　　　　　江戸・東京史

屋(立川昭二)　幕末道場繁盛記―技は千葉、力は斎
藤、位は桃井(新宮正春)　東京市政事始―異色の知
事群像(重松一義)　五代目菊五郎と東京歌舞伎(石
澤秀二)　井上馨と東京欧化政策(富田仁)　人力車
を発明した男たちの栄光と挫折(齋藤俊彦)大久保一
翁と寺子屋始末記(小木新造)　田口卯吉と小笠原殖
産政策(松平康夫)　末広鉄腸と明治ユートピア幻想
(紀田順一郎)　黒岩涙香と萬朝報の人々(高橋康雄)
塚越芳太郎と『東京市史稿』(磯村英一)　江戸を甦ら
せた綺堂―捕物帖事始め(今井金吾)　棚橋源太
郎と展覧会時代(椎名仙卓)　田中智学と幻の海上都
市計画(関井光男)　東京人としての昭和天皇(御厨
貴)　　　　　　　　　　　　　　　　　　　　〔0658〕

◇江戸・東京を造った人々　1　『東京人』編集室
編　筑摩書房　2003.8　435p　15cm　(ちくま
学芸文庫)　1400円　①4-480-08787-7　Ⓝ213.
61
内容 家康の江戸づくり(綱淵謙錠)　幕府作事方と大
棟梁たち(西和夫)　三人寄と江戸の町造り(吉原健
一郎)　玉川上水と玉川家の人々(伊藤好一)　江戸の
夢の島(伊藤好一)　明暦の大火と松平信綱(黒木喬)
天和の大火後の都市計画(黒木喬)　大岡忠相の防火
都市政策(波多野純)　長谷川平蔵と石川島人足寄場
(小沢信男)　川崎平右衛門と武蔵野新田開発(榎本滋
民)　渋沢栄一の東京改造論(藤森照信)　近代水道
建設のリーダーたち(堀越正雄)　松田道之と東京の
都市防災(石田頼房)　井上勝と山手線建設計画(原
田勝正)　エンデ＆ベックマンの官庁集中計画(堀内
正昭)　浅野総一郎と京浜工業地帯(東秀紀)　日本
初の地下鉄をつくった早川徳次(佐藤一雄)　後藤新
平と震災復興計画(越澤明)　折下吉延と外苑の銀杏
並木(越澤明)　銀座をつくった三人の金太郎(斑目
文雄)　田中豊と鉄道省の仲間たち(伊東孝)　戦災
復興の礎を築いた石川栄耀(東郷尚武)　東京タワー
と風雲児・前田久吉(植田康夫)　　　　　　　〔0659〕

◇江戸東京年表　大濱徹也,吉原健一郎編著　増
補版　小学館　2002.12　295p　22cm　2200円
①4-09-387421-2　Ⓝ213.6
＊1590年の家康の江戸入城から、2002年の大江戸線汐
留駅開業までの江戸・東京の重要な出来事をすべて収
録。江戸うんちく本の決定版。　　　　　　　〔0660〕

◇江戸東京物語　山の手篇　新潮社編　新潮社
2002.5　350p　16cm　(新潮文庫)　781円
①4-10-120827-1　Ⓝ213.61
内容 赤坂・麻布界隈　新宿・四谷界隈　早稲田・牛
込界隈　本郷・小石川界隈　谷中界隈　　　　〔0661〕

◇江戸東京物語　下町篇　新潮社編　新潮社
2002.1　371p　16cm　(新潮文庫)〈1993年刊
の増補　年表あり〉　819円　①4-10-120826-3
Ⓝ213.61
内容 上野・浅草界隈　本所・両国界隈　向島界隈　深
川界隈　芝・新橋界隈　　　　　　　　　　　〔0662〕

◇江戸東京物語　都心篇　新潮社編　新潮社
2001.9　347p　16cm　(新潮文庫)〈1993年刊
の増訂　年表あり〉　781円　①4-10-120825-5
Ⓝ213.61
内容 日本橋界隈(道のりの総元締は日本橋　「トウケ
イ」と読んだ文人派　ほか)　銀座・築地界隈(銀座の
原点、中橋興行街　銀座の大倉、日本橋の安田　ほか)

丸の内・皇居界隈(八重洲の昔は丸の内　草っ原の中
に東京駅誕生　ほか)　神田・お茶の水界隈(将門が復
活した神田明神　神田錦町は護持院ケ原　ほか)
　　　　　　　　　　　　　　　　　　　　　〔0663〕

◇江戸文化と東京文化―暮らしの伝統と近代文明
芳賀登著　雄山閣出版　2001.4　356p　22cm
(芳賀登著作選集　第8巻)　8800円　①4-639-
01729-4　Ⓝ213.61
内容 1　近代日本精神史試論―世相と流行とを関連さ
せて(「明治の確立」　日露戦争前後と文明化)　2　江
戸会の成立と江戸っ子文化 - 地域文化の伝統の継承1
(「東京開市三百年祭」と江戸会　江戸っ子と下町の
くらし ほか)　3　江戸文化と東京文化―地域文化の
伝統の継承2(巨大都市東京の成立　都市の中の地方
史 ほか)　4　江戸東京文化論と日本文化―江戸東京
学の展望と課題(日本文化と近代文化―比較文化論
的視座にたって　近代地域風俗史への提言――葉の
「女の出世」の志を受け継ぐために ほか)　　〔0664〕

◇歴史年表事典―大江戸・小江戸(川越)対比　小
泉功、青木一好共著　ルック　1999.7　174p
19×26cm〈文献あり〉　2381円　①4-947676-
64-7　Ⓝ213.4
＊江戸と江戸川越の出来事を年号別に対比させた
年表。掲載年代は大正時代以前を対象とし、年号別
に江戸と川越の出来事を対比して表示した。歴史年
表、コラム、索引の3部構成。索引には、約2500用
語を掲載している。　　　　　　　　　　　　〔0665〕

◇江戸から東京へ　第9巻　矢田挿雲著　新版
中央公論新社　1999.5　308p　16cm　(中公文
庫)　914円　①4-12-203425-6　Ⓝ291.361
内容 江戸の成るまで(生れるとから不運　家康の熟
柿主義 ほか)　三日コロリ雑記(コロリの語源　大阪
のコロリ ほか)　江戸から東京への地震ごよみ(慶
安三年まで　元禄の大地震 ほか)　灰塵に帰した江
戸名所(虔簀張りに返った銀座　下谷区で遭ったもの
二つの殉死 ほか)　　　　　　　　　　　　　〔0666〕

◇江戸から東京へ　第8巻　矢田挿雲著　新版
中央公論新社　1999.4　402p　16cm　(中公文
庫)〈折り込1枚〉　1048円　①4-12-203404-3
Ⓝ291.361
内容 小石川の流れ　水戸屋敷の火事　彰考館の由来
硬臣板垣宗胆　光圀卿の色模様　光圀卿の質素　柿
をすする坊主　座頭を遠ざけよ　黄金を混ぜた鐘　大
力と茶目〔ほか〕　　　　　　　　　　　　　〔0667〕

◇江戸から東京へ　第7巻　矢田挿雲著　新版
中央公論新社　1999.3　394p　16cm　(中公文
庫)　1048円　①4-12-203382-9　Ⓝ291.361
内容 都の辰巳猫が住む　辰巳芸妓の特色　いなせな
鮨売り　姿に生きた鳥追娘　唐桟はハイカラ趣味　ハ
オリと深川料理　『梅暦』に殉ぜし春水　娘義太夫
と天保改革　唐津から浜松へ　睨まれた庭師　〔0668〕

◇江戸から東京へ　第6巻　矢田挿雲著　新版
中央公論新社　1999.2　426p　16cm　(中公文
庫)〈1999年1月刊までの出版者：中央公論社
折り込1枚〉　1048円　①4-12-203359-4　Ⓝ291.
361

「東京」がわかる本 4000冊　　55

江戸・東京史　　　　　　　　　　　　　　　　　　　　　　　　歴史・地理

内容 向島(墨田区)(隅田川の源　飛鳥山と花兄弟　嬉しの森の跡　小梅時代の東湖　三囲のことども　ほか)　深川区(江東区)上(芥と泥で作った深川区　富岡八幡と藤原豊成卿　深川八幡繁栄の一策　英邁なりし長盛上人　永代橋墜落の椿事　ほか)　〔0669〕

◇江戸から東京へ　第5巻　矢田挿雲著　新版　中央公論社　1999.1　418p　16cm　(中公文庫)　1048円　①4-12-203337-3　Ⓝ291.361
内容 本所区(墨田区)(西洋医術の発祥の家　シーボルト事件　伊東医院の繁昌　西の行渡るまで　種痘所から医科大学　ほか)　江戸東京の川　〔0670〕

◇江戸から東京へ　第4巻　矢田挿雲著　新版　中央公論社　1998.12　400p　16cm　(中公文庫)〈折り込1枚〉1048円　①4-12-203315-2　Ⓝ291.361
内容 本所区(墨田区)上(狸の本所と煙突の本所　一つ увした江戸名所　墓穴上の大伽藍　回向院めぐり　鼠小僧の社会主義　加藤千蔭大人　京伝店の跡　黒市と山城屋事件　ほか)　〔0671〕

◇江戸から東京へ　第3巻　矢田挿雲著　新版　中央公論社　1998.11　366p　16cm　(中公文庫)　914円　①4-12-203293-8　Ⓝ291.361
内容 浅草区(台東区)(納涼船と吾妻橋　専当長屋の跡　乾海苔と造花と諸白　飯屋の元祖　馬道の由来　ほか)　江戸・明治期の東京人口　〔0672〕

◇江戸から東京へ　第2巻　矢田挿雲著　新版　中央公論社　1998.10　366p　16cm　(中公文庫)〈折り込1枚〉914円　①4-12-203269-5　Ⓝ291.361
内容 浅草区(台東区)上(浅草海苔の由緒　浅草寺の盛観　浅草公園の今昔　観音様の奇術　仲見世の変遷　夜嵐おきぬ　名人伊豆長　粂平内様　雷門が焼けるまで　町奴の巨擘　ほか)　〔0673〕

◇江戸から東京へ　第1巻　矢田挿雲著　新版　中央公論社　1998.9　476p　16cm　(中公文庫)〈折り込1枚〉1143円　①4-12-203246-6　Ⓝ291.361
内容 麹町区(千代田区)　神田区(千代田区)　日本橋区(中央区)　京橋区(中央区)　本郷区(文京区)　下谷区(台東区)　〔0674〕

◇郷土東京の歴史　北原進編　ぎょうせい　1998.3　403p　20cm〈文献あり〉3400円　①4-324-05230-1　Ⓝ213.6
内容 原始・古代(概観　三万年前の狩人たち—武蔵野市・多摩　大森貝塚とモース—品川区　ほか)　中世(概観　為朝信仰—伊豆諸島　竹芝の寺—港区　ほか)　近世(概観　五日市の街道と青梅街道—あきる野市・青梅市　小名木川の開削—墨田区・江東区　ほか)　近代・現代(概観　彰義隊と振武軍—台東区・田無市　品川県御門訴事件—武蔵野市　ほか)〔0675〕

◇図表でみる江戸・東京の世界　東京都江戸東京博物館学芸課編　東京都江戸東京博物館　1998.3　159p　30cm　Ⓝ213.61　〔0676〕

◇江戸東京物語　池袋・中山道界隈　新潮社編　新潮社　1997.6　219p　19cm　1100円　①4-

10-354014-1　Ⓝ213.6
内容 1 文京区界隈　2 池袋・目白台界隈　3 駒込・巣鴨界隈　4 板橋宿・志村界隈　5 川越街道界隈　〔0677〕

◇江戸東京物語—上野・日光御成道界隈　新潮社編　新潮社　1997.5　219p　19cm　1100円　①4-10-354013-3　Ⓝ213.61
内容 1 上野東照宮・不忍池界隈　2 上野寛永寺・芸大界隈　3 上野公園・上野駅界隈　4 谷中界隈　5 日暮里・田端界隈　6 王子・赤羽界隈　〔0678〕

◇模型でみる江戸・東京の世界　東京都江戸東京博物館編　東京都江戸東京博物館　1997.3　114p　30cm　Ⓝ213.6　〔0679〕

◇江戸のみちはアーケード　鈴木理生著　青蛙房　1997.1　227p　20cm　2472円　①4-7905-0440-9　Ⓝ213.61
内容 第1章 "みち"を輪切りに　第2章 江戸の町の構造　第3章 庇・ピロティ・アーケード　第4章 江戸の"みち"と司法取引　第5章 明治になって　第6章 欧風化と便所と下水　第7章 "みち"の舗装　〔0680〕

◇江戸東京自由大学　江戸東京歴史財団　1994.10　127p　27cm〈編集：博報堂,『東京人』編集室〉Ⓝ213.6　〔0681〕

◇江戸・東京川と暮し　宮下登喜雄文・銅版画　吾八書房　1994.5　72p　22cm〈限定版〉Ⓝ213.6　〔0682〕

◇都市のプランナーたち—江戸・東京を造った人々　『東京人』編集室編　都市出版　1993.12　452p　20cm　3500円　①4-924831-06-9　Ⓝ213.6
内容 家康の江戸づくり　幕府作事方と大棟梁たち　三人年寄と江戸の町造り　玉川上水と玉川家の人々　江戸の夢の島　明暦の大火と松平信綱　天和の大火後の都市計画　大岡忠相の防火都市計画　長谷川平蔵と石川島人足寄場　川崎平右衛門と武蔵野新田開発　渋沢栄一の東京改造論　近代水道建設のリーダーたち　松田道之と東京の都市防火　井上勝と山手線建設計画　エンデ＆ベックマンの官庁集中計画　浅野総一郎と京浜工業地帯　日本初の地下鉄をつくった早川徳次　後藤新平と震災復興計画　折下吉延と外苑の銀杏並木　銀座をつくった三人の金太郎　田中豊と鉄道省の仲間たち　戦災復興の礎を築いた石川栄耀　東京タワーと風雲児・前田久吉　〔0683〕

◇博覧都市江戸東京—ひとは都市になにを見たか　開帳、盛り場、そして物産会から博覧会へ　東京都江戸東京博物館編　江戸東京歴史財団　1993.11　189p　30cm〈会期・会場：平成5年11月3日〜12月12日　東京都江戸東京博物館「博覧都市江戸東京」展略年表・参考文献：p156〜162〉Ⓝ213.6　〔0684〕

◇江戸東京文化論　芳賀登著　教育出版センター　1993.6　382p　22cm　(史学叢書 10)　3000円　①4-7632-3211-8　Ⓝ213.6　〔0685〕

◇東京の遺跡散歩　東京都教育庁生涯学習部文化課編　東京都教育庁生涯学習部文化課　1993.3

56　「東京」がわかる本 4000冊　　　　　　　　　　　　　　〔0670〜0686〕

歴史・地理　　　　　　　　　　　　　　　　　　　　江戸・東京史

207p　19cm　Ⓝ213.6　　　　　　〔0686〕

◇江戸から東京へ―遷都と集中　小島慶三著　め
いけい出版　1992.8　252p　18cm　980円
Ⓘ4-943950-09-4　Ⓝ213.6
内容 1 江戸から東京へ　2 お江戸再発見　3 大江戸
の遺産　4 お台場ものがたり　5 東京を考える　6
首都圏の活路　　　　　　　　　　　　　　〔0687〕

◇歴史と文学の回廊―県別日本再発見・思索の旅
第4巻　東京　ぎょうせい　1992.5　191p
27cm〈監修：尾崎秀樹〉3800円　Ⓘ4-324-
02735-8　Ⓝ210.1
内容 東京 歴史・文学地図　メガロポリス・江戸の華
―武士と庶民が織りなす生活模様　東京 歴史の舞
台・文学の舞台（梅若伝説と隅田川　江戸開府と城下
の発展　遊里の風俗―吉原と深川　『忠臣蔵』と元禄
事件　森鷗外と夏目漱石　盛り場に咲いた青春文学
皇居とその周辺　神田・御茶ノ水界隈　隅田川左岸
を歩く ほか）　多摩・伊豆七島・小笠原諸島 歴史の
舞台・文学の舞台（玉川上水と玉川兄弟　国木田独歩
と武蔵野　青梅の吉川英治 流人の島）　多摩・伊豆
七島・小笠原諸島 歴史と文学の回廊（南北多摩　青
梅・奥多摩　伊豆七島・小笠原諸島）　東京 甦る回
廊（太田道灌の江戸 江戸文化のなかの浮世絵師　物
語に描かれた幕政の立役者たち　江戸の出版屋と作
者　狂歌と川柳　落語と寄席　大衆芸能史 ほか）
　　　　　　　　　　　　　　　　　　　　〔0688〕

◇江戸から東京へ―私家版　小島慶三著　近代化
研究所　1991.10　432p　20cm（近代化研究
所叢書 エッセイらんる集 8）〈著作目録あ
り〉　　　　　　　　　　　　　　　　　　〔0689〕

◇江戸東京を読む　小木新造編　筑摩書房
1991.9　295p　21cm　2900円　Ⓘ4-480-85568-
8　Ⓝ213.6
内容 都市の構造（柔らかい都市構造　江戸の都市計
画　江戸の部分と全体　絵画史料に見る江戸の町家
江戸の建築技術　都市下層民居住地の変容を追って
都市センターとしての丸の内の変遷　ロング・レン
ジの土地・住宅史）　都市の文化（浅草寺の境内・門
前世界　水の都・深川成立史　江戸の武家屋敷につ
いて　江戸の被差別・東京の被差別　天皇巡幸と「帝
都」としての東京　考現学の考古学　都市の語り出
す物語）　　　　　　　　　　　　　　　　〔0690〕

◇東京の1万年―目で見る1千万都市の歴史とルー
ツ　下 近世―現代編　東京にふる里をつくる
会編　学習研究社　1990.12　100p　30cm
（Gakken mook）〈折り込1枚　年表あり〉
Ⓘ4-05-105365-2　Ⓝ213.6　　　　　　　〔0691〕

◇江戸っ子の生活　芳賀登著　雄山閣出版
1990.9　307p　22cm（生活史叢書 33）
2800円　Ⓘ4-639-00981-X　Ⓝ213.6
内容 第1章 江戸っ子と下町のくらし　第2章 江戸ッ
子と大江戸・小江戸　第3章 江戸っ子と盛り場両国
東西橋詰の盛衰―大川の東と西を中心として　第4章
江戸の文人と江戸北郊　第5章 江戸っ子と浅草・浅
草寺―東京下町文化の伝統　第6章 中野長者伝説と
迷信―淀橋十二社の変貌　第7章 東京の生活風俗の
変化と江戸のうけつぎ方　　　　　　　　　〔0692〕

◇東京の1万年―目で見る1千万都市の歴史とルー
ツ　上（古代―戦国編）　東京にふる里をつくる
会編　学習研究社　1990.8　99p　30cm
（Gakken mook）〈折り込1枚〉Ⓝ213.6〔0693〕

◇ふるさと東京―江戸から東京へ400年　柏原破
魔子著　東京ガス広報部　1990.7　207p
19cm　1300円　Ⓝ291.36　　　　　　　　〔0694〕

《考古・原始・古代》

◇東京の縄文学―地形と遺跡をめぐって　安孫子
昭二著　国分寺　之潮　2015.11　287p　21cm
〈文献あり　索引あり〉2800円　Ⓘ978-4-
902695-27-4　Ⓝ213.6
内容 第1章 島嶼の縄文遺跡（縄文海進と噴火のはざま
で―大島町下高洞遺跡　縄文人はなぜ八丈島に渡っ
たのか―八丈町倉輪遺跡）　第2章 都心の縄文遺跡
（海中から出土した縄文土器―港区汐留遺跡　荒川
流域の海進と巨大貝塚―北区清水坂貝塚・中里貝塚
ほか）　第3章 武蔵野の縄文遺跡（1万5千年前のサケ
漁―あきる野市前田耕地遺跡　9千年前の環状集落―
府中市西府遺跡　武蔵台遺跡 ほか）　第4章 丘陵地の遺跡
（震災の跡―町田市小山田13遺跡・TN200遺跡　多摩
丘陵の大形住居跡群―多摩市和田西遺跡 ほか）　第
5章 山地の縄文遺跡（関東山地の狩り―桧原村中之平
遺跡　多摩川上流の中期集落―青梅市駒木野遺跡 ほ
か）　　　　　　　　　　　　　　　　　　　〔0695〕

◇古代武蔵国府の成立と展開　江口桂著　同成社
2014.5　303p　22cm（同成社古代史選書 13）
8000円　Ⓘ978-4-88621-667-0　Ⓝ213.65
内容 序章 古代武蔵国府研究の成果と課題（古代国府
研究の動向　古代武蔵国府研究の成果と課題）　第
1章 武蔵国府成立前夜の南武蔵地域（上円下方墳の調査と
その意義　七世紀における多摩川中流域左岸の古墳
と集落 ほか）　第2章 武蔵国府の成立と展開（初期
国司館と国府の成立　武蔵国府の機能と具体像 ほ
か）　第3章 武蔵国府とその周辺（古代地方官衙にお
ける「社」について　竪穴建物からみた武蔵国府と国
分寺の景観 ほか）　終章 研究のまとめと今後の課題
（面的に広がりを持った機能重視型古代地方都市　国
府の成立に関する二面性 ほか）　　　　　　〔0696〕

◇東京低地と古代大嶋郷―古代戸籍・考古学の成
果から　葛飾区郷土と天文の博物館編　名著出
版　2012.2　394p　22cm　5800円　Ⓘ978-4-
626-01727-7　Ⓝ213.61
内容 序章（大嶋郷戸籍の解明に向けて―シンポジウ
ムの開催と本書の刊行について　大嶋郷の位置と東
京低地 ほか）　1章 大嶋郷とその周辺（大嶋郷と村
落　大嶋郷故地の調査 ほか）　2章 大嶋郷と古代戸
籍（大嶋郷の人々―個人別データベースの分析による
地域秩序の再検討　大嶋郷戸籍・個人別データ表 ほ
か）　3章 シンポジウム「古代大嶋郷と戸籍」の記録
（シンポジウムの開催　全体討議の記録 ほか）　終
章（東京低地の歴史を探る）　　　　　　　〔0697〕

◇武蔵村山の弥生時代―平成23年度特別展解説書
武蔵村山市教育委員会,武蔵村山市立歴史民俗
資料館編　武蔵村山　武蔵村山市教育委員会
2011.10　48p　30cm〈会期：平成23年10月8日

江戸・東京史　　　　　　　　　　　　　　　　　　　　　　　　歴史・地理

—12月18日　武蔵村山市立歴史民俗資料館開館
30周年記念　共同刊行：武蔵村山市立歴史民俗
資料館　年表あり〉Ⓝ213.65　　　　　〔0698〕

◇東京の古墳を歩く—ヴィジュアル版　大塚初重
監修　祥伝社　2010.11　236p　18cm　（祥伝
社新書 222）〈文献あり〉1000円　Ⓘ978-4-
396-11222-6　Ⓝ213.6
内容 序章 古墳の基礎知識　第1章 都心の古墳（武蔵
野台地東辺端部）　第2章 東京低地の古墳　第3章 多
摩川下流域の古墳　第4章 多摩川中流域左岸の古墳
第5章 多摩川中流域右岸の古墳　第6章 東京近郊の
古墳　　　　　　　　　　　　　　　　　　　〔0699〕

◇奥東京湾の貝塚文化—中里貝塚とその時代　秋
季企画展中里貝塚国史跡指定10周年記念　展示
図録　北区飛鳥山博物館編　東京都北区教育委
員会　2010.10　56p　30cm　（北区の遺跡シ
リーズ 6）〈会期・会場：平成22年10月23日—
12月5日　北区飛鳥山博物館特別展示室〉
Ⓝ213.61　　　　　　　　　　　　　　　〔0700〕

◇府中市の古墳　〔府中（東京都）〕　府中市教育
委員会　2010.3　47p　30cm〈共同刊行：府中
市遺跡調査会〉Ⓝ213.65　　　　　　　〔0701〕

◇南武蔵の考古学　福田健司著　増補版　六一書
房　2010.2　259p　図版2枚　26cm　2000円
Ⓘ978-4-947743-86-2　Ⓝ213.65
内容 南武蔵の土器編年：奈良時代の多摩川流域　土
器編年と灰釉陶器　在地産土器の編年と問題点　日
野市落川遺跡出土の磁器　武蔵国における古墳時代の問題点　南武蔵における奈良時
代の土器編年とその史的背景　多摩川中流域におけ
る沖積地の開発　瀬戸岡古墳群　南多摩古窯と武蔵
国分寺　落川・一の宮遺跡の研究：落川・一の宮遺
跡　落川・一の宮遺跡の集落変遷—東国古代集落の
形成と解体過程の一側面—　落川・一の宮遺跡の集
落変遷—土器から何がわかるか—　落川・一の宮遺
跡の建物変遷と問題点　落川・一の宮遺跡発掘の道
路　私の考古学的視点：弥生時代と古墳時代　武蔵
国分寺造管前後の多摩丘陵　「残さない遺跡」から
学ぶこと　私と考古学：私と「新選組」と考古学　私
と「月の輪古墳」と考古学　私と「山梨」と考古学
　　　　　　　　　　　　　　　　　　　　〔0702〕

◇新しい旧石器研究の出発点野川遺跡　小田静夫
著　新泉社　2009.12　93p　21cm　（シリーズ
「遺跡を学ぶ」 064）〈文献あり〉1500円
Ⓘ978-4-7877-1034-5　Ⓝ213.65
内容 第1章 赤土のなかの人類遺跡（赤土に顔を出し
た黒曜石　野川遺跡の発見）　第2章 新しい発掘調
査の挑戦（発掘の前史　キダー博士の活躍　大規模
発掘と層位的発掘　自然科学的手法の導入）　第3章
野川遺跡の旧石器文化（旧石器集落を復元する手がか
り　三つの文化層と二枚の文化層　武蔵野台地に
栄えた旧石器文化）　第4章 野川遺跡が語るもの（野
川編年から全国編年へ　野川流域遺跡の再評価）　第
5章 野川遺跡の縄文文化（縄文の集落と縄文人の道具
箱　野川縄文文化の展開　野川遺跡発掘後記）
　　　　　　　　　　　　　　　　　　　　〔0703〕

◇東京発掘物語—遺跡発掘レポート　里山春樹

文・絵　講談社　2009.11　223p　19cm　1500
円　Ⓘ978-4-06-215791-9　Ⓝ213.6
内容 初めての遺跡発掘—遺跡発掘に夢とロマンはあ
るのか　発掘作業員の仕事—意外と知られていない
発掘作業の実態　調布市・M大学グラウンドの現場
—ついに憧れの石器を掘り当てる　内勤作業を体験
—出土品の緻密な整理作業はこうなっている　近世
の遺物—明治・大正時代のゴミが『現代の宝物』に
なって出てくる　想像をかきたてる楽しい仕事—縄
文時代の墓から出てきた感慨深い副葬品　最新技術
の実力—現場では未だ人力だけが頼りだ　発掘の醍
醐味—怖いエピソードもやっぱりあった　見せもの
になった発掘現場—小判は出てくるのか　悪天候の
対策—子供の玩具が出てきた〔ほか〕　　〔0704〕

◇東京の貝塚を考える　坂詰秀一監修, 品川区立
品川歴史館編　雄山閣　2008.11　254p　21cm
〈文献あり〉2800円　Ⓘ978-4-639-02060-8
Ⓝ213.61
内容 第1部 大森貝塚とモース（私の大森貝塚に関する
いくつかの思い出　大森貝塚と都心の貝塚　モース
の科学的精神）　第2部 東京の貝塚を考える（基調講
演 東京における貝塚調査のあゆみ　報告 E・S・モー
スと大森貝塚の調査　問題提起1 大森貝塚の調査と
大森ムラの実像　問題提起2 出土遺物からみた大森
貝塚　ディスカッション 貝塚研究の新視点と貝塚の
保存・活用）　第3部 都内の貝塚と貝塚研究史（特論
東京都内の貝塚について　付論 日本における貝塚研
究の歴史——八七七年～一九七〇年代）　〔0705〕

◇特別展「雪ヶ谷貝塚—縄文時代前期の文化と環
境」図録　大田区立郷土博物館編　大田区
2008.10　74p　30cm〈会期：2008年10月12日
—11月24日　背・表紙のタイトル：雪ヶ谷貝塚
縄文時代前期の文化と環境〉Ⓝ213.61　〔0706〕

◇日本考古学は品川から始まった—大森貝塚と東
京の貝塚：品川歴史館特別展　品川区立品川歴
史館編　品川区教育委員会　2007.10　121p
30cm〈会期：平成19年10月14日—11月25日
大森貝塚発掘130周年・区政60周年記念事業
文献あり〉Ⓝ213.61　　　　　　　　　〔0707〕

◇野川流域の旧石器時代　「野川流域の旧石器時
代」フォーラム記録集刊行委員会監修, 明治大
学校地内遺跡調査団編　六一書房　2007.10
172p　21cm　（考古学リーダー 11）〈会期：
2006年7月15-16日　文献あり〉2800円　Ⓘ978-
4-947743-51-0　Ⓝ213.6
内容 第1部 講演会記録「旧石器時代の研究—野川か
ら日本、そして世界へ」（「月見野・野川」の画期と日
本列島の旧石器時代研究　旧石器時代の日本列島と
東アジア）　第2部 公開シンポジウム基調報告（野川
流域の旧石器時代遺跡—最近の立川面における調査
から　野川・多摩川中流域の地形・古環境　旧石器
人の生活空間—遺跡分布から分かること）　第3部 公
開シンポジウム総合討論記録「野川流域の旧石器時
代—地形・環境の変遷と人びとの生活」　〔0708〕

◇東京の古墳を考える　坂詰秀一監修, 品川区立
品川歴史館編　雄山閣　2006.7　271p　21cm
〈文献あり〉2800円　Ⓘ4-639-01938-6　Ⓝ213.
6

58　「東京」がわかる本 4000冊　　　　　　　　〔0699～0709〕

歴史・地理　　　　　　　　　　　　　　　　　　　　　　　　　　江戸・東京史

内容 特別寄稿 学史から見た東京の古墳 講演 東京の古墳を歩く 報告1 品川の古墳 報告2 武蔵府中発見の上円下方墳 パネルディスカッション 東京の古墳を考える プレ講演1 多摩川流域の古墳 プレ講演2 東京低地の古墳 東京の主要古墳地名表　〔0709〕

◇古代武蔵の国府・国分寺を掘る 府中市教育委員会, 国分寺市教育委員会編 学生社 2006.2 272p 19cm〈年表あり 文献あり〉2400円 Ⓘ4-311-20286-5 Ⓝ213.65
内容 第1部 武蔵府中熊野神社古墳と武蔵国府（古墳時代終末期の上円下方墳と武蔵府中熊野神社古墳 武蔵国府跡調査研究のあゆみ 武蔵府中熊野神社古墳の発掘 ここまでわかった武蔵国府 ほか） 第2部 武蔵国分寺を語る（回想の武蔵国分寺跡 武蔵国分寺を復元する 日本古代史と国分寺 武蔵国分尼寺跡の発掘調査と保存整備事業 ほか）　〔0710〕

◇東京の古墳—品川にも古墳があった 品川歴史館特別展 品川区立品川歴史館編 品川区教育委員会 2005.10 71p 30cm〈会期：2005年10月16日—12月4日〉Ⓝ213.61　〔0711〕

◇品川の原始・古代 品川区教育委員会編 品川区教育委員会 2005.3 129p 18cm〈文献あり〉Ⓝ213.6　〔0712〕

◇古代武蔵国府 府中文化振興財団府中市郷土の森博物館編 府中（東京都） 府中文化振興財団府中市郷土の森博物館 2005.2 111,9p 21cm（府中市郷土の森博物館ブックレット 6）〈付属資料：地図1枚 2002年刊の増訂 年表あり 文献あり〉Ⓝ213.65　〔0713〕

◇新東京の遺跡散歩 東京都教育庁生涯学習スポーツ部計画課編 東京都教育庁生涯学習スポーツ部計画課 2004.3 259p 19cm Ⓝ213.6　〔0714〕

◇世田谷最古の狩人たち・3万年前の世界—平成14年度特別展図録 世田谷区立郷土資料館編 世田谷区立郷土資料館 2002.10 83p 30cm〈会期：平成14年11月1日—12月1日〉Ⓝ213.61　〔0715〕

◇武蔵村山市と狭山丘陵の考古学—採集された考古資料を中心として 武蔵村山市史編集委員会編 武蔵村山 武蔵村山市 2001.11 219,47p 21cm（武蔵村山市史調査報告書 第10集）〈付属資料：図1枚〉Ⓝ213.65　〔0716〕

◇図説江戸考古学研究事典 江戸遺跡研究会編 柏書房 2001.4 459,120p 27cm〈文献あり 年表あり〉12000円 Ⓘ4-7601-2045-9 Ⓝ213.61　〔0717〕

◇私が掘った東京の考古遺跡—あなたの街から古代のメッセージが聞こえる 佐々木福雄著 祥伝社 2000.12 232p 18cm（ノン・ブック）838円 Ⓘ4-396-10416-2 Ⓝ213.6
内容 1章 なぜ、石神井川流域に旧石器の遺跡が多いのか—「秩父原人」は本当に実在したのか（保谷の事

前調査は、お見合いで言えば「やや難あり」 旧石器時代の遺跡の宝庫、石神井川流域 ほか） 2章 縄文の五つの変死体、そこに秘められた謎—三内丸山は、本当に「都市」だったのか（木曽谷から発見された最古級のストーン・サークル 「縄文王国」信州と東京の縄文遺跡 ほか） 3章 弥生時代の戦争、敵は誰だったのか—武器、戦略、そして方形周溝墓が語るもの（中野刑務所のルーツは「小伝馬町牢屋敷」 服役者が発見した大道跡 ほか） 4章 被葬者の呪い？ 発掘の恐怖体験—幻の金環、ネックレスは、私に何かを語るのか（なぜ高級住宅地に遺跡が多いのか 大田区の台地の裾を洗う縄文時代の東京湾 ほか） 5章 武士たちが求めた「この世の浄土」の謎—争乱の時代、地下式壙が語る死生観と死後の宇宙（鎌倉、謎のまんだら堂跡 中世の共同墓地、「やぐら」とまんだら堂跡 ほか）　〔0718〕

◇杉並の考古展—10年間の発掘から交流のあしあとを探る 平成11年度特別展 東京都杉並区立郷土博物館編 杉並区立郷土博物館 2000.2 34p 30cm〈会期：平成12年2月19日—4月16日〉Ⓝ210.025　〔0719〕

◇縄文中期のムラ—多摩川中流域を中心として くにたち郷土文化館編 国立 くにたち郷土文化館 1999.1 23p 30cm Ⓝ210.25　〔0720〕

◇探訪武蔵の古墳—埼玉・東京・神奈川 野崎正俊著 新人物往来社 1998.1 224p 19cm〈文献あり〉2000円 Ⓘ4-404-02576-9 Ⓝ213.4
内容 武蔵における古墳築造の動向 埼玉県 東京都 神奈川県　〔0721〕

◇人物埴輪の時代—埴輪から探る房総と武蔵の交流と地域性 ［東京都］葛飾区郷土と天文の博物館 1997.11 94p 30cm〈平成9年特別展：1997年11月3日—12月14日 文献あり〉Ⓝ210.025　〔0722〕

◇東京の貝塚と古墳を歩く 大坪庄吾著 大月書店 1995.6 119p 20cm（こだわり歴史散策5）〈叢書の編者：歴史教育者協議会 年表・参考文献：p115〜118〉1400円 Ⓘ4-272-61075-9 Ⓝ213.6
内容 1 荒川ぞいの遺跡 2 都心部の遺跡 3 大森貝塚から下沼部貝塚まで 4 多摩川ぞいの古墳 5 砧から狛江へ　〔0723〕

◇東京低地の古代—考古学からみた旧葛飾郡とその周辺 葛飾区郷土と天文の博物館公開講座 熊野正也編 流山 崙書房出版 1994.12 278p 18cm〈主要参考文献：p269〜273〉1200円 Ⓘ4-8455-1011-1 Ⓝ213.6
内容 序章 東京低地と葛飾 （毛長川流域の古墳時代 低地のムラ 上小岩遺跡 下総国分寺跡の発掘と下総国府 大嶋郷を掘る 武蔵国豊島郡衙の発見） まとめ 懇談会　〔0724〕

◇八百八町の考古学 シンポジウム江戸を掘る著, 大塚初重ほか著 山川出版社 1994.8 221p 19cm 1700円 Ⓘ4-634-60410-8 Ⓝ210.2
内容 基調講演 江戸の考古学事始め 参考報告（江戸

〔0710〜0725〕　　　　　　　　　　　　　　　　　　　「東京」がわかる本 4000冊　59

遺跡とは何か 大名の暮らし―加賀藩本郷邸の発掘から 六道銭に見る江戸時代の銭貨流通 近世江戸は各藩の国際都市） シンポジウム 江戸を掘る 八百八町の考古学（遺物から推測する大名屋敷の生活 ごみ穴に江戸の流通が見える 墓地発掘でわかること わからないこと 今日の民俗風習にもつながる六道銭 江戸庶民の民度は高かった〕 〔0725〕

◇モース博士と大森貝塚―大森貝塚ガイドブック 東京都品川区立品川歴史館編 品川区立品川歴史館 1993.3 43p 26cm〈1985年刊の2版 モースの肖像あり エドワード・シルヴェスター・モース年譜：p4〉 Ⓝ210.2 〔0726〕

◇江戸発掘 扇浦正義著 名著出版 1993.2 151,5p 22cm〈参考文献：p137～145〉2800円 Ⓘ4-626-01477-1 Ⓝ210.2
内容 1 江戸遺跡調査・研究史 2 江戸遺跡の年代決定方法 3 江戸遺跡出土遺物の様相 4 江戸の暮らし 5 外国人が見た江戸の生活文化 6 近世考古学の展望 〔0727〕

◇大田区古墳ガイドブック―多摩川に流れる古代のロマン 東京都大田区立郷土博物館編 〔東京都〕大田区土木部公園課 1992.11 72p 21cm〈付（図1枚）：古墳散策マップ〉 Ⓝ210.2 〔0728〕

◇大田区遺跡地図 〔1992〕 東京都大田区教育委員会社会教育部社会教育課編 大田区教育委員会 1992.3 16p 26cm〈付（図3枚 袋入）：大森地区ほか〉 Ⓝ213.6 〔0729〕

◇縄文誕生―平成4年度展示解説 東京都立埋蔵文化財調査センター 1992.3 16p 26cm〈共同刊行：東京都教育文化財団東京都埋蔵文化財センター（多摩）〉 Ⓝ210.2 〔0730〕

◇武蔵考古漫歴 宮崎糺著 立川 けやき出版 1991.12 229p 22cm〈宮崎糺略年譜：p226～227〉2500円 Ⓘ4-905845-92-0 Ⓝ210.2 〔0731〕

江戸

◇弾左衛門と江戸の被差別民 浦本誉至史著 筑摩書房 2016.6 295p 15cm （ちくま文庫 う41-1）〈『江戸・東京の被差別部落の歴史』（明石書店 2003年刊）の改題〉840円 Ⓘ978-4-480-43350-3 Ⓝ361.86
内容 第1章 弾左衛門のはじまり 第2章 弾左衛門体制の確立にむけて 第3章 被差別民の町、浅草新町 第4章 江戸の非人たち 第5章 大道芸を生業とした乞胸と願人 第6章 弾左衛門体制―支配と自治の体制 第7章 自主的解放を求めて 〔0732〕

◇歩く知る江戸城と大名屋敷 歴史REAL編集部編 洋泉社 2016.5 143p 21cm （歴史REALブックス）1500円 Ⓘ978-4-8003-0913-6 Ⓝ210.5
内容 巻頭企画（「江戸図屏風」に見る江戸城と大名屋敷 CGで見る江戸城四代天守） 第1部 江戸城を知る（江戸城の歴史 江戸城を知るQ&A） 第2部 江戸城を歩く（皇居東御苑エリア 皇居外苑エリア 皇居北の丸エリア 都心に残る江戸城跡） 第3部 大名屋敷を知る（大名屋敷のはじまり 上屋敷・中屋敷・下屋敷 大名屋敷と江戸の都市計画 屋敷の構造と建造物 藩邸内の神社 描かれた大名屋敷 門・御長屋 庭園 御殿） 第4部 大名屋敷を歩く〕 〔0733〕

◇古代から中世の江戸・浅草を探る 松浦剛著 文芸社 2015.9 325p 21cm 1800円 Ⓘ978-4-286-16550-9 Ⓝ213.61 〔0734〕

◇大江戸と洛中―アジアのなかの都市景観 江戸東京博物館開館20周年記念特別展 東京都江戸東京博物館編 東京都江戸東京博物館 2014.3 237p 26×28cm〈会期・会場：2014年3月18日―5月11日 東京都江戸東京博物館〉 Ⓘ978-4-924965-86-7 Ⓝ213.61 〔0735〕

◇江戸と江戸城 内藤昌著 講談社 2013.3 253p 図版24p 15cm （講談社学術文庫 2160）〈鹿島出版会 1966年刊の再刊 文献あり〉1000円 Ⓘ978-4-06-292160-2 Ⓝ213.6
内容 第1部 江戸の歴史（関東的世界の成立―古代以前（～十二世紀） 江戸の誕生―中世（十三世紀～十六世紀） 江戸の建設―天正一八年（一五九〇）～明暦二年（一六五六） 大江戸の完成―明暦三年（一六五七）～正徳五年（一七一五） スプロール―享保元年（一七一六）～慶応三年（一八六七）） 第2部 江戸の都市と建築（都市の構造 武家地の建築 寺社地の建築 町人地の建築 都市施設） 〔0736〕

◇大江戸鳥瞰図 立川博章画、竹内誠、西川武臣監修 朝日新聞出版 2013.3 135p 26cm 2600円 Ⓘ978-4-02-331166-4 Ⓝ213.61
内容 江戸城北部（東京都千代田区、新宿区、文京区、豊島区、北区、台東区、荒川区） 江戸城南部（東京都新宿区、渋谷区、目黒区、品川区、港区、千代田区、中央区） 浅草・本所（東京都台東区、墨田区、江戸川区） 深川木場周辺（東京都江東区、江戸川区） 新宿と青梅街道（東京都世田谷区、杉並区、新宿区、渋谷区、目黒区） 井之頭池・善福寺池・三宝寺池周辺（東京都三鷹市、武蔵野市、西東京市、練馬区、杉並区） 豪徳寺と祐天寺周辺（東京都世田谷区、杉並区、新宿区、渋谷区、目黒区） 甲州道中と仙川周辺（東京都調布市、狛江市、世田谷区、杉並区） 板橋宿と中仙道（東京都板橋区、練馬区、埼玉県戸田市） 平林寺と川越街道（東京都練馬区、西東京市、埼玉県朝霞市、和光市、新座市）〔ほか〕 〔0737〕

◇伝統都市・江戸 吉田伸之著 東京大学出版会 2012.6 321,7p 22cm〈年表あり 索引あり〉6000円 Ⓘ978-4-13-020149-0 Ⓝ213.61
内容 第1部 城下町論（城下町の類型と構造 近世都市の成立と展開 巨大都市・江戸の空間構成と社会構造 都市の近世） 第2部 名主と役（近世前期江戸の名主と「行政・自治」 近世前期、江戸町人地・内・地域の分節構造 江戸町触と「承知」システム 江戸の桶樽職人と役） 第3部 問屋と商人（描かれた売りの諸相―「熈代勝覧」を素材として 食類商人 伝統都市の終焉） 〔0738〕

◇東京今昔江戸散歩 山本博文著 中経出版

歴史・地理　　　　　　　　　　　　　　　　　　　　　　　　　　　　江戸

2011.12　350p　15cm　（中経の文庫　や－1-2）
857円　①978-4-8061-4246-1　N213.61
内容 千代田区・中央区（御曲輪内　大名小路絵図　江
戸城本丸・二の丸―皇居東御苑の二の丸庭園　ほか）
港区（芝口南西久保　愛宕下之図　将軍の庭―浜離宮
恩賜庭園　ほか）　文京区（東部小石川絵図　水戸家
上屋敷の名庭園―小石川後楽園ほか）　台東区・墨
田区・江東区（東部下谷絵図　東の比叡山として建立
された寛永寺―東叡山寛永寺　ほか）　新宿区・渋谷
区・目黒区・中野区（千駄ヶ谷鮫ヶ橋　四ッ谷絵図　浅
草商人が開いた新宿―新宿御苑　ほか）　　〔0739〕

◇江戸城の縄張りをめぐる　西野博道著　さいた
ま　幹書房　2011.9　143p　21cm　1429円
①978-4-902615-88-3　N291.361
内容 江戸城の歴史（江戸城　江戸氏館（中世武士の
館）　太田道灌の江戸城（中世平山城）　小田原北条
氏時代の江戸城（中世平山城）　徳川家の江戸城（近
世の大城郭・平城）　縄張りについて）　縄張りをめ
ぐる（品川寺から泉岳寺まで　泉岳寺から新橋（芝口
門）まで　新橋から永代橋まで　日本橋界隈）　江戸
城をめぐる（江戸城苑（本丸・二の丸・三の丸）　皇居
（西丸・吹上））　江戸城の特徴と魅力（大名屋敷につ
いて　主な大名屋敷と現在地　江戸城天守再建につ
いて）　　　　　　　　　　　　　　　　　　　〔0740〕

◇江戸の名所―お上り武士が見た華の都　田澤拓
也著　小学館　2011.7　190p　18cm　（小学館
101新書　111）〈文献あり〉　700円
①978-4-09-825111-7　N213.61
内容 江戸勤番武士の生活　まずは江戸全体を眺める
気楽な繁華街「四谷・赤坂」　江戸を見守る「上野・
神田」　華の都の中心「日本橋・京橋」　江戸随一
の繁華を誇る「浅草・吉原」　娯楽あふれる「両国」
閑静で風光明媚な「向島」　新興地の活気あふれる
「本所・深川」　行楽の別天地「王子・染井」　幕末
動乱直前の「芝・目黒・品川」　健脚の江戸人が通
う「西の郊外」　　　　　　　　　　　　　　〔0741〕

◇時代小説「江戸名所」事典―江戸の町がよくわ
かる　山本眞吾著　双葉社　2011.7　383p
15cm　（双葉文庫　や－25-02）〈文献あり　索
引あり〉　667円　①978-4-575-71381-7　N291.
361
内容 第1章　千代田区　第2章　中央区　第3章　港区
第4章　新宿区　第5章　文京区　第6章　台東区　第7
章　墨田区　第8章　江東区　第9章　品川区　〔0742〕

◇大江戸探見―人と町のなるほど史　森治郎著
一藝社　2010.9　223p　21cm〈文献あり　年
表あり〉　2200円　①978-4-86359-024-3　N213.
61
内容 1　中央区　2　千代田区　3　文京区　4　台東区
5　墨田区　6　江東区　7　港区　8　新宿区　9　中野区
10　品川区　　　　　　　　　　　　　　　　〔0743〕

◇大江戸タイムスリップ・ウォーキング　酒井茂
之著　明治書院　2010.3　206p　19cm　（学び
やぶっく　31　しゃかい）〈文献あり〉　1200円
①978-4-625-68441-8　N291.361
内容 赤穂義士、討ち入れ後の凱旋コースを歩く（両
国吉良邸～泉岳寺）　江戸市中引き回しルートを歩く
（伝馬町牢屋敷から江戸市中を巡る）　生麦事件の足

跡をたどる（生麦村から神奈川宿へ）　新吉原の遊女
たちがたどった道（柳橋から浄閑寺へ）　桜田門外の
変・浪士たちのルートを歩く（品川宿から桜田門へ）
皇女和宮、降嫁のルートを歩く（板橋宿～皇居・清水
門）　上野戦争、彰義隊敗走ルートを行く（上野～日
暮里）　罪人がたどった鈴ヶ森刑場への道（品川宿～
鈴ヶ森刑場跡）　　　　　　　　　　　　　　〔0744〕

◇大江戸八百八町と町名主　片倉比佐子著　吉川
弘文館　2009.9　258p　19cm　（歴史文化ライ
ブラリー　279）〈文献あり〉　1800円　①978-4-
642-05679-3　N213.61
内容 江戸の町と統治のしくみ―プロローグ　町の成
立と名主　町の発展と古町　大江戸の町と名主の役
割　伝馬役と町　維新期の名主　町名主の終焉―エ
ピローグ　　　　　　　　　　　　　　　　　〔0745〕

◇江戸城を歩く―ヴィジュアル版　黒田涼著　祥
伝社　2009.6　252p　18cm　（祥伝社新書
161）〈文献あり　年表あり〉　1000円　①978-
4-396-11161-8　N291.361
内容 江戸城は東京の土台　埋もれていた江戸城―虎
ノ門から新橋　巨大土木工事だった天下普請―飯田
橋から四谷　東京の心臓部を作り出した大工事―お
茶の水から飯田橋　消えた最初の城、秀忠の石垣
―日本橋川　江戸城屈指の美しさ―桜田門と日比谷
周辺　銀座もまた江戸城の産物―銀座・京橋　大火
で大改造された江戸―両国橋からお茶の水　江戸の
生活を支えた水道網―四谷から溜池　壮大な門のオ
ンパレード―大手門から日比谷　都内屈指の桜巡り
コース―桜田門から北の丸　都心のオアシスから皇
居内へ―皇居外苑と西の丸　見所満載！　江戸城の
核心へ―皇居東御苑（江戸城本丸、二の丸、三の丸）
　　　　　　　　　　　　　　　　　　　　　〔0746〕

◇江戸の風光　野口武彦著　日本経済新聞出版社
2009.4　1冊　20cm〈索引あり〉　1500円
①978-4-532-16693-9　N213.61
内容 第1章　江戸の風光をめぐる（大久保のツツジ―
百人組同心の内職　中野の桃園―御犬小屋の名残り
ほか）　第2章　江戸の風姿をたずねる（一番町の「地
獄谷」―死屍累々の谷　半蔵門―甲州街道の起点　ほ
か）　第3章　江戸の風趣をあじわう（初夢売り―「オ
タカラ、オタカラ」の売り声　悪事発覚―劣化する
日本語　ほか）　第4章　江戸の風聞をたどる（王子の
狐火―他界からの光通信　四谷トンネル―お岩の祟
り　ほか）　　　　　　　　　　　　　　　　〔0747〕

◇えどちりquestion　其の2　江戸のしくみ編―
古地図でみる江戸の都市制度　鈴木理生著　人
文社　2008.6　111p　22cm　（ものしりミニシ
リーズ）　1200円　①978-4-7959-1992-1
N291.361
内容 第1章　江戸の「まち」の役割―人と物が行き交
う百万都市（「町」の読みはマチ？　チョウ？　「片
町」とはどんな町？　ほか）　第2章　町のしくみ―庶
民の生活空間と町の制度（路次に横丁に新道　「向こ
う三軒両隣」の範囲は？　ほか）　第3章　大縄拝領地
と町の増加―米の「まち」から金の「まち」へ（八町
堀は芸術の町？　大縄拝領地の立地　ほか）　第4章
江戸の記憶―行事と風俗に見る地理と制度（天下祭の
ルートと江戸城　将門首塚の由来　ほか）　〔0748〕

◇江戸のなりたち　3（江戸のライフライン）　追

〔0740～0749〕　　　　　　　　　　「東京」がわかる本　4000冊　61

江戸　　　　　　　　　　　　　　　　　　　　　　　　　　　　　　　　　　歴史・地理

川吉生著　新泉社　2008.4　165p　21cm　〈文献あり〉　1800円　Ⓘ978-4-7877-0801-4　Ⓝ210.5
内容 1 上水探訪（一〇〇万人都市・江戸　江戸の上水網　神田上水　玉川上水　江戸の井戸）　2 下水・トイレ探訪（大下水と小下水　江戸のトイレ）　3 火事・地震探訪（火災都市・江戸　火事と考古学　目黒行人坂の大火　江戸の防火対策と火消　遺跡に残る災害の爪痕　江戸の地鎮祭）　4 江戸の終わり探訪（江戸湾の防衛ライン　内海御台場の築造　江戸のはじまりと未来　江戸から東京へ）　〔0749〕

◇えどちりquestion 其の1　江戸のかたち編—江戸の地形と都市計画　鈴木理生著　人文社　2008.2　111p　22cm　（ものしりミニシリーズ）　1200円　Ⓘ978-4-7959-1991-4　Ⓝ291.361
内容 第1章 江戸の原形—起伏と川がつくり出した大都市（江戸の海はなんと呼ばれていた？　不忍池と最も深い関係にある池は？ ほか）　第2章 江戸と水害—地理で読み解く江戸の災害（平和だと洪水が多いわけは？　記録されていた地震現象 ほか）　第3章 江戸の都市計画—大江戸プロジェクト（江戸はどういう土地だった？　堀が果たした重要な役割 ほか）　第4章 江戸の寺と社—寺社のネットワークと商い（江戸にお寺が多いのは？　お寺の引越し ほか）　〔0750〕

◇大江戸「伝馬町」ヒストリー—時代劇が六倍楽しめる リアルに伝わる、江戸の繁盛しぐさ　水原明人著　三五館　2008.2　222p　20cm　〈文献あり〉　1500円　Ⓘ978-4-88320-421-2　Ⓝ213.61
内容 第1章 日本橋への道　第2章 お江戸の町のおもかげ　第3章 街道の旅人と輸送　第4章 伝馬町商売往来　第5章 吉原事始　第6章 小伝馬町の牢屋敷　〔0751〕

◇江戸のなりたち　2（武家屋敷・町屋）　追川吉生著　新泉社　2007.11　165p　21cm　1800円　Ⓘ978-4-7877-0713-0　Ⓝ210.5
内容 1 旗本・御家人屋敷探訪（大身旗本の暮らしぶり　下級旗本の傘づくり　旗本下屋敷の泥面子づくり　御家人の拝領屋敷　御家人の暮らしぶり　鉄砲百人組のツツジ栽培）　2 町屋探訪（日本橋のお店の土蔵　神田の裏長屋　酒の一大ブランド「江戸一」　幕府奥医師の長屋経営）　3 江戸のこころ探訪（江戸の弔い　大名の墓　将軍秀忠の墓　胞衣埋納のこころ　富士講と富士塚）　4 江戸の郊外探訪（江戸料理屋事始め　世界最大の園芸街・染井）　〔0752〕

◇江戸のなりたち　1（江戸城・大名屋敷）　追川吉生著　新泉社　2007.8　183p　21cm　1800円　Ⓘ978-4-7877-0618-8　Ⓝ210.5
内容 1 江戸城探訪（中世の江戸城と家康の入府　登城、大手門から本丸へ ほか）　2 外堀探訪（外堀と天下普請　神田の掘削の謎 ほか）　3 大名屋敷探訪（本郷の加賀藩上屋敷　市ヶ谷台の尾張藩上屋敷 ほか）　4 大名庭園探訪（庭園に溢れる都市・江戸　一大アミューズメントパーク・戸山荘 ほか）　〔0753〕

◇べらんめぇ大江戸講座—たけみつ教授に聞け！　江戸コトバも楽しく分かる　緒上鏡考, 武光誠監修　リイド社　2006.10　287p　15cm（リ

イド文庫）〈文献あり〉476円　Ⓘ4-8458-3206-2　Ⓝ213.61
内容 たけみつ教授に聞け！　対談講義 江戸の歴史を楽しもう　たけみつ教授に聞け！　対談講義 お江戸の時間と月日と季節　たけみつ教授に聞け！　対談講義 夏は暑い！　着物は暑くない？　たけみつ教授に聞け！　対談講義 江戸ってドコ？　どんな町？　たけみつ教授に聞け！　対談講義 江戸唄、末期（まつご）　たけみつ教授に…聞けなかった エロがない人生なんて　べらんめぇ大江戸講座 江戸コトバを知ろう　〔0754〕

◇東京時代map 大江戸編　新創社編　京都　光村推古書院　2005.10　109p　26cm　（Time trip map）〈年表あり〉1700円　Ⓘ4-8381-0357-3　Ⓝ213.6
内容 東京タイムトリップマップ（東京タイムトリップマップエリア図　東京タイムトリップマップ）　江戸時代歩き（忠臣蔵　桜田門外の変　江戸の「粋」を歩く）　江戸深川散歩—宮部みゆきの物語を歩く（『本所深川ふしぎ草紙』を歩く　『初ものがたり』を歩く　『ぼんくら』『日暮らし』を歩く　宮部みゆきの時代小説INDEX）　〔0755〕

◇江戸の夕栄　鹿島萬兵衛著　改版　中央公論新社　2005.5　233p　16cm　（中公文庫）　800円　Ⓘ4-12-204526-6　Ⓝ213.61
内容 江都の府政　自身番　出火　火事の焼跡　鳶の内職と本職　家屋及び土蔵　町内の若衆頭　喧嘩　伊勢屋　稲荷 〔ほか〕　〔0756〕

◇都市江戸への歴史視座—大江戸八百八町展・武家拝領地・江戸首都論　竹内誠監修、大石学編名著出版　2004.12　210p　22cm　〈年表あり〉3200円　Ⓘ4-626-01688-X　Ⓝ213.61
内容 「大江戸八百八町展」をめぐって：巨大都市江戸における交換と消費（市川寛明著）　コメント江戸東京博物館企画展示「大江戸八百八町展」（高尾善希著）　「武家拝領地」をめぐって：幕臣所持屋敷の画期と諸相（渡辺絵里子著）　江戸幕府の拝領武家屋敷下賜の実態（山端穂著）　「江戸首都論」をめぐって：「江戸首都論」と「江戸時代論」（大石学著）　方法論としての「江戸首都論」をめぐって（細野健太郎著）　討論（滝口正哉、工藤航平司会・進行）　都市江戸をめぐる考察：徳川政権の「首都」と天皇（野村玄著）　加賀藩牛込邸上地一件（清水聡著）　東京における首都官僚組織の再生過程（三野行徳著）　講演：江戸開府四〇〇年を迎えて—江戸東京博物館の理念—（竹内誠著）　〔0757〕

◇江戸の土地問題　片倉比佐子著　同成社　2004.8　217p　20cm　（同成社江戸時代史叢書19）　2300円　Ⓘ4-88621-296-4　Ⓝ213.61
内容 第1章 鈴木三右衛門家代々の記（商人の時代　地主の時代　鈴木三右衛門家の経営）　第2章 関東豪農の江戸進出（吉田市右衛門家の町屋敷集積　吉田家の町屋敷経営）　第3章 隅田川河口の町々（町屋敷利用の諸相　一八世紀の地主　一九世紀の地主）　第4章 天保期の土地問題（地代店賃引下げの経過　調査書にみる地代店賃）　第5章 鈴木三右衛門家の一年　〔0758〕

◇江戸の町は骨だらけ　鈴木理生著　筑摩書房　2004.8　275p　15cm　（ちくま学芸文庫）〈年

62　「東京」がわかる本 4000冊　　　　　　　　　　　　　　　　　　　　　　　〔0750〜0759〕

歴史・地理 江戸

表あり〉 1100円 Ⓘ4-480-08871-7 Ⓝ213.61
|内容|第1部 東京の骨（日本人の死体観 死体と骨の間 江戸の寺院 骨の見つかり方 江戸の寺院のデータ 骨の発見の時代差） 第2部 東京の怨霊（はじめに—「やしろ」の改称 明治の宗教改革 神社号の誕生 京都との比較 神の定義について ほか） 〔0759〕

◇大江戸の正体 鈴木理生著 三省堂 2004.8 297p 20cm 1900円 Ⓘ4-385-36028-6 Ⓝ213.61
|内容|プロローグ 絹に支配された国 第1章 江戸年中行事 第2章 与力・同心と大縄拝領地 第3章 江戸の拡大「三田村鳶魚十四変」 第4章 天下普請と江戸で働く人々 第5章 都市の祝祭と劇場 第6章 寺と巡礼 終章 怒涛のような貨幣経済 〔0760〕

◇江戸の町並み景観復元図—御府内上野・浅草周辺 立川博章原図著, 竹内誠, 吉原健一郎監修 内外地図 2004.7 74p 31cm〈年表あり〉 3800円 Ⓘ4-9901862-1-4 Ⓝ213.61 〔0761〕

◇大江戸を歩く 浅草寺日並記研究会編 浅草寺日並記研究会 2004.6 311p 19cm〈発売：東京美術〉 1500円 Ⓘ4-8087-0757-8 Ⓝ210.5
|内容|第1章 江戸をひもとく—由来と風物 第2章 記録に残る市井の人々 第3章 災害と人々のくらし 第4章 浅草寺をいろどる歳事・風物 第5章 浅草寺にまつわる伝説・民俗 第6章 史料にみる浅草寺 〔0762〕

◇江戸・町づくし稿 別巻 岸井良衞著 新装版 青蛙房 2004.3 233p 20cm〈年表あり〉 3000円 Ⓘ4-7905-0518-9 Ⓝ291.361
|内容|江戸郊外篇（品川・目黒・渋谷・世田谷・杉並・豊島・王子・板橋・荒川） 町年寄・草分け名主・諸職・諸商人のあるところ・諸師諸芸・諸職名匠, 諸商人・問屋大概 江戸地誌年表 出典書解題 〔0763〕

◇江戸の町並み景観復元図—御府内中心部 立川博章原図著, 竹内誠, 吉原健一郎監修 内外地図 2003.12 60p 31cm〈年表あり〉 3800円 Ⓘ4-9901862-0-6 Ⓝ213.61 〔0764〕

◇江戸・町づくし稿 下巻 岸井良衞著 新装版 青蛙房 2003.12 393p 20cm 4700円 Ⓘ4-7905-0517-0 Ⓝ291.361
|内容|台東区—旧下谷区, 浅草区（下谷池の端と東南部 下谷, 上野山内 下谷, 上野の北方 ほか） 墨田区—旧本所区, 向島区（本所横川の西方源森川の南 横川の東側と向島） 江東区—旧城東区と深川区（竪川と小名木川間 亀戸と竪川の北 小名木川と仙台堀の間 ほか） 〔0765〕

◇江戸・町づくし稿 中巻 岸井良衞著 新装版 青蛙房 2003.12 379p 20cm 4700円 Ⓘ4-7905-0516-2 Ⓝ291.361
|内容|港区（旧芝区, 赤坂区, 麻布区） 新宿区（旧四谷区, 牛込区） 文京区（旧本郷区, 小石川区） 〔0766〕

◇大江戸めぐり 林順信編著 JTB 2003.12 159p 21cm （JTBキャンブックス） 1600円 Ⓘ4-533-05055-7 Ⓝ291.361

|内容|第1章 娯楽（花暦—四季折々の花を愛でる名所めぐり 祭—江戸っ子のエネルギーが爆発する ほか） 第2章 治世（江戸城めぐり 大名庭園—江戸の自然に触れる大名屋敷の庭 ほか） 第3章 暮らし（食—今日の食文化の基礎をなす江戸の味わい 菓子—高嶺の花・砂糖の普及が和菓子を急速に発展させた ほか） 第4章 町づくり（五街道—幹線道路を中心に整備され, 管理された道 水運—大消費地・江戸の物資輸送を支えた船の便 ほか） 〔0767〕

◇江戸・町づくし稿 上巻 岸井良衞著 新装版 青蛙房 2003.11 354p 20cm 4700円 Ⓘ4-7905-0515-4 Ⓝ291.361
|内容|江戸・千代田区（旧麹町区と神田区） 中央区（旧日本橋区と京橋区） 〔0768〕

◇江戸の風景—江戸城築城から大江戸へ 平成15年度江戸開府400年記念特別展 千代田区立四番町歴史民俗資料館編 千代田区立四番町歴史民俗資料館 2003.10 59p 30cm〈会期：平成15年10月27日—11月30日 文献あり〉 Ⓝ291.361 〔0769〕

◇江戸城三十六見附を歩く—大江戸散策読本 鈴木謙一著 わらび書房 2003.9 246p 21cm〈発売：日中出版〉 1800円 Ⓘ4-89825-138-2 Ⓝ291.361
|内容|序 江戸城ができるまで 1日目 天然の外堀・隅田川を渡り外郭に入る 2日目 秋葉原から神田川沿いを行く 3日目 水道橋から後楽園を経て神楽坂へ 4日目 江戸の面影を残す外堀公園 5日目 日枝神社から南町奉行所跡まで 6日目 有楽町から外堀の終点・雉子橋へ 7日目 竹橋門から千鳥ケ淵を経て日比谷へ向かう 8日目 大手門から本丸に入り平川門で下城 〔0770〕

◇日本の歴史 近世 1-6 江戸の都市計画 新訂増補 朝日新聞社 2003.9 p162-192 30cm （週刊朝日百科 66） 476円 Ⓝ210.1 〔0771〕

◇大江戸透絵図—千代田から江戸が見える 北原進監修 江戸開府400年記念事業実行委員会 2003.7 223p 26cm〈付属資料：CD-ROM1枚（12cm）〉 2667円 Ⓘ4-902272-00-8 Ⓝ213.61
|内容|第1部 今に生きる江戸文化四〇〇年（対談・江戸とはこんな町だった—開府四〇〇年の生活と文化 江戸の市場と食生活 水の都—江戸・東京 学問の街, 千代田 江戸・東京の陸上交通 災害を乗り越えた都市・江戸 千代田を彩る建築—明治～現代 都市のユニフォーム 江戸城歴史ガイド） 第2部 千代田区町名由来事典 〔0772〕

◇考証江戸町めぐり 稲垣史生著 河出書房新社 2003.6 335p 15cm （河出文庫）〈『考証江戸の再発見』（1990年刊）の改題〉 750円 Ⓘ4-309-40696-3 Ⓝ291.361
|内容|1 葦原を拓き日本の首都へ 2 輪奐の美の上野山内 3 詩と寺の谷中界隈 4 湯島と根津あたり 5 武家続きの御徒町一帯 6 入谷田圃と根岸の里 7 庶民のこころ浅草界隈 8 二天門から吉原大門へ 9 吉原のおもてと裏 〔0773〕

◇江戸—街道の起点 藤田覚, 大岡聡編 吉川弘

〔0760～0774〕 「東京」がわかる本 4000冊 63

江戸　　　　　　　　　　　　　　　　　　　　　　　　　　　歴史・地理

文館　2003.2　256,23p　20cm　（街道の日本
史 20）〈付属資料：図1枚　文献あり　年表あ
り〉2500円　Ⓘ4-642-06220-3　Ⓝ213.61
内容 1 五街道の起点（江戸の地理と風土　江戸の五街
道を歩く）　2 古代・中世の江戸　3 近世の江戸（百
万都市の成立と展開　江戸の生業と文化）　4 東京の
近代（首都・東京の誕生　産業化と近代都市化 ほか）
〔0774〕

◇大江戸八百八町展―江戸開府400年・開館10周
年記念　東京都江戸東京博物館編　江戸東京博
物館　2003.1　231p　30cm〈会期：平成15年1
月5日―平成15年2月23日　年表あり〉Ⓘ4-
924965-42-1　Ⓝ213.61　　　　　　　〔0775〕

◇週刊日本の街道　no.33　江戸歴史散策　講談社
2002.12　33p　30cm　533円　Ⓝ291.08　〔0776〕

◇首都江戸の誕生―大江戸はいかにして造られた
のか　大石学著　角川書店　2002.10　263,7p
19cm　（角川選書 346）　1500円　Ⓘ4-04-
703346-4　Ⓝ213.61
内容 第1章 江戸は首都か　第2章 首都江戸の成立ま
で　第3章 首都江戸の建設　第4章 明暦の大火と首
都再建　第5章 将軍吉宗の首都改造　第6章 首都圏
の再編　第7章 大江戸の成熟―首都性の強まり　第
8章 江戸から東京へ―首都機能の展開　　　〔0777〕

◇江戸の町を歩いてみる　齋藤慎一責任編集　中
央公論新社　2002.9　124p　21cm　（江戸東京
歴史探検 第2巻　東京都江戸東京博物館監修）
1800円　Ⓘ4-12-490223-9　Ⓝ213.61
内容 争乱から安定へ（乱暴狼藉の禁止、安定の時代―
豊臣秀吉禁制　知行安堵で軍功促進―徳川家康判物
ほか）　泰平三百年の江戸（大坂夏の陣軍功の胴服―
萌葱練緯地菖蒲花文小紋染胴服　豪華徳川家の威勢
示す―白糸威具足 ほか）　都市の風景（渦巻状の
水の防御線―分間江戸大絵図　吉良邸と幕府の犬小
舎が描かれる―改撰江戸大絵図 ほか）　災害と騒擾
（外国人が描いた焦土―明暦の大火罹災市街の図　車
長持から大八車へ―江戸火事図巻 ほか）　　〔0778〕

◇地下からあらわれた江戸　古泉弘著　教育出版
2002.6　189p　19cm　（江戸東京ライブラリー
19）　1500円　Ⓘ4-316-35880-4　Ⓝ213.61
内容 1 掘　2 厨　3 酒　4 莨　5 芥　6 宴　7 履
8 厠　9 灯　10 結―江戸のくらしの考古学　〔0779〕

◇東京の江戸を遊ぶ　なぎら健壱著　筑摩書房
2000.10　237p　15cm　（ちくま文庫）〈『大江
戸アウトドア』（洋泉社1997年刊）の改題〉680
円　Ⓘ4-480-03595-8　Ⓝ213.61
内容 第1景 千社札・考　第2景 東京で富士登山　第
3景 落語『黄金餅』を歩く　第4景 東京に名水あり！
第5景 神田川をカヌーで下る　第6景 暑気払いで谷
中・巣鴨に墓参り　第7景 隅田川、渡しの跡をサイク
リング　第8景 東京・はとバスツアー　第9景 『本門
寺暮雪』片手に鬼平を歩く　第10景 地元深川で七福
神巡り　第11景 浅草　第12景 雪月花の名所に江戸
の名残をもとめて　巻末特別鼎談―江戸っ子にとっ
てのアウトドア・ホビーとは　　　　　　　〔0780〕

◇読書案内大江戸を知る本　小林克監修, 日外ア

ソシエーツ編　日外アソシエーツ　2000.7
350p　21cm〈発売：紀伊國屋書店〉6800円
Ⓘ4-8169-1619-9　Ⓝ213.61
内容 江戸全般　歴史・地理　政治 経済・産業　社
会　生活　学術・思想・教育　文化・芸術　江戸文
学　江戸の終焉　　　　　　　　　　　　　〔0781〕

◇江戸はこうして造られた　鈴木理生著　筑摩書
房　2000.1　349p　15cm　（ちくま学芸文庫）
〈『幻の江戸百年』（1991年刊）の改題〉1100円
Ⓘ4-480-08539-4　Ⓝ213.61
内容 第1章 都市の記憶（江戸の位置　中世の江戸湊
ほか）　第2章 奪われた江戸前島（家康の江戸入り
徳川の江戸建設 ほか）　第3章 日光造営の深慮遠謀
（利根川から見た江戸　江戸と日光）　第4章 「寛永
図」の世界（三都物語　「寛永図」の江戸 ほか）　第5
章 大江戸の成立（明暦大火と復旧　江東地区の市街
化 ほか）　　　　　　　　　　　　　　　　〔0782〕

◇芝・上野と銀座　三田村鳶魚著, 朝倉治彦編
中央公論新社　1999.6　318p　16cm　（中公文
庫　鳶魚江戸文庫 34）　686円　Ⓘ4-12-
203449-3　Ⓝ213.61
内容 芝のお寺（縁山の五手　家光の激怒　宮様のお
忘れ物 ほか）（寛永寺の上野（宮様も十五代　寛永
寺の全権　千駄ケ谷様の御利益 ほか）　銀座の沿革
（江戸前ということ　お笑い草の庭華大尽　銀座町の
創立 ほか）　　　　　　　　　　　　　　　〔0783〕

◇江戸の都市計画　童門冬二著　文藝春秋
1999.4　214p　18cm　（文春新書）　680円
Ⓘ4-16-660038-9　Ⓝ213.61　　　　　　　〔0784〕

◇江戸の都市計画―建築家集団と宗教デザイン
宮元健次著　講談社　1996.1　250p　19cm
（講談社選書メチエ 66）〈参考文献・注：p237
～243〉1500円　Ⓘ4-06-258066-7　Ⓝ213.6
〔0785〕

◇江戸城と大名屋敷を歩く　滝尾紀子著　大月書
店　1994.12　110p　20cm　（こだわり歴史散
策 2）〈叢書の編者：歴史教育者協議会　参考
文献：p109〉1400円　Ⓘ4-272-61072-4
Ⓝ291.36
内容 1 江戸城の跡をめぐる　2 六義園から小石川植
物園へ　3 赤坂見附から新宿へ　4 浜離宮庭園から
高輪大木戸跡へ　5 上野寛永寺　　　　　　〔0786〕

◇江戸四宿―特別展　特別展江戸四宿実行委員会
編　特別展江戸四宿実行委員会　1994.10
243p　30cm〈関係主要文献：p241～242〉
Ⓝ213.6　　　　　　　　　　　　　　　　　〔0787〕

◇考証江戸武家史談　稲垣史生著　河出書房新社
1993.2　236p　15cm　（河出文庫）〈『考証武
家の世界』（千人社1978年刊）の増補〉540円
Ⓘ4-309-47244-3　Ⓝ291.36
内容 1 江戸城と将軍家　2 幕府の政策　3 武士道と
武士の意地　4 権力と事件　5 幕末の群像　〔0788〕

◇江戸の水―玉川上水と新宿―新宿歴史博物館企
画展図録　東京都新宿区立新宿歴史博物館編

64　「東京」がわかる本 4000冊　　　　　　　　　　　　　　　　　〔0775～0789〕

歴史・地理　　　　　　　　　　　　　　　　　　　　　　　　　　　江戸

〔東京都〕新宿区教育委員会　〔1993〕　48p
26cm〈会期：平成5年1月29日～3月7日〉
Ⓝ213.6　　　　　　　　　　　　　　　　〔0789〕

◇五百年前の東京　菊池山哉著, 塩見鮮一郎解説
批評社　1992.3　206p　21cm〈東京史談会
1956年刊の複製に解説ををを加えたもの　著者の
肖像あり　菊池山哉の年譜：p204～206〉2575
円　Ⓘ4-89175-153-3　Ⓝ213.6
　内容　五百年前の東京（城下の町と村　江戸城）解説
　未来に佇む人・菊池山哉　菊池山哉年譜　　〔0790〕

◇幻の江戸百年　鈴木理生著　筑摩書房　1991.6
290p　19cm　（ちくまライブラリー　57）
1450円　Ⓘ4-480-05157-0　Ⓝ213.6
　内容　第1章 都市の記憶　第2章 奪われた江戸前島
　第3章 日光造営の深慮遠膜　第4章「寛永図」の世
　界　第5章 大江戸の成立　　　　　　　　〔0791〕

◇甦る江戸　江戸遺跡研究会編　新人物往来社
1991.4　289p　20cm　2200円　Ⓘ4-404-01813-
4　Ⓝ210.2
　内容　なぜ江戸を掘るのか　加賀藩江戸藩邸跡の発掘
　出羽松山藩邸の発掘─白鴎遺跡の発掘　江戸の墓地
　の発掘─身分・階層の表徴としての墓　江戸の郊外
　─植木の里　江戸市中の物資流通と生活用具─遺跡
　出土の陶磁器から　江戸市中の動物〈魚貝類と鳥・獣
　類〉─食文化との関わりから　水戸藩城米札の謎─中
　里遺跡出土の近世木簡　海外との交流─江戸遺跡と
　貿易陶磁　オランダからきたクレイパイプ　〔0792〕

◇お江戸八百八町地下探険図録─東京の遺跡展
東京都教育委員会, 朝日新聞社編　東京都教育
委員会　1991.2　111p　24cm〈編集：滝口宏
共同刊行：朝日新聞社　会期・会場：平成3年3
月6日～18日　小田急グランドギャラリー　江
戸略年表・引用参考文献：p108～111〉Ⓝ210.2
　　　　　　　　　　　　　　　　　　　　〔0793〕

◇考証江戸の再発見　稲垣史生著　河出書房新社
1990.12　335p　15cm　（河出文庫）『大江戸
を考証する』（旺文社1986年刊）の改題〉580円
Ⓘ4-309-47201-X　Ⓝ291.36
　内容　1 葦原を拓きた日本の首都へ　2 輪奐の美の上野
　山内　3 詩と寺の谷中界隈　4 湯島と根津あたり　5
　武家続きの御徒町一帯　6 入谷田圃と根岸の里　7
　庶民のこころ浅草界隈　8 二天門から吉原大門へ　9
　吉原のおもてと裏　　　　　　　　　　　〔0794〕

◇江戸の穴　古泉弘著　柏書房　1990.11　237p
19cm　1600円　Ⓘ4-7601-0589-1　Ⓝ210.2
　内容　第1章 御茶の水発見の穴（「穴さぐり」顚末記　江
　戸の地下式麹室）　第2章 穴蔵の話（武家屋敷の地下
　室　町人地の穴蔵　穴蔵の歴史　石組みの穴蔵　江
　戸から東京へ）　第3章 地中の江戸（江戸の発掘　江
　戸の地形と土地利用）　　　　　　　　　〔0795〕

《中世》

◇東京都の中世城館　東京都教育委員会編　戎光
祥出版　2013.8　204p　31cm〈「東京都の中世

城館　城館一覧・分布図編　主要城館編」（東京
都教育委員会東京都教育庁生涯学習スポーツ部
計画課　2005年、2006年刊）の合本　文献あ
り〉4800円　Ⓘ978-4-86403-090-8　Ⓝ213.6
　内容　第1部 城館一覧・城館分布図編　第2部 主要城
　館編　　　　　　　　　　　　　　　　　〔0796〕

◇決戦─豊島一族と太田道灌の闘い　葛城明彦著
改訂新版　名古屋　ブイツーソリューション
2012.12　199p　19cm〈初版：風早書林　2008
年刊　文献あり　発売：星雲社〉1700円
Ⓘ978-4-434-17210-6　Ⓝ213.61
　内容　豊島氏の発展と衰退　室町期の関東の情勢と享
　徳の乱　江戸築城と豊島氏　道灌による豊島氏への
　圧迫　長尾景春の乱　決戦前夜　道灌による城攻め
　と豊島方の出撃　決戦・江古田原の戦い　道灌の井
　草布陣伝説　石神井城陥落へ〔ほか〕　　〔0797〕

◇謙信は立川に新城を造らせた　牟田茂著　ミヤ
オビパブリッシング　2012.10　169p　19cm
〈文献あり　発売：宮帯出版社（京都）〉1200円
Ⓘ978-4-86366-864-5　Ⓝ213.65
　内容　1「みのわ城」伝説とは　2 攻防の要、多摩川べ
　りに築かれた「みのわ城」　3「みのわ城」周辺の
　寺と神社と地名と　4「みのわ城」づくりの準備を
　した人々　5「みのわ城」周辺の守りに派遣された
　人々　6「集団野外作業」に従事した人々と道具　7
　縄文時代の「鎌倉」は海底だった　8 上杉謙信と伝
　説の人「三輪次郎」　　　　　　　　　　〔0798〕

◇東京下町に眠る戦国の城・葛西城　谷口榮著
新泉社　2009.4　93p　21cm　（シリーズ「遺
跡を学ぶ」　057）〈文献あり〉1500円　Ⓘ978-
4-7877-0937-0　Ⓝ213.61
　内容　第1章 東京下町の歴史を見直す（関東の玄関口
　伝説から実証へ　葛西城の発見）　第2章 葛西城を
　めぐる攻防（関東の戦国時代のはじまり　小田原北
　条氏の侵攻　古河公方足利義氏の元服　落城、再攻
　城）　第3章 よみがえる葛西城（環状七号線遺跡とい
　うトレンチ　堀と本丸　穴のなかをのぞく）　第4章
　戦国を物語る品々（泥んこ考古学　茶の湯と高級陶磁
　器　城内の暮らしぶり　一粒の種とかわらけ　「関
　東の将軍」御座の城）　第5章 葛西落城（秀吉の小田
　原攻め　家康の江戸入部と青戸御殿）　　〔0799〕

◇関東戦乱─戦国を駆け抜けた葛西城　平成19年
度特別展　葛飾区郷土と天文の博物館編　葛飾
区郷土と天文の博物館　2007.10　192p　30cm
〈会期・会場：平成19年10月21日─12月9日　葛
飾区郷土と天文の博物館　葛西城発掘35年・博
物館考古学ボランティア活動15年記念　文献あ
り〉Ⓝ213　　　　　　　　　　　　　　　〔0800〕

◇関ヶ原合戦─パルテノン多摩歴史ミュージアム特
別展　多摩市関戸に残る中世の伝承とその背景
パルテノン多摩編　多摩　パルテノン多摩
2007.3　79p　30cm〈会期：2007年3月17日─5
月21日ほか　年表あり〉Ⓝ213.65　　　　〔0801〕

◇武蔵新田縁起─新田義興をめぐる時代背景　松
原武志著　今日の話題社　2003.5　98p　19cm
1000円　Ⓘ4-87565-531-2　Ⓝ213.61

江戸　　　　　　　　　　　　　　　　　　　　　　　　　　　　歴史・地理

内容 第1章 新田神社と周辺の地形　第2章 新田義興と一族　第3章 軍記物語『太平記』の中の南北朝　第4章 新田・足利庄と渡良瀬川　第5章 北朝廃止の背景と後醍醐天皇　第6章 多摩川周辺の軍事的要因　第7章 多摩川をめぐる御霊信仰　第8章 神霊矢口渡　第9章 新田大明神縁起（原文）　　　　　　　〔0802〕

◇豊島氏とその時代—東京の中世を考える　峰岸純夫, 小林一岳, 黒田基樹編著　新人物往来社　1998.6　354p　20cm　2800円　Ⓓ4-404-02617-X　Ⓝ288.2
内容 1 特論（南北朝内乱と東国武士）　2 各論（豊島氏研究の現状と課題　豊島郡の郷村と都市　発掘された豊島郡）　3 補論（中世豊島郡郷村図について　中世豊島郡の神社と寺院　豊島郡の交通路をめぐって）　4 全体討議　　　　　　　　〔0803〕

◇史料と遺跡が語る中世の東京　峰岸純夫, 木村茂光編　新日本出版社　1996.5　210p　19cm　1900円　Ⓓ4-406-02439-5　Ⓝ213.6
内容 1 中世成立期の東京　2 鎌倉時代の東京　3 東京の中世遺跡　4 南北朝・室町期の東京　5 中世東京の板碑　6 戦国時代の東京　　　　〔0804〕

◇東京低地の中世を考える—葛飾区郷土と天文の博物館シンポジウム報告集　葛飾区郷土と天文の博物館編　名著出版　1995.3　316p　22cm　〈監修：木村礎〉　2800円　Ⓓ4-626-01508-5　Ⓝ213.6
内容 1 記念講演録　2 基調報告　3 全体討議　4 総括　5 シンポジウムに寄せて　　　　　　　〔0805〕

◇下町・中世再発見—平成5年度特別展　〔東京都〕葛飾区郷土と天文の博物館　1993.10　136p　26cm　〈会期：平成5年10月24日～12月12日　主要参考文献：p132〉　Ⓝ213.6　〔0806〕

《近世》

◇近世江戸の都市法とその構造　坂本忠久著　創文社　2014.2　358,9p　22cm　〈索引あり〉　7000円　Ⓓ978-4-423-74107-8　Ⓝ318.2361
内容 先行研究の整理と本書の課題　第1篇 江戸における都市法の構造（近世江戸の都市法とその運用・施行に関する一試論—『類集撰要』（旧幕府引継書）巻七・巻八を素材として　江戸市法における「尋」と「答」の目的とその機能—江戸の「地面」と「人別」の問題を分析対象として）　第2篇 都市政策の展開と都市法の整備（近世中後期・江戸の「町火消」制度の変遷とその特色—特に町役人宛ての法令類を通じて　「紛失物吟味」制度の変遷に見る「都市法」の成立）　第3篇 天保改革期の都市法の特色（天保改革期の江戸における都市法の内容構成とその特質　天保改革期の江戸における都市法の構造とその運用）　近世中・後期の江戸における都市法の特質　　　　〔0807〕

◇大名江戸屋敷の建設と近世社会　作事記録研究会編　中央公論美術出版　2013.12　371p　22cm　12000円　Ⓓ978-4-8055-0708-7　Ⓝ521.853
内容 1 萩藩江戸屋敷の構成と作事の展開（萩藩江戸屋敷とその作事　萩藩江戸屋敷の空間構成の変遷　萩

藩江戸屋敷作事における「手作事」と「請負」）　2 萩藩江戸屋敷作事のシステム（萩藩江戸屋敷作事における造営費と坪単価　萩藩江戸屋敷の作事と資材調達　萩藩江戸上屋敷作事における建具と井戸の整備　萩藩江戸屋敷の建築儀礼）　3 江戸の都市社会と大名屋敷の作事（近世の作事における入札制度の確立・運用と大名屋敷　幕末期松代藩江戸屋敷の作事と請負　江戸屋敷普請と町人社会—岩国藩江戸屋敷を例にして）　　　　　　　　　　　　　　〔0808〕

◇江戸の大名屋敷を歩く—ヴィジュアル版　黒田涼著　祥伝社　2011.6　323p　18cm　（祥伝社新書 240）　1100円　Ⓓ978-4-396-11240-0　Ⓝ213.61
内容 大名屋敷とは　仲間で固めた江戸城正面—大手町・丸の内　大大名ひしめく日本の中枢—霞が関・永田町・麹町　見どころ満載の東大と、黄門様の庭—後楽園—本郷・小石川・水道橋　江戸の埋め立て地、築地・八丁堀にも大名屋敷—築地・八丁堀・新川　サラリーマンの街から、汐留を経て浜離宮へ—虎ノ門・新橋・汐留　敷地境が明瞭な三田周辺、見事な庭園はあるものの…—三田　大石内蔵助ゆかりの地から、都心の原生林へ—品川・白金　六本木の2大施設は、ともに元は毛利家だった—赤坂・六本木・広尾　篤姫もいた渋谷界隈から、新宿御苑へ—渋谷・青山・四谷　新宿区には、尾張家の巨大邸宅がいくつも—神楽坂・牛込・早稲田　いまも憩いの場となる名園たち—文京区　神社巡りから上野の山へ—秋葉原・御徒町・上野　武家屋敷の多い本所・深川にはあの吉良邸も—隅田川以東　　　　　　　〔0809〕

◇江戸の大名屋敷　江戸遺跡研究会編　吉川弘文館　2011.2　244,19p　22cm　6500円　Ⓓ978-4-642-03445-6　Ⓝ213.61
内容 江戸の大名屋敷跡—江戸城外郭での屋敷整備　参勤交代と巨大都市江戸の成立　尾張藩江戸屋敷の考古学的諸相　仙台藩伊達家芝屋敷の形成と変遷—沿岸域の大名江戸屋敷の造成　加賀藩本郷邸東域の開発—斜面地にみる大名屋敷の造成　江戸周縁の大名屋敷—藤堂家染井屋敷　大名藩邸で使用された陶磁器と御殿の生活　大名江戸屋敷の展開過程　資料紹介 江戸遺跡出土の金箔瓦　　　　　　〔0810〕

◇忠臣蔵史蹟事典—見る・歩く・発見する　東京都版　中央義士会編著　五月書房　2008.10　203p　19cm　〈年表あり〉　2500円　Ⓓ978-4-7727-0475-5　Ⓝ291.361
内容 皇居コース・千代田区—松之廊下忠臣蔵の幕開け　丸の内コース・千代田区—幕府、最高裁、迎賓館　日比谷コース・千代田区—赤穂浪士の潜伏地　麹町コース・千代田区—赤穂浪士の潜伏地　靖国神社コース—千代田区・役職旗本の団地　神田コース・千代田区—学者屋敷　日本橋コース・中央区—大石内蔵助潜伏地　八丁堀コース・中央区—赤穂義士引揚げコース　聖路加コース・中央区—浅野内匠頭生誕の地　築地本願寺コース・中央区—一人ボッツンの新六〔ほか〕　　　　　　　　　　　〔0811〕

◇近世江戸のはじまり—江戸遺跡研究会第21回大会 発表要旨　江戸遺跡研究会編　江戸遺跡研究会　2008.2　200p　26cm　〈会期・会場：2008年2月2日～3日　東京芸術劇場　文献あり　年表あり〉　Ⓝ291.361　　　　　　　〔0812〕

66　「東京」がわかる本 4000冊　　　　　　　　　　〔0803～0812〕

歴史・地理　　　　　　　　　　　　　　　　　　　　　　　　　　　　江戸

◇大岡越前の構造改革—江戸のエリート経済官僚
　安藤優一郎著　日本放送出版協会　2007.12
　170p　18cm　（生活人新書 238）〈年表あり〉
　660円　①978-4-14-088238-2　⑯213.61
　│内容│第1章 江戸町奉行大岡忠相の誕生　第2章 江戸
　の行政改革　第3章 江戸の経済再生　第4章 江戸の
　都市再生　第5章 江戸の財政再建　第6章 江戸の社
　会保障　第7章 江戸の金融再生　第8章 町奉行の実
　像　　　　　　　　　　　　　　　　　　　　〔0813〕

◇近世江戸の「地下室」に関する考古学的研究
　鳥越多工摩著　國學院大學大学院　2007.12
　387p　26cm　（國學院大學大学院研究叢書 文
　学研究科 19）〈文献あり〉⑯213.61　〔0814〕

◇江戸の大普請—徳川都市計画の詩学　タイモ
　ン・スクリーチ著, 森下正昭訳　講談社　2007.
　11　285p　20cm　〈文献あり〉1800円　①978-
　4-06-214380-6　⑯213.61
　│内容│第1章 日本橋, 道の始まり（橋の建設　詩歌にお
　ける橋と文化 ほか）　第2章 新しい京・江戸（京に
　匹敵する江戸　その他の名所 ほか）　第3章 江戸聖
　地巡礼（江戸の宗教地図　裏鬼門 ほか）　第4章 歌
　枕をきわめて（定まらない名所　富士山 ほか）　第5章
　吉原通いの図像学（橋　建物と樹木 ほか）　〔0815〕

◇彰義隊とあらかわの幕末—吉村昭氏追悼　平成
　十九年度荒川ふるさと文化館企画展　荒川区教
　育委員会, 荒川区立荒川ふるさと文化館編　荒
　川区教育委員会　2007.7　80p　30cm　〈会期・
　会場:2007年7月28日—9月9日　荒川区立荒川
　ふるさと文化館一階企画展示室　共同刊行:荒
　川区立荒川ふるさと文化館〉⑯213.61　〔0816〕

◇江戸の大名屋敷—江戸遺跡研究会第20回大会
　発表要旨　江戸遺跡研究会編　江戸遺跡研究会
　2006.11　177p　26cm　〈会期・会場:2006年11
　月25日—26日　新宿区四谷区民ホール　文献あ
　り〉⑯213.61　　　　　　　　　　　　　〔0817〕

◇江戸のミクロコスモス—加賀藩江戸屋敷　追川
　吉生著　新泉社　2004.12　93p　21cm　（シ
　リーズ「遺跡を学ぶ」 11）〈年表あり〉1500
　円　①4-7877-0531-8　⑯213.61
　│内容│第1章 発掘された江戸屋敷　第2章 御殿空間を
　探訪する（溶姫の御守殿　藩邸の中枢・表御殿　隠居
　御殿 庭園）　第3章 詰人空間を探訪する（東御門と
　東側長屋　足軽・聞番長屋　上級藩士が暮らした八筋
　長屋）　第4章 考古学からみた藩邸の暮らし（藩主の
　饗応　藩士たちの生活道具　ゴミが語る暮らし　便
　所が語る暮らし　遺物が語る暮らしのうるおい）　第
　5章 江戸のミクロコスモス　　　　　　　〔0818〕

◇幕末が生んだ遺産—夜明けを駆け抜けた地域の
　群像 平成16年度特別展　足立区立郷土博物館,
　足立区教育委員会文化課編　足立区立郷土博物
　館　2004.10　87p　30cm　〈会期:平成16年10
　月9日—12月5日　共同刊行:足立区教育委員会
　文化課　年表あり〉⑯291.361　　　　　〔0819〕

◇江戸時代の江戸の税制と明治六年地租改正法公
　布　土方晋著　税務経理協会　2004.3　213p

19cm　2200円　①4-419-04327-X　⑯345.21
│内容│番地と税金　検地と年貢　米納と金納　年貢と
金銀銭の三貨制度　米商人と米取引　米価と米価調
節　札差と旗本・御家人　江戸の人口と江戸の範囲
江戸幕府の財政　百姓一揆〔ほか〕　　　　〔0820〕

◇定本武江年表　下　斎藤月岑著, 今井金吾校訂
　筑摩書房　2004.2　400p　15cm　（ちくま学芸
　文庫）　1400円　①4-480-08803-2　⑯213.61
　＊武蔵国江戸（武江）300年の詳細な記録。「年表」と
　はいっても、たんに歴史上の事件を年代順に列記し
　た無味乾燥なものではなく、各時期の江戸の地理の
　沿革、坊間の風俗、事物の権興、韻士・墨客・伎芸
　の動向、気象の変化など、その背景とともに生き生
　きと記録された、壮大な大河小説にも比肩されうる
　不朽の名著。本書は、斎藤月岑の刊本を底本とし、
　それに喜多村篤斎、関根只誠、朝倉無声の補訂を加
　え、さらに、校訂者今井金吾の補注・解説・詳細な
　索引を付して完璧を期し、全3巻としたものである。
　歴史や時代小説に関心ある者の必読書。下巻は、嘉
　永二年より明治六年まで。　　　　　　　〔0821〕

◇定本武江年表　中　斎藤月岑著, 今井金吾校訂
　筑摩書房　2003.12　361p　15cm　（ちくま学
　芸文庫）　1300円　①4-480-08802-4　⑯213.61
　＊武蔵国江戸（武江）300年の詳細な記録。「年表」と
　はいっても、たんに歴史上の事件を年代順に列記し
　た無味乾燥なものではなく、各時期の江戸の地理の
　沿革、坊間の風俗、事物の権興、韻士・墨客・伎芸
　の動向、気象の変化など、その背景とともに生き生
　きと記録された、壮大な大河小説にも比肩されうる
　不朽の名著。本書は、斎藤月岑の刊本を底本とし、
　それに喜多村篤斎、関根只誠、朝倉無声の補訂を加
　え、さらに、校訂者今井金吾の補注・解説・詳細な
　索引を付して完璧を期し、全3巻としたものである。
　歴史や時代小説に関心ある者の必読書。中巻は、明
　和元年より嘉永元年まで。　　　　　　　〔0822〕

◇定本武江年表　上　斎藤月岑著, 今井金吾校訂
　筑摩書房　2003.10　381p　15cm　（ちくま
　芸文庫）　1400円　①4-480-08801-6　⑯213.61
　＊武蔵国江戸（武江）300年の詳細な記録。「年表」と
　はいっても、たんに歴史上の事件を年代順に列記し
　た無味乾燥なものではなく、各時期の江戸の地理の
　沿革、坊間の風俗、事物の権興、韻士・墨客・伎芸
　の動向、気象の変化など、その背景とともに生き生
　きと記録された、壮大な大河小説にも比肩されうる
　不朽の名著。本書は、斎藤月岑の刊本を底本とし、
　それに喜多村篤斎、関根只誠、朝倉無声の補訂を加
　え、さらに、校訂者今井金吾の補注・解説・詳細な
　索引を付して完璧を期し、全3巻としたものである。
　歴史や時代小説に関心ある者の必読書。上巻は、天
　正18年より宝暦13年まで。　　　　　　　〔0823〕

◇江戸村方騒動顛末記　高橋敏著　筑摩書房
　2001.10　206p　18cm　（ちくま新書）〈文献
　あり〉680円　①4-480-05913-X　⑯213.61
　│内容│序 江戸市中を騒がす越訴　第1章 世田谷宇奈
　根村の村方騒動（村方騒動の勃発　騒動の仕切り直
　し ほか）　第2章 大江戸と世田谷（宇奈根村と多摩
　川　宇奈根村百姓源右衛門 ほか）　第3章 三度の村
　方騒動（名主のいない村　騒動の再燃—分村運動の展
　開 ほか）　　　　　　　　　　　　　　　〔0824〕

◇家康はなぜ江戸を選んだか　岡野友彦著　教育

〔0813〜0825〕　　　　　　　　　　　　　　「東京」がわかる本 4000冊　　**67**

東京史　　　　　　　　　　　　　　　　　　　　　　　歴史・地理

出版　1999.9　185p　19cm　（江戸東京ライブ
ラリー　9）〈文献あり〉1500円　Ⓘ4-316-
35750-6　Ⓝ213.61
内容　第1章 秀吉・家康の江戸選定　第2章 家康は新
田義貞の子孫？　第3章 武蔵府中と上州群馬　第4
章 府中大国魂神社と品川荏原神社　第5章 品川と熊
野をつなぐ「鈴木」姓　第6章 北畠親房はなぜ伊勢を
選んだか　第7章 古利根川・元荒川・古隅田川　第
8章 江の湊—江戸地名の由来　第9章 中世江戸の位
置づけと品川・浅草　第10章 江戸重長・太田道灌・
北条氏政　第11章 「葦原」伝説の幻　　　　〔0825〕

◇江戸おもしろ瓦版—大江戸事件帳関八州事件帳
歴史ウォーキング　さいとう・はるき著　主婦
と生活社　1998.4　143p　21cm　1200円
Ⓘ4-391-12187-5　Ⓝ213.61
内容　大江戸事件帳編（慶安の変　刃傷松の廊下　赤
穂浪士の討ち入り　大火の町火消　ほか）　関八州事
件帳編（ドン・ロドリゴ漂着　大久保忠隣改易事件
安房国没収事件　御三家誕生　ほか）　　　〔0826〕

◇埋もれた江戸—東大の地下の大名屋敷　藤本強
著　平凡社　1990.11　298p　20cm　2600円
Ⓘ4-582-44902-6　Ⓝ210.2
内容　第1章 九谷の郷の江戸館　第2章 大名屋敷を掘
る　第3章 池に残る宴の跡　第4章 「あなぐら」と
「古九谷」　第5章 江戸時代の基準尺度　第6章 江戸
の考古学　　　　　　　　　　　　　　　　〔0827〕

◇江戸のくらし—近世考古学の世界　東京都新宿
区立新宿歴史博物館編　〔東京都〕新宿区教育
委員会　1990.10　158p　26cm〈平成2年度特
別展　会期：平成2年10月27日～12月9日　主要
参考文献：p154～156〉Ⓝ213.6　　　〔0828〕

◇江戸時代の八王子宿　樋口豊治著　八王子　揺
籃社　1990.7　245p　19cm〈折り込図1枚　本
文関係略年表：p229～239　参考文献：p241～
244〉1500円　Ⓘ4-946430-58-X　Ⓝ213.6
　　　　　　　　　　　　　　　　　　　　〔0829〕

東京史

◇東京100年散歩—明治と今の定点写真　鷹野晃
著　海竜社　2015.12　143p　26cm〈文献あり
年表あり〉2000円　Ⓘ978-4-7593-1433-5
Ⓝ213.61
内容　第1章 東海道から東京のメインストリートへ—
新橋・京橋・銀座・日本橋（オフィス街になった新橋
停車場前の広場　新橋付近から見た銀座方面　ほか）
第2章 変わる東京 変わらない東京—丸の内・皇居・
日比谷・有楽町（復元なった東京駅 ここから丸の内
が始まった（鍛冶橋通り）ほか）　第3章 にぎわいの
町から芸術の森へ—神田・九段・赤坂・上野（交通の
要衝須田町交差点の広瀬中佐銅像　職人街から学生
街へと変貌した神田小川町通り ほか）　第4章 隅田
川を上り娯楽の町へ—佃・深川・永代橋・吾妻橋・浅
草（「富嶽三十六景」に描かれた佃島の遠望　明治
丸と共に歩んだ東京海洋大学（旧・東京商船学校）ほ
か）　第5章 時代を越える東京名所めぐり—飛鳥山・
鬼子母神・泉岳寺・愛宕山（歴史ある行楽地 飛鳥山

の桜狩り　日本の最高学府東京大学赤門（旧・東京帝
国大学）ほか）　　　　　　　　　　　　　〔0830〕

◇東京今昔物語—企業と東京　東京都不動産鑑定
士協会編　実業之日本社　2015.10　317p
20cm　1800円　Ⓘ978-4-408-33124-9　Ⓝ213.
61
内容　銀座と資生堂の歩み（2005年1月）　丸の内の街
と三菱地所の歩み（2005年9月）　日比谷の街と帝国
ホテルの歩み（2006年1月）　恵比寿の街とサッポロ
ビールの歩み（2006年8月）　田園調布と東京急行電鉄
の歩み（2007年1月）　新宿の街と中村屋の歩み（2007
年9月）　超高層ビル建築と三井不動産の歩み（2008
年1月）　明治神宮外苑と明治記念館の歩み（2008年
7月）　日比谷公園と松本楼（2009年9月）　国立学園
都市開発と西武グループの歩み（2010年1月）　虎ノ
門・神谷町界隈とホテルオークラ東京の歩み（2010年
7月）　赤坂界隈と虎屋の歩み（2011年1月）　浅草橋
界隈と吉徳（2011年9月）　青山に育まれて—紀ノ国
屋（2012年1月）　葛飾とタカラトミー（2013年1月）
「都市をつくり、都市を育む」森ビルの歩み（2014年1
月）　石川島、豊洲とIHI（2014年7月）　京橋と味の
素社の歩み（2015年1月）　浅草界隈とマルベル堂の
歩み（2015年9月）　　　　　　　　　　　〔0831〕

◇カラーでよみがえる東京—不死鳥都市の100年
岩田真治,NHK制作班著　NHK出版　2015.7
205p　21cm〈文献あり〉1600円　Ⓘ978-4-14-
081679-0　Ⓝ213.6
内容　第1章 明治・大正 震災前 1902～1922　第2章
関東大震災 1923　第3章 震災復興 モダン都市
1924～1937　第4章 戦争 1937～1945　第5章 占領
戦後復興 1945～　日本橋に見る東京の百年〔0832〕

◇東京—2枚の地図を重ねて過去に思いを馳せる
マッカーサーの時代編　地理情報開発地図編
集・製作,光村推古書院編集部編　京都　光村
推古書院　2015.6　126p　26cm　（重ね地図シ
リーズ）〈文献あり　索引あり〉2000円
Ⓘ978-4-8381-0531-1　Ⓝ291.361
内容　重ね地図　マッカーサーの時代（なぜ簡単に空
襲されたのか　300機を超える編成　もしも上陸され
たら　戦争継続か　ついにマッカーサーが上陸　誰
が一番乗りだったのか　黒船の再来か　そして沖縄
は右側通行に　接収の決め手はトイレだった？　東
京の道路はアベニューに　銀座・日比谷・丸の内をめ
ぐる　路線図と闇市の分布　都電と市電の物語　横
浜—リトルアメリカとなった最初の占領地　下山事
件　東京のヤミ市探訪記　占領地になったかつての
日本の軍都「三多摩」をめぐる）　　　　　〔0833〕

◇封印された東京の謎　小川裕夫著　彩図社
2014.4　222p　19cm〈文献あり〉1200円
Ⓘ978-4-88392-989-4　Ⓝ213.61　　　〔0834〕

◇東京の半世紀—定点観測者としての通信社 写
真展　新聞通信調査会,共同通信社編　新聞通
信調査会　2013.3　52p　30cm〈会期・会場：
2013年3月13日～19日　東京国際フォーラムガ
ラス棟ロビーギャラリー　英語併記〉1715円
Ⓘ978-4-907087-01-2　Ⓝ213.61　　　〔0835〕

◇武相近代史論集—八王子・津久井を中心に　沼
謙吉著　八王子　揺籃社　2013.2　465p

歴史・地理　　　　　　　　　　　　　　　　　　　　　　　　　　　東京史

21cm〈年表あり〉2400円　Ⓘ978-4-89708-
300-1　Ⓝ213.7
内容 第1章 幕末・維新期の多摩（幕末多摩の維新へ
の道　維新の千人同心―天然理心流松崎派継承者・
楠正重の生涯）　第2章 キリスト教の展開（部落解放
運動におけるキリスト教と民権運動の率割　明治前
期におけるギリシャ正教受難史―八王子・葬儀事件
をめぐる闘い ほか）　第3章 自由民権運動と困民党
事件（自由民権の八王子―自由党と立憲改進党の
動向　南多摩自由民権運動史―日野地域を中心にし
て ほか）　第4章 養蚕・製糸・織物の発展（八王子駅
生糸改会社　八王子織物組合の成立と染色講習所 ほ
か）　第5章 多摩の文化の源流（幕末・明治多摩の名
医たち―多摩の医療史概観　俳諧文化と近代多摩の
指導者層 ほか）　　　　　　　　　　　　〔0836〕

◇私の東京地図　小林信彦著　筑摩書房　2013.1
197p　20cm　1600円　Ⓘ978-4-480-81518-7
Ⓝ914.6
内容 東京駅から始まる　粋筋の香りを残す―赤坂
道からの変貌―青山　静かな住宅街から盛り場へ―
表参道　культとした日本の象徴―渋谷　映画館の町
―新宿　都内最大の米軍基地だった―六本木　田山
の手人が集う―恵比寿・目黒　東京らしい風景が残っ
ている―日比谷・有楽町　橋だけが残った―日本橋
変わらない町並みと不確かな記憶―銀座　古本と映
画の町―神田　生れた町のこと―両国　いまは下町
の代表地区―人形町　川の向こうとこっち側の違い
―深川　暗いイメージの土地に―本所　南の果て―
品川　東京はまだ“普請中”　　　　　　　〔0837〕

◇ロスト・モダン・トウキョウ　生田誠著　集英
社　2012.6　206p　18cm（集英社新書　ヴィ
ジュアル版 027V）　1100円　Ⓘ978-4-08-
720644-9　Ⓝ213.61
内容 遊覧案内　序景 復興　第1景 銀座　第2景 夜
景　第3景 日本橋　第4景 祝祭　第5景 丸の内、日
比谷　第6景 鉄道と市電（都電）　第7景 上野　第8
景 遊覧バス　第9章 浅草　第10景 東京タワー　第
11景 新宿、渋谷　第12景 羽田　終景 空から見た東
京　　　　　　　　　　　　　　　　　　　〔0838〕

◇東京の片隅からみた近代日本（にっぽん）　浦辺
登著　福岡　弦書房　2012.3　252p　19cm
〈タイトル：東京の片隅からみた近代日本　索
引あり　文献あり〉2000円　Ⓘ978-4-86329-
072-3　Ⓝ291.361
内容 第1章 近代と鉄道　第2章 近代と芸能　第3章
近代の戦争　第4章 近代と大陸および半島への関与
第5章 近代と制度　第6章 近代と文学　第7章 近代
と事件　第8章 近代とスポーツ　　　　　　〔0839〕

◇東京の歴史―写真記録　明治百年記念出版会編
日本図書センターP&S　2009.7　283p　31cm
〈『日本の東京』（東京都観光連盟昭和43年刊）の
複製　年表あり　発売：日本図書センター〉
24000円　Ⓘ978-4-284-80035-8　Ⓝ213.6
内容 グラフ構成 明治 一八六八～一九一二　明治の
東京　グラフ構成 大正 一九一二～一九二六　大正
の東京　グラフ構成 昭和 一九二六～一九四五　昭
和初期の東京　グラフ構成 昭和 一九四五～　昭和
後期の東京　グラフ構成 二十年後の東京　二十年後
の東京　一、一〇〇万都市の統計　東京一〇〇年の顔

年表　　　　　　　　　　　　　　　　　　〔0840〕

◇昭和・大正・明治の地図でいく東京懐かし散歩
赤岩州五著　交通新聞社　2009.1　111p
26cm〈文献あり〉1600円　Ⓘ978-4-330-
03309-9　Ⓝ291.36
内容 はじめに 地図探偵のススメ―地図は教えてくれ
る。現在の姿だけでなく、50年前100年前、どんな街
だったかを―　昭和59年の地図で歩く原宿・表参道
―表参道には、おでんの湯気が流れていた　昭和44
年の地図で歩く荻窪―田んぼから原っぱ、そして団地
ができていった　昭和38年頃の地図で歩く府中―逃
げて府中 ダービーと三億円事件　昭和34年の地図で
歩く池袋―東京屈指の繁華街になるには、まだ時間が
必要だった　昭和33年の地図で歩く高田馬場―軍施
設跡地への大学の拡張が、街を大きく変えた　昭和
33年の地図で歩く築地―東京オリンピック前の、水
と橋の跡をたどる　昭和33年の地図で歩く成城―近
代都市づくりと、映画の黄金時代を刻んだ地図　昭
和27年の地図で歩く三鷹―プロ野球の球場行き鉄道
跡をたどる　昭和22年の地図で歩く立川―軍部との
関わりが、地図から浮かんでくる〔ほか〕　〔0841〕

◇図説地図で暮らしを読む東京の昭和　正井泰夫
監修　青春出版社　2007.9　111p　26cm〈年
表あり〉1080円　Ⓘ978-4-413-00907-2　Ⓝ213.
61
内容 第1章 懐かしの「昭和のあの街」（銀座―昭和モ
ダンを体現したおしゃれな繁華街　丸の内―戦後、進
駐軍に接収された丸の内のビル街 ほか）　第2章 移
り変わる「東京の名所」（東京タワー―誰もが空を見上
げた高度経済成長のシンボル　サンシャイン60（巣鴨
プリズン）―戦争の面影を払拭した六〇階建て高層ビ
ル ほか）　第3章 甦る「あの街角の風景」（マイカー
―一家に一台のモータリゼーション時代が到来　バ
ス―円タク、トロリー、ボンネット…車内はいつも
大混雑 ほか）　第4章 世間を騒がせた「昭和の出来
事」（五・一五事件―政党内閣を脅かし軍部の影響を
高めた事件　阿部定事件―愛欲に溺れた女の猟奇殺
人事件 ほか）　　　　　　　　　　　　　　〔0842〕

◇東京市政―首都の近現代史　源川真希著　日本
経済評論社　2007.3　374p　20cm〈年表あり〉
3200円　Ⓘ978-4-8188-1936-8　Ⓝ318.236
内容 東京の近現代史についての研究動向　東京市政
の出発　明治・大正期の帝都東京―市民騒擾の
時代　都市政策の展開と後藤市政　関東大震災と東
京の変貌　モダン都市の社会と政治　一九三〇年代
の東京市政と市政研究会の展開　一九三七年東京―
戦争の足音か？　デモクラシーの頂点か？　戦時体
制期の東京市政　厚生運動と幻のオリンピック　東
京都の出発と帝都の崩壊　東京の戦災復興　高度経
済成長期における保守と革新　都政刷新運動と美濃
部の登場　保守の都政奪還への道　一九八〇年代以
降の東京　　　　　　　　　　　　　　　　〔0843〕

◇東京遊覧―明治・大正・昭和の日本　渡辺秀樹
編　日本文芸社　2007.2　191p　19cm（時代
の旅人）〈おもに図〉1800円　Ⓘ978-4-537-
25471-6　Ⓝ213.61
内容 日本橋界隈　銀座・京橋界隈　築地・新橋・有
楽町　上野・浅草界隈　隅田川界隈　東京駅と丸の
内　皇居周辺と霞が関　神田界隈　赤坂・青山界隈
品川方面　新宿～中央線　　　　　　　　　〔0844〕

東京史　　　　　　　　　　　　　　　　　　　　　　　　　歴史・地理

◇東京下町100年のアーカイブス―明治・大正・昭和の写真記録　青木正美，西坂和行著　生活情報センター　2006.11　175p　31cm　3800円　Ⓘ4-86126-311-5　Ⓝ213.61
　内容　浅草グラフィティ（浅草の明治・大正―近代日本最大の盛り場へ　浅草の昭和戦前―震災と復興、やがて戦争へ　浅草の戦後―復興と盛衰、テレビ時代の到来）　上野ステーション＆アラウンド（上野博覧会　上野の明治～戦前　上野の戦後）　下町100年アーカイブス（下町の明治・大正　下町の昭和戦前　下町の戦後―近代日本最大の盛り場へ　ほか）
〔0845〕

◇トウキョウ今昔―1966・2006　田中長徳著　岩波書店　2006.9　1冊（ページ付なし）　21cm　1700円　Ⓘ4-00-024137-0　Ⓝ291.36
　＊一九六六年、当時「天才写真少年」と呼ばれた一九歳のチョートクがトウキョウを撮り歩いた。都電が走り、毎日デモがあった熱い時代。それから四〇年、団塊世代のチョートクは万歩計をつけて、現代のトウキョウを撮り歩く。過去と現在を対比させ、懐かしさと新鮮さを展開する。
〔0846〕

◇東京アーカイブス―よみがえる「近代東京」の軌跡　芦原由紀夫著　山海堂　2005.4　325p　22cm　〈文献あり〉　2000円　Ⓘ4-381-01658-0　Ⓝ518.8
　内容　1 東京改造計画の挫折と震災復興　2 東京の水、動脈と静脈の年輪　3 東京鉄道物語　4 緑と水の回廊　5 「東京」と住むかたち　6 建築モダニズムの光芒
〔0847〕

◇東京の消えた風景　加藤嶺夫著　小学館　2003.3　143p　21cm　(Shotor library)　1500円　Ⓘ4-09-343108-6　Ⓝ213.61
　内容　銀座　築地　新橋　有楽町・日比谷　丸の内・大手町　日本橋・京橋・湊・新川・月島　上野・日暮里・町屋　浅草　神田・お茶の水　水道橋・飯田橋　ほか〕
〔0848〕

◇ビックリ東京変遷案内―石黒コレクション　石黒敬章著　平凡社　2003.3　126p　22cm　（コロナ・ブックス 105）〈折り込2枚　文献あり〉　1600円　Ⓘ4-582-63402-8　Ⓝ213.61
　内容　ストリート　駅　東京鳥瞰　建物　劇場　花見
〔0849〕

◇帝都の誕生を覗く　湯川説子責任編集　中央公論新社　2003.2　124p　21cm　（江戸東京歴史探検 第5巻　東京都江戸東京博物館監修）　1800円　Ⓘ4-12-490226-3　Ⓝ213.61
　内容　東京文化展望（帝都を眺望する―大東京鳥瞰図　馬券なくとも楽しむ観客―上野乃満花・不忍競馬之図　ほか）　明治大正文学散歩の女学生―女学校すごろく　失われた五重塔―東京真画名所図解・谷中天王寺　ほか）　盛り場と繁華街（浅草の見世物―浅草寺境内ニテ・フランス大曲馬　登高遊覧を誇る―富士山御絵図　ほか）　大衆と娯楽（「五分間十五銭」でスタート―自働電話（復元）　新読者層広く開拓―円本『現代日本文学全集・第二十二篇・永井荷風集』　ほか）　震災から復興へ（瓦礫の山、心に大きな傷―関東大震災で倒壊した凌雲閣　メディアの機能も担う―関東大震災の被災風景を印刷した絵葉書　ほか）
〔0850〕

◇東京都の誕生　藤野敦著　吉川弘文館　2002.2　196p　19cm　（歴史文化ライブラリー 135）〈文献あり〉　1700円　Ⓘ4-642-05535-5　Ⓝ213.6
　内容　江戸と近郊農村―前史　江戸から東京へ―第一の誕生　帝都・東京の建設―第二の誕生　大東京市と戦時体制―第三の誕生　再出発、そして未来への課題―第四の誕生
〔0851〕

◇明治・大正・昭和東京写真大集成　石黒敬章編・解説　新潮社　2001.8　437p　31cm〈文献あり〉　20000円　Ⓘ4-10-448301-X　Ⓝ291.361
〔0852〕

◇東京今昔探偵―古写真は語る　読売新聞社会部著　中央公論新社　2001.7　218p　18cm　（中公新書ラクレ）　720円　Ⓘ4-12-150012-1　Ⓝ213.61
　内容　遊園地の七〇年―いつでも夢がつまってた　お猿電車―子供に夢、上野のアイドル　同潤会江戸川アパート―“老いて”ますます快適　目黒のさんま―将軍との交流がモデル　東京タワー―米軍戦車をつぶして鉄骨に　都心の牧場―百年前は「酪農王国」　千住のお化け煙突―眺める場所で異なる本数　フォーク集会―地下広場に歌声響いた　ドン―サイレンまで半世紀、庶民に欠かせぬ時報　移動動物園―復興へ夢乗せ“ゾウ巡業”〔ほか〕
〔0853〕

◇東京―写真集　都市の変貌の物語1948～2000　石井實著　ベストセラーズ　2001.6　199p　26cm　2700円　Ⓘ4-584-17083-5　Ⓝ291.36
　内容　1 東京の街（新宿・西　新宿・東　東京駅　銀座　渋谷　原宿　上野　池袋駅）　2 東京の町（三軒茶屋　桜新町　世田谷　ほか）　ドキュメント東京（できごと　東京2000年）
〔0854〕

◇東京の歴史をつむぐ―草創期の東京市史編さん事業　東京都編　東京都　2001.3　171p　19cm　（都史紀要 38）　Ⓝ213.6
〔0855〕

◇私の東京物語―蘇る日々・わが家のアルバムから　朝吹登水子著　文化出版局　1998.10　246p　21cm　1600円　Ⓘ4-579-30378-4　Ⓝ914.6
　内容　日本館　父―父の両親　母のこと　長岡の祖父母　鎌倉　ダディの建てた洋館　女子学習院　言葉づかい　少女時代の装い　お蚕さん　〔ほか〕
〔0856〕

◇東京の近現代を歩く　東京都歴史教育者協議会編著　岩崎書店　1998.8　227p　21cm　1905円　Ⓘ4-265-80084-X　Ⓝ213.6
　内容　第1部 首都東京の成立（明治維新　文明開化　自由民権運動）　第2部 帝国主義下の東京（日清・日露戦争　大正デモクラシー　アジア太平洋戦争）　第3部 平和都市東京へ（占領と復興　高度成長以後）　第4部 東京の島々の近現代（島々のあゆみ　歴史散歩 モデル・コース）
〔0857〕

◇東京はじめて物語―銀座・築地・明石町　清水正雄著　六花社　1998.3　235p　21cm　〈発売：亜紀書房〉　1800円　Ⓘ4-7505-9807-0　Ⓝ213.61
　内容　解体新書の誕生　指紋研究の発祥　電信創業

70　「東京」がわかる本 4000冊　　　　　　　　　　　　　〔0845～0858〕

歴史・地理　　　　　　　　　　　　　　　　　　　　　　　　東京史

電話創業　靴業発祥　築地ホテル館の発祥　パン創
業　活字創業　ミッションスクールの発祥　洋品店
の発祥〔ほか〕　　　　　　　　　　　　　　　　〔0858〕

◇朝日新聞の記事にみる東京百歳　明治・大正
朝日新聞社編　朝日新聞社　1998.2　329p
15cm　（朝日文庫）　700円　Ⓘ4-02-261225-8
Ⓝ210.6
内容　明治（12～14年・江戸の名残り火尽きず　15～
17年・文明開化の灯がついた　18年・新奇を競ふ婦人
の束髪　19年・コレラ禍に怯える人々　ほか）　大正
（2年・巷に満つ大正維新の声　3年・開通の盛観　凱
旋の光輝　4年・南洋諸島からの珍客　5年・欧州戦
乱の余恵に潤ふ　ほか）　　　　　　　　　　　〔0859〕

◇シブヤ系対カマタ系―東京"street wise"　馬場
広信著　ぶんか社　1997.12　269p　19cm
1500円　Ⓘ4-8211-0573-X　Ⓝ213.61
内容　"カマタ系"とは何か？　シブヤのコギャル「令
嬢」「シブヤ系」「カマタ系」　渋谷は昔からシブヤ
だった！　シブヤってどこだ??　自由が丘と田園調
布の間のベルリンの壁　カマタへの道　坂と街道が
いまも東京を支配している　カマタ系総本山は、川
崎だ!!　カマタ系の対抗勢力、コマザワ系　シブヤは
もう、死んでいる　　　　　　　　　　　　　〔0860〕

◇大江戸アウトドア　なぎら健壱著　洋泉社
1997.6　229p　19cm　1429円　Ⓘ4-89691-261-
6　Ⓝ213.61
内容　第1景　千社札・考　第2景　富士山にまつわるお
話　第3景　落語『黄金餅』を検証　第4景　東京の名
水　第5景　神田川をカヌーで下る　第6景　暑気払い
で墓参り　第7景　自転車でまわる隅田川渡し跡　第
8景　東京・はとバスツアー　第9景『本門寺雪』片
手に鬼平の足取りを探索　第10景　地元深川で七福神
巡り　第11景　浅草　第12景　雪月花の名所に江戸の
名残をもとめて　巻末特別鼎談　江戸っ子にとっての
アウトドア・ホビーとは（荒井修　橘右之吉　なぎら
健壱）　　　　　　　　　　　　　　　　　　　〔0861〕

◇東京のなかの朝鮮―歩いて知る朝鮮と日本の歴
史　在日韓国・朝鮮人生徒の教育を考える会東
京編著　明石書店　1996.8　225p　21cm〈監
修：高柳俊男〉　1600円　Ⓘ4-7503-0838-2
Ⓝ319.1021
内容　第1部　前近代の東京と朝鮮（古代の武蔵野と朝
鮮―調布・狛江を歩く　秀吉の朝鮮侵略・家康の迫
害―神津島とおたあジュリアの人生　江戸の朝鮮通
信使―友好の足跡をたどる）　第2部　近代の東京と朝
鮮（金玉均と近代日本―青山霊園を歩く　日露戦争と
朝鮮―九段・靖国神社を歩く　韓国併合―蘆花公園
にて偲ぶ）　第3部　現代・そして未来へ（戦後の在日
朝鮮人―祐天寺にて　生きているコリアンタウン―
荒川三河島周辺　民族共生をめざして―高校生たち
は今）　　　　　　　　　　　　　　　　　　　〔0862〕

◇新編「昭和二十年」東京地図　西井一夫，平嶋彰
彦著　筑摩書房　1992.7　350p　15cm　（ちく
ま文庫）　900円　Ⓘ4-480-02634-7　Ⓝ291.36
＊あの8月15日を境にして、東京には失われたものと
かろうじて残ったものがある―。ひそやかな、都市
の貌。　　　　　　　　　　　　　　　　　　　〔0863〕

◇大東京の思想　芳賀登著　雄山閣出版　1992.6

328p　22cm　4800円　Ⓘ4-639-01098-2
Ⓝ213.6
内容　序章　東京のくらしと思想　第1章　巨大都市東京
の成立―なぜに繁栄したか　第2章　都市の中の地方
史―江戸とつながる東京を中心に　第3章　一国の首
都東京の文化　第4章　東京と大東京　第5章　大東京
の思想―他者志向と関連させて　第6章　東京地域の
拡大―地域概念の拡大の一例　結章　人間の住む都市
らしさを求めて　　　　　　　　　　　　　　　〔0864〕

◇消えた街角―東京　富岡畔草著　玄同社
1992.5　133p　26cm　（富岡畔草・記録の目シ
リーズ　1）〈おもに図〉　2800円　Ⓘ4-905935-
32-6　Ⓝ213.6
＊東京・丸の内のロンドン通りの偉容をはじめ、ビジ
ネス街表通りのさり気ないスナップ、シルエット、さ
らには上空から見た東京の景観と、多彩なシーンの
数々。富岡畔草氏独自の "定点撮影"（時を超えて、
同じ場所を、同じアングルで写す撮影方法）で40年
間にわたって撮り続けた10万点を超す作品群から、
厳選された70点余の "東京の街角" を収録。〔0865〕

◇なつかしき東京―総天然色写真版　石黒コレク
ション　石黒敬章編　講談社　1992.2　143p
21cm　（講談社カルチャーブックス　42）〈文：
古井由吉ほか〉　1500円　Ⓘ4-06-198052-1
Ⓝ213.6
内容　都電五番　日本橋・三越　東京駅　日比谷・丸
の内　文明開化とデカダンス―まじめ山の手・パロ
ディー下町　上野・上野山　浅草　向島・大川〔ほ
か〕　　　　　　　　　　　　　　　　　　　　〔0866〕

◇未完の東京計画―実現しなかった計画の計画史
石田頼房著　筑摩書房　1992.2　270p　19cm
（ちくまライブラリー　68）〈各章末：文献〉
1500円　Ⓘ4-480-05168-6　Ⓝ518.8
内容　序章　なぜ実現しなかった計画をとりあげるの
か　第1章　欧化政策の夢のあと―日比谷官庁集中計
画　第2章　国際貿易都市の夢ならず―東京築港計画
第3章　近代都市東京へのマスタープラン―「新東京」
計画　第4章　幻の郊外地整備―東京市近郊町村区画
整備計画　第5章　東京グリーンベルトの夢と片鱗―
東京緑地計画　第6章　焼け跡に描いた理想都市―東
京戦災復興都市計画　第7章　大ロンドン計画の不肖
の弟子―第一次首都圏整備計画　第8章　1000万都市
への夢計画・1960　第9章　革新都政の描いた唯一の
ビジョン―広場と青空の東京構想　終章　不
確実な時代の未来計画をこえて　　　　　　　　〔0867〕

《明治～戦中》

◇帝都東京を中国革命で歩く　譚璐美著　白水社
2016.8　246p　19cm　1800円　Ⓘ978-4-560-
09250-7　Ⓝ291.361
内容　1　早稲田（黄龍旗がはためく街―清国チャイナ
タウン　頭をふるって顧みず、われは東へ行かん―
梁啓超の悲しみ　知られざる天才―警察の祖・宋教
仁　戸山の軍人学校―蒋介石の夢と憧れ　芥川龍之
介より日本語がうまい帝大生―社会主義者・李漢俊）
2　本郷（清国人最初の日本語学校―弘文学院　中国の
西郷隆盛―黄興の暮らし振り　魯迅の咲く家―魯迅
の思い出　関東大震災（一）―日華学会のなりたちと

〔0859～0868〕　　　　　　　　　　　　　「東京」がわかる本　4000冊　　71

留学生支援　関東大震災（二）—本郷、麟祥院に今も眠る留学生たち）　3　神田（慈愛の宰相—周恩来の目立たない日々　最大規模の日本語学校—東亜高等予備学校　留学生の憩いの場—清国留学生会館と女傑・秋瑾　留学生の胃袋、そして知恵袋—神保町の書店街　辛亥革命の後背地—日本各地に孫文伝説）　　　　〔0868〕

◇明治大正凸凹地図東京散歩　内田宗治著　実業之日本社　2015.10　192p　21cm〈文献あり　年表あり〉2400円　①978-4-408-11189-6　Ⓝ291.361
内容　明治十七年頃　東京中心部　東京中心部・新宿・渋谷・品川（大正五年　東京駅・日比谷　明治十七年頃　皇居周辺　大正五年　永田町・赤坂　明治十七年頃　永田町・赤坂　大正五年　信濃町・代々木　ほか　上野・池袋・周縁部（大正五年　上野・本郷　明治十七年頃　上野・本郷　大正五年　小石川・江戸川橋　大正五年　目白台・早稲田　明治十七年頃　飯田橋・早稲田　ほか）　　　　　　　　　　　　　　〔0869〕

◇写真と地図でめぐる軍都・東京　竹内正浩著　NHK出版　2015.4　222p　18cm　（NHK出版新書 457）〈文献あり〉1000円　①978-4-14-088457-7　Ⓝ291.361
内容　第1部　都心に残る軍都の面影（宮城（皇居）　東京駅・銀座　日比谷・霞ヶ関　芝・汐留　築地・月島　ほか）　第2部　近郊に広がる軍都の全貌（十条・板橋　駒沢・三軒茶屋　中野　立川　相模原　ほか）〔0870〕

◇大軍都・東京を歩く　黒田涼著　朝日新聞出版　2014.12　207p　18cm　（朝日新書 492）1000円　①978-4-02-273592-8　Ⓝ291.361
内容　第1章　数々の歴史の舞台となった皇居—千代田・丸の内など　第2章　実戦部隊が集中する街—赤坂・青山・芝など　第3章　平和な公園に悲しみの歴史—外苑前・代々木など　第4章　武器製造の地だった文教地区—水道橋・護国寺など　第5章　尾張徳川家の跡地は軍人学校に—市ヶ谷・早稲田など　第6章　一大軍事工場として開発された城北—板橋・赤羽　第7章　陸軍と自衛隊、軍の今昔物語—十条・王子　第8章　閑静な住宅街に残る跡—池尻大橋・駒場・三軒茶屋など　第9章　おまけのショートコース—築地・中野・本所深川など　　　　　　　　　　　　　　〔0871〕

◇東京府のマボロシ—失われた文化、味わい、価値観の再発見　ほろよいブックス編集部編　社会評論社　2014.12　367p　21cm　（ほろよいブックス）〈執筆：宮崎隆義ほか〉2400円　①978-4-7845-1724-4　Ⓝ213.6
内容　第1部　水（モラエスの夢—葡萄牙国領事モラエスと第五回内国勧業博覧会　品川・高輪、酒をめぐる事件簿—幕末江戸の外国人と酒　慶応三年のパリ万博—氷はいかにしてカクテルに投じられたか　江戸から東京へ下水をたどる—下水道の百三十年　銀座煉瓦街と覗きからくり—銀座通りは見世物町　水を澄ましめた新宿—淀橋浄水場と歌舞伎町　房総丘陵の用水路「二五穴」—江戸・東京をつなぐトンネル　東北の「別天地」・飯坂温泉—飯坂絵はがきプロジェクト）　特別寄稿　郵便受に咲く花のやうに—モダンガールとその時代の追体験　第2部　形（幻の東京オリンピック盃「工芸ニュース」再読—「資材÷頭脳」の技術力　乳房観の変化と粉ミルク　「会社員」内田誠のスキート—生業、余技、そして趣味　本の

配達人・品川力さん—本郷のペリカン　織田作之助と品川力の親交—東京遊学、作家デビュー、そして終章「旅への誘い」　猛火に包まれた帝都、その終焉。）　　　　　　　　　　　　　　　　　〔0872〕

◇帝都・東京が震えた日—二・二六事件、東京大空襲　保阪正康著　中央公論新社　2014.3　295p　16cm　（中公文庫 ほ1-17　昭和史の大河を往く 4）〈「東京が震えた日　二・二六事件、東京大空襲」（毎日新聞社 2008年刊）の改題〉952円　①978-4-12-205918-4　Ⓝ210.7
内容　帝都を震撼させた二・二六事件（高橋是清惨殺の「現場」を目にして　二・二六事件は“義挙”ではなく“派閥抗争”に過ぎない　終始、鎮圧を主張した石原莞爾の動き　昭和天皇と“股肱の臣”鈴木貫太郎夫妻の紐帯　ほか）　東京が目撃した昭和という時代（浅沼稲次郎刺殺事件—交錯する二人の視線　シンガポール陥落、熱狂した日本人—誤解された山下奉文　“熱狂”から“追悼”へ—日比谷公会堂での戦没者追悼式　日比谷公園を設計した男—本多静六の人生　ほか）　　　　　　　　　　　　　　　　〔0873〕

◇武相自由民権運動関係年表　町田市立自由民権資料館編　［町田］　町田市教育委員会　2013.3　131p　21cm　（民権ブックス 26号）Ⓝ213.65　　　　　　　　　　　　　〔0874〕

◇文明開化期の東京と横浜—企画展「印刷都市東京と近代日本」第2回講演会　高村直助述、川井昌太郎企画・編集　凸版印刷印刷博物館　2013.3　35p　25cm　（印刷博物館講演録）〈会期・会場：2013年1月13日　印刷博物館グーテンベルクルーム〉Ⓝ213.6　　　　　　〔0875〕

◇明治の東京写真　新橋・赤坂・浅草　石黒敬章著　角川学芸出版　2011.5　255p　22cm〈発売：角川グループパブリッシング〉3200円　①978-4-04-653242-8　Ⓝ291.361　　　　〔0876〕

◇明治の東京写真　丸の内・神田・日本橋　石黒敬章著　角川学芸出版　2011.3　247p　22cm〈発売：角川グループパブリッシング〉3200円　①978-4-04-653241-1　Ⓝ291.361
内容　1　東京の中枢、麹町区（江戸城の御殿　二重橋　ほか）　『全東京展望写真帖』のパノラマ写真　2　二つの顔をもつ神田区（御茶の水　ニコライ堂　ほか）　3　商業と金融で先駆の日本橋区（日本橋　日本橋通り　ほか）　4　文明開化を象徴する京橋区（京橋周辺　京橋より見渡したパノラマ絵葉書　ほか）　〔0877〕

◇絵で見る明治の東京　穂積和夫絵と文　草思社　2010.11　237p　22cm〈文献あり　年表あり〉2000円　①978-4-7942-1787-5　Ⓝ213.61
内容　1　文明開化　2　新しい国づくり　3　町の施設　4　言論の時代　5　東京の町づくり　6　市民の生活　7　町の楽しみ　8　明治のたそがれ　　　〔0878〕

◇知られざる軍都多摩・武蔵野を歩く　洋泉社編集部編　洋泉社　2010.8　95p　26cm（『写真と地図で読む！　知られざる軍都多摩・武蔵野』（2005年刊）の増補改定　文献あり）1300円　①978-4-86248-599-1　Ⓝ213.65
内容　多摩・武蔵野は一大軍事都市だった！　第1章

歴史・地理　　東京史

軍都の残像 多摩東部・武蔵野をめぐる　第2章 軍都の残像 多摩西部をめぐる　第3章 軍都の残像 多摩南部・神奈川県北部をめぐる　第4章 軍都の残像 埼玉県南部をめぐる　付章 多摩・武蔵野の空襲の悲劇
〔0879〕

◇市の音——一九三〇年代・東京 濱谷浩写真集 濱谷浩写真　河出書房新社　2009.5　127p 27cm〈年譜あり〉2800円　①978-4-309-27108-8　Ⓝ213.61
内容 1 浅草歳の市　2 世田谷ボロ市　3 葛飾八幡宮農具市　4 辻売りと看板　濱谷浩のインスピレーションを方位づけた人物—渋沢敬三(近藤雅槙)　風土と人—濱谷浩の一途な写真(中西昭雄)
〔0880〕

◇東京の坂と橋と文明開化　鈴木陽二著　さいたま　鈴木容子　2008.9　205p　20cm〈私家版〉Ⓝ213.61
〔0881〕

◇軍国昭和東京庶民の楽しみ　青木宏一郎著　中央公論新社　2008.5　394p　20cm〈年表あり 文献あり〉2900円　①978-4-12-003934-8 Ⓝ384.8
内容 昭和前期レジャー年表　解説 軍国主義下の大衆レジャー(世相の変化と大衆レジャー　大衆は映画の虜となる　大衆レジャーとしての演劇　次々に禁止されていったスポーツ　上野動物園は行楽活動のバロメーター　東京からレジャーが消えるまで)
〔0882〕

◇図説明治の地図で見る鹿鳴館時代の東京——決定版　原田勝正監修　学習研究社　2007.10 172p　26cm〈歴史群像シリーズ 特別編集〉1900円　①978-4-05-604706-6　Ⓝ213.61
〔0883〕

◇文明開化期の横浜・東京——古写真でみる風景 横浜都市発展記念館,横浜開港資料館編　横浜 有隣堂　2007.9　239p　31cm　6000円 ①978-4-89660-202-9　Ⓝ213.7
内容 第1部 横浜　第2部 横浜近郊　第3部 神奈川県 第4部 東京　第5部 生活点描　解説編　〔0884〕

◇東京築地居留地百話　清水正雄著　冬青社 2007.6　253p　21cm〈折り込2枚　年表あり〉2000円　①978-4-88773-076-2　Ⓝ213.61
内容 築地居留地の起立　江戸時代の築地　ことのはじまり　学校の発祥　近代産業の発祥　外国宣教師の活躍　居留地外国人の活躍　居留地日本人の活躍 ホテルと商社　そのほかのエピソード　大正時代の築地
〔0885〕

◇近代文化の原点——築地居留地　v.3　築地居留地研究会編　築地居留地研究会　2004.11 177p　26cm〈発売：亜紀書房(〔東京〕)〉1300円　①4-7505-0420-3　Ⓝ213.61
内容 宣教師ウィリアムズ小伝　築地居留地と宣教師デビット・タムソン　伝道師マリア・T.トゥルー—日本の近代化に大きな役割を果たした外国人　ウィリアム・クラーク・イーストレーキ—西洋歯科の開祖 フランク・ワーリントン・イーストレーキ伝—博言博士　ミス・パーサ・クローソンと女子聖学院　婦人宣教師を送り出した精神的風土　海岸女学校—青山学院の源流　特別寄稿 築地居留地四十五・四十六・

四十七番—幼きイエス会修道女の三十五年間　資料紹介 明治元辰年相対貸家蔵留調 上下　山村暮鳥と須貝止(詩人と聖職者)　トイスラーとボリング家の人々—ポカホンタスのネックレス　「特別寄稿」原胤昭略伝　後浜居留地と築地居留地　築地居留地の想い出(3)—関東大震災　築地居留地百話(三題)—クーデンホーフ光子・鏑木清方・芥川龍之介〔0886〕

◇明治の東京計画　藤森照信著　岩波書店 2004.11　389p 図版16枚　15cm　(岩波現代文庫 学術)　1200円　①4-00-600133-9　Ⓝ518.8
内容 1 開化の街づくり—銀座煉瓦街計画(煉瓦街の顛末　煉瓦街の実績 ほか)　2 江戸火事をこえて—明治一〇年代東京防火計画(火災保険制度　火事跡地の再建 ほか)　3 都市計画の嚆矢—市区改正計画(中央市区論　築港論 ほか)　4 大礼服の国—官庁集中計画(明治政府の家　エンデ、ベックマンの活躍 ほか)　5 東京の礎
〔0887〕

◇昭和東京散歩——戦前 古地図・現代図で歩く 人文社編集部企画・編集,梅田厚ガイド文　人文社　2004.1　152,8p　26×29cm　(古地図ライブラリー 別冊)〈年表あり〉2600円　①4-7959-1294-7　Ⓝ291.361
内容 1 麹町区全図　2 神田区全図　3 日本橋区全図 4 京橋区全図　5 芝区全図　6 麻布区全図　7 赤坂区全図　8 四谷区全図　9 牛込区全図　10 小石川区全図〔ほか〕
〔0888〕

◇明治大正東京散歩——古地図・現代図で歩く　梅田厚ガイド文,人文社編集部編　人文社　2003.10　152,8p　26×29cm　(古地図ライブラリー 別冊)〈年表あり〉2600円　①4-7959-1293-9 Ⓝ291.361
内容 麹町区全図　神田区全図　日本橋区全図　京橋区全図　芝区全図　麻布区全図　赤坂区全図　四谷区全図　牛込区全図　小石川区全図〔ほか〕〔0889〕

◇元祖探訪東京ことはじめ——文明開化は銀座のあんぱんから始まった　田中聡著　祥伝社 2003.6　380p　16cm　(祥伝社黄金文庫)〈文献あり〉619円　①4-396-31324-1　Ⓝ213.61
内容 1章 銀座には「初めて」がよく似合う(あんぱん—なぜ日本人の口に合うのか　ステーショナリー—明治時代の"オフィス革命"とは何か ほか)　2章 食べ物の始まりは難しい(甘納豆—なぜ丸のお店は豆が違うのか　みつまめと芋羊羹—人気を集めたみつ豆ホールとは何か ほか)　3章 人が動けば歴史も動く(人力車—「庶民の足」から「疾走するテーマパーク」へ　交通信号機—なぜ日本人は信号を守りたがるのか ほか)　4章 こんなものまで、東京で生まれた(ガス灯—事業資金の意外なスポンサーとは?　国産マッチ—国費留学生がなぜ工場をつくったのか ほか)　5章 エンターテインメントを楽しむ街(江戸落語—なぜ江戸っ子に人気があったのか　動物園—なぜ上野が選ばれたのか ほか)
〔0890〕

◇開化の東京を探検する　岩城紀子責任編集　中央公論新社　2003.1　124p　21cm　(江戸東京歴史探検 第4巻　東京都江戸東京博物館監修) 1800円　①4-12-490225-5　Ⓝ213.61
内容 江戸から東京へ(明治維新倒幕軍のシンボルに—菊花紋紅旗(錦の御旗)　上野戦争六年後の真実—東

〔0880～0891〕　　「東京」がわかる本 4000冊　73

東京史　　　　　　　　　　　　　　　　　　歴史・地理

台大戦争図 ほか）　東京新風景（維新後、武家地も変
貌―永福東京御絵図　江戸らしさも残す東京新名所
―東京開花三十六景 ほか）　明治開花風物誌（明治
の新風俗を映す歌舞伎「散切物」―島崎月白浪　明治
の青春グラフィティー『一読三歎当世書生気質』 ほ
か）　もっと早く、高く、明るく。そして、闇。（蒸気
機関車が走る姿の想像図―東京名勝高輪蒸気車鉄道
之全図　郵便浸透の牽引役―黒ポスト ほか）〔0891〕

◇築地外国人居留地―明治時代の東京にあった
「外国」　川崎晴朗著　雄松堂出版　2002.10
242,6p　22cm〈年表あり　文献あり〉4400円
Ⓘ4-8419-0308-9　Ⓝ213.61　　　　　　　〔0892〕

◇近代文化の原点―築地居留地　v.2　築地居留
地研究会編　築地居留地研究会　2002.8　138p
26cm〈発売：亜紀書房（〔東京〕）〉1200円
Ⓘ4-7505-0206-5　Ⓝ213.61
内容 特別寄稿・掘り出された築地外国人居留地―明
石町遺跡調査の成果から　宣教師ウイリアム・イン
ブリーの築地居留地時代　宣教医師クレッカーと日
本福音教会　明治の宣教師・マッケレブ師の日本伝
道―築地居留地から雑司ケ谷へ　明治元年のフィラ
ンソロピー――日米交渉史の一断面　資料紹介・築地外
国人居留地（雑居地域）居住諸国人名簿　明治維新の
落とし子、築地精養軒　山田耕筰と築地居留地　明
治時代の煉瓦と建物　アメリカン・スクールと築地
居留地〔ほか〕　　　　　　　　　　　　　　〔0893〕

◇忘れられた明治人―都新聞で読む百年前の東京
都新聞愛読者会編著　柏書房　2002.4　251p
20cm　2400円　Ⓘ4-7601-2154-4　Ⓝ213.6
内容 家庭の騒動（女房　亭主　子供　娘）　市井の
人々（若者　女学生　隣の人　男と女 ほか）　其筋
の面々（泥棒　巡査　車夫　士族 ほか）　怪しいお
話（新聞記者　お偉方　田舎者　奇人 ほか）〔0894〕

◇古写真で見る江戸から東京へ―保存版　小沢健
志、鈴木理生監修　世界文化社　2001.4　247p
26cm〈年表あり〉3800円　Ⓘ4-418-01210-9
Ⓝ213.61
内容 巻頭特集　カラーで蘇る幕末から明治の江戸・東
京　古写真で見る　江戸から東京へ（江戸城（皇城之
部）　麹町区（糀町区之部）　江戸から東京へ
古写真の魅力　対談 古写真で偲ぶ江戸・東京　紀行
向島を歩く　東京史年表（明治元年～明治30年）
　　　　　　　　　　　　　　　　　　　　〔0895〕

◇近代文化の原点―築地居留地　v.1　築地居留
地研究会編　築地居留地研究会　2000.10
120p　26cm〈発売：亜紀書房　年表あり〉
1200円　Ⓘ4-7505-0016-X　Ⓝ213.61
内容 特別寄稿　創立者トイスラー院長の精神　築地
居留地概説　築地居留地と米国長老教会の初期伝道
―宣教師C.カロザースの活動　最初のミッションス
クール女子学院　ケイト・ヤングマン―築地ととも
にあった独身婦人宣教師　築地居留地における幼児
教育の源流　築地外国人居留地住者に関する2、3
の資料紹介　ヘンリー・フォールズと盲教育　築地
に住んだオランダの土木技師デレーケについて　ホ
テル・メトロポール略史〔ほか〕　　　　　　〔0896〕

◇東京市長日記　阪谷芳郎著,尚友倶楽部,櫻井良
樹編　芙蓉書房出版　2000.4　700p　22cm

〈肖像あり〉8800円　Ⓘ4-8295-0245-2　Ⓝ318.
2361
内容 1 東京市長日記　2 東京市民読本　3 市政昔話・
男爵阪谷郎閣下訪問記　4 男爵阪谷芳郎略歴
　　　　　　　　　　　　　　　　　　　　〔0897〕

◇昭和初期の耕地整理と鉄道網の発達　立川　立
川市教育委員会　1999.3　280p　21cm　（立川
の昭和史 第2集）〈調査・執筆：立川市歴史民
俗資料館　文献あり〉Ⓝ213.65　　　　　〔0898〕

◇明治維新期を都市民はどう生きたか―江戸東京
学の現状と課題　東京都江戸東京博物館都市歴
史研究室編　東京都歴史文化財団東京都江戸東
京博物館　1997.3　193p　19cm　（江戸東京博
物館シンポジウム報告書 1）　Ⓘ4-924965-05-7
Ⓝ213.61　　　　　　　　　　　　　　　　〔0899〕

◇100年前の東京―東京繁昌記　2（明治後期編）
伊藤銀月原著,マール社編集部編　マール社
1997.1　157p　21cm　（100年前シリーズ）
〈「最新東京繁昌記」の抜粋・現代語訳〉951円
Ⓘ4-8373-0730-2　Ⓝ291.36
内容 第1部 遊楽の東京（いかにして東京人は遊楽す
るか　楽しき一年　演劇　花見 ほか）　第2部 生活
の東京（武蔵野と花の都　この生活を何という　食い
倒れの東京　着倒れの東京 ほか）　　　　　〔0900〕

◇100年前の東京―東京繁昌記　1（明治前期編）
服部誠一原著,マール社編集部編　マール社
1996.11　159p　21cm　（100年前シリーズ）
〈「東京新繁昌記」の抜粋・現代語訳〉951円
Ⓘ4-8373-0729-9　Ⓝ291.36
内容 学校　人力車―附馬車会社　新聞社　貸座敷―
附吉原　写真　牛肉店　西洋眼鏡　招魂社　京橋煉
瓦街―附呉服店、奴茶店　待合茶店〔ほか〕〔0901〕

◇史料が語る明治の東京100話　日本風俗史学会
編著　つくばね舎　1996.3　334p　21cm〈執
筆：阿久根巌ほか　発売：地歴社〉2800円
Ⓘ4-924836-18-4　Ⓝ210.6
内容 文明開化下の都市　文明開化期の都市風俗　洋
風への傾斜…明治人の装い　東京の建設　新商売・
新産業　学校・教育　冠婚葬祭　家庭・仕事　世相・
娯楽　自然景観の変容　国家の重さ　科学技術
　　　　　　　　　　　　　　　　　　　　〔0902〕

◇三多摩民権運動の舞台裏―立憲政治形成期の地
方政界　梅田定宏著　同文館出版　1993.7
238p　22cm　4900円　Ⓘ4-495-85861-0
Ⓝ210.63
内容 序章 東京府移管問題をどうみるか　第1章 北多
摩郡における民権運動　第2章 大同団結運動期の三
多摩政界　第3章 第一回総選挙と正義派　第4章 移
管推進派の形成と移管実現　第5章 民党の政府接近
と三多摩政界　終章 立憲政治形成期の研究に求めら
れること　　　　　　　　　　　　　　　　〔0903〕

◇東京市政と都市計画―明治大正期・東京の政治
と行政　中邨章著　敬文堂　1993.6　298p
22cm　3500円　Ⓘ4-7670-0393-8　Ⓝ318.236
内容 第1部 東京市政の一断面―東京市会・会派の消

74　「東京」がわかる本 4000冊　　　　　　　　　　〔0892～0904〕

歴史・地理　　　　　　　　　　　　　　　　　　　　　　　　東京史

長と地方行政（東京市会・会派の消長　大正前期の東京市政　後藤闊の進出と東京市政の官僚化　大正15年6月東京市会議員選挙と憲政会　中央政治の政変と反西久保勢力の結集　東京市会の意義と限界）　第2部　大正8年・都市計画法再考─都市計画区域と都市計画地方委員会の政治的断面（都市計画法制定の時代背景　都市計画区域　都市計画地方委員会の意義と機能）　第3部　震災復興の政治学─試論・帝都復興計画の消長（帝都復興計画前史　帝都復興計画・諸機関の創設　帝都復興院と帝都復興計画の案出　帝都復興計画の消滅）　　　　　　　　　〔0904〕

◇よみがえる明治の東京─東京十五区写真集　玉井哲雄編　角川書店　1992.3　359p　30cm〈企画：石黒敬章　参考文献一覧：p358〜359〉6800円　Ⓘ4-04-851096-7　Ⓝ213.6　〔0905〕

◇明治の東京生活─女性の書いた明治の日記　小林信子著, 小林重喜著　角川書店　1991.9　220p　19cm（角川選書 217）〈解説：林英夫　関連年表（明治27-33年）：p215〜220〉1100円　Ⓘ4-04-703217-4　Ⓝ384.6　　内容　古い柳行李　女性の書いた明治の日記〔0906〕

◇東京の復興計画─都市再開発行政の構造　福岡峻治著　日本評論社　1991.7　483p　22cm　8000円　Ⓘ4-535-57910-5　Ⓝ518.8　　内容　第1章　大正期の都市政策─住宅・都市計画構想の展開（住宅　住宅・都市計画構想の展開　震災復興計画）　第2部　震災復興計画と都市再開発行政（震災復興区画整理の実施過程　震災復興計画と都市再開発構想─共同建築組合法案の論理と構造　不良住宅地区改良法の構造）　　　　　　　　〔0907〕

◇移りゆく東京のくらし─江戸東京博物館平成四年度開館「明治・大正・昭和の生活展」　東京都文化振興会編　江戸東京歴史財団　1991.1　1冊（頁付なし）　30cm〈会期・会場：平成3年1月30日〜2月4日　松屋銀座〉382.136〔0908〕

◆関東大震災

◇関東大震災─1923年、東京は被災地だった　武村雅之, 北原糸子監修, SPフォーラム編　第2版　東京防災救急協会　2014.12　111p　30cm〈文献あり〉Ⓝ369.31　　　　　　　　　〔0909〕

◇関東大震災と復興の時代　台東区芸術文化財団台東区立下町風俗資料館編　台東区芸術文化財団台東区立下町風俗資料館　2012.9　48p　30cm　Ⓝ369.31　　　　　　　　　〔0910〕

◇関東大震災を歩く─現代に生きる災害の記憶　武村雅之著　吉川弘文館　2012.3　328p　21cm〈文献あり〉2400円　Ⓘ978-4-642-08075-0　Ⓝ210.69　　内容　プロローグ　関東大震災とは？　1　被災の中心地墨田区を歩く　2　慰霊碑は語る　3　受難の記憶　4　再生の記憶　5　寺院の移動と江戸文化の拡散　エピローグ　東京を蘇らせた人々　　　　〔0911〕

◇関東大震災と東京の復興─定点観測者としての通信社：写真展　新聞通信調査会, 共同通信社

編　新聞通信調査会　2012.2　52p　30cm〈会期・会場：2012年2月1日〜2月29日　東京駅前地下広場（新丸ビル地下出入口前）　年表あり　英語併記〉Ⓝ369.31　　　　　　　〔0912〕

◇『帝都復興史』を読む　松葉一清著　新潮社　2012.2　271p　20cm（新潮選書）〈文献あり〉1300円　Ⓘ978-4-10-603698-9　Ⓝ369.31　　内容　第1章　さっと広げた大風呂敷（可成り広強く、帝都壊滅　遷都の恐怖、動揺する帝都　ほか）　第2章　吼える巨魁─暗闘の顛末（激論暗闘の十一月　意気軒昂な大風呂敷─蜜月の参与会　ほか）　第3章　百家争鳴─コノサイですから（コノサイだから「メートル法」「ヒコーキ対応」をコノサイ　ほか）　第4章　復興の果実（七年の成果、万歳！　美辞麗句が躍る復興の帝都　ほか）　第5章　総括・帝都復興（細民教育者の視点　愛市の情が足りない　ほか）　　〔0913〕

◇震災復興後藤新平の120日─都市は市民がつくるもの　後藤新平研究会編著　藤原書店　2011.7　250p　21cm（後藤新平の全仕事）〈索引あり〉1900円　Ⓘ978-4-89434-811-0　Ⓝ369.31　　内容　1　後藤新平・帝都復興─二〇日の軌跡─証言と記録から構成したドキュメント（プロローグ　第二次山本権兵衛内閣の成立　「帝都復興の議」を閣議に提出　帝都復興院の創設とスタッフ人事　復興計画の策定ビーアドの再招請そして進言ほか）　2　資料─帝都の復興と自治の精神（「帝都復興の議」（一九二三年九月六日）「帝都復興の詔書」（九月一二日）「大乗政治論」（一〇月三日）「内相進退伺いの状」（一一月）「三百万市民に告ぐ─山本内閣入閣の情由と復興計画に対する所信」（一九二四年）ほか）　特別附録　後藤新平を中心にした関東大震災の復興プロセス〔0914〕

◇世紀の復興計画─後藤新平かく語りき　後藤新平著　毎日ワンズ　2011.6　272p　19cm〈文献あり〉1500円　Ⓘ978-4-901622-55-4　Ⓝ369.31　　内容　第1部　復旧にあらず、復興なり（都市計画と自治の精神　「帝都復興の議」「帝都復興の議」に対する所信（上）　第2部　逆境は人物をつくる（西郷隆盛に会った話　勝海舟の印象　岩倉具視右大臣初対面の回顧　ほか）　第3部　後藤新平を語る（復興を顧みて─井上準之助　震災前後─山本権兵衛　奇想天外より落つる人─伊東巳代治　ほか）〔0915〕

◇"小僧"のいた頃─関東大震災後の区画整理と下町生活話　〔東京都〕台東区教育委員会社会教育課　1994.3　160p　21cm（台東区文化財調査報告書　第16集）〈監修：台東区文化財保護審議会〉Ⓝ213.6　　　　　　〔0916〕

◇震災復興大東京絵はがき　近藤信行編　岩波書店　1993.10　94p　26cm（ビジュアルブック江戸東京　別巻）　2000円　Ⓘ4-00-008486-0　Ⓝ213.6　　　　　　　　　　　〔0917〕

◆太平洋戦争

◇高射砲陣地跡が語る戦争の記憶─永久平和を希求して　楽山公法人本部編纂　三鷹　楽山会　2015.12　110p　30cm　Ⓝ213.65　〔0918〕

◇戦後70年昭和の戦争と八王子─平成二十七年度

〔0905〜0919〕　　　　　　　　　　　　　　　　「東京」がわかる本 4000冊　　75

特別展　八王子市郷土資料館編　〔八王子〕
八王子市教育委員会　2015.7　132p　30cm
Ⓝ210.75　　　　　　　　　　　　〔0919〕

◇多摩火工廠勤労動員日記―昭和19年―21年　北
島みさを著,多摩市文化振興財団編　多摩　多
摩市文化振興財団　2015.6　113p　30cm　（パ
ルテノン多摩資料叢書 第6集）　Ⓝ916　〔0920〕

◇じゃがいも畑へパンプキン―西東京市にも落と
された模擬原爆　「じゃがいも畑にパンプ
キン」編集委員編　西東京　西東京に落とされ
た模擬原爆の記録を残す会　2015.4　68p
21cm〈年表あり　文献あり〉500円　Ⓝ210.75
　　　　　　　　　　　　　　　　〔0921〕

◇東京空襲写真集―決定版 アメリカ軍の無差別
爆撃による被害記録　早乙女勝元監修,東京大
空襲・戦災資料センター編　勉誠出版　2015.1
521p　31cm　12000円　Ⓘ978-4-585-27019-5
Ⓝ210.75
内容 第1章 1942年4月　第2章 1944年11月　第3章
1944年12月　第4章 1945年1月　第5章 1945年2月
第6章 1945年3月　第7章 1945年4月　第8章 1945
年5月　第9章 1945年8月　資料　　　　〔0922〕

◇浮浪児1945――戦争が生んだ子供たち　石井光
太著　新潮社　2014.8　286p　20cm〈文献あ
り〉1500円　Ⓘ978-4-10-305455-9　Ⓝ369.37
内容 序章 遺書　第1章 上野と飢餓　第2章 弱肉強
食　第3章 上野の浄化作戦　第4章 孤児院　第5章
六十余年の後　　　　　　　　　　　〔0923〕

◇東京空襲下の生活日録―「銃後」が戦場化した
10カ月　早乙女勝元著　東京新聞　2013.10
219p　21cm〈文献あり　年表あり〉1500円
Ⓘ978-4-8083-0978-7　Ⓝ210.75
内容 昭和19(1944)年(B29がやってきた　粉ミルク
一缶に親の涙)　昭和20(1945)年(『暗黒日記』と決
戦兵器　和平ならずに雪天空襲　東京が火の海になっ
た　らっきょうと金魚　炎されやまない人たち　銃
後も一人残らず武装せよ　コメの配給一割減となる
一五日の正午までに)　　　　　　　　〔0924〕

◇そのとき小平では―21世紀に手渡す戦争体験
ききがき 第10集　〔小平〕　小平・ききがき
の会　2013.8　82p　30cm　Ⓝ916　〔0925〕

◇私の東京平和散歩（ウォーク）　早乙女勝元著
新日本出版社　2013.5　173p　19cm　1500円
Ⓘ978-4-406-05688-5　Ⓝ291.361
内容 私の足あとを訪ねて(お化け煙突にあこがれ―
千住桜木町(足立区)　夢描いた『美しい橋』―白鬚
橋(墨田・荒川・台東区)　やるせない青春の地―鐘
ケ淵(墨田区)　ほか)　平和を願って歩く(サヨウナ
ラはない―四谷(新宿区)　戦災者慰霊 李さんの地
蔵尊―白河(江東区)　校舎に刻まれた「弾痕記」―
水元(葛飾区)　ほか)　東京大空襲を忘れない(大空
襲跡地の行く末―両国(墨田区)　大空襲伝える黒焦
げ電柱―三筋(台東区)　殺到した人々襲った猛火―
言問橋(墨田区・台東区)　ほか)　私の下町便り
　　　　　　　　　　　　　　　　〔0926〕

◇証言調布の戦史―撃墜されたB29　岩崎清吾著
岩波出版センター（製作）　2013.4　182p
22cm〈文献あり〉Ⓝ210.75　　　　〔0927〕

◇空襲記―死を想いつつ　北野千賀子著　文芸社
2013.2　78p　15cm　500円　Ⓘ978-4-286-
13289-1　Ⓝ916　　　　　　　　　　〔0928〕

◇街から子どもがやってきた―戦時下の多摩と学
童疎開：パルテノン多摩歴史ミュージアム企画
展　パルテノン多摩編　〔多摩〕　パルテノン
多摩　2013.1　49p　30cm〈会期：2012年7月
13日―11月12日　年表あり〉Ⓝ372.1365〔0929〕

◇首都防空網と〈空都〉多摩　鈴木芳行著　吉川弘
文館　2012.12　245p　19cm（歴史文化ライ
ブラリー　358）〈文献あり〉1800円　Ⓘ978-4-
642-05758-5　Ⓝ213.65
内容 本格的空襲の最初は多摩―プロローグ　"空都"
多摩を考える　多摩の防空軍事施設と航空機会社工場
"空都"多摩の形成　首都防空網と多摩の空襲　"空
都"多摩の行方―エピローグ　　　　　〔0930〕

◇町の記録が語る戦時中の東村山　東村山ふるさ
と歴史館編　東村山　東村山ふるさと歴史館
2012.4　48p　21cm〈会期・会場：平成24年4
月28日―7月8日　東村山ふるさと歴史館〉
Ⓝ213.65　　　　　　　　　　　　　〔0931〕

◇八丈島の戦史　山田平右エ門著　改訂版　郁朋
社　2012.1　249p　21cm〈年表あり　文献あ
り　初版：山田平右エ門1992年刊〉1200円
Ⓘ978-4-87302-518-6　Ⓝ210.75
内容 第1章 「大東亜戦争」に至る島民の道　第2章
「大東亜戦争」下の島民　第3章 八丈島駐屯部隊と往
来した将兵達　第4章 八丈島での戦闘　第5章 軍属
と民間人の遭難　第6章 一部戦没軍人の戦歴
　　　　　　　　　　　　　　　　〔0932〕

◇戦時下の武蔵野　1　中島飛行機武蔵製作所へ
の空襲を探る　牛田守彦著　三鷹　ぶんしん出
版　2011.11　189p　21cm〈文献あり〉1000
円　Ⓘ978-4-89390-105-7　Ⓝ210.75
内容 プロローグ 身近な地域から平和を守る力を育む
―地域における空襲被害から戦争の時代を想像する
1 工場内の空襲犠牲者―中島飛行機武蔵製作所内で
の「殉職者」　2 爆撃による工場内の被害状況につい
て―証言を検証する　3 「米国戦略爆撃調査団」と
中島飛行機武蔵製作所―爆撃のすさまじさを示す資
料としての意義　4 米軍資料に見る中島飛行機武蔵
製作所への爆撃―日本の空襲史の中で、どのような
位置を占めていたか?　5 武蔵野町における市民の
犠牲者―関前周辺での聞き取りを中心に　6 親友の
命を奪ったあの戦争―中島武蔵製作所の工員だった
渡辺えりさんのお父様の体験　エピローグ 戦時下の
体験を想像し、平和を守る力にしたい―「非体験世
代」は空襲体験を受け継げるのか　　〔0933〕

◇表参道が燃えた日―山の手大空襲の体験記　続
「表参道が燃えた日」編集委員会　2011.6
237p　19cm〈折り込み1枚　年表あり〉900円
Ⓝ916　　　　　　　　　　　　　　〔0934〕

歴史・地理　　　　　　　　　　　　　　　　　　　　　　　　　　　東京史

◇そのとき小平では―21世紀に手渡す戦争体験
　ききがき　第9集　小平　小平・ききがきの会
　2010.8　90p　30cm　Ⓝ916　　　　　〔0935〕

◇武蔵野から伝える戦争体験記録集　〔武蔵野〕
　武蔵野市非核都市宣言平和事業実行委員会
　2010.5　121p　30cm　〈共同刊行：武蔵野市
　年表あり〉Ⓝ916　　　　　　　　　　〔0936〕

◇表参道が燃えた日―山の手大空襲の体験記　増
　補版　「表参道が燃えた日」編集委員会　2009.
　8　235p　19cm　〈年表あり〉900円　Ⓝ916
　　　　　　　　　　　　　　　　　　　〔0937〕

◇東京の戦争と平和を歩く　東京都歴史教育者協
　議会編　新版　平和文化　2008.7　181p
　21cm　2000円　Ⓘ978-4-89488-040-5　Ⓓ291.
　36
　内容 第1章 帝国軍隊の跡をたどる　第2章 戦時下の
　民衆生活の跡を訪ねる　第3章 東京の空襲を歩く　第
　4章 伊豆・小笠原諸島に残る戦争のつめ跡　第5章 戦
　後日本をつらぬく米軍基地と自衛隊　第6章 平和と
　民主主義のために　　　　　　　　　　〔0938〕

◇少年の見たドウリットル空襲と勤労動員学徒の
　空襲体験　内藤昭雄著　日本古書通信社（製作）
　2008.5　80p　19cm　非売品　Ⓝ916　〔0939〕

◇近代戦争のあゆみと戦時下の福生―平和のため
　の戦争資料展　福生市郷土資料室編　福生　福
　生市郷土資料室　2007.8　39p　30cm　〈会期：
　平成19年8月4日―10月8日〉Ⓓ213.65　〔0940〕

◇東京を爆撃せよ―米軍作戦任務報告書は語る
　奥住喜重, 早乙女勝元共著　新版　三省堂
　2007.7　18,254p　21cm　2000円　Ⓘ978-4-
　385-36321-9　Ⓝ391.2
　内容 1 序章 寅次と悠々　2 二月二五日「雪天の大空
　襲」作戦任務三八番　3 三月一〇日烈風下の奇襲作
　戦任務四〇番　4 四月一三日・一四日春夜東京北部
　大空襲作戦任務六七番　5 四月一五日南端蒲田地区
　の空襲作戦任務六九番　6 五月二四日未明東京南部
　大空襲作戦任務一八一番　7 五月二五・二六日東京
　中心部西部作戦任務一八三番　　　　　〔0941〕

◇あの日々の記憶―東村山の空襲と学童疎開　企
　画展図録　東村山ふるさと歴史館編　東村山
　東村山ふるさと歴史館　2007.4　50p　21cm
　〈年表あり〉Ⓝ210.75　　　　　　　　〔0942〕

◇戦争の記憶を武蔵野にたずねて―武蔵野地域の
　戦争遺跡ガイド　牛田守彦, 高柳昌久著　増補
　版　三鷹　文伸/ぶんしん出版　2006.12　178p
　19cm　〈文献あり〉900円　Ⓘ4-89390-101-X
　Ⓝ213.65　　　　　　　　　　　　　　〔0943〕

◇鎮魂の摺鉢山―硫黄島　写真で見る日米激戦の
　地　秋本昌治著　さいたま　関東図書　2006.
　10　47p　20×22cm　1619円　Ⓘ4-905633-94-
　X　Ⓝ291.36　　　　　　　　　　　　　〔0944〕

◇そのとき小平では―21世紀に手渡す戦争体験
　ききがき　第8集　小平　小平・ききがきの会

◇2006.8　84p　30cm　Ⓝ916　　　　　〔0945〕

◇焼け跡からの出発―八王子市郷土資料館二〇〇
　六年度特別展図録　淵上明撮影, 八王子市郷土
　資料館編　〔八王子〕　八王子市教育委員会
　2006.8　10,69p　21cm　〈市民の記録した戦後
　の八王子　淵上明の写真から 1〉Ⓓ213.65　〈会期：平成
　18年8月1日―9月10日〉Ⓓ213.65　〔0946〕

◇学童疎開空腹物語―国民学校二年生の九カ月
　井上隆夫著　宇都宮　随想舎　2006.7　243p
　20cm　1400円　Ⓘ4-88748-141-1　Ⓝ916〔0947〕

◇写真で語り継ぐ平和の願い―戦後60年　北区総
　務部総務課編　東京都北区　2006.3　48p
　30cm　〈年表あり〉Ⓓ213.61　　　　　〔0948〕

◇東京都戦災誌　東京都編　明元社　2005.8
　574p　26cm　〈付属資料：地図3枚＋表1枚　東
　京都昭和28年刊の復刊〉18000円　Ⓘ4-902622-
　04-1　Ⓓ210.75
　内容 第1章 太平洋戦争の経過　第2章 戦時の市民生
　活　第3章 東京都の防衛対策　第4章 戦争被害　第
　5章 応急措置　第6章 終戦から復旧へ　〔0949〕

◇フィールドワーク浅川地下壕―学び・調べ・考
　えよう　浅川地下壕の保存をすすめる会編　平
　和文化　2005.8　64p　21cm　600円　Ⓘ4-
　89488-029-6　Ⓝ213.65
　内容 1 浅川地下壕のある街・八王子（八王子の自然と
　くらし　八王子のあゆみ）　2 浅川地下壕について学
　ぼう（1年足らずの間に10キロメートルもの大地下壕
　が　地下にもぐったエンジン製造工場 ほか）　3 浅
　川地下壕を歩いてみよう（壕の中を探る　周辺を歩い
　て探る）　4 浅川地下壕と結ぶ八王子の戦争遺跡（八
　王子に残る地下壕　空襲による被害 ほか）〔0950〕

◇八王子空襲―ブックレット　八王子市教育委員
　会生涯学習スポーツ部文化財課, 八王子市郷土
　資料館編　〔八王子〕　八王子市教育委員会
　2005.7　129p　21cm　〈年表あり　文献あり〉
　Ⓝ210.75　　　　　　　　　　　　　　〔0951〕

◇そのとき小平では―21世紀に手渡す戦争体験
　ききがき　第7集　小平　小平・ききがきの会
　2004.8　76p　30cm　Ⓝ916　　　　　〔0952〕

◇都市空襲を考える―東京大空襲・戦災資料セン
　ター開館1周年記念シンポジウム　報告　第2回
　政治経済研究所東京大空襲・戦災資料センター
　編　政治経済研究所　2003.7　35p　30cm
　（Seikeiken research paper series）　Ⓝ319.8
　　　　　　　　　　　　　　　　　　　〔0953〕

◇そのとき小平では―21世紀に手渡す戦争体験
　ききがき　第6集　小平　小平・ききがきの会
　2002.8　80p　30cm　Ⓝ916　　　　　〔0954〕

◇昭島にも空襲があった―非核平和都市宣言20周
　年　多摩地区の空襲犠牲者を確認・調査する会
　編　〔昭島〕　昭島市企画部企画課　2002.7
　165p　21cm　Ⓝ210.75　　　　　　　〔0955〕

〔0935〜0955〕　　　　　　　　「東京」がわかる本　4000冊　77

東京史　　　　　　　　　　　　　　　　　　　　　歴史・地理

◇心つなぐ港戦争展―港区私たちと戦争展21年
　21年のあゆみと資料　港戦争展実行委員会・20
　年記念誌編集委員会編　大阪　港戦争展実行委
　員会　2002.6　93,17p　26cm　2000円　Ⓝ213.
　61　　　　　　　　　　　　　　　　　　　　〔0956〕

◇戦時生活と隣組回覧板　江波戸昭著　中央公論
　事業出版（製作・発売）　2001.12　593p　図版
　17枚　22cm　9000円　Ⓘ4-89514-175-6
　Ⓝ213.61
　内容　1 東京市（都）の戦時隣組回報　2 田園調布の戦
　時回覧板　3 田園調布の戦時隣組に関する二つの資料―中野区江古田と神田区東松
　下町の事例　5 矢島家戦時隣組日誌紹介―大森区馬
　込町の記録　6 「須藤家経歴簿」紹介―東京（大森区
　堤方町）における戦時生活史の一齣として　7 農村部
　の戦時隣組資料―長野県岡谷市駒沢の場合　〔0957〕

◇戦争を歩く・みる・ふれる―ピースロード多摩
　丘陵　川崎・横浜平和のための戦争展実行委員
　会編　教育史料出版会　2001.7　144p　21cm
　〈文献あり〉　1600円　Ⓘ4-87652-406-8　Ⓝ213.
　7
　内容　1部 歩く・みる・ふれる（ピースロード多摩丘陵
　とは　日吉台から蟹ヶ谷を歩く　宮崎台を歩く　生
　田を歩く　八王子周辺を歩く）　2部 学ぶ（戦争遺跡
　保存の意義　神奈川県の戦争遺跡）　3部 運動（日吉
　台地下壕の保存運動　蟹ヶ谷地下壕の保存運動　登
　戸研究所の保存運動　浅川地下壕の保存運動）
　　　　　　　　　　　　　　　　　　　　　　〔0958〕

◇八王子空襲の記録―準備・計画から発令・実
　行・評価まで　米軍新資料　奥伟喜重訳編・解
　説　八王子　揺籃社　2001.7　151p　26cm
　（100万人の20世紀シリーズ 2　自費出版ネット
　ワーク企画）〈付・空襲私史　折り込1枚〉
　2000円　Ⓘ4-89708-179-3　Ⓝ210.75
　内容　資料編（21爆撃機集団中央判定局工業報告36　工
　業報告36、注解付きモザイク図　21爆撃機集団目標
　情報票八王子市街工業地域 ほか）　解説編（資料の
　背景　資料を読む　口絵写真について）　空襲私史
　　　　　　　　　　　　　　　　　　　　　　〔0959〕

◇そのとき小平では―21世紀に手渡す戦争体験
　ききがき 5　小平　小平・ききがきの会
　2000.8　96p　30cm　Ⓝ916　　　　　　　〔0960〕

◇そのとき小平では―市民の語る戦争の記憶　き
　きがき 3　小平　小平・ききがきの会　1998.
　8　68p　30cm　Ⓝ916　　　　　　　　　　〔0961〕

◇戦災の跡をたずねて―東京を歩く　長崎誠三編
　著　アグネ技術センター　1998.7　158p
　21cm　〈発売：アグネ〉　1900円　Ⓘ4-7507-
　0875-5　Ⓝ291.361
　内容　皇居東御苑　大手濠公園のイチョウ　船橋で余
　生をおくる東京駅前の大イチョウ　日枝神社・日比谷
　高校　神田明神　浜離宮恩賜庭園　明治
　神宮表参道の石灯篭・明治神宮　善光寺あたり　赤
　坂氷川神社の大イチョウ〔ほか〕　　　　　〔0962〕

◇戦争の記憶と平和へのおもい―府中市平和都市
　宣言10周年記念誌　府中市教育委員会生涯学習

部社会教育課編　府中（東京都）　府中市
1998.3　192p　21cm　Ⓝ213.65　　　　　〔0963〕

◇平和への祈りをこめて―戦争時代の町田　町田
　市企画部企画政策課編　町田　町田市　1998.2
　269p　22cm　Ⓝ213.65　　　　　　　　　〔0964〕

◇戦乱の終焉から幕政下の村々―清瀬の中世末・
　近世　改訂・増補　清瀬　清瀬市郷土博物館
　1997.11　96p　26cm　Ⓝ213.65　　　　　〔0965〕

◇そのとき小平では―戦時下のくらし　ききがき
　2　小平　小平・ききがきの会　1997.8　49p
　30cm　Ⓝ916　　　　　　　　　　　　　　〔0966〕

◇明日に伝える戦争体験―戦後50年記念平和事業
　『戦争資料展』によせて　日野　日野市ふるさと
　博物館　1997.3　80p　30cm　Ⓝ213.65　〔0967〕

◇戦時下の八丈島　山田平右エ門企画・編集
　〔八丈町（東京都）〕　八丈島老人クラブ連合会
　1996.12　254p　22cm　Ⓝ210.75　　　　〔0968〕

◇戦後50年平和への願い―新宿区平和都市宣言10
　周年記念誌　東京都新宿区編　新宿区　1996.3
　209p　30cm　〈監修：岡田芳朗〉　Ⓝ916　〔0969〕

◇立川の建物疎開の記録　立川　立川市教育委員
　会　1996.3　243p　21cm　（立川の昭和史 第1
　集）〈付（図1枚　袋入）　巻末：参考文献〉
　Ⓝ213.6　　　　　　　　　　　　　　　　〔0970〕

◇五十年目の祈り―豊島区平和記念誌　東京都豊
　島区　1995.12　240p　21cm　〈主要参考文献：
　p238～239〉　Ⓝ210.75　　　　　　　　　〔0971〕

◇板橋の平和―戦争と板橋語りつぐ苦難の日々
　東京都板橋区立郷土資料館編　板橋区立郷土資
　料館　1995.10　211p　30cm　〈会期：平成7年
　10月28日～12月10日　参考文献：p202～203
　付：年表〉　Ⓝ210.75　　　　　　　　　　〔0972〕

◇小笠原諸島母島戦争小史　大関栄作著　山波企
　画　1995.10　105p　19cm　〈引用・参考文献：
　p102～105〉　1800円　Ⓝ210.75　　　　　〔0973〕

◇ガイドブック東京の戦争・平和　東京平和委員
　会著　新日本出版社　1995.8　111p　19cm
　1300円　Ⓘ4-406-02370-4　Ⓝ291.36　　　〔0974〕

◇苦難の日々も―国立の戦中・戦後をふりかえる
　企画展　国立　くにたち郷土文化館　1995.8
　61p　30cm　〈会期：平成7年8月15日～10月22
　日　年表：p56～61　付：主要参考文献〉
　Ⓝ213.6　　　　　　　　　　　　　　　　〔0975〕

◇戦争と人びとのくらし　八王子市郷土資料館編
　〔八王子〕　八王子市教育委員会　1995.7　88p
　30cm　Ⓝ213.6　　　　　　　　　　　　　〔0976〕

◇立川空襲あれから50年―山中坂悲歌歌碑建立記
　念誌　「山中坂悲歌」歌碑建立呼びかけ人会編
　〔立川〕　「山中坂悲歌」歌碑建立呼びかけ人会

歴史・地理　　東京史

1995.7　50p　23cm　〈製作：けやき出版〉800
円　Ⓝ210.75
　　　　　　　　　　　　　　　　　　　　　〔0977〕

◇多摩の空襲と戦災─50年前、ここは戦場だった
　小沢長治著　立川　けやき出版　1995.5　82p
　21cm　（けやきブックレット 19）　800円
　Ⓘ4-905942-69-1　Ⓝ210.75
　内容 1 多摩はなぜ空襲を受けたか─多摩地区の軍事
　施設・軍需工場一覧　2 空襲の概況─多摩地区の空
　襲年表　3 空襲の被害状況─多摩地区の空襲被害一
　覧　4 市町村史の空襲の記述─多摩地区市町村史の
　空襲関係記述一覧　5 戦災と空襲に関する資料─多
　摩地区の戦災と空襲に関する資料所在目録　6 空襲
　の跡を訪ねる─多摩地区の戦跡一覧　　〔0978〕

◇ぼくの街に爆弾が落ちた─銀座・その戦争の時
　代　平和博物館を創る会編　平和のアトリエ
　1994.3　125p　21cm　（市民ライブラリー 1）
　1300円　Ⓘ4-938365-19-7　Ⓝ210.75
　内容 思い出の断片　あの日あのころの銀座　思いが
　けない手紙　女教師の半生　映画『ぼくのいる街』の
　風景　資料 銀座空襲について　座談会 銀座─戦争
　の時代を語る　　　　　　　　　　　　　　〔0979〕

◇銀座と戦争　平和博物館を創る会編　増補版
　平和のアトリエ　1993.8　421p　31cm　〈おも
　に図〉18000円　Ⓘ4-938365-17-0　Ⓝ210.75
　内容 戦争の足音　太平洋戦争　銀座炎上　焼け跡
　敗戦の巷　平和・復興　映画『ぼくのいる街』寄稿
　銀座─その思いと語らい　座談会 銀座─戦争の時代
　を語る　「銀座空襲」について〔ほか〕　　〔0980〕

◆◆東京大空襲
◇皇居炎上─なぜ、多くの殉職者をだしたのか
　中澤昭著　近代消防社　2016.8　369p　20cm
　1800円　Ⓘ978-4-421-00887-6　Ⓝ916
　内容 序章　第1章 敗戦への道　第2章 まさか、まさ
　かの東京初空襲　第3章 初空襲は連敗の幕開けだっ
　た　第4章 迫りくる危機　第5章 戦場に駆り出され
　た消防戦士　第6章 無差別爆撃で消防は負けた　第
　7章 迫り来る大空襲　第8章 東京炎上・三月一〇日
　東京大空襲　第9章 皇居炎上・東京に燃えるものが
　なくなった　第10章 なぜ、皇居が全焼し、多くの殉
　職者がでたか　終章 にかえて　　　　　　〔0981〕

◇七十年目の鎮魂歌─お母さん、妹たちよ姉さん
　は亜米利加を許そうと思います　菊地喜久子著,
　菊地英宏編　はるかぜ書房　2016.5　94p
　21cm　〈文献あり　発売：慧文社〉1300円
　Ⓘ978-4-86330-169-6　Ⓝ916　　　　　　〔0982〕

◇わたしの空襲体験とその後─戦後七十年　住吉
　泰男,小薗崇明編　東京都慰霊協会　2016.2
　119p　21cm　Ⓝ916　　　　　　　　　　〔0983〕

◇もうひとつの小さな戦争─小学六年生が体験し
　た東京大空襲と学童集団疎開の記録　小田部家
　邦著　潮書房光人社　2015.10　198p　16cm
　（光人社NF文庫 おN-911）　700円　Ⓘ978-4-
　7698-2911-9　Ⓝ916
　内容 第1部 空襲（海軍士官のカッコよさにほれ込む
　落下傘の模型で屋根から降下し、大失敗　自宅の庭に

家族八人用の防空壕を作る　ゲートルを巻くとカッ
コいいし、実用性も高いのだ　ぼくは模型飛行機作
りと絵を描くことが得意だった〔ほか〕　第2部 疎開
（いよいよ最後の学童集団疎開が実施された　疎開
先は八ヶ岳山麓の立派なお寺だった　お寺で迎えた
疎開第一夜の出来事は…　東京の父兄に送られた疎
開生活第一信　朝食の前に必ずしなければならない
「読経」〔ほか〕　　　　　　　　　　　　　〔0984〕

◇戦争は国民が泣くだけだ─東京大空襲とその後
　保坂進著　文芸社　2015.7　97p　20cm　1100
　円　Ⓘ978-4-286-16321-5　Ⓝ916　　　　〔0985〕

◇東京大空襲体験記─随筆　鈴木大林子著　東京
　ふうが社　2015.6　85p　21cm　（春耕叢書 平
　27-1）　Ⓝ916　　　　　　　　　　　　　〔0986〕

◇戦争から学ぶ平和の意味─追憶昭和20年3月10
　日　墨田区東京大空襲記録集　墨田区編　墨田
　区　2015.3　209p　図版［12］枚　30cm　〈年
　表あり〉Ⓝ916　　　　　　　　　　　　　〔0987〕

◇東京大空襲をくぐりぬけて─中村高等女学校執
　務日誌 昭和二十年三月九日～昭和二十二年九
　月十三日　中村学園中村中学校,中村高等学校
　編著　鎌倉 銀の鈴社　2015.3　250p　図版16p
　19cm　（銀鈴叢書）〈文献あり〉1800円
　Ⓘ978-4-87786-339-5　Ⓝ916
　内容 すべては一冊のノートから始まった 岡崎倫子
　著　東京と空襲 岡崎倫子著　戦時下の中村高等女学
　校 早川則男著　忘れられない、あの日のこと 竹内
　絵視 ほか著　疎開先奈良で校歌を口ずさむ 西岡照
　枝 ほか著　生きるたくましさ 最上富美恵 ほか述
　昭和二十年卒伊藤和子、下町の『二十四の瞳』大石先
　生として新聞に紹介される〈昭和二十九年十月十四日
　讀賣新聞〉世界一大きな墓標 ホッタテ小屋から学校に
　通う 大河内村子著　父、小林珍雄をしのぶ 斎美志子著
　臨海錬成、仁科の海に遊ぶ 瀧澤潔著　復活する学校校
　誌『会報』より 岡崎倫子著　　　　　　　〔0988〕

◇地図で読む東京大空襲─両国生まれの実体験を
　もとに　菊地正浩著　草思社　2014.2　142p
　21cm　〈文献あり〉2200円　Ⓘ978-4-7942-
　2037-0　Ⓝ916
　内容 1 戦前の暮らしと父の出征　2 東京大空襲　3 記
　憶の中の深川と浅草　4 戦時下の地図　5 空襲焼失
　図をつくる　6 復興のネットワーク　　　〔0989〕

◇フィールドワーク東京大空襲─学び・調べ・考
　えよう　東京大空襲・戦災資料センター編　平
　和文化　2014.2　64p　21cm　600円　Ⓘ978-4-
　89488-057-3　Ⓝ210.75
　内容 第1章 東京大空襲・戦災資料センターで学ぼう
　（日本の侵略戦争と戦時下の国民生活　東京空襲に
　ついて学ぼう　戦争をくり返さないために）　第2章
　東京空襲を歩いてみよう（東京大空襲〈下町空襲〉を
　歩く　城南・山手空襲を歩く　北部と都心部の空襲
　を歩く　多摩地域の空襲を歩く）　　　　　〔0990〕

◇東京大空襲─未公開写真は語る　NHKスペ
　シャル取材班,山辺昌彦著　新潮社　2012.8
　159p　26cm　〈文献あり〉1800円　Ⓘ978-4-10-

〔0978～0991〕　　　　　　　　　　　　　　　　　　　　「東京」がわかる本 4000冊　　79

東京史　　　　　　　　　　　　　　　　　　　　　　　　歴史・地理

405604-0　Ⓝ210.75

内容 昭和一九年（一九四四）一一月二四日　東京をB29が初めて襲った日―荏原区の民家、工場　昭和一九年（一九四四）一一月二七日　懸命のバケツリレー―原宿駅前の民家、海軍館、東郷神社　昭和一九年（一九四四）一二月三〜四日　徹夜の鉄道復旧作業―荻窪陸橋（天沼陸橋）　昭和一九年（一九四四）一二月三日　無差別攻撃の脅威―高井戸第四国民学校　昭和二〇年（一九四五）一月二七日　皇郡炎上―銀座界隈　昭和二〇年（一九四五）一月二七日　アメリカ軍機墜落―千葉県酒々井町　昭和二〇年（一九四五）一月二八日　大学も病院も神社も―日本医科大学、根津神社　昭和二〇年（一九四五）四月二日　山里を震撼させた墜落機―西多摩郡吉野村柚木　昭和二〇年（一九四五）四月一三〜一四日　ジャンヌ・ダルク像の遺影―雙葉高等女学校、上智大学　昭和二〇年（一九四五）五〜六月　焼け跡に生きる―麹町区九段〜神田区須田町〔ほか〕　　　　　　　　　　　　　　　　〔0991〕

◇ドキュメント東京大空襲―発掘された583枚の未公開写真を追う　NHKスペシャル取材班著　新潮社　2012.8　223p　20cm　1400円　Ⓘ978-4-10-405605-7　Ⓝ210.75

内容 序章　六十七年間の封印を解いた五百八十三枚の未公開写真　第1章　B‐29が初めて東京を空襲した日　第2章　カメラマンが記録した空襲―陸軍参謀本部傘下「東方」の実態　第3章　米軍が計画していた緻密な「無差別爆撃」　第4章　原宿が炎に包まれた―東京空襲三日目の悲劇　第5章　東京のシンボル・銀座が空襲で破壊された　第6章　東京大空襲は計画的な無差別大量殺戮だった　第7章　「三・一〇」わずか一夜に十万人の命が奪われた日　第8章　全国で展開された都市空襲―罹災一千万人々も癒えぬ苦しみ　　　　　　　　　　　　　　　　　〔0992〕

◇あの頃　三嶋道子著　創英社／三省堂書店　2012.4　244p　20cm　1200円　Ⓘ978-4-88142-537-4　Ⓝ916

内容 男の子たちと（朝　登校、そして朝礼　受け持ちの山寮の男の子　お人形　日曜日　ほか）　女の子たちと（女子寮（楽しい部屋に）　はじめて浜辺で　集団登校　黒い大きな犬　女の子との生活　ほか）　　　　　　　　　　　　　　　　〔0993〕

◇ハロランの東京大空襲―B29捕虜の消せない記憶　早乙女勝元著　新日本出版社　2012.2　190p　19cm　〈文献あり〉　1400円　Ⓘ978-4-406-05558-1　Ⓝ916

内容 第1章　アメリカからの客人　第2章　ハロラン氏を東京案内　第3章　お宅に押しかけて聞く　第4章　戦災resセンター建設の夢　第5章　開館式に、グッド、グッド！　第6章　増築に小切手が届く　第7章　わだかまりと想像力と　　　　　　　〔0994〕

◇下町大空襲　炎に包まれた日―1945年（昭和20年）3月10日　戦争体験記・インタビュー集　ネオ・ムーヴ　2011.3　143p　21cm　1000円　Ⓝ916　　　　　　　　　　　　　　　〔0995〕

◇戦争孤児たちのはじめてのイベント記録集―孤児が伝える東京大空襲　蕨　戦争孤児の会　2009.5　75p　30cm　〈奥付のタイトル：「戦争孤児が伝える東京大空襲」イベント記録集〉　1000円　Ⓝ369.37　　　　　　　　　　〔0996〕

◇空襲に追われた被害者たちの戦後―東京と重慶消えない記憶　沢田猛著　岩波書店　2009.3　71p　21cm　（岩波ブックレット　no.750）〈文献あり〉　480円　Ⓘ978-4-00-009450-4　Ⓝ369.37

内容 はじめに一声なき声を追って　東京大空襲―まだ終わらぬ戦争（厚い壁　戦災孤児　棄民　深い傷　二度の戦禍　トラウマ　知られざる犠牲者　慰霊碑）　重慶爆撃―忘れられた戦禍（叶わぬ夢　母の涙　半面美人　黄色い靴下　どん底　身売り証文　一党執政）　おわりに―被害と加害を越えて　　〔0997〕

◇3月10日、家族6人を失う　さらに少年兵の兄まで―語り継ぐ東京大空襲　亀谷敏子、早乙女勝元著　本の泉社　2009.3　47p　21cm　（マイブックレット　no.13）〈文献あり〉　476円　Ⓘ978-4-7807-0455-6　Ⓝ916

内容 3月10日、家族6人を失う―さらに少年兵の兄まで（亀谷敏子）　東京大空襲と亀谷敏子さんのこと（早乙女勝元）　　　　　　　　　〔0998〕

◇実録噺「東京大空襲夜話」　柳家さん八著　新日本出版社　2009.3　157p　19cm　1400円　Ⓘ978-4-406-05229-0　Ⓝ779.13

内容 1　実録噺「東京大空襲夜話」（なぜ、東京大空襲の噺をしようと思ったのか　師匠柳家小さんが語ってくれた戦争の話　戦争なんてものは勝っても負けてもみじめなもんだ　ほか）　2　夜話の舞台裏から芸の話まで（聞き手・柏実新）（実録噺「東京大空襲夜話」の各地での反応　「東京大空襲夜話」は平和へのメッセージ　「東京大空襲夜話」を演じると思ったきっかけ　ほか）　3　さん八が語る平和への思い（五十三回忌にあたり　終戦？　敗戦？　記念日　重たい話　ほか）　　　　　　　〔0999〕

◇下町が燃えたあの夜―東京大空襲資料展の記録　『下町が燃えたあの夜改訂新版』編集委員会編　改訂新版　東京大空襲犠牲者追悼・記念資料展実行委員会　2009.2　78p　21cm　1000円　Ⓝ916　　　　　　　　　　　　　　〔1000〕

◇東京大空襲―あの日を生き抜いたナースたちの証言　日本テレビ放送網　2008.3　197p　19cm　〈文献あり〉　1143円　Ⓘ978-4-8203-0012-0　Ⓝ916

内容 2008年、63年前の悲劇へ　証言・東京大空襲（海老名香葉子さん　遠藤芳枝さん　江川晴さん・関ふみゑさん・加藤ミチさん　大塚まささん　岸惠子さん　木村威夫さん）　東京大空襲データファイル　今、東京大空襲を考える　ドラマ「東京大空襲」（今、真実を伝えたい　あらすじ　登場人物　メイキング（CAST））　　　　　　　　　　　〔1001〕

◇炎の中、娘は背中で…―3月10日、夫・子・母を失う　語り継ぐ東京大空襲　鎌田十六、早乙女勝元著　本の泉社　2008.3　47p　21cm　（本の泉社マイブックレット　no.11）　476円　Ⓘ978-4-7807-0369-6　Ⓝ916　　　　　　　　　　　〔1002〕

◇原点としての東京大空襲―明日の世代に遺すもの　斎藤亘弘著　ロゴス社　2008.1　110p　19cm　（ブックレットロゴス　no.2）〈年表あり　発売：本の泉社〉　1000円　Ⓘ978-4-7807-0285-

80　「東京」がわかる本　4000冊　　　　　　　　　　　　　　　　〔0992〜1003〕

9　Ⓝ916

内容 戦災体験を原点に生きる（「市民連合」と中谷君恵さん　東京大空襲訴訟）　戦災体験を語る―鶴見俊輔さんを囲んで　東京大空襲訴訟の意義（東京大空襲六〇年目の被災地図　我が家の被災 東京大空襲犠牲者名簿作成へ　東京大空襲訴訟の提訴　東京大空襲訴訟の意義 ほか）　廣澤榮著『私の昭和映画史』を読んで（炎のイメージを追って　映画の想い出　三宿の別れ　涙の戦災史 ほか）〔1003〕

◇語り継ぐ東京大空襲いま思い考えること―戦災資料センター開館5周年のつどい　東京大空襲・戦災資料センター編　東京大空襲・戦災資料センター　2007.8　47p　21cm　500円　Ⓝ916

内容 空襲を語り継ぐ 二瓶治代述　講演「日本の空襲」井上ひさし述〔1004〕

◇写真で伝える東京大空襲の傷あと・生き証人　鈴木賢士著　高文研　2007.3　174p　19cm〈文献あり〉1700円　①978-4-87498-377-5　Ⓝ916

内容 1 今も残る空襲の痕跡　2 爆撃と炎に傷ついた人々の痛み　3 心に残る肉親への思い　4「生かされたもの」の責任を背負って　5 ついに国を訴える東京の被害者たち　6 東京空襲につながった重慶大爆撃〔1005〕

◇東京大空襲・朝鮮人罹災の記録　part 2　なぜ、そこに朝鮮人がいたのか　金日宇編著　〔出版地不明〕　東京大空襲・朝鮮人罹災を記録する会　2007.3　71p　21cm　680円　Ⓝ916〔1006〕

◇三月十日はぼくの「命日」―ガキのころは十五年戦争だった　槐一男著　教育史料出版会　2006.3　230p　19cm　1600円　①4-87652-464-5　Ⓝ916

内容 ふるさと深川　東京大空襲・戦災資料センター　二鹿物語　お隣さん　夏の日の初恋　教育勅語と遊郭　赤城の子守唄　細川嘉六　風と共に去りぬ　カウント・ダウン　「命日」の三月十日　終戦〔1007〕

◇空が燃えた日―私の戦時中の体験について　田村幸雄著　〔八王子〕　〔田村幸雄〕　2006.3　29p　21cm〈絵：千葉惠美子〉Ⓝ916〔1008〕

◇東京大空襲・朝鮮人罹災の記録　東京大空襲・朝鮮人罹災を記録する会編　綜合企画舎ウイル　2006.3　62p　21cm〈「東京大空襲と朝鮮人罹災」(2005年刊)の増補版〉680円　Ⓝ916〔1009〕

◇みたびのいのち―戦禍とともに六十年　豊村恵玉著　文芸社　2005.8　154p　19cm　1300円　①4-8355-9289-1　Ⓝ916〔1010〕

◇図録「東京大空襲展」―今こそ真実を伝えよう　東京大空襲六十年の会　2005.7　88p　30cm〈会期・会場：2005年3月5日―10日　六本木ヒルズ内テレビ朝日1階「umu」　発行所：ビジネスセルインターナショナル　折り込1枚　年表あり〉1200円　Ⓝ210.75〔1011〕

◇敦子よ涼子よ輝一よ―東京大空襲60年母の記録　森川寿美子著, 東京大空襲・戦災資料センター編　東京大空襲・戦災資料センター　2005.5　75p　21cm　400円　Ⓝ916〔1012〕

◇15歳が聞いた東京大空襲―女子学院中学生が受け継ぐ戦争体験　早乙女勝元編著　高文研　2005.3　191p　19cm　1200円　①4-87498-338-3　Ⓝ916

内容 1 還らなかった肉親（孫へ、曽孫へ―女戦記　幸福の崩壊　消えない傷　すまないね、順子）　2 もの言えぬ時代の中で（修二　二人　戦争を生きぬいて）　3 奇跡の再会（赤の記憶　東京の空で　祖母の戦争体験記　一九四五年三月十日）　4 炎の町を生きのびて（生きたい　帰らざる日　越えられない一歩　炎に散った町　灰になった夢）〔1013〕

◇語り継ぐ東京大空襲いま思い考えること―「2周年のつどい」レポート　東京大空襲・戦災資料センター編　東京大空襲・戦災資料センター　2004.7　60p　21cm〈会期・会場：2004年3月6日　江東区総合区民センター〉300円　Ⓝ916〔1014〕

◇語り継ぐ東京大空襲いま思い考えること　宗左近, 豊村美恵子, 早乙女勝元述, 東京大空襲・戦災資料センター編　東京大空襲・戦災資料センター　2003.10　44p　21cm〈会期・会場：2003年3月9日　ティアラこうとう〉300円　Ⓝ916〔1015〕

◇図説東京大空襲　早乙女勝元著　河出書房新社　2003.8　158p　22cm　（ふくろうの本）　1800円　①4-309-76033-3　Ⓝ210.75

内容 最初の東京空襲　隣組と回覧板　横丁の防空演習　防空壕・ラジオ・灯火管制　ぜいたくは敵だ！　疎開と勤労動員始まる　B29帝都上空に出現　和平と世界の動き　炎の夜の三月一〇日　東京大空襲を生き抜いて―豊村美恵子さんの話/鎌田十六さんの話　三月一〇日の公式発表の裏に　その後の東京空襲と全被害　アメリカの爆撃命令書　無差別爆撃の町ゲルニカ、重慶…　そして、今…〔1016〕

◇東京大空襲と戦争孤児―隠蔽された真実を追って　金田茉莉著　影書房　2002.10　330p　20cm　2200円　①4-87714-293-2　Ⓝ210.75

内容 第1章 東京大空襲（隠されてきた東京大空襲　国家補償　東京空襲死者の追悼）　第2部 戦争孤児（日本の戦争孤児　学童疎開中の出来事　国の孤児対策　孤児たちの戦後）〔1017〕

《戦後～現代》

◇東京復興写真集―1945～46 文化社がみた焼跡からの再起　東京大空襲・戦災資料センター監修, 山辺昌彦, 井上祐子編　勉誠出版　2016.7　410p　31cm〈英語抄訳付　索引あり〉10000円　①978-4-585-27028-7　Ⓝ213.61

内容 1 街道風景1（露店・通行人）　2 街頭風景2（駅・商店看板）　3 復興祭・行事　4 社会事業・戦災者　5 教育・文化　6 公園・寺社・建物　解説・資料〔1018〕

東京史　　　　　　　　　　　　　　　　　　　　　　歴史・地理

◇東京戦後地図—ヤミ市跡を歩く　藤木TDC著
実業之日本社　2016.6　190p　21cm〈文献あ
り〉2400円　①978-4-408-11194-0　Ⓝ213.61
[内容]上野—青空市場の「ノガミの闇市」から巨大商
店街の「アメ横」へ　浅草—敗戦の混乱の中、いち
早く伝統の露店が復活した浅草寺界隈　谷中—戦後
から変わらない貴重な木造アーケードの横丁　神田
—多層構造の高架橋によって生まれた神田ヤミ市跡
の独自性　秋葉原—露天商たちが築いた秋葉原電気
街　新橋—ヤミ市の発展形態のすべてが詰まった歓
楽街の見本市　有楽町—戦後の有楽町を象徴した飲
食店街「すし屋横丁」物語　銀座三原橋—三十間堀
川埋立てをめぐる銀座の露店換地事情　池袋東口—
繁華街の発展に影響を与えた東口ヤミ市の露店換地
池袋西口—六〇年代まで戦後が残った駅西口の連鎖
商店街〔ほか〕　　　　　　　　　　　　　　〔1019〕

◇東京抒情　川本三郎著　春秋社　2015.12
270p　20cm　1900円　①978-4-393-44416-0
Ⓝ914.6
[内容]1 ノスタルジー都市東京(『東京人』が生まれた
ころ　新幹線と東京オリンピックの時代　遊園地へ
おでかけ ほか)　2 残影をさがして(明治維新の敗
者にとってのフロンティア　「水の東京」—「大東京
繁盛記」が伝える風景　荷風と城東電車 ほ
か)　3 文学、映画、ここにあり(文士が体験した関
東大震災　川を愛した作家たち　物語を生んだ坂 ほ
か)　　　　　　　　　　　　　　　　　　　〔1020〕

◇米軍が見た東京1945秋—終わりの風景、はじま
りの風景　佐藤洋一文・構成　洋泉社　2015.
12　223p　15×21cm〈表紙のタイトル：
TOKYO,AUTUMN　1945　文献あり〉2400
円　①978-4-8003-0809-2　Ⓝ213.61
[内容]第1部 東京1945クロニクル(1/27 京橋区銀座
2/27 東京東部 ほか)　第2部 視線を追跡する—皇
居、山手線、隅田川・荒川(皇居をめぐる　山手線を
めぐる ほか)　第3部 終わりの風景、はじまりの兆
し—10のエリア(浅草　日本橋・京橋 ほか)　第4部
消えた風景、消えた場所(なくなったもの　偽装建築
ほか)　　　　　　　　　　　　　　　　　　〔1021〕

◇昭和下町カメラノート　大西みつぐ著　日本写
真企画　2015.11　110p　21cm　1300円
①978-4-86562-021-4　Ⓝ291.361
[内容]店・商店街　路地　銭湯・酒場　川・池・水辺
眺望　花風流　祭り　伝統　建物　懐古　下町カメ
ラマップ　　　　　　　　　　　　　　　　　〔1022〕

◇占領下の東京下町—『葛飾新聞』にみる「戦後」
の出発　木村千惠子著　日本経済評論社
2014.10　300p　20cm　(同時代史叢書)
2800円　①978-4-8188-2355-6　Ⓝ213.61
[内容]1 占領下の地域新聞——一九四七年(昭和二二)
(敗戦と新聞　カスリーン台風の襲来)　2 明暗の中
の暮らし——一九四八年(昭和二三)(『葛飾自治新聞』
の時代　配給の日々　占領下にあるということ　た
くましく生きる　昭和二三年の事件・犯罪　昭和二
三年の民意)　3 復興と社会不安の狭間で——一九四九
年(昭和二四)(一九四九年という年　戦争のつめあ
と—戦争未亡人)　4 見えない戦争——一九五〇年(昭
和二五)(朝鮮戦争と葛飾)　5 兵士と遺族の戦後—
一九五一、五二年(昭和二六、二七)(戦死者を悼む

ということ)　　　　　　　　　　　　　　　〔1023〕

◇東京—2枚の地図を重ねて過去に思いを馳せる
昭和の大学町編　地理情報開発地図編集・製作,
光村推古書院編集部編　京都　光村推古書院
2014.2　127p　26cm　(重ね地図シリーズ)
〈文献あり〉2000円　①978-4-8381-0500-7
Ⓝ291.361
[内容]重ね地図[エリアマップ　重ね地図]　昭和の大
学町キャンパスライフをふりかえる。(都電マップ　青
春サウダージ—あの日の自分に会いに行く　東京今
昔散歩　プレイバック大学町　もうひとつのキャン
パス)　　　　　　　　　　　　　　　　　　〔1024〕

◇昭和の東京—加藤嶺夫写真全集　3　千代田区
加藤嶺夫著,川本三郎、泉麻人監修　デコ
2013.8　159p　21cm〈年譜あり〉1800円
①978-4-906905-03-4　Ⓝ213.61　　　　　〔1025〕

◇昭和の東京—加藤嶺夫写真全集　2　台東区
加藤嶺夫著,川本三郎、泉麻人監修　デコ
2013.5　159p　21cm〈年譜あり〉1800円
①978-4-906905-02-7　Ⓝ213.61　　　　　〔1026〕

◇昭和の東京地図歩き—対照地図付き　壬生篤著
廣済堂出版　2013.4　174p　21cm　1500円
①978-4-331-51716-1　Ⓝ291.361
[内容]第1章 東京駅と丸の内界隈　第2章 新宿—「角
筈」界隈“今昔”　第3章 銀座—その東京五輪の頃…
第4章 六本木—その歴史は繰り返す　第5章 赤坂—
その昭和30年代探訪　第6章 原宿—東京五輪が造っ
た街　第7章 渋谷—大変貌しつつあるこの町の過去
第8章 吉祥寺—その賑わいは、どこから？　第9章
浅草—「六区興行街」盛衰記　第10章 向島・押上—北
十間川を旅する　　　　　　　　　　　　　〔1027〕

◇昭和の東京—加藤嶺夫写真全集　1　新宿区
加藤嶺夫著,川本三郎、泉麻人監修　デコ
2013.3　159p　21cm〈年譜あり〉1800円
①978-4-906905-01-0　Ⓝ213.61
[内容]1 新宿駅周辺(東口都電終点　東口広場、西武新
宿駅　新宿三丁目、新宿通り、歩行者天国、日活オス
カー　新宿三丁目、昭和館、伊勢丹、末広亭 ほか)
2 百人町、大久保、落合、高田馬場、早稲田(北新宿
　北新宿百人町交差点　北新宿一・二丁目、大
久保通り、税務署通り　北新宿三丁目、小滝橋、神田
川、淀橋市場　百人町、新大久保駅、大久保駅 ほか)
3 飯田橋、市谷、四谷、信濃町(抜弁天通り、余丁町
市場　若松町電停、東京女子医大病院一号館　原町
神楽河岸、飯田橋再開発、飯田橋駅 ほか)　〔1028〕

◇昭和の記憶—写真家が捉えた東京　クレヴィス
2012.9　182p　26cm〈撮影：木村伊兵衛ほか
年表あり〉2400円　①978-4-904845-23-3
Ⓝ213.61
[内容]1 モダン東京と下町　2 戦時下の東京　3 廃墟
からの出発　4 復興する街　5 もはや戦後ではない
6 子どもが沢山いたころ　7 政治の時代　8 所得倍
増計画　9 いざなぎ景気　「昭和」を語る証言集　わ
たしの「昭和の記憶」　　　　　　　　　　　〔1029〕

◇東京—変わりゆく町と人の記憶—写真アーカイ
ブ　大橋富夫写真、益子義弘、永田昌民文スケッ

82　「東京」がわかる本 4000冊　　　　　　〔1019〜1030〕

歴史・地理　　　　　　　　　　　　　　　　　　　　　東京史

チ　武蔵野　秋山書店　2010.6　240p　26cm
2800円　Ⓘ978-4-87023-624-0　Ⓝ213.61
内容 材木のまち・木場　神田青果市場　東京証券取
引所　両国・立浪部屋　篠原演芸場　佐藤町・佐藤理
髪店　人形町清水湯　国鉄上野駅　新富町・都電荒川線電車
営業所　酒亭・伊勢藤　酒亭・暮六つ　酉の市　浅草・
鷲神社　行商に生きる　京成電鉄成田線「かつぎ屋電
車」　仮設の店・深谷　銀座路地裏　神田・ショパ
ン　東京の河川　本郷元町公園　本郷菊坂界隈　東
京藝術大学奏楽堂　目白ケ丘教会　台東区立　坂本小
学校　　　　　　　　　　　　　　　　　　　〔1030〕

◇60年代郷愁の東京　本橋信宏著　主婦の友社
2010.6　191p　19cm　1300円　Ⓘ978-4-07-
270343-4　Ⓝ291.36
内容 東京オリンピックの残照　トトロの森と焼き団
子、たっちゃん池の謎　吉展ちゃん誘拐事件のあの
日をふりかえって。　花園神社、母子2代のドラマ
名曲神田川にまつわる隠されたエピソードを探る。
ブラック・デビルが昇った芦花公園ガスタンク　忘
れ去られた東京の記憶　武道館で別れて38年。あれ
からきみはどうしていたんだ。　東京タワーが砕け
散った夜　1963年夏、大久保の赤塚不二夫のアパー
トを追って…。　サンデー、マガジン、明星に載っ
ていた怪しげな広告を追って　赤坂MUGENとキャ
ロル　60年代ショービズはキャンティの緑色したス
パゲティから始まった　平和島温泉、ジングルベル
を歌う14歳の吉永小百合　晴天の午前、42年前の驟
雨に起きた3億円事件の謎を思う　東大安田講堂でポ
ルシェと帝大不下水を想う。　1Q72…鬼子母神の美少
女　　　　　　　　　　　　　　　　　　　　〔1031〕

◇石川光陽写真展―警視庁カメラマンが撮った昭
和モダンの情景　石川光陽撮影, 金子隆一監修,
東京ステーションギャラリー, 昭和館編　東京
ステーションギャラリー　c2010　40p　30cm
〈会期・会場：2010年12月7日～3月21日　旧新
橋停車場鉄道歴史展示室　年表あり〉　Ⓝ213.61
　　　　　　　　　　　　　　　　　　　　　〔1032〕

◇大人の東京散歩―「昭和」を探して　鈴木伸子
著　河出書房新社　2009.10　269p　15cm
〈河出文庫　す12-1〉　660円　Ⓘ978-4-309-
40986-3　Ⓝ291.361　　　　　　　　　　　〔1033〕

◇Tokyo 1969　立川直樹著　日本経済新聞出版社
2009.6　374p　21cm　〈本文は日本語　文献あ
り〉　2700円　Ⓘ978-4-532-16701-1　Ⓝ213.61
内容 1 Changes　2 六本木　3 Rock On　4 渋谷
5 Memories　6 新宿　7 Lost　8 青山　9 Value
　　　　　　　　　　　　　　　　　　　　　〔1034〕

◇昭和の東京―路上観察者の記録　路上観察学会
著　ビジネス社　2009.2　189p　21cm　〈著作
目録あり〉　2300円　Ⓘ978-4-8284-1472-0
Ⓝ213.61
内容 第1部 建築でたどる "昭和の東京" の旅（現人神
社　下宿屋本郷館　ほか）　第2部 街角の匠 装飾の
美（まじめライオン　ビルの森　ほか）　第3部 路上
観察珍品・名品コレクション（あさくさ蜃気楼　構想
倒れのビル　ほか）　路上観察学会五人衆 思い出の昭
和の東京　　　　　　　　　　　　　　　　　〔1035〕

◇東京あの時ここで―昭和戦後史の現場　共同通
信社編　新潮社　2009.2　329p　16cm　（新潮
文庫　き-18-2）〈文献あり〉　514円　Ⓘ978-4-
10-122422-0　Ⓝ213.6
内容 第1章 占領から独立へ　第2章 繁栄に向かう足
音　第3章 政治のうねりと高度成長　第4章 広がる
巨大都市　第5章 爛熟する文化と経済　第6章 ひと
つの時代の終わり　　　　　　　　　　　　　〔1036〕

◇昭和40年会の東京案内　昭和40年会著　Akio
Nagasawa Publishing　2008.8　307p　19cm
〈発売：赤々舎〉　1800円　Ⓘ978-4-903545-30-1
Ⓝ291.361
内容 マツキヨ、ドンキ、ビックカメラ―買い物都市
「TOKYO」での買い物術　オレに酒を教えた店―松
蔭浩之、男の酒を語る！　東京の待ち合わせ場所
―ハチ公前広場で行う人間観察　千代田区は東京の
「狩り場」―掘り出し物を求めて古書街から電気街へ
ディープ下町、北千住―NY在住作家が愛する日本の
ディープ下町　東京っていったいどこだ？―埼玉
県東京説が浮上！　その理由は…　永遠のガキ大将
が住む町、向島―江戸の町にいまでも残る職人魂　オ
レの住むとこ？　ウン、渋谷！―松蔭浩之が都心
に住む理由　東京にもう一度「たまり場」を―「行け
ば誰かに会える」場所　東京のパブリックアートを
考える―パブリックアートは果たして必要か？〔ほ
か〕　　　　　　　　　　　　　　　　　　　〔1037〕

◇昭和―失われた風景・人情　秋山真志著　ポプ
ラ社　2008.7　277p　19cm　〈文献あり〉　1500
円　Ⓘ978-4-591-10426-2　Ⓝ213.61
内容 お化け煙突―東京下町のシンボルだった四本の
煙突　東京オリンピックの開会式、無数の鳩たちが大
空を羽ばたいた―伝書鳩　屋上遊園地―デパートの
屋上に子供たちの笑顔があふれていた頃　マンガ界
の星たちが暮らした伝説のアパート―トキワ荘　丸
の内ビルヂング―人々の憧れがつまった国民的ビル、
「丸ビル」繁盛物語　江戸から続いた夏の風物詩、「両
国の川開き」の火が消えたとき―両国の大花火　ト
ロリーバス―かつて電気で走る「バス」という名の電
車があった　彼らが歌った名曲「ぼくらの町は川っ
ぷち」の町―西六郷少年少女合唱団　淀橋浄水場―
高層ビルが林立する前、新宿副都心には広大な浄水
場があった　小遣いを握りしめ日参した、あの甘く
て懐かしい菓子屋はいま―駄菓子屋　下谷万年町―
「東京三大貧民窟」にあった人情長屋暮らし　幾多の
銀行が産声をあげた日本橋の歴史―銀行の町・日本
橋　玉川電車―いまでも東京町風情が残る玉電の
走った跡　運河に筏や材木が浮かんでいた木場の商
いと人々の物語―木場・材木と川並　野球場―東京
のあちこちで野球観戦の歓声が響きわたった頃　中
央線作家井伏鱒二が描いた『荻窪風土記』のいま―
中央線の文士　　　　　　　　　　　　　　　〔1038〕

◇昭和の風景―藤崎成子氏寄贈写真集　藤崎光淳
撮影, 板橋区教育委員会生涯学習課編　板橋区
教育委員会　2008.2　86p　30cm　（文化財シ
リーズ　第93集）〈年譜あり〉　Ⓝ213.6　〔1039〕

◇東京慕情―昭和30年代の風景　田中哲男著　東
京新聞出版局　2008.1　208p　26cm　1143円
Ⓘ978-4-8083-0888-9　Ⓝ213.61
内容 集団就職（繁栄支えた若者の涙と汗　『あゝ上
野駅』望郷の応援歌）　街頭紙芝居―夜の病室　最後

〔1031～1040〕　　　　　　　　　　　「東京」がわかる本 4000冊　83

の“独演会” 第二松江小——一円募金で生まれた校歌 東京タワー——揺れる天空で決死の塗装 蟻の町のマリア——極貧に捧げた28歳の青春 月島追憶——元気な子願って裸騎馬戦 狩野川台風——水没の町 孤軍奮闘の若者 新内流し舟——大川端に響いた粋な歌声 お化け煙突——下界の人が豆粒に見えた 佃島物語（激変の情景 消えゆく古老 幼なじみを結んだ赤い糸）〔ほか〕 〔1040〕

◇戦後10年東京の下町 京須偕充著 文藝春秋 2007.10 190p 18cm （文春新書） 710円 ⓘ978-4-16-660600-9 Ⓝ213.61
内容 1 過疎の下町（こんな「東京」があった ここいらは神田村 ほか） 2 東京の牧歌（手作りラジオがはやる ラジオで背伸びをした ほか） 3 昔話の戦後（都電と国電 芝居見物と電車 ほか） 4 牧歌の終章（朝鮮戦争と日本の“独立” 学校と大雪と忠臣蔵 ほか） 〔1041〕

◇東京のちょっと昔——30年前の下町風景 若目田幸平著 平凡社 2007.10 191p 26cm 2000円 ⓘ978-4-582-27765-4 Ⓝ213.61
内容 第1章 下町の風景 第2章 元気な子ども 第3章 下町の暮らし 第4章 祭りと盛り場 第5章 路地と横丁 第6章 作る、商う、働く 第7章 庶民の素顔 第8章 七〇年代東京風俗 豆腐屋カメラマンの飛び込み撮影術（西田成夫） 〔1042〕

◇東京変貌——航空写真に見るこの50年の東京 1958 2006 「東京変貌」プロジェクトチーム編 幻冬舎メディアコンサルティング 2007.10 123p 21cm 〈発売：幻冬舎〉 1400円 ⓘ978-4-344-99593-2 Ⓝ213.61
内容 東京駅 有楽町 日比谷 霞が関 永田町 新橋 汐留 芝大門 品川 天王洲 大崎 五反田 目黒 中目黒 恵比寿 代官山 渋谷 原宿 表参道 鳥の眼、虫の眼。——この50年の東京 青山 乃木坂 六本木 赤坂 代々木 東新宿 西新宿 高田馬場 目白 池袋 巣鴨 日暮里 上野 秋葉原 両国 人形町 日本橋 銀座 築地 木場 東雲 台場 浜田山 下北沢 三軒茶屋 二子玉川 自由が丘 田園調布 光が丘 市ヶ谷 〔1043〕

◇下町や東京昭和遠ざかる 村岡秀男著 彩流社 2007.8 158p 21cm 〈おもに図〉 2000円 ⓘ978-4-7791-1282-9 Ⓝ213.61
内容 遥かな東京下町 懐かしき店頭 向こう三軒両隣 看板は変わらねど 街並み今昔 所変わらず主変わる 昔если いまも在り 〔1044〕

◇追憶の街 東京——昭和22年～昭和37年 薗部澄写真集 薗部澄写真、アーカイブス出版編集部編 アーカイブス出版 2007.8 175p 27cm 2800円 ⓘ978-4-903870-20-5 Ⓝ213.6
内容 第1章 東京都心（丸の内 皇居 ほか） 第2章 東京副都心（新宿・渋谷 戸山 ほか） 第3章 東京都民の暮らし（飯倉片町 巣鴨 ほか） 第4章 東京の田園風景（三鷹 新宿 ほか） 第5章 東京の記憶、そして旅立ち（吉田内閣の退陣を要求するデモ 婦人警察官 ほか） 〔1045〕

◇東京——忘却の昭和三〇年代 金子桂三著 河出書房新社 2007.5 189p 27cm 〈おもに図〉 2500円 ⓘ978-4-309-26955-9 Ⓝ213.61

内容 午後、浅草 銀座、京橋、有楽町 水辺の記憶——羽田 寄席三昧 忘却の東京 消えた下町 東京育ち——子どもの風景 〔1046〕

◇東京版アーカイブス——「あの頃のニュース」発掘 泉麻人著 朝日新聞社 2007.3 229p 19cm 1400円 ⓘ978-4-02-250264-3 Ⓝ213.6
内容 杉並に競艇場建設？ 王子の隠れ名所・鳴龍 西郷さん銅像下の百貨店 栃錦と山口シヅエの対談 踊るパチンコ屋 目黒のヤギ乳工場 右内回り標識機 サシミとラムネの不良時代 福引景品のテレビ 自動車の町 鮫洲〔ほか〕 〔1047〕

◇名作写真と歩く、昭和の東京 川本三郎著 平凡社 2007.1 165p 21cm 1600円 ⓘ978-4-582-23116-8 Ⓝ291.361 〔1048〕

◇図説占領下の東京——Occupation forces in Tokyo,1945-52 佐藤洋一著 河出書房新社 2006.7 143p 22cm （ふくろうの本） 〈年表あり 文献あり〉 1600円 ⓘ4-309-76083-X Ⓝ210.762
内容 序章 占領期の東京へ 第1章 「帝都」の崩壊——空襲から接収へ 第2章 軍事施設の解体と接収地 第3章 都心部の接収地をめぐる 第4章 ディペンデント・ハウジング・エリア——占領軍家族住宅地区 第5章 USハウス——接収住宅 第6章 もう一つの世界 〔1049〕

◇40年前の東京——昭和38年から昭和41年 春日昌昭のトウキョウ 春日昌昭写真、佐藤嘉尚文 生活情報センター 2006.7 239p 31cm 3800円 ⓘ4-86126-273-9 Ⓝ213.61
内容 プロローグ 「お呼びじゃない」世代 昭和39年（1964）年という年——春日昌昭が駆け抜けた時代 1 マチノナカ 2 トウキョウビト 3 マチヲメグル 4 マチヲアルク 5 カンバン 6 ドコヘ 7 アサクサ 凛とした男——春日昌昭物語 〔1050〕

◇追憶の東京 下町、銀座篇 小針美男絵・文、川本三郎編・文 河出書房新社 2006.3 127p 21cm （らんぷの本） 1500円 ⓘ4-309-72750-6 Ⓝ213.61
内容 第1章 荷風のいた町 第2章 下町人の遊び場——浅草、上野、銀座 第3章 今宵も酒を一杯 第4章 遠い日の映画館と劇場 第5章 水辺の風景 第6章 わが下町 〔1051〕

◇60年代「燃える東京」を歩く ビートたけし、日高恒太朗、須藤靖貴、山崎マキコ他著 JTBパブリッシング 2005.5 176p 21cm 1500円 ⓘ4-533-05963-5 Ⓝ291.36
内容 1960 六〇年安保闘争 1962 爆発魔・草加次郎事件 1963 吉展ちゃん誘拐事件 1964 東京モノレール開業 東海道新幹線開業 東京オリンピック マラソンの奇跡、ランナーの悲劇 1966 ザ・ビートルズ来日 1968 霞が関超高層ビル 永山則夫連続射殺事件 新宿騒乱・10.21国際反戦デー 三億円強奪事件 1969東大紛争 アポロ11号月面軟着陸 天井桟敷・状況劇場乱闘事件 〔1052〕

◇東京懐かしの昭和30年代散歩地図 ブルーガイド編集部編 実業之日本社 2005.2 130p 20

84 「東京」がわかる本 4000冊 〔1041～1053〕

歴史・地理　　　　　　　　　　　　　　　　　　　　　　各地の歴史

×21cm〈年表あり　文献あり〉1600円　Ⓘ4-
408-00795-1　Ⓝ213.61
[内容] 銀座・京橋　日本橋・人形町　丸の内・有楽町・
日比谷　赤坂・国会議事堂　六本木・麻布十番　渋
谷・原宿・表参道　新宿・早稲田　池袋　神保町・御
茶ノ水　本郷〔ほか〕　　　　　　　　　　　　〔1053〕

◇昭和30年代東京散歩―古地図・現代図で歩く
人文社編集部企画・編集　人文社　2004.8
128p　26×29cm　（古地図ライブラリー　別
冊）〈年表あり〉2400円　Ⓘ4-7959-1296-3
Ⓝ291.361
[内容] 特集　昭和30年代　特集　東京の昭和30年代　千
代田区　中央区　港区　新宿区　文京区　台東区
墨田区　江東区〔ほか〕　　　　　　　　　　　〔1054〕

◇もう取り戻せない昭和の風景　東京編　布川秀
男写真・文　東洋経済新報社　2004.5　191p
21cm〈年表あり〉1900円　Ⓘ4-492-22250-2
Ⓝ210.76
[内容] 路地・界隈の風景　住み続けた家の風景　いと
なみの風景　水のある風景　樹のある風景　季節の
風景　空き地の風景　流動する都市の風景　〔1055〕

◇昭和の暮らしを追ってみる　板谷敏弘責任編集
中央公論新社　2003.3　124p　21cm　（江戸東
京歴史探検　第6巻　東京都江戸東京博物館監
修）　1800円　Ⓘ4-12-490227-1　Ⓝ213.6
[内容] 都市の生活と職（開業時は「モダン」が売り―
地下鉄沿線案内　路線周辺の名所鮮やかに―小田急
電車沿線案内　ほか）　出版と娯楽（文中に痛々しい
伏せ字―『ナップ』創刊号　独学でエネルギッシュ
に―御徒町駅東京夜曲A　ほか）　戦争と都民（空から
撒かれた原隊復帰の指令―「下士官兵ニ告グ」（二・
二六事件ビラ）　戦時に埋もれた臨海部開発の夢―
紀元二千六百年記念日本万国博覧会「東京会場鳥瞰
図」　ほか）　戦後復興（鮮烈なカラー写真―占領下
の東京・銀座　戦後言論界の“出発点”―『新生』創
刊号―「隣
組」を巡って　戦時下に生きる人びとの暮らし―「隣
組」を巡って　　　　　　　　　　　　　　　　〔1056〕

◇昭和30年代懐かしの東京　正井泰夫監修　平凡
社　2001.9　95p　19cm　1300円　Ⓘ4-582-
44309-5　Ⓝ213.61
[内容] 懐かし写真館　懐かしの街（銀座　日本橋　丸
ノ内　御茶の水　上野　浅草　池袋　新宿東口　新
宿西口　赤坂　六本木・麻布十番　渋谷）　都電路線
図　　　　　　　　　　　　　　　　　　　　　〔1057〕

◇MPのジープから見た占領下の東京―同乗警察
官の観察記　原田弘著　草思社　1994.12
246p　22cm〈関連年表：p241～246〉1800円
Ⓘ4-7942-0579-1　Ⓝ317.7
[内容] 第1章　焼跡に立つ警察官　第2章　ジープで占領
下の東京を走る―第一次MP同乗勤務　第3章　アメ
リカと日本のあいだで―第二次MP同乗勤務　第4章
不思議な時代だったあのころ　第5章　街娼取締りか
ら脱走兵の逮捕まで　第6章　MPライダーの終わり
とひとつの時代の終わり　　　　　　　　　　　〔1058〕

◇昭和の東京―あのころの街と風俗　石川光陽著
朝日新聞社　1993.9　212p　15cm　（朝日文
庫）〈昭和62年刊の増訂〉700円　Ⓘ4-02-

260779-3　Ⓝ213.6
[内容] 戦前（銀座　東京駅前　神田・御茶の水　六本
木交差点　赤坂見附界隈　警察署　ほか）　戦中（空
襲　銃後　昭和二十年の日記から〈敗戦まで〉）　戦
後（敗戦　昭和二十年の日記から〈敗戦後〉八雲の自
宅　焼け跡闇市　米兵）　　　　　　　　　　　〔1059〕

◇東京の戦後―田沼武能写真集　田沼武能著　筑
摩書房　1993.8　205p　27cm　4500円　Ⓘ4-
480-87230-2　Ⓝ291.36
＊街のざわめき、路地裏のぬくもり、子どもたちの輝
き。ぬくもりと喧騒のあの時代。　　　　　　　〔1060〕

◇昭和30年東京ベルエポック　川本三郎編、田沼
武能写真　岩波書店　1992.12　94p　26cm
（ビジュアルブック江戸東京　4）　1800円　Ⓘ4-
00-008484-4　Ⓝ213.6
[内容] 日本橋・銀座　渋谷・新宿　池袋・上野　浅草・
佃島　東京下町―ふるさとの原風景　　　　　　〔1061〕

各地の歴史

《23区》

◇足立区の昭和―写真アルバム　長岡　いき出版
2016.6　279p　31cm〈発売：東京都東部教科
書供給〉9250円　Ⓘ978-4-904614-81-5　Ⓝ213.
61　　　　　　　　　　　　　　　　　　　　　〔1062〕

◇好奇心まち歩きすみだ歴史散歩　松本こーせい
著　宮崎　鉱脈社　2016.3　321p　21cm〈年
表あり　文献あり〉2000円　Ⓘ978-4-86061-
617-5　Ⓝ213.61
[内容] すみだの沿革と基礎知識（すみだ沿革史　すみ
だ基礎知識）　好奇心まち歩き散歩コース（浅草橋駅
両国　千歳　両国駅―江戸の盛り場「両国」新開地の成
り立ちを歩く　両国駅　横網　両国駅―「倉庫地」「関
東大震災」「再開発」の時間の地層　菊川駅　菊川　立
川　緑　亀沢　石原　両国駅―「大名屋敷、組屋敷」と
「岡場所」の騒動・事件の現場を歩く　ほか）「すみだ
人」の心意気―まとめと展望（すみだ初めて物語　武
家・町人の騒動と心意気　すみだ歴史年表　ほか）
　　　　　　　　　　　　　　　　　　　　　　〔1063〕

◇江東区のあゆみ―江戸から平成　江東区政策経
営部広報広聴課編　江東区政策経営部広報広聴
課　2016.3（11刷）　150p　19cm〈年表あり〉
Ⓝ213.61　　　　　　　　　　　　　　　　　　〔1064〕

◇隅田川をめぐる文化と産業―浮世絵と写真でみ
る江戸・東京　たばこと塩の博物館編　たばこ
と塩の博物館　2016.1　71p　26cm〈会期：
2016年1月5日～3月21日〉Ⓘ978-4-924989-72-6
Ⓝ213.61　　　　　　　　　　　　　　　　　　〔1065〕

◇練馬区の昭和―写真アルバム　長岡　いき出版
2015.12　279p　31cm〈発売：東京都東部教科
書供給〉9250円　Ⓘ978-4-904614-73-0　Ⓝ213.
61　　　　　　　　　　　　　　　　　　　　　〔1066〕

◇本郷台・大東京の街づくり史　岩田俊二著　農

「東京」がわかる本　4000冊　　85

林統計出版　2015.12　131p　21cm　〈文献あり
年表あり〉2000円　Ⓘ978-4-89732-333-6
Ⓝ518.8
内容 本郷台の自然条件　本郷台の原始居住　武蔵国
の成立と湯島郷　太田道灌の江戸築城と主要交通路
近世本郷台発展の要因　江戸創生期の本郷のまちづ
くり　町奉行支配地域と本郷・湯島　神田川拡削　江
戸の大火と本郷・湯島　江戸の消防体制の確立と防
火まちづくりの実施〔ほか〕　　　　　　　〔1067〕

◇目で見る中野区の100年―写真が語る激動のふ
るさと一世紀　松本　郷土出版社　2015.6
222p　31cm　9250円　Ⓘ978-4-86375-239-9
Ⓝ213.61　　　　　　　　　　　　　　〔1068〕

◇語り継ぐ赤坂・青山あの日あの頃　第2弾　港
区赤坂・青山地区タウンミーティング赤坂青山
歴史伝承塾編　港区赤坂地区総合支所協働推進
課　2015.3　38p　30cm　〈第2弾のタイトル関
連情報：焼け野原からオリンピックの頃まで〉
Ⓝ213.61　　　　　　　　　　　　　　〔1069〕

◇深沢・桜新町100年史―新町住宅地の分譲開始
から100年私たちのまちは、こうして形づくら
れました　1913-2013　深沢・桜新町さくら
フォーラム編　深沢・桜新町さくらフォーラム
2015.3　68p　21cm　〈年表あり〉非売品
Ⓝ213.61　　　　　　　　　　　　　　〔1070〕

◇目で見る目黒区の100年―写真が語る激動のふ
るさと一世紀　松本　郷土出版社　2015.3
222p　31cm　9250円　Ⓘ978-4-86375-231-3
Ⓝ213.61　　　　　　　　　　　　　　〔1071〕

◇江戸川区の昭和―写真アルバム　長岡　いき出
版　2015.1　279p　31cm　〈発売：東京都東部
教科書供給〉9250円　Ⓘ978-4-904614-59-4
Ⓝ213.61　　　　　　　　　　　　　　〔1072〕

◇目で見る豊島区の100年―写真が語る激動のふ
るさと一世紀　松本　郷土出版社　2014.8
222p　31cm　9250円　Ⓘ978-4-86375-217-7
Ⓝ213.61　　　　　　　　　　　　　　〔1073〕

◇目で見る文京区の100年―写真が語る激動のふ
るさと一世紀　松本　郷土出版社　2014.6
222p　31cm　〈文献あり〉9236円　Ⓘ978-4-
86375-211-5　Ⓝ213.61　　　　　　　〔1074〕

◇なつかしや神田―江戸っ子着物絵師の昭和　松
柏岩崎敬一著　鶴書院　2014.4　135p　19cm
〈発売：星雲社〉1000円　Ⓘ978-4-434-18932-6
Ⓝ382.1361
内容 1部　神田界隈の風俗と風物誌（神田界隈の風物詩
と庶民の暮らし　服装と髪形）　2部　エッセイ戦争と
私（忍び寄る軍靴の音と物不足　戦時体制へ　終戦、
そして戦後）　　　　　　　　　　　　　〔1075〕

◇隅田川と本所・向島―開発と観光　東京都江戸
東京博物館都市歴史研究室編　東京都　2014.3
165p　図版〔29〕枚　30cm　（東京都江戸東
京博物館調査報告書　第28集）　〈共同刊行：東京

都歴史文化財団東京都江戸東京博物館〉Ⓘ978-
4-924965-87-4　Ⓝ213.61　　　　　　〔1076〕

◇千代田"新発見"―新収蔵・新発見資料展　平成
25年度文化財企画展　千代田区立日比谷図書文
化館文化財事務室編　千代田区教育委員会
2014.1　63p　30cm　〈会期：平成26年1月27日
―3月3日〉Ⓝ213.61　　　　　　　　〔1077〕

◇北区こぼれ話　北区立中央図書館　北区立中
央図書館　2013.12　109p　26cm　Ⓝ213.61
　　　　　　　　　　　　　　　　　　〔1078〕

◇大千住展―町の繁栄と祝祭　平成二十五年度特
別展　足立区立郷土博物館編　足立区立郷土博
物館　2013.11　96p　30cm　〈会期：平成25年
11月6日―平成26年1月26日〉Ⓝ213.61　〔1079〕

◇目で見る港区の100年―写真が語る激動のふる
さと一世紀　松本　郷土出版社　2013.7　222p
31cm　9500円　Ⓘ978-4-86375-198-9　Ⓝ213.
61　　　　　　　　　　　　　　　　　〔1080〕

◇日本橋・銀座の400年―ビジュアルアーカイブ
ス　東京都中央区　竹内誠監修　ミヤオビパブ
リッシング　2013.6　189p　30cm　〈文献あり
年表あり〉　発売：宮帯出版社（京都）〉4500円
Ⓘ978-4-86366-890-4　Ⓝ213.61　　　　〔1081〕

◇粋なまち神楽坂の遺伝子　粋なまちづくり倶楽
部著　東洋書店　2013.4　237p　21cm　2500
円　Ⓘ978-4-86459-107-2　Ⓝ213.61
内容 1　まちの遺伝子　2　神楽坂の地形と景観構造　3
神楽坂のまちの成り立ち　4　神楽坂の歴史的建築と
まちなみ　5　神楽坂のまちづくり　6　進化する神楽
坂　　　　　　　　　　　　　　　　　　〔1082〕

◇北区を想う　北本正雄述,「北区を想う」編集委
員会編　東京都北区立中央図書館　2013.3
283,4p　21cm　（シリーズ古老が語る北区　1）
〈折り込　1枚　年譜あり〉Ⓝ213.61　　〔1083〕

◇目で見る北区の100年―写真が語る激動のふる
さと一世紀　松本　郷土出版社　2013.3　222p
31cm　9500円　Ⓘ978-4-86375-193-4　Ⓝ213.
61　　　　　　　　　　　　　　　　　〔1084〕

◇大田区品川区なつかしの写真館　西村敏彦著
ハーツ＆マインズ　2013.1　98p　22×31cm
〈発売：メディアパル〉1900円　Ⓘ978-4-
89610-260-4　Ⓝ213.61
内容 第1章　大田区大森編　第2章　大田区蒲田編　第
3章　大田区調布編　第4章　品川区編　　〔1085〕

◇目で見る杉並区の100年―写真が語る激動のふ
るさと一世紀　松本　郷土出版社　2012.6
223p　31cm　9500円　Ⓘ978-4-86375-166-8
Ⓝ213.61　　　　　　　　　　　　　　〔1086〕

◇東京懐しの街角　加藤嶺夫著　新装版　河出書
房新社　2012.5　238p　27cm　2500円
Ⓘ978-4-309-27329-7　Ⓝ213.61

歴史・地理　　　　　　　　　　　　　　　　　　　　　　　　　各地の歴史

内容 千代田区　中央区　港区　新宿区　文京区　台東区　墨田区　江東区　品川区　目黒区　大田区　世田谷区　渋谷区　中野区　杉並区　豊島区　北区　板橋区　練馬区　台東区　墨田区　江東区　荒川区　足立区　葛飾区　江戸川区　　　　　　　　〔1087〕

◇語り継ぐ赤坂・青山あの日あの頃―赤坂・青山の『まちの記憶』を遺したい　港区赤坂・青山地区タウンミーティングまちの歴史伝承分科会編　港区赤坂地区総合支所協働推進課　2012.3　58p　30cm〈年表あり〉Ⓝ213.61　　〔1088〕

◇企画コーナー展示新選組誕生前夜―新選組の"生みの親"清河八郎の軌跡，交流企画展中山道板橋宿　洋式兵学の系譜と新選組の軌跡を辿って，新撰組・新徴組関係史料調査報告　日野市　2012.3　104p　30cm　（日野市立新選組のふるさと歴史館叢書　第9輯）〈会期・会場：平成22年12月14日―平成23年2月20日　日野市立新選組のふるさと歴史館ほか　年譜あり　製作：日野市立新選組のふるさと歴史館（日野）〉Ⓝ289.1　　　　　　　　〔1089〕

◇上野・浅草・隅田川歴史散歩―重ね地図で江戸を訪ねる　台東区文化産業観光部にぎわい計画課，台東区教育委員会生涯学習課，台東区立中央図書館池波正太郎記念文庫編　新装版　東京都台東区　2012.2　51p　30cm〈奥付のタイトル：「重ね地図で江戸を訪ねる上野・浅草・隅田川歴史散歩」台東区　ルーズリーフ　年表あり〉Ⓝ291.361　　　　　　　　〔1090〕

◇文化都市千代田―江戸の中心から東京の中心へ：平成23年度文化財特別展　千代田区立日比谷図書文化館文化財事務室編　千代田区教育委員会　2012.1　95p　30cm〈会期・会場：平成24年1月17日―3月11日　千代田区立日比谷図書文化館　付属資料：30p：別冊史料集　年表あり〉Ⓝ213.61　　　　　　　　〔1091〕

◇練馬ふるさと事典　練馬古文書研究会編　東京堂出版　2011.11　305p　22cm〈年表あり　索引あり〉4800円　Ⓘ978-4-490-10812-5　Ⓝ213.61
内容 自然　地名　考古　古代・中世　近世　近代　現代　民俗　宗教　文化人　付録　　〔1092〕

◇目で見る大田区の100年―写真が語る激動のふるさと一世紀　松本　郷土出版社　2011.6　222p　31cm　9500円　Ⓘ978-4-86375-134-7　Ⓝ213.61　　　　　　　　　　　〔1093〕

◇深川木場物語　山本鉱太郎著　柏　たけしま出版　2011.4　375p　19cm　2400円　Ⓘ978-4-925111-42-3　Ⓝ213.61　　　　　〔1094〕

◇青山文化研究―その歴史とクリエイティブな魅力　井口典夫編著　宣伝会議　2011.3　246p　21cm　（青山学院大学総合研究所叢書）〈執筆：東伸一ほか　年表あり〉2000円　Ⓘ978-4-88335-248-7　Ⓝ361.78

内容 序章 青山文化の定義―Definition　第1章 青山の源泉―Origin　第2章 文化産業の集積―Fashion　第3章 文化施設の立地―Art　第4章 クリエイティブ青山―Design　第5章 青山からの発信―Media　終章 青山文化の全体像―Overview　資料 青山文化年表―History　　　　　　　　　　　　〔1095〕

◇荒川の昔―水辺の記憶　荒川の昔を伝える会編　足立区都市建設部みどりと公園推進室公園整備課　2011.3　70p　26cm〈共同刊行：足立区荒川ビジターセンター　年表あり〉Ⓝ213.61　　　　　　　　　　　　　　　　　〔1096〕

◇両国地域の歴史と文化　東京都江戸東京博物館都市歴史研究室編　東京都　2011.3　228p　図版〔17〕枚　30cm　（東京都江戸東京博物館調査報告書　第24集）〈共同刊行：東京都歴史文化財団東京都江戸東京博物館〉Ⓘ978-4-924965-74-4　Ⓝ213.61　　　　　　　　〔1097〕

◇しむら―企画展　板橋区立郷土資料館編　板橋区立郷土資料館　2011.2　51p　30cm〈会期：平成23年2月11日―3月21日〉Ⓝ213.61　〔1098〕

◇墨田区史　通史編　墨田区編　墨田区　2010.12　932p　図版〔16〕枚　31cm〈文献あり〉Ⓝ213.61　　　　　　　　　　　〔1099〕

◇墨田区史　年表・資料編　墨田区編　墨田区　2010.12　299p　31cm　Ⓝ213.61　　〔1100〕

◇昭和30年・40年代の墨田区―なつかしい昭和の記録　三冬社編　三冬社　2010.9　83p　27cm〈文献あり　年表あり〉1900円　Ⓘ978-4-904022-62-7　Ⓝ213.61
内容 錦糸町に見る戦後の復興　墨田の産業　なつかしの都電・トロリーバスで見る墨田　墨田区内の駅舎と鉄道　江戸から続く歓楽地「両国」　墨田を楽しむ　将軍吉宗と「墨堤の桜」と「向島」　墨田の祭り　墨田の名店　墨田の原風景　墨田の商店街　墨田の町並み・大通り・裏通り　墨田の川と橋　墨田区の公共施設　隅だの映画館　墨田の開発　あの時　墨田の子供たち　思い出の小学校　墨田の災害・水害・汚染　墨田区年表　　　　〔1101〕

◇すみだクロニクル―目で見る墨田区60年の年代記 chronicle 1947-2008　墨田区編　墨田区　2010.9　145p　30cm　（「墨田区史」別冊）Ⓝ213.61　　　　　　　　　　　〔1102〕

◇江東幕末発見伝！―平成22年度特別企画展図録　江東区文化コミュニティ財団江東区深川江戸資料館編　江東区文化コミュニティ財団江東区深川江戸資料館　2010.7　99p　30cm〈会期：平成22年7月24日―8月15日　年表あり　文献あり〉Ⓝ213.61　　　　　　　　〔1103〕

◇発掘！　あらかわの遺跡展―平成22年度荒川ふるさと文化館第1回企画展　荒川区教育委員会，荒川区立荒川ふるさと文化館編　荒川区教育委員会　2010.7　79p　30cm〈会期：平成22年7月31日―9月5日　共同刊行：荒川区立荒川ふるさと文化館　年表あり　文献あり〉Ⓝ213.61

〔1088〜1104〕　　　　　　　　　　「東京」がわかる本 4000冊　87

各地の歴史　　　　　　　　　　　　　　　　　　　　歴史・地理

〔1104〕

◇23区今昔物語—歴史を辿る　特別区協議会総務
部企画財政課編　特別区協議会　2010.5　97p
30cm　(区政会館だより別冊)
〔1105〕

◇昭和30年・40年代の江東区—なつかしい昭和の
記録　1955年〜1974年　青木満監修　三冬社
2010.2　77p　27cm　〈文献あり　年表あり〉
1900円　Ⓘ978-4-904022-58-0　Ⓝ213.61
内容 変貌する臨海部　運河と水門　川と橋　都電
営団地下鉄東西線　バス　JR(旧国鉄)　道　神社・
寺　深川八幡祭り〔ほか〕
〔1106〕

◇大田区・品川区関連の戦国と幕末—関の声が聞
こえてくる　名所を訪ねて、歴史に学ぶ、人物に
学ぶ　西村敏康著　ハーツ＆マインズ　2009.
12　112p　29cm　〈背のタイトル：戦国と幕末〉
933円　Ⓘ978-4-9903881-1-9　Ⓝ213.61　〔1107〕

◇昭和30年・40年代の北区—なつかしい昭和の記
録　三冬社編　三冬社　2009.12　77p　27cm
〈文献あり　年表あり〉　1900円　Ⓘ978-4-
904022-57-3　Ⓝ213.61
内容 昭和30年代、40年代の北区の特徴　浮世絵が示
す北区は江戸時代から続く名所　北区の生い立ち—
スタートは戦後の復興から始まる　商店街　馬鹿祭
りの元祖　赤羽一番街　多種多様のお店がひしめく十
条銀座　神社と祭事　北区鉄道の始まり　鉄道　映
画館〔ほか〕
〔1108〕

◇昭和30年・40年代の江戸川区—なつかしい青春
の記憶　村上昌、野島寿三郎監修　三冬社
2009.10　77p　27cm　〈文献あり　年表あり〉
1900円　Ⓘ978-4-904022-56-6　Ⓝ213.61
内容 想い出は川を流れる　「紙くず」こそ文化　江
戸川区 "77歳" 喜寿—その発展の足跡は　川と橋の
ある風景　川と橋　浦安橋と妙見島　漁業　葛西海
苔　災害　道　商店街　JR総武線　東京地下鉄東西
線　都営バスと都電　都営トロリーバス101系統　都
営代替バス旧601系統　歩いて連絡した電車とトロ
リーバスの走っていた時代　江戸川区の水門・閘門・
親水公園　江戸川琉金の町　江戸川区MAP　江戸川
を挟むツインシティ今昔—山本周五郎著『青べか物
語』と葛西臨海公園・海浜公園　水門と閘門　京成
電鉄・京成バス　施設　学校　暮らし　農業　文化
あの日あの時　昭和にひたれる喫茶店「らむぶ」　昭
和30年・40年代の「江戸川区」おもなできごと
〔1109〕

◇一丁倫敦と丸の内スタイル—三菱一号館からは
じまる丸の内の歴史と文化　岡本哲志監修　三
菱地所　2009.9　127p　26cm　〈発売：求龍堂〉
2000円　Ⓘ978-4-7630-0934-0　Ⓝ518.8
内容 1　丸の内のはじまりとコンドル(丸の内のあゆ
み　旅人コンドル—イスラムや西洋のデザインのと
りくみ　ほか)　2　コンドルと日本文化(コンドルが
遺したもの　ジョサイア・コンドルの日本庭園論 ほ
か)　3　日本の近代都市とビジネスマン(都市空間の
近代化　ビジネスマンの郊外生活 ほか)　4　丸の内
スタイルの誕生(サラリーマンの誕生　伝統技術によ
る復元 ほか)　5　一世紀の記録と復元の意義(丸の

内の再構築　丸の内開発の原点・三菱一号館の復元
ほか)
〔1110〕

◇昭和30年・40年代の板橋区—なつかしい青春の
記憶　小林保男監修　三冬社　2009.9　77p
27cm　〈文献あり　年表あり〉　1900円　Ⓘ978-
4-904022-54-2　Ⓝ213.61
内容 「伸び行く板橋」の光と陰と—区政普及映画をめ
ぐって　ホタルの住む東京—「板橋区」　安全でお
いしい水プロジェクトの東京水　川と橋　道　商店
街　スキップしたくなる「成増商店街」　団地　高島
平団地　まきば幼稚園　公園　板橋区MAP　板橋区
「緑と文化と公園の街」　板橋と光学産業　工場地帯
都電　志村線　レンコン沼が広がっていた「蓮根」の
今　「西台」の移り変わりに思うこと　駅(JR/東武
東上線/都営地下鉄三田線)　50mの商店街「山中通
り商店街」　学校　忘れ得ぬ学校の思い出　「心」が
満ちあふれていた「あの頃」　史跡巡りも楽しめる
「仲宿商店街」　路地裏の商店街「大山商店街」　『大
山西町発展史』あの日あの時　農業　施設　昭和30
年・40年代の「板橋区」おもなできごと
〔1111〕

◇「丸の内」の歴史—丸の内スタイルの誕生とそ
の変遷　岡本哲志著　ランダムハウス講談社
2009.9　285p　22cm　〈文献あり〉　2381円
Ⓘ978-4-270-00522-4　Ⓝ213.61
内容 1　江戸時代の丸の内(丸の内の原風景　下町、武
家地と町人地の成立 ほか)　2　文明開化の足音—幕
末から明治維新する東京都心—(〜明治22年)(東京に
近づく江戸　官有地化する丸の内 ほか)　3　丸の内
に誕生した近代都市空間(明治23年〜明治36年)(官
有地払い下げの攻防　丸の内のグランドデザイン・イ
メージ ほか)　4　一丁倫敦から一丁紐育へ(明治37
年〜大正12年)(将来像の疑念からスタートした一丁
倫敦(明治37年〜大正元年)　第二十一号館から始ま
る一丁紐育時代(大正元年〜大正6年) ほか)　5　第
一期・丸の内ビジネス街の完成(大正12年〜昭和15
年)(帝都復興計画と都心(丸の内、日本橋、銀座)
一丁紐育の時代(近代オフィス建築の変化) ほか)
〔1112〕

◇昭和30年代・40年代の練馬区—なつかしい青春
の記憶　桑島新一監修　三冬社　2009.6　77p
27cm　〈文献あり　年表あり〉　1900円　Ⓘ978-
4-904022-51-1　Ⓝ213.61
内容 「東京23区」最後の区　練馬区が誕生するまで　練
馬区を上空から眺める(昭和38年と平成9年の航空写
真)　小説に登場する「練馬」　交通　バス(14西武
バス　16関東バス　18国際興業バス)　駅(西武線/
東武東上線)　昭和30年から練馬とともに歩み続け
て。国際都市「練馬誕生」へ　区民が喜ぶ「世界遺
産に登録できるような感動的な計画書」の実現に向
けて　商店街　公共施設〔ほか〕
〔1113〕

◇築地　本願寺出版社東京支社編纂　京都　本願
寺出版社　2009.4　187p　19cm　〈文献あり
年表あり〉　1500円　Ⓘ978-4-89416-411-6
Ⓝ213.61
内容 第1章 築地誕生(築地の歴史とともにある築地
本願寺　江戸を焼きつくした「明暦の大火」　庶民
の寺・本所回向院の成立　海に「築いた地」と佃島
門徒の活躍　江戸に「名所江戸百景」にこめられた広重の
願い)　第2章 震災復興と奉仕のこころ(文明開化発
祥の地となった築地　日本仏教が滅亡の危機にたっ

88　「東京」がわかる本　4000冊　　　　　　　　　　〔1105〜1114〕

歴史・地理　　　　　　　　　　　　　　　　　　　　　　　　各地の歴史

た「廃仏毀釈」　山口藩兵の屯所となった築地本願寺　関東大震災で焼け野原となった築地界隈　み仏の慈悲にみちびかれて　「あそか病院」設立と受け継がれるこころ）　第3章　仏教伝来の道を探査して（文明開化の時代の大教養人　仏教伝来の道を探査した大谷探検隊　異能・異才の建築家といわれる伊東忠太　ルーツへのこだわりが生み出した独創的な寺院　新しい時代のシンボルとして）　第4章　戦争が壊したもの（東京大空襲にさらされた築地　戦争が残したこころの傷　料亭の敷地や築地本願寺の裏手で芋作り　地中寺院の集団移転と魚河岸の移転　戦後復興から現在まで変貌を続ける築地一帯）　第5章　いまをいきるために（水辺文化の復権をめざす人たち　活気をうみだす築地市場の誕生　魚河岸気質に支えられた濃密なコミュニティ　新しいコミュニティの〈場〉として　築地誕生から三五〇年、そしてこれから）
〔1114〕

◇東京消えた街角　加藤嶺夫著　新装版　河出書房新社　2009.2　238p　27cm　2800円　Ⓘ978-4-309-27084-5　Ⓝ213.61
内容　千代田区　中央区　港区　新宿区　文京区　台東区　墨田区　江東区　品川区　目黒区　大田区　世田谷区　渋谷区　中野区　杉並区　豊島区　北区　荒川区　板橋区　練馬区　足立区　葛飾区　江戸川区
〔1115〕

◇日暮里saiko（最高・再考）—1868-2009　日暮里・舎人ライナー開通1周年記念　平成20年度荒川ふるさと文化館第2回企画展　荒川区教育委員会,荒川区立荒川ふるさと文化館編　荒川区教育委員会　2009.2　79p　30cm〈会期・会場：2009年2月7日—3月15日　荒川区立荒川ふるさと文化館1階企画展示室　タイトルは奥付による　共同刊行：荒川区立荒川ふるさと文化館　年表あり〉Ⓝ213.61
〔1116〕

◇もんじゃの社会史—東京・月島の近・現代の変容　武田尚子著　青弓社　2009.1　209p　19cm　2000円　Ⓘ978-4-7872-3294-6　Ⓝ672.1361
内容　第1章　月島のルーツ　第2章　もんじゃストリートのルーツ—西仲通り形成史　第3章　もんじゃ経営者のルーツその1：自営業主と家族　第4章　もんじゃ経営者のルーツその2：工場労働者と家族　第5章　路地に広がる月島メモリー—子どもと女性のもんじゃ文化　第6章　マクロな都市空間の変化と月島—都市空間の機能分化　第7章　月島もんじゃの「進化」　第8章　もんじゃ屋経営のスキルとネットワーク　第9章　もんじゃの味わいと家族　終章　「月島もんじゃ」からみる空間構造と社会構造
〔1117〕

◇あの日の神田・神保町—昭和25年から30年代の思い出と出会う　写真と地図でたどる　佐藤洋一,ぶよう堂編集部著　ぶよう堂　2008.11　80p　28cm　（地図物語）〈ホルダー入　年表あり〉2000円　Ⓘ978-4-904218-08-2　Ⓝ213.61
内容　靖国通りは東西の軸である　学生の街・神田を支える専門店たち　占領軍と神田・神保町　昭和28年春　神保町古書店街は16年ぶりだった　古書店主に聞く—山田書店社長　山田稔さん　出版文化の担い手・三省堂書店—社長　亀井忠雄さん　須田町交差点で「あの日」からタイムスリップして　神田須田町1

丁目偶数番地　日本最古の地下街・地下鉄須田町ストア　鍛冶町〔ほか〕
〔1118〕

◇昭和30年代の大田区—蘇る青春の昭和　昭和27年～42年　三冬社　2008.11　71p　26cm　1900円　Ⓘ978-4-904022-43-6　Ⓝ213.61
内容　地図でみる昭和30年代の大田区　昭和30年代の生活用具　昭和30年代のおもちゃ　京浜急行の記念乗車券　石原裕次郎のポスター　外国映画のポスター　外国映画のカタログ　大田区の映画館　国鉄大森駅　蒲田駅（国鉄・東急）〔ほか〕
〔1119〕

◇昭和30年代・40年代の足立区　足立史談会監修　三冬社　2008.11　75p　27cm〈年表あり〉1900円　Ⓘ978-4-904022-42-9　Ⓝ213.61
＊郷愁のあの街、この街。東京オリンピックをはさむ約20年間の足立の記録。千住・綾瀬・東和・梅島・五反野・西新井・竹ノ塚・花畑・伊興・保木間・扇・青井・大谷田・舎人等々を掲載。
〔1120〕

◇隅田川をめぐる文化と歴史—第1回（平成19年度）郷土史講座　台東区立中央図書館編　台東区立中央図書館　2008.8　105p　30cm　Ⓝ213.61
内容　隅田川の歴史と近未来　望月崇述　江戸・東京の原点「隅田川」　服部〔鉦二郎述　隅田川の橋　浅海岑吉述　隅田川界隈の文学　滝山正治述　江戸時代の隅田川　我妻直美述
〔1121〕

◇昭和30年代の中野・杉並—目で見る懐かしい昭和の記録　すでに郊外ではないまだ都心でもない中野・杉並の昭和青春記　三冬社　2008.5　70p　26cm〈奥付のタイトル：中野・杉並写真集〉1900円　Ⓘ978-4-904022-30-6　Ⓝ213.61
〔1122〕

◇写された港区　4（赤坂地区編（赤坂・青山ほか））　港区教育委員会編　増補　港区教育委員会　2008.3　269p　21cm　600円　Ⓝ213.61
〔1123〕

◇江戸深川猟師町の成立と展開　高山慶子著　名著刊行会　2007.12　309,15p　22cm　7000円　Ⓘ978-4-8390-0332-6　Ⓝ213.61
内容　序章　近世都市の拡大—研究史と本書の課題　第1章　本所・深川の開発と年貢・公役の負担　第2章　深川猟師町の成立と住民の構造　第3章　代官と町奉行の両支配体制　第4章　町入用の構造　終章　深川猟師町の変容
〔1124〕

◇目で見る台東区の100年　浦井正明監修　松本郷土出版社　2007.11　147p　37cm〈文献あり〉9500円　Ⓘ978-4-87663-930-4　Ⓝ213.61
〔1125〕

◇絵と写真でたどる台東の文化と観光—台東区発足60周年記念　台東区発足60周年記念事業検討委員会記念誌部会編　台東区　2007.10　185p　30cm　Ⓝ213.61
〔1126〕

◇写真で見るあだちの歩み—特別展　足立区立郷土博物館編　足立区立郷土博物館　2007.10　80p　30cm〈会期：2007年10月23日—12月27

各地の歴史　　　　　　　　　　　　　　　　　　　　　　　　　歴史・地理

日　年表あり〉Ⓝ261.361
〔1127〕

◇レンズの記憶—杉並、あの時、あの場所　展示図録　写真展　杉並区立郷土博物館編　杉並区立郷土博物館　2007.10　83p　30cm〈会期・会場：平成19年10月27日—平成20年1月14日　杉並区立郷土博物館　年表あり〉400円　Ⓝ213.61
〔1128〕

◇写真展　下町の記憶—アマチュアカメラマン加藤益五郎が写した風景　台東区立下町風俗資料館平成19年度特別展　台東区立下町風俗資料館　2007.9　120p　21×23cm〈会期：平成19年9月15日—12月2日　共同刊行：台東区芸術文化財団〉Ⓝ213.61
〔1129〕

◇神楽坂がまるごとわかる本　渡辺功一著, けやき舎編　けやき舎　2007.8　350p　20cm〈発売：展望社〉1905円　Ⓘ978-4-88546-179-8　Ⓝ213.61
内容　神楽坂通り商店会の変遷　神楽坂の縁日夜店　江戸っ子芸者の歴史　神楽坂の花柳界　神楽坂まつり・阿波踊り　老舗伝説　紅谷菓子店　老舗伝説　田原屋　最古の老舗　相馬屋　紀の善と牡丹屋敷　神楽坂の寄席演芸場〔ほか〕
〔1130〕

◇ねりま60—練馬区独立60周年記念　練馬区編　練馬区　2007.8　247p　31cm〈年表あり〉Ⓝ213.61
〔1131〕

◇写された港区　3（麻布地区編（麻布・六本木ほか））　港区教育委員会編　増補　港区教育委員会　2007.3　255p　21cm　500円　Ⓝ213.61
〔1132〕

◇港区私と町の物語—過去と未来をつなぐ、人と人をつなぐ　上巻　赤坂、六本木、青山、新橋、愛宕、虎ノ門　港区産業・地域振興支援部地域振興課　2007.3　176p　30cm〈会期・会場：2003年3月1日—16日　旧・港区立三河台中学校体育館ほか〉Ⓝ213.61
〔1133〕

◇目で見る墨田区の100年　小島惟孝監修　松本郷土出版社　2007.2　148p　37cm　9500円　Ⓘ978-4-87663-883-3　Ⓝ213.61
〔1134〕

◇大井—海に発展するまち　品川歴史館特別展　品川区立品川歴史館編　品川区教育委員会　2006.10　115p　30cm〈会期・会場：平成18年10月8日—11月19日　品川区立品川歴史館　文献あり　年表あり〉Ⓝ213.61
〔1135〕

◇写された港区　2（高輪地区編（三田・高輪・白金・芝浦・台場ほか））　港区教育委員会編　増補　港区教育委員会　2006.3　196p　21cm　500円　Ⓝ213.61
〔1136〕

◇思い出の町汐入—高橋勝三写真集　歴史・文化が漂う下町情景　高橋勝三著　東銀座出版社　2005.9　95p　27cm　2667円　Ⓘ4-89469-091-8　Ⓝ213.61
内容　歴史・文化が漂う下町情景　汐入っ子　胡録神

社　東京大空襲と汐入　鳩公園　私の汐入　長屋と自転車と隅田川　最後の造船所　ふるさと〔1137〕

◇写された港区　1（芝地区編（新橋・芝・愛宕・虎ノ門ほか））　港区教育委員会編　増補　港区教育委員会　2005.3　175p　21cm　700円　Ⓝ213.61
〔1138〕

◇江戸のリッチモンド—あこがれの王子・飛鳥山展　平成16年度企画展図録　北区飛鳥山博物館編　東京都北区教育委員会　2005.3　48p　30cm〈会期：平成17年3月19日—5月8日　文献あり〉Ⓝ213.61
〔1139〕

◇千代田まち事典—江戸・東京の歴史をたずねて　千代田区区民生活部　2005.3　203p　30cm〈年表あり〉1200円　Ⓘ4-902272-01-6　Ⓝ213.61
〔1140〕

◇文京区史　索引　真砂中央図書館地域資料室　2005.3　178p　22cm　Ⓝ213.61
〔1141〕

◇目黒区のあゆみ—写真でたどる区政の変遷　目黒区企画経営部広報広聴課編　目黒区　2005.3　101p　30cm〈年表あり〉Ⓝ213.61
〔1142〕

◇目で見る足立・荒川の100年　野尻かおる, 山野健一監修　松本　郷土出版社　2005.1　146p　38cm　11000円　Ⓘ4-87663-732-6　Ⓝ213.61
〔1143〕

◇目で見る練馬・板橋の100年　林英夫監修　松本　郷土出版社　2004.12　146p　38cm　11000円　Ⓘ4-87663-724-5　Ⓝ213.61
〔1144〕

◇江東古写真館—想い出のあの頃へ　江東区教育委員会生涯学習部生涯学習課編　江東区教育委員会生涯学習部生涯学習課　2004.10　95p　30cm〈年表あり〉1000円　Ⓝ213.61
〔1145〕

◇中央区の昔を語る　17　中央区教育委員会社会教育課文化財係編　中央区教育委員会社会教育課文化財係　2004.3　123p　21cm〈付属資料：1枚〉Ⓝ213.61
内容　銀座
〔1146〕

◇目で見る江戸川区の100年　松本　郷土出版社　2004.1　146p　37cm　11000円　Ⓘ4-87663-658-3　Ⓝ213.61
〔1147〕

◇上野・浅草歴史散歩—重ね地図で江戸を訪ねる　台東区産業部商業計画課ほか編　東京都台東区　2003.12　41p　30cm〈付属資料：図2枚（袋入）　奥付のタイトル：「重ね地図で江戸を訪ねる上野・浅草歴史散歩」台東区　年表あり〉Ⓝ291.361
〔1148〕

◇写真でみる東京・青山の記憶—昭和初期〜東京オリンピック前後〜現在　スタジオ・ユキ「青山を研究する会」　2003.12　59p　25×30cm〈折り込み1枚〉Ⓝ213.61
〔1149〕

◇目で見る江東区の100年　吉原健一郎監修　松

90　「東京」がわかる本　4000冊
〔1128〜1150〕

歴史・地理　　　　　　　　　　　　　　　　　　　　　　　　　各地の歴史

本　郷土出版社　2003.11　146p　38cm
11000円　Ⓘ4-87663-656-7　Ⓝ213.61　〔1150〕

◇平安から戦国の足立郡―特別展　足立区教育委
員会, 足立区立郷土博物館編　足立区教育委員
会　2003.10　71p　30cm〈会期：平成15年10
月26日―12月7日　共同刊行：足立区立郷土博
物館〉　Ⓝ291.361　　　　　　　　　　　〔1151〕

◇板橋70年のあゆみ―板橋区制70周年・板橋区教
育委員会50周年記念誌　板橋区制70周年・教育
委員会50周年記念誌編さん幹事会, 板橋区企画
部区政情報課編　板橋区　2002.10　154p
30cm〈年表あり〉　Ⓝ213.61　　　　　　〔1152〕

◇板橋70年のあゆみ―板橋区制70周年・板橋区教
育委員会50周年記念誌　別冊（資料編）　板橋
区制70周年・教育委員会50周年記念誌編さん幹
事会, 板橋区企画部区政情報課編　板橋区
2002.10　30p　30cm　Ⓝ213.61　　　〔1153〕

◇中央区の昔を語る　16　中央区教育委員会社会
教育課編　中央区教育委員会社会教育課
2002.10　98p　21cm〈折り込み1枚〉　Ⓝ213.61
内容 勝どき・豊海町晴海　晴海　　　　　　〔1154〕

◇台東区史　通史編 3 下巻　台東区史編纂専門
委員会編　東京都台東区　2002.2　p423-863
15cm　Ⓝ213.61　　　　　　　　　　　　〔1155〕

◇台東区史　通史編 3 上巻　台東区史編纂専門
委員会編　東京都台東区　2002.2　420p
15cm　Ⓝ213.61　　　　　　　　　　　　〔1156〕

◇台東区史　通史編 2 下巻　台東区史編纂専門
委員会編　東京都台東区　2002.2　p508-969
15cm　Ⓝ213.61　　　　　　　　　　　　〔1157〕

◇台東区史　通史編 2 上巻　台東区史編纂専門
委員会編　東京都台東区　2002.2　507p
15cm　Ⓝ213.61　　　　　　　　　　　　〔1158〕

◇台東区史　通史編 1 下巻　台東区史編纂専門
委員会編　東京都台東区　2002.2　p463-919
15cm　Ⓝ213.61　　　　　　　　　　　　〔1159〕

◇台東区史　通史編 1 上巻　台東区史編纂専門
委員会編　東京都台東区　2002.2　462p
15cm　Ⓝ213.61　　　　　　　　　　　　〔1160〕

◇中央区の昔を語る　15　八重洲1丁目・中州
中央区教育委員会社会教育課編　中央区教育委
員会　2001.10　107p　21cm〈折り込1枚〉
Ⓝ213.61　　　　　　　　　　　　　　　〔1161〕

◇目黒の風景100年―写真集　目黒区守屋教育会
館郷土資料室編　目黒区教育委員会　2001.3
133p　30cm〈年表あり〉　Ⓝ213.61　〔1162〕

◇中央区の昔を語る　14　兜町・日本橋　中央区
教育委員会社会教育課編　中央区教育委員会
2000.10　99p　21cm〈折り込1枚〉　Ⓝ213.61
　　　　　　　　　　　　　　　　　　　〔1163〕

◇荒川ふるさと文化館常設展示図録　東京都荒川
区教育委員会, 荒川区立荒川ふるさと文化館編
東京都荒川区教育委員会　2000.4　87p　30cm
〈背のタイトル：常設展示図録　共同刊行：荒
川区立荒川ふるさと文化館〉　Ⓝ213.61　〔1164〕

◇いたばし郷土史事典　板橋史談会編　改訂版
板橋史談会　2000.4　260p　18cm　Ⓝ291.361
　　　　　　　　　　　　　　　　　　　〔1165〕

◇台東区史　通史編 3　台東区史編纂専門委員会
編　東京都台東区　2000.1　744p　22cm
Ⓝ213.61　　　　　　　　　　　　　　　〔1166〕

◇台東区史　通史編 2　台東区史編纂専門委員会
編　東京都台東区　2000.1　826p　22cm
Ⓝ213.61　　　　　　　　　　　　　　　〔1167〕

◇板橋区史　通史編 下巻　板橋区史編さん調査
会編　〔東京都〕板橋区　1999.11　806,144p
22cm　Ⓝ213.61　　　　　　　　　　　　〔1168〕

◇中央区の昔を語る　13　茅場町・小伝馬町　東
京都中央区教育委員会社会教育課編　中央区教
育委員会　1999.10　99p　21cm〈折り込1枚〉
Ⓝ213.61　　　　　　　　　　　　　　　〔1169〕

◇特別展「よみがえる大田区の風景」図録　大田
区立郷土博物館編　大田区立郷土博物館
1999.10　127p　30cm〈会期：平成11年10月10
日―11月7日〉　Ⓝ213.61　　　　　　　〔1170〕

◇江東区年表　下巻　東京都江東区編　江東区
1999.3　p383-776　21cm　Ⓝ213.61　〔1171〕

◇江東区年表　上巻　東京都江東区編　江東区
1999.3　390p　21cm　Ⓝ213.61　　　〔1172〕

◇すみだ郷土文化資料館常設展示図録　すみだ郷
土文化資料館編　すみだ郷土文化資料館
1999.3　88p　30cm　Ⓝ213.61　　　　〔1173〕

◇中野区民生活史　図表索引　東京都中野区立中
央図書館編　中野区立中央図書館　1999.3
30p　21cm　Ⓝ213.61　　　　　　　　　〔1174〕

◇高島平―その自然・歴史・人　東京都板橋区立
郷土資料館編　板橋区立郷土資料館　1998.10
152p　30cm　Ⓝ213.61　　　　　　　　〔1175〕

◇中央区の昔を語る　12　大伝馬町・蛎殻町　東
京都中央区教育委員会社会教育課編　中央区教
育委員会　1998.10　113p　21cm〈折り込1
枚〉　Ⓝ213.61　　　　　　　　　　　　〔1176〕

◇将軍が撮った明治のすみだ―小梅水戸邸物語
すみだ郷土文化資料館編　すみだ郷土文化資料
館　1998.9　1冊（ページ付なし）　30cm
Ⓝ213.61　　　　　　　　　　　　　　　〔1177〕

◇「深川・木場」下町のぬくもり　加藤昌志写真
人間の科学社　1998.7　103p　23cm（変わる
東京変わらない東京）　1300円　Ⓘ4-8226-

各地の歴史　　　　　　　　　　　　　　　　　歴史・地理

0172-2　Ⓝ213.61
内容「水」「木」「祭」「深川界隈」〔1178〕

◇新編千代田区史　年表・索引編　東京都千代田
区　1998.5　329,150p　27cm　Ⓝ213.61〔1179〕

◇新編千代田区史　通史資料編　東京都千代田区
1998.5　723,72p　27cm　Ⓝ213.61　　〔1180〕

◇新編千代田区史　通史編　東京都千代田区
1998.5　1246p　27cm　Ⓝ213.61　　〔1181〕

◇板橋区史　通史編　上巻　板橋区史編さん調査
会編　〔東京都〕板橋区　1998.3　972,54p
22cm　Ⓝ213.61　　　　　　　　　　〔1182〕

◇新編千代田区史　区政史資料編　東京都千代田
区　1998.3　380p　27cm　Ⓝ213.61　〔1183〕

◇新編千代田区史　区政史編　東京都千代田区
1998.3　1083p　27cm　Ⓝ213.61　　〔1184〕

◇中央区歴史年表　東京都中央区教育委員会、東
京都中央区立築地社会教育会館郷土資料展示室
編　第7版　中央区教育委員会　1998.3　36p
26cm〈共同刊行：東京都中央区立築地社会教
育会館郷土資料展示室〉Ⓝ213.61　　〔1185〕

◇板橋の近代のあゆみ　東京都板橋区立郷土資料
館編　板橋区立郷土資料館　1998.1　56p
30cm〈特別展：平成10年1月24日―3月22日
文献あり〉Ⓝ213.61　　　　　　　　〔1186〕

◇北区郷土誌　2　北区史を考える会北区郷土誌
編集委員会編　北区史を考える会　1998.1
255p　21cm　Ⓝ213.61　　　　　　　〔1187〕

◇ぶんきょうの歴史物語―史話と伝説を訪ねて
戸畑忠政編著　第5版　文京区教育委員会
1998.1　246p　19cm〈共同刊行：文京ふるさ
と歴史館〉Ⓝ213.61　　　　　　　　〔1188〕

◇四谷散歩―その歴史と文化を訪ねて　安本直弘
著　改訂　みくに書房　1998.1　279p　21cm
〈企画・製作：四谷歴史研究会〉2000円　Ⓘ4-
943850-65-0　Ⓝ213.61
内容　四谷北部（四谷北部案内図　四谷‐地名の起源
四谷見附　ほか）　四谷南部（四谷南部案内図　旭の
松と旭の井戸　赤坂御所トンネル　ほか）　新宿（新
宿案内図　玉川上水　渋谷川と水車小屋の鉛筆工場
ほか）　　　　　　　　　　　　　　〔1189〕

◇図説中央区史　東京都中央区総務部総務課編
中央区　1998　201p　31cm〈区制施行50周年
記念　付属資料：39p：名簿〉Ⓝ213.61〔1190〕

◇江東区史　索引　東京都江東区編　江東区
1997.10　306p　22cm　Ⓝ213.61　　〔1191〕

◇中央区の昔を語る　11　人形町・堀留町　東京
都中央区教育委員会社会教育課編　中央区教育
委員会　1997.10　110p　21cm〈折り込1枚〉
Ⓝ213.61　　　　　　　　　　　　　〔1192〕

◇ねりま50年の移り変わり―練馬区独立50周年記
念　東京都練馬区編　練馬区　1997.8　277p
31cm　Ⓝ213.61　　　　　　　　　　〔1193〕

◇番町鍋割坂―千鳥ケ淵西辺地の今昔　林泰助著
土曜美術社出版販売　1997.8　172p　22cm
1500円　Ⓘ4-8120-0668-6　Ⓝ213.61
内容　1　千鳥ケ淵　2　むかし濠端一番丁―いま千鳥ケ
淵緑道　3　むかし幕府火除明地兼薬草園―いま千鳥
ケ淵緑道西側一帯　4　旧幕府薬草園内に造られた建
物施設の変遷と、そこに去来した人々　5　むかし新道
一番丁―いま内堀通り（九段上～三番町交差点区間）
6　内堀通り東西両側に面する諸区画地の沿革　7　番
町鍋割坂　　　　　　　　　　　　　〔1194〕

◇台東区　通史編　1　台東区史編纂専門委員会
編　東京都台東区　1997.6　775p　22cm
Ⓝ213.61　　　　　　　　　　　　　〔1195〕

◇板橋区史　資料編　5　民俗　板橋区史編さん調
査会編　〔東京都〕板橋区　1997.3　1071p
22cm　Ⓝ213.61　　　　　　　　　　〔1196〕

◇板橋区史　資料編　4　近・現代　板橋区史編さ
ん調査会編　〔東京都〕板橋区　1997.3　934p
22cm　Ⓝ213.61　　　　　　　　　　〔1197〕

◇大昔の大田区―原始・古代の遺跡ガイドブック
東京都大田区立郷土博物館編　大田区立郷土博
物館　1997.3　128p　21cm〈付属資料：図1
枚〉Ⓝ210.025　　　　　　　　　　　〔1198〕

◇江東区史　東京都江東区編　江東区　1997.3
3冊　22cm〈付属資料：図4枚（袋入）　図4枚
（袋入）　図3枚（袋入）〉Ⓝ213.61　〔1199〕

◇台東区むかしむかし　お話と遊び　2　東京都台
東区立教育研究所編　台東区　1997.3　293p
21cm　Ⓝ213.61　　　　　　　　　　〔1200〕

◇台東区むかしむかし　お話と遊び　1　東京都台
東区立教育研究所編　台東区　1997.3　295p
21cm　Ⓝ213.61　　　　　　　　　　〔1201〕

◇わたしの文京アルバム―文京区制50周年記念写
真集　文京ふるさと歴史館友の会編　文京区教
育委員会　1997.3　159p　31cm〈共同刊行：
文京ふるさと歴史館〉Ⓝ213.61　　　〔1202〕

◇北区の生いたち　東京都北区立郷土資料館編
東京都北区教育委員会　1997.2　24p　26cm
（北区立郷土資料館シリーズ　18）　Ⓝ213.61
　　　　　　　　　　　　　　　　　〔1203〕

◇ビジュアル台東区史　東京都台東区史編纂専門
委員会編　東京都台東区　1997.2　192p
30cm　Ⓝ213.61　　　　　　　　　　〔1204〕

◇中央区の昔を語る　10　本石町・久松町　東京
都中央区教育委員会社会教育課編　中央区教育
委員会　1996.12　110p　21cm〈折り込表1
枚〉Ⓝ213.61　　　　　　　　　　　〔1205〕

◇私たちの成城物語　中江泰子,井上美子著　河

92　「東京」がわかる本　4000冊　　　　　　〔1179～1206〕

歴史・地理　　　　　　　　　　　　　　　　　　　　　　各地の歴史

出書房新社　1996.4　206p　20cm　1800円
①4-309-01059-8　Ⓝ213.6
内容 第1部 黎明期—戦前から戦中へ（成城学園との
出会い 「成城」という名の由来 小学校八回の転
校生 自然の教室 ほか） 第2部 戦後（ひと時のや
すらぎバルナス会 戦後すぐの成城大地 中村汀女
と成城 悪魔が来りて笛を吹く ほか）　〔1206〕

◇板橋区史　資料編3　近世　板橋区史編さん調
査会編　〔東京都〕板橋区　1996.3　985p
22cm　Ⓝ213.6　　　　　　　　　　　〔1207〕

◇大田区史　下巻　大田区史編さん委員会編　東
京都大田区　1996.3　1006p　27cm　6000円
Ⓝ213.6　　　　　　　　　　　　　　〔1208〕

◇北区史　資料編 現代 2　北区史編纂調査会編
東京都北区　1996.3　591,18p　27cm　Ⓝ213.
61　　　　　　　　　　　　　　　　　〔1209〕

◇北区史　通史編 近現代　北区史編纂調査会編
東京都北区　1996.3　657p　27cm　Ⓝ213.61
　　　　　　　　　　　　　　　　　　〔1210〕

◇北区史　民俗編 3　北区史編纂調査会編　東京
都北区　1996.3　535p　27cm　Ⓝ213.61〔1211〕

◇北区史　通史編 近世　北区史編纂調査会編
東京都北区　1996.3　615p　27cm　Ⓝ213.61
　　　　　　　　　　　　　　　　　　〔1212〕

◇北区史　通史編 中世　北区史編纂調査会編
東京都北区　1996.3　294p　27cm　Ⓝ213.61
　　　　　　　　　　　　　　　　　　〔1213〕

◇北区史　通史編 原始古代　北区史編纂調査会
編　東京都北区　1996.3　280p　27cm　Ⓝ213.
61　　　　　　　　　　　　　　　　　〔1214〕

◇北区史　資料編 近代 1　北区史編纂調査会編
東京都北区　1996.2　700p　27cm　Ⓝ213.61
　　　　　　　　　　　　　　　　　　〔1215〕

◇新・中央区歴史物語　道谷卓著　神戸　神戸市
中央区　1996.1　199p　21cm　『中央区歴史物
語』（1990年刊）の改訂〉　800円　Ⓝ216.4〔1216〕

◇北区史　資料編 現代 1　北区史編纂調査会編
東京都北区　1995.12　751,18p　27cm　Ⓝ213.
6　　　　　　　　　　　　　　　　　　〔1217〕

◇北区史　資料編 近世 2　北区史編纂調査会編
東京都北区　1995.10　826p　27cm　〈付（1
枚）〉　Ⓝ213.6　　　　　　　　　　　〔1218〕

◇中央区の昔を語る　9　箱崎町・築地　東京都
中央区教育委員会社会教育課編　中央区教育委
員会　1995.10　110p　21cm　〈折り込み表1枚〉
Ⓝ213.6　　　　　　　　　　　　　　〔1219〕

◇板橋区史　資料編 1　考古　板橋区史編さん
査会編　〔東京都〕板橋区　1995.3　928,65p
図版12枚　22cm　〈付（図1枚 袋入）：板橋区遺
跡分布地図　巻末：板橋区考古学関係文献目

録〉Ⓝ213.6　　　　　　　　　　　　〔1220〕

◇北区史　資料編 古代中世 2　北区史編纂調査
会編　東京都北区　1995.3　425p　27cm〈付
（1枚）〉Ⓝ213.6　　　　　　　　　　〔1221〕

◇中央区年表　昭和時代 13　昭和最終篇—昭和
60年～64年　東京都中央区立京橋図書館編　東
京都中央区立京橋図書館　1995.3　223,21p
22cm　Ⓝ213.6　　　　　　　　　　　〔1222〕

◇めぐろの昔を語る　目黒区郷土研究会編　東京
都目黒区教育委員会　1995.3　170p　図版18p
26cm　〈はり込図1枚〉Ⓝ213.6　　　〔1223〕

◇大田区史　資料編 諸家文書 5　大田区史編さ
ん委員会編　東京都大田区　1995.1　401p
26cm　〈編者：新倉善之 付（図7枚 袋入）：蓮
沼村耕地絵図ほか〉5200円　Ⓝ213.6　〔1224〕

◇空港のとなり町羽田　横山宗一郎写真, 宮田登
文　岩波書店　1995.1　94p　26cm　（ビジュ
アルブック水辺の生活誌）〈付：参考文献一
覧〉2000円　①4-00-008494-1　Ⓝ213.6
内容 羽田猟師町 路地・通り・暮らし 川の向こう
は空港 羽田空港　　　　　　　　　　〔1225〕

◇中央区の昔を語る　8　小舟町・新富　東京都
中央区教育委員会社会教育課編　中央区教育委
員会　1994.9　83p　21cm　〈折り込み表1枚〉
Ⓝ213.6　　　　　　　　　　　　　　〔1226〕

◇板橋区史　資料編 2　古代・中世　板橋区史編
さん調査会編　〔東京都〕板橋区　1994.3
843p　22cm　Ⓝ213.6　　　　　　　〔1227〕

◇北区史　現代行政編　北区史編纂調査会編　東
京都北区　1994.3　588p　26cm　Ⓝ213.6
　　　　　　　　　　　　　　　　　　〔1228〕

◇北区史　民俗編 2　北区史編纂調査会編　東京
都北区　1994.3　421p　27cm　Ⓝ213.6〔1229〕

◇北区史　資料編 考古 1　西ケ原貝塚　北区史
編纂調査会編　北区史編纂調査会考古部会編
東京都北区　1994.3　497p　27cm〈付（図版
33p）〉Ⓝ213.6　　　　　　　　　　〔1230〕

◇北区史　都市問題編　北区史編纂調査会編　東
京都北区　1994.3　561p　26cm　Ⓝ213.6
　　　　　　　　　　　　　　　　　　〔1231〕

◇写真は語る—総集編　東京都板橋区企画部広報
課, 東京都板橋区教育委員会社会教育課編　増
補　板橋区教育委員会　1994.3　270p　22×
22cm　（文化財シリーズ 第77集）Ⓝ213.6
　　　　　　　　　　　　　　　　　　〔1232〕

◇北区史　資料編 古代中世 1　北区史編纂調査
会編　東京都北区　1994.2　442p　27cm
Ⓝ213.6　　　　　　　　　　　　　　〔1233〕

◇大田区史　資料編 諸家文書 4　大田区史編さ

〔1207～1234〕　　　　　　　　　　「東京」がわかる本 4000冊　　93

各地の歴史　　　　　　　　　　　　　　　　　　歴史・地理

ん委員会編　東京都大田区　1993.11　399p
26cm〈編者：新倉善之　付（図10枚　外箱
入）：矢口村絵図ほか〉6500円　Ⓝ213.6〔1234〕

◇北区史　資料編　考古 2　亀山遺跡　北区史編
纂調査会編　北区史編纂調査会考古部会編　東
京都北区　1993.10　306p　26cm　Ⓝ213.6
　　　　　　　　　　　　　　　　　　　　〔1235〕

◇中央区の昔を語る　7　明石町・富沢町　東京
都中央区教育委員会社会教育課編　中央区教育
委員会　1993.9　90p　21cm〈折り込表1枚〉
Ⓝ213.6　　　　　　　　　　　　　　　　〔1236〕

◇路地裏の文明開化―新橋ロマン物語　竹内宏著
実業之日本社　1993.5　128p　18cm　1250円
Ⓘ4-408-10123-0　Ⓝ213.6
　内容 世界最大の巨大人工都市―江戸　文明開化幕開
けの大イベント　円太郎馬車から電車やバスへ　明
治維新と新橋花柳界　関東大震災は再開発の大きな
チャンス　戦争の足音　太平洋戦争勃発　焼け野原
からの復興　東京オリンピックの犠牲となった水の
都　高度成長と新橋の懐かしさ　今後の新橋
　　　　　　　　　　　　　　　　　　　　〔1237〕

◇北区史　資料編　現代　別冊　新聞記事目録　北
区史編纂調査会編　東京都北区　1993.3　285p
26cm　Ⓝ213.6　　　　　　　　　　　　〔1238〕

◇目黒の風景いまむかし―写真集　東京都目黒区
守屋教育会館郷土資料室編　目黒区守屋教育会
館郷土資料室　1993.3　95p　26cm　Ⓝ213.6
　　　　　　　　　　　　　　　　　　　　〔1239〕

◇昭和の風景―蒲田・羽田界隈と京浜電車　石川
利夫著　国際書院　1993.2　183p　19cm
1200円　Ⓘ4-906319-34-3　Ⓝ213.6
　内容 序章　蒲田・羽田界隈へのノスタルジー　昭和初
期、私の少年期と蒲田・羽田界隈の情景―梅屋敷・萩
中・羽田の追想　京浜電車への追憶と当時の情景　京
浜電車沿線の情景（品川から蒲田までの沿線風景　蒲
田駅周辺と六郷土手から川崎寸描　穴守線（空港線）
の周辺）　　　　　　　　　　　　　　　〔1240〕

◇目で見る千代田の歴史　東京都千代田区立四番
町歴史民俗資料館編　東京都千代田区教育委員
会　1993.2　148p　30cm　Ⓝ213.6　〔1241〕

◇板橋の遺跡―近年発掘された板橋の遺跡とその
成果　平成4年度企画展　小西雅徳編　〔東京
都〕板橋区立郷土資料館　1993.1　43p　19×
26cm〈会期：1993年1月15日～3月28日　付：
主要参考文献〉Ⓝ210.2　　　　　　　　〔1242〕

◇北区郷土誌　北区史を考える会北区郷土誌編集
委員会編　北区史を考える会　1993.1　266p
21cm　Ⓝ213.6　　　　　　　　　　　　〔1243〕

◇中央区年表　昭和時代 12　原油高騰篇―昭和
55年～59年　東京都中央区立京橋図書館編　東
京都中央区立京橋図書館　1993.1　224,28p
22cm　Ⓝ213.6　　　　　　　　　　　　〔1244〕

◇高円寺―村から街へ　高円寺パル史誌編集委員
会編　高円寺南商店街振興組合　1992.11
118p　26cm〈高円寺南商店街振興組合設立20
周年記念出版　折り込図1枚　年表：p111～113
参考文献・資料：p115〉Ⓝ213.6　　　〔1245〕

◇墨田区の昭和史―写真集　「墨田区の昭和史」
編纂委員会, 地域文化研究学会編　千秋社
1992.11　193p　31cm　（子らに語りつぐふる
さとの歴史）〈墨田区略年表：p192～193〉
8900円　Ⓘ4-88477-167-2　Ⓝ213.6
　内容 1 災害との闘い（明治43年の大洪水と関東大震
災）　2 震災からの復興（昭和年代）　3 戦争への
道（昭和10年代）　4 終戦・復興への歩み（昭和20年
代）　5 高度成長期の墨田（昭和30年代）　6 近代化
が進む墨田（昭和40・50年代）　7 ふれあい・活力・
ゆとり（昭和60年代・平成）　　　　　　〔1246〕

◇北区史　資料編　近世 1　北区史編纂調査会編
東京都北区　1992.10　623p　27cm〈付（1
枚）〉Ⓝ213.6　　　　　　　　　　　　〔1247〕

◇北区史　民俗編 1　北区史編纂調査会編　東京
都北区　1992.10　352p　27cm　Ⓝ213.6〔1248〕

◇写真にみる豊島60年のあゆみ展―区制施行60周
年記念特別展図録　東京都豊島区立郷土資料館
編　豊島区教育委員会　1992.10　79p　26cm
〈会期：平成4年10月1日～12月13日　参考文
献：p78〉Ⓝ213.6　　　　　　　　　　〔1249〕

◇図説板橋区史　板橋区史編さん調査会編　〔東
京都〕板橋区　1992.10　254p　27cm〈区制60
周年記念　略年表：p241～244〉Ⓝ213.6〔1250〕

◇中央区の昔を語る　6　室町・本町, 新川　東京
都中央区教育委員会社会教育課編　中央区教育
委員会　1992.9　79p　21cm〈折り込表1枚〉
Ⓝ213.6　　　　　　　　　　　　　　　〔1251〕

◇飛鳥山　東京都北区立郷土資料館編　東京都北
区教育委員会　1992.3　28p　26cm　（北区立
郷土資料館シリーズ 13）〈飛鳥山年表：p2～3
付：主要参考文献〉Ⓝ213.6　　　　　　〔1252〕

◇足立風土記―絵で見る年表　足立風土記編さん
委員会編　〔東京都〕足立区教育委員会　1992.
3　550p　27cm〈区制60周年記念　付（38p）：
索引〉Ⓝ213.6　　　　　　　　　　　　〔1253〕

◇大田区史　中巻　大田区史編さん委員会編　東
京都大田区　1992.3　1181p　27cm〈編者：新
倉善之〉6000円　Ⓝ213.6　　　　　　　〔1254〕

◇千駄ケ谷昔話　東京都渋谷区教育委員会
1992.3　148p　26cm〈参考文献：p148〉
Ⓝ213.6　　　　　　　　　　　　　　　〔1255〕

◇豊島区史　通史編 4　豊島区史編纂委員会編纂
東京都豊島区　1992.3　777p　22cm〈出典・
参考資料文献一覧：p766～777〉Ⓝ213.6〔1256〕

◇豊島区史　通史編 3　豊島区史編纂委員会編纂

94　「東京」がわかる本 4000冊　　　　　　　〔1235～1257〕

歴史・地理　　　　　　　　　　　　　　　　　　　　　　　各地の歴史

東京都豊島区　1992.3　634p　22cm〈出典・参考文献一覧：p625〜634〉Ⓝ213.6　〔1257〕

◇豊島区史年表—1945-1989　豊島区史編纂委員会編纂　東京都豊島区　1992.3　248p　21cm　Ⓝ213.6　〔1258〕

◇写された大田区—懐かしい・まちとくらし　東京都大田区立郷土博物館編　大田区立郷土博物館　1992.2　72p　21cm　Ⓝ213.6　〔1259〕

◇中央区年表　昭和時代 11　円高不況期篇—昭和50年〜54年　東京都中央区立京橋図書館編　東京都中央区立京橋図書館　1992.2　221,17p　22cm　Ⓝ213.6　〔1260〕

◇中央区の昔を語る　5　浜町・小網町　東京都中央区教育委員会社会教育課編　中央区教育委員会　1991.11　81p　21cm〈折り込2枚〉Ⓝ213.6　〔1261〕

◇中央区の昔を語る　4　京橋・八重洲(二)，京橋・大根河岸　東京都中央区教育委員会社会教育課編　中央区教育委員会　1991.11　70p　21cm〈折り込2枚〉Ⓝ213.6　〔1262〕

◇目白文化村　野田正穂，中島明子編　日本経済評論社　1991.5　301p　20cm　（都市叢書）2575円　Ⓘ4-8188-0461-4　Ⓝ365.3
内容　第1部　目白文化村の誕生（目白文化村の前史　箱根丘陵と目白文化村　目白文化村の開発計画　目白文化村の成立）　第2部　目白文化村の「文化」生活（目白文化村の住宅　文化村に住んだ人びと　生活改善と「文化」生活　戦争と目白文化村）　第3部　都市化の進展と目白文化村（目白文化村の変貌　戦後の環境破壊と住民運動　目白文化村の将来）　補章　竹田助雄と目白文化村　〔1263〕

◇想いDE写真館—ふるさと江東いまむかし　東京都江東区教育委員会社会教育部社会教育課編　東京都江東区教育委員会　1991.3　80p　21×30cm　1000円　Ⓝ213.6　〔1264〕

◇江東の昭和史　東京都江東区編　東京都江東区　1991.3　825p　図版78p　27cm〈もっと江東区を知りたい人のための参考図書：p812〜817〉Ⓝ213.6　〔1265〕

◇The丸の内—100年の歴史とガイド　三菱地所株式会社編　三菱地所　1991.3　152p　28cm〈年表あり〉Ⓝ291.361　〔1266〕

◇中央区年表　昭和時代 10　物価高騰篇—昭和45年〜49年　東京都中央区立京橋図書館編　東京都中央区立京橋図書館　1991.2　228,22p　22cm　Ⓝ213.6　〔1267〕

◇中央区年表　明治文化篇　東京都中央区立京橋図書館編　改訂版　東京都中央区立京橋図書館　1991.2　173,39p　22cm〈慶応4年〜大正元年　参考文献目録：p172〜173〉　〔1268〕

◇中央区の昔を語る　3　入船・湊，月島　東京都

中央区教育委員会社会教育課編　中央区教育委員会　1990.12　81p　21cm〈折り込2枚〉Ⓝ213.6　〔1269〕

◇中央区歴史物語　道谷卓著，中央区まちづくり推進課編　神戸　神戸市中央区　1990.12　153p　21cm〈中央区誕生10周年記念誌　折り込図1枚〉500円　Ⓝ216.4　〔1270〕

◇練馬区の昭和史—写真集　桑島新一，亀井邦彦編　千秋社　1990.11　194p　31cm　（子らに語りつぐふるさとの歴史）〈練馬区略年表：p192〜194〉8900円　Ⓘ4-88477-136-2　Ⓝ213.6
内容　1　大根のふるさとねりま　2　千川上水今むかし　3　戦争とねりま　4　練馬区誕生　5　伸びゆくねりま　6　みどりと文化の町ねりま　練馬区略年表　〔1271〕

◇豊島区史　資料編 6　豊島区史編纂委員会編纂　東京都豊島区　1990.10　801p　22cm　Ⓝ213.6　〔1272〕

◇江戸川区の昭和史—写真集　樋口政則編　千秋社　1990.9　162p　31cm　（子らに語りつぐふるさとの歴史）〈江戸川区略年表：p160〜162〉7900円　Ⓘ4-88477-135-4　Ⓝ213.6　〔1273〕

◇大田区史　資料編　横溝家文書　大田区史編さん委員会編　東京都大田区　1990.3　480p　26cm〈編者：新倉善之　付（図1枚　袋入）：市之倉村耕地絵図（江戸後期）〉6200円　Ⓝ213.6　〔1274〕

◇文京のあゆみ—その歴史と文化　東京都文京区教育委員会社会教育課　1990.3　352p　19cm　900円　Ⓝ213.6　〔1275〕

◇中央区年表　昭和時代 9　公害の頂点篇—昭和40年〜44年　東京都中央区立京橋図書館編　東京都中央区立京橋図書館　1990.2　204,26p　22cm　非売品　Ⓝ213.6　〔1276〕

◇大田区史　資料編　諸家文書 3　大田区史編さん委員会編　東京都大田区　1990.1　329p　26cm〈編集：田中弥次右衛門　付（図4枚　袋入）〉Ⓝ213.6　〔1277〕

◆秋葉原

◇アキバ☆コンフィデンシャル—愛と教養の秋葉原史　来栖美憂著　長崎出版　2010.7　123p　19cm〈年表あり　索引あり〉1200円　Ⓘ978-4-86095-415-4　Ⓝ213.61
内容　序章　アキハバラ興亡史　家電とPC，コンテンツ文化，そして萌えの先端を担う都市の光と影　第1章　アキハバラ，その歴史の開闢とラジオによる電子文化の開始　第2章　ラジオから家電へ　第3章　PC文化の流入，そして台頭　第4章　伸びゆくゲーム文化，そしてWindows95の登場によるPCの一般化　第5章「形のないものを取引する」コンテンツ文化の発明　第6章　萌えとヲタク，その文化の驚異的な波及　第7章　政治と資本の流入，サンカンミン・フクゴウタイ帝国の介入，ホコテニズム運動—アキバ文化と秩序の綱引きの現場　第8章　見えていたアキハバラの文化

〔1258〜1278〕　　　　　　　　　　　　　　　　　　「東京」がわかる本 4000冊　　95

各地の歴史　　　　　　　　　　　　　　　　　　　　　　　歴史・地理

の飽和、そして未来　終章 コンテンツの町として成熟。利権が固まりつつあるこの町に新風を吹かせるものは？　　　　　　　　　　　　　　　〔1278〕

◆銀座

◇銀座百話　篠田鉱造著　河出書房新社　2016.2
208p　20cm〈角川書店　1974年刊の再刊〉
1900円　①978-4-309-22655-2　Ⓝ213.61
内容 春の巻（銀座の見世物と曖昧屋　裁判官贋札から遊露見　芸妓屋からの請願巡査　ドブンと井戸の濡れ鼠　東日社員百五十三 ほか）　秋の巻（銀座評判の玉の井の娘　寺子屋風景と銀座の娘　うず餡の鼻と西本の鞜　赤坂仇吉と女房半四郎　白狐の毛玉千両の当札 ほか）　　　　　　　　　　　〔1279〕

◇昭和の銀座あれこれ―指山雅美フォトエッセイ集　指山雅美著　文芸社　2013.11　70p
21cm　1600円　①978-4-286-14309-5　Ⓝ213.61　　　　　　　　　　　　　　　　　　　　〔1280〕

◇私（わたし）の銀座物語―柳澤政一が語る銀座四〇〇年　柳澤政一著　銀座タイムス社　2010.3
203p　20cm〈文献あり　発売：中央公論事業出版〉1400円　①978-4-89514-348-6　Ⓝ213.61
内容 序章 旧き良き時代を訪ねて（江戸時代の銀座界隈　文明開化から大正モダンへ）　第1章 大不況・戦争・占領の時代（戦争の影の下で　占領期の銀座）　第2章 高度経済成長（成長前夜のころ　高度経済成長ははじまる）　第3章 安定成長期　終章 新しい銀座に向けて　　　　　　　　　　　　　　　　　〔1281〕

◇あの日の銀座―昭和25年から30年代の思い出と出会う 地図と写真でたどる　佐藤洋一,武揚堂編集部著　武揚堂　2007.9　80p　28cm　（地図物語）〈年表あり〉2000円　①978-4-8297-1049-4　Ⓝ213.61
内容 東京のなかの中央区　中央区と銀座　江戸から東京へ　地図と写真で見る―あの日の銀座　銀座七変化　銀座ガイド　　　　　　　　　　　〔1282〕

◇銀座四百年―都市空間の歴史　岡本哲志著　講談社　2006.12　250p　19cm（講談社選書メチエ 377）〈文献あり〉1600円　①4-06-258377-1　Ⓝ518.8
内容 第1章 現代の基層を読み解く（江戸初期）　第2章 明暦大火後の街づくり　第3章 江戸と融合した煉瓦街建設の試み（明治初期）　第4章 人の和が育てた街の厚み（明治後期）　第5章 歴史の文脈に裏付けられたモダン都市の創造（昭和初期）　第6章 戦後から現在に至る銀座　　　　　　　　　　〔1283〕

◇銀座街の物語　三枝進ほか文　河出書房新社　2006.1　127p　21cm　（らんぷの本）〈年表あり〉1600円　①4-309-72748-4　Ⓝ213.61
内容 序章 図版で見る銀座の歴史　第1章 記録された銀座（地図は語る―銀座の地図変遷史　銀座・中央通り街並み立面図）　第2章 観る、味わう、愉しむ（銀幕の銀座　食でたどる百余年　繁華街としての銀座）　第3章 情報の発信地（メディアの街　銀プラ今昔）　終章 銀座の未来―あとがきにかえて〔1284〕

◇銀座の柳物語　勝又康雄著,田中晃世子編　銀座の柳物語制作委員会　2003.12　234p　21cm

〈発売：小学館スクウェア（〔東京〕）〉1905円
①4-7979-8032-X　Ⓝ213.61
内容 第1章 2世柳を復活させて20年　第2章 銀座の柳史　第3章 銀座の柳と史跡碑案内　第4章 勝又康雄半生記　第5章 柳余話　第6章 銀座と柳考　第7章金春界わい今昔話　第8章 銀座わが町わが郷土
　　　　　　　　　　　　　　　　　　　　〔1285〕

◇銀座―土地と建物が語る街の歴史　岡本哲志著　法政大学出版局　2003.10　235p　27cm〈文献あり〉6000円　①4-588-78607-5　Ⓝ518.8
内容 第1章 和と洋が互いに輝く銀座―江戸・明治初期（記憶から失われた時代　明治初期の銀座と人々の動向）　第2章 今日の素地を築いた銀座―明治・大正（変容する都市空間とそこに生きた人々　商業地としての銀座の土地）　第3章 都市文化を育んだ銀座の表現―昭和初期（モダン都市・銀座への転回　土地と人が織り成す世界）　第4章 銀座の魅力を追って―戦後から現在まで（破壊と喪失から出発する戦後　街と建築の空間的関係性―低成長期の銀座）　〔1286〕

◇私の銀座風俗史　石丸雄司著,銀座コンシェルジュ編　ぎょうせい　2003.8　193p　19cm〈年表あり〉1524円　①4-324-07165-9　Ⓝ213.61
内容 第1章 とっておき銀座秘話（銀座の柳の一部始終　銀座の柳（明治から戦前まで　戦後から現在まで） ほか）　第2章 銀座の歴史（水と商売と銀座　地下鉄と銀座 ほか）　第3章 銀座歳時記（大銀座まつり　大銀座まつりのテーマ音楽 ほか）　第4章 銀座ばなし（銀プラ語源学　銀座の男女論 ほか）　　〔1287〕

◇銀座大好き　「ポルトパロール」編集部編著　銀座タイムス社　2001.9　206p　18cm〈発売：中央公論事業出版〉700円　①4-89514-170-5　Ⓝ213.61
内容 私と銀座　銀座へのラブレター　私だけの銀座マップ　心のときめきを捜して　妻と二人の銀座　永く銀座にひたっていたい　「本物」と出合える銀座　一人でぶらつく銀座デート　「世界の銀座」の空気を吸いたい　やはり銀座へ出てしまう私〔ほか〕
　　　　　　　　　　　　　　　　　　　　〔1288〕

◇銀座が俺の学校だった　松廣茂著　社会評論社　1998.10　206p　20cm　2000円　4-7845-0923-2　Ⓝ213.61
内容 柏木ねえさんの匂い　藤村さんの鳩　竹内先生の浜辺の歌　お松さんと見た映画　大きい兄ちゃんの謎　はっちゃんのグッドモーニング　新聞配達店の関口さん　リャンさんの中華鍋　新聞小僧の池田君と柳沢君　おきみさんの安直料理〔ほか〕〔1289〕

◇銀座物語―煉瓦街を探訪する　野口孝一著　中央公論社　1997.10　311p　18cm　（中公新書）〈文献あり〉840円　①4-12-101387-5　Ⓝ213.61
内容 序章 江戸時代の銀座　第1章 煉瓦街の建設　第2章 開化の銀座　第3章 情報の銀座　第4章 民権の銀座　第5章 殖産の銀座　第6章 関東大震災前後の銀座　　　　　　　　　　　　　　　　　〔1290〕

◇銀座十二章　池田弥三郎著　朝日新聞社　1997.1　277p　15cm　（朝日文庫）　650円

歴史・地理　　　　　　　　　　　　　　　　　　　　　　各地の歴史

Ⓘ4-02-261174-X　Ⓝ914.6

内容 四丁目の角　銀座は八丁　天金物語　火事と地震　橋と水の物語　銀座婚姻譚　銀座太平記　わが銀座の記　早慶戦物語　銀座年表　一人の市井人
〔1291〕

◇銀座育ち―回想の明治・大正・昭和　小泉孝，小泉和子著　朝日新聞社　1996.9　388p　19cm　（朝日選書 562）　1600円　Ⓘ4-02-259662-7　Ⓝ213.61

内容 1 小泉付記（街と店　見せ物と遊び　くるま　暮らしの道具）　2 日記から
〔1292〕

◇復元文明開化の銀座煉瓦街―江戸東京博物館常設展示東京ゾーン「文明開化東京」　藤森照信ほか著　ユーシープランニング　1994.3　63p　26cm　（UC books）〈監修：東京都江戸東京博物館　主な参考文献：p63〉950円　Ⓘ4-946461-30-2　Ⓝ213.6

内容 銀座煉瓦街計画―文明開化の街造り　街並み・建物・商店―明治10年代末の銀座通り　復元・銀座の街並み　乗物―明治前期の乗物　風俗―明治前期の風俗　復元・銀座の風俗と乗物　パノラマ銀座煉瓦街―人形・乗物・商店の模型の配置
〔1293〕

◇銀座book―高感度エンタテインメント　ナユタ出版会　1991.7　143p　26cm〈発売：星雲社　折り込図1枚〉1900円　Ⓘ4-7952-2071-9　Ⓝ213.6

内容 銀座の女たち　スケッチ散歩・銀座ノスタルジー　銀座美食通りとバータイム　銀座一流品紀行　銀座物語〈銀座400年のはなやぎ　モガ・モボがゆく〈対談〉銀座のちょっと小粋なあのころ〈エッセイ〉女の酒・男の酒　酒を愉しむなら銀座流　ほか）　銀座情報ノート
〔1294〕

◆日本橋

◇日本橋魚河岸物語　尾村幸三郎著　新装版　青蛙房　2011.6　360p　22cm　（青蛙選書 65）〈文献あり　年表あり〉3600円　Ⓘ978-4-7905-0165-7　Ⓝ213.61

内容 序章　魚河岸小史　第1章　魚河岸界隈　第2章　魚河岸をとりまく町　第3章　魚河岸の仕事　第4章　魚河岸歳時記　第5章　魚河岸と俳句　第6章　尾寅年代記　第7章　とういち会―幼き日われらここに学ぶ　第8章　魚河岸は消えた　終章　中央卸売市場開設まで
〔1295〕

◇日本橋異聞―東京の「今昔」町案内　荒俣宏著　光文社　2008.5　285p　16cm　（光文社知恵の森文庫）〈「江戸の快楽」（文藝春秋1999年刊）の増補版〉686円　Ⓘ978-4-334-78506-2　Ⓝ213.61

内容 第1章　日本橋異聞（日本橋と東海道　お江戸日本橋の周辺855分　日本銀行の歴史を覗く　ほか）　第2章　人形町でそぞろ歩き（人形町の謎　ジュサブロー館で人形見物をする　水天宮の賑わいにおどろく　ほか）　第3章　隅田川のほりくだり（米市場の誕生と相場の町の歴史　大相撲の美に酔う　隅田川の花火に秘められた願い　ほか）
〔1296〕

◇日本橋トポグラフィ事典　地誌編（旧日本橋区

町名の沿革・由来）　永岡義久著，日本橋トポグラフィ事典編集委員会編　大阪　たる出版　2007.11　269p　21cm〈文献あり〉Ⓘ978-4-924713-88-8　Ⓝ213.61
〔1297〕

◇日本橋トポグラフィ事典　本編　日本橋トポグラフィ事典編集委員会編　大阪　たる出版　2007.11　725p　21cm〈文献あり〉Ⓘ978-4-924713-88-8　Ⓝ213.61

内容 日本橋の歩み：日本橋　井上和雄著　日本橋の町年寄と町人　川口浩著　江戸の貨幣と金座・大判座・銀座・銭座　瀧澤武雄著　大隈さんと日本橋界隈　奥島孝康著　日本橋区と幻のタウン誌「季刊日本橋」　永岡義久著　日本橋の商い：日本橋の問屋と河岸　白石孝著　世界最大級都市のメインストリートと大店舗　井井常彦著　金融センターとしての日本橋　賀川隆行著　日本橋の老舗と名物　堺美貴著　江戸の酒、日本橋の酒　小泉武夫著　日本橋の賑わい：流行とファッションの発信源日本橋　長崎巌著　日本橋の市電　武田勝彦著　ロンドンのザ・シティーと日本橋　ポール・スノードン著　フランス人の見た日本橋　小林茂著　日本橋の芸能：日本橋と歌舞伎　河竹登志夫著　日本橋浮世絵考　隠岐由紀子著　三井記念美術館と日本橋　田中順一郎著　三井記念美術館の所蔵品　清水実著　描かれた日本橋百万石都市のメインストリート　樋口一貴著　文学に見る日本橋：漱石と日本橋界隈　武田勝彦著　泉鏡花の『日本橋』　マーク・ジュエル著　谷崎潤一郎と日本橋　宗像和重著　日本橋の短歌　佐佐木幸綱著　俳句と日本橋　山下一海著　近代詩と日本橋　橋詰静子著　明治の日本橋のことば長谷川時雨を例として　秋永一枝著　未来に向かう日本橋：新世紀の日本橋の理想像　伊藤滋著　日本橋ルネッサンス　矢田美英著　魅力ある日本橋ストリートの実現　岩沙弘道著　日本橋の街並　瀧山幸伸著
〔1298〕

◇あの日の日本橋―昭和25年から30年代の思い出と出会う　地図と写真でたどる　佐藤洋一，武揚堂編集部著　武揚堂　2007.9　80p　28cm　（地図物語）〈年表あり〉2000円　Ⓘ978-4-8297-1048-7　Ⓝ213.61

内容 東京のなかの中央区　中央区と日本橋　江戸から東京へ　地図と写真で見る―あの日の日本橋　あの日の日本橋をゆく　日本橋ガイド
〔1299〕

◆新宿

◇目で見る新宿区の100年―写真が語る激動のふるさと一世紀　松本　郷土出版社　2015.9　222p　31cm　9250円　Ⓘ978-4-86375-244-3　Ⓝ213.61
〔1300〕

◇1968新宿　渡辺眸著　街から舎　2014.8　1冊（ページ付なし）　26cm　3000円　Ⓘ978-4-939139-20-8　Ⓝ213.61
〔1301〕

◇60年代新宿アナザー・ストーリー―タウン誌『新宿プレイマップ』極私的フィールド・ノート　本間健彦著　社会評論社　2013.6　342p　21cm　2500円　Ⓘ978-4-7845-0999-7　Ⓝ051.9

内容 第1章　その頃、新宿は「塹壕」だった　第2章　六〇年代から始まる自画像　第3章　アナーキーな風に吹かれて　第4章　焼け跡聞市派精神、ふたたび　第5章　コマーシャルの台頭、その光と影　第6章　「新

宿砂漠」の井戸掘り人　第7章 七〇年代を生き抜くための航海談論　第8章『新宿プレイマップ』の同志たち　第9章 タウン・オデュッセウスの旅立ち　〔1302〕

◇新宿学　戸沼幸市編著, 青柳幸人, 髙橋和雄, 松本泰生著　紀伊國屋書店　2013.2　269p　21cm〈文献あり　年表あり　索引あり〉2200円　①978-4-314-01099-3　Ⓝ213.61

内容 私の新宿、そして新宿学　「新宿学」序説　新宿のまちの地理・地形・植生　街道・宿場の設置と内藤新宿の変遷　江戸大名屋敷の変遷とまちの移り変わり　江戸を支えた神田上水・玉川上水と新宿　鉄道の発達と新宿東口商空間の発展　新宿文化を創った老舗たち　新宿のエスニックな歓楽街、歌舞伎町界隈　西新宿超高層都市計画—日本初の超高層ビル街の誕生　新宿の未来図　〔1303〕

◇愛と憎しみの新宿—半径一キロの日本近代史　平井玄著　筑摩書房　2010.8　254p　18cm（ちくま新書 858）780円　①978-4-480-06555-1　Ⓝ213.61

内容 第1章 街を貪る——九六九年　第2章 先住民のボサノバ　第3章 ネズミたちの映画—若松孝二の『労情有理』第4章 千の沼　第5章 夏目漱石の新宿二丁目　第6章 抉り取られた街—浜昇のカメラが見たもの　第7章 地底の街　〔1304〕

◇新宿今昔ものがたり—文化と芸能の三百年　本庄慧一郎著　東京新聞出版部　2010.6　160p　26cm〈文献あり〉1333円　①978-4-8083-0926-8　Ⓝ213.61

内容 第1章 三百十余年の歴史をもつ新宿　第2章「昭和」に託された希望と現実　第3章 無惨な焦土からの逞しい再生力　第4章 ラディカル歌舞伎町の誕生　第5章 新宿末広亭は新宿番外地　第6章 街と劇場との親密なかかわり　〔1305〕

◇新宿風景—明治・大正・昭和の記憶　新宿区生涯学習財団新宿歴史博物館編　新宿区生涯学習財団新宿歴史博物館　2009.1　196p　21×24cm　Ⓝ213.61　〔1306〕

◇あの日の新宿—昭和25年から30年代の思い出と出会う 写真と地図でたどる　佐藤洋一, ぶよう堂編集部著　ぶよう堂　2008.11　80p　28cm（地図物語）〈ホルダー入　年表あり〉2000円　①978-4-904218-09-9　Ⓝ213.61　〔1307〕

◇新宿時物語—新宿区60年史　新宿区　2007.5　255p　26cm〈年表あり　発売：星雲社〉1500円　①978-4-434-10617-0　Ⓝ213.61

内容 第1章 新宿のコントラスト—新宿の今の姿　第2章 新宿・遡源の旅—原始から昭和初期史　第3章 新宿区が生まれた頃—写真で綴る戦後の新宿　第4章 ファインダーが追った新宿—区の成長記録　第5章 イラスト紀行・しんじゅく　第6章 発展し続ける新宿—この10年の歩み　第7章 新宿区の資料・統計　〔1308〕

◇新宿文化絵図—重ね地図付き新宿まち歩きガイド　新宿区地域文化部文化国際課編　新宿区地域文化部文化国際課　2007.3　219p　30cm　1200円　①978-4-902272-04-8　Ⓝ213.61　〔1309〕

◇新宿の1世紀アーカイブス—写真で甦る新宿100年の軌跡　佐藤嘉尚編著　生活情報センター　2006.5　183p　31cm（Archive series）3800円　①4-86126-248-8　Ⓝ213.61

内容 絵葉書にみる新宿　新宿ダイナミズムの原点・内藤新宿　第1部 明治・大正（漱石と、新宿に縁のある文学者たち　新宿生まれ新宿育ち　新宿区立丁町小学校の100年）　第2部 戦前・戦中（モボ・モガ時代昭和10年、落合に住むサラリーマン一家の文化住宅武蔵野館とムーラン・ルージュ ほか）　第3部 戦後～平成（敗戦国の健気な子どもたち　光は新宿より。焼跡・ヤミ市のエネルギー　新宿駅東口のヤミ市とその周辺 ほか）　〔1310〕

◇脈動する超高層都市、激変記録35年—西新宿定点撮影　中西元男企画編集　ぎょうせい　2006.3　185p　22×31cm〈年表あり〉3048円　①4-324-07875-0　Ⓝ213.61　〔1311〕

◇新宿っ子夜話　野村敏雄著　青蛙房　2003.3　278p　20cm　2400円　①4-7905-0382-8　Ⓝ213.61

内容 学校が消えた　花駒さん　ハナの散るらん　明治御家人奇談　亀のハイダシ　鯨の大八　豊倉屋お倉　伊賀者「由緒書」　一銭学校　旭町分教場〔ほか〕　〔1312〕

◇新宿裏町三代記　野村敏雄著　3版　青蛙房　1998.3　302p　22cm（青蛙選書 62）2800円　①4-7905-0162-0　Ⓝ213.61

内容 明治の章（はじめに　護本山天龍寺　雷電稲荷神社 ほか）　大正の章（残飯と台がら　共同長屋と木賃宿　身過ぎ百態 ほか）　昭和の章（徳永恕と二葉保育園　続・二葉保育園　夜間治療と五銭食堂 ほか）　〔1313〕

◇国際都市新宿で何が起きているか　渡辺英綱著　岩波書店　1994.5　62p　21cm（岩波ブックレット no.345）①4-00-003285-2　Ⓝ213.61　〔1314〕

◆上野

◇アメ横の戦後史—カーバイトの灯る闇市から60年　長田昭著　ベストセラーズ　2006.1　205p　18cm（ベスト新書）820円　①4-584-12096-X　Ⓝ672.1361

内容 第1章 戦後日本の曙　第2章 独り立ち　第3章 独立創業　第4章 アメリカ横丁　第5章 変貌するアメ横　第6章 さらば、アメ横　〔1315〕

◇「上野」時空遊行—歴史をひもとき、「いま」を楽しむ　浦井正明著　プレジデント社　2002.2　215p　22cm〈文献あり〉2300円　①4-8334-1740-5　Ⓝ213.61

内容 第1章 天海の夢（上野に「京都」の名所がある理由　上野は江戸城の鬼門か？　ほか）　第2章 かくて灰燼と帰す（上野戦争に関する「もしも」　最後の将軍の苦悩 ほか）　第3章 君臨する明治という国家（寛永寺の復活　上野をめぐる百鬼夜行 ほか）　第4章 上野の山は「建築博物館」だ（謎解き「野口英世

歴史・地理　　　　　　　　　　　　　　　　　　　　　　　　各地の歴史

博士」像　ふたつの五重塔物語　ほか）　第5章「北
の玄関」としての顔（汽笛一声、日本鉄道会社　線路
の下は墓だった？　ほか）　　　　　　　　〔1316〕

◇昭和ヒトケタ私の上野地図　山田吉生著　マル
ジュ社　1994.9　223p　20cm　2500円　Ⓘ4-
89616-091-6　Ⓝ213.61
　内容 1 上野という故郷　2 上野駅物語　3 続上野駅
物語　4 上野駅地下道　5 西郷さんの銅像　6 西郷
さんと彰義隊　7 彰義隊の末裔　8 下町炎上　9 続
下町炎上　10 わが家の焼失〔ほか〕　　　〔1317〕

◆浅草

◇写真で歩く浅草の昭和―残像の人情時代　中田
和昭著　彩流社　2009.2　135p　21cm　2000
円　Ⓘ978-4-7791-1426-7　Ⓝ213.61
　内容 浅草寺・その界隈　三社祭　市と芸人　芸者衆
街商たち　商店と職人　　　　　　　　　　〔1318〕

◇浅草今昔展―企画展　図録　東京都江戸東京博
物館,浅草観光連盟編　浅草観光連盟　2008.9
87p　30cm〈会期・会場：2008年9月14日―11
月16日　江戸東京博物館5階第2企画展示室　江
戸東京博物館開館15周年記念　浅草寺本堂落慶
50周年記念　浅草観光連盟創立60周年記念〉Ⓝ
213.61　　　　　　　　　　　　　　　　　〔1319〕

◇あの日の浅草―昭和26年から30年代の思い出と
出会う　地図と写真でたどる　佐藤洋一,武揚堂
編集部著　武揚堂　2007.1　56p　28cm（地
図物語）〈文献あり　年表あり〉1800円　Ⓘ4-
8297-1044-6　Ⓝ213.61
　内容 写真で見る―あの日の浅草（「占領下の浅草」
「戦火をくぐった建物にふれる」　コラム「地図と
いう歴史の証人」　ほか）　「地図を片手に浅草歩き」
（「映画に現れる―戦後の浅草」　あの日の浅草（火保
図）　今の浅草（現代の地図）ほか）　あの日の暮ら
しを今に伝える（浅草の知識を深められる施設　コラ
ム「浅草の銭湯」　浅草ガイド ほか）　　〔1320〕

◇浅草　戦後篇　堀切直人著　右文書院　2005.
12　432p　19cm　2200円　Ⓘ4-8421-0063-X
Ⓝ213.61
　内容 戦後復興期の浅草　浅草盛衰記　浅草の「土地
の精」は生きている　浅草軽演劇・芸人群像　唐十
郎の下谷万年町と浅草　付録1 浅草を疾走した人々
（唐十郎との対談）　付録2 浅草コレクション事始め
　　　　　　　　　　　　　　　　　　　　〔1321〕

◇浅草　大正篇　堀切直人著　右文書院　2005.7
341p　19cm　2000円　Ⓘ4-8421-0054-0
Ⓝ213.61
　内容 六区の活動写真街を行く　十二階と十二階下
「塔下苑」に通う石川啄木　室生犀星の公園彷徨　浅
草オペラ盛衰記　谷崎潤一郎、「チャプリン・バア」
に現れる　宇野浩二の市井転々　辻潤ふらぐまんた
る　正岡容の「花川戸の家」　江戸川乱歩は浅草の
ロビンソンだった　向島の流され王子・堀辰雄　遊
蕩児・金子光晴、ルンペンへ転落　　　　　〔1322〕

◇浅草　江戸明治篇　堀切直人著　右文書院
2005.3　443p　19cm　2200円　Ⓘ4-8421-0046-

X　Ⓝ213.61
　内容「浅草寺縁起」をめぐって　江戸時代の浅草　向
島・今戸・柳橋　浅草公園の誕生　新富座VS.宮戸座
寄席・私立小学校・市区改正　奥山界隈の奇人団　明
治下町文学小史　　　　　　　　　　　　　〔1323〕

◇浅草東仲町五番地　堀切利高著　論創社
2003.6　258p　20cm　2000円　Ⓘ4-8460-0539-
9　Ⓝ213.61
　内容 浅草広小路―プロローグ　お正月　万太郎の句
碑　こども歳時記　浅草広小路周辺図　地下鉄塔と
浅草松屋　幻景に浮かぶ駅　沢村訥子の家　下町育
ち　饒鬼大将三代〔ほか〕　　　　　　　　〔1324〕

◇浅草―土地の記憶　山田太一編　岩波書店
2000.1　256p　15cm（岩波現代文庫　文芸）
900円　Ⓘ4-00-602005-8　Ⓝ213.61　〔1325〕

◇浅草裏譚　石角春之助著　復刻版　本の友社
1999.11　208,28p　20cm（「大正・昭和」下層
社会記録文献集成　4）〈原本：文芸市場社昭和2
年刊〉Ⓘ4-89439-272-0　Ⓝ213.61　〔1326〕

◇浅草風俗二十帖　濱本高明著　演劇出版社出版
事業部　1997.12　139,4p　21cm〈年表あり
文献あり　索引あり〉1000円　Ⓘ4-900256-55-
2　Ⓝ213.61　　　　　　　　　　　　　　〔1327〕

◇浅草六区繁昌記　鈴木としお著　小金井　鈴木
としお　1996.12　214p　22cm〈発売：朝日新
聞社〉2000円　Ⓘ4-02-100013-5　Ⓝ213.61
　内容 第1章 愛しき浅草のひとびと　第2章 浅草のま
ち　第3章 浅草のがっこう　第4章 浅草の青春　第
5章 日活向島撮影所vs松竹蒲田撮影所　第6章 浅草
六区繁昌記　第7章 浅草ルネッサンス　　〔1328〕

◆品川

◇品川区史―歴史と未来をつなぐまちしながわ
2014　品川区編　品川区　2014.8　405p
31cm〈年表あり　文献あり〉4500円　Ⓘ978-
4-9907906-0-8　Ⓝ213.61　　　　　　　　〔1329〕

◇目で見る品川区の100年―写真が語る激動のふ
るさと一世紀　松本　郷土出版社　2011.6
222p　31cm　9500円　Ⓘ978-4-86375-132-3
Ⓝ213.61　　　　　　　　　　　　　　　　〔1330〕

◇品川の記録―戦前・戦中・戦後―語り継ぐもの
川上允著,日本共産党品川地区委員会「品川の
記録」編集委員会監修　本の泉社　2008.1
271p　20cm　2000円　Ⓘ978-4-7807-0353-5
Ⓝ309.31361
　内容 1章 戦前編（急激に変貌した品川の「近代化」と
労働者・住民とのたたかい　小説「党生活者」と藤
倉工業　大崎「無産者診療所」）　2章 戦中編
（戦中・戦時下の苦難　荏原大空襲の真相）　3章 戦
後編（戦前の無産者運動がめざしたものが開花する時
代へ　品川の闘いと文化運動が生み出した "たたか
いの歌"　区長準公選と革新区政の実現）　資料編
　　　　　　　　　　　　　　　　　　　　〔1331〕

◇むさしの国荏原―荏原と荏胡麻の歴史を探る
品川歴史館特別展　品川区立品川歴史館編　品

各地の歴史　　　　　　　　　　　　　　　　　　　　　　　　　　　　歴史・地理

川区教育委員会　2004.10　72p　30cm〈会
期：2004年10月10日―11月28日　文献あり〉
Ⓝ213.61
〔1332〕

◇城南工業地帯の衰退と地域社会の変容―激変し
た品川区、30年の軌跡　岩城完之,飯沼惠編
こうち書房　2000.10　149p　21cm　（ブック
レット「巨大都市東京の地域と住民生活」の実
態分析シリーズ　1（品川区））〈発売：桐書房
〔（東京）〉　1200円　Ⓘ4-87647-497-4　Ⓝ318.
2361
内容 序章 品川区はどんな街だったか―品川区の近代
100年　第1章 品川区から"品川らしさ"がなくなる
―品川は、いつからどのように変わったか　第2章 城
南・品川の中小工場があぶない　第3章 苦境に立つ
商店街―地付層が住めない街に　第4章 新しい大企
業の進出と地域構造の変化　第5章 区民の生活要求
と街づくりの新しい担い手たち　終章 21世紀の「わ
がまち品川」の都市づくりをめざして―住民・企業・
行政が共生する街へ
〔1333〕

◇東海道・品川宿を駆け抜けた幕末維新　東京都
品川区立品川歴史館編　品川区教育委員会
1999.10　72p　30cm〈品川歴史館特別展　会
期：平成11年10月30日―11月28日〉Ⓝ213.61
〔1334〕

◇しながわはじめて物語―品川発全国行　西村敏
康著,月刊「しながわニュース」編集部編
ハーツ＆マインズ　1998.3　292p　19cm
1600円　Ⓝ213.61
〔1335〕

◇品川台場史考―幕末から現代まで　佐藤正夫著
理工学社　1997.6　221p　27cm〈年表あり
文献あり〉3800円　Ⓘ4-8445-9108-8　Ⓝ213.
61
内容 1章 幕末と台場・砲台　2章 品川台場の築造と
構造　3章 品川台場の築造費用　4章 品川台場の守
備　5章 台場・砲台の銃砲製造　6章 明治以降の品
川台場
〔1336〕

◆世田谷
◇世田谷の歴史と文化―世田谷区立郷土資料館展
示ガイドブック　世田谷区立郷土資料館編　世
田谷区立郷土資料館　2014.3　137p　26cm
〈平成16年度版の増補改訂　年表あり〉Ⓝ213.
61
〔1337〕

◇1955-64写真で見る高度成長期の世田谷―平成
25年度特別展　世田谷区立郷土資料館編　世田
谷区立郷土資料館　2013.10　223p　30cm〈年
表あり　文献あり〉Ⓝ213.61
〔1338〕

◇幕末維新―近代世田谷の夜明け：平成二十四年
度特別展　世田谷区立郷土資料館編　世田谷区
立郷土資料館　2012.11　167p　30cm〈会期：
平成24年11月3日―12月2日　文献あり〉Ⓝ210.
61
〔1339〕

◇世田谷区の昭和―写真アルバム　長岡　いき出
版　2012.3　8,271p　31cm〈発売：東京教科

書供給〉9514円　Ⓘ978-4-904614-18-1　Ⓝ213.
61
〔1340〕

◇昭和30年代・40年代の世田谷―あの懐かしい風
景が鮮やかに甦る!!　下山照夫監修　かんき出
版　2009.4　159p　29cm〈年譜あり〉3000円
Ⓘ978-4-7612-6595-3　Ⓝ213.61
内容 三軒茶屋エリア―三軒茶屋・池尻大橋　下北沢
エリア―北沢・代沢・代田・大原・羽木　世田谷エ
リア―世田谷・豪徳寺・若林・梅丘　上馬エリア―
下馬・野沢・上馬　桜上水エリア―松原・赤堤・桜
上水・上北沢　経堂エリア―経堂・宮坂・桜・桜丘
用賀エリア―上用賀・用賀・弦巻・玉川台　駒沢エ
リア―駒沢・駒沢公園・深沢・桜新町・新町　尾山
台エリア―奥沢・東玉川・尾山台・玉堤・玉川田園
調布　等々力エリア―等々力・中町・上野毛・野毛
玉川エリア―玉川・瀬田・岡本　大蔵エリア―砧公
園・大蔵・喜多見・宇奈根・鎌田　成城エリア―成
城・砧・祖師谷　八幡山エリア―八幡山・粕谷・船
橋・千歳台　烏山エリア―北烏山・南烏山・給田・上
祖師谷
〔1341〕

◇1945-54写真で見る戦後復興期の世田谷―平成
19年度特別展　世田谷区立郷土資料館編　世田
谷区立郷土資料館　2007.10　79p　30cm〈年
表あり〉Ⓝ213.61
〔1342〕

◇ふるさとせたがや歴史ハンドブック　下山照夫
編　秦野　相模書房　2004.4　155p　21cm
1000円　Ⓝ213.61
〔1343〕

◇記憶の中の風景―写真で見る世田谷の昭和30年
代と今 平成12年度特別展図録　世田谷区立郷
土資料館編　世田谷区立郷土資料館　2000.10
101p　30cm〈会期：平成12年10月27日―11月
30日　年表あり　文献あり〉Ⓝ213.61　〔1344〕

◇おはなし世田谷史　4　佐藤敏夫著　佐藤敏夫
1998.10　105p　30cm　非売品　Ⓝ213.61
〔1345〕

◇おはなし世田谷史　続　佐藤敏夫著　佐藤敏夫
1996.5　66p　26cm〈付：参考〉1000円
Ⓝ213.61
〔1346〕

◇おはなし世田谷史　佐藤敏夫著　佐藤敏夫
1995.10　163p　26cm〈折り込図1枚〉1500円
Ⓝ213.6
〔1347〕

◇史料に見る江戸時代の世田谷　下山照夫編　岩
田書院　1994.12　443p　21cm　2500円　Ⓘ4-
900697-19-2　Ⓝ213.6
〔1348〕

◇写真集ちょっと昔のせたがや　東京都世田谷区
立郷土資料館編　世田谷区立郷土資料館
1994.10　48p　26cm　Ⓝ213.6　〔1349〕

◇新・世田谷のおはなし　佐藤敏夫文, 田村真理
子画　佐藤敏夫　1994.7　80p　26cm　600円
Ⓝ213.6
〔1350〕

◆渋谷
◇「しぶちか」を語る―戦後・渋谷の復興と渋谷

100　「東京」がわかる本 4000冊　　　　　　　　　　　　　　　　　　　　　〔1333～1351〕

歴史・地理　　　　　　　　　　　　　　　　　　　各地の歴史

地下商店街　上山和雄編　國學院大學研究開発
推進センター　2014.11　126p　21cm　（渋谷
聞きがたり　2）〈共同刊行：國學院大學渋谷学
研究会　年表あり〉Ⓝ673.7　　　　　　〔1351〕

◇目で見る渋谷区の100年―写真が語る激動のふ
るさと一世紀　松本　郷土出版社　2014.3
222p　31cm　9500円　Ⓘ978-4-86375-209-2
Ⓝ213.61　　　　　　　　　　　　　　〔1352〕

◇結節点としての渋谷―江戸から東京へ　國學院
大學研究開発推進センター渋谷学研究会編　國
學院大學研究開発推進センター　2014.2　134p
21cm　（渋谷学ブックレット　4）Ⓝ213.61
内容 歴史からみた渋谷　根岸茂夫述　幕末維新期にお
ける青物市場　岩橋清美述　幕末維新期、藩邸をめぐ
る人の移動　吉岡孝述　近世後期における江戸「神祇
職」の集団移転　松本久史述　　　　　　〔1353〕

◇渋谷の今昔アルバム―激変した渋谷の街のタイ
ムトリップ写真帖　三好好三、生田誠文　彩流
社　2013.4　63p　30cm　1500円　Ⓘ978-4-
7791-1720-6　Ⓝ213.61
内容 渋谷駅（東急文化会館―昭和32年　渋谷駅東口
―昭和33年　ほか）　渋谷駅の周辺（道玄坂上―昭和
40年　神泉駅―昭和37年　ほか）　恵比寿・代官山（恵
比寿駅―昭和25年　駒沢通り―昭和42年　ほか）　原
宿・代々木・千駄ヶ谷（都電青山車庫前―昭和42年　同
潤会アパート―昭和37年　ほか）　京王線・小田急線
の沿線（文化服装学院―昭和37年　東京工業試験所
―昭和37年　ほか）　　　　　　　　　　〔1354〕

◇歴史のなかの渋谷―渋谷から江戸・東京へ　上
山和雄編著　雄山閣　2011.3　351p　21cm
（渋谷学叢書　第2巻　國學院大學渋谷学研究会
編）　3400円　Ⓘ978-4-639-02178-0　Ⓝ213.61
内容 台地と川がつくった魅力あふれる街・渋谷　埋
もれた渋谷　渋谷に住んだ人・渋谷を領した人　谷
間の村と町の風景　藩邸からみた渋谷　松崎慊堂を
めぐる空間と人物　吉岡孝述　渋谷の魅力、その歴史的成り立
ち　開拓使と御料地の時代　渋谷周辺の軍事的空間
の形成　渋谷区の誕生〔ほか〕　　　　　〔1355〕

◇記憶のなかの街渋谷　中林啓治著　河出書房新
社　2001.9　143p　21cm　（らんぷの本）
1400円　Ⓘ4-309-72713-1　Ⓝ213.61
内容 渋谷駅の誕生―明治から大正（明治の渋谷駅　明
治の道玄坂　ほか）　戦争をはさんで―昭和初めから
終戦直後（道玄坂上の郵便局　昭和十年頃の道玄坂
ほか）　変わりゆく風景―昭和二十年代後半から三
十年代（神宮通りの映画館　駅前ビルの移動　ほか）
今も残る昔の匂い―昭和三十年代から（NHK放送セ
ンターの渋谷登場　珈琲ロロ　ほか）　　〔1356〕

◇渋谷のむかし話　斎藤政雄編　東京都渋谷区教
育委員会　1999.10　96p　26cm　Ⓝ213.61
　　　　　　　　　　　　　　　　　　　〔1357〕

◆池袋

◇池袋西口戦後の匂い　伊藤一雄著　合同フォレ
スト　2015.7　247p　19cm　〈文献あり　年表
あり　発売：合同出版〉1600円　Ⓘ978-4-

7726-6047-1　Ⓝ213.61
内容 第1章　まち歩き、あのころといま　第2章　戦後
の池袋　第3章　池袋を"食べる"　第4章　池袋渋谷の
地理と歴史　第5章　戦争　第6章　文学のまち　第7章
映画のまち　第8章　美術のまち　第9章　池袋という
都市空間　　　　　　　　　　　　　　　〔1358〕

◇二十世紀の情景―池袋・雑司が谷　画集　矢島
勝昭著　矢島勝昭　1999.9　99p　22cm　Ⓘ4-
9980803-0-X　Ⓝ213.61　　　　　　　　〔1359〕

◆葛飾

◇葛飾区の昭和―写真アルバム　長岡　いき出版
2015.7　279p　31cm　9250円　Ⓘ978-4-
904614-65-5　Ⓝ213.61　　　　　　　　〔1360〕

◇ガマちゃんの松島物語―語り継ごうふるさと
東京府南葛飾郡西小松川字堂（道）ケ島の、大昔
から現在の松島、将来にわたるお話　伊東春海
著　東洋出版　2014.12　161p　19cm　〈文献あ
り〉1000円　Ⓘ978-4-8096-7766-3　Ⓝ213.61
内容 屋号・通称と姓名について　地図の作製と当時
の状況　堂（道）ケ島って、どのあたり　道ヶ島か、
堂ヶ島なのか　屋号の形態は三つ　氏名と屋号　氏
名と菩提寺　昔は島？　だった　行政区の移り変わ
り　交通の状況〔ほか〕　　　　　　　　〔1361〕

◇かつしか街歩きアーカイブス―葛飾探検団
part 2　葛飾区郷土と天文の博物館編　葛飾区
郷土と天文の博物館　2014.7　88p　30cm　〈会
期・会場：平成26年7月27日～9月15日　葛飾区
郷土と天文の博物館　part　2のタイトル関連
情報：葛飾区郷土と天文の博物館　平成26年度
特別展〉213.61　　　　　　　　　　　　〔1362〕

◇昭和30年・40年代の葛飾区―なつかしい昭和の
記憶 1955年～1974年　三冬社編　三冬社
2010.6　77p　27cm　〈文献あり　年表あり〉
1900円　Ⓘ978-4-904022-61-0　Ⓝ213.61
内容 世界を変えた葛飾区のおもちゃ産業　国鉄　バ
ス京成電鉄　商店街　神社・寺　子どもたちの四
季　あの日あの時　（新）四ツ木橋開通記念　金町は
大工場の街そして「蚊の街」だった〔ほか〕〔1363〕

◇葛西城と古河公方足利義氏　葛飾区郷土と天文
の博物館編　雄山閣　2010.5　270p　22cm
〈会期：2007年12月1日・2日　年表あり〉3800
円　Ⓘ978-4-639-02142-1　Ⓝ213.61
内容 序章　葛西城を取り巻く世界（葛西城発掘三五年
という節目と博物館・資料館　葛西城をめぐる攻防）
1　文献史料から葛西城を読み解く（古河公方足利義氏
と東国―特に「葛西様」段階を中心に　「葛西様」の
政治構想　ほか）　2　考古資料から葛西城を読み解く
（葛西城と扇谷上杉氏のかわらけ　小田原のかわらけ
と漆器　ほか）　3　全体討議　終章　葛西城をめぐる戦
国群像（シンポジウム参加記1　古河公方と葛西公方府
をめぐって　シンポジウム参加記2　田中信氏の「山
内上杉氏のかわらけ」についての若干のコメント　ほ
か）　　　　　　　　　　　　　　　　　〔1364〕

◇かつしか街歩きアーカイブス―かつしかの近・
現代の遺産とその風景　平成21年度特別展　葛飾

各地の歴史　　　　　　　　　　　　　　　　　　　　　　　　　　　　歴史・地理

探検団　葛飾区郷土と天文の博物館編　葛飾区郷土と天文の博物館　2009.7　240p　30cm〈会期・会場：平成21年7月25日～9月27日　葛飾区郷土と天文の博物館〉Ⓝ213.61　〔1365〕

◇目で見る葛飾区の100年　松本　郷土出版社　2005.11　147p　37cm　11000円　Ⓘ4-87663-800-4　Ⓝ213.61　〔1366〕

◇葛探写真館「かつしか昭和の風景」　葛飾探検団編　葛飾区郷土と天文の博物館　2005.3　96p　26cm（可豆思賀別冊 1）Ⓝ213.61　〔1367〕

◇葛西城とその周辺―葛飾区郷土と天文の博物館地域史フォーラム　葛飾区郷土と天文の博物館企画編集　流山　たけしま出版　2001.5　255p　18cm〈年表あり〉1500円　Ⓘ4-925111-11-6　Ⓝ213.61　〔1368〕

◇葛飾遺跡探訪　改訂版　〔東京都〕葛飾区郷土と天文の博物館　2000.3　12,75p　21cm（かつしかブックレット 10）〈折り込み1枚〉Ⓝ213.61　〔1369〕

◇古代末期の葛飾郡―葛飾区郷土と天文の博物館地域史フォーラム　熊野正也編　流山　崙書房出版　1997.5　242p　18cm〈会期・会場：平成7年1月29日　葛飾区郷土と天文の博物館ほか　文献あり〉Ⓘ4-8455-1042-1　Ⓝ213.61
内容 序章：地域の歴史を求めて（谷口榮述）　特論：古代葛飾郡と荘園の形成（鈴木哲雄述）　事例報告：葛飾郡南部地域の遺跡（松尾昌彦述）　葛飾郡北部地域の遺跡（増崎勝仁述）　下総西部の土器編年について（宮内勝已述）　下総国分寺の変遷（松本太郎述）　全体討議（谷口榮ほか述）

◇年表・葛飾の歴史―古代・中世　〔東京都〕葛飾区郷土と天文の博物館　1997.3　92p　21cm（かつしかブックレット 7）Ⓝ213.61　〔1371〕

◇地域の歴史を求めて‐葛西城とその周辺　〔東京都〕葛飾区郷土と天文の博物館　1996.12　61p　30cm（葛飾区郷土と天文の博物館公開講座 5）Ⓝ213.04　〔1372〕

◇葛飾区の昭和史―写真集　堀充宏, 荻原ちとせ編　千秋社　1991.1　194p　31cm（子らに語りつぐふるさとの歴史）〈葛飾区略年表：p192～194〉8900円　Ⓘ4-88477-137-0　Ⓝ213.6
内容 1 さまざまな岸辺　2 東京東郊の農村　3 くらしのひろがり　4 受難を越える　5 子どもの戦後史　6 故郷の創生

《多摩地域》

◇町田市の昭和―写真アルバム　長岡　いき出版　2016.6　279p　31cm〈発売：八南教科書供給（〔八王子〕）〉9250円　Ⓘ978-4-904614-79-2　Ⓝ213.65　〔1374〕

◇小金井市史　資料編 現代　小金井市史編さん委員会編　小金井　小金井市　2016.3　902p　図版 8p　22cm　Ⓝ213.65　〔1375〕

◇新狛江市史　資料編 近現代 2　狛江市市史編集専門委員会編　狛江　狛江市　2016.3　835p　22cm　2630円　Ⓝ213.65　〔1376〕

◇新狛江市史　資料編 近世 1　狛江市市史編集専門委員会編　狛江　狛江市　2016.3　753p　22cm　2460円　Ⓝ213.65　〔1377〕

◇よみがえる古代武蔵国府　府中文化振興財団府中市郷土の森博物館編　府中（東京都）　府中文化振興財団府中市郷土の森博物館　2016.3　133,11p　21cm（府中市郷土の森博物館ブックレット 17）〈文献あり　年表あり〉Ⓝ213.65　〔1378〕

◇写真で見るわがまち西東京―懐かしのふるさと150年　明治維新150年記念決定版写真集　近辻喜一, 髙田賢監修　松本　郷土出版社　2015.12　231p　31cm　9250円　Ⓘ978-4-86375-252-8　Ⓝ213.65　〔1379〕

◇ふるさと調布―市制施行60周年記念決定版写真集!!　保存版　小野崎満, 山岡博監修　松本　郷土出版社　2015.5　231p　31cm　9250円　Ⓘ978-4-86375-234-4　Ⓝ213.65　〔1380〕

◇新狛江市史　資料編 近現代 1　狛江市市史編集専門委員会編　狛江　狛江市　2015.3　856p　22cm　3000円　Ⓝ213.65　〔1381〕

◇小平の歴史―小平市史概要版　小平市史概要版作成研究会編　小平　小平市　2015.1　464,20p　21cm〈年表あり〉600円　Ⓝ213.65　〔1382〕

◇ふるさと国分寺―国分寺市50年のあゆみ　保存版　星野信夫監修　松本　郷土出版社　2014.12　230p　31cm〈国分寺市制施行50周年記念写真集〉9250円　Ⓘ978-4-86375-226-9　Ⓝ213.65　〔1383〕

◇ふるさと府中―府中市制施行60周年記念写真集　府中市60年のあゆみ 保存版　野口忠直監修　松本　郷土出版社　2014.4　230p　31cm　9250円　Ⓘ978-4-86375-212-2　Ⓝ213.65〔1384〕

◇小金井市史　資料編 近代　小金井市史編さん委員会編　小金井　小金井市　2014.3　824p　図版 8p　22cm　Ⓝ213.65　〔1385〕

◇小平市史　付編 年表　小平市企画政策部編　小平　小平市　2014.3　6,251p　21cm〈文献あり〉650円　Ⓝ213.65　〔1386〕

◇小平市史　付編 索引　小平市企画政策部編　小平　小平市　2014.3　229p　21cm　550円　Ⓝ213.65　〔1387〕

◇日野市の半世紀―移りゆくまちの過去と今そし

102　「東京」がわかる本 4000冊　　　　　　　　　　　　　　　　　　〔1366～1388〕

歴史・地理　　　　　　　　　　　　　　　　　　　　各地の歴史

◇て未来　市制施行50周年記念特別展　日野市郷
土資料館編　日野　日野市郷土資料館　2014.3
50p　30cm　Ⓝ213.65
〔1388〕

◇日野、住んでみてよかった―日野市のあゆみ50
年を調査する会報告書　日野市のあゆみ50年を
調査する会編　〔日野〕　日野市のあゆみ50年
を調査する会　2014.3　92p　図版7p　30cm
〈文献あり　年表あり〉　Ⓝ213.65
〔1389〕

◇ふるさと日野―日野市制施行50周年記念写真集
日野市50年のあゆみ　保存版　小林和男監修
松本　郷土出版社　2013.12　230p　31cm　〈文
献あり〉　9500円　Ⓘ978-4-86375-205-4　Ⓝ213.
65
〔1390〕

◇日野流―日野市市制施行50周年記念誌　日野
日野市　2013.11　96p　26cm　Ⓝ213.65〔1391〕

◇ふるさと武蔵野―生活感あふれる写真でつづる
決定版写真集！　保存版　松本　郷土出版社
2013.5　230p　31cm　9500円　Ⓘ978-4-86375-
196-5　Ⓝ213.65
〔1392〕

◇近世の開発と村のくらし―小平市史別冊図録
小平市企画政策部編　小平　小平市　2013.3
101p　30cm　〈文献あり〉　1700円　Ⓝ213.65
〔1393〕

◇小平市史　近現代編　小平市史編さん委員会編
小平　小平市　2013.3　861p　22cm　〈文献あ
り〉　2600円　Ⓝ213.65
〔1394〕

◇小平市史　地理・考古・民俗編　小平市史編さ
ん委員会編　小平　小平市　2013.3　881p
22cm　〈文献あり〉　2600円　Ⓝ213.65　〔1395〕

◇こだいらの「郷土写真」―小平市史別冊写真集
小平市企画政策部編　小平　小平市　2013.3
143p　30cm　1600円　Ⓝ213.65　〔1396〕

◇井の頭昭和の街並み―写真集　土屋恂著　立川
けやき出版　2012.11　120p　26cm　1500円
Ⓘ978-4-87751-480-8　Ⓝ213.65
内容　井の頭公園駅　駅前通り　井の頭公園　水門通
り（現・ばらやま通り）　井の頭公園通り（現・井の頭公園通り）
玉川通り（現・井の頭公園通り）　一方通行通り（元・
行き止まり道）　明星通り　三鷹駅前　昭和16年の
井の頭住宅地図　昭和22年井の頭住宅地図　〔1397〕

◇小平市史　近世編　小平市史編さん委員会編
小平　小平市　2012.10　868p　22cm　〈文献あ
り〉　2600円　Ⓝ213.65
〔1398〕

◇多摩の近世・近代史　松尾正人編著　八王子
中央大学出版部　2012.9　293p　21cm　〈執
筆：岩橋清美ほか〉　2500円　Ⓘ978-4-8057-
4150-4　Ⓝ213.65
内容　第1部　多摩の文化と人々の暮らし（子どもと村
社会―近世後期における子ども観の変容　島津家奥
右筆となった多摩の女性・瀧尾―奥女中のアーカイ
ブズ　多摩の豪農と在村文化―多摩郡連光寺村富澤
家の文芸と思想　大岳山をめぐる言説とイメージの

歴史的変遷）　第2部　近世多摩の地域と社会（家康・
秀忠・家光と多摩地域の将軍家鷹場　綱吉政権期に
おける犬預け政策と村　近世後期における多摩の質
屋渡世　幕末の助郷と多摩の村―元治元年の内藤新
宿定助郷差村一件をめぐって）　第3部　近代多摩の
社会と政治（草莽の軌跡―落合直言とその思想　自由
民権期学習結社の討論会運営―五日市学芸講談会再
考　三多摩壮士と政党政治―青野権右衛門とその周
辺　戦時下における多摩の陸軍少年飛行兵学校）
〔1399〕

◇ふるさとあきる野・日の出・檜原―生活感あふ
れる写真でつづる決定版写真集！　保存版
田中雅夫, 宮野浩二, 岡部駒橘監修　松本　郷土
出版社　2012.4　230p　31cm　〈年表あり〉
9500円　Ⓘ978-4-86375-159-0　Ⓝ213.65〔1400〕

◇東久留米の近代史―明治・大正・昭和前期　東
久留米　東久留米市教育委員会　2012.3　157p
26cm　（東久留米のあゆみ　第3巻）〈年表あ
り〉　Ⓝ213.65
〔1401〕

◇まちかど写真館inひの―写真集　第2集　日野
宿発見隊企画・編集　〔日野〕　日野市　2012.
3　56p　30cm　Ⓝ213.65
〔1402〕

◇武蔵野市史　続　資料編13　武蔵野市編　武蔵
野　武蔵野市　2012.3　634p　22cm　Ⓝ213.65
内容　境・秋本家文書　4
〔1403〕

◇刻された書と石の記憶　廣瀬裕之著　西東京
武蔵野大学出版会　2012.1　222p　21cm　〈文
献あり〉　2000円　Ⓘ978-4-903281-20-9　Ⓝ213.
65
内容　第1章　国木田独歩・三鷹駅北口詩碑考（三鷹駅北
口の歴史と武蔵野市　武蔵野独歩会と顕彰事業　独
歩詩碑の建立ほか）　第2章　国木田独歩・桜橋畔文
学碑考（桜橋の位置と桜橋畔文学碑建立まで　「碑陽」
に刻された碑文　碑陰について　ほか）　第3章　松本
訓導殉難碑考（井の頭公園と松本訓導　碑の大きさと
型式　菊判の書と本文起草者ほか）
〔1404〕

◇ふるさと福生・羽村・瑞穂―生活感あふれる写
真でつづる決定版写真集！：保存版　高崎勇
作, 村山美春, 羽村郷土研究会監修　松本　郷土
出版社　2011.11　230p　31cm　〈年表あり　文
献あり〉　9500円　Ⓘ978-4-86375-148-4　Ⓝ213.
65
〔1405〕

◇武蔵野市百年史　続編　資料編　武蔵野市編
武蔵野　武蔵野市　2011.9　1066p　22cm　〈年
表あり〉　Ⓝ213.65
内容　昭和58年～平成17年
〔1406〕

◇アウトローたちの江戸時代―19世紀の府中の世
相　府中文化振興財団府中市郷土の森博物館編
府中（東京都）　府中文化振興財団府中市郷土の
森博物館　2011.4　80p　21cm　（府中市郷土
の森博物館ブックレット　14）〈年表あり〉
Ⓝ213.65
〔1407〕

◇ふるさと青梅―青梅市60年のあゆみ　青梅市制
施行60周年記念決定版写真集　保存版　小澤英

〔1389～1408〕　　　　　　　　　　　　「東京」がわかる本　4000冊　　103

各地の歴史

夫監修　松本　郷土出版社　2011.4　230p
31cm〈年表あり〉9500円　①978-4-86375-
127-9　Ⓝ213.65
〔1408〕

◇武蔵野市百年史　続編　年表編　武蔵野市編
武蔵野　武蔵野市　2011.3　317p　22cm
Ⓝ213.65
内容 昭和58年～平成17年
〔1409〕

◇武蔵野市百年史　続編　記述編　武蔵野市編
武蔵野　武蔵野市　2011.3　1072p　22cm
Ⓝ213.65
内容 昭和58年～平成17年
〔1410〕

◇なつかしの田無・保谷―平成19-21年度作成写
真パネル図録：西東京市誕生10周年記念　西東
京市中央図書館編　西東京　西東京市中央図書
館　2011.1　161p　図版〔4〕枚　30cm〈年
表あり〉500円　Ⓝ213.65
〔1411〕

◇写真で見る昭和の狛江―狛江市制施行40周年記
念誌　狛江市立中央図書館編　〔狛江〕狛江
市教育委員会　2010.10　113p　30cm　300円
Ⓝ213.65
〔1412〕

◇立川の風景昭和色アルバム―the SOUND of
Oldies in TACHIKAWA　寺澤昭二写真, 鈴木
武編　立川　けやき出版　2010.8　95p　26cm
〈文献あり〉1000円　①978-4-87751-422-8
Ⓝ213.65
内容 交通　街並み　伸びゆく立川　働く人々　娯楽
基地　風景
〔1413〕

◇湖郷―狭山丘陵の湖「多摩湖」「狭山湖」をめぐ
る5つの話　企画展図録　東村山ふるさと歴史館
編　東村山　東村山ふるさと歴史館　2010.7
48p　21cm〈会期・会場：平成22年7月17日～9
月12日　東村山ふるさと歴史館　年表あり〉
Ⓝ213.65
〔1414〕

◇あの日の府中―府中市制施行55周年記念写真集
府中市政策総務部広報課企画・編集　〔府中
（東京都）〕府中市　2010.4　209p　31cm
〈年表あり〉Ⓝ213.65
〔1415〕

◇清瀬・村から町へ、そして市へ―120年のあゆ
み：写真集　清瀬村誕生120周年記念写真展実
行委員会記念写真編集委員, 清瀬市郷土博物
館編　清瀬　清瀬市郷土博物館　2010.3　115p
30cm〈年表あり〉Ⓝ213.65
〔1416〕

◇武蔵野市史　続　資料編 12　武蔵野市編　武蔵
野　武蔵野市　2010.3　569p　22cm　Ⓝ213.65
内容 境・秋本家文書　3
〔1417〕

◇モノトーンの記憶―写真集続・みたかの今昔：
三鷹市市制施行60周年記念誌　三鷹　三鷹市教
育委員会　2010.3　197p　24cm〈年表あり〉
1000円　Ⓝ213.65
〔1418〕

◇調布市史年表　調布市総務部総務課公文書管理
係編　第2版　調布　調布市　2009.12　286p

21cm　（調布市史研究資料 21）〈文献あり〉
Ⓝ213.65
〔1419〕

◇国分寺・国立今昔写真帖―保存版　能地泰規監
修　松本　郷土出版社　2009.11　146p　37cm
9500円　①978-4-86375-047-0　Ⓝ213.65〔1420〕

◇多摩の古墳―特別展　八王子市郷土資料館編
〔八王子〕八王子市教育委員会　2009.10
74p　21cm〈文献あり〉Ⓝ213.65
〔1421〕

◇立川・昭和今昔写真帖―保存版　豊泉喜一監修
松本　郷土出版社　2009.9　146p　37cm
11000円　①978-4-86375-036-4　Ⓝ213.65
〔1422〕

◇東やまとの散歩道―多摩の歴史と狭山丘陵の自
然に育まれた多摩湖の村　内堀輝志著　東大和
遊無有　2009.8　374p　20cm　1905円
①978-4-86082-010-7　Ⓝ213.65
〔1423〕

◇小金井市史　資料編　小金井市　小金井市史編
さん委員会編　小金井　小金井市　2009.3
899p　図版8p　22cm　Ⓝ213.65
〔1424〕

◇ふるさと町田―町田市制施行50周年記念写真集
保存版　小島政孝監修　松本　郷土出版社
2009.3　230p　31cm〈年表あり〉12000円
①978-4-86375-007-4　Ⓝ213.65
〔1425〕

◇まちかど写真館inひの―写真集　日野宿発見隊
編　〔日野〕日野市　2009.3　66p　30cm
Ⓝ213.65
〔1426〕

◇モダン福生―写真集　昭和20年～63年　福生市
郷土資料室編　〔福生〕福生市教育委員会
2009.2　61p　30cm〈会期：平成21年2月7日―
4月12日　年表あり〉Ⓝ213.65
〔1427〕

◇甲州街道府中宿―府中宿再訪展図録　府中文化
振興財団府中市郷土の森博物館編　改訂　府中
（東京都）　府中文化振興財団府中市郷土の森博
物館　2008.10　72p　21cm　（府中市郷土の森
博物館ブックレット 1）〈年表あり　文献あ
り〉Ⓝ213.65
〔1428〕

◇ふるさと国分寺のあゆみ　国分寺市史編さん委
員会, 国分寺市ふるさと文化財課編　改訂　国
分寺　国分寺市教育委員会　2007.3　323,36p
21cm〈折り込1枚〉Ⓝ213.65
〔1429〕

◇宮本常一の見た府中　宮本常一撮影, 府中文化
振興財団府中市郷土の森博物館編　府中（東京
都）　府中文化振興財団府中市郷土の森博物館
2007.3　127p　21cm　（府中市郷土の森博物館
ブックレット 9）〈年譜あり〉Ⓝ213.65〔1430〕

◇武蔵野市史　続　資料編 11　武蔵野市編　武蔵
野　武蔵野市　2007.3　561p　22cm　Ⓝ213.65
内容 境・秋本家文書　2
〔1431〕

◇図説八王子・日野の歴史　峰岸純夫監修　松本
郷土出版社　2007.2　248p　31cm　（東京都の

歴史・地理　　　　　　　　　　　　　　　　　　　　　　　　　各地の歴史

歴史シリーズ）〈年表あり　文献あり〉9514円
Ⓘ978-4-87663-885-7　Ⓝ213.65　　〔1432〕

◇ふっさ福生―楽しむ郷土資料室　福生市郷土資
料室編　〔福生〕　福生市教育委員会　2007.2
32p　30cm〈会期・会場：平成19年2月3日―4
月15日　福生市郷土資料室〉Ⓝ213.65　〔1433〕

◇調布市史索引　調布市総務部庶務課歴史資料係
編　調布　調布市　2007.1　268p　21cm　（調
布市史研究資料 19）Ⓝ213.65　　　　　〔1434〕

◇三鷹の歴史―江戸時代から昭和中期にかけて
宍戸幸七著　三鷹　ハタヤ書店　2006.7　299p
21cm（製作・発売：けやき出版（立川））1800
円　Ⓘ4-87751-311-6　Ⓝ213.65　　　〔1435〕

◇近代日本の形成と地域社会―多摩の政治と文化
松尾正人編　岩田書院　2006.5　426p　22cm
9500円　Ⓘ4-87294-429-1　Ⓝ213.65
内容 幕末維新の動乱と多摩：八王子出身の幕末志士
川村恵十郎についての一考察　藤田英昭著　多摩の戊
辰戦争　井上攻著　免許銃・所持銃・拝借銃ノート
保谷徹著　近代多摩の社会と文化：地租改正後の多
摩　滝島功著　旧品川県社倉金返還と地方制度の転換
点　藤野敦著　明治末期における「隔離医療」と地域
社会　石居人也著　明治後期から大正期における地方
銀行　石本正紀著　地域における近代俳人の誕生　多
田仁一著　首都・多摩の形成：空都多摩の誕生　鈴木
芳行著　多摩の「都市化」の一側面　梅田定宏著　多
摩の戦後文化運動と武蔵村山　山田義高著　〔1436〕

◇府中市の歴史―武蔵国府のまち　府中市教育委
員会生涯学習部生涯学習課文化財担当編　新版
府中（東京都）　府中市教育委員会　2006.3
499p　22cm〈年表あり〉Ⓝ213.65　　〔1437〕

◇日の出町史　通史編　下巻　日の出町史編さん
委員会編　日の出町（東京都）　日の出町
2006.2　920p　22cm　Ⓝ213.65　　　〔1438〕

◇未完の「多摩共和国」―新選組と民権の郷　佐
藤文明著　凱風社　2005.9　355p　19cm〈年
表あり〉2500円　Ⓘ4-7736-3001-9　Ⓝ213.65
内容 第1章　天然理心流が生んだ武士の郷（多摩の歴
史は侍の歴史　甲州一揆 ほか）第2章　江川担庵の
業績と多摩人の自立精神（勝五郎、宮川家に養子に入
る　江川担庵、種痘を実施 ほか）第3章　武相農兵
隊の結成と近藤勇の信念（浪士組参加決定の内幕　将
軍上洛 ほか）第4章　明治元年は瓦解元年（支配替
えの阻止　第二次長州征伐 ほか）第5章　民権から
国権へ―未完の「多摩共和国」（多摩分割と御門訴事
件　郷学校の発足と廃藩置県 ほか）

◇日野周辺歴史散歩　田中利男、山口久夫、御子柴
均著　〔出版地不明〕　田中利男　2005.3
181p　27cm　非売品　Ⓝ213.65　　　〔1440〕

◇武蔵野市史　続　資料編 10　武蔵野市編　武蔵
野　武蔵野市　2005.3　519p　22cm　Ⓝ213.65
内容 境・秋本家文書　1　　　　　　　　〔1441〕

◇多摩・新選組紀聞　平野勝著　東京新聞出版局
2005.2　220p　19cm　1500円　Ⓘ4-8083-0821-

5　Ⓝ210.58
内容 第1章　近藤勇　第2章　土方歳三　第3章　沖田総
司　第4章　井上源三郎　第5章　試衛館　第6章　京都
見参　第7章　落日の時　第8章　多摩の隊士　〔1442〕

◇町田市今昔写真帖―保存版　松本　郷土出版社
2005.4　146p　37cm　11000円　Ⓘ4-87663-
737-7　Ⓝ213.65　　　　　　　　　　　〔1443〕

◇西多摩今昔写真帖―保存版　松本　郷土出版社
2004.11　146p　38cm　11000円　Ⓘ4-87663-
709-1　Ⓝ213.65　　　　　　　　　　　〔1444〕

◇昭島の歴史　昭島市教育委員会事務局生涯学習
部社会教育課編　昭島　昭島市教育委員会
2004.3　274p　27cm〈年表あり〉Ⓝ213.65
〔1445〕

◇多摩/TAMA―住民意識と地域イメージの物語
町田市立自由民権資料館編　〔町田〕　町田市
教育委員会　2004.3　91p　21cm　（民権ブッ
クス 17号）〈会期：2003年7月26日―9月7日〉
Ⓝ213.65
内容 二〇〇三年度第一回企画展《多摩 TAMA～住民
意識と地域イメージの物語～》の記録　記念講演：グ
ローバル化と八王子思想史の試み（小倉英敬述）戦
後の多摩農業と民権運動の足跡（薄井清述）論文：
「多摩」という地域（「地域」という物語（石居人也著））
〔1446〕

◇八王子・日野今昔写真帖―保存版　松本　郷土
出版社　2004.3　146p　38cm　11000円　Ⓘ4-
87663-671-0　Ⓝ213.65　　　　　　　　〔1447〕

◇目で見る三鷹・武蔵野の100年　相馬登監修
松本　郷土出版社　2004.2　146p　38cm
11000円　Ⓘ4-87663-661-3　Ⓝ213.65　〔1448〕

◇東村山市史　2（通史編　下巻）　東村山市史編
さん委員会編　東村山　東京都東村山市
2003.9　848p　22cm　Ⓝ213.65　　　　〔1449〕

◇目で見る調布・狛江の100年　田村勝正監修
松本　郷土出版社　2003.8　146p　37cm
11000円　Ⓘ4-87663-629-X　Ⓝ213.65　〔1450〕

◇目で見る府中・多摩・稲城の100年　金本展尚監
修　松本　郷土出版社　2003.6　146p　38cm
11000円　Ⓘ4-87663-623-0　Ⓝ213.65　〔1451〕

◇新選組のふるさと日野―甲州道中日野宿と新選
組　日野市ふるさと博物館編　日野　新選組
フェスタin日野実行委員会　2003.5　8,104p
30cm〈関連タイトル：甲州道中日野宿と新選
組　「甲州道中日野宿と新選組」（平成13年刊）
の増訂　年表あり〉1000円　Ⓝ213.65　〔1452〕

◇多摩と甲州道中　新井勝紘、松本三喜夫編　吉
川弘文館　2003.5　263,18p　20cm　（街道の
日本史 18）〈付属資料：1枚　文献あり　年表
あり〉2500円　Ⓘ4-642-06218-1　Ⓝ213.65
内容 1 多摩と甲州道中を歩く（多摩の地理と風土　武
蔵野を歩く）2 武蔵野の歴史（遺跡が語る原始・古

〔1433〜1453〕　　　　　　　　　　　　　　　　　　「東京」がわかる本 4000冊　　105

各地の歴史　　　　　　　　　　　　　　　　　　　　　　　　　歴史・地理

代の武蔵　武蔵武士と乱世に生きる人びと　ほか）　3
近代多摩民衆の軌跡（幕末維新の潜在エネルギー——多
摩の夜明け　『武蔵野叢誌』を読む　ほか）　4　戦争
をはさんだ七〇年（空へと伸びる空路　戦後地域文化
運動の簇生　ほか）　5　武蔵野の歴史文化と伝統（希
望の故郷（ホープ）にかけた人びとと文化創造　多摩
で誕生した作品と作家たち　ほか）　　　　　　〔1453〕

◇武蔵の国府と国分寺　府中市郷土の森博物館編
府中（東京都）　府中市郷土の森博物館　2003.4
55,9p　21cm　（府中市郷土の森博物館ブック
レット　4）〈文献あり　年表あり〉Ⓝ213.65
　　　　　　　　　　　　　　　　　　　　　　〔1454〕

◇写真で見る稲城今昔　稲城市教育委員会教育部
生涯学習課編　稲城　稲城市教育委員会　2003.
3　338p　31cm〈年表あり〉Ⓝ213.6　〔1455〕

◇武蔵村山市史　通史編　下巻　武蔵村山市史編
さん委員会編　武蔵村山　武蔵村山市　2003.3
820p　22cm　　　　　　　　　　　　　　　〔1456〕

◇目で見る西東京・東久留米・清瀬の100年　根
岸正監修　松本　郷土出版社　2003.3　146p
38cm　11000円　Ⓘ4-87663-605-2　Ⓝ213.65
　　　　　　　　　　　　　　　　　　　　　　〔1457〕

◇目で見る国分寺・国立・小金井・小平の100年
寺沢一人監修　松本　郷土出版社　2003.2
146p　37cm　11000円　Ⓘ4-87663-600-1
Ⓝ213.65　　　　　　　　　　　　　　　　　〔1458〕

◇目で見る東村山・東大和・武蔵村山の100年
渡辺隆喜監修　松本　郷土出版社　2003.2
146p　38cm　11000円　Ⓘ4-87663-601-X
Ⓝ213.65　　　　　　　　　　　　　　　　　〔1459〕

◇目で見る立川・昭島の100年　三田鶴吉監修
松本　郷土出版社　2002.12　146p　37cm
11000円　Ⓘ4-87663-588-9　Ⓝ213.65　〔1460〕

◇町田の歴史をたどる　町田の歴史をたどる編集
委員会著，町田市立自由民権資料館編　増補,2
版　町田　町田市教育委員会　2002.11　232p
23cm〈共同刊行：町田市　年表あり〉Ⓝ213.
65　　　　　　　　　　　　　　　　　　　　〔1461〕

◇武蔵村山市史　通史編　上巻　武蔵村山市史編
さん委員会編　武蔵村山　武蔵村山市　2002.7
1204p　22cm　Ⓝ213.65　　　　　　　　　〔1462〕

◇東村山市史　1（通史編　上巻）　東村山市史編
さん委員会編　東村山　東京都東村山市
2002.3　912p　22cm　Ⓝ213.65　　　　　〔1463〕

◇日の出町史　通史編　中巻　日の出町史編さん
委員会編　日の出町（東京都）　日の出町
2002.3　655p　22cm　Ⓝ213.65　　　　　〔1464〕

◇武蔵野市史　続　資料編　9　武蔵野市編　武蔵
野　武蔵野市　2002.3　558p　22cm　Ⓝ213.65
内容　諸家文書　1　　　　　　　　　　　　〔1465〕

◇武蔵野市百年史　記述編　2　武蔵野市編　武蔵
野　武蔵野市　2002.3　902p　22cm　Ⓝ213.65
内容　昭和22年～昭和38年　　　　　　　　〔1466〕

◇名勝小金井桜の今昔　桜井信夫著　小金井
ネット武蔵野　2002.1　31p　27cm　1143円
Ⓘ4-944237-07-3　Ⓝ213.65
内容　1　広重が描いた小金井桜の絶景　2　江戸時代の
「村おこし」で誕生した小金井桜　3　文人たちが広め
た江戸近郊随一の桜の名所　4　鉄道が開通してお花
見シーズンには大混雑　5　黎明期の写真で見る小金
井桜見物のにぎわい　6　貴重なヤマザクラ集植地と
して名勝に指定　7　未来まで守り育てよう小金井桜
　　　　　　　　　　　　　　　　　　　　　　〔1467〕

◇甲州道中日野宿と新選組　日野市ふるさと博物
館編　〔日野〕　日野市教育委員会　2001.12
100p　30cm〈会期：平成10年10月10日—12月
13日ほか〉Ⓝ213.65　　　　　　　　　　　〔1468〕

◇新・調布案内　調布市郷土博物館編　調布　調
布市郷土博物館　2001.10　31p　26cm〈企画
展〉Ⓝ213.65　　　　　　　　　　　　　　〔1469〕

◇武蔵野市百年史　記述編　1　武蔵野市編　武蔵
野　武蔵野市　2001.9　1065p　22cm　Ⓝ213.
65
内容　明治22年～昭和22年　　　　　　　　〔1470〕

◇東村山市史　5（資料編　考古）　東村山市史編
さん委員会編　東村山　東京都東村山市
2001.3　1023p　22cm　Ⓝ213.65　　　　　〔1471〕

◇武蔵野市百年史　年表編　武蔵野市編　武蔵野
武蔵野市　2001.3　739p　22cm　Ⓝ213.65
内容　明治22年～昭和58年　　　　　　　　〔1472〕

◇武蔵村山市史　資料編　近代・現代　武蔵村山
市史編さん委員会編　武蔵村山　武蔵村山市
2001.3　938p　22cm　Ⓝ213.65　　　　　〔1473〕

◇三鷹市史　通史編　三鷹市史編さん委員会編纂
三鷹　三鷹市　2001.2　736p　22cm〈三鷹市
制50周年・2000年〉Ⓝ213.65　　　　　　〔1474〕

◇しばさきあちこち—大正・昭和初期の立川　立
川治雄著　立川　けやき出版　2001.1　225p
20cm　1300円　Ⓘ4-87751-128-8　Ⓝ213.65
内容　「出口」を中心として　諏訪神社・八幡神社　寺
小学校　役場（市町村制）　各種遺跡・野仏等　生活・
経済　古い街道　子供　立川南口一帯　立川駅と北
口一帯　民間飛行場と養豚場　　　　　　　　〔1475〕

◇三鷹市史　補（資料編）　三鷹市史編さん委員会
編纂　三鷹　三鷹市　2000.12　862p　22cm
〈三鷹市制50周年・2000年〉Ⓝ213.65　　〔1476〕

◇東村山郷土のあゆみ　3　東村山　東村山郷土
研究会　2000.11　112p　21cm〈東村山郷土研
究会発足30周年記念誌〉Ⓝ213.65　　　　〔1477〕

◇みたかの今昔—写真集　三鷹市教育委員会事務
局生涯学習推進室編　三鷹　三鷹市教育委員会

歴史・地理　　　　　　　　　　　　　　　　　　　　　　　　　　　各地の歴史

2000.11　191p　24cm〈年表あり〉1000円
Ⓝ213.65　　　　　　　　　　　　　　　〔1478〕

◇武蔵村山市史　民俗編　武蔵村山市史編さん委
員会編　武蔵村山　武蔵村山市　2000.11
925p　22cm〈付属資料：図1枚（袋入）〉
Ⓝ213.65　　　　　　　　　　　　　　　〔1479〕

◇武蔵野市百年史　記述編 4　武蔵野市編　武蔵
野　武蔵野市　2000.9　808p　22cm　Ⓝ213.65
内容 昭和50年～昭和58年　　　　　　　〔1480〕

◇多摩を作った人々　鵜澤竹司著　〔多摩〕
〔鵜澤竹司〕　2000.7　380p　21cm　Ⓝ213.6
　　　　　　　　　　　　　　　　　　　〔1481〕

◇図説調布の歴史　調布市市史編集委員会編　調
布　調布市　2000.3　275p　26cm　Ⓝ213.65
　　　　　　　　　　　　　　　　　　　〔1482〕

◇東村山市史　10（資料編　近代 2）　東村山市史
編さん委員会編　東村山　東村山市　2000.3
927p　22cm　Ⓝ213.65　　　　　　　　〔1483〕

◇東大和市史　東大和市史編さん委員会編　東大
和　東大和市　2000.3　464p　26cm　Ⓝ213.
65　　　　　　　　　　　　　　　　　　〔1484〕

◇武蔵村山市史　資料編　近世　武蔵村山市史編
さん委員会編　武蔵村山　武蔵村山市　2000.3
708p　22cm　Ⓝ213.65　　　　　　　　〔1485〕

◇武蔵村山市史　資料編　考古　武蔵村山市史編
さん委員会編　武蔵村山　武蔵村山市　2000.3
603p　図版7枚　22cm〈付属資料：図1枚（袋
入）〉Ⓝ213.65　　　　　　　　　　　　〔1486〕

◇多摩と江戸―鷹場・新田・街道・上水　大石学
編　国立　たましん地域文化財団　2000.2
339p　21cm〈発売：けやき出版（立川）〉2500
円　①4-87751-093-1　Ⓝ213.65
内容 序論 多摩と江戸　江戸前期（多摩における「平
和」の到来　徳川家康の関東入国と多摩を治めた家
臣団　近世前期・多摩の景観をさぐる ほか）　江戸
中期（吉宗と鷹場の再興　享保期以降の尾張家鷹場
鷹場と「公衆遊園」ほか）　江戸後期（八州廻りと火
盗改め　在村文芸の展開　名所の成立―武蔵名所か
ら江戸名所へ ほか）　　　　　　　　　〔1487〕

◇多摩を語る　竹野功騎著　八王子　竹野功騎
1999.7　158p　19cm　1500円　Ⓝ213.65
　　　　　　　　　　　　　　　　　　　〔1488〕

◇青梅宿―町の生活・文芸・祭礼　青梅　青梅市
郷土博物館　1999.3　56p　30cm〈折り込1枚
会期：1998年6月20日―10月4日ほか〉Ⓝ213.65
　　　　　　　　　　　　　　　　　　　〔1489〕

◇多摩市史　通史編 2　多摩市史編集委員会編
多摩　多摩市　1999.3　967,14,49p　22cm
Ⓝ213.65
内容 近現代　　　　　　　　　　　　　〔1490〕

◇発掘された町田の遺跡―木曽森野・野津田上の
原遺跡　町田市立博物館編　町田　町田市立博
物館　1999.3　95p　26cm　（町田市立博物館
図録 第114集）〈会期：1999年5月1日―6月13
日〉Ⓝ210.025　　　　　　　　　　　　〔1491〕

◇東村山市史　8　資料編　近世 2　東村山市
編さん委員会編　東村山　東村山市　1999.3
933p　22cm　Ⓝ213.65　　　　　　　　〔1492〕

◇東村山市史　4（資料編　民俗）　東村山市史編
さん委員会編　東村山　東京都東村山市
1999.3　433p　22cm　Ⓝ213.65　　　　〔1493〕

◇福生歴史物語―福生市史普及版　福生市教育委
員会編　〔福生〕　福生市教育委員会　1999.3
246p　22cm　Ⓝ213.65　　　　　　　　〔1494〕

◇武蔵野市史　資料目録 3　武蔵野市編　武蔵
野　武蔵野市　1999.3　454p　22cm　Ⓝ213.65
内容 堺・秋本家文書　　　　　　　　　〔1495〕

◇武蔵村山市史　資料編　自然 地形・地質　武蔵
村山市編さん委員会編　武蔵村山　武蔵村山市
1999.3　150p　26cm　Ⓝ213.65　　　　〔1496〕

◇武蔵村山市史　資料編　古代・中世　武蔵村山
市編さん委員会編　武蔵村山　武蔵村山市
1999.3　543p　22cm〈折り込1枚　付属資料：
図3枚（袋入）〉Ⓝ213.65　　　　　　　〔1497〕

◇武蔵村山市史　資料編　自然 植物・キノコ・動
物　武蔵村山市編さん委員会編　武蔵村山　武
蔵村山市　1999.3　334p　26cm〈里山の輝き
付属資料：1枚：追補〉Ⓝ213.65　　　〔1498〕

◇まんがで綴る田無の歴史　曽根原良仁企画監修,
森生文乃まんが・作画　田無　東京田無ライオ
ンズクラブ創立十五周年記念事業実行委員会
1999.2　74p　30cm　Ⓝ213.65　　　　〔1499〕

◇土方歳三の歩いた道―多摩に生まれ多摩に帰る
のんぶる舎編集部編　八王子　のんぶる舎
1998.10　155p　21cm　1500円　①4-931247-
56-3　Ⓝ210.58　　　　　　　　　　　　〔1500〕

◇名勝小金井桜絵巻　小金井　小金井市教育委員
会　1998.10　52p　30cm〈市制施行四十周年
記念　年表あり〉Ⓝ213.65　　　　　　〔1501〕

◇武蔵野市百年史　記述編 3　武蔵野市編　武蔵
野　武蔵野市　1998.9　941p　22cm　Ⓝ213.
65　　　　　　　　　　　　　　　　　　〔1502〕

◇学園都市くにたち - 誕生のころ―企画展　くに
たち郷土文化館編　国立　くにたち郷土文化館
1998.5　31p　30cm　Ⓝ213.61　　　　〔1503〕

◇東村山市史　3　資料編　自然　東村山市史編
さん委員会編　東村山　東村山市　1998.3
471p　27cm　Ⓝ213.65　　　　　　　　〔1504〕

◇日野市史　通史編 4　近代（2）・現代　日野

各地の歴史　　　　　　　　　　　　　　　　　　　　　　歴史・地理

日野市史編さん委員会　1998.3　516p　22cm
Ⓝ213.65　　　　　　　　　　　　　　　〔1505〕

◇多摩市史　資料編 4　多摩市史編集委員会編
多摩　多摩市　1998.1　52,975p　22cm
Ⓝ213.65
内容 近現代　　　　　　　　　　　　　　〔1506〕

◇写真でたどる福生の百年　福生市教育委員会,
福生市郷土資料室編　福生　福生市教育委員会
1997.3　86p　30cm〈共同刊行：福生市郷土資
料室　会期：1997年3月1日～5月30日　略年
表：p81～85〉Ⓝ213.65　　　　　　　〔1507〕

◇多摩市史　通史編 1　多摩市史編集委員会編
多摩　多摩市　1997.3　1122,13p　22cm
Ⓝ213.65
内容 自然環境　植物・動物　原始および古代　中世・
近世　　　　　　　　　　　　　　　　　〔1508〕

◇多摩市史　民俗編　多摩市史編集委員会編　多
摩　多摩市　1997.3　747,37p　22cm〈文献あ
り　索引あり〉Ⓝ213.65　　　　　　　〔1509〕

◇調布市史　下巻　調布市市史編集委員会編　調
布　調布市　1997.3　991p　22cm　Ⓝ213.6
　　　　　　　　　　　　　　　　　　　〔1510〕

◇調布の歴史　調布　調布市郷土博物館　1997.3
12p　26cm〈年表：p12〉Ⓝ213.65　〔1511〕

◇東村山市史　11　資料編　現代　東村山市史編
さん委員会編　東村山　東村山市　1997.3
1057p　22cm　Ⓝ213.65　　　　　　　〔1512〕

◇調布読本―近代調布の歩み　調布市郷土博物館
編　改訂　調布　調布市郷土博物館　1997.2
10,9p　30cm〈年表あり〉　　　　　　〔1513〕

◇目で見る八王子・日野の100年　野口正久, 谷春
雄監修・執筆, 鈴木利信資料監修・執筆　松本
郷土出版社　1996.12　144p　37cm　11000円
Ⓘ4-87663-353-3　Ⓝ213.65　　　　　〔1514〕

◇稲城市史　資料編 2　古代・中世, 近世　稲城
市編　稲城　稲城市　1996.11　923p　24cm
Ⓝ213.6　　　　　　　　　　　　　　　〔1515〕

◇70's star・dust　陣馬虫太郎著　ヒット出版社
1996.6　222p　19cm〈本文は日本語〉900円
Ⓘ4-938544-76-8　Ⓝ210.76
内容 伝説への入り口…。　武蔵野つむじ風気分…。
ミニコミ気分…。　ジャズ喫茶伝説…。　草の根伝
説…。　喫茶店文化の行方…。　フォークシンガー
異聞…。　バイオレンスの系譜…。　ジャズ喫茶異
聞　第三メディアの幻想…。　検証ライブハウス…。
たそがれの町　懐悔録　　　　　　　　〔1516〕

◇郷土史檜原村　檜原村文化財専門委員会編　檜
原村（東京都）　檜原村教育委員会　1996.3
195p　21cm　Ⓝ213.65　　　　　　　〔1517〕

◇多摩市史　資料編 2〔2〕　多摩市史編集委員

会編　多摩　多摩市　1996.3　529p　22cm
Ⓝ213.65
内容 近世　文化・寺社　　　　　　　　〔1518〕

◇多摩市史　資料編 3　多摩市史編集委員会編
多摩　多摩市　1996.3　69,773p　22cm
Ⓝ213.65
内容 近代　　　　　　　　　　　　　　〔1519〕

◇東村山市史　7　資料編　近世 1　東村山市史
編さん委員会編　東村山　東村山市　1996.3
921p　22cm　Ⓝ213.65　　　　　　　〔1520〕

◇東村山市史　6　資料編　古代・中世　東村山
市史編さん委員会編　東村山　東村山市
1996.3　1036p　22cm　Ⓝ213.65　　〔1521〕

◇日の出町近代年表・統計資料　日の出町史編さ
ん委員会編　日の出町（東京都）　日の出町教育
委員会　1996.3　279p　26cm　Ⓝ213.65〔1522〕

◇目で見る西多摩の100年―青梅市・羽村市・福
生市・あきる野市・奥多摩町・日の出町・瑞穂
町・桧原村　松本　郷土出版社　1995.12
147p　37cm〈監修：安藤精一, 保坂芳春　参考
文献：p147〉11000円　Ⓘ4-87663-307-X
Ⓝ213.6　　　　　　　　　　　　　　　〔1523〕

◇青梅市史　青梅市史編さん委員会編　増補改訂
〔青梅〕　青梅市　1995.10　2冊　22cm〈付
（図3枚　袋入）：地形分類図ほか〉Ⓝ213.6
　　　　　　　　　　　　　　　　　　　〔1524〕

◇五日市の百年―合併40周年記念写真集　合併40
周年記念写真集編纂委員会編　〔五日市町（東
京都）〕　五日市町　1995.8　173p　31cm
〈付：五日市町近・現代年表〉Ⓝ213.6　〔1525〕

◇写真展昭和10年代の青梅―青梅写友会のあゆみ
青梅写友会撮影　青梅　青梅市郷土博物館
1995.7　24p　30cm〈会期：平成7年7月15日～
9月30日　年表昭和10～20年の青梅：p23〉
Ⓝ213.6　　　　　　　　　　　　　　　〔1526〕

◇多摩近現代の軌跡―地域史研究の実践　江井秀
雄著　立川　けやき出版　1995.5　320p
20cm〈参考文献：p316～320〉2600円　Ⓘ4-
905942-64-0　Ⓝ213.6
内容 第1編　近代　ペリーの来航と多摩　明治維新と
多摩　自由民権運動と多摩　日露戦争前後の三多摩
大正時代の三多摩　戦時下の多摩　第2編　現代戦
日本と多摩　都市化する多摩　　　　　〔1527〕

◇昭島の水物語　佐藤元賀著　〔昭島〕　「昭島
の水」出版・普及実行委員会　1995.3　194p
19cm〈発売：けやき出版（立川）　参考文献：
p194〉1400円　Ⓘ4-905942-65-9　Ⓝ213.6
　　　　　　　　　　　　　　　　　　　〔1528〕

◇稲城市史　資料編 4　近現代 2　稲城市編
稲城　稲城市　1995.3　820p　24cm　Ⓝ213.6
　　　　　　　　　　　　　　　　　　　〔1529〕

歴史・地理　　　　　　　　　　　　　　　　　　　　　　　　各地の歴史

◇多摩市史　資料編 2　多摩市史編集委員会編
　多摩　多摩市　1995.3　640p　22cm　Ⓝ213.6
　内容 近世　社会経済
　　　　　　　　　　　　　　　　　　　〔1530〕

◇多摩市史　資料編 1　多摩市史編集委員会編
　多摩　多摩市　1995.3　1087p　22cm　Ⓝ213.6
　内容 考古　古代　中世
　　　　　　　　　　　　　　　　　　　〔1531〕

◇東村山市史　9　資料編　近代 1　東村山市史
　編さん委員会編　東村山　東村山市　1995.3
　885p　22cm　Ⓝ213.6
　　　　　　　　　　　　　　　　　　　〔1532〕

◇日野市史　通史編 2 中　近世編 1　日野　日
　野市史編さん委員会　1995.3　216p　22cm
　Ⓝ213.6
　　　　　　　　　　　　　　　　　　　〔1533〕

◇武蔵野市百年史　資料編 2　武蔵野市編　武蔵
　野　武蔵野市　1995.3　2冊　22cm　〈付（図8枚
　袋入）：武蔵野都市計画一般図ほか〉Ⓝ213.6
　　　　　　　　　　　　　　　　　　　〔1534〕

◇くにたちの歴史　『くにたちの歴史』編さん専
　門委員会編　国立　国立市　1995.2　269p
　26cm　〈年表あり〉Ⓝ213.65　　　　〔1535〕

◇大昔の国分寺　国分寺市教育委員会編　国分寺
　国分寺市教育委員会　1995.1　110p　21cm
　Ⓝ210.2
　　　　　　　　　　　　　　　　　　　〔1536〕

◇田無市史　第3巻　通史編　田無市史編さん委
　員会編　田無　田無市企画部市史編さん室
　1995.1　1058p　22cm　Ⓝ213.6　　〔1537〕

◇図説東村山市史　東村山市史編さん委員会編
　東村山　東村山市　1994.12　303p　27cm　〈東
　村山市史略年表：p292～299〉Ⓝ213.6　〔1538〕

◇福生市史　下巻　福生市史編さん委員会編　福
　生　福生市　1994.12　983p　22cm　Ⓝ213.6
　　　　　　　　　　　　　　　　　　　〔1539〕

◇南多摩郡史　南多摩郡編　千秋社　1994.12
　94,515p　22cm　〈奥付の書名：東京府南多摩郡
　史　南多摩郡大正12年刊の複製〉14500円
　Ⓘ4-88477-182-6　Ⓝ213.6
　＊写真と地図と記録でたどる南多摩郡のすべての市町
　村の歴史。　　　　　　　　　　　　〔1540〕

◇父が語る五日市人のものがたり　石井道郎著
　立川　けやき出版　1994.6　239p　20cm　〈関
　係年譜：p224～227〉1800円　Ⓘ4-905942-46-2
　Ⓝ213.6
　内容 縄文時代の五日市人　弥生時代をパスした五日
　市人　古墳時代の五日市人　古代史の鍵を握る阿伎
　留神社　鴨の里の防人　武蔵国府・国分寺と五日市
　人　開懇、開懇、開懇　ついに寺をもった鎌倉期の
　五日市人　動き出した地侍たち―南北朝期の五日市
　人　江戸に救われた五日市人〔ほか〕　〔1541〕

◇稲城市史　資料編 1　自然　稲城市編　稲城
　稲城市　1994.3　232p　図版48p　24cm
　Ⓝ213.6
　　　　　　　　　　　　　　　　　　　〔1542〕

◇聞き書き・日野の昭和史を綴る　日野の昭和史
　を綴る会編　日野　日野市中央公民館　1994.3
　208p　21cm　〈付：年表〉Ⓝ213.6　〔1543〕

◇小平市三〇年史　大日本印刷株式会社CDC事業
　部年史センター編　小平　小平市　1994.3
　957p　22cm　〈参考文献：p889～891　年表：
　p920～946〉Ⓝ213.6　　　　　　　〔1544〕

◇新立川市史研究　第10集　立川　立川市教育委
　員会　1994.3　105p　21cm　Ⓝ213.6
　内容 武蔵国多摩郡大久野村の組と分郷　池田昇著
　関東取締出役の設置下命者について　後藤正義著　公
　私日記の展望　倉員保海著　公私日記用語手控　9
　若杉哲男著　養蚕から機織りまでの民俗について　増
　田淑美著　中世の立川と五十嵐家文書　岩間冨文著
　　　　　　　　　　　　　　　　　　　〔1545〕

◇日野市史　通史編 2 上　中世編　日野　日野
　市史編さん委員会　1994.3　322p　22cm
　Ⓝ213.6
　　　　　　　　　　　　　　　　　　　〔1546〕

◇武蔵野市史　続 資料編 8　井口家文書 5　武
　蔵野市編　武蔵野　武蔵野市　1994.3　728p
　22cm　Ⓝ213.6
　　　　　　　　　　　　　　　　　　　〔1547〕

◇武蔵野市百年史　資料編 1　武蔵野市編　武蔵
　野　武蔵野市　1994.3　2冊　22cm　〈付（図3枚
　袋入）：武蔵野村地番図（桜井鶴松家所蔵文書）〉
　Ⓝ213.6　　　　　　　　　　　　　　〔1548〕

◇田無市史　第4巻　民俗　田無市史編さん委
　員会編　田無　田無市企画部市史編さん室
　1994.1　746p　22cm　Ⓝ213.6　　〔1549〕

◇多摩近現代史年表　松岡喬一編著　国立　たま
　しん地域文化財団　1993.12　262p　21cm
　（多摩歴史叢書 1）　2000円　Ⓝ213.6　〔1550〕

◇多摩・東京―その百年　鈴木理生著　国立　た
　ましん地域文化財団　1993.12　286p　21cm
　（多摩歴史叢書 2）　2000円　Ⓝ213.6　〔1551〕

◇目で見る町田市の100年　静岡　郷土出版社
　1993.11　166p　37cm　〈監修：小島政孝　町田
　市の100年・年表：p160～164　参考文献：
　p166〉11000円　Ⓘ4-87665-048-9　Ⓝ213.6
　　　　　　　　　　　　　　　　　　　〔1552〕

◇奥多摩歴史物語　安藤精一著　八王子　百水社
　1993.10　236p　20cm　〈発売：星雲社〉1800円
　Ⓘ4-7952-2315-7　Ⓝ213.6
　内容 第1章 奥多摩の歴史　第2章 武蔵国「柚保」　第
　3章 戦国期甲武の境　第4章 宝暦訴訟事件と大丹波
　村　第5章 道と信仰を中心として　第6章 生活の断
　章
　　　　　　　　　　　　　　　　　　　〔1553〕

◇昭島市民秘蔵写真集　昭島市民秘蔵写真集発行
　実行委員会編　昭島　昭島市民会館文化事業協
　会　1993.9　141p　31cm　〈発売：けやき出版
　（立川）〉2300円　Ⓘ4-905942-35-7　Ⓝ213.6
　　　　　　　　　　　　　　　　　　　〔1554〕

〔1530～1554〕　　　　　　　　　　「東京」がわかる本 4000冊　　109

各地の歴史　　　　　　　　　　　　　　　　　　　　　　　　　歴史・地理

◇多摩はなぜ東京なのか―多摩東京移管前史資料
展史料集　小平市中央図書館編　小平　小平市
TAMAらいふ21推進実行委員会　1993.8　417p
21cm〈共同刊行：小平市〉Ⓝ213.6
　　　　　　　　　　　　　　　　　　　〔1555〕

◇多摩丘陵の古城址　田中祥彦著　有峰書店新社
1993.6　317p　19cm〈新装版〉2500円　Ⓘ4-
87045-201-4　Ⓝ213.6
＊横浜・川崎・八王子・青梅・桧原地方に残る中世城
郭に、初めて歴史のメスを入れ、従来の築城説を完
全にくつがえした注目の書。秩父路・埼玉の古城址
につづく武蔵国古城址の三部作。
　　　　　　　　　　　　　　　　　　　〔1556〕

◇福生市史　上巻　福生市史編さん委員会編　福
生　福生市　1993.6　1112p　22cm　Ⓝ213.6
　　　　　　　　　　　　　　　　　　　〔1557〕

◇多摩百年のあゆみ　多摩百年史研究会編著　府
中（東京都）　東京市町村自治調査会　1993.4
278p　21cm〈多摩東京移管百周年記念　発
売：けやき出版（立川）　年表：p268〜274〉
1200円　Ⓘ4-905942-26-8　Ⓝ213.6
　内容 序章　多摩は神奈川県だった　第1章　神奈川県か
ら東京府へ　第2章　多摩の大正デモクラシー　第3章
戦時下の多摩　第4章　復興する多摩　第5章　かわり
ゆく多摩　第6章　多摩はいま〜21世紀にむけて
　　　　　　　　　　　　　　　　　　　〔1558〕

◇目でみる多摩の一世紀―写真集　多摩百年史研
究会編　府中（東京都）　東京市町村自治調査会
1993.4　144p　30cm〈多摩東京移管百周年記
念　発売：けやき出版（立川）　多摩100年の歴
史年表：p140〜141〉2800円　Ⓘ4-905942-25-
X　Ⓝ213.6
　内容 多摩の四季　芸能のふるさと　1　多摩の原風景
2　多摩の動脈　3　変貌する多摩　4　多摩の人々　多
摩100年の歴史年表
　　　　　　　　　　　　　　　　　　　〔1559〕

◇目で見る多摩の一世紀―写真集　多摩百年史研
究会編　府中（東京都）　東京市町村自治調査会
1993.4　144p　30cm〈多摩東京移管百周年記
念　多摩100年の歴史年表・参考図書一覧：
p140〜142〉Ⓝ213.6
　　　　　　　　　　　　　　　　　　　〔1560〕

◇新立川市史研究　第9集　立川　立川市教育委
員会　1993.3　77p　21cm　Ⓝ213.6
　内容 公私日記と普済寺　倉員保海著　立河原合戦場
の考察　岩間冨文著　幕末期柴崎村の女と子供　2
増田淑美著　公私日記用語手控　8　若杉哲男著
　　　　　　　　　　　　　　　　　　　〔1561〕

◇武蔵野市史　続　資料編　7　井口家文書　4　武
蔵野市編　武蔵野　武蔵野市　1993.3　502p
22cm〈折り込図2枚〉Ⓝ213.6
　　　　　　　　　　　　　　　　　　　〔1562〕

◇発掘物語in Tama―多摩の遺跡展　東京都教育
委員会，東京都教育文化財団東京都埋蔵文化財
センター編　東京都教育委員会　1993　139p
26cm〈奥付の書名：多摩の遺跡展　共同刊行：
東京都教育文化財団東京都埋蔵文化財センター
会期・会場：平成5年9月28日〜10月5日　ルミ
ネ立川店Willホール〉Ⓝ210.2
　　　　　　　　　　　　　　　　　　　〔1563〕

◇国立市史　別巻　国立市史編さん委員会編　国
立　国立市　1992.12　350p　27cm　Ⓝ213.6
　　　　　　　　　　　　　　　　　　　〔1564〕

◇町田風土記　森山兼光著　町田　商都まちだの
歴史館　1992.10　79p　21cm〈多摩東京移管
100年記念〉Ⓝ213.6
　　　　　　　　　　　　　　　　　　　〔1565〕

◇桧原村史研究　第1巻　桧原村史編纂委員会編
復刻版　桧原村（東京都）　桧原村教育委員会
1992.7　92p　21cm〈折り込1枚〉Ⓝ213.65
　　　　　　　　　　　　　　　　　　　〔1566〕

◇新立川市史研究　第8集　立川　立川市教育委
員会　1992.3　112p　21cm　Ⓝ213.6
　内容 化政期における八王子千人同心文政改正令　池
田昇著　天保期の立川村の貯穀櫃について　板谷二
三男著　公私日記用語手控　7　若杉哲男著　幕末期
柴崎村の子供と女　1　増田淑美著　向郷遺跡につい
て　吉田格著　諏訪神社藏俳諧三部集「発句集」に
ついての時代考証に触れて　小林義一著
　　　　　　　　　　　　　　　　　　　〔1567〕

◇田無市史　第2巻　近代・現代史料編　田無市
史編さん委員会編　田無　田無市　1992.3
1080p　22cm　Ⓝ213.6
　　　　　　　　　　　　　　　　　　　〔1568〕

◇調布市史　中巻　調布市市史編集委員会編　調
布　調布市　1992.3　605p　22cm　Ⓝ213.6
　　　　　　　　　　　　　　　　　　　〔1569〕

◇日野市史　通史編2　下　近世編　2　日野　日
野市史編さん委員会　1992.3　402p　22cm
Ⓝ213.6
　　　　　　　　　　　　　　　　　　　〔1570〕

◇日の出町史　通史編　上巻　日の出町史編さん
委員会編　日の出町（東京都）　日の出町
1992.3　526p　22cm〈付：参考文献〉Ⓝ213.6
　　　　　　　　　　　　　　　　　　　〔1571〕

◇日野の昭和史を綴る　日野市中央公民館日野の
昭和史を綴る会編　〔日野〕　日野市中央公民
館　〔1992〕　172p　26cm〈折り込図1枚　年
表：p168〜169〉Ⓝ213.6
　　　　　　　　　　　　　　　　　　　〔1572〕

◇稲城のあゆみ　稲城市史編集委員会編　稲城
稲城市　1991.11　217p　23cm　Ⓝ213.6〔1573〕

◇我がふるさと国立―郷土史考・随想　沢井義雄
著　立川　けやき出版　1991.9　134p　19cm
〈著者の肖像あり〉Ⓝ213.6　　　　　〔1574〕

◇東大和市・武蔵村山市・瑞穂町の昭和史―写真
集　後藤祥夫ほか編　千秋社　1991.6　294p
31cm〈東大和市・武蔵村山市・瑞穂町略年表：
p292〜294〉13000円　Ⓘ4-88477-154-0
Ⓝ213.6
　内容 東大和市編（人々の暮らしをうるおした狭山丘
陵　歴史を特徴づけるふたつの出来事　変貌するま
ち）　武蔵村山市編（自然に恵まれ、歴史ゆたかな狭
山丘陵と武蔵野台地　軍事施設の進出と戦時中の生活
戦後の復興と都市化の波）　瑞穂町編（武蔵野の静か
な村から町へ　戦後の復興と生まれ変わる町　新し
い時代をめざして）　年表　　　　　　〔1575〕

歴史・地理　　　　　　　　　　　　　　　　　　　　　各地の歴史

◇稲城市史　稲城　稲城市　1991.3　2冊　24cm
　〈付（図1枚）：昭和3年稲城村全図〉Ⓝ213.6
　　　　　　　　　　　　　　　　　　〔1576〕

◇国分寺市史　下巻　国分寺市史編さん委員会編
　国分寺　国分寺市　1991.3　1051p　27cm〈付
　（図1枚　袋入）：国分寺駅北口町並み図〉
　Ⓝ213.6　　　　　　　　　　　　　　〔1577〕

◇新立川市史研究　第7集　立川　立川市教育委
　員会　1991.3　167p　21cm　Ⓝ213.6
　内容 近世後期五人組の組替え事例について　桜井昭
　男著　砂川村の水車数などについて　小坂克信著　立
　川市柴崎地区の食生活　増田昭子著　公私日記にお
　ける公、私の成長とその節目　倉員保海著　公私日
　記用語手控　6　若杉哲男著　史料紹介　柴崎村近代
　公用留細目　3　安藤陽子著　　　　　　〔1578〕

◇田無市史　第1巻　中世・近世史料編　田無市
　史編さん委員会編　田無　田無市　1991.3
　946,12p　22cm　Ⓝ213.6　　　　　　〔1579〕

◇武蔵野市史　続　資料編6　井口家文書　3　武
　蔵野市編　武蔵野　武蔵野市　1991.3　507p
　22cm　Ⓝ213.6　　　　　　　　　　　〔1580〕

◇昭和の多摩―写真集　榎本高亮,榎本良三著
　立川　けやき出版　1990.12　124p　27cm
　2400円　①4-905845-80-7　Ⓝ213.6
　内容 多摩川　田圃と畑　町並み　祭りと縁日　交通
　と通信　日々の暮らし　女性　子供達の暮らし　戦
　争　戦後・高度成長以前　昭和の終焉　　〔1581〕

◇激烈、多摩の近代―民権より終戦まで　根岸律
　男著　立川　けやき出版　1990.11　314p
　19cm〈年表・参考文献一覧：p292～309〉
　1800円　①4-905845-79-3　Ⓝ213.6
　内容 自由民権時代　激化時代　大阪事件へ　国力増
　強時代　大正デモクラシー　デモクラシーの裏側　激
　動の昭和へ　ファシズムの台頭　ファシスト達の自
　己陶酔　　　　　　　　　　　　　　　　〔1582〕

◇みたかの昔―写真集　三鷹市教育委員会社会教
　育課編　三鷹　三鷹市教育委員会　1990.11
　192p　26×28cm〈監修：三鷹市文化財専門委
　員会　三鷹の歩み：p188～191〉Ⓝ213.6〔1583〕

◇狛江・語りつぐむかし　狛江市企画広報課編
　狛江　狛江市　1990.8　255p　21cm　Ⓝ213.6
　　　　　　　　　　　　　　　　　　　〔1584〕

◇町田の歴史―はじめてのわかりやすい　堀江泰
　紹著　国書刊行会　1990.8　290p　21cm
　1900円　①4-336-03154-1　Ⓝ213.6　〔1585〕

◇国立市史　下巻　国立市史編さん委員会編　国
　立　国立市　1990.5　782p　27cm〈付（図3枚
　袋入）：国立案内図〉Ⓝ213.6　　　　　〔1586〕

◇小金井この百年―町村制施行100年記念誌　小
　金井市誌編さん委員会編　小金井　小金井市教
　育委員会　1990.3　51p　26cm　Ⓝ213.6〔1587〕

◇国分寺市史　中巻　国分寺市史編さん委員会編
　国分寺　国分寺市　1990.3　941p　27cm〈付
　（図1枚　袋入）：国分寺市域内旧村区分図〉
　Ⓝ213.6　　　　　　　　　　　　　　〔1588〕

◇新立川市史研究　第6集　立川　立川市教育委
　員会　1990.3　93p　21cm　Ⓝ213.6
　内容 日野渡船と柴崎村について　五十嵐文次著　立
　川市砂川地区の食生活　増田昭子著　公私日記用語
　手控　5　若杉哲男著　史料紹介　柴崎村近代公用留
　細目　2　安藤陽子著　　　　　　　　　〔1589〕

◇立川の歴史散歩　改訂版　立川　立川市教育委
　員会　1990.3　106p　19cm〈年表あり〉
　Ⓝ213.65　　　　　　　　　　　　　　〔1590〕

◇調布市史　上巻　調布市市史編集委員会編　調
　布　調布市　1990.3　572p　22cm　Ⓝ213.6
　　　　　　　　　　　　　　　　　　　〔1591〕

◇はむらの歴史　羽村町郷土博物館編　羽村町
　（東京都）　羽村町教育委員会　1990.3　318p
　22cm〈羽村町歴史略年表・参考文献一覧：
　p301～310〉Ⓝ213.6　　　　　　　　　〔1592〕

◇日野市史　別巻　市史余話　日野　日野市史編
　さん委員会　1990.3　368p　22cm〈折り込図1
　枚〉Ⓝ213.6　　　　　　　　　　　　　〔1593〕

◇えがかれた江戸時代の村―牛浜出水図と福生
　村、熊川村絵図　特別展図録　福生市教育委員
　会編　〔福生〕　福生市教育委員会　1990.2
　60p　21×30cm〈共同刊行：福生市郷土資料
　室〉Ⓝ213.6　　　　　　　　　　　　　〔1594〕

◆八王子

◇新八王子市史　通史編5　近現代　上　八王子
　市市史編集委員会編　八王子　八王子市　2016.
　3　814p　22cm〈文献あり〉Ⓝ213.65　〔1595〕

◇新八王子市史　通史編2　中世　八王子市市史
　編集委員会編　八王子　八王子市　2016.3
　931p　22cm〈文献あり〉Ⓝ213.65　〔1596〕

◇八王子市の昭和―写真アルバム　長岡　いき出
　版　2015.5　279p　31cm〈文献あり　発売：
　八南教科書供給（〔八王子〕）〉9250円　①978-4-
　904614-62-4　Ⓝ213.65　　　　　　　〔1597〕

◇新八王子市史　資料編4　近世2　八王子市市
　史編集委員会編　八王子　八王子市　2015.3
　1107p　22cm　Ⓝ213.65　　　　　　〔1598〕

◇新八王子市史　通史編1　原始・古代　八王子
　市市史編集委員会編　八王子　八王子市　2015.
　3　830p　22cm〈文献あり〉Ⓝ213.65　〔1599〕

◇幕末の八王子―西洋との接触　平成二十六年度
　特別展　八王子市郷土資料館編　〔八王子〕
　八王子市教育委員会　2014.10　87p　30cm
　〈会期：10月1日～11月24日　年表あり　文献あ
　り〉Ⓝ213.65　　　　　　　　　　　　〔1600〕

各地の歴史　　　　　　　　　　　　　　　　　　　　　　　　　　歴史・地理

◇新八王子市史　資料編 6　近現代 2　八王子市
市史編集委員会編　八王子　八王子市　2014.3
975p　22cm　Ⓝ213.65　　　　　　　　〔1601〕

◇新八王子市史　資料編 2　中世　八王子市史編
編集委員会編　八王子　八王子市　2014.3
1075p　22cm　〈文献あり〉Ⓝ213.65　　〔1602〕

◇新八王子市史　自然編　八王子市史編集委員
会編　八王子　八王子市　2014.3 646p
31cm　〈年表あり〉Ⓝ213.65　　　　　　〔1603〕

◇新八王子市史　資料編 3　近世 1　八王子市市
史編集委員会編　八王子　八王子市　2013.3
990p　22cm　Ⓝ213.65　　　　　　　　〔1604〕

◇新八王子市史　資料編 1　原始・古代　八王子
市市史編集委員会編　八王子　八王子市　2013.
3　702p　31cm　〈文献あり〉Ⓝ213.65　〔1605〕

◇八王子城―平成24年度特別展　八王子市 生涯
学習スポーツ部文化財課、八王子市郷土資料館
編　〔八王子〕　八王子市郷土資料館　2012.10
144p　21cm　〈文献あり〉Ⓝ213.65　　〔1606〕

◇八王子の今昔―いま見つめたい昭和の八王子：
市民の写真集　続　八王子の今昔刊行会企画・
編集　八王子　揺籃社　2012.10 183p　30cm
〈年表あり〉1800円　Ⓘ978-4-89708-314-8
Ⓝ213.65　　　　　　　　　　　　　　　〔1607〕

◇高尾山と八王子城―東京の名山・名城　椚國男、
吉山寛著　八王子　高尾山の自然をまもる市民
の会　2009.10 123p　21cm　（揺籃社ブック
レット 8）〈発売：揺籃社（八王子）〉800円
Ⓘ978-4-89708-281-3 Ⓝ213.65　　　　〔1608〕

◇決戦！　八王子城―直江兼続の見た名城の最期
と北条氏照　前川實著　八王子　揺籃社
2009.6 88p　21cm　（揺籃社ブックレット 6）
〈文献あり〉700円　Ⓘ978-4-89708-275-2
Ⓝ213.65　　　　　　　　　　　　　　　〔1609〕

◇八王子の今昔―昭和の八王子を振り返る　市民
の写真集　『市民の写真集八王子の今昔』刊行
会企画・編集　八王子　揺籃社　2008.11
127p　30cm　1500円　Ⓘ978-4-89708-268-4
Ⓝ213.65　　　　　　　　　　　　　　　〔1610〕

◇よみがえる滝山城―戦国の風雲をかけぬけた天
下の名城　中田正光著、滝山城跡群・自然と歴
史を守る会編　八王子　滝山城跡群・自然と歴
史を守る会　2007.11 80p　21cm　〈平成19年
度市民企画事業補助金交付事業　付：城攻め
コース案内　折り込み1枚　年表あり　発売：揺
籃社（八王子）〉700円　Ⓘ978-4-89708-251-6
Ⓝ210.47　　　　　　　　　　　　　　　〔1611〕

◇近世八王子の研究　光石知恵子著　〔八王子〕
〔光石知恵子〕　2007.7 450p　26cm　Ⓝ213.
65　　　　　　　　　　　　　　　　　　　〔1612〕

◇縁側のこどもたち―八王子市郷土資料館二〇〇
六年度特別展図録　淵上明撮影、八王子市郷土
資料館編　〔八王子〕　八王子市教育委員会
2007.2　59p 図版1枚　21cm　（市民の記録した戦後の八王子　淵上明の写真から 2）〈会
期：平成19年2月20日―3月25日〉Ⓝ213.65
　　　　　　　　　　　　　　　　　　　　〔1613〕

◇八王子城跡御主殿―戦国大名北条氏照のくらし
平成16年度特別展　八王子市郷土資料館編
〔八王子〕　八王子市郷土資料館　2004.7 57p
21cm　〈会期：平成16年7月17日―8月31日〉
Ⓝ210.0254　　　　　　　　　　　　　　〔1614〕

◇八王子デモクラシーの精神史―橋本義夫の半生
小倉英敬著　日本経済評論社　2002.3 279p
20cm　〈文献あり〉2800円　Ⓘ4-8188-1409-1
Ⓝ309.021365
内容 第1章 橋本義夫と八王子の思想的風土　第2章
揺籃社という空間　第3章 軍国主義化の中で　第4
章 開戦と戦争協力　第5章 敗戦時の希望と失望　第
6章 橋本義夫と内村鑑三　　　　　　　　〔1615〕

◇年表に見る八王子の近現代史―明治元年～平成
12年　松岡喬一著　八王子　かたくら書店
2001.11 430p　18cm　（かたくら書店新書）
〈「年表に見る八王子の近代史」（昭和60年刊）の
増補改訂版〉1300円　Ⓘ4-906237-46-0 Ⓝ213.
65　　　　　　　　　　　　　　　　　　　〔1616〕

◇八王子の二十世紀　八王子市郷土資料館編
〔八王子〕　八王子市教育委員会　2001.1 36p
30cm　Ⓝ213.65　　　　　　　　　　　　〔1617〕

◇セピア色の風景―写真でみる明治・大正・昭和
の八王子　1998年度特別展　八王子市郷土資料
館編　〔八王子〕　八王子市教育委員会　1998.
10　68p　30cm　Ⓝ213.65　　　　　　　〔1618〕

◇市民のための八王子の歴史　樋口豊治著　有峰
書店新社　1998.4 301p　19cm　2190円
Ⓘ4-87045-217-0 Ⓝ213.65
内容 先史時代（昔の三多摩は海だった　赤土の中の
文化 ほか）　原始から古代へ（八王子の弥生時代　八
王子の古墳時代 ほか）　中世（武蔵武士の登場　保元
の乱と武蔵武士 ほか）　近世（徳川氏の関東入国と
八王子　八王子町の成立 ほか）　近代（幕末の八王
子　明治時代の八王子 ほか）　現代（八王子大空襲
田町遊郭と娼妓の悲哀　戦後の八王子）　〔1619〕

◇八王子今昔物語―その伝承と人の往来　川口實
著　横浜　あるちざん　1997.12 246p　20cm
2000円　Ⓘ4-938522-15-2 Ⓝ213.65
内容 第1部 八王子山地の古代伝承（シュリーマンに学
ぶ　八王子の古代史は無いのか　蔵王権現と今熊山
伝承 ほか）　第2部 八王子武士団の成立と展開（檜
原の橘近安と八王子・小野牧　横山党と西党日奉氏
その後の八王子修験衆と武士団）　第3部 八王子往
来物語（八王子と成木石灰　鉄と鋳物と銭貨の流通
小田原北条氏と八王子 ほか）　　　　　　〔1620〕

◇八王子むかしむかし―はみだしヒストリー　大

112　「東京」がわかる本 4000冊　　　　　　　　〔1601～1621〕

歴史・地理　　　　　　　　　　　　　　　　　　　　　　　各地の歴史

野聖二著　八王子　地域生活文化研究所　1996.11　83p　21cm〈文献あり〉874円　①4-89708-117-3　Ⓝ213.65
〔1621〕

◇発掘された八王子城　八王子市郷土資料館編　八王子　八王子市教育委員会　1996.10　69p　30cm　Ⓝ210.025
〔1622〕

◇山と平野のふれあう街―写真でつづる八王子の昔と今　増補改訂版　八王子　東京八王子西ロータリークラブ　1996.6　187p　20×22cm〈編集：東京八王子西ロータリークラブ30周年実行委員会〉Ⓝ213.65
〔1623〕

◇明治時代の八王子―多摩東京移管百周年記念特別展　八王子市郷土資料館編　〔八王子〕　明治時代の八王子展実行委員会　1993.9　120p　図版12枚　30cm〈付：参考文献〉Ⓝ213.6
〔1624〕

◇洋学と異人さんと八王子―世界史の視座から　香川節著　八王子　かたくら書店　1991.11　147p　18cm　（かたくら書店新書 39）〈文献あり　年表あり〉①4-906237-39-8　Ⓝ213.65
〔1625〕

◇戦国の終わりを告げた城―八王子城を探る　椚国男著　六興出版　1991.7　265p　19cm（ロッコウブックス）　1400円　①4-8453-5072-6　Ⓝ291.36
内容　第1章 八王子城と甲野先生　第2章 落城の悲劇　第3章 忌み山となる　第4章 破壊と保存運動と調査　第5章 深沢山の四季　第6章 解けてきた縄張り　第7章 八王子城の縄張りと道　第8章 遺物が語る生活と戦い　第9章 戦国の終わりを告げた城　〔1626〕

◆吉祥寺

◇うつりゆく吉祥寺―鈴木育男写真集　鈴木育男著　三鷹　ぶんしん出版　2014.10　215p　27cm〈年譜あり　年表あり〉2500円　①978-4-89390-111-8　Ⓝ213.65
〔1627〕

◇吉祥寺が『いま一番住みたい街』になった理由　斉藤徹著　三鷹　ぶんしん出版　2013.4　254p　19cm〈文献あり〉1400円　①978-4-89390-107-1　Ⓝ213.65
〔1628〕

◇懐かしの吉祥寺―昭和29・40年　土屋恂著者・写真, 安田知代編集・文章　三鷹　文伸/ぶんしん出版　2011.3　118p　26cm　1800円　①978-4-89390-103-3　Ⓝ213.65
〔1629〕

◇吉祥寺消えた街角　土屋恂著　武蔵野　スタジオK　2004.6　127p　27cm〈発売：河出書房新社　おもに図〉2000円　①4-309-90586-2　Ⓝ213.65
内容　井の頭公園駅から吉祥寺駅　吉祥寺駅南口周辺　吉祥寺駅構内　吉祥寺駅北口周辺　踏切あれこれ　高架化工事風景　私の吉祥寺・井の頭物語　付録 消えた街角スナップ（都内）　〔1630〕

《島嶼部》

◇漂流の島―江戸時代の鳥島漂流民たちを追う　髙橋大輔著　草思社　2016.5　350p　19cm　1800円　①978-4-7942-2202-2　Ⓝ291.369
内容　命をつなぐ洞窟　アホウドリ先生　残された日誌　パイオニアたちの遺産　気象観測員と火山　波涛を越えて　決死の上陸　溶岩地帯をゆく　白米と風呂　漂流の日々を追う　脱出への道のり　生還者たち　探検の回廊　可能性の扉　江戸時代を航空写真で　科学的論証　もう一つのドラマ　〔1631〕

◇〈群島〉の歴史社会学―小笠原諸島・硫黄島、日本・アメリカ、そして太平洋世界　石原俊著　弘文堂　2013.12　199p　19cm　（現代社会学ライブラリー 12）　1400円　①978-4-335-50133-3　Ⓝ213.69
内容　序 群島の想像力　第1章 世界市場と群島のエコノミー―海のノマドの自主管理空間　第2章 主権国家と群島のエコノミー―捕捉される海のノマド　第3章 帝国の"はけ口"と"捨て石"―入植地から戦場へ　第4章 冷戦の"要石"と"捨て石"―占領と基地化・難民化　結 地政学を超える系譜学へ　〔1632〕

◇あしたば文化論　金田弘則著　文芸社　2009.2　272p　19cm〈文献あり〉1400円　①978-4-286-05885-6　Ⓝ213.69
内容　第1章 大いなる島（壮大なロマンへの船出　どこから来たのか八丈島縄文人　ほか）　第2章 あしたば文化論（アシタバの実像を求めて　スケールの大きい始祖伝説　ほか）　第3章 あしたば風土記（アシタバ・アザミの糞くらべ　八丈島民は大の酒好き　ほか）　第4章 あしたば文献考（中国の文献　わが国の文献　ほか）　〔1633〕

◇近代日本と小笠原諸島―移動民の島々と帝国　石原俊著　平凡社　2007.9　533p　22cm〈文献あり〉5000円　①978-4-582-42802-5　Ⓝ213.69
内容　はじめに―移動民の島々から　第1章 移動民の占領経験―「カナカ系の人、ケテさん」のライフヒストリーから　第2章 移動民の島々と帝国―本書の理論的視座　第3章 移動民の島々の生成と発展―小笠原諸島をめぐる実践・法・暴力（一八二六・一八六〇年代）　第4章 水兵たちと島人たち、あるいは法と暴力の系譜学―沖縄島におけるペリー艦隊の衝撃を焦点に（一八三三・一八五四）　第5章 移動民と文明国のはざまから―ジョン万次郎と船乗りの島々（一八四一・一八六四）　第6章 海賊から帝国へ―占領への道程（一八六九・一八八六）　第7章 主権的な法と越境する生―「帰化人」をめぐる自律的な交通（一八七七・一九二〇年代）　第8章 自由の帝国の臨界―小笠原諸島と「南洋」の系譜学（一八五三・一九一〇）　第9章 生き延びるためのたたかい―「帰化人」をめぐる動員とテロル（一八七七・一九四五）　第10章 終わらない占領経験―小笠原島へ―占領をめぐって（一九四五・）　おわりに―擬似大陸意識を超えて　〔1634〕

◇御蔵島島史　御蔵島村（東京都）　東京都御蔵島村　2006.3　1378p　27cm〈年表あり〉Ⓝ213.69
〔1635〕

◇小笠原クロニクル―国境の揺れた島　山口遼子

〔1622〜1636〕　　　　　　　　　　　　　　　「東京」がわかる本 4000冊　　113

各地の歴史　　　　　　　　　　　　　　　　　　　歴史・地理

著　中央公論新社　2005.7　286p　18cm　（中公新書ラクレ）　840円　Ⓘ4-12-150185-3　Ⓝ213.69
内容 第1章 小笠原の歴史と地理　第2章 昔の話を聞きに　第3章 昭和・戦争に翻弄される小笠原　第4章 アメリカ占領・日本返還　第5章 戦後生まれの子どもたち　終章 エーブルさんの思い出　〔1636〕

◇新島村史　資料編6　新島御用留帳　寛延―文政　新島村編　新島村（東京都）　新島村　2005.3　432p　21cm　Ⓝ213.69　〔1637〕

◇新島村史　資料編5　新島村役所日記　宝暦―文政　新島村編　新島村（東京都）　新島村　2004.3　404p　21cm　Ⓝ213.69　〔1638〕

◇鳥島漂着物語―18世紀庶民の無人島体験　小林郁夫　成山堂書店　2003.6　292p　20cm　〈文献あり　年表あり〉　2400円　Ⓘ4-425-30241-9　Ⓝ213.69
内容 第1部 享保・元文期の漂流記―日本史上最長の無人島漂流生活（二形船鹿丸の遭難　宮本善八船の小笠原漂流と鳥島漂流民の救出）　第2部 天明・寛政期の漂流記―無人島長平とその仲間たち（宝暦から天明にかけての出来事　土佐人長平の孤独な生活　備前屋亀次郎船の漂流　住吉丸の漂流　故国への帰還後日談）　〔1639〕

◇新島村史　資料編4　新島島役所日記　天保年間　新島村編　新島村（東京都）　新島村　2003.3　352p　21cm　Ⓝ213.69　〔1640〕

◇新島村史　資料編3　新島島役所日記　弘化―慶応　新島村編　新島村（東京都）　新島村　2002.3　643p　21cm　Ⓝ213.69　〔1641〕

◇黒潮の考古学　橋口尚武著　同成社　2001.7　278p　22cm　（ものが語る歴史シリーズ 5）〈文献あり〉　4800円　Ⓘ4-88621-225-5　Ⓝ213.69
内容 第1章 列島の古代文化と伊豆諸島―先史・古代史への島の役割　第2章 黒潮沿岸の交流文化―縄文時代の交流・交易　第3章 弥生時代の伊豆諸島―西からの文化伝播　第4章 渡海の考古学―東日本の丸木舟・準構造船　第5章 律令体制下の地域的展開―伊豆諸島の堅魚節生産と平城京　第6章 江戸湾への道―中世の伊豆の海と伊勢商人　〔1642〕

◇東京都大島町史　資料編　大島町史編さん委員会編　大島町（東京都）　大島町　2001.3　1088p　27cm　Ⓝ213.69　〔1643〕

◇東京都大島町史　自然編　大島町史編さん委員会編　大島町（東京都）　大島町　2000.3　272p　27cm　Ⓝ213.69　〔1644〕

◇東京都大島町史　通史編　大島町史編さん委員会編　東京都大島町　2000.3　820p　27cm　Ⓝ213.69　〔1645〕

◇東京都大島町史　民俗編　大島町史編さん委員会編　大島町（東京都）　大島町　1999.3　488p　27cm　Ⓝ213.69　〔1646〕

◇神津島村史　神津島村史編纂委員会編　神津島村（東京都）　神津島村　1998.3　1190p　図版10枚　22cm　Ⓝ213.69　〔1647〕

◇新島村史　資料編2　流人史　新島村編　新島村（東京都）　新島村　1996.3　430p　22cm　〈付：主な参考文献〉　Ⓝ213.69　〔1648〕

◇新島村史　資料編1　史料　新島村編　新島村（東京都）　新島村　1996.3　2冊（別冊とも）　22cm　〈別冊（123p）：動植物目録・自然関係資料〉Ⓝ213.69　〔1649〕

◇新島村史　通史編　新島村編　新島村（東京都）　新島村　1996.3　1168p　図版10枚　22cm　Ⓝ213.69　〔1650〕

◇神津島―その自然・人文と埋蔵文化財　橋口尚武,石川和明編著　神津島村（東京都）　神津島村教育委員会　1991.3　209p　図版18p　27cm　〈付（図2枚　袋入）　各章末：参考文献〉　Ⓝ213.6　〔1651〕

《東京湾》

◇東京湾・台場―その歴史と現認レポート　石田進著　批評社　2013.11　181p　21cm　〈文献あり〉　1800円　Ⓘ978-4-8265-0587-1　Ⓝ213.61
内容 第1章 東京湾―日本の覚醒とその胎動の海　第2章 黒船来航―東京湾口の騒乱　第3章 品川台場―築造計画の構想と実際　第4章 東京湾の埋立地―増殖とゴミ処分　第5章 原子力発電―中期的に廃止　第6章 地球温暖化防止対策―再出発が必要　第7章 世界と日本の気温と海面水位―特殊な日本　第8章 東京港の浮沈―各種データの解析結果　第9章 東京湾一〇〇〇年の計―厳密な計画　〔1652〕

◇海と千代田の6000年―千代田区立四番町歴史民俗資料館平成21年度特別展　千代田区立四番町歴史民俗資料館編　千代田区立四番町歴史民俗資料館　2009.10　59p　30cm　〈会期：平成21年10月26日―12月13日　文献あり〉　Ⓝ213.6　〔1653〕

◇海賊―室町・戦国時代の東京湾と横浜：横浜開港一五〇周年記念特別展　横浜市歴史博物館編　横浜　横浜市歴史博物館　2009.4　55p　30cm　〈会期・会場：平成21年4月4日―5月10日　横浜市歴史博物館　年表あり〉　Ⓝ213　〔1654〕

◇東京湾と品川―よみがえる中世の港町　品川歴史館特別展　品川区立品川歴史館編　品川区教育委員会　2008.10　128p　30cm　〈会期：平成20年10月12日―11月24日　年表あり〉　Ⓝ213.61　〔1655〕

◇江戸湾をめぐる中世　佐藤博信著　京都　思文閣出版　2000.7　249,17p　22cm　5600円　Ⓘ4-7842-1045-8　Ⓝ213
内容 第1章 二階堂氏と安房国北郡―「二階堂文書」を通じて　第2章 下総簗田氏の上総・安房進出の歴史

114　「東京」がわかる本 4000冊　　　　　　　　〔1637～1656〕

歴史・地理　　　　　　　　　　　　　　　　　　　　　　　伝記

的意義―関東足利氏との関係を中心に　第3章　上総
椎津の中世的展開―「向地」品川との関連で　第4章
安房木曽氏をめぐって―白浜との関係を中心に　第
5章　下総葛西地域の奥津・菊地・会田諸氏の動向―
上杉氏との関係を中心に　第6章　伊豆菊地氏の族的
発展―上杉氏との関係を中心に　第7章　蒔田氏の族
的性格について―相模鎌倉・藤沢と西上総を中心に
第8章　下総渡辺氏の歴史的性格―古河公方との関係
を中心に　第9章　武州六浦における大喜氏と山口氏
の位置―安房・上総との関係を中心に　第10章　武州
品川における鳥海氏の動向―古河・品川・鎌倉間交
流をめぐって　第11章　武州品川をめぐる房総諸勢力
の動向―品川「妙国寺文書」の禁制をめぐって
〔1656〕

◇東京湾水土記　高橋在久著　復刊　未來社
1998.5　232p　20cm　2200円　Ⓘ4-624-20032-
2　Ⓝ213
内容 原始の東京湾　東京湾の民話　猿島の秘めた年
輪　東京湾岸最古の具塚　東京湾原人の生活　東京
湾の巨人譚　石器時代の博物館　幕府の古代漁村　生
きていた古語　磐井神社の烏石〔ほか〕　〔1657〕

◇東京湾学への窓―東京湾の原風景　高橋在久著
蒼洋社　1996.2　242p　19cm　〈発売：ブレー
ン出版〉　1500円　Ⓘ4-89242-780-2　Ⓝ213
内容 東京湾学構想と光景史　東京湾水土記　東京湾
の原風景　　　　　　　　　　　　　　　　〔1658〕

◇江戸前―年輪と光景　高橋在久著　第一法規出
版　1994.3　237p　19cm　1500円　Ⓘ4-474-
00200-8　Ⓝ213.5　　　　　　　　　　　〔1659〕

◇東京湾の歴史　高橋在久編　築地書館　1993.11
237p　22cm　（東京湾シリーズ）　〈各章末：参
考文献　東京湾周辺の遺跡文献・年輪譜：p198
〜237〉　3914円　Ⓘ4-8067-2193-X　Ⓝ213.6
内容 第1章　東京湾の効用と発見史　第2章　江戸前の
形成と生活史　第3章　東京湾の生活と光景史
〔1660〕

◇江戸東京湾事典　江戸東京湾研究会編　新人物
往来社　1991.5　338p　22cm　9800円　Ⓘ4-
404-01818-5　Ⓝ213.6
内容 江戸・東京湾をしらべる　江戸・東京湾の神さ
ま、仏さま　江戸・東京湾の昔の話や偉い人の話　江
戸・東京湾についての社会科　東京湾の海・動物・植
物・天気　東京湾の乗り物や湾岸の工業　東京湾の
水産業や交通　江戸・東京湾をテーマにした美術品・
湾岸の芸術　東京湾岸のことば　東京湾の文学作品
〔1661〕

◇江戸湾の歴史―中世・近世の湊と人びと　横浜
開港資料館編　横浜　横浜開港資料普及協会
1990.4　97p　26cm　Ⓝ213.7　　　　　〔1662〕

伝記

◇名誉都民小伝　平成27年度　東京都生活文化局
文化振興部文化事業課編　東京都生活文化局文
化振興部文化事業課　2016.3　119p　21cm
〈背のタイトル：東京都名誉都民小伝　年譜あ
り〉　Ⓝ281.36　　　　　　　　　　　　　〔1663〕

◇名誉都民小伝　平成26年度　東京都生活文化局
文化振興部文化事業課編　東京都生活文化局文
化振興部文化事業課　2015.3　141p　21cm
〈背のタイトル：東京都名誉都民小伝　年譜あ
り〉　Ⓝ281.36　　　　　　　　　　　　　〔1664〕

◇東京都（北区・荒川区・足立区・葛飾区・江戸
川区）人物・人材情報リスト　2015　日外アソ
シエーツ株式会社編　日外アソシエーツ（制作）
2014.11　1冊　30cm　〈表紙のタイトル：東京
都人物・人材情報リスト〉Ⓝ281.361　〔1665〕

◇東京都（品川区, 大田区）人物・人材情報リスト
2015　日外アソシエーツ株式会社編　日外アソ
シエーツ（制作）　2014.11　1冊　30cm　〈表紙
のタイトル：東京都人物・人材情報リスト〉
Ⓝ281.361　　　　　　　　　　　　　　　〔1666〕

◇東京都渋谷区人物・人材情報リスト　2015　第2
巻　日外アソシエーツ株式会社編　日外アソシ
エーツ（制作）　2014.11　p745-1472,26p
30cm　〈表紙のタイトル：東京都人物・人材情
報リスト〉Ⓝ281.361　　　　　　　　　　〔1667〕

◇東京都渋谷区人物・人材情報リスト　2015　第1
巻　日外アソシエーツ株式会社編　日外アソシ
エーツ（制作）　2014.11　744p　30cm　〈表紙
のタイトル：東京都人物・人材情報リスト〉
Ⓝ281.361　　　　　　　　　　　　　　　〔1668〕

◇東京都新宿区人物・人材情報リスト　2015　第2
巻　日外アソシエーツ株式会社編　日外アソシ
エーツ（制作）　2014.11　p611-1150,30p
30cm　〈表紙のタイトル：東京都人物・人材情
報リスト〉Ⓝ281.361　　　　　　　　　　〔1669〕

◇東京都新宿区人物・人材情報リスト　2015　第1
巻　日外アソシエーツ株式会社編　日外アソシ
エーツ（制作）　2014.11　610p　30cm　〈表紙
のタイトル：東京都人物・人材情報リスト〉
Ⓝ281.361　　　　　　　　　　　　　　　〔1670〕

◇東京都（墨田区, 江東区）人物・人材情報リスト
2015　日外アソシエーツ株式会社編　日外アソ
シエーツ（制作）　2014.11　1冊　30cm　〈表紙
のタイトル：東京都人物・人材情報リスト〉
Ⓝ281.361　　　　　　　　　　　　　　　〔1671〕

◇東京都世田谷区人物・人材情報リスト　2015
日外アソシエーツ株式会社編　日外アソシエー
ツ（制作）　2014.11　665,15p　30cm　〈表紙の
タイトル：東京都人物・人材情報リスト〉
Ⓝ281.361　　　　　　　　　　　　　　　〔1672〕

◇東京都台東区人物・人材情報リスト　2015　日
外アソシエーツ株式会社編　日外アソシエーツ
（制作）　2014.11　531,13p　30cm　〈表紙のタ
イトル：東京都人物・人材情報リスト〉Ⓝ281.
361　　　　　　　　　　　　　　　　　　〔1673〕

伝記　　　　　　　　　　　　　　　　　　　　　　　　　　　　　　　　　　歴史・地理

◇東京都（立川市・武蔵野市・三鷹市・小金井市・小平市・国分寺市・国立市・西東京市）人物・人材情報リスト　2015　日外アソシエーツ株式会社編　日外アソシエーツ（制作）　2014.11　1冊　30cm〈表紙のタイトル：東京都人物・人材情報リスト〉Ⓝ281.365　　　　　　　　〔1674〕

◇東京都中央区人物・人材情報リスト　2015　日外アソシエーツ株式会社編　日外アソシエーツ（制作）　2014.11　678,18p　30cm〈表紙のタイトル：東京都人物・人材情報リスト〉Ⓝ281.361　　　　　　　　　　　　　　〔1675〕

◇東京都千代田区人物・人材情報リスト　2015　第2巻　日外アソシエーツ株式会社編　日外アソシエーツ（制作）　2014.11　p841-1604,48p　30cm〈表紙のタイトル：東京都人物・人材情報リスト〉Ⓝ281.361　　　　　　〔1676〕

◇東京都千代田区人物・人材情報リスト　2015　第1巻　日外アソシエーツ株式会社編　日外アソシエーツ（制作）　2014.11　840p　30cm〈表紙のタイトル：東京都人物・人材情報リスト〉Ⓝ281.361　　　　　　　　　　　〔1677〕

◇東京都（豊島区・板橋区・練馬区）人物・人材情報リスト　2015　日外アソシエーツ株式会社編　日外アソシエーツ（制作）　2014.11　1冊　30cm〈表紙のタイトル：東京都人物・人材情報リスト〉Ⓝ281.361　　　　　　　　　〔1678〕

◇東京都（中野区・杉並区）人物・人材情報リスト　2015　日外アソシエーツ株式会社編　日外アソシエーツ（制作）　2014.11　1冊　30cm〈表紙のタイトル：東京都人物・人材情報リスト〉Ⓝ281.361　　　　　　　　　　　　　〔1679〕

◇東京都八王子市人物・人材情報リスト　2015　日外アソシエーツ株式会社編　日外アソシエーツ（制作）　2014.11　266,11p　30cm〈表紙のタイトル：東京都人物・人材情報リスト〉Ⓝ281.365　　　　　　　　　　　〔1680〕

◇東京都（府中市・調布市・町田市・日野市・多摩市）人物・人材情報リスト　2015　日外アソシエーツ株式会社編　日外アソシエーツ（制作）　2014.11　1冊　30cm〈表紙のタイトル：東京都人物・人材情報リスト〉Ⓝ281.365　〔1681〕

◇東京都文京区人物・人材情報リスト　2015　日外アソシエーツ株式会社編　日外アソシエーツ（制作）　2014.11　736,28p　30cm〈表紙のタイトル：東京都人物・人材情報リスト〉Ⓝ281.361　　　　　　　　　　　　〔1682〕

◇東京都港区人物・人材情報リスト　2015　第3巻　日外アソシエーツ株式会社編　日外アソシエーツ（制作）　2014.11　p1187-1903,38p　30cm〈表紙のタイトル：東京都人物・人材情報リスト〉Ⓝ281.361　　　　　　〔1683〕

◇東京都港区人物・人材情報リスト　2015　第2巻　日外アソシエーツ株式会社編　日外アソシエーツ（制作）　2014.11　p509-1186　30cm〈表紙のタイトル：東京都人物・人材情報リスト〉Ⓝ281.361　　　　　　　　　　　〔1684〕

◇東京都港区人物・人材情報リスト　2015　第1巻　日外アソシエーツ株式会社編　日外アソシエーツ（制作）　2014.11　508p　30cm〈表紙のタイトル：東京都人物・人材情報リスト〉Ⓝ281.361　　　　　　　　　　　〔1685〕

◇東京都目黒区人物・人材情報リスト　2015　日外アソシエーツ株式会社編　日外アソシエーツ（制作）　2014.11　528,16p　30cm〈表紙のタイトル：東京都人物・人材情報リスト〉Ⓝ281.361　　　　　　　　　　　　〔1686〕

◇まちの力ひとの力─変える試みる小金井の人たち　佐藤和雄著　武蔵野　クレイン　2014.7　301p　21cm　1500円　Ⓘ978-4-906681-40-2　Ⓝ281.365　　　　　　　　　　　　　　〔1687〕

◇名誉都民小伝　平成25年度　東京都生活文化局文化振興部文化事業課編　東京都生活文化局文化振興部文化事業課　2014.3　139p　21cm〈背のタイトル：東京都名誉都民小伝　年譜あり　文献あり〉Ⓝ281.36　　　　　〔1688〕

◇明治東京畸人傳　森まゆみ著　中央公論新社　2013.10　336p　16cm　（中公文庫　も31-3）〈文献あり〉819円　Ⓘ978-4-12-205849-1　Ⓝ281.36
　内容　エルウィン・ベルツの加賀屋敷十二番館　横山松三郎の池之端通天楼　池之端仲町二十七番地守田宝丹翁事跡　山口半六の東京音楽学校奏楽堂　駒込林町　悲運の久野久　木村熊二・鐙子の谷中初音町二丁目二番地　相馬愛蔵・黒光夫妻の駒込千駄木林町十八番地　岡田虎二郎と日暮里本行寺静座会　薮蕎麦発祥の地　団子坂の三輪伝次郎　河口慧海の根津宮永町雪山精舎〔ほか〕　　　　　　　　　　　　〔1689〕

◇東京有名人のお墓さんぽ─訪ねてみたい有名人三百余名の掃苔録　人文社編集部企画・編集　人文社　2013.4　143p　22cm　（ものしりミニシリーズ）〈「江戸東京名士の墓碑めぐり」（2002年刊）の改題、加筆・訂正・再編集　文献あり　索引あり〉1200円　Ⓘ978-4-7959-1994-5　Ⓝ281.36
　内容　お墓散歩3コース　東京北地域　東京南地域　東京西地域　東京東地域　索引図　　　　　〔1690〕

◇名誉都民小伝　平成24年度　東京都生活文化局文化振興部文化事業課編　東京都生活文化局文化振興部文化事業課　2013.3　97p　21cm〈背のタイトル：東京都名誉都民小伝　年譜あり〉Ⓝ281.36　　　　　　　　　　　　　　〔1691〕

◇新八王子の人びと─宮川孝之写真集　宮川孝之著　八王子　揺籃社　2012.6　133p　19×27cm　2800円　Ⓘ978-4-89708-310-0　Ⓝ281.36　　　　　　　　　　　　　　〔1692〕

歴史・地理　　　　　　　　　　　　　　　　　　　　　　　　　伝記

◇名誉都民小伝　平成23年度　東京都生活文化局
文化振興部文化事業課編　東京都生活文化局文
化振興部文化事業課　2012.3　101p　21cm
〈背のタイトル：東京都名誉都民小伝　年譜あ
り〉Ⓝ281.36　　　　　　　　　　　　　〔1693〕

◇ドロップアウトのえらいひと～島に渡る～　森
永博志著　SDP　2011.7　254p　19cm　1500
円　Ⓘ978-4-903620-88-6　Ⓝ281.369
内容　1 折田一夫「宇宙の中心でレモンをつくる」―
1969年移住　現在、母島在住　2 宮川典継「サーファー
はカラスバトを護る」―1974年移住　現在、父島在住
3 石原義久「15歳で漁師になった」―1985年移住　現
在、母島在住　4 ニシモトホマレ「郵便配達はウク
レレを弾く」―1998年移住　現在、父島在住　〔1694〕

◇名誉都民小伝　平成22年度　東京都生活文化局
文化振興部文化事業課編　東京都生活文化局文
化振興部文化事業課　2011.3　117p　21cm
〈背のタイトル：東京都名誉都民小伝　年譜あ
り〉Ⓝ281.36　　　　　　　　　　　　　〔1695〕

◇名誉都民小伝　平成21年度　東京都生活文化ス
ポーツ局文化振興部文化事業課編　東京都生活
文化スポーツ局文化振興部文化事業課　2010.3
89p　21cm〈背のタイトル：東京都名誉都民小
伝　年譜あり〉Ⓝ281.36　　　　　　　　〔1696〕

◇名誉都民小伝　平成20年度　東京都生活文化ス
ポーツ局文化振興部文化事業課編　東京都生活
文化スポーツ局文化振興部文化事業課　2009.3
93p　21cm〈背のタイトル：東京都名誉都民小
伝　年譜あり〉Ⓝ281.36　　　　　　　　〔1697〕

◇図説・河合敦と歩く江戸人物伝―決定版　河合
敦執筆　学習研究社　2008.10　159p　26cm
（歴史群像シリーズ　特別編集）　1900円
Ⓘ978-4-05-605097-4　Ⓝ291.361　　　　〔1698〕

◇浅草の唄―愛しき街の人びと　鈴木としお著
東京新聞出版局　2008.9　190p　20cm　1429
円　Ⓘ978-4-8083-0900-8　Ⓝ281.361
内容　第1章 浅草文化びと（「浅草の灯」の時代―作家・
浜本浩　浅草寺日記―浅草寺僧正・網野義紘とその
父　吉原酔狂ぐらし―孤高の作家・吉村平吉　相撲
甚句―演芸・相撲評論家・小島貞二　長谷川伸の会主
将―作家・村上元三　戦災孤児の執念―エッセイス
ト・海老名香葉子　反骨のひと―小生夢坊とその時
代　にっぽんのメロディー―涙もろいアナウンサー・
中西龍　民放第一声―アナウンサー・宇井昇）　第2
章 浅草のまちかどで（「浅草寿司や横丁」界隈　「東
京大空襲慰霊碑」建立一周年）　第3章 浅草の唄（「浅
草学」事始　浅草オペラを思いて―クラシック音楽
家三人　浅草喜劇びと　天才落語家　愛しき時代劇
の役者たち　『浅草の唄』）　　　　　　　〔1699〕

◇名誉都民小伝　平成19年度　東京都生活文化ス
ポーツ局文化振興部文化事業推進課編　東京都生活
文化スポーツ局文化振興部文化事業推進課　2008.3
103p　21cm〈背のタイトル：東京都名誉都民
小伝　肖像あり　年譜あり〉Ⓝ281.36　〔1700〕

◇名誉都民小伝　平成18年度　東京都生活文化局
文化振興部事業推進課編　東京都生活文化局文
化振興部事業推進課　2007.3　95p　21cm〈背
のタイトル：東京都名誉都民小伝　肖像あり
年譜あり〉Ⓝ281.36　　　　　　　　　　〔1701〕

◇銀座の達人たち　早瀬圭一著　新潮社　2006.
12　364p　20cm　1800円　Ⓘ4-10-339806-X
Ⓝ281.361
内容　泡に賭ける生ビールの達人―ライオン銀座七丁
目店　海老原清　文士の愛した伝統の西洋料理店―銀
圓亭　萩本光男、道向健　"痛快ワンマン"は銀座ブラ
ンドの仕掛け人―サンモトヤマ　茂登山長市郎　「人
生の達人」は口舌鋭く包丁も冴える―三亀　南條勲夫
一曲のシャンソンにすべてを託す―マ・ヴィ　日高な
み　すっきり、さっぱり堅牢に―江戸指物師　戸田敏
夫　顧客は首相から作家まで―壹番館洋服店　渡邊明
治　永井荷風も飲んだ達人の珈琲―カフェ・ド・ラン
ブル　関口一郎　何時間でもいたくなるレストラン―
ペリニィヨン　明永正範　ピカソと「奇跡の出会い」
をした画商―ガレリア・グラフィカ　栗田玲子〔ほか〕
　　　　　　　　　　　　　　　　　　　　〔1702〕

◇名誉都民小伝　平成17年度　東京都生活文化局
文化振興部事業推進課編　東京都生活文化局文
化振興部事業推進課　2006.3　89p　21cm〈背
のタイトル：東京都名誉都民小伝〉Ⓝ281.36
　　　　　　　　　　　　　　　　　　　　〔1703〕

◇新宿歴史に生きた女性一〇〇人　折井美耶子,
新宿女性史研究会編　ドメス出版　2005.9
247p　21cm〈年譜あり　文献あり〉2000円
Ⓘ4-8107-0652-4　Ⓝ281.361
内容　熱田優子―『女人芸術』の編集者　生田花世―
熱い心で体験を語る　石垣綾子―自由と独立を求め
行動した評論家　市川房枝―婦人解放・婦選運動の
先頭に立って活躍　伊藤野枝―権力の壁に挑み理想
に殉じた　植村環―父、正久の志を継いだ慈愛の伝
道者　宇野千代―生きることは、恋すること、恋するこ
と　江上トミ―日本のおふくろの味のイメージ　遠
藤清子―人類として男性と女性は平等である　大江
スミ―家政学を「治国の学」として〔ほか〕〔1704〕

◇町田歴史人物事典　町田地方史研究会編　町田
小島資料館　2005.4　200p　22cm　2190円
Ⓘ4-906062-09-1　Ⓝ281.365　　　　　　〔1705〕

◇名誉都民小伝　平成16年度　東京都生活文化局
文化振興部事業推進課編　東京都生活文化局
文化振興部事業推進課　2005.3　93p　21cm〈背
のタイトル：東京都名誉都民小伝〉Ⓝ281.36
　　　　　　　　　　　　　　　　　　　　〔1706〕

◇名誉都民小伝　平成15年度　東京都生活文化局
文化振興部事業推進課編　東京都生活文化局文
化振興部事業推進課　2004.3　51p　21cm〈背
のタイトル：東京都名誉都民小伝〉Ⓝ281.36
　　　　　　　　　　　　　　　　　　　　〔1707〕

◇三多摩に輝く―自らのしあわせと社会進歩のた
たかいを重ねあわせて　原克孝著　〔立川〕
けやき出版　2003.3　470p　21cm　2500円
Ⓘ4-87751-187-3　Ⓝ281.365
内容　はじめに　朝野勉さんの蔵書　第十代立川市長

〔1693～1708〕　　　　　　　　　「東京」がわかる本 4000冊　117

伝記	歴史・地理

阿部行蔵さん　市議会で倒れたまま逝った大竹猛さん　森田元日野市長の信任が厚かった片岡輝男さん「小さなロウソクの灯のように」岸清次さん　「弱者を光に」元立川市議会議員高津益治さん　三多摩に生きる元衆議院議員土橋一吉さん　短歌集「カタクリの花」横田勝子さん　「ヨネさん」の愛称で親しまれた米沢唯光さん　長野県伊那谷と宮本百合子さん
〔1708〕

◇名誉都民小伝　平成14年度　東京都生活文化局文化振興部事業推進課編　東京都生活文化局文化振興部事業推進課　2003.3　55p　21cm〈背のタイトル：東京都名誉都民小伝〉Ⓝ281.36
〔1709〕

◇板橋ゆかりの人びと―それぞれの分野で活躍した20人　坂井健二著　坂井健二　2002.11　77p　21cm　Ⓝ281.361
〔1710〕

◇江戸東京をつくった偉人鉄人　荒俣宏，榎本了壱編　平凡社　2002.10　294p　19cm　1500円　Ⓘ4-582-83123-0　Ⓝ281.36
内容　1章 江戸東京をつくった人々（江戸の青写真を引く　江戸を建てる　治水と利水　ほか）　2章 江戸東京を治めた人々（江戸初期の政治ブレーン　影の実力者たち　江戸のガードマン　ほか）　3章 江戸東京の文化・風流（庶民のための娯楽をつくる　江戸歌舞伎の大成者　近代歌舞伎の重要人物　ほか）　4章 江戸東京のメディアとアート（ジャーナリズムは帝都から　個性的ジャーナリスト　新聞で書きまくる　ほか）　5章 江戸東京の学問と研究（江戸東京の大思想家　新しい蘭学者　真剣に勉強した大学者　ほか）　6章 スペシャル・謎また謎（猟奇事件の謎　江戸に死す　東京に死す）　〔1711〕

◇東京の名家　石村博子著　角川書店　2002.3　217p　18cm　（角川oneテーマ21）　571円　Ⓘ4-04-704071-1　Ⓝ281.361
内容　江戸の御典医桂川家、その栄光と孤独　時代にメロディをつける音楽一家、服部家三代　芸術活動に信念を貫く朝倉家　経営と音楽の両面をあわせもつ諸井家　自由、平和、独立を伝統とする朝吹家　個人として生きる孤高、厳しさ、潔さでつながる羽仁家　職業の概念にとらわれず全人的に生きる渋沢家　歴史に残る、時代を育てる文化事業に貢献する江戸家並外れた個性で、精神科医という本業以上に才が秀でる斎藤家　生活から物を見究める目を養い、普遍性を追究する柳家　文章の重圧を、強い自尊心ではねのける夏目家　「一流」では許されず、芸術の道で"超一流"を目指す千住家
〔1712〕

◇名誉都民小伝　平成13年度　東京都生活文化局文化振興部事業課編　東京都生活文化局文化振興部文化事業課　2002.3　81p　21cm〈背のタイトル：東京都名誉都民小伝〉Ⓝ281.36
〔1713〕

◇名誉都民小伝　平成12年度　東京都生活文化局コミュニティ文化部文化事業課編　東京都生活文化局コミュニティ文化部文化事業課　2001.3　78p　21cm〈背のタイトル：東京都名誉都民小伝〉Ⓝ281.36
〔1714〕

◇名誉都民小伝　平成11年度　東京都生活文化局

コミュニティ文化部文化事業課編　東京都　2000.3　220p　21cm〈背のタイトル：東京都名誉都民小伝〉Ⓝ281.36
〔1715〕

◇地図から消えた東京遺産―人物探訪　田中聡著　祥伝社　2000.2　297p　16cm　（祥伝社黄金文庫）　571円　Ⓘ4-396-31204-0　Ⓝ213.61
内容　1章 文明開化の真実（銀座・万朝報―大人気の新聞がなぜ二十年で売れなくなったのか　新橋ステーション―なぜ建設に反対する人が多かったのか　ほか）　2章 「大正」という時代があった（麻布・偏奇館―なぜ荷風は気に入ったのか　馬込文士村―なぜ"お祭り騒ぎ"が続いたのか　ほか）　3章 忘れられた"観光名所"（浅草・ひょうたん池―なぜ憩いの場が埋め立てられたのか　丸の内・丸ビル―なぜビジネスの中心地になれたのか　ほか）　4章 時代小説がさらに面白くなる（南・北町奉行所―「遠山の金さん」はなぜヒーローになったのか　本所・吉良邸―刃傷事件はなぜ起きたのか　ほか）　少し長めのエピローグ　本所・被服廠跡で「日本人の宿命」を思う　〔1716〕

◇名誉都民小伝　平成10年度　東京都生活文化局コミュニティ文化部文化事業課編　東京都　1999.3　188p　21cm〈背のタイトル：東京都名誉都民小伝〉Ⓝ281.36
〔1717〕

◇名誉都民小伝　平成9年度　東京都生活文化局コミュニティ文化部文化事業課編　東京都生活文化局コミュニティ文化部文化事業課　1998.3　214p　21cm〈背のタイトル：東京都名誉都民小伝〉Ⓝ281.36
〔1718〕

◇府中人物伝　続編　杉原茂著　福山　宮印刷所（印刷）　1997.7　202p　21cm　2000円　Ⓝ281.76
〔1719〕

◇あの女性がいた東京の街―24のタイムトンネルの向こう側　川口明子著　芙蓉書房出版　1997.5　242p　20cm〈文献あり〉1800円　Ⓘ4-8295-0194-4　Ⓝ281.36
内容　坂を上って（与謝野晶子―道玄坂　松井須磨子―神楽坂　ほか）　江戸の町からモダン都市へ（津田梅子―麹町　山川菊栄―大手町　ほか）　市電が走っていたあの日（ラグーザ・玉―芝新堀　林芙美子―太子堂　ほか）　都心の周縁（伊藤野枝―巣鴨　吉屋信子―白白文化村　ほか）　〔1720〕

◇名誉都民小伝　平成8年度　東京都生活文化局コミュニティ文化部文化事業課編　東京都　1997.3　182p　21cm〈背のタイトル：東京都名誉都民小伝〉Ⓝ281.36
〔1721〕

◇新・東京物語　石村博子著　講談社　1996.5　349p　15cm　（講談社文庫）　680円　Ⓘ4-06-263252-7　Ⓝ281.04
内容　1945　50年代　60年代　60年代後半　70年代前半　70年代　80年代
〔1722〕

◇名誉都民小伝　平成7年度　東京都生活文化局コミュニティ文化部文化事業課編　東京都　1996.3　184p　21cm〈背の書名：東京都名誉都民小伝〉Ⓝ281.36
〔1723〕

118　「東京」がわかる本 4000冊　〔1709〜1723〕

歴史・地理　　　　　　　　　　　　　　　　　　　　　　　地理

◇名誉都民小伝　平成6年度　東京都生活文化局
コミュニティ文化部文化事業課編　東京都
1995.3　178p　21cm〈背の書名：東京都名誉
都民小伝〉　Ⓝ281.36　　　　　　　　　〔1724〕

◇秋川流域人物伝　中村正著, 「西の風」新聞社編
八王子　揺籃社　1995.2　205p　21cm〈年
表〉p187～197〉1500円　Ⓘ4-89708-104-1
Ⓝ281.36
　内容　業種別人順位　秋川流域人物伝　関連資料
　　　　　　　　　　　　　　　　　　　　〔1725〕

◇田辺茂一と新宿文化の担い手たち―考現学、雑
誌「行動」から「風景」まで　東京都新宿区立
新宿歴史博物館編　〔東京都〕新宿区教育委員
会　1995　128p　26cm　〈新宿歴史博物館特別
展図録〉〈田辺茂一の肖像あり　会期：平成7年
10月28日～12月10日　年譜・参考文献：p123～
128〉Ⓝ213.6　　　　　　　　　　　　　〔1726〕

◇名誉都民小伝　〔平成5年顕彰〕　東京都生活
文化局コミュニティ文化部文化事業課編　東京
都　1994.3　206p　21cm〈背の書名：東京都
名誉都民小伝〉Ⓝ281.36　　　　　　　　〔1727〕

◇文化のクリエーターたち―江戸・東京を造った
人々　『東京人』編集室編　都市出版　1993.12
482p　20cm　3500円　Ⓘ4-924831-07-7
Ⓝ213.6
　内容　大久保長安と八王子千人隊　庄司甚右衛門と吉
原遊廓　三井高利の「現金掛値なし」　大岡忠相と
江戸の流通革命　江戸の外食産業　都会に幽霊を解
き放った鶴屋南北　二人の情報マン=斎藤月岑と藤
岡屋由蔵　寺門静軒と『江戸繁昌記』「大江戸ラブス
トーリー」の創始者・為永春水　江戸のくすり屋　幕
末道場繁盛記―技は千葉、力は斎藤、位は桃井　江戸
市政事始―異色の知事群像　五代目菊五郎と東京歌
舞伎　井上馨と東京欧化政策　人力車を発明した男
たちの栄光と挫折　大久保一翁と東京府始末記　田
口卯吉と小笠原殖産政策　末広鉄腸と明治ユートピ
ア幻想　黒岩涙香と万朝報の人々　塚越芳太郎と『東
京市史稿』　江戸を甦らせた岡本綺堂―捕物帳事始
め　棚橋源太郎と展覧会時代　田中智学と幻の海上
都市計画　東京人としての昭和天皇　　　〔1728〕

◇東京伝説　石村博子著　毎日新聞社　1993.3
281p　19cm　1500円　Ⓘ4-620-30922-2
Ⓝ281.04
　＊戦後から現在まで。作家、俳優、音楽家、美術家、
学者…。現代文化を担う魅力ある43人を育んだ、
東京の町の様々なたたずまい。それぞれの今を築く
までの、それぞれの町にまつわる、かけがえのない
想い出を語る。　　　　　　　　　　　　〔1729〕

◇名誉都民小伝　〔平成4年顕彰〕　東京都生活
文化局コミュニティ文化部文化事業課編　東京
都　1993.3　172p　21cm〈背の書名：東京都
名誉都民小伝〉Ⓝ281.36　　　　　　　　〔1730〕

◇絹の道べに生きて―聞き書きで綴る町田女性生
活史　みみずくの会編　町田　みみずくの会
1992.11　320p　21cm〈折り込図1枚　話者た
ちの時代背景：p316～318〉1800円　Ⓝ281.36

　　　　　　　　　　　　　　　　　　　　〔1731〕

◇多摩に生きる100人―草の根にんげん万歳　ア
サヒタウンズ編著　国分寺　武蔵野書房　1992.
10　313p　19cm　1800円　Ⓝ281.36　〔1732〕

◇群像豊島の文化人―豊島区ゆかりの文化人とそ
の小伝　高瀬西帆編著　サンライズ社　1992.7
510p　20cm〈主要参考文献：p490～508〉
3500円　Ⓝ281.36　　　　　　　　　　　〔1733〕

◇すみだゆかりの人々　続　東京都墨田区教育委
員会社会教育課編　墨田区教育委員会社会教育
課　1992.3　54p　21cm　　　　　　　　〔1734〕

◇名誉都民小伝　〔平成3年顕彰〕　東京都生活
文化局コミュニティ文化部文化事業課編　東京
都　1992.3　186p　21cm〈背の書名：東京都
名誉都民小伝〉Ⓝ281.36　　　　　　　　〔1735〕

◇名誉都民小伝　〔平成2年顕彰〕　東京都生活
文化局コミュニティ文化部文化事業課編　東京
都　1991.3　156p　21cm〈背の書名：東京都
名誉都民小伝〉Ⓝ281.36　　　　　　　　〔1736〕

◇東京都著名人墳墓略誌―墓塔に辿る鎮魂の手記
長谷川芳貞著　東村山　雲母書房　1990.12
294p　20cm〈参考文献・資料：p293～294〉
1400円　Ⓘ4-87672-012-6　Ⓝ291.36
　内容　巡拝の記録として　東京都著名人噴墓一覧　東
京都著名人噴墓略誌　　　　　　　　　　〔1737〕

◇名誉都民小伝　〔平成元年顕彰〕　東京都生活
文化局コミュニティ文化部文化事業課編　東京
都　1990.3　156p　21cm〈背の書名：東京都
名誉都民小伝〉Ⓝ281.36　　　　　　　　〔1738〕

地理

◇東京23区の地名の由来　金子勤著　幻冬舎
2016.8　231p　18cm〈幻冬舎ルネッサンス
2010年刊の再刊　索引あり〉1100円　Ⓘ978-4-
344-02980-4　Ⓝ291.361
　内容　足立区　葛飾区　江戸川区　荒川区　墨田区
江東区　台東区　中央区　北区　文京区〔ほか〕
　　　　　　　　　　　　　　　　　　　　〔1739〕

◇地形で解ける！　東京の街の秘密50　内田宗治
著　実業之日本社　2016.6　191p　18cm
（じっぴコンパクト新書　293）〈文献あり〉800
円　Ⓘ978-4-408-11197-1　Ⓝ291.36
　内容　第1章　江戸城・皇居周辺の地形の謎（大阪城周
辺に似た地形だったから家康は江戸を気に入った？
江戸城本丸、天守閣の場所と皇居の御所はなぜ遠く離
れているのか　ほか）　第2章　東京「丘」の秘密（岬の
先端、丘の上。立地のいい場所を神社が独占してい
る理由とは　なぜお寺の墓地は窪地に多く、広い霊
園は丘の上に立地しているのか　ほか）　第3章　東京
の「谷」めぐりの謎（渋谷川1　新国立競技場の建設で
渋谷川が復活？　渋谷川2　都市遺跡発見の楽しみも
味わえる廃川跡　ほか）　第4章　都会にのびるミニ山

地理　　　　　　　　　　　　　　　　　　　　　　　　　　　　　歴史・地理

岳鉄道(山手線は、六つの峠を越える山岳鉄道？　最高所の峠は、新宿駅付近　外濠の底に作られた四ツ谷駅。徳川幕府が鉄道建設にもたらした恩恵とは　ほか)　第5章　水と川にまつわる話(「ゼロメートル地帯」になった原因は、工業用水汲み上げと「東京ガス田」のため　なぜ荒川沿いのほうが隅田川沿いより地盤が低いのか　ほか)　　　　　　　〔1740〕

◇なんだこりゃ？　知って驚く東京「境界線」の謎　小林政能著　実業之日本社　2016.3　190p　18cm　(じっぴコンパクト新書 278)〈文献あり　年譜あり〉800円　Ⓘ978-4-408-11164-3　Ⓝ291.361
　内容 1 境界を歩こう！　下も向いて歩こう！　2 東京23区の端にまつわるエトセトラ　3 東京区部の歴史を遡る(1)現在から23区ができたころ　4 東京区部の歴史を遡る(2)15区ができたころ　5 東京区部の歴史を遡る(3)江戸から東京になったころ　6 境界を実際に歩こう、謎を解こう！　そのための準備＆資料　　　　　　　　　　　　　　〔1741〕

◇地形由来でみる東京の地名　山内和幸著　岐阜まつお出版　2015.11　153p　19cm〈文献あり　索引あり〉1600円　Ⓘ978-4-944168-44-6　Ⓝ291.36
　内容 序章 地名由来を間違えてしまう理由　第1章 東京23区編(浅草(台東区)―土壌の浅いところに草がいっぱい生えていたのだろうか　麻布(港区)―麻の布きれなんかが地名になるわけがない　小豆沢(板橋区)―小豆は地名になるほど特別貴重な穀物だ　ほか)　第2章 東京都市町村編(青ヶ島(青ヶ島村)―青海филに浮かぶ島を示すのではない　秋留(あきる野市)―あきるの市の由来になった地名　大島(大島町)―大きくない大島もある　ほか)　第3章 東京都周辺編(あてら沢(群馬県みなかみ町)―山形県の左沢の由来は北関東や山梨の沢が教えてくれる　潮来(茨城県潮来市)―海から潮が遡上するのは間違いないのだが　稲毛(千葉県千葉市)―毛の地名を嫌がってはいけないほか)　　　　　　　　　　　　　　　　　〔1742〕

◇東京都民あるある　鳥越隆夫著,すたひろ画　TOブックス　2015.1　160p　18cm　980円　Ⓘ978-4-86472-335-0　Ⓝ291.36
　内容 第1章 東京都民性あるある　第2章 東京観光名物あるある　第3章 東京地域あるある　第4章 東京交通機関あるある　第5章 東京生活あるある　第6章 東京上京民あるある　第7章 東京雑学あるある　　　　　　　　　　　　　　　　　　〔1743〕

◇江戸・東京間違いだらけの地名の由来　楠原佑介著　祥伝社　2014.11　283p　18cm　(祥伝社新書 391)　840円　Ⓘ978-4-396-11391-9　Ⓝ291.361
　内容 第1章 都心に江戸の名残を求めて　第2章 下町めぐり―神田・日本橋から浅草方面へ　第3章 山の手北部(本郷台・豊島台・赤羽台)の地名　第4章 山の手南西部(淀橋台・目黒台・荏原台)の地名　第5章 墨東に江戸~東京の発展を見る　第6章 ドクサ紛れの区名の成り立ち　　　　　　　　　　　〔1744〕

◇江戸の幽明―東京境界めぐり　荒俣宏著　朝日新聞出版　2014.11　507p　図版16p　18cm　(朝日新書 488)　1200円　Ⓘ978-4-02-273588-1　Ⓝ291.361
　内容 第1部 江戸とはどんな場所だったか(江戸の自然と風土の成立　江戸の二里四方、四里四方、十里四方をさぐる　江戸中心部から発想する「らせん」の町　ほか)　第2部 朱引のうちそと―江戸の周縁ガイド(目黒の虚無僧に出会う　電化生活の最先端 田園調布の都市開発　玉川上水に文化の風吹きわたる　ほか)　第3部 拾遺編―東京総覧と江戸細見(何度聞いても分かりにくい江戸＝東京の区割総まとめ　江戸の周縁に見られた文化)　　　　　　〔1745〕

◇東京・江戸地名の由来を歩く　谷川彰英著　ベストセラーズ　2014.10　316p　15cm　(ワニ文庫 P-255)〈2003年刊の加筆・修正〉800円　Ⓘ978-4-584-39355-0　Ⓝ291.36
　内容 第1章 坂のある町 東京　第2章 東京の橋を訪ねて　第3章 水にちなんだ東京の地名　第4章 大名屋敷は今　第5章 江戸の歴史を歩く　第6章 江戸情緒を訪ねる　第7章 訪ねてみたい寺院など　第8章 戦いにちなんだ地名　第9章 東京の近代を往く　　　　　　　　　　　　　　　　　　　〔1746〕

◇空から見る戦後の東京―60年のおもかげ　竹内正浩著　実業之日本社　2014.8　279p　30cm〈年表あり〉5000円　Ⓘ978-4-408-11027-1　Ⓝ291.36
　内容 池袋　巣鴨　田端　三河島　池袋・目白　東池袋　白山　日暮里　高田馬場　江戸川橋　本郷　上野　浅草　大久保　神楽坂　水道橋　秋葉原　新宿　市ケ谷　皇居　神田・両国〔ほか〕　　　　〔1747〕

◇大江戸坂道探訪―東京の坂にひそむ歴史の謎と不思議に迫る　山野勝著　朝日新聞出版　2014.6　261,10p　15cm　(朝日文庫 や35-1)〈「江戸の坂」(朝日新聞社 2006年刊)の改題、加筆・修正　文献あり　索引あり〉680円　Ⓘ978-4-02-261796-5　Ⓝ291.361
　内容 港区　文京区　新宿区　千代田区　目黒区　品川区、大田区　渋谷区、世田谷区　台東区・荒川区、北区、豊島区　　　　　　　　　　　　〔1748〕

◇東京の地名―地形と語源をたずねて　筒井功著　河出書房新社　2014.1　207p　20cm　1800円　Ⓘ978-4-309-22605-7　Ⓝ291.36
　内容 第1章 山手線の駅名由来記　第2章 都心部の気になる地名　第3章 中央線に沿って　第4章 地名は化ける　第5章 下町地名散歩　第6章 地名でさぐる武蔵野の暮らし　第7章 奥多摩山村誌　第8章 東京都・島名小辞典　　　　　　　　　　〔1749〕

◇江戸・東京88の謎　春日和夫著　大和書房　2013.12　271p　15cm　(だいわ文庫 264-1H)〈文献あり〉680円　Ⓘ978-4-479-30460-9　Ⓝ291.361
　内容 1 江戸城とその周辺(千代田・中央・港)―江戸時代以前から、江戸はここにあった！　「江戸」とはそもそもどこを示す地名だったのか？―そして江戸はいつごろから江戸だったのか？　太田道灌はなぜ江戸に城を構えたのか？―二大勢力の対立から生まれた江戸の城(品川・大田・目黒)―異界は封じられ、江戸は発展を始める(家康はなぜ芝増上寺を菩提寺にしたのか？―浄土宗の古刹は古墳群のなかに造成された　宿場品川はなぜかも「異界」なのか？―東海道ルートの江戸の入り口はかな

120　「東京」がわかる本 4000冊　　　　　　　　　　　　　　　　　　　　　　〔1741~1750〕

歴史・地理　　　　　　　　　　　　　　　　　　　　　　　　　　　地理

り怖い ほか） 3 城西（新宿・渋谷・中野・杉並・世田谷）―水の町江戸に残る合戦と栄華の気配（四谷から新宿へ、甲州街道は駐屯地だった？―半蔵の門と、伊左衛門の妻 盛り場としての「新宿」設置の本当の理由は？―軍事拠点は泰平の世に歓楽街と化した ほか） 4 城北（文京・豊島・北・板橋・練馬）―江戸っ子はどんな神を信仰し、何を愛したのか？（梅の名所・湯島が人気だった、もうひとつの理由は？―あの手この手でギャンブルを楽しんだ庶民たち 御殿が養生所になったのはなぜ？―小石川は民間信仰のデパートだった ほか） 5 城東（台東・荒川・江東・墨田・江戸川・葛飾・足立）―江戸の文化を担い発展させたのは誰だったのか？ （「王家の谷」はなぜ上野でなければならなかったのか？―日本の新支配者の聖地として整備されていった上野 江戸にも「会いに行けるアイドル」がいた！―美人の看板娘で商売繁昌 ほか）　　　　　　　　　　　　〔1750〕

◇地名で読む江戸の町　大石学著　PHP研究所　2013.11　297p　15cm　（PHP文庫 お72-1）〈2001年刊の加筆・修正 文献あり〉724円　①978-4-569-76123-7　Ⓝ213.6

内容 第1部 江戸の町の誕生と成長（首都の成立 巨大都市への道 成熟、崩壊、そして東京へ） 第2部 地名で読む江戸（幕府が造った町 武家地 寺社地 町人地 水辺の町 交通の要所 遊び場 武蔵野 東の郊外）　　　　　　　　　　　　　　〔1751〕

◇東京ふしぎ探検隊　河尻定著　日本経済新聞出版社　2013.8　226p　18cm　（日経プレミアシリーズ 208）　850円　①978-4-532-26208-2　Ⓝ291.361

内容 第1章 大都会のミステリー 第2章 ニホンとニッポンの真相 第3章 鉄道路線、幻の計画を追う 第4章 東京、新宿、そして渋谷―巨大ターミナルの過去と未来 第5章 バブルの遺跡を巡れる道 第6章 アキバ生まれの伊勢丹、茅ヶ崎のはずだったマック1号店　　　　　　　　　　　　　　　　　　〔1752〕

◇東京「地理・地名・地図」の謎―意外と知らない“首都”の歴史を読み解く！　谷川彰英監修　実業之日本社　2013.5　190p　18cm　（じっぴコンパクト新書 154）〈文献あり〉762円　①978-4-408-45439-9　Ⓝ291.36

内容 第1章 「江戸」から「東京」へ巨大都市のルーツをさぐる（江戸幕府が長期政権を維持しえたのは江戸城の立地にあった！ 江戸城を守るため鬼門に建てられた寛永寺と増上寺 ほか） 第2章 地図から浮かびあがる東京変貌のナゾ（なぜ銀座には、橋もかかっていない場所に「○○橋」の地名が多いのか？ 東京の一等地・銀座には住所がない場所が存在する！ ほか） 第3章 交通の発達にみる東京の過去・現在・未来（どこからどこまでを「江戸前」と言うのか？ 水産庁の定義とは？ えっ、存在していなかった！？「埼京線」なる路線の真実 ほか） 第4章 地形に隠された地理の不思議（赤羽の赤い羽根とは？ 由来は関東ローム層の赤土にあった なぜつって引けばよいのか？ 山の手と下町の境界線 ほか） 第5章 地名から読み解く東京の歴史（寺にちなんでいる名のはずなのに寺の形跡がない「吉祥寺」 近未来的なイメージの「三軒茶屋」はたった三軒の茶屋から生まれた町 ほか）　　　　　　　　　　〔1753〕

◇むかしまち地名事典　森まゆみ著　大和書房

2013.3　251p　20cm　1600円　①978-4-479-39238-5　Ⓝ291.361

内容 むかしまちめぐり（築地―居留地に始まる明治モダン 新橋―汽笛が告げる文明開化 銀座―煉瓦街に時計塔の鐘が響いた ほか） 私の好きな町東京プラスワン散歩（両国 入谷 鳥越おかず横丁 ほか） 自転車歴史家、走る（本郷区駒込動坂町 鷹匠屋敷と駒込病院 根津、山の湯のこと ほか） 東京トピックス（ぐるり浅草、根岸界隈 へび道ゆらゆら 十条居酒屋めぐり ほか）　　　　　　　　　　〔1754〕

◇まるごと一冊！ 東京の地名の由来　浅井建爾監修, ユーキャン東京の地名の由来研究会編　ユーキャン学び出版　2012.9　207p　19cm　〈文献あり 索引あり 発売：自由国民社〉940円　①978-4-426-60381-6　Ⓝ291.36

内容 第1章 東京が生まれるまで（江戸以前 江戸の誕生 東京府に、そして東京都へ） 第2章 23区編（千代田区 中央区 港区 新宿区 ほか） 第3章 市部編（多摩東部 多摩西部 多摩北部 多摩南部） 第4章 郡部編（西多摩郡） 第5章 島嶼部編（伊豆諸島 小笠原諸島）　　　　　　　　　　　　〔1755〕

◇江戸東京の地名散歩―歴史と風情を愉しむ　中江克己著　ベストセラーズ　2012.7　223p　18cm　（ベスト新書 373 ヴィジュアル新書）〈文献あり〉1000円　①978-4-584-12373-7　Ⓝ291.361

内容 第1章 坂を歩く―江戸から東京へ 第2章 江戸の橋をめぐって 第3章 町人文化の発信地 第4章 地形を反映した地名を訪ねて 第5章 武家の歴史をたどる 第6章 江戸の珍地名・難地名を歩く 第7章 人びとの暮らしぶりを伝える地名 第8章 行楽地でもあった寺社をめぐる　　　　　　　　　〔1756〕

◇東京トリビア　東京新聞編　東京新聞　2012.7　231p　18cm　1333円　①978-4-8083-0964-0　Ⓝ291.36

内容 えっ、あの人が… どういう訳で… 元をたどれば まさか、あの場所が あったの、なかったの 東京ほっと検定　　　　　　　　　　　　　　〔1757〕

◇日本の美―写真記録 関東 1 写真記録刊行会編　日本ブックエース　2012.3　180p　31cm　〈国際情報社昭和42年刊の複製 発売：日本図書センター〉20000円　①978-4-284-80203-1　Ⓝ291.087　　　　　　　　　　　　　　　〔1758〕

◇地名に隠された「東京津波」　谷川彰英著　講談社　2012.1　189p　18cm　（講談社＋α新書580-1C）〈文献あり〉838円　①978-4-06-272745-7　Ⓝ453.4

内容 第1章 東京湾を巨大津波が襲ったら 第2章 土地の高低感を忘れた東京人 第3章 東京の低地地名からのメッセージ 第4章 東京都心部の危険地名からのメッセージ 第5章 東京の谷底地名からのメッセージ 第6章 安全な町はどこだ？ 第7章 東京は生き残れるか　　　　　　　　　　　　　〔1759〕

◇東京スケッチブック　小泉信一著　創森社　2011.6　269p　19cm　1500円　①978-4-88340-259-5　Ⓝ291.361

内容 第1章 路地に吹く風 第2章 どんな舞台でも

〔1751〜1760〕　　　　　　　　　　「東京」がわかる本 4000冊　121

地理　　　　　　　　　　　　　　　　　　　　　　　　　　歴史・地理

第3章 光り輝くとき　第4章 芸あり志あり　第5章
首都の一角で　第6章 寅さんの教え　第7章 時代を
表わす
〔1760〕

◇図説歴史で読み解く！　東京の地理　正井泰夫
監修　青春出版社　2011.2　202p　18cm　（青
春新書 PI-305　インテリジェンス）〈2003年
刊の加筆・修正　文献あり　年表あり〉1133円
①978-4-413-04305-2　Ⓝ291.36
内容 1章 町でみかけた「江戸」の歴史（拡大する江戸
の範囲―東京のどこまでが「大江戸八百八町」だっ
たのか　五街道と四宿―江戸の中心、日本の中心は
日本橋だった ほか）　2章 「地形」で探る東京の地
理（東京の海岸線の進退―今とはまったく違う古代の
東京の姿　関東ローム層と赤土―赤土台地の上にで
きた東京の山の手 ほか）　3章 「地名」で読み解く
東京の歴史（東京の山の手と下町―市街地の拡大と山
の手と下町の拡大　江戸城の外堀と城門―城の周囲
に開かれた外堀は今も街に残る ほか）　4章 「明治
から平成」への歩み（江戸から東京への変遷―大江戸
八百八町から東京二三区へ　隅田川に架かる橋―江
戸時代の木の橋から現在の優雅な橋まで ほか）
〔1761〕

◇江戸の坂 東京の坂　横関英一著　筑摩書房
2010.11　522p　15cm　（ちくま学芸文庫 ヨ
11-1）〈索引あり〉1500円　①978-4-480-
09321-9　Ⓝ291.36
内容 江戸の坂 東京の坂（坂について　江戸の坂　古
い新坂 坂と寺院　一名二坂 ほか）　続 江戸の坂
東京の坂（坂と江戸絵図　坂の下り口、上り口　坂
の上と坂の下　土州橋と出羽坂　同じ名の坂と橋 ほ
か）
〔1762〕

◇江戸・東京坂道ものがたり　酒井茂之著　明治
書院　2010.8　218p　19cm　（学びやぶっく
40　しゃかい）〈文献あり　索引あり〉1200円
①978-4-625-68450-0　Ⓝ291.361
内容 其1 千代田区　其2 港区　其3 新宿区　其4 文
京区　其5 台東区・荒川区　其6 品川区・大田区　其
7 目黒区・渋谷区　其8 世田谷区・杉並区・府中市
其9 中野区・豊島区・板橋区　其10 北区　〔1763〕

◇この一冊で江戸と東京の地理がわかる！　正
井泰夫監修　青春出版社　2010.7　205p
19cm　〈文献あり　年表あり〉476円　①978-4-
413-10982-6　Ⓝ291.361
内容 1章 江戸を歩く（日本橋が二〇回も架け替えら
れたその理由とは　江戸城の石垣は一体、どこから
運ばれてきたのか？　東京の坂でもっとも古い「車
坂」の名前が消えたワケ ほか）　2章 明治・大正を
歩く（実は「銀ブラ」は銀座をブラブラすることで
はなかった！　東京駅が西向きにつくられた本当の
理由とは？　伊豆諸島の管轄が東京都になった驚き
のワケ ほか）　3章 昭和を歩く（環状道路の幅が予
定より狭くなったのは、実はマッカーサーのせい？
なぜ日本橋界隈に地方銀行が多く建っているのか？
明治通り・昭和通りがあって、「大正通り」がないの
はなぜ？ ほか）
〔1764〕

◇東京シルエット　成田一徹切り絵・文　創森社
2010.6　259p　20cm　〈索引あり〉1600円
①978-4-88340-249-6　Ⓝ291.36
内容 首都の片隅から―序に代えて　第1章 飲食処

の日々　第2章 芸の灯ここに　第3章 技ありの世界
第4章 街に吹く風　第5章 この場所で　〔1765〕

◇再現江戸の景観―広重・北斎に描かれた江戸、
描かれなかった江戸　清水英範,布施孝志共著
鹿島出版会　2009.12　150p　21cm　2200円
①978-4-306-09404-8　Ⓝ291.361
内容 第1章 再現・江戸の景観（江戸の景観―幼少期の
アルバムのごとく　謎多き江戸の景観―広重や北斎
が描いた江戸・描かなかった江戸 ほか）　第2章 江
戸絵図の歪みと幾何補正（一般的な幾何補正手法と
絵図の幾何補正の要件　絵図の幾何補正手法 ほか）
第3章 地形データの作成とモデリング（明治時代の地
形データの復元　広域地形データの作成と統合 ほか）
第4章 建造物の考証とモデリング（土地利用図の作成
江戸市中の建造物モデリング ほか）　第5章 現代に
蘇る江戸絵図の世界（日本橋から富士山・江戸城を望
む　江戸橋から富士山・江戸城を望む ほか）〔1766〕

◇江戸東京残したい地名　本間信治著　自由国民
社　2009.11　334p　21cm　（『消えてゆく東京
の地名』（1987年刊）の改題、復刊　付（1冊）：
江戸東京地名区分地図　文献あり　索引あり〉
2500円　①978-4-426-10695-9　Ⓝ291.361
内容 古代ゆかりの地名　神仏ゆかりの地名　武将伝
説ゆかりの地名　長者伝説ゆかりの地名　徳川将軍
ゆかりの地名　大名ゆかりの地名　異国人ゆかりの
地名　大奥・女性にゆかりの地名　人名ゆかりの地
名　遊里ゆかりの地名　盗賊ゆかりの地名　幕府
職制にゆかりの地名　城下町ゆかりの地名　交通・宿
泊にゆかりの地名　農耕・漁業にゆかりの地名　動・
植物にゆかりの地名　故郷ゆかりの地名　おめでた
い地名　しゃれと願望の地名　合成された地名　地
形や地質にゆかりの地名　東京市十五区の区名由来
〔1767〕

◇スケッチで楽しむ東京の坂道散歩　中島健一郎
著　新人物往来社　2009.11　335p　15cm
（新人物文庫 40）〈索引あり〉667円　①978-
4-404-03770-1　Ⓝ291.361
内容 千代田区の坂道（皇居東御苑、永田町、霞が関地
区　平河町、麹町、番町、隼町、紀尾井町地区 ほか）
港区の坂道（赤坂、青山、虎ノ門地区　六本木、麻布
地区 ほか）　新宿区の坂道（新宿、大久保、戸山、早
稲田、落合地区　四谷、富久町、若葉、本塩町、荒木
町、住吉町、市谷地区 ほか）　文京区の坂道（湯島、
本郷地区　根津、弥生、西片、向丘、白山地区 ほか）
台東区の坂道
〔1768〕

◇東京の消えた地名辞典　竹内誠編　東京堂出版
2009.1　379p　20cm　2600円　①978-4-490-
10748-7　Ⓝ291.361
＊人々の記憶の中に残る、今はなき歴史的地名を収
録！　昭和40年頃までは存在し、現在使用されなく
なった地名の成り立ち、変遷を解説。
〔1769〕

◇東京週末「坂道」散歩―歩いてみたくなる60の
「坂道」　井下優子著　ぱる出版　2008.10
191p　19cm　1400円　①978-4-8272-0444-5
Ⓝ291.361
内容 1 台東区谷中界隈～北区田端界隈～北区王子駅
界隈　2 文京区根津界隈～文京区本郷界隈　3 文京
区西側界隈　4 台東区上野駅界隈～台東区浅草・墨
田区東向島　5 文京区湯島界隈～千代田区御茶ノ水

122　「東京」がわかる本 4000冊　　　　　　　　　　　　　　　　〔1761～1770〕

歴史・地理　　　　　　　　　　　　　　　　　　　　　　　　地理

駅界隈　6 新宿区飯田橋駅界隈～新宿区市ヶ谷駅界隈・新宿区中井　7 港区界隈　8 東京都の西側界隈
〔1770〕

◇東京山の手物語　長谷川徳之輔著　三省堂
2008.9　246p　20cm〈年表あり〉1500円
①978-4-385-36387-5　Ⓝ291.361
内容 第1章 最新の都心 六本木ヒルズ、東京ミッドタウン、シオサイト　第2章 山の手と下町の足跡　第3章 旧山の手 江戸と東京の共存　第4章 旧郊外地 渋谷、新宿 武蔵野の残影　第5章 東京の西郊 新しい山の手　第6章 東京南郊 田園調布と学園都市　第7章 東京南郊 海の手の風景　おわりに 山の手の変遷
〔1771〕

◇江戸東京地名辞典　芸能・落語編　北村一夫著　講談社　2008.4　595,25p　15cm（講談社学術文庫）1700円　①978-4-06-159870-6　Ⓝ291.361
＊秋葉の原、池の端、永代橋、お歯黒溝、神楽坂、角海老、兼康、思案橋、痔の神様、とげ抜き地蔵―落語・講談・浄瑠璃・狂歌など大衆芸能にはその時代々々の地名が人々の日常を伴って生き生きと登場する。江戸・明治期のこれらの地名はその後どこへ消え、どう変わったのか。町名、橋・坂名、寺社、大名家、妓楼など一五〇〇余を収録し、解説する。〔1772〕

◇東京―大都会の顔　岩波書店　2007.12　1冊（ページ付なし）19cm（岩波写真文庫 復刻版 川本三郎セレクション）〈原本：1952年刊〉700円　①978-4-00-028212-3　Ⓝ291.36
＊ここでは大都会の持つ一般的な容貌を、東京に代表させて説明する。
〔1773〕

◇東京都立中央図書館東京室所蔵地図目録　平成18年9月末現在　東京都立中央図書館サービス部情報サービス課東京資料係編　訂正版　東京都立中央図書館サービス部情報サービス課東京資料係　2007.11　109,58p　30cm　Ⓝ291.36
〔1774〕

◇江戸・東京の地名―作家が愛した風景/小説の舞台　新人物往来社　2007.1　166p　26cm（別冊歴史読本 第32巻第3号）2000円　①4-404-03355-9　Ⓝ291.361
〔1775〕

◇江戸・東京の地理と地名―「町」から「街」へ一時を超えた東京散歩 スーパービジュアル版　鈴木理生著　日本実業出版社　2006.12　190p　26cm〈年表あり〉1300円　①4-534-04136-5　Ⓝ291.36
内容 第1章 東京という場所を知ろう―海と密接な関係にあった低湿地　第2章 江戸・東京の自然と地理条件―五つの地形と海からできた江戸　第3章 天下の総城下町「江戸」の成立―江戸はどのように大都市になったのか　第4章 都市「江戸」のインフラはこうつくられた―「陸路」「海路」の整備と「水」の供給が江戸を支えた　第5章 現代に伝わる江戸の地理―江戸から現代へ―今も残る地理の名残り　第6章 近代都市化していく東京―街並みも行政も明治期に大きく変わった　第7章 整備されていく東京のインフラ―交通網から電気まで急速に充実していく東京　第8章 戦争と高度成長で激変する東京―川が

消えて道ができ23区が誕生した　〔1776〕

◇3D-Tokyo　北星秀企画, 関谷隆司写真　新風舎　2006.11　1冊（ページ付なし）19×27cm〈日本語・英語併記〉1900円　①4-289-00754-6　Ⓝ291.361
内容 新宿ビル群と富士山　東京駅上空　東京駅 皇居二重橋 皇居北の丸公園　都電荒川線 浅草寺雷門　浅草寺境内 宝蔵門大提灯　上野〔ほか〕
〔1777〕

◇江戸の坂―東京・歴史散歩ガイド　山野勝著　朝日新聞社　2006.10　323,13p　19cm　1600円　①4-02-250230-4　Ⓝ291.361
内容 港区 文京区 新宿区 千代田区 大田区 北区 目黒区 渋谷区 品川区 世田谷区 台東区・荒川区 豊島区 中野区 板橋区 杉並区 墨田区　坂道には江戸が隠されている　〔1778〕

◇東京坂道散歩―坂道上れば昭和がみえた　冨田均著　東京新聞出版局　2006.9　271p　19cm　1300円　①4-8083-0858-4　Ⓝ291.361
内容 第1章 「坂道で生まれた物語」　第2章 「あの人の記憶が眠る坂道」　第3章 「我が思い出の坂道」　第4章 「江戸・明治の面影を歩く」　第5章 「昭和の記憶を訪ねて」　第6章 「坂を上って木を見に行く」　第7章 「坂道のある風景」　〔1779〕

◇東京検定―ぐんぐん東京力がつく厳選100問　泉麻人著　情報センター出版局　2006.5　222p　19cm　1200円　①4-7958-4492-5　Ⓝ291.36
内容 第1講 まずはおさえておきたい基礎問題（山手線の中で、唯一東京オリンピックより後にできた駅は？　各面名の空欄に適当な東京の地名を入れよ ほか）　第2講 観察力と推理力が試される応用問題（荒井由実の曲「中央フリーウェイ」に関する文章の空欄に適当な言葉を入れよ　空欄に駅名を入れ、有名人の名前を完成させて該当する線名を当てよ ほか）　第3講 大人の東京人のための教養問題（歴史的なディスコ店の解説を読んで、店名とゆかりの深い人物を選べ　古今亭志ん朝の落語の一節を読んで問に答えよ ほか）　第4講 東京のオーソリティをめざすためのマニアック問題（ゴジラに最初に破壊された物件を選べ　鉄腕アトムの誕生に関する文章の空欄を埋めよ ほか）　特別講（実技試験）（東京タワーの絵を描いてください。）〔1780〕

◇東京の地名由来辞典　竹内誠編　東京堂出版　2006.3　451p　20cm　3200円　①4-490-10685-8　Ⓝ291.361
＊江戸のなごりを伝える地名に脈脈と続く日本の文化を見る！　現行地名、歴史的地名およそ1700につき、由来、史料上の初見、事蹟を解説。
〔1781〕

◇写真で見る東京の激変　大竹静市郎写真・解説　世界文化社　2005.8　215p　21cm（ほたるの本）1800円　①4-418-05218-6　Ⓝ291.361
内容 第1章 銀座・有楽町（和光（旧服部時計店）ビルと三越銀座店（1959（昭和34）年）和光ビルと三越銀座店（2000（平成12）年）ほか）　第2章 新宿（新宿二幸（現アルタ）前（1959（昭和34）年）新宿アルタ前（2000（平成12）年）ほか）　第3章 原宿・渋谷（渋谷駅ハチ公像付近（1958（昭和33）年）渋谷駅ハチ公像付近の現況（2000（平成12）年）ほか）　第4章 池袋・

「東京」がわかる本 4000冊　　123

地理　　　　　　　　　　　　　　　　　　　　　　　　　　　　　　歴史・地理

上野・浅草（池袋のデパート（1958（昭和33）年）　池袋のデパート（2000（平成12）年）　ほか）　第5章　四谷・永田町・東中野（ご成婚パレード（四谷見附）（1959（昭和34）年）　四谷見附（2001（平成13）年）　ほか）
〔1782〕

◇「図説」お江戸の地名の意外な由来　中江克己著　PHP研究所　2005.1　111p　26cm　952円　Ⓘ4-569-63981-X　Ⓝ291.361
　内容　第1章 地形ゆかりの地名　第2章 人名ゆかりの地名　第3章 説話ゆかりの地名　第4章 武家ゆかりの地名　第5章 商人・職人ゆかりの地名　第6章 農と漁ゆかりの地名　第7章 動植物ゆかりの地名　第8章 故郷ゆかりの地名
〔1783〕

◇駅名で読む江戸・東京　続　大石学著　PHP研究所　2004.3　300p　18cm　（PHP新書）〈文献あり〉880円　Ⓘ4-569-63347-1　Ⓝ291.36
　内容　序章 都心をめざした鉄路　第1章 山手線の駅名　第2章 都心部の駅名（山手線内）　第3章 東郊の駅名（二三区）　第4章 西郊の駅名（二三区）　第5章 多摩の駅名
〔1784〕

◇「江戸・東京」坂道物語　朝倉毅彦著　文芸社　2004.3　195p　20cm〈文献あり〉1200円　Ⓘ4-8355-7162-2　Ⓝ291.36
　内容　坂道十話（禿坂　神楽坂　ほか）　伝説の坂道（網坂　山吹坂　ほか）　いとおほきなる河─隅田川ものがたり（すみだがわ　荒川　ほか）　浮世夢一場─それぞれの維新（上総請西藩　上総飯野藩　ほか）　天与の人─富田高慶小伝
〔1785〕

◇江戸東京坂道事典　石川悌二著　コンパクト版　新人物往来社　2003.9　278p　20cm〈文献あり〉4800円　Ⓘ4-404-03149-1　Ⓝ291.36
　内容　麹町台北部　麹町台中部　麹町台南部　麹町台東部　駿河台　本郷台東南部　本郷台東部　小石川台　白山台　関口、目白台より大塚、駒込辺〔ほか〕
〔1786〕

◇東京コンフィデンシャル─いままで語られなかった、都市の光と影　高瀬毅著　枻出版社　2003.7　304p　19cm　1500円　Ⓘ4-87099-881-5　Ⓝ291.36
　内容　第1章 埋もれた記憶の町（桜の下の戦後　武蔵野フィールド・オブ・ドリームス　ほか）　第2章 極私的名所案内（都心の心霊スポット　巣鴨のテーマパーク　ほか）　第3章 東京人生劇場（苦難の編集者時代　夕暮れの日比谷交差点　ほか）　第4章 新しい東京（向島をアートの町に　子どもと焚き火と秘密基地　ほか）　第5章 東京のなかの"世界"（家族で行ける横田基地　遠いイスラム近くのムスリム　ほか）
〔1787〕

◇「江戸・東京」地名を歩く─地名から探る江戸の素顔　古川愛哲著　経済界　2003.6　271p　18cm　（リュウ・ブックスアステ新書）　762円　Ⓘ4-7667-1010-X　Ⓝ291.361
　内容　1章 ビジネス街は歴史散歩の宝庫　2章 地名に刻まれた武士たちの悲哀　3章 庶民の息づかいが聞こえる古きよき町　4章 江戸の町を彩った女性たちの足跡　5章 異人・渡来人が残した意外な"遺産"　6章 地名に隠された、誰も知らない「江戸裏話」
〔1788〕

◇東京・地理の謎　正井泰夫監修　双葉社　2003.2　220p　18cm　（ふたばらいふ新書）　819円　Ⓘ4-575-15326-5　Ⓝ291.36
　内容　第1章 東京の地形、江戸の歴史（陰陽道にもとづいて設計された江戸　城壁がないため、あいまいだった江戸の境界　ほか）　第2章 町並み・名所の発祥（関東大震災後、築地に魚河岸の称号を移した「日本橋」　瀟洒で洗練された街「広尾」もかつては一面のススキ野　ほか）　第3章 地名の由来を探る（現在とは異なる江戸時代初期の「山の手」と「下町」　江戸には「銀座」のほかに「金座」「銅座」もあった　ほか）　第4章 粋な文化の舞台裏（深川の芸者からはじまった江戸っ子気質の「粋」　隅田川の花火は、上流が「玉屋」で下流が「鍵屋」　ほか）　第5章 明治から平成を歩く（東京は「トウケイ」一五区や三五区の時代もあった　関東大震災で世界第二の都市になった「東京市」　ほか）
〔1789〕

◇駅名で読む江戸・東京　大石学著　PHP研究所　2003.1　303p　18cm　（PHP新書）　880円　Ⓘ4-569-62572-X　Ⓝ291.36
　内容　序章 東京における鉄道のあゆみ　第1章 山手線の駅名（東京（千代田区）　新橋（港区）　ほか）　第2章 都心部の駅名（山手線内および周辺）（銀座（中央区）　日本橋（中央区）　ほか）　第3章 東郊の駅名（二三区）（浅草（台東区）　蔵前（台東区）　ほか）　第4章 西郊の駅名（二三区）（神泉（渋谷区）　駒場東大前（目黒区）　ほか）　第5章 多摩の駅名（国分寺（国分寺市）　谷保（国立市）　ほか）
〔1790〕

◇お江戸の地名の意外な由来　中江克己著　PHP研究所　2002.9　345p　15cm　（PHP文庫）　571円　Ⓘ4-569-57806-3　Ⓝ291.361
　内容　第1章 地形ゆかりの地名（岩本町　八ツ小路　ほか）　第2章 人名ゆかりの地名（八代洲河岸　神田佐柄木町　ほか）　第3章 説話ゆかりの地名（霞ヶ関　小石川指ヶ谷町　ほか）　第4章 武家ゆかりの地名（番町　有楽町　ほか）　第5章 商人・職人ゆかりの地名（神田紺屋町　神田白壁町　ほか）　第6章 農と漁ゆかりの地名（日比谷　小網町　ほか）　第7章 動植物ゆかりの地名（桜田　小柳町　ほか）　第8章 故郷ゆかりの地名（鎌倉町　神田金沢町　ほか）
〔1791〕

◇日本歴史地名大系　第13巻　東京都の地名　平凡社　2002.7　1453p　27cm〈付属資料：地図1枚：東京都全図＋8p；月報　45〉28000円　Ⓘ4-582-49013-1　Ⓝ291.0189
　内容　総論　武蔵国　江戸・東京　千代田区　中央区　港区　新宿区　文京区　台東区　墨田区〔ほか〕
〔1792〕

◇東京の地名がわかる事典─読む・知る・愉しむ　鈴木理生編著　日本実業出版社　2002.2　297,4p　19cm〈年表あり　文献あり〉1500円　Ⓘ4-534-03345-1　Ⓝ291.36
　内容　第1章 「江戸」「東京」にみる固有の地名　第2章 江戸城にまつわる地名　第3章 江戸の歴史・文化にまつわる地名　第4章 江戸の暮らしにまつわる地名　第5章 地名でたどる商人の町、職人の町　第6章 武蔵国の中の「東京」地方　第7章 明治になってできた行政区画による地名　第8章 自然が織りなす東京の地名
〔1793〕

◇東京迷宮考─種村季弘対談集　種村季弘ほか著

124　　「東京」がわかる本 4000冊　　　　　　　　　　　　　　〔1783〜1794〕

歴史・地理　　　　　　　　　　　　　　　　　　　　　地理

青土社　2001.11　349p　20cm　2400円　①4-7917-5921-4　Ⓝ291.361

内容　路地の博物誌（川本三郎）　都市とスペクタクル—演劇的都市の再生に向けて（寺山修司）　変貌する都市（田村隆一）　"怪しげな家"が息づいていた頃（日影丈吉）　くぼみ町の必然性（松山巖）　東京・いまむかし（戸井田道三）　昭和三十年代、東京（川本三郎）　「東京迷路」をめぐって（鬼海弘雄　松山巖）　ラビリンスとしての古本屋（池内紀　堀切直人）　現代食物考（前田愛）　隠者という生き方（井波律子）　キッチュの建物　ペカンペカンの家（谷川晃一）　　　　　〔1794〕

◇東京の坂風情　道家剛三郎著　東京図書出版会　2001.4　586,11p　19cm　〈発売：星雲社〉　2000円　①4-434-00689-4　Ⓝ291.36

内容　千代田区（淡路坂　紅梅坂 ほか）　新宿区（焼餅坂　銀杏坂 ほか）　文京区（異人坂　幽霊坂 ほか）　港区（九郎九坂　紀伊国坂 ほか）　渋谷区（日蔭坂　切通坂 ほか）　目黒区（大坂　松見坂 ほか）　品川区（下大崎坂　平和坂 ほか）　杉並区（薬缶坂　地蔵坂）　豊島区（妙義坂　染井坂）　中野区（駒ケ坂　十貫坂 ほか）　北区（大炊介坂　清水坂 ほか）　板橋区（岩の坂　志村坂 ほか）　大田区（八景坂　堂の坂 ほか）　世田谷区（座頭ころがし坂　宮の坂 ほか）　台東区（清水坂　忍坂 ほか）　墨田区（地蔵坂）　小金井市（中念坂　自伝坊の坂 ほか）　国分寺市（池の坂　堂坂 ほか）　調布市（滝坂　御塔坂）　府中市（弁慶坂・棒屋の坂　御殿坂）　国立市（馬坂　仮屋坂 ほか）　八王子市（稲荷坂　富士森坂 ほか）　多摩市（沓切坂　寺坂）　清瀬市（梅坂　一文坂　観音坂）　羽村市（稲荷松坂　大坂 ほか）　五日市町（権田坂　まいまい坂 ほか）　日の出町（間坂）〔1795〕

◇地名で読む江戸の町　大石学著　PHP研究所　2001.3　251p　18cm　（PHP新書）　〈文献あり〉　720円　①4-569-61548-1　Ⓝ291.36

内容　第1部 江戸の町の誕生と成長（首都の成立　巨大都市への道　成熟、崩壊、そして東京へ）　第2部 地名で読む江戸（幕府が造った町　武家地　寺社地　町人地　水辺の町　交通の要所　遊び場　武蔵野　東の郊外）　　　　　〔1796〕

◇この一冊で東京の地理がわかる！　正井泰夫監修　三笠書房　2000.11　253p　19cm　1400円　①4-8379-1852-2　Ⓝ291.36

内容　1章 「江戸の成り立ち」を知れば、東京はこんなに面白い！—町並みから交通路まで「東京」はこうして築かれた！　2章 明治維新から現代まで東京の区画変遷を追う！—関東大震災・敗戦からの復興は、"東京の線引き"をここまで変えた！　3章 "身近なあの町"の意外な一面を探る！—山の手から下町まで"なるほど"の連続！　4章 知っているようで知らない「東京の地形」を読む！—皇居、日本橋、臨海部、多摩地区…地図から見えてくる東京の構造！　5章 東京の地理に隠された意外な歴史・ウラ話—地図を見る目が深くなる、地図を読むのが愉しくなる！　　　〔1797〕

◇東京圏の環境と生活　正井泰夫，片柳勉編著　二宮書店　2000.10　82p　26cm　〈文献あり〉　1400円　①4-8176-0176-0　Ⓝ291.36　　〔1798〕

◇郊外の風景—江戸から東京へ　樋口忠彦著　教

育出版　2000.8　190p　19cm　（江戸東京ライブラリー　14）　1500円　①4-316-35830-8　Ⓝ291.361

内容　第1章 江戸の四季の名所　第2章 新しい郊外観　第3章 郊外生活の流行と田園都市論　第4章 田舎住居と隠遁と散策　第5章 郊外住宅地開発と東京緑地計画　　　　　〔1799〕

◇江戸・東京の地図と景観—徒歩交通百万都市からグローバル・スーパーシティへ　正井泰夫著　古今書院　2000.3　123p　27cm　7000円　①4-7722-1051-2　Ⓝ291.361

内容　第1部 江戸・東京・東京圏の発達と都市化（2万分の1の大江戸地理空間図をつくる　徒歩交通百万都市としての大江戸　大江戸の水系と海岸　震災前東京の都市的土地利用復元図をつくる ほか）　第2部 都市景観の移り変わり（都市景観と都市生活環境　江戸三十六見附の今昔　都心・丸の内の都市景観　渋谷からの地理写真 ほか）　　　　　〔1800〕

◇歴史探訪地図から消えた「東京の町」　福田国士著　祥伝社　1999.10　268p　16cm　（祥伝社文庫）　〈背のタイトル：地図から消えた「東京の町」〉　552円　①4-396-31133-8　Ⓝ291.361

内容　1章 仕事、そして遊興の町（本両替町（中央区日本橋本石町）　吉原（台東区千束） ほか）　2章 文人が筆鋒をみがいた町（上野花園町（台東区池之端）　谷中天王寺町（台東区谷中） ほか）　3章 粋を極めた芝居と芸の町（木挽町（中央区銀座）　猿若町（台東区浅草） ほか）　4章 庶民が賑やかに遊行した町（十二社（新宿区西新宿）　赤坂溜池町（港区赤坂） ほか）　5章 大事件でスポットライトを浴びた町（松坂町（墨田区両国）　三河島町（荒川区荒川・西日暮里・東日暮里・町屋） ほか）　6章 番外編（汐留（港区東新橋）宝町（中央区京橋） ほか）　　　　　〔1801〕

◇東京の地理がわかる事典—読む・知る・愉しむ　鈴木理生編著　日本実業出版社　1999.9　271p　19cm　〈文献あり〉　1500円　①4-534-02982-9　Ⓝ291.36

内容　第1章 江戸以前の東京はどんなだったのか　第2章 東京の地形の基礎知識　第3章 現代につながる江戸のインフラ　第4章 江戸の「町」から東京の「街」へ　第5章 急変していく東京の区画と範囲　第6章 近代東京はこうしてできた　第7章 東京の発展を支えた交通網　第8章 雑学でみる江戸・東京の地理〔1802〕

◇東京珍談録　林望著　新潮社　1999.6　253p　16cm　（新潮文庫）　〈「リンボウ先生東京珍景録」（彰国社平成6年刊）の改題〉　667円　①4-10-142823-9　Ⓝ291.36

＊転変激しい大都市東京。その膨大な日常風景に埋もれた何か、目を変えてこそ発見できる何かを、著者は「珍景」と呼ぶ。例えば、見慣れた街並に潜む大正や昭和初期建築の遺物、なるほど異観である配水塔、豆腐屋のラッパの音が似合うような刹那—古さを温存するイギリスをよく知る、著者ならではの観察眼で発掘された「珍景」たちを、喜び面白がり愛惜をこめて"記録"したエッセイ＆写真。　〔1803〕

◇東京都心部の空間利用　山下宗利著　古今書院　1999.2　174p　22cm　6200円　①4-7722-5027-1　Ⓝ291.361

地理　　　　　　　　　　　　　　　　　　　　　　　　　　　　歴史・地理

|内容| 第1章 序論　第2章 東京都心部と諸機能の集積　第3章 東京都心部における都市空間の垂直的拡大　第4章 東京都心部における空間利用　第5章 東京都心部における空間利用の展開　第6章 結論　〔1804〕

◇歩いてみたい東京の坂　下　三船康道監修, 歴史・文化のまちづくり研究会編　地人書館　1999.1　190p　26cm〈執筆：斉藤ゆき枝ほか〉2800円　Ⓓ4-8052-0610-1　Ⓝ291.36
|内容| 駿河台へ上る（淡路坂　㿠角坂　ほか）　九段, 北の丸（汐見坂　梅林坂ほか）　番町, 麹町へ（五味坂　袖摺坂, 永井坂ほか）　山王台, 霞が関（新坂　三宅坂ほか）　赤坂台へ上る（丹後坂　円通寺坂ほか）〔1805〕

◇歩いてみたい東京の坂　上　三船康道監修, 歴史・文化のまちづくり研究会編　地人書館　1998.12　190p　26cm〈執筆：斉藤ゆき枝ほか〉2800円　Ⓓ4-8052-0609-8　Ⓝ291.36
|内容| 上野の杜へ　下町情緒の根津・谷中　湯島天神への道　本郷台へ上る　新装の春日通りへ　目白台・小日向台へ上る　大塚・雑司ヶ谷　名苑への道　新旧の白山通り　牛込台へ上る〔ほか〕〔1806〕

◇角川日本地名大辞典　13　東京都　「角川日本地名大辞典」編纂委員会編　3版　角川書店　1998.11　1253p, 図版8枚　23cm〈東京都行政変遷年表：p1234-1235　江戸・東京地誌類目録：p1236-1238〉19100円　Ⓓ4-04-001130-9　Ⓝ291.360189〔1807〕

◇坂の迷宮　志賀洋子著　日本経済新聞社　1997.5　211p　20cm〈文献あり〉1600円　Ⓓ4-532-16217-3　Ⓝ291.361
|内容| 序章 空間としての坂　第1章 化かされる空間　第2章 神話の坂　第3章 平安京の坂　第4章 鎌倉の坂　第5章 江戸の坂　第6章 坂の棲み分け　第7章 江戸の寺社と坂　第8章 坂の風景〔1808〕

◇東京都の不思議事典　下巻　樋口州男ほか編　新人物往来社　1997.2　196p　22cm〈文献あり　索引あり〉3000円　Ⓓ4-404-02426-6　Ⓝ291.36
|内容| 文学編　民俗・宗教編　地理編　都市・産業編〔1809〕

◇東京都の不思議事典　上巻　樋口州男ほか編　新人物往来社　1997.2　204p　22cm〈文献あり　索引あり〉3000円　Ⓓ4-404-02425-8　Ⓝ291.36
|内容| 遺跡・発掘編　歴史編　生物・環境編（動物　植物　環境）〔1810〕

◇東京の地名由来事典—あなたの街の歴史を知る　地図にないたのしみ発見　婦人画報社　1995.12　143p　21cm　（Ars books 28）〈付・参考資料〉1600円　Ⓓ4-573-40028-1　Ⓝ291.36
＊東京23区と三多摩地区27市4町1村の1962年以降の町名について, その起源, 由来等を解説したもの。排列は行政区分別。巻末に五十音順索引がある。〔1811〕

◇東京の地理再発見—だれが街を造ったか　下

豊田薫著　地歴社　1994.11　223p　21cm　2400円　Ⓓ4-88527-134-7　Ⓝ291.36
|内容| 21 隅田川　22 築地　23 佃・月島　24 お茶の水と神田　25 皇居　26 麻布・六本木・赤坂・青山　27 山谷　28 田園調布　29 東京港　30 東京ディズニーランド〔1812〕

◇東京の地理再発見—だれが街を造ったか　上　豊田薫著　地歴社　1994.9　223p　21cm　2200円　Ⓓ4-88527-132-0　Ⓝ291.36
|内容| 江戸から東京へ　山の手と下町　山手線　私鉄　地下鉄　都電荒川線　羽田空港　永田町と霞が関　丸の内と大手町　銀座　日本橋　兜町　新宿東口　新宿西口　渋谷　原宿　池袋　浅草　上野と「アメ横」　秋葉原〔1813〕

◇空から東京—航空写真集　23区　立川　西武新聞社　1994.3　303p　37cm〈都政100年の歩み：p303〉18000円　Ⓓ4-915968-02-2　Ⓝ291.36〔1814〕

◇江戸東京地名事典　本間信治著　新人物往来社　1994.1　249p　22cm〈参考文献：p244〜245〉8800円　Ⓓ4-404-02066-X　Ⓝ291.36〔1815〕

◇東京の坂　中村雅夫著　晶文社　1994.1　129, 11p　26cm〈おもに図〉2700円　Ⓓ4-7949-6152-9　Ⓝ291.36
|内容| 板橋区, 北区の坂　荒川区, 台東区, 墨田区の坂　文京区東部の坂　文京区西部, 豊島区の坂　新宿区　中野区、杉並区、世田谷区の坂　千代田区の坂　渋谷区、目黒区の坂　品川区、大田区の坂　港区北部, 南部の坂　対談 坂の暮らし、町の歴史〔1816〕

◇空から東京—航空写真集　多摩　立川　西武新聞社　1993.12　303p　37cm〈多摩東京移管100年の歩み：p303〉18000円　Ⓓ4-915968-01-4　Ⓝ291.36〔1817〕

◇江戸から東京そして今—地域研究への招待　山鹿誠次著　大明堂　1993.4　178p　19cm〈各章末：参考文献〉2400円　Ⓓ4-470-45037-5　Ⓝ291.36
|内容| 第1章 地域研究への招待—地域研究の意義と方法　第2章 東京都心部研究の回顧と展望　第3章 明治時代の東京下町—五千分の一東京図をみて　第4章 新宿の今昔—宿場町から新都心へ　第5章 地図からみた地域の変遷—文京区目白台の場合　第6章 地域社会の変化—杉並の変容と江戸・東京　第7章 多摩地域の地理的特徴　第8章 東京近郊と青梅街道—小平市を中心として　第9章 地域変容の現地観察—武蔵野の泉と集落　第10章 東京大都市圏と私の研究史—生活経験と地理学〔1818〕

◇空撮大東京　松島駿二郎編集・執筆, 秋山忠右撮影　昭文社　1991.3　191p　37cm　9000円　Ⓓ4-398-22151-4　Ⓝ291.36
＊THE LAST DECADE…。20世紀最後の10年で東京はどう変わるか？　その変貌の兆しを空から検証するヘリコプターによる空中考現学。〔1819〕

◇ダイナミック東京—空撮 写真集　上野孝撮影　アテネ書房　1991.2　165p　26×35cm〈監

126　「東京」がわかる本 4000冊　　　　　　　　　　　　　　〔1805〜1820〕

歴史・地理　　　　　　　　　　　　　　　　　　　　　　地理

修：伊藤滋〉4200円　Ⓝ291.36　　　〔1820〕

◇東京を地誌る──江戸からの東京・世界の東京
服部銈二郎著　同友館　1990.12　197p　20cm
1800円　Ⓘ4-496-01688-5　Ⓝ291.36
内容 第1章 地誌は旅から（大自然、歴史、盛り場　小
さな旅、大きな旅　苦しい自然、楽しい自然）　第2
章 東京の原風景（東都の京洛趣味　坂のある東京絵
図　坂と盛り場　東京と森の対話）　第3章 都市・東
京はカオス（世界の銀座　第三のシンボル銀座　東
京のタウンイメージ　浅草─これからの「粋モダン」
の街）　第4章 東京人の優性（東京人の研究　東京人
の元気　江戸っ子と唐津）　第5章 東京大爆発（テム
ズ、ハドソン、隅田川　"東京盛り場時代"の幕開け
江戸・東京ロケーションの"大爆発"）　　　〔1821〕

◇大東京写真案内　博文館纂部編　博文館新社
1990.9　1冊（頁付なし）　27cm〈博文館1933
年刊の複製　折り込図4枚〉2800円　Ⓘ4-
89177-926-8　Ⓝ291.36
内容 写真（大東京の心臓を鳥瞰する　空から眺めた大
東京　大東京の交通　神田区　日本橋区　江戸名所
図会より：大東京の味覚　これも東京　深川区　残
る武蔵野　大東京年中行事　ほか）　記事（誇るべき
数字　市電バス乗車覚書　新東京遊園地案内　芝居
とキネマ御案内　ほか）　地図　　　　　　〔1822〕

◇東京無用の雑学知識──いざ、Tokyo再発見の旅
へ　大江戸捜査隊編　ベストセラーズ　1990.6
255p　15cm　（ワニ文庫）〈参考文献：p255〉
450円　Ⓘ4-584-30201-4　Ⓝ291.36
内容 1 ホントの姿に迫る！　東京きれいさっぱり丸
裸　2 はとバスでは教えない！　名所・旧跡のどこ
が凄いか 3 なぜ？　どうして？　今宵、東京ミス
テリー　4 大都会の明日がみえる！　東京データ漂
流　5 街の名前にゃワケがある！　痛快愉快地名由
来学　6 すわっ、大事件勃発！　帝都が揺れに揺れた
日　7 究極の先取り人間に乾杯！　東京第1第ストー
リー　8 さすがのご隠居も解けない!?　花のお江戸は
謎だらけ　9 東京行進曲よ、高らかに！　オヤジた
ちの初恋時代　　　　　　　　　　　　　　〔1823〕

《紀行・案内記》

◇おそ松さん英語で東京案内　KADOKAWA語
学書編集部編　KADOKAWA　2016.8　94p
18cm〈付属資料：付箋　本文：日英両文〉
1200円　Ⓘ978-4-04-601675-1　Ⓝ291.36
内容 東京駅周辺　銀座　皇居周辺　秋葉原　神田
後楽園　新橋　六本木　表参道　原宿〔ほか〕
　　　　　　　　　　　　　　　　　　　　〔1824〕

◇江戸散歩　下　三遊亭圓生著　小学館　2016.7
251p　19cm　（P＋D BOOKS）〈朝日文庫
1986年刊の再刊〉500円　Ⓘ978-4-09-352273-1
Ⓝ291.361
内容 浅草（続）　向島　芝　麻布　赤坂　四谷　麹町
牛込　小石川　本郷　本所　深川　　　　　〔1825〕

◇江戸散歩　上　三遊亭圓生著　小学館　2016.6
310p　19cm　（P＋D BOOKS）〈朝日文庫
1986年刊の再刊〉550円　Ⓘ978-4-09-352268-7

Ⓝ291.361
内容 日本橋　京橋　神田　下谷　浅草　　　〔1826〕

◇東京五大──平成版　東京クリティカル連合編著
夏目書房新社　2016.6　370p　21cm〈発売：
垣内出版〉1600円　Ⓘ978-4-7734-1001-3
Ⓝ291.36
内容 東京の自然・宗教編（東京五大神社　東京五大仏
教寺院　ほか）　東京の生活・文化編（東京五大商店街
東京五大高級住宅街　ほか）　東京の出会い編（東京
五大待ち合わせ場所　東京五大珈琲店　ほか）　東京
の食編（東京五人カレー　東京五大ハヤシライス　は
か）　東京の「エロス」と「死」（東京五大ストリップ
劇場　東京五大ラブホテル街　ほか）　　　〔1827〕

◇東京ディープツアー──2020年、消える街角　黒
沢永紀編著　毎日新聞出版　2016.6　107p
21cm　1500円　Ⓘ978-4-620-32386-2　Ⓝ291.
36
内容 第1章 近代の痕跡（軍都の記憶　鉄道遺産をゆ
く　水道探訪）　第2章 路地と迷宮（路地裏酒場　色
街残影　木造住宅素描）　第3章 都市の変容（鉄筋集
合住宅点景　消滅する街 新宿ノーザンウエスト　時
代のミルフィーユ 青梅）　　　　　　　　　〔1828〕

◇The Greatest Travel Tips TOKYO　JTBパ
ブリッシング　2016.3　111p　21cm〈日本
語・英語併記　本文：日英両文〉1300円
Ⓘ978-4-533-10962-1　Ⓝ291.36
内容 東京アウトラインガイド　東京早わかり　東京
中心図　浅草　上野　東京国立博物館　アメ横　谷
中、根津、千駄木　銀座　築地〔ほか〕　　〔1829〕

◇東京記憶の散歩地図　小池壮彦著　河出書房新
社　2016.3　311p　19cm　1600円　Ⓘ978-4-
309-27709-7　Ⓝ291.361
内容 1 時空の裂け目を見る─青山～神宮外苑　2 墓
苑の街─六本木～元麻布　3 地下からの叫び─雑司ヶ
谷～池袋～目白　4 巫女集団の足跡─神田川・妙正寺
川流域　5 まぼろしの街道─面影橋～高田宿　6 赤
い着物の女─落合～小滝橋～神田上水公園　7 幽霊
は低地からタクシーに乗る─学習院下～新宿六丁目
8 地霊の骨─荒木町～市谷加賀町　9 渋谷に消えた
女─長泉寺～並木橋　10 四つ目の祟りと、アキバの
幽霊─錦糸町～秋葉原　遠い過去から繋がるもの─
大森・鵜の木・久が原　　　　　　　　　　〔1830〕

◇「地下鉄」で読み解く江戸・東京　富増章成著
PHP研究所　2015.11　293p　15cm　（PHP文
庫　と31-1）〈文献あり〉720円　Ⓘ978-4-569-
76341-5　Ⓝ291.361
内容 前編 江戸の街づくりと歴史を地下鉄とともに探
る（「江戸」の起源はなんだろう？　徳川家康が見た
江戸は何もなかった!?　埋め立てで、江戸ができ始め
た　江戸の飲み水はどうやって確保したのか？　江
戸は風水都市だった!?　ほか）　後編 地下鉄全路線の
駅名の由来と史跡（銀座線─「盗賊」が由来となった
渋谷のあの坂　末広町の名に秘められた住民の願いと
は　丸ノ内線─幕末・明治の秘史が見える東京麹寺
中野坂上に伝わる江戸の「象」　日比谷線─上野戦
争の痕跡が残る三ノ輪　人気の街・恵比寿の名の由来
はやはり　東西線─中野駅に伝わる「生類憐みの令」
の名残　高田馬場の由来は、あの大名の生母？　千
代田線─千駄木は太田道灌の植樹から？　日本初の

地理　　　　　　　　　　　　　　　　　　　　　　　　　　　　　　歴史・地理

飛行機飛行成功の地・代々木公園　ほか）　〔1831〕

◇風景印でめぐる江戸・東京散歩―歌川広重『名
所江戸百景』のそれから　古沢保著　日本郵趣
出版　2015.11　126p　21cm〈発売：郵趣サー
ビス社〉1750円　①978-4-88963-790-8　Ⓝ291.
361
内容　第1章　日本橋・江戸城周辺エリア（日本橋雪晴―
日本橋上空の高速はそんなに悪いのか？　外桜田弁
慶堀糀町―4年後に、この道を井伊大老が　ほか）　第
2章　上野・浅草・隅田川エリア（上野山上―10年後、
ここが戦火に包まれて　上野清水堂不忍ノ池―花見
の楽しみと甦った「月の松」　ほか）　第3章　江戸北
東エリア（飛鳥山北の眺望―将軍が愛でた桜は緑混じ
り　王子装束ゑの木大晦日の狐火―一年の瀬に今も集
まる狐たち　ほか）　第4章　江戸南西エリア（増上寺
塔赤羽根―徳川将軍が眠る寺と赤い塔　芝うらの風
景―将軍家の別荘と黒船に備える台場　ほか）　本書
に登場する「名所江戸百景」について―現代に蘇っ
た歌川広重の傑作　　　　　　　　　　　　　〔1832〕

◇地図と愉しむ東京歴史散歩―カラー版　お屋敷
のすべて篇　竹内正浩著　中央公論新社　2015.
10　215p　18cm　（中公新書 2346）〈文献あ
り〉1000円　①978-4-12-102346-9　Ⓝ291.36
内容　1 華族住所録を読み解く―華族邸跡を歩く（華
族の変遷　華族邸を歩く）　2 川の手別邸物語（遊園
別邸）　3 明治～平成、歴代総理のお屋敷事情　4 新
興のお屋敷町を歩く（実業家の館　ブランドを売る
大衆の時代到来）　　　　　　　　　　　　　〔1833〕

◇東京のDEEPスポットに行ってみた！　のな
かあき子著　彩図社　2015.9　223p　15cm
〈「ガイドブックには載っていない東京裏観光ス
ポット」（2014年刊）の改題、加筆・修正・再編
集〉619円　①978-4-8013-0094-1　Ⓝ291.36
内容　刑務所製品即売会は、ドンキ並みの品数と安さ!?
―全国刑務作業製品展示即売会（全国矯正展）　肉
好きならば一度は見学しておくべきかも―お肉の情
報館　「激安」を超えた「狂安」洋品店―のとや（石
神井公園店）　プロパガンダ映像が満載？―原子力ラ
イブラリ　下の毛の処理に困ったら……アンダーヘ
アカットサロン　テーマソングは「寺ズッキュン」な
萌えるお寺―了法寺　日本の玄関口の裏の顔―成田
空港とその周辺地域　全長2・2キロの日本最短路線
―芝山鉄道　大災害に備えてシミュレーション！―
そなエリア東京　見るだけならば捕まらない―東京
都薬用植物園〔ほか〕　　　　　　　　　　　〔1834〕

◇東京路地裏横丁　山口昌弘著　CCCメディアハ
ウス　2015.9　1冊（ページ付なし）19cm
1800円　①978-4-484-15215-8　Ⓝ291.361
内容　新宿　ゴールデン街　新宿 思い出横丁　新宿 思
い出の抜け道　渋谷　のんべい横丁　三軒茶屋　三角
地帯周辺　吉祥寺　ハーモニカ横丁　西荻窪　南口駅
前と柳小路　自由が丘　自由が丘横丁と駅周辺　武蔵
小山　駅前路地裏飲食街　神楽坂　かくれんぼ横丁と
その周辺　大森　山王小路飲食店街（地獄谷）　銀座
路地裏小路　神田　今川小路　立石　呑んべ横丁
　　　　　　　　　　　　　　　　　　　　　〔1835〕

◇東京美女散歩　安西水丸文え　講談社　2015.3
452p　19cm　2100円　①978-4-06-219360-3
Ⓝ291.36

内容　日本橋編　谷中から上野を抜けて浅草へ　雨の
巣鴨から、大塚、池袋へ　門前仲町から、佃、月島へ
たっぷりと吉祥寺　御茶ノ水から神田神保町へ　人
妻美女の街、自由が丘　西麻布から麻布十番へ　「懐
かしさと空しさ」渋谷あたり　「都心の花街」四谷
荒木町、神楽坂あたり〔ほか〕　　　　　　　〔1836〕

◇死ぬまでに東京でやりたい50のこと　松澤茂信
著　青月社　2015.2　127p　21cm　1200円
①978-4-8109-1282-1　Ⓝ291.361
内容　第1章　「驚きのTOKYOグルメ」　第2章　「い
つもの街で変わった遊び」　第3章　「東京の秘境を
旅する」　第4章　「名物店長と戯れる」　第5章　「誰
もやらないからやってみる」　第6章　「神秘に触れ
る」　第7章　「すごい体験」　　　　　　　　〔1837〕

◇富士山―江戸・東京と練馬の富士　特別展　練
馬区立石神井公園ふるさと文化館編　練馬区立
石神井公園ふるさと文化館　2015.1　143p
30cm〈会期：平成27年1月24日～3月15日　文
献あり〉Ⓝ387　　　　　　　　　　　　　　〔1838〕

◇東京のディープなアジア人街　河畑悠著　彩図
社　2014.10　239p　19cm　1300円　①978-4-
8013-0029-3　Ⓝ291.361　　　　　　　　　〔1839〕

◇ガイドブックには載っていない東京裏観光ス
ポット　のなかあき子著　彩図社　2014.8
223p　19cm　1200円　①978-4-8013-0013-2
Ⓝ291.36
内容　刑務所製品即売会は、ドンキ並みの品数と安さ!?
―全国刑務作業製品展示即売会（全国矯正展）　肉
好きならば一度は見学しておくべきかも―お肉の情
報館　「激安」を超えた「狂安」洋品店―のとや（石
神井公園店）　プロパガンダ映像が満載？―原子力ラ
イブラリ　下の毛の処理に困ったら……アンダーヘ
アカットサロン　テーマソングは「寺ズッキュン」な
萌えるお寺―了法寺　日本の玄関口の裏の顔―成田
空港とその周辺地域　全長2・2キロの日本最短路線
―芝山鉄道　自身は脱がず客の性部にも触らず最高
の快感を提供―アナル責めの名店「Y」　大災害に備
えてシミュレーション！―そなエリア東京〔ほか〕
　　　　　　　　　　　　　　　　　　　　　〔1840〕

◇通訳ガイドがナビする東京歩き　松岡明子著,
ジョン・タラント訳　増補改訂版　IBCパブ
リッシング　2014.5　213p　19cm　（対訳ニッ
ポン双書）　1500円　①978-4-7946-0277-0
Ⓝ291.361
内容　粋な浅草から東京スカイツリー　川を渡って江
戸めぐり：両国、深川　江戸の中心は日本橋　芸術香
る上野から　気品あふれる銀座から　いよ！　待っ
てました～！　の歌舞伎座から築地・浜離宮へ　明
治の杜と原宿　世界のAKIBA／秋葉原　現代アート
とトレンドの街・六本木　日本のシンボル・皇居
　　　　　　　　　　　　　　　　　　　　　〔1841〕

◇東京名所今昔ものがたり　黒田涼著　祥伝社
2013.10　355p　16cm　（祥伝社黄金文庫 G く
8-1）　724円　①978-4-396-31620-4　Ⓝ291.361
内容　第1章　観光名所今昔ものがたり　第2章　人で賑
わうあの街この街今昔ものがたり　第3章　人が憩う
公園今昔ものがたり　第4章　人気商業スポット今昔

128　　「東京」がわかる本 4000冊　　　　　　　　　　　　　　　　　　　　〔1832～1842〕

歴史・地理　　　　　　　　　　　　　　　　　　　　地理

ものがたり　第5章 有名大学今昔ものがたり　第6章
公共施設今昔ものがたり　　　　　　　　　　〔1842〕

◇地図から消えた東京物語―新旧地図で比較する
80年代と“いま”　アイランズ編著　マイナビ
2013.9　207p　15cm　（MYNAVI BUNKO
006）〈東京地図出版 2009年刊の図版や写真
を差し替え、加筆修正　文献あり　年表あり〉
690円　①978-4-8399-4841-2　Ⓝ291.361
内容 球場 (1) 後楽園―東京ドーム開場で50年の歴史
を閉じる　コンサート会場・田園調布―田コロと親
しまれたテニスとライブの会場　小劇場・渋谷公園通
り―異才たちを世に送ったジアンジアン　有楽町―
一日劇がなくなり、景観は一変した　貨物駅・汐留―流
通王役が車となり、長い歴史にピリオド　工場・恵比
寿―恵比寿駅の始まりはビール出荷の駅　書籍取次
店街・神保町―80年代に準備されたJ city TOKYO
デパート・日本橋―江戸前期創業の老舗、20世紀末
に閉店　倉庫街・天王洲―殺風景な倉庫街からトレ
ンディドラマの舞台へ　六本木―ディスコの街から
文化都心へ〔ほか〕　　　　　　　　　　　〔1843〕

◇地図と愉しむ東京歴史散歩―カラー版　地形篇
竹内正浩著　中央公論新社　2013.7　247p
18cm　（中公新書 2227）〈文献あり〉1000円
①978-4-12-102227-1　Ⓝ291.36
内容 第1部 東京の不思議な地形を歩く（皇居の山と
谷、都心の聖と俗　水と崖が生みだした町　渋谷は
地形の見本市　水にも尾根筋と谷筋がある　鉄道地
形таの序説　不思議な窪地と消えた町　川を埋めて造
成した商店街）　第2部 東京お屋敷山物語（元老・元
勲の山　宮さまの山　華族の山　富豪の山）〔1844〕

◇大東京繁昌記　山手篇　講談社文芸文庫編　講
談社　2013.6　408p　16cm　（講談社文芸文庫
こJ29）〈底本：春秋社 1928年刊〉1700円
①978-4-06-290195-6　Ⓝ291.361
内容 飯倉附近（島崎藤村）　丸の内（高浜虚子）　山の
手麺町（有島生馬）　神保町辺（谷崎精二）　大学界隈
（徳田秋声）　上野近辺（藤井浩祐）　小石川（藤森成
吉）　早稲田神楽坂（加能作次郎）　四谷、赤坂（宮嶋
資夫）　芝、麻布（小山内薫）　目黒附近（上司小剣）
　　　　　　　　　　　　　　　　　　　　　〔1845〕

◇小林泰彦の謎と秘密の東京散歩―どうぞご一緒
に　小林泰彦著　JTBパブリッシング　2013.5
155p　21cm　〈文献あり〉1400円　①978-4-
533-09105-6　Ⓝ291.361
内容 神田―古くて新しい学生の町を行く　浅草―江
戸の謎が残る浅草から遊郭吉原へ　佃・月島―はじ
めから秘密がにおう3つの島　日本橋―日本橋から人
形町へ昔の通学路を歩く　深川―本所・深川、深川
を歩けば本当に謎も深い　向島―東京スカイツリー
までの不思議な道　谷中・根津・千駄木―台所と谷
間に謎の『谷根千』霞ヶ関・丸の内―不思議の多い日
本の中枢を歩く　赤坂―勝海舟が愛した赤坂は、勝
同様に謎が多い　麻布―大使館の町で、そのルーツ
を発見〔ほか〕　　　　　　　　　　　　　〔1846〕

◇大東京繁昌記　下町篇　講談社文芸文庫編　講
談社　2013.5　401p　16cm　（講談社文芸文庫
こJ28）〈底本：春秋社 1928年刊〉1700円
①978-4-06-290192-5　Ⓝ291.361

内容 本所両国（芥川龍之介）　深川浅景（泉鏡花）　大
川風景（北原白秋）　大川端（吉井勇）　雷門以北（久
保田万太郎）　日本橋附近（田山花袋）　新古細句銀
座海（岸田劉生）　　　　　　　　　　　　　〔1847〕

◇江戸近郊道しるべ―現代語訳　村尾嘉陵著, 阿
部孝嗣訳　講談社　2013.4　325p　15cm　（講
談社学術文庫 2166）〈「江戸近郊ウォーク」(小
学館　1999年刊) の改題〉1050円　①978-4-06-
292166-4　Ⓝ291.36
内容 西郊―新宿区・渋谷区北部・豊島区・中野区・杉
並区・世田谷区北部・練馬区南部・市部(府中道の記
谷原村長命寺道くさ ほか)　北郊―文京区・豊島区
北部・台東区・荒川区・北区・板橋区・足立区・川口
市・戸田市・蕨市・さいたま市浦和区・大宮区・上
尾市・桶川市(吹上観音道くさ　川口善光寺に遊ぶ記
ほか)　東郊―台東区・荒川区・足立区・墨田区・葛
飾区・江東区・江戸川区・松戸市・市川市・流山市・
浦安市・船橋市・柏市(下総国府台、真間の道芝 半
田稲荷詣の記 ほか)　南郊―港区・渋谷区・品川区・
目黒区・世田谷区・大田区・川崎市(大師河原に遊ぶ
記　南郊看花記 ほか)　　　　　　　　　　〔1848〕

◇東京の駅前富士山―歩いて3分のパワースポッ
ト　尾崎洋文・写真　鹿砦社　2013.2　111p
21cm　933円　①978-4-8463-0918-3　Ⓝ291.36
内容 第1章 山手線ベスト11（目黒駅(品川区上大崎・
目黒区目黒)　恵比寿駅(目黒区三田) ほか）　第2章
東京湾岸（羽田空港(大田区羽田空港)　アイル橋(品
川区東品川) ほか）　第3章 富士見通り・富士見公園
(舎人公園(足立区舎人公園)　大井中央陸橋(品川区
八潮) ほか）　第4章 無料展望室（丸の内ビルディン
グ(千代田区丸の内)　新丸の内ビルディング(千代
田区丸の内) ほか）　第5章 富士見ライン・富士見ス
テーション（東海道線(東京・静岡)　東海道新幹線
(東京・名古屋) ほか　　　　　　　　　　　〔1849〕

◇東京湯巡り、徘徊酒―黄昏オヤジの散歩道　島
本慶著　講談社　2012.12　167p　19cm　1300
円　①978-4-06-217916-4　Ⓝ673.96
内容 銀座で金春湯から三州屋―やっぱり金春湯から
始めましょう。クラブ街の中にさり気なく。三州屋
もまさにそれ。　牛込柳町で柳湯からつず久―サウ
ナ無料は有り難いだろうなぁ。湯上がりはまるで御
用達みたいな店で喉を潤します。　南千住で梅の湯
から丸千葉―フロントのオヤジさん。気さくな方で快
く近場のいい居酒屋を即答してくれました。　護
国寺で大黒湯から百円亭主と時代屋の女房―薬湯に
つかってサッパリしてから、脱力状態で段ボールに書
かれたメニューを拝見。　十条で十條湯から斎藤酒
場―気泡ブクブクの寝湯でゴロリ。十条まで来たら
どうしてもこの酒場に足が向いてしまう。　亀戸で
隆乃湯から松ちゃん―白い暖簾に黒文字は粋だねぇ。
乳白色の薬湯でいい気分。地元の方お勧めの赤提灯
へ。　四谷で塩湯から弥助―備長炭風呂の熱湯で我
慢。ポッカポッカの体で見つけました知る人ぞ知る
居酒屋。　豪徳寺で鶴の湯から風林―湯あがりのシャ
ワーは微温湯が一番。元気回復してホッピーとくりや
串揚げが合いますなぁ。　代々木八幡で八幡湯から
七福―静けさを取り戻した浴槽にゆっくりつかった
後、達人の焼き方の手による串焼きとビール。　大
井町で末広湯からいち福―赤ワインの浴槽に身を沈
めて、肩の疲れを解し、冷えたビールに冷奴、あぁ
〜生き返るぅ。〔ほか〕　　　　　　　　　　〔1850〕

「東京」がわかる本 4000冊　129

地理　　　　　　　　　　　　　　　　　　　　　　　　　　　　　　歴史・地理

◇東京トカイナカ探検隊―ぶらりB級街歩き。い
ざ！　都会のイナカへ　森沢明夫文、うぬまい
ちろう画　主婦の友社　2012.11　143p　21cm
1200円　①978-4-07-285310-8　Ⓝ291.361
　内容 京成金町線柴又駅―寅さんの故郷でツキを呼ぶ？
西武池袋線江古田駅―江古田はエコだ！　西武池袋
線東長崎駅―「盗聴器」をゲットせよ　東急多摩川線
矢口渡駅―タタリ神に乗って尺八を吹く　東急多摩
川線鵜の木駅―毒ガスおやじと女体のあえぎ声　千
代田線千駄木駅―メンチとビールで谷中散歩　千代
田線根津駅―フラれフラれてどこへやら？　東急東
横線都立大学駅―昭和のアーケードと永遠に　東急
東横線祐天寺駅―ダメ出しおじさんにびびる　西武
新宿線上井草駅―アニメの町で郷愁にひたる〔ほか〕
　　　　　　　　　　　　　　　　　　　　　〔1851〕

◇東京骨灰紀行　小沢信男著　筑摩書房　2012.
10　305p　15cm　（ちくま文庫　お8-4）　780
円　①978-4-480-42989-6　Ⓝ291.361
　内容 ぶらり両国　新聞日聞日本橋　千住、幻のちま
た　つくづく築地　ぼちぼち谷中　たまには多磨へ
しみじみ新宿　両国ご供養　　　　　　　　〔1852〕

◇東京都謎解き散歩　23区編　樋口州男編著　新
人物往来社　2012.10　287p　15cm　（新人物
文庫　ひ-3-1）　714円　①978-4-404-04255-2
Ⓝ291.36
　内容 第1章　東京23区ってどんなとこ？　第2章　文学
編　第3章　民俗・宗教編　第4章　地理編　第5章　都
市・産業編　第6章　歴史編　第7章　生物・環境編
　　　　　　　　　　　　　　　　　　　　　〔1853〕

◇東京都謎解き散歩　武蔵野・多摩・島しょ編
樋口州男編著　新人物往来社　2012.10　287p
15cm　（新人物文庫　ひ-3-2）〈『東京都の不思
議事典　上・下』（1997年刊）の改題、新編集〉
714円　①978-4-404-04256-9　Ⓝ291.36
　内容 第1章　東京の多摩地域・島しょ部ってどんな
とこ？　第2章　歴史編　第3章　文学編　第4章　民
俗・宗教編　第5章　地理編　第6章　自然編　第7章
考古・遺跡編　　　　　　　　　　　　　　〔1854〕

◇いまむかし東京町歩き　川本三郎著　毎日新聞
社　2012.8　292p　20cm　1900円　①978-4-
620-32141-7　Ⓝ213.61
　内容 恋文横丁―渋谷区道玄坂二丁目　都電・旧西荒
川停留所―江戸川区小松川二丁目　板橋のガスタン
ク―北区滝野川五丁目　築地川―中央区銀座・築地
など　東急文化会館―渋谷区渋谷二丁目　森ヶ崎―
大田区大森南四、五丁目　勝鬨橋―中央区築地六丁
目　迎賓館―港区元赤坂二丁目　水上生活者―中央
区日本橋箱崎町　稲荷橋―中央区八丁堀四丁目〔ほ
か〕　　　　　　　　　　　　　　　　　　　〔1855〕

◇東京いいまち一泊旅行　池内紀著　光文社
2012.8　266p　18cm　（光文社新書　598）
800円　①978-4-334-03701-7　Ⓝ291.361
　内容 1（五十三次うちどめの夢―品川宿（品川区）　こ
こすぎとわのなやみぞ―上野（台東区）　サービス
満点―十条・王子（北区）　三代目訪問―赤坂（港区）
ハイカラと伝統―築地明石町（中央区）　2（坂の上
彷徨―牛込界隈（新宿区）　巷の芸術館―かっぱ橋道具
街（台東区）　田遊び―赤塚（板橋区）　幻の町―木場

（江東区）　空白の地図―小管（葛飾区）　椿山荘清遊
―関口（文京区）　路地裏いきつもどりつー千住（足
立区））　3（タダは楽しい―丸の内（中央区）　人神
和合―明治神宮（渋谷区）　初恋ラプソディ―豊島園
（練馬区）　カブトと龍の里―檜原村（西多摩郡））　4
（一日静養―蒲田（大田区）　映画少年の夢―青梅市
絹の道往還―八王子市　旧友再会―神田・日本橋（千
代田区・中央区））　　　　　　　　　　　　〔1856〕

◇東京の川と水路を歩く　メディアユニオン編
有楽出版社　2012.8　191p　21cm　〈文献あり
発売：実業之日本社〉　1500円　①978-4-408-
59365-4　Ⓝ291.36
　内容 東の川下町の川（江戸川・旧江戸川―東京の東
端、千葉県との境をなす　中川・新中川、綾瀬川―江
戸川と荒川にはさまれた3つの川　荒川―広い川幅で
流れる東京の大河　江戸をしのぶ"墨東"の運河　隅
田川"東京の川"のシンボル的存在　隅田川　橋もの
がたり）　山の手の川武蔵野の川（石神井川―まちに
溶け込む都市型河川　神田川―武蔵野から都心へ、湧
水を運ぶ川　日本橋川―日本橋が架かる都心の古社
明正寺川　善福寺川―流れのそばで人々が憩う杉並
区の川　野川―岸辺の自然が魅力の市街地を行く流
れ）　西の川（山地・丘陵発、新しい都市の川（多摩川
―大いなる存在感で流れる東京最長の川　鶴見川―
多摩丘陵に源を発する東京生まれの川）　　〔1857〕

◇東京「昭和地図」散歩　鈴木伸子著　大和書房
2012.7　191p　15cm　（だいわ文庫　234-1E）
648円　①978-4-479-30394-7　Ⓝ291.361
　内容 昭和三十年代の東京を歩く（銀座1～4丁目―昭
和三十年代は、銀座大変貌の時代　銀座5～8丁目―
五十年前の銀座を探して、通りをさまよう　日本橋
―江戸の老舗は、昭和を生き抜き、今も続く　芝・東
京タワー―戦後東京の最新トレンディエリア　丸の
内・有楽町・日比谷―歴史的建築と超高層が交錯する
新橋―烏森と汐留という、二つの貌を持つ町　新開
地・新宿が、若者の街になっていった時代　玉電が走
り、渋谷川が流れていた　東口、西口にデパート
が並び建った頃　昭和の味わいが存分に残る街　江戸
以来の盛り場が、変容していった時代）　都電が走っ
た街角（都電荒川線散歩　須田町の栄華を偲ぶ　都電
車庫今昔　「専用軌道」をたどって歩く）　東京思い
出散歩（うしなわれたものと、受け継がれたもの）
　　　　　　　　　　　　　　　　　　　　　〔1858〕

◇新・東京圏これから伸びる街―メガロポリス新
名所　増田悦佐著　PHP研究所　2012.6　127p
21cm　1500円　①978-4-569-80409-5　Ⓝ291.
36
　内容 大崎―親水性オフィス街のダークホース　代々
木―質実剛健の生活態度　東池袋―「腐女子」の力で
浮上した？　武蔵小山・大岡山―商店街の秘密　日
暮里―商魂みなぎる谷中銀座　高尾山―ホッとする
昭和レトロ　豊洲―豊洲居よいか、住みよいか　上
野・御徒町―温故知新のおもちゃ箱　下北沢―シモ
キタに恐山出現の恐れ？　成増―成増からメジャー
になります　神楽坂―小悪魔agehaはダテじゃない
恵比寿―恵比寿酩酊のエピステーメー　　　〔1859〕

◇地図と愉しむ東京歴史散歩―カラー版　都心の
謎篇　竹内正浩著　中央公論新社　2012.6
183p　18cm　（中公新書　2170）〈文献あり〉
940円　①978-4-12-102170-0　Ⓝ291.36

歴史・地理　　　　　　　　　　　　　　　　　　　　　　　　　　地理

内容　1 地図の空白、皇居の謎　2 八つあった御台場　3 海のなかを走る鉄道　4 中央停車場と大手町　5 晴海の万国博覧会　6 幻の新幹線と弾丸列車　7 都会の飛行場の記憶　8 都心からなくなったもの
〔1860〕

◇『江戸市』誕生―東京の街を歩いて考えた「下町」の魅力　持田庄一著　相模書房　2012.5　254p　19cm〈文献あり〉1600円　①978-4-7824-1205-3　Ⓝ291.361
内容　1部「東京」空間探歩（情報空間　祈禱空間　異隈空間　享楽空間　贖罪空間　散策空間）2部 下町より「江戸市」誕生へ（「江戸」の変遷　「東京」の変遷　下町より「江戸市」誕生へ）〔1861〕

◇猫とスカイツリー―下町ぶらぶら散歩道　塚本やすし文と絵　亜紀書房　2012.5　270p　19cm　1600円　①978-4-7505-1207-5　Ⓝ291.361
内容　東向島―中華屋猫のニャータは路地へと消えたのだ　亀戸―野良猫ペースで歩いてやろうと決めたのだ　月島―もんじゃ猫と本気でにらみ合ったのだ　押上―呉服屋の三代目看板猫れんちゃんに惚れたのだ　鳩の街―浅草―聖天様のお使い猫に「こっちこっち」と誘われたのだ　蔵前―古い銭湯の裏路地で猫がのんびりあくびした　門前仲町―ヤンチャな野良猫おじさんに人生力で負けたのだ　東駒形―沸き立つツリーの膝元でひっそり暮らす猫もいた〔1862〕

◇東京「消えた山」発掘散歩―都区内の名〈迷〉山と埋もれた歴史を掘り起こす　川副秀樹著　言視舎　2012.4　191p　21cm　（言視BOOKS）〈文献あり　索引あり〉1600円　①978-4-905369-29-5　Ⓝ291.361
内容　第1章 上野山山塊　第2章 日暮しの里山　第3章 隅田川・新河岸川山脈　第4章 滝野川（石神井川）山脈　第5章 神田川山脈　第6章 江戸城外輪山　第7章 湾岸山系　第8章 南江戸山系　第9章 新宿山系　第10章 多摩川古代アルプス〔1863〕

◇東京の謎と不思議を楽しむ散歩術　夢プロジェクト編　河出書房新社　2012.4　222p　15cm（Kawade夢文庫 K933）〈文献あり〉543円　①978-4-309-49833-1　Ⓝ291.36
内容　1 こんな穴場があったのか！　東京“ディープ・スポット”に潜入してみよう！　2 えっ、それってマジ?! 秘密の“東京雑学”で盛り上がろう！　3 さすが、日本の都！　その土地の“昔むかし”に驚いてみよう！　4 ちょっと感動！不思議な“地名の由来”を探ってみよう！　5 なるほど、そうか！知られざる“街の謎”を解明しよう！　6 ブラリ、ゆらゆら～！　東京の“駅・電車”を楽しもう！　7 へえ、こんなんだったの?! あの街の“意外な歴史”をたどってみよう！　8 おもしろさを実感！　東京の“奇妙な地形”を歩いてみよう！〔1864〕

◇番町麹町「幻の文人町」を歩く　新井巌著　新装言視舎版　言視舎　2012.4　207p　21cm〈初版：彩流社　2008年刊　文献あり〉1800円　①978-4-905369-30-1　Ⓝ291.361
内容　1番町・麹町界隈～東京の真ん中に「幻の文人町」があった―御邸町という土地柄と「文人通り」の散策　旧有島邸は、どこにある？―「文人通り」に

広がっていた大きな屋敷の記憶　泉鏡花の旧居跡碑をめぐって―隣人には鏡花を慕う若い文学者たちも　島崎藤村、失恋の地に戻り晩年を過ごす―「明治女学校」教師時代の思い出にひき寄せられるように　番町で産声をあげた白樺派の巨匠―武者小路実篤と千家元麿は幼少の頃から“ご近所”同士だった ほか）　2（明治女学校～先進的な女性を多数輩出―若き日の島崎藤村、北村透谷らが教鞭に　日本の英語教育は、一番町から始まった―明治の世から国際的な雰囲気に満ちていたこの町　昔も現在も文教地区一名だたる名門の発祥の地がここに　西洋音楽のあけぼのは、番町から―この町は音楽家も育んでいる　ビゴーさんの描いた日本人は、ちょっと辛い―多彩な美術家たちが住んだ町 ほか）〔1865〕

◇東京下町こんな歩き方も面白い　康煕奉, 緒原宏平著　収穫社　2012.3　215p　18cm　905円　①978-4-906787-01-2　Ⓝ291.361
内容　其の1 浅草とその周辺（浅草で飲むとなぜか饒舌になる　浅草寺には見どころが多い　やっぱり浅草は興行の町だ　上野から浅草の裏通りへ　東京スカイツリーから浅草へ　浅草で馬券を買って盛り上がる）　其の2 誘惑の下町散歩（梅雨時に葛飾のみちを歩く　隅田川七福神を巡り歩く　両国と錦糸町界隈は、ずっしり重い　木場から門前仲町までグルリと歩く　もう秋か…そこで佃島・月島散歩）〔1866〕

◇東京右半分　都築響一著　筑摩書房　2012.3　575p　22cm〈索引あり〉6000円　①978-4-480-87851-9　Ⓝ291.361
内容　1 ワイルドサイドを歩け　2 僕の歌は君の歌　3 ダンシング・クイーン　4 ニュー・キッド・イン・タウン　5 アフター・ミッドナイト　6 サタデイ・イン・ザ・パーク　7 ウィ・アー・ザ・チャンピオン　8 ステアウェイ・トゥ・ヘヴン　9 フール・オン・ザ・ヒル　10 スピリット・イン・ザ・ダーク　11 虹の彼方に〔1867〕

◇昭和酒場を歩く―東京盛り場今昔探訪　藤木TDC著　自由国民社　2012.2　206p　19cm　1600円　①978-4-426-11437-4　Ⓝ673.98
内容　新宿「思い出横丁」の昨日今日明日　「池袋の夜」を訪ねて―美々仁小路、人世横丁　中央沿線“酒場街”青春哀歌―吉祥寺、西荻窪、荻窪、阿佐ケ谷、高円寺、中野　小岩の酒場に永井荷風の足跡を訪ねて　大井町の夕暮れ―庚申小路、旧大井新地　近未来から戦前へ　品川駅港南口、旧海岸通り　横浜野毛酒場街の“戦後”を呑み歩く　深川「辰巳新道」下町酒場街にも変化あり　名店居並ぶ大塚酒場街の名店を“呑む”錦糸町裏通りで呑む―ダービー通り、花壇街　東京スカイツリー下の酒場街―押上、業平、曳舟界隈　移ろいの街―有楽町ガード下界隈　新橋ガード下酒場街を発掘する　新宿ゴールデン街一今の“魔性”の味は？　華やかなりし昭和の残香―“グランドキャバレー”を求めて〔1868〕

◇江戸・東京の「謎」を歩く　竹内正浩著　祥伝社　2011.12　203p　16cm　（祥伝社黄金文庫 Gた17-1）〈文献あり〉552円　①978-4-396-31559-7　Ⓝ291.361
内容　第1話 江戸の京都を探訪する　第2話 下町の現世利益とパワースポット　第3話 江戸の富士山の秘密　第4話 江戸・東京の怨霊を追う　第5話 新旧世俗の塔の謎　第6話 火葬場三百年史　第7話 皇居を

「東京」がわかる本 4000冊　131

地理　　　　　　　　　　　　　　　　　　　　　　　　　　　歴史・地理

囲む銅像百年戦争　第8話 地図の空白域を歩く　第9話 江戸・東京の刑場を探る　第10話 都心の鉄道廃駅紀行　　　　　　　　　　　　　　　　〔1869〕

◇カメラと歩く東京の下町　長尾宏著　川崎みやび出版　2011.12　207p　19cm〈発売：星雲社〉1600円　①978-4-434-16078-3　Ⓝ291.361
内容 谷中　品川　本郷　千住　向島　深川　浅草橋・鳥越　大森　南千住　京島　佃・月島　神田　千駄木　羽田　亀戸　王子　早稲田　池上　押上　日暮里　大井町　根岸・下谷　神楽坂　三ノ輪・竜泉　柴又　湯島　田端　六郷　白山　板橋　両国　東尾久　堀切　十条　戸越・中延　駒込　神保町〔1870〕

◇東京路地裏暮景色　なぎら健壱著　筑摩書房　2011.11　333p　15cm　（ちくま文庫 な17-6）800円　①978-4-480-42880-6　Ⓝ291.361
内容 第1章 町と時間を彷徨う（新宿を彷徨う　"70年代"新宿物語　近くがゆえに、遠い街・銀座　銀座居酒屋道　ほか）　第2章 今の町を歩く―江戸探し行脚（日本橋から品川へ　勝手知ったる深川を歩く　司馬遼太郎の本郷界隈を歩く　気がつけば神田にいる　ほか）　　　　　　　　　　　　　　　　〔1871〕

◇大人の東京散歩―消えた風景を訪ねる　鈴木伸子文, 加藤嶺夫写真　河出書房新社　2011.10　143p　21cm　（らんぷの本）1600円　①978-4-309-72788-2　Ⓝ213.61
内容 変わらぬにぎわい（銀座　日比谷・有楽町　丸の内　日本橋　人形町・茅場町・横山町など　上野　浅草）　水の街（築地　木場　橋のある風景）　歩きたくなる街（高輪・白金　三田　神保町　本郷・小石川　谷中・根津・千駄木　向島・京島）　新しい盛り場（新宿　渋谷　池袋）　街をつくる風景（工場　赤線　アパート　なつかしい建物）　　　　〔1872〕

◇プランツ・ウォーク―東京道草ガイド　いとうせいこう, 柳生真吾著　講談社　2011.10　253p　19cm〈文献あり〉1500円　①978-4-06-217364-3　Ⓝ291.36
内容 押上―新名所の足下に広がるゲリラ園芸　駒込―日本の心、ソメイヨシノのルーツを追って　六本木―最先端スポットの古層をたどる　外濠公園―江戸城の史蹟は深い森　上野―元祖テーマパークはハスの楽園　根津―下町の空き地は少年時代の原風景　表参道―最長老のケヤキはどこにいる？　明治神宮―鎮守の森は永遠を目指した人工林　下井草―住宅街の人情手ゼリ花市場　石神井―水辺の天然記念物とメタセコイアの森へ〔ほか〕　　　　　〔1873〕

◇地図と愉しむ東京歴史散歩―カラー版　竹内正浩著　中央公論新社　2011.9　183p　18cm（中公新書 2129）〈文献あり〉940円　①978-4-12-102129-8　Ⓝ291.36
内容 1 石垣に刻まれた幻の水準点　2 明治の五公園は今　3 市営霊園の誕生と発展　4 都内に残る水道道路の謎　5 生まれた川と消えた村　6 幻の山手線行電鉄計画　7 軍都の面影を訪ねて　8 未完の帝都復興道路　9 廃線分譲地と過去の輪郭　　〔1874〕

◇江戸・東京歴史ミステリーを歩く　三津田信三編　PHP研究所　2011.8　253p　16cm（PHP文庫 み41-1）〈『ワールド・ミステリー・ツアー13 vol.4』(同朋舎1998年刊)の改題、加

筆、修正〉590円　①978-4-569-67679-1　Ⓝ291.361
内容 第1章 東京の将門伝説を巡る（加門七海）　第2章 四谷怪談の真相に迫る（村上健司）　第3章 岡本綺堂の怪談に震える（島村菜津）　第4章 東京・妖怪お化けツアーを歩く（多田克己）　第5章 江戸の捕物と拷問の世界を彷徨う（伊能秀明）　第6章 妖怪博士の妖怪庭園に遊ぶ（千葉幹夫）　第7章 乱歩の東京幻想空間を彷徨う（三津田信三）　第8章 お化け建築家の物の怪を探す（青木祐介）　第9章 古本屋探偵、神田神保町に現れる（紀田順一郎）　第10章 謎の大江戸線、首都の地下網を行く（秋庭俊）〔1875〕

◇スゴ怖スポット―東京日帰り旅行ガイド　唐沢俊一著　ごま書房新社　2011.7　163p　19cm　1200円　①978-4-341-08479-0　Ⓝ291.361
内容 浜松町（東京タワー）　羽田空港　東京湾　新橋　日比谷　八重洲　桜田門　永田町（国会議事堂）　秋葉原　九段下（靖国神社）　御茶ノ水（明治大学）　錦糸町　上野　南千住（回向院その1）　南千住（回向院その2）　浅草その1　浅草その2（かっぱ橋）　池袋　四谷　中野　　　　　　　　　　　　　　〔1876〕

◇東京の銅像を歩く　木下直之監修　祥伝社　2011.6　316p　18cm（祥伝社ポケットヴィジュアル）〈文献あり〉1100円　①978-4-396-62079-0　Ⓝ291.36
内容 序章 日本の銅像の基礎知識　第1章 皇居周辺の銅像　第2章 上野公園・浅草方面の銅像　第3章 文京方面の銅像　第4章 墨田・江東・葛飾方面の銅像　第5章 中央・港・品川方面の銅像　第6章 大田・渋谷・世田谷方面の銅像　第7章 新宿・中野方面の銅像　第8章 八王子・多摩方面の銅像　〔1877〕

◇クラシックカメラ・トイカメラ百機で撮った東京百景　松宮光伸著　大阪　風詠社　2010.12　319p　20cm〈文献あり　索引あり　発売：星雲社〉2400円　①978-4-434-15227-6　Ⓝ291.36
内容 丸の内駅舎復元工事中（千代田区・東京駅・ベッサR）　新米応援団（千代田区・真田濠・ブローニーレフレックススシンクロモデル）　帰り道（千代田区・靖国神社・スパーブ）　ベロタクシー（千代田区・有楽町・ヴィト2）　神田川風景（千代田区・昌平橋・コンチナ2）　春爛漫（千代田区・日比谷公園・イコンタ35）　幻境（中央区・浜離宮庭園・コンタックス2a）　時空（中央区・浜離宮庭園・ホルガ120SF）　どーも、はじめまして（中央区・銀座通り・クラッセ）　南高橋夜景（中央区・亀島川・キエフ4A）〔ほか〕〔1878〕

◇東京科学散歩　竹内薫, 中川達也著　祥伝社　2010.11　232p　18cm　（祥伝社新書 220）780円　①978-4-396-11220-2　Ⓝ291.361
内容 東京スカイツリーは大地震でも倒れない？―押上・東京スカイツリー　富士塚で富士登山と同じ効果がある？―千駄ヶ谷・鳩森八幡神社　桜の花の色はだんだん白くなっている？―上野恩賜公園　「パワースポット」のパワーはどこから発生している？―原宿・明治神宮　江戸前は本当に美味しいのか？―築地市場　黒い砂浜と白い砂浜の謎―お台場海浜公園　湧水の水はなぜ美味しい？―国分寺・殿ヶ谷戸庭園　不動様はなぜ五色？―目黒不動　クラゲはなぜ夏の終わりにやってくるのか？―葛西臨海公園　雨男・雨女の根拠は？―日野・高幡不動〔ほか〕〔1879〕

132　「東京」がわかる本 4000冊　　　　　　　　　〔1870～1879〕

歴史・地理　　　　　　　　　　　　　　　　　　　　　地理

◇東京おさぼりスポット探検隊　べつやくれい著
メディアファクトリー　2010.7　135p　19cm
950円　①978-4-8401-3445-3　Ⓝ291.361
内容 宇宙にはじまりゴールは地獄のコース―東京・
新橋エリア　江戸時代と近未来をまわるコース―品
川・五反田エリア　過剰なホスピタリティも満喫で
きるコース―目黒・恵比寿エリア　格安ファミレス
とペットショップめぐりのコース―渋谷エリア　高
級展望カフェ＆プチ海外旅行気分を楽しむコース―
新宿・新大久保エリア　山手線内一の山に登り、地元
に愛されるおやつを味わうコース―池袋・高田馬場
エリア　下町の商店街と絶品おにぎり、すてきな公
園のコース―大塚・巣鴨・駒込エリア　情緒ある街
で猫とたわむれ、チョコレートでひと休みのコース
―日暮里・鶯谷エリア　不思議な大仏や美術館、アジ
アの食材が楽しめるコース―上野・浅草エリア　肉
のテーマパークと電機の街を探検するコース―秋葉
原・御田・神保町エリア　1000円以下の手頃なラン
チ＆高級チョコレート店めぐりのコース―銀座・六
本木エリア　神奈川おさぼりスポット探検隊―おま
け～関内・馬車道・川崎　　　　　　　　　〔1880〕

◇江戸を訪ねる東京のんびり散歩―お金をかけず
に江戸を知る名所、旧跡に触れる上下ぶらり旅
のすすめ　電車でいける　小林一郎著　ロコ
モーションパブリッシング　2010.6　158p
18cm　(LOCO MOTION SHINSYO 001)
〈索引あり〉　762円　①978-4-86212-089-2
Ⓝ291.361
内容 1 江戸城界隈(振り袖火事と天守閣―江戸城を
歩く　大岡越前、桜吹雪の金さんを訪ねる―奉行所
巡り　江戸の大店を訪ねる―お江戸日本橋 ほか)　2
向こう両国・深川(こだわりの墨堤花見―本所・向島
ご開帳の回向院と大歓楽街―両国　永代橋と佃祭り
―深川)　3 城下から離れて(お側用人・柳沢吉保の
六義園―駒込　中山道・もう一つの赤門と板橋宿―
板橋　ミミズクの鬼子母神と鷹匠―雑司ヶ谷 ほか)
〔1881〕

◇幕末・維新の江戸・東京を歩く　平成御徒組著
角川SSコミュニケーションズ　2010.5　207p
18cm　(角川SSC新書 100　〔カラー版〕)〈文
献あり　索引あり　発売：角川グループパブ
リッシング〉　1200円　①978-4-04-731523-5
Ⓝ291.361
内容 1 黒船への予兆―門前仲町から蔵前へ　伊能忠敬
と歩く　2 龍馬、お台場に立つ―旧東海道品川宿 坂
本龍馬と歩く　3 志士、獄に就く―小伝馬町から神
田明神へ　吉田松陰の思いと歩く　4 三月三日雪の朝
―愛宕山から桜田門へ　水戸浪士と歩く　5 皇女の涙
―皇居一周 江戸城の城門を歩く　6 西郷の挑発 薩
摩御用盗―三田から麻布十番へ　西郷隆盛と歩く　7
新撰組 結成と瓦解―飯田橋から白山、板橋へ　近藤
勇と歩く　8 交渉人 勝海舟―御徒町から向島へ　若
き日の勝海舟と歩く　9 彰義隊散華―上野広小路か
ら千駄木へ　彰義隊と歩く　10 江戸から東京へ―新
橋から浜離宮、築地へ　文明開化を歩く　　　〔1882〕

◇東京ひがし案内　森まゆみ著　筑摩書房
2010.4　238p　15cm　(ちくま文庫 も 11-8)
760円　①978-4-480-42700-7　Ⓝ291.361
内容 水道橋―ふしぎな三角地帯　お茶の水―橋の上
から望む神田川　小川町―ドキュメンタリーを見に行

く　神保町―本とカレーと中華料理　湯島―ラブホ
テルと天神様　上野公園―美術館は金曜の夜に　不
忍池―明治のころ競馬場があった　谷中―元祖七福
神めぐり　千駄木―鷗外の観潮楼、漱石の「猫の家」
根津―神社の門前に遊廊〔ほか〕　　　　　〔1883〕

◇下町讃歌―悲しみは笑ってぶっ飛ばせ！　大
橋隆著　芸術新聞社　2010.3　206p　19cm
1600円　①978-4-87586-191-1　Ⓝ291.361
内容 浅草―泣いて笑って、呑んで呑まれて　上野―西
郷さんに見守られて　入谷―古き良き時代へタイム
スリップ　根津・谷中・千駄木―坂の町散歩、行った
り来たり　湯島・神田―老舗カフェでひと休み　西
新井―東と西の弘法大師さん　柴又―寅さんは永遠
に　遠石・四ツ木―素朴な笑顔が美味なる肴　王子・
赤羽・十条―お地蔵さんに守られて　荒川線―トコ
トコ楽しい下町めぐり〔ほか〕　　　　　　〔1884〕

◇東京オブジェ―人と歴史をさがしに　大川渉著
筑摩書房　2010.1　243p　15cm　(ちくま文庫
お35-4)　880円　①978-4-480-42676-5　Ⓝ291.
361
内容 第1章 美の鬼才たち　第2章 文豪の足跡　第3
章 スポーツの栄光と悲劇　第4章 映画と音楽　第5
章 一芸をきわめる　第6章 歴史のかげで　〔1885〕

◇江戸・東京通物語　林えり子著　ソフトバンク
クリエイティブ　2009.11　175p　19cm〈文献
あり〉　1400円　①978-4-7973-4984-9　Ⓝ291.
361
内容 第1章 赤坂・築地・深川界隈―火付盗賊改・長谷
川平蔵がご案内し候(赤坂築地中之町生まれ 古参
の旗本家　築地鉄砲洲育ち　本所住まい　西ノ丸御
書院版 火付盗賊改　人足寄場)　第2章 浅草・蔵前
界隈―川柳人・柄井川柳めが道連れを相務めする
(川柳の生地　橋の多い江戸市中　繁華街、浅草　惣
領息子の道楽　川柳万句合　御府内八十八ヶ所巡り)
第3章 銀座界隈―戯作者・山東京伝が案内を相務め
まする(京橋に住まう　箱入娘面屋人魚　銀座ぶらぶ
ら歩き　伊勢屋に稲荷に犬の糞)　　　　　　〔1886〕

◇江戸・東京百景広重と歩く　平成広重ラボラト
リー, 安田就視著　角川SSコミュニケーション
ズ　2009.11　240p　18cm　(角川SSC新書
087 カラー版)〈写真：安田就視　文献あり
年譜あり　発売：角川グループパブリッシン
グ〉　1280円　①978-4-04-731510-5　Ⓝ291.361
内容 日本橋・京橋方面　神田・本郷方面　麹町・赤
坂方面　芝・麻布方面　品川・目黒方面　高田・市ヶ
谷方面　四谷・新宿方面　下谷・千住・王子方面　浅
草方面　亀戸・向島方面　本所・深川方面　中川・利
根川方面　　　　　　　　　　　　　　　　〔1887〕

◇東京江戸名所往来―東京の江戸名所を12日間で
歩き尽くすウォーキングガイド　小池龍太郎著,
人文社編集部編　人文社　2009.11　303p
21cm　1600円　①978-4-7959-6102-9　Ⓝ291.
361　　　　　　　　　　　　　　　　　　　〔1888〕

◇東京ひとり散歩　池内紀著　中央公論新社
2009.9　222p　18cm　(中公新書 2023)　740
円　①978-4-12-102023-9　Ⓝ291.361
内容 1 見知らぬ東京(ストック・イクスチェンジ―

地理　　　　　　　　　　　　　　　　　　　　　　　歴史・地理

日本橋兜町　ホウジンの森―紀尾井町・平河町　日本の未来―霞ヶ関　墨東綺譚―向島　まぼろし島―リバーシティ　森ビルと肉弾三勇士―愛宕山）　2 お江戸今昔（吉原いきつもどりつ―台東区千束　義士ツアー―本所松坂町・泉岳寺界隈　相撲町見学―両国　ナニがナニして―浅草　だらだら祭り―芝　商いづくし―浅草橋）　3 密かな楽しみ（マイ・アンダーグラウンド・シティ八重洲地下街　一日古書めぐり―早稲田・本郷・神田　値札と夕日―霧降銀座　地主と建築家―代官山　ブランドくらべ―銀座その一　東京コンピラ詣で―水道橋・虎ノ門・新川　ムニャムニャ探訪記―落合・堀ノ内　新小岩）　4 よそ者たちの朝（鬼子母神懐古―雑司ケ谷　シオサイト潜入―新橋　聖と俗―春海通り　人国記―銀座その二　分譲四代―文京区西片町　巨大な真空―皇居我御苑）
〔1889〕

◇東京番外地　森達也著　新潮社　2009.8　305p　16cm　（新潮文庫　も-30-2）〈2006年刊の訂正・加筆〉476円　①978-4-10-130072-6　⑩302.136
内容 要塞へと変貌する「終末の小部屋」―葛飾区小菅一丁目　「眠らない街」は時代の波にたゆたう―新宿区歌舞伎町一丁目　異国で繰り返される「静謐な祈り」―渋谷区大山町一番地　「縁のない骸」が永劫の記憶を発する―台東区浅草二丁目　彼らとを隔てる「存在しない一線」―世田谷区上北沢二丁目　「微笑む家族」が暮らす―一五万m2の森―千代田区千代田一番地　隣人の劣情をも断じる「大真面目な舞台」―千代田区霞が関一丁目　「荒くれたち」は明日も生きていく―台東区清川二丁目　「世界一の鉄塔」が威容の元に放つもの―港区芝公園四丁目　十万人の呻きは「六十一年目」に何を伝えた―墨田区横網二丁目　桜花舞い「生けるもの」の宴は続く―台東区上野公園九番地　高層ビルに取り囲まれる「広大な市場」―港区港南二丁目　「異邦人たち」は集い関わり散ってゆく―港区港南五丁目　私たちは生きていく、「夥しい死」の先を―府中市多磨町四丁目　日常から遊離した「夢と理想の国」―千葉県浦安市舞浜二丁目
〔1890〕

◇Tokyo colors―日本語　2nd edition　Tokyo Metropolitan Government　2009.8　97p　30cm　⑩291.36
〔1891〕

◇私の東京散歩術―歩いて感じる温故知新　平野恵理子著　山と溪谷社　2009.6　95p　21cm　1500円　①978-4-635-08001-9　⑩291.36
内容 第1章 散歩の準備（地図を携行する　ノートも携行する　ほか）　第2章 東京温故知新（縁日に出かけよう　着物で庭園探訪　ほか）　第3章 近所でこんなに楽しめる（並木を見直す　坂の名前を再発見ほか）　第4章 散歩のおまけ（コーヒー・ビバーク　公園野点　ほか）
〔1892〕

◇Tokyo edit　#1　アールシーケーティーロケットカンパニー著　アールシーケーティー/ロケットカンパニー　2009.5　493p　24cm〈日本語・英語併記　企画・編集：大山ゆかり発売：キャップ/ロケットブックス〉2009円①978-4-903938-02-8　⑩291.36
〔1893〕

◇東京特派員―国際派記者のTokyo再発見　湯浅博著　産経新聞出版　2009.2　254p　19cm

（産経新聞社の本）〈発売：日本工業新聞社〉1429円　①978-4-8191-1036-5　⑩291.361
内容 第1章 日本の今を見に行く　第2章 あの時代が甦る　第3章 過ぎゆく日々在り　第4章 再生に挑む人々　第5章 時空を超える旅　第6章 移りゆく季節の中で
〔1894〕

◇東京・江戸散歩おすすめ25コース―鬼平の舞台から新選組ゆかりの地まで　江戸歴史散歩愛好会著　PHP研究所　2009.1　221p　15cm（PHP文庫　え17-2）〈文献あり〉552円①978-4-569-67181-9　⑩291.361
内容 江戸の風情がいまに残る大名庭園を歩く　忠義の志士・赤穂浪士がたどった道を散策する　江戸の恋物語がつづられた地をめぐる　江戸に息づいた外国文化の名残をしのぶ　江戸の栄枯盛衰を見続けた江戸城をめぐる　歌川広重『名所江戸百景』の風景を歩く　あの名作のゆかりの地を歩く　江戸の怪談にまつわる寺社・史跡を訪ねる　時代劇でお馴染みのあの人に会いに行く　徳川将軍家ゆかりの場所を訪ねる〔ほか〕
〔1895〕

◇ご近所富士山の「謎」―富士塚御利益散策ガイド　有坂蓉子著　講談社　2008.12　237p　18cm　（講談社＋α新書 431-1D）〈文献あり〉933円　①978-4-06-272543-9　⑩387
内容 第1章 富士塚へようこそ（歩いて出会える仰天史跡　富士山への想い　富士塚を造った人々　ほか）　第2章 厳選！　富士塚36基登拝ガイド（八幡宿富士（千葉県市原市）　流山富士（千葉県流山市）　葛西金町富士（東京都葛飾区）　ほか）　第3章 イベントで楽しむ富士塚（八幡宿富士　下谷坂本富士　駒込富士ほか）
〔1896〕

◇散歩の学校　赤瀬川原平著　毎日新聞社　2008.12　181p　21cm　1600円　①978-4-620-31899-8　⑩291.36
内容 一時間目（東京タワー　アメ横　谷中　吉祥寺　日比谷公園　田園調布と自由が丘　野川公園と国際基督教大学　東京競馬場周辺　両国）　二時間目（下北沢　白金台　四谷荒木町　府中刑務所周辺　上野動物園　阿佐ケ谷　隅田川・水上バス　浅草　神宮球場）　三時間目（銀座　東池袋　西池袋　東大本郷キャンパス　表参道ヒルズ　合羽橋道具街　小金井公園　羽田　秋葉原）　四時間目（国会議事堂　中野代々木の踏み切り　皇居　赤坂　築地　江古田　京島　渋谷・ハチ公前）　課外授業（伊豆大島）〔1897〕

◇副都心線―異人種生息地「池袋」「新宿」「渋谷」徹底対決！　地域批評シリーズ編集部編　マイクロマガジン社　2008.12　141p　26cm（日本の特別地域）　1300円　①978-4-89637-305-9　⑩291.361
＊本書では、新宿、池袋、渋谷の三大繁華街（三大副都心）の比較を中心に、「現在の」これらの街を比較する。今、三大繁華街はどのような利点と弱点を持ち、どのような人が集い、どんなイメージの街となっているのか。これらを、蓄積されたデータと新たに行った取材をもとに解き明かしていく。〔1898〕

◇東京「夜」散歩―奇所、名所、懐かしの「暗闇伝説」　中野純著　講談社　2008.11　197p　19cm　1400円　①978-4-06-215032-3　⑩291.

歴史・地理　　　　　　　　　　　　　　　　　　　　　　　　　　　地理

36
内容 1 夜は異界を歩く時間　2 夜はタイムスリップ
の時間　3 夜は宇宙を歩く時間　4 夜はワープする
時間　5 昼も夜を歩く時間　6 夜は過去を見る時間
〔1899〕

◇まち歩きガイド東京＋　Teku・Teku編　京都
学芸出版社　2008.11　255p　21cm　2500円
Ⓘ978-4-7615-2449-4　Ⓝ291.36　　〔1900〕

◇60歳から始める東京さんぽ─変人オヤジのたの
しい街あるき　立石一夫著　鶴書院　2008.8
197p　19cm〈発売：星雲社〉667円　Ⓘ978-4-
434-12154-8　Ⓝ291.36
内容 チンチン電車の街─都電荒川線を行く　葛飾区
四ツ木─京成押上線四ツ木駅　墨田区押上─京成押
上線押上駅　墨田区京島─京成押上線曳舟駅　足立
区千住河原町─京成本線千住大橋駅　葛飾区立石─
京成押上線立石駅　葛飾区柴又─京成金町線柴又駅
品川区北品川─京浜急行線北品川駅　品川区東大井
─京浜急行線立会川駅　港区赤坂─東京メトロ千代
田線乃木坂駅〔ほか〕　　　　　　　　　　〔1901〕

◇英語で持ち歩く江戸・東京散歩地図─400年の
歴史と粋を英語で伝える！　三猿舎編　ナツメ
社　2008.7　223p　21cm〈英語併記　折り込1
枚〉1600円　Ⓘ978-4-8163-4367-4　Ⓝ291.361
内容 御曲輪内大名小路絵図　麹町永田町外桜田絵図
東都番町大絵図　飯田町駿河台小川町絵図　日本橋
北内神田両国濱町明細絵図　八丁堀豊岸嶋日本橋南
之絵図　京橋南築地鉄炮洲絵図　芝口南西久保愛宕
下之図　今井谷市兵衛町赤坂全図　千駄ヶ谷鮫ヶ橋
四ッ谷絵図〔ほか〕　　　　　　　　　　　〔1902〕

◇江戸・東京石碑を歩く─名文・名筆を訪ねる愉
しみ　川浪惇史著　心交社　2008.4　141p
22cm　1500円　Ⓘ978-4-7781-0576-1　Ⓝ291.
361
内容 高輪・三田　白金・上大崎　目黒　虎ノ門・愛
宕・芝公園　六本木・麻布　根津・本駒込　九段・護
国寺　墨堤・向島　　　　　　　　　　　　〔1903〕

◇さんぽ、しあわせ。─東京ゆるゆる街ある記
石黒由紀子著　毎日コミュニケーションズ
2008.4　167p　20cm　1580円　Ⓘ978-4-8399-
2723-3　Ⓝ291.36
内容 時間を味わうさんぽ　おしゃべりさんぽ　食い
しん坊なさんぽ　みるきくさんぽ　谷
中─上野　元気を蓄えるさんぽ　　　　　　〔1904〕

◇平成「江戸名所百景」─変わる東京、変わらぬ
江戸　新人物往来社　2008.4　157p　26cm
（別冊歴史読本　第33巻11号）　1800円　Ⓘ978-
4-404-03399-4　Ⓝ291.361　　　　　　　　〔1905〕

◇東京のお江戸をめぐる散歩コース50─江戸の歴
史が蘇る上手な歩き方　夢プロジェクト編　河
出書房新社　2008.2　222p　15cm　（Kawade
夢文庫）　514円　Ⓘ978-4-309-49676-4　Ⓝ291.
361
内容 1章 歴史を揺るがした大事件の地を歩く　2章
時代を彩ったあの人が生きた地を歩く　3章 庶民が
愉しんだ遊興・娯楽の地を歩く　4章 粋と心意気に

ふれる庶民生活の地を歩く　5章 栄華を極めた徳川
将軍ゆかりの地を歩く　6章 江戸っ子が愛した風光
明媚の地を歩く　7章 今も賑わう街で江戸の面影を
訪ね歩く　　　　　　　　　　　　　　　　〔1906〕

◇江戸ねこ漫歩記　ヴィジュアルメッセージ社編
集部編著,古城武司絵　ごま書房　2008.1
159p　21cm　1400円　Ⓘ978-4-341-13155-5
Ⓝ291.361
内容 上野　上野山下　仏店　不忍の池　笠森稲荷
根岸　日暮里　湯島天神　大根畑　本郷　駒込吉祥
寺　聖堂　護国寺　本所割下水　回向院　吉良上野
介屋敷跡　木場　富岡八幡宮　永代橋　亀戸天神
神田明神　柳屋　お玉が池　駿河町　本町　通り町
日本橋　佃島　四日市町　杉の森稲荷　馬喰町　両
国橋　両国広小路　薬研堀　目黒不動　泉岳寺　高
川宿　品川沖　海晏寺　王子稲荷　飛鳥山　雑司が
谷　新宿　堀の内　百花園　長命寺　三囲神社　弘
福寺　牛の御前（牛島神社）　関屋の里・木母寺　本
願寺（浅草）　浅草観音　仁王門　雷門　吾妻橋　柳
橋　蔵前　吉原　　　　　　　　　　　　　〔1907〕

◇東京お墓巡り─時代に輝いた50人　酒井茂之著
日本放送出版協会　2008.1　222p　18cm　（生
活人新書 243）　700円　Ⓘ978-4-14-088243-6
Ⓝ291.361
内容 第1章 江戸の心意気に出会う（初めて正確な日本
地図づくりに挑んだご隠居─伊能忠敬（源空寺）　モ
ネ、ロートレックに影響を与えたジャポニズムの原
点─葛飾北斎（誓教寺）ほか）　第2章 近代日本の夜
明けに思いを馳せて（日本に夜明けをもたらした条理
の政治家─大久保利通（青山霊園）　遺言により我が
国初の墓地が逝った「東洋のルソー」─中江兆民
（青山霊園）ほか）　第3章 新しい文化を創った熱き
心（名作『武蔵野』を残した自然主義文学の先駆者─
国木田独歩（青山霊園）　近代日本における女流職業
作家・第一号─樋口一葉（築地本願寺和田堀廟所）ほ
か）　第4章 懐かしいあの人に会いたい（女性の手に
よる女性文芸誌『青鞜』を創刊した運動家─平塚ら
いてう（春秋苑）　幻想的・耽美的な作風を開いた先
駆者─佐藤春夫（傳通院）　　　　　　　　〔1908〕

◇お江戸超低山さんぽ　中村みつを著　福岡　書
肆侃侃房　2007.12　135p　19cm　1300円
Ⓘ978-4-902108-67-5　Ⓝ291.36
内容 愛宕山　摺鉢山　富士見坂　待乳山　飛鳥山
藤代峠　箱根山　千駄ヶ谷富士　品川富士　池田山
西郷山　　　　　　　　　　　　　　　　　〔1909〕

◇東京案内　岩波書店　2007.12　63p　19cm
（岩波写真文庫　復刻版　川本三郎セレクショ
ン）〈原本：1952年刊〉700円　Ⓘ978-4-00-
028213-0　Ⓝ291.361
内容 丸の内から渋谷へ　新宿から神田へ　大手町か
ら芝・品川へ　新橋から築地・月島へ　銀座から日
本橋へ　人形町から江東へ　浅草から上野へ　本郷
から御茶の水へ　　　　　　　　　　　　　〔1910〕

◇東京の階段─都市の「異空間」階段の楽しみ方
松本泰生著　日本文芸社　2007.12　223p
19cm　1600円　Ⓘ978-4-537-25545-4　Ⓝ291.
361
内容 プロローグ 東京の階段を歩く　第1章 美しい階
段（階段がもつさまざまな「美しさ」　駿河台男坂・

〔1900〜1911〕　　　　　　　　　「東京」がわかる本　4000冊　135

地理　　　　　　　　　　　　　　　　　　　　　　　　　　歴史・地理

女坂 ほか）　第2章 歩いて楽しい階段（歩くことで
気づく階段の魅力　実盛坂 ほか）　第3章 歴史を感
じさせる階段（江戸から東京へ都市形成の歴史を階段
に見る　増上寺本道前の大階段 ほか）　第4章 なく
なった階段・変貌した階段（消えていく街の記憶　大
塚5丁目・空地の間を上る階段 ほか）　第5章 階段四
季折々（それぞれの階段がもつ「美しい瞬間」　桜
の階段 ほか）　第6章 東京の地形と階段（東京都心
周辺の地形と階段　階段の移り変わり ほか）　エピ
ローグ 東京の階段歩きは終わらない　　　〔1911〕

◇お江戸案内パッケージツアーガイド　人文社
　2007.10　143p　22cm　（ものしりミニシリー
ズ）　1400円　Ⓘ978-4-7959-1990-7　Ⓝ210.5
　内容第1章 解説江戸の旅事情　第2章 江戸歩きパッ
　ケージツアー8コース（「買物天国と江戸三男探し」
　「厳選、江戸のご利益ツアー」　「英雄伝説をめぐ
　る 忠臣蔵」　「イベントの集大成、有名開帳場ハシ
　ゴツアー」　「絶対当てるぞ、富くじツアー」　「見
　たい！ 会いたい!! 江戸の美女達」　「江戸前の潮
　風と酒ої ツアー」　「江戸の奇・怪・珍談ツアー」）
　第3章 江戸歩きオプショナルツアー案内　〔1912〕

◇坂の町・江戸東京を歩く　大石学著　PHP研究
　所　2007.9　432,8p　18cm　（PHP新書）〈文
　献あり〉　950円　Ⓘ978-4-569-69178-7　Ⓝ291.
　361
　内容第1部 坂の町・東京（東京の地勢　時代別に見
　る坂名の由来　自然に由来する坂名　武士に由来す
　る坂名　町人に由来する坂名　寺社に由来する坂名
　事件と怪奇伝説に由来する坂名　江戸の坂の変化）
　第2部 「江戸の坂」を歩く（千代田区　港区　文京区
　新宿区　台東区　目黒区　渋谷区・品川区・世田谷
　区　中野区・杉並区・板橋区）　　　　　〔1913〕

◇もうひとつ別の東京─ひそかに愛し、静かに訪
　ねる55景　木村衣有子著　祥伝社　2007.8
　135p　19cm　1200円　Ⓘ978-4-396-41099-5
　Ⓝ291.361
　内容春（新宿御苑　東京の桜 ほか）　夏（上野恩賜公
　園　日比谷公園 ほか）　秋（銀杏並木　自然教育園
　ほか）　冬（「56Chocolates」　東京都庁 ほか）
　　　　　　　　　　　　　　　　　　　〔1914〕

◇歩いて描いて東京風情─寄り道抜け道回り道
　渡部淳絵・文　産経新聞出版　2007.7　111p
　26cm　1800円　Ⓘ978-4-86306-019-7　Ⓝ291.
　36
　内容上野公園から根岸の里を歩く　麻布十番商店街
　から祥雲寺へ　四ッ谷駅から寺町をめぐり新宿御苑
　を散策　旧中山道、まずは「とげぬき地蔵」から　旧
　東海道品川宿からおしゃれな京浜運河の街へ　武蔵
　野の面影求め小金井から玉川上水、小金井公園へ　猿
　江恩賜公園から横十間川に沿って錦糸町、亀戸天神
　へ　柴又から江戸川沿いに旧街道の史跡をめぐり小
　岩の商店街へ　東横線・学芸大学駅から立会川緑道
　を行く　西荻窪の骨董街を散策〔ほか〕　〔1915〕

◇乙女の東京─洋菓子・和菓子店、ホテル・旅館、
　美術館・博物館、雑貨・化粧品…乙女心の東京
　案内　甲斐みのり著　マーブルトロン　2007.7
　112p　21cm　（Marble books）〈発売：中央
　公論新社〉　1500円　Ⓘ978-4-12-390165-9
　Ⓝ291.36

　内容1章 東京乙女散歩（東京デート　女友達と歩く東
　京　紳士と歩く東京）　2章 憧れの東京いろいろ（喫
　茶店　食事　ホテル・旅館・博物館）　3章
　乙女の東京カタログ（洋菓子　和菓子　おみやげ　日
　用品 贈りもの 文房具 おしゃれ小物）　4章 もっ
　と東京を知るための、乙女の本棚（乙女書籍・雑誌 乙
　女歌謡 乙女映画）　　　　　　　　　　〔1916〕

◇Tokyo老舗・古町・お忍び散歩　坂崎重盛著
　朝日新聞社　2007.6　283p　15cm　（朝日文
　庫）　600円　Ⓘ978-4-02-264401-5　Ⓝ291.361
　内容上野・湯島天神下　浅草・向島花街　浅草寺周
　辺　千束周辺　根岸　神田・お茶の水・駿河台　神
　田神保町　連雀町あたり　谷中　根津・千駄木　本
　郷　人形町　日本橋　深川　両国・柳橋　銀座　東
　銀座　月島・佃島　北千住　南千住　柴又周辺　神
　楽坂　　　　　　　　　　　　　　　　　〔1917〕

◇シルバーパスで東京見物　その1　龍キミ著
　創英社　2007.5　165p　19cm〈発売：三省堂
　書店〉　760円　Ⓘ978-4-88142-349-3　Ⓝ291.36
　　　　　　　　　　　　　　　　　　　〔1918〕

◇東京手みやげ散歩　アイランズ編著　バジリコ
　2007.5　190p　19cm　1500円　Ⓘ978-4-86238-
　052-4　Ⓝ673.7
　内容1 日本橋・銀座篇（日本橋─老舗が並ぶ江戸に
　ぎわいの町　人形町─昔の東京の香りを残す商店街
　銀座─明治から続く日本一の繁華街　築地─活気あ
　る午前中に訪れたい市場街　月島・佃島─戦災を免
　れた隅田川河口のむかし町）　2 上野・神田篇（上野
　─近代日本の文化を支えた大公園を歩く　根岸─風
　流なたたずまい「呉竹の里」　根津・谷中─菊人形見
　物でにぎわった坂と路地を歩く　本郷─文豪ゆかり
　の町で、昔ながらの品を買う　神田・神保町─古本
　の町で、味の都を寄る）　3 浅草・深川篇（浅草─
　東京で最も古い門前町にして繁華街　向島─餅、団
　子、和菓子の名店が並ぶ散歩道　両国─ふれ太鼓の
　流れる中、相撲由来の手みやげを探す　深川・門
　前仲町─かつての二つ目通り、今の清澄通りをまっ
　すぐ歩く）　4 駒込・王子篇（駒込・巣鴨─名園を巡
　り、地蔵通り商店街を抜ける　王子・飛鳥山─手み
　やげの折詰めは、王子から始まった）　〔1919〕

◇青春の東京地図　泉麻人著　筑摩書房　2007.4
　261p　15cm　（ちくま文庫）　700円　Ⓘ978-4-
　480-42250-7　Ⓝ291.361
　内容1 僕のご近所地図（スガ屋と仁丹ガム　「ブラッ
　クハンド」の路地 ほか）　2 僕的東京案内（いい匂
　いのする赤い地下鉄　「牛乳屋さん」のあった時代
　ほか）　3 ああ青春の東京地図（渋谷・公園通り1973
　渋谷宮益坂・雀パイの鳴く裏路地 ほか）　4 なつか
　しの東京風景（住宅地図の旅　ありし日の「町内会地
　図」 ほか）　　　　　　　　　　　　　〔1920〕

◇ガチャピン・ムックのゆっくりゆったり東京散
　歩─photo book　ワニブックス　2006.12
　59p　24cm　1000円　Ⓘ4-8470-1689-0　Ⓝ291.
　361
　内容芝公園　浅草　谷中　日暮里　佃　荒川
　　　　　　　　　　　　　　　　　　　〔1921〕

◇大人のための東京散歩案内─カラー版　三浦展
　著　洋泉社　2006.10　189p　18cm　（Color新

136　「東京」がわかる本 4000冊　　　　　〔1912～1922〕

歴史・地理　　　　　　　　　　　　　　　　　　　　　　　　地理

書y)　1000円　Ⓘ4-86248-076-4　Ⓝ291.361
内容 第1章 本所・深川・砂町―下町のモダニズム　第2章 神楽坂―最後はここで飲みたい　第3章 阿佐ヶ谷―山の手住宅と奇跡の公団住宅　第4章 目白―文化村とトキワ荘とモンパルナスの灯　第5章 赤羽―庶民のための田園都市　第6章 本郷・小石川・白山・根津―坂の上と下が織りなす世界　第7章 高円寺―昭和が積み重なる街　第8章 西荻窪―「古さ」を楽しむ街　　　　　　　　　　　　　　〔1922〕

◇東京の空の下、今日も町歩き　川本三郎著　筑摩書房　2006.10　280p　15cm　（ちくま文庫）〈写真：鈴木知之〉　800円　Ⓘ4-480-42260-9　Ⓝ291.36
内容 映画が輝いていた頃の遠い日の記憶が甦る町「青梅」「池上」「千鳥」「蒲田」慎ましく懐かしい、水郷の町の面影　新旧の顔が混ざり合う練馬区の素朴な町　歩くほどに意外な顔が見える「八王子」の町　線路のない町「武蔵村山」と多摩湖を抱く「東大和」新緑に萌える玉川上水が流れる町「羽村」「福生」　東武東上線沿線、川と工場と田園の町、板橋区　清朗な暮らしが町の隙間に息づく「赤羽」「王子」　子供時代の思い出と歩く「阿佐谷」「荻窪」　越中島貨物線がつなぐ川辺の町「砂町」「亀戸」「新小岩」　酎ハイを傾け下町の郷愁にひたる町「柴又」「亀有」「金町」東京郊外の懐の深さに心打たれる町「魂的」　失われた東京の幻影が浮かび上がる「町屋」　川と運河と町工場がある「大井町」「大森」「羽田」　東武線、京成線が寄りそう町「押上」「業平橋」「曳舟」　多摩川と秋川に挟まれた郊外の町「あきる野」〔1923〕

◇東京右往左往　モリナガ・ヨウ著　大日本絵画　2006.9　95p　26cm　2800円　Ⓘ4-499-22920-0　Ⓝ291.36
内容 其の1 東京迷所案内　其の2 東京23区／最初は西の方から　其の3 東京西部(1)／もっと西へ行ってみる　其の4 東京23区／南へおりてみる　其の5 東京西部(2)／さらに西の奥へ　其の6 東京23区／山手線の東側方面　其の7 東京23区／だいたい北の方　其の8 東京ヘンな場所、怪しい所　其の9 その他の東京　其の10 10年ぶりの右往左往　　　　〔1924〕

◇東京絵本―むかしを訪ねきせつを感じ眺めたまちなみ　児玉喬夫著　日貿出版社　2006.8　119p　26cm　2500円　Ⓘ4-8170-3497-1　Ⓝ291.36
内容 ちょっとむかしを訪ねてあるく（駅舎　江戸　茅葺 ほか）　ちょっとまを感じてあるく（花家　学舎　料理 ほか）　ちょっとまちなみ眺めてあるく（鳥瞰　電車　集合 ほか）　　　　　　　〔1925〕

◇江戸東京《奇想》徘徊記　種村季弘著　朝日新聞社　2006.7　341p　15cm　（朝日文庫）　700円　Ⓘ4-02-264369-2　Ⓝ291.361　　〔1926〕

◇ステキな東京魔窟―プロジェクト松　松本英子著　交通新聞社　2006.2　143p　21cm　1200円　Ⓘ4-330-85606-9　Ⓝ291.36
内容 表現者たちのすびりちゅあるな夕べin高円寺　邪念だらけの写経in鎌倉　ネイルサロンで女デビューin二子玉川　稲荷巡りで、打઼！　小岩の武生in千住　試飲会という名の格闘技in両国　甘く危険にディスコフィーバーin麻布十番　センセーショナル食材の誘いin上野アメ横　超高級ブランドショップ死ぬか

と思ったレポートin銀座　ザ・魔窟ブロードウェイを往く!! in中野　謎の名物餃子屋潜入記in亀戸〔ほか〕　　　　　　　　　　　　　　　　〔1927〕

◇江戸を歩く　田中優子著,石山貴美子写真　集英社　2005.11　206p　18cm　（集英社新書ヴィジュアル版）　1000円　Ⓘ4-08-720316-6　Ⓝ291.361
内容 第1景 鎮魂の旅へ　第2景 賑わいの今昔　第3景 隅田川の流れに　第4景 華のお江戸をもとめて　第5景 川と台地と庭園の地　第6景 風水都市江戸の名残　第7景 面影橋から牛込へ　第8景 郊外をめぐる　　　　　　　　　　　　　　　　〔1928〕

◇「江戸～昭和」の歴史がわかる東京散歩地図　舘野允彦著　講談社　2005.11　222p　21cm　1700円　Ⓘ4-06-213131-5　Ⓝ291.361
内容 銀座界隈―豊岩稲荷の路地/有楽町・高架下の路地　築地界隈―場外市場の路地　田原町界隈―佃天台地蔵の路地　人形町界隈―和風井戸の路地　馬喰町界隈―掘割の路地　柳橋界隈―一番組の路地　両国界隈―吉良屋敷跡の路地　浅草界隈―初音小路の路地　上野界隈―アメ屋横丁の路地　湯島界隈―麟祥院の路地　本郷界隈―菊坂裏の路地　根津界隈―お化け会談の路地　谷中界隈―へび道の路地/玉林寺の路地　巣鴨界隈―物干し台の路地　向島界隈―墨泉庵の路地　千住界隈―千代の湯の路地/すり抜ける路地　尾久界隈―レンガ塀の路地　王子界隈―さくら新道の路地　十条界隈―迷宮の路地　板橋界隈―傷痕の路地　駒込界隈―石垣の路地　巣鴨界隈―コンクリート塀の路地　雑司が谷界隈―七曲りの路地　大塚界隈―アナコンダの路地　池袋界隈―人生横丁の路地　早稲田界隈―くぐり戸の路地　神楽坂界隈―かくれんぼ横丁の路地/熱海階段の路地　荒木町界隈―弁財天の路地　新宿界隈―新千鳥街の路地/成子天神社の路地　新井薬師界隈―「たきび」の歌の路地　原宿界隈―残された路地　青山界隈―昭和30年代の路地　麻布界隈―門をくぐる路地/我善坊谷の路地　渋谷界隈―恋文横丁の路地/百軒店の路地　三軒茶屋界隈―仮設の路地　代官山界隈―ナンテンの路地　白金界隈―聖心女学院の路地　高輪界隈―泉岳寺の路地　山王界隈―里の路地　池上界隈―かつてにぎわった曙楼の路地　北品川界隈―虚空蔵横丁の路地　　　　　　　　　　　　　　　　〔1929〕

◇「江戸・東京」歴史人物散歩―徳川家康から西郷隆盛まで、ゆかりの地を歩く　雲村俊慥著　PHP研究所　2005.10　317p　15cm　（PHP文庫）　571円　Ⓘ4-569-66463-6　Ⓝ291.361
内容 初代家康の外濠構想を歩く（浅草橋―一ツ橋）　二代秀忠のお忍び道を探る（行徳）　やる気将軍は狩場がお好き（目黒）　左様将軍が愛した隠れ里へ（神楽坂）　春日局、その権勢を顧みる（本郷・根津）　お大と千姫、伝通院に眠る（小石川）　桂昌院の執念、護国寺探訪（音羽・早稲田）　寛永寺派将軍の点鬼簿調べ（上野・谷中）　増上寺派将軍の過去帳拝見（浜松町・神谷町）　大久保彦左衛門と駿河台族（お茶の水・神保町）〔ほか〕　　　　　　　〔1930〕

◇歩いて楽しむ江戸東京旧街道めぐり　岩垣顕街と暮らし民　2005.6　201p　21cm　（江戸・東京文庫 9）〈文献あり〉　1800円　Ⓘ4-901317-10-5　Ⓝ291.361
内容 1 東海道―日本橋～六郷の渡し　2 中原街道―

〔1923～1931〕　　　　　　　　　　　　　　　「東京」がわかる本 4000冊　　137

虎ノ門～丸子の渡し　3 大山街道―赤坂門～二子の渡し　4 甲州街道―日本橋～仙川　5 中山道―日本橋～戸田の渡し　6 川越街道―平尾追分～白子橋　7 岩槻街道―本郷追分～岩淵の渡し　8 日光街道―日本橋～水神橋 〔1931〕

◇花と俳句の東京散歩　小川和佑監修, 片山喜康文, 辻丸純一写真　ベストセラーズ　2005.5　160p　21cm〈文献あり〉1900円　①4-584-18876-9　Ⓝ291.36

内容 新年（『七草』『福寿草』『水仙』『南天』『寒桜』『葉牡丹』『馬酔木』 ほか）春（『梅』 『椿』 ほか）夏（『牡丹』 『芍薬』 ほか）秋（『朝顔』 『鬼灯』 ほか）冬（『柊』『八ツ手』『臘梅』『冬木』 『枯蓮』 ほか） 〔1932〕

◇東京ディープな宿　泉麻人著　中央公論新社　2005.4　191p　16cm　（中公文庫）　571円　①4-12-204515-0　Ⓝ291.361

内容 中央線の町の洋風ロッヂング―荻窪・旅館西郊　多国籍タウンの中国人宿に泊まる―西池袋・昌庭之家　江東楽天地 眺めのいいホテル―錦糸町・マリオットホテル東武　三田の横丁に、味な宿を発見！―三田・東京讃岐会館　歳末の人形町を歩く―人形町・ホテル吉晁　東大受験生の古宿―本郷・鳳明館　山の手銀座の文人宿―神楽坂・和可菜　空港際の漁師町探訪―羽田・東急ホテル　秋川渓谷 軍人たちの秘宿―武蔵五日市・石舟閣　靖国な宿に泊まって古本屋街をあさる―九段下・九段会館　池上本門寺と大観の隠れ宿―千鳥町・観月　丸ビルと改札が見える部屋―東京駅・東京ステーションホテル　不忍池畔の奇観ホテル―上野池之端・ソフィテル東京　異邦人気分で裏浅草を歩く―浅草・台東旅館　織物街道の旅人宿―青梅・橋本屋旅館 〔1933〕

◇江戸・東京の老舗地図　正井泰夫監修　青春出版社　2005.3　204p　18cm　（プレイブックスインテリジェンス Play books intelligence）〈文献あり〉750円　①4-413-04115-1　Ⓝ673

内容 1章 江戸で生まれた老舗文化（家康の町づくりと江戸の地理　江戸に集まった人々 ほか）2章 隅田川と「江戸前」（商業を支えた「河岸」と「掘割」江戸の大動脈・隅田川 ほか）3章 社寺と手みやげ（鬼門に集められた社寺　仲見世が生まれた理由 ほか）4章 匠の職人地図（職人たちの町　花形だった「江戸の三職」 ほか）5章 東京の老舗（日本橋から銀座へ　デパート戦争と商店の反発 ほか） 〔1934〕

◇江戸見物と東京観光　山本光正著　京都　臨川書店　2005.2　220p　19cm　（臨川選書 25）　2300円　①4-653-03953-4　Ⓝ384.37

内容 第1部 江戸見物（江戸の名所と行楽　旅日記に見る江戸見物）第2部 観光地としての東京（案内書の刊行と東京観光　滞在型の東京観光　東京市民の行楽　それからの東京） 〔1935〕

◇タイム・フォー・ブランチ―はなの東京散歩　J-Wave"time for brunch"著　パルコエンタテインメント事業局　2004.12　191p　20cm　1400円　①4-89194-703-9　Ⓝ291.36

内容 春（緑と坂と老舗の街、本郷をそぞろ散歩　世界旅行気分で代々木上原を異国散歩 ほか）夏（梅雨の鎌倉でしっとりお花見散歩　避暑地気分の広尾をゆったり散歩 ほか）秋（品川の今と昔を旅気分散歩　読書の秋に、神田神保町を古本散歩 ほか）冬（寅さんの街、柴又をしみじみ散歩　お相撲さんの街、両国をどすこい散歩 ほか） 〔1936〕

◇東京散策108図―画人・充洋さんの東京まんだらスケッチ　増野充洋著　日之出出版　2004.12　271p　19cm〈肖像あり〉1600円　①4-89198-117-2　Ⓝ291.36

内容 第1章 人まんだら（都庁展望室　築地卸売市場　托鉢 ほか）第2章 巨樹古木（枝垂れ桜　白山桜　影向の松 ほか）第3章 滝十五景（龍王の滝　太鲁閣峡谷の滝　綾広の滝 ほか） 〔1937〕

◇両さんと歩く下町―『こち亀』の扉絵で綴る東京情景　秋本治著　集英社　2004.11　247p　18cm　（集英社新書）　667円　①4-08-720265-8　Ⓝ291.361

内容 第1歩 亀有回想　第2歩 千住、浅草、行き帰り　第3歩 隅田川界隈　第4歩 上野七変化　第5歩 超神田寿司の神田へ　山田洋次×秋本治特別対談 葛飾に愛をこめて 〔1938〕

◇東京の戦前昔恋しい散歩地図　2　アイランズ編著　草思社　2004.10　118p　21×21cm　1800円　①4-7942-1350-6　Ⓝ291.361

内容 墨田区両国・亀沢　新宿区新宿　新宿区四谷三丁目　港区赤坂　渋谷区代々木・幡ヶ谷　目黒区目黒/品川区小山台　渋谷区恵比寿/目黒区中目黒　港区南麻布・白金　港区三田・芝浦　港区高輪/品川区北品川〔ほか〕 〔1939〕

◇半七捕物帳お江戸歩き　岡田喜一郎著　河出書房新社　2004.9　222p　19cm　1600円　①4-309-01666-9　Ⓝ291.361

内容 浅草―「鬼娘」など　向島―「広重と河獺」など　神田・お茶の水―「朝顔屋敷」など　日本橋―「石燈篭」など　深川・両国・亀戸―「薄雲の碁盤」など　赤坂・青山―「津の国屋」など　芝・高輪―「湯屋の二階」など　小石川・雑司ヶ谷―「白蝶怪」など　駒込・白山・本郷―「化け銀杏」など　上野―「人形使い」など　谷中―「菊人形の昔」など　四谷・新宿―「正雪の絵馬」など　江戸近郊 杉並・王子・府中・川越―「二人女房」など 〔1940〕

◇図絵東京古町百景を歩く　栗山邦正著　主婦の友社　2004.5　191p　19cm　1300円　①4-07-239480-7　Ⓝ291.361

内容 隅田川　荒川　江戸川　小名木川　中川　曳舟川　石神井川　神田川　浅川/野川 〔1941〕

◇東京俳句散歩　吉行和子, 冨士眞奈美著　光文社　2004.5　246p　16cm　（知恵の森文庫）　667円　①4-334-78291-4　Ⓝ291.36

内容 公園・庭園を巡る（皇居東御苑・大手門から江戸城本丸へ―いやがうえにも厳かな異空間　白金・自然教育園から東京都庭園美術館へ―自然の美、人工の美　六義園から巣鴨とげぬき地蔵へ―幽玄の世界と活気に満ちた現実世界 ほか）名刹、神社を巡る（東大赤門から根津神社へ―加賀百万石のお膝元　湯島聖堂から神田明神へ―学問成就の元締めと「江戸の総鎮守」　湯島天神から旧岩崎邸へ―「湯島の白梅」をはじめ、記念碑の数々 ほか）由緒ある町並みを歩く（有楽町から銀座へ―花の東京の真ん中で、さて…　日本橋から小伝馬町へ―かつての旅の起点

歴史・地理　　　　　　　　　　　　　　　　　　　　　　　　　　　　地理

に響く鐘の音　水天宮から人形町へ—安産の神様が
鎮座する大正ロマンの町　ほか）　　　　　　〔1942〕

◇東京のホテル　富田昭次著　光文社　2004.4
260p　18cm　（光文社新書）〈年表あり〉740
円　Ⓘ4-334-03246-X　Ⓝ689.81361　　〔1943〕

◇花と団子の東京散歩—東京名所花暦　小川和佑
著　廣済堂出版　2004.4　198p　21cm　1500
円　Ⓘ4-331-51042-5　Ⓝ291.36
内容 春の部（鶯　梅　ほか）　夏の部（牡丹　花林檎
ほか）　秋の部（七草　彼岸花（曼珠沙華）ほか）
冬の部（山茶花　茶の花　ほか）　　　　　　〔1944〕

◇東京歴史の散歩道　山県喬著　出版芸術社
2004.3　253p　20cm〈文献あり〉1500円
Ⓘ4-88293-249-0　Ⓝ291.361
内容 1 上野公園コース　2 日本橋コース　3 皇居東
御苑・北の丸コース　4 増上寺・烏森コース　5 品
川コース　6 御茶ノ水・神田コース　7 銀座・築地
コース　　　　　　　　　　　　　　　　　　〔1945〕

◇東京小さな隠れ名所　正井泰夫監修, インター
ナショナル・ワークス編著　幻冬舎　2004.1
342p　19cm　1400円　Ⓘ4-344-00462-0
Ⓝ291.36
内容 第1章 江戸・東京の中心街を歩く—千代田・中
央・文京エリア　第2章 東京湾を望む水の都を歩く
—港・世田谷・大田・目黒・品川エリア　第3章 活
気ある繁華街を歩く—渋谷・新宿・中野・杉並エリ
ア　第4章 静謐な空気漂う街並みを歩く—豊島・練
馬・板橋・北・荒川エリア　第5章 情緒がにじむ下
町を歩く—台東・墨田・江東・葛飾・足立・江戸川エ
リア　第6章 どかな風情を残す郊外を歩く—都下
エリア　　　　　　　　　　　　　　　　　　〔1946〕

◇東京の戦前昔恋しい散歩地図　アイランズ編著
草思社　2004.1　118p　21×21cm〈文献あ
り〉1600円　Ⓘ4-7942-1280-1　Ⓝ291.361
内容 千代田区 丸の内　千代田区 麹町・永田町
中央区 京橋・銀座　中央区 銀座/港区 愛宕・新橋
中央区 明石町・築地・月島　中央区 日本橋　台東
区 上野/文京区 湯島・本郷　台東区 三ノ輪・根岸
台東区 浅草/墨田区 吾妻橋　墨田区 東向島・曳船
〔ほか〕　　　　　　　　　　　　　　　　　〔1947〕

◇東京の第1歩　森本博文著　文芸社　2003.10
211p　19cm　1000円　Ⓘ4-8355-6402-2
Ⓝ291.361
内容 JR東京駅　上野　西郷隆盛像　皇居正門と石橋
国会議事堂　靖国神社　日本武道館　東京タワー　下
町七夕まつり　入谷朝顔市　日本橋 日本国道路元標
〔ほか〕　　　　　　　　　　　　　　　　　〔1948〕

◇週刊日本遺産　no.45　東京の歴史散歩　朝日
新聞社　2003.9　35p　30cm　（朝日ビジュア
ルシリーズ v.3）　533円　Ⓝ291.09　〔1949〕

◇東京下町　小泉信一著　創森社　2003.8　283p
19cm　1500円　Ⓘ4-88340-162-6　Ⓝ291.361
内容 第1章 寅さんの街、柴又へ　第2章 今宵も下町
酒場にて　第3章 大衆芸能の灯ここに　第4章 路地・
横丁に出会いあり　第5章 生きとし生けるもの　第
6章 あの日この場所で　第7章 川の手に吹く風

◇五感で楽しむ東京散歩　山下柚実著　岩波書店
2003.5　208p　18cm　（岩波アクティブ新書）
940円　Ⓘ4-00-700072-7　Ⓝ291.361
内容 1章 手のひらで触れる街の時間（日本橋界隈　柴
又〜金町　渋谷〜原宿）　2章 耳を澄まして路地をめ
ぐる（神田　浅草〜向島　小金井〜国分寺〜深大寺）
3章 舌で描いた東京地図（すっきり爽やかを感じる
とろーり、もっちりな食感　元気もりもりを食べる）
4章 鼻を開いて歴史を歩く（湯島〜神保町　両国〜墨
田　阿佐ヶ谷〜高円寺）　5章 瞳を拡げて風景をなが
める（お台場　上野・御徒町）　　　　　　　〔1951〕

◇東京スーベニル手帖—ぼくの伯父さんのお買
物散歩ブック　沼田元氣著　白夜書房　2003.5
127p　22cm　2400円　Ⓘ4-89367-850-7
Ⓝ291.361
内容 和菓子　洋菓子　雑貨　おみやげコラム・散歩
おみやげ散歩写真帖　包装紙コレクション　おみやげ
コラム・包装紙　文房具　ファッション　本　ショップ
プリスト　　　　　　　　　　　　　　　　　〔1952〕

◇またたびふたたび東京ぶらり旅—NHKラジオ
深夜便　室町澄子著　日本放送出版協会
2003.5　221p　19cm　1200円　Ⓘ4-14-005417-
4　Ⓝ291.361
内容 講談人力車で浅草めぐり　東郷神社の骨董市を
楽しみ、移動屋台を追いかける　山の手の下町・麻布
十番商店街　交通博物館の自転車秘話　神田の老舗
建築を味わう　お濠端歴史散歩でふれた石垣パワー
お江戸日本橋を歩く　よみがえった桃太郎のきびだ
んご　自然教育園で春の野草観察　谷中の葛飾散
歩　神田川、面影橋、そして手描き友禅　神保町で懐
かしの絵本を探す　熟年二人のお台場の旅入門　谷
中愛玩園散策と名物だんご　小林人形資料館で市松人
形を買い、村岡人形工房で市松人形をつくる〔1953〕

◇下町いま・むかし—変わりゆく東京の人情と町
並み　桐谷逸夫絵, 桐谷逸夫, 桐谷エリザベス文
日貿出版社　2003.4　303p　21cm　2500円
Ⓘ4-8170-3264-2　Ⓝ291.361
内容 赤羽　王子・十条　上野界隈　田端・駒込　本
郷・湯島・白山　神田・お茶の水　神楽坂　早稲田
日本橋　銀座・築地　〔ほか〕　　　　　　　〔1954〕

◇東京ホリデイ—散歩で見つけたお気に入り　杉
浦さやか著　祥伝社　2003.4　220p　15cm
（祥伝社黄金文庫）　714円　Ⓘ4-396-31321-7
Ⓝ291.36
内容 東京・ホリデイマップ　浅草ワンデイトリップ
下北沢昼下がりの商店街　夜景デートだ東京タワー
飯田橋・神楽坂思い出の小道　小さな博物館　神田
古本ハンティング　東京生ビール処　西荻窪宝物を
探そう　有楽町・銀座レトロモダン　東京の蚤の市
代官山お買い物日記　私の好きな美術館　合羽橋+
日暮里 問屋街でお買い物　谷中 下町スケッチ　築
地 巨大市場で食い倒れ　吉祥寺から愛をこめて
　　　　　　　　　　　　　　　　　　　　　〔1955〕

◇お江戸週末散歩　林家こぶ平著　角川書店
2003.3　245,8p　18cm　（角川oneテーマ21）
〈折り込み1枚〉705円　Ⓘ4-04-704120-3　Ⓝ291.

〔1943〜1956〕　　　　　　　　　　　「東京」がわかる本 4000冊　　139

地理　　　　　　　　　　　　　　　　　　　　　　　　　　　　　　歴史・地理

361
内容 江戸に出会う（大江戸名 "華" 三輪　皇居に残る江戸城の面影 ほか）　江戸を歩く（中山道の一の宿、板橋　外濠土塁はいま花見の名所 ほか）　江戸を見つける（消える家並み、残る風情　坂の町、寺の町 ほか）　江戸に興じる（江戸祭り　江戸技 ほか）　江戸を味わう（江戸の老舗　江戸の食卓 ほか）　〔1956〕

◇東京の隠れ名所を歩く地図　ロム・インターナショナル編　河出書房新社　2003.2　222p　15cm　（Kawade夢文庫）　476円　Ⓘ4-309-49472-2　Ⓝ291.36
内容 1章　喧騒の片隅を彩る―都心のおすすめスポット（千代田区　中央区 ほか）　2章　閑静な住宅街の一角を飾る―城南のときめきスポット（品川区　目黒区 ほか）　3章　華やかな街の陰で憩う―城西のユニーク・スポット（新宿区　渋谷区 ほか）　4章　庶民的な街角で心やすらぐ―城北のお楽しみスポット（豊島区　練馬区 ほか）　5章　下町情緒のあふれる―城東のわくわくスポット（台東区　墨田区 ほか）　〔1957〕

◇ぼくらは下町探険隊　なぎら健壱著　筑摩書房　2003.2　309p　15cm　（ちくま文庫）　780円　Ⓘ4-480-03800-0　Ⓝ291.361
内容 第1部　ぼくらは下町たんけん隊―一九九〇年東川壮一君編（プロローグ―らんかんだけの橋　佃から築地へ　浅草あたり　日暮里かいわい　隅田川をのぼる ほか）　第2部　『ぼくらは下町たんけん隊』を歩く―二〇〇二年（『らんかんだけの橋』『佃から築地へ』　『浅草あたり』『日暮里かいわい』『隅田川をのぼる』 ほか）　〔1958〕

◇東京情報　鈴木伸子著　新潮社　2003.1　284p　16cm　（新潮文庫）　590円　Ⓘ4-10-103821-X　Ⓝ291.361
内容 都市の生態学　定点観測　トレンド　ブランド　謎　ライバル　物件　乗物　〔1959〕

◇武蔵野の遺跡を歩く　都心編　勅使河原彰・保江著　新泉社　2002.12　176,4p　21cm　1800円　Ⓘ4-7877-0215-7　Ⓝ213.65
内容 江戸城跡を歩く　本郷・弥生町の遺跡を歩く　上野・谷中の遺跡を歩く　飛鳥山の遺跡を歩く　芝・高輪の遺跡を歩く　大森の遺跡を歩く　赤塚の遺跡を歩く　石神井川の遺跡を歩く　石神井城跡を歩く　妙正寺川の遺跡を歩く　善福寺川の遺跡を歩く　荏原台古墳群を歩く　〔1960〕

◇歩いて愉しむ大江戸発見散歩　松本こーせい文・イラスト　アーク出版　2002.11　271p　19cm　1500円　Ⓘ4-86059-011-2　Ⓝ291.361
内容 第1章　武家の都「江戸」の誕生―江戸城と武家屋敷街を歩く（江戸城界隈　日本橋界隈 ほか）　第2章　八百八町を彩る江戸っ子気質―町人と下町文化を求めて（浅草橋・蔵前界隈　谷中・西日暮里界隈 ほか）　第3章　拡大する大都市・江戸―山の手台地と寺町散歩（王子・飛鳥山界隈　小石川界隈 ほか）　第4章　めくるめく江戸文化の世界―「花のお江戸」芸能風俗をめぐる（向島・浅草界隈　銀座・旧芝離宮界隈 ほか）　〔1961〕

◇地図で歩く東京―エリアガイド　3　全国地理教育研究会監修，東京都地理教育研究会，東京私

立中学高等学校地理教育研究会編著　古今書院　2002.11　101p　26cm　2200円　Ⓘ4-7722-5075-1　Ⓝ291.36
内容 武蔵野市―新田集落から副々都心へ　清瀬―緑地の保全および医療機関の集中とその変貌　東久留米―落合川流域の湧水地域を歩く　西東京市―青梅街道宿場町から新生都市へ　小平市小川町周辺―武蔵野の新田を歩く　小金井―玉川上水と野川　調布―多摩川低地の崖線・田園都市　府中―近郊住宅都市はかつて武蔵の国府　国分寺・国立―新田開発と学園都市の発達　東大和―狭山丘陵南麓の武蔵野台地 ほか〕　〔1962〕

◇地図で歩く東京―エリアガイド　2　全国地理教育研究会監修，東京都地理教育研究会，東京私立中学高等学校地理教育研究会編著　古今書院　2002.11　101p　26cm　2200円　Ⓘ4-7722-5074-3　Ⓝ291.36
内容 新宿駅西口周辺―東京の都心・西新宿　南新宿・東新宿―新町街道・内藤新宿の今と昔　落合・目白・高田・関口―神田川中流域の地歴散策　原宿・青山・千駄ヶ谷―山の手ファッション産業エリア　渋谷駅周辺―渋谷と駒場へ歩く　恵比寿・目黒・武蔵小山―山の手の変貌～江戸郊外から住宅地へ～　品川・大崎―城南副都心の形成と研究機関の集積　臨海副都心・レインボータウン―臨海副都心に見られる21世紀型都市づくりの現状と将来　芝・三田―低地と台地・大名屋敷の現在　麻布・六本木―麻布台地を歩く〔ほか〕　〔1963〕

◇地図で歩く東京―エリアガイド　1　全国地理教育研究会監修，東京都地理教育研究会，東京私立中学高等学校地理教育研究会編著　古今書院　2002.11　109p　26cm　2200円　Ⓘ4-7722-5073-5　Ⓝ291.36
内容 永田町とその周辺―日本の政治中心地　霞が関官庁街とその周辺―日本の行政中心地　麹町・番町―旧武家屋敷の土地利用を残す住宅地域　四ッ谷・信濃町―切絵図に遺こる坂と谷と寺の街を行く　東京駅・大手町・丸の内―日本の経済中心地（CBD）　銀座・有楽町―東京のメインストリートを歩く　築地・佃島・晴海―居留地からウォーターフロントへ　日本橋・京橋―日本の商業経済中心地域　日本橋北と秋葉原―問屋街と電気街の変化　本郷・お茶ノ水・神保町―大学と古書店街〔ほか〕　〔1964〕

◇武蔵野の遺跡を歩く　郊外編　勅使河原彰・保江著　新泉社　2002.6　169,3p　21cm　1800円　Ⓘ4-7877-0208-4　Ⓝ213.65
内容 深大寺の遺跡を歩く　野川の遺跡を歩く　武蔵野国分寺跡を歩く　谷保の遺跡を歩く　立川の遺跡を歩く　黒目川の遺跡を歩く　八国山の遺跡を歩く　三富開拓地割遺構を歩く　砂川の遺跡を歩く　霞川の遺跡を歩く　新河岸川の遺跡を歩く　小江戸・川越の遺跡を歩く　〔1965〕

◇東京江戸紀行　原田興一郎著　実業之日本社　2002.3　215p　21cm　（ブルーガイド旅读本）〈折り込1枚　年表あり　文献あり〉　1700円　Ⓘ4-408-00260-7　Ⓝ291.361
内容 都心―江戸築城と治世（江戸周辺　日本橋周辺　銀座・築地周辺　神田・御茶ノ水周辺）　下町―江戸庶民の生活と人情（上野・谷中周辺　浅草周辺　両

140　「東京」がわかる本　4000冊　　　　　　　　　　　　　　　　〔1957～1966〕

国・本所周辺　深川周辺　芝・新橋周辺）　江戸の郊
外─江戸の行楽と社寺（向島周辺　日暮里・田端周辺
駒込・巣鴨周辺　池袋・目白台周辺　赤坂・麻布周
辺　早稲田・牛込周辺　本郷・小石川周辺）　江戸五
街道─宿場町に残る江戸の面影　　　　　　〔1966〕

◇東京夜ふかし案内　交通新聞社　2002.1　143p
21cm　（散歩の達人ブックス　大人の自由時間）
1429円　①4-330-65401-6　Ⓝ291.361
[内容]　映画　音楽（世界音楽への扉）　書物と芸術　酒
（異次元の夜　創造の夜　和の夜　寡黙な夜）　食
（味わいの深夜ごはん　夜ふかし喫茶案内）〔1967〕

◇ホテルを楽しもう　東京編　Amiy Mori写真・
文　交通新聞社　2002.1　143p　21cm　（散歩
の達人ブックス　大人の自由時間）　1429円
①4-330-65601-9　Ⓝ689.81361
[内容]　颯　セルリアンタワー東急ホテル　香　アグネス
ホテルアンドアパートメンツ東京　雅　フォーシーズ
ンズホテル椿山荘東京　時　山の上ホテル　睦　ロイ
ヤルパークホテル　祭　浅草ビューホテル　風　ホテ
ル日航東京　格　パレスホテル　渋　ロイマックスホ
テル渋谷　充　ホテルニューオータニ　賓　帝国ホテ
ル　ホテルのバーの意外性　女王様気分のスパ・エ
ステ　召しませ朝のふわふわが朝　ホテルメイドのパ
ン。　コラム　ホテル時間の使い方　　　　　〔1968〕

◇江戸・東京早まわり歴史散歩　黒田浩司著　学
生社　2001.11　147p　19cm　1200円　①4-
311-41974-0　Ⓝ291.361
[内容]　北の丸公園（千代田区）　皇居東御苑（千代田区）
大手町周辺（千代田区）　日比谷公園周辺（千代田区）
永田町周辺（千代田区）　番町・麹町周辺（千代田区）
靖国神社周辺（千代田区）　水道橋から一ツ橋へ（千
代田区）　お茶の水から神田へ（千代田区）　東銀座
から築地へ（中央区）〔ほか〕　　　　　　　〔1969〕

◇新版大東京案内　下　今和次郎編纂　筑摩書房
2001.11　378p　15cm　（ちくま学芸文庫）
1200円　①4-480-08672-2　Ⓝ291.36
[内容]　東京の郊外　特殊街　花柳街　東京の旅館　生
活の東京　細民の東京　学芸の東京　市政と事業
　　　　　　　　　　　　　　　　　　　　　〔1970〕

◇新版大東京案内　上　今和次郎編纂　筑摩書房
2001.10　340p　15cm　（ちくま学芸文庫）
〈複製を含む〉　1000円　①4-480-08671-4
Ⓝ291.36
[内容]　大東京序曲　東京の顔　動く東京　盛り場　享
楽の東京　遊覧の東京　　　　　　　　　　　〔1971〕

◇哈日杏子のニッポン中毒─日本にハマった台湾
人トーキョー熱烈滞在記　哈日杏子文・イラス
ト，小島早依訳　小学館　2001.2　198p　19cm
1200円　①4-09-387334-8　Ⓝ291.361
[内容]　第1章　哈日事件簿（大雪が降りました　池袋の
ティッシュ　同情するならお金をください　バービー
とジェニーのために）　第2章　ステキな哈日生活in台
湾（聖子とわたし　花嫁必修課程　納豆　哈日履歴
書）　第3章　堪能日本滞在（忍者ばば　しあわせ食卓
哈日ねぎま　おとなの天国）　第4章　あっちこっち訪
問記（神さま、お願いです！（明治神宮）　秋葉原た
たき買い記　日本風味の中華街　「カワイイ病」の

聖地（サンリオピューロランド）　ほか）　　〔1972〕

◇東京ロンリーウォーカー─自称・東京通たちに
贈る「真のトレンディ」ガイド　松尾潔著　扶
桑社　2000.11　167p　21cm　（Spa！
books）　1143円　①4-594-03021-1　Ⓝ291.361
[内容]　松尾の考える真のトレンディ・スポット厳選
10（ドン・キホーテ　スターバックス　ユニクロ（ほ
か）　1997（トゥ・ザ・ハーブス　東京ヒルトンホテ
ルラウンジ　マネケン　ほか）　1998（日焼けサロン
KuRoBe　ヴィノテカ　モモ　原宿似顔絵通り　ほか）
1999（チャイナスター　東急百貨店日本橋店　コパカ
バーナ　ほか）　2000（QFRONT　326ミュージアム
ニューズ・ダイニング　ほか）　特集「回転」（余は如
何にして「回転」評論家となりし乎　天下寿司　鍋
処泉　ほか）　　　　　　　　　　　　　　　〔1973〕

◇住みたい遊びたい23区─東京ライフパートナー
東京情報堂取材・執筆, 新紀元社編集部編　新
紀元社　2000.7　175p　21cm　（Shinkigen
books）　1000円　①4-88317-806-4　Ⓝ291.361
＊本書は、東京23区のサービスや制度をはじめ、住む
のにおすすめしたいエリアなどを紹介。　　〔1974〕

◇Tokyoリトルアジアの歩き方　新紀元社編集部
編　新紀元社　2000.7　159p　21cm
（Shinkigen books）　1200円　①4-88317-804-8
Ⓝ291.361
[内容]　1　リトルアジア探検隊　2　躍るリトルアジア　3
アジアと日本を繋ぐ人　4　現地的アジア飯、日本で
食べる　5　アジア雑貨のワンダーランド　6　リトル
アジアデータバンク　　　　　　　　　　　　〔1975〕

◇東京一年間　吉田享晴著　小学館　2000.5
191p　19cm　〈折り込み1枚〉　1200円　①4-09-
386052-1　Ⓝ291.36
[内容]　待ち時間ゼロの初詣　渋滞知らずの冬温泉　寒
さを忘れる屋内デート　21世紀のゲレンデとは？　お
得なディズニーランド!?　待ち合わせに役立つ便利
サービス　都内の温泉であったかデート　春を訪ねて
房総&海はたるみほたるデート ドライブ　「横浜行かない？」　ネッ
トで遊びを準備する〔ほか〕　　　　　　　　〔1976〕

◇なごむ東京　オレンジページ　2000.3　120p
30cm　（オレンジページムック）　848円　①4-
87303-098-6　Ⓝ291.361　　　　　　　　　〔1977〕

◇Tokyo事件・芸能マップ　ネスコ編　ネスコ
2000.1　244,7,3p　18cm　〈発売：文藝春秋〉
1200円　①4-89036-096-4　Ⓝ291.361
[内容]　ニュース・事件（統一教会─桜田淳子さんが入信
している、なにかと話題の宗教　東邦生命ビル─オ
ザキ・鉄人・倒産が合体したら　ほか）　ニュース・芸
能（青山学院大学─サザンの原点、附属には芸能人の
息子　青山ブックセンター前エスカレーター─川島な
お美がおみ足をくじいた場所　ほか）　ニュース・ア
ミューズメント（円山町ラブホテル街─エッチするだ
けなんてもったいない　恵比寿麦酒記念館─恵比寿
ビール発祥の地でグイッ飲み　ほか）　ドラマロケ地と小
説の舞台（恵比寿南一公園─「東ラブ」リカとさとみ
が語りあった　仙寿院のトンネル─神宮前の心霊ス
ポットで生まれた名場面（ほか）　ニュース・ショッ
ピングとグルメ（キディランド原宿店─おもちゃの最
先端からマニアものまで　スヌーピータウンショッ

地理　　　　　　　　　　　　　　　　　　　　　　　　　　　　　歴史・地理

プ原宿店―乙女の大好きキャラクター　ほか〕〔1978〕

◇東京山の手ハイカラ散歩　大竹昭子著　平凡社
　1999.9　126p　22cm　（コロナ・ブックス 70）
　1524円　Ⓘ4-582-63367-6　Ⓝ291.361
　内容　本郷　目白台　牛込・神楽坂　四谷　青山　麻
　布　白金　高輪　　　　　　　　　　　　　　〔1979〕

◇私の東京万華鏡　川本三郎著　筑摩書房
　1999.9　253p　15cm　（ちくま文庫）〈「東京
　万華鏡」（1992年刊）の改題　写真：武田花〉
　640円　Ⓘ4-480-03509-5　Ⓝ291.361
　内容　水の街、東京（記憶の中の「自然」―多摩川　下
　町らしさを求めて―幻の柳橋散歩　ほか）　私の散歩
　道（墓地は都会の散歩道―青山、染井、雑司ヶ谷　山
　の手の子どもたちの故郷―原っぱ　ほか）　東京には
　夢がある（江戸東京銀幕観察―映画の記憶の中の東京
　山内選手が町にやってきた！―野球に夢中だったころ
　ほか）　町中のランドマーク（街角から見上げる
　都市の遺跡―東京タワー　アパートの時代の東京　ほ
　か）　　　　　　　　　　　　　　　　　　　〔1980〕

◇大東京繁昌記　高浜虚子他著　毎日新聞社
　1999.5　263p　20cm　1600円　Ⓘ4-620-51036-
　X　Ⓝ291.361
　内容　丸の内（高浜虚子）　日本橋附近（田山花袋）　本
　所両国（芥川龍之介）　新古細句銀座通（岸田劉生）
　早稲田神楽坂（加能作次郎）　雷門以北（久保田万太
　郎）　四谷、赤坂（宮島資夫）　神保町辺（谷崎精二）
　芝、麻布（小山内薫）　　　　　　　　　　　〔1981〕

◇江戸近郊ウォーク　村尾嘉陵著,阿部孝嗣現代
　語訳　小学館　1999.4　281p　20cm　（地球
　人ライブラリー）〈解説：　田中優子〉　1600円
　Ⓘ4-09-251041-1　Ⓝ291.36
　内容　西郊―新宿区・渋谷区北部・豊島区・中野区・杉
　並区・中野谷区北部・練馬区南部・市部　北郊―文
　京区・豊島区北部・台東区・荒川区・北区・板橋区・
　足立区・埼玉県川口市・戸田市・蕨市・浦和市・大宮
　市・上尾市・桶川市　東郊―台東区・荒川区・足立
　区・墨田区・葛飾区・江東区・江戸川区・千葉県松戸
　市・市川市・流山市・浦安市・船橋市・柏市　南郊―
　港区・渋谷区・品川区・目黒区・世田谷区・大田区・
　神奈川県川崎市　　　　　　　　　　　　　　〔1982〕

◇地図で歩く東京―巡検コースガイド　全国地理
　教育研究会,日本地図学会監修,東京都地理教育
　研究会,東京私立中学高等学校地理教育研究会
　編著　日地出版　1999.3　291p　21cm〈文献
　あり〉　1714円　Ⓘ4-527-00702-5　Ⓝ291.361
　内容　23区（西新宿―最新の東京都心を巡る　南新宿・
　東新宿―内藤新宿の今と昔　ほか）　多摩地区（吉祥
　寺・井の頭―武蔵野の湧水と集落　東久留米―落合
　川流域の湧水地域を歩く　ほか）　臨海・島しょ（レ
　インボータウン―臨海副都心に21世紀型都市づくりを
　見る　伊豆諸島―流人の島の歴史と、火山と暮らす歴史
　ほか）　資料編（多様なる地形と気候環境―東京の自
　然を考える　変転する東京の近現代社会環境―東京
　の成り立ちを考える）　　　　　　　　　　　〔1983〕

◇Tokyo隠れ名店お宝本―前頭葉刺激地帯　羽衣
　える著　小学館　1998.12　173p　21cm　952
　円　Ⓘ4-09-346051-5　Ⓝ291.361

　内容　隠れその1　味よし、雰囲気あり、でも目玉は絶
　対この人　隠れその2　ナマ演奏で、洒落る、笑う、陶
　酔する　隠れその3　男と女の…、男と男の…、女と
　女の…　隠れその4　ご予算少々、個性プンプン “凄
　い店”　隠れその5　原則いつでもオープン、好奇心湧
　く湧くスポット　隠れその6　開催日は要チェックの、
　話の “特ネタ” イベント　隠れその7　関西にも “隠れ”
　は、ぎょうさんありまっせ　　　　　　　　　〔1984〕

◇八塩圭子の山の手4区アド街ふう歩き方　八塩
　圭子著　光文社　1998.11　207p　18cm　1200
　円　Ⓘ4-334-90075-5　Ⓝ291.361
　内容　私が生まれた渋谷区（代官山　広尾　表参道　ほ
　か）　私を育ててくれた港区（西麻布　白金　麻布十
　番　ほか）　私を大人にしてくれた目黒区（中目黒　駒
　場　自由が丘）　私がいつか住むハズの世田谷区（三
　宿　駒沢）　　　　　　　　　　　　　　　　〔1985〕

◇私の東京町歩き　川本三郎著　筑摩書房
　1998.3　221p　15cm　（ちくま文庫）　600円
　Ⓘ4-480-03378-5　Ⓝ291.361
　内容　地図にない町　西の下町―阿佐谷（杉並区）　エ
　スニック・タウン―大久保（新宿区）　空港行きの電
　車に乗って―蒲田、羽田（大田区）　高台にある眺め
　のいい町―高輪・二本榎（港区）　銀座の先にある町―「離
　れ里」―佃島、月島（中央区）　「川の手」の小さな
　町―人形町（中央区）　川向うの親密な町―門前仲町
　（江東区）　町全体が大きな雑貨屋―本所駒形（墨田
　区）　文学碑の目立つ町―三ノ輪（荒川区）〔ほか〕
　　　　　　　　　　　　　　　　　　　　　　〔1986〕

◇女友だちにすすめたいもっと素敵な東京遊泳術
　東京ランブラー著　三天書房　1997.10　155p
　21cm　1500円　Ⓘ4-88346-016-9　Ⓝ291.361
　内容　食（本物を食す―江戸っ子の粋が生んだ「東京の
　味」、にぎり寿司・歴史散歩　この店でもてなす―幼
　なじみを招待する、銀座・味と夜の散歩　ほか）　買
　（食卓を極める―我が家のキッチンを厨房に変える、
　合羽橋・調理道具散歩　空間を飾る―自由な発想で部
　屋を飾る、英国発・インテリア散歩　ほか）　遊（「観
　る」「聴く」に出かける―星に包まれるひとときを過
　ごす、東京プラネタリウム散歩　一泊をくつろぐ―
　女二人で雲隠れ、小旅行気分の自白・隠れ家散歩　ほ
　か）　　　　　　　　　　　　　　　　　　　〔1987〕

◇イヤーな東京スポットガイド―アブナくって面
　白い、キモチワルイのに笑っちゃう　都内主要
　エリア徹底取材！　アスペクト　1997.5
　218p　21cm　（特集アスペクト 15）　1200円
　Ⓘ4-89366-724-6　Ⓝ291.36
　内容　1 渋谷　2 新宿　3 銀座　4 代官山～恵比寿
　5 恵比寿ガーデンプレイス　6 広尾・白金　7 西麻
　布・六本木　8 青山・原宿　9 東京タワー　10 中野
　11 下北沢　12 お台場・臨海副都心　13 池袋
　　　　　　　　　　　　　　　　　　　　　　〔1988〕

◇繁栄Tokyo裏通り　久田恵著　文藝春秋　1997.
　5　309p　20cm　1714円　Ⓘ4-16-352870-9
　Ⓝ302.136
　内容　入管警備官の猛夏―赤羽　キャンディ・ミルキィ
　おじさんと歩く―原宿　東京ディズニーランドをめ
　ぐる噂話―舞浜　高校生たちのパラダイス
　―千葉　そこにビルの窓があるから―池袋　ガー
　デンプレイスのクリスマス・イヴ―恵比寿　ある塾

142　「東京」がわかる本 4000冊　　　　　　　　　　　〔1979～1989〕

歴史・地理　　　　　　　　　　　　　　　　　　　　　　　地理

経営者のつぶやき―駒込　新宿を流して半世紀―新
宿　垢だらけの人生―新宿　「いざ鎌倉」駅のキヨ
スクへ―鎌倉〔ほか〕　　　　　　　　　　〔1989〕

◇大江戸散歩絵図　松本哉著　新人物往来社
1996.12　203p　20cm　2500円　①4-404-
02442-8　Ⓝ291.361
　|内容| 江戸城本丸跡を歩く　墨堤名物桜もち　大名屋
敷表門の余生　江戸美人お仙をたずねて　江戸東京雑
録　川めぐり橋三昧　江戸散歩たまたまの伏座　品
川台場大のめり　江戸はかく消え、かく残る〔1990〕

◇東京の流儀―流儀を知らずして東京で遊ぶな・
か・れ!!　1997　東京生活研究所編　テラ・
コーポレーション　1996.12　223p　19cm
1300円　①4-925001-25-6　Ⓝ291.361
　|内容| 六本木　新宿　渋谷　池袋　上野・浅草　臨海
副都心　西麻布・広尾　代官山　恵比寿　銀座　青
山・表参道　錦糸町〔ほか〕　　　　　　　〔1991〕

◇これぞ「大東京」の(珍)スポット―東京モンも
ビックリ仰天の面白ガイド　びっくりデータ情
報部編　河出書房新社　1996.11　233p　15cm
（Kawade夢文庫）　480円　①4-309-49170-7
Ⓝ291.36
　|内容| 1 お疲れ現代人のストレス解消にもってこい!
2 格安、ユニーク、最新…とにかく得する穴場店は
ここ!　3 我を忘れて陶酔しちゃう究極オタッキー
が大集合　4 さすが情報都市ならでは!　世界で唯
一のマル珍資料館　5 ちょっと危ないけど行ってみ
たい極秘のセクシー・ゾーンって?　6 お父さんが
大感激する"レトロな東京"は今も健在!　7 巷で
大ウケ名物人間出没の街とは　　　　　　　〔1992〕

◇ぶらり東京絵図　松本哉著　三省堂　1996.11
206p　18cm　1200円　①4-385-35749-8
Ⓝ291.361
　|内容| 第1部 東京の風景（作業船の休日と平日　船の
コケン　洲崎の椅子 ほか）　第2部 下町の季節（新
春すみだ川散歩　新春の下町風景　春の散歩 ほか）
　　　　　　　　　　　　　　　　　　　　〔1993〕

◇東京探見―江戸・東京の歴史と文化をたどる
石井庸雄著　甲陽書房　1996.7　246p　20cm
〈関連年表：p220〉1500円　①4-87531-123-0
Ⓝ291.36
　|内容| 春（明石町　浅草観音 ほか）　夏（井の頭公園
神宮球場 ほか）　秋（向島百花園　目黒不動 ほか）
冬（哲学堂公園　消防博物館 ほか）　　　　〔1994〕

◇東京スケッチ漫遊記―残像の東京ノスタルジッ
クブルース　小川幸治著　日貿出版社　1996.4
218p　22cm〈著者の肖像あり〉2781円　①4-
8170-3014-3　Ⓝ291.36
　＊子供の頃より見慣れた風景と、潤いのあった日常生
活は地上げの嵐とともにどこかへ消え去って行っ
た。懐かしいあのビル、あの路地、あの人々…。中央
区に生まれ育った日本画家がライフ・ワークで取組
む街角のスケッチ。好評の『東京スケッチ遊覧』に
続く待望の第2画文集。作品300点と軽妙なエッセイ
48話。　　　　　　　　　　　　　　　　　〔1995〕

◇東京路地裏観光―エスニック横丁で待ってるわ

戸塚省三著　二玄社　1996.3　251p　21cm
（Ensû bunko）　1545円　①4-544-04323-9
Ⓝ291.36
　|内容| 1 東京エスニック・ツアー　2 横丁の怪人探検
3 レトロ商店街観光　4 路地裏グランドツーリング
　　　　　　　　　　　　　　　　　　　　〔1996〕

◇ぶらっと東京　羽鳥昇兵著　読売新聞社
1995.9　217p　18cm　1000円　①4-643-95082-
X　Ⓝ291.36
　|内容| 江戸職人作の洋式石橋―常盤橋　晴れて主祭神
に返り咲く―将門塚　標高の原点がここに―尾崎記
念公園　江戸城鎮守と山王祭り―日枝神社　迷路の
ような旗本屋敷街―番町1　滝廉太郎と有名人ずらり
―番町2　靖国神社で名を広める―九段坂　硯友社や
滝沢馬琴宅跡に―九段坂かいわい　門名が御三卿の家
名に―田安門　将軍に献じた名水に由来―お茶の水
〔ほか〕　　　　　　　　　　　　　　　　　〔1997〕

◇私だけの東京散歩　下町・都心篇　春風亭小朝
ほか著,荒木経惟ほか写真撮影　作品社　1995.
8　177p　20cm　1800円　①4-87893-227-9
Ⓝ291.36
　|内容| 戦いくたびれたら、ボクが帰る町―本駒込　路
地の奥にひっそり隠れている味―根津　下町のソフ
トウェア―谷中　新旧混合の怪しさ―門前仲町　奇
跡的に昔の面影を残す町―四谷・荒木町　運河の水
とともに、生きてゆきたい―芝浦　笑顔の並んだ写
真。白金時代の宝物―白金台　水郷気分を味わえる
―金町　今も変わらぬ路地の流れ、坂の町―赤坂〔ほ
か〕　　　　　　　　　　　　　　　　　　〔1998〕

◇私だけの東京散歩　山の手・郊外篇　安部譲二
ほか著,荒木経惟ほか写真撮影　作品社　1995.
8　177p　20cm　1800円　①4-87893-228-7
Ⓝ291.36
　|内容| 売れない肩よく、池の鴨を眺めては…―吉祥寺
老人と孫が鬼子母神で、いつも戯れている町―雑司
が谷　古き良き東京の残像が漂う―新宿区・弁天町
ただ歩いているだけで、何となく心なごむ池畔―洗足
池　子供の頃の東京が恋しくなったら―沼袋　鎌倉　僕
の青春時代が埋まっている風景―沼袋　せせらぎで
カワセミを見た―津田山　故郷の山形より緑が多い
―杉並・成田東　"街と町"二つの顔が魅力の―渋谷
どの部屋からも、光る海が見える―葉山〔ほか〕
　　　　　　　　　　　　　　　　　　　　〔1999〕

◇わたしの東京物語　増田みず子著　丸善
1995.5　219p　19cm　（丸善ブックス 26）
〈引用または参考文献：p215～219〉1600円
①4-621-06026-0　Ⓝ291.36
　|内容| 序章 東京の不思議な光景　第1章 東京の景
色　第2章 向島　第3章 千住　第4章 運河のトビウ
オ　第5章 隅田川を描いた小説　　　　　　〔2000〕

◇東京大見物―「はとバス」ガイドの日記より
及川光代著　はまの出版　1995.4　254p
19cm　1500円　①4-89361-186-0　Ⓝ291.36
　|内容| 1 おなじみ、「夜のお江戸コース」　2 「大相撲
コース」は、はとバスの華　3 コースは時代とともに
　4 お客さまにもいろいろいます　5 はとバスガ
イドの今と昔　　　　　　　　　　　　　　〔2001〕

〔1990～2001〕　　　　　　　　　　　　「東京」がわかる本 4000冊　　143

地理　　　　　　　　　　　　　　　　　　　　　　　　　　　歴史・地理

◇吉村作治の街角考古学―早稲田・慶応〈三田〉界
隈を歩く　吉村作治著　徳間書店　1995.1
219p　19cm　1300円　Ⓘ4-19-860227-1
Ⓝ291.36
内容 序章 街角考古学とは何か　第1章 私の東京論
第2章 わが青春の街・早稲田を歩く　第3章 早稲田
とは正反対の街、三田を歩く　　　　　　　〔2002〕

◇「江戸」を歩く　江戸いろは会編　日本交通公
社出版事業局　1994.11　159p　21cm　（JTB
キャンブックス）　1500円　Ⓘ4-533-02092-5
Ⓝ291.36
内容 "TOKYO"は江戸が息づくジグソーパズル　江
戸ぐらし（行楽　名残　行事　ほか）　江戸めぐり（庭
園　屋敷　将軍家　ほか）　商い　江戸噺（都市計画
支配体制　ほか）　　　　　　　　　　　　〔2003〕

◇復元・江戸情報地図―1：6,500　吉原健一郎ほ
か編集・制作　朝日新聞社　1994.10　126p
37cm　〈監修：児玉幸多　参考文献：p126〉
15000円　Ⓘ4-02-256797-X　Ⓝ291.36
＊安政3年（1856）年の江戸とその周辺を6500分の1地
図36面で構成し、同一地域の現代東京の地図と重ね
合わせて示す地図帳。各図の両袖には歴史地名など
の簡単な解説を記載する。巻頭に基本資料となった
地図・文書一覧、巻末に参考文献リストがある。大
名索引など5編の索引を付す。―初めての江戸・東
京重ね合わせ地図。　　　　　　　　　　　〔2004〕

◇大東京探偵団―都市生活者のためのかたすみツ
アーガイド！　朝日新聞社　1994.9　188p
21cm　（朝日ワンテーママガジン　39）　1300
円　Ⓘ4-02-274039-6　Ⓝ291.36　　　　〔2005〕

◇東京おろおろ歩き　玉村豊男著　中央公論社
1994.9　245p　16cm　（中公文庫）〈『東京へ
めぐり』（朝日新聞社1991年刊）の増訂〉　500円
Ⓘ4-12-202137-5　Ⓝ291.36
内容 上野駅　原宿竹下通り　表参道中華料理　ホテ
ルにて　吾妻橋リバーサイド　マイカル本牧　横浜
ベイエリア　巣鴨とげぬき地蔵〔ほか〕　〔2006〕

◇風の散歩道―東京タウン・エッセー　朝日新聞
東京本社広告局〈風〉編集室編　朝日カルチャー
センター　1994.5　249p　21cm　1800円
Ⓘ4-900722-03-0　Ⓝ291.36
内容 中山あい子さんの神田　千葉道子さんの三番町
尾上菊之丞さんの銀座　四方田犬彦さんの月島　佃
公彦さんの佃　河合奈保子さんの赤坂　結城美栄子
さんの赤坂　中村紘子さんの麻布十番　わたせせい
ぞうさんの白金　玉利かおるさんの南青山　中村有
志さんの南麻布　服部まこさんの南麻布〔ほか〕
　　　　　　　　　　　　　　　　　　　　〔2007〕

◇東京下町新富育ち　田島ふみ子著　草思社
1994.3　232p　20cm　〈著者の肖像あり〉　1800
円　Ⓘ4-7942-0542-2　Ⓝ291.36
内容 1 水沢の震災疎開っ子　2 新富町かいわい　3
下町の明け暮れ　4 モボ・モガ時代の女学生　5 大
戦前夜のわが家　　　　　　　　　　　　　〔2008〕

◇フォトガイド東京歩き　木戸征治著　晶文社
1994.1　186p　22cm　〈引用および参考文献：

p184～186〉　1900円　Ⓘ4-7949-6157-X　Ⓝ291.
36
内容 駅　樹木探険　小さな旅　花　文学散歩　水
下町　　　　　　　　　　　　　　　　　　〔2009〕

◇玲子さんの東京物語　西村玲子著　講談社
1993.11　161p　15cm　（講談社文庫）　480円
Ⓘ4-06-185537-9　Ⓝ291.36
内容 満月の夜、有閑マダムに変身してウインドーシ
ョッピング。夜の顔もおしゃれな青山骨董通り　あ
れね、好きだった店がなくなって、すっかり変わっ
てしまった渋谷　日本一の富士山をうっとり眺めて
暮れてゆく、マイタウン経堂　またたくネオンを横
目で見、サラダうどんを食べに行く新宿　有楽町方
面が活気づいて、再び魅力的な銀座　スノップな映
画館・東京の街を走るバス・隅田川の川下り・羽田
空港サテライト・東京タワー・東京ディズニーラン
ド〔ほか〕　　　　　　　　　　　　　　　〔2010〕

◇東京風土図　産経新聞社会部編　社会思想社
1993.10　476,17p　31cm　9500円　Ⓘ4-390-
50192-5　Ⓝ291.36
＊本書は、昭和30年代初頭の雰囲気を残す多くの写真
を配し、略図で散歩コースも章ごとにイラストで示
し、世界第一位のマンモス国際都市、江戸―東京の
すがたを立体的にとらえる。単なる案内記として役
立つだけでない、現在では消失した町並や地名など
当時のままにあり、地誌的な面も充実している。本
書は又、大きく変容した東京の町の歴史がそのまま
日本の発展の縮図であることを物語っていて大変興
味深い内容となっている。　　　　　　　　〔2011〕

◇東京3D案内　滝本淳助撮影、えのきどいちろう
著　ソニー・マガジンズ　1993.9　157p　16×
22cm　〈付（Delfinder　袋入）〉　1800円　Ⓘ4-
7897-0811-X　Ⓝ291.36　　　　　　　　　〔2012〕

◇平成江戸東京風土記　入江孝一郎文写真，日本
移動教室協会編　移動教室出版事業局　1993.3
239p　26cm　〈発売：みくに書房〉　4800円
Ⓘ4-943850-50-2　Ⓝ291.36
内容 東京の自然　古代の東京　奈良時代の武蔵国
平安時代の武蔵国　鎌倉時代の武蔵国　南北朝時代
の武蔵国　室町時代の江戸　徳川家康と江戸城〔ほか〕
　　　　　　　　　　　　　　　　　　　　〔2013〕

◇新編東京繁昌記　木村荘八著　岩波書店
1993.2　320p　15cm　（岩波文庫）　620円
Ⓘ4-00-311391-8　Ⓝ291.36　　　　　　　〔2014〕

◇スケッチしながら東京散歩　電車で行く編　視
覚デザイン研究所・編集室著　視覚デザイン研
究所　1992.12　124p　21cm　〈付・厳選東京の
お花見ガイド〉　1300円　Ⓘ4-88108-100-4
　　　　　　　　　　　　　　　　　　　　〔2015〕

◇私の東京物語　稲越功一著　講談社　1992.12
254p　21cm　2000円　Ⓘ4-06-206189-9
Ⓝ291.36
＊変容するTOKYO幻想、巨大都市の光と影。透徹し
たカメラ・アイと感性豊かな文体で、うしなわれた
もの、いまそこにあるもの、やがてみえてくるもの
を、確かにとらえた都市論の新たな形。　　〔2016〕

144　「東京」がわかる本 4000冊　　　　　　　　　〔2002～2016〕

歴史・地理　　　　　　　　　　　　　　　　　　　　　　　　　地理

◇東京インテリジェントプレイス─発掘と情報を
求めて選んだ知的回遊コース　笹口幸男著　建
築資料研究社　1992.11　213p　19cm〈付：参
考資料〉1500円　Ⓘ4-87460-371-8　Ⓝ291.36
　内容　本を求めて知の散歩─神田神保町　ミュージア
　ム探訪─上野の森　虎の門、赤坂ミッドタウンウォー
　ク　松涛美術館から文化村まで住宅街の散策を楽し
　む　駅周辺の魅力─東京駅　ウォーターフロントの
　変貌をここで確かめる　　　　　　　　　　〔2017〕

◇スケッチしながら東京散歩　都心を歩く編　視
覚デザイン研究所・編集室編　視覚デザイン研
究所　1992.8　124p　21cm〈付・東京の美術
館、博物館リスト〉1300円　Ⓘ4-915009-99-8
Ⓝ291.36
　内容　お茶の水から歩き始める　ニコライ堂　本郷か
　ら歩き始める　茗荷谷から歩き始める　権現坂　谷
　中から歩き始める　新大橋　佃島から歩き始める　深
　川から歩き始める　亀戸から歩き始める　浅草から
　歩き始める　東京駅から歩き始める　浜離宮から歩き
　始める　高輪から歩き始める　渋谷から歩き始め
　る　絵画館　原宿から歩き始める　スケッチに残し
　たい東京四谷駅界隈　四谷から歩き始める　中井か
　ら歩き始める　　　　　　　　　　　　　　〔2018〕

◇東京が、おもしろい─一世紀末過激都市へようこ
そ！　東京フロンテア倶楽部著　同文書院
1992.8　205p　19cm　（面白books 10）　1100
円　Ⓘ4-8103-7094-1　Ⓝ291.36
　内容　1 やっぱりスゴイ、さすがのTOKYO現象　2
　眠らない街TOKYOのカゲキな24時間　3 東京人も
　知らないこんなとこ、あんな場所　4 TOKYOは最
　強の街だ!? 世紀のデスマッチ　5 ミステリーがいっ
　ぱい！　不思議都市東京　6 江戸を知ればもっと東
　京が楽しくなる！　7 ますますおもしろい未来の
　TOKYOの生活　　　　　　　　　　　　　〔2019〕

◇東京万華鏡　川本三郎著　筑摩書房　1992.6
245p　20cm〈写真：武田花〉1500円　Ⓘ4-
480-81310-1　Ⓝ291.36
　内容　プロローグ　橋の見える場所　水の街、東京　私
　の散歩道　東京には夢がある　町中のランドマーク
　　　　　　　　　　　　　　　　　　　　　〔2020〕

◇ちょっと意外な東京雑学─街に出よう！　畑
田国男著　同文書院　1992.4　256p　19cm
（快楽脳叢書）　1300円　Ⓘ4-8103-7065-8
Ⓝ291.36
　内容　第1章 東京街巡り　第2章 東京「三大」コレク
　ション　江戸から東京へ　第3章 女だけの都・
　東京　第5章 マドンナ私鉄沿線物語　第6章 東京ア・
　ラ・カルト　　　　　　　　　　　　　　　〔2021〕

◇東京スケッチ遊覧─残像の東京ノスタルジック
ラプソディー　小川幸治著　日貿出版社　1992.
4　206p　21cm〈著者の肖像あり　付：著者略
歴〉2900円　Ⓘ4-8170-8735-8　Ⓝ291.36
　＊東京の古き良き街並みが失われてゆく。しかし表通
　りをちょっと曲った横町や路地にはまだまだ気取り
　の無い庶民のくらしと人情がある。スケッチブック
　と絵具を自転車に載せて、この様な風景の残る銀座や
　日本橋、隅田川周辺などを墨絵で描き巡る日本画家
　の情緒あふれる作品225点とユニークなエッセイ47

話。　　　　　　　　　　　　　　　　　　　〔2022〕

◇東京の印象　本間国雄著　社会思想社　1992.2
217p　15cm　（現代教養文庫 1413）　440円
Ⓘ4-390-11413-1　Ⓝ291.36
　＊大正初期の〈東京風景〉を、詩情溢れる百枚のスケッ
　チと百篇の短文とで表す「東京物語」。東京を享楽
　する画文集。　　　　　　　　　　　　　　〔2023〕

◇Tokyo下町そぞろ歩き─粋といなせの　横田喬
文, 石田良介画　日貿出版社　1992.1　255p
21cm　2000円　Ⓘ4-8170-8720-X　Ⓝ291.36
　内容　静けさと安らぎのある街　江戸の名残を伝える
　街　ぬくもりと風情のある街　『江戸』と『明治』『大
　正』の歴史を引きずる街　こだわりと人情を重んじ
　る街　いなせと心意気が似合う街　権威に逆らう神
　田っ子気質の源流　大だなのだんな衆が作った日本
　橋文化　江戸の風情が尾を引く街　「べらんめぇ」と
　祭り倒れの街　　　　　　　　　　　　　　〔2024〕

◇イマイチ君の東京トボトボ探検隊　綱島理友著
サンマーク出版　1991.11　239p　19cm〈書名
は奥付等による　標題紙の書名：東京トボトボ
探検隊〉1200円　Ⓘ4-7631-9003-2　Ⓝ291.36
　内容　ウンのつき!? 探検隊埼玉県に迷い込む─浦安市
　ディズニーランドから足立区竹の塚まで　堀内隊員、
　青春映画をやる─足立区竹の塚から板橋区成増まで
　練馬のミステリーゾーン─板橋区成増から清瀬市清
　瀬まで　団地と畑とトトロの森─清瀬市清瀬から東
　村山市西武園まで　温泉のベテランと入院患者─東
　村山市西武園から青梅市岩蔵温泉まで　補給部隊現
　れる─青梅市岩蔵温泉から名栗村名栗鉱泉まで　つ
　いに山岳地帯突入─名栗村名栗鉱泉から奥多摩町百
　軒茶屋まで　廃墟の山小屋とドシャ降りの雨─奥多
　摩町百軒茶屋から奥多摩町百軒茶屋〔ほか〕〔2025〕

◇東京人間図鑑　永沢まことスケッチと文　草思
社　1991.11　175p　21cm　1600円　Ⓘ4-
7942-0442-6　Ⓝ291.36
　＊ニューヨーク、パリ、バルセロナ、モロッコ、香港…。
　世界中の都市と人びとをスケッチしてきた著者が、
　生まれ育った町に挑戦。ユーモアと批評精神にあ
　ふれたエッセイと、ほのほのとしたスケッチで描く
　知ってるようで知らない東京ワンダーランド90S。
　渋谷、原宿、六本木。根津、浅草、御徒町。街角面
　白ウォッチング。こんな東京見たことない。映画、
　文学、食べ物屋、お祭など90年代東京を堪能する情
　報満載。　　　　　　　　　　　　　　　　〔2026〕

◇東京吟行案内　山崎ひさを著者代表, 原裕編
俳人協会　1991.10　183p　19cm　（吟行案内
シリーズ 5）　1500円　Ⓝ291.361　　〔2027〕

◇東京極上散歩術　波乗社　1991.8　243p
19cm　（夢本シリーズ）〈監修：坂崎靖司　企
画・編集製作：蘭亭社　発売：一季出版〉1280
円　Ⓘ4-900451-61-4　Ⓝ291.36
　内容　銀座　破産しそうな衝動買い散歩　皇居・濠端　唄
　うお散歩コース　神田神保町　愛人がわりのいとしい
　街・神保町の「音楽喫茶」などご案内　神田神保町
　愛想はなくてもガンバる─神保町の定食屋　人形町
　1000円ポッキリ・人形町、昼下がりの食楽　本郷元
　町　東京は散歩の聖地　千駄木～谷中　東京最中散歩
　根岸～上野桜木町　「三百六十五歩のマーチ」で歩く

〔2017～2028〕　　　　　　　　　「東京」がわかる本 4000冊　　145

地理　　　　　　　　　　　　　　　　　　　　　　　　　　　　歴史・地理

上野／茅場町　美術館へようこそ　三河島　キムチとカルビの街に"幻のスタミナ食"があった　向島　川風にさそわれて隅田川散歩〔ほか〕　　　　　　　〔2028〕

◇東京へめぐり　玉村豊男著　朝日新聞社　1991.5　203p　19cm　1050円　Ⓓ4-02-256284-6　Ⓝ291.36
内容　お茶の水学生街　ブティック探検　善光寺まいり　サロン・ド・エステ　亡国ギャル　東京ドーム見物　都会の農地　カプセルホテルの夜　スリープ・マネジメント　兜町証券市場　レストラン・クルーズ　亜熱帯シティーリゾート　真夏のクリスマス　局番論　日本全国東京都　菜鮮レストラン　東京タワーにて　回転木馬　あとがき―上野発最終便　〔2029〕

◇東京下町散策図　松本哉著　新人物往来社　1991.4　203p　20cm　2300円　Ⓓ4-404-01811-8　Ⓝ291.36
内容　上野のお山　浅草寺にて　桜田門外1000キロ　元禄討ち入りの現場　江戸鳥瞰の道路地図　鼠小僧の周辺　南千住の歴史散歩　すみだ堤風物抄　小名木川の江戸風物　　　　　　　　　　　　〔2030〕

◇東京読本　枝川公一著　西北社　1991.3　358p　20cm　〈発売：星雲社〉2300円　Ⓓ4-7952-5010-3　Ⓝ291.36
内容　東京の食堂　東京の食べもの　東京の喫茶店　東京の酒場　東京の店　東京の通り　東京の路上人　東京の場所　東京の街　東京の人　　〔2031〕

◇ラブミー東京―東京にいるボクは何処にいるんだろう？　スリー・アミーゴス・ファミリー・スタジオ編　徳間書店　1990.12　220p　16cm　（徳間文庫）780円　Ⓓ4-19-599230-3　Ⓝ291.36
内容　第1部　「東京都」のしくみ　第2部　東京タワー　第3部　スウィート・ルーム　第4部　「東京半日（A）コース」　第5部　ブルースカイラウンジ　第6部　ジングル・ベルス　　　　　　　　　　〔2032〕

◇東京の路地を歩く　笹口幸男著　冬青社　1990.11　222p　20cm　1800円　Ⓓ4-924725-10-2　Ⓝ291.36
内容　花街の粋をたたえる格調高い路地―神楽坂　四谷　荒木町　超高層を望む安らぎのスポット―新宿　高田馬場　中野　トレンディな街のなかの"隠し味"―渋谷　原宿　旧東海道沿いの水辺の路地みち―品川　大都市に点在する反時代的トポス―赤坂　麻布　虎ノ門　大都市を支えるもう一つの回路―銀座　伝統的下町に息づく庶民の美意識―築地　人形町　変貌するウォーターフロントと江戸の情趣―佃島　月島〔ほか〕　　　　　　　　　　　　　　　　　〔2033〕

◇東京郊外半日散歩　山内住夫、とんぼの本編集部編　新潮社　1990.9　111p　22cm　（とんぼの本）1300円　Ⓓ4-10-601986-8　Ⓝ291.36
＊港町あり無人島あり、寺町、城あと、むかし道。小江戸あり武家屋敷あり、城に新緑、紅葉もまた良し。日帰りで、こんな散歩がまだ出来る！　深大寺、玉川上水、青梅から奥多摩、川越、飯能・高麗、横浜、横須賀、三浦半島、佐倉―都心から、電車に揺られて1時間の範囲で選んだ、首都圏ぐるりのおすすめコース16本。　　　　　　　　　　〔2034〕

◇メモリーズ・オブ・ユー――東京デート漂流　永倉万治著　講談社　1990.3　343p　15cm　（講談社文庫）《『東京デート漂流』(1986年刊)の増補版》520円　Ⓓ4-06-184650-7　Ⓝ291.36
＊長い髪のあのコとデート！　となった高橋は有頂天。逸る心を抑えデートスポット研究にはしる。そしてその日…東京の街を舞台に、どこにもありそうな、"ボーイ・ミーツ・ガール・ストーリー"。かつて少年だったアナタにはおかしくほろ苦く、いま青春しているキミには情報です。「講談社エッセイ賞」の著者の、心やさしい青春への応援歌でもあります。　　　　　　　　　　　　　　　　〔2035〕

◇チェンバレンの明治旅行案内　横浜・東京篇　B.H.チェンバレン,W.B.メーソン著,楠家重敏訳　新人物往来社　1988.1　236p　20cm　〈チェンバレンの肖像あり〉2000円　Ⓓ4-404-01450-3　Ⓝ291.09
内容　序論　日本文化総論　日本旅行案内―旅程（横浜　横浜からの小旅行　鉄道で横浜から東京へ　東京　東京近郊）　　　　　　　　　　　〔2036〕

◆23区

◇これでいいのか東京都足立区　昼間たかし編　マイクロマガジン社　2016.7　319p　15cm　（地域批評シリーズ　11）〈「東京都足立区」(2007年刊)の改題、再編集、再構成　文献あり〉790円　Ⓓ978-4-89637-572-5　Ⓝ291.361
内容　第1章　足立区は本当にビンボーなのか？（足立区民はガストとマックが大好き　ディスカウント店のラインナップが一味違う！　ほか）　第2章　足立区住民はヤンキーばかりなのか？（出生率が高い！　出産年齢が低い！＝元ヤンが多い？　大学がない！　大学生もいない！　縁がない？　ほか）　第3章　足立区はタマゴからマンションまでなんでも安い！（物価が安い！　東京イチ安い食品と食べ放題店天国！　家賃も安い！　でも「バス0分」に君は耐えられるか？　ほか）　第4章　足立区にはなんで電車がないんでしょうか（自転車立国足立　なんでこんなにいっぱいあるの　電車の少ない足立で頼りがいのあるのはバスしかない？　ほか）　第5章　変わりゆく足立区（改善された足立区と失われた足立区　重要なターニングポイントに立つ足立区　ほか）　〔2037〕

◇大東京23区散歩　泉麻人著　講談社　2016.6　668p　15cm　（講談社文庫　い52-17）〈絵：村松昭　2014年刊を大幅に改訂〉1100円　Ⓓ978-4-06-293419-0　Ⓝ291.361
内容　千代田区　中央区　港区　新宿区　文京区　台東区　墨田区　江東区　品川区　目黒区〔ほか〕　　　　　　　　　　　　　　　　　〔2038〕

◇これでいいのか東京都板橋区　荒井禎雄編　マイクロマガジン社　2016.4　320p　15cm　（地域批評シリーズ　7）〈「東京都板橋区」(2008年刊)の改題、改訂　文献あり〉790円　Ⓓ978-4-89637-558-9　Ⓝ291.361
内容　第1章　板橋区って東京だったよね？（板橋区って何でこんなに無名なのよ？　板橋区って地味なのに貧乏人だけがたらと目立って多い？　ほか）　第2章　歴史的に「道」に支配される板橋区（千年にわたって珍走団（暴走族）に悩まされる板橋区　日本を代表す

146　　「東京」がわかる本　4000冊　　　　　　　　　　　　　　　　　　　　　　　　　〔2029～2039〕

歴史・地理　　　　　　　　　　　　　　　　　　　　地理

る大気汚染地域・板橋の空気はヤバい！　ほか）　第
3章　バイタリティがありすぎの板橋区の商店街（コ
ンビニや100円ショップが通用しない！　恐るべき板
橋の商店街！　普段でも安いのに特売とくりゃ…と
にかく何でも叩き売り　ほか）　第4章　板橋区民はど
んな生活をしているのか？　（板橋区の家賃は安い？
ウソかマコトか調べてみた　板橋区民は働きたいの
か！　働けないのか！　働かないのか！　ほか）　第
5章　「わたしたちの板橋」の真実って？　（板橋区の
抱える問題は利点とセットにした！　外国人
犯罪が多いというのはウソ！　今じゃ国際化モデル
地域！　ほか）　　　　　　　　　　　　　〔2039〕

◇これでいいのか東京都大田区　昼間たかし, 伊
藤圭介編　マイクロマガジン社　2016.4　320p
15cm　（地域批評シリーズ　8）〈2009年刊の加
筆訂正　文献あり〉790円　Ⓘ978-4-89637-
559-6　Ⓝ291.361
　内容 第1章　大田区の深〜い歴史を探ってみよう！
第2章　大田区は世間一般とズレている　第3章　見る
からにフツーなのに実はおかしい中央線　第4章　羽
田ブルーカラーエリアは大田区のネイティブなのか
第5章　隔離地帯田園調布の真相とは　第6章　みえて
きた大田区の未来像？　　　　　　　　　　〔2040〕

◇これでいいのか東京都北区—デフレが生んだ理
想郷北区　鈴木士郎、昼間たかし編　マイクロ
マガジン社　2015.11　139p　26cm〈日本の特
別地域特別編集　文献あり〉1300円　Ⓘ978-4-
89637-540-4　Ⓝ291.361
　内容 デフレが生んだ理想郷北区　奇妙な人種が大集
結！　第1章　安い！　近い！　賢い？　意外に高かった
北区の実力　第2章　新旧二大勢力が交差する赤羽が
抱える大きな課題　第3章　デフレ適応都市十条の底
力　その秘訣はバランス感覚　第4章　苦闘が続く「旧
都」王子　復活の決め手は原点回帰　第5章　住民は北
区だと思っていないセレブ地区「滝野川」の秘密　第
6章　田端を襲うストロー現象　南からの侵略とどう戦
うか　第7章　北区にしかない幸福な生活　その価値を
守るためには？　街の気になるスポット　　〔2041〕

◇23区格差　池田利道著　中央公論新社　2015.
11　278p　18cm　（中公新書ラクレ　542）
880円　Ⓘ978-4-12-150542-2　Ⓝ302.1361
　内容 前章　多極化する23区に生まれる「格差」　第1
章　23区常識の「ウソ」　第2章　ニーズで読み解く23
区格差　第3章　年収・学歴・職業で非凡な区、平凡
な区　第4章　23区の通信簿　最終章　住んでいい区・
よくない区を見極める方法　　　　　　　　〔2042〕

◇これでいいのか東京都杉並区　伊藤圭介、昼間
たかし編　マイクロマガジン社　2015.9　319p
15cm　（地域批評シリーズ　2）〈『東京都杉並
区』（2008年刊）の改題　文献あり〉790円
Ⓘ978-4-89637-523-7　Ⓝ291.361
　内容 第1章　杉並区は駅で人種も生き方も違う！　第
2章　高円寺バイオレンス純情　第3章　阿佐ヶ谷混沌
ブルース　第4章　荻窪団地買出し哀歌　第5章　西荻
窪東西南北戦線に異常あり　第6章　アニメと商店街
と練馬大根〜西武新宿線　第7章　渋谷吉祥寺勢力の
植民地〜京王井の頭線　第8章　飛び地天国〜東京メ
トロ丸ノ内線　第9章　杉並区民の行動範囲は狭い
　　　　　　　　　　　　　　　　　　　　〔2043〕

◇これでいいのか東京都練馬区　岡島慎二, 土屋
幸仁編　マイクロマガジン社　2015.9　319p
15cm　（地域批評シリーズ　1）〈文献あり〉
790円　Ⓘ978-4-89637-522-0　Ⓝ291.361
　内容 第1章　バラバラでツギハギだらけの練馬連邦
（「田舎」「地味」「暗い」練馬のイメージは悪かっ
た　板橋区からの分区問題で見えた練馬区民の強い
忍耐力　ほか）　第2章　何かにつけて落差が激しい練
馬区東部（静寂と喧騒が同居する城下町・練馬の超・
威張りっぷり　プチセレブもビンボーもヤンキーも
ゴチャゴチャ！　光が丘は理想の街か!?　ほか）　第
3章　練馬区西部は憧れの学園都市なのか？　（ふた
つのセレブリティと勃発した新旧住民対決　大泉学園
事情パート1　つぎはぎだらけの再開発に街はいった
いどこへ行く!?　大泉学園事情パート2　ほか）　第4章
憧れの練馬ライフの真相って？　（目に余る貧乏エリ
ア無し！　フツーの人が多い練馬なのに物価は極端
遊びは余所まかせ！　飲めない、打てない、買えない
練馬ってつまらない!?　ほか）　第5章　閑静なのに完
成しない練馬区の未来って？　（ツギハギ・練馬の象
徴　西大泉町の飛び地は練馬の自戒の地であれ！　や
りかけ計画に予定変更　練馬行政のハンパさにもの申
す！　ほか）　　　　　　　　　　　　　　〔2044〕

◇「谷根千」地図で時間旅行　森まゆみ著　晶文
社　2015.7　237p　21cm〈年表あり〉1800円
Ⓘ978-4-7949-6885-2　Ⓝ291.361
　内容 1　地図でみる谷根千（まえがき—長禄年間江戸
絵図　正保年間江戸絵図　寛文五枚図ほか）　2　谷
根千手づくり地図（「谷根千」なつかしの地図　森鷗
外の「雁」を歩く　一葉の住んだ町完全踏査　ほか）
3　家族の地図、なりわいの地図（商店街の町並み　大
正ごろの谷中学校界隈　母の出会った浅草の空襲　ほ
か）　　　　　　　　　　　　　　　　　　〔2045〕

◇シモキタらしさのDNA—「暮らしたい訪れた
い」まちの未来をひらく　高橋ユリカ, 小林正
美著, グリーンライン下北沢編　エクスナレッ
ジ　2015.6　255p　21cm〈英語併記　年譜あ
り〉1800円　Ⓘ978-4-7678-1983-9　Ⓝ291.361
　内容 第1章　シモキタらしさのDNAとは？　（下北沢
は若者のまちの老舗。若者のまちだからこそ、変わっ
ていく　下北沢「おしゃれなまち」の系譜　戦前から
現在への香りと若者　ほか）　第2章　シモキタの
街づくりとその変容（下北沢の歴史と現状の問題点、
これからのビジョン　下北沢フォーラムの活動と海
外からの関心　市民アンケートと専門家シャレット
ワークショップ　ほか）　第3章　さよなら踏切、まち
の未来へ（さよなら踏切、ようこそシモチカ—地下化
され、やっとリアルに考えるようになって　ニュー
ヨーク「ハイライン」—みんなで夢を紡いだパブリッ
ク・スペース　まだ見ぬ未来のまちのために—「グ
リーンライン下北沢」が考えた8つのヴィジョン　ほ
か）　　　　　　　　　　　　　　　　　　〔2046〕

◇千代田の坂と橋—江戸・東京の地形　平成26年
度文化財特別展　千代田区立日比谷図書文化館
文化財事務室編　千代田区教育委員会　2015.1
63p　30cm〈会期：平成27年1月30日—3月2日
日〉Ⓝ291.361　　　　　　　　　　　　　〔2047〕

◇大田区の法則　大田区の法則研究委員会編　泰
文堂　2014.12　174p　18cm　（リンダブック

〔2040〜2048〕　　　　　　　　　　　　「東京」がわかる本　4000冊　147

地理　　　　　　　　　　　　　　　　　　　　　　　　　　　　　歴史・地理

ス）〈文献あり〉950円　Ⓘ978-4-8030-0631-5
Ⓝ291.361
[内容]1 大田区よいとこ、一度はおいで！　編　2 な
んといっても羽田空港！　編　3 こんなにすごいぞ！
―大森、蒲田、田園調布編　4 なんとなくグルメ編
5 スポーツ・芸能に愛される街編　6 世界へ羽ばた
け！一町工場編　7 区民も知らない!? 大田区トリビ
ア編　　　　　　　　　　　　　　　　　　　〔2048〕

◇大久保コリアンタウンの人たち　朴正義著　国
書刊行会　2014.10　220p　19cm〈文献あり〉
1500円　Ⓘ978-4-336-05844-7　Ⓝ334.41
[内容]第1部 大久保コリアンタウンとニューカマー（ニ
ューカマーの街、大久保コリアンタウン　オールド
カマーの歴史を継承しない「大久保コリアン」　日本
国籍取得を拒否する「大久保コリアン」　「大久保コ
リアン」が日本国籍取得をためらう原因　グローバ
ル社会に生きるニューカマー）　第2部 大久保コリア
ンタウンの声（日本社会との共生に夢を託す　韓国の
理解を求めて韓国語の伝道師に　日本が好きで日本
を楽しむ　大久保を起点として世界ドリームを　韓
国文化を発信する韓国文化の伝道師　ほか）〔2049〕

◇神田万世橋まち図鑑―東京ルーツ！　神田のま
ち巡り40　神田万世橋まち図鑑制作委員会編
画・監修　フリックスタジオ　2014.10　236p
21cm　1800円　Ⓘ978-4-904894-22-4　Ⓝ291.
361
[内容]1（神田の地形　舟運と中山道　ほか）　2 万世橋
駅―東京・神田には、こんな豪華な駅がありました。
（レンガアーチ―都心を横切る中央線は、明治生まれ
の東京遺産。　万世橋駅―東京の中心地、万世橋。幻
のターミナル駅。　ほか）　3 神田ホットスポット―
平成の神田にダイビング！　（マーチエキュート神田
万世橋　アーツ千代田3331 ほか）　4 神田まちマッ
プ―神田を知るあの人が、とっておきの神田を教え
てくれる。（食べる　見る・買う ほか）　　〔2050〕

◇ぶらり、ゆったり、今こそ癒しの街・巣鴨―と
げぬき地蔵通り商店街の新たな挑戦　木崎茂雄
著　展望社　2014.10　198p　19cm〈文献あり
年表あり〉1250円　Ⓘ978-4-88546-286-3
Ⓝ672.1361
[内容]第1章 日本一の商店街はピンチこそチャンス！
（巣鴨は若者も惹きつける街だ　飛ぶように売れた絶
頂期 ほか）　第2章 願いが叶う、おもてなしの街（い
つも "とげぬき地蔵尊" とともに　眞性寺は開眼三百
年祭 ほか）　第3章 頑固に、巣鴨らしく（「巣鴨らし
さを失わないで…」　癒しの街・巣鴨をゆったりと
ほか）　第4章 新たな飛躍を目指して―対談 小田桐
誠vs木崎茂雄（古いものは常に新しい　「苦しくても、
味は絶対に落とさない」 ほか）　　　　　　〔2051〕

◇足立区の法則　足立区の法則研究委員会編　泰
文堂　2014.9　174p　18cm　（リンダブック
ス）〈文献あり〉950円　Ⓘ978-4-8030-0592-9
Ⓝ291.361
[内容]1 旧足立区民vs.新足立区民編　2 都市伝説＆ウ
ワサ話編　3 街並み・交通編　4 生活・グルメ編　5
学校生活・恋愛編　6 有名人・メディア・伝統編
　　　　　　　　　　　　　　　　　　　　　〔2052〕

◇下北沢ものがたり　シンコーミュージック・エ

ンタテイメント　2014.4　236p　19cm〈文献
あり〉1400円　Ⓘ978-4-401-63940-3　Ⓝ291.
361
[内容]リリー・フランキー　よしもとばなな　柄本明
金子マリ&KenKen　曽我部恵一　東方力丸（慢読
家）　本多一夫（本多劇場グループ代表）　平野悠（ロ
フトプロジェクト代表）　椿正雄（フラッシュ・ディ
スク・ランチ店主）　小川たまか（下北沢経済新聞編
集長）　吉田豐吉（下北沢南口商店街振興組合前理事
長）　作道貴久枝（邪宗門）　野口光二（とん水店主）
　　　　　　　　　　　　　　　　　　　　　〔2053〕

◇月島再発見学―まちづくり視点で楽しむ歴史と
未来　志村秀明著　アニカ　2013.10　231p
19cm〈文献あり　年表あり〉1800円　Ⓘ978-
4-901964-26-5　Ⓝ291.361
[内容]第1章 佃・月島から考える　第2章 大川端リバー
シティと「石川島」　第3章 佃島から近代のまちへ
第4章 近代に生まれた江戸のまち　第5章 月島の庶
民的都市生活　第6章 月島を取り巻く運河と島　第
7章 これからの月島へ　　　　　　　　　　　〔2054〕

◇自由が丘の贈り物―私のお店、私の街　ミシマ
社編　ミシマ社　2013.7　158p　19cm　1500
円　Ⓘ978-4-903908-43-4　Ⓝ672.1361
[内容]何度食べても飽きません―自由が丘定番の味（白
山茶店　自由が丘長寿庵　萬珍軒 ほか）　大切な人
への贈り物……のつもりが、自分用にもう一つ（ポパ
イカメラ katakana　自由が丘ロール屋 ほか）　パ
ワーをもらう子ご飯―打ち上げや帰りが遅くなった
日に（なんた浜　喜多田　パームカフェ自由が丘 ほか）
欲しいもの、揃います―所せましと置かれた棚から
（時・遊・館　大倉屋　五十嵐金物店 ほか）　通いつ
めたくなるお店この、店主と時間に会うために（旅
串STELLA　cocotier ほか）　自由が丘に○○年―
街の歴史とともに（85年玉川屋　77年金田　75年亀屋
万年堂総本店 ほか）　立ち寄らずにはいられない―
飽きない身近なお店（私の部屋自由が丘店　不二屋書
店　ブックファースト自由が丘店 ほか）　自由が丘
時間を過ごす―この街だけの快適さを（CREATEUR
ヒラクヤ　エル・ペスカドール ほか）　　　〔2055〕

◇スカイツリーの街歴史歩き―浅草・新吉原・向
島・本所　大下武著　習志野　大巧社　2012.
12　250p　18cm〈文献あり〉1200円　Ⓘ978-
4-924899-85-8　Ⓝ291.361
[内容]1 スカイツリーの建つところ（東京スカイツリー
が建つ地とは　本所押上地区　スカイツリーが建つ
「押上」とは）　2 東京下町めぐり1―浅草・新吉原界
隈（浅草界隈　新吉原界隈）　3 東京下町めぐり2―
向島・本所界隈（向島界隈　本所界隈）　4 江戸のな
りたち（家康入国以前の江戸　江戸の町づくりと天下
普請）　東京スカイツリーをめぐる鉄道と最寄駅
　　　　　　　　　　　　　　　　　　　　　〔2056〕

◇ピエール瀧の23区23時　ピエール瀧著　産業編
集センター　2012.10　367p　19cm　1500円
Ⓘ978-4-86311-077-9　Ⓝ291.361
[内容]台東区　中央区　大田区　新宿区　千代田区
北区　渋谷区　杉並区　品川区　江戸川区　目黒区
文京区　江東区　中野区　世田谷区　葛飾区　豊島
区　港区　練馬区　荒川区　足立区　板橋区　墨田
区　　　　　　　　　　　　　　　　　　　　〔2057〕

148　「東京」がわかる本 4000冊　　　　　　　　　　　　　〔2049〜2057〕

歴史・地理　　　　　　　　　　　　　　　　　　　　　　地理

◇これでいいのか東京都大田区　第2弾　あがい
ちゃいるけど変われない昭和の町・大田区　昼
間たかし, 佐藤圭亮編　マイクロマガジン社
2012.8　139p　26cm〈日本の特別地域特別編
集　年表あり　文献あり〉1300円　①978-4-
89637-399-8　Ⓝ291.361
内容 あがいちゃいるけど変われない昭和の町・大田区
―汗と油とビンボーこの町の主役は間違いなくオッ
サンだ!　第1章　大田区の深〜い歴史を探ってみよ
う!　第2章　日本を支えるモノづくりの起点町工場
の実態に迫る　第3章　フツーの大田区民の生活に密
着してみました　第4章　大田区の主要鉄道京急沿線
はどうなってる?　第5章　大田区っていえばやっぱ
り蒲田でしょ!　第6章　蒲田ばかりじゃないその他
の地域に密着　第7章　大田区はこれからどうあがい
ていくのか!?　　　　　　　　　　　　　〔2058〕

◇墨田区・江東区今昔散歩―古地図と古写真で訪
ねる　東京スカイツリーの見える街　生田誠著
彩流社　2012.7　79p　26cm〈年表あり　文献
あり〉1500円　①978-4-7791-1714-5　Ⓝ291.
361
内容 隅田川　浅草　浅草寺　向島・言問橋　東向島
（玉ノ井）　白鬚橋　鐘ヶ淵／八広　亀戸線沿線　押
上・柳島　業平橋〔ほか〕　　　　　　　　〔2059〕

◇スカイツリー東京下町散歩　三浦展著　朝日新
聞出版　2011.10　199p　18cm　（朝日新書
320）1000円　①978-4-02-273420-4　Ⓝ291.
361
内容 序　スカイツリーの足下から広がる「昭和の下
町」へ　第1章　震災とモダニズム―押上・両国・錦糸
町・亀戸　第2章　田園都市・江戸の幻影―向島・曳
舟・京島　第3章　路地と迷宮のある宿場町―北千住
第4章　生活を支える庶民の町―西新井・梅島・五反
野　第5章　近代を担った工場の町―日暮里・尾久・三
ノ輪　第6章　リカちゃんを生んだ美しい水の郷―堀
切・青戸・立石　第7章　旅人を受け入れる東の果て
―小岩・小松川・市川　　　　　　　　　　〔2060〕

◇新大久保とK-POP　鈴木妄想著　毎日コミュ
ニケーションズ　2011.7　239p　18cm　（マイ
コミ新書）〈文献あり〉830円　①978-4-8399-
3899-4　Ⓝ291.361
内容 第1章　K・POPブームと新大久保　第2章　新大
久保、最新トレンド　第3章　新大久保でしか食べら
れない味わい、ディープグルメレポ　第4章　新大久
保の歴史をひもとく　第5章　3・11後の新大久保　第
6章　新大久保、いくつもの未来　　　　　〔2061〕

◇これでいいのか東京都杉並区　2　杉並区は貴
族と浪人で出来ている!　佐藤圭亮, 伊藤圭介
編　マイクロマガジン社　2010.12　139p
26cm〈『日本の特別地域』特別編集　文献あ
り〉1300円　①978-4-89637-350-9　Ⓝ291.361
内容 杉並区は貴族と浪人で出来ている!　杉並区誕
生にはダブルスタンダードが存在した　もっとも早
く革命の起きていた高円寺　ニュータイプ貴族が増
殖する阿佐ヶ谷　破壊された街荻窪　バブルに踊っ
た西荻窪　再生する久我山・浜田山　無理がたたっ
た永福・高井戸　変化のない西武線沿線　駅まで10
分!　でも不毛地帯!!―青梅街道北側エリア〔ほか〕
　　　　　　　　　　　　　　　　　　　　〔2062〕

◇高円寺東京新女子街　三浦展, SML著　洋泉社
2010.10　175p　19cm　1400円　①978-4-
86248-620-2　Ⓝ518.8
内容 高円寺ガーリー日記　はじめに　時代とシンクロ
した高円寺　プロローグ　世界でもオンリーワンな高
円寺の個性　1　高円寺に人が集まるヒミツ―都市と
しての魅力　2　建築家なしの高円寺―高円寺を100倍
楽しむ見方　3　高円寺が元気なヒミツ―店と人の魅
力　　　　　　　　　　　　　　　　　　　〔2063〕

◇湯島本郷百景―伝統と最先端がまじわる躍動す
る街　湯島本郷マーチング委員会編　誠文堂新
光社　2010.8　63p　30cm　（街並みギャラ
リー　vol.1）2000円　①978-4-416-91030-6
Ⓝ291.361　　　　　　　　　　　　　　　〔2064〕

◇日本の特別地域　13　これでいいのか東京都練
馬区　岡島慎二, 土屋幸仁編　マイクロマガジ
ン社　2010.5　171p　21cm　（地域批評シリー
ズ）〈文献あり〉1300円　①978-4-89637-340-0
Ⓝ291　　　　　　　　　　　　　　　　　〔2065〕

◇東京23区ランキング青版―仕事に役立つデータ
編　データでわかる各区の本当の価値　小口達
也, 東京23区研究所著　ダイヤモンド・ビッグ
社　2010.3　189p　19cm〈文献あり　発売：
ダイヤモンド社〉1200円　①978-4-478-07068-0
Ⓝ302.1361
内容 第1章　23区の全体像に関するランキング（面積
の広い区は?　人口の多い区は?　ほか）　第2章　社
会サービス的な施設に関するランキング（病院の多い
区は?　診療所の多い区は?　ほか）　第3章　富や
ビジネスに関するランキング（働き手の多い区は?
失業率の高い区は?　ほか）　第4章　安全・安心に関
するランキング（地震による建物の壊滅が多い区は?
地震の「揺れ」による家屋の全壊が多い区は?　ほか）
第5章　23区のプロフィール（千代田区　中央区・港区
ほか）　　　　　　　　　　　　　　　　　〔2066〕

◇東京23区ランキング赤版―意外な区の横顔編
データでわかる各区の本当の価値　小口達也,
東京23区研究所著　ダイヤモンド・ビッグ社
2010.3　190p　19cm〈文献あり　発売：ダイ
ヤモンド社〉1200円　①978-4-478-07069-7
Ⓝ302.1361
内容 千代田区　中央区　港区　新宿区　文京区　台
東区　墨田区　江東区　品川区　目黒区　大田区
世田谷区　渋谷区　中野区　杉並区　豊島区　北区
板橋区　練馬区　台東区　墨田区　江東区　荒川区
足立区　葛飾区　江戸川区　　　　　　　　〔2067〕

◇日本の特別地域　12　これでいいのか東京都足
立区　2　昼間たかし, 伊藤圭介編　マイクロ
マガジン社　2010.3　171p　21cm　（地域批評シ
リーズ）〈文献あり〉1300円　①978-4-89637-
333-2　Ⓝ291
内容 まえがき　いきなり進化してしまった足立区　第
1章　そこが知りたい足立区の現在　第2章　足立区と
はなんだろう?　その真実に горも薄せよ!　第3章　足
立区民の真相　第4章　新旧足立区民の対立構造　第
5章　足立区は未来に向かって変わり続けていく　あ
とがき　これからが足立区の本当の勝負時!〔2068〕

「東京」がわかる本 4000冊　　149

地理　　　　　　　　　　　　　　　　　　　　　　　　　　歴史・地理

◇のせすぎ！　中野ブロードウェイ―中野ブロードウェイ商店街振興組合オフィシャルbook 東京都最後の秘境を完全攻略NBWをとことん楽しみつくせ！　NBW友の会編　辰巳出版　2009.11　159p　21cm〈年表あり〉1300円　Ⓘ978-4-7778-0703-1　Ⓝ672.1361
　内容　中野ブロードウェイ商品大全　小明のピンポイントガイド　綺談団「知」　NBWスタッフコラム（1）レコミンツSIDE‐B　金子三生NBWミステリースポットツアー　ルポ！　ゲッターズ飯田の占術ルポ6番勝負！　綺談団「驚」　NBWスタッフコラム（2）カードショップトレジャー　総力ワイド（1）PiPiの感動秘話　第1回中野ブロードウェイ検定対策講座〔ほか〕　　　　　　　　　　　　　　　〔2069〕

◇ヒルズ挑戦する都市　森稔著　朝日新聞出版　2009.10　298p　18cm　（朝日新書 200）〈年表あり〉820円　Ⓘ978-4-02-273300-9　Ⓝ518.8　　　　　　　　　　　　　　　　　　　〔2070〕

◇日本の特別地域　10　これでいいのか東京都台東区―最先端の街が今やサビだらけ!?　小森雅人，川野輪真彦，藤江孝次編　マイクロマガジン社　2009.9　171p　21cm　（地域批評シリーズ）〈年表あり　文献あり〉1300円　Ⓘ978-4-89637-323-3　Ⓝ291.361
　内容　台東区はマイナーなのかメジャーなのか!?　第1章　ああすばらしき台東区　第2章　こぢんまりな商業都市台東区の現状　第3章　その実力はどのくらい？　観光都市台東区の実情　第4章　強固強烈コミュニティ　ザ・共同体都市台東区の真実　第5章　今こそ正念場な台東区は変われるのか？　台東区はやっぱり世界遺産だね　　　　　　　　　　　　　　　〔2071〕

◇日本の特別地域　9　これでいいのか東京都大田区―日本一の格差社会　昼間たかし，伊藤圭介編　マイクロマガジン社　2009.9　171p　21cm　（地域批評シリーズ）〈年表あり　文献あり〉1300円　Ⓘ978-4-89637-322-6　Ⓝ291.361
　内容　なんだかよくわからないカオスな街　第1章　大田区は世間一般とズレている　第2章　見るからにフツーのくせに実はおかしい中央区　第3章　羽田ブルーカラーエリアは大田区のネイティブなのか　第4章　隔離地帯田園調布の真相とは　第5章　全部が全部ズレていた大田区　大田区はどうだった？　〔2072〕

◇日本の特別地域　8　これでいいのか東京都江東区　岡島慎二，渡月祐哉編　マイクロマガジン社　2009.6　171p　21cm　（地域批評シリーズ）〈文献あり〉1300円　Ⓘ978-4-89637-317-2　Ⓝ291
　内容　第1章　江東区は水と油の3つのエリアに分かれている（隔離地区の深川には江戸っ子のエキスが充満している　江戸の食物供給地区　城東エリアは暗くて田舎っぽい　ほか）　第2章　深川に今も残る「ザ・EDO」の真相（門前仲町&森下　真っ昼間っから酔っ払いのパラダイス！　パチンコ熱がすごい！　門前仲町に集うジジババから若者まで　ほか）　第3章　城東エリアはハブなのか？　（もはや既に過去の話!?　城東は都内に知れたスクールウォーズエリア！　団地が不良を産んでいる？　砂町に横たわる「そーなっちゃっ

た」歴史　ほか）　第4章　江東区の不純物　臨海エリアの正体を追う（生活臭ゼロの臨海エリア　イメージはいいけど生活ぶりはどーなの？　臨海エリアを支配する巨大複合施設をおさらいしてみた　ほか）　第5章　極端な組み合わせが江東区の魅力だ！　（江東区はレッドクリフ！　三者三様の地域性が天下統一を妨げる！　江戸を現代に知ること　ほか）　〔2073〕

◇ローカルルールによる都市再生―東京都中央区のまちづくりの展開と諸相　川崎興太著　鹿島出版会　2009.5　260p　22cm〈年表あり　索引あり〉4000円　Ⓘ978-4-306-07267-1　Ⓝ518.8
　内容　序　はじめに（本書の目的と構成）　第1部　中央区の概要とまちづくり施策の変遷（中央区の概要　まちづくり施策の変遷）　第2部　ローカルルールの運用実績に関する実証的研究（第2ゾーンにおける用途別容積型地区計画と街並み誘導型地区計画による住宅供給の誘導効果　月島地区における一団地型地区計画と3項道路型地区計画による路地保全を前提とした居住環境整備誘導の実績と効果　ほか）　第3部　ローカルルールの運用実態に関する計画論的研究（市街地開発事業指導要綱と第2ゾーン地区計画の変更の経緯　佃一丁目地区における路地と土地・建物利用の実態と都市計画の実効性　ほか）　結　持続可能な都市再生に向けて（結論と今後の研究課題）　〔2074〕

◇これでいいのか東京都足立区vs葛飾区vs江戸川区―23区の最下位争いを繰り広げる東部3区　地域批評シリーズ編集部編　マイクロマガジン社　2009.4　141p　26cm〈『日本の特別地域』特別編集〉1300円　Ⓘ978-4-89637-315-8　Ⓝ291.361
　内容　足立区・葛飾区・江戸川区は23区の裏メダリストだ!!　足立・葛飾・江戸川にはどんな人が住んでいるのか　新下町の経済状況はどうなのよ　新下町の環境はどうなのよ　新下町の交通事情はどうなっているの　新下町にはバラ色の未来が待っている！　　　　　　　　　　　　　　　　　　〔2075〕

◇日本の特別地域　7　これでいいのか東京都中野区　佐藤圭亮，川口有紀編　マイクロマガジン社　2009.2　171p　21cm　（地域批評シリーズ）〈文献あり〉1200円　Ⓘ978-4-89637-313-4　Ⓝ291
　内容　第1章　中野区はサブカルタウンなのか？　（こんなに便利なのになんで中野区は田舎っぽいのか　中野に集まる人々　軍人・カメコにお笑い芸人ばかり　ほか）　第2章　中野区の住民もサブカルなのか？　（電車に自転車徒歩OK　便利なのはいいけれどおかげで困ったちゃんが増える!!　日本一の人口密度とやたらと多い商店街の相関関係は？　ほか）　第3章　中野駅前の真の姿に迫る！　（昼間っから人人人！　時代が悪いのか中野が悪いのか　激安キャバクラから立ち飲み屋まで萌え系風俗もあるよ　ほか）　第4章　中央線とその他路線に横たわる格差（中野区はビンボー臭くても中央線近くだけは別格　都内なのにワンマン運転！　丸ノ内線中野坂上・方南町づくし　ほか）　第5章　高品下町・中野は不滅だ！　（"高級"な"下町"な中野区　イメージアップにサブカル要素を見いだした中野区の施策　ほか）　　　　　　　　〔2076〕

◇東京都豊島区　橋本東堂編　マイクロマガジン

150　「東京」がわかる本　4000冊　　　　　　　　　　　　　　　　　〔2069～2077〕

歴史・地理　　　　　　　　　　　　　　　　　　　　　　　　地理

社　2008.9　171p　21cm　（地域批評シリーズ
日本の特別地域　4（副都心編））〈文献あり〉
1200円　①978-4-89637-291-5　Ⓝ291.361
内容 第1章 豊島区はややこしい（そもそもなんで豊
島区!? どこにもそんな地名は見当たらない！　豊
島区といえば池袋だがこれがややこしい！　ほか）
第2章 豊島区はあぶない（夜の池袋は「トラ」しか
いないサファリパーク　国際色豊かな豊島区　といっ
ても外国人が多いのは池袋だ ほか）　第3章 豊島区
はバラバラ（多区民特区 6つの顔の豊島だぜ！
一番濃いのは我々だ！　濃厚民族 大塚の朝は意外と
早い ほか）　第4章 諸悪の根源は鉄道にあり!!（悲
哀に満ちた池袋駅の根底にあるものは山手線の不憫
な生い立ち　池袋菌の産みの親 都心まで入れない東
武東上線の憂鬱 ほか）　第5章 結局豊島区は変わら
ない（区役所の鼻息はやたら荒いけど、厳しい豊島区
を取り巻く環境　文化、文化でメシが食えるのか？
文人区長・高野之夫区長の野望を切る！ ほか）
〔2077〕

◇東京都杉並区　伊藤圭介, 昼間たかし編　マイ
クロマガジン社　2008.8　143p　26cm　（日本
の特別地域 特別編集）　1300円　①978-4-
89637-290-8　Ⓝ291.361
内容 杉並区は駅で人種も生き方も違う！　高円寺バ
イオレンス純情　阿佐ヶ谷混沌ブルース　窪団地
買出し哀歌　西荻窪東西南北戦線に異常あり　アニ
メと商店街と練馬大根〜西武新宿線　渋谷吉祥寺勢
力の植民地〜京王井の頭線　飛び地天国〜東京メト
ロ丸ノ内線　杉並区民の行動範囲は狭い　巷の悪評
スポット　投稿ブッタ斬り　〔2078〕

◇新下町伝説―超天空610m墨田に「東京スカイ
ツリー」がそびえる日　東京新聞編集局編　東
京新聞出版局　2008.7　157p　26cm〈年表あ
り〉1333円　①978-4-8083-0896-4　Ⓝ291.36
内容 第1章 「東京スカイツリー」へ託す未来への夢
（下町墨田に新伝説誕生　新タワーとまちづくり―墨
田のよさと新名所との融合を目指して）　第2章 郷
愁の町墨田（桜のトンネルを歩き魚が泳いだ隅田川
懐かしき青春の思い出　荷風が描いた「お雪」との
切ない別れ　名作「濹東綺譚」の舞台、玉の井 ほか）
第3章 伝統と活力の墨田（頑張る社長さん　下町の
声 ほか）　第4章 文化香る墨田（作家たちが愛す
大川 鯉が捕れ一銭蒸気が走った日々　墨堤の桜咲き
続けて三百年 やがて花の上にタワーの新景が… ほ
か）　第5章 娯楽と観光の街墨田（墨田区観光マップ
旧安田庭園 ほか）　〔2079〕

◇東京2時間ウォーキング―銀座・日本橋　藪野
健, 井上明久, 佐藤洋一, 山崎敏夫著　中央公論
新社　2008.7　164p　21cm〈折り込3枚〉
1800円　①978-4-12-003955-3　Ⓝ291.36
内容 銀座・日本橋を、歩く、感じる、描く（日本橋北
日本橋南　銀座一・二丁目　銀座三・四丁目　銀座
五・六丁目 ほか）　銀座・日本橋歴史空間物語グレー
トストリート・20ストーリーズ（寛永十五年 天下普
請　正保元年頃 オランダ商館員　元禄七年 町人文
化の発展　元禄十二年 才覚と創意工夫が世界を視く
文政五年 江戸に出版文化が広がる ほか）　〔2080〕

◇江戸の醍醐味―日本橋・人形町から縁起めぐり
荒俣宏著　光文社　2008.5　241p　20cm
1800円　①978-4-334-97541-8　Ⓝ291.361

〔2078〜2086〕

内容 プロローグ 商業と物流の町々をめぐる愉しみ
第1章 「日本の近代化」を探したずねる―経済と流
通　第2章 「都市の成り立ち」を探したずねる―交
通と建築　第3章 「食の起こり」を探したずねる―
名物と老舗　第4章 「町の暮らし」を探したずねる
―工芸と生活　第5章 「庶民の娯楽」を探したずね
る―祭りと遊び　江戸の醍醐味―エピローグ 〔2081〕

◇東京都板橋区　荒井禎雄, 山木陽介編　マイク
ロマガジン社　2008.4　171p　21cm　（地域批
評シリーズ　日本の特別地域 3）〈文献あり〉
1200円　①978-4-89637-287-8　Ⓝ291.361
内容 第1章 板橋区って東京だったよね？（板橋区っ
て何でこんなに無名なのよ？　板橋区って地味なの
に貧乏人だけやたらと目立ってない？ ほか）　第2章
歴史的に「道」に支配される板橋区（千年にわたって
珍走団（暴走族）に悩まされる板橋区！　日本を代表
する大気汚染地域板橋の空気はヤバい！ ほか）　第
3章 バイタリティがありすぎの板橋区の商店街（コン
ビニや100円ショップが通用しない！　恐るべき板橋
の商店街！　普段でも安いのに特売とくりゃ…とに
かく何でも叩き売り！ ほか）　第4章 板橋区民はど
んな生活をしているのか？（板橋区の家賃は安い？
ウソかマコトか調べてみた 板橋区民は働きたいの
か！ 働けないのか！ 働かないのか！ ほか）　第
5章 「わたしたちの板橋」の真実って？（板橋区の
抱える問題は利点とセットになっていた！　外国人
犯罪が多いというのはウソ！　今じゃ国際化モデル
地域！ ほか）　〔2082〕

◇東京都足立区　昼間たかし編　マイクロマガジ
ン社　2007.9　169p　21cm　（地域批評シリー
ズ　日本の特別地域 1）〈文献あり〉1200円
①978-4-89637-253-3　Ⓝ291.361
内容 第1章 足立区は本当にビンボーなのか？（足
立区民はガストとマックがお好き　ディスカウント
店のラインナップが一味違う？ ほか）　第2章 足立
区住民はヤンキーばかりなのか？（出生率が高い!!
出産年齢が低い!! 元ヤンが多い？　大学がない！
大学生もいない！　縁が安い？ ほか）　第3章 足立
区はタマゴからマンションまでなんでも安い！　（物
価が安い！　東京イチ安い食品と食べ放題店天国！
家賃も安い！　でも「バス◯分」に君は耐えられる
か？ ほか）　第4章 足立区にはなんで電車がないん
でしょうか？（自転車立国足立なんでこんなにいっ
ぱいあるの　電車の少ない足立区で頼りがいのある
のはバスしかない？ ほか）　第5章 足立区の未来
はバラ色だ？（これまでのまとめ結局足立区ってな
んだったの？　損な目にばかりあってきた足立区の
歴史を見る ほか）　〔2083〕

◇大田ことがら事典―事項・人物　城南タイムス
社　2006.12　295,24p　18cm　Ⓝ291.361
〔2084〕

◇東京千住・深川物語　田中啓介編著　現代書館
2006.5　207p　19cm　1500円　①4-7684-6925-
6　Ⓝ291.361
内容 千住編（両手の熱唱 金八先生　「帝王」の愛
弟子 ヨーカ堂　お化け煙突 ほか）　深川編（直木
賞作家 花菱　中華の鉄人 仕立職人　インターナ
ショナルスクール ほか）　〔2085〕

◇Six strata―Roppongi Hills defined　ホンマ

「東京」がわかる本　4000冊　**151**

地理　　　　　　　　　　　　　　　　　　　　　　　　　　　　　歴史・地理

タカシ写真　平凡社　2006.2　1冊（ページ付なし）　30cm　〈エッセイ：堀江敏幸　日本語・英語併記〉3200円　Ⓘ4-582-27759-4　Ⓝ518.8
＊六本木ヒルズをテーマに東京の風景を撮りおろした写真集。　　　　　　　　　　　　　〔2086〕

◇発見！　23区　pt.2（水、緑、生物）　藤本和典監修　人文社　2005.9　152p　26cm　（ものしりシリーズ）　1500円　Ⓘ4-7959-1954-2　Ⓝ291.361
内容　1 海・東京湾　2 川・水辺　3 街路樹　4 庭園　5 寺社・霊園　6 公園　　　〔2087〕

◇発見！　23区　pt.1（人、街、歴史）　人文社　2005.9　176p　26cm　（ものしりシリーズ）〈年表あり〉1500円　Ⓘ4-7959-1953-4　Ⓝ291.361
内容　1 中央区―銀座・日本橋　2 千代田区・文京区―神田・本郷　3 台東区―上野・浅草　4 墨田区・江東区―両国・深川　5 品川区・目黒区・大田区―品川・目黒・蒲田　6 北区・板橋区・練馬区―王子・板橋・練馬　7 新宿区―新宿　8 渋谷区・港区―渋谷・青山　9 豊島区―池袋　10 葛飾区・江戸川区・荒川区・足立区―葛飾・江戸川・荒川・足立　11 世田谷区・杉並区・中野区―世田谷・杉並・中野　〔2088〕

◇プラタナスと暮らす島―芝浦アイランドの長くて短い物語　峰岸和弘著　創英社　2005.5　116p　19cm　〈発売：三省堂書店〉1000円　Ⓘ4-88142-332-0　Ⓝ518.8
内容　島の生い立ち　街の悲鳴が聞こえる　アメリカでもヨーロッパでも　ブロックリノベーション　よーい、スタート！　仲間が集ってきた　どうなる？　南地区　芝浦、だからこそ　水辺を活かそう　運河ルネッサンス構想：デザインコントロール　プラタナスの樹のもとに　つなげる、いよいよ船出のとき　　　　　　　　　　　　　　〔2089〕

◇原宿ecoものがたり　月刊「環境ビジネス」編集部企画編集　日本ビジネス出版　2004.5　234p　23cm　〈発売：宣伝会議　年表あり〉1429円　Ⓘ4-88335-113-0　Ⓝ672.1361
内容　都心に広がる永遠の杜、つくりあげたのは全国の青年たちだった　小さいから集まる。でも一緒に何かをやると大きなものになるんです　「不思議だ」と思う。そこにオリジナリティーがある　落葉樹の並木がつくる四季折々の変化にあわせ原宿の街もその姿を変える　描かないという選択肢もある。白紙の絵も、絵なんだ　伝統の「核」は普遍の世界である　手を取り合って生きていくために、人間はこの星に送られてきた　水が汚れれば人の心もすさむ。エコのネイチャーランドをつくった　世の中にもっとやさしくなってもいいんじゃない　小さくてもいい。美しければ訴える力がある〔ほか〕　〔2090〕

◇地域に学ぶ―身近な地域研究から「目黒学」を創る　山崎憲治編著　二宮書店　2003.11　166p　21cm　（めぐろシティカレッジ叢書 3）〈文献あり〉1300円　Ⓘ4-8176-0215-5　Ⓝ291.361
内容　第1章 地図からみる目黒（大江戸の地域構造　絵図にみる世界　ほか）　第2章 目黒の地形と湧水（目黒の地形　等々力渓谷を訪ねて　ほか）　第3章 歴史に

みる目黒（鎌倉幕府と目黒の街道　「鎌倉街道」を歩いてみよう　ほか）　第4章 今をつくる（目黒における都市近郊農業の変遷　城南地区の工業の特性　ほか）　第5章 目黒シティカレッジと「目黒学」　〔2091〕

◇青山とっておき散歩　桜庭順子著　ベストセラーズ　2003.5　110p　19cm　1280円　Ⓘ4-584-18750-9　Ⓝ291.361
内容　人と犬のおしゃれな関係　お気に入りの雑貨を探す　素敵な年上のファッション　紀ノ国屋で旅をする　お散歩スタイル　粋でいなせな青山のお祭り　青山のプチ公園　青山スイーツ　渋谷は緑がいっぱい　青山で岡本太郎氏に会う〔ほか〕　〔2092〕

◇浅草・上野物語―江戸・東京、原点のまちの物語　服部銈二郎著　アーバンアメニティー研究所　2003.5　183p　19cm　〈発売：古今書院　文献あり〉1800円　Ⓘ4-7722-1573-5　Ⓝ291.361
内容　第1章 まちの顔　第2章 骨組み　第3章 土地柄　第4章 浅草と上野　第5章 浅草ものがたり　第6章 上野ものがたり　第7章 文化遺産　第8章 マスコミのネタ場　第9章 世界からの目　〔2093〕

◇大田区ウォーキングガイド―月刊おとなりさん20周年記念　西村敏康編著　ハーツ＆マインズ　2003.4　214p　22cm　〈年表あり　年譜あり〉952円　Ⓝ291.361　　　　　　〔2094〕

◇クイズ東京23区格付けチェック―ザ・ランキング　東京スタティスティクス倶楽部著　新潮社　2002.10　186p　18cm　（ラッコブックス）780円　Ⓘ4-10-455210-0　Ⓝ302.1361
内容　1 人気店所在数ランキング（東京23区のなかでユニクロがいちばん多い区は？　東京23区のなかでスターバックスがいちばん多い区は？　東京23区のなかでフレッシュネスバーガーがいちばん多い区は？　ほか）　2 この区はどんな人が多い（東京23区のなかで所得税額がいちばん多い区は？　東京23区のなかで法人税額がいちばん多い区は？　東京23区のなかで消費税納税額がいちばん多い区は？　ほか）　3 区の環境をチェック！（東京23区のなかで大学がいちばん多い区は？　東京23区のなかで小・中学校がいちばん多い区は？　東京23区のなかで郵便局がいちばん多い区は？　ほか）　〔2095〕

◇「杉並の地図をよむ・描かれたもの隠されたもの」展示図録―区制施行70周年記念特別展　杉並区立郷土博物館編　杉並区立郷土博物館　2002.10　1冊　30cm　900円　Ⓝ291.361〔2096〕

◇代官山―ステキな街づくり進行中　岩城謹次著　繊研新聞社　2002.1　221p　19cm　1905円　Ⓘ4-88124-087-0　Ⓝ518.8
内容　第1部 代官山考現学（いま、なぜ代官山か　時空間のなかの代官山　ヒルサイドテラスの軌跡　代官山アドレスの誕生　街づくりはマーケティング）　第2部 資料編 代官山を語る（「代官山エクスペリエンス」―シンポジウム　「代官山の昨日・今日・明日」―座談会　「街の空気が住み方を育む」―座談会）　〔2097〕

◇赤坂はこんなにおしゃれになった―しなやかな街づくり　女性のセンスが街を変えた　城所ひ

152　「東京」がわかる本　4000冊　　　　　　　　　　　　〔2087〜2098〕

とみ著　風雲舎　2001.12　200p　20cm　1600
円　Ⓘ4-938939-26-6　Ⓝ672.1361
内容　第1章 赤坂の「商店会会長」になっちゃいました
（フランス料理で一本釣りされたのかしら？ 「道路
環境整備部長」にさせられました ほか） 第2章 ど
んな「街」にしようかしら（器が問われる仕事に就い
たのだと身が引き締まりました この商店街は、赤
坂の「町会」ではありません ほか） 第3章 つやや
か街づくり（ボランティア活動にも「事務局長」が必
要です 医者とにらめっこすることになってしまい
ました ほか） 終章 女として、つややかに生きたい
（「女だからこそ」を素直に受け止めたい しがらみ
少なくダメモト、いまは女の時代です ほか）〔2098〕

◇東京・自由が丘商店街―駅前きもの学院が見て
きた30年　山屋光子著　はまの出版　2001.12
220p　19cm　1300円　Ⓘ4-89361-339-1
Ⓝ672.1361
内容　1 自由が丘商店街物語―もてなしの心で新しい
街づくり（自由が丘にはゴミがない 自由が丘は女
の街 街づくりの情熱は海を越えて 自由が丘らし
さってなんだろう） 2 現代きものストーリー―もっ
と日本のきものを着ましょうよ（日本に着付教室が
生まれたわけ 自由が丘きもの学院盛衰記 明日の
きものを考える 成人式ときもの考） 3 走りだした
らとまらない―持ちたきものは夢にて候（軍国乙女が
征く 自分のために学ぶ喜び 私は米軍キャンプの
ファーマー 労働組合の闘士から経営コンサルタント
へ 独身婦人連盟の日々 夢を力に、ガンを超え
て）〔2099〕

◇新・東京23区物語　泉麻人著　新潮社　2001.9
297p　16cm　（新潮文庫）　476円　Ⓘ4-10-
107626-X　Ⓝ291.361
内容　千代田区 中央区 港区 新宿区 文京区 台
東区 墨田区 江東区 品川区 目黒区 大田区
渋谷区 中野区 杉並区 豊島区 板橋区 練馬区
北区 荒川区 足立区 葛飾区 江戸川区 特別付
録 東京マニアック・クイズ〔2100〕

◇「丸の内」経済学―この街が21世紀の東京を牽
引する　福澤武著　PHP研究所　2000.12
219p　20cm　〈年表あり〉　1300円　Ⓘ4-569-
61364-0　Ⓝ518.8
内容　プロローグ「丸の内」の復権 第1章「丸の内」
再構築への追い風 第2章 "たそがれ"から"夜明け"
を迎えた「丸の内」 第3章 新しい価値を創造する
「丸の内」 第4章 動き出した新生「丸の内」 第5
章 魅力ある首都創造へのヒント〔2101〕

◇代官山再開発物語―まちづくりの技と心　赤池
学著　太平社　2000.8　327p　20cm　1500円
Ⓘ4-924330-54-X　Ⓝ518.8
内容　序章 論点―代官山アドレス誕生 第1章 発端―
再開発という巨大な転換期を迎えて 第2章 構想―
住民主導型の再開発とは何か 第3章 実践―納得と
いう名のビルディングを求めて 第4章 決断―最大
の危機、そして決着 第5章 提言―改めて問う、パブ
リックとは何を意味する市か 終章 実験―発信せよ！ 新
たなるコミュニティの選択〔2102〕

◇練馬を往く　東京都練馬区教育委員会編　2訂
版　練馬区教育委員会　2000.3　72p　21cm
〈折り込1枚〉〔2103〕

◇谷根千百景―剪画で訪ねる下町ぶらり歩き　石
田良画・文　日貿出版社　1999.7　269p
21cm　2000円　Ⓘ4-8170-3124-7　Ⓝ291.361
内容　御殿坂 本行寺 生蕎麦橋 川むら 経王寺 雪
の朝 養福寺 町内放送所 富士見坂 浄光寺 諏
方神社〔ほか〕〔2104〕

◇大森蒲田ことがら事典　城南タイムス編集室
〔1999〕　201,20p　18cm　1000円　Ⓝ291.361
〔2105〕

◇不思議の町・根津―ひっそりした都市空間　森
まゆみ著　筑摩書房　1997.5　303p　15cm
（ちくま文庫）　〈索引あり〉　720円　Ⓘ4-480-
03267-3　Ⓝ291.361
内容　1 藍染川が流れていた 2 根津権現社の成立 3
根津遊廓秘話 4 団子坂菊人形 5 藍染大通りの人々
6 谷底の文化人たち 7 根津の暮し―明治・大正 8
根津万華鏡〔2106〕

◇下町今昔物語―田沼武能写真集　田沼武能著
新潮社　1996.8　131p　26×27cm　4000円
Ⓘ4-10-333804-0　Ⓝ748
＊生れは山谷一丁目一番地一号。根っからの江戸っ子
写真家・田沼武能が、上野、浅草、隅田川といった
下町界隈にカメラを向けて半世紀。祭りの賑わい、
路地裏の人間模様など下町風景が味わい深く写し出
される。〔2107〕

◇新編・谷根千路地事典　江戸のある町・上野・
谷根千研究会著　住まいの図書館出版局
1995.7　224,16p　18cm　（住まい学大系 70）
2400円　Ⓘ4-7952-0870-0　Ⓝ291.36
＊ヤネセン "谷根千"―山手線の、東京のほぼ中央
にある、台東区谷中、文京区根津、千駄木を合わせ
た地域の愛称。日本橋や神田のようなもともとの下
町とは異なり、植木の里、寺社詣や花見の名所とし
て盛んになって比較的新しく開けた。しかし近代に
入っても震災・戦災での焼失が少なく、いまでは下
町的な面影を残す数少ない地域となった。数多くの
お寺などの門前を縫う坂、そして「路地」が織りなす
特徴のある都市空間は、東京でもひと味違った魅力
を発している。しかし一方で、近年は地上げや再開
発の波にもまれて徐々に変貌しつつあるのも現実。
住み続けることの難しさを抱えながらも、なお、人
を惹きつけるこの町をフィールドに、都市のほんと
うの豊かさとは何かを考えさせてくれる、もうひと
つの東京・都市論。〔2108〕

◇東京「23区」でてくちぶ　磯田和一文・絵　東
京創元社　1994.12　122p　21cm　1500円
Ⓘ4-488-01410-0　Ⓝ291.36
内容　新宿区 渋谷区 港区 目黒区 品川区 千代
田区 中央区 文京区 台東区 江東区〔ほか〕
〔2109〕

◇21世紀自由都市・中央区　日本地域社会研究所
編　日本地域社会研究所　1994.3　194p
30cm　2000円　Ⓘ4-89022-610-9　Ⓝ291.36
内容　1 世界の中央区の世界 2 豊かな都心定住実現
への挑戦 3 世界都市を彩る知的・文化的戦略 4 い
ろいろある中央区の魅力と誇り 5 いきいき産業文
化都市の実現〔2110〕

地理　　　　　　　　　　　　　　　　　　　　　　　　　　　　　　　　歴史・地理

◇谷中スケッチブック―心やさしい都市空間　森
まゆみ著　筑摩書房　1994.3　297,8p　15cm
（ちくま文庫）〈主要参考文献：p292～293〉
680円　Ⓘ4-480-02855-2　Ⓝ291.36
　内容　1 江戸のある町　2 日暮しの里　3 坂と路地と
鉢植えの町　4 谷中墓地　5 朝倉彫塑館　6 上野桜
木町まで　7 よみせ通りと谷中銀座　8 大名時計博
物館
〔2111〕

◇豊島区史跡散歩　伊藤栄洪,堀切康司著　学生
社　1994.1　139p　19cm　（東京史跡ガイド
16）　1700円　Ⓘ4-311-41966-X　Ⓝ291.36
　内容　1 駒込駅から巣鴨駅へ　2 染井霊園ととげぬき
地蔵　3 大塚から都電で西巣鴨へ　4 池袋の昔をた
ずねて　5 雑司が谷と鬼子母神界隈　6 目白不動あ
たり　7 大正ロマンを求めて　8 椎名町から池袋西
口へ
〔2112〕

◇北区史跡散歩　芦田正次郎,工藤信一著　学生
社　1993.7　159p　19cm　（東京史跡ガイド
17）　1800円　Ⓘ4-311-41967-8　Ⓝ291.36
　内容　石神井川沿岸コース　滝野川コース　田端コー
ス　王子コース　日光御成道コース　赤羽高台コー
ス　荒川沿岸コース　隅田川沿岸コース　〔2113〕

◇中央区史跡散歩　金山正好,金山るみ著　学生
社　1993.7　164p　19cm　（東京史跡ガイド
2）　1800円　Ⓘ4-311-41952-X　Ⓝ291.36
　内容　1 本石町・室町・本町界隈　2 伝馬町から蠣殻
町へ　3 大川端近傍　4 兜町・茅場町・新川をめぐ
る　5 日本橋から京橋へ　6 銀座散歩　7 八丁堀か
ら明石町へ　8 旧木挽町・築地・浜離宮庭園　9 佃
島・石川島など
〔2114〕

◇板橋区史跡散歩　馬場憲一著　学生社　1993.4
133p　19cm　（東京史跡ガイド 19）〈参考文
献：p133〉1700円　Ⓘ4-311-41969-4　Ⓝ291.
36
　内容　板橋区の歴史　1 中山道の宿場町―板橋コース
2 信仰の道―志村コース　3 考古学の遺跡を訪ねて
―上板橋コース　4 中世の寺町―徳丸コース　5 千
葉氏の跡―赤塚コース
〔2115〕

◇練馬区史跡散歩　江幡潤著　学生社　1993.4
135p　19cm　（東京史跡ガイド 20）　1700円
Ⓘ4-311-41970-8　Ⓝ291.36
　内容　練馬区の歩み　1 宿場町,下練馬の面影　2 "え
ごた"か"えこだ"か？　江古田村周辺　3 回国供養,
信仰の跡　4 古称千川通りを横切って　5 石神井池
と三宝寺池のほとり　6 学園都市「大泉」　7 関町
かいわい
〔2116〕

◇墨田区史跡散歩　小島惟孝著　学生社　1993.2
178p　19cm　（東京史跡ガイド 7）　1800円
Ⓘ4-311-41957-0　Ⓝ291.36
　内容　1 両国南コース　2 両国北コース　3 錦糸町・
押上コース　4 本所吾妻橋周辺コース　5 向島コー
ス　6 東向島(旧寺島)コース　7 墨田コース　8 旧
吾嬬町コース　9 隅田川七福神めぐり　〔2117〕

◇港区史跡散歩　俣元昭著　学生社　1992.11
202p　19cm　（東京史跡ガイド 3）　1800円
Ⓘ4-311-41953-8　Ⓝ291.36

＊赤坂・麻布・六本木や泉岳寺などの史跡。古寺・名
刹や文化財を訪ねる「港区」散歩。
〔2118〕

◇荒川区史跡散歩　高田隆成,荒川史談会著　学
生社　1992.10　163p　19cm　（東京史跡ガイ
ド 18）　1700円　Ⓘ4-311-41968-6　Ⓝ291.36
　内容　荒川区の文化的特性　1 石浜から大橋まで　2
小塚原縄手から下谷通新町　3 道潅山・諏訪台から
音無川沿いに　4 三河島から町屋へ　5 尾久あたり
〔2119〕

◇目黒区史跡散歩　山本和夫著　学生社　1992.
10　137p　19cm　（東京史跡ガイド 10）〈年
表あり〉1700円　Ⓘ4-311-41960-0　Ⓝ291.361
　内容　1 文学・民芸のオアシス・駒場コース　2 歴史
の縮図・上目黒コース　3 祐天上人をしのぶ・中目
黒コース　4 不動門前のにぎわい・下目黒コース　5
目黒のサンマ・三田コース　6 由緒ある地名をたど
る・碑文谷コース　7 呑川が開いた文化のあと・衾
コース
〔2120〕

◇足立区史跡散歩　足立史談会編　学生社
1992.6　191p　19cm　（東京史跡ガイド 21）
1600円　Ⓘ4-311-41971-6　Ⓝ291.36
　内容　足立小史　千住宿めぐり(北千住駅南コース　北
千住駅コース）　旧日光街道梅田をたずねて―梅島
駅南コース　旧日光街道島根から六月へ―梅島駅北
コース　西新井大師めぐり―西新井駅コース　伊興
遺跡をたずねて―竹の塚駅伊興コース　舎人宿めぐ
り―竹の塚駅舎人コース
〔2121〕

◇江戸川区史跡散歩　内田定夫著　学生社
1992.6　176p　19cm　（東京史跡ガイド 23）
1600円　Ⓘ4-311-41973-2　Ⓝ291.36
　＊小岩市川渡し跡と関所跡、平井聖天・最膳寺、永井荷
風の句碑の宣要寺や北原白秋歌碑。今井の渡し跡・
熊野神社の梅見の句碑、影向の松と雷рの松、一
之江名主屋敷や江戸川沿いの文学碑…。江戸川区の
歴史散策。
〔2122〕

◇台東区史跡散歩　松本和也著　学生社　1992.6
228p　19cm　（東京史跡ガイド 6）　1700円
Ⓘ4-311-41956-2　Ⓝ291.36
　内容　1 上野公園とその周辺　2 谷中は坂と寺の町　3
御隠殿跡から根岸、入谷へ　4 浅草橋から浅草観音へ
のみち　5 浅草寺とその周辺　6 隅田川を北へ、そ
して吉原夢の跡
〔2123〕

◇千代田区史跡散歩　岡部喜丸著　学生社
1992.6　235p　19cm　（東京史跡ガイド 1）
1700円　Ⓘ4-311-41951-1　Ⓝ291.36
　＊天主閣や松の廊下などの皇居内の史跡、二重橋・桜
田門など、なじみの史跡。南・北町奉行所跡・鹿鳴
館跡、日比谷公園・靖国神社・千鳥ヶ淵戦没者墓苑、
神田明神・日枝神社・お玉が池・ニコライ堂など東
京中心街の史跡探訪。
〔2124〕

◇文京区史跡散歩　江幡潤著　学生社　1992.6
187p　19cm　（東京史跡ガイド 5）　1600円
Ⓘ4-311-41955-4　Ⓝ291.36
　内容　文京区の地理と歴史―散歩のための予備知識と
して　1 音羽通り界わい―有楽町線江戸川橋駅から
護国寺駅へ　2 千川の流れに沿って―丸の内線後楽
園駅から茗荷谷駅へ　3 武家屋敷跡をたどって―JR

歴史・地理　　　　　　　　　　　　　　　　　　　　　　　　　　地理

水道橋駅から丸の内線後楽園駅へ　4 坂の町本郷―
都営三田線春日駅からJRお茶の水駅へ　5 かねやす
までは江戸の内―丸の内線本郷三丁目駅から三田
白山駅へ　6 日光御成道を訪ねる―千代田線根津駅
からJR駒込駅へ　　　　　　　　　　　　　　　　〔2125〕

◇江東区史跡散歩　細田隆善著　学生社　1992.5
189p　19cm　（東京史跡ガイド 8）　1600円
Ⓘ4-311-41958-9　Ⓝ291.36
内容 1 辰巳の花街―永代越中島コース　2 江東第一
の古跡をめぐる―富岡八幡宮・深川不動コース　3 寺
町―深川・平野コース　4 古刹、名園をたずねて―清
澄・白河・三好コース　5 木場三百年の歴史―深川
東部コース　6 深川の地名のゆかり―深川北部コー
ス　7 江戸の名所―亀戸コース　8 工業の町―大島
コース　9 近世の町―砂町コース　付録 深川・亀戸
七福神めぐり　　　　　　　　　　　　　　　　　〔2126〕

◇大田区史跡散歩　新倉善之著　学生社　1992.4
219p　19cm　（東京史跡ガイド 11）　1700円
Ⓘ4-311-41961-9　Ⓝ291.36
内容 1 入新井地区コース　2 大森地区コース　3 羽
田地区コース　4 蒲田地区コース　5 六郷地区コー
ス　6 矢口地区コース　7 調布地区コース　8 池上
地区コース　9 馬込地区コース　　　　　　　　〔2127〕

◇江東事典　史跡編　東京都江東区総務部広報課
編　江東区　1992.4　358p　21cm　〔参考文
献：p348～358〕1200円　Ⓝ291.36　　　〔2128〕

◇杉並区史跡散歩　大谷光男、嗣永芳照著　学生
社　1992.4　183p　19cm　（東京史跡ガイド
15）　1600円　Ⓘ4-311-41965-1　Ⓝ291.36
内容 1 閑静な寺町を歩く―高円寺界隈　2 西荻窪駅
北・南をたずねて　3 西永福から荻窪駅へ　4 移転寺
の多い甲州街道に沿って　5 荻窪駅を中心に　6 立
正佼成会から堀ノ内・和泉を歩く　7 甲州街道の宿
駅　8 名家の眠る寺　9 阿佐谷の歴史　10 戦国武士
の菩提所をめぐって　　　　　　　　　　　　　〔2129〕

◇中野区史跡散歩　中野区史跡研究会編　学生社
1992.4　181p　19cm　（東京史跡ガイド 14）
1600円　Ⓝ291.36　　　　　　　　　　　　　〔2130〕

◇三軒茶屋の本　ワークショップ「三軒茶屋の本
をつくる！」編　世田谷区企画部企画課　1991.
3　5冊　22cm　〈書名はホルダーによる〉非売
品　Ⓝ291.36
内容〔1〕　ワークショップ「三軒茶屋の本をつくる」
記録 1991年2月10日～3月17日　藤原真樹子〔ほか〕
編　〔2〕　三茶三叉路散策記―平成三年のキーワード
がま班編　〔3〕　三茶はわたしの仕事場です　さく
ら編　〔4〕　不思議物件―Sancha　迷探偵団〔編〕
〔5〕　三軒茶屋お休み処　四分休符班編　〔2131〕

◇あの丘にのぼれば―武蔵野・最後の原風景をゆ
く　木村松夫写真・文　農山漁村文化協会
1991.4　64p　25cm　2200円　Ⓘ4-540-90092-7
Ⓝ291.36
内容 1 武蔵野の原風景　2 変ぼうする視界　3 それ
でも残るみどりの文化　4 歴史の中に暮らしがある
　　　　　　　　　　　　　　　　　　　　　　〔2132〕

◇深川江戸散歩　藤沢周平他著　新潮社　1990.7

119p　22cm　（とんぼの本）　1300円　Ⓘ4-10-
601985-X　Ⓝ291.36
内容 深川の四季　私の「深川絵図」　江戸深川の町
再現　深川江戸散歩歳時記　深川に生きる　芝居に
みる深川　落語が語る深川　　　　　　　　　　〔2133〕

◆◆秋葉原

◇たかがアキバされど秋葉原　ウェルダン穂積著
セルバ出版　2011.11　199p　19cm　〔共同発
売：三省堂書店　文献あり　発売：創英社〕
1400円　Ⓘ978-4-86367-060-0　Ⓝ361.5
内容 はじめに リアルを生き抜く秋葉原サブカル魂
は、時代に通用するのか　第1章　「祝！ アキバの
ホコ天復活」―世界のアキバの真意とは（永久凍結
といわれた歩行者天国が奇跡の再現　地元商工会の
英断　ただの復活ではない大きな社会的意義　絶滅
危惧種の野生のコスプレイヤー？　歩行者監獄・歩
行者地獄？）　第2章「こんなアキバで大丈夫か」―
問題ない！（誰にも語り尽くせぬ秋葉原の特異な魅
力　深層化し分岐したサブカルがバベルの塔になる
のか　俺たちの合言葉　ここがヘンだよ秋葉原）　第
3章「愛・おぼえていますか、愛を取り戻せ」―サブ
カルへの真摯さ（世界のアキバが名実ともに世界のア
キバになるために　奇跡を起こせ、アキバパレード！
東京都青少年健全育成条例問題と自由っていったい
なんだんだい　心と身体のシンクロ作戦　夢を叶え
る希望の街）　第4章「こんな時代に秋葉原が通用す
るのか」―がんばろうクールジャパン（アニメじゃな
い、リアルを超えろ秋葉原　こんな時代だからこそ
秋葉原は通用する　これが本書の目的である）
　　　　　　　　　　　　　　　　　　　　　　〔2134〕

◇秋葉原は今　三宅理一著　芸術新聞社　2010.6
334p　20cm　2600円　Ⓘ978-4-87586-192-8
Ⓝ518.8
内容 第1章 秋葉原電気街　第2章 秋葉原は誰のもの
第3章 マニアたちの秋葉原　第4章 再開発の動き
第5章 秋葉原デザインとその行方　第6章 再開発は
終わったが　　　　　　　　　　　　　　　　　〔2135〕

◇趣都の誕生―萌える都市アキハバラ　森川嘉一
郎著　増補版　幻冬舎　2008.12　313p 図版
16p　16cm　（幻冬舎文庫）〈文献あり〉648円
Ⓘ978-4-344-41232-3　Ⓝ361.78
内容 序章 萌える都市　第1章 オタク街化する秋葉原
第2章 なぜパソコンマニアはアニメ絵の美少女を好
むのか―オタク趣味の構造　第3章 なぜ家電はキャ
ラクター商品と交替したか―"未来"の喪失が生んだ
聖地　第4章 なぜ"趣味"が都市を変える力になりつ
つあるのか―技術の個人化が起こす革命　第5章 趣
都の誕生　増補：第6章 趣味の対立　　　　　〔2136〕

◇アキバが地球を飲み込む日―秋葉原カルチャー
進化論　アキバ経済新聞編　角川SSコミュニ
ケーションズ　2007.12　175p　18cm　（角川
SSC新書）　720円　Ⓘ978-4-8275-5018-4
Ⓝ361.5
内容 秋葉原タウンマップ　第1章 萌えるアキバ（メイ
ド喫茶の歴史と変遷　拡散するメイド企画とブームの
終焉？　ほか）　第2章 遊園地化するアキバ（観光地
化するアキバ　おでん缶はなぜアキバから生まれた
か　ほか）　第3章 巨大化するアキバ（電脳街として
のアキバ　ゲームの趣都アキバ　ほか）　対談「クー

〔2126～2137〕　　　　　　　　　　　「東京」がわかる本 4000冊　　155

地理　　　　　　　　　　　　　　　　　　　　　　　　　　　　　　　　　　　歴史・地理

ル・ジャパン」を象徴するアキバへ（世界が注目する
アキバ）　　　　　　　　　　　　　　　　〔2137〕

◇アキバをプロデュース—再開発プロジェクト5
年間の軌跡　妹尾堅一郎著　アスキー　2007.
11　255p　18cm　（アスキー新書）　752円
Ⓘ978-4-7561-5055-4　Ⓝ518.8
　内容　第1章　変貌をとげる「アキバ」（変化し続ける街、
発信し続ける街　秋葉原再開発への取り組み）　第2
章　秋葉原とアキバ—テクノとオタクの街の特徴（秋
葉原の特徴を摑む—地域の特性を概念的に把握する
「アキバらしさ」の本質は何か）　第3章　秋葉原クロ
スフィールド構想（「二つの連携、三つの支援、二つ
の交流」—産学連携の基本コンセプト　産学連携の
二つのテーマ　高層ビルにベンチャーインキュベー
ション施設？　フロア不足で涙をのんだ企画群　構
想の実現に、さまざまな壁を乗り越える　産学連携
機能の今後の展開）　第4章　アキバテクノタウン構
想（テクノアキバをプロデュース　「テクノタウン構
想」の第一の柱「インキュベーション」　テクノタ
ウン構想の第二の柱「プロモーション」　テクノタ
ウン構想の第三の柱「エデュケーション」　テクノ
タウンで「アキバ理科室」　「アキバ・ロボット文化
祭2005」　秋葉原の新記録を樹立「アキバ・ロボ
ット運動会2006」）　第5章　安心して楽しめる街づくり
へ（観光客を安全に帰路へ—「アキバセーフティ＆セ
キュリティタウン構想」　「万世橋」の再開発を構
想する　「万世橋」構想の基本コンセプト　万世橋
地区再開発を機に、具体化したアイデア　アキバで
マーケティング研修　構想への賛同と批判と）
　　　　　　　　　　　　　　　　　　　　〔2138〕

◇秋葉原人　小林たかや著　エール出版社
2006.12　176p　19cm　1500円　Ⓘ4-7539-
2617-6　Ⓝ673.7
　内容　序章　世界ブランド・秋葉原の基礎知識（日本で
一番元気な街・秋葉原の秘密）　1章　趣味を極める
とアキバビジネスが見えてくる（デジタルハリウ
ッド大学　杉山知之・学長—デジタルハリウッド大学が
つくるアキハバラの未来図　インターネットまんが
喫茶　右高靖智氏—アキバならではのまんが喫茶を始
めたい！　趣味をビジネスに変える方法　「イタ車」
イタ車乗りの人々—新しいコミュニティの誕生　車に
キャラ絵!?）　2章　逆境からの大脱出（（株）アッキー
インターナショナル　阿部英行社長—世界の秋
葉原を象徴するDFS（デューティーフリーショップ）
大手）　3章　ブームの仕掛人（ジョナサン（妻恋坂店）
—一夜の秋葉原を変貌させ、今日のアキバブームを準
備した象徴的ファミレス　「メイリッシュ」代表取
締役社長・佐々木俊一氏—老舗メイドカフェ経営者
から見たメイドカフェの魅力と展望　ドン・キホー
テグループ（株）パウ・クリエーションパウ事業統括
部マネージャー・高橋誠司氏—アキバの新しい顔　ド
ン・キホーテ躍進の秘密　チチブ電機株式会社—秋
葉原名物「おでん缶」誕生者側　タウン誌「あき
ば通」編集長・わたなべこういち氏—秋葉原の草分
け的、地域密着型フリーマガジン創刊）　4章　秋葉原
の歴史（秋葉原今昔物語　松波道廣氏—時代を先取り
し続ける秋葉原）　　　　　　　　　　　　〔2139〕

◇萌える聖地アキバリターンズ　藤山哲人著　毎
日コミュニケーションズ　2006.4　306p
21cm　（秋葉原マニアックス　2006）　1780円
Ⓘ4-8399-2047-8　Ⓝ673.7

　内容　2006年度版　アキバを歩く民族と衣装図鑑　ア
キバ文化におけるカオス理論　ああ！　トンデモメ
ディアの勘違い　何でもかんでもメイドで繁盛！　似
て非なる萌えとエロの狭間で…　危険なフィギュア
と安全なフィギュア!?　オーバークロックできなく
なってションボリ　アニメファン大いに悩む！　エ
ロゲーこそアキバを萌えさせた放火犯だった！　同
人誌が社会に影響しはじめた！　起死回生！　電子
工作マニアを救ったロボットとコンデンサ　コスプ
レイヤー！　中小企業振興公社から進攻せよ！　よ
うこそアキバへ　さようならアキバよ！　〔2140〕

◇アキバ系電脳街の歩き方—秋葉原から世界へ飛
び出せ！　裏テク探偵団編　アスペクト
2004.9　223p　19cm　〈電脳街マップつき〉
1500円　Ⓘ4-7572-1062-0　Ⓝ673.7
　内容　第1章　世界に冠たる電脳街・秋葉原を歩こう！
（秋葉原に行くには？　秋葉原のメインストリート
を歩こう！　ほか）　第2章　コテコテ大阪電脳街（日
本橋に行くには　クルマでのアクセスは？　ほか）
第3章　ITパーツも買える癒しの街名古屋大須を歩こ
う（大須に行くには？　名古屋駅から大須へ　ほか）
第4章　熱いぜ！　台湾電脳街（台湾電脳街へはどう行
くの？　宿だって日本から予約可能　ほか）〔2141〕

◇萌える聖地アキバ—秋葉原マニアックス　藤山
哲人著　毎日コミュニケーションズ　2004.1
210p　21cm　1686円　Ⓘ4-8399-1260-2
Ⓝ673.7　　　　　　　　　　　　　　　　〔2142〕

◇元店長が暴露するアキバPCショップの秘密
催馬楽吉之丞著　毎日コミュニケーションズ
2004.1　191p　21cm　1500円　Ⓘ4-8399-1378-
1　Ⓝ673.7
　内容　PCショップ＆アキバ事情、いろいろバラします
（PCパーツショップの内部事情　PCパーツショッ
プ価格事情　ほか）　魑魅魍魎なお客様（何がほしい
の？　電話は冥界の入り口）　アキバの歩き方伝授
します（買い物の基本　値引きの技　ほか）　変わる
秋葉原変わるPC業界（がんばれ！　ラオックス　フ
ェイス＋ツートップ＋パソコン工房　ほか）　おまけ
勝手にショップレビュー番外編（テイクアウトOKの
ファーストフード系　カレー屋さん　ほか）　〔2143〕

◇秋葉原コネクション　2000　島川言成著　アス
キー　1999.12　191p　19cm　1400円　Ⓘ4-
7561-3272-3　Ⓝ673.7　　　　　　　　　〔2144〕

◇秋葉原主義！　1999夏編　オーム社　1999.5
142p　28cm　（Ohm mook　デジタル
Explorer no.3）〈折り込1枚〉933円　Ⓘ4-274-
06312-7　Ⓝ673.7　　　　　　　　　　　〔2145〕

◇秋葉原完全攻略ガイド—電脳パラダイスの裏の
裏までがわかる！　アキバ電脳倶楽部編　徳
間書店　1996.12　243p　19cm　（Toku toku
マニュアル）　1300円　Ⓘ4-19-860603-X
Ⓝ673.7
　内容　第1章　秋葉原は電脳パラダイスだ！　第2章　ワ
ンダーアキバの神話と秘密　第3章　秋葉原　ショッ
プ選びの「掟」　第4章　メーカーとアキバ「微妙な
関係」　第5章　“アキバシンドローム”の行方　第6章
“アキバ達人”のマル秘ミシュラン　おまけ　秋葉原de
ショッピング基本の基本　　　　　　　　　〔2146〕

156　「東京」がわかる本 4000冊　　　　　　　　　〔2138～2146〕

歴史・地理　　　　　　　　　　　　　　　　　　　　　　　　　地理

◇秋葉原パソコンレポート―電脳都市 "アキバ" からパソコン業界を見る　島川言成著　電波新聞社　1992.7　223p　19cm　1400円　Ⓘ4-88554-347-9　Ⓝ548.2

内容 ショップが気にするキーワード　客よ、甘えるな！　ベストセラー『一太郎』を考える　頑張れ！パナコン―松下電器に期待する　文房具がソフトウェアのお手本　OS/2より女性客　ミュージック関連ソフトはなぜ強いのか　買って欲しいソフト　旧バージョン発売の経緯　メディアネックの時代なのだ　秋葉原・販売店を取り囲む近況　統合型かゴッタ煮か　最強のパソコンショップは成立するか〔ほか〕
〔2147〕

◆◆銀座

◇銀座の酒場を歩く　太田和彦著　筑摩書房　2015.12　318p　15cm　（ちくま文庫　お71-1）〈『愉楽の銀座酒場』（文藝春秋　2009年刊）の改題〉　820円　Ⓘ978-4-480-43305-3　Ⓝ673.98
〔2148〕

◇銀座で素人が始めたファンが続々と生まれる看板のないワインバーの仕組み　内海忍著　日経BP社　2015.8　215p　19cm　〈発売：日経BPマーケティング〉　1600円　Ⓘ978-4-8222-7346-0　Ⓝ673.98

内容 第1章 隠れ家ワインバーの秘密（6階の看板なしワインバーに開店初月300人が押し寄せた！　誰でも銀座でデビューできる「一日店長」の集客威力 "時給0円"のサポートメンバーは何のために働くのか？　ほか）　第2章 「一日店長」経験者の思い（会社で得た知識が役に立つのが面白い　この料金設定だったら友達でも呼びやすい　ワインを核に、交友関係が広がっていく　ほか）　第3章 「SHINOBY'S BAR銀座」ができるまで（コンセプト―アクションからすべてが見えてくる　物件探し―紹介と足を使って視察しまくる　事業計画―売り上げのトップラインを見極める　ほか）
〔2149〕

◇銀座のバーがウイスキーを70円で売れるワケ　柳谷智宣著, 日経レストラン編集　日経BP社　2015.8　214p　19cm　〈発売：日経BPマーケティング〉　1800円　Ⓘ978-4-8222-7348-4　Ⓝ673.98

内容 第1章 情報を発信して店の認知度を高める（ウェブサイトを運用して信頼される店になる　集客に使えるGoogleサービス　テキスト広告や地図表示が有効　ほか）　第2章 機会損失を減らし客数を増やす（「ぐるなび」の有料オプションで客数はどれだけ増えるか　否定的なクチコミの影響を抑えて「食べログ」の集客効果を高める　ほか）　第3章 クチコミを広げて新規客を呼ぶ（1品サービスでTwitterの投稿を促す　実名が分かるFacebookで高いクチコミ効果を得る　ほか）　第4章 SNS投稿からの炎上被害を防ぐ（投稿の内容と言葉遣いで好感度は大きく変わる　文章作法を踏まえた投稿で店の好感度をぐっと高める　ほか）　第5章 人材採用と情報伝達を効率化する（成果報酬型の求人サイトで採用コストの無駄を減らす　求人サイトの情報を見直して応募者数を4倍に増やす　ほか）
〔2150〕

◇銀座歴史散歩地図―明治・大正・昭和　赤岩州

五編著, 原田弘, 井口悦男監修　草思社　2015.7　131p　19×26cm　〈文献あり〉　2600円　Ⓘ978-4-7942-2144-5　Ⓝ291.361

内容 1 煉瓦街と江戸の面影―幕末から明治後期（銀座は水の町だった―嘉永三年（一八五〇）「大区小区」時代の銀座・築地―明治七年（一八七四）ほか）　2 関東大震災前の銀座―大正期（江戸の残り香があった震災前の銀座通り　周辺にまで響き渡った大時計の鐘の音　ほか）　3 震災・復興、そして空襲―大正十二年（一九二三）～昭和二十年（一九四五）（大震災後の銀座に新しい道を選んだ日比谷の四つ角　銀座一丁目、三丁目に、タクシー駐車場　ほか）　4 闇市・高度成長・オリンピック―昭和二十年（一九四五）～（焦土となった銀座を歩く―焼跡と青空の『銀座復興絵巻』デパートや焼け残ったビルを米軍が接収　ほか）
〔2151〕

◇銀座ミツバチ物語　Part2　北へ南へ。西へ東へ。地域おこしの輪が広がる　田中淳夫著　時事通信出版局　2015.6　232p　20cm　〈発売：時事通信社〉　1600円　Ⓘ978-4-7887-1415-1　Ⓝ646.9

内容 第1章 銀座は世界最先端の「里山」だ（一〇年目の銀座ミツバチプロジェクト　不思議な街「銀座」―その七転び八起きの変遷　ほか）　第2章 銀ぱちは地域おこしの震源地（地域ブランドってなにもの？　異質なものとつながれば　ほか）　第3章 急速に広がるミツバチプロジェクト（各地に飛び立った銀ぱち君　名古屋でも始まったミツバチプロジェクト　ほか）　第4章 銀ぱちが結ぶ絆とソフトパワー（美郷の養蜂講座　ここは何もないところ　ほか）
〔2152〕

◇銀座・資本論―21世紀の幸福な「商売」とはなにか？　渡辺新著　講談社　2015.3　206p　18cm　（講談社＋α新書　690-1C）　840円　Ⓘ978-4-06-272892-8　Ⓝ672.8

内容 第1章 飽きさせたら商人ではない―サンモトヤマ会長・茂登山長市郎　第2章 大切なのは「今」―虎屋十七代当主代表取締役社長・黒川光博　第3章 手仕事の江戸前寿司と銀座―鮨青木・青木利勝　第4章 世代を超えても繋がるこだわり―遠藤波津子グループ代表取締役会長・遠藤彬、銀座いせよし・千谷美恵　第5章 満100歳銀座でコーヒーと65年―カフェ・ド・ランブル店主・関口一郎　第6章 不動産としての銀座―小寺商店会長・小寺江子×小寺商店社長・児玉裕×有限会社アイエムコンサルタント代表取締役・平松陽一　第7章 銀座はどこが特別なのか―ナイルレストランオーナー・G.M.ナイル　第8章 商売の最前線に店主がいる―日本料理三亀二代目店主・南條勲夫　第9章 板前と商人の境目で―銀座寿司幸本店四代目主人・杉山衛
〔2153〕

◇史跡と建築で巡る銀座の歩き方　花房孝典著　ダイヤモンド・ビッグ社　2014.4　190p　19cm　（地球の歩き方BOOKS）　〈文献あり　発売：ダイヤモンド社〉　1300円　Ⓘ978-4-478-04533-6　Ⓝ291.361

内容 第1章 銀座1丁目を歩く　第2章 銀座2丁目を歩く　第3章 銀座3丁目を歩く　第4章 銀座4丁目を歩く　第5章 銀座5丁目を歩く　第6章 銀座6丁目を歩く　第7章 銀座7丁目を歩く　第8章 銀座8丁目を歩く　第9章 昭和2年、銀座をバーチャルトリップ
〔2154〕

地理　　　　　　　　　　　　　　　　　　　　　　　　　　　　　　　　　歴史・地理

◇銀座が先生　岩田理栄子著　芸術新聞社
2014.3　176p　21cm　1800円　⑪978-4-87586-
398-4　Ⓝ673
内容 八丁目の粋　すみっこ　メイド・イン・ギンザ
挑戦者たち　伝統の中の知恵者たち　ハレの日本人
になる　　　　　　　　　　　　　　　　　　〔2155〕

◇「銀ブラ」の語源を正す―カフエーパウリスタ
と「銀ブラ」　星田宏司,岡本秀徳著　いなほ
書房　2014.3　204p　20cm〈文献あり　発
売：星雲社〉1500円　⑪978-4-434-18434-5
Ⓝ673.98
内容 第1部「銀ブラ」の語源を正す(「銀ブラ」の語源
は、「銀座のカフエーパウリスタでブラジルコーヒー
を飲むこと」ではない「銀ブラ」の語源は、銀座で
ブラジル珈琲!?」という珍説が出現した背景「銀ブ
ラ」の語源は「銀座をぶらつくこと」である「「銀
ブラ」の語源は、銀座でブラジルコーヒーを飲むこ
と」という珍説を作り出した、日東珈琲、マスコミ、
およびマスコミ人を批判する)　第2部「銀ブラ」語
源異聞録―「大正パウリスタ」の頃と平成の社会基
調(維新が生んだ街「銀座」と「大正パウリスタ」―
珈琲文化が生まれ育った街「銀座」「銀ブラ」語源
異聞録―「銀座」のボヘミアン　平成の社会が「見
失ったもの」―「珈琲普及の母」水野龍に学ぶ)
　　　　　　　　　　　　　　　　　　　　〔2156〕

◇銀座にはなぜ超高層ビルがないのか―まちがつ
くった地域のルール　竹沢えり子著　平凡社
2013.11　239p　18cm　(平凡社新書 706)
〈文献あり　年表あり〉800円　⑪978-4-582-
85706-1　Ⓝ518.8
内容 プロローグ　銀座に超高層ビルが計画された　第
1章　銀座とはどんな街か　第2章　大規模開発前夜、九
〇年代の銀座―第一次地区計画「銀座ルール」の策
定　第3章　二百メートルの超高層ビルが銀座に?―
「銀座街づくり会議」をつくろう　第4章　銀座の声を
行政へ!　第5章　新建築は銀座の事前協議が必要
に―銀座デザイン協議会の船出　エピローグ　ふたた
び松坂屋の再開発について　　　　　　　　〔2157〕

◇銀座ミツバチ奮闘記―都市と地域の絆づくり
高安和夫著　アサヒビール　2012.10　188p
22cm　(ASAHI ECO BOOKS 35)〈文献あ
り　発売：清水弘文堂書房〉1600円　⑪978-4-
87950-610-8　Ⓝ646.9
内容 第1章「農」の魅力を銀座から(なぜ銀座でミツ
バチなのか　銀座ミツバチプロジェクト誕生　ほか)
第2章　点の活動が線でつながり面になる(銀座屋上養蜂
と米つくり隊　銀座にミツバチがやって来た　ほか)
第3章　日本再生、農の力で日本を元気に!(あなた
の「おいしい!」で被災地域を応援　みつばちの里づ
くり ほか)　第4章　ミツバチからのメッセージ(「い
のちをつなぐ」を発信する　スローフードの世界大
会「テッラ・マードレ」ほか)　　　　　　〔2158〕

◇銀座と資生堂―日本を「モダーン」にした会社
戸矢理衣奈著　新潮社　2012.1　267p　20cm
(新潮選書)〈年表あり　文献あり〉1300円
⑪978-4-10-603697-2　Ⓝ576.7
内容 第1章「新橋」から「東京銀座」へ　第2章「文
明ノ程度」と西洋式空間　第3章　社交界の誕生　第4
章　帰着者たちの遊び場　第5章　商品をしてすべてを

語らしめよ　第6章　流行はいかに発信されたか　第
7章　「人の和」による全国展開　第8章　資生堂の
原点　終章　銀座・東京・日本　　　　　　〔2159〕

◇銀座通　道頓堀通　小野田素夢著,坪内祐三監
修・解説,日比繁治郎著,坪内祐三監修・解説
広済堂出版　2011.12　301p　16cm　(広済堂
文庫 1482　廣済堂ルリエ)　800円　⑪978-4-
331-65483-5　Ⓝ291.361
内容 銀座通(小野田素夢)(昭和銀座時代　カフェー
行進曲　飲道楽・食道楽(日本景色)　ジャズ小唄に
躍る街　ほか)　道頓堀通(日比繁治郎)(道頓堀の交
響楽　道頓堀の歴史　道頓堀の解剖)　　　〔2160〕

◇GINZAしあわせ　篠山紀信著　講談社　2011.
10　1冊(ページ付なし)　20×23cm〈索引あ
り〉1905円　⑪978-4-06-217261-5　Ⓝ673
　　　　　　　　　　　　　　　　　　　　〔2161〕

◇とっておきの銀座　嵐山光三郎著　文藝春秋
2009.12　286p　16cm　(文春文庫 あ58-1)
619円　⑪978-4-16-777328-1　Ⓝ291.361
内容 銀座ならではの懐中硯を入手―竹葉亭銀座店～
トラヤ帽子店～和光～鳩居堂～つばめグリル　ベル
ギー仕込みのトリュフ・シャンパンがシュワツー―文
明堂カフェ東銀座店～銀之塔～デルレイ～菊水～タ
カゲン～ライオン七丁目店　池波正太郎氏にならっ
て紬の角袖コートを買う一天一～空也～夏野～もと
じ　行く春や七本原の虹の色―吉兆・歌舞伎座店～嵩
山堂はし本～すきやばし次郎～くのや～若松　下駄
ひとつ買って涼しき銀座かな―好々亭～ぜん屋　タ
ニザワでドロワの鞄をプレゼント―サバティーニ・
ディ・フィレンツェ～タニザワ～トラヤ帽子店～伊
東屋　銀座は盆栽の似合う街～とらや銀座店～雨竹
庵～ぜん屋～たちばな　江戸指物の平つかで和の小
物を物色―資生堂パーラー～銀座三河屋本店～平つ
か　渡辺木版画店で名所江戸百景「両国花屋」を一
金春湯～渡辺木版画店～東哉～松屋銀座本店～伊東
屋　イルカとカメラの眼鏡ホルダー―ル・シヅィエ
ム・サンス～アップルストア～教文館～山野楽器～
宮本商行～トスティ〔ほか〕　　　　　　　〔2162〕

◇愉楽の銀座酒場　太田和彦著　文藝春秋
2009.5　251p　20cm　1619円　⑪978-4-16-
371400-4　Ⓝ673.98
内容 第1章　銀座で飲もう(ささ花/テンダー―居酒屋
からバーへ　ヴァンピックル/マルディグラ―ワイン
と料理　ラ・ヴィオラ/銀座サンボアーバールで立ち
飲み　ほか)　第2章　銀座酒場は花ざかり(やす幸/ス
タア・バー―おでんとバー　なまはげ/ぱいかじ―郷
土居酒屋もあります　TARU/酒仙堂―知る人ぞ知る
ほか)　第3章　銀座の奥深く(こびき/ドルフィー―
前衛派に挑戦　ボン・デュ・ガール/ギンザ屋台バル
―若い人はここ　タリスカー/ダンボースコッチを飲
もう ほか)　　　　　　　　　　　　　　　〔2163〕

◇銀座ミツバチ物語―美味しい景観づくりのスス
メ　田中淳夫著　時事通信出版局　2009.4
199p　20cm〈発売：時事通信社〉1400円
⑪978-4-7887-0955-3　Ⓝ646.9
内容 プロローグ　四年目のミツバチの日に　第1章　ミ
ツバチとの出会い―断固拒否からはじまった銀座の
養蜂　第2章　日本ミツバチの大きな可能性―ミツバ
チの視点で見つめる　第3章　銀座が教えてくれたこ

158　「東京」がわかる本 4000冊　　　　　　　　　　　　　　　　　　〔2155～2164〕

歴史・地理　　　　　　　　　　　　　　　　　　　　　　　　　　地理

と―銀座のDNAと街の記憶　第4章　銀座の生産者としてできること―文化としてのミツバチとファームエイド　第5章　ミツバチが指し示すあるべき姿―ミツバチに躍らされて　エピローグ　二〇一六年のミツバチの日に　　　　　　　　　　　　　　〔2164〕

◇銀座を歩く―江戸とモダンの歴史体験　岡本哲志著　京都　学芸出版社　2009.3　175p　21cm〈文献あり　著作目録あり〉　1800円　Ⓘ978-4-7615-1253-8　Ⓝ291.361　　〔2165〕

◇東京銀座グラフィックス―Tokyo creative　アルファブックス/アルファ企画　2008.7　349p　31cm〈おもに図　発売：美術出版社〉　14000円　Ⓘ978-4-568-50353-1　Ⓝ674.3
　内容 Department store　Fashion　Import brand　Jewelry　Manufacturing industry　Restaurant　Others　　　　　　　　　　　　　　〔2166〕

◇銀座のプロは世界一―名店を支える匠を訪ねて　須藤靖貴著　日本経済新聞出版社　2008.3　277p　19cm　1700円　Ⓘ978-4-532-16657-1　Ⓝ672.1361
　内容 食　飲　美　匠　装　趣　　　　　　〔2167〕

◇銀座の粋を巡る―ファインダーで捉えた老舗の心意気　梶洋哉写真・文　朝日新聞社　2007.1　159p　21cm　1600円　Ⓘ978-4-02-250249-0　Ⓝ672.1361
　内容 天明三年、泰地屋東作「江戸和竿」考案―銀座東作　創業は一九世紀の終わり頃、「洋食元祖」を掲げるレストラン―煉瓦亭　日本の出版界に伝説を残す「銀座の昔から」が生んだ名物社長―教文館　銀座で一番古い紳士服テイラー―高橋洋服店　銀座四丁目のあんパン工場―木村屋總本店銀座本店　ダザイ・オダサク・アンゴ時代の寵児が通い詰めたバー―銀座・ルパン　神出鬼没の老舗バー―セレナーデ　玉鋼をさづかったがゆえに名刀は独特の刃文を有す―刀剣柴田　三四〇年の歴史を誇る和漢文具の専門店―東京鳩居堂　香道とは香りを「聞く」こと―香十〔ほか〕　　　　　　　　　　　　　　　　　　　〔2168〕

◇銀座マーケティング―商売の檜舞台でいま何が起きているのか！　丸木伊参著　ダイヤモンド社　2005.1　230p　19cm　1600円　Ⓘ4-478-52003-8　Ⓝ672.1361
　内容 第1章 新興店の進出が銀座を変える―銀座異変を象徴する、この店の進出　第2章 新興・勝ち組がメインストリートに勢揃い―銀座への出店は長年の夢だった　第3章 日本は世界一のブランドマーケットだ―海外有名ブランドが銀座に出店するわけ　第4章 銀座に新しい「和」のビジネスが台頭―日本古来の商材に宿るニューバリュー　第5章 老舗とは何か、その明暗と究極の商法を探る―老舗の看板だけでは、もう生き残れない　第6章 どうなる「銀座ブランド」の将来像―問われる商業集積の規模と中身　　　　　　　　　　　　　　　　　　　〔2169〕

◇銀座上々　原田紀子編著　求竜堂　2004.8　197p　21cm　（サクセスフルエイジング　SA読本　v.6）　1200円　Ⓘ4-7630-0416-6　Ⓝ672.1361
　内容 第1章 対談 大人の街・銀座、上質を学ぶ（映画

に見るあこがれの銀座（川本三郎）　新橋芸者の心意気（新橋 小喜美）　履きよさは、美しさ（矢代恒夫）　銀座で知る伝統の技（関根辰男）　銀座で作り、銀座で売る菓子（山口元彦）　第2章 上質を支える人々（青花紙（中村繁男）　人力車（日吉組 久）　薄板（福島潔）　衣裳（石井恵美子））　　　　　　〔2170〕

◇銀座のショーウインドウ―130年のデザイン文化史　日本ディスプレイデザイン協会企画編集委員会編　六耀社　2004.6　211p　26cm〈折り込み1枚　年表あり〉　4800円　Ⓘ4-89737-466-9　Ⓝ673.38
　内容 第1章 ショーウインドウの街銀座の誕生―江戸期から銀座ブラへ・大正モダンまで　第2章 ショーウインドウと銀座ブラ―今につながる銀座の表情　第3章 ショーウインドウとその時代―ディスプレイの創成期から成熟期へ　第4章 銀座とショーウインドウの可能性―今の銀座とこれからのショーウインドウ　　　　　　　　　　　　　　　　　　　〔2171〕

◇銀座　松崎天民著　筑摩書房　2002.9　351p　15cm　（ちくま学芸文庫）　1000円　Ⓘ4-480-08719-2　Ⓝ291.361
　内容 銀座（洋服の対話（カフエー銀ブラ）　金座と銀座（三百年の昔から）　銀座の人々（山東京伝の以後）　煉瓦地の色調（江戸から東京へ）　ほか）　銀座の女（邂逅の夕　女人哀史　第二の性　病める町　ほか）　銀ぶらガイド　　　　　　　　　　　〔2172〕

◇なつかしい電車風景銀座界隈　巴川享則著〔川崎〕　多摩川新聞社　2001.11　149p　27cm〈発売：多摩川出版社（川崎）〉　3800円　Ⓘ4-924882-40-2　Ⓝ546.5　　〔2173〕

◇銀座の世紀　ぎょうせい企画編集、五十嵐秀幸ほか撮影　ぎょうせい　2001.9　201p　28cm　4000円　Ⓘ4-324-06567-5　Ⓝ291.361　〔2174〕

◇銀座四丁目交差点　枝川公一著　二見書房　2000.12　285p　20cm　1600円　Ⓘ4-576-00721-1　Ⓝ291.361
　内容 1 交差点をめぐる人々（待ち合わせに於ける快楽 街の観察家に「待ち人来たらず」　手信号の交通整理は美しい ほか）　2 交差点の歴史をたどる（ゆかしき江戸の残響を聞く　煉瓦街に鳴りわたるチンドン　時計塔への遙かな道のはじまり ほか）　3 交差点の考現学（向かい合う喫茶店からの眺め　刻々のインターネット画像　2000年カウントダウンの深夜 ほか）　　　　　　　　　　　〔2175〕

◇今日も銀座へ行かなくちゃ　枝川公一著　講談社　1996.5　383p　15cm　（講談社文庫）〈『ジョン・レノンを探して』（文芸春秋1986年刊）の増補改訂〉　660円　Ⓘ4-06-263253-5　Ⓝ291.36
　内容 プロローグ 変わる銀座、変わらない銀座　第1章 ビギン・ザ・ギンザ―銀座とその周辺を歩く　第2章 ジョン・レノンを探して―ちょっと懐かしい銀座　第3章 都市（まち）に遊ぶ、都市（まち）を遊ぶ―東京・ニューヨーク・マドリード・大阪・上海　　　　　　　　　　　　　　　　　　　〔2176〕

◇秘蔵写真で綴る銀座120年―老舗のアルバムに眠っていた未公開写真を満載　『銀座15番街』

〔2165〜2177〕　　　　　　　　　　　　　　　　　「東京」がわかる本 4000冊　　159

地理　　　　　　　　　　　　　　　　　　　　　　　　　　　　　　　　　　　　歴史・地理

編集部構成・文　第一企画出版　1995.11
158p　27cm〈年表：p148〜156〉3500円
Ⓘ4-88719-030-1　Ⓝ291.36　　　　　〔2177〕

◇Ginzabout—1975-1995　ザ・ギンザ　1995.6
207p　30cm〈監修：山田勝巳　発売：求竜堂〉
2800円　Ⓘ4-7630-9518-8　Ⓝ291.36
＊銀座あれこれ・エッセイ53篇、銀座あちこち・写真
46点。　　　　　　　　　　　　　　　〔2178〕

◇銀座細見—懐しい街角から、観る・買う・食べ
る情報まで　講談社編　講談社　1993.3　139p
21cm　（講談社カルチャーブックス 72）〈参
考文献：p139〉1500円　Ⓘ4-06-198076-9
Ⓝ291.36
内容 銀座八丁　老舗が語る銀座　モノクローム銀座
「銀座百点」に描かれた銀座　とっておきの銀ブラ
MAP　　　　　　　　　　　　　　　　〔2179〕

◇銀座モダンと都市意匠—第3回資生堂ギャラ
リーとそのアーティスト達　今和次郎、前田健
二郎、山脇巌・道子、山口文象　資生堂企業文
化部企画・編集　資生堂企業文化部　1993.3
159p　26cm〈監修：藤森照信、植田実　付（1
枚）　会期・会場：1993年3月16日〜4月3日　資
生堂ギャラリーほか〉Ⓝ518.8　　　〔2180〕

◇銀座　松崎天民著　中央公論社　1992.11
351p　16cm　（中公文庫）　580円　Ⓘ4-12-
201950-8　Ⓝ291.36
＊1920年代、モダン都市銀座に醸し出されていた魅力。
銀ぶら人、流し芸人、カフェーの女給たちの人生の
断面を温かく叙情的に綴りながら、自ら銀ぶらする
著者が、銀座の惹きつけてやまない陶酔的惑溺性の
謎を記者の眼で探る。懐かしい銀座通りの店舗案内
「銀ぶらガイド」併載。　　　　　　　〔2181〕

◇銀座一期一会　樋口修吉著　マガジンハウス
1992.10　277p　20cm　1600円　Ⓘ4-8387-
0369-4　Ⓝ291.36
内容 第1話 ソニースクエアの若手トリオ　第2話 12
カ月雛　第3話 ジュエリーデザイナー　第4話 並木
通りに惚れ込んだ男　第5話 ウィンドーディスプレ
イ　第6話 グラフィックデザイナー　第7話 銀座能
楽堂のオーナー　第8話 壱番館の3代目　第9話 銀座
くのやの8代目　第10話 木版画商の若旦那　第11話
おでん屋やま平　第12話 それぞれの銀座　〔2182〕

◇銀座101人—11歳から90歳まで銀座人インタ
ビュー　時事通信社　1992.8　160p　29cm
（101シリーズ 1）　1800円　Ⓘ4-7887-9225-7
Ⓝ291.36
内容 不思議な劇場。　アラーキーの銀写。　黄金の
通り。　映画の前にもビール。　銀座に帰る。　対
談 ぶらり、銀座の昼下がり。(中沢新一 杉浦日向
子)　魔都かユートピアか。　C'est la Vie パンと
恋と夢。　銀座の動物紳士録。　我が懐かしき、食
遍歴の日々。　追憶の、肖像。―銀座を愛した文士
たち　銀ブラは市電にのって。―銀座、その街とし
ての歴史　「君の名は」真知子、春樹　〔2183〕

◇ニューパラダイム銀座—ステータス・タウンの
変貌　藤江俊彦著　日本能率協会マネジメント

センター　1992.4　179p　19cm〈参考文献：
p177〜178〉1400円　Ⓘ4-8207-0832-5　Ⓝ672.
136
内容 1章 "TOKYO GINZA"感覚でパワーアップ
2章 "ニュー貴族"が銀座へ集まる　3章 「Hanako」
現象と女性の時代そして、銀座　4章 21世紀に拡大
する "銀座エリア"　5章 銀座ヒストリー　6章 東京
の"街間競争"の本命・銀座　7章 高度文化時代のブ
ランド・タウン　終章 "世界の銀座"へ　〔2184〕

◆◆日本橋

◇読んで歩いて日本橋—街と人のドラマ　白石孝
著　慶應義塾大学出版会　2009.11　193p
20cm　2000円　Ⓘ978-4-7664-1698-5　Ⓝ291.
36
内容 お堀端の町への衝撃—東京駅から八重洲一丁目
に　泉鏡花の世界—呉服橋・一石橋　表大通りの
ドラマ今昔（その一）—日本橋一・二丁目　粋な街角・
文化の香り—表大通りのドラマ今昔（その二）　魚河
岸模様—室町一丁目付近（その一）　食文化の街並み
—室町一丁目付近（その二）　創業の茶道—室町二・
三丁目　薬種問屋の街—本町通り　大伝馬町一丁目
木綿店の街—本町通りの賑わい　堀留町一丁目—思
いは遠く堀留の町々〔ほか〕　　　　　〔2185〕

◇日本橋街並み繁昌史　白石孝著　慶應義塾大学
出版会　2003.9　334p　20cm　3600円　Ⓘ4-
7664-1014-9　Ⓝ672.1361
内容 プロローグ 日本橋の歴史風土素描　1 日本橋南
大通り　2 江戸湊内港の町　3 日本橋商業の中心地
4 本町通り商業者街　5 堀留川入堀両岸　6 人形町
通り界隈の商業圏　7 大川端への連道　8 大名屋敷
から町へ　　　　　　　　　　　　　　〔2186〕

◇日本橋街並み商業史　白石孝著　慶應義塾大学
出版会　1999.10　298p　20cm　3000円　Ⓘ4-
7664-0772-5　Ⓝ672.1361
内容 1 通一丁目界隈—日本橋交差点付近　2 日本橋
魚河岸界隈—室町一丁目付近　3 室町・本町界隈—
室町二・三丁目付近　4 本町通り界隈—大伝馬町付
近　5 東西堀留川界隈—小舟町・堀留町一丁目付近
6 水天宮通り界隈—人形町一・二・三丁目付近　7 人
形町通り界隈—堀留町・富沢町付近　8 浜町川入堀
以東界隈—東日本橋・横山町付近　　　〔2187〕

◇江戸の快楽—下町抒情散歩　荒俣宏著、安井仁
写真　文藝春秋　1999.5　195p　22cm　2000
円　Ⓘ4-16-355210-3　Ⓝ291.361
内容 第1部 日本橋異聞（お江戸日本橋　日本銀行　高
島屋と丸善 ほか）　第2部 人形町そぞろ歩き（ジュサ
ブロー館で人形見物　水天宮の賑わい　江戸の芝居
町 ほか）　第3部 隅田川のぼりくだり（大相撲の美
隅田川の花火　川開き・川遊び ほか）　〔2188〕

◇日本橋界隈の問屋と街—江戸・明治・大正史
白石孝著　文眞堂　1997.7　205p　20cm
2500円　Ⓘ4-8309-4267-3　Ⓝ672.1361
内容 1 プロローグ 日本橋界隈今昔—江戸・明治を偲
びつつ　2 江戸時代の問屋と街　3 幕末・明治の変
革の時代　4 明治時代の問屋と街　5 舶来物の時代
と問屋　6 エピローグ—発展と瓦解　　〔2189〕

◇日本橋・堀留東京織物問屋史考　白石孝著　文

160　「東京」がわかる本 4000冊　　　　　　　　　　　　　　　〔2178〜2190〕

歴史・地理　　　　　　　　　　　　　　　　　　　　　　　　　　　地理

真堂　1994.11　187p　20cm　〈引用・参考文献：p176〜181〉2500円　Ⓘ4-8309-4171-5　Ⓝ673.5

内容　1 プロローグ―堀留・人形町通り　2 江戸の織物問屋―伊勢店と近江店　3 明治の織物問屋―新興問屋街の形成　4 婚・養子と別家の活躍―家業繁栄の礎え　5 新世界の訪れ―幕末から明治に　6 明治期の洋反物問屋―モスリン国産化の仲間　7 東京モスリン問屋の盛衰―明治・大正変転史　8 エピローグ　　　　　　　　　　　　　　　　　　　　〔2190〕

◆◆新宿

◇歌舞伎町はなぜ〈ぼったくり〉がなくならないのか　武岡暢著　イースト・プレス　2016.6　223p　18cm　（イースト新書 070）〈文献あり〉861円　Ⓘ978-4-7816-5070-8　Ⓝ673.98

内容　第1章 ぼったくりの法環境―条文・立法・法執行（「ぼったくり防止条例」と法令の限界　立法と執行の微妙な関係）　第2章 歌舞伎町という「地域社会」（歌舞伎町商店街振興組合　振興組合によるパトロール）　第3章 世界の中の不透明な歌舞伎町（アムステルダム型・コールガール型・歌舞伎町　日本の風俗産業の「謎」）　第4章 職業としての客引き（実践とテクニック　客にとってのベネフィットとリスク　客引き業への意味づけ　客引きが浮き彫りにする歌舞伎町の特性）　第5章 結論―歌舞伎町とぼったくりの構造（ぼったくりの背景要因　なぜぼったくりを「しない」のか？　歌舞伎町からぼったくりをなくせるか）　　　　　　　　　　　　　　　　　　〔2191〕

◇多文化都市・新宿の創造―ライフサイクルと生の保障　川村千鶴子著　慶應義塾大学出版会　2015.11　404p　22cm　〈文献あり　年表あり　索引あり〉5500円　Ⓘ978-4-7664-2266-5　Ⓝ334.41

内容　第1章 新宿の原風景と人間の誕生―妊娠と出産のエスノスケープ　第2章 幼児期と学童期のアイデンティティ　第3章 学歴格差と基礎教育の保障―不登校・不就学の子ども　第4章 ともに遊び憩う時空の創造　第5章 キャリア形成と自己実現　第6章 社会参加と多文化型まちづくり　第7章 人生の統合と加齢の価値―ジェロントロジーと幸福な老い　第8章 ともに祈り helpし合う―誰かも見落下すまいと祈る街　第9章 多文化都市のルーツと多文化博物館　　　〔2192〕

◇新宿二丁目の文化人類学―ゲイ・コミュニティから都市をまなざす　砂川秀樹著　太郎次郎社エディタス　2015.7　395p　20cm　3000円　Ⓘ978-4-8118-0784-3　Ⓝ384.7

内容　文化人類学と新宿二丁目と　1 新宿二丁目の民族誌（変化する二丁目　盛り場における社会的結合　ゲイバーの民族誌）　2 新宿の歴史とゲイの歴史（新宿の編成　ゲイをめぐる社会状況の変化）　3 セクシュアリティとコミュニティ（セクシュアリティ再考）　“コミュニティ化”する新宿二丁目　　　　　　〔2193〕

◇歌舞伎町スナイパー―韓国人カメラマンの18年戦記　権徹著　宝島社　2014.9　286p　16cm　（宝島SUGOI文庫 Aこ-6-1）　640円　Ⓘ978-4-8002-2760-7　Ⓝ302.1361

内容　巻頭カラー特集　ベストショット・オブ・歌舞伎町 1996〜2014　第1章 やくざが支配する街　第2章 ラ

イフルからカメラへ　第3章 警官との場外乱闘　第4章 歌舞伎町の住人たち　第5章 中国人―脱北者と四川大地震　第6章 さらば、歌舞伎町　〔2194〕

◇激撮！　歌舞伎町24時―タブー写真399連発　週刊大衆編集部編集、権徹、清平はじめ、神山文写真　双葉社　2014.5　199p　19cm　〈週刊大衆特別編集〉600円　Ⓘ978-4-575-30674-3　Ⓝ368.021361

内容　第1章 暴力―前篇　第2章 欲情―前篇　第3章 犯罪　第4章 猥褻―前篇　第5章 暴悪　第6章 暴力―後篇　第7章 欲情―後篇　第8章 猥褻―後篇　　　　　　　　　　　　　　　　　　　　〔2195〕

◇歌舞伎町アウトロー伝説　溝口敦、夏原武、鈴木智彦、小野登志郎ほか著　宝島社　2014.2　221p　16cm　（宝島SUGOI文庫 Aみ-5-3）〈新宿歌舞伎町黒歴史大全〉（2013年刊）の改題、改訂　年表あり〉650円　Ⓘ978-4-8002-2283-1　Ⓝ368.021361

内容　第1章 歌舞伎町アウトロー伝説（なぜ「縄張り」がかくも曖昧なのか、激動の歌舞伎町ヤクザ興亡史　発砲にガサ入れと幾度もの事件、ある日ヤンググミの組員が落下　歌舞伎町「ヤクザマンション」日々是好日戦後闇市時代、圧倒的な強さを誇った「守護神」の実像新宿の帝王加納尊の真実 ほか）　第2章 不夜城の黒歴史（歌舞伎町を愛しつづけた激動の24年「歌舞伎町の案内人」李小牧、禁断の回想　青線、ピンサロ、ノーパン喫茶からデリヘルまで風俗の聖地、回想録社交ママ、キャバ嬢、ホストの裏面史 歌舞伎町「水商売」怒涛の興亡録 ほか）　第3章 歌舞伎町の異邦人たち（作戦展開から10年、問われる成果と現実 歌舞伎町「浄化作戦」とは何だったのか　ネオン街利権をめぐる「半グレバブル」新宿歌舞伎町で邂逅した関東連合と怒羅権　進化するアングラ金融ネットワーク 歌舞伎町地下銀行とマネーロンダリングの変遷 ほか）　　　　　　　　　　　〔2196〕

◇裏歌舞伎町まりあ横丁―新大久保コリアンタウンの哀しい嘘　山谷哲夫著　現代書館　2013.11　229p　20cm　1800円　Ⓘ978-4-7684-5722-1　Ⓝ368.4

内容　第1章「裏歌舞伎町」深夜コンビニの店員になる　第2章 立ちんぼう（街娼と日雇い）たちの街　第3章「怪人二十面相・明智文五郎」登場　第4章「人肉闇市」の深夜実況中継　第5章 噂の「ひさちゃん」哀歌　第6章 今度は「裏歌舞伎町」ラブホテル従業員となる　第7章 ホームレスに身をやつして、日本人街娼を買ってみる　第8章 新大久保コリアンタウンのタブー　　　　　　　　　　　〔2197〕

◇歌舞伎町ラブホテル夜間清掃員は見た！　山谷哲夫著　宝島社　2013.7　221p　16cm　（宝島SUGOI文庫 Aや-4-1）〈『歌舞伎町ラブホテル夜間清掃人は見た！』（2010年刊）の改題〉600円　Ⓘ978-4-8002-1370-9　Ⓝ689.81361

内容　第1章 歌舞伎町・高級「ラブホテル」に潜入　第2章 従業員のグチとトラブル　第3章「韓国人を差別するな」　第4章 女たちが書いた「ラブホテル」落書き帳　第5章 韓国系金融機関の登場　第6章 噂の「会長」を初めて見る　第7章 会長の深き野望―歌舞伎町エリザ宮通り　第8章 ラブホテルの秘密・金、娼婦、警察との関係―捨てられた引継ぎ帳から　第9章

地理　　　　　　　　　　　　　　　　　　　　　　　　　　　　　　　　　　　　歴史・地理

歌舞伎町の帝王・金田統一　　　〔2198〕

◇新宿歌舞伎町滅亡記　梅﨑良著　左右社
2013.4　191p　19cm　1700円　①978-4-
903500-84-3　Ⓝ368.021361
内容　第1章　街を壊せ！　第2章　殴られる女たち　第
3章　36時間眠る男　第4章　キャバクラ中学生　第5章
ホスト狂騒曲　第6章　2丁拳銃のヤクザ　第7章　マグ
ロの暗躍　第8章　Ｘな男とＨな男　第9章　すべてが消
えた　　　　　　　　　　　　　　　　　　　　〔2199〕

◇歌舞伎町　権徹著　扶桑社　2013.2　256p
21cm　1900円　①978-4-594-06770-0　Ⓝ302.
1361
内容　第1章　にぎやかな歓楽街　第2章　緊迫の取材現
場から　第3章　歌舞伎町を「俯瞰」する　第4章　コ
マ劇場歌舞伎町支え半世紀　第5章　危うさと欲望の
漂う街　第6章　歌舞伎町「浄化作戦」　第7章　華やか
な世界の光と影　第8章　ボクが出会った素敵な笑顔
第9章　コリアンタウンと韓流スター　第10章　東日本
大震災を経験して　　　　　　　　　　　　　　〔2200〕

◇職務質問―新宿歌舞伎町に蠢く人々　髙橋和義
著　幻冬舎　2011.12　310p　16cm　（幻冬舎
アウトロー文庫 O-118-1）　648円　①978-4-
344-41790-8　Ⓝ368.6
内容　歌舞伎町軍団の誕生　夜の女たち　女子高生の
生態　クラブ、風俗店、ホテル　覚醒剤に酔う人々
覚醒剤を生業にする人たち　シャブに溺れた親分たち
ヤクザ社会　進出する山口組と中国マフィア　歌舞
伎町の租界　犯罪者天国　本署と交番　職務質問の
極意　　　　　　　　　　　　　　　　　　　　〔2201〕

◇THIS is KABUKI CHO―政治・経済・心の在
り様、すべてを併せ呑む日本一の歓楽街を見つ
めよ！　頼朝著　シーズ情報出版　2011.10
192p　19cm　1333円　①978-4-86177-037-1
Ⓝ302.1361
内容　第1章　街の真実は喫茶店にあり!?（頼朝×鈴木
さん（仮名）（歌舞伎町某喫茶店元店員））　第2章　歌
舞伎町を盛る！　貴重なる蝶たち（頼朝×一条ありさ
「AXIA」所属、あん「ギラギラガールズ」所属）　第
3章　区議会の現場からみた歌舞伎町論（頼朝×小野憲
一郎さん（新宿区区議会議員））　第4章　歌舞伎町は
歓楽街か住宅街か？―複雑な商と住の関係性と互い
の苦悩と本音。そして歌舞伎町の未来は？（商いの
視点から―歌舞伎町1丁目（頼朝×片桐基次さん（歌
舞伎町商店街振興組合理事長））　住の視点から―歌
舞伎町2丁目（頼朝×井上一さん（歌舞伎町2丁目町会
長））　第4章　歌舞伎町の地を見つめ続けてきた生きる伝統
的歴史スポット―ゴールデン街（頼朝×奥山彰彦さん
（新宿三光商店街振興組合理事長）））　第5章　宮司と
語る歌舞伎町に学ぶ心の在り方（頼朝×大久保直倫さ
ん（稲荷鬼王神社宮司）　　　　　　　　　　　〔2202〕

◇歌舞伎町裏街道　久保博司著　幻冬舎　2010.
12　286p　16cm　（幻冬舎アウトロー文庫 O-
114-1）　571円　①978-4-344-41591-1　Ⓝ368.
021361
内容　第1章　Ｋという男　第2章　深夜の歌舞伎町　第
3章　ヤクザの世界　第4章　急増する中国人犯罪　第
5章　潜行するマフィア　第6章　暴力バーに潜入　第7
章　女子高生の生態　第8章　シャブ中毒の街　第9章
増殖深化する「地下」　　　　　　　　　　　　〔2203〕

◇歌舞伎町より愛をこめて―路上から見た日本
李小牧著　阪急コミュニケーションズ　2010.1
286p　20cm　1600円　①978-4-484-09246-1
Ⓝ302.1361
内容　第1章　李小牧的日本人論（プライドを切り売り
できる唯一の国、日本　漫画ばかり読む現実逃避の
大人たち　ほか）　第2章　路上で出会った日本人たち
（派手でなら貧乏でもなく、淡々と生きるホスト
偽装結婚ブローカーも敬遠した、ある家出少女の転落
ほか）　第3章　反日・反中が吹き荒れた五年（政治や
歴史はトリビアでしかないのか　在日中国人にとっ
て、秋はメランコリックな季節　ほか）　第4章　この
国で生きる外国人たち（九〇年代の中国美人ホステス
は愛を捨て、権力を渇望した　副業で中絶薬を売り、
半殺しにされたコック　ほか）　　　　　　　　〔2204〕

◇新宿二丁目ウォーズ―男の中の男のサバイバル
術　斉木涼著　大和書房　2009.8　190p
19cm　1600円　①978-4-479-39195-1　Ⓝ367.
97
内容　序章　新宿二丁目へようこそ　第1章　新宿二丁目
経済学　第2章　ゲイのサクセス・ストーリー　第3章
恋に揺れる　第4章　二丁目に集う人々　第5章　「ゲ
イ」という人生　　　　　　　　　　　　　　　〔2205〕

◇新宿歌舞伎町アンダーワールド　日名子暁, 夏
原武, 山岡俊介他著　新装版　宝島社　2009.7
253p　16cm　（宝島sugoi文庫）　457円
①978-4-7966-7258-0　Ⓝ673.94
内容　1　暗黒街の顔役たち（歌舞伎町・雑居ビル火災の
深層―何が起こるかわからない!?“内戦状態”で儲け
る「もっとあくどい連中」　中国人犯罪多発地帯―
歌舞伎町はもはや犯罪者の巣窟―香港・九龍城と化
した！　裏ギャンブル事情―「一円ポーカー」から
「野球賭博」まで―「カジノバー」は“ミニミニラスベ
ガス”ほか）　2　フーゾクの仕掛け人たち（盛り場情
報誌ギョーカイ・バトル―『ナイタイ』VS『MAN-
ZOKU』―フーゾク情報誌戦争勃発！　ホストクラ
ブの「収奪構造」―犬の調教師か？　心の婦人科か？
「ホスト街道」まっしぐら！　「キャバレー」今昔物
語―名物店長・吉田康博の“ネオン街ひと筋”　ほか）
3　盛り場の男と女（クラブ遊びのモットー―どっこ
い、歌舞伎町は生きている！　“路上”の人々―「殴
られ屋」ハレルヤ・アキラの終わりなき旅　「南米
専門」売春ブローカー―騙して連れてきたことなん
か、いちどもないっつーの！　ほか）　　　　　〔2206〕

◇歌舞伎町・ヤバさの真相　溝口敦著　文藝春秋
2009.6　249p　18cm　（文春新書 705）　770
円　①978-4-16-660705-1　Ⓝ368.51
内容　第1章　歓楽街という恐怖　第1章　ツツジと鉄砲
第2章　恐さの淵源　第3章　娼婦と暴力　第4章　怨念
の伝承　第5章　「三国人」と匿名性　第6章　やらず
ぼったくりの荒唐　第7章　華人マフィアの風待ち港
第8章　言葉なき児暴　終章　いずこに行くか　あとが
き　老いていく街、興る街　　　　　　　　　　〔2207〕

◇龍宮城―歌舞伎町マフィア最新ファイル　小野
登志郎著　太田出版　2009.5　246p　19cm
1143円　①978-4-7783-1170-4　Ⓝ368.5
内容　プロローグ　歌舞伎町午前八時　第1章　境界線を
生きるノワール・アクターたち　第2章　怒羅権の男
第3章　日本人たちの怒羅権　第4章　中国残留孤児三

162　「東京」がわかる本 4000冊　　　　　　　　　　　　　　　　　　　　　〔2199～2208〕

歴史・地理　　　　　　　　　　　　　　　　　　　　　　　　　　　　　　　　　　　地理

世と日本のヤクザ　第5章　中国人マフィアとその女　第6章　「なしくずしの死」を生き抜く　エピローグ　龍宮城の夢の跡へ　　　　　　　　　　　　〔2208〕

◇消える「新宿二丁目」—異端文化の花園の命脈を断つのは誰だ？　竜超著　彩流社　2009.3　276p　20cm　2500円　①978-4-7791-1410-6　Ⓝ367.97
  内容 第1章　ゲイバアとゲイタウン　第2章　ゲイという人々　第3章　なにが「新宿二丁目」を殺すのか？　第4章　「新宿二丁目」サバイバル・シミュレーション　終章　「新宿二丁目」は消えるのか？　ゲイマガジン創始者がふりかえる、その隆盛と凋落（伊藤文学氏）　九〇年代ゲイブーム—当事者がみたメディアの内幕（伊藤悟氏）　　　　　　　　　　　〔2209〕

◇歌舞伎町のこころちゃん　権徹写真　講談社　2008.12　1冊（ページ付なし）　15×22cm　1429円　①978-4-06-215147-4　Ⓝ368.2
  ＊ “眠らない街”歌舞伎町。コマ劇場前で見つけた4歳の少女。あまりにもかわいらしい彼女は、父と、そしておとなたちと、路上生活を送っていた—。
　　　　　　　　　　　　　　　　　　　〔2210〕

◇オオクボ都市の力—多文化空間のダイナミズム　稲葉佳子著　京都　学芸出版社　2008.10　191p　19cm　〈文献あり〉　1800円　①978-4-7615-1249-1　Ⓝ361.78　　　　　　　〔2211〕

◇東京都新宿区　昼間たかし、佐藤圭亮編　マイクロマガジン社　2008.10　173p　21cm　（地域批評シリーズ　日本の特別地域　5（副都心編））〈文献あり〉　1200円　①978-4-89637-299-1　Ⓝ291.361
  内容 第1章　新宿区って人が住んでいるの？（昼間人口は23区3位実際に住んでいる人数もかなり多いのだ　隠れた団地地帯新宿オンボロ古団地から最新鋭高層団地まで）　第2章　世界最強新宿駅の実際（もはや新宿こそが「都心」である！　西口に集まる大企業　世界最強のハブ・ステーション新宿駅のヤバさを知れ ほか）　第3章　オールド新宿・四谷ブロックは不思議がいっぱい（オフィスと住宅の混在地四谷は江戸以来の千代田区の半植民地　若葉・信濃町・南元町誰も行かない新宿マイナーエリア ほか）　第4章　他人に優しく区民に厳しい新宿区のインフラ事情（すべてが新宿基準のJRはほとんどの駅がターミナル駅なのだが　複雑化に陥穽あり京王線&京王新線 ほか）　第5章　新宿のいびつさは改善するのか（人を追い出してきた新宿はもう一度「住める街」になれるか　いまや地下街は時代遅れ！　特殊性豊かな新宿の地上を「テーマパーク」にすべし！ ほか）
　　　　　　　　　　　　　　　　　　　〔2212〕

◇歌舞伎町アウトロー戦記　夏原武編　宝島社　2008.7　285p　16cm　（宝島sugoi文庫）〈歌舞伎町アウトロー戦争」（2003年刊）の改訂〉　457円　①978-4-7966-6468-4　Ⓝ368.51
  内容 1　新宿アウトローズ（山口組山健組vs関東ヤクザ 睨み合い見えぬ盛り場の支配者は誰だ？　実録！歌舞伎町“ケツ持ち”戦争　新旧エネルギーの大激突！　パリジェンヌ事件と新宿地下社会の変貌　新宿金融道の迷宮　闇金は眠らない—悪徳“登録業者”たちの高笑い!?）　2　新宿エイリアンズ（「新宿」と「脱北者」を結ぶ点と線　北朝鮮“兵隊ヤクザ”が歌舞伎町に血の雨

を降らせる日！　新宿地下社会・外伝　チャイニーズマフィア暗殺史　上海系vs福建系vs吉林系　“世代間闘争”から“ヤクザ対策”まで 中国人ホステス三代記　中国人男性に戸籍を貸す日本人女性たち 新・偽装結婚問題）　3　新宿ガーディアンズ（“警察”と“外国人クラブ”に癒着はあったか？　歌舞伎町「浄化作戦」の深い闇　管理される盛り場「街頭防犯カメラシステム」の誕生）　4　新宿ナチュラルズ（体罰、泡沫ホストの客喰い、ツケを踏み倒す未成年客　歌舞伎町ホストの事件簿　ゲイの聖地の縄張り事情　新宿二丁目、ミカジメ伝説　新宿風俗嬢という生き方「ボッタクリがいい」って言ったのよ。　雑誌売り、アクセサリー売りに生きる 新宿テキ屋物語）　5　新宿マテリアルズ（バブルの爪痕をめぐる 新宿は誰の街か？）
　　　　　　　　　　　　　　　　　　　〔2213〕

◇「移民国家日本」と多文化共生論—多文化都市・新宿の深層　川村千鶴子編著　明石書店　2008.5　405p　22cm　〈執筆：川村千鶴子ほか　文献あり　年表あり〉　4800円　①978-4-7503-2766-2　Ⓝ334.41
  内容 第1部　多文化共生社会の胎動と歴史的展開（共に生きる街・新宿大久保地区の歴史的変遷　受け継がれていく新住民の街の遺伝子　ディアスポラ接触—地域が国を超えるとき　韓国人ニューカマーの定住化と課題）　第2部　ライフサイクルと多文化共生論（多文化な出産とトランスカルチュラルケア　多文化子育て空間から創出される協働の世界—養育者の文化変容を中心に　新宿区で学びマルティリンガルとなる子どもたち　共に働く街・新宿—トランスカルチュラリズムの形成　共に老後を支えあう—在日外国人高齢者の現状と課題）　第3部　トランスカルチュラリズム—地域が日本を超えるとき（ホームレス、社会的排除と社会的包摂—新宿区の温かさと冷たさ　無国籍者との共生　文化のハイブリッド性と多文化意識　問われる国の理念と多文化共生政策）
　　　　　　　　　　　　　　　　　　　〔2214〕

◇歌舞伎町と死闘した男—続・新宿歌舞伎町交番　久保博司著　講談社　2007.12　303p　15cm　（講談社文庫）　571円　①978-4-06-275887-1　Ⓝ317.7
  内容 第1章　職質の芸人　第2章　人情デカ　第3章　非行少女の守護人　第4章　「歌舞伎町」と死闘した男　第5章　中国語の達人　第6章　挑戦する男　第7章　人たらし刑事　第8章　戦う軍団の首領　〔2215〕

◇酔眼のまち・ゴールデン街—1968〜98年　たむらまさき、青山真治著　朝日新聞社　2007.11　202p　18cm　（朝日新書）　700円　①978-4-02-273179-1　Ⓝ778.21
  内容 ロール1　エイガ事始（青春の子ども時代　上京 岩波映画へ）　ロール2　三里塚とゴールデン街のあいだ（「青の会」と新宿のはじまり　はじめてのゴールデン街　ゴールデン街＝ハローワーク　新宿騒乱「三里塚」を撮る）　ロール3　フィクションとドキュメンタリーのあいだ（劇映画への挑戦　『竜馬暗殺』の頃　牧野村との往復　セカンドステージのはじまり）　ロール4　八〇年代の熟成と崩壊（「ジュテ」の川喜多和子さん　「時流に乗る」監督たちと　一方、山形では1「火まつり」で出会った三人　事故のてんまつ　バブル崩壊、そして沈黙）　ロール5　シネマトグラファー・たむらまさき（小川紳介の不在　活動再開と「写るんです」　ゴールデン街の変容　新しい

〔2209〜2216〕　　　　　　　　　　　　「東京」がわかる本 4000冊　　163

地理　　　　　　　　　　　　　　　　　　　　　　　　　　歴史・地理

人々との出会い　ゴールデン街の、映画の「いま」）
最終ロール　「唯尼庵」のこと　　　　　　〔2216〕

◇歌舞伎町案内人　2（バックストリートの掟）
李小牧著　角川書店　2007.4　326p　15cm
（角川文庫）〈発売：角川グループパブリッシ
ング〉552円　Ⓘ978-4-04-373302-6　Ⓝ368.6
内容 第1章 歌舞伎町ビル火災・その後　第2章 「パ
リジェンヌ事件」の真相　第3章 「中国エステ」　第
4章 摘発の嵐　第5章 ギャンブル　第6章 深川　第
7章 首まがり　第8章 大偉の叫び　　　　　〔2217〕

◇新宿歌舞伎町アンダーワールドガイド　李小牧
著　幻冬舎　2007.4　268p　16cm　（幻冬舎ア
ウトロー文庫）　571円　Ⓘ978-4-344-40955-2　Ⓝ302.1361
内容 第1章 歌舞伎町一番街　第2章 セントラルロー
ド　第3章 さくら通り・東通り　第4章 区役所通り
第5章 西武新宿駅前通り・職安通り　第6章 歌舞伎
町二丁目界隈　　　　　　　　　　　　　　〔2218〕

◇新・マフィアの棲む街─新宿歌舞伎町　吾妻博
勝著　文藝春秋　2006.12　424p　16cm　（文
春文庫）　600円　Ⓘ4-16-760902-9　Ⓝ368.5
内容 ケツ持ちは「怒羅権」　大偉と呼ばれる男　ボッ
タクリ被害者たちのゆくえ　変貌する闇社会の勢
力図　シジミを採るヤクザたち　密航の仕組み　日
本ヤクザ対香港14K　エステで聞いた射殺事件の謎
歌舞伎町ビル火災の「ある真相」　地下銀行の実態
揺頭に熱狂する中国人ホステスたち　風林会館
　　　　　　　　　　　　　　　　　　　　〔2219〕

◇歌舞伎町事変─1996〜2006　李小牧文，権徹写
真，江建編　ワニマガジン社　2006.10　233p
21cm〈年表あり〉1900円　Ⓘ4-89829-981-4
Ⓝ302.1361
内容 第1章 パリジェンヌ事件　第2章 一斉摘発　第
3章 この街の住人　第4章 トラブル発生！　第5章
女　対談 李小牧＋権徹「歌舞伎町という街に立ち続
けること」　　　　　　　　　　　　　　　〔2220〕

◇新宿歌舞伎町交番　久保博司著　講談社
2006.3　319p　15cm　（講談社文庫）　590円
Ⓘ4-06-275342-1　Ⓝ317.7
内容 歌舞伎町交番の宿命　猥雑を食べる人々　女を
食べる男たち　小悪魔の少女たち　怪物の町　歌舞
伎町の浄化作戦　日本の阿片窟　血の結束　犯罪臭
ただようゲーム店　第10章 ドロボー天国　増殖する
中国マフィア　　　　　　　　　　　　　　〔2221〕

◇新宿二丁目ウリセン・ボーイズ　飛川直也著
河出書房新社　2006.2　225p　19cm　1400円
Ⓘ4-309-01750-9　Ⓝ673.94
内容 鴨川龍治─初体験の相手は、父の姉です。その
後、父の妹とも…。　田中サトシ─ありえない。男
が男と、ですよ。　岡部一郎─出張先での相手が、高
校時代の担任教師だったんです！　横田和也─美人
は苦手。デブのほうがメリットありますよ。　吉
本正男─女装のおっさんと温泉旅行。これが一番辛
かった。　仲谷裕一─バリ島と日本に四つの家庭。
ほとんど重婚状態ですね。　山本光雄─スカトロの
お客さん、俺のウンコを食べた後にキスをせまるん
です。　岸正平─中一の時、父の会社が倒産。それ
からは生きるだけで精一杯でした。　　　　〔2222〕

◇歌舞伎町の住人たち　李小牧著　河出書房新社
2005.8　225p　20cm　1500円　Ⓘ4-309-01728-
2　Ⓝ367.9
内容 ホスト王・愛田武─歌舞伎町・夜の覇王が闊歩す
る！　No.1キャバクラ嬢・立花胡桃─起業家として
も活躍する才色兼備　歌舞伎町ネゴシエーター・影
野臣直─元「ぼったくりの帝王」驚愕の転身！　ホー
ムレス・西村勝─歌舞伎町の裏表を路上で見続けて
二十五年　ニューハーフ・エメロン─コマ劇前の麗
しきランドマーク！　フリーライター・鈴木智彦─
ヤクザ・ジャーナリストはクリスチャン　ストリッ
パー・千堂あやか─圧倒的存在感！　華麗なる舞姫
花屋「一華」オーナー・佐野肇─商売とはモノを売る
のではなく自分を売ること　タイ国料理「バンタ
イ」社長・松井英子─エスニックレストランの草分
け！　女衒・武内晃二─風俗を超えた名プロデュー
サー　〔ほか〕　　　　　　　　　　　　　　〔2223〕

◇歌舞伎町の中国女　李小牧著　バジリコ
2005.6　259p　20cm　1400円　Ⓘ4-901784-62-
5　Ⓝ367.21361
内容 第1章 犯罪に手を染めた女たち（地下銀行─15
億円もの大金を動かした女はバラバラ死体で発見さ
れた　強盗─男たちの犯罪に否応なく加担させられ
罪を重ねていく… ほか）　第2章 身体を売る女たち
（本番エステ─上海・香港・シドニー・東京…1年で25
人の客をとった女　秘薬ヤオトウ─摘発を逃れなが
らも連綿と続く全裸ヤオトウパーティの実態 ほか）
第3章 出稼ぎに来日するワケの入る女たち（ルーマニア
人─ダンサーとは名ばかりのカラダで稼ぐ東欧女性
イスラエル人─アクセサリー売りの美女との忘れら
れない変態セックス ほか）　第4章 言い寄ってくる
女たち（中山繭美─セックス依存症の雑誌編集者にス
トーカーされた恐怖体験　美齢─美貌を武器に代議
士やJリーガーを手玉にとった大学院生 ほか）
　　　　　　　　　　　　　　　　　　　　〔2224〕

◇激撮!! ストリートスクープ─新宿/歌舞伎町
篁一光写真，中田薫編　二見書房　2005.4
160p　21cm　1600円　Ⓘ4-576-05036-2
Ⓝ368　　　　　　　　　　　　　　　　　〔2225〕

◇歌舞伎町シノギの人々　家田荘子著　主婦と生
活社　2004.8　284p　20cm　1400円　Ⓘ4-
391-12983-3　Ⓝ368
内容 葵─月収500万円のトップキャバクラ嬢　サクラ
─歌舞伎町バラバラ殺人犯のヤクザの妻　神田組長
─すべての闇に顔を持つ現役バリバリ組長　木場組長
─巨大マーケットを押さえる麻薬の総元締め　渋谷・
田端─外国人売春婦の元締めと舎弟　モハマド・バト
リシア─麻薬の売人とコロンビア売春婦の妻　亜希
─ホテルのやり手女社長　中野─すご腕闇金経営者は
元首相の隠し子　まみ─現役銀行員ヘルス嬢　フェ
イメイ─強盗に殺されかけた元台湾クラブのママ〔ほ
か〕　　　　　　　　　　　　　　　　　　〔2226〕

◇歌舞伎町案内人　李小牧著，根本直樹編　角川
書店　2004.3　307p　15cm　（角川文庫）
552円　Ⓘ4-04-373301-1　Ⓝ368.6
＊アジア最大の歓楽街、新宿歌舞伎町。飲食店と風俗
店がひしめき合い、ヤクザと中国マフィアが暗躍す
るこの欲望と狂気の街に、李小牧は十四年間立ち続
けている。日本語、北京語、広東語、湖南語を自在
に操るこの男の職業は「案内人」。ヤクザを後ろ盾

歴史・地理　地理

に、刑事を友に、変貌を続ける歌舞伎町地下社会を驚異的なしぶとさで生き抜いてきた李が明らかにする真実とは!? 衝撃のノンフィクション。〔2227〕

◇歌舞伎町ドリーム　世川行介著　新潮社　2003.12　234p　20cm　1400円　Ⓘ4-10-465001-3　Ⓝ673.98
内容 第1章 嘘つき女―韓国クラブのスナ　第2章 マドリガル（純愛歌）―ホストフミカズ＆女子大生ミホ　第3章 ヤクザという俺―ケンタ　第4章 不夜城に生きる平凡な男―韓国クラブ店長パク　間奏曲 変わる新宿歌舞伎町―寿司屋のオヤジ＆取り立て屋　第5章「ホテル行こう」ばっかり―フィリピンパブのソフィヤ＆マール、プロモーター久我　第6章 若く美しい兵士たち―ロシアンクラブのアンナ＆ナターシャ　第7章 自由という名の宝物―中国クラブの晩雲　第8章「自分の国に帰りなさい」―韓国スナックのママ　〔2228〕

◇歌舞伎町アンダーグラウンド　柏原蔵書著　ベストセラーズ　2003.7　207p　19cm　1300円　Ⓘ4-584-15965-3　Ⓝ368.6
内容 序章 経済特区歌舞伎町（不夜城『歌舞伎町』の現実　歌舞伎町『経済特区』論 ほか）　第1章 暴力団の巣食う街歌舞伎町（ヤクザ、暴力団と呼ばれる人々　地図にならない勢力図 ほか）　第2章 非合法と呼ばれるビジネス（歌舞伎町における非合法ビジネス　歌舞伎町が賭博に適している理由 ほか）　第3章 絶えず変貌を遂げる歌舞伎町風俗（歌舞伎町一斉摘発　歌舞伎町『経済特区』風俗編 ほか）　第4章 アングラ・マネーの行方消費と生産を繰り返す街（歌舞伎町の本音『現金』の行方　『金の洗濯』には金融屋が不可欠 ほか）　〔2229〕

◇歌舞伎町がもし100人の村だったら　北芝健著　ロングセラーズ　2002.7　113p　19cm　905円　Ⓘ4-8454-1220-9　Ⓝ673.94　〔2230〕

◇ザ・歌舞伎町　夏原武, 鎌田和男, 小川隆行著　宝島社　2001.12　189p　18cm　（宝島社新書）　700円　Ⓘ4-7966-2505-4　Ⓝ673.94
内容 第1章 歌舞伎町その移り変わり　第2章 現在の主流ライト風俗　第3章 各種クラブ総ざらえ　第4章 老舗業種の現状　第5章 魑魅魍魎マニア・非合法　第6章 歌舞伎町式経営術　第7章 歌舞伎町安心のためのキーワード　〔2231〕

◇歌舞伎町アンダーワールド　安晃龍一著　同朋舎　2001.8　249p　20cm　〈発売：角川書店〉　1900円　Ⓘ4-8104-2700-5　Ⓝ368.6　〔2232〕

◇新宿・街づくり物語―誕生から新都心まで300年　勝田三良監修, 河村茂著　鹿島出版会　1999.10　222p　22cm〈文献あり〉3300円　Ⓘ4-306-07221-5　Ⓝ518.8
内容 第1章 江戸期の「新宿」　第2章 明治期の「新宿」　第3章 大正期の「新宿」　第4章 昭和初期の「新宿」　第5章 昭和・戦後復興期の「新宿」　第6章 昭和・経済成長期の「新宿」　第7章 昭和・経済爛熟期の「新宿」　第8章 現在の「新宿」　〔2233〕

◇新宿歌舞伎町マフィアの棲む街　吾妻博勝著　文藝春秋　1998.9　398p　16cm　（文春文庫）　514円　Ⓘ4-16-760901-0　Ⓝ368.5

内容 麻薬密売人Kが消えた　マフィアは暴力団対策法適用外　無国籍売春クラブの秘密　消えた一匹狼「片腕の龍」　マフィア化する日本のヤクザ　メデジン・カルテルの脅威　現役外交官が麻薬取り引きに関与　コロンビア・マフィアとの対決　闇に潜む"殺し屋"の群れ　日本で拳銃を密売する謎の中国人〔ほか〕　〔2234〕

◇多民族共生の街・新宿の底力　川村千鶴子編著　明石書店　1998.1　260p　19cm　〈文献あり〉1800円　Ⓘ4-7503-1004-2　Ⓝ334.41
内容 序章 地域の悲鳴　第1章 共生の歴史　第2章 地域は拡大家族　第3章 ボランティアの力　第4章 新宿の危機は文化創造の新局面　第5章 多文化主義に支えられた地域社会の未来　第6章 「多文化共生」のまちづくりへ　〔2235〕

◇新宿―1965-97　渡辺克巳著　新潮社　1997.11　1冊（ページ付なし）　20cm　（フォトミュゼ）〈おもに図〉4300円　Ⓘ4-10-602430-6　Ⓝ748　〔2236〕

◇進化する複合再開発―新宿アイランドの全記録　彰国社編　彰国社　1996.6　179p　31cm　4120円　Ⓘ4-395-11083-5　Ⓝ518.8
内容 コンセプト編　プランニング編　デザイン編　テクノロジー編　マネジメント編　インタビュー　キーパーソンに聞く　〔2237〕

◇マフィアの棲む街―新宿歌舞伎町　吾妻博勝著　文芸春秋　1994.11　335p　20cm　1800円　Ⓘ4-16-349630-0　Ⓝ368.5
内容 麻薬密売人Kが消えた　マフィアは暴力団対策法適用外　無国籍売春クラブの秘密　消えた一匹狼「片腕の龍」　マフィア化する日本のヤクザ　メデジン・カルテルの脅威〔ほか〕　〔2238〕

◇歌舞伎町ちんじゃら行進曲　成美子著　徳間書店　1994.8　218p　16cm　（徳間文庫）　440円　Ⓘ4-19-890171-6　Ⓝ673.9
内容 1 ファンファーレ　2 オン・パレード　3 ステップ・バイ・ステップ　4 レクイエム　〔2239〕

◇サンパウロ・コネクション―ブラジル女性たちの歌舞伎町物語　マルコ・ラセルダ著, 小高利根子訳　文芸春秋　1994.6　253p　20cm　1600円　Ⓘ4-16-348690-9　Ⓝ334.41
＊友人の変死事件を追う外人記者が夜の新宿で見た日系ブラジル女性たちの知られざる姿。売春、麻薬取引…そして驚くべき事件の真相。　〔2240〕

◇新宿のアジア系外国人―社会学的実態報告　奥田道大, 田嶋淳子編著　めこん　1993.5　313p　20cm　2500円　Ⓘ4-8396-0076-7　Ⓝ334.41
内容 第1章 多層構造としての新宿　第2章 調査に見る地域社会の変貌　第3章 アジア系外国人の声　第4章 地元の人々の声　第5章 調査日誌から　第6章 新宿調査から学ぶこと―日本の地域社会のゆくえ　〔2241〕

◇新宿区史跡散歩　高橋庄助著　学生社　1992.4　172p　19cm　（東京史跡ガイド 4）　1600円　Ⓘ4-311-41954-6　Ⓝ291.36

地理　　　　　　　　　　　　　　　　　　　　　　　　　　　　歴史・地理

内容 1 新宿駅西口と十二社・淀橋　2 内藤新宿と四谷・大木戸　3 高田馬場のあと　4 遺跡の多い落合　5 抜弁天と文豪達の旧居地　6 江戸時代からの町並　7 江戸の西玄関　8 牛込城跡と神楽坂　付録 山の手七福神めぐり　　　　　　　　　　　　　　　　〔2242〕

◆◆上野

◇上野アンダーグラウンド　本橋信宏著　駒草出版株式会社ダンク出版事業部　2016.7　334p　19cm〈文献あり〉1500円　Ⓘ978-4-905447-69-6　Ⓝ384.7

内容 第1章 高低差が生んだ混沌　第2章 上野"九龍城ビル"に潜入する　第3章 男色の街上野　第4章 秘密を宿す女たち　第5章 宝石とスラム街　第6章 アメ横の光と影　第7章 不忍池の蓮の葉に溜まる者たち　第8章 パチンコ村とキムチ横丁　第9章 事件とドラマは上野で起きる　　　　　　　　　　　〔2243〕

◇うえの下町見てある記—学びの寄り道　服部英二著　日本図書刊行会　2013.2　157p　19cm〈発売：近代文藝社〉1500円　Ⓘ978-4-8231-0879-2　Ⓝ291.361

内容 建物は語る　市の論理　「とら」の問題　今も昔もアキバは「もえ」　生きものの命の営み　節目と成長発達　草青む歌よむ子らの伸びやかさ　海上の道　時代を駆け抜けた者達の足跡　はてな？　を探訪〔ほか〕　　　　　　　　　　　　　　　　〔2244〕

◇私風俗—上野界隈徘徊日誌　高部雨市著　現代書館　2002.10　262p　20cm　2200円　Ⓘ4-7684-6837-3　Ⓝ302.1361

内容 1章 めんどりの肉　2章 マリアの仕事　3章 イラン人の休暇　4章 鴬谷慕情　5章 ゲイの部屋　6章 ママチャリは疾走する　7章 人間の犬　8章 キーワードは手っ取り早く　9章 安イノ国ノ人　10章 落下する風景　11章 奈落へと転がっていく　〔2245〕

◇ヤングでよみがえるアメ横商店街超繁盛の秘密　島田隆司著　実業之日本社　1994.10　214p　19cm　1500円　Ⓘ4-408-21028-5　Ⓝ673.7

内容 第1章 不況下の歳末商戦　第2章 増える外部からの参入　第3章 丸井とマスコミとアメ横　第4章 カオスの魅力　第5章 安売り商法の舞台裏　第6章 アメ横にあるそれぞれの歴史　　　　　　　　〔2246〕

◇Tokyo・上野とまちづくり戦略—上野学の提唱　21世紀上野まちづくり研究会編　ぎょうせい　1990.9　240p　22cm〈東京・上野略年表：p236〜238〉2200円　Ⓘ4-324-02313-1　Ⓝ518.8

内容 序章 上野学の提唱—上野らしさの根源を探る　第1章 東京・上野とは—「上野学」の提唱　第2章 上野らしさを求めて—上野の特性　第3章 望ましい上野のすがた—マイル構想とニュータウン構想　第4章 上野の景観を考える　第5章 海外の都市に学ぶ—ケーススタディを試みる　第6章 新しい上野を創る—駅ビル建設と定住策　　　　　　　　　〔2247〕

◆◆浅草

◇浅草人力車男子—男前"俥夫"たちのハダカの素顔。　人力車パブリッシング編集部編著　辰巳出版　2016.4　95p　21cm〈索引あり〉1400

円　Ⓘ978-4-7778-1679-8　Ⓝ685.8

内容 浅草"男前"俥夫図鑑—17人の"男前"俥夫の素顔　輝く、女性俥夫たち　浅草の風景　俥夫20人が選ぶ！　浅草場ガイド　感動！　奇跡の人力車エピソード　人力車ギョーカイ用語、解説します　俥夫の1日に密着　浅草ゆるキャラ図鑑　　〔2248〕

◇浅草はなぜ日本一の繁華街なのか　住吉史彦聞き手　晶文社　2016.3　231p　19cm　1600円　Ⓘ978-4-7949-6920-0　Ⓝ673

内容 第1話 世界に唯一の「江戸趣味小玩具」の店—「助六」五代目・木村吉隆さん　第2話 江戸前鮨に徹した仕事—「弁天山美家古寿司」五代目・内田正さん　第3話 神さまの御霊を載せて町を守る神輿を作る—「宮本卯之助商店」七代目・宮本卯之助さん　第4話 江戸の食文化として「どぜう鍋」を守る—「駒形どぜう」六代目・渡辺孝之さん　第5話 芸どころ浅草の花柳界を支える一割烹家「一直」六代目・江原仁さん　第6話 牛のヨダレのごとく商いを続ける—浅草おでん「大多福」四代目・舩大工行さん　第7話 浅草六区には夢がある—「浅草演芸ホール」会長・松倉久幸さん　第8話 ごはんにも、日本酒にも合うのが洋食—「ヨシカミ」二代目・熊澤永行さん　第9話「履物の町」浅草で職人がいる履物店—「辻屋本店」四代目・富田里枝さん　　　　　　　　　〔2249〕

◇浅草謎解き散歩　川上千尋, 荒井修, 塩入亮乗編著　KADOKAWA　2014.4　319p　15cm（新人物文庫 かー11-1）〈文献あり〉850円　Ⓘ978-4-04-600275-4　Ⓝ291.361

内容 第1章 浅草ってどんなとこ？　第2章 浅草寺編　第3章 浅草神社と三社祭編　第4章 歴史編　第5章 文化編　第6章 吉原編　第7章 浅草名物と食文化編　　　　　　　　　　　　　　　　　　　〔2250〕

◇浅草老舗旦那のランチ　藤井恵子文　小学館　2012.6　112p　21cm〈写真：鈴木俊介　索引あり〉1400円　Ⓘ978-4-09-388174-6　Ⓝ673.97

内容 駒形どぜう（どぜう）　辨天山美家古壽司（鮨）　天ぷら大塚（天麩羅）　割烹家一直（会席料理）　HOMMAGE オマージュ（フレンチ）　グリルグランド（洋食）　麻鳥（釜飯）　アリゾナキッチン（洋食）　並木藪蕎麦（蕎麦）　すぎ田（とんかつ）　オステリア イタリアーノ フォカッチャ（イタリアン）　ボナフェスタ（ロシア料理）　水口食堂（定食）　とんかつゆたか（とんかつ）　にゐど・だもゐれ（和食）　天麩羅あけし（天麩羅）　銀座ブラジル（軽食喫茶）　寿方蕎麦 長浦（蕎麦）　登場した旦那の店舗（量定　和菓子　和装　工芸　卸問屋　娯楽）　　　　　〔2251〕

◇浅草十二階—塔の眺めと〈近代〉のまなざし　細馬宏通著　増補新版　青土社　2011.9　326p　20cm〈折り込み1枚〉2400円　Ⓘ978-4-7917-6618-5　Ⓝ523.1

内容 塔の眺め　十二階と風船　人のまなざし・美人へのまなざし　塔とパノラマ　舞姫と塔　まなざしを要するもの　覗かれる塔　眺められるだけの塔　パノラマのような眺め　塔というパノラマ　啄木の凌雲閣　十二階という現在　　　　　　　〔2252〕

◇旧浅草區まちの記憶　森まゆみ文, 平嶋彰彦撮影　平凡社　2008.9　140p　20cm　1600円　Ⓘ978-4-582-83411-6　Ⓝ291.361

内容 1 柳橋—舟宿と花柳界の灯はいずこ　2 浅草橋

166　「東京」がわかる本 4000冊　　　　　　　　　　　　　　〔2243〜2253〕

歴史・地理 　　　　　　　　　　　　　　　　　　　地理

一人形の町はオモチャもいっぱい　3　蔵前―川沿い
の米蔵、問屋の町の移り変わり　4　三筋―小島―鳥
越―三味線堀とおかず横丁のこと　5　元浅草―寿
～駒形―職人と寺の町でお墓めぐり　6　雷門～浅草
寺界隈―下町文化の中心、六区周辺の賑わいは今　7
花川戸～浅草―観音裏に残る芝居町の記憶　8　松が
谷～西浅草―かっぱ橋道具街の周りに眠る人たち　9
今戸～橋場～清川―今戸心中の舞台で招き猫に出会
う　10　千束～日本堤―吉原の女たちと一葉ゆかりの
町
〔2253〕

◇こころの浅草―連続テレビ小説　こころの浅草
編集部編　長崎出版　2003.8　165p　19cm
1300円　Ⓝ4-86095-015-1　Ⓝ291.361
内容 第1部　こころ・インタビュー（末永こころ役　中
越典子さん　山本万太郎役　なぎら健壱さん　チーフ・
プロデューサー　大加章雅さん）　第2部　浅草パラダ
イス（浅草は日本一の盛り場だった　浅草ビッグパ
レード　田谷力三と浅草オペラ　ほか）　第3部　浅草
散歩（浅草寺境内散歩　浅草寺の起源　雷門　ほか）
〔2254〕

◇お座敷遊び―浅草花街芸者の粋をどう愉しむか
浅原須美著　光文社　2003.4　230p　18cm
（光文社新書）〈文献あり〉700円　Ⓝ4-334-
03193-5　Ⓝ384.9
内容 第1章　お座敷遊び・いまむかし　第2章　花柳界、
これが芸者のたどる道　第3章　「芸」を売る、「夢」
を売る―浅草芸者の心意気　第4章　芸者と旦那の不
思議な関係　第5章　最後の「箱屋」　第6章　実践編・
現代お座敷遊び入門
〔2255〕

◇ぼくの浅草案内　小沢昭一著　筑摩書房
2001.10　207p　15cm　（ちくま文庫）　880円
Ⓝ4-480-03674-1　Ⓝ291.361
内容 浅草と私との間には…　浅草散歩の御参考まで
に歩いてみました六コース　A　浅草寺周辺　B　千束
から三ノ輪まで　C　花川戸から白鬚橋まで　D　駒形
から浅草橋まで　E　隅田川から上野へ　F　隅田川を
渡って向島　「濹東綺譚」と私（付録・壱）　浅草ス
トリップと私（付録・弐）
〔2256〕

◇浅草木馬館日記　美濃瓢吾著　筑摩書房
1996.4　206p　20cm　1600円　Ⓝ4-480-81398-
5　Ⓝ291.36
内容 浅草へ　木馬館日記　浅草十三句　浅草オアシ
ス　隅田川ゴールド　花やしき商店街小史　浅草月
見十六景　南千住トワイライト―饗応の法則　動く
浅草
〔2257〕

◇ストリップ慕情―浅草・吉原ロマネスク　広岡
敬一著　講談社　1993.10　240p　15cm　（講
談社文庫）　460円　Ⓝ4-06-185513-1　Ⓝ291.36
内容 1　ストリップ黄金時代　2　浅草・吉原ロマネスク
3　バロン薩摩の恋　4　味わう浅草っ子の店　5　三社
祭の男と女
〔2258〕

◆◆品川

◇品川区史跡散歩　平野栄次著　学生社　1993.7
162p　19cm　東京史跡ガイド 9）　1800円
Ⓝ4-311-41959-7　Ⓝ291.36
内容 1　北品川宿コース　2　南品川宿コース　3　大崎・
三ツ木・二葉町コース　4　五反田地区をめぐるコー

ス　5　上大崎コース　6　大井地区をめぐるコース　7
戸越・荏原コース　8　中延・小山コース　〔2259〕

◆◆世田谷

◇世田谷の土地―絵図と図面を読み解く　平成二
十七年度特別展　世田谷区立郷土資料館編　世
田谷区立郷土資料館　2015.10　159p　21×
30cm〈会期：平成27年11月3日―12月6日　文
献あり〉Ⓝ291.361
〔2260〕

◇これでいいのか東京都世田谷区　岡島慎二編
マイクロマガジン社　2015.9　319p　15cm
（地域批評シリーズ 3）〈文献あり〉790円
Ⓘ978-4-89637-524-4　Ⓝ291.361
内容 第1章　イメージ先行!?　世田谷区の真の姿とは？
第2章　ホンモノ世田谷区民は小田急線で持つ　第3章
平成の勝ち組　コスくてカシコい東急エリア？　第
4章　"世田谷の世田谷"は良いのか悪いのか　第5章
"相対的に"保守本流に躍り出た京王エリア　第6章
世田谷らしさをずっと留めていくために
〔2261〕

◇これでいいのか東京都世田谷区　第2弾　世田
谷民の小ずるい生き方　岡島慎二、鈴木士郎編
マイクロマガジン社　2013.8　139p　26cm
〈日本の特別地域特別編集〉1300円
Ⓘ978-4-89637-430-8　Ⓝ291.361
内容 世田谷民の小ずるい生き方―社会問題続出!!　1.
5流民の実態に迫る！　　第1章　変わるための世田谷
の難問　第2章　どこまで変わるか小田急線エリア　第3
章　"世田谷の世田谷"は良いのか悪いのか　第4章　シ
モキタ・サンチャラインの正体とは　第5章　"相対的
に"保守本流に躍り出た京王エリア　第6章　世田谷二
大金持ちの表と裏　第7章　どこかおかしい二子玉川
と東急沿線　第8章　世田谷らしさをずっと留めてい
くために
〔2262〕

◇日本の特別地域　11　これでいいのか東京都世
田谷区　岡島慎二、奥岡幹浩、鈴木亮介編　マイ
クロマガジン社　2009.11　171p　21cm　（地
域批評シリーズ）〈文献あり〉1300円　Ⓘ978-
4-89637-327-1　Ⓝ291
内容 まえがき　世田谷区に貼られた忌まわしいレッテ
ル　第1章　イメージ先行!?　世田谷区の真の姿とは？
第2章　ホンモノ世田谷区民は小田急線で持つ　第3章
平成の勝ち組コスくてカシコい東急エリア？　第4
章　ザ・対決！　勝者なき世田谷デスマッチ　第5章
相容れないなら分かれてしまえ！　驚愕の世田谷区
分割計画
〔2263〕

◇せたがや100の素顔―もうひとつのガイドブッ
ク　東京農大せたがや100の素顔編集委員会編
著　東京農業大学出版会　2002.3　132p
19cm　1600円　Ⓝ4-88694-139-7　Ⓝ291.361
内容 せたがやの自然　せたがやの歴史　せたがやの
交通　せたがやの文化　せたがやの生活
〔2264〕

◇大都市の卸・小売業の現在と未来―若者のあふ
れる世田谷・下北沢商店街の分析　佐々木隆爾、
藤井史郎、世田谷自治問題研究所編　こうち書
房　2001.2　148p　21cm　（ブックレット「巨
大都市東京の地域と住民生活」の実態分析シ
リーズ 2（世田谷区）1）〈発売：桐書房（〔東

〔2254～2265〕　　　　　　　　　　　　「東京」がわかる本 4000冊　　167

地理　　　　　　　　　　　　　　　　　　　　　　　　　　　　　　　　歴史・地理

京]）〉 1200円　Ⓘ4-87647-510-5　Ⓝ672.1361
内容 日本の商店街はどうなっているか―わが国の卸・小売業の動向　世田谷区、そして下北沢の商店街はどうなっているか　下北沢商店街の魅力ともろさ（下北沢商店街と商店経営の実態　商店経営の実情と顧客の特徴）　下北沢の"にぎわい"の原因はなにか　商店街の活性化とまちづくりにむけての指針―下北沢商店街に学ぶ　　　　　　　　　　　　　　　〔2265〕

◇世田谷区史跡散歩　竹内秀雄著　学生社　1992.12　170p　19cm　（東京史跡ガイド 12）1800円　Ⓘ4-311-41962-7　Ⓝ291.36
内容 1 吉良氏の旧城下をたずねて　2 常盤の由緒と馬引沢のほとりをしのぶ　3 目黒川の流れに沿って―三軒茶屋から下北沢へ　4 鷺草の里奥沢　5 古墳等々力の渓谷　6 玉川八景　7 経堂をめぐる社寺　8 砧の里江戸氏興亡のあと　9 烏山の寺町めぐり　10 徳富蘆花隠棲の地　11 第2の寺町松原　　　　〔2266〕

◆◆渋谷

◇渋谷円山町―迷宮の花街　本橋信宏著　宝島社　2015.2　302p　19cm　〈文献あり〉1450円　Ⓘ978-4-8002-3427-8　Ⓝ384.7
内容 第1章 花街の記憶　第2章 円山芸者　第3章 丘の上のおかま街　第4章 風俗の街として　第5章 十八年目の東電OL事件　第6章 密会場所に向かう女たち　第7章 死と再生の街　　　　　　　　　〔2267〕

◇渋谷らしさの構築　田原裕子編著　雄山閣　2015.2　252p　21cm　（渋谷学叢書 4　國學院大學研究開発推進センター渋谷学研究会編）〈文献あり〉3400円　Ⓘ978-4-639-02351-7　Ⓝ361.78
内容 第1章 首都圏整備と東京、渋谷　第2章 バブル経済崩壊後の渋谷―人口、産業、消費、都市イメージの視点から　第3章 統計データからみた「渋谷らしさ」の変質と課題　第4章 「動詞」で考えるマルキュー―渋谷109とは何か　第5章 渋谷の現在と再開発の課題　第6章 シブヤイーストのメディア文化論的構築のために―ソーシャルな物語としての渋谷らしさ　　　　　　　　　　　　　　　　　　　〔2268〕

◇SHIBUYA202X―知られざる渋谷の過去・未来　ケンプラッツ編　日経BP社　2012.6　175p　28cm　〈発売：日経BPマーケティング〉1800円　Ⓘ978-4-8222-6069-9　Ⓝ518.8
内容 Gravure 2012年5月の渋谷駅前　1 History―駅と街の成り立ち（渋谷駅誕生からヒカリエまで シブヤ建築の歴史　50年前に練られた「渋谷再開発計画'66」　渋谷駅は1日にして成らず　渋谷駅はなぜ280万人をさばけるのか　渋谷駅から消える「板倉準三」の作品群　記憶に残るのは映画看板が並ぶ壁面　東急文化会館　最も成功を収めた戦後日本のアイコン建築 渋谷109　ギャルが渋谷から消える?!　女子高生目線で街の整備を　若者の街シブヤに"大人の味"を足せるか）　2 Introduction―未来への序奏 ヒカリエ開業（外気を取り入れ省エネに 渋谷ヒカリエ　競争でなく"共創"が人を集める 野本弘文・東急電鉄社長　建築的な見どころを徹底チェック ヒカリエに一番乗りしたDeNAの新オフィス　「渋谷から世界へ」DeNAが渋谷に転移した理由　街の中で存在を示す渋谷ヒカリエ）　3 Underground―地下で進むプ

ロジェクト（鉄道高架路線下をシールド機で掘進 東横線地下化　地下駅らしからぬ3層の吹き抜け 渋谷地下駅竣工　副都心線建設の5つのエピソード　渋谷駅・地宙舟の"殻"はどう製作したか）　4 Future―202XのSHIBUYA（渋谷の未来はこうなる　渋谷の駅と広場を16年かけて改善 渋谷駅がツインタワーに　施設はすべて造り変え 渋谷ヒカリエの「アーバンコア」って何？　渋谷の宮下町アパート跡地 東急電鉄等が再開発　10年で少なくとも25物件 東急グループの不動産取引　人脈こそ渋谷の資産、"学び"が街の魅力を深める 左京泰明氏 渋谷からダイバーシティーを世界に発信 長谷部健氏　「ピープルデザイン」で示す理想の渋谷 須藤シンジ氏　渋谷で始まる直通運転　ダイヤはどうなる？）　　　　　〔2269〕

◇シブヤ遺産　村松伸, 東京大学生産技術研究所村松研究室著　バジリコ　2010.3　279p　21cm　1600円　Ⓘ978-4-86238-162-0　Ⓝ291.361
内容 1章 東京の縮景としてのシブヤ遺産　2章 シブヤ遺産を探して―11の視点（大地の記憶　都市の周縁 都市の萌芽　シブヤバブル建築 じゅうけんきゅう―シブヤ人種採集 ほか）　3章 シブヤのひとに聞く（文字通り、シブヤは劇場である。―原広司さん　同じ場所なのに、社会情勢のように、人がいれかわる。―町田勇気さん　働きはじめて10年、休日にもシブヤに通っています。―樺幸世さん　国木田独歩の武蔵野の面影を探して、代々木公園へ。―東松友一さん　お兄さんの代わりにヨガを教え、いつのまにか40年。―ブッダデブ・チョードリーさん ほか）　　　　　　　　　　　　　　　　　　　　〔2270〕

◇渋谷をくらす―渋谷民俗誌のこころみ　倉石忠彦編著　雄山閣　2010.2　287p　21cm　（渋谷学叢書 第1巻　國學院大學渋谷学研究会編）3400円　Ⓘ978-4-639-02135-3　Ⓝ361.78
内容 第1章 渋谷はどこだ（若者の渋谷観　子どもの遊び場 ほか）　第2章 カリスマの町―シブヤブランド（渋谷のヤマンバ―その誕生と展開　夕陽のスター ほか）　第3章 渋谷の光と影（渋谷の色―都市の色と四季の色　渋谷・鹿児島おはら祭り―マツリに行われる「芸能」の類型 ほか）　第4章 渋谷の日々（鉢山町聞き書き　花街の「お風呂屋」 ほか）　終章 渋谷の民俗概観（日本民俗学における都市研究と東京「渋谷」）　　　　　　　　　　　　　　　　　　　〔2271〕

◇東京都渋谷区　佐藤圭亮, 丸茂潤吉編　マイクロマガジン社　2008.11　173p　21cm　（地域批評シリーズ　日本の特別地域 6（副都心編））〈文献あり〉1200円　Ⓘ978-4-89637-303-5　Ⓝ291.361
内容 第1章 渋谷って今どうなっているの　第2章 オトナの街がガキの遊園地か原宿&表参道　第3章 シブヤという現象を研究してみた　第4章 何気に不便？でも無問題？　渋谷区のインフラ事情　第5章 幻の渋谷原住民を訪ねる旅　第6章 渋谷区とシブヤはそのままでいい　　　　　　　　　　　　　〔2272〕

◇渋谷の考現学　鈴木健司文, 坂井信彦写真　日本放送出版協会　2007.3　203p　19cm　1200円　Ⓘ978-4-14-081190-0　Ⓝ291.361
内容 第1章 渋谷考現学原論―のようなもの。（渋谷で、待ち合わせを。　松涛は、渋谷の奥座敷なのか?!）第2章 渋谷発、小田原経由、出雲行き―。（円山町の光と影。　オッサン、「マルキュー・ツー」に潜入。

168　「東京」がわかる本 4000冊　　　　　　　　　　〔2266～2273〕

歴史・地理　　　　　　　　　　　　　　　　　　　　　　　地理

ほか）　第3章 渋谷遊覧の旅は続く―。(映画館か、シ
ネ・コンか、それが問題だ。　ほか）　第4章 もう一つの渋谷は何処
に―。(渋谷で「スパ」気分を味わう。　渋谷発アキ
バ行き―メイド喫茶でオタク・カルチャーについて
考えた。　ほか）　　　　　　　　　　　〔2273〕

◇シブヤ系スタイル徹底研究　シブヤ経済新聞社、
e-Station（J-Wave）編　東急エージェンシー出
版部　2001.11　238p　19cm　1600円　①4-
88497-088-8　Ⓝ672.1361
　内容 1 新たなカルチャーゾーンを形成するシブヤス
トリートスタイル　2 オトナの街への進化を誘うシ
ブヤランドマークスタイル　3 集積パワーで全国へ
影響力を及ぼすシブヤカルチャースタイル　4 情報
発信の震源地パワーで魅力を生むシブヤファッショ
ンスタイル　5 個性化で集客パワーを高めるシブヤ
カフェ&飲食スタイル　6 スピードとしなやかな発
想で挑むシブヤビジネススタイル　7 巧みな仕掛け
で口コミ効果を誘発するシブヤメディアスタイル
　　　　　　　　　　　　　　　　　　　〔2274〕

◇「シブヤ系」経済学―この街からベンチャービ
ジネスが生まれる理由　西村晃、八田真美子著
PHP研究所　1999.8　237p　19cm　1200円
①4-569-60690-3　Ⓝ672.1361
　内容 第1章 渋谷はベンチャーの孵卵器だ!　第2章
シブヤ世代論　第3章 「シブヤ系」企業検証　第4章
文化発信の街「シブヤ」　第5章 なるか「シブヤ・ル
ネサンス」　　　　　　　　　　　　　　〔2275〕

◇渋谷区史跡散歩　佐藤昇著　学生社　1992.6
182p　19cm　（東京史跡ガイド 13）　1600円
①4-311-41963-5　Ⓝ291.36
　内容 渋谷区の歴史　1 甲州街道に沿って　2 笹塚に
残る江戸時代　3 原宿から明治神宮のあたり　4 東
京のオアシス―代々木の森をあるく　5 渋谷の史跡
6 明治通りに沿って　7 温故知新―常盤松かいわい
8 史跡と文学と―道玄坂をのぼる　9 古代の足あと
―古墳・住居跡・石仏群　10 渋谷の下町　〔2276〕

◇超感度都市「渋谷」―タウン・デコーディング
宣言　古田隆彦、東京デコーダーズ著　PHP研
究所　1991.1　214p　（参考文献：p212
～214）1400円　①4-569-52959-3　Ⓝ361.78
　内容 タウン・デコーディング宣言―ウォッチングか
らデコーディングへ　シブヤ教史を学ぶこと―渋谷
の歴史をさかのぼる　ブンカ経を唱えること―新宿・
池袋と比較する　八大地霊を拝むこと―地霊の神々
に呼びかける　六大明神を敬うこと―六大区域の魅
力を探る　東西ヤヌス神を称えること―東急・西武
を比較する　巡礼作法を尊ぶこと―周遊ルートを追
いかける　巡礼装束を守ること―シブカジの本質を
考える　太陽性神と戯れること―円山ホテル街を分
解する　シブヤ教国三元経―渋谷の未来を予測する
　　　　　　　　　　　　　　　　　　　〔2277〕

◆◆池袋

◇池袋チャイナタウン―都内最大の新華僑街の実
像に迫る　山下清海著　洋泉社　2010.11
191p　19cm　〈文献あり〉1400円　①978-4-
86248-585-4　Ⓝ672.1361
　内容 第1章 池袋チャイナタウンとは?　第2章 彼ら

はなぜ日本にやってきたか　第3章 池袋・新華僑起業
家列伝　第4章 新華僑の経営スタイルと暮らし　第
5章 東京中華街構想の波紋　第6章 池袋チャイナタ
ウンのゆくえ　　　　　　　　　　　　　〔2278〕

◇池袋のアジア系外国人―回路を閉じた日本型都
市でなく　奥田道大、田嶋淳子責任編集　新版
明石書店　1995.8　290p　20cm　〈調査：中央
大学社会学奥田ゼミナール、淑徳大学社会学田
嶋ゼミナール〉2060円　①4-7503-0724-6
Ⓝ334.41
　内容 1部 異質性共存の場としての都市　2部 調査報
告　3部 調査票および集計結果　4部 ケース・スタ
ディ　5部 調査日誌　　　　　　　　　　〔2279〕

◆◆葛飾

◇これでいいのか東京都葛飾区　昼間たかし編
マイクロマガジン社　2016.7　319p　15cm
（地域批評シリーズ 12）〈「東京都葛飾区」
（2008年刊）の改題、改訂　文献あり〉790円
①978-4-89637-573-2　Ⓝ291.361
　内容 第1章 葛飾区の歴史は武士と江戸っ子でできて
いる!　第2章 葛飾区といえば!　という土地は実
際どう?　第3章 実はビンボーだった葛飾区　第4
章 葛飾区の生活環境はイイ?　第5章 葛飾区のヤン
キー度は?　第6章 電車はいっぱいあるけれど　第
7章 ついに本格化?　葛飾にも再開発が!!　〔2280〕

◇平成かつしか風土記―地域の継承と文化財　平
成27年度特別展図録　葛飾区郷土と天文の博物
館編　葛飾区郷土と天文の博物館　2016.2
160p　30cm　Ⓝ291.361　　　　　　　〔2281〕

◇子どもたちを犯罪から守るまちづくり―考え方
と実践―東京・葛飾からのレポート　中村攻著
晶文社　2012.7　244p　19cm　1600円
①978-4-7949-6783-1　Ⓝ518.8
　内容 第1章 基礎的な知識（背景と特徴　解決すべき
課題は何か　基本単位をどこに置くか　活動の基本
構成）　第2章 活動の具体的な進め方（子どもたちへ
の調査―「犯罪危険地図」をつくる　ワークショッ
プ―「環境改善計画」をつくる　具体化に向けて―
「実行計画」をつくる）　第3章 東京・葛飾の実践（環
境を変える―実践例　地域に絆を広げる―参加者対
談　活動に寄り添って）　補章 折々の出来事に寄せ
て　　　　　　　　　　　　　　　　　　〔2282〕

◇東京都葛飾区　昼間たかし編　マイクロマガジ
ン社　2008.3　171p　21cm　（地域批評シリー
ズ 日本の特別地域 2）〈文献あり〉1200円
①978-4-89637-280-9　Ⓝ291.361
　内容 第1章 葛飾区といえば!　という土地は実際ど
う?　第2章 実はビンボーだった葛飾区　第3章 葛
飾区の生活環境はイイ?　第4章 葛飾区のヤンキー
度は?　第5章 電車はいっぱいあるけれど　第6章
葛飾区の未来はどっちだ!　　　　　　　〔2283〕

◇かつしかの地名と歴史　葛飾区郷土と天文の博
物館編　葛飾区郷土と天文の博物館　2003.3
126p　30cm　〈文献あり〉Ⓝ291.361　〔2284〕

◇葛飾区史跡散歩　入本英太郎、橋本直子著　学

〔2274～2285〕　　　　　　　　　　　「東京」がわかる本 4000冊　169

地理　　　　　　　　　　　　　　　　　　　　　　　　　　　　　　　歴史・地理

生社　1993.4　156p　19cm　〈東京史跡ガイド
22）　1800円　Ⓘ4-311-41972-4　Ⓝ291.36
内容 1 四ツ木周辺　2 立石・奥戸周辺　3 新小岩周
辺　4 柴又・高砂周辺　5 金町周辺　6 水元周辺　7
亀有・青戸周辺　8 堀切・お花茶屋方面　9 小菅周
辺　　　　　　　　　　　　　　　　　　　　　　　〔2285〕

◆多摩地域

◇多摩地域の歴史地誌―水と生活　古田悦造著
国分寺　之潮　2016.3　120p　21cm　〈文献あ
り　年表あり〉　1800円　Ⓘ978-4-902695-28-1
Ⓝ291.365
内容 第1章 はじめに―歴史地誌学の考え方　第2章
湧水・小河川利用の生活　第3章 井戸水利用の生活
第4章 用水利用と生活　第5章 水道利用と生活
　　　　　　　　　　　　　　　　　　　　　　　〔2286〕

◇多摩学　帝京大学文学部社会学科『多摩学』執
筆委員会編著　学文社　2015.9　150p　19cm
1800円　Ⓘ978-4-7620-2556-3　Ⓝ361.7
内容 第1章 多摩地域の歴史―郊外の街づくり　第2章
多摩地域の人口　第3章 多摩地域の環境問題―緑地
保全とゴミ問題　第4章 多摩地域の教育　第5章 多
摩地域のブランド構築―戦略と課題　第6章 多摩地
域のメディア―コミュニティFMを事例に　第7章 立
川市等の4次長期総合計画―多様な市民参加による計画
策定　第8章 多摩信用金庫の取り組み―地域の活性
化を図る仕組みづくりに着目して　　　　　〔2287〕

◇地図でたどる多摩の街道―30市町村をつなぐ道
今尾恵介著　立川　けやき出版　2015.4　197p
19cm　1500円　Ⓘ978-4-87751-534-8　Ⓝ291.
365
内容 中央線（武蔵野市　三鷹市 ほか）　青梅線と多
摩川（昭島市　福生市 ほか）　五日市線と秋川（あき
る野市　日の出町 ほか）　小田急線・京王線（狛江
市　調布市 ほか）　西武線（西東京市　東久留米市
ほか）　　　　　　　　　　　　　　　　　　　〔2288〕

◇多摩あるある　ジャンヤー宇都者, ピョコタン
画　TOブックス　2014.11　159p　18cm
1000円　Ⓘ978-4-86472-318-3　Ⓝ291.365
内容 第1章 みんなの多摩あるある　第2章 多摩の市
町村あるある　第3章 多摩の学校あるある　第4章
多摩の鉄道・バスあるある　第5章 多摩の生活ある
ある　　　　　　　　　　　　　　　　　　　　〔2289〕

◇これでいいのか東京都町田市―徹底解明!! 風紀
を乱す町田の暴走民　諸永大, 佐藤正彦編　マ
イクロマガジン社　2014.3　139p　26cm　〈日
本の特別地域特別編集　文献あり〉　1300円
Ⓘ978-4-89637-453-7　Ⓝ291.365
内容 徹底解明!! 風紀を乱す町田の暴走民―市政が空
回りで孤立が深まった!?　第1章 町田市ってどんなト
コ？　第2章 市の象徴, 町田駅を徹底的にリサーチ！
第3章 東京の異端!? 町田カルチャーって何よ？　第4
章 老人ばっかりの団地はこの先どうなるの？　第5
章 路線が充実した東部は発展と共に問題も多発　第
6章 町田の外れ・西部は今もっとも将来有望!?　第7
章 明日の町田を作るのは「暴走民」パワーだ！
　　　　　　　　　　　　　　　　　　　　　　　〔2290〕

◇「くにたち大学町」の誕生―後藤新平・佐野善

作・堤康次郎との関わりから　長内敏之著　立
川　けやき出版　2013.1　179p　21cm　〈文献
あり〉　1500円　Ⓘ978-4-87751-482-2　Ⓝ518.88
内容 第1章 「くにたち大学町」と後藤新平　第2章
「大学町」を考えたのは誰か　第3章 『国立市史』の
謎　第4章 「くにたち大学町」のまちづくりの独創
性　第5章 国立駅舎の謎と設計者の謎　第6章 中島
陟に見る「くにたち大学町」の魅力　第7章 佐野善
作、堤康次郎、藤田謙一をめぐって　　　　　〔2291〕

◇これでいいのか東京都武蔵野市三鷹市―人気ブ
ランド「吉祥寺」の意外な弱点とは!?　鈴木士
郎編　マイクロマガジン社　2012.11　139p
26cm　〈日本の特別地域特別編集　文献あり〉
1300円　Ⓘ978-4-89637-404-9　Ⓝ291.365
内容 人気ブランド「吉祥寺」の意外な弱点とは!?　ま
すます調子にのる武蔵野、斜陽著しい三鷹　第1章 武
蔵野市・三鷹市はこんなトコ　第2章 吉祥寺の実力っ
て本当のところどんなもん？　第3章 武蔵野民の正
体と孤立の楽園・武蔵境　第4章 転落途上か非上昇前
か三鷹に迫る変革　第5章 郊外都市化で三鷹ライフ
はどうなる!?　第6章 そろそろマジに "24区" 目を考
えるべきじゃないの？　　　　　　　　　　　　〔2292〕

◇これでいいのか東京都立川市―多人種要塞都市
立川は謎だらけ!?　岡島慎二, 伊藤圭介編　マ
イクロマガジン社　2011.12　139p　26cm　〈『日
本の特別地域』特別編集　文献あり〉　1300円
Ⓘ978-4-89637-379-0　Ⓝ291.365
内容 多人種要塞都市立川は謎だらけ!?　日野・福生・
昭島・東大和・国立etcのどこまでが立川制圧圏!?　第
1章 人口が少ないのに人が多い立川　第2章 何でも
揃いぢつなパラダイス立川南北地区　第3章 謎ば
かりの未開の地砂川東西地区　第4章 どっちも負け
られない!? 立川の仁義なき戦い　第5章 大胆予測！
立川と周辺自治体が合併するなら？　第6章 災害か
ら人の命を守る防災拠点の立川　第7章 これが立川
市の未来予想図だ！　街の気になるスポット
　　　　　　　　　　　　　　　　　　　　　　　〔2293〕

◇多摩・商店ことはじめ―商店の歴史と多摩
ニュータウン　パルテノン多摩歴史ミュージア
ム特別展　パルテノン多摩編　多摩　パルテノ
ン多摩　2011.5　93p　30cm　〈会期：2011年3
月26日―5月22日　多摩市制施行四〇周年記念
年表あり〉　　　　　　　　　　　　　　　　　〔2294〕

◇水の郷日野―農ある風景の価値とその継承　法
政大学エコ地域デザイン研究所編　鹿島出版会
2010.11　175p　24cm　〈文献あり〉　2800円
Ⓘ978-4-306-07280-0　Ⓝ517.21365
内容 第1章 日野の骨格（東京水系のなかの日野　地
形の変遷 ほか）　第2章 風景をつくる要素（地質か
らわかる河川　用水路の多面的価値 ほか）　第3章
水の郷を支える人たち（地域が育んだ進取の気性　用
水路の維持 ほか）　第4章 地域のこれから（スロー
な生活　エコミュージアムの可能性 ほか）〔2295〕

◇私の日本地図　10　武蔵野・青梅　宮本常一著,
香月洋一郎編　未来社　2008.7　267,4p　19cm
〈宮本常一著作集別集〉　2200円　Ⓘ978-4-624-
92495-9　Ⓝ291.09

170　「東京」がわかる本 4000冊　　　　　　　　〔2286～2296〕

歴史・地理　　　　　　　　　　　　　　　　　　　　　　　　　　　地理

内容 府中付近の景観　武蔵野の開墾　道　庭木・生
垣　すまい　農業　林業　民具など　墓　石の記念
碑　信仰　大国魂神社　府中祭　府中付近の社寺
青梅の町　青梅の寺　青梅祭　獅子舞　武蔵野と博
物館　武蔵野開発に寄せて　　　　　　　　〔2296〕

◇多摩の不思議な路地散歩　舘野允彦著　街と暮
らし社　2007.8　130p　21cm　（江戸・東京文
庫 13）　1400円　Ⓘ978-4-901317-16-0　Ⓝ291.
36
内容 吉祥寺界隈──五面相の塀・語り場の喫茶室　三
鷹界隈──水たまりの路地・土蔵と竹林　武蔵小金井
界隈──雑草の石段・かやぶき屋根　国分寺界隈──標札
だらけの家　国立界隈──路地裏の廃屋・モーター式古
井戸　立川界隈──過剰な看板・高い物干し台　日野
界隈──くずれかけた石像　八王子界隈──残されたレ
ンガ塀　高尾界隈──腰掛の松　福生界隈──ミニチュ
アの鳥居〔ほか〕　　　　　　　　　　　　〔2297〕

◇武蔵野を歩く─旅を歩く旅　海野弘著　アーツ
アンドクラフツ　2006.12　275p　19cm　1900
円　Ⓘ4-901592-37-8　Ⓝ291.365
内容 国分寺崖下の道　『武蔵野夫人』を読みながら
小野路のかくれ里　三多摩壮士の駆けた道　余は雑木
林を愛す　水と土器と土筆と　玉川上水独歩道　新
選組の青春はるかなり　烏山古寺巡礼　井の頭公園
までぶらり〔ほか〕　　　　　　　　　　　〔2298〕

◇多摩の里山─「原風景イメージ」を読み解く　特
別展　パルテノン多摩　多摩　パルテノン多
摩　2006.3　71p　30cm　〈会期・会場：2006年
3月25日─5月28日　パルテノン多摩歴史ミュー
ジアム　文献あり〉Ⓝ291.365　　　　　〔2299〕

◇桜・武蔵野　小林義雄監修，桜井信夫文，瀬戸豊
彦写真　小金井　ネット武蔵野　2006.1　47p
26cm　1238円　Ⓘ4-944237-13-8　Ⓝ291.365
　　　　　　　　　　　　　　　　　　　　〔2300〕

◇多摩一日の行楽　枝川公一著，萩原宏美写真
小金井　ネット武蔵野　2004.6　47p　26cm
1143円　Ⓘ4-944237-11-1　Ⓝ291.365　〔2301〕

◇たまびとの、市民運動から「環境史観」へ　横
山十四男著　八王子　百水社　2004.3　185p
21cm　〈発売：星雲社〉1500円　Ⓘ4-7952-
6499-6　Ⓝ519.81365
内容 第1部 伸展する多摩地域の環境市民運動（多摩
地域の歴史と自然環境市民運動　広がる多摩の自然
環境市民運動）　第2部 多摩川にみるパートナーシッ
プ（新たな多摩川像を求めて　多摩川にみる市民と行
政の協働の歩み　多摩川における本格的協働の展開）
第3部 環境史観序説──人類存亡の危機回避のために
（二一世紀人類史の課題　環境史観の構想　江戸時代
後期の定常型社会一三〇年の歴史体験）　〔2302〕

◇奥多摩・多摩の百山　守屋龍男著　立川　けや
き出版　2003.6　255p　19cm　1300円　Ⓘ4-
87751-198-9　Ⓝ291.365
内容 1 多摩川源流の山々　2 奥多摩湖の北側の山々
3 奥多摩湖の南側と秋川・五日市線沿いの山々　4 青
梅線沿いの山々　5 高尾山や浅川流域の山々　6 多
摩の丘陵地帯　　　　　　　　　　　　　　〔2303〕

◇ゴーゴー福生─アメリカのフェンスのある東京
の街から　荒居直人著　クレイン　2002.2
205p　19cm　〈発売：平原社（〔東京〕）〉1600円
Ⓘ4-906681-12-3　Ⓝ291.365
内容 第1章 赤線の夜へ（「赤線」街って、知ってる？）
第2章 基地前商店街（基地前商店街の興隆　福生を発
信する店　基地と基地前商店街の未来）　第3章 ハウ
ス青春グラフィティ（ハウスからはじまった！　ハ
ウス群像）　第4章 アーティストの福生（文学に描か
れた福生　ふっさ・おんがく・ふっさ　ふっさの美
術家）　第5章 ゴーゴーアメリカ（基地へ、アメリカ
へ　アメリカと日本の国境線上で）　　　　〔2304〕

◇むさしの桜紀行　小林義雄監修，桜井信夫文
小金井　ネット武蔵野　2001.3　31p　27cm
〈写真：井上哲夫ほか〉1143円　Ⓘ4-944237-
04-9　Ⓝ291.365
内容 花びらが池の水面にゆれて──井の頭恩賜公園　深
大寺散策を楽しみながら──神代植物公園　酒宴で盛
り上がる桜の森──小金井公園　武蔵野の面影をしの
びつつ──武蔵野公園　ねがはくは花の下にて……──多
磨霊園　校門を飾る桜のトンネル──ICU（国際基督教
大学）　桜の街路樹と「桜守」──国立市立大学通り　夜
桜が演出する夢幻の世界──昭和記念公園　明治天皇
ゆかりの自然林──桜ケ丘公園　桜のデパートでお勉
強──多摩森林科学園〔ほか〕　　　　　　　〔2305〕

◇多摩・武蔵野花の歳時記　青木登著　八王子
のんぶる舎　2000.3　166p　21cm　〈文献あり〉
1800円　Ⓘ4-931247-73-3　Ⓝ291.365
内容 1 多摩・武蔵野 花の歳時記　2 武蔵野の原風景
を求めて　3 国分寺崖線に沿って　4 奥多摩を訪ね
る　5 秋川の里　6 八王子を歩く　7 多摩丘陵を行
く　　　　　　　　　　　　　　　　　　　〔2306〕

◇東京路上細見記─多摩編　船尾修著　立川　け
やき出版　1999.9　199p　20cm　1700円
Ⓝ291.365
内容 湖底に沈んだ村への道・奥多摩むかしみち（奥
多摩町）　山上の異界・御岳山（青梅市）　茅葺き屋
根と峠道と富士山と（檜原村）　文明の闇・廃棄物最
終処分場見物記（日の出町）　江戸を支えた大動脈・
玉川上水1（羽村市）　YOKOTA・東京の中のアメリ
カ（福生市）　桜並木とたわむれる・玉川上水2（小平
市）　バチ当たり石仏紀行（保谷市）　戦争を見に行
く（東大和市・調布市）　路地裏を歩く楽しみ・武蔵
国へ（国分寺市）〔ほか〕　　　　　　　　　〔2307〕

◇新多摩の低山─ようこそ65の山へ　守屋龍男著
立川　けやき出版　1999.7　214p　19cm　〈文
献あり〉1200円　Ⓘ4-87751-079-6　Ⓝ291.36
内容 八王子方面（滝山城址とその近くの丘陵　絹の
道散策路　高尾山ほか）　あきる野方面（秋川丘陵
から鎌倉古道へ　弁天山から小峰公園へ　五日市の
散策路 ほか）　青梅・奥多摩方面（お伊勢山から六道
山へ　霞丘陵七国峠道　青梅丘陵 ほか）　〔2308〕

◇素顔の多摩─Walking with you in Tama　写
真集　榎本良三著　昭島　珠苑　1997.4
83p　21×23cm　〈発売：けやき出版（立川）〉
2200円　Ⓘ4-87751-009-5　Ⓝ748　〔2309〕

◇多摩学のすすめ　3　新しい地域科学の展開

〔2297〜2310〕　　　　　　　　　　　「東京」がわかる本 4000冊　171

地理　　　　　　　　　　　　　　　　　　　　　　　　　　　　歴史・地理

東京経済大学多摩学研究会編　立川　けやき出版　1996.5　335p　21cm〈参考文献：p333～335〉2060円　①4-905942-92-6　Ⓝ291.36
　|内容| 序章 世界から見た多摩　第1章 江戸・東京と多摩の役割　第2章 多摩の工業化の軌跡　第3章 都市空間の創造に向けて—多摩の輸送体系から　第4章 高齢化—発想の逆転を　第5章 多摩の「緑」—昨日・今日・明日　終章 楽しい多摩をつくろう　〔2310〕

◇桧原村紀聞—その風土と人間　瓜生卓造著　平凡社　1996.1　388p　21cm　（平凡社ライブリー）　1200円　①4-582-76130-5　Ⓝ291.36
　|内容| 第1章 村のあらまし　第2章 宿三村　第3章 南秋川　第4章 北秋川　〔2311〕

◇多摩歴史散歩　1　八王子・多摩丘陵　佐藤孝太郎著　有峰書店新社　1995.11　293p　19cm〈新装版　八王子千人同心略年表：p282～290〉2000円　①4-87045-214-6　Ⓝ291.36
　|内容| 1 八王子南郊の史跡　2 由木と高幡めぐり　3 多摩の横山歴史散歩　4 高尾・小仏の史跡　5 八王子の寺社と人物遺跡　6 八王子千人隊　〔2312〕

◇奥多摩・秩父100の山と峠—スケッチとエッセイとガイドと　津波克明著　立川　けやき出版　1995.5　170p　20cm〈参考文献：p168〉1500円　①4-905942-70-5　Ⓝ291.36
　|内容| 高水山・岩茸石山・惣岳山・雷電山　棒ノ嶺・黒山・長尾丸山　川乗山・本仁田山　天目山・仙元峠・蕎麦粒山　御岳山・日ノ出山・三室山・大塚山　大岳山・鋸山・天地山・大ダワ・馬頭刈山　御前山・小河内峠　三頭山・鞘口峠・風張峠　鷹ノ巣山・六ツ石山・榧ノ木山・倉戸山　雲取山・七ツ石山・大ダワ・三条ダルミ　〔ほか〕　〔2313〕

◇最新・多摩あるくマップ—自然と文化と歴史を楽しむ57コース　けやき出版編　立川　けやき出版　1994.7　166p　21cm　1300円　①4-905942-51-9　Ⓝ291.36
　＊多摩の自然と文化と歴史を楽しむ57コース。全コースに新しい情報を満載し、見やすく楽しい地図と豊富な写真で内容充実をめざしました。　〔2314〕

◇多摩—風のうた水のささやき土のゆめ 写真集　写真集『多摩の自然とくらし』制作スタッフ編　立川　Tamaらいふ21協会　1993.10　167p　27×30cm〈多摩東京移管100周年記念　多摩100年歴史年表：p163～165〉Ⓝ291.36　〔2315〕

◇桧原村1993—里に吹く風　野口由紀子著　立川　けやき出版　1993.7　62p　21cm　（けやきブックレット 10）　500円　①4-905942-31-4　Ⓝ291.36
　|内容| 村への道　「桧原村の台所から」を訪ねる　里に吹く風　こんにゃくとじゃがいも　里の花嫁　幻のHOSSAWA HOTEL　森のプレゼンテーション　〔2316〕

◇多摩学のすすめ　2　新しい地域科学の構築　東京経済大学多摩学研究会編　立川　けやき出版　1993.2　266p　21cm〈参考文献：p265～266〉1800円　①4-905942-17-9　Ⓝ291.36

　|内容| 序章 期待される多摩像—多摩とは何であったか、何であるべきか　第1章 自然との共生をさぐる（農と緑の都市計画　連帯する地域農業　多摩地域の水　公害行政はいま）　第2章 くらしをどう構築するか（財政水準からみた多摩都市　ごみ減量・資源化への提案　現代の子育てと親の意識—PTAの活動を通して考える　社会体育行政の問題点—国分寺市の場合）　第3章 地域をどうつくるか（多摩開発の「遺産」—失われた丘陵地への挽歌　パートナーシップ型地域づくりを　座談会 市民が提言・提案する時代へ—まちづくりと女性）　終章 ふたたび「多摩学」を考える（多摩学は成立するのか　「地域」の総合研究をめざして）　〔2317〕

◇多摩学のすすめ　1　新しい地域科学の創造　東京経済大学多摩学研究会編　立川　けやき出版　1991.11　286p　21cm〈付：参考文献〉1800円　①4-905845-93-9　Ⓝ291.36
　|内容| 序章 多摩学の試み　第1章 多摩のくらし（多摩の人口集中と交通　多摩の高齢者福祉）　第2章 多摩のしごと（経済発展の歴史　多摩の小売業　多摩の商業　多摩の農業　多摩の工業）　第3章 多摩のれきし（五日市憲法の発見　多摩の歴史を動かした人たち）　第4章 多摩のしぜん（多摩の植生　多摩の地形と地質）　第5章〈座談会〉なぜ地域学が大切か　〔2318〕

◇たちかわ—写真集　『写真集たちかわ』編集委員会編　立川　立川市教育委員会　1990.12　304p　31cm〈市制50周年記念　年表あり〉Ⓝ291.365　〔2319〕

◆◆八王子

◇これでいいのか東京都八王子市＆多摩ニュータウン—土着民、ニュータウン族、学生の相容れない関係　岡島慎二、鈴木ユータ編　マイクロマガジン社　2012.3　139p　26cm〈『日本の特別地域』特別編集　タイトル：これでいいのか東京都HACHIOJI-SHI ＆ TAMA NEW TOWN　文献あり〉1300円　①978-4-89637-388-2　Ⓝ291.365
　|内容| 実は多摩圏民は相容れない関係なのだ!?　第1章 八王子ってどんなトコ　第2章 八王子民の"町"！ 土着民が集結する八王子中央地区　第3章 格差と開発計画で揺れる八王子西部・西南部地区　第4章 栄枯盛衰！ 問題噴出の多摩ニュータウン　第5章 明暗＆格差がハッキリ！ 八王子の二大ニュータウン　第6章 大学と企業しかなくても重要な八王子北部地区　第7章 八王子市と多摩ニュータウンは再生するのか？　〔2320〕

◇地域の未来が見える—地域学から視野が広がる　八王子学会10周年記念号　八王子学会編　八王子　揺籃社　2011.3　174p　21cm〈平成22年度市民企画事業補助金交付事業〉1400円　①978-4-89708-301-8　Ⓝ291.365
　|内容| 地域学の未来像　大野聖二著　八王子市にみる高齢者の社会参加活動の活性化　瀬沼克彰著　八王子市の国際交流について　増田昌彦著　家計への近接　中村敬著　郷土食と八王子　里野厚子著　八王子と蘇民将来　関和彦著　「生涯学習サロン」の実践　佐々木研吾著　幼児・児童期の読書の重要性　森瀬君栄著　八王子発祥の書芸術「破体書」　阿部和也著　八王子ブ

歴史・地理　　　　　　　　　　　　　　　　　　　　　　　地理

ランド創出のために　大友和貴著　地域学で解けた古代史3つの謎　大野聖二著　　〔2321〕

◇峠と路―八王子とその周辺　馬場喜信著　八王子　かたくら書店　2008.2〔第3刷〕　164p　19cm　（かたくら書店新書 23）　800円　①978-4-906237-23-4　Ⓝ291.365　〔2322〕

◇八王子盆地の風景―写真で綴る少し昔の八王子　植松森一著　八王子　揺籃社　2005.4　128p　21×21cm　1300円　①4-89708-218-8　Ⓝ291.365　〔2323〕

◇八王子城―みる・きく・あるく　峰岸純夫、椚國男、近藤創編　改訂新版　八王子　揺籃社　2001.12　79p　21cm〈折り込み1枚　文献あり〉　700円　①4-89708-185-8　Ⓝ291.36　〔2324〕

◇2000年の八王子―写真集　普及版　「2000年の八王子」を撮る会撮影、「2000年の八王子」写真集刊行会編　八王子　ふこく出版　2001.8　143p　30cm〈発売：星雲社〉3000円　①4-434-01220-7　Ⓝ291.365
内容 1 八王子名所図会　2 八王子の風景　3 八王子のまつり　4 人と暮らし　5 動植物　6 歳時記　7 変わりゆくまち　　〔2325〕

◇八王子事典　八王子事典の会編著　改訂版　八王子　かたくら書店　2001.1　960p　17cm　①4-906237-78-9　Ⓝ291.365　〔2326〕

◇八王子発見―路地散策案内　中島善弥著　八王子　揺籃社　1999.9　309p　21cm〈文献あり〉　1714円　①4-89708-145-9　Ⓝ291.365　〔2327〕

◆◆高尾山

◇守られなかった奇跡の山―高尾山から公共事業を問う　高尾山の自然をまもる市民の会編　岩波書店　2013.12　71p　21cm　（岩波ブックレット No.888）　640円　①978-4-00-270888-1　Ⓝ519.81365
内容 1章 奇跡の山・高尾山　2章 公共事業に奪われた日常　3章 私たちの活動の記録　4章 裁判における挑戦と成果　終章 高尾山から公共事業を問う　　〔2328〕

◇とっておきの高尾山　揺籃社編集　八王子　揺籃社　2012.11　63p　21cm　（揺籃社ブックレット 9）　700円　①978-4-89708-322-3　Ⓝ291.365
内容 知れば知るほど高尾山　1億年のタイムトラベル　高尾山信仰の歴史　ハイブリッドな庶民信仰　高尾山の貴重な植物相　高尾山は動物の宝庫　鳴き声で探す野鳥図鑑　高尾山の文学碑巡り　菊地正の残した高尾の民話　とっておきの高尾コースガイド　　〔2329〕

◇高尾山ちいさな山の生命たち　佐野高太郎写真・文、佐野彰則英訳　京都　かもがわ出版　2007.2　95p　21×30cm〈英語併記〉2600円　①978-4-7803-0063-5　Ⓝ291.365
内容 春の萌し―2月下旬から3月　ハナネコノメ―ち

いさな山の生命たち　リスの食べ跡　はじめての肺呼吸　ムラサキケマン　高尾山のぶな　ブナ林での出来事　雨　カワセミが沢に来るとき　台風一過の朝　高尾山に迫る危機　ツリーダム　闇　シモバシラの花　　〔2330〕

◇高尾山にトンネルは似合わない―千年の森と高速道路　辰濃和男著　岩波書店　2002.1　63p　21cm　（岩波ブックレット no.558）　480円　①4-00-009258-8　Ⓝ519.81365
内容 裁かれようとしているもの　高尾山が好きだから　なぜ高尾にトンネルを？　「風土生命体」に融和して　なぜ反対するのか　人びとの声　天狗裁判のこと　未来人の声に耳を澄ます　　〔2331〕

◇高尾山ゆっくり散歩　雪子F.ゲレイセング著　立川　けやき出版　2000.9　159p　19cm　1300円　①4-87751-115-6　Ⓝ291.365
内容 歩いて、描いて―イラスト＆エッセー（オニヤンマ　ムササビ　コサギとハイカー　小仏川蛍見物記ほか）　とっておきの15コース（1号路東海自然歩道　6号路琵琶滝コース　稲荷山コース　蛇滝コース　ほか）　　〔2332〕

◇高尾の森から―平成の都民へ呼びかける　米澤邦昌著　山と渓谷社　1997.11　254p　19cm　1800円　①4-635-17109-4　Ⓝ291.365
内容 第1章 ブナの実（四月は最も美しい季節　この低山になぜブナが？　ほか）　第2章 低山の雲海（初日の出は横浜から　シモバシラの霜柱とは？　ほか）　第3章 木イチゴの味（花粉症と複合汚染　サクラはサクラ？　ほか）　第4章 高尾山の使いみち（春を遡る頃　桜狂騒曲　ほか）　　〔2333〕

◇高尾山　博品社　1997.10　249p　19cm　（日本の名山 別巻 2　串田孫一、今井通子、今福龍太編）〈文献あり〉1600円　①4-938706-47-4　Ⓝ291.365
内容 詩歌の高尾山　高尾山の故事来歴　折々の山　高尾山を歩く　高尾山からその周辺へ　花と樹の高尾山　山の人生　　〔2334〕

◇わたしの高尾山―自然観察ハイキング・ガイドブック　高尾山自然保護実行委員会編　八王子　吉山寛　1997.2　112p　19cm〈発売：アイ企画（〔東京〕）　年表あり　文献あり　索引あり〉800円　①4-900822-07-8　Ⓝ291.365
内容 高尾山の歴史と自然保護　薬王院案内図と年中行事　コースガイド　高尾山の自然観察　高尾山と圏央道　高尾山からのSOS　　〔2335〕

◇命の山・高尾山　酒井喜久子著　朝日ソノラマ　1994.10　153p　22cm　1800円　①4-257-03402-5　Ⓝ519.8136
内容 第1章 命の山・高尾山　第2章 人生を変えられた人々　第3章 自動車専用道路　第4章 高尾山を守る運動　　〔2336〕

◇高尾山から地球が見える　河村重行著　リベルタ出版　1993.11　205p　20cm　1700円　①4-947637-27-7　Ⓝ519.8136
内容 第1部 高尾山を考える　第2部 自然史からみた自然保護　第3部 育種学からみた自然保護　第4部

地理　　　　　　　　　　　　　　　　　　　　　　　　　　　歴史・地理

リオとアマゾンの10日間から　　　　　　〔2337〕

◆◆吉祥寺

◇吉祥寺ハモニカ横丁のつくり方　倉方俊輔編,
形見一郎,隈研吾,塚本由晴,手塚一郎,原田真
宏,三浦展述　彰国社　2016.4　231p　18cm
1900円　①978-4-395-32059-2　⑥672.1365
　内容 総合芸術としてのハモニカ横丁　「ハモニカ的」
を都市に呼び戻せ　ハモニカキッチンから始まった
ハモニカ横丁を生成する静かなる
革命　ハモニカ横丁に問いかける　「てっちゃん」訪
問記　煮込まれた建築の神髄　　　　　〔2338〕

◇吉祥寺「ハモニカ横丁」物語　井上健一郎著
国書刊行会　2015.5　202p　19cm〈文献あり〉
1350円　①978-4-336-05899-7　⑥672.1365
　内容 第1章 路地・横丁ブームの到来　第2章 横丁ブー
ムの火付け役　第3章 吉祥寺ハモニカ横丁の誕生　第
4章 横丁のルーツ・ヤミ市　第5章 ハモニカ横丁の
人々　第6章 ハモニカ横丁の戦後　第7章 現在のハ
モニカ横丁　第8章 ハモニカ横丁の店を巡る　第9章
横丁の行く末　　　　　　　　　　　〔2339〕

◇吉祥寺横丁の逆襲―"街遊び"が10倍楽しくなる
本　桑原才介著　言視舎　2011.11　254p
19cm　1400円　①978-4-905369-17-2　⑥672.
1365
　内容 第1章 横丁への旅(ハモニカ横丁に激震が走っ
た―手塚一郎氏の挑戦　ハモニカ横丁二代目、三代
目の挑戦　そこは独特な闇市だった　大通りと横丁
の結び目で行列ができる)　第2章 中心市街地は横
丁をつくりだした(それは吉祥寺の再開発から始まっ
た　街に湿り気をもたらす社交飲食業　"近鉄裏"で
新しい居酒屋文化を作る)　第3章 吉祥寺文化が熱
をおびていた(ジャズシティ吉祥寺の時代　フォーク
やロック、シャンソンも元気だった　映画と写真の
街)　第4章 吉祥寺のいたるところに横丁はある(南
口界隈の横丁物語　吉祥寺には喫茶店文化があった
　"東急百貨店裏"でも横丁が元気だ　中心街を少し離
れて)　第5章 吉祥寺"再活性化"はなるか 〔2340〕

◇吉祥寺スタイル―楽しい街の50の秘密　三浦展,
渡和由研究室著　文藝春秋　2007.4　190p
18cm〈文献あり〉1476円　①978-4-16-
369050-6　⑥518.8
　内容 気持ちいい、吉祥寺　吉祥寺が気持ちいいのは、
ワケがある　1 歩ける―エコ路地カル・タウン(歩安
感―安心して歩けることが街の基本　格子路―街の
中心がわかりやすく、全体の形をつかみやすい ほか)
　2 透ける―スケルタウン(角屋―価値ある街角を活か
す　借景―風景を貸し借りすると街への愛着が育つ
ほか)　3 流れる―キッチンジョージ(昼夜街―ベッ
ドタウンからキッチンタウンへ　思い通り小さな
多数のサブカルチャー ほか)　4 溜まる―すわりコ
ミュニティ(居間―スペース(空間)よりもプレイス
(居場所)が重要　どこカフェ―街のどこかにいつで
も自分のカフェができる ほか)　5 混ぜる―勝手テ
ーマパーク(混ポーネント―ipodと真空管アンプを組
み合わせる　つま先店舗―大きな店舗は小さな店舗
で囲む ほか)　　　　　　　　　　　〔2341〕

◇きちぽん　ラトルズ　2006.6　159p　21cm
1800円　①4-89977-159-2　⑥291.36

　内容 くらしのしきちじょうじ　太陽みたいな4兄弟
ショッピングは家族で吉祥寺　水浴びが楽しい中道
公園　井の頭公園で水上散歩　走る!　サッカー少年
秋祭りを支える父と息子たち　吉祥寺に住む。　瀬
戸けいた・なおよ・たま一家のふつうの一日　がん
ばる! ママたち〔ほか〕　　　　　　〔2342〕

◆◆島嶼部

◇火山伊豆大島スケッチ　田澤堅太郎著　改訂・
増補版　国分寺　之潮　2014.12　111p　26cm
〈初版: 私家版　1977年刊　文献あり　年表あ
り〉2315円　①978-4-902695-25-0　⑥453.
821369
　内容 1 スケッチ(乳が崎沖から伊豆大島を望む　鏡
端から見るカルデラ床の眺め　余背のカルデラの壁
ほか)　2 わかりにくいところへの案内(大穴・小穴
への径　フノウの滝へ　ニツンバへの径 ほか)　3
まとめ(伊豆大島スケッチ　古い3つの火山　大島火
山(外輪山)ほか)　　　　　　　　　〔2343〕

◇世界自然遺産と鎮魂―小笠原諸島 写真集　田
中雅己編著　徳島　教育出版センター　2014.3
98p　21×30cm　2000円　①978-4-905702-65-
8　⑥291.369　　　　　　　　　　　〔2344〕

◇東京の島　斎藤潤著　光文社　2007.7　262p
18cm（光文社新書）740円　①978-4-334-
03412-2　⑥291.369
　内容 硫黄島紀行　理想郷から阿鼻叫喚の地獄へ―。そ
して、今　第1章 伊豆諸島―黒潮の北の島々(大島―
日本で唯一の砂漠は感動的なのに、なぜか薄い影　利
島―全島の八割を覆う、耕して天に至る椿の段々畑
新島―新島本村は、天然石を利用した日本最大の石
造集落か　式根島―日本的な景観が残る島には、古
きよき湯治場の情景が似合う　神津島―はるかなる
想像の翼を広げてくれる絶海のハイテク素材)　第2
章 伊豆諸島―黒潮の只中の島々(三宅島―オバちゃ
んたちとの遠足で島の魅力にどっぷり浸る　御蔵島
―指物の最高の素材は、なんといっても島桑でブナ
八丈島―不思議な魅力の植物公園と切ない食虫植物
青ヶ島―隣の酒造りは、見ているだけでも楽しく、お
いしい)　第3章 小笠原諸島(父島・母島―一大国家
プロジェクトだった、熱帯作物の小笠原導入　南島
―君知るや、素敵な南海の楽園はその名もずばり南
島)　沖ノ鳥島航海記 我が国唯一の熱帯、日本最南
端の地に立つ　　　　　　　　　　　〔2345〕

◇豊かな島・御蔵島―広瀬飛一写真集　広瀬飛一
著　小学館　2007.7　1冊(ページ付なし)
25cm　1900円　①978-4-09-682014-8　⑥291.
369
　＊かがやく森と海、あたたかい人間。伊豆諸島の宝石・
御蔵島。巨樹とイルカの島のドキュメント。〔2346〕

◇小笠原諸島―アジア太平洋から見た環境文化
郭南燕,ガバン・マコーマック編著　平凡社
2005.4　278p　21cm〈文献あり〉2800円
①4-582-54207-7　⑥519.21369
　内容 第1部 小笠原諸島と日本のジレンマ(小笠原諸
島―宝島の生成と変貌　小笠原諸島の自然の現状と
未来　小笠原の選択―二項対立の迷路を抜け出すた
めに　小笠原諸島の環境文化―未来へのうねり　開
発と環境のジレンマ―沖縄から小笠原を見る　有明

174　「東京」がわかる本　4000冊　　　　　　　　　　〔2338〜2347〕

歴史・地理　　　　　　　　　　　　　　　　　　　　　　　　　　　地理

海諫早湾―土建国家への津波）　第2部 小笠原諸島の
彼方―アジア太平洋の事例（地球の生態危機と小笠原
への提言　韓国社会と危機モード―持続可能な発展
の可能性　開発・環境・地域社会―中国内陸黄土高
原と雲南を比較して　島の王国―カビティ島）
　　　　　　　　　　　　　　　　　　　　〔2347〕

◇南の風が吹いていた三日月山の展望台―千の
　風、万の光 父と娘・小笠原紀行　能勢健生、能
　勢友香子著　碧天舎　2004.7　127p　19cm
　1000円　①4-88346-717-1　Ⓝ291.369
　内容 いざ、小笠原へ　好奇心こそ人生よ　定年前に
　何ができる　ここが日本か、東京都か　間近で見た
　クジラのこと　天国のような南島　亜熱帯のジャン
　グル探検　私だってアマゾンジャングル　小笠原の
　小さな戦後　旅する楽しさって〔ほか〕　〔2348〕

◇小笠原100の素顔―もうひとつのガイドブック
　1　ボニン　東京農大小笠原100の素顔編集委員
　会編　東京農業大学出版会　2004.4　161p
　19cm　1800円　①4-88694-041-2　Ⓝ291.369
　内容 世界で一番遠い島　島の暮らし（欧米系の人々
　島の生活　島の技　島を味わう　島に育つ）　海を越
　えて　　　　　　　　　　　　　　　　　　〔2349〕

◇小笠原100の素顔―もうひとつのガイドブック
　2　ドンガラ　東京農大小笠原100の素顔編集委
　員会編　東京農業大学出版会　2004.3　183p
　19cm　1800円　①4-88694-042-0　Ⓝ291.369
　内容 自然（自然にいだかれて〈小笠原村産業
　観光課〉　HOSHIコレクション：異空間・太陽と雲・
　時間よ止まれ〈星裕也〉　小笠原に春をよぶザトウク
　ジラ〈山口真名美〉　アオウミガメの島〈山口真名美〉
　ほか）　小笠原の農業・農村（小笠原を支える産業〈小
　笠原村産業観光課〉　小笠原の水産資源〈錦織一臣〉
　小笠原の漁業〈錦織一臣〉　ほどほどに漁業を続ける
　ということ〈錦織一臣〉ほか）　　　　　　〔2350〕

◇鳥を釣った話―父島・南鳥島気象観測所長の思
　い出　米内金治著　翰林書房　1996.3　132p
　20cm　1500円　①4-906424-88-0　Ⓝ451.2
　　　　　　　　　　　　　　　　　　　　〔2351〕

◆海・川

◇都会の里海東京湾―人・文化・生き物　木村尚
　著　中央公論新社　2016.7　237p　18cm　（中
　公新書ラクレ 558）　820円　①978-4-12-
　150558-3　Ⓝ519.813
　内容 序章 東京湾はよくなっていない　1章 東京湾
　と私の夜明け前　2章 都会の里海 東京湾 前編　3章
　都会の里海 東京湾 後編　4章 東京湾の生き物　5章
　よみがえれ、東京湾　生物多様性対談 この夏は、干
　潟にダッシュ！　　　　　　　　　　　　〔2352〕

◇川の地図辞典―多摩東部編　菅原健二著　補訂
　版　国分寺　之潮　2015.3　360p　19cm
　（フィールド・スタディ文庫 Collegio field
　studies 5）〈文献あり〉　2800円　①978-4-
　902695-12-0　Ⓝ517.21365　　　　　　〔2353〕

◇すみだ川気まま絵図　松本哉著　筑摩書房
　2014.9　335p　15cm　（ちくま文庫 ま36-2）

〈三省堂　1985年刊の再刊　索引あり〉　900円
①978-4-480-43197-4　Ⓝ291.361
　内容 新大橋から　両国橋―天下の大橋　蔵前橋の美
　観　浮艦「厩橋」丸　駒形橋はいま　吾妻橋と浅草
　名勝言問橋　ああ、今戸橋　すみだ川の水位　墨堤
　と橋場　北のはずれ白鬚橋　虹のアーチ永代橋　永
　代橋・荷風先生の思出（マンガ）　清洲橋―おお、エ
　キゾチック　追想旧新大橋　　　　　　　〔2354〕

◇水の都市江戸・東京　陣内秀信、法政大学陣内研
　究室編　講談社　2013.8　223p　21cm〈文献
　あり〉　2000円　①978-4-06-218469-4　Ⓝ518.8
　内容 第1章 都心部（江戸城と内濠・外濠　隅田川 ほ
　か）　第2章 江東・墨田（北十間川　小名木川 ほか）
　第3章 港南臨海部（東京湾 佃 ほか）　第4章 郊外・
　田園（玉川上水　目黒川 ほか）　　　　　〔2355〕

◇「水」が教えてくれる東京の微地形散歩―凸凹
　地図でわかった！　内田宗治著　実業之日本
　社　2013.5　223p　21cm〈文献あり〉　2200円
　①978-4-408-10985-5　Ⓝ291.361
　内容 第1章 川を動かし海を陸地に（江戸時代）―銀
　座・日比谷・御茶ノ水・赤坂（御茶ノ水と神田川―
　都心部の今の地形は、江戸時代初めに改造されたもの
　銀座・日比谷・丸ノ内周辺―皇居前広場や大手町、日
　比谷一帯は、入江の海銀座は半島だった 現在その痕
　跡がある!? ほか）　第2章 川を見下ろす権力の館―
　目白台・早稲田・水道橋・小石川（目白台と音羽の丘
　神田川に守られる都心―総理大臣の邸宅が連なる高台の丘
　早稲田・小石川界隈―池のある大邸宅群の存続と消
　滅。運命の分岐点とは）　第3章 複雑な谷が生んだ文
　化―麻布・六本木・高輪・白金（古川沿岸、港区周辺
　の台地概況―「古い地形」「無秩序に多い坂」で育ま
　れた、山手特有の文化　麻布・六本木・飯倉界隈―
　「丘上の屋敷町」と「崖下の地」との断絶を散歩する
　ほか）　第4章 廃川跡 消えた川と刻み残された川―
　渋谷・新宿・谷中・王子（明治神宮・竹下通り・渋谷川
　下流―さすがパワー水!? 清正井の水が地下を流れだ
　したら、竹下通りが大発展　王子・滝野川・谷中―上
　流を奪われた藍染川、渓谷が生まれていった滝野川
　ほか）　第5章 高い所に作られた川―玉川上水・三田
　上水（玉川上水―「奇跡のような西高東低の尾根」が
　可能にした江戸の上水道　三田上水・千川上水・青
　山上水―都心の台地に続く分水界を、うねうねと、み
　ごとにたどった水路）　　　　　　　　　　〔2356〕

◇大河紀行荒川―秩父山地から東京湾まで　伊佐
　九三四郎著　八王子　白山書房　2012.11
　218p　22cm〈文献あり〉　2000円　①978-4-
　89475-158-3　Ⓝ291.34
　内容 荒川のこと　真ノ沢を遡る　入川から落合へ
　三峰神社、大輪、猪鼻周辺　三峰口、白久の渡し、
　贄川宿　白久から武州日野へ　秩父盆地　大野原の
　橋と黒谷付近　皆野のあたり　長瀞から波久礼、寄
　居へ　寄居から大扇状地へ　川幅日本一の鴻巣から
　平方河岸へ　荒川、入間川の合流点から戸田まで　人
　工の川荒川放水路　東京ゲートブリッジと大観覧車
　―あとがきに代えて　　　　　　　　　　〔2357〕

◇川の地図辞典―江戸・東京/23区編　菅原健二
　著　3訂版　国分寺　之潮　2012.7　464p
　19cm　（フィールド・スタディ文庫 1）〈文献
　あり〉　3800円　①978-4-902695-04-5　Ⓝ517.
　21361　　　　　　　　　　　　　　　　　〔2358〕

〔2348〜2358〕　　　　　　　　　　「東京」がわかる本 4000冊　　175

地理　　　　　　　　　　　　　　　　　　　　　　　　　　　　歴史・地理

◇江戸前の環境学―海を楽しむ・考える・学びあう12章　川辺みどり, 河野博編　東京大学出版会　2012.2　229p　21cm　〈索引あり〉2800円　①978-4-13-066250-5　Ⓝ519.4
　内容 江戸前の海を学びあう場として　第1部 東京湾を科学する（東京湾をまるごと見る―環境と開発の歴史　東京湾の水の動き―何が海水を動かすのか ほか）　第2部 東京湾を体験する（東京湾を漁る―漁業と漁場のルール　東京湾を釣る―ハゼ釣りから考える）　第3部 東京湾を考える（東京湾を伝える―わかりやすく伝えるために　コミュニケーションの場をつくる―大学と地域の協働によるデザイン ほか）　江戸前の海に「学びの環」はつくられたのか〔2359〕

◇神田川河畔物語―今昔縁探しの旅　大久保元春著　菁柿堂　2011.10　382p　19cm　〈文献あり　発売：星雲社〉1800円　①978-4-434-16111-7　Ⓝ291.361
　内容 第1章 神田川の源流に絆を求めて　第2章 いよいよ神田川の下流に向かって縁探しの旅が始まる　第3章 善福寺川沿いに出会いと縁を求めて　第4章 神田川の支流 和泉川と桃園川に縁を探して　第5章 妙正寺川沿いに展開される強い絆を感じる旅　第6章 神田川の縁探しの旅もいよいよ佳境に入る―高田馬場から飯田橋へ　第7章 江戸文化が花開く関口から昔の神田川を訪ねて　第8章 江戸時代の文化が色濃く残る小石川・水道橋・本郷・湯島　第9章 神田川発祥の地 神田・御茶の水界隈　第10章 神田川の兄弟川で広がる縁と絆〔2360〕

◇「春の小川」はなぜ消えたか―渋谷川にみる都市河川の歴史　田原光泰著　国分寺　之潮　2011.5　226p　19cm　〈フィールド・スタディ文庫 6〉〈文献あり〉1800円　①978-4-902695-13-7　Ⓝ517.21361
　内容 第1部 渋谷川流域の歴史（渋谷川を取り巻く環境　流水の利用によって姿を変える川　宅地化の進展によって姿を変える川　「暗渠」からみた川の変容　戦後の下水道計画と川の実態　オリンピック東京大会の開催と消えた川　都市の中小河川とは）　第2部 渋谷川流域を歩く（渋谷川流域　宇田川流域）〔2361〕

◇川跡からたどる江戸・東京案内　菅原健二編著　洋泉社　2011.2　222p　19cm　〈文献あり〉1500円　①978-4-86248-663-9　Ⓝ517.21361
　内容 第1部 都心部を流れる神田川をたどる（江戸からの記憶が残る神田川　消えた神田川の支流）　第2部 若者の街・渋谷に流れていた川（喧騒の街を流れる渋谷川　渋谷センター街も川だった？）　第3部 水の都・江戸の面影を求めて（水路が張りめぐらされていた街をたどる）　付録 江戸・東京の川跡を歩くヒント〔2362〕

◇東京湾―人と自然のかかわりの再生　東京湾海洋環境研究委員会編　恒星社厚生閣　2011.2　389p　27cm　〈索引あり〉10000円　①978-4-7699-1238-5　Ⓝ452.2
　内容 第1部 東京湾のすがた（流域　海域　東京湾と人のかかわりの歴史）　第2部 東京湾再生に向けて（再生の目標：自然の恵み豊かな東京湾を再生するために　人と自然のかかわりの再生）　第3部 付録（研究者として東京湾再生に向けて望むこと）〔2363〕

◇江戸の城と川―賤民の場所　塩見鮮一郎著　河出書房新社　2010.12　193p　15cm　（河出文庫 し13-6）760円　①978-4-309-41052-4　Ⓝ291.361
　内容 1章 水の地図（始原の地図　水と地の境界）　2章 館の地図（地図と権力　江戸の後背地 ヒノクマ牧場　坂東圏構想の誕生　「江戸館」建設　江戸対鎌倉）　3章 川の地図（平川　石神井川　摂津国の長吏　荒川、入間川、隅田川　利根川、渡良瀬川　四条河原）　4章 城の地図（江戸氏衰退　太田江戸城　城と川　城の周辺 後北条の支配）　補考 さらに江戸の城と川―文庫版のあとがきにかえて〔2364〕

◇東京湾再生計画―よみがえれ江戸前の魚たち　小松正之, 尾上一明, 望月賢二著　雄山閣　2010.8　207p　21cm　〈文献あり〉2200円　①978-4-639-02151-3　Ⓝ662.13
　内容 第1章 江戸前の魚と築地（江戸前とは何か　東京湾と流入河川　江戸時代と明治時代における内湾漁業の発達 ほか）　第2章 江戸前漁業小史・消えゆく江戸前の魚たち―アオギス・ハマグリ・シラウオ・ウナギ（アオギス　ハマグリ　シラウオ ほか）　第3章 東京湾再生計画（はじめに　東京湾と集水域の本来の自然の仕組と特徴　東京湾の自然に影響する陸域・海域の事項 ほか）〔2365〕

◇あるく渋谷川入門―姿を隠した都会の川を探す　梶山公子著　中央公論事業出版（制作・発売）2010.6　217p　20cm　〈文献あり〉1200円　①978-4-89514-352-3　Ⓝ291.361
　内容 プロローグ 渋谷川とは　第1章 渋谷川のルーツ　第2章 代々木の杜の湧水　第3章 宇田川の源と九十九谷　第4章 金王八幡宮から恵比寿たこ公園へ　第5章 三田用水の分水と渋谷川　第6章 広尾と外苑西通りを流れた支流　第7章 古川と江戸の香り　第8章 古川の河口と入間川　エピローグ 川がつなぐ不思議な出会い　付録「渋谷川をたどるお散歩ツアー」の記録〔2366〕

◇地域環境の再生と円卓会議―東京湾三番瀬を事例として　三上直之著　日本評論社　2009.3　321p　22cm　〈文献あり　年表あり　索引あり〉6100円　①978-4-535-58532-4　Ⓝ519.8135
　内容 序章 地域環境政策への市民参加と円卓会議　第1章 三番瀬埋め立て計画と環境保護運動―円卓会議の前史　第2章 埋め立て計画の白紙撤回から円卓会議の成立へ　第3章 参加の場の理想と現実―円卓会議1年目　第4章 空中分解の危機から「合意」へ―円卓会議2年目　第5章 ふりかえりワークショップの実施プロセス　第6章 政策形成の場を参加型にするための条件　終章 新たな「公共性」への道筋―持続的で成熟した民主主義のために〔2367〕

◇神田川再発見―歩けば江戸・東京の歴史と文化が見えてくる　神田川ネットワーク編著　東京新聞出版局　2008.12　207p　26cm　〈文献あり〉1429円　①978-4-8083-0903-9　Ⓝ291.36
　内容 第1章 神田川上流部　第2章 神田川都心部　第3章 善福寺川　第4章 妙正寺川　第5章 日本橋川・亀島川　第6章 思い出の川跡　付 隅田川右岸〔2368〕

◇江戸の川・復活―日本橋川・神田川・隅田川　絵

176　「東京」がわかる本 4000冊　　　　　　　　　　　〔2359～2369〕

歴史・地理　　　　　　　　　　　　　　　　　　　　　　　　　　地理

図から学ぶ "体感型博物館構想"　渡部一二著
秦野　東海大学出版会　2008.9　110p　23cm
〈折り込1枚　文献あり〉　2800円　Ⓘ978-4-486-
01799-8　Ⓝ517.21361
内容　第1部（「絵図」に表現された江戸の水辺空間を
訪ねる　日本橋川・江戸の面影をみつける　日本橋
川・名橋の案内）　第2部（魅力ある「江戸の川」の復
活―「体感型野外博物館構想」とは？　今ものこる
江戸時代の面影―「体感型野外博物館構想」実現の
可能性　「江戸の川・復活」構想の実現に向けて―
「体感型野外博物館構想」）　　　　　　　　〔2369〕

◇海辺再生―東京湾三番瀬　三番瀬環境市民セン
ター著　築地書館　2008.4　216p　19cm〈年
表あり　文献あり〉　2000円　Ⓘ978-4-8067-
1362-3　Ⓝ519.8135
内容　第1章　再生は夢ではない―三番瀬の自然とNPO
の軌跡（東京湾三番瀬―再生が望まれる海　三番瀬
問題―放置された傷ついた海　ほか）　第2章　アマモ
の移植へ向けて（アマモを植えよう　アマモとは？
ほか）　第3章　アマモ場が再生した！　（アマモすく
すくプロジェクト始動―2003年3月18日　ついに移
植！―2003年3月22日　ほか）　第4章　海辺の自然再
生を―日本の海辺の現状と再生すべき理由（日本の海
辺の今―なぜ「自然再生」か　海辺と再発―歴史と
事件ほか）　第5章　三番瀬の二〇二〇年に贈る（自
然再生の目標・手法―自然の変化を知り、本来の自
然の姿をとらえる　目標とするイメージを描く―未
来図はこうしてできた　ほか）　　　　　　〔2370〕

◇東京湾―空からみた自然と人　岩波書店
2007.12　63p　19cm　（岩波写真文庫　復刻版
川本三郎セレクション）〈原本：1954年刊〉
700円　Ⓘ978-4-00-028214-7　Ⓝ291.3
内容　洲崎～富津（鋸山　富津州）　富津～江戸川口
（木更津附近　養老川デルタ　千葉市附近）　東京～
横浜（東京湾　京浜工業地帯　横浜港）　横須賀～三
崎（横須賀港内　三崎まで）　　　　　　　〔2371〕

◇豊かな東京湾―甦れ江戸前の海と食文化　小松
正之著　雄山閣　2007.5　158p　21cm　1800
円　Ⓘ978-4-639-01985-5　Ⓝ662.13
内容　第1章　豊かな東京湾（東京湾の大きさ　東京湾
の生産力　ほか）　第2章　全国豊かな海づくり大会―
神奈川・横浜大会（海づくり大会と東京湾の再生　豊
かな東京湾再生検討委員会の設置　ほか）　第3章　江
戸・東京湾の捕鯨の歴史と文化（安房勝山の醍醐組
浦安の稲荷神社　ほか）　第4章　佃島、日本橋、築地・
銀座界隈と江戸前とクジラの関係（築地　佃島　ほか）
　　　　　　　　　　　　　　　　　　　　〔2372〕

◇豊かで美しい東京湾をめざして―（財）WAVE
港湾・海域環境研究所10周年記念：2006.11.15
国際シンポジウム：講演録・DVD　港湾空間高
度化環境研究センター港湾・海域環境研究所
2007.3　87p　30cm　〈会期・会場：平成18年11
月15日　有楽町朝日ホール〉　Ⓝ519.8136
内容　講演　アメリカの閉鎖性海域の環境政策・自然
再生について　ドナルド　F　ボッシュ述　サンフラ
ンシスコ湾およびカリフォルニア沿岸における自然
再生事業について　ジョージ　W　ドーム
ラ述　東京湾の環境改善のための取り組みと課題に
ついて　古川恵太述　　　　　　　　　　　〔2373〕

◇多摩川あそび　藤原裕二著　立川　けやき出版
2006.5　175p　20cm　1400円　Ⓘ4-87751-309-
4　Ⓝ291.36
内容　さかのぼる　釣る　登る　泳ぐ　拾う　くつろ
ぐ　ガサガサする　観る　走る　　　　　　〔2374〕

◇アユ百万匹がかえってきた―いま多摩川でおき
ている奇跡　田辺陽一著　小学館　2006.4
240p　19cm　〈折り込1枚　文献あり〉　1400円
Ⓘ4-09-387638-X　Ⓝ519.8136
内容　第1章　奇跡の都市河川　多摩川　第2章　大都会
にアユ百万匹！　第3章　大都会にあふれる生きものたち　第3
章　死の川へのあゆみ　第4章　あきらめなかった人々
第5章　きれいな水を取り戻せ　第6章　川は魚の通り
道　第7章　汚濁の海　東京湾のアユの謎　第8章　復活
アユのふるさとの謎　第9章　未来へ　第10章　結び
　　　　　　　　　　　　　　　　　　　　〔2375〕

◇神田川遡上　岩垣顕著　街と暮らし社　2006.3
167p　21cm　（江戸・東京文庫　10）〈文献あ
り〉　1800円　Ⓘ4-901317-11-3　Ⓝ291.361
内容　下流部　中流部　上流部　　　　　　〔2376〕

◇父と子の多摩川探検隊―河口から水源へ　遠藤
甲太著　平凡社　2005.9　205p　20cm　1600
円　Ⓘ4-582-83281-4　Ⓝ291.36
内容　川と海とが出会うところ―河口・新六郷橋　川
辺の死者たち―新六郷橋・ガス橋　たましいの川―
ガス橋・二子橋　コゴミの谷戸―二子橋・登戸　ワ
ンドの鯉魚―登戸・矢野口　カラスと話をするひと
―矢野口・立川　修羅のなぎさ―立川・昭島　川の
ほとりで食べた果実―昭島・青梅　文士たちの食べ
た蕎麦―青梅・鳩ノ巣　むかしみち―鳩ノ巣・テ沢
湖底の記憶―テ沢・諸畑橋　あきらめなかった人々―
諸畑橋・一之瀬川橋　泳ぐ山登り―一之瀬川橋・一
之瀬川本流　だれもいない村―一之瀬木道・作陽平
始まりも終わりもない旅―作陽平・水干　〔2377〕

◇市民環境科学の実践―東京・野川の水系運動
ATT流域研究所編　立川　けやき出版　2003.6
269p　19cm（年表あり）　1800円　Ⓘ4-87751-
207-1　Ⓝ519.81365
内容　水の絆―湧くが如く（「水系の思想」で環境NGO
を展開―三多摩問題調査研究会の軌跡　川霧は消え
ず―ひとつの単眼的思考　市民運動の道場、野川―素
人の科学を　都市のあり方を探る―野川をモデルに
社会調査　シルバー世代の生き方とミニコミ―現場
で老いを磨く）　水の輪―分水嶺を越えて（野川は一
本―環境保全と流域連絡会への期待　公共工事をめ
ぐる住民運動―地盤強固剤汚染の差止を求めて　市
民運動と青年会議所（JC）運動―共生のよろこび　女
の出番・悲鳴をあげるゴミ焼却場―東大「公害原論」
の洗礼　ハケに生きる―女の目に見えてきたもの）
特別寄稿　三〇年の道程―"水のある星"のゆくえ
　　　　　　　　　　　　　　　　　　　　〔2378〕

◇図説江戸・東京の川と水辺の事典　鈴木理生編
著　柏書房　2003.5　445,9p　27cm　12000円
Ⓘ4-7601-2352-0　Ⓝ517.2136
内容　第1章　川は沈む―都市河川　第2章　「都市河川」
の誕生　第3章　中世の江戸水系と湊　第4章　江戸・
東京の水系　第5章　江戸の上水　第6章　利根川東遷
物語　第7章　水運手段の近代化　江戸・東京全河川

〔2370～2379〕　　　　　　　　　「東京」がわかる本　4000冊　177

地理　　　　　　　　　　　　　　　　　　　　　　　　　　　歴史・地理

解説　　　　　　　　　　　　　　　　〔2379〕

◇「川」が語る東京―人と川の環境史　東京の川
　研究会編　山川出版社　2001.12　234p　19cm
　〈文献あり〉1600円　①4-634-60820-0　Ⓝ517.
　2136
　　内容 第1章 境界に刻まれた川―利根川水系（江戸川・
　　中川）（別離を映す川　境界の風景 ほか）　第2章 暮
　　らしから憩いへ―荒川水系（荒川・隅田川）（文豪に
　　愛された川　江戸・下町の歴史を刻んで ほか）　第
　　3章 武蔵野を見つめた川―多摩川水系（玉川上水・多
　　摩川）（戦いと和みの場として　岸辺の移り変わりを
　　読む ほか）　第4章 都市東京を見つめて―独立河川
　　（石神井川・神田川・目黒川）（想い出のなかの川　忘
　　れられた川 ほか）　　　　　　　　　　　　〔2380〕

◇隅田川を歩く―千住・浅草・深川・月島下町つ
　れづれ散歩　林順信著,大西みつぐ写真　JTB
　2001.12　143p　21cm　（JTBキャンブックス）
　1600円　①4-533-04064-0　Ⓝ291.361
　　内容 川の手憧憬　隅田川情景今昔―井上安治の世界
　　をたどる　錦絵で見る江戸・東京のワンダーランド・
　　隅田川　隅田川の橋　隅田川両岸散歩　　　〔2381〕

◇三番瀬から、日本の海は変わる―市民が担う干
　潟保全「豊饒の海」をめざして　三番瀬フォー
　ラム著　きんのくわがた社　2001.8　315p
　19cm　1900円　①4-87770-068-4　Ⓝ519.8135
　　内容 プロローグ「三番瀬」　第1章 そしてい
　　ま、僕らは三番瀬へ…（最後の干潟・浅瀬「三番瀬」
　　埋立計画の動きと『海を歩く』までの三番瀬フォー
　　ラムの活動（～一九九五年）ほか）　第2章 三番瀬か
　　ら、日本の海は変わる（「保全」を突破口に前代未聞
　　のシンポジウム開催へ―環境庁長官と千葉県が出席
　　（一九九六年七月二七日）　環境庁長官の発言「三番
　　瀬を守り抜いてほしい」 ほか）　第3章「里海」へ
　　向けて―埋立計画の大幅見直しと地元政治・行政の
　　変化（三番瀬は尾瀬や白神山地ではない　地元政治・
　　行政の変化 ほか）　第4章 市民が三番瀬をまもりつ
　　づけるために―三番瀬・海辺のふるさと再生計画と
　　NPO三番瀬の設立（定着しつつある市民団体と行政
　　の議論（二〇〇〇年三月一八日）　地域に入った二〇
　　〇〇年 ほか）　　　　　　　　　　　　　　〔2382〕

◇東京港の地下地質　東京港地下地質研究会編
　地学団体研究会　2000.3　134p　28cm　（地団
　研専報 47号）　Ⓝ455.13　　　　　　　　　〔2383〕

◇全・東京湾　中村征夫著　朝日新聞社　2000.1
　291p　15cm　（朝日文庫）　920円　①4-02-
　261281-9　Ⓝ662.13
　　内容 第1章 現住所は東京湾　第2章 湾一周　第3章
　　東京湾の漁法　第4章 東京湾人生　第5章 人と自然
　　と東京湾　第6章 東京湾の魚は食えるか？〔2384〕

◇江戸の川あるき　栗田彰著　青蛙房　1999.7
　196p　19cm　1900円　①4-7905-0451-4
　Ⓝ291.361
　　内容 外堀一周　神田・日本橋　八丁堀・京橋　築地・
　　佃島　赤坂・芝　青山・麻布　四谷・早稲田・新宿
　　音羽・大塚　小石川・本郷　下谷・鳥越〔ほか〕
　　　　　　　　　　　　　　　　　　　　　　〔2385〕

◇江戸の川と上水　金田大義著　流山　日本企業

文化研究所　1998.1　243p　19cm　Ⓝ291.361
　　　　　　　　　　　　　　　　　　　　　　〔2386〕

◇江戸隅田川界隈　中尾達郎著　三弥井書店
　1996.11　303p　20cm　2800円　①4-8382-
　9033-0　Ⓝ291.361
　　内容 永代橋　新大橋　両国橋　吾妻橋　〔2387〕

◇ザ・東京湾　東京新聞・東京湾取材班編　東京
　新聞出版局　1996.7　255p　21cm　〈年表：
　p246～249　参考書：p252～253〉1600円
　①4-8083-0566-6　Ⓝ291.36
　　内容 第1章 これが江戸前だ　第2章 都の海に生きる
　　第3章 ウオーター・フロントの変貌　第4章 豊かな
　　海　第5章 東京湾を冒険する　第6章 ウオッチング
　　第7章 楽しむ海　第8章 海の手　第9章 ベイ・エリ
　　ア　第10章 湾の原型（すがた）　第11章 首都圏首長
　　座談会　　　　　　　　　　　　　　　　　〔2388〕

◇東京水辺の光景―出会いと発見の紀行　小野誠
　一郎絵文　日貿出版社　1995.9　178p　21cm
　1751円　①4-8170-3963-9　Ⓝ291.36
　　内容 都心―千代田・中央・港　山手―新宿・文京・渋
　　谷・豊島　城西―品川・目黒・大田　下町―台東・墨
　　田・江東　城東―江戸川・葛飾・足立・荒川　城北―
　　板橋・練馬・北　都下―多摩川・野川・吉祥寺・奥多
　　摩　都外―横浜・埼玉・千葉　番外―ヴェネツィア
　　　　　　　　　　　　　　　　　　　　　　〔2389〕

◇東京湾三番瀬―海を歩く　小埜尾精一,三番瀬
　フォーラム編著　三一書房　1995.4　237p
　20cm　〈参考文献・年表：p226～230〉2200円
　①4-380-95224-X　Ⓝ519.8135
　　内容 プロローグ 海を歩く　第1章 東京湾は生きてい
　　た　第2章 貝の噴水、イワシの遊戯、コアジサシの唄
　　―豊穣の海・東京湾　第3章 江戸前漁業　第4章 砂
　　の記憶、潮の記録―埋立問題　第5章 海の声を聴け
　　　　　　　　　　　　　　　　　　　　　　〔2390〕

◇東京の港と海の公園　樋渡達也著　改訂版　東
　京都公園協会　1994.9　128p　18cm　（東京公
　園文庫）〈監修：東京都公園緑地部　初版の出
　版者：郷学舎　参考文献：p124～128〉900円
　Ⓝ629.4136　　　　　　　　　　　　　　　〔2391〕

◇東京湾―100年の環境変遷　小倉紀雄編著　恒星
　社厚生閣　1993.10　193p　22cm　〈執筆：小倉
　紀雄ほか〉3300円　①4-7699-0758-3　Ⓝ452.2
　　内容 1 東京湾の姿　2 生物とその働き　3 流域と湾
　　内での窒素の動き　4 東京湾をモデルで考える　5
　　東京湾と瀬戸内海を比較する　東京湾は甦るか 座談
　　会　　　　　　　　　　　　　　　　　　　〔2392〕

◇東京湾―人と水のふれあいをめざして―東京湾
　地域の総合的な利用と保全のあり方　国土庁大
　都市圏整備局編　大蔵省印刷局　1993.9　115p
　30cm　〈東京湾地域の総合的な利用と保全のあ
　り方に関する懇話会報告〉1300円　①4-17-
　294010-2　Ⓝ601.13
　　内容 東京湾地域の概要　東京大都市圏整備の方向と
　　東京湾地域の役割　東京湾地域の総合的な利用と保
　　全に関する基本理念　東京湾地域における諸機能整
　　備のあり方　東京湾地域整備の基本方向　実現にむ

歴史・地理　　　　　　　　　　　　　　　　　　　　地理

けて　　　　　　　　　　　　　　　〔2393〕

◇「江戸―東京」河岸綺譚　椹野八束著　INAX
1993.7　47p　21cm　（Inax Album 16）〈発
売：図書出版社〉927円　Ⓘ4-8099-1037-7
Ⓝ291.36
内容 第1章 東京を流れる川の上げ潮と下げ潮　第2
章 亀島通りを歩いて江戸の河岸を思う　第3章 霊岸
島・亀島通りは「港町」　第4章 開化のフロント霊岸
島　第5章 河岸の衰退―水運から陸運へ　第6章 日
本橋川で筏流しを見る　第7章 御茶ノ水駅から「船
乗込み」を見る　第8章 「河明り」が照らす水の無
限作用　　　　　　　　　　　　　〔2394〕

◇東京の滝―続々発見―都市砂漠のオアシス　小
沢洋三写真、三島昭男文　舞字社　1993.5
106p　31cm〈発売：星雲社〉3800円　Ⓘ4-
7952-7185-2　Ⓝ452.94
内容 「倉沢谷中流域にかかる橋」（奥多摩町）「払沢の
滝」（桧原村）「金剛の滝」（八王子市）「花水の滝」
（桧原村）「下ツ滝」（奥多摩町）「魚止の滝」（桧原
村）「布滝」（奥多摩町）「魚止の滝」（桧原村）「地
蔵の滝」（奥多摩町）「吉祥寺滝」（桧原村）「雨降の
滝」（奥多摩町）「不動の滝」（奥多摩町）「外道の
滝」（奥多摩町）「雨乞の滝」（桧原村）「岩茸石の
滝」（奥多摩町）「綾滝」（桧原村）「地蔵の滝」（奥
多摩町）　日原川の森〔ほか〕　　　〔2395〕

◇東京湾の地形・地質と水　貝塚爽平編　築地書
館　1993.5　211p　22cm　（東京湾シリーズ）
〈各章末：参考文献〉2987円　Ⓘ4-8067-2192-1
Ⓝ452.2
内容 第1章 東京湾の生いたち・古東京湾から東京湾
へ　第2章 東京湾湾底と周辺地域の第三紀層および
第四紀層　第3章 東京湾と周辺の沖積層　第4章 東
京湾に入る水　第5章 東京湾の水と流れ　第6章 湾
底の最新堆積物　　　　　　　　　〔2396〕

◇水の東京　陣内秀信編　岩波書店　1993.3
110p　26cm　（ビジュアルブック江戸東京 5）
〈折り込み図1枚〉2000円　Ⓘ4-00-008485-2
Ⓝ518.8
内容 隅田川　臨海部　都心・下町　新下町　山の手・
西郊　　　　　　　　　　　　　　〔2397〕

◇東京湾水辺の物語　読売新聞社社会部編　読売
新聞社　1992.12　269p　21cm　1800円　Ⓘ4-
643-92114-5　Ⓝ291.36
＊東京湾とそこに注ぐ何本もの川、巨大都市トウキョ
ウのウォーターフロント。その変貌ぶりと人々の暮
らし、文化、自然をペンとカメラでルポする。
〔2398〕

◇今昔四季隅田川―江戸情緒とリバーサイドに遊
ぶ　講談社編　講談社　1992.10　139p　21cm
（講談社カルチャーブックス 63）〈監修：興津
要ほか〉1500円　Ⓘ4-06-198072-6　Ⓝ291.36
内容 歳時記隅田川に集う　江戸の面影を歩く　隅田
川をめぐる風景　　　　　　　　　〔2399〕

◇こんなに楽しい多摩川散歩―東京の自然再発見
立松和平文、大塚高雄写真　講談社　1992.8
131p　21cm　（講談社カルチャーブックス 57）

1500円　Ⓘ4-06-198067-X　Ⓝ291.36　〔2400〕

◇東京湾岸大型プロジェクト総覧　1992年版　産
業タイムズ社　1991.11　162p　26cm〈副書
名：東京・神奈川・千葉の湾岸400計画の詳細〉
8000円　Ⓘ4-915674-48-7　Ⓝ601.13
内容 第1部 東京湾岸大型プロジェクト（東京都　神
奈川県　千葉県）　第2部 東京湾における大規模開
発構想（臨海副都心開発事業化計画　豊洲・晴海開発
整備計画　羽田空港沖合展開と跡地開発　羽田臨空
タウン整備構想　天王洲地区再開発　芝浦・芝浦地区
特定住宅市街地総合整備促進事業　竹芝・日の出・芝
浦ふ頭再開発　汐留駅跡地再開発　大川端・リバーシ
ティ21　横浜みなとみらい21　横須賀　横須賀
沖合人工島　八景島開発　市川2期埋め立て計画　幕
張新都心計画　木更津港ポートルネッサンス21　木
更津市・金田地区複合機能都市整備　東京湾横断道
路　東京湾フェニックス計画　　　〔2401〕

◇さまよえる埋立地―江戸Tokyo湾岸風景史　石
川雄一郎著　農山漁村文化協会　1991.9　229p
19cm　〈参考文献：p228～229〉1500円　Ⓘ4-
540-91071-X　Ⓝ291.36
内容 1 退行した水際（澪筋から港湾への潮流変化　番
外地に温泉・遊廓・地霊わく　陸封された運河の水は老
いゆく）　2 混迷する土壌（ゴミ埋立地の発掘　土砂
埋立地の変転）　3 埋立地の風景（帰化する風景　理
没する風景　遊動する風景）　　　〔2402〕

◇東京湾航空写真集―ウォーターフロントの全貌
東京地勢堂　1990.9　50枚　36×63cm〈限定
版〉180000円　Ⓘ4-88691-201-X　Ⓝ291.3
〔2403〕

◇多摩川に生きる―横山理子著作集　横山理子著、
多摩川の自然を守る会編　八王子　のんぶる舎
1990.4　242,6p　20cm〈横山理子略歴：p242
付：多摩川自然観察会のあゆみ〉2500円　Ⓘ4-
931247-07-5　Ⓝ519.8136　　　　〔2404〕

《名所図会・古地図》

◇古地図で歩く江戸・東京　山本博文監修　三栄
書房　2016.7　191p　21cm〈文献あり〉1300
円　Ⓘ978-4-7796-2976-1　Ⓝ291.361
内容 第1章 古地図で読み解く地理・地形の謎（神田―
細長い路地がいまに伝える江戸時代の川の跡　文京
区―緩やかに曲がった通りと神田上水の意外な関係
とは!? ほか）　第2章 いまに受け継がれるお江戸の
名残（千代田区―江戸城の本丸ではなく、西の丸が皇
居となったワケ　麻布―江戸っ子はなぜ「坂」に名
前をつけた!? ほか）　第3章 江戸東
京今昔散歩（新橋―道路建設に翻弄された神社の災難
池袋―江戸時代、池袋周辺には田畑しかなかった!?
ほか）　第4章 古地図で歩く東京地名の由来（麻布―
「片町」という地名から浮かび上がる江戸の特殊な町
制　神楽坂―雅な地名は「神楽」の音色から誕生!?
ほか）　　　　　　　　　　　　　〔2405〕

◇地図で読み解く江戸・東京―江戸の暮らしが見
えてくる　江戸風土研究会編・著、津川康雄監
修　技術評論社　2015.5　127p　26cm　（ビ

〔2394～2406〕　　　　　　　　　　「東京」がわかる本 4000冊　179

地理　　　　　　　　　　　　　　　　　　　　　　　　　　　　　　歴史・地理

ジュアルはてなマップ〉〈文献あり　年表あ
り〉1780円　①978-4-7741-7297-2　Ⓝ213.61
内容 巻頭特集 江戸VS東京 ランドマーク徹底比較！
第1章 武士の町をつくった家康の都市計画　第2章
江戸を支えた庶民の暮らしの知恵　第3章 水と道か
らたどる都市の広がり　第4章 商業で賑わう江戸の
中心部　第5章 今も昔も変わらない遊興地の賑わい
〔2406〕

◇大江戸今昔マップ―東京を、江戸の古地図で歩
く　かみゆ歴史編集部著　新版
KADOKAWA　2014.7　143p　図版60枚
26cm〈初版：新人物往来社　2011年刊　年表
あり　索引あり〉2000円　①978-4-04-600289-
1　Ⓝ291.361
内容 御本輪内 大名小路絵図　麹町永田町 外桜田
絵図　東都 番町大絵図　飯田町駿河台 小川町絵図
日本橋北内神田両国浜町明細絵図　八町堀霊岸嶋 日
本橋霊之絵図　京橋南築地鉄炮洲絵図　芝口南西久
保 愛宕下之図　芝三田二本榎 高輪辺絵図　白金絵
図〔ほか〕〔2407〕

◇古地図で謎解き江戸東京「まち」の歴史　跡部
蛮著　双葉社　2014.5　234p　18cm　（双葉新
書 089）840円　①978-4-575-15442-9　Ⓝ291.
361
内容 第1章 都心編（日本橋―江戸の町づくりはここ
から始まった　銀座―文明開化の街には猛獣が住ん
でいた ほか）　第2章 山の手編（新宿歌舞伎町―東
洋一の歓楽街に「女子高」があったころ　新宿西口
―都庁の裏は滝だった！　水の記憶が残る町 ほか）
第3章 東京南部・東部編（羽田空港―進駐軍ですら恐
れた「大鳥居」の祟り　蒲田・田園調布―キネマの
町は菖蒲園から生まれた　日本最初のレンガ街 ほ
か）　第4章 東京西部・北部編（立川・八王子―日本一の「シルクロード」と世
界に誇る「空の都」　吉祥寺―ゼロ戦の町が一番住
みたい町になったわけ ほか）〔2408〕

◇東京今昔散歩―彩色絵はがき・古地図から眺め
る　原島広至著　ワイド版　KADOKAWA
2014.4　231p　21cm〈初版：中経の文庫
2008年刊　文献あり　年表あり〉1500円
①978-4-04-600247-1　Ⓝ291.361
内容 江戸城から皇居へ　モネを魅了した亀戸天神の
風景　吉宗が植えさせた墨堤の桜飛鳥山・東京スカイツ
リー　江戸時代から続く庶民娯楽の中心浅草　橋の
展覧会隅田川　芸術と文化の中心地上野　江戸から
の学問の中心神田川界隈　月見の名所九段坂　金
融・商業の中心銀座　日本最初のレンガ街
銀座　日本初のオフィス街丸の内　大名屋敷から官
庁街へ　霞が関　江戸城の西の守り赤坂・四谷　徳川
家霊廟芝〔2409〕

◇古地図で読み解く江戸東京地形の謎　芳賀ひら
く著　二見書房　2013.8　223p　21cm〈文献
あり〉1800円　①978-4-576-13096-5　Ⓝ291.
361
内容 水道橋（寛永19年（1642）頃／明治16年（1883）
頃）　丸の内・日比谷（慶長7年（1602）頃／明暦3年
（1657）頃／明治42年（1909）頃／平成14年（2002）頃）
神保町（寛永19年（1642）頃／平成14年（2002）頃／嘉
永3年（1850）／延宝年間の図／明治20年（1887））
銀座（寛永19年（1642）頃／安政6年（1859）頃／大正

10年（1921）頃／平成14年（2002）頃）　人形町・元
吉原（寛永19年（1642）頃／明暦3年（1657）／安政6
年（1859）頃／平成14年（2002）頃）　西片・白山・小
石川（寛永19年（1642）頃／明暦3年（1657）／安政6
年（1859）頃／平成14年（2002）頃）　赤坂（寛永19年
（1642）頃／明暦3年（1657）頃／安政6年（1859）頃／平
成14年（2002）頃）　麻布（寛永19年（1642）頃／明暦
3年（1657）／明治16年（1883）／平成14年（2006）
頃）　六本木・元麻布（寛永19年（1642）頃／明暦3年
（1657）頃／安政6年（1859）頃／平成14年（2002）頃）
芝・三田（寛永19年（1642）頃／明暦3年（1657）頃／安
政6年（1859）頃／平成14年（2002）頃）〔ほか〕〔2410〕

◇最高に楽しい大江戸MAP　岡本哲志著　エク
スナレッジ　2013.4　155p　26cm　1600円
①978-4-7678-1545-9　Ⓝ291.361
内容 第1章 まちの賑わいを知る（商人・職人の町　広
小路 ほか）　第2章 橋と坂道から望む風景（橋からの
眺望　坂）　第3章 エリア別、江戸の名所（神田エリ
ア　永田町・赤坂エリア ほか）　第4章 江戸が今も
残る水辺（隅田川　東京湾 ほか）〔2411〕

◇『江戸名所図会』でたずねる多摩　重信秀年著
立川　けやき出版　2013.2　182p　21cm〈文
献あり〉1600円　①978-4-87751-487-7　Ⓝ291.
365
内容 JR中央沿線（四谷大木戸―甲州街道の江戸の玄
関口　四谷内藤新駅―物流と遊女で栄えた宿場　角
筈村熊野十二所権現社―池のほとりに並ぶ納涼床 ほ
か）　京王・小田急沿線（大宮八幡宮―平安の武将、
源頼義・義家ゆかりの神社　布多天神社、青渭社、虎
狛社―多摩有数の古社が集まる調布　深大寺―深山
幽谷の趣がある古刹 ほか）　西武沿線（高田馬場―
堀部安兵衛が助太刀した決闘の現場　姿見橋俤のは
し―太田道灌の山吹伝説の舞台　落合蛍―江戸近郊
の蛍狩りの名所 ほか）〔2412〕

◇図説東京の今昔を歩く！　江戸の地図帳　正井
泰夫監修　青春出版社　2012.12　188p　18cm
（青春新書INTELLIGENCE PI-380）〈文献あ
り〉1114円　①978-4-413-04380-9　Ⓝ291.361
内容 序章 古地図でたどる江戸の誕生　第1章 下町
の賑わい―城東　第2章 武士の足跡―御府内　第3
章 西への備え―城西　第4章 信仰と行楽―城北　第
5章 高級住宅街の昔―城南〔2413〕

◇大江戸幕末今昔マップ―古地図で歩く、幕末と
江戸の面影　かみゆ歴史編集部編　新人物往来
社　2012.9　127p　図版42枚　26cm　1900円
①978-4-404-04233-0　Ⓝ291.361
内容 御曲輪内 大名小路絵図　麹町永田町 外桜田
絵図　東都 番町大絵図　飯田町駿河台 小川町絵図
日本橋北内神田両国浜町明細絵図　京橋南築地鉄炮洲
絵図　芝口南西久保 愛宕下之図・北　芝口南西久保
愛宕下之図・南　芝三田二本榎 高輪辺絵図・北　芝
三田二本榎 高輪辺絵図・南　東都麻布之絵図　今井
谷市兵衛町　赤坂全図　東都青山絵図　牛込市谷 大
久保絵図　小石川谷中 本郷絵図　染井王子 巣鴨辺
絵図　根岸谷中 日暮里豊島辺図　東都下谷絵図　東
都浅草絵図　隅田川向嶋絵図　本所絵図〔2414〕

◇古地図で歩く江戸と東京の坂　山野勝著　日本
文芸社　2012.9　223p　19cm〈文献あり〉
1600円　①978-4-537-25961-2　Ⓝ291.361

歴史・地理　　　　　　　　　　　　　　　　　　　　　　　　　　　　　　　　地理

内容 第1章 南麻布の坂　第2章 六本木の坂　第3章 麻布十番～三田の坂　第4章 九段北～富士見の坂　第5章 麴町～番町の坂　第6章 紀尾井町～霞が関の坂　第7章 小日向の坂　第8章 市谷八幡町～神楽坂の坂　第9章 白金台～白金の坂　　　　〔2415〕

◇新訂江戸名所図会　3　市古夏生、鈴木健一校訂　筑摩書房　2012.6　508p　15cm　（ちくま学芸文庫）〈第6刷（第1刷1996年）〉1500円　Ⓘ978-4-480-08313-5
＊江戸は神田雉町の名主、斎藤幸雄・幸孝・幸成（月岑）が三代、三十有余年を費やして完成させた江戸の地誌。天保7年(1836)に出版されるや、たちまち「名所図会」ブームをまきおこし、多くの人々に親しまれた全7巻20冊の完全新訂版。江戸府内にとどまらず、西は日野、東は船橋、北は大宮、南は横浜まで、広大な地域の名所古跡・神社仏閣などを、詳細な現地調査と古典への博捜で記述した。それに付された長谷川雪旦の挿絵も興味が尽きない。第3巻「巻之三」は、おもに、渋谷区、目黒区、世田谷区、新宿区、中野区、杉並区と都下の狛江市、調布市、三鷹市、小金井市、府中市、国分寺市、国立市、日野市など、広大な地域を網羅した特大巻である。
　　　　　　　　　　　　　　　　　　　〔2416〕

◇江戸の町並みを描く―今よみがえる町のぬくもりと人々の暮らし：永井版江戸名所図会・煕代勝覧　永井伸八朗著　日貿出版社　2012.2　127p　26cm〈文献あり〉2800円　Ⓘ978-4-8170-3891-3　Ⓝ291.361
内容 江戸名所図会（今戸橋待乳山　上野不忍池　品川宿　佃島　鎧の渡し　両国橋）　煕代勝覧（魚河岸十軒店雛市　通本町四辻　日本橋　三井越後伏）
　　　　　　　　　　　　　　　　　　　〔2417〕

◇江戸古地図散歩―回想の下町・山手懐旧　池波正太郎著　新版　平凡社　2011.10　117p　22cm　（コロナ・ブックス 163）　1600円　Ⓘ978-4-582-63460-0　Ⓝ291.361
内容 第1章 回想の下町―いまはむかし、江戸と江戸人（台地と葦原に町ができた　古地図がかもす江戸の香り　江戸人のくらし　大川の水　ほか）　第2章 山手懐旧―石垣と濠と（江戸の面影をつたえる　九段から桜田門へ　夜の東京に江戸がある　上野の山 ほか）　　　　　　　　　　　　　　　〔2418〕

◇古地図で歩く江戸・東京歴史探訪ガイド　「江戸楽」編集部著　メイツ出版　2011.10　128p　21cm〈索引あり〉1600円　Ⓘ978-4-7804-1053-2　Ⓝ291.361
内容 江戸・東京の中心地を歩く（大名小路神田橋内　内桜田之圃　皇居　麴町永田町外櫻田繪圖 霞が関 ほか）　武家屋敷が立ち並んだ山の手を歩く（小石川谷中本郷繪圖 後楽園　小石川谷中本郷繪圖 湯島 ほか）　江戸の頃から変わらぬ行楽地を歩く（東都下谷繪圖 上野　東都下谷繪圖 秋葉原 ほか）　江戸の薫りを求め東京の都心を歩く（芝三田二本榎高輪邉繪圖 三田　芝三田二本榎高輪邉繪圖 北品川 ほか）
　　　　　　　　　　　　　　　　　　　〔2419〕

◇江戸と東京の坂―決定版！　古地図“今昔”散策　山野勝著　日本文芸社　2011.9　223p　19cm〈文献あり〉1600円　Ⓘ978-4-537-25862-2　Ⓝ291.361

内容 第1章 本郷の坂　第2章 湯島の坂　第3章 谷中～西日暮里の坂　第4章 春日～小石川の坂　第5章 関口～目白台の坂　第6章 信濃町～四谷の坂　第7章 赤坂の坂　第8章 虎ノ門～麻布台の坂　第9章 高輪～三田の坂　　　　　　　　　　　〔2420〕

◇東京今昔旅の案内帖―彩色絵はがき、古写真、古地図でたずねる　井口悦男、生田誠著　学研パブリッシング　2011.5　191p　18cm　（学研ビジュアル新書 V.007）〈発売：学研マーケティング〉952円　Ⓘ978-4-05-404964-2　Ⓝ291.361
内容 シンボルタワー　市電が走る街角　劇場めぐり　花見と公園　大学の誕生　モガの銀座　丸の内モダン建築　昭和30年代の風景　隅田川下り　品川宿と旧東海道　ぐるり山手線　広がる帝都35区　〔2421〕

◇大江戸100景地図帳―時代小説副読本「ビジュアル版」　古地図で歩く時代小説と名所絵の舞台　人文社編集部編　人文社　2011.4　157,3p　15cm〈折り込み1枚〉800円　Ⓘ978-4-7959-1752-1　Ⓝ291.361　　　　　　　　〔2422〕

◇大江戸古地図散歩　佐々悦久編著　新人物往来社　2011.2　317p　15cm　（新人物文庫 130）〈『江戸切絵図今昔散歩』（2009年刊）の抜粋、再編集〉714円　Ⓘ978-4-404-03972-9　Ⓝ291.361
内容 御曲輪内 大名小路絵図　麴町 永田町外桜田絵図　東都 番町大絵図　飯田橋駿河台 小川町絵図　日本橋北内神田両国浜町明細絵図　八町堀霊岸嶋 日本橋南之絵図　八町堀細見絵図　京橋南築地鉄炮洲絵図　芝口南西久保 愛宕下之図　芝三田二本榎 高輪辺絵図〔ほか〕　　　　　〔2423〕

◇古地図とめぐる東京歴史探訪　荻窪圭著　ソフトバンククリエイティブ　2010.12　214p　18cm　（ソフトバンク新書 151）〈文献あり〉850円　Ⓘ978-4-7973-6192-6　Ⓝ291.361
内容 第1章 道を訪ねて―初代東海道は、東京を通っていなかった　第2章 土地を訪ねて―地形がつくっていった歴史とは　第3章 城跡を訪ねて―江戸城とたくさんの城　第4章 古墳を訪ねて―今は寺か神社か、公園か　第5章 人物を訪ねて―東京に名を残した武将たち　第6章 物語を訪ねて―伝説と伝承から浮かび上がる東京　　　　　　〔2424〕

◇江戸時代に描かれた多摩の風景―『新編武蔵野國風土記稿』と『武蔵名勝図会』　八王子市郷土資料館編　〔八王子〕　八王子市教育委員会　2010.10　76p　30cm〈会期：10月19日～12月19日　年表あり〉Ⓝ291.36　〔2425〕

◇江戸図の世界―平成二十二年度港区立港郷土資料館特別展　港区立港郷土資料館編　港区立港郷土資料館　2010.10　131p　30cm〈会期・会場：平成22年10月23日―11月28日　港区立港郷土資料館〉Ⓝ291.361　　　　　　〔2426〕

◇江戸・幕末を切絵図で歩く　伊東成郎著　PHPエディターズ・グループ　2010.10　238p　21cm〈文献あり　発売：PHP研究所〉1600円　Ⓘ978-4-569-79304-7　Ⓝ291.361

〔2416～2427〕　　　　　　　　　　　　　「東京」がわかる本 4000冊　181

地理　　　　　　　　　　　　　　　　　　　　　　　　　　歴史・地理

[内容]第1章 坂本龍馬が歩いた江戸城下―日本橋・京橋・築地　第2章「桜田門外の変」をたどる―桜田・丸の内　第3章 幕末の剣術と町道場断章―小川町・番町・市ヶ谷　第4章 彰義隊戦記―下谷・上野　第5章 下町に新選組の足跡を追って―亀戸・両国・本所深川　第6章 米沢藩の江戸―桜田・麻布・白金　第7章 潮風のあとをゆく―品川（東海道）　第8章 新選組二剣士の幕末と明治―小石川・本郷　第9章 忠臣蔵・泉岳寺引き上げの道―両国・築地・高輪　第10章 忠臣蔵・浪士たちの終焉―高輪・六本木・虎ノ門
〔2427〕

◇嘉永・慶応新・江戸切絵図―時代小説の舞台を見に行く 完全保存版　人文社　2010.9　128p　30cm　（古地図ライブラリー 0）〈索引あり〉1700円　Ⓘ978-4-7959-1900-6　Ⓝ291.361
[内容]1 大名小路・外桜田・番町・小川町　2 日本橋・内神田・京橋・浜町・愛宕下・赤坂　3 四谷・小日向・小石川・本郷　4 下谷・浅草　5 本所・深川　6 高輪・麻布・青山・千駄ヶ谷・雑司ヶ谷　7 駒込・巣鴨・日暮里・隅田
〔2428〕

◇原色再現江戸名所図会よみがえる八百八町　澁川泰彦復元着色　新人物往来社　2010.8　159p　21cm　（ビジュアル選書）〈索引あり〉1600円　Ⓘ978-4-404-03898-2　Ⓝ291.361
[内容]第1章 江戸八百八町季節の行事・名所（元旦大名登城（江戸城/千代田区千代田一丁目）　亀戸梅屋敷（江東区亀戸三丁目）ほか）　第2章 日本橋・深川界隈（日本橋駿河町越後屋（中央区日本橋室町一～二丁目・本石町））　日本橋本石町十軒店市（中央区日本橋室町三丁目）ほか）　第3章 神田・浅草・板橋・巣鴨界隈（神田神田明神（千代田区外神田二丁目）　湯島湯島聖堂（文京区湯島一丁目）ほか）　第4章 霞ヶ関～新宿～高輪界隈（霞ヶ関霞ヶ関坂（千代田区霞が関二丁目）　永田町日枝神社（千代田区永田町二丁目）ほか）
〔2429〕

◇江戸名所図会事典　市古夏生，鈴木健一編　筑摩書房　2010.5　443p　15cm　（新訂江戸名所図会 別巻2　ちくま学芸文庫）〈第5刷（第1刷1997年）〉1300円　Ⓘ978-4-480-08338-8　Ⓝ291.361
[内容]『江戸名所図会』を読むために　東京名勝図会（岡部啓五郎）　現代東京名所案内　『江戸名所図会』地域別索引　『江戸名所図会』人名・地名・書名索引
〔2430〕

◇江戸切絵図今昔散歩　新人物往来社編　新人物往来社　2009.10　223p　21cm　1800円　Ⓘ978-4-404-03758-9　Ⓝ291.361
[内容]御曲輪内―大名小路　麹町永田町―外桜田絵図　東都一番町大絵図　飯田町駿河台―小川町絵図　日本橋北内神田両国浜町明細絵図　八町堀霊岸嶋―日本橋南之絵図　八丁堀絵図　京橋南築地鉄炮洲絵図　芝口南西久保―愛宕下之図　芝三田二本榎木―高輪辺絵図〔ほか〕
〔2431〕

◇平成版江戸名所図会―今、よみがえる江戸の町並みとぬくもり　永井伸八朗著　日貿出版社　2009.7　127p　26cm　〈文献あり〉2800円　Ⓘ978-4-8170-3763-3　Ⓝ291.36
〔2432〕

◇図説城下町江戸―古地図と古写真でよみがえる

浅野伸子，菅井靖雄執筆，平井聖監修　学習研究社　2009.3　159p　26cm　（歴史群像シリーズ）〈歴史群像シリーズ特別編集〉1400円　Ⓘ978-4-05-605358-6　Ⓝ291.361　〔2433〕

◇江戸の古地図で東京を歩く本―"華のお江戸"がよみがえる歴史めぐりの面白ビジュアル版　ロム・インターナショナル編　河出書房新社　2008.9　192p　26cm　1200円　Ⓘ978-4-309-65085-2　Ⓝ291.361
[内容]第1章 壮大な都市計画から生まれた江戸の町並みを歩く―古地図から読み取れる驚きの江戸の地理（江戸の古地図―なぜ江戸時代の地図は"西が上"に描かれたのか？　江戸図の普及―江戸の地図は「明暦の大火」の教訓でつくられた?!　ほか）　第2章 芸術と文化の華がみごとに咲いた街を歩く―城下の繁栄が蘇る江戸文化ゆかりの地（両国一社寺の収入源だった江戸の「大相撲」　四谷―「四谷怪談」のお岩にちなむ稲荷が二つある謎　ほか）　第3章 活気あふれた商業地、街道第一の宿場を歩く―江戸の大量消費を支えた産業と交通の地（新宿御苑―新しい宿場「新宿」の悩みは"馬糞公害"だった　日本橋魚河岸―庶民の台所は、幕府の肝煎りで誕生した？　ほか）　第4章 時代の息吹が今も残る由緒ある景観の地を歩く―時代の鼓動が育んだ歴史的出来事の舞台（半蔵門―忍者の名に秘められた幕府の危機管理策とは　増上寺―将軍家の菩提寺を、寛永寺と競い合った名刹　ほか）　第5章 地名から浮かび上がる江戸絵巻の世界を歩く―いまに受け継がれる地名のオモシロ由来（吉祥寺―地名となった寺が文京区にある理由　虎ノ門―用意周到に計画された江戸城の"非常口"　ほか）
〔2434〕

◇歴史地図本大江戸探訪―知る味わう愉しむ　歴史探訪倶楽部編　大和書房　2008.6　94p　26cm　〈年表あり〉1500円　Ⓘ978-4-479-39174-6　Ⓝ213.61　〔2435〕

◇絵図にみる練馬　2　生涯学習部生涯学習課文化財係練馬区郷土資料室編　練馬区教育委員会　2008.3　43p　30cm　（祖先の足跡）　Ⓝ213.61
〔2436〕

◇江戸城が消えていく―『江戸名所図会』の到達点　千葉正樹著　吉川弘文館　2007.9　255p　19cm　（歴史文化ライブラリー 239）〈文献あり〉1800円　Ⓘ978-4-642-05639-7　Ⓝ291.36
[内容]江戸イメージの交錯―プロローグ　上方の視線―『江戸名所記』の「平和」（新都市見物　像の工夫と混乱　武装する人びと　「平和」の啓蒙）　ゆがむ江戸絵図（「絵」と「図」のあいだ　測量図からの離脱　江戸絵図の論理）　『江戸名所図会』の虚実（名所図会の時代　仮想としてのリアリティ　国土の中心地誌にしのばせたメッセージ　江戸の自画像　みんなの江戸とそれぞれの江戸）
〔2437〕

◇絵図にみる練馬　1　生涯学習部生涯学習課文化財係練馬区郷土資料室編　練馬区教育委員会　2007.3　41p　30cm　（祖先の足跡）　Ⓝ213.61
〔2438〕

◇活気にあふれた江戸の町『煕代勝覧』の日本橋―ベルリン東洋美術館蔵『煕代勝覧』絵巻　小澤弘，小林忠著　小学館　2006.2　127p　25cm

歴史・地理　　　　　　　　　　　　　　　　　　　　　　　　地理

（アートセレクション）　1900円　①4-09-
607019-X　Ⓝ721.2
内容　『熙代勝覧』の世界―二百年前の日本橋通り　『熙
代勝覧』絵巻（今橋から本町へ　本銀町へ　本石町
から十軒店へ　本町へ　室町三丁目から二丁目へ　室
町一丁目から日本橋へ）　『熙代勝覧』にみる諸職・
諸芸の図　『熙代勝覧』の町並みをゆく―文化二年
（一八〇五）春の長閑けき日楽隠居が案内する日本橋
通り　『熙代勝覧』絵巻について　　　　　　　〔2439〕

◇日本橋絵巻　三井記念美術館編　三井記念美術
館　2006.1　71p　21cm〈会期・会場：平成18
年1月7日―2月12日〉Ⓝ721.2　　　　　　〔2440〕

◇『江戸名所図会』厳選50景―第28回特別展図録
さいたま市立博物館編　さいたま　さいたま市
立博物館　2004.10　40p　30cm〈会期：平成
16年10月9日―11月23日〉Ⓝ291.361　　　〔2441〕

◇東京を江戸の古地図で歩く本―"華のお江戸"が
よみがえる歴史めぐり　ロム・インターナショ
ナル編　河出書房新社　2004.7　221p　15cm
（Kawade夢文庫）　514円　①4-309-49538-9
Ⓝ213.61
内容　1 山から海へ、起伏に富んだ巨大都市を歩く―
古地図から浮かび上がる驚きの江戸の地理（なぜ江戸
時代の地図は"西が上"に描かれたのか？―江戸の古
地図　江戸は本当に八百八町あったのか？―世界的
大都市「江戸」ほか）　2 芸術と文化の華が咲いた
街を歩く―太平の世の繁栄が蘇る江戸文化ゆかりの
土地（江戸の「大相撲」は社寺の貴重な収入源だった
―両国　『東海道四谷怪談』の「於岩稲荷」はなぜ
二つあるのか―四谷　ほか）　3 かつての街道の要衝
と商業地を歩く―江戸の大量消費を支えた交通と産
業の地（「浅草海苔」は本当に浅草で採れていたのか
―浅草　佃煮発祥の地は家康ゆかりの島だった―佃
島　ほか）　4 四〇〇年の時が生み出した景観を歩く
―時代の鼓動がはぐくんだ歴史的デキゴトの舞台（江
戸城に天守閣がなかったのはなぜ？―江戸城　忍者
名の門に秘められた徳川幕府の危機管理策とは―半
蔵門　ほか）　5 いまに受け継がれる江戸の地名のオ
モシロ由来（なぜ「吉祥寺」は武蔵野市ではなく文京
区にあるのか―吉祥寺　西があっても東がない「西
荒井大師」の謎　ほか）　　　　　　　　　　〔2442〕

◇江戸東京古地図―どんな町？　どう変わった？
世界の大都市・大江戸八百八町400年の歴史を
散歩する　正井泰夫監修、インターナショナル・
ワークス編著　幻冬舎　2004.1　95p　26cm
〈年表あり〉1000円　①4-344-00453-1　Ⓝ213.
61
内容　其の1 江戸の交通と都市計画（番町（千代田区）
―東都番町大絵図　丸の内（千代田区）―大名小路神
田橋内内桜田之図　ほか）　其の2 地名と江戸の歴史
（江戸城郭（都内各地）―御見附略図　内神田（千代田
区）―日本橋北内神田両国浜町明細絵図　ほか）　其
の3 江戸の産業と風俗（千住（足立区）―千住宿辺之
図　千束（台東区）―今戸橋場新吉原　ほか）　其の4
江戸の名所とその発祥（本郷（文京区）―小石川谷中
本郷絵図　上野公園（台東区）―東都下谷絵図）
　　　　　　　　　　　　　　　　　　　　　　〔2443〕

◇ひと美の江戸東京名所図絵―江戸の女・町めぐ
り　菊地ひと美著　講談社　2004.1　157p

22cm　2200円　①4-06-212028-3　Ⓝ291.361
内容　1 御城下散歩　2 日本橋　3 銀座付近　4 神田
付近　5 本郷付近　6 上野付近　7 根津付近　8 浅
草付近　9 両国・深川付近　10 東京新名所〔2444〕

◇江戸の地図屋さん―販売競争の舞台裏　俵元昭
著　吉川弘文館　2003.12　215p　19cm　（歴
史文化ライブラリー 168）　1700円　①4-642-
05568-1　Ⓝ291.361
内容　江戸図の入口　切絵図の世界　ロングセラー七
〇年　大絵図の世界　見取り図と回顧地図　総括し
てなお残ること　　　　　　　　　　　　　　〔2445〕

◇大江戸日本橋絵巻―「熙代勝覧」の世界　浅野
秀剛,吉田伸之編,浅野秀剛ほか著　講談社
2003.10　103p　27cm　3000円　①4-06-
211372-4　Ⓝ291.361
内容　序論　『熙代勝覧』を歩く　『熙代勝覧』を読
み解く　補注　解説（制作年代・構成・注文主・絵師
描かれた町家　絵画史から見た『熙代勝覧』描かれ
た"売り"の諸相）　　　　　　　　　　　　〔2446〕

◇『名所江戸百景』広重の描いた千代田区―わた
しの散歩帳から　山本勝美著　五月書房
2003.1　87p　27cm　2800円　①4-7727-0384-5
Ⓝ291.361
内容　紀乃国坂赤坂溜池遠景　糀町一丁目山王祭ねり
込　霞かせき　外桜田弁慶堀糀町　山下町日比谷外
さくら田　水道橋駿河台　神田明神曙之景　昌平橋
聖堂神田川　筋違内八ツ小路　神田紺屋町　馬喰町
初音の馬場　八つ見のはし　日本橋雪晴　　〔2447〕

◇江戸切絵図と東京名所絵　白石つとむ編　普及
版　小学館　2002.12　153p　37cm　5600円
①4-09-680435-5　Ⓝ291.361
内容　内桜田之図　外桜田絵図　小川町絵図　番町絵
図　京橋南築地鉄炮洲絵図　八町堀細見絵図　日本
橋南之絵図　日本橋北之図　本郷絵図　東都駒込辺
絵図　〔ほか〕　　　　　　　　　　　　　　〔2448〕

◇古板江戸図集成　第4巻　古板江戸図集成刊行
会編　中央公論美術出版　2002.1　173,44p
37cm〈複製〉25000円　①4-8055-1479-5
Ⓝ291.361
内容　1 分道江戸大絵図 乾（享保元年・一七一六）　2
分道本所大絵図 坤（享保五年・一七二〇）　3 分間
江戸大絵図（享保十年・一七二五）　4 分間宝暦江戸
大絵図（宝暦七年・一七五七）　5 江戸切絵図集
　　　　　　　　　　　　　　　　　　　　　　〔2449〕

◇古板江戸図集成　第5巻　古板江戸図集成刊行
会編　中央公論美術出版　2001.10　145,50p
37cm〈複製〉25000円　①4-8055-1480-9
Ⓝ291.361
内容　江戸図鑑綱目 乾・坤（元禄二年・一六八九年）
江戸特殊図集（隅田川両岸一覧図絵（天明元年・一七
八一）　浅草寺境内図（寛永十年代）　上野山内図（天
保十二年頃・一八四一）　湯島聖堂絵絵図（元禄四
年頃・一六九一）　目黒不動尊境内図　弘法大師御田
跡写八十八ヶ所略図（天保十年・一八三九）　ほか）
　　　　　　　　　　　　　　　　　　　　　　〔2450〕

◇古板江戸図集成　第2巻　古板江戸図集成刊行

会編　中央公論美術出版　2001.5　193,46p　37cm〈複製〉25000円　①4-8055-1477-9　Ⓝ291.361
内容 1 新板江戸大絵図（寛文図第一　寛文十年・一六七〇）―麹町・日本橋・京橋・内桜田・芝筋迄　2 新板江戸外絵図（寛文図第二　寛文十一年・一六七一）―深川・本庄・浅草　3 新板江戸外絵図（寛文図第三　寛文十一年・一六七一）―東は浅草・北は染井・西は小石川　4 新板江戸外絵図（寛文図第四　寛文十二年・一六七二）―小日向・牛込・四谷　5 新板江戸外絵図（寛文図第五　寛文十三年・一六七三）―赤坂・麻布・芝筋　6 江戸御大絵図（元禄三年・一六九〇）　7 江戸図正方鑑（元禄六年・一六九三）〔2451〕

◇江戸名所図会の世界―近世巨大都市の自画像　千葉正樹著　吉川弘文館　2001.3　326,15p　22cm　7500円　①4-642-03363-7　Ⓝ291.36
内容 第1章 名所図会の到達と限界　第2章 江戸認識の逆転　第3章 江戸の都市景観構造と形成　第4章 都市江戸の空間認識　第5章 茅葺の場末をよむ　第6章 都市空間の人・いきもの　終章 ささやかな演出と二重の喪失〔2452〕

◇比較研究江戸名所古地図散策　平井聖監修　新人物往来社　2000.12　158p　26cm　（別冊歴史読本）　2200円　①4-404-02759-1　Ⓝ291.361〔2453〕

◇古板江戸図集成　第3巻　古板江戸図集成刊行会編　中央公論美術出版　2000.9　174,36p　37cm〈複製〉25000円　①4-8055-1478-7　Ⓝ291.361
内容 江戸方角安見図 乾（延宝七年・一六七九）（品川口）　江戸方角安見図 坤（延宝八年・一六八〇）（すがも・関口・よど川の北方・目白ふどう・小びなた）〔2454〕

◇『江戸名所図会』でたどる新宿名所めぐり　新宿区生涯学習財団新宿歴史博物館編　新宿歴史博物館　2000.7　44,32p　30cm〈折り込1枚　文献あり〉Ⓝ291.361〔2455〕

◇古板江戸図集成　第1巻　古板江戸図集成刊行会編　中央公論美術出版　2000.7　193,36p　37cm〈複製〉25000円　①4-8055-1476-0　Ⓝ291.361
内容 1 長禄年間江戸図（長禄年間・1457～59）　2 慶長七年江戸図（慶長七年・1602）　3 慶長十三年江戸図（慶長十三年・1608）　4 武州豊嶋郡江戸庄図（寛永九年・1632）　5 合考荏土覧古図　6 正保年間江戸絵図（正保元年・1644）　7 武州古改江戸之図（承応二年・1653）　8 新添江戸之図（明暦二年・1656）〔2456〕

◇江戸切絵図を読む　祖田浩一著　東京堂出版　1999.6　238p　21cm　2200円　①4-490-20383-7　Ⓝ291.361
内容 大名小路・神田橋内・内桜田之図　麹町・永田町・外桜田絵図　番町大絵図　飯田町・駿河台・小川町絵図　日本橋北・内神田・両国・浜町図　八丁堀・霊岸嶋・日本橋南之絵図　京橋南・築地・鉄砲洲絵図　芝口南・西久保・愛宕下之図　今井谷・六本木・赤坂絵図　千駄ヶ谷・鮫ヶ橋・四ツ谷絵図〔ほか〕〔2457〕

◇百年前の東京絵図　山本松谷画, 山本駿次朗編　小学館　1999.3　217p　15cm　（小学館文庫）　638円　①4-09-403101-4　Ⓝ291.361
内容 八ツ山付近の景　業平橋　上野東照宮　深川不動尊　銀座地蔵前縁日　向島堤の観桜　増上寺三門　親父橋より、よし町を望む　神田小川町通り　回向院の大相撲〔ほか〕〔2458〕

◇新訂江戸名所図会　6　市古夏生, 鈴木健一校訂　筑摩書房　1997.2　410p　15cm　（ちくま学芸文庫）　1236円　①4-480-08316-2　Ⓝ291.361
内容 巻之7　揺光之部〔2459〕

◇新訂江戸名所図会　5　市古夏生, 鈴木健一校訂　筑摩書房　1997.1　441p　15cm　（ちくま学芸文庫）　1236円　①4-480-08315-4　Ⓝ291.361
内容 巻之5　玉衡之部　巻之6　開陽之部〔2460〕

◇新訂江戸名所図会　4　市古夏生, 鈴木健一校訂　筑摩書房　1996.12　412p　15cm　（ちくま学芸文庫）　1200円　①4-480-08314-6　Ⓝ291.361
内容 巻之4　天権之部〔2461〕

◇新訂江戸名所図会　3　市古夏生, 鈴木健一校訂　筑摩書房　1996.11　508p　15cm　（ちくま学芸文庫）　1400円　①4-480-08313-8　Ⓝ291.361
内容 巻之3　天璣之部〔2462〕

◇新訂江戸名所図会　2　市古夏生, 鈴木健一校訂　筑摩書房　1996.10　406p　15cm　（ちくま学芸文庫）　1200円　①4-480-08312-X　Ⓝ291.361
内容 巻之2　天璇之部〔2463〕

◇新訂江戸名所図会　1　市古夏生, 鈴木健一校訂　筑摩書房　1996.9　335p　15cm　（ちくま学芸文庫）　1000円　①4-480-08311-1　Ⓝ291.361
内容 巻之1　天枢之部〔2464〕

◇明治の東京―江戸から東京へ　古地図で見る黎明期の東京　人文社第一編集部解説・編　人文社　1996.9　88p　30cm　（古地図ライブラリー 4）〈年表：p84～85〉1800円　①4-7959-1903-8　Ⓝ291.361
＊本書では近代国家日本の黎明期にスポットライトをあて、明治時代の古地図で『江戸から東京へ』と急激に変貌する姿を旧東京市15区の範囲を中心に探りました。〔2465〕

◇江戸・東京百景今昔―広重「名所江戸百景」を東京に見る　第7回特別企画展　中野区教育委員会, 山崎記念中野区歴史民俗資料館編　中野区教育委員会　1995.10　38p　30cm〈会期・会場：1995年10月1日―11月18日　中野区立歴史民俗資料館　共同刊行：山崎記念中野区歴史民俗資料館　年表あり〉Ⓝ291.361〔2466〕

◇大江戸ぶらり切絵図散歩―時代小説を歩く　縄

歴史・地理　　　　　　　　　　　　　　　　　　　　　　　　　地理

田一男著　PHP研究所　1995.9　127p　21cm
1500円　Ⓘ4-569-54891-1　Ⓝ291.36
＊そこに、鬼平、半七、平次がいた。現代地図の上に
「江戸の市街」を再現し、時代小説のヒーローたち
の足跡をたどるガイドブック。宮部みゆき氏との対
談を特別収録。　　　　　　　　　　　　　〔2467〕

◇江戸名所図会を読む　続　川田寿著　東京堂出
版　1995.3　302p　21cm　2900円　Ⓘ4-490-
20261-X　Ⓝ291.36
＊江戸市民の暮らしぶりを活写して好評の前書に続き、
101項目を収録する。『江戸名所図会』の風趣溢れる
挿絵を舞台に江戸人の営み・風俗や、江戸の風景を
興味深く解説。　　　　　　　　　　　　　〔2468〕

◇板橋の絵図・絵地図　東京都板橋区立郷土資料
館編　板橋区立郷土資料館　1994.3　72p　21
×30cm　〈会期：平成6年4月16日〜6月26日〉
Ⓝ213.6
　　　　　　　　　　　　　　　　　　　　〔2469〕

◇江戸東京大地図—地図でみる江戸東京の今昔
平凡社　1993.9　205p　37cm　〈監修：正井泰
夫〉　12000円　Ⓘ4-582-43414-2　Ⓝ291.36
　　　　　　　　　　　　　　　　　　　　〔2470〕

◇江都名所図会　北尾蕙斎政美画　大空社
1993.9　32枚　26×32〜26×84cm　〈天明五年
刊の複製　付（278p　27cm）：鍬形蕙斎・江都
名所図会の世界　小沢弘ほか著〉　35000円
Ⓘ4-87236-840-1　Ⓝ291.36
　　　　　　　　　　　　　　　　　　　　〔2471〕

◇鍬形蕙斎・江都名所図会の世界　小沢弘ほか著
大空社　1993.9　278p　27cm　〈付：図（折り
込）　参考文献：p52〜55〉　35000円　Ⓘ4-
87236-840-1　Ⓝ291.36
　内容　鍬形蕙斎の人物像　鍬形蕙斎筆『江都名所図会』
とその周辺—近世風景画の展開の中で　蕙斎の五十
景を歩く　蕙斎が生きた江戸　『江都名所図会』解
題　　　　　　　　　　　　　　　　　　　〔2472〕

◇今とむかし広重名所江戸百景帖—江戸と東京
暮しの手帖社　1993.6　221p　27cm　〈解説：
河津一哉〉　4800円　Ⓘ4-7660-0047-1　Ⓝ291.
36
　　　　　　　　　　　　　　　　　　　　〔2473〕

◇武蔵名勝図会　植田孟縉著,片山迪夫校訂　慶
友社　1993.1　609p　22cm　〈新装版　雲夢斎
植田孟縉略年譜：p608〜609〉　13000円　Ⓘ4-
87449-080-8　Ⓝ291.36
　内容　野方領　武蔵野新田　山口領　村山郷　府中領
府中領　世田ヶ谷領　立川領　拝島領　日野領〔ほか〕
　　　　　　　　　　　　　　　　　　　　〔2474〕

◇明治東京名所図会　下巻　朝倉治彦,槇田満文
編　東京堂出版　1992.7　588p　37cm　〈東陽
堂刊「風俗画報臨時増刊」の複製　索引あり〉
Ⓘ4-490-20194-X　Ⓝ291.36
　内容　新撰東京名所図会　第48編—第64編（明治40-42
年刊）　東京近郊名所図会（明治43-44年刊）　鎌倉江
の島名所図会（明治30年刊）　氷島鵠沼逗子金沢名
所図会（明治31年刊）　横浜名所図会（明治35年刊）
小金井名所図会（明治39 年刊）　　　　　〔2475〕

◇明治東京名所図会　上巻　朝倉治彦,槇田満文
編　東京堂出版　1992.7　688p　37cm　〈東陽
堂刊「風俗画報臨時増刊」の複製〉　Ⓝ291.36
　内容　新撰東京名所図会　第1編—第47編（明治29-40
年刊）　　　　　　　　　　　　　　　　　〔2476〕

◇江戸名所図会を読む　川田寿著　東京堂出版
1990.12　289p　21cm　2900円　Ⓘ4-490-
20167-2　Ⓝ291.36
＊本書は、天保5・7（1834・6）刊『江戸名所図会』全
7巻・20冊より、108項目、124図をとりあげ、そこ
に描かれた世態・風俗など当時の社会生活一般につ
いて、解説・考証をおこなったものである。〔2477〕

◇水戸佐倉道分間延絵図—新宿・八幡　山本光正
解説　東京美術　1990.11　2冊（解説篇とも）
42×18cm　〈五街道分間延絵図全百三巻之内
監修：児玉幸多　東京国立博物館所蔵文化4年
写の複製　折本　帙入　和装〉　25750円　Ⓘ4-
8087-0564-8　Ⓝ291.3
＊水戸佐倉道は、日光道中の首駅である千住居から分
かれて、水戸や佐倉へ向う街道である。しかし道中
奉行の管轄下にある宿場は、新宿・八幡・松戸の三
宿にすぎない。したがって本絵図に描かれている範
囲も狭く、千住宿から始まって、八幡・松戸に達す
るまでの道筋である。今日で言えば、東京都の江戸
川区・葛飾区や千葉県の市川市・松戸市・船橋市の
範囲である。水戸佐倉道は、原本は一巻の物で、
本書ではこれをそのままに複製する。解説篇は絵図
篇と対照して用いることを原則として構成した。
　　　　　　　　　　　　　　　　　　　　〔2478〕

《史跡・名勝》

◇東京グローバル散歩—身近なところから世界を
感じる東京歩き　東京グローバル散歩編集委員
会編著　山川出版社　2016.7　111p　26cm
1500円　Ⓘ978-4-634-59085-4　Ⓝ291.36
　内容　東京に残る渡来人の足跡　大航海時代と江戸
鎖国下の国際交流　東京キリシタン遺跡巡礼　江戸
の洋学を探求する　列強の接近を感じる　江戸の夜
明けを歩く　築地居留地跡を歩く　文明開化と東京
条約改正と鹿鳴館時代　日清・日露戦争の追憶　東
京の史跡で知る近代の日朝関係　お雇い外国人が残
した軌跡　コンドルをめぐる　東京に残る大正・昭
和初期の面影　日中交流の軌跡を振り返る　占領下
の東京　西洋建築にふれる　東京からみはるかすア
ジア　東京オリンピックの遺産　　　　　　〔2479〕

◇江戸の街道を歩く—ヴィジュアル版　黒田涼著
祥伝社　2016.6　356p　18cm　（祥伝社新書
468）　1200円　Ⓘ978-4-396-11468-8　Ⓝ291.
361
　内容　東海道　京浜急行・大森海岸駅・六郷土手駅　池
上道　JR大井町駅・東急多摩川線・沼部駅　中原街道
JR五反田駅・東急多摩川線・沼部駅　大山道　JR渋
谷駅・東急田園都市線・二子玉川駅　登坂道路から登
戸道　JR渋谷駅・東急田園都市線・二子玉川駅　甲州
街道　JR新宿駅・京王線・仙川駅　青梅街道　JR新宿
駅・西武新宿線・武蔵関駅　所沢道　JR高田馬場駅
・西武池袋線・大泉学園駅　清戸道　JR目白駅・西
武池袋線・大泉学園駅　川越街道　都営三田線・板橋

〔2468〜2480〕　　　　　　　　　　　　　「東京」がわかる本 4000冊　185

地理　　　　　　　　　　　　　　　　　　　　　　　　　　　　歴史・地理

区役所前駅 - 東武東上線・成増駅　中山道　都営三田
線・板橋区役所前駅・志村三丁目駅　岩槻街道　JR埼
京線・十条駅 - 東京メトロ南北線・志茂駅　日光街
道　JR北千住駅 - 東武スカイツリーライン・竹ノ塚駅
成田道　JR亀有駅・小岩駅　元行徳道・市川道　東京
メトロ東西線・葛西駅 - 都営新宿線・瑞江駅〔2480〕

◇江戸東京歴史文学散歩　入谷盛宣著　髙森町
　（長野県）　高遠書房　2016.5　167p　21cm
　〈文献あり〉非売品　①978-4-925026-44-4
　Ⓝ291.36　　　　　　　　　　　　　　　　〔2481〕

◇シリーズ明治・大正の旅行　旅行案内書集成
　第1巻　荒山正彦監修・解説　ゆまに書房
　2013.11　24,394p　22cm〈複製〉17000円
　①978-4-8433-4344-9　Ⓝ384.37
　内容　東京名勝図会　東京名所図絵　　　　〔2482〕

◇東京10000歩ウォーキング―文学と歴史を巡る
　No.23　墨田区墨東・向島コース　籠谷典子編
　著,真珠書院編集　明治書院　2013.6　101p
　19cm〈真珠書院　2005年刊の再刊〉800円
　①978-4-625-62442-1　Ⓝ291.361
　内容　吾妻橋　吾妻橋一丁目　墨田区立「隅田公園」
　枕橋　「富田木歩終焉の地」碑　「水戸徳川邸舊趾」
　碑　牛嶋神社　堀辰雄旧居跡　言問橋　久遠山常泉
　寺〔ほか〕　　　　　　　　　　　　　　　　〔2483〕

◇東京10000歩ウォーキング―文学と歴史を巡る
　No.21　台東区谷中霊園・三崎坂コース　籠谷
　典子編著,真珠書院編集　明治書院　2013.6
　103p　19cm〈真珠書院　2004年刊の再刊〉
　800円　①978-4-625-62441-4　Ⓝ291.361
　内容　東京都旧跡「天王寺五重塔跡」　文學博士上田
　敏墓　佐伯木家之墓　鏑木家之墓　廣津家之墓　長
　津宣光(穀堂)墓　「横山大觀」墓碑　「鳩山家」墓
　碑　東京都史跡「德川慶喜墓」　宮城道雄墓所〔ほ
　か〕　　　　　　　　　　　　　　　　　　　〔2484〕

◇東京10000歩ウォーキング―文学と歴史を巡る
　No.17　文京区本郷・菊坂コース　籠谷典子編
　著,真珠書院編集　明治書院　2013.6　103p
　19cm〈真珠書院　2004年刊の再刊〉800円
　①978-4-625-62440-7　Ⓝ291.361
　内容　妻戀神社　斎藤実盛の首洗い井戸　天台宗心城
　院　湯島天満宮　国重要文化財「旧岩崎邸庭園」　三菱
　史料館　無縁坂　東京大学　宇野浩二終焉の地　東
　京都史跡「德川秋聲旧宅」〔ほか〕　　　　　〔2485〕

◇東京10000歩ウォーキング―文学と歴史を巡る
　No.11　新宿区大久保・余丁町コース　籠谷典
　子編著,真珠書院編集　明治書院　2013.6
　101p　19cm〈真珠書院　2004年刊の再刊〉
　800円　①978-4-625-62439-1　Ⓝ291.361
　内容　皆中稲荷神社　國木田獨歩居住跡　玉寶山長光
　寺　NPO法人「高麗博物館」　新宿区立「小泉八雲
　記念公園」　小泉八雲終焉の地　稲荷鬼王神社　「島
　崎藤村旧居跡」碑　西向天神社　新宿区史跡「大蘇
　芳年之墓」〔ほか〕　　　　　　　　　　　　〔2486〕

◇東京10000歩ウォーキング―文学と歴史を巡る
　No.8　港区芝公園・飯倉コース　籠谷典子編
　著,真珠書院編集　明治書院　2013.6　101p

19cm〈真珠書院　2004年刊の再刊〉800円
①978-4-625-62438-4　Ⓝ291.361
　内容　港区旧跡「尾崎紅葉生誕の地」　芝大門　港区
　文化財標示板「最初の芝区役所跡」　芝公園　港区
　区役所　東京都立「芝公園」　港区文化財標識「御成
　門」　国重要文化財「有章院殿霊廟の二天門」　五
　木寛之(東京プリンスホテル)　浄土宗大本山「三縁
　山廣度院増上寺」〔ほか〕　　　　　　　　　〔2487〕

◇東京10000歩ウォーキング―文学と歴史を巡る
　No.7　港区青山霊園・六本木コース　籠谷典子
　編著,真珠書院編集　明治書院　2013.6　103p
　19cm〈真珠書院　2005年刊の再刊〉800円
　①978-4-625-62437-7　Ⓝ291.361
　内容　高野長英顕彰碑　根津美術館「明月門」　中村
　草田男の句碑　帝國脳病院「青山病院」跡　東京都
　立青山霊園「立山地区」　東京都立「青山霊園」　港
　区有形文化財　乃木神社　港区文化財標示板「籠土
　軒跡」　陸軍歩兵第三聯隊」跡　港区文化財標示
　板「志賀直哉居住跡」　　　　　　　　　　　〔2488〕

◇東京10000歩ウォーキング―文学と歴史を巡る
　No.5　中央区日本橋人形町・浜町コース　籠谷
　典子編著,真珠書院編集　明治書院　2013.6
　101p　19cm〈真珠書院　2004年刊の再刊〉
　800円　①978-4-625-62436-0　Ⓝ291.361
　内容　中央区史蹟「玄冶店」碑　寄席「人形町末広跡」
　碑　三光稲荷神社　「パンの会」会場・三州屋跡　日
　本橋大伝馬町の大通り　長谷川時雨生誕の地　賀茂
　真淵「県居」跡　浜町河岸(現・緑道公園)　明治座
　中央区立「浜町公園」〔ほか〕　　　　　　　〔2489〕

◇東京10000歩ウォーキング―文学と歴史を巡る
　No.3　千代田区お茶の水・神田明神コース　籠
　谷典子編著,真珠書院編集　明治書院　2013.6
　103p　19cm〈真珠書院　2004年刊の再刊〉
　800円　①978-4-625-62435-3　Ⓝ291.361
　内容　お茶の水橋　「お茶の水」記念碑　獅子文六居住
　跡　文化学院　明治大学　千代田区立錦華公園　旧
　「錦華小学校」　靖国通り「神田書店街」　護持院
　原」跡　「新島襄先生誕之地」碑〔ほか〕　〔2490〕

◇東京10000歩ウォーキング―文学と歴史を巡る
　No.2　千代田区番町・竹橋コース　籠谷典子編
　著,真珠書院編集　明治書院　2013.6　101p
　19cm〈真珠書院　2004年刊の再刊〉800円
　①978-4-625-62434-6　Ⓝ291.361
　内容　上智大学　浄土宗常栄山心法寺　私立雙葉学園
　島崎藤村居宅跡　千代田区立番町小学校　番町文人
　通り　日本テレビ放送網(株)　「麴渓塾」跡　千代田
　区立麴町小学校　都旧跡「滝廉太郎居住地跡」碑〔ほ
　か〕　　　　　　　　　　　　　　　　　　　〔2491〕

◇東京10000歩ウォーキング―文学と歴史を巡る
　No.1　千代田区半蔵門・日比谷コース　籠谷典
　子編著,真珠書院編集　明治書院　2013.6
　101p　19cm〈真珠書院　2004年刊の再刊〉
　800円　①978-4-625-62433-9　Ⓝ291.361
　内容　半蔵門　国立劇場　山田浅右衛門屋敷跡　高野
　長英居住跡　寺田寅彦生誕の地　平河天満宮　邦枝
　完二生誕の地　国木田独歩居住跡　蒲原有明生誕の
　地　渡辺崋山生誕の地〔ほか〕　　　　　　　〔2492〕

186　「東京」がわかる本　4000冊　　　　　　　　　〔2481～2492〕

歴史・地理　　　　　　　　　　　　　　　　　　　　　　　地理

◇江戸・東京「名所散策」今・昔　渡辺秀樹著
三笠書房　2012.11　221p　15cm　（知的生き
かた文庫　わ17-1　〔CULTURE〕）　600円
Ⓣ978-4-8379-8153-4　Ⓝ291.361
内容 第1章 外濠の内側（江戸城　東京駅　丸の内 ほ
か）　第2章 外濠の外1（お茶の水　水道橋　聖橋 ほ
か）　第3章 外濠の外2（陸軍士官学校　神楽坂　神
田明神の碑　三浦接針屋敷跡の碑　其角住居跡の碑　玄
治店跡の碑　江戸伝馬町牢御揚場跡の碑　吉田松陰
先生終焉之地の碑　両国広小路記念碑　堀部安兵衛
武庸之碑 ほか）　　　　　　　　　　　〔2494〕

◇河合敦のぶらり大江戸時代劇散歩　河合敦著
学研パブリッシング　2012.7　247p　19cm
〈「河合敦と歩く図説江戸人物伝」（学研　2008
年刊）の改題・加筆・修正・再編集　文献あり
発売：学研マーケティング〉829円　Ⓣ978-4-
05-405247-5　Ⓝ291.361
内容 堀部安兵衛　大岡越前　長谷川平蔵　遠山金四
郎　新選組　勝海舟　　　　　　　　　　〔2495〕

◇江戸・東京ゆうゆう散歩　河合敦著　新人物往
来社　2011.6　302p　15cm　（新人物文庫
153）〈『東京12カ月歴史散歩』（光人社2001年
刊）の改題、新編集〉714円　Ⓣ978-4-404-
04025-1　Ⓝ291.36
内容 一月 隅田川七福神を詣でる　二月 文明開化の
街・銀座の石碑めぐり　三月 新選組の故地を歩く
四月 都内の大名庭園を周遊　五月 江戸城外濠を散
策する　六月 華麗なる宮家の残映をもとめて　七月
佃島と石川島に江戸を見つける　八月 戦国最後の
城・八王子城怪談紀行　九月 徳川将軍家の菩提寺を
ゆく　十月 外国人居留地の跡、築地界隈を逍遥　十
一月 八丈島に流人の痕跡をさぐる　十二月 赤穂浪
士の凱旋ルートをたどる　　　　　　　　〔2496〕

◇浮世絵と古地図でめぐる江戸名所散歩　竹村誠
編、大石学監修　JTBパブリッシング　2011.3
143p　21cm　〈文献あり〉1700円　Ⓣ978-4-533-08149-1
Ⓝ291.36
内容 江戸城　浅草・吉原　上野　日本橋・京橋　両
国　深川　芝　湯島・本郷　王子・巣鴨　新宿　高
輪・品川　霞ヶ関　銀座・築地　赤坂・六本木
　　　　　　　　　　　　　　　　　　　　〔2497〕

◇徳川家の江戸東京歴史散歩　徳川宗英著　文藝
春秋　2010.11　314p　16cm　（文春文庫　と
19-3）〈文献あり〉638円　Ⓣ978-4-16-780107-
6　Ⓝ291.361
内容 第1章 江戸城お濠めぐり（外濠をたどって江戸
の広さを体感　内濠沿いをひとめぐり）　第2章 江
戸そぞろ歩き（江戸城のお濠の水は飲み水だった　上
野公園を歩くと実感する時代の流れ　歴代将軍が眠

る寺を訪ねて（1）―上野・寛永寺と谷中界隈 ほか）
第3章 東京逍遥―明治、大正、昭和（都庁と徳川家の
意外なつながり　「建築博物館」といわれた、いに
しえの丸の内　東京タワーに姿を変えた紅葉館は政
界裏面史の目撃者 ほか）　　　　　　　　〔2498〕

◇お江戸の名所検定―江戸の名所と文化がわか
る！　岡田哲著　技術評論社　2010.9　206p
19cm　（博学検定シリーズ）〈文献あり〉980
円　Ⓣ978-4-7741-4361-3　Ⓝ291.361
内容 其の1 日本橋・銀座・神田界隈　其の2 上野・湯
島界隈　其の3 赤坂・芝・品川・王子・その他　其の
4 墨田川界隈―浅草・向島　其の5 墨田川界隈―両
国・本所・深川　其の6 墨田川界隈―遊里吉原　其
の7 江戸幕末編　　　　　　　　　　　　〔2499〕

◇東京古道散歩　荻窪圭著　中経出版　2010.5
255p　15cm　（中経の文庫　お-13-1）〈文献
あり〉676円　Ⓣ978-4-8061-3698-9　Ⓝ291.36
内容 第1章 東京の古道をめぐる（東京の古道概要）
第2章 東海道編（東海道の歴史　旧東海道を辿る ほ
か）　第3章 鎌倉街道編（鎌倉街道は何本もあった
鎌倉街道中道 ほか）　第4章 府中道編（武蔵国国府
から延びる道　品川道を辿る ほか）　　　〔2500〕

◇東京「幕末」読み歩き―志士の足跡を訪ねる
三澤敏博著　心交社　2010.4　311p　21cm
1500円　Ⓣ978-4-7781-0922-6　Ⓝ291.361
内容 高野長英をはじめ蘭学者の東京を読み歩く　黒
船のやって来た東京を読み歩く　坂本龍馬と土佐藩士
の東京を読み歩く　吉田松陰の東京を読み歩く　高
杉晋作、伊藤博文ら長州藩士の東京を読み歩く　西
郷隆盛、大久保利通ら薩摩藩士の東京を読み歩く　勝
海舟の東京を読み歩く　徳川慶喜の東京を読み歩く
篤姫と和宮の東京を読み歩く　彰義隊の東京を読み
歩く　五稜郭を戦った榎本武揚ら旧幕軍の東京を読
み歩く　新撰組の東京を読み歩く　　　　〔2501〕

◇江戸名所の謎　雲村俊慥著　PHP研究所
2009.6　190p　18cm　1000円　Ⓣ978-4-569-
70816-4　Ⓝ291.361
内容 代役本尊で栄える浅草寺奇談（浅草・浅草寺）　反
逆児を祀った神田明神の怪（神田・神田明神）増上
寺発願で目覚めた六将軍（芝・増上寺）　妖僧天海の
寛永寺創建の野望（上野・寛永寺）　春日局と家光の
不可解な関係（湯島・麟祥院）　保科正之という隠し
子救世主（日暮里・延命院）　桂昌院が発願の護国寺を
検証（音羽・護国寺）　忠959の謀反を操った黒い魔手
（品川・鈴ヶ森刑場跡）　江戸炎上、振袖火事の真犯
人（巣鴨・本妙寺）　哀れ八百屋お七の真説に迫る（白
山・円乗寺）ほか　　　　　　　　　　　〔2502〕

◇江戸百景今昔―江戸を楽しみ、大正を知り、現
代を歩く　大野光政著　本の泉社　2009.4
255p　31cm　〈文献あり〉4762円　Ⓣ978-4-
7807-0437-2　Ⓝ291.361
内容 日本橋・京橋方面　麹町・赤坂方面　芝麻布方
面　品川・目黒方面　四谷新宿・小金井方面　神田・
本郷方面　市ヶ谷・高田方面　下谷・千住・王子方面
浅草方面　向島・亀戸方面　本所・深川方面　中川・
利根川方面　　　　　　　　　　　　　　〔2503〕

◇東京10000歩ウォーキング―文学と歴史を巡る
no.25　目黒区・渋谷区駒場・渋谷コース　籠谷

〔2493～2504〕　　　　　　　　「東京」がわかる本 4000冊　187

地理　　　　　　　　　　　　　　　　　　　　　　　　　　　　歴史・地理

典子編著,真珠書院編　明治書院　2009.1
101p　19cm　800円　Ⓘ978-4-625-62409-4
Ⓝ291.361
内容 明治天皇駒場野聖蹟碑　駒場農學校の跡　目黒
区駒場野公園　財団法人「日本民藝館」　目黒区立駒
場公園　国立大学法人「東京大学教養学部」　渋谷
区立松濤美術館　大岡昇平の成育の地　渋谷区立鍋
島松濤公園　ギャラリーTOM　河竹繁俊邸の跡　財
団法人「戸栗美術館」　観世能楽堂　東京都知事公
館　東急Bunkamura　千代田稲荷神社　道玄坂之碑
東京新詩社跡　しぶや109　山路愛山終焉の地　竹久
夢二「一草居」跡　國木田獨歩の居住跡　二・二六
事件慰霊像　渋谷区役所　特殊法人「日本放送協会」
（NHK）　たばこと塩の博物館　渋谷ターミナル駅
ハチ公の広場　　　　　　　　　　　　　　　　〔2504〕

◇お江戸の名所の意外なウラ事情　江戸歴史散歩
愛好会著　PHP研究所　2008.9　261p　15cm
（PHP文庫）〈文献あり〉590円　Ⓘ978-4-569-
67114-7　Ⓝ291.361
内容 第1章 江戸情緒あふれる名所へ（昔、本当に"三
軒の茶屋"があった!?　江戸の巨大遊郭「吉原」がもともと違う
場所にあったワケ―千束　ほか）　第2章 歴史を彩っ
た舞台をたずねる（「明暦の大火」の火元は本妙寺では
ない!?　まことしやかにささやかれる"火元引き受け
説"―巣鴨　上野公園の不忍池が琵琶湖をマネてつく
られたワケ―上野公園　ほか）　第3章 江戸っ子の生
活風景を覗く（江戸の迷子専用揭示板だった「迷子し
らせ石標」―日本橋　江戸時代には料金を徴収!?　寛
永寺にいまも残る「時の鐘」―上野公園　ほか）　第
4章 江戸文化発祥の地を巡る（江戸っ子には門限が
あった!?　夜7時には門が閉じられた高輪大木戸―高
輪　『四谷怪談』で知られる「お岩稲荷」がなぜか
四谷に二つもあるワケ―四谷　ほか）　第5章 武家社
会の名残りをしのぶ（もともと、ふつうの町娘だった
「護国寺」の創建者とは?―大塚　東京大学の「赤門」
は江戸の婚姻政策のシンボルだった!?―本郷　ほか）
　　　　　　　　　　　　　　　　　　　　　　〔2505〕

◇東京10000歩ウォーキング―文学と歴史を巡る
no.29（北区 田畑文士芸術家村コース）　籠谷典
子編著,真珠書院編　明治書院　2008.9　103p
19cm　800円　Ⓘ978-4-625-62408-7　Ⓝ291.
361
内容 JR田端駅　田端文士村記念館　池田輝方・蕉園
邸の跡　北区立童橋公園　芥川龍之介終焉の地　香
取秀眞邸の跡　堆朱楊成邸の跡　平塚らいてう邸の
跡　岩田専太郎邸の跡　小穴隆一の下宿跡〔ほか〕
　　　　　　　　　　　　　　　　　　　　　　〔2506〕

◇江戸名物を歩く　佐藤孔亮著　春秋社　2008.6
228p　21cm　1900円　Ⓘ978-4-393-48236-0
Ⓝ291.361
内容 第1章 日本橋と魚河岸　第2章 江戸城と大名
第3章 佃島と築地　第4章 上野　第5章 浅草　第
6章 神田　第7章 両国　第8章 芝　第9章 高輪　第
10章 品川　　　　　　　　　　　　　　　　　〔2507〕

◇江戸屋敷三〇〇藩いまむかし―江戸と東京を散
歩する　メディアユニオン編　有楽出版社
2008.4　191p　22cm〈発売：実業之日本社〉
1500円　Ⓘ978-4-408-59310-4　Ⓝ291.361

内容 東京名所になった江戸屋敷（1）面影を残す名園
（小石川後楽園―水戸藩上屋敷　明治神宮―彦根藩下
屋敷　ほか）　東京名所になった江戸屋敷（2）先進・
国際、文化の華が咲く（六本木ヒルズ―長府藩上屋敷
汐留シオサイト―仙台藩上屋敷　ほか）　東京名所に
なった江戸屋敷（3）官・学の地に（東京大学―加賀藩
上屋敷　防衛省・上智大学―尾張藩上屋敷・中屋敷
ほか）　江戸屋敷をしのぶ神社めぐり―いまに残る邸
内社を訪ねる（水天宮―久留米藩上屋敷　花園神社―
尾張藩下屋敷　ほか）　　　　　　　　　　　　〔2508〕

◇東京10000歩ウォーキング―文学と歴史を巡る
no.24（江東区 芭蕉記念館・深川コース）　籠谷
典子編著,真珠書院編　明治書院　2008.4
103p　19cm　800円　Ⓘ978-4-625-62407-0
Ⓝ291.361
内容 「深川」発祥の地　伊東深水誕生の地　財団法人
芭蕉記念館　旧「新大橋跡」　芭蕉記念館分館「史
跡展望庭園」　東京都旧跡「芭蕉翁古池の跡」　正
木稲荷神社　江東区登録文化財「萬年橋」　国重要
文化財「清洲橋」　江東区登録文化財「平賀源内電
気実験の地」〔ほか〕　　　　　　　　　　　　〔2509〕

◇名所の誕生―飛鳥山で読み解く名所プロデュー
ス　開館十周年記念企画展図録　北区飛鳥山博
物館編　東京都北区教育委員会　2008.3　111p
30cm〈会期・会場：平成20年3月20日―5月6日
北区飛鳥山博物館特別展示室・ホワイエ（部
分）・講堂・閲覧コーナー（部分）　年表あり
文献あり〉Ⓝ213.61　　　　　　　　　　　　〔2510〕

◇東京10000歩ウォーキング―文学と歴史を巡る
no.15（新宿区 落合文士村・目白文化村コース）
籠谷典子編著,真珠書院編　明治書院　2008.1
103p　19cm　800円　Ⓘ978-4-625-62404-9
Ⓝ291.361
内容 江戸名所「一枚岩」のゆかり　せせらぎの里　月
見岡八幡神社　落合文士村のゆかり　「全日本無産
者藝術聯盟」本部の跡　中野重治の居住跡　村山知
義邸の跡　國際文化研究所の跡　立野信之の居住跡
壷井繁治・榮夫妻の居住跡〔ほか〕　　　　　　〔2511〕

◇東京下町おもかげ散歩―明治の錦絵・石版画を
片手に、時を旅する、町を歩く　坂崎重盛著
グラフ社　2007.10　191p　19cm　1333円
Ⓘ978-4-7662-1091-0　Ⓝ291.361　　　　　　〔2512〕

◇東京10000歩ウォーキング―文学と歴史を巡る
no.26（大田区 馬込文士村コース）　籠谷典子編
著,真珠書院編　明治書院　2007.9　103p
19cm　800円　Ⓘ978-4-625-62405-6　Ⓝ291.
361
内容 「大森貝墟」碑　和辻哲郎のゆかり　天祖神社
「馬込文士村」散策のみち　山王二丁目遺跡　廣津柳
浪の終焉地　薬師堂　大田区立山王会館　熊野神社
都旧跡「新井宿義民六人衆の墓」　片山広子のゆかり
山本有三のゆかり　倉田百三の終焉地　吉田甲子太
郎の終焉地　室伏高信のゆかり　室生犀星のゆかり
榊山潤ののゆかり　藤浦洸のゆかり　大田区立「山
王堂記念館」　尾崎士郎のゆかり北原白秋のゆかり
添田さつきのゆかり　山本周五郎のゆかり　今井達
夫のゆかり　三好達治のゆかり　大田区文化財「富
士講燈篭」　廣津和郎のゆかり　磨墨塚　萩原朔太

188　「東京」がわかる本 4000冊　　　　　　　　　　　　　　　〔2505〜2513〕

歴史・地理　　　　　　　　　　　　　　　　　　　　　　　　　　　　地理

郎のゆかり　石坂洋二郎のゆかり　川端康成のゆか
り　三島由紀夫のゆかり　衣巻省三のゆかり　稲垣
足穂のゆかり　宇野千代と尾崎士郎　曹洞宗「慈眼
山萬福寺」　室生犀星の終焉地　小林古径のゆかり
佐藤朝山のゆかり　真船豊のゆかり　「馬込文士村
コース」パート2　　　　　　　　　　　　　　　〔2513〕

◇むさしの「城跡」ウオーキング　平野勝著　東
京新聞出版局　2007.7　294p　19cm　1429円
Ⓘ978-4-8083-0878-0　Ⓝ291.36
　内容　第1章　街中に古城跡を訪ねる（江戸城跡（千代田
区）　渋谷城跡（渋谷区）　ほか）　第2章　多摩川流域
に残る古城跡（八王子城跡（八王子市）　浄福寺城跡
（八王子市）　ほか）　第3章　北武蔵の古城跡探訪（岩
槻城跡（さいたま市）　寿能城跡（さいたま市）　ほか）
第4章　中世の武蔵武士―歴史の流れに沿って（武蔵武
士群像―武蔵七党　秩父平氏　ほか）　　　　　〔2514〕

◇東京10000歩ウォーキング―文学と歴史を巡る
no.28（豊島区　染井霊園・巣鴨コース）　籠谷典
子編著，真珠書院編　明治書院　2007.6　101p
19cm　800円　Ⓘ978-4-625-62402-5　Ⓝ291.
361
　内容　巣鴨のゆかり　醫王山東光院眞性寺　萬頂山高
岩寺　巣鴨猿田彦大神庚申堂　「明治女学校之址」碑
大正大学　巣鴨撮影所跡　「二代目萬治高尾」供養
塔　新門辰五郎の墓碑　四谷怪談お岩様の墓碑〔ほ
か〕　　　　　　　　　　　　　　　　　　　　〔2515〕

◇江戸史跡事典　下巻（谷根千地区・文京区・台
東区・墨田区・江東区・荒川区・葛飾区・江戸
川区）　新人物往来社編　新人物往来社　2007.
3　276p　22cm　〈文献あり〉　9000円　Ⓘ978-4-
404-03454-0　Ⓝ291.361
　内容　谷根千地区　文京区　台東区　墨田区　江東区
荒川区　葛飾区　江戸川区　　　　　　　　　　〔2516〕

◇江戸史跡事典　中巻（港区・新宿区・渋谷区・
中野区・杉並区・豊島区・板橋区・練馬区・足
立区）　新人物往来社編　新人物往来社　2007.
3　304p　22cm　〈文献あり〉　9000円　Ⓘ978-4-
404-03453-3　Ⓝ291.361
　内容　港区　新宿区　渋谷区　中野区　杉並区　豊島
区　板橋区　練馬区　足立区　　　　　　　　　〔2517〕

◇江戸史跡事典　上巻（千代田区・中央区・品川
区・目黒区・大田区・世田谷区・北区）　新人
物往来社編　新人物往来社　2007.3　288p
22cm　〈文献あり〉　9000円　Ⓘ978-4-404-
03452-6　Ⓝ291.361
　内容　千代田区　中央区　品川区　目黒区　大田区
世田谷区　北区　　　　　　　　　　　　　　　〔2518〕

◇東京10000歩ウォーキング―文学と歴史を巡る
no.27（豊島区　雑司ケ谷霊園・護国寺コース）
籠谷典子編著，真珠書院編　明治書院　2007.3
103p　19cm　800円　Ⓘ978-4-625-62401-8
Ⓝ291.361
　内容　「池袋地名ゆかりの池」碑　四面塔尊　池袋駅
豊島区役所　豊島区立東池袋中央公園　サンシャイ
ン・シティ　「明治天皇御野立所跡」碑　日蓮宗清
慶山本立寺　日蓮宗威光山法明寺　雑司ケ谷鬼子母
神堂〔ほか〕　　　　　　　　　　　　　　　　〔2519〕

◇東京10000歩ウォーキング―文学と歴史を巡る
no.14（新宿区　四谷・歴史博物館コース）　籠谷
典子編著，真珠書院編　明治書院　2006.11
103p　19cm　800円　Ⓘ4-625-62322-7　Ⓝ291.
361
　内容　国史跡「四谷御門址」　千代田区立「外濠公園」
大横町の賑わい　平山行蔵の草廬跡　新宿区立「三
栄公園」　新宿区立「新宿歴史博物館」　津の守坂
通り　新宿区立「荒木公園」　曹洞宗「雄峯山全勝
寺」　東京消防庁「消防博物館」〔ほか〕　　　〔2520〕

◇東京10000歩ウォーキング―文学と歴史を巡る
no.13（新宿区　神楽坂・弁天町コース）　籠谷典
子編著，真珠書院編　明治書院　2006.8　103p
19cm　800円　Ⓘ4-625-62320-0　Ⓝ291.361
　内容　牛込御門址「牛込揚場」碑　神楽坂　泉鏡花の
居住跡　北原白秋の居住跡　東京神楽坂組合　水谷
八重子のゆかり　軽子坂　料亭うを徳　神楽坂本多
横丁〔ほか〕　　　　　　　　　　　　　　　　〔2521〕

◇東京10000歩ウォーキング―文学と歴史を巡る
no.9（港区　三田・麻布十番コース）　籠谷典子
編著，真珠書院編　明治書院　2006.8　101p
19cm　800円　Ⓘ4-625-62318-9　Ⓝ291.361
　内容　太古のゆかり　都旧跡「西郷・勝両氏会見の地」
港区文化財「雑魚場跡」　都旧跡「水野監物邸跡」　港
区立「港郷土資料館」　港区文化財「札の辻」　「ち
んちん電車」のゆかり　慶応義塾大学　慶応義塾「綱
町運動場」　都旧跡「大石主税以下切腹跡」　国重
文「綱町三井倶楽部」　オーストラリア連邦大使館
都旧跡「最初のアメリカ公使宿館跡」　曹洞宗「興
國山賢崇寺」　パティオ十番「きみちゃんの像」　麻
布十番大通り　十番稲荷神社　　　　　　　　　〔2522〕

◇東京10000歩ウォーキング―文学と歴史を巡る
no.19（台東区　上野恩賜公演満喫コース）　籠谷
典子編著，真珠書院編　明治書院　2006.4
103p　19cm　800円　Ⓘ4-625-62319-7　Ⓝ291.
361
　内容　東京都立（上野恩賜公園）　蜀山人の歌碑　西郷
隆盛像　彰義隊の墓所　東京都旧跡（天海僧正毛髪
塔）　前方後円墳址（摺鉢山）　国重文（清水観音堂）
桜辰木　大仏とパゴダの塔　寛永寺の「時の鐘」〔ほ
か〕　　　　　　　　　　　　　　　　　　　　〔2523〕

◇東京10000歩ウォーキング―文学と歴史を巡る
no.16（文京区　小石川後楽園・植物園コース）
籠谷典子編著，真珠書院編　明治書院　2006.4
103p　19cm　800円　Ⓘ4-625-62321-9　Ⓝ291.
361
　内容　文京シビックセンター　礫川公園　東京都戦没
者霊苑　（株）東京ドーム　国指定特別史跡特別名勝
「東京都立小石川後楽園」　「神田上水路」跡　北野
神社　歌塾「蕊之舎」跡　川口松太郎終焉の地　永
井荷風生誕の地〔ほか〕　　　　　　　　　　　〔2524〕

◇東京10000歩ウォーキング―文学と歴史を巡る
no.30（三鷹市　三鷹・吉祥寺コース）　籠谷典子
編著，真珠書院編　明治書院　2006.2　101p
19cm　800円　Ⓘ4-625-62317-0　Ⓝ291.361
　内容　世界連邦平和像　國木田獨歩」詩碑　南口『三
鷹・わが町』太宰治ゆかりの地　「赤とんぼ」像　「三

〔2514～2525〕　　　　　　　　　「東京」がわかる本　4000冊　　189

地理　　　　　　　　　　　　　　　　　　　　　　　歴史・地理

球をささえる手と人間萬歳」像　「本のレリーフ」碑
「未来をみつめる二少年」像　第三十四代横綱「男女
ノ川邸」跡　瀬戸内晴美（寂聴）居住跡〔ほか〕
　　　　　　　　　　　　　　　　　　　　　　〔2525〕

◇東京10000歩ウォーキング―文学と歴史を巡る
no.20（台東区　浅草満喫コース）　籠谷典子編
著，真珠書院編　明治書院　2006.2　103p
19cm　800円　Ⓘ4-625-62316-2　Ⓝ291.361
　内容　古川柳「雷門風神さまは居候」　仲見世のゆか
り　伝法院のゆかり　弁天山　露座の二尊仏　久米
平内堂　山門→「仁王門」→「宝蔵門」　五重塔の
ゆかり　鳩ポッポの歌碑　東京都旧跡「迷子しらせ
石標」〔ほか〕　　　　　　　　　　　　　　〔2526〕

◇東京10000歩ウォーキング―文学と歴史を巡る
no.6（中央区　築地・佃島コース）　籠谷典子編
著，真珠書院編　明治書院　2005.11　103p
19cm　800円　Ⓘ4-625-62315-4　Ⓝ291.361
　内容　「三吉橋」碑　「新富座」跡　「築地小劇場」跡
築地本願寺　築地川　芥川龍之介生誕の地　都旧跡
「浅野内匠頭邸跡」碑　聖路加看護大学・大学院　都
旧跡「蘭学事始の地」碑　「慶應義塾発祥の地」碑
〔ほか〕　　　　　　　　　　　　　　　　　〔2527〕

◇東京10000歩ウォーキング―文学と歴史を巡る
no.4（中央区　日本橋・茅場町コース）　籠谷典
子編著，真珠書院編　明治書院　2005.11　99p
19cm　800円　Ⓘ4-625-62314-6　Ⓝ291.361
　内容　「日本橋」発祥　日本橋魚市場発祥の地　都旧跡
「三浦按針遺跡」　松尾芭蕉の句碑　都選定歴史的建
造物「三越本店」　国重要文化財「三井本館」　国
重要文化財「日本銀行本店」本館　国史跡「常盤橋
門趾」　一石橋　竹久夢二の碑〔ほか〕　　　〔2528〕

◇東京10000歩ウォーキング―文学と歴史を巡る
no.12（新宿区　早稲田・高田馬場コース）　籠谷
典子編著，真珠書院編　明治書院　2005.7
103p　19cm　800円　Ⓘ4-625-62313-8　Ⓝ291.
361　内容　新宿区指定史跡「夏目漱石生誕の地」碑　鶴亀
山易行院誓閑寺　新宿区指定史跡「有島武郎旧居跡」
新宿区指定史跡　夏目漱石終焉の地「漱石公園」　曹
洞宗「雲居山宗参寺」　穴八幡神社　早稲田大学　早
稲田大学會津八一記念博物館　大隈銅像の広場　新
宿区有形文化財　早稲田大学坪内博士記念演劇博物館
〔ほか〕　　　　　　　　　　　　　　　　　〔2529〕

◇東京10000歩ウォーキング―文学と歴史を巡る
no.10（新宿区　新宿・花園コース）　籠谷典子編
著，真珠書院編　明治書院　2005.7　101p
19cm　800円　Ⓘ4-625-62312-X　Ⓝ291.361
　内容　国民公園「新宿御苑」　都旧跡「玉川上水記念
碑」　都旧跡「四谷大木戸」跡　多武峯内藤神社　野
口英世記念会館　斎藤茂吉終焉の地　新宿区指定史
跡「三遊亭円朝旧居跡」碑　浄土宗「霞関山太宗寺」
新宿区立「新宿パーク」　浄土宗「明了山正受院」〔ほ
か〕　　　　　　　　　　　　　　　　　　　〔2530〕

◇東京で江戸の時代を見つける方法―いまに残る
歴史スポットに驚く本　歴史の謎を探る会編
河出書房新社　2005.7　221p　15cm
（Kawade夢文庫）　514円　Ⓘ4-309-49584-2

Ⓝ291.361
　内容　1の章　東京で歴史を揺らした事件を見つける！
2の章　東京で時代を飾った有名人を見つける！　3
の章　東京で町人の暮らしぶりを見つける！　4の章
東京で江戸っ子の愉しみを見つける！　5の章　東京
で時代を彩った建物を見つける！　6の章　東京であ
の名作の現場を見つける！　7の章　東京でいまも変
わらぬ自然を見つける！　　　　　　　　　　〔2531〕

◇東京10000歩ウォーキング―文学と歴史を巡る
no.22（墨田区　両国・亀戸コース）　籠谷典子編
著，真珠書院編　明治書院　2005.4　101p
19cm　800円　Ⓘ4-625-62311-1　Ⓝ291.361
　内容　江戸東京博物館　小林清親生誕の地　葛飾北斎
生誕の地　三遊亭円朝住居跡　河竹黙阿弥終焉の地
東京都立横網町公園　東京都指定名勝「旧安田庭園」
舟橋聖一生誕の地　国技館　「百本杭」跡〔ほか〕
　　　　　　　　　　　　　　　　　　　　　　〔2532〕

◇東京10000歩ウォーキング―文学と歴史を巡る
no.18（文京区　千駄木・根津コース）　籠谷典子
編著，真珠書院編　明治書院　2005.4　103p
19cm　800円　Ⓘ4-625-62310-3　Ⓝ291.361
　内容　団子坂　東京都指定旧跡「森鷗外遺跡」　文京
区立須藤公園　宮本百合子終焉の地　高村光太郎居
住跡　高村光雲終焉の地　青鞜社発祥の地　専念寺
「専念精舎」　「駒込大観音」光源寺　曹洞禅宗大智
山海蔵寺　木下順二邸　森鷗外「千朶山房」跡　文
京区文化財「夏目漱石居住跡」　国重要文化財「根
津神社」　サトウハチロー終焉の地　東大「弥生門」
周辺の見学スポット　　　　　　　　　　　　〔2533〕

◇観光コースでない東京―『江戸』と『明治』と
『戦争』と　櫛田隆史文，福井理文写真　新版
高文研　2004.9　214p　19cm　1400円　Ⓘ4-
87498-330-8　Ⓝ291.36
　内容　1　東京で「江戸」をさがす（江戸城天守閣　徳川
将軍をさがす　ほか）　2「明治」と「戦争の神々」を
歩く（靖国神社　聖徳記念絵画館　ほか）　3　文化の
散歩道（大森貝塚　お雇い外国人　ほか）　4　ここか
ら「戦争」が見える（東京国立近代美術館工芸館　北
白川宮能久親王乗馬像　ほか）　　　　　　　〔2534〕

◇幕末歴史散歩　東京篇　一坂太郎著　中央公論
新社　2004.6　320p　18cm　（中公新書）〈文
献あり〉　940円　Ⓘ4-12-101754-4　Ⓝ210.58
　内容　第1章　開国の激震（高島秋帆の洋式調練　「正気
の歌」の碑ほか）　第2章　攘夷の嵐（遺米使節の建碑と
新見正興の墓　愛宕山に集結した「桜田烈士」ほか）
第3章　内戦の炎（御用盗の江戸攪乱　薩摩藩三田屋
敷焼き打ち事件　ほか）　第4章　挫折する夢たち（久
留米藩の「九志士」　襲われた江藤新平ほか）　東
京掃苔録　　　　　　　　　　　　　　　　　〔2535〕

◇知られざる東京の史跡を探る　武蔵義弘著　鳥
影社　2004.2　226p　19cm　1600円　Ⓘ4-
88629-814-1　Ⓝ213.61
　内容　秀吉の泊った寺　江戸の南蛮寺の所在地を探る
その後の南蛮寺　生類憐れみの残響　畸人たちの碑
危険思想家たち　江戸のラスプーチン　気球譚　失
われた名建築　銀行めぐり〔ほか〕　　　　　〔2536〕

◇江戸・東京歴史の散歩道　6　街と暮らし社編
街と暮らし社　2003.11　191p　21cm　（江

190　　「東京」がわかる本　4000冊　　　　　　　　　　　　　　　　〔2526～2537〕

歴史・地理　　　　　　　　　　　　　　　　　　　　　　　　　　　　　　　　　地理

戸・東京文庫 江戸の名残と情緒の探訪 6)
1800円　Ⓘ4-901317-06-7　Ⓝ213.6
内容 荒川区(西日暮里・東日暮里・三河島　西尾久・
東尾久 ほか)　足立区(北千住界隈　梅田・足立・西
綾瀬 ほか)　葛飾区(東金町・東水元・水元公園　高
砂・柴又 ほか)　江戸川区(北小岩・東小岩　鹿骨・
上篠崎・篠崎・新堀・春江町 ほか)　〔2537〕

◇江戸・東京歴史の散歩道 5　街と暮らし社編
街と暮らし社　2003.7　191p　21cm　(江戸・
東京文庫 江戸の名残と情緒の探訪 5)　1800円
Ⓘ4-901317-05-9　Ⓝ213.6
内容 渋谷区(千駄ヶ谷・神宮前　道玄坂・宇田川町・
神南 ほか)　世田谷区(宮坂・豪徳寺・世田谷・弦巻
三軒茶屋・太子堂・三宿・池尻・下馬 ほか)　中野
区(弥生町・南台　青梅街道沿い・本町 ほか)　杉並
区(高円寺南　堀ノ内・梅里・松ノ木 ほか)〔2538〕

◇東京の歴史名所を歩く地図—ガイドブックも教
えない隠れスポット発掘　ロム・インターナ
ショナル編　河出書房新社　2003.7　221p
15cm　(Kawade夢文庫)　476円　Ⓘ4-309-
49492-7　Ⓝ291.361
内容 1章 千代田・中央・文京—江戸・東京の中心街
を歩く　2章 港・品川・大田—東京湾を望む東海道
沿いを歩く　3章 渋谷・世田谷・目黒—緑豊かで文
化の薫る街並みを歩く　4章 新宿・中野・杉並—中
央線沿線の活気と静寂を縫って歩く　5章 豊島・練
馬・板橋・北—のどかな風情が残る庶民の街を歩く
6章 台東・墨田・江東・荒川—江戸情緒たっぷりの
下町を歩く　7章 足立・葛飾・江戸川—江戸川と荒
川にはぐくまれた水の都を歩く　8章 都下—武蔵野
の面影が色濃く残る町を歩く　9章 東京都の島々—
黒潮洗う伊豆・小笠原諸島を歩く　〔2539〕

◇江戸・東京歴史物語　長谷章久著　講談社
2003.5　367p　15cm　(講談社学術文庫)
(「東京歴史物語」〔角川書店1985年刊〕の改題)
1200円　Ⓘ4-06-159597-0　Ⓝ291.361
内容 江戸城—東京で一番美しいところ　浅草寺界隈
—庶民の町　上野のお山—忍ヶ岡と寛永寺　泉岳寺
—四十七士の墓　初詣—向島界隈　近藤勇の墳墓—
新選組の末路　佃大橋一帯—築地明石町と佃島　湯
島の白梅—天神さまと聖堂　お七無残—小石川円乗
寺の墓と鈴ヶ森の刑場　怪盗御用—本所回向院周辺
〔ほか〕　〔2540〕

◇図説江戸っ子と行く浮世絵散歩道　藤原千恵子
編　河出書房新社　2003.4　127p　22cm　(ふ
くろうの本)　1800円　Ⓘ4-309-76029-5
Ⓝ291.361
内容 日本橋南　銀座・築地　八丁堀・佃島　深川　木
場　砂村　亀戸・押上　本所　向島　橋場・吉原〔ほ
か〕　〔2541〕

◇大江戸時の鐘音步記　吉村弘著　春秋社
2002.12　209p　20cm　1900円　Ⓘ4-393-
93474-1　Ⓝ291.361
内容 上野、時の鐘　日本橋石町、時の鐘　浅草寺、時
の鐘　本所横川町、時の鐘　芝切通し、時の鐘　市ヶ
谷八幡、時の鐘　赤坂、時の鐘　目白不動、時の鐘
四谷天龍寺、時の鐘　巣鴨子育稲荷、時の鐘　下大
崎寿昌寺、時の鐘　中目黒祐天寺、時の鐘　深川、牛

込、池上、時の鐘　江戸近郊の時の鐘、岩槻、川越
鐘の音に魅せられて　〔2542〕

◇本郷界隈を歩く　街と暮らし社編　街と暮らし
社　2002.12　191p　21cm　(江戸・東京文庫
江戸の名残と情緒の探訪 8)　1800円　Ⓘ4-
901317-08-3　Ⓝ291.361
内容 1 鳥瞰・本郷界隈(江戸切絵図を読む　中山道物
語　見上げる本郷・見下ろす本郷　本郷と江戸大火
ほか)　2 本郷界隈を歩く(湯島・本郷　本郷・西片
弥生・根津・千駄木　春日・後楽・小石川 ほか)　3
本郷ゆかりの文人たち(樋口一葉　中島歌子　石川啄
木　夏目漱石 ほか)　〔2543〕

◇江戸・東京歴史の散歩道 4　街と暮らし社編
街と暮らし社　2002.9　191p　21cm　(江戸・
東京文庫 江戸の名残と情緒の探訪 4)　1800円
Ⓘ4-901317-04-0　Ⓝ213.6
内容 豊島区(巣鴨・駒込・染井霊園　大塚・東池袋 ほ
か)　北区(田端界隈　上中里・西ヶ原 ほか)　板橋
区(板橋・加賀・仲宿　仲町・大和・弥生・大山・南町
ほか)　練馬区(北町・氷川台・春日・田柄　旭町・
光が丘・土支田・大原町・谷原 ほか)　〔2544〕

◇江戸四宿を歩く—品川宿・千住宿・板橋宿・内
藤新宿　街と暮らし社編　街と暮らし社
2001.12　127p　21cm　(江戸・東京文庫 江戸
の名残と情緒の探訪 7)　1600円　Ⓘ4-901317-
07-5　Ⓝ291.361
内容 1 東海道 品川宿界隈　2 東海道 高輪界隈　3
東海道 鈴ヶ森界隈　4 日光街道 千住宿北組界隈　5
日光街道 千住宿南組界隈　6 中山道 板橋宿界隈　7
川越街道 上板橋宿界隈　8 甲州街道 内藤新宿界隈
9 甲州街道 四谷・左門町界隈　10 旧成木街道 角筈・
柏木界隈　〔2545〕

◇江戸・東京歴史の散歩道 3　街と暮らし社編
街と暮らし社　2001.6　191p　21cm　(江戸・
東京文庫 3)　1800円　Ⓘ4-901317-03-2
Ⓝ213.6
内容 港区・品川区・大田区・目黒区　〔2546〕

◇東京12ヵ月歴史散歩　河合敦著　光人社
2001.6　221p　18cm　1600円　Ⓘ4-7698-1007-
5　Ⓝ291.36
内容 隅田川七福神を詣でる　文明開化の街・銀座の
石碑めぐり　新選組の故地を歩く　都内の大名庭園
を周遊　江戸城外濠を散策する　華麗なる宮家の残
映をもとめて　佃島と石川島に江戸を見つける　戦
国最後の城・八王子城怪談紀行　徳川将軍家の菩提
寺をゆく　外国人居留地の跡、築地界隈を逍遥　八
丈島に流人の痕跡をさぐる　赤穂浪士の凱旋ルート
をたどる　〔2547〕

◇新訂江戸名所花暦　市古夏生、鈴木健一校訂
筑摩書房　2001.4　284p　15cm　(ちくま学芸
文庫)　900円　Ⓘ4-480-08626-9　Ⓝ291.361
内容 巻之一 春之部(鶯　梅　椿 ほか)　巻之二 夏
之部(藤　躑躅　郭公 ほか)　巻之三 秋之部(牽牛
花　七草　萩 ほか)　巻之四 冬之部(寒菊　水仙
寒梅 ほか)　東都花暦名所案内　〔2548〕

◇江戸・東京歴史の散歩道 2　街と暮らし社編

〔2538〜2549〕　　　　　　　　　　　　　　　「東京」がわかる本 4000冊　191

地理　　　　　　　　　　　　　　　　　　　　　　　　　　　　　　　歴史・地理

街と暮らし社　2000.10　189p　21cm　（江戸・東京文庫 2）　1800円　Ⓘ4-901317-02-4　Ⓝ213.6
内容 千代田区・新宿区・文京区　　　　　〔2549〕

◇版になった風景―文京名所案内　平成12年度特別展図録　文京ふるさと歴史館編　文京区教育委員会　2000.10　79p　30cm　〈会期：平成12年10月14日―11月26日　文献あり〉800円　Ⓝ291.361　　　　　　　　　　　〔2550〕

◇幕末維新江戸東京史跡事典　新人物往来社編　新人物往来社　2000.8　344p　22cm　9800円　Ⓘ4-404-02860-1　Ⓝ291.36
内容 千代田区　中央区　墨田区　台東区　谷中霊園　文京区　護国寺　新宿区　港区　青山霊園〔ほか〕　　　　　　　　　　　　　　　　　〔2551〕

◇史跡でつづる東京の歴史　下　尾河直太郎著　新版　一声社　2000.3　212p　19cm　〈年表あり〉1500円　Ⓘ4-87077-158-6　Ⓝ213.6
内容 “赤井御門守様”―「化政期」の社会　「大江戸文化」のかげに―「化政期」の民衆　ゆらぐ鎖国―「化政期」の先人たち　崋山と長英―天保改革前夜　「妖怪」活躍―天保改革・上　虚像の「英雄」たち―天保改革・下　「黒船」来航―開国の嵐　「安政ノ大獄」―テロによる再建　桜田門外の変―ひろがる攘夷思想　生麦事件―テロと内戦〔ほか〕　〔2552〕

◇東京ぶらり旅―NHKラジオ深夜便　トラネコ澄ちゃんがゆく…　室町澄子文, おのちよ絵　小学館　2000.2　207p　19cm　1300円　Ⓘ4-09-840059-6　Ⓝ291.361
内容 おばあちゃんの原féート　人形町がふるさとだったかも知れない　都電・荒川線途中下車の旅　向島和菓子めぐり　骨董市の三つの鉄則　ケヤキ並木の大人の街　屋形舟の季節　等々力渓谷散歩　神保町すずらん通り　隅田川がよみがえった〔ほか〕〔2553〕

◇江戸・東京歴史の散歩道 1　街と暮らし社編　街と暮らし社　1999.9　191p　21cm　（江戸・東京文庫 1）〈発売：すずさわ書店　標題紙のタイトル：歴史の散歩道〉1800円　Ⓘ4-7954-0139-X　Ⓝ213.6
内容 銀座界隈　京橋から日本橋へ　日本橋室町・本町界隈　日本橋馬喰町・大伝馬町界隈　日本橋浜町・人形町　兜町から新川へ　築地界隈　佃島・月島　上野公園　浅草寺〔ほか〕　　　　　　〔2554〕

◇史跡でつづる東京の歴史　中　尾河直太郎著　新版　一声社　1999.6　178p　19cm　1500円　Ⓘ4-87077-155-1　Ⓝ213.6
内容 天下普請―江戸開府　「伊勢屋稲荷に犬のクソ」―江戸の町造り　寛永地獄変―幕府専制の確立　「慶安太平記」―幕藩体制確立の波紋　江戸町人列伝―元禄の経済　「忠臣蔵」の時代―元禄の政治　「投げ込み寺」の悲劇―元禄の文化　「ああインフレ」―正徳の治」　「八木将軍」の奮戦―享保の改革上　「クリよりうまい十三里半」―享保の改革下〔ほか〕　　　　　　　　　　　　　　　　　〔2555〕

◇歩くヒント―江戸東京歴史ウォーク　都心・下町篇　江戸東京散策倶楽部篇　海象社　1999.5

177p　21cm　（海象ブックス）　1500円　Ⓘ4-907717-00-8　Ⓝ291.36
内容 足慣らしウォーミングアップ　足休め 23区・市町村別主な博物館・郷土資料館―50音順　寄り道 花木別主な花の名所―季節順　道草 都電・はとバス・水上バス・ゆりかもめの小さな旅　回り道―カレンダー別主な祭りと行事　立ち寄り―主な公園・植物園　　　　　　　　　　　　　　　　〔2556〕

◇名所探訪・地図から消えた東京遺産　田中聡著　祥伝社　1999.1　314p　16cm　（祥伝社文庫）　571円　Ⓘ4-396-31112-5　Ⓝ213.61
内容 1章 文明開化の歩き方　2章 教科書ではわからない東京、教えます　3章 時代劇に出てくる名所に行きたい　4章 あの頃、彼らは若かった　5章 遊郭という場所があった　　　　　　　〔2557〕

◇東京江戸謎とき散歩―首都の歴史ミステリーを訪ねて　加来耕三, 志治美世子, 黒田敏穂著　廣済堂出版　1998.11　375p　19cm　1600円　Ⓘ4-331-50661-4　Ⓝ291.361
内容 第1章 江戸発見！　武蔵の国から東の京へ（鎌倉時代～戦国時代）（平将門の関東攻略の謎―大手町の将門塚　業績かかげ三十七年…北条時頼―最明寺―板橋区東新町 ほか）　第2章 首都江戸ここに誕生す（江戸時代前期）（水戸光圀と藤田東湖―後楽園庭園が秘める歴史　筑前国の名君・黒田長政―渋谷・祥雲寺 ほか）　第3章 華やぎ都の歴史ミステリーを歩く（江戸時代後期）（東照宮の八代将軍・吉宗―上野の山の霊廟　福祉施設を献策した小川笙船―小石川植物園 ほか）　第4章 文明開化と躍動するモダン東京を行く（明治・大正時代）（門人たちを愛した夏目漱石―文京区向丘辺り　現代日本美術の礎・岡倉天心―日本美術院発祥の地 ほか）　〔2558〕

◇史跡でつづる東京の歴史　上　尾河直太郎著　新版　一声社　1998.8　215p　19cm　1500円　Ⓘ4-87077-151-9　Ⓝ213.6
内容 1 原始・古代（東京にゾウのいたころ―旧石器の狩人たち　「人を喰った」話―縄文時代のくらし　弥生町からの夜明け―農耕生活のはじまり　ムラからクニへ―古墳の時代 ほか）　2 中世（「やぁやぁわれこそは…」―武士政権の誕生　武蔵野の「鎌倉文化」―中世社会の展開と信仰　武蔵を血に染めて―幻の「建武新政」　「神霊矢口ノ渡シ」―南北朝の内乱 ほか）　　　　　　　　　〔2559〕

◇江戸いまむかし謎とき散歩―永遠にきらめく歴史街を訪ねて　江戸を歩く会編　廣済堂出版　1998.7　295p　19cm　1600円　Ⓘ4-331-50641-X　Ⓝ291.361
内容 第1章 徳川十五代の夢を追う　第2章 江戸の出入り口をさぐる　第3章 知っておきたい江戸の町　第4章 江戸の禁じられた遊び　第5章 祭りは江戸っ子たちの華　第6章 江戸の香りを残す店　〔2560〕

◇江戸東京を歩く宿場　塩見鮮一郎著　三一書房　1998.6　262p　19cm　2200円　Ⓘ4-380-98273-4　Ⓝ291.361
内容 第1章 品川宿（日本橋発、品川行き　東海道中 ほか）　第2章 新宿―付・高井戸宿（内藤新宿　内藤新宿以前 ほか）　第3章 下板橋宿―付・上板橋宿（近藤勇の死に場所　下板橋宿 ほか）　第4章 千住宿（アプローチ　荒川放水路 ほか）　　　　〔2561〕

192　　「東京」がわかる本 4000冊　　　　　　　　　　〔2550～2561〕

歴史・地理　　　　　　　　　　　　　　　　　　　　地理

◇郷土資料事典—ふるさとの文化遺産　13（東京
　都）　北九州　ゼンリン　1997.3　351p　26cm
　〈発売：人文社　索引あり〉Ⓘ4-7959-1093-6
　Ⓝ291.02　　　　　　　　　　　　　　　〔2562〕

◇江戸東京史跡マップ　新人物往来社　1995.12
　259p　21cm〈『歴史読本』12月臨時増刊〉
　1600円　Ⓝ291.361　　　　　　　　　　〔2563〕

◇悠悠逍遙江戸名所　白石つとむ著　小学館
　1995.11　399p　27cm〈折り込み図1枚〉4800円
　Ⓘ4-09-680433-9　Ⓝ291.36
　＊『江戸名所図会』は一九世紀初頭の江戸風景を写真
　　のように正確に描写している。本書はその風景図を
　　上段に、そして下段にその場所の切絵図を載せ、解
　　説文と、この上下を比較対照することによって、江
　　戸時代の実景とその地図上の位置が正確に読みとれ
　　る。『江戸名所図会』から164景を選び、その部分の
　　切絵図を掲出、図会の挿絵中の小さな文字も翻刻。
　　図会の原本2頁以上の挿絵を1枚につなぎ、パノラマ
　　で展開。図会の江戸郊外から64景紹介。二代目広重
　　『江戸名所一覧双六』広重『江戸前江戸百景』『江戸名
　　所』や、明治期の『新撰東京名所図会』・小林清親
　　『東京名所図』など収録。　　　　　　　〔2564〕

◇江戸・東京百名山を行く—都会の中に深山の趣
　手島宗太郎著　日本テレビ放送網　1995.10
　267p　20cm〈参考図書：p264〜267〉1200円
　Ⓘ4-8203-9539-4　Ⓝ291.36
　＊江戸の歴史を学びながら、都心の山を散策する…。
　　東京23区に100もの山があった。　　　〔2565〕

◇江戸名所花暦　岡山鳥著、長谷川雪旦画、今井金
　吾校注　改訂新装版　八坂書房　1994.3　236,
　8p　20cm　2500円　Ⓘ4-89694-642-1　Ⓝ291.
　36
　内容 江戸名所花暦（江戸鹿子巻一より　続江戸砂
　　子温故名跡志巻之五より）　　　　　　〔2566〕

◇浮世絵にみる江戸名所　ヘンリー・スミス編
　岩波書店　1993.5　94p　26cm　（ビジュアル
　ブック江戸東京 2）　2000円　Ⓘ4-00-008482-8
　Ⓝ291.36
　内容 江戸全図　浅草観音　上野東叡山　不忍池　日
　　本橋　本町・駿河町　霞ヶ関　虎の門　お茶の水〔ほ
　　か〕　　　　　　　　　　　　　　　　〔2567〕

◇中山道を歩く—日本橋から戸田の渡しへ　横山
　吉男著　東京新聞出版局　1991.6　239,3p
　19cm　（街道シリーズ 4）　1500円　Ⓘ4-8083-
　0404-X　Ⓝ291.36
　＊家康の江戸開府以来四百年—。日本の歴史を作った
　　武将・文人の足跡を訪ねる徹底ガイド。歩くための
　　地図付き。　　　　　　　　　　　　　〔2568〕

◇日光街道を歩く—江戸の史跡を訪ねて　横山吉
　男著　東京新聞出版局　1991.5　250,4p　19cm
　（街道シリーズ 3）　1500円　Ⓘ4-8083-0403-1
　Ⓝ291.36
　＊家康の江戸開府以来4百年—日本橋から街道筋の名
　　所・史跡を訪ねて日光へ。歩くための地図もついて
　　います。　　　　　　　　　　　　　　〔2569〕

◇甲州街道を歩く—日本橋から小仏峠へ　横山吉
　男著　東京新聞出版局　1990.11　241,5p
　19cm　（街道シリーズ 2）　1500円　Ⓘ4-8083-
　0391-4　Ⓝ291.36
　内容 東京駅（原敬・浜口雄幸暗殺地点）　将門塚　皇
　　居（楠公銅像）　憲政記念館（日本水準原点）　滝廉太
　　郎旧居跡　番町文人町　西念寺（服部半蔵墓）　長善
　　寺（江戸勧進角力碑）　四谷大木戸跡　若山牧水新婚
　　生活地　成覚寺（遊女合葬碑）　花園神社（芭蕉句碑）
　　芦花恒春園　武者小路実篤旧居　深大寺（白鳳仏・中
　　村草田男句碑・石田波郷墓）　光岳寺（蔞太句碑）　村
　　野次郎・三郎・四郎生家　大国魂神社　府中高札場
　　分倍河原古戦場跡　谷保天神　石田寺（上方蔵三墓）
　　百草園　高幡不動　長心寺（西行塚）　高尾山　小仏
　　峠〔ほか〕　　　　　　　　　　　　　〔2570〕

◇東海道を歩く—東京の史跡散策案内　横山吉男
　著　東京新聞出版局　1990.11　233,4p　19cm
　（街道シリーズ 1）　1500円　Ⓘ4-8083-0390-6
　Ⓝ291.36
　内容 日本橋（魚河岸の碑）　丸善　京橋跡（江戸歌舞
　　伎発祥地）　銀座　泰明小学校（藤村・透谷在学記念
　　碑）　築地本願寺（芭蕉句碑・九条武子歌碑）　蘭学発
　　祥地碑　旧新橋・汐留駅跡（鉄道創設起点）　増上寺
　　（徳川家廟・和宮歌碑・西脇順三郎墓）　芝公園（ペル
　　リ提督の碑）　西応寺（最初のオランダ公使宿館跡）
　　西郷・勝会見地碑　慶応義塾大学（三田演説館・久保田
　　万太郎句碑）　智福寺跡（元和キリシタン遺跡）　長
　　松寺（萩生徂徠墓）　泉岳寺　品川宿（板垣神社（板
　　垣退助墓）　妙国寺（お富与三郎墓）　鈴ヶ森刑場跡
　　大森貝塚　梅屋敷跡　六郷の渡し〔ほか〕　〔2571〕

社会科学

政治・行政

◇東京の米軍基地　2016　東京都都市整備局基地対策部編　東京都都市整備局基地対策部　2016.3　251p　30cm〈年表あり〉　Ⓝ395.3　〔2572〕

◇福生市と横田基地　福生市企画財政部企画調整課編　〔福生〕　福生市　2016.3　282p　30cm〈年表あり〉　Ⓝ395.39　〔2573〕

◇東京の制度地層―人びとの営みがつくりだしてきたもの　饗庭伸,東京自治研究センター編　公人社　2015.3　228p　21cm〈年表あり〉　2200円　Ⓘ978-4-86162-101-7　Ⓝ318.236
　[内容]　東京の都市計画の制度地層を読む　饗庭伸著　Not In My Backyardという政治　堀内匠著　制度地層を耕して次なる地域社会を育てていくために　市川徹著　生協で私たちができること　三浦一浩著　なぜ東京で子育てをするのは大変なのか?　佐藤一光著　「市民」をめぐる制度地層　中村元著　戦後東京の断面　佐藤草平著　〔2574〕

◇瑞穂町と横田基地　瑞穂町企画部秘書広報課渉外係編　〔瑞穂町（東京都）〕　東京都西多摩郡瑞穂町　2014.3　65p　30cm〈年表あり〉　Ⓝ395.39　〔2575〕

◇明治期東京府の文書管理　東京都公文書館編　東京都公文書館　2013.1　312p　26cm　（都史紀要 41）〈文献あり〉　Ⓝ014.71　〔2576〕

◇東京突破力―多くの具体的成果情熱の行動力　真木茂著　広美出版事業部　2005.3　207p　19cm　952円　Ⓘ4-87747-024-7　Ⓝ318.236　〔2577〕

◇帝都東京の近代政治史―市政運営と地域政治　櫻井良樹著　日本経済評論社　2003.9　434p　22cm　6200円　Ⓘ4-8188-1538-1　Ⓝ318.2361
　[内容]　第1部　明治・大正期の市政構造（戦前期東京市における市政執行部と市会―一八九〇～一九二〇年代　明治後期・大正期における東京の政治状況と公民団体―市内における選挙状況の変化を中心に　公民団体に関する二、三の史料―規則と区史類の記述　公民会の誕生と一八九二年代における東京の選挙―公民団体と地域政治秩序　ほか）　第2部　普選期の市政構造（伊沢多喜男と東京市政―「政党市政」の誕生　一九二〇年代東京市における地域政治構造の変容―議員の地盤変化を中心に　一九三〇年代の東京市政と地域政治―政党対立の激化と市政刷新運動　選挙粛正運動と東京市における町内会―地域政治秩序は変容したのか　ほか）　〔2578〕

◇東京問題の政治学　土岐寛著　第2版　日本評論社　2003.9　263,5p　19cm〈文献あり〉　2000円　Ⓘ4-535-58357-9　Ⓝ318.236
　[内容]　東京の成立　東京の拡大　戦前東京の制度的変遷　東京改造計画の系譜　戦後都政のスタート―安井都政　オリンピック都政―東都政　美濃部革新都政の軌跡　鈴木都政の展開　青島都政と石原都政　都知事論　都庁移転の政治行政過程　都市東京事務所の役割と動向　都区制度改革の経緯と到達点　都制度再編論議と千代田市構想　首都機能移転問題の新局面　東京の再生と再構築　〔2579〕

◇どんな東京をつくるか―手をのばせばとどく、ほんとうに住みたい東京　安達智則,木下武男編,木下武男ほか著　萌文社　2003.3　238p　21cm　2000円　Ⓘ4-89491-052-7　Ⓝ318.236
　[内容]　序章　私たちは、どんな時代の東京にいるのか　第1章　働き方・暮らし方を変える、東京を変える　第2章　教育を変える、東京を変える　第3章　交通を変える、東京を変える　第4章　社会福祉を変える、東京を変える　第5章　財政を変える、東京を変える　むすびの章　都市を変える、政治を変える、東京を変える、日本を変える　〔2580〕

◇再任用制度ハンドブック―東京都・特別区そして教員の制度が一目でわかる　公務員のための制度解説　東京都・特別区人事制度研究会著　都政新報社　2001.7　111p　21cm　952円　Ⓘ4-88614-074-2　Ⓝ318.33
　[内容]　第1章　特別区の制度が一目でわかる「Q&A」（あらまし　対象者　選考方法　採用　ほか）　第2章　東京都の制度概要（都における再任用制度の導入　都における再任用制度の概要　都における改正後の再雇用制度の概要　都における今後の高齢者雇用のあり方　ほか）　〔2581〕

◇お役所サービス（得）ガイド―知らないと損をする23区26市5町8村のお役所サービス　東京都版行政サービス調査委員会編　婦人生活社　2001.2　223p　21cm　1400円　Ⓘ4-574-70146-3　Ⓝ318.2
　[内容]　1　行政サービスを利用する　2　出産・育児　3　教育　4　健康　5　障害　6　ひとり親家庭　7　高齢者　8　暮らし　〔2582〕

◇東京政界地図　鈴木哲夫著　河出書房新社　2001.1　309p　19cm　1500円　Ⓘ4-309-90442-4　Ⓝ318.236
　[内容]　第1章　東京の無党派が政治を動かす（すべては青島会見から始まった　民主の苦悩と名門・鳩山家　都知事選に民主・自民の攻防　ほか）　第2章　東京の政治は“石原”を軸に（側近たちが敷いたレール　独特な空気の正体は?　足立区長選をめぐる思惑　ほか）　第3章　新しい政治の胎動（“自公”協力なんて、

社会科学　　　　　　　　　　　　　　　　　　　　　　　　　　　　東京都政

今さら…　政党が信頼を失ったこの10年　小渕から森…、総選挙へ　ほか）　第4章　東京には、チャンスがある（吠えたのは二世たちだが　東京にはチャンスがある――なぜ、自民党？　ほか）　　　〔2583〕

◇200X東京が変わる自治が変わる　西野善雄著　学陽書房　2000.12　221p　20cm　1800円　Ⓘ4-313-81409-4　Ⓝ318.2361
　内容　第1章　200X東京が変わる（事務の再編　特別区の再編　ほか）　第2章　中小企業の活性化（マハティール首相　陛下の御視察ほか）　第3章　介護保険制度（介護保険制度の創設　介護報酬は高い　ほか）第4章　自治体とIT革命（自治体のホームページ　双方向性（インタラクティブ）ほか）　第5章　羽田空港の国際化（羽田は商売の種　二四時間空港　ほか）　　　　　　　　　　　　　　　　　　　〔2584〕

◇行政サービス㊒活用法　東京23区編　子持ちSOHOネットワーク著　築地書館　1999.5　170p　21cm　1200円　Ⓘ4-8067-1168-3Ⓝ318.2
　内容　1章　ようこそ、赤ちゃん　2章　がんばれ！　ワーキングマザー　3章　離婚を決意したその日から…　4章　家庭で介護をするときに　5章　子どもをあてにしない老後　6章　障害をもった我が子とともに　7章「地域」を楽しむ66の方法――こんなときどうする？情報入手から行政事業参画まで　　　　〔2585〕

◇東京ビッグバン――首都の再生こそが日本の危機を救う！　柿沢こうじ著　ダイヤモンド社1999.2　208p　20cm　1500円　Ⓘ4-478-18021-0　Ⓝ318.236
　内容　第1部　東京のハードインフラ改革（東京の土地が動く――いま急がれる「土地の先行取得」　東京の道路が変わる――都市計画を一変させる知恵と政治的決断　東京の鉄道システム再構築――景気浮揚と快適環境実現のために）　第2部　東京にソフトインフラ改革（開放感あふれる街づくり――高度土地利用による都市価値倍増計画　災害に強い街づくり――「百年都市・東京」構想　優しさに満ちた街づくり――暮らす喜びがもてる東京を　ほか）　第3部　愛すべき「ふるさと」としての東京（美しき街・東京――歴史と伝統に満ちた都市景観を取り戻そう　潤いのある街・東京――「水の都」としての再生を　特別対談　いまこそ都市に公共投資を――アーバンニューディール政策とは）　　　　　　　　　　　　　　　　　　〔2586〕

◇どうする！　東京　平沢勝栄、村野まさよし著　ダイヤモンド社　1998.4　165p　19cm　Ⓘ4-478-19036-4　Ⓝ318.236　　　　　　〔2587〕

◇立川の中のアメリカ――米空軍立川基地写真集1950-1960　久保田映治編　〔立川〕　小向喜美子　1997.4　250p　26cm　〈発売：豊文堂書店（東大和）〉3000円　Ⓝ213.65　〔2588〕

◇東京――首都は国家を超えるか　御厨貴著　読売新聞社　1996.5　334p　20cm　〈20世紀の日本10〉〈参考文献：p298～300　関連年表：p306～325〉2000円　Ⓘ4-643-96024-8　Ⓝ318.236
　内容　第1部　帝都は帝国を超えるか　第2部　都政は日本を超えるか　第3部　都のしくみは国のしくみを超えるか　　　　　　　　　　　　　　　　　〔2589〕

◇これでいいのか東京――一極集中を検証する　日本科学者会議東京支部編　白石書店　1991.3　253p　19cm　1545円　Ⓘ4-7866-0248-5Ⓝ318.236
　内容　1　東京蚕食（だれのための一極集中　一極集中を促進する都心の開発　矛盾ふきだす臨海部開発　自然の喪失を招く“多摩新時代の創造”　地価高騰で追い出される住民）　2　生活破壊（汚れた空気に覆われたまち　車に占領されるまち　ごみに溢れたまち　緑が枯渇したまち　健康が蝕まれるまち　安全が脅かされているまち）　3　経済変容（世界の金融都市化は東京をどのように変えたか　財政面にもあらわれている一極集中）　　　　　　　　　　　〔2590〕

東京都政

◇東京を変える、日本が変わる　舛添要一著　実業之日本社　2014.3　207p　19cm　1200円　Ⓘ978-4-408-11065-3　Ⓝ318.236
　内容　序章　東京が変われば日本が変わる――世界都市・東京への熱い思い　第1章　なぜ「東京世界一宣言」なのか――東京を日本変革の起爆剤に　第2章　東京都政への基本姿勢――政治の原点に立ち返る　第3章　限りなく人にやさしい街――社会保障と女性・高齢者・介護　第4章　万全の備えを有する街――防災・危機管理第5章　世界の人々をおもてなしする街――都市計画とオリンピック・パラリンピック　第6章　エネルギー問題にどう対処するか――原発についての私の考え方第7章　姉妹友好都市・東京として――東京だからこそできる外交アプローチ　　　　　　　　　〔2591〕

◇解決する力　猪瀬直樹著　PHP研究所　2012.11　215p　18cm　（PHPビジネス新書 252）840円　Ⓘ978-4-569-80983-0　Ⓝ318.236
　内容　プロローグ　石原・橋下「倒幕シナリオ」　1　東京電力との闘い　2　電力不足を救う　3　尖閣諸島購入問題　4　オリンピックとスポーツの力　5　災後社会のネットワーク　6　東京のパワー　エピローグ“平常心”の保ち方　　　　　　　　　　　　〔2592〕

◇ドキュメント副知事――猪瀬直樹の首都改造・一八〇〇日　西条泰著　講談社　2012.9　253p　19cm　1400円　Ⓘ978-4-06-217939-3　Ⓝ318.236
　内容　第1章　東京から日本を創る　第2章　作家に何ができる　第3章　国との徹底抗戦　第4章　ゲリラ戦で東京を変える　第5章　石原と猪瀬、それぞれの三島由紀夫　第6章　石原4選と大震災　第7章　異端の副知事　　　　　　　　　　　　　　　　　〔2593〕

◇決断する力　猪瀬直樹著　PHP研究所　2012.4215p　18cm　（PHPビジネス新書 213）　800円　Ⓘ978-4-569-80330-2　Ⓝ318.236
　内容　1　即断即決で立ち向かう（いざというときに優先すべきことは何か　指揮命令系統の一元化と大胆な権限委譲　刻々と変化する状況に対応する　立ち止まっている時間はない。奔りながら考える　スピードこそ命。迅速な意思決定　杓子定規の対応では危機は乗り切れない　縦割りの組織は“昨日のルール”でできている　一度決断したらブレない）　2　“想定外”をなくす思考と行動（普段の行動の延長線上に危機管理がある　日常使っているネットワークこそ役

〔2584～2594〕　　　　　　　　　　　　　　「東京」がわかる本 4000冊　195

東京都政　　　　　　　　　　　　　　　　　　　　　　社会科学

に立つ　「自助・共助・公助」の発想こそが重要　ト
レーニングは本番さながらにやってこそ意味がある
歴史をさかのぼり、危機をとらえ直す　緻密なシミュ
レーションで"想定外"をなくす）　3 リスクをとっ
て攻めに転じる（現状に安住せず、先を見越して危機
の芽を摘む　利用者の視点に立って常識を働かせる
自前の発電所を持ってリスクヘッジする　身を削る
覚悟がない電気料金値上げに異議あり　外国企業を
呼び込んで東京に活力を取り戻す　「災後社会」に
国民としてどう立ち向かうのか）　　　　　　〔2594〕

◇東京を経営する　渡邉美樹著　サンマーク出版
2011.2　197p　20cm　1300円　①978-4-7631-
3132-4　Ⓝ318.236
　内容 1 東京を経営する　2 高齢者が安心して暮らせ
る社会　3 子どもが夢を描ける社会　4 東京の経済
力を強化する　5 財政のいっそうの健全化　6 国際
都市・東京ブランドを輝かせる　7 情報を開示して、
都政に「信」を取り戻す　8 「ありがとう」を集め
てきた私の旅路　　　　　　　　　　　　　　〔2595〕

◇貧困都政―日本一豊かな自治体の現実　永尾俊
彦著　岩波書店　2011.2　183p　19cm　1800
円　①978-4-00-024507-4　Ⓝ318.236
　内容 第1章 福祉炎上　第2章 病院が消されていく
第3章 将軍様の銀行　第4章 オリンピック招致とは
何だったのか　第5章 築地市場は誰のものか　第6章
夜間中学からの抵抗　第7章 トップダウンに「自治
の花」が咲くものか　　　　　　　　　　　　〔2596〕

◇須田春海採録　1　東京都政　須田春海著　生
活社　2010.9　445p　21cm〈年表あり〉2000
円　①978-4-902651-23-2　Ⓝ318.8
　内容 東京都政と市民運動：東京の市民運動　市民運
動雑考　絶望からの出発　都知事選への期待といら
だち　市民運動この一〇年　東京都政と自治：革新
都政とシビル・ミニマム　第二期自治体改革運動の
スタートを　ルネッサンスへの離伏を　腐蝕する民
主主義　都財政再建のまやかしを衝く　石原都政"半
分の正義"　都知事候補選びの蹉跌　築筑豐六と都制
案　東京問題：鈴木都政を点検する　私たちのまち東
京圏改造構想　東京問題・作業ノート（上）-（下）
「東京問題」を打開するのは東京の"地方都市"として
の自立て　寄稿編：東京都政調査会と須田春海　鳴海
正泰著　頑張れ！　須田君　日比野登著　私たちは
若かった　神原勝著　師としての須田春海　阿部義博
著　須田さんに「自治」と問われて　前田直哉著　美
濃部三選と「都民党」広瀬勝芳著　「被選挙権を行
使する市民の会」と春海さん　後藤仁著　須田春海さ
んと東京自治研究センター　伊藤久雄著　　　〔2597〕

◇東京の副知事になってみたら　猪瀬直樹著　小
学館　2010.6　190p　18cm　（小学館101新書
088）700円　①978-4-09-825088-2　Ⓝ318.
236
　内容 第1章 「水ビジネス」で世界へ　第2章 石原慎
太郎と「言語技術」第3章 「都心の緑を守る」第
4章 新しい都市生活モデルとは　第5章 ジャパン・
パッシングの危機　第6章 エコで描く成長戦略　第
7章 高速道路「民主の迷走」終章 成熟国家ニッポ
ンの未来　　　　　　　　　　　　　　　　　〔2598〕

◇東京白書　3　石原都政10年の検証　東京自治
研究センター編　生活社　2009.12　275p

26cm　2500円　①978-4-902651-21-8　Ⓝ302.
136
　内容 第1部 石原都政10年の検証（石原都政の10年基
本的視点　ポピュリズムとしての石原都政―なぜ都民
は支持したのか）　第2部 石原都政における主な政策
の検証（都財政の展開　石原都政の福祉財政　石原都
政の福祉政策　都市政策　東京都の産業
政策　新銀行東京の検証）　第3部 石原都政と政策評
価（政策指標からみた都政の動向と評価）　指標 基本
指標・分野別指標　資料編 石原都政関連年表（1999
～2008）　　　　　　　　　　　　　　　　　〔2599〕

◇首都破綻―都税100億円のムダ・不正を暴いた
「行革パン屋」が、石原都政を一刀両断！　後
藤雄一著　日本評論社　2008.11　271p　19cm
1600円　①978-4-535-58566-9　Ⓝ318.236
　内容 序章 追及 新銀行東京（新銀行東京のあゆみ
400億円の追加出資が可決！ ほか）　第1章 税金の
ムダ遣い（石原知事、血税4万円伊勢エビのお味はい
かが？　議員の新年会・忘年会費用も政務調査費!?
ほか）　第2章 お役所仕事（都立府中病院の職員飲酒
事件 酒を飲んでいて、非常参集に遅れた消防署長ら
ほか）　第3章 役人への優遇（都議会議員の交通費は
1日1万円　月額60万円もらえる「第2の給料」ほか）
終章 ぶち壊せ！　役人天国（補助金交付の見返りに
500万円!?　自民党幹事長、公用車で料亭へ！ ほか）
　　　　　　　　　　　　　　　　　　　　　〔2600〕

◇石原都政の検証―世界都市・マネーゲーム・大
東京主義　小宮昌平、岩見良太郎、武居秀樹編、
東京問題研究会著　青木書店　2007.3　281p
21cm〈年表あり〉2200円　①978-4-250-
20709-9　Ⓝ318.236
　内容 第1章 石原都政の歴史的位置と世界都市構想―
進行する階層格差と貧困　第2章 東京都市再生―そ
の戦略と矛盾　第3章 構造改革下の公共事業の変質
と石原都政―公共性の回復へ政策の転換を　第4章
構造改革下の都市開発―不動産証券化と銀行資本・金
融資本主導の開発過程　第5章 「都市再生」下での
東京の変貌　第6章 オリンピック招致における目的
と手段の転倒―スポーツとは無縁の東京都改造　第
7章 石原都政を誰が支持しているか―高支持の歴史
的背景、支持層の分析　第8章 都政における環境政
策の「成功」と現実　第9章 都立高校改革の現状と
課題　第10章 都立病院はどのように変わろうとして
いるか―都立小児病院の統廃合を事例に　第11章 石原
都政と横田基地問題　　　　　　　　　　　　〔2601〕

◇東京都副知事ノート―首都の長の権力と責務
青山佾著　講談社　2007.3　265p　16cm　（講
談社＋α文庫）686円　①978-4-06-281101-9
Ⓝ318.236
　内容 序章 石原都政二期目を終えて―東京五輪招致
を機会に二一世紀型都市モデルの発信を　第1章 石
原都政スタート―副知事になる　第2章 横田飛行場
に行ってみよう―軍民共用化と羽田の国際化　第3
章 財政再建のために知事になったんだ―財源さがし
と経費節減　第4章 容積率で遠慮するな―東京メガ
ロポリスの創造　第5章 三宅島のマグマはどこにい
るんだ―災害対策の最前線　第6章 こんな不合理は
放っておけない―土地収用法改正　第7章 現金給付
でごまかさずに福祉を充実させよう―福祉改革　第8
章 黒煙をなくせ―ディーゼル車排ガス規制　第9章
これからの石原都政―破壊と創造　　　　　　〔2602〕

196　「東京」がわかる本 4000冊　　　　　　　　　　　　　　　　〔2595～2602〕

社会科学　　　　　　　　　　　　　　　　　　　　　　　　　　　　　　　東京都政

◇明日への東京宣言—都民の都民による都民のための都政　柴田徳衛編著　本の泉社　2007.1　231p　19cm〈著作目録あり〉1429円　①978-4-7807-0305-4　Ⓝ318.236
内容 もう一つの東京は実現可能だ　東京の行方を考える　憲法実現、人権を保障する社会へ　安全・防災・環境優先の東京へ　競争経済から共生経済へ　平等な教育と豊かな文化を　平和な多文化共生都市へ　人権と福祉優先の民主都政へ　くらしと雇用　安全な都市づくり〔ほか〕　　　　　　　　〔2603〕

◇木村ようじの都政エッ！セイ　木村陽治著　光陽出版社　2005.4　178p　19cm　952円　①4-87662-402-X　Ⓝ318.236　　　　〔2604〕

◇石原都政副知事ノート　青山佾著　平凡社　2004.1　219p　18cm　（平凡社新書）　740円　①4-582-85209-2　Ⓝ318.236
内容 1 石原都政スタート—副知事になる　2 横田飛行場に行ってみよう—軍民共用化と羽田の国際化　3 財政再建のために知事になったんだ—財源さがしと経費節減　4 容積率で遠慮するな—東京メガロポリスの創造　5 三宅島のマグマを見に行こう—災害対策の最前線　6 こんな不合理は放っておけない—土地収用法改正　7 現金給付でごまかさずに福祉を充実させよう—福祉改革　8 黒煙をなくせ—ディーゼル車排ガス規制　9 これからの石原都政—破壊と創造　　　　　　　　　　　　　　　　　　〔2605〕

◇東京都の国際交流—鈴木都市外交の軌跡　高木祥勝著　八王子　中央大学出版部　2003.3　592p　26cm　4500円　Ⓝ318.236　〔2606〕

◇東京都政—明日への検証　佐々木信夫著　岩波書店　2003.2　215p　18cm　（岩波新書）〈文献あり〉700円　①4-00-430825-9　Ⓝ318.236
内容 第1章 都知事とその権力　第2章 都庁官僚制の内側　第3章 都議会と選挙　第4章 深刻化する財政危機　第5章 都市再生という名の都市開発　第6章 争点としての環境・福祉・文化　終章 東京をどうするか　　　　　　　　　　　　　　　　　　〔2607〕

◇石原慎太郎の帝王学—東京都知事の改革手腕と都市政策を検証する　森野美徳著　WAVE出版　2002.10　231p　20cm　1500円　①4-87290-140-1　Ⓝ318.236
内容 第1章 石原都知事の登場と都政改革（時代が求めた石原都知事　東京都政の歩みと停滞 ほか）　第2章 首都東京の都市再生と活性化戦略（首都移転にNO！　首都圏メガロポリス構想 ほか）　第3章 都政改革への取り組みと危機管理（財政再建推進プランと給与削減　外形標準課税（銀行税）ほか）　第4章 石原慎太郎の帝王学（「父親の復権」への期待　政治の復権と歴史認識 ほか）　　　　　　　〔2608〕

◇東京都の肖像—歴代知事は何を残したか　塚田博康著　都政新報社　2002.9　368,38p　22cm〈文献あり　年表あり〉2000円　①4-88614-091-2　Ⓝ318.236
内容 第1章 東京都誕生　第2章 戦災復興と戦後民主主義　第3章 東京オリンピック　第4章 「革新」都政　第5章 財政戦争　第6章 財政再建と都庁移転　第7章 臨海副都心開発　第8章 青島ショック　第9章 「NO」

と言える東京　第10章 60年目からの東京都〔2609〕

◇図解東京都を読む事典—83のキーワードでわかる　市川宏雄編著　東洋経済新報社　2002.3　233p　21cm　1600円　①4-492-09161-0　Ⓝ318.236
内容 第1章 東京都知事を読む　第2章 東京のこれからを読む　第3章 東京の発展と地域を読む　第4章 東京の交通を読む　第5章 医療・福祉、教育を読む　第6章 環境問題・自然保護を読む　第7章 経済・産業の仕組みを読む　第8章 財政の仕組みを読む　第9章 都政を読む　第10章 21世紀東京・緊急の課題　　　　　　　　　　　　　　　　　　〔2610〕

◇石原慎太郎の東京発日本改造計画　石原慎太郎研究グループ,浅野史郎著　学陽書房　2002.2　269p　15cm　（人物文庫）〈年表あり〉660円　①4-313-75158-0　Ⓝ318.236
内容 石原慎太郎の挑戦状　第1部 石原マシーン誕生（いざ、出陣！　怒涛の都知事選、四十日決戦　計算された頂上対決、対都議会戦術のすべて　経済ブレーン・鈴木壮治が語る「石原都政軍団、行動の原点」）　第2部 東京独立宣言（外形標準課税で独立資金を確保せよ！　寝耳に水自治省、大蔵省、永田町の戸惑い　都市国家百年の大計、「ディーゼル車NO作戦」　外交自主権獲得への布石）　第3部 東京発日本改造計画（代議士たちの衝撃、東京が日本を変えるとき　県知事たちの叫び、東京に負けるものか！　石原慎太郎が放つ「日本改造」のシナリオ）　　　　〔2611〕

◇「新編」石原慎太郎「5人の参謀」　上杉隆著　小学館　2001.3　255p　20cm〈年表あり〉1400円　①4-09-387340-2　Ⓝ318.236
内容 1 二つの「悲願」　2 東京都の政策決定過程　3 見えざる参謀たち　4 外形標準課税　5 新債券市場構想　6 ディーゼル車規制　7 美濃部都政との戦い　8 石原慎太郎の政治手法　　　　　　　　　〔2612〕

◇東京構想2000—千客万来の世界都市をめざして　東京都政策報道室計画部編　東京都政策報道室計画部　2000.12　326p　30cm　Ⓝ318.236　　　　　　　　　　　　　　　　〔2613〕

◇ここがヘンだよ石原都政　石原都政研究会著　現代書館　2000.8　237p　20cm〈年表あり〉1800円　①4-7684-6786-5　Ⓝ318.236
内容 「東京から革命をやる！」—石原都政へ至る道　第1部 それでも財政破綻は避けられない　改革の内実　第2部 弱者を斬り捨て御免—社会政策の内実　第3部 都民を犠牲にする都市乱開発—都市政策の内実　第4部 上意下達のワンマン行政—基本政策の内実　第5部 最悪の差別主義者の人権侵害—人権問題への対応　　　　　　　　　　　　〔2614〕

◇石原慎太郎の東京大改革—東京から国を変える21世紀ビジョン　東京新聞社会部「ウォッチング石原」取材班著　青春出版社　2000.4　207p　20cm　1400円　①4-413-03188-1　Ⓝ318.236
内容 第1章 東京から国を動かす—二十年ぶりの都知事選出馬　第2章 最大の狙いは首都移転の阻止　第3章 陸海空「三軍」駆使し防災都市を　第4章 横田基地返還で“都米”外交　第5章 孫のためにもディーゼルNO　第6章 議会工作の「シナリオ」　第7章 役人を叱咤—作家知事は言葉が命　第8章 石原慎太

〔2603〜2615〕　　　　　　　　　　　　　　　「東京」がわかる本 4000冊　197

東京都政　　　　　　　　　　　　　　　　　　　　　　　　　　社会科学

郎は東京の "毛沢東" なのか　　　　〔2615〕

◇教員・公務員の業績評価制度を問う―東京都の
人事管理制度とその実際　自治体人事制度研究
会編著　自治体研究社　2000.1　205p　21cm
1800円　Ⓘ4-88037-300-1　Ⓝ318.37
内容　1 業績評価の手法と実際（「教員評価」制度の急
展開　目標管理にそった自己申告と業績評価）　2 制
度「改革」と「公務」・「公共性」（いまなぜ公務員制
度「改革」か　地方自治体の民主的な人事制度のあ
り方（試論）　3 行政の「現代化」と人事評価（行政
の「現代化」と人事評価制度改革を考える視点）
　　　　　　　　　　　　　　　　　　　〔2616〕

◇都民が悪い―この本を読まずに、真の都知事は
選べない　福永法源著　アースエイド　1999.4
221p　19cm　1143円　Ⓘ4-900331-58-9
Ⓝ318.236
内容　序章 いま東京に必要なリーダーは、東京のため
に死ねる人間だ　第1章 この五条件に該当する人間
は、知事の資格がない　第2章 こんな候補者に東京
を託してもいいのか　第3章 都民よ、いまこそ目を
覚ますときだ　第4章 ここを見れば、"偽物候補"は
すぐに分かる　第5章「不安と苦しみの時代」か、「幸
福と繁栄の時代」か　終章 そして、「幸福と繁栄の
時代」へ　　　　　　　　　　　　　　　〔2617〕

◇変える！―東京大改造計画と問題解決の具体策
舛添要一著　中経出版　1999.3　166p　19cm
952円　Ⓘ4-8061-1223-2　Ⓝ318.236
内容　第1章 不況から脱出する―福祉による安心　第2
章 災害から生命と財産を守る―危機管理による安心
第3章 税金を活かす―課税自主権による安心　第4章
生活様式を見直す―環境保全による安心　第5章 都
市問題に取り組む―ゆとりが生む安心　第6章 東京
「国」が独立する―自立による安心　　　〔2618〕

◇テリー伊藤のだから東京都民はバカなんだ　テ
リー伊藤著　ビー・アール・サーカス　1999.3
205p　19cm　〈発売：そしえて　背のタイト
ル：だから東京都民はバカなんだ〉1300円
Ⓘ4-88169-634-3　Ⓝ318.236
内容　第1章 結成・都政即席探検隊　第2章 こんなも
のいらないワースト8観光ガイド　第3章 東京都転落
の秘密　第4章 東京都キレル！　第5章 テリーのマ
ル秘都政再建計画　　　　　　　　　　　〔2619〕

◇東京都庁「お役人さま」生態学　廣中克彦著
講談社　1999.3　261p　16cm　（講談社＋α文
庫）　600円　Ⓘ4-06-256332-0　Ⓝ318.236
内容　生態学第1講（時間に厳格　機嫌のいい時間帯　ほ
か）　生態学第2講（「なんとか頼むよ」　「お茶でも
飲んでいけよ」ほか）　生態学第3講（十八番は架空
領収書　算数が苦手　ほか）　生態学第4講（肝心なと
きに不在　坊主憎けりゃ…　ほか）　生態学第5講（監
査の日　「予算がない！」　ほか）　　　　〔2620〕

◇ドーンと都政じわじわ革命　青島幸男著　ぎょ
うせい　1998.5　200p　19cm　1300円　Ⓘ4-
324-05436-3　Ⓝ318.236
内容　めざせ「じわじわ革命」　第1章 青島は都庁をこ
う変える　第2章 東京のまちを元気に　第3章 臨海
副都心は必ず発展する　第4章 財政を健全化し、少

子高齢社会を乗り切る　第5章 ごみ減量と循環型社
会づくりに全生涯をかける　第6章 これが青島流行
政改革だ　第7章 青島は平和と民主主義、憲法を守
る！　誠実であることが最高の政策　　　〔2621〕

◇東京計画地図―ビジネス発想の大ヒント集　東
京計画研究会編著　かんき出版　1997.9　191p
21cm　1800円　Ⓘ4-7612-5660-5　Ⓝ318.236
内容　第1章 空港　第2章 鉄道　第3章 道路　第4章
住宅・都市開発　第5章 環境対策　第6章 福祉・教
育　第7章 産業　　　　　　　　　　　〔2622〕

◇お役人さま！―都庁出入り業者の30年間の悪夢
廣中克彦著　講談社　1997.1　281p　16cm
（講談社＋α文庫）　659円　Ⓘ4-06-256181-6
Ⓝ318.236
内容　第1章 お役人さまの「常識」（チャイムつき時報
装置事件　植え込みの陰から職員の退出時間をチェッ
ク　ほか）　第2章「自分のミス」は認めない（公共事
業で儲かるのは三分の一　現場説明はセレモニーに
すぎない　ほか）　第3章「責任逃れ」は天下一品（お
役人はマスコミの目を恐れる　お役人が昼寝中に死
亡事故が！　ほか）　第4章「いじめ」が大好き（忙しい、
金がない―お役人の愚痴の双璧　お盆休みを狙って
指名する!?　ほか）　第5章「強き」を助け、「弱き」
をくじく（いざとなったらお役所が最優先　忙しいお
役人の隣でボーッとしているお役人　ほか）　第6章
「守秘義務」はなんのため!?（「おい、こら」の伝統が
入札書はなぜ封筒に入れるのか　ほか）　第7章「い
いお役人」もいるが…（欠かせなかった検査後の接待
私が接待をやめた理由　ほか）　　　　　〔2623〕

◇どうする！　青島知事―青島都政1年の評価と
今後への期待　山崎泰彦著　ぱる出版　1996.9
231p　19cm　1300円　Ⓘ4-89386-542-0
Ⓝ318.236
内容　第1章 拝啓、青島都知事殿　第2章 検証！　世
界都市博中止　第3章 課題を先送りした「臨海副都
心の将来像」　第4章 なぜ「ノー」と言えない！　信
用組合処理への税金投入　第5章 震災対策こそ「青
島カラー」の生き残りをかけよ　第6章 東京を見直
す勇気を！　　　　　　　　　　　　　〔2624〕

◇がんばれ青島、くたばれゼネコン政治　意地悪
ばあさんを強くしようかい編　海風書房
1995.7　63p　21cm　（海風ブックレット　東
京を変えよう　1）〈発売：現代書館〉618円
Ⓘ4-7684-8854-4　Ⓝ318.236
内容　ゼネコン都政を断ち切れ　都市博と一体の臨海
副都心開発　かくしごとのない都政を　東京の町を
使いこなそう　私も正義の意地悪ばあさんに　青島
さんへのラブコール　　　　　　　　　　〔2625〕

◇東京都政五十年史　索引・総目次　東京都著
東京都　1995.5　111,130p　23cm　Ⓝ318.236
　　　　　　　　　　　　　　　　　　　〔2626〕

◇都庁のしくみ　御厨貴責任編著　都市出版
1995.3　362p　22cm　（シリーズ東京を考える
3）　2400円　Ⓘ4-924831-15-8　Ⓝ318.236
内容　鈴木俊一東京都知事インタビュー―都政半世紀
への回顧　都庁の権力構造―人と組織の動き　都庁
におけるトップ・マネジメント―庁議方式と企画調
整部局の制度史分析　都の人事システムの一側面―

198　「東京」がわかる本 4000冊　　　　　　　　　　　　　　　　　〔2616〜2627〕

社会科学　　　　　　　　　　　　　　　　　　　　　　　　　　　　　　東京都政

機会の平等と競争　特別区の制度と区長　都庁官僚列伝　　　　　　　　　　　　　　　　　〔2627〕

◇東京「新思考」宣言―江戸のやさしさを守り、東京の強さを活かす　岩国哲人著　徳間書店　1995.2　252p　19cm　1000円　Ⓘ4-19-860252-2　Ⓝ318.236
　内容　プロローグ　人にやさしい東京を　1章　コミュニティ―ぬくもりのある街づくり　2章　緑―心と体をリフレッシュする街並み　3章　地方分権―財源・人の委譲なしに実効はない　4章　経済再生―首都の経済を活性化する　5章　ゴミ―マナーのバロメーター　6章　教育―次世代の日本人に残すもの　7章　総合福祉カード―情報化時代の福祉の決め手　8章　老人福祉―高齢者の新時代を開く発想　9章　安全―生命の安全を最優先　10章　行政サービス―小さな役所、大きなサービス　11章　強くやさしい行政―鬼平の魅力を活かした都政を　　　　　　　　　　〔2628〕

◇東京の政治　村松岐夫責任編集　都市出版　1995.1　474p　22cm　（シリーズ東京を考える2）　2400円　Ⓘ4-924831-14-X　Ⓝ318.236
　内容　第1章　「首都決戦」の系譜―ジャーナリストが見た選挙戦始末記　第2章　鏡としての都議選　第3章　東京都議会の運営と機能―一九六五年「刷新都議会」を中心として　第4章　"裏声で歌え「革新」"―美濃部都政下の都労使関係　第5章　東京都政とマス・メディア　　　　　　　　　　　　　　　　　　〔2629〕

◇地球時代の首都経営　鈴木俊一著　ぎょうせい　1994.12　403p　22cm　〈「マイタウン東京」実現への軌跡：p391〜403〉　2200円　Ⓘ4-324-04311-6　Ⓝ318.236
　内容　1　対談　マイタウン東京の成果　2　世界都市東京の経営　3　都市問題の解決と課題　4　座談会　二十一世紀の東京　　　　　　　　　　　　　　〔2630〕

◇東京都政五十年史　東京都　1994.12　5冊　23cm　「事業史」（3冊）「通史」「年表・資料」に分冊刊行　Ⓝ318.236　　　　　　　〔2631〕

◇都政の五十年　御厨貴責任編集　都市出版　1994.12　406p　22cm　（シリーズ東京を考える1）〈都政関連年表：p366〜400　付：参考文献等〉　2400円　Ⓘ4-924831-13-1　Ⓝ318.236
　内容　第1章　都政は「都」を、そして「都民」を越えられるか　第2章　国と自治体のたたかい　第3章　都市政策と都市計画　座談会　都政五十年を総点検する―東京はどうなっていくのか　座談会　一代にして三世を経た都市―東京の社会・風俗史　〔2632〕

◇21世紀の都市自治への教訓―証言・みのべ都政　日本を揺るがした自治体改革の先駆者たち　東京自治問題研究所・『月刊東京』編集部編　教育史料出版会　1994.12　323p　19cm　〈みのべ都政関連年表：p305〜315　美濃部都政・革新自治体についてのおもな資料・研究：p319〜320〉　2369円　Ⓘ4-87625-271-5　Ⓝ318.236
　内容　福祉型社会システムのプレリュード　回顧と展望　都市問題と都政運営　みのべ都政　公務労働と自治体改革　　　　　　　　　　　〔2633〕

◇都政モニター制度30年のあゆみ　東京都情報連絡室広報広聴部都民広聴課編　東京都情報連絡室　1991.3　106p　26cm　Ⓝ318.236　〔2634〕

◇都庁―もうひとつの政府　佐々木信夫著　岩波書店　1991.2　258p　18cm　（岩波新書）〈参考文献：p257〜258〉580円　Ⓘ4-00-430160-2　Ⓝ318.236
　内容　第1章　都庁移転のドラマ　第2章　都知事　第3章　都庁の経営　第4章　都庁の人事　第5章　都庁の政策形成　第6章　都庁の予算編成　第7章　都議会と選挙　第8章　特別区と広域行政　第9章　東京改造と遷都　第10章　あすの都庁を考える　　〔2635〕

◇激動の時代に―東京を語る・平和を語る　畑田重夫著　生活ジャーナル　1990.11　221p　19cm　1236円　Ⓘ4-88259-023-9　Ⓝ318.236
　内容　第1部　東京と都政を語る（主権者都民と鈴木都政　大地に耳をつけて大衆の足音を聴く　千葉県知事選挙の衝撃と東京都政　都議選を前にした東京からの便り　新都庁舎建設のなかで出てきた疑惑　ほか）　第2部　社会主義と平和を語る（自由と民主主義の真の擁護者は誰か　中国での暴挙と社会主義の大義　90年代への視座―そして21世紀へ　世界の大きな動きと平和運動）　第3部　青年・学生に語る（新しい出発の君へ　就職を前にするM子さんへの手紙　転職問題でなやむ君へ　未来のためにともに考えよう　大学でどう学ぶか　未来をきりひらく創造的学問を）　　　　　　　　　　　　　　　　　　〔2636〕

◇東京・21世紀への飛翔　鈴木俊一著　ぎょうせい　1990.11　401p　22cm　2000円　Ⓘ4-324-02478-2　Ⓝ318.236
　内容　1　〈座談会〉これからの東京―粕谷一希/加藤寛/山崎美貴子/宮崎勇/鈴木俊一（ユニークな世界都市東京　東京問題への挑戦　いきいきとした高齢社会　多心型都市構造への再編　ソフトなしくみづくり　世界に開かれた都市）　2　21世紀へ飛び立つ（21世紀への新たな展開をめざして　人をつくる　新しい都市文化の創造　都市・躍動とうるおい　快適なまちをつくる　安全なまちづくり　都市の骨格を整備する　都民福祉の充実　生活環境を守る　地球にやさしく　住宅対策の新たな展開　くらしを守る　多摩・島しょの振興による均衡のある発展をめざす）　3　マイタウン東京の花ひらく（マイタウン東京構想の理念　財政再建を振り返る　新しい都区制度の確立にむけて　自治のシンボル―シティ・ホール）　4　世界平和の道を求めて（幅広い国際交流　外国人にも住みやすい東京　国際交流の推進が平和への道）　5　〈対談〉わたしと東京―高原須美子/鈴木俊一　　　　〔2637〕

《都知事》

◇なぜ、舛添要一は辞めたのか？　次の都知事は誰だ？　国内情勢研究会編　ゴマブックス　2016.7　175p　19cm　1280円　Ⓘ978-4-7771-1806-9　Ⓝ318.236
　内容　第1章　東京都知事とは　第2章　舛添要一都知事の履歴書　第3章　舛添都知事のヒミツの人柄　第4章　厚生労働大臣の成果　第5章　「カネ」で迷走する舛添都知事　第6章　舛添都知事、遂に辞職へ　第7章　次の都知事は誰だ？　　　　　　　　　〔2638〕

◇東京革命―わが都政の回顧録　石原慎太郎著

東京都政　　　　　　　　　　　　　　　　　　　　　　　　　　　　　　社会科学

幻冬舎　2015.6　357p　20cm　1600円
①978-4-344-02776-3　Ⓝ318.236
内容 二度目の都知事選　大統領型の都政を　東京マラソンの美しき光景　中小企業の驚異の新技術　私がやった最も重要な改革　財政再建で東京五輪招致へ　横田基地の軍民共同使用を　ワシントンで遭遇した9・11　都知事は「足」で仕事を探せ　初めての挫折、新銀行東京　悔し涙を流した五輪招致　東日本大震災と官邸への怒り　尖閣購入への思い、そして「日本へ」　心の革命、近現代史の必修化〔2639〕

◇選挙を盛り上げろ！　影書房編集部編　影書房　2014.9　186p　19cm〈執筆：岩上安身ほか〉1600円　①978-4-87714-451-7　Ⓝ318.236
内容 IWJは都知事選で何を伝えたか—原発問題・特区・TPP・アメリカ　猪瀬前都知事～都知事選候補者の「脱原発／エネルギー」政策を検証する　声を上げ続けることで、世界は変わる　差別デモを規制する条例を　認可保育園をふやして待機児ゼロに！　市民の意見を聞いて、施策に反映してほしい！　未来の有権者が政治とつながるために—未成年“模擬”選挙の意義と課題　マニフェスト選挙でまちの将来と民主主義を考える〔2640〕

◇2014年都知事選挙の教訓　村岡到編、村岡到, 河合弘之, 高見圭司, 三上治, 西川伸一著　ロゴス　2014.6　124p　19cm（ブックレットロゴスNo.9）1100円　①978-4-904350-31-7　Ⓝ318.436
内容 脱原発候補の当選を！　細川護煕氏当選の意味　二〇一四年東京都知事選挙の教訓　都知事選挙での分岐の重要性　宇都宮健児氏への批判の重要性　澤藤統一郎氏排除問題の重要性—都知事選挙に付随したもう一つの問題　都知事選挙が明らかにしたこと　インタビュー　都知事選挙に関わって　脱原発の闘いは大きな潮流であることを示した　経産省前テント日誌　選挙前後から分かること　都知事選挙全一九回の「経験知」　革新統一の破壊者——一九八七年知事選挙〔2641〕

◇石原慎太郎「暴走老人」の遺言　西条泰著　ベストセラーズ　2013.5　237p　18cm〈文献あり　年譜あり〉952円　①978-4-584-13501-3　Ⓝ318.236
内容 第1章 日本人よ—暴走老人の遺言　第2章 石原慎太郎、立つ　第3章 石原慎太郎のやり方　第4章 都知事・石原慎太郎の14年　第5章 石原慎太郎という生き方　第6章 石原慎太郎語録〔2642〕

◇石原慎太郎妄言録　妄言研究会編　TOブックス　2012.12　182p　19cm　1000円　①978-4-86472-105-9　Ⓝ318.236
内容 第1章 その場の思いつきで適当発言　第2章 差別と偏見まみれのアブナイ発言　第3章 自分のことは棚に上げる開き直り発言　第4章 無責任＆無神経のよけいな一言　第5章 厚顔無恥な自己矛盾発言〔2643〕

◇黒い都知事石原慎太郎　一ノ宮美成, グループ・K21著　宝島社　2012.1　255p　16cm（宝島sugoi文庫 Aい-1-8）〈文献あり　2011年刊の改訂〉667円　①978-4-7966-8892-5　Ⓝ318.236
内容 第1章 羽田空港国際線オープンの黒い霧　第2章

筑地市場移転の陰謀　第3章 闇の勢力に喰われた新銀行東京　第4章 幻の東京五輪で儲けまくった面々　第5章 東京再開発に蠢くバブルの亡霊　第6章 東京のカネは俺のカネ—税金私物化の唖然　第7章 福祉絶望都市に栄える「強欲福祉ビジネス」〔2644〕

◇慎太郎よ！—いいかげんにしろ、石原慎太郎　野田峯雄著　第三書館　2011.3　435p　19cm　1800円　①978-4-8074-1111-5　Ⓝ318.236
内容 序章「ただ恥じ入るのみ」から「石原の革命」へ　第1章 トボける、ゴマ化す、スリカえる、責任転嫁する　第2章 五輪から零輪へ—“脱輪の旅路”　第3章 明後日の幻夢、明日の妄動、今日の思いつき　第4章 月に10日出血、時給22万円台の“業績”　終章 いいかげんにしろ、石原慎太郎〔2645〕

◇都知事—権力と都政　佐々木信夫著　中央公論新社　2011.1　240p　18cm（中公新書2090）〈文献あり　年表あり〉780円　①978-4-12-102090-1　Ⓝ318.236
内容 第1章 都知事とは何か　第2章 都知事と都政—戦後六〇年の軌跡　第3章 都議会—真の立法機関へ　第4章 都庁官僚—「二〇万人体制」の現在　第5章 都知事と政策決定　第6章 都財政—常化する危機　第7章 独自の市制度—都と特別区の関係　第8章 石原都政の大都市経営—転換を試みた一二年　終章 大都市東京の行方—三つの焦点〔2646〕

◇石原慎太郎よ、退場せよ！　斎藤貴男, 吉田司著　洋泉社　2009.5　191p　18cm（新書y213）740円　①978-4-86248-391-1　Ⓝ318.236
内容 第1章「小皇帝」石原慎太郎の本質（吉田司、歌舞伎町で罵倒される!?　カラッ風吹く歌舞伎町　歌舞伎町・渋谷・秋葉原が変質した ほか）　第2章 石原都政が東京に残した傷跡（福祉は石原だ!?　止まらない障害者への差別発言　新自由主義の弱者切り捨て政策の推進 ほか）　第3章 石原慎太郎への退場勧告（「嵐を呼ぶ男」として再登場したのか　平等という価値観が薄らぐ時代　慎太郎を呼び出した新自由主義と大東京主義 ほか）〔2647〕

◇都知事選ウロウロ日誌—万三事務所におまけがひとり　木村陽治著　京都　かもがわ出版　2007.8　266p　19cm　1400円　①978-4-7803-0121-2　Ⓝ314.8
内容 第1章 吉田万三氏擁立都知事選スタート　第2章「石原タブー」の崩壊　第3章 吉田万三事務所びらき、各地で「会」が再開　第4章 万三プランの発表、くらし中心の都政　第5章 浅野史郎氏出馬、選挙戦の構図きまる　第6章 吉田万三、テレビ討論で、いっきに都民のなかへ　第7章 本番！　論戦をリード・都民の願い、ひびく手応え　資料〔2648〕

◇石原慎太郎の連隊旗—その人間力に迫る　工藤美代子著　ワック　2006.3　270p　20cm　1600円　①4-89831-090-7　Ⓝ318.236
内容 序章 ディーゼル車NO作戦、決行しますよ—1999～2000年　第1章 私は決してヒットラーではありません—2001年　第2章 カラスは記者みたいに利口だぞ—2002年　第3章「拉致」だよ、全然解決されてないじゃない—2003年　第4章 若い男が駄目なんだな—2004年　第5章 沖ノ鳥島は東京主導でやりますよ—2005年〔2649〕

200　「東京」がわかる本 4000冊　　　　　　　　　　　　　　〔2640～2649〕

社会科学　　　　　　　　　　　　　　　　　　　　　　　　　東京都政

◇石原知事に挑戦状―とめよう戦争教育うばうな
　介護　長谷川ひでのり著　アール企画　2005.2
　174p　21cm　〈発売：星雲社　鼎談：斎藤貴男,
　西川重則, 長谷川ひでのり〉　1000円　Ⓘ4-7952-
　4580-0　Ⓝ318.236
　内容 第1部 鼎談 石原知事に挑戦状（斎藤貴男×西川
　重則×長谷川ひでのり）　第2部 石原都政批判（教育
　とめよう戦争教育―「日の丸・君が代」強制はねか
　えそう　社会保障 うばうな介護と福祉―必要な人に
　必要な介護を　戦争と民営化 組合つぶしの民営化と
　戦争動員をとめよう　環境 住民無視・環境破壊の都
　市計画に反対―外環道、放射5号、大型道路建設をや
　めさせよう）　第3部 座談会 女性労働者と語る―女
　性の敵・石原は倒さなきゃダメ　　　　　　　〔2650〕

◇チャレンジ―「平和ボケおばさん」七十歳の熱
　き挑戦！　樋口恵子著　グラフ社　2003.9
　222p　19cm　1238円　Ⓘ4-7662-0765-3
　Ⓝ318.436
　内容 1章 選挙戦までのできごと　2章 立候補の理由
　3章 私の政策「わが人生の舞台は東京」　4章 選挙
　戦の実際　5章 選挙戦を振り返る　終章 未来へつなぐ
　　　　　　　　　　　　　　　　　　　　　　〔2651〕

◇石原慎太郎主義賛同!!　早稲田編集企画室著
　データハウス　2003.3　239p　19cm　〈肖像あ
　り〉　1400円　Ⓘ4-88718-710-6　Ⓝ318.236
　内容 第1章 首都東京は世界一になる（首都再生に5年
　で10兆円投資せよ　東京駅周辺をスラム化するな ほ
　か）　第2章 石原の世界情勢の分析（5人生存8人死亡
　という北朝鮮のデタラメ　2001・9・11ニューヨーク
　貿易センターのテロ ほか）　第3章 最重要課題
　（潰された石原試案による羽田の第4滑走路　羽田空
　港を東京都に売却せよ ほか）　第4章 石原のオリジ
　ナリティ（軍事機密だったソニーのプレステ2　ITベ
　ンチャーを育てる無料オフィス ほか）　第5章 ずさ
　んな東京都を改善する（子どもの小遣い帳だった会計
　報告　都職員の3%給料カット ほか）　　　〔2652〕

◇東京は変わったか―石原都政検証　嶋田昭浩,
　柏田健次郎著　都政新報社　2002.9　259p
　19cm　〈年表あり〉　1500円　Ⓘ4-88614-092-0
　Ⓝ318.236
　内容 第1章「銀行税」訴訟の衝撃（狙いは「東京から
　国を…」　「崖っぷち」の都財政 ほか）　第2章 首
　都圏IT革命宣言（シンガポールに指導力　三三
　〇〇万電子都市 ほか）　第3章 環境と開発のはざま
　（文明の利器と人の命の「トレードオフ」　公害対
　策、美濃部都政の「功と罪」 ほか）　第4章 福祉見
　直しと医療改革の実相（行き過ぎた議会対策　都営施
　設からの撤退 ほか）　第5章 ミニ国家・東京の実験
　（引き継ぎに一役買った台湾政権交代　中曽根元首相
　の「大脱出」、そして三宅島全島避難 ほか）〔2653〕

◇東京都知事の研究　山崎正著　明石書店
　2002.6　838p　22cm　〈文献あり〉　9800円
　Ⓘ4-7503-1579-6　Ⓝ318.236
　内容 第1章 政治と行政　第2章 政治と選挙　第3章
　景気と財政　第4章 評価基準　第5章 美濃部都政
　第6章 鈴木都政　第7章 青島都政　第8章 石原都政
　第9章 都知事の評価　　　　　　　　　　　〔2654〕

◇議長席から見た石原都知事を語る―東京に政治

哲学の種子をまく人　渋谷守生著　万葉舎
2001.5　198p　19cm　〈肖像あり〉　1500円
Ⓘ4-924706-94-9　Ⓝ318.236
　内容 1 政治リーダーの器―石原都政二年間の魅力に
　迫る（石原知事の存在感を探る　知事と議会の攻防
　スピーディな判断　役人とは違う発想 ほか）　2 東
　京から日本を変える（地方分権の確立なくして新時
　代なし　東京再生の鍵は財政再建にあり　地方分権
　時代の政治を創る　大きな未来に向かう「教育改革」
　ほか）　　　　　　　　　　　　　　　　　〔2655〕

◇石原慎太郎と都知事の椅子　神一行著　角川書
　店　2000.12　269p　15cm　〈「都知事の椅子」
　（勁文社1995年刊）の増訂　年表あり〉　533円
　Ⓘ4-04-353303-9　Ⓝ318.236
　内容 プロローグ 自治省出身から無党派へ―知事はこ
　うして誕生する　第1章 総理大臣よりオイシイ職業
　か？―東京都知事という座の権力　第2章 初代・安
　井から三代・美濃部まで―都知事の椅子に座った男
　たち　第3章 晩節を汚した "都庁の天皇"―鈴木裁
　政権が遺した功と罪　第4章 日本一のマンモス自治
　体の実態―都庁の組織と運営システム　第5章 都知
　事を支える側近スタッフ―副知事とブレーンの役割
　第6章 本当に "学歴無用主義" なのか―都庁職員の人
　事と昇進ルール　　　　　　　　　　　　　〔2656〕

◇石原慎太郎「5人の参謀」　上杉隆著　小学館
　2000.9　254p　15cm　（小学館文庫）〈年表あ
　り〉　552円　Ⓘ4-09-404671-2　Ⓝ318.236
　内容 1 東京都の政策決定過程　2 見えざる参謀たち
　3 外形標準税　4 新債券市場構想　5 ディーゼル
　車規制　6 美濃部都政との戦い　7 石原慎太郎の政
　治手法　　　　　　　　　　　　　　　　　〔2657〕

◇ぼくたちが石原都知事を買えない四つの理由。
　姜尚中, 宮崎学著　朝日新聞社　2000.7　173p
　19cm　1200円　Ⓘ4-02-257531-X　Ⓝ318.236
　内容 理由その1 確信犯だった「三国人」発言　理由
　その2 杞憂にすぎない騒擾事件　理由その3 鈍感な
　差別感と道徳感　理由その4 痛みを共感しない政治
　スタイル　石原都知事への手紙　　　　　　〔2658〕

◇倒せ、ファシスト石原　野口正敏著　前進社
　2000.4　270p　19cm　1900円　Ⓝ318.236
　　　　　　　　　　　　　　　　　　　　　〔2659〕

◇「石原知事と議論する会」実施報告書―がんば
　れ中小企業！―東京の危機突破は中小企業の活
　力から　平成11年度 第2回　東京都政策報道室
　都民の声部調査広聴課　1999.11　44p　30cm
　〈会期・会場：平成11年10月5日　大田区産業プ
　ラザ〉　Ⓝ318.236　　　　　　　　　　　〔2660〕

◇「石原知事と議論する会」実施報告書―このま
　までよいのか？　東京の環境―便利さの中で
　"車" を考える　平成11年度 第1回　東京都政策
　報道室都民の声部調査広聴課　1999.10　62p
　30cm（背のタイトル：「石原知事と議論する
　会」　会期・会場：平成11年8月30日　東京都
　庭園美術館〉　Ⓝ318.236　　　　　　　　〔2661〕

◇石原慎太郎くんヘキミは「NO」と言えない
　浜田幸一著　ぶんか社　1999.7　159p　20cm

東京都政

社会科学

〈年表あり〉 1400円 ①4-8211-0671-X Ⓝ318.
236 〔2662〕

◇都知事とは何か―青島・鈴木・美濃部に見る都
知事の器量 内藤國夫著 草思社 1999.3
246p 20cm 1600円 ①4-7942-0878-2
Ⓝ318.236

内容 はじめに 「二期目に強い知事」がその座を投げ
出した！―青島知事の身勝手引退宣言 第1章 青島
知事はなぜ変節したのか―ちゃぶ台をひっくり返さ
ずに終わる 第2章 やればできることをなぜ、やらな
かったのか!?―具体的提案も肩すかしに終わったが…
第3章 ブレーンの大切さを知るべし！―知事一人で
は何もできない 第4章 東、美濃部、鈴木、青島の
四知事―四者四様の功罪を検証する 第5章 贈り名
は "リサイクルの青島"―小さな目標に器量と志は反
映されたか 第6章 官僚に操られるままでいいか―
急所を押さえた鈴木氏と人間オンチの青島氏 第7章
PRベタと開き直るだけでいいか―ちっとも進まない
なかった青島知事 第8章 知事は経営者的資質を持
つべきだ―「財政健全化」の実態を衝く 第9章 都
政は本当に身近になったか―ちっとも進まない情報
公開を衝く 第10章 青島知事引退で後継候補はどう
なるか―混迷する候補者選考の構造を衝く 第11章
なっちゃった知事と選んじゃった有権者―都民の浮
動票の「あやうさ」を分析する 〔2663〕

◇青島知事発言集 青島幸男述 東京都政策報道
室政策調整部 1998.3 291p 30cm Ⓝ318.
236 〔2664〕

◇無党派知事の光と影―激動の青島都政・追跡
東京新聞社会部都政取材班著 東京新聞出版局
1996.4 302p 19cm 〈青島幸男プロダクショ
ン：p300〜302〉 1200円 ①4-8083-0569-0
Ⓝ318.236

内容 序章 これが "青島流" だ！ 第1章 無党派知事、
誕生 第2章 守り抜いた公約 第3章 はっきり見え
ない「青島カラー」 第4章 無念の公約撤回 第5章
いま忍従と屈辱に耐え 〔2665〕

◇都知事の椅子―その権力と組織の解剖 神一行
著 勁文社 1995.11 251p 20cm 〈東京都の
歴史と都政の関連年表：p227〜251 付：参考
資料ならびに参考文献〉 1500円 ①4-7669-
2298-0 Ⓝ318.236

内容 プロローグ 前代未聞の "無党派" 候補の大勝利
―青島都知事はこうして誕生した 第1章 総理大臣
よりオイシイ職業か？―東京都知事という座の権力
第2章 初代・安井から三代・美濃部まで―都知事の
椅子に座った男たち 第3章 晩節を汚した "都庁の
天皇"―鈴木独裁政権が遺した功と罪 第4章 日本一
のマンモス自治体の実態―都庁の組織と運営システ
ム 第5章 都知事を支える側近スタッフ―副知事と
ブレーンの役割 第6章 本当に "学歴無用主義" なの
か―都庁職員の人事と昇進ルール 〔2666〕

◇青島幸男との契約―われわれには青島を支援す
る義務がある 都政を見守る有志の会編 飛鳥
新社 1995.7 190p 18cm 880円 ①4-
87031-220-4 Ⓝ318.236

内容 いじめの壁を突き破る議会戦略の切り札 不信
任案・解散・辞職をめぐる勝利の方程式 議会の集団

いじめで見えてきた敵の戦法 …そこで青島いじめ
の張本人田中晃三 (都議会自民党幹事長) に会ってき
た！ 早くも「ポスト青島」を画策しているのは誰
だ 青島さん、自民党との闘争の日々を忘れるな！
難敵・自治省のいびりを逆手にとる方法 日銀・大
蔵省の圧力にどう対抗すればいいのか 臨海副都心
開発で得する相手を知っておこう 取材攻勢を仕掛
けるマスコミの賢い操縦法 橋本高知県知事から学
ぶべき教訓 〔ほか〕 〔2667〕

◇拝啓青島幸男東京都知事殿 サンドケー出版局
編集部編 サンドケー出版局 1995.5 190p
19cm 950円 ①4-914938-70-7 Ⓝ318.236

内容 著名人・有識者に聞きました「私が青島新都知
事に思うこと」(安部譲二・作家 鹿児島重治・国士
舘大学大学院教授 宮崎正弘・評論家 弘兼憲史・劇
画作家 ほか) 東京都民に聞きました「青島新都知
事の誕生をあなたはどう思いますか」(積極的に支持
する人々 否定する人々 どちらともいえない人々
不安に思う人々 消極的に支持する人々) 〔2668〕

◇Tamaの情熱―誰も語らなかった'91東京都知事
選 渋谷守生を囲む会編著 東洋堂企画出版社
1994.6 206p 19cm Ⓝ318.436 〔2669〕

◇東京都知事 日比野登編 日本経済評論社
1991.3 261p 19cm 1648円 ①4-8188-0456-
8 Ⓝ318.236

内容 1 東京都知事と東京の政治 2 ワンマン知事・
安井誠一郎 3 オリンピック知事・東龍太郎 4 革
新知事・美濃部亮吉 5 行政プロの知事・鈴木俊一
6 東京都知事選史 〔2670〕

《都議会》

◇東京都議会史 第12巻 下 東京都議会議会局
議事部議事課編 東京都議会議会局議事部議事
課 2004.3 1521p 27cm 〈収録期間：昭和62
年9月―平成元年6月 年表あり〉 Ⓝ318.436
〔2671〕

◇東京都議会史 第12巻 上 東京都議会議会局
議事部議事課編 東京都議会議会局議事部議事
課 2002.3 1473p 図版19枚 27cm 〈収録期
間：昭和60年8月〜62年7月〉 Ⓝ318.436 〔2672〕

◇実録！ 東京都議会議員―私はこうして闘った
田中良著 心泉社 2001.3 302p 20cm
1429円 ①4-916109-29-5 Ⓝ318.436

内容 第1章 辛酸なめた政界デビュー 第2章 政治と
金 第3章 都議会立法作戦 第4章 膨大なムダ遣い
第5章 現場で考えた 第6章 三知事の功罪 第7章
地方の声を聞け 〔2673〕

◇東京都議会史 第11巻 下 東京都議会議会局
議事部記録課編 東京都議会議会局議事部記録
課 2000.3 1503p 26cm 〈収録期間：昭和58
年8月〜60年7月〉 Ⓝ318.436 〔2674〕

◇東京都議会史 第11巻 上 東京都議会議会局
議事部記録課編 東京都議会議会局議事部記録
課 1999.3 1556,3p 図版19枚 26cm 〈収録

202 「東京」がわかる本 4000冊

〔2663〜2675〕

社会科学　　　　　　　　　　　　　　　　　　　　　　　　地方行政・地方議会

期間：昭和56年8月～58年7月〉Ⓝ318.436
〔2675〕

◇東京都議会史　第10巻　下　東京都議会議会局
議事部編　東京都議会議会局　1996.3　1551,
68p　26cm〈収録期間：昭和54年8月～56年7
月〉非売品　Ⓝ318.436
〔2676〕

◇東京都議会史　第10巻　上　東京都議会議会局
議事部編　東京都議会議会局　1995.3　1594,
148p 図版19枚　26cm〈収録期間：昭和52年8
月～54年7月　巻末：都議会の沿革〉非売品
Ⓝ318.436
〔2677〕

◇東京都議会史　第9巻　下　東京都議会議会局議
事部編　東京都議会議会局　1994.3　1530p
26cm〈収録期間：昭和50年8月～52年7月〉非
売品　Ⓝ318.436
〔2678〕

◇東京都議会史　第9巻　上　東京都議会議会局議
事部編　東京都議会議会局　1990.3　1159,
267p 図版19枚　26cm〈収録期間：昭和48年8
月～50年7月〉非売品　Ⓝ318.436
〔2679〕

地方行政・地方議会

◇地域再生、八王子からの挑戦　両角穣著　開発
社　2011.11　191p　19cm　952円　Ⓘ978-4-
7591-0134-8　Ⓝ318.436
内容 第1章 地方議会の現場から（政治の世界へ　選
挙 激しくも、おかしく哀しい人間ドラマの世界　日
本の地方自治の仕組み ほか）　第2章 自治体経営と
八王子の未来（これからの自治体経営　八王子の未
来を考える　新しい八王子に向けた五つ星プロジェ
クト）　第3章 日本再生、地域再生（東日本大震災の
衝撃　東日本大震災がもたらしたもうひとつのもの
漂流を続ける暇はない ほか）
〔2680〕

◇知られざる東京権力の謎―中間的自治体の発見
安達智則, 鈴木優子著　花伝社　2006.8　244p
20cm〈発売：共栄書房〉2000円　Ⓘ4-7634-
0473-3　Ⓝ318.2361
内容 第1部 東京区政会館を舞台に（特別区協議会の
正体　存在する第三の統治機構＝東京市　一部事務
組合とは何か　健康を司る「行政権力」の結合）　第
2部 東京の特別区とは（東京の謎にせまる―特別区協
議会が生まれた理由　東京特別区の勘どころ―「一
体性・統一性」「憲法」「首都」　特別区の「NPM行
革」を促進する新自由主義）　第3部 新しい自治の懐
胎（日本中にある「自治会館」　隠れた東京権力から、
開かれた中間的自治体へ）
〔2681〕

◇東京都町村会史―昭和から平成への歩み　東京
都町村会編　府中（東京都）　東京都町村会
2002.2　209p　27cm　Ⓝ318.11
〔2682〕

《23区》

◇脱原発区長はなぜ得票率67％で再選されたの
か？　保坂展人著　ロッキング・オン　2016.8

224p　18cm　1000円　Ⓘ978-4-86052-124-0
Ⓝ318.2361
内容 第1章 3・11後の危機感が、私を区長選挙に導
いた。そして、「脱原発」の実践が、私に「せたがや
YES！」と言わせた（相手は大きな組織、こちらは
組織はないに等しい状態でした　公開討論会を相手
候補が突然欠席したんです　選挙戦最終日に集まっ
たのは100人ぐらいだったかな？　そのうち子連れが
半分。心配されました（笑）ほか）　第2章「せたが
やYES！」が意味するもの。再選選挙で獲得票を倍
にした「世田谷モデル」の成功例とは？　（赤字続き
だった財政を黒字転換に導きました　新築ではなく
はなく、リノベーションという方向も検討するよう
指示しました　企業の「言い値」が続いていたことを
知っていました ほか）　第3章 今の自分の原点には
「中学生の自分」がいる（なぜ政治家になったのか答
えると、成り行きだったということになります　投
開票の翌朝、新聞を見たら「落選しても国会へ」と見
出しが出てる。自分の写真があったという（笑）　私
はいわば国会議員の一番最後の末席にひっかかって
当選したようなものでした ほか）
〔2683〕

◇としまF1会議―消滅可能性都市270日の挑戦
萩原なつ子著　生産性出版　2016.6　219p
19cm〈年表あり〉1800円　Ⓘ978-4-8201-
2055-1　Ⓝ318.2361
内容 プロローグ ある日突然、消滅可能性都市と呼ば
れて　第1章 としまF1会議の道のり―32人（プラス
6人）の闘い　第2章 32名の声が豊島区を動かした―
予算がついたもの・つかなかったもの　第3章「女
性が住みたいまち」に変える―すべて100人女子会か
らはじまった　第4章 区民が手にいれたもの―「本
気の行動」が門戸を開く　第5章 行政にもたらされ
たもの―女性たちがつなぐタスキ　エピローグ 消滅
可能性都市では終わらせない
〔2684〕

◇政治こそ経営だ―区政に経営マインドを "杉並
改革"11年の軌跡　山田宏著　日経BPコンサル
ティング　2016.5　198p　19cm〈年譜あり〉
発売：日経BPマーケティング〉1500円
Ⓘ978-4-86443-104-0　Ⓝ318.2361
内容 第1章 リーダーシップを発揮する（順調なとき
ばかりではない。逆境があるからこそ、次の種がま
かれる。　富士山の登山口はいくつもある。「日本を
よくする」山へ登る道も一つではない。 ほか）　第2
章 経営マインドでイノベーションを起こす（原則を
決めたら、例外なく一気に進める。　大胆な目標を
立てる。新しい改革が生まれ、飛躍につながる。 ほ
か）　第3章 人を動かし、強い組織をつくる（区民か
らの苦情は宝の山。現場の声に耳を傾け、敏感に適
切に応える。　改革とは、敵を仲間に変えることでは
ない。敵の中に味方をつくることだ。 ほか）　第4章
教育を推進し、意識を改革する（一人ひとりの良識を
高めることが、組織と行政を成熟させる。　教育と
は欲しいものを何でも提供することではない。自分
の頭で考え、自立心を育むことである。 ほか）　第
5章 人を生かし、政治を経営する（一つの目標を達
成した後にさらに高い目標を持つことが、組織、社
会を活性化させる。　お金の重みや温かみを大事に
しながら使う。 ほか）
〔2685〕

◇88万人のコミュニティデザイン―希望の地図の
描き方　保坂展人著　ほんの木　2014.9　265p
19cm　1500円　Ⓘ978-4-7752-0088-9　Ⓝ318.

〔2676～2686〕　　　　　　　　　　　　　　「東京」がわかる本 4000冊　203

地方行政・地方議会　　　　　　　　　　　　　　　　　　　　　　　社会科学

2361
内容 1章 孤独な10代と生きづらさを抱える若者たち　2章 保育園の「子どもの声」は騒音か　3章 子どもの声を聞くことから出発する　4章 超高齢化時代と世田谷型「地域包括」　5章 地域から始めるエネルギー転換　6章 民主主義の熟成が時代の扉を開く　7章 地域分権と「住民参加と協働」の道　〔2686〕

◇闘う区長　保坂展人著　集英社　2012.11　190p　18cm　（集英社新書 0667）　700円
①978-4-08-720667-8　Ⓝ318.2361
内容 第1章 すべては「3.11」から始まった　第2章 全国初の「脱原発首長」誕生　第3章 区長のお仕事　第4章 東京電力とのバトル　第5章 電気料金値上げのトリックを見破る　第6章 「世田谷電力」とエネルギーの地産地消　第7章 夢の続きを…　〔2687〕

◇地域力の時代—絆がつくる幸福な地域社会　荒川区自治総合研究所編　三省堂　2012.9　215p　18cm〈文献あり〉　800円　①978-4-385-36576-3　Ⓝ318.2361
内容 第1章 なぜ、今、地域力なのか（「分かち合い」そして「地域力」　区民の幸福を支える地域力　社会の再建力としての地域力）　第2章 荒川区の地域力（荒川区を支える町会・自治会の活動　荒川区を支える区民の活動　地域力向上に向けた区の取り組み）　第3章 これからの地域力（座談会 幸福実感都市を実現するために—これからのコミュニティ　次世代型コミュニティ—ポスト成長時代の幸福と地域）　資料　〔2688〕

◇財政支出ゼロで220億円の新庁舎を建てる—豊島区の行財政改革と驚異の資産活用術　溝口禎三著　めるくまーる　2012.8　221p　20cm　1800円　①978-4-8397-0151-2　Ⓝ318.2361
内容 第1章 220億円の環境庁舎を財政支出なしで建設する　第2章 財政危機招来の構造　第3章 財政再建の道のり　第4章 アイデアで新生としまの活路を開く　第5章 苦闘からハッピーサイクルへ　第6章 資産活用による新庁舎整備計画　第7章 新庁舎建設にいたるドラマ　第8章 安全・安心の「自然な社会」を目指して　〔2689〕

◇東京都区制度の歴史と課題—都区制度問題の考え方　栗原利美著, 米倉克良編　公人の友社　2012.4　143p　21cm　（地方自治ジャーナルブックレット No.58）　1400円　①978-4-87555-599-5　Ⓝ318.2361　〔2690〕

◇豊島区行政経営白書　第6版　豊島区政策経営部行政経営課　2011.4　75p　30cm　300円　Ⓝ318.2361　〔2691〕

◇あたたかい地域社会を築くための指標—荒川区民総幸福度（グロス・アラカワ・ハッピネス：GAH）　荒川区自治総合研究所編　第2版　八千代出版　2010.9　210p　18cm　667円
①978-4-8429-1526-5　Ⓝ318.2361
内容 1 なぜ、いま幸福度指標が問われるのか（豊かな自然、人間の触れ合いと絆が幸福をつくる　一人一人の意識改革が幸福を実現する　GDPと幸福度 ほか）　2 荒川区民総幸福度（GAH）とは何か（荒川区民とともに、基礎自治体の挑戦　幸福を実感できる

地域づくりのために—指標づくりの試行錯誤　経済学からGAHについて考える ほか）　3 荒川区民総幸福度（GAH）のこれまでの取り組みと今後の展望（荒川区における取り組み　荒川区自治総合研究所における調査研究）　おわりに 基礎自治体の住民の幸福問題について　〔2692〕

◇東京23区自治権拡充運動と「首都行政制度の構想」—基礎的地方公共団体への道　特別区協議会編, 大森彌監修　日本評論社　2010.7　160p　22cm〈文献あり　年表あり〉　2500円　①978-4-535-51756-1　Ⓝ318.2361
内容 1 知られていない「都と区」　2 特別区自治権拡充運動の歴史　3「首都行政制度の構想」立案と運動　4 基礎的地方公共団体への道　5 復刻『首都行政制度の構想』関連資料集　〔2693〕

◇住んでみたい街づくりの賢人たち—東京都江戸川区の挑戦！　小久保晴行著　イースト・プレス　2009.11　223p　20cm〈文献あり　年表あり〉　1600円　①978-4-7816-0272-1　Ⓝ318.2361
内容 「住んでみたい街」の原風景　いのちのオアシス　独自の子育て支援　地域でつくる小・中・高教育　「江戸川総合人生大学」とスーパー連携大学院　ボランティアの実践現場　町会・自治会の底力 II 目指せ！　日本一のエコタウン　高齢者福祉「なぎさ和楽苑」の場合　障害者福祉「もぐらの家」の苦悩　友好・国際都市を目指して　〔2694〕

◇探す！　わがまちの魅力—若手職員によるとしま区のススメ　豊島区未来戦略推進プラン広報プロジェクトチーム（本のチーム）編著　ぎょうせい　2008.2　149p　21cm　1714円　①978-4-324-08264-5　Ⓝ318.2361
内容 第1章 豊島区発まちづくり戦略〈未来行き〉（未来戦略推進プラン　2つの新税—放置自転車税の取り組み　文化を基軸としたまちづくり　都市再生でまちが変わる）　第2章 参加と協働の現場を訪ねて（都会にいながら、ふるさと体験—花咲か七軒町植木の里　南長崎第一児童館スチューデンツ　落書きなくし隊　まちへの想いをつなぐ地域通貨アイポイント　地域ブランド創出プロジェクト　にしすがも創造舎—協働で築くアートの創造・発信拠点）　第3章 もっと豊島区！（知られざる豊島区の歴史　まちかど文化財　まち全体をキャンパスに！　知られざる豊島区役所—豊島区はじめて物語）　〔2695〕

◇前人木を植え、後人涼を楽しむ—杉並改革手帖　山田宏著　ぎょうせい　2006.12　195,7p　19cm〈年表あり〉　1429円　①4-324-08130-1　Ⓝ318.2361
内容 第1章 検証・杉並改革（区政改革　地域の活性化　環境　安全・安心　教育）　第2章 住基ネット訴訟で訴えたいこと（住基ネット訴訟で特に判断を求めることあるべき姿としての「選択制」　「法の下の平等」と「自治」を守るためにも　なぜ住基ネットに危惧を抱くのか）　第3章 日本人が本来の元気を取り戻すために—杉並区の歴史教科書採択から（騒擾そして平穏　教科書問題の議論から見えてくるもの　歴史にしっかりつながることから）　第4章 対談 伝統ある組織から勝つ組織へ—山田宏（杉並区長）×清宮克幸（現サントリーサンゴリアス監督・前早稲田大学ラグビー蹴球部監督）（現役時代を振り返って　チー

204　　「東京」がわかる本 4000冊　　〔2687〜2696〕

社会科学　　　　　　　　　　　　　　　　　　　　　　　　　地方行政・地方議会

ム作りの土台　伸び悩む「伝統ある組織」の意識を変える）　　　　　　　　　　　　　　　〔2696〕

◇私の官民協働まちづくり―東京港区長奮闘記
原田敬美著　京都　学芸出版社　2006.9　191p
19cm　1800円　Ⓘ4-7615-1217-2　Ⓝ318.2361
内容 1章 建築家区長の挑戦（都市再生が謳われた背景　日本経済を牽引する港区の再生　国、東京都との関係　駐日大使へ港区をトップセールス　欧米の都市再生に何を学ぶか）　2章 生活都心をとり戻す（住宅供給に知恵を絞る　住商共存のためのルールをつくる　快適な環境を保障する）　3章 官民協働を実践する（2003年新たな出発　開発意欲をインフラ整備に活用する　新たな区民サービスを展開する）　4章 新たな公共政策を提案する（PFI（民活）を推進する　PPPで施設整備を実行　公正な契約制度を制定する　プロポーザル制度を実践する）　　　〔2697〕

◇非営利型株式会社が地域を変える―ちよだプラットフォームスクウェアの挑戦 指定管理者制度の決め手！　枝見太朗著　ぎょうせい
2006.4　193p　21cm　1905円　Ⓘ4-324-07957-9　Ⓝ318.2361
内容 第1章 ちよだプラットフォームスクウェア　第2章 出会い、そして結成　第3章 公募、そして採択　第4章 資金計画を練る　第5章 改修工事始まる　第6章 真夏の激闘　第7章 やっとこぎつけたOpening　第8章 広がるNetwork　第9章 民間による公的施設運営のこれから　　　　　　　　　　〔2698〕

◇シブヤミライ手帖　ハセベケン著　木楽舎
2005.6　173p　18cm　1143円　Ⓘ4-907818-57-2　Ⓝ318.236
内容 ハセベケン主義　ハセベケンのビジョン　会社を辞めます。　立候補、そして当選しました。　初めての質問　シブヤ・マメ知識　シブヤを楽しむ小水　ガイラ　議員活動燃えてます。　みんなの輪　ハセベケン革命（ツキモトユタカ）　　　　　〔2699〕

◇一言申しあげます。―杉並改革　山田宏著
ぎょうせい　2004.7　188,4p　19cm 〈年表あり〉　1429円　Ⓘ4-324-07342-2　Ⓝ318.2361
内容 第1章 杉並改革の軌跡（スタートは行財政改革　杉並ルールの新たな創出　地域とともに築く―治安・教育・福祉　隅より始める）　第2章 山田区政を私はこう見る　第3章 自治は歴史的必然である―私の地方自治小論　　　　　　　　　　　　　〔2700〕

◇荒川区全国一への挑戦―藤澤区長、走る!!　藤澤志光著　双葉社　2004.4　215p　20cm
1500円　Ⓘ4-575-29667-8　Ⓝ318.2361
内容 第1章 我が愛しの荒川区（多くの史跡や文化財は我が街の誇り　"向こう三軒両隣"は今も健在 ほか）　第2章 私が荒川区長になったわけ（近所の子供たちと群れをなして遊んだ少年時代　学生運動に明け暮れた大学時代 ほか）　第3章 「うらやましいぞ、荒川区！」と言われて（民間よりもサービスがいい（？）　区役所の窓口　引っ越しシーズンの"新作戦" ほか）　第4章 全国一の自治体を目指す（『7つの安心社会』で誰もが快適に暮らせる街づくり　大胆な発想で新たな行政改革 ほか）　山田美保子さんとの対談 荒川区はどこを切っても日本一!?（地価も物価も安いし人情は豊かだから住みやすい　柔道や自転車の"北島康介"出現か？ ほか）　　　　　　〔2701〕

◇21世紀の新しい自治体行政への挑戦―第二次世田谷区政白書　世田谷自治問題研究所, 世田谷区職員労働組合編　こうち書房　2003.2　331p
21cm 〈発売：桐書房〉　2000円　Ⓘ4-87647-594-6　Ⓝ318.2361
内容 プロローグ 東京都世田谷区、区政の変容から何を学ぶか―第二次世田谷区政白書刊行の意図と目的　第1部 20世紀から21世紀へ―世田谷区と区政が変わる（世田谷区の社会・文化・生活構造の変化　世田谷区政の変化 ほか）　第2部 いま世田谷区・区民の抱える問題―区民の要求と諸課題（産業とくらし　福祉と健康 ほか）　第3部 生活と健康、自治と分権の拡充をめざして（経済・産業の安定と発展　分権と自治の拡充 ほか）　エピローグ 21世紀の新しい自治体行政への挑戦―きびしい試練をこえて　〔2702〕

◇新宿・自治体政策への挑戦―自分の頭で考える自治体を目指して　片山泰輔監修, 新宿自治体政策研究会編　ぎょうせい　2002.10　175p
21cm　1714円　Ⓘ4-324-06980-8　Ⓝ318.2361
〔2703〕

◇地方行政の達人―江戸川区の発展に献身した「勇気ある男」中里喜一の軌跡　小久保晴行著　イースト・プレス　2002.4　385p　20cm 〈肖像あり〉　2500円　Ⓘ4-87257-292-0　Ⓝ318.2361
内容 やれば出来ると思っていても…　飛翔への助走　区長就任　ユニークな発想・江戸川方式　三大公害闘争　親水公園・清流は甦る　おまつり区長　健康施設　友好都市　若い世代への贈り物　熟年福祉　障害者福祉　公共施設　名は永久に　エピソード・その知られざる人間性　中里語録　　　　　〔2704〕

◇私は、練馬から変えたい。―地方政治は、自分育て、町育て。　沖山一雄著　明石書店　1998.11　202p　19cm　1429円　Ⓘ4-7503-1106-5　Ⓝ318.2361
内容 序 自分育てが町育てになるような政治　第1章 どう考えるか？　地方行政の実情―練馬区の行政はこんなところが問題だ　第2章 豊かな人材―多くの人たちが自分育てをしながら町育てに参加していく　第3章 新しい時代を切り開く―自治の展開こそが時代を変えていく　第4章 私たちの時代がやってきた―対談 菅直人民主党代表と　　　〔2705〕

◇「利権」のカラクリ―前世田谷区議が告発する「地方政治」のあきれた実態　三田真一郎著　ティーツー出版　1997.9　223p　19cm　1200円　Ⓘ4-900700-87-8　Ⓝ318.2361
内容 第1章 実録・お役人の裏金作りの実態　第2章 私が区選挙に立った理由　第3章 私の選挙戦秘話　第4章 区議会のあきれた面々　第5章 区長は専制君主　第6章 第3セクターは利権の宝庫　第7章 補助金はおいしい　第8章 告発！　疑惑の土地取引　　　〔2706〕

◇なぜ大田区役所移転か　西村敏廉著, 月刊「おとなりさん」編集部編　ハーツ＆マインズ　1996.4　157p　1200円　Ⓝ318.2361　〔2707〕

◇痛快ワンマン町づくり　早瀬圭一著　筑摩書房　1993.3　309p　15cm 〈ちくま文庫〉　620円　Ⓘ4-480-02699-1　Ⓝ318.236

地方行政・地方議会　　　　　　　　　　　　　　　　　　　　社会科学

内容 1 江戸川第一主義　2 行政はビジネスだ　3 人生の問題への質疑応答　4 ホタル・プロジェクト　5 職員独自採用方式　6 水の流れる町　7 高齢化社会への具体策　〔2708〕

◇東京23区　特別区協議会　1990.12　37p　30cm〈英語書名：Wards of Tokyo metropolis　英文併記〉Ⓝ318.236　〔2709〕

《多摩地域》

◇政策としてのコミュニティ―武蔵野市にみる市民と行政のパートナーシップ　高田昭彦著　風間書房　2016.3　309p　21cm　2700円　Ⓘ978-4-7599-2125-0　Ⓝ318.2365
内容 序章 政策としてのコミュニティ概念の登場　第1章 新しいコミュニティづくりへの胎動　第2章 武蔵野市のコミュニティ政策（基盤整備期）―「コミュニティ構想」に込められた想い　第3章 武蔵野市のコミュニティ政策（政策定着期）―コミュニティセンターづくりからコミュニティづくりへ　第4章 武蔵野市のコミュニティ政策（政策転換期）―コミュニティ構想・自主三原則・行政・コミュニティ協議会の変化　終章 コミュニティ政策を振り返って　〔2710〕

◇これからの総合計画―人口減少時代での考え方・つくり方　一條義治著　イマジン出版　2013.10　79p　21cm　（Copa Books 自治体議会政策学会叢書）〈文献あり〉1000円　Ⓘ978-4-87299-649-4　Ⓝ318.2365
内容 第1部 新たな総合計画策定に向けた政策研究（人口構成の変化と市財政への影響　住宅開発と企業誘致の税収効果の分析　公共施設の老朽化と公的資産マネジメント（PRE）の推進　人や企業から「選ばれる自治体」になるために）　第2部 新たな総合計画策定の取り組み（三鷹市の計画行政と市民参加の変遷　新たな総合計画のあり方　第4次基本計画の市民参加　無作為抽出の市民討議会による市民参加　人口減少・低成長の時代の市民参加のあり方）　おわりに 人口減少時代に総合計画を策定する意義と必要性〔2711〕

◇命を守る東京都立川市の自治会　佐藤良子著　廣済堂出版　2012.4　175p　18cm　（廣済堂新書 020）800円　Ⓘ978-4-331-51591-4　Ⓝ318.8365
内容 序章 私たちは東日本大震災にこう対処した　第1章 私が自治会長になった理由　第2章 住民に必要とされる自治会を目指して　第3章 コミュニティビジネスで財政を強化　第4章 自立した町づくりに必要なこととは　第5章 地域ぐるみで子どもを育てる　第6章 自分たちで守る防災防犯　第7章 「向こう三軒両隣」で孤独死を防ぐ　第8章 いきいきと輝く創年を目指して　〔2712〕

◇市民が主役！　まちづくり市長の奮闘記―武蔵野を愛すればこそ　邑上守正著　生活社　2009.7　235p　19cm〈年表あり〉1300円　Ⓘ978-4-902651-20-1　Ⓝ318.2365
内容 第1部 市長誕生！　過去・現在、そして未来へ向かって（ふるさと武蔵野の市長をめざして―都市プランナーからの挑戦！　市政の基本理念と実践―市民が真ん中、市民が主役の市政をめざして）　第2部

対談編 アラフィフ世代が日本をリードする（アメリカの政治から地方自治を学ぶ（佐藤学・沖縄国際大学教授）　文化芸術を通して未来へつなぐ―武蔵野＆利賀からの発信（重政良恵・静岡県舞台芸術センター芸術局長）　世界から日本を見つめ直す（伊勢崎賢治・東京外国語大学大学院教授））　活動日誌編 邑上市長の歩み（二〇〇五年一〇月～二〇〇九年五月）　〔2713〕

◇市民（ひと）輝く狛江へ　矢野ゆたか著　新日本出版社　2009.6　237p　20cm　1500円　Ⓘ978-4-406-05249-8　Ⓝ318.2365
内容 プロローグ いつも「初めて」から始まる　1 狛江を育てた市民の力　2 市政運営の基準をどこにおいたか　3 市長として努力してきたこと、学んだこと　4 私を育てた人びとと、その時代　終わりに 「市民輝く狛江へ」　〔2714〕

◇市民による市民のための合併検証―あきる野市の実態が示すもの　岡田知弘、大和田一紘、あきる野市政を考えるみんなの会編著　自治体研究社　2007.6　115p　26cm　1800円　Ⓘ978-4-88037-487-1　Ⓝ318.12
内容 第1部 平成の大合併と「あきる野市」（国の市町村合併政策の形成、展開過程を考える　「あきる野市」の合併劇と住民による検証運動　「あきる野市」合併検証運動が明らかにしたこと　合併後の検証、地域づくりのために何が必要か）　第2部 市民による合併10年の検証（なぜ合併の検証か　合併検証―そのチェックポイント　「合併の効果」は本当か　行政運営の効率化は図られたか　ほか）　〔2715〕

◇稲城の覚悟―首都圏注目度No.1の街　石川良一著　ウェイツ　2007.1　215p　19cm〈年表あり〉1300円　Ⓘ978-4-901391-78-8　Ⓝ318.2365
内容 「注目度No.1の街」稲城から美しい景観と武道精神の再構築を！　（伝統を忘れた日本人　明治維新で景観破壊が始まった　ほか）　武道家が語る心づくり・街づくり（話題性に流されている最近の武道と社会風潮　"道"としての武道の考え方がなくなりつつある時代　ほか）　稲城の美しい街並みをどうつくるか（普通の「郊外」とは一味違う稲城　全国で初めて市長が耐震強度偽装の支援をしないと発表　ほか）　街づくりコラム集（これからの行政職に求められる能力、資質　日本の政治に求められているのは統合力（インテグレーション）！　ほか）　時代の16年をふりかえって（尾崎豊を巡る断層　深夜のニュース番組に思う　ほか）　〔2716〕

◇「新しい公共」と新たな支え合いの創造へ―多摩市の挑戦　首都大学東京都市教養学部都市政策コース監修, 大杉覚著, 渡辺幸子講演　公人の友社　2006.10　83p　21cm　（都市政策フォーラムブックレット no.1）〈会期・会場：平成17年11月24日　首都大学東京南大沢キャンパス　年表あり〉900円　Ⓘ4-87555-479-6　Ⓝ318.2365
内容 第1部 講演 「新しい公共」と新たな支え合いの創造へ（市長になった経緯　多摩市は市民参加度日本一―市民が主役のまち・多摩　新たな支え合いの仕組みの構築と小さな市役所　市民活動情報センター）　第2部 対談 渡辺幸子×大杉覚　資料編　〔2717〕

206　「東京」がわかる本 4000冊　　　　　　　　　　　　　　　〔2709～2717〕

社会科学　　　　　　　　　　　　　　　　　　　　　　　地方行政・地方議会

◇人が変わる、街が変わる─狛江の市民運動と市民派市長の誕生　岡崎泰治著　八王子　ふこく出版　2006.7　343p　20cm〈発売：星雲社〉1500円　Ⓘ4-434-08193-4　Ⓝ318.2365
内容　第1章 狛江市政と住民運動（「豊かな会」二〇〇二新春の集い問題　矢野市政以前の狛江市政　狛江を揺るがした十七日間─住民運動の基盤　保守市政への挑戦）　第2章 市政刷新（市民派矢野市長実現への始動　市民派矢野市長誕生　狛江市長選挙の結果と教訓　市民が主役の市政へ）　第3章 狛江モデル（市民派市長と市民運動の協同　矢野市政の苦闘と前進「市民が主役の市政」二期目への挑戦　狛江モデルの発展）　第4章 狛江モデルの普遍化（今後の課題　歴史と個人の役割　狛江モデルの歴史的意義）〔2718〕

◇公助・共助・自助のちから─武蔵野市からの発信　成蹊大学文学部学会編　風間書房　2006.5　258p　20cm（成蹊大学人文叢書 4）〈文献あり〉2000円　Ⓘ4-7599-1568-0　Ⓝ318.8365
内容　はじめに「公共」の役割を担う市民たちの登場　第1章 武蔵野市におけるコミュニティづくり─市民と行政のパートナーシップに基づくコミュニティづくり　第2章 共に生きる福祉と生涯学習─住み慣れた地域で生きがいのある生活を　第3章 自律性と循環性を備えた地域情報化を目指して─地域と大学の連携モデルとしてのメディアリテラシー実習　第4章 環境の「再生」と「共創」─響きあう市民と行政　第5章 文化を伝え地域に活かす─武蔵野市における試み〔2719〕

◇多摩白書　府中（東京都）　東京市町村自治調査会　2006.3　133p　30cm　Ⓝ318.2365〔2720〕

◇ムーバスの思想武蔵野市の実践　土屋正忠著　東洋経済新報社　2004.8　217p　19cm　1500円　Ⓘ4-492-22252-9　Ⓝ318.2365
内容　序章 新しい「公共」のあり方とは　第1章 地域の安全は市民みずからが守る　第2章 ムーバスの思想・武蔵野市の実践　第3章 セカンドスクール・救国の教育　第4章 美しい日本をつくる　終章 豊かな地域社会─市町村の時代〔2721〕

◇清瀬異聞─土地とごみ袋とムラ社会　布施哲也著　社会評論社　2003.11　219p　19cm　2000円　Ⓘ4-7845-1433-3　Ⓝ318.2365
内容　第1章 ごみ袋─二〇〇一年（ごみを拾うな、そのままにしろ　何がめでたいのか松竹梅 ほか）　第2章 傍聴─二〇〇二年（そこのけ、親衛隊が闊歩する　悪いのは、調べた奴だ ほか）　第3章 怪文書─二〇〇三年（偵察要員は橋の上から監視する　団体が個人意思を支配する ほか）　エピローグ 閉鎖社会（来たり者にはわたさない　役所に逆らう者は許さない）〔2722〕

◇市民がつくった合併問題を考えるあきる野市民白書　あきる野市政を考えるみんなの会編〔あきる野〕　あきる野市政を考えるみんなの会　2003.7　223p　26cm〈発売：自治体研究社〉1800円　Ⓘ4-88037-387-7　Ⓝ318.2365
内容　第1部 合併後のあきる野市を検証する（総論 合併をテコにした開発に実りはない　合併から7年 合併までの動き ほか）　第2部 私たちが調べたあきる野市の財政（総論 あきる野市民が財政分析をした意

義　歳入の特徴　歳出の特徴 ほか）　第3部 分野別に見た私たちのまちづくり（福祉　環境　産業 ほか）〔2723〕

◇協働のまちづくり─三鷹市の様々な取組み計　秋元政三著　公人の友社　2003.5　49p　21cm（地方自治土曜講座ブックレット no.91　北海道町村会企画調査部企画）　700円　Ⓘ4-87555-382-X　Ⓝ318.2365
内容　1 コミュニティ行政の展開　2 丸池公園復活プランづくり　3 市民協働の高山小学校建て替えプランづくり　4 市基本計画策定「みたか市民プラン21会議」の活動　5 学校・家庭・地域連携教育IT推進事業　6 分権と協働のまちづくり推進のために─自治体自治・市民自治推進の視点〔2724〕

◇地方議会議員生態白書─地方政治の裏表　ふくおひろし著　増補新版　インパクト出版会　2002.7　249p　19cm　1800円　Ⓘ4-7554-0109-7　Ⓝ318.4365
内容　足元からの改革　議員のいるところは治外法権　いずこも同じ議員の素顔　議員の資質はこんなもの　疑問だらけの行政　親方日の丸体質　差別をどうするどうした共産党　いまどきの“聖職者”　議員と有権者は同レベル　横田基地と武蔵村山市政　戦いのテクニック　議会改革の遠隔操作　権利と義務　議員固有の諸権利を軽くするのも守るのも議員　「死に体」となった市長〔2725〕

◇多摩広域行政史─連携・合併の系譜　多摩広域行政史編さん委員会編　府中（東京都）　東京市町村自治調査会　2002.3　247,8,74p　30cm〈折込み3枚〉　Ⓝ318.236〔2726〕

◇西東京市の事例に見る合併協議の実務─ドキュメント市町村合併　西東京合併事務研究会編　ぎょうせい　2001.9　294p　21cm　2800円　Ⓘ4-324-06598-5　Ⓝ318.12
内容　序 西東京市誕生小史　第1編 合併へのシナリオ（任意合併協議会の設立　任意合併協議会の運営　法定協議会の設立　決定協議会の運営　合併協定調印　新市への準備　新市誕生）　第2編 合併に向けた調整のポイント（条例、規則等の調整　決算、予算電algo システムの統合　組織機構の整備　各種団体等の調整〔一部事務組合　協議会等〕　各種事業の調整Q&A）　第3編 予算資料〔2727〕

◇市民がひらく21世紀の日野─日野市民白書2001　柴田徳衛監修、日野市民白書刊行委員会編　日野　日野市民白書刊行委員会　2001.4　403p　26cm〈発売：自治体研究社〉1905円　Ⓘ4-88037-330-3　Ⓝ318.2365
内容　第1部 われらの日野─日野の社会構造（日野市の人口構造　産業構造を見る ほか）　第2部 日野市財政の現状と今後の財政運営について（財政を考える　地方財政の財政状況 ほか）　第3部 日野市と市民が直面する課題─われわれの提言（健康と福祉のまち─生きる喜びを　教育と文化のまち─学ぶ喜びと交流を ほか）　第4部 市民がひらく地方自治（地方分権と地方自治のあり方　情報政策の展開 ほか）〔2728〕

◇日野ののろし─初マイクぐっと握って三〇年

〔2718〜2729〕　　　　　　　　　　「東京」がわかる本 4000冊　207

地方行政・地方議会

板垣正男著　光陽出版社　2001.3　222p
19cm　1429円　Ⓘ4-87662-284-1　Ⓝ318.2365
内容 プロローグ ミレニアムの旦　1章 青年市議の誕生　2章 新しい風―議員活動始動　3章 市民の心を肌で感じて―生活相談　4章 「継続」は力　5章 市民のいのち「水」をまもる　6章 多摩川にサケが帰るロマン　7章 自治の本旨を追求　8章 国を動かす農ある町づくり　9章 教育とPTA会長体験　10章 もう一人の私　〔2729〕

◇地方議会議員奮戦記―地方分権時代地方からの発信 市議会議員8,760日の記録　中川昭二著　創栄出版　2000.2　363p　20cm〈発売：星雲社〉1905円　Ⓘ4-7952-4146-5　Ⓝ318.2365
内容 第1部 分権時代―地方からの発信（私の実践した民主主義　議員の資質向上と議会権能強化への提言　議員退任のあいさつ ほか）　第2部 議会質問―代表質問、一般質問、委員会質疑（平成八年度三月定例会代表質問　昭和五十九年度第三回定例会一般質問 ほか）　第3部 議長職に伴う会議・行事内容　第4部 その時々に一言（昭島市に於るゴミ対策　ふり返って君に一言　企業の社会的意義とその課題 ほか）　〔2730〕

◇自治体も「倒産」する―小金井市・自主再建への道を探る　加藤良重著　公人の友社　1998.10　77p　21cm　（地方自治ジャーナルブックレット no.21）　1000円　Ⓘ4-87555-273-4　Ⓝ349.21365
内容 第1部 自治体も「倒産」する（破綻に瀕する自治体財政　高齢化する職員構成　何が財整破綻をもたらしたか　支払えるか、退職金）　第2部 自治体の「倒産」回避への取り組み―自主再建に挑戦をする小金井市（組織の総力をあげての取り組み　市議会では再建の道しるべ「行革大綱」　取り組みの成果　次なる改革の課題）　〔2731〕

◇武蔵野から都市の未来を考える　土屋正忠著　東洋経済新報社　1996.12　241p　19cm　1500円　Ⓘ4-492-22149-2　Ⓝ318.7365
内容 第1章 市民に学ぶ都市基盤づくり（警視総監が教えた違法駐車防止条例　市民の足、ムーバス　パチンコ店に習った自転車置き場 ほか）　第2章 人々は生きる、豊かな武蔵野に（はらっぱは残った　フレッシュサラダ作戦　子育ては楽し、0123吉祥寺 ほか）　第3章 良福祉中負担で活用ある日本（95年1月17日500km離れた武蔵野では…　加害者になりたくない症候群　日本一元気な利賀村・過疎と過密の交流 ほか）　〔2732〕

◇地域社会の構造と変容―多摩地域の総合研究　中央大学社会科学研究所編　八王子　中央大学出版部　1995.4　398,64p　22cm　（中央大学社会科学研究所研究叢書 3）　5047円　Ⓘ4-8057-1302-X　Ⓝ318.236
内容 序章 多摩地域研究の意義と課題　1 多摩地域論の動向と構図―多摩自立都市圏構想の批判的検討　2 多摩地域自治体の行財政構造　3 「産業構造転換」と多摩地域工業の構造―多摩地域工業の構造と将来構想についての一考察　4 戦後の多摩地域の自治体選挙と地方政治家　5 多摩地域の社会計画と住民生活　6 多摩地域の「市民」像―多摩市調査を中心に　7 多摩ニュータウン開発事業の特徴　8 多摩の南北交通の現状と課題―第三セクターによるモノレール建設を事例として　9 大規模開発をめぐる政治的対抗―圏央道建設の政治過程　10 公社方式によるホームヘルプ・サービスと地域・自治体のホームヘルプ・サービス―町田市在宅福祉サービス公社有償在宅福祉サービス事業調査結果から　11 市民参加とまちづくり―三鷹市コミュニティ政策にみる「参加」の現在　〔2733〕

◇地域学　1　'93日野市長選の実態分析　芦沢宏生著　尚学社　1994.10　245p　21cm　2700円　Ⓘ4-915750-28-0　Ⓝ361.7
内容 第1章 「大勢翼賛会」の暴走　第2章 日野市に少ない「自律した市民」　第3章 森田市長の苦闘と「革新」党派　第4章 解体への途・独立へ　〔2734〕

◇多摩移管百年展―神奈川県から東京府へ―の記録　町田市立自由民権資料館編　町田　三多摩東京府移管百周年記念特別展実行委員会　1993.12　93p　26cm〈会期：1993年3月20日～7月4日　参考文献：p92〉Ⓝ318.12　〔2735〕

◇なぜ多摩は東京都となったか　梅田定宏著　立川　けやき出版　1993.8　67p　21cm　（けやきブックレット 13）　500円　Ⓘ4-905942-34-9　Ⓝ318.12
内容 東京と三多摩　1 神奈川県時代の三多摩　2 移管法案の通過　3 東京からの移管要求　4 神奈川自由党の分断　5 地元の移管推進派　6 移管後の三多摩　7 府制案と三多摩　8 「武蔵県」構想の検討　9 都制編入か「多摩県」か　10 都制編入運動のもりあがり　11 三多摩統一への努力　12 都制編入要求と東京緑地計画　13 神奈川県郡部との新県設置案　14 大東京の実現と三多摩　15 小河内貯水池問題と都制編入運動　16 東京都制促進連盟の結成　17 市町村制か区制か　18 三多摩編入都制の実現　都制成立後の三多摩　〔2736〕

◇躍動する多摩の21世紀―改革・躍進・調和　三田敏哉編著　東洋堂企画出版　1993.1　254p　19cm　1600円　Ⓘ4-924706-55-8　Ⓝ318.236
内容 第1部 躍動する多摩の21世紀―改革・躍進・調和（不公平是正への挑戦　歴史と風土に根ざす新時代新鮮な活力で未来を創る）　第2部 「ターニングポイントの多摩」を語る 対談（新時代の東京・多摩はいかにあるべきか 菊池 久　国政と都政の交差点 花岡信昭　近代東京への原風景と素顔 池宮彰一郎　自然環境保護の発信基地として 中野良子　「武蔵の国」知ッテイマス ペマ・ギャルポ　多摩川はふるさとの命 三田鶴吉）　三田敏哉の経歴　〔2737〕

◇武蔵野ショック―高額退職金是正に燃えた30日　武蔵野百年史編さん室編　ぎょうせい　1992.3　419p　22cm　2000円　Ⓘ4-324-03362-5　Ⓝ318.3
内容 第1章 退職金是正の経過と意義　第2章 関係者の話　第3章 退職金是正問題の資料と解題　第4章 マスコミ報道等一覧　〔2738〕

◇町田市が変わった―地方自治と福祉　大下勝正著　朝日新聞社　1992.2　242p　20cm　1500円　Ⓘ4-02-256425-3　Ⓝ318.236
内容 1 駅前再開発物語　2 乱開発の抑制　3 福祉の

社会科学　　　　　　　　　　　　　　　　　　　　　　　　　　　　法律・条例

まちづくり　4 指紋押捺問題―政府通達と地方自治　5 ごみ＝資源リサイクル
〔2739〕

◇市民の手づくり八王子白書―わが街を見る・聞く・語る　『市民がつくる八王子市政白書』刊行委員会編　自治体研究社　1991.12　141p　26cm　1500円　Ⓘ4-88037-135-1　Ⓝ318.236
〔2740〕

法律・条例

◇同性パートナーシップ証明、はじまりました。―渋谷区・世田谷区の成立物語と手続きの方法　エスムラルダ,KIRA著　ポット出版　2015.12　288p　19cm〈文献あり〉1700円　Ⓘ978-4-7808-0225-2　Ⓝ324.62
内容 第1章 同性パートナーシップ証明はなぜ、いかにして生まれたのか（渋谷区の場合　世田谷区の場合　2015年11月5日 同性パートナーシップ証明スタート）　第2章 同性パートナーシップ証明手続き編（パートナーシップ証明ってどんなもの？　パートナーシップ合意書を作ろう！　任意後見契約書を作ろう！）　資料
〔2741〕

◇都政六法　平成28年版　学陽書房編集部編　学陽書房　2015.12　1591,7p　19cm〈索引あり〉6400円　Ⓘ978-4-313-00992-9　Ⓝ318.236
内容 第1類 都政一般　第2類 人事　第3類 財務　第4類 都民生活　第5類 教育文化・青少年　第6類 都市整備　第7類 公営企業　第8類 安全　〔2742〕

◇五日市憲法草案とその起草者たち　色川大吉編著　日本経済評論社　2015.11　312p　20cm〈「民衆憲法の創造」（評論社 1970年刊）の改題新版〉3000円　Ⓘ978-4-8188-2408-9　Ⓝ213.65
内容 第1部 五日市憲法の創造（五日市学芸講談会と起草者千葉卓三郎　人権の先覚者―千葉卓三郎波瀾の生涯）　第2部 埋もれた多摩の人脈（歴史に埋もれた人びと　民衆憲法を生みだした山村共同体“地域”研究と市民の歴史学―ある運動の理論的総括）　第3部 五日市憲法草案と嚶鳴社憲法草案の研究（五日市憲法草案の研究　嚶鳴社憲法草案の研究）　第4部 世界の模範・「日本国憲法」（自由民権期の民衆憲法と日本国憲法の源流―五日市憲法草案からみえるもの　現憲法の理想の実現こそが人類の歴史に新しいページを開く―現憲法成立の経緯から「押しつけ憲法」論を批判する）　史料 五日市憲法草案、嚶鳴社憲法草案全文
〔2743〕

◇揺らぐ「結婚」―同性婚の衝撃と日本の未来　森田清策,早川俊行編著　世界日報社　2015.10　159p　21cm　（View P BOOKS）　500円　Ⓘ978-4-88201-092-0　Ⓝ324.62
内容 第1章 渋谷区「パートナーシップ条例」はなぜ問題なのか（そもそも条例にする必要があったのか　同性婚容認を助長する恐れ　同性婚容認への道を開く問題リード）　第2章 結婚には神聖な価値がある　第3章 「同性婚」容認への道を開くパートナーシップ条例（全国初の条例成立後の動き　家族制度の混乱に拍車　結婚制度を混乱させる同性カップル条例ほか）　第4章 「同性婚」先進国・米国の悲劇と混乱（「パンドラの箱」を開けた米社会　同性婚で強まる

「宗教迫害」　2000年の道徳観・性倫理が「偏見」にほか）
〔2744〕

◇ガイドブック五日市憲法草案―日本国憲法の源流を訪ねる　鈴木富雄著　大阪　日本機関紙出版センター　2015.3　153p　19cm〈文献あり〉1300円　Ⓘ978-4-88900-917-0　Ⓝ213.65
内容 第1章 五日市憲法草案とは（なぜ今、五日市憲法草案に大きな関心が…　発見の経緯　主な条文と対応する日本国憲法条文　内外の研究者から高い評価）　第2章 なぜ五日市憲法草案は作られたのか（自由民権運動を背景に―農民一揆と不平士族の反乱　なぜ五日市であったのか　五日市学芸講談会とは）　第3章 五日市憲法草案は誰が書いたのか（起草者千葉卓三郎について　千葉卓三郎の思想と制法論　深澤家とのかかわり　卓三郎亡きあとの深澤権八　その後の深澤家　その後の自由民権運動　困民党の運動に）　第4章 五日市憲法草案と日本国憲法（五日市憲法草案の精神はどのように日本国憲法に受け継がれているのか　GHQが原案作成に着手した背景　GHQ原案策定を3つの側面から見る）
〔2745〕

◇暴力団排除条例と実務対応―東京都暴力団排除条例と業界別実践指針　犬塚浩,加藤公司,尾﨑毅編著　青林書院　2014.1　339p　21cm〈索引あり〉3400円　Ⓘ978-4-417-01616-8　Ⓝ326.81
内容 第1章 暴力団排除条例の意義　第2章 都暴排条例の特徴　第3章 都暴排条例における事業者の契約時における措置等　第4章 都暴排条例における利益供与の禁止等　第5章 都暴排条例の個別条項について　第6章 各都道府県の暴排条例における事業者に対する措置・利益供与に対する措置の比較　第7章 業界別の都暴排条例への対応
〔2746〕

◇エロとまんがと育成条例　健全育成条例研究会編　クイン出版　2011.4　1冊　30cm　952円　Ⓘ978-4-86284-109-4　Ⓝ367.6136
〔2747〕

◇非実在青少年〈規制反対〉読本―僕たちのマンガやアニメを守るために！　サイゾー,表現の自由を考える会著　サイゾー　2010.6　127p　21cm　800円　Ⓘ978-4-904209-07-3　Ⓝ367.6136
内容 まだまだ目が離せない！　どうなる？“非実在青少年”問題（月刊サイゾーより転載）　都条例の経緯と表現規制問題のこれから　「非実在」な青少年と『不実在』な子供たち　政治的な活動は苦手だけれど一動かなければ、何も始まらなかった。　規制反対陳情ドキュメント 諦めません、否決まで　3月14日 Jガーデン「血のホワイトデー」事件顛末　声を紡ぐということ　一人の翻訳家による都議会への集団陳情の試み　兼光ダニエル真による解説付き第28期東京都青少年問題協議会議事録抜粋　頑張ろう！　マンガは犯罪を助長しているか？　〔ほか〕〔2748〕

◇無防備平和条例は可能だ―国立市議会審議の記録　無防備地域宣言運動全国ネットワーク編著　大阪　耕文社　2007.1　185p　21cm　952円　Ⓘ978-4-906456-79-6　Ⓝ319.8
内容 第1部 国立市の取り組み・その実際―無防備平和条例は戦時増勢づくりへの有効な対抗手段（国立市の活動の成果と課題　国立市議会への上原市長意見書　請求代表者意見陳述）　第2部 国立市の取り組

経済　　　　　　　　　　　　　　　　　　　　　　　　社会科学

み・その意義―無防備平和条例は可能だ！　余すところなく示した国立市議会審議　資料編　〔2749〕

◇自治基本条例をつくる―「みたか市民の会」がめざしたもの　内仲英輔著　自治体研究社　2006.11　155p　21cm〈年表あり〉1600円　①4-88037-473-3　Ⓝ318.2365
内容　第1章 自治基本条例とはなにか　第2章 「自治基本条例をつくる市民の会」が旗揚げした　第3章 勉強会からのスタート　第4章 試案づくりでの論点　第5章 「まち研」分科会への参加　第6章 報告書から条例案上程まで　第7章 議会との攻防―つぶされた公聴会、静かな野党　第8章 「市民の会」の残したもの　補章 ハウツー自治基本条例　資料〔2750〕

◇五日市憲法草案と深沢家文書―故郷あきる野に帰る　あきる野市企画財政部企画課編　あきる野　あきる野市　2005.9　127p　22cm〈年表あり〉Ⓝ213.65　　　　　　　　　　　　〔2751〕

◇市民がつくる東京の環境・公害条例―東京都公害防止条例改正市民案　東京都公害防止条例改正市民案をつくる会, 市民フォーラム2001企画・編集　公人の友社　2000.2　109p　21cm（地方自治ジャーナルブックレット no.25）1000円　①4-87555-288-2　Ⓝ519.12
内容　市民案づくりで私たちが訴えたいこと　座談会　東京都・公害防止条例改正のインパクト―市民がつくる21世紀の環境　完全比較！　インタビュー「東京都公害防止条例はこうして誕生した」―西村邦男氏にきく　　　　　　　　　　　　　　　〔2752〕

◇市民のための情報公開―東京都情報公開条例を例に　東京弁護士会人権擁護委員会編　改訂版　東京弁護士会　1995.2　127p　21cm〈参考文献：p122～125〉Ⓝ318.236　　　　　〔2753〕

◇いわゆるポルノ・コミックへの対応について―東京都青少年問題協議会意見具申　東京都生活文化局　1992.1　8p　26cm　Ⓝ367.6　〔2754〕

経済

◇高度成長は世界都市東京から―反・日本列島改造論　増田悦佐著　ベストセラーズ　2013.7　318p　19cm　1500円　①978-4-584-13497-9　Ⓝ331
内容　第1章 21世紀のキーワードは都市化とエネルギー効率（20世紀を通じて、都市化こそ経済成長の源泉だった　90年代の日本経済の低迷も「均衡ある国土の発展」路線による政策不況だった　ほか）　第2章 都市化の背骨には、鉄道が必要不可欠（日本経済だけが突出して高いエネルギー効率を維持している理由は何か　そぞろ歩きさえ営利事業化するアメリカ　ほか）　第3章 世界中の大都市は東京をまねるか、亡びるかの岐路に立たされる（10～30年代に理想の大都市と描かれた高密大都市像を実現した東京だけ　日本のもうひとつの強みは、貧乏くさいが広くて厚いプチ富裕層の存在　ほか）　第4章 製造業も物流も、サービスも小売も、これからが本領発揮（まだまだどころか、これから日本の製造業が本領を発

揮しはじめる　日本の東京・大阪圏では、通勤・通学客の約半数が鉄道を利用している　ほか）　第5章 都市再生―何をなすべきか？（優先順位は、以下の通り　そのために必要な施策は？　ほか）〔2755〕

◇萌える！　経済白書　河合良介編著　宝島社　2006.1　255p　19cm　1500円　①4-7966-5055-5　Ⓝ007.35
内容　第1章 勃興する萌え経済（萌えの聖地・アキバは日本有数の"勝ち組"エリア　兜町も萌えた!?　エリア　ほか）　第2章 萌えの3大市場を歩く（萌えとアニメと金勘定　めくるめく同人コミックパワー　ほか）　第3章 増殖する萌えビジネス（萌え、大地に立つ！　2次元の偶像崇拝　超高度サービス産業メイドさんビジネスの可能性　ほか）　第4章 萌え経済の未来（萌えマーケットに未来はあるか　若年雇用対策の最終兵器その名も「メイドさん」　ほか）　　　　〔2756〕

◇東京から日本経済は走り出した　財部誠一著　講談社　2003.11　238p　20cm　1500円　①4-06-212102-6　Ⓝ332.136
内容　プロローグ 東京経済ずばりエキサイティング　第1章 重厚長大産業の復活　第2章 東京マンハッタン計画　第3章 銀座の海外ブランドを歩く　第4章 再開発プロジェクトが動き出した　第5章 WILLを持つ人々　第6章 地方からブランド創りは始まった　エピローグ 東京経済を掘り起こす　〔2757〕

◇東京問題の経済学　八田達夫, 八代尚宏編　東京大学出版会　1995.2　259p　22cm〈各章末：参考文献〉3914円　①4-13-040144-0　Ⓝ332.136
内容　序章 東京問題の経済学　第1章 都心のオフィス需要　第2章 東京の過密通勤対策　第3章 東京の交通問題―道路混雑問題への対応　第4章 東京圏における電力需給の諸問題　第5章 東京一極集中と廃棄物問題　第6章 借地借家の法と経済分析　第7章 所得分配から見た東京問題　　　　　　　〔2758〕

◇東京一極集中の経済分析　八田達夫編　日本経済新聞社　1994.2　278p　22cm（シリーズ・現代経済研究 7）〈執筆：浅見泰司ほか〉3900円　①4-532-13055-7　Ⓝ332.136
内容　第1章 東京一極集中の諸要因と対策　第2章 通勤混雑と交通対策　第3章 東京の自動車交通公害問題　第4章 土地利用規制　第5章 地震と東京　第6章 首都圏への公共投資配分　第7章 地価上昇と資産格差　第8章 首都機能移転の効果　第9章 東京と地方の都市システム　　　　　　　　　　　　　〔2759〕

《人口・土地》

◇東京消滅―介護破綻と地方移住　増田寛也編著　中央公論新社　2015.12　186p　18cm（中公新書 2355）760円　①978-4-12-102355-1　Ⓝ334.3136
内容　第1章 東京圏高齢化危機の実態　第2章 介護保険制度は持続可能か？　第3章 東京圏高齢化危機を回避するために　第4章 全国各地の医療・介護の余力を評価する　第5章 ルポ・先行事例に見る「生涯活躍のまち」　対話篇1 高齢化先進国として何ができるか　対話篇2 杉並区はなぜ南伊豆町に介護施設

210　「東京」がわかる本 4000冊　　　　　　　　　　〔2750～2760〕

社会科学　　　　　　　　　　　　　　　　　　　　　　　　　　　　経済

を作るのか　対話篇3　高齢者の住みやすい町はどこにある　〔2760〕

◇地方消滅と東京老化―日本を再生する8つの提言　増田寛也, 河合雅司著　ビジネス社　2015.7　205p　19cm　1200円　①978-4-8284-1824-7　Ⓝ334.31

内容　第1部　問題提起篇―地方消滅の裏にある東京老化（「東京」が成り立たなくなる　人口減少は国防問題　「出生数減」「高齢者増」「勤労世代減」の三重苦　東京の超高齢化問題　「集積の経済」東京の終焉　女性に集中する負担）　第2部　問題対策篇―地方と東京を元気にする八つの提言（東京との「距離」が武器　世界的ローカル・ブランドの創出　世界オンリーワンの街づくり　都会にはない暮らしやすさの発信　県内二地域居住で「にぎわい」維持　発想の大転換「スーパー広域合併」　アクティブシニアが活躍「CCRC」構想　第三子以降に多額の現金給付　「東京」を究極都市に）　〔2761〕

◇東京劣化―地方以上に劇的な首都の人口問題　松谷明彦著　PHP研究所　2015.3　188p　18cm　（PHP新書 978）　780円　①978-4-569-82481-9　Ⓝ332.136

内容　序章（国のタブーその1―少子化対策　国のタブーその2―経済成長の道及ほか）　第1章　東京これからの現実（東京では高齢者が三〇年間で一四三・八万人増える　貧しくなる東京ほか）　第2章　東京劣化現象への誤解（東京の現在の人口構成は維持できない　出生率二・〇七は絶対に達成できない―未婚率に注目すべきほか）　第3章　これからの東京の経済（日本経済を支えたビジネスモデルの終焉　不可解な設備投資を続ける日本企業ほか）　第4章　なぜ政府は間違えるのか―人口政策の歴史が教えてくれること（人口政策がいびつな人口構造を生み出した　「産めよ殖やせよ」が急速な人口減少の主因ほか）　第5章　東京劣化への対処　今できること（増税では到底解決できない財政赤字の大きさ　「一人当たり租税収入」と「一人当たり財政支出」で予算編成をほか）　〔2762〕

◇東京は世界1バブル化する！―不動産　浅井隆＋DKTリアルエステート著　第二海援隊　2014.8　220p　19cm　〈文献あり〉　1600円　①978-4-86335-155-4　Ⓝ673.99

内容　第1章　日本全体は人口減でも、東京一極集中（回復しつつある不動産市況　この先不動産市況の回復は続くのか？ほか）　第2章　首都直下型地震がやってきても残った優良マンションは奪い合いに！―買うならココだ！　東京マル秘マップ（徹底分析―買うならここだ！　「新耐震基準」は一九八一年からではない!?ほか）　第3章　"インフレが来るなら、借金してでも買え！"は本当か？―借りるならこの銀行だ！　「借金をしてでも不動産を買え」は正しいか？　今、東京の不動産が熱い！ほか）　第4章　外資に買い叩かれる"東京"（合言葉は「ゴールドマンに続け！」　日本を買い漁る外国人投資家ほか）　第5章　二〇一五～二〇二五年想像を絶するシナリオ（「地方を売って、東京23区を買え！」　国債が暴落し、激動の時代へほか）　〔2763〕

◇東京の土地利用―平成24年度土地利用現況調査結果の概要　平成24年　多摩・島しょ地域　東京都市整備局都市づくり政策部土地利用計画課　

編　東京都都市整備局都市づくり政策部土地利用計画課　2014.3　56p　30cm　Ⓝ334.6　〔2764〕

◇東京都の人口　総務省統計局編　日本統計協会　2008.3　123p　26cm　（国勢調査人口概観シリーズ　平成17年　no.3　都道府県の人口　その13）〈折り込1枚〉　1700円　①978-4-8223-3380-5　Ⓝ358.136　〔2765〕

《経営》

◇東京未来づくり企業―都新会の14社　河出書房新社編集部編　河出書房新社　2014.4　291p　19cm　1500円　①978-4-309-92003-0　Ⓝ335.2136

内容　エムティティ株式会社―創業以来高付加価値電子資本財を供給し続ける高度アナログ処理技術と高速デジタル処理のエキスパート企業　オーウイル株式会社―食文化の成熟で国際化多様化する食品・飲料原料ニーズをグローバルネットワークで支える複合機能商社　オカダジーエージェイ株式会社―国産超精密加工用超硬ドリル販売代理業と高品質オイルヒーター製造販売の両輪で国内外市場への飛躍をめざす　株式会社企画/海―ペットフードのダイレクトデリバリー事業を核に多角的新ビジネスに挑戦し続ける起業家魂　株式会社木村屋總本店―文明開化の味「あんぱん」の伝統を守りながら日本のパン食文化を育んできた創業145年の老舗　協立システムマシン株式会社―コスト競争力を失いつつある新興国企業経営者が驚く日本のお家芸・生産工程の「視える化」システムの優秀性　株式会社協立商会―電子秤からPOSシステムまで、小売業の進化とともに店舗総合情報管理システム販売会社へと脱皮する「秤の綜合商社」　株式会社三栄書房―新興国が憧れる日本のモーターカルチャーを見つめ育んできた自動車専門誌の老舗　株式会社ジムマネジメント―テレワークで次世代ビジネスに進化するIT時代の先駆的アウトソーサー　日本綜合テレビ株式会社―シネマティック・ウエディングで北米ブライダル市場に進出するウエディングビデオのパイオニア〔ほか〕　〔2766〕

◇東京の注目20社―地道な歩みで会得した「成長の芽」が首都で開花　上條昌史著　ダイヤモンド社　2014.2　226p　19cm　1500円　①978-4-478-02622-9　Ⓝ335.2136

内容　エコ・プラン　エム・ケー　桂川精螺製作所　管清工業　共生機構　共同製本　日下レアメタル研究所　コガネイ　小杉造園　コムウェル　島田電機　大三洋行　テクノテック　ニシカワ　ニッコクトラスト　日進レンタカー　日東工機　日本自動ドア　山三電機　吉野化成　東京都民銀行　〔2767〕

◇たまの力―多摩ブルー・グリーン賞受賞企業のNEXT STAGE　関満博監修　〔多摩〕　多摩ブルー・グリーン倶楽部　2013.12　405p　19cm　〈執筆：松本祐一ほか　発売：けやき出版（立川）〉　3800円　①978-4-87751-508-9　Ⓝ335.35

内容　多摩ブルー賞（技術・製品部門）（日本電磁測器　ネオアーク　白山工業　武陽ガス　ニンフローズ　エイ・ティー・エル　多摩グリーン賞（経営部門）（ガリレオ　前田金属工業　キャリア・マム　城山産業　青少年自立援

財政　　　　　　　　　　　　　　　　　　　　　　　　社会科学

助センター　ほか）　　　　　　　　　〔2768〕

◇アキバを創った12人の侍―秋葉原変貌の正体に
迫る　柳下要司郎著　グラフ社　2009.2　240p
19cm　1300円　①978-4-7662-1217-4　Ⓝ332.8
　内容　はじめに　ビジネスはアキバに学べ　1章　常識は
ずれの発想が"アキバ"を創った　2章　アキバ・スピ
リットは変わらない　3章　しなやかに変容するアキ
バの電気店　4章　なぜ外国人観光客はアキバに惹か
れるのか　5章　アキバの野望と挑戦　おわりに　アキ
バに日本の明日を見た　　　　　　　　〔2769〕

◇東京発強い中小・ベンチャー―研究開発型企業
50社の現場レポート　日刊工業新聞中小・ベン
チャー特別取材班編　日刊工業新聞社　2005.
10　265p　21cm　（B&Tブックス）　1600円
①4-526-05530-1　Ⓝ335.2136
　内容　序章　中小55万社のニーズに対応した都の各種支
援策　第1章　絶対に負けない―地道に頑張る地域密
着型企業（エイム　三立機器　ほか）　第2章　わが社の
業界一番―この分野で世界に挑む（ウェッジ　オリエ
ンタルエンヂニアリング　ほか）　第3章　ベンチャー
精神あふれる研究開発型企業（赤見製作所　インフ
ロー　ほか）　第4章　目指せ株式上場―価値組企業の
挑戦（AIT　アイピーフレックス　ほか）　　〔2770〕

◇東京発=中小企業50の挑戦ドラマ―清水國明の
東京リトルガリバー　清水國明，東京MXTV，
双八共著　東急エージェンシー出版部　2001.
11　307p　21cm　1600円　①4-88497-087-X
Ⓝ335.2136
　内容　生田精密研磨―「不可能」を「可能」にしたレ
ンズ職人の執念　南部―提案営業と人材育成で業績
躍進を実現　日進精機―相乗の専門性を重視し海外
を視野に展開　スーパーレジン工業―後発組が続々
参入する中、これが勝ち残る条件　イワサキ・ビー
アイ―製造と営業の分離でグルメ時代を演出　アル
メディオ―テストメディア分野で世界一を実現した
「志」　東成エレクトロビーム―最先端機器の導入で
コーディネート企業をめざす　ワールドケミカル―
「環境に優しく」を社是に世界に羽ばたく創業精神
アルファ・エレクトロニクス―企業からスピンオフ
し挑んだ0.005の世界　日本ラインファースト―紙業
界に飛び込んだ若き起業家の「価値破壊」〔ほか〕
　　　　　　　　　　　　　　　　　　　〔2771〕

◇東京の優良103社　東京産業人クラブ，日刊工業
新聞ベンチャー報道班編　日刊工業新聞社
1998.4　318p　19cm　（シリーズ研究開発型企
業）　2000円　①4-526-04160-2　Ⓝ335.2136
　内容　企業編（機械・金属　建設・住宅　電気・電子　化
学・繊維・紙・パルプ　情報・通信　流通・サービ
ス・食品・その他）　　　　　　　　　〔2772〕

◇変化に挑む―ストロング・スモールカンパニー
東京の「強小企業」100社　武藤修靖著　ダイ
ヤモンド社　1996.1　237p　19cm　1600円
①4-478-31144-7　Ⓝ335.2136
　内容　第1章　ストロング・スモールカンパニーの条件
第2章　技術競争力の源泉を探る　第3章　生産性向上
への挑戦　第4章　販売力を高める　第5章　中小企業
の人づくり　　　　　　　　　　　　　〔2773〕

財政

◇体系　都財政用語事典　東京都財務局長監修，都
財政問題研究会編　第9版　都政新報社　2014.
11　646p　19×14cm　〈索引あり〉　4500円
①978-4-88614-224-5　Ⓝ349.2136
　内容　地方財政と都財政をめぐる近年の動き　1　地方
財政と東京都財政　2　予算　3　財政運営等　4　決算
と財政分析　5　収入　6　都財政と区市町村　7　公営
企業の財政　　　　　　　　　　　　　〔2774〕

◇新地方公会計の実務―東京都における財務諸表
の作成と活用　三枝修一監修，東京都新公会計
制度研究会編著　都政新報社　2008.6　329p
21cm　2800円　①978-4-88614-172-9　Ⓝ349.3
　内容　第1章　はじめに　第2章　複式簿記・発生主義会
計とは　第3章　行政における複式簿記・発生主義会
計導入の動向　第4章　東京都会計基準とその考え方
第5章　東京都の複式簿記―日々の仕訳から財務諸表
作成までの実務　第6章　財務諸表の実際　第7章　財
務諸表をどう読むか　第8章　新公会計制度のこれか
ら　第9章　新たな公会計制度に係るQ&A　〔2775〕

◇もう、税金の無駄遣いは許さない！―都庁が始
めた「会計革命」　石原慎太郎企画・監修，公会
計改革プロジェクトチーム著　ワック　2006.
11　194,6p　20cm　1400円　①4-89831-097-4
Ⓝ349.3
　内容　第1章　東京都初のバランスシートの策定（平成
十一年混戦が予想された東京都知事選挙　石原慎太
郎の出馬表明　「このままでは、都財政は破綻して
しまいます！」　ほか）　第2章　「機能するバランス
シート」への挑戦（「機能するバランスシート」　完
成までの道のり　バランスシートをどう活用するか
ほか）　第3章　目指すゴールは複式簿記・発生主義の
導入（平成十四年予算特別委員会、三日目　衝撃の記
者会見　再出発　インタビュー　中地宏・元東
京都参与に聞く　　　　　　　　　　　〔2776〕

◇都税五十五年史　東京都主税局編　東京都主税
局　2006.3　521p　30cm　Ⓝ349.53　〔2777〕

◇23区政民主化のための入門都区財政調整制度―
特別区「構造改革」と対抗するために　吉川貴
夫著，東京市研究会編　東京自治問題研究所
2005.10　53p　26cm　762円　①4-902483-05-
X　Ⓝ349.21361
　内容　1　市から23区内へ引っ越したAさんの疑問　2
特別区の位置づけと都区制度　3　市町村財源の都区
間配分　4　都区財政調整制度の内容と問題点　5　都
区制度改革と区民の財源配分問題　6　区民にとっ
ての課題　資料編　特別区「構造改革」と都区財政
調整問題のガイダンス　　　　　　　　〔2778〕

◇東京都主税局の戦い―タブーなき改革に挑む戦
士たち　石原慎太郎企画・監修，東京都租税研
究会著　財界研究所　2002.2　330p　20cm
1500円　①4-87932-020-X　Ⓝ349.53
　内容　第1部　銀行外形標準課税（銀行外形しかない　一
番大事な記者会見　風雲急のせめぎ合い　一二二対
一）　第2部　戦う石原税調（命預けます　破綻同然の
国のヒモツキ投資　国から地方への税源移譲は不可

社会科学　　　　　　　　　　　　　　　　　　　　　　　　　　　　　　社会

欠　機能不全の地方税制を見直せ　都税調の挑戦は
続く）　第3部　不正軽油の撲滅（金のなる水　申告す
れども納税せず　一滴たりとも流さない　不正軽油
撲滅作戦　行動開始　密造基地の摘発）　　　〔2779〕

◇特別区財政10年—1985〜1995　東京都総務局行
政部区政課編　東京都総務局行政部区政課
1997.3　326p　30cm　Ⓝ349.059　　　　　〔2780〕

◇特別区の地方財政論　相見昌吾著　驢馬出版
1997.3　89p　18cm　Ⓝ349.21361　　　　〔2781〕

◇都市を経営する　神野直彦責任編集　都市出版
1995.4　298p　22cm　（シリーズ東京を考える
4）　2400円　Ⓘ4-924831-16-6　Ⓝ349.2136
内容　首都財政の経済学　都市経営の破綻から再建へ
経済社会環境の変化と都市経営　東京の経済政策　座
談会　戦後日本経済のなかの東京—焼け跡・高度成長・
バブル　人びとはどう生きたか　　　　　　　〔2782〕

社会

◇山谷ヤマの男　多田裕美子著　筑摩書房
2016.8　223p　19cm　1900円　Ⓘ978-4-480-
81531-6　Ⓝ368.2
内容　泪橋の交差点にあった丸善食堂　投げつけられ
たコップと一枚の写真　王姫公園ではじまった屋根
のない写真館　用心棒とマネージャー　朴訥男の報
告　丸善のシャッターと映画　母とカメラ　山谷ブ
ルースを生きる男　チャンピオンとにせもの　津軽
の三味線弾き〔ほか〕　　　　　　　　　　　〔2783〕

◇東京の社会変動　川崎嘉元, 新原道信編　八王
子　中央大学出版部　2015.3　218p　22cm
（中央大学社会科学研究所研究叢書 29）　2600
円　Ⓘ978-4-8057-1330-3　Ⓝ361.78
内容　第1章　人口と産業からみる江戸・東京（はじめ
に　江戸時代の人口と東京の人口　東京の人口の変化（ほ
か）　第2章　江戸・東京の盛り場（はじめに　日本の
「盛り場」　東京の盛り場　ほか）　第3章　盛り場空間
の文化生態学—アーバニズムの下位文化理論から捉え
た東京・渋谷（はじめに　視点と方法　盛り場空間・
渋谷の形成過程と空間構成　ほか）　第4章　東京の銭
湯（はじめに―銭湯を話題に取り上げる理由　江戸の
湯屋　明治以降の銭湯　ほか）　第5章　東京の農業と
農家（はじめに　世田谷区と練馬区の「都市農業課長」
へのインタビューから　個別農家へのインタビュー
記録（ほか）　第6章　時間厳守、計算可能性、正確性
―大都市生活におけるルールの重要性（はじめに　枠
組　ルールとその諸変数（ほか）　　　　　　〔2784〕

◇東京ドヤ街盛衰記—日本の象徴・山谷で生きる
風樹茂著　中央公論新社　2013.12　254p
18cm　（中公新書ラクレ 479）〈文献あり〉
800円　Ⓘ978-4-12-150479-1　Ⓝ368.2
内容　第1部　あるホームレスの生涯（山谷への招待　夏
祭りの出会い　山谷版無法松の一生）　第2部　迷宮の
山谷に生死を追って（一〇年後の再会　プロホームレ
スの世界　足跡を残した場所　人生の帰結）〔2785〕

◇ガールズ・アー・オールライト—東京カル
チャーNOW　パルコエンタテインメント事業

部　2012.10　191p　21cm　1500円　Ⓘ978-4-
89194-990-7　Ⓝ361.5
内容　ARTS（川瀬一絵　Colliu　Chim↑Pom　庄子
佳那　ほか）　TEXTS（南馬越一義×ファンタジスタ
歌磨呂　米山えつ子　伊藤ガビン　江口宏志×唐木元
ほか）　PHOTOGRAPHS and TEXTS（安全ちゃ
ん）　　　　　　　　　　　　　　　　　　　〔2786〕

◇部落に生きる部落と出会う—東京の部落問題入
門　「部落に生きる部落と出会う」編集委員会
編　部落解放同盟東京都連合会　2010.3　64p
26cm〈発売：解放書店〉800円　Ⓝ361.86
　　　　　　　　　　　　　　　　　　　　　〔2787〕

◇だから山谷はやめられねえ—「僕」が日雇い労
働者だった180日　塚田努著　幻冬舎　2008.12
269p　16cm　（幻冬舎アウトロー文庫）　600
円　Ⓘ978-4-344-41242-2　Ⓝ368.2
内容　プロローグ　大学三年冬の憂鬱　山谷漂流（高田
馬場・山谷に潜入　山谷に潜入1 地下
鉄編（飯場に潜入　地下鉄の男たち　ほか）　飯場漂流
2 冬山編（再び飯場へ　山の仕事　ほか）　エピローグ
僕の選択　　　　　　　　　　　　　　　　　〔2788〕

◇貧民の帝都　塩見鮮一郎著　文藝春秋　2008.9
251p　18cm　〈文春新書〉〈年表あり〉770円
Ⓘ978-4-16-660655-9　Ⓝ369.2
内容　序章　山手線の男　1章　混乱と衰微の首都　2章
困窮民を救え　3章　さまよう養育院　4章　帝都の最
低辺　5章　近現代の暗黒行政　終章　小雨にふるえる
路上生活者　　　　　　　　　　　　　　　　〔2789〕

◇東京のローカル・コミュニティ—ある町の物語
一九〇〇—一八〇　玉野和志著　東京大学出版会
2005.3　307,9p　22cm〈文献あり〉5600円
Ⓘ4-13-051122-X　Ⓝ361.78
内容　第1章　東京の発展と「この町」の成立　第2章　町
内社会の成立と展開　第3章　お神輿と町内社会の世
代交替　第4章　母親たちの挑戦　第5章　もうひとつ
の地域　第6章　さらなる都市化と地域の変貌　付録
方法論的な補遺　　　　　　　　　　　　　　〔2790〕

◇江戸・東京の被差別部落の歴史—弾左衛門と被
差別民衆　浦本誉至史著　明石書店　2003.11
241p　20cm　2300円　Ⓘ4-7503-1810-8
Ⓝ361.86
内容　第1章　弾左衛門のはじまり　第2章　弾左衛門体
制の確立にむけて　第3章　被差別民の町、浅草新町
第4章　江戸の非人たち　第5章　大道芸を生業とした
乞胸と願人　第6章　弾左衛門体制―支配と自治の体
制　第7章　自主的解放を求めて　　　　　　〔2791〕

◇山谷崖っぷち日記　大山史朗著　角川書店
2002.8　213p　15cm　（角川文庫）〈TBSブリ
タニカ2000年刊の増訂〉495円　Ⓘ4-04-
366801-5　Ⓝ368.2
内容　山谷のドヤ街でベッドハウスの住人になった　昭
和三十年代なら私は生きられなかっただろうと思って
いたのだ　塚本さんがいなくなった　身体の面倒を
見なければならなことに気づき、散歩を始めた　「あ
なた、可哀相な人」と外国人就労者に言われた　人
生を総括して少しもおかしくない年齢になった
　　　　　　　　　　　　　　　　　　　　　〔2792〕

社会　　　　　　　　　　　　　　　　　　　　　　　　　　　　　　　　社会科学

◇山谷ブルース　エドワード・ファウラー著，川島めぐみ訳　新潮社　2002.3　398p　16cm（新潮OH！　文庫）〈文献あり〉733円　Ⓘ4-10-290150-7　Ⓝ368.2
内容 第1章 舞台（山谷巡り　山谷の名所 ほか）　第2章 生活（日雇い労働者　組合員とシンバ ほか）　第3章 活動（労働組合の研究会　組合の企画会議 ほか）　第4章 儀式（秋祭りと冬祭り　忘年会 ほか）　第5章 仕事〔2793〕

◇東京の下層社会　紀田順一郎著　筑摩書房　2000.3　285p　15cm（ちくま学芸文庫）〈文献あり〉950円　Ⓘ4-480-08545-9　Ⓝ368.2
内容 最暗黒の東京探訪記　人間生活最後の墜落　東京残飯地帯ルポ　流民の都市　暗渠からの泣き声　娼婦脱出記　帝都魔窟物語　糸を紡ぐ「籠の鳥」たち〔2794〕

◇明治東京下層生活誌　中川清編　岩波書店　1994.9　311p　15cm（岩波文庫）620円　Ⓘ4-00-331951-6　Ⓝ368.2
内容 1 異質さへの関心（府下貧民の真況　窮民彙聞　貧天地機寒窟探検記抄　東京府下貧民の状況）　2 固有の生活世界（東京の貧民　昨今の貧民窟）　3 社会批判の介在（世田ヶ谷の艦縷市　下層社会の新現象　共同長屋　東京の木賃宿　下谷区万年町貧民窟の状態）　4 下層社会の変容（貧民の正月　共同長屋探見記　貧街十五年間の移動　下級労働社会の一大矛盾）〔2795〕

《労働》

◇真・自由主義を求めて—若者格差調査から東京雇用政策の提言　東京自治問題研究所　2006.12　96p　19cm　572円　Ⓘ4-902483-09-2　Ⓝ366.2136
内容 第1章 いまどきの「若者」を知るための7つのキーワード—おばあ、おじいもわかる??「若者」講座（我が家の不良債権　格差社会ってなあに？　社会と、つながってる？ ほか）　第2章 格差の中の若者？—若者の生活・雇用・政治意識を問う！（若者社会は、格差社会化か？　組合員は今　格差は考えています）　第3章 東京雇用政策 10の提言—若者は、自由・連帯・教育を求めている（フリーターは自由な仕事ではない。みんなの認識を変えよう　人間らしさは、誇りあるディーセント・ワークの実現・ILOの精神を実行しよう。　若者のための自由を拡大する“住宅・交通”の都市政策を。 ほか）〔2796〕

◇東京に働く人々—労働現場調査20年の成果から　松島静雄監修，石川晃弘，川喜多喬，田所豊策編　法政大学出版局　2005.11　276p　22cm　3500円　Ⓘ4-588-64539-0　Ⓝ366.02136
内容 第1章 東京の労働市場とその変容、1980〜2000年　第2章 都会のプロフェッショナルたち—デザイナーと情報技術者を中心に　第3章 第三次産業の中小企業に働く人々—営業職とサービス職を中心に　第4章 中小製造業の経営行動と生産現場の人的資源管理　第5章 中小企業に働くベテラン女性—技能工と経理員を中心に　第6章 中小企業の外国人労働者—日本人労働者との人間関係　第7章 離職者と失業生活　第8章 労働生活と健康問題　第9章 中小企業と

労働組合　第10章 わが国労働調査の回顧と中小企業労働への視点　補章 東京都立労働研究所の沿革と研究成果〔2797〕

《福祉》

◇福祉の近代史を歩く—東京・大正〜昭和　河畠修著　日本エディタースクール出版部　2011.6　249p　19cm〈文献あり〉1500円　Ⓘ978-4-88888-394-8　Ⓝ369.02136
内容 1 ひろがる生活・ひろがる消費—大正デモクラシーを背景に（東京の米騒—日比谷公園　公設市場・公設食堂—渋谷・神楽坂　消費組合「西郊共働社」—中野・高円寺）　2 地域に展開した若者エネルギー—託児所そしてセツルメント（日本女子大桜楓会託児所—小石川から大塚　東京帝大セツルメント—本所・錦糸町・押上）　3 施設の暮らし—公立救済施設の移り変わり（財団法人浴風会—杉並・高井戸　東京市養育院—大塚から板橋）　4 スラム街の拡散—新宿へ・板橋へ（新宿・旭町—新宿駅前　板橋・岩の坂—板橋本町）〔2798〕

◇図説東京の福祉実態　2009年版　高橋紘一，森山治，東京の福祉研究会編著，東京自治問題研究所監修　萌文社　2009.6　105p　26cm　1400円　Ⓘ978-4-89491-178-9　Ⓝ369.11
内容 県別二〇三五年の人口構造—高齢者の定義を七五歳以上に　県別二〇三五年の要介護高齢者数—要介護高齢者は大都市部に集中　県別介護保険の介護費の分析—施設サービスの需要が高まる大都市　県別保育所年齢別在籍数と在籍率—大きな格差がある県別保育所在籍率　県別病床数の推移—一般病床から療養病床への誘導と介護療養型医療施設の廃止　県別小児科・産婦人科・産科標榜病院の推移—地域の医療を確保するのは都道府県の役割に　区市別二〇五年と二〇三〇年の人口構造—高齢者の定義を七五歳以上に　区市別二〇三〇年までの要介護高齢者の推計—市部の比重が高まる要介護高齢者　区市別高齢者一人暮らしの状況—一人暮らし高齢者数も日本一　区市別一人当たり「老人福祉費」の分析—五倍の格差がある「老人福祉費」〔ほか〕〔2799〕

◇福祉史を歩く—東京・明治　河畠修著　日本エディタースクール出版部　2006.5　209p　19cm〈文献あり〉1300円　Ⓘ4-88888-368-8　Ⓝ369.02136
内容 第1章 幼童教育・貧児教育（四谷—二葉幼稚園　上野—万年尋常小学校　大塚—養育院の子どもたち　本郷・西麻布・広尾—福田会育児院）　第2章 老人ホーム事始め（麻布・六本木—聖ヒルダ養老院　滝野川—東京養老院）　第3章 知識人たちの活動（巣鴨—家庭学校（留岡幸助）　神田—琴具須咖館（片山潜））　第4章「スラムの街」はるかなり（四谷—鮫河橋　細民・貧民・窮民 ほか）〔2800〕

◇東京の福祉白書—首都東京の福祉実態と区市町別福祉水準　高橋紘一，東京の福祉研究会編著，東京自治問題研究所監修　萌文社　2004.1　195p　26cm　2400円　Ⓘ4-89491-051-9　Ⓝ369.02136
内容 1 区市の実態　2 東京の介護保険　3 地域と高齢者　4 保健と医療　5 障害者の福祉　6 くらしの

214　「東京」がわかる本 4000冊　　　　　　　　　　　　　　　　　　　　　　〔2793〜2801〕

保障　7 乳幼児保育　8 都道府県比較　〔2801〕

◇石原慎太郎の「福祉改革」を徹底解剖する―国
の政策を先取りする「東京発！　市場原理福祉」
浅井春夫編著　あけび書房　2002.7　118,16p
21cm〈執筆：市橋博ほか〉1429円　①4-
87154-040-5　Ⓝ369.11
内容 序章 総論・東京都における「福祉改革」の方向
と問題点―「福祉改革推進プラン」「TOKYO福祉改
革STEP2」の総論的批判　1章 高齢者福祉―介護保
険と高齢者福祉の現実　2章 障害者福祉―障害者福
祉の到達点と課題　3章 公立保育所―公立保育所の
民営化の動向　4章 認証保育所―保育の市場化と認
証保育所制度　5章 学童保育―「充実」とは名ばか
りの施策へ　6章 児童養護―子ども、職員、里親の
意見を生かした社会的養護の転換を　7章 医療分野
―医療政策と都立病院の統廃合問題　　　〔2802〕

◇美濃部都政の福祉政策―都制・特別区制改革に
むけて　日比野登著　日本経済評論社　2002.5
378p 22cm　5400円　①4-8188-1422-9
Ⓝ369.11
内容 序章 美濃部都政以後の福祉財政と全国的地位
第1章 東都政末期の福祉施策と事務移管　第2章「み
のべ福祉」の開始と旧都政　第3章 中期計画と老人
医療費無料化・児童手当の開始　第4章 絶頂期の「み
のべ福祉」　第5章 ドルショック・財政危機と東京
の福祉　第6章 "福祉元年"政策下の東京の福祉　第
7章 石油危機とインフレ・不況下の東京の福祉　第8
章 "バラマキ福祉"攻撃と美濃部都政　終章「みの
べ福祉」の限界　　　　　　　　　　　　〔2803〕

◇福祉改革石原都政の挑戦―現場が提案する新し
い福祉　東京福祉問題研究会著　都政新報社
2002.4　277,55p　21cm　1800円　①4-88614-
081-5　Ⓝ369.11
内容 第1部 座談会「新しい時代の福祉を語る」―二
十一世紀の福祉への挑戦　第2部 エピソード
から考える福祉（化石化していた日本の福祉　さあ、
新しい福祉だ　さらに次の福祉を目指して）　第3部
利用者本位の徹底を目指して―東京都の福祉改革の
方向（「福祉改革推進プラン」策定まで　「TOKYO
福祉改革STEP2」策定へ）　第4部 資料編　〔2804〕

◇地域福祉イベントのノウハウ―東村山市福祉の
つどい20年のあゆみ　東村山市障害者週間福祉
のつどい実行委員会編、岡野恒也ほか著　筒井
書房　2001.12　63p　21cm　（地域福祉実践シ
リーズ 1）　800円　①4-88720-354-3　Ⓝ369.
021365
内容 1 東村山市のつどい20年の歩み（「福祉のつ
どい」というイベント　いくつかの催しの組み合わせ
で―第1期（1981～87年度）「1日」から「月間」のイ
ベントへ―第2期（1988～92年度）ほか）　2 いろ
いろな福祉イベントと企画の方法（すでに行っているイ
ベントの整理を　種類：内容限定型と目的　目的：
主たる目的とウラの目的ほか）　3 座談会 福祉イベ
ントの効果・課題・展望（イベントへの関わり　イベ
ントのおもしろさとたいへんさ　住民・関係者の参
加とネットワーク　ほか）　　　　　　　〔2805〕

◇近代東京の下層社会―社会事業の展開　安岡憲
彦著　明石書店　1999.12　312p　20cm　4500

円　①4-7503-1243-6　Ⓝ369.2
内容 1 戦前東京の下層社会と社会事業（日清戦争後
の都市下層社会における慈善事業―東京市四谷鮫河
橋の二葉幼稚園を具体例に　産業革命期の都市下層
社会における貧困児童教育―東京市特殊尋常小学校
の展開を具体例に　昭和戦前期のスラム・クリアラ
ンス―不良住宅地区改良法の制定をめぐって　戦時
局下の貧困児童への保護施設―保產虐待防止法の制
定をめぐって　ほか）　2 草間八十雄の生涯・都市下
層社会調査（生誕と思想　帝国公道会での活動　都市
下層民衆の生活実態調査―「細民調査」から「被虐
待児童調査」まで　文明協会での活動　ほか）〔2806〕

◇新時代の自治体福祉計画―「みたか福祉プラン
21」の策定を追う　西三郎ほか編　第一書林
1993.9　234p　21cm　2800円　①4-88646-090-
9　Ⓝ369.1
内容 第1部 地域福祉新時代の計画づくり（高齢化社会
と都市づくり　市町村主体の地域保健福祉計画づくり　職
員参加の地域保健福祉計画づくり　計画づくりと市
民参加「みたか福祉プラン21」への参加　三鷹市の
計画策定手法　三鷹市の保健福祉課題への対応「み
たか福祉プラン21」の策定プロセス）　第2部 みたか
福祉プラン21―「三鷹市地域福祉・健康推進計画」の
全貌（計画の前提　計画の基本的考え方　計画の施策
体系　地域健康・福祉ネットワークの確立　生活の
安定と在宅福祉の充実　在宅福祉を支える施設の整
備　福祉のまちづくりの推進　生き生きとした社会
参加の推進　計画の力強い展開のための条件整備）
　　　　　　　　　　　　　　　　　　　〔2807〕

◇中野区・福祉都市への挑戦―21世紀にむけての
地域型福祉サービス　一番ヶ瀬康子ほか編著
あけび書房　1993.2　269p　20cm〈執筆：神
山好市ほか〉2000円　①4-900423-64-5　Ⓝ369.
1
内容 序章 都市自治と福祉行政　1章 区民参加の区
政運営　2章 基本構想と福祉施策の推進　3章 地域
型福祉サービスの計画　4章 福祉オンブズマン制度
終章 中野区福祉計画の意味と展望―21世紀に向けた
中野区福祉行政の構想　　　　　　　　　〔2808〕

《女性》

◇新宿女性史年表―1945年―2000年　新宿女性史
研究会編　新宿女性史研究会　2014.10　143p
26cm〈文献あり〉1000円　Ⓝ367.21361〔2809〕

◇思川―山谷に生きた女たち 貧困・性・暴力も
うひとつの戦後女性史　宮下忠子著　明石書店
2010.9　294p　20cm〈筑摩書房1985年刊の再
編集、復刊〉2000円　①978-4-7503-3266-6
Ⓝ367.21361
内容 第1部 流転―イク女語り（出会い　捨て子　子
守りうた　売られた子　流されて　花魁　ほか）　第
2部 山谷の女たち（故郷哀歌―島崎ふじ　死出銀河―
吹山ヨシ　行圏―花村直　暁闇―浦辺ふじ）〔2810〕

◇府中市女性史―この道は明日につづる　通史
府中市、府中市女性史編さん実行委員会編　ド
メス出版　2008.3　236p　21cm〈文献あり〉
①978-4-8107-0700-7　Ⓝ367.21365　　　〔2811〕

社会　　　　　　　　　　　　　　　　　　　　　　　　　　　社会科学

◇府中市女性史—この道は明日につづく　聞き書き集　府中市, 府中市女性史編さん実行委員会編　ドメス出版　2008.3　234p　21cm　Ⓘ978-4-8107-0701-4　Ⓝ367.21365　〔2812〕

◇檜原村の女たち　菊池靖子編著　ドメス出版　2000.7　205p　19cm〈年表あり〉1700円　Ⓘ4-8107-0524-2　Ⓝ367.21365
内容 檜原村というところ（地形　人口　ほか）　第1章 檜原村に生きる—聞き書き・山村に生きる女性たち（炭俵を背負って峠越え　青春を製糸工場で ほか）　第2章「家」を支えた女たち—聞き書き・山村に生きる女性たち（青春は"しごと"—母のこと・父のこと・子どもの頃・青春・仕送り　「家」と女—結婚・出産・看取り ほか）　解説—山村における「性別役割分業」システムの実態（山村の女性のくらし　戦争と山村の女性）　〔2813〕

◇千代田区女性史　千代田区, 千代田区女性史編集委員会編　ドメス出版　2000.3　3冊（セット）　21cm　4500円　Ⓘ4-8107-0513-7
内容 江戸から東京へ　近代化のかげで　大正デモクラシーを歩む　関東大震災から不況へ　販戦と民主化　経済成長から共生の時代へ　女の手で支え継ぐ時代を見据え、職業をつらぬく　教える誇り、学ぶ幸せ　地域に尽くし、わたしも育つ　芸を磨き、文化を育む　暮らしいきいきと　戦時下を生き抜いて　〔2814〕

◇せたがや女性史—近世から近代まで　東京都世田谷区, 世田谷女性史編纂委員会編　ドメス出版　1999.12　413p　22cm〈年表あり　文献あり〉2300円　Ⓘ4-8107-0503-X　Ⓝ367.2136
内容 序章 戦国時代世田谷の女性　第1章 近世から近代への世田谷と女性　第2章 新しい世田谷への鼓動　第3章 村が変わる、暮らしが変わる　第4章 女たちが経験した戦争　終章 動きだした女性たち　〔2815〕

◇江東に生きた女性たち—水彩のまちの近代　東京都江東区, 江東区女性史編集委員会編　ドメス出版　1999.3　354p　22cm　2477円　Ⓘ4-8107-0497-1　Ⓝ367.21361
内容 写真でつづる江東の女性たち（女たちの暮らし　働く・行動する・主張する　洲崎・亀戸・深川の芸娼妓たち）　聞き書き・江東の女性たち　江東の女性のあゆみ（明治期　大正、昭和期）　〔2816〕

◇女性のくらしとその時代　立川　立川市教育委員会　1999.3　109p　21cm　（立川の生活誌第4集）　Ⓝ281.365　〔2817〕

◇翔ばたく女性たち　東京都北区総務部男女共同参画室編　ドメス出版　1999.3　189p　21cm（もうひとつの北区史 3）　1200円　Ⓘ4-8107-0491-2　Ⓝ367.21361
内容 第1章 戦後の女性と暮らしの変化（事件は世につれ、人につれ「男女平等」をめぐるとまどい　立ち上がった女たち）　第2章 動き出した女性たち（安全な食品を求めて歩き出した主婦たち　保育園の誕生と女性たち　母親とPTA ほか）　第3章 産む性の変化—助産婦（産婆）を中心に（助産婦と近代化　助産婦として生きる—インタビュー　助産婦と近代化 ほか）　〔2818〕

◇里から町へ—100人が語るせたがや女性史　東京都世田谷区, 世田谷女性史編纂委員会編　ドメス出版　1998.3　397p　22cm　2300円　Ⓘ4-8107-0470-X　Ⓝ367.21361
内容 村に生きる（麦飯はあたりまえ—世田谷、北沢地域　娘時代は奉公に—一砧、烏山地域　留守居をもらいました—玉川地域）　畑の中を電車が走る（痛かった新婚の丸髷—世田谷、北沢地域　「お蚕さん」が主役—砧、烏山地域　薪と炭と井戸の暮らし—玉川地域）　けやきの町に住む（洋裁をやりたくて—世田谷、北沢地域　産婆さんのお礼は野菜で—砧、烏山地域　カレーライスはお御馳走—玉川地域）　〔2819〕

◇西多摩ぐらし女のキ・モ・チ　西多摩メディアに係わる女性の会編著　筑波書房　1997.11　127p　21cm　1000円　Ⓘ4-8119-0163-0　Ⓝ367.21365
内容 第1部 西多摩・女の声（差別もいろいろ　豊かな環境を　便利になったけど　田舎でいいの？　新しい風　妻、主婦、母…そして　嫁いで幾年月）　第2部 西多摩の女性100人アンケート　第3部 西多摩の女性に関する資料　〔2820〕

◇新宿女たちの十字路—区民が綴る地域女性史　新宿区, 新宿区地域女性史編纂委員会編　ドメス出版　1997.3　396p　22cm〈年表・参考文献：p347～390〉2300円　Ⓘ4-8107-0457-2　Ⓝ367.21361
内容 第1章 女たちの暮らし　第2章 学ぶ女たち　第3章 働く女たち　第4章 福祉に活躍した女たち　第5章 新宿遊廓とその周縁の女たち　第6章 行動する女たち　第7章 表現する女たち　第8章 戦時下の暮らし　〔2821〕

◇都民女性の戦後50年—通史　板垣まさるほか編, 東京女性財団編著　東京女性財団　1997.3　423p　22cm〈東京　ドメス出版（製作・発売）文献あり〉2300円　Ⓘ4-8107-0461-0　Ⓝ367.2136　〔2822〕

◇田端文士・芸術家村と女たち—もうひとつの北区史　東京都北区総務部女性政策課編　ドメス出版　1996.9　249p　21cm〈年表：p225～240〉1236円　Ⓘ4-8107-0440-8　Ⓝ367.21361
内容 第1章 田端の都市化—農村から郊外住宅地に変わるまで　第2章 田端地域の女性たちの暮らし　第3章 田端文士・芸術家の妻たちは発信する　第4章 時代にあらがった女性たち　第5章 田端文士・芸術家村の時代　〔2823〕

◇風の交叉点 4　豊島区女性史通史　東京都豊島区立男女平等推進センター編　豊島区立男女平等推進センター　1996.3　300p　21cm〈「3」までの出版者：ドメス出版〉1545円　Ⓘ4-8107-0424-6　Ⓝ367.2136
内容 序 豊島区女性の歩みにそえて　第1章 豊島の原風景と女性たち　第2章 近代化の波の中で　第3章 戦争と女性たち　第4章 現代の豊島の女性　むすび 男女共同社会を求めて　〔2824〕

◇都民女性の戦後50年—年表　板垣まさるほか編, 東京女性財団編著　東京女性財団　1995.11

社会科学　　　　　　　　　　　　　　　　　　　　　　　社会

260p　22cm〈製作・発売：ドメス出版〉1751
円　Ⓘ4-8107-0416-5　Ⓝ367.21
〔2825〕

◇風の交叉点―豊島に生きた女性たち　3　豊島
区立男女平等推進センター編　ドメス出版
1994.3　243p　21cm　1545円　Ⓘ4-8107-0379-
7　Ⓝ367.2136
内容 第1章 この地を舞台に―家庭から地域へ(柳原
白蓮―風に身をまかせて道をいく　武部りつ―婦
人運動を育てる　宗像なみ子・山家和子―PTA活動
から社会活動へ)　第2章 愛を基本に―社会事業に生
きる(石井筆子―華の鹿鳴館から障害者教育へ　丸山
千代子―ともしびをかかげて　斎藤百合―春の陽を求
めて　長谷川よし子―マハヤナ学園とともに)　第3
章 あふれる思いを―生涯を女子教育に(十文字こと
―私立の女子学園を創立　羽仁もと子―一足もとから
の発信　川村文子―女性の自覚を求めて　菅谷きよ
―和服は一枚も持ちません　香川綾―魚一、豆一、野
菜四の理論　赤堀全子―愛をこめて使う包丁は光る)
〔2826〕

◇椎の木の下で―区民が綴った中野の女性史　中
野区, 中野区女性史編さん委員会編　ドメス出
版　1994.3　379p　22cm〈年表・参考文献：
p347～371〉2884円　Ⓘ4-8107-0385-1　Ⓝ367.
2136
内容 第1章 明治・大正の中野と女のくらし(農家の
労働とくらし　商業地のくらし　学校教育のはじま
り)　第2章 都市化のなかの女性たち(サラリーマン
家庭と主婦　教育の多様化と女性の進路　職業に進
出する女性　消費組合にかかわった女性たち　都市
化のはざまで　海を渡ってきたハルモニたち)　第3
章 戦時下の女性と子ども(深まりゆく戦時色　駆り
たてられていく女性たち　窮乏な生活　はげしい爆撃
にさらされて　敗戦)　第4章 よみがえる平和と生活
の再建(敗戦後のくらし　新しい教育の出発　立ち上
がる女性たち　ふたつの国のはざまで)　第5章 参加
から行動へ(輪をひろげる女性たち　高度成長のもと
で　新しい婦人運動の誕生　そだちゆく主婦　PTA
から地域へ　高度成長のひずみと住民運動)　第6章
ともに生きる(手をつなぐ中野の女性　よりよい教育
を求めて　ボランティア　障害とともに　すすむ国
際化のなかで)　第7章 いま、中野の女性は(変わる
まち　変わる家族、変わる女性と男性　生活のなか
の平和運動)　年表
〔2827〕

◇風の交叉点―豊島に生きた女性たち　2　豊島
区立男女平等推進センター編　ドメス出版
1993.4　290p　21cm　1545円　Ⓘ4-8107-0357-
6　Ⓝ367.2136
内容 第1章 ハイカラさんと旧家(アトリエ村が生ま
れた　ハイカラさんが住んだ　受け継がれた土地に
生きて)　第2章 働き抜いて(奉公に出されて　家業
を継いで　商売を支えて　腕をみがいて)　第3章 手
をたずさえて("ひと"とともに　家族とともに)　第
4章 戦争は2度ない(戦時下を生きて)
〔2828〕

◇風の交叉点―豊島に生きた女性たち　豊島区児
童女性部女性青少年課編　ドメス出版　1992.4
256p　21cm　1545円　Ⓘ4-8107-0331-2
Ⓝ367.2136
内容 第1章 職業をとおして(女の自立は有資格から
いまも子供たちにかこまれて　教師として生きて　道
が開けば煮干も御馳走―市バス車掌として ほか)　第

2章 "まち"に生きる(地獄極楽この世の内　名物の飴
屋を継いで95歳　雨にもまけぬ教室　過ぎし日は永
遠に忘れじ ほか)　第3章 家族とともに(貧乏だけ
ど楽しかった　人力車でお嫁入り　心力歌とともに
荷車のうた ほか)
〔2829〕

《子ども》

◇都内の学童保育の状況―就学前から学齢期まで
の連続した支援に向けて　保育の内容・保育所
との連携など　東京都社会福祉協議会　2014.2
205p　30cm　1000円　Ⓘ978-4-86353-178-9
Ⓝ369.42
内容 第1章 調査のあらまし　第2章 調査結果の概要
(学童保育の運営・実施状況　学童保育の保育内容
保育所との連携の状況と課題　小学校との連携の状
況と課題　地域の関係機関との連携の状況と課題　区
市町村・東京都・国への要望　子ども・子育て支援
新制度に対する意見、その他の意見)　第3章 資料
〔2830〕

◇保育園でいま何が起こっているのか―品川版
〈保育改革〉・待機児対策の現実　品川の保育を
考える会, 佐貫浩編著　花伝社　2014.2　99p
21cm〈発売：共栄書房〉1000円　Ⓘ978-4-
7634-0693-4　Ⓝ369.42
内容 第1部 品川の「保育改革」の実態と問題点―品
川の保育でいま何が起こっているのか(様変わりの年
長児保育―「あこがれ」から「大変」に　保育の内
容の改変と矛盾―保幼小一貫ジョイント期カリキュ
ラムの問題点　品川区の待機児童対策と保育条件の
後退　座談会 いま品川の保育現場で起きていること
―急速な変化と矛盾、多忙化のなかで)　第2部 品川
の保育の歴史と到達点(豊かな保育運動の歴史を力に
して―品川の保育と区の「保育改革」の歩みと課題
座談会 品川の保育づくりの歴史を振り返る)　第3部
品川の学童保育(品川の学童保育の現状と課題)　第
4部 「子ども・子育て支援新制度」批判と品川の保育
(蓄積されてきた「保育」の価値を切り捨てる幼保
一体化―品川の保育改革の問題点　「子ども・子育
て支援新制度」の問題点―保育制度はどう変えられ
ようとしているのか)
〔2831〕

◇子どもの未来を守る―子どもの貧困・社会排除
問題への荒川区の取り組み　荒川区自治総合研
究所編　三省堂　2011.11　263p　18cm　800
円　Ⓘ978-4-385-36575-6　Ⓝ369.4
内容 第1章「子どもの貧困・社会排除問題」への荒川
区の取り組み(荒川区の取り組み経緯と取り組み姿勢
子ども家庭支援センターでの「子どもの貧困」との係
わり　精神障がい者の親をもつ子どもの貧困・社会
排除問題について　妊娠中から乳幼児期の子育て支
援について―子育て支援新制度と保育条件の母子保健活動の対策と保育条件の
クラブから見える「子どもの貧困」―その様相　保育
園の存在～気づき、寄り添い、見守りの心　スクー
ルソーシャルワークから見える「子どもの貧困・社
会排除問題」　子供たちに「生きる力」を　荒川区
の児童生徒の学習状況と基本的な生活習慣について
DVから見る子どもの貧困・社会排除問題　子どもの
貧困・社会排除問題と地域力　政策提言から事業の
実現まで)　第2章 専門的な視点から見た「子どもの
貧困・社会排除問題」(「子どもの貧困・社会排除」の

〔2826～2832〕　　　　　　　　　　「東京」がわかる本 4000冊　217

社会　　　　　　　　　　　　　　　　　　　　　　　　　　社会科学

特性と荒川区の取り組み　「食べることは生きる基本」―次代を担う子どもたちへの教育　児童相談所から見た子どもの貧困と自治体の役割　生活保護受給者の増加と子どもへの支援　高校生を応援する環境と授業料無償化・修学支援金の影響、そして目指す教育）　第3章　特別対談　阿部彩×西川太一郎―将来の夢やチャンスを奪うことが「子どもの貧困」である　　　　　　　　　　　　　　　　　　〔2832〕

◇品川に100人のおばちゃん見〜っけ！―みんなで子育てまちづくり　丹羽洋子著　ひとなる書房　2008.10　224p　19cm〈年表あり〉1500円　Ⓘ978-4-89464-120-4　Ⓝ369.4
　内容　第1章　人が人を結び、人が街模様を編む（品川宿にはすてきなおばちゃんがいる　「おばちゃんち」の原点と、児童館1号、児童館2号　ほか）　第2章　「子ども」「子育て」でつながるおばちゃんたち（「ほっぺ」と「えくぼ」はママの微笑み　品川宿の商店街は島村さんの顔なじみ　ほか）　第3章　仲間がいるから一人ひとりが元気（地域には子どもに優しい人たちがこんなにもいる　四児の母は子育て情報誌の核　ほか）　第4章　子どもが育つ、人が育つ、街が育つ（腰は痛いけれど、赤ちゃんが好き　誰が誰の親だかわからないというおもしろさ　ほか）　終章「みんなで子育て」の街づくりのために（住民が主人公であるために　公的な子育てが積み上げてきたものは大事な宝　ほか）　　　　　　　　　　　　　　　　〔2833〕

◇三鷹市の子ども家庭支援ネットワーク―地域における子育て支援の取り組み　松田博雄、山本真実、熊井利廣編、地域子ども家庭支援研究会著　京都　ミネルヴァ書房　2003.11　223p　19cm（ニューウェーブ子ども家庭福祉）〈年表あり〉2200円　Ⓘ4-623-03886-6　Ⓝ369.4
　内容　第1章　三鷹市における子ども家庭支援のあゆみと概要（子ども家庭支援の拠点　子ども家庭支援ネットワークのあゆみ　ほか）　第2章　子どもと家庭への援助事例（子ども虐待の事例　障害をもつ子どもと家庭への援助事例　ほか）　第3章　三鷹市におけるファミリーソーシャルワークの実態―実証分析調査報告から（三鷹市におけるケース援助の全体観　個別ケースの分析からみたケース援助の流れと投入資源　ほか）　第4章　医療からみた保健と福祉との連携（医療の役割と医療体制　障害や難病をもつ子どもの医療　ほか）　第5章　三鷹市の子ども家庭支援ネットワークを支えるもの（早期からの子ども家庭支援センターの立ち上げ　体制の中心を明確にする―相談機関・窓口の連携とシステム化　ほか）　　　　　　　　〔2834〕

◇多摩の子育てハンドブック―行政サービス早わかり　子持ちSOHOネットワーク著　立川　けやき出版　2000.3　199p　21cm〈文献あり〉1400円　Ⓘ4-87751-101-6　Ⓝ369.4
　内容　第1章　やったね！　妊娠、ドキドキ！出産　第2章　密室育児よ、さようなら　第3章　子どもを預けて働くママのために　第4章　大きくなっても、悩みは続くよ　第5章　地域での母親ネットワーク作りへの第一歩　第6章　先輩ママがナビゲート―"まち"と関わり、"まち"をよくする40の知恵　第7章　巻末便利帳　　　　　　　　　　　　　　　　　　　　〔2835〕

◇学童保育ここに始まる―武蔵野市の「ともだちの家」　土屋正忠、武蔵野市児童女性部児童課編　花伝社　1998.11　206p　19cm〈発売：共

栄書房〉1500円　Ⓘ4-7634-0329-X　Ⓝ369.42
　内容　プロローグ　オバさん、ただいま　第1章　カギッ子がふえてきた　第2章　手を貸そう、あれこれ言うより　第3章　ほんとのともだち　第4章　町のなかでも目が届く　第5章　地域が国を動かす　エピローグ　「児童福祉法」改正施行の年に　　　　　〔2836〕

◇子育て広場武蔵野市立0123吉祥寺―地域子育て支援への挑戦　柏木惠子、森下久美子編著　京都　ミネルヴァ書房　1997.11　176,30p　21cm　1800円　Ⓘ4-623-02817-8　Ⓝ376.1
　内容　第1章「0123吉祥寺」ってなに？　第2章「0123吉祥寺」の誕生　第3章「0123吉祥寺」の活動―プログラムと行事　第4章　子どもと「0123吉祥寺」―地域のなかで育つ　第5章　親と「0123吉祥寺」―支え合う子育て　第6章　行政と地域と「0123吉祥寺」―子育てネットワーク　第7章　おわりに―「0123吉祥寺」の広がりへ　　　　　　　　　　　　〔2837〕

◇子どもといっしょに東京子育てガイド　1998-1999　ママーズ・ネットワーク著　丸善メイツ　1997.11　223p　21cm　1500円　Ⓘ4-89577-119-9　Ⓝ599
　内容　1　子連れで元気におでかけしたい！　2　安くていいものショッピング！　3　たまには子どもを預けたい！　4　やっぱり気になる子どもの教育　5　子育て中こそ友だちがほしい！　6　すぐに役立つ産院・病院ガイド　7　ママだって稼ぎたい！　8　知っておトクな行政サービス　　　　　　　　〔2838〕

◇東京っ子　読売新聞社社会部編著　光雲社　1992.12　292p　19cm〈発売：星雲社〉1600円　Ⓘ4-7952-7305-7　Ⓝ371.45
　内容　第1部　いまどきの親子を考える　第2部　こどもの世界　第3部　からだとこころ　〔2839〕

◇こどもの再発見―豊島の児童文化運動と新学校　東京都豊島区立郷土資料館編　〔東京都〕豊島区教育委員会　1991.8　88p　26cm〈'91年夏・特別展図録　会期：1991年8月1日〜9月29日　年表・参考文献一覧：p82〜85〉Ⓝ372.136
　　　　　　　　　　　　　　　　　　　　〔2840〕

《高齢者》

◇生きる輝きに共感して―杉並で暮らす高齢者の状態と介護保険　介護保障を真に住民のものにしたい杉並有志の会編、鈴木文熹ほか著　萌文社　1999.1　63p　26cm（ゆたかなくらしブックス　no.1）952円　Ⓘ4-938631-88-1　Ⓝ369.26
　内容　なぜ、高齢者状態調査を行なったか―調査に至る経過　調査とは聴くこと、学ぶこと、共感すること　杉並の高齢者は何を語り、何がわかったか―調査のまとめと介護保険　聴き手（調査する側）が感じたことと学んだこと―調査をした「聴き手」の感想　区民として共感すること、区政に反映させること―報告集会参加者の感想　願いを区政に、サービスの網の目を地域に―報告集会閉会の挨拶　人と接し心にふれることで人間の尊厳を学ぶ―報告集会参加者の感想文　　　　　　　　　　　　　　　　　〔2841〕

218　「東京」がわかる本　4000冊　　　　　　　　〔2833〜2841〕

社会科学　　　　　　　　　　　　　　　　　　　　　　　　　　　　　　　　　社会

◇「杉並・老後を良くする会」奮戦記―ドキュメ
ント安心して老いられる町を創る人びと　安田
陸男著　あけび書房　1998.4　246p　20cm
〈付属資料：1枚〉1900円　Ⓘ4-87154-007-3
Ⓝ369.26
内容 プロローグ これが住民運動だ　1章 杉並・老後
を良くする会の歩み　2章 友愛の灯協会の歩み　3章
新しいホームをつくる会の歩み　4章 「住民立」社
会福祉法人の誕生　終章 新たなる旅立ち―特養ホー
ム運営　　　　　　　　　　　　　　　　　　〔2842〕

◇老いて都市に暮らす―町田市高齢者の肉声を生
かす　高齢者アンケートを読む会編　亜紀書房
1995.4　256p　19cm　1700円　Ⓘ4-7505-9514-
4　Ⓝ369.26
内容 ゆたかな都市コミュニティをめざして　1 老
いて都市に暮らす　2 老いの心と体といま　3 住ま
いと街の「壁」　4 交流（まじわり）とボランティア
5 医療・福祉サービスへの希望　6 ひとり暮らし高
齢者の発言　7 中壮年世代の思い描く街は　〔2843〕

◇東京で老いる　山口道宏編著　毎日新聞社
1994.9　257p　19cm　1500円　Ⓘ4-620-31012-
3　Ⓝ369.26
内容 序章 気がつけば終の住処・東京　第1部 街と老
人東京暮らし24時―「老いたところが東京だった」
第2部 取材ノート「いざという時平岡達の場合」―
独り暮らし二十五年、明日は我が身か東京で　資料
編 都市型老人のための健康・医療ガイド　〔2844〕

《障害者》

◇資料・美濃部都知事と聴力障害者の対話集会
ろう問題文献資料刊行会編　杉並けやき出版
2014.10　113p　19cm〈発売：星雲社〉500円
Ⓘ978-4-434-19839-7　Ⓝ369.276
内容 1 聴力障害者連絡協議会の発足と展開―その概
要　2 美濃部都知事と聴力障害者の対話集会　3 聴
力障害者会館 実現へ第一歩　4 美濃部さんとの対話
集会開かる　　　　　　　　　　　　　　　　〔2845〕

◇特別なニーズのある子どもの早期介入と地域支
援―東京発：子ども・学校・家庭へのアプロー
チ　舩越知行編著、荒井聡、大橋雄治、大原隆徳、
葛西祥子、竹谷志保子、星茂行、守永英治著　学
苑社　2011.7　230p　22cm　2800円　Ⓘ978-
4-7614-0737-7　Ⓝ378
内容 第1部 早期介入のとらえ方（早期介入とその対
応 インクルージョンと早期介入　特別なニーズか
ら見た特別区の子ども事情　通園施設の現状と課題
早期介入と母子保健事業　支援における環境誘因の
活用　親への対応と在宅支援の期待　諸外国におけ
る親支援　今後の特別なニーズと障害のある子ども
への対応）第2部 早期介入と地域支援の実際（中野
区発―中ေ福祉センターにおける早期介入と地域支援
足立区発―保育所における早期介入と地域支援　豊
島区発―巡回相談における早期介入と地域支援　新
宿区発―子ども家庭支援における早期介入と地域支
援　渋谷区発―発達相談センターにおける早期介入
と地域支援　世田谷区発―発達障害における早期介
入と地域支援　葛飾区発―就学移行支援における早

期介入と地域支援　江戸川区発―放課後支援におけ
る早期介入と地域支援）第3部 施設一覧　〔2846〕

◇Accessible Tokyo―a guide to Tokyo for
people with disabilities　2005　赤十字語学奉
仕団アクセシブル東京編集委員会　2005.4
196p　21cm〈日本語・英語併記〉Ⓝ291.361
　　　　　　　　　　　　　　　　　　　　〔2847〕

《事件・犯罪》

◇秋葉原事件―加藤智大の軌跡　中島岳志著　朝
日新聞出版　2013.6　278p　15cm（朝日文庫
な39-1）700円　Ⓘ978-4-02-261766-8　Ⓝ368.
61
内容 第1章 家族（青森　家庭環境 ほか）第2章 自
殺未遂（中日本自動車短期大学への進学　仙台へ ほ
か）第3章 掲示板と旅（「不特定多数」と「特定少
数」　名古屋へ ほか）第4章「イライラしま
す」（静岡県裾野市　「そろそろ3Dに行かないとヤバ
イ」ほか）第5章 歩行者天国へ（「そろそろ限界」
「ツナギがない！」ほか）　　　　　　　　〔2848〕

◇解＋―秋葉原無差別殺傷事件の意味とそこから
見えてくる真の事件対策　加藤智大著　批評社
2013.4　183p　19cm―サイコ・クリティーク
21）1700円　Ⓘ978-4-8265-0578-9　Ⓝ368.61
内容 事件の説明を始める前に（1）―はじめにお断り
しておきたいこと　事件の説明を始める前に（2）―
先入観を捨てること　事件の説明を始める前に（3）
―事件の一般論のこと　事件の説明を始める前に（4）
―「やる」と「やらない」の境界のこと　事件の説明
を始める前に（5）―手段が事件に決まること　事件
の説明を始める前に（6）―私のこの考え方のこと
事件の説明を始める前に（7）―掲示板のこと　事件
の説明を始める前に（8）―動機を盛らないこと　事
件の説明を始める前に（9）―事件の背景で起きてい
たこと　私が起こした事件について　事件が起こら
なかった可能性を考える　事件を未然に防ぐには
　　　　　　　　　　　　　　　　　　　　〔2849〕

◇大江戸「事件」歴史散歩　大石学監修　中経出
版　2012.11　285p　15cm（中経の文庫 お-
22-1）〈文献あり〉714円　Ⓘ978-4-8061-4534-
9　Ⓝ291.361
内容 第1章 首都江戸の造成（徳川家康、東海道の交通
システムを改革！　急ピッチで進む江戸の都市計画
ほか）第2章 花の大江戸八百八町（神田祭の祭礼行
列、はじめて江戸城に入る　囚人の高死亡率で小伝
馬町の牢に環境改善命令 ほか）第3章 成熟する町
人文化（風紀の乱れで廃止された内藤新宿の再営業を
許可　目黒行人坂で火事発生、死者は約一万五〇〇
〇人！ ほか）第4章 幕末動乱の時代へ（九〇歳の
現役絵師・葛飾北斎、逝く　「黒船来る」の第一報
に江戸は夜も眠れず！ ほか）　　　　　　〔2850〕

◇帝都の事件を歩く―藤村操から2・26まで　森
まゆみ、中島岳志著　亜紀書房　2012.9　351p
19cm〈年表あり　索引あり〉1800円　Ⓘ978-
4-7505-1221-1　Ⓝ213.61
内容 1 煩悶青年を生み出した本郷　2 右翼クーデ
ターは江戸川橋ではじまった　3 東京駅はテロの現

社会　　　　　　　　　　　　　　　　　　　　　　　　　　　　　　社会科学

場　4 隅田川と格差社会　5 田端と芥川龍之介の死　6 日本橋と血盟団事件　7 永田町とクーデター
〔2851〕

◇大江戸歴史事件現場の歩き方―あの事件はここで起きた！　歴史現場研究会編　ダイヤモンド・ビッグ社　2012.8　127p　21cm　（地球の歩き方books）〈文献あり〉発売：ダイヤモンド社〉1500円　Ⓘ978-4-478-04255-7　Ⓝ291.361
|内容| 01 江戸城事件簿　02 慶安の変　03 明暦の大火　04 決闘と仇討ち　05 八百屋お七　06 吉原事件帳　07 忠臣蔵　08 桜田門外の変　09 近藤勇、処刑　10 上野戦争
〔2852〕

◇解　加藤智大著　批評社　2012.7　170p　19cm　（サイコ・クリティーク 17）　1700円　Ⓘ978-4-8265-0559-8　Ⓝ368.61
|内容| 1章 掲示板と私の生活　2章 何に対して怒っていたのか　3章 事件に転落していくものの考え方　4章 思いとどまるということ　5章 秋葉原無差別殺傷事件　6章 誤った手段を使ってしまう性格　7章 報道との矛盾について　8章 掲示板への書込みの真意　9章 一線を超えないために
〔2853〕

◇大江戸事件帖お散歩マップ　お江戸歴史探訪研究会著　徳間書店　2011.9　127p　21cm　〈文献あり〉1400円　Ⓘ978-4-19-863253-3　Ⓝ291.361
|内容| 八百屋お七―恋に焦がれて火を付けた15歳の美少女　絵島―門限破りで実兄の首を刎ねられた大奥女中　白子屋お熊―不細工な夫を殺し損ねた美人妻　平井権八―遊女が愛した同僚殺しのイケメン剣客　鬼坊主清吉―いつのまにか神になった荒稼ぎの色男　鼠小僧次郎吉―武家屋敷専門「たぶん3千両」盗んだ大泥棒　松平外記―同僚3人を殿中で斬殺した剛毅の旗本　河内山宗春―水戸藩を強請って獄死したチョイ悪直参坊主　め組の辰五郎―力士と喧嘩して羽子板になった火消の頭領　天一坊―案外真実だったかもしれない将軍の「ご落胤」〔ほか〕
〔2854〕

◇「孤独」から考える秋葉原無差別殺傷事件　芹沢俊介,高岡健著　批評社　2011.9　188p　19cm　（サイコ・クリティーク Psycho critique 15）　1700円　Ⓘ978-4-8265-0547-5　Ⓝ368.61
|内容| 第1章 秋葉原無差別殺傷事件は、なぜ起きたのか（親殺しに先行する子殺しとしての事件の性格　「孤独だと無差別に殺す」という携帯サイトの意味 ほか）　第2章 心的現象としての掲示板への書き込み（携帯サイトの掲示板にみる「本音」と「本心」　自己表出・指示表出として表現された孤独の世界 ほか）　第3章 自殺未遂から無差別殺傷事件へ―自殺論の射程（表現型オタクにとっての主体の危機―ネット社会の限界　三回の自殺未遂事件 ほか）　終章 秋葉原無差別殺傷事件の総括と補論―裁判をめぐって（裁判官・検察はこの事件をどうとらえたのか　不細工な自分という自己規定の虚構―母親の愛への渇望 ほか）〔2855〕

◇歌舞伎町未解決事件―犯人はこの闇の中にいる。　シーズ情報出版　2003.12　191p　21cm　〈執筆：本橋信宏ほか〉1400円　Ⓘ4-921105-67-7　Ⓝ368.6
|内容| 第1章 歌舞伎町の現在（歌舞伎町ヤクザ勢力地

図　遅れて来た外国人マフィア　歌舞伎町テレクラ・素人売春事情）　第2章 歌舞伎町未解決事件（フリーライター殺害事件　外国人と歌舞伎町で初めて殺しをした日 ほか）　第3章 歌舞伎町裏稼業（歌舞伎町の裏取引で手に入るもの　違法ドラッグ　スキミング ほか）
〔2856〕

◇江戸・東京事件を歩く　山本純美,井筒清次著　アーツアンドクラフツ　2001.12　190p　21cm　1600円　Ⓘ4-901592-03-3　Ⓝ213.6
|内容| 江戸時代（江戸東京の始まり―徳川家康江戸入城（1590年）　意地と面子が招いた―井上正鉄刺殺事件（1628年）　失敗に終わった由比正雪の乱―丸橋忠弥処刑（1651年）ほか）　明治・大正時代（江戸から東京へ―東京遷都（1868年）　1日の利用客が300人―新橋・横浜間鉄道の開業（1872年）　江戸市民の遺産によって実現した―ガス灯点火（1875年）ほか）　昭和時代（初乗り10銭だった―浅草・上野間地下鉄開業（1927年）　目黒競馬場で行われた―第1回日本ダービー（1932年）　犬養首相暗殺！―五・一五事件（1932年）ほか）
〔2857〕

◇新宿鮫―東京チャイニーズ　森田靖郎著　講談社　1999.11　336p　15cm　（講談社文庫）571円　Ⓘ4-06-264728-1　Ⓝ916
|内容| プロローグ　第1章 透明な中国人　第2章 黄金夢　第3章 ベンチャー・オブ・ザ・ドラゴン　第4章 チャイナタウンの密航者の群れ　エピローグ 世紀末・東京チャイニーズ
〔2858〕

◇東京チャイニーズ―裏歌舞伎町の流氓たち　森田靖郎著　講談社　1998.8　346p　15cm　（講談社文庫）571円　Ⓘ4-06-263844-4　Ⓝ916
＊密航、不法就労、パチンコ変造カード、地下銀行…なぜ中国人は法を侵してまで日本に出稼ぎするのか。東京の「不夜城」歌舞伎町の裏側で蠢く、蛇頭や流氓たちの真実の姿がいま明かされる。鉄の掟とカネに縛られた彼らの実態を、中国人ウラ社会に精通する著者が徹底取材した、渾身の書き下ろしルポ！
〔2859〕

《住民運動》

◇国立景観訴訟―自治が裁かれる　五十嵐敬喜,上原公子編著　公人の友社　2012.7　293p　21cm　〈年表あり〉2800円　Ⓘ978-4-87555-606-0　Ⓝ318.7365
|内容| 総論（国立の景観とは何であったのか　わたしは「市民自治の政治家」である）　各論（住民訴訟と議会・首長を巡る法的な問題　都市計画と建築―国立の景観論「景観美の誕生」　「議会」―国立市議会の責任について　美しい町国立「もう一つの景観―都市農業」　市民にとって「署名、陳情・請願・そして議会、首長」とは）　上原公子 インタビュー わたしの市民自治　国立の景観の変遷
〔2860〕

◇原水禁署名運動の誕生―東京・杉並の住民パワーと水脈　丸浜江里子著　凱風社　2011.5　411p　20cm　〈索引あり〉3500円　Ⓘ978-4-7736-3505-8　Ⓝ319.8
|内容| 序章 研究の視座―まえがきにかえて　第1章 戦前・戦中の杉並区　第2章 敗戦と杉並の市民活動　第

220　「東京」がわかる本 4000冊　　　　　　　　　　　　　〔2852～2861〕

社会科学　　　　　　　　　　　　　　　　　　　　　　　社会

3章 戦後杉並区政と社会教育　第4章 占領政策の変化と杉並の市民活動　第5章 安井郁・田鶴子夫妻と杉並の主婦たち　第6章 ビキニ水爆実験と報道　第7章 ビキニ水爆実験の影響と立ち上がる運動　第8章 杉並区の原水爆禁止署名運動　終章 私たちが将来へ受け継ぐこと　　　　　　　　　　　　　〔2861〕

◇景観にかける―国立マンション訴訟を闘って
石原一子著　新評論　2007.10　282p　20cm　2500円　⑩978-4-7948-0750-2　Ⓝ318.8365
内容 第1章 私のバックグラウンド―自体のなかには満州がつまっている (大連市　小学校時代 ほか)　第2章 混乱のなかで自立した女をめざす (敗戦直後　着の身着のまま―スカート一着で通した一橋大学時代 ほか)　第3章 明和地所といかに闘ってきたか (志のある町　自分たちの意思で守り、育ててきた町 ほか)　第4章 市民運動の原点　運動を長続きさせるためには ほか)　終章 景観市民運動全国ネットの設立 (一枚のファクス　日本人の衣・食・住の感覚―とくに住感覚について ほか)　　　　　〔2862〕

◇沈黙の社会にしないために―最高裁にあてた168通の上申書　立川・反戦ビラ弾圧救援会編　国立　樹心社　2006.10　254p　19cm〈発売：星雲社〉　1200円　4-434-08562-X　Ⓝ319.8
内容 1 基地の町から　2 表現は自由だ　3 だから反戦！　4 警察おかしいぞ　おわりに　私たちは沈黙しない (弁護団・山本志麻)　　　　　　　　〔2863〕

◇立川反戦ビラ入れ事件―「安心」社会がもたらす言論の不自由　立川・反戦ビラ弾圧救援会編著　明石書店　2005.5　259p　19cm　1800円　⑭7503-2111-7
内容 序章 テント村とは何か (テント村小史　私たちはなぜ自衛官にビラを配るのか)　第1章 無罪判決までの二六日間 (事件の経過 逮捕からの一年をふりかえる　獄中日記 壁の中で闘った七五日間　公判の経過 無罪判決を勝ち取るまでの裁判審理)　第2章 反戦ビラ入れ弾圧とは何だったのか (座談会 イラク派兵と反戦ビラ入れ弾圧―表現の自由をどう守るか　対談 自衛官に反戦を訴えるということ　事件と報道 弾圧を免罪する「無罪判決」万歳報道)　第3章 法学者が見た反戦ビラ入れ裁判 (裁判の意味 反戦ビラ入れ裁判で何が問われているのか　判決の意義 (憲法 ビラ配布の自由を考える　刑法 三人のビラ入れは「住居侵入罪」にあたるのか))　巻末資料　　〔2864〕

◇街から反戦の声が消えるとき―立川反戦ビラ入れ弾圧事件　宗像充著　国立　樹心社　2005.1　236p　19cm〈発売：星雲社〉　1300円　⑭4-434-05752-9　Ⓝ319.8
内容 第1章 弾圧 (起き抜けの家宅捜索　自分で考え、いっしょに声をあげよう　日常に戦時を感じるとき)　第2章 テント村 (イラクへ行くな自衛隊　黙秘での闘い　くり返されるイラク反戦運動への弾圧　不起訴に向けて　仲間からのメッセージ)　第3章 解放 (「良心の囚人」に認定されて　問われる「表現の自由」　保釈、そして日常の中へ)　第4章 ビラ入れ裁判 (だれが「犯罪」をつくるのか　市民どうしの関係をこそ)　　　　　　　　　　　　　　〔2865〕

◇首都の被爆者運動史―東友会40年のあゆみ　東京都原爆被害者団体協議会 (東友会) 編　東京都原爆被害者団体協議会 (東友会)　1998.11

226p　21cm　1500円　Ⓝ369.37　　〔2866〕

《災害・防災・減災》

◇東京防災―今やろう。災害から身を守る全てを。　東京都総務局総合防災部防災管理課編　東京都総務局総合防災部防災管理課　2015.9　324,8p　19cm〈付属資料：地図 1枚：オリジナル防災MAP荒川区　箱入〉　Ⓝ369.3　〔2867〕

◇東京湾岸の地震防災対策―臨海コンビナートは大丈夫か　濱田政則、樋口俊一、中村孝明、佐藤孝治、飯塚信夫著　早稲田大学出版部　2014.9　152p　21cm (早稲田大学ブックレット 「震災後」に考える 37)　1200円　①978-4-657-14302-0　Ⓝ575.5
内容 1 東京湾臨海コンビナートの危険性 (コンビナートの地震・津波リスク　東京湾の現状　東京湾臨海コンビナートの危険性)　2 コンビナート強靭化対策 (コンビナートの強靭化と耐震補強　土木構造物の耐震補強　プラント設備の耐震補強　津波対策)　3 災害が社会・経済に与える影響 (コンビナート施設の地震リスク診断と最適投資　コンビナート災害が社会・経済活動に及ぼす影響　大規模災害の経済的被害の推計―その難しさ)　　　　　〔2868〕

◇首都水没　土屋信行著　文藝春秋　2014.8　249p　18cm (文春新書 980)〈文献あり〉　760円　①978-4-16-660980-2　Ⓝ369.33
内容 第1章 山の手にも洪水は起こる　第2章 東京は世界一危ない場所にある　第3章 地球温暖化で首都は壊滅する！　第4章 利根川の東遷事業が東京を危険都市にした　第5章 雨が降らなくても洪水になる「地震洪水」　第6章 なぜ東京は世界一危ないのか？第7章 東京の三大水害に学ぶ―明治43年の「東京大水害」/大正6年の「大海嘯」/昭和22年の「カスリーン台風」　第8章 洪水は流域一帯で起こっている！　第9章 強靭な日本を創るために　　　〔2869〕

◇東京湾巨大津波の被害と対策　未来予測研究所　2014.8　94p　30cm　35000円　①978-4-944021-86-4　Ⓝ369.31
内容 第1章 東京湾前面方向の巨大地震と津波の発生　第2章 東京湾内の津波の高さの予測　第3章 東京湾内の津波による被害予測　第4章 津波の都市機能への影響　第5章 東京湾以外の津波の被害予測　第6章 被害の合計　第7章 半円形防潮堤の設計と建設　第8章 各産業への影響　第9章 津波被害軽減への予知技術の活用　第10章 東京湾の防潮堤計画　第11章 地震予知情報と防潮堤を構築した場合の被害最小化の効果　　　　　　　　　　　　　　　〔2870〕

◇東京下町低地の高潮対策に関する歴史的考察　法政大学エコ地域デザイン研究所編　法政大学エコ地域デザイン研究所　2014.3　121p　30cm〈文献あり〉　Ⓝ369.33　〔2871〕

◇江戸・東京の大地震　野中和夫著　同成社　2013.3　347p　20cm〈文献あり〉　3800円　①978-4-88621-625-0　Ⓝ369.31
内容 第1章 江戸から大正期の被害地震 (地震の概況　推定マグニチュード六・〇以上の被害地震の発生と

〔2862〜2872〕　　　　　　　　　「東京」がわかる本 4000冊　221

社会　　　　　　　　　　　　　　　　　　　　　　　　　　　社会科学

地域別・時間軸からみた様相　地震による一次・二次的災害とその代表的事例）　第2章 江戸庶民の大地震への関心（鯰絵や瓦版の盛行　災害番付と地震・津波）　第3章 元禄大地震と復旧（震源地と被害状況からみた各地の推定震度　地震発生に伴う地形の変化、絵図からの検証　大津波の発生と多くの犠牲者　家屋崩倒壊、延焼による破壊的被害の小田原　江戸での被害と復旧）　第4章 安政江戸地震と復旧（震源地と被害状況からみた各地の推定震度　江戸での被害状況　幕府の対応、救済と復旧　井戸水の変化と玉川上水道の復旧）　第5章 関東大震災と江戸城跡の被害と復旧（震源地と各地の震度　被害の概況　江戸城跡の被害と復旧　上水道被害）　〔2872〕

◇首都直下地震にいますぐ備える本　阿部慶一監修，東京防災HOW TOネット編　河出書房新社　2012.5　188p　19cm〈文献あり〉1400円　Ⓘ978-4-309-27322-8　Ⓝ369.31
　内容 1 首都直下地震—その全体像と被害予測は？　2 出先のここで巨大地震に襲われたら…　3 わが家で巨大地震に襲われたら…　4 避難・待機・帰宅—この心得だけは！　5 通信の手段—災害時に頼れるのは…　6 家の構造・立地のチェックポイントは？　7 家具・家電の転倒から命を守るために　8 持ち出し袋—「何をどれだけ」の極意　9 水・食料この知恵で被災後3日を生きぬく　10 避難生活で役立つサバイバル術　〔2873〕

◇大地震あなたのまちの東京危険度マップ　中林一樹監修　朝日出版社　2012.3　72p　26cm〈索引あり　文献あり〉1000円　Ⓘ978-4-255-00634-5　Ⓝ369.31
　＊本書では、「地震に関する地域危険度測定調査報告書（第6回）」（東京都都市整備局/2008年2月発行）のなかで、地域危険度が5段階中4・5にあたる地域を「危険度の高い地域」とし、東京23区や多摩地域の建物倒壊危険度、火災危険度の高い地域を色・パターン別にマップで示しています。　〔2874〕

◇東京の3・11—東日本大震災からの教訓　都政新報社編集部編　都政新報社　2012.2　189p　21cm　933円　Ⓘ978-4-88614-209-2　Ⓝ369.31
　内容 第1章 地震編—大地震で分かった東京の弱点（あの瞬間—首都を津波が襲った　交通機関の限界—「想定外」には臨機応変に　帰宅難民—駅前協議会、機能せず ほか）　第2章 原発編—初めて経験する危機に対処（原発災害の脅威—後手に回った放射能対策　子供を守る—行政への不信 拭えぬ不安　組織の縦割り——過性で済まぬ難題 ほか）　第3章 3・11伝えたいこと（寄稿文）（被災者以外にも支援を　土日に実験を集中/時間割りを検討中　朝まで園児二人預かる/今年度、全園を耐震改修 ほか）　〔2875〕

◇自然地理学からの提言開発と防災—江戸から東京の災害と土地の成り立ち　松田磐余著　イマジン出版　2011.12　147p　21cm（COPA books 自治体議会政策学会叢書　自治体議会政策学会監修）〈文献あり〉1200円　Ⓘ978-4-87299-589-3　Ⓝ369.3
　内容 第1章 自然災害の捉え方—東日本大震災を例として　第2章 開発・災害・対策による自然災害の変貌　第3章 関東低地の形成—東京の災害に対する自然的素因を理解するために　第4章 東京低地における開発・災害・災害対策　第5章 東京低地の災害対

策　第6章 都市における自然災害対策とは　〔2876〕

◇社会調査でみる災害復興—帰島後4年間の調査が語る三宅帰島民の現実　田中淳，サーベイリサーチセンター編　弘文堂　2009.3　251p　22cm（シリーズ災害と社会 8）　2600円　Ⓘ978-4-335-50108-1　Ⓝ369.31
　内容 第1章 三宅島2000年噴火の災害誌（噴火から離島までの70日間　三宅島噴火の歴史　島のプロフィール（三宅島豆情報））　第2章 帰島民の意識（調査結果の総括　調査の概要　調査結果の分析　島びとの独白—「自由回答から」）　第3章 「帰島民調査」の現場から（調査担当者の現地報告　実査社員の研修レポート）　第4章 帰島者の生活実態（長期避難生活での課題　帰島後の日常生活——住民の『三宅島便り』商工業者への支援と産業振興　高齢者の現状と今後の課題）　第5章 災害と復興の課題（火山災害と復興　被災者支援と復興制度）　〔2877〕

◇江戸〜東京下町の水害—年表　三木克彦著　君津　三木克彦　2008.11　94p　21cm〈印刷：うらべ書房（木更津）〉213.61　〔2878〕

◇帝都復興と生活空間—関東大震災後の市街地形成の論理　田中傑著　東京大学出版会　2006.11　538p　22cm〈文献あり〉9800円　Ⓘ4-13-066200-7　Ⓝ518.8
　内容 序章　第1章 震災時点の東京下町における都市計画的課題　第2章 震災前後の建築ストックと居住者属性の変容　第3章 帝都復興プロセスのケーススタディ　第4章 制度からみる帝都復興のプロセス　第5章 日本橋区田所町・長谷川町地区におけるケーススタディ　第6章 下谷区御徒町3丁目地区におけるケーススタディ　第7章 バラックの建て替えと市街地の不燃化　結論　〔2879〕

◇考証江戸の火災は被害が少なかったのか？—歴史と工学からわかる都市の安全　西田幸夫著　住宅新報社　2006.9　202p　21cm（住宅・不動産実務ブック）〈文献あり　年表あり〉2000円　Ⓘ4-7892-2637-9　Ⓝ518.87
　内容 第1章 江戸東京は変わったのか　第2章 四百年の火災被害　第3章 今のイメージを形づくる江戸の大火　第4章 関東大震災　第5章 私たちのまちの安全　第6章 私たちの生活と災害　第7章 みずからの安全を考える　〔2880〕

◇東京直下大地震生き残り地図—あなたは震度6強を生き抜くことができるか?!　23区の倒壊・火災・非常危険度がひと目でわかる　目黒公郎監修　旬報社　2005.9　123p　30cm　1200円　Ⓘ4-8451-0938-7　Ⓝ369.31
　内容 生き残り地図「被災シミュレーションMAP」（新宿区　渋谷区　中央区　千代田区　豊島区 ほか）　生き残り地図「情報編」（地震の時代を生きぬくためには災害イマジネーション能力を高めることが必要だ！　いますぐ本気で始めたい。地震国・日本に必要な、住まいの「耐震改修」対策。　How to 耐震改修テクニック（1）木造住宅の補強方法　How to 耐震改修テクニック（2）家具の固定方法　誰でもできるわが家の耐震診断 ほか）　〔2881〕

◇〈図解〉東京直下大震災—大惨事を生き抜く知恵

222　「東京」がわかる本 4000冊　　　　　　　　　　　　　　　〔2873〜2882〕

社会科学　　　　　　　　　　　　　　　　　　　　　　　　　　　　　　社会

と対策　中林一樹著　徳間書店　2005.8　158p　19cm　1400円　Ⓓ4-19-862044-X　Ⓝ369.31
内容　1 地震・震災を知る─知識はサバイバルの基本（首都に重大な被害をもたらす地震のタイプは3つある　首都直下地震は切迫している　ほか）　2 地震に備える─憂いなき準備を！（東海地震─注意情報・予防情報・警戒宣言　地震が起きたら─パニックを起こさないための「安否情報」　ほか）　3 地震から身を守る─そのとき"あなた"は!?（「帰宅困難者」は650万人を想定　「帰宅困難者」にならないために　ほか）　4 地震と災害復旧を考える─確かな防災に向けて（側方流動による港湾施設の被害　側方流動による被害─岸壁の崩壊はこうして起こった　ほか）〔2882〕

◇あなたの命を守る大地震東京危険度マップ─東京23区＋多摩地区　中林一樹監修　朝日出版社　2005.6　80p　26cm〈大地震完全対策マニュアル付き〉667円　Ⓓ4-255-00315-7　Ⓝ369.31
内容　大地震東京危険度マップ（マップの使い方/マップの見方　東京の地盤と液状化予測図）　大地震完全対策マニュアル（基礎知識編　家の中で地震に遭ったら　自宅以外で地震に遭ったら　命を守る応急対処法　ほか）〔2883〕

◇巨大地震と大東京圏　望月利男, 中野尊正編　復刻版　八王子　東京都立大学都市研究所　2001.9　299p　21cm（都市研究叢書 3）〈発行所：東京都立大学出版会〉3500円　Ⓓ4-925235-12-5　Ⓝ369.31
内容　第1章 震災のトータルイメージ　第2章 土地条件と地震災害　第3章 建築物の震害・人的被害と対策　第4章 地震火災と広域避難　第5章 ライフライン震害と住民生活　第6章 都市生活者の災害問題と防災まちづくり　第7章 大都市の企業体にみる地震防災対策　第8章 地震防災の課題と提言〔2884〕

◇防災という名の石原慎太郎流軍事演習─「ビッグレスキュー東京2000」の深謀　久慈力著　あけび書房　2001.3　205p　19cm　1700円　Ⓓ4-87154-028-6　Ⓝ369.3
内容　第1章「三軍を使った合同大演習」─石原慎太郎とビッグレスキュー（ビッグレスキューの本当の狙い　ビッグレスキューの恐るべき実態）　第2章「三宅島災害は東京の僥倖」─石原慎太郎と防災対策（東京都と防災対策　自衛隊と防災対策）　第3章「訓練には治安維持も入っている」─石原慎太郎と治安出動（東京都と治安出動　自衛隊と治安出動）　第4章「戦争に全面協力する」─石原慎太郎と戦争協力（東京都と戦争協力体制　自衛隊と戦争協力体制）〔2885〕

◇江戸の旧跡 江戸の災害　三田村鳶魚著, 朝倉治彦編　中央公論社　1998.5　409p　16cm（中公文庫 鳶魚江戸文庫 21）762円　Ⓓ4-12-203150-8　Ⓝ291.36
内容　江戸の旧跡（失われた江戸の輪郭　大江戸の名残り　焼き払われた名所名物　目に見えた江戸の名残り　ほか）　江戸の災害（享保・天明の洪水　永代落橋　読売に唄われた安政大地震　安政震災の回復秋葉さん　ほか）〔2886〕

◇震災復興の経済学─いま東京を大地震が襲ったら　鈴木浩三著　古今書院　1997.9　206p

21cm〈索引あり〉2400円　Ⓓ4-7722-4006-3　Ⓝ332.136
内容　1 大震災後の東京の経済復興に向けて　2 震災後の交通システム　3 物資のストックと流通　4 住宅再建による市民生活の経済復興　5 東京の経済復興と自由貿易地域　6 中小企業の復興　7 中小企業の復興資金　8 関東大震災から昭和金融恐慌時の金融対策─東京府の信用組合対策を中心に〔2887〕

◇震災復興〈大銀座〉の街並みから─清水組写真資料　銀座文化史学会編　銀座文化史学会　1995.12　116p　28cm（銀座文化研究別冊）〈発行所：秦川堂書店〉2000円　Ⓝ526.67　〔2888〕

◇江戸・東京の地震と火事　山本純美著　河出書房新社　1995.10　217p　20cm〈主要参考文献：p217〉2000円　Ⓓ4-309-22283-8　Ⓝ210.5
内容　第1章 江戸の火事　第2章 火消の組織　第3章 江戸の防災施策　第4章 江戸の防災対策　第5章 水との闘い　第6章 地震の恐怖　第7章 現代の防災〔2889〕

◇東京は60秒で崩壊する！─超巨大地震の恐怖と世界大不況の衝撃　P.ハッドフィールド著, 赤井照久訳　新版　ダイヤモンド社　1995.7　272p　20cm〈監訳：竹内均〉1600円　Ⓓ4-478-19022-4　Ⓝ369.31
＊東京に大地震が起きたら、世界はどうなるのか。危機管理はどうなっているのか。防災対策は大丈夫か。東京の住民は生き残れるのか。経済活動への波及はどうか。保険業界の対応、株式市場への余波、為替相場の状況、そして世界経済への影響…。気鋭の英国人ジャーナリストが、徹底的な取材と阪神・淡路大震災の教訓をふまえて描く超巨大地震の恐怖と驚くべき世界大不況の構図。〔2890〕

◇首都圏エリア別防災ガイド　同文書院　1995.6　239p　21cm〈監修：川上英二　参考文献及資料：p238〉1450円　Ⓓ4-8103-4057-0　Ⓝ369.3
内容　地震の基礎知識　東京の地震危険度　沿線別防災対策　防災の心がけ〔2891〕

◇首都圏が危ない─阪神大震災の教訓　東京新聞編集局編　東京新聞出版局　1995.4　82p　21cm（東京ブックレット 11）600円　Ⓓ4-8083-0525-9　Ⓝ369.31
内容　第1章 大地震は予知できないのか　第2章 阪神大震災はこうして起った　第3章 首都圏が危ない　第4章 直下型地震への対応・提言〔2892〕

◇防災のまちづくり─阪神大震災から武蔵野市を考える　武蔵野市市民防災シンポジウム実行委員会編　ゆい書房　1995.4　93p　19cm〈発売：農山漁村文化協会〉700円　Ⓓ4-540-94180-1　Ⓝ369.31　〔2893〕

◇東京脱出─大震災の恐怖　長岡拓也著　すずさわ書店　1995.2　154p　19cm〈主な参考図書：p150～152〉1236円　Ⓝ369.31　〔2894〕

◇大地震が東京を襲う！─シミュレーション その時あなたはどこにいるか!?　インパクト著　中経出版　1993.9　238p　21cm〈監修：溝上

〔2883～2895〕　　　　　　　　　　　　　　　　「東京」がわかる本 4000冊　223

恵〉 1400円　Ⓘ4-8061-0686-0　Ⓝ369.31

内容　まえがきにかえて　大地震はどこで起きてもおかしくない　直下型地震は南関東でいつ起きてもおかしくない　地下鉄に乗っていたら　密集住宅地にいたら　高層ビルの中にいたら　ウォーターフロントに遊びにいっていたら　高速道路を運転していたら　巨大地震が起こったら　直下型地震予知の可能性と東京の街　　　　　　　　　　　　　　　　　〔2895〕

教育

◇希望は生徒─家庭科の先生と日の丸・君が代　根津公子著　増補新版　影書房　2013.3　242p　19cm　242p　1700円　Ⓘ978-4-87714-433-3　Ⓝ373.2

内容　1 私の「戦争責任」　2 キーワードは「自分の頭で考える」　3 私たちの卒業式だから　4 教育行政が学校を壊すとき　5 異動要綱改悪と「10・23通達」、そして停職「出勤」　「君が代不起立」は私の教育実践─増補版への「あとがき」　　　　　　〔2896〕

◇「日の丸・君が代」強制反対嘱託採用拒否撤回裁判─控訴審から最高裁判決へ：2009年6月5日─2011年6月6日　嘱託採用拒否撤回裁判原告団編　〔出版地不明〕　嘱託採用拒否撤回裁判原告団　2012.3　138p　26cm　〈年表あり〉500円　Ⓝ373.2　　　　　　　　　　　　　〔2897〕

◇東京の「教育改革」は何をもたらしたか─元都立高校長の体験から　渡部謙一著　高文研　2011.9　252p　19cm　〈年表あり〉1800円　Ⓘ978-4-87498-465-9　Ⓝ373.2

内容　第1章 裏切られた統廃合（東京の「教育改革」のはじまり　改革の最初の洗礼・新宿高校問題　曲がり角の久留米高校へ　都立高校改革推進実施計画の対象校に）　第2章 管理と監視下の学校─「職員会議の補助機関化」と「人事考課制度」（職員会議の「補助機関化」　業績評価で教師を競わせる「人事考課制度」　「憲法・教育基本法」も否定した教育委員会　解体された校長会　「学校運営」から「学校経営」へ）　第3章 命令と強制の「日の丸・君が代」問題（卒業式で強制された「職務命令」　もの言えぬ校長・校長の権限と責任とは　退職させに当たって）　第4章 東京に「教育」を取り戻すために（疲弊しきった学校現場　元校長・教頭による教育基本法「改正」反対の取り組み　「東京の教育を考える校長・教頭（副校長）経験者の会」を　「東京の教育」の再生を目指して）　第5章 悩み多き校長、されど希望を（私の出会った校長たち　追い込まれる校長たち　私の校長論　されど希望を）　　　　　　〔2898〕

◇それは、密告からはじまった─校長vs東京都教育委員会　土肥信雄著　七つ森書館　2011.2　236p　19cm　〈年表あり〉1800円　Ⓘ978-4-8228-1027-6　Ⓝ373.2

内容　第1章 東京都教育委員会の横暴（それは、"密告"からはじまった　校長新任研修の出来事　職員会議で「挙手・採決の禁止」　奪われる生徒の表現の自由　従順な教職員を作る業績評価　ほか）　第2章 裁判の幕─（吉峯啓時弁護士　東京都教育委員会を提訴　口頭弁論と都教委の反論　文化祭における表現の自由の侵害　「職員の意向を確認する挙手・採決の禁止」通知　ほか）　第3章 教育と教師を語る─佐高信

氏を迎えて　　　　　　　　　　　　　　　〔2899〕

◇地域と創る三鷹の教育─市制施行60周年　三鷹市教育委員会編著　時事通信出版局　2011.1　218p　21cm　〈年表あり　発売：時事通信社〉2000円　Ⓘ978-4-7887-1077-1　Ⓝ373.2

内容　第1章 学校教育編（三鷹市教育ビジョンの策定　小・中一貫教育の推進　コミュニティ・スクールの充実と発展　ほか）　第2章 生涯学習編（みたか生涯学習プラン2010/生涯学習の推進　成人教育の取り組み　芸術・文化の振興　ほか）　第3章 資料編（一般会計歳出予算と教育予算の推移　教育委員会とその組織　教育委員会所管施設のその他関係施設の概要　ほか）　　　　　　　　　　　　　　　　　〔2900〕

◇品川の学校で何が起こっているのか─学校選択制・小中一貫校・教育改革フロンティアの実像　佐貫浩著　花伝社　2010.10　104,11p　21cm　〈発売：共栄書房〉1200円　Ⓘ978-4-7634-0585-2　Ⓝ373.2

内容　第1章 品川の小中一貫校の検証（小中一貫校の出現　品川の施設一体型小中一貫校の特殊性─小中一貫教育との違い　小中一貫校の現状─教学的検討を欠いたずさんな学校作り　ほか）　第2章 品川の学校選択制度の検証─今こそ学校選択制の見直しを（品川区の学校選択のあらまし　品川の学校選択は、どのような規模で行われているのか　「選ばれる学校」と「選ばれない学校」の分離　ほか）　第3章 品川の教育改革の「理念」と「手法」（報告によって作り出される「教育改革」　「品川の教育改革」を主導する「公教育論」─若月氏の教育論と教育改革の手法　本当の「検証」とは─小川正人編『検証・教育改革』は事実を「検証」しているのか）　　〔2901〕

◇教師は二度、教師になる─君が代処分で喪ったもの　野田正彰著　太郎次郎社エディタス　2009.11　233p　20cm　〈年表あり〉2000円　Ⓘ978-4-8118-0733-1　Ⓝ373.2

内容　はじめに─教師への信頼をとり戻す　1 教育観と強制（「障害」の意味を問う　「させる」のではなく　ほか）　2 体育教師たちの想い（主体的な生き方を願って　「性と人権」を伝えながら　ほか）　3 生徒と生きる（ぶつかり、議論し、生徒が決める　生徒が創る「最後の授業」　ほか）　4 喪われたものは何か（生物教師としての三十年　「考える社会科」に取り組んで　ほか）　　　　　　　　　　〔2902〕

◇学校は雑木林─共生共存の教育実践と「君が代」不起立　河原井純子著　白澤社　2009.4　196p　19cm　〈解説：斎藤貴男　発売：現代書館〉1800円　Ⓘ978-4-7684-7928-5　Ⓝ378

内容　第1章 新米先生だったころ　第2章 八王子養護学校ゆっくり実践記　第3章 雑木林の学校をめざして　第4章 都立七生養護学校で起こったこと　第5章 東京都の教育の変貌　第6章 「一〇・二三通達には従えません」─「茶色の朝」を迎えないために　解説 雑木林の学校を取り戻そう　　　　　〔2903〕

◇学校から言論の自由がなくなる─ある都立高校長の「反乱」　土肥信雄、藤田英典、尾木直樹、西原博史、石坂啓編　岩波書店　2009.2　71p　21cm　（岩波ブックレット　no.749）　480円　Ⓘ978-4-00-009449-8　Ⓝ373.2

社会科学　　　　　　　　　　　　　　　　　　　　　　　　　　　　教育

内容 第1章 学校の言論の自由を守るために―なぜ、私は東京都教育委員会に「反乱」を起こしたか　第2章 いま、学校で何が起きているのか―校長の「反乱」が意味すること（教育は「未完のプロジェクト」―管理・統制はなじまない　誰のため、何のための教育委員会か　学校に民主主義をとり戻すか　漫画家が考える "最悪のシナリオ"…、そうならないように）　　　　　　　　　　　　　　　〔2904〕

◆検証 教育改革―品川区の学校選択制・学校評価・学力定着度調査・小中一貫教育・市民科
品川区教育政策研究会編　教育出版　2009.1
201p　21cm　2400円　Ⓘ978-4-316-80262-6
Ⓝ372.107
内容 第1章 品川区の教育改革―その評価をめぐる論議と検証の課題　第2章 学校選択制　第3章 学校評価制度―自己評価と外部評価　第4章 小中一貫教育　第5章 市民科　第6章 品川区の教育行政システム　第7章 補論・教育改革のねらいと思想―若月秀夫教育長に聞く　第8章 品川区の教育のこれから〔2905〕

◆東京23区「教育格差」案内　ジョニー大倉山著
交通新聞社　2008.11　206p　19cm　1400円
Ⓘ978-4-330-04008-0　Ⓝ372.1361
内容 千代田区 昔、「麹町」今、「九段中等」―学校群制度とは？　中央区 誰も想像できなかった中央区での「子育て」―ユニークな入試は日本橋女学館から港区 セレベな港区はもちろん教育もセレブ！―施設における公私間格差＝学校図書館　新宿区 副都心線効果は、学校にも波及！―軍人学校と新宿　文京区「文の京」こと「学問の府」だけに、やはりすごい充実度！―小石川中等教育学校はなぜ人気か？　台東区 小粒で中身ぎっしり、だが私立は弱い―鉄道高校として有名な岩倉高校　墨田区 都心、東京広域、そして千葉にも機動力を発揮―安田学園と浅野学園。財閥系二校　江東区 激変「江東区」は、私立校が圧倒的にネック―少人数指導と大規模指導　品川区 品川と言えば、小中一貫教育！―私立・国立・公立…増える中学選択肢　目黒区 いろいろ充実しているだけに住み方も「コンパクト」に―図書館がよい目黒区〔ほか〕　　　　　　　　　　　　　　　　　　　　〔2906〕

◆品川区の「教育改革」何がどう変わったか―教育委員会はここまでできる　若月秀夫,吉村潔,藤森克彦著　明治図書出版　2008.7　122p
22cm〈年表あり〉1460円　Ⓘ978-4-18-121211-7　Ⓝ373.2
内容 第1章「教育改革は戦争だ」―課題に正面から立ち向かえ（日本の教育の現状　校長として「学校から見た課題」　教育室長から見た「学校の課題」　品川区の「教育改革」の根底にあるもの）　第2章「学校改革」への着手―学校選択制から特色づくりへ（第1ステージ）（改革の「種を蒔く」　品川区の教育改革「プラン21」の策定と「学校選択制」の導入　"指導方法" "学校の位置づけ" "教育制度"：教育改革の3つの視点　「特色づくり」で学校は変わるか　学校における「改革の実情」と教育委員会の支援3章「学校改革」の肉付け―学校経営の転換と外部評価導入（第2ステージ）（「成果基盤型」の学校経営への転換―やる気のある校長、学校を支援する　「外部評価制度」の導入―改革の「芽を伸ばす」　杜制される学校の「態度表明」と「結果責任」―学力定着調査の実施）　第4章 実学重視の「学校改革」へ―小中一貫教育と市民科の取り組み（第3ステージ）（義務教育9

年間という視点からの見直し―改革の「枝葉を茂らせる」　実学重視の教育へ―品川区独自の学習「市民科」の構想　小中一貫教育のタイプ―施設一体型一貫校と施設分離型連携校の設置）　第5章「学校改革」で求められる現場での取り組み―新しい義務教育の創造（「何のためか」を意識して動く―小中一貫教育を根付かせるために　「結果の検証」を次への1歩に―小中一貫教育の検証）　　　　　　　〔2907〕

◆「日の丸・君が代」強制反対嘱託不採用撤回裁判一審判決までの記録―2005年8月2日～2008年2月7日　「日の丸・君が代」強制反対・嘱託不採用撤回裁判原告団編　八王子「日の丸・君が代」強制反対・嘱託不採用撤回裁判原告団
2008.3　339p　26cm　800円　Ⓝ373.2〔2908〕

◆たたかう！　社会科教師―戦争の真実を教えたらクビなのか？　増田都子著　社会批評社
2008.2　249p　19cm　1700円　Ⓘ978-4-916117-77-9　Ⓝ373.2
内容 第1章「平和教育」を行ってなぜ分限免職か　第2章 処分対象とされた社会科「紙上討論」　第3章 教職員研修センターという名の「強制収容所」　第4章「懲罰研修」による教員の思想統制　第5章 海外の人々の反応　第6章 都教委は「免職処分」を取り消せ　　　　　　　　　　　　　　　　　　　　　　　〔2909〕

◆強制で、歌声はあがらない―「日の丸・君が代」強制反対予防訴訟第一審裁判記録　「日の丸・君が代」強制反対予防訴訟をすすめる会編　明石書店　2007.8　558p　19cm〈年表あり〉
2800円　Ⓘ978-4-7503-2603-0　Ⓝ373.2
内容 1 予防訴訟とは何か（ちょっと勇気が要るけれど―予防訴訟は連帯の輪を広げるたたかい　10・23から9・21まで―予防訴訟第一審判決までの歩み）　2 判決を受けて―その意義と課題（予防訴訟と難波判決の意義―思想・良心・信教の自由を大切にする国へ　東京地裁判決、完全勝訴!! でも…ほか）　3 裁判記録（証言　意見書・準備書面）　4 判決　5 資料（10・23通達　日の丸・君が代予防訴訟第一審原告ら訴訟代理人名簿ほか）　　　　　　　　　　　〔2910〕

◆東京の私学60年を通して　東京私立中学高等学校協会記念誌出版部会委員会編集・企画　東京私立中学高等学校協会　〔2007〕　205p
26cm　Ⓝ372.136　　　　　　　　　　　　　　　〔2911〕

◆「日の丸・君が代」を強制してはならない―都教委通達違憲判決の意義　澤藤統一郎著　岩波書店　2006.12　62p　21cm（岩波ブックレット no.691）〈年表あり〉480円　Ⓘ4-00-009391-6　Ⓝ373.2
内容 主文「国歌を斉唱する義務のないことを確認する」　なぜ提訴したのか　強制は違憲・違法である―判決文を読む　原告四〇一人にとっての「日の丸・君が代」　東京地裁判決の意義は何か　〔2912〕

◆「日の丸・君が代」強制の次に来るもの　青木茂雄著　批評社　2006.6　213p　19cm（シリーズ教育直語 4）1800円　Ⓘ4-8265-0444-6
Ⓝ373.2
内容「新しい勅令主義」に抗して―東京における「日の丸・君が代」強制の実態　第1部 東京都の「教育

〔2905～2913〕　　　　　　　　　　　　　　　　　　　　「東京」がわかる本 4000冊　225

教育　　　　　　　　　　　　　　　　　　　　　　　　　　　　　　　　　社会科学

改革」と「日の丸・君が代」強制の実態（ドキュメント、東京の「日の丸・君が代」　暴走する東京の「教育改革」―「日の丸・君が代」強制の次に来るもの）　第2部　東京の「日の丸・君が代」裁判（東京の「日の丸・君が代」裁判の概要　国歌斉唱義務不存在確認等請求訴訟」の展開―二〇〇四年一月から二〇〇六年三月まで　予防訴訟の当面する理論的諸問題について―二〇〇四年九月　都教委の反論を徹底比較する　奇弁を弄する都教委に全面的に反論する―論駁、都教委「準備書面7」　証言　東京都における「教育改革」と教育の権力的統制の進行について）　第3部　教育基本法の基本（教育基本法とは教育の現場にとって何であるか？　教育勅語と教育基本法　教育基本法第一〇条の意味　教育基本法第一〇条と教育裁判　教育基本法第三条と教育の機会均等　教員の待遇と労働条件）　　　　　〔2913〕

◇変化に直面した教師たち――千人が中途退職する東京の教師の現状と本音　河村茂雄著　誠信書房　2006.5　199p　19cm　（心のライフライン 3）　1800円　Ⓘ4-414-20218-3　Ⓝ374.3
内容　1章　今、なぜ教師たちが厳しいのか（学校現場の大きな三つの変化　「学校ストレス」と「教職のやりがい感」との関係 ほか）　2章　中堅・ベテラン教師が戸惑う三つの変化（激動の年の始まり―今までの常識が覆されて　学級経営の難しさと教育改革のなかで ほか）　3章　中堅・ベテラン教師の悩みの底にあるもの（教師批判の署名が回って担任を持ち上がれず… すでに引退選手のような自分は… ほか）　4章　中期年期以降の発達課題を克服する現役教師（今やらなければならないこと　マイベストの教師生活を送っている先生の事例 ほか）　　　〔2914〕

◇証言―良心の自由を求める　国家斉唱義務不存在確認訴訟・法廷　大田堯著　一ツ橋書房　2006.1　88p　21cm　580円　Ⓘ4-89197-122-3　Ⓝ373.2
内容　証言―良心の自由を求める　意見書　良心の自由と教育―「日の丸」「君が代」を強制してはならない　傍聴記　大田証言の日　解説　国歌斉唱義務不存在確認訴訟と「大田証言」（「山縣宛井上書簡」（原文・訳文）「10・23通達」（東京都教育委員会））〔2915〕

◇東京の私学60年の歩み　東京私立中学高等学校協会記念誌出版部会委員会編集・企画　東京私立中学高等学校協会〔2006〕　360p　27cm　〈肖像あり　年表あり〉　　　　　〔2916〕

◇音楽は心で奏でたい―「君が代」伴奏拒否の波紋　福岡陽子著　岩波書店　2005.3　69p　21cm　（岩波ブックレット no.647）　480円　Ⓘ4-00-009347-9　Ⓝ373.2
内容　音楽の素晴らしさを子どもたちと　音楽が"道具"にされるとき　ピアノ裁判へ―心とからだ、私らしく　私の中の「君が代」　楽しくなければ音楽じゃない―むすびにかえて　附録　音楽家による意見陳述書より　　　　　　　　　　　　　〔2917〕

◇私の「不服従」―東京都の「命令」教育に抗して　高橋哲哉、「君が代強制反対訴訟」編集委員会編著　京都　かもがわ出版　2005.3　64p　21cm　（かもがわブックレット 152）　600円　Ⓘ4-87699-869-8　Ⓝ373.2

内容　1　思想・良心の自由と教育―抵抗することの意味を考える（「前夜」への招待　憲法も教育基本法も与えられたもの ほか）　2　憲法・教育基本法改悪の先取り―日の丸・君が代の強制を阻止しよう（改憲策動の先取り　思想と思想表明の自由は不可分一体のもの　寛容の精神の大切さ　問われているのはこの国の民主主義）　3　私たちの「不服従」―三つの裁判をたたかう原告から（「君が代」ピアノ裁判―あきらめない一歩を最高裁へ　ピースリボン裁判―決して強制はされない ほか）　4　いまこそ民主主義を守るために―退職者・卒業生から（先生方の行動から学んだ人権　危険な迷路に踏み込むのですか　価値観の転換がまたも… 「学校に自由の風を！」の合言葉に）　　　　　　　　　　　　　　　〔2918〕

◇学校に自由の風を！―保護者、生徒、教師たちの声　都立学校を考えるネットワーク編　岩波書店　2005.2　71p　21cm　（岩波ブックレット no.645）　480円　Ⓘ4-00-009345-2　Ⓝ373.2
内容　学校に自由の風を！―「はじめに」にかえて　二〇〇四年の春、卒業式で何が起こったか　壊された卒業式　なぜ先生たちが処分されるのか　子どもたちに及ぶ「日の丸・君が代」強制は許されない　「このようなことをおかしくと思いませんか？」　知った以上は　「変えられた卒業式」で子どもたちは何を学んだのか　子どもと大人が一緒に決めるということ　良い日本人と悪い日本人という線引き　日本に生まれ育って　定時制高校をなくさせないでください　「都立の大学」問題はまだ終わっていない　養護学校の性教育をなぜ取り上げるの？　一人でも多くの人に声を上げてほしい―PTA会長辞任という出来事から　おわりに―強制の現状　　　　〔2919〕

◇暴走する石原流「教育改革」―高校生の心が壊される　村上義雄著　岩波書店　2004.12　207p　19cm　1500円　Ⓘ4-00-024754-9　Ⓝ373.2
内容　序章　七〇年代、「日の丸・君が代」強制はすでに始まっていた　第1章　「日の丸・君が代」問答無用の強制　第2章　教師が自由を奪われていく　第3章　生徒たちのなかに芽生える「不定愁訴」「倦怠感」「すさみ」　第4章　中学にAクラスの超大型台風がやって来た　第5章　「ノー」と言える市民たち―教師、保護者は闘う。そして、生徒自身も　第6章　「石原さんは、クレージー」―ジャーナリズムからの視線　　　〔2920〕

◇「日の丸・君が代」処分―東京の学校で何が起こっているか　東京都学校問題研究会編著　高文研　2004.7　204p　19cm　1400円　Ⓘ4-87498-327-8　Ⓝ373.2
内容　苦悩する教師たち　「日の丸・君が代」強制・その経過　養護学校の衝撃と苦悩　動き出した保護者・教師たち　何が問われているのか　　　〔2921〕

◇良心的「日の丸・君が代」拒否―教育現場での強制・大量処分と抗命義務　「日の丸・君が代」不当処分撤回を求める被処分者の会、「日の丸・君が代」不当解雇撤回を求める被解雇者の会編　明石書店　2004.7　250p　19cm　1600円　Ⓘ4-7503-1937-6　Ⓝ373.2
内容　序　この国の地金を変えていく一歩　1　「日の丸・君が代」はどのように強制されてきたか　2　私

社会科学　教育

の「良心的拒否」(記憶の中の「日の丸・君が代」　処分は突然に　ささやかに私たちは抵抗する　ちがいを認めあうことが自由の証　ロボットではなく、ひとりの人間として)　　　　　　　　　　〔2922〕

◇検証・東京都の「教育改革」―戒厳令下の教育現場　柿沼昌芳,永野恒雄編著　批評社　2004.6　220p　21cm　(シリーズ「教育改革」を超えて 3)　2000円　Ⓘ4-8265-0400-4　Ⓝ373.2
内容 第1部 対談「非国民」の作られ方　暴走を続ける東京の「教育改革」　第2部 東京都教育委員会の「教育改革」の実態(二〇〇四年春、東京の卒業式・入学式　七生養護学校事件とその背景)　第3部 私が体験した「東京都教育委員会」(保護者から見た七生養護事件　「反戦」ブラウス事件の経過　「予防訴訟」を提訴して「君が代」不起立で嘱託採用取り消し　予防訴訟と「君が代」の履歴)　石原型「教育改革」の終焉　付録　　　　　　　　　　〔2923〕

◇東京教員生活史研究　門脇厚司著　学文社　2004.2　338p　22cm〈文献あり〉4500円　Ⓘ4-7620-1280-7　Ⓝ374.3
内容 序章 日本教員史研究における本研究の位置　第1章 学制前後の教員特性と生活　第2章 明治前期の教員特性と教員生活　第3章 明治中後期の教員特性と教員生活　第4章 教育制度整備期の教員特性と教員生活　第5章 震災前後の教員特性と教員生活　第6章 昭和初期の教員特性と教員生活　第7章 戦時期の教員特性と教員生活　第8章 新制度発足期の教員特性と教員生活　第9章 高度経済成長期の教員特性と教員生活　第10章 高度経済成長期以後の教員特性と教員生活　終章 教員史研究の今後のために　補論 教育社会学的歴史研究の特徴と本研究の意義について　　　　　　　　　　　　　　　〔2924〕

◇東京都の「教育改革」―石原都政でいま、何が起こっているか　村上義雄著　岩波書店　2004.1　60,4p　21cm　(岩波ブックレット no.613)　480円　Ⓘ4-00-009313-4　Ⓝ373.2
内容 1 都立大学“改革”―いくらなんでも非文化的過ぎよう　2 苦悩し、困惑し、憤怒する教員、学生たち　3 都立高校“改革”―トップダウンの乱暴狼藉　4 ノーと言える「市民」になれるか―闘いの芽、どうふくらむ?　　　　　　　　　　　　　〔2925〕

◇東京都の教員管理の研究　堀尾輝久,浦野東洋一編著　同時代社　2002.12　246p　20cm　2800円　Ⓘ4-88683-484-1　Ⓝ372.136
内容 第1部 東京都の政策を分析、批判する(東京都の「教育改革」政策の展開　人事課と東京の「教育改革」　主幹制度―その制度と問題点)　第2部 市民と校長・教員はどう受けとめているか(企業経営者および父親として　学習塾主宰者として、一母親として　東京都公立学校校長・教員アンケート調査の結果から)　第3部 教育者と弁護士はどう考えるか(学校の組織構造の理論　ILO・ユネスコの国際規範とその活用)　　　　　　　　　　　　　　〔2926〕

◇東京の近代小学校―「国民」教育制度の成立過程　土方苑子著　東京大学出版会　2002.4　227,3p　22cm　4000円　Ⓘ4-13-051305-2　Ⓝ376.2136
内容 序章 問題の所在　第1章 就学者の増加過程　第2章 公立小学校と私立小学校の設置　第3章 学校の

重層化　第4章「国民」教育制度への行程　終章 総括と展望　　　　　　　　　　　　　　〔2927〕

◇東京都の教育委員会―迷走する教育委員会と「教育改革」　柿沼昌芳,永野恒雄編著　批評社　2001.12　244p　21cm　(戦後教育の検証 別巻4)　2000円　Ⓘ4-8265-0341-5　Ⓝ373.2
内容 日本の教育改革を牽引する石原都政　第1部 石原都政下の「教育改革」(「校長のリーダーシップ」論と行政による教育支配―管理職任用制度、校長連絡会、新「主任」=主幹制度にみる教員の管理体制の強化について　教員に対する人事考課の本質　都研改組にみる教育・文化行政)　第2部 区・市町村教育委員会の動向(国立市教委、都教委と国立の教育公文書から見る国立市の「日の丸」処分と「正常化」―情報公開と個人情報保護をめぐって　国立市の「教育改革」―「教師を変えて学校も変える」　東京都における学校選択制　教育行政の現場から見た区教委)　第3部 教育委員会の虚像と実像(東京都教育委員会傍聴記　教育の自治をどう実現するか)〔2928〕

◇東京の知的障害児教育概論―戦後創設期編　富岡達夫著　我孫子　大揚社　2001.8　382p　22cm〈発売:星雲社　「東京の知能遅滞児教育史序説　戦前編」(1994年刊)の続編　年表あり〉4000円　Ⓝ378.6　　　　　　〔2929〕

◇東京都の学校改革―校長のリーダーシップ確立に向けて　都政新報社　1999.11　303p　21cm　2800円　Ⓘ4-88614-043-2　Ⓝ373.2
内容 第1章 新宿高校事件の衝撃(「事件」の経過と都教委の対応　新宿高校事件とマスコミの論調　新宿高校事件と学校改革を巡る都議会での論議)　第2章 都教育委員会の学校改革への取り組み(都立学校等あり方検討委員会での議論　学校改革の方向　職員会議の位置づけ―校長の補助機関として規則に規定校長長用を中心に校長の免命へ)　第3章 学校改革の推進―地教委・校長会との連携・協力　第4章 都立高校校長OB座談会　　　〔2930〕

◇激動下の教育―豊島区戦後教育私史　原竹次郎著　近代文芸社　1996.5　393p　20cm　2400円　Ⓘ4-7733-5076-8　Ⓝ372.136
内容 太平洋戦争と集団学童疎開　アメリカの日本教育改革　教員組合の結成と発展　組合闘争 十月闘争へ発展　全国労組ゼネスト へ蹶進　二・一スト前夜 スト中止とその収拾　スト終了後の諸問題　新制教育への発足〔ほか〕　　　　　　　〔2931〕

◇東京の知能遅滞児教育史序説　戦前編　富岡達夫著　我孫子　大揚社　1994.5　253p　22cm〈発売:星雲社　教育史研究略年表:p233～250〉4000円　Ⓝ378.6　　　　　　〔2932〕

◇教育自治と住民参加　中野区編著　エイデル研究所　1994.4　287p　21cm　(教育委員準公選の記録 4)〈教育委員候補者選び区民投票のあゆみ・参考文献:p269～286〉2800円　Ⓘ4-87168-188-2　Ⓝ373.2
内容 序章 第4回区民投票の結果と特質　第1章 教育委員会の役割と区民投票のしくみ　第2章 区民投票制度の発足と教育委員会の活性化　第3章 第4回区民投票へ向けて　第4章 第4回区民投票運動の特質　第

〔2923～2933〕　　　　　　　　　　　　「東京」がわかる本 4000冊　227

教育　　　　　　　　　　　　　　　　　　　　　　　　　社会科学

5章 教育委員の選任をめぐる動き　終章 教育への区民の願い　補遺 区民投票条例廃止の経緯　資料編
〔2933〕

◇教育委員を住民の手で—中野区準公選制が教えるもの　宇田川宏編　岩波書店　1991.7　54p　21cm　（岩波ブックレット no.209）　350円　Ⓘ4-00-003149-X　Ⓝ373.2
内容 1 教育委員の「準公選制」とは何か　2 「シンポジウム」こうしたい中野の学校—「教育委員準公選」と中野の教育のこれから
〔2934〕

《学校教育》

◇近代東京の私立中学校—上京と立身出世の社会史　武石典史著　京都　ミネルヴァ書房　2012.2　350,9p　22cm　（Minerva人文・社会科学叢書 173）〈索引あり 文献あり〉6000円　Ⓘ978-4-623-06177-8　Ⓝ372.106
内容 上京分析の視点と射程　第1部 受験知をめぐる上京（近代日本における知の制度化 明治東京における知の趨勢—受験準備のための上京 受験知の平準化と上京の盛衰）　第2部 半途退学者の上京（中学校の性格変容過程 敗者復活戦の場としての東京—私立中学校という受け皿）　第3部 上京の盛衰過程（私立中学校の利用層 近代東京の中学校の構造変容—府立と私立の関係）　近代化過程における上京
〔2935〕

◇学校が泣いている—文教都市国立からのレポート　石井昌浩著　産経新聞ニュースサービス　2003.8　209p　20cm〈発売：扶桑社 文献あり〉1429円　Ⓘ4-594-04161-2　Ⓝ372.1365
内容 第1章 「国立第二小学校問題」の真実　第2章 国立における「子どもが主体思想」の成立　第3章 ある日の職員会議　第4章 「文教都市国立」の風土はいかにして形成されたか　第5章 「国家と市民」対立の構図　第6章 わが青春の黙示録　第7章 日本総領事館亡命事件と国立の教育　第8章 ホームレス襲撃事件から何を学ぶか　第9章 現代の教育思潮を斬る　第10章 戦後教育の積み残した課題
〔2936〕

◆都立学校

◇都立中高一貫校10校の真実—白鴎／両国／小石川／桜修館／武蔵／立川国際／富士／大泉／南多摩／三鷹／区立九段　河合敦著　幻冬舎　2013.11　219p　18cm　（幻冬舎新書 か—11-4）　800円　Ⓘ978-4-344-98325-0　Ⓝ376.3136
内容 第1章 都立中高一貫校の構想（世にも奇妙な「学校群制度」 都立高校の凋落 ほか）　第2章 都立中高一貫校の誕生（はじめての中高一貫校・白鴎高校 努力万能主義という幻想 ほか）　第3章 10校の都立中高一貫校と九段中等教育学校（東京都初の中等教育学校の誕生—小石川中等教育学校 小石川高校が計画した「日本一周洋上研修」 ほか）　第4章 都立中高一貫校の現実とこれからの方向（なぜ学力検査をしてはならないのか　「特色ある検査方法の具体例」 ほか）
〔2937〕

◇副校長からみた都立高校改革—15年で東京の教育は何が変わったのか　大河内保雪著　学事出

版　2012.6　174p　21cm〈文献あり〉1800円　Ⓘ978-4-7619-1904-7　Ⓝ376.4136
内容 第1章 都立高校改革の歴史　第2章 新しいタイプの高校づくり　第3章 開かれた学校づくり　第4章 学校経営の改善　第5章 教員の育成　第6章 特色ある学校づくり
〔2938〕

◇都立高校と生徒の未来を考えるために　東京都教育庁都立学校教育部高等学校教育課,東京都教育庁指導部高等学校教育指導課編　東京都教育庁都立学校教育部高等学校教育課　2011.10　103,8p　30cm　（都立高校白書 平成23年度版）〈共同刊行：東京都教育庁指導部高等学校教育指導課〉Ⓝ376.4136
〔2939〕

◇都立の逆襲—進化を遂げる東京都立高校　鵜飼清著　社会評論社　2007.10　239p　21cm　1800円　Ⓘ978-4-7845-0626-2　Ⓝ376.4136
内容 第1部 都立高校の改革と展望（都立高校の改革と進学指導重点校の現在 進学指導重点校を中心とした都立高校入試状況）　第2部 校長先生に聞く（進学指導重点校 進学重視型単位制高校）
〔2940〕

◇世界のどこにもない大学—首都大学東京黒書　都立の大学を考える都民の会編　花伝社　2006.9　181p　19cm〈発売：共栄書房〉1600円　Ⓘ4-7634-0477-6　Ⓝ377.21
内容 第1章 首都大学東京の虚像と実像（新大学の教育と研究 新大学と教員 ほか）　第2章 東京都による大学「改革」の経緯（「八・一」以前と「新大学構想」 「トップダウン」手法と反発 ほか）　第3章 都立の大学「改革」の背景（石原都政と大学 産業政策への従属 ほか）　第4章 「二一世紀の公立大学」とはどうあるべきか？（東京都立の大学とは何だったのか　二一世紀の大学像をどのように見通すか—座談会 ほか）
〔2941〕

◇都立大学に何が起きたのか—総長の2年間　茂木俊彦著　岩波書店　2005.9　63p　21cm　（岩波ブックレット no.660）　480円　Ⓘ4-00-009360-6　Ⓝ377.21
〔2942〕

◇東京府立中学　岡田孝一著　同成社　2004.5　207p　20cm　（同成社近現代史叢書 8）〈文献あり〉2400円　Ⓘ4-88621-292-1　Ⓝ376.4
内容 序章 東京府立中学の成立と消滅（中学校の誕生 府立四校の成立 ほか）　第1章 第一次世界大戦までの府立中学（府立四校の沿革と地域性 府立中学と私立中学 ほか）　第2章 府立三校の教育（教科内容 生徒指導 ほか）　第3章 府立五校の増設と教育の多様化（制度改革と中学増設 府立九校の多様な歩み）　第4章 昭和期の府立中学（入学・進学状況の変遷 中学普通教育の危機 ほか）
〔2943〕

◇都立大学はどうなる　東京都立大学・短期大学教職員組合,新首都圏ネットワーク編　花伝社　2004.5　83,3p　21cm〈年表あり 発売：共栄書房〉800円　Ⓘ4-7634-0421-0　Ⓝ377.21
内容 第1部 都立の大学はどうなるか？（激動の八カ月 石原流首都改造計画と大学 都立の大学における改革の展望）　第2部 これからの日本の大学はどうなるか？（「大学改革」のうねり 公立大学改革と私立大学のゆくえ 大学と社会、公共性）
〔2944〕

228　「東京」がわかる本 4000冊　　　　　　　　　　　　　　〔2934〜2944〕

社会科学　　　　　　　　　　　　　　　　　　　　　　　　　教育

◇むかし〈都立高校〉があった　奥武則著　平凡社
2004.3　207p　20cm　1800円　Ⓘ4-582-45229-
9　Ⓝ376.4136
内容 序章 ある訃報からの旅立ち　第1章 一九六二年
春　第2章 「都立高校」の青春　第3章 学校群とい
う災厄　第4章 「格差是正」という呪文　第5章 停
滞と迷走の果て　　　　　　　　　　　　　　〔2945〕

◇異議あり！　都立高校の統廃合―私たちが望む
高校改革　都立高校のいまを考える全都連絡会
編集委員会編著　〔三鷹〕　都立高校のいまを
考える全都連絡会編集委員会　2001.10　224p
21cm〈発売：高文研〉1500円　Ⓘ4-87498-
268-9　Ⓝ376.4136
内容 はじめに―統廃合に異議あり！　2回の都民集会
第1章 3分の1が廃校に！―都立高校に何が起ってい
る？　第2章 異例の『都立高校白書』第3章 紛糾した
都立高校長期構想談会　第4章 統廃合は許せない
―計画の見直しを求める動き　第5章 広がる反対の
声―第二次実施計画発表から　第6章 全国に広がる
公立高校統廃合とその問題点―公立高校は余ってい
る?!　第7章 どんな高校改革が求められるのか　終
わりに―三次計画に向けて、さらに反対の輪を
　　　　　　　　　　　　　　　　　　　　　　〔2946〕

◇個性と実力を伸ばす！　都立高校のすべてがわ
かる本―いま「都立」が面白い！　山崎謙著
山下出版　2000.8　207p　19cm　1300円
Ⓘ4-89712-111-6　Ⓝ376.4136
内容 第1部 生まれ変わる都立高校（都立名門校の復
活はなるか　進む都立高校の改革 ほか）　第2部 輝
かしい都立高校の歴史を探る（都立高校（旧府立中・
旧高女）の創設　エリートたちの高校（旧府立中・旧
高女）生活 ほか）　第3部 都立高校全校を紹介する
（全日制普通科　コース制 ほか）　第4部 都立高校
入試はこうして行われる　　　　　　　　　　〔2947〕

◇東京都立大学五十年史　東京都立大学事務局企
画調整課編　八王子　東京都立大学事務局企画
調整課　2000.3　545p　27cm〈年表あり〉
Ⓝ377.28　　　　　　　　　　　　　　　　〔2948〕

◇東京都立大学―新キャンパスの計画とデザイン
彰国社編　彰国社　1993.2　118p　31cm
4120円　Ⓘ4-395-11071-1　Ⓝ526.37　〔2949〕

《社会教育》

◇つながる―杉並の社会教育・市民活動　すぎな
み社会教育の会編　エイデル研究所　2013.11
251p　21cm〈年譜あり　索引あり〉2500円
Ⓘ978-4-87168-530-6　Ⓝ379.021361
内容 1 手をつなぐ人々（人権を守る　子どもと歩む
生活・環境を豊かにする　まちを創る）　2 未来へ向
けて（未来につなぐ「秘められた宝」　座談会 個人
の思いから始まる社会教育があしたを創る　社会教
育センターとともに20年　杉並の社会教育・市民活
動を展望する）　　　　　　　　　　　　　〔2950〕

◇大人が選ぶ東京ふれあいサークル　東京ライブ
リー著　情報センター出版局　1998.2　189p

21cm　1500円　Ⓘ4-7958-1183-0　Ⓝ379.035
内容 友達・仲間をつくる　趣味・遊びを楽しむ　自
然環境に親しむ　いろいろ学びたい　生きがいをつ
くる　教育・ボランティアをやろう　国際交流を広
げる　　　　　　　　　　　　　　　　　　　〔2951〕

暮らし

暮らし・生活

◇東京をくらす―鉄砲洲「福井家文書」と震災復興　塩崎文雄監修　八月書館　2013.3　371p　22cm　4200円　①978-4-938140-82-3　Ⓝ213.61
　内容　江戸の地霊・東京の地縁―鉄砲洲本湊町の「福井家文書」を読む　本湊町建て直し―「福井家文書」にみる震災復興　生きられたレジャー革命―福井の余暇とその舞台　郊外を拓き、郊外に住まう―「成城」から読み直す郊外開発の歴史　川島忠之助のばあい―江戸の地霊・東京の地縁拾遺　「福井家文書」解題　〔2952〕

◇東京をくらす　別巻　「福井家文書」目録　塩崎文雄監修　八月書館　2013.3　207p　22cm　①978-4-938140-82-3　Ⓝ213.61　〔2953〕

◇TOKYO 0円ハウス 0円生活　坂口恭平著　河出書房新社　2011.5　299p　15cm　(河出文庫　さ25-1)　760円　①978-4-309-41082-1　Ⓝ368.2
　内容　第1章 総工費0円の家　第2章 0円生活の方法　第3章 ブルーの民家　第4章 建築しない建築　第5章 路上の家の調査　第6章 理想の家の探求　〔2954〕

◇単身赴任大阪おやじの東京暮らし　北川雅章著　文芸社　2006.8　318p　19cm〈文献あり〉　1500円　①4-286-01569-6　Ⓝ291.36
　内容　第1章 慣れない東京の街にとまどう(平成10年)(住居の下見から定住まで―通勤風景と牛歩の大行進「りょうもう号」が走る関東平野 ほか)　第2章 不思議な見聞のかずかずを解明する(平成11年)(雑踏でのマナー東西考　「町」の読みと国立国語研究所オーケストラの聴きくらべ ほか)　第3章 東京暮らしの楽しさ、面白さ(平成12年)(関東の谷と関西の谷　江戸のカエルと上方のカエル　M女が弾いた「熱情ソナタ」 ほか)　第4章 職場以外の人たちとの交流(平成13年)(たこ焼きを焼く歌姫　中途半端な社員旅行　光が丘公園の芸術家たち ほか)　〔2955〕

◇東京で暮らす―都市社会構造と社会意識　松本康編著　八王子　東京都立大学都市研究所　2004.3　225p　21cm　(都市研究叢書 24)〈発行所：東京都立大学出版会〉①4-925235-33-8　Ⓝ361.78
　内容　第1章 定住都市・東京の形成と変容―郊外化と再都市化へ　第2章 東京における社会移動―東京出身者と地方出身者の地位達成過程　第3章 都市への定住とネットワークづくり　第4章 ネットワークと職業的地位達成―関係的資源の保有と利用　第5章 非通念的な結婚観とネットワーク―非婚化・少子化の現在　第6章 定住意志を決めるもの―ネットワーク

のなかの定住と移住　第7章 都市的生活とメンタルヘルス―ストレスが多いのは都心、それとも郊外？　第8章 地域で活躍する女性たち―教育文化運動から福祉・ボランティア活動へ　第9章 外国人と暮らす―外国人に対する地域社会の寛容度　付録 東京版総合社会調査の概要　〔2956〕

◇図説東京流行生活　新田太郎, 田中裕二, 小山周子著　河出書房新社　2003.9　155p　22cm　(ふくろうの本)　1800円　①4-309-76036-8　Ⓝ382.136
　内容　はじめに 流行のいま、流行のむかし(移りゆく姿　オリンピックを迎えた東京 ほか)　第1章 あの味はここから―文明開化と食(東京発見　新しいものが勝ちほか)　第2章 おめかしして、おでかけ―大正昭和の服・小物(キャンパス・スタイルブック　これがハイカラ ほか)　第3章 足りないという日常―戦時下の暮らし(文化的生活を送ろう　わが家の持ち物しらべほか)　第4章 それでも欲しい物―大量消費時代(洋服は便利だ　キッチン家電が新しいほか)　〔2957〕

◇東京暮らし覚え書き　続　新東京とどう付き合うか　枝川公一著　はる書房　1993.9　251p　20cm　1700円　①4-938133-45-8　Ⓝ361.78
　内容　三つの事件　引越しに思う　闇と地下鉄　エッジシティ　物見遊山　ミュージアム　ウォーターフロント　外国人滞留者　自転車　フローティング・シティ　都市ジャーナリズム　「地域」の退廃　ストリート・カルチャー　メガシティの病弊　想像力のなかの都市　伝統からの解放　人と街の乖離　高齢者を拒む街　「内在」としての都市　〔2958〕

◇東京暮らし覚え書き―おとなのための都市論　枝川公一著　はる書房　1992.2　190p　20cm　1700円　①4-938133-37-7　Ⓝ361.78
　内容　はじめに 東京で半世紀の弁　1「東京人」と格闘する日々　2 東京の「棲みわけ」が崩壊した　3 貧困の消滅　4「西側支配」の構図　5「第4山の手」の存在　6 住まいと街の共存関係　7 東京の食　8「酒飲み空間」の変容　9 風景の変貌　10 世界化の中で　11「空地戦争」の裏側で　12「新東京」の足音　〔2959〕

◇住みやすい町の条件―下町と山の手　小林和夫編, 永六輔ほか著　晶文社　1990.2　214p　23cm〈折り込図1枚〉1620円　①4-7949-5865-X　Ⓝ361.78
　内容　生活について(シンポジウム　田村明・永六輔・内田栄一・桐谷エリザベス・田川律・増田れい子・内山栄一・大場啓二　地域からの報告 おかみさん会―浅草、江戸のある町・上野・谷根千研究会―上野・谷中、JCA―経堂、パルパル交流会―太子堂)　自然について(シンポジウム　進士五十八・加藤幸子・東野

暮らし　　　　　　　　　　　　　　　　　　　　　　　　暮らし・生活

芳明・奥本大三郎・小沢信男・高田宏　地域からの
報告　しのばず自然観察会―上野、東京3Cクラブ―墨
田、AMR―成城）文化について（ジンポジウム　津野
海太郎・佐藤信・植田実・粉川哲夫・小室等・坂根進
地域からの報告　菊まつり・円朝まつり―谷中、浅草
の会―浅草、世田谷演劇工作房―三軒茶屋、雑居ま
つり―梅ケ丘）　新しい下町・新しい山の手（内山栄
一　大場啓二）　　　　　　　　　　　　　　〔2960〕

《衣・ファッション》

◇東京ファッションクロニクル　渡辺明日香著
　京都　青幻舎　2016.8　199p　21cm〈文献あ
　り　年表あり　索引あり〉2800円　Ⓘ978-4-
　86152-548-3　Ⓝ593.3
　内容 ストリートファッションとは何か　ストリート
　ファッション・スナップ70年史（1950年代 洋装化と
　欧米化　1960年代 ヤング・ファッションのイニシア
　チブ　1970年代 ファッションの大衆化　1980年代
　DCブランドと記号化　1990年代 ストリートの時代
　2000年代 リアルクローズとファストファッション
　2010年代 20世紀型ファッションの終わり）　モノ、
　モノグラフィー　　　　　　　　　　　　　〔2961〕

◇東京ガールズコレクションの経済学　山田桂子
　著　中央公論新社　2011.11　229p　18cm
　（中公新書ラクレ 403）760円　Ⓘ978-4-12-
　150403-6　Ⓝ589.2
　内容 第1章 一大イベントに成長した東京ガールズコ
　レクション　第2章 ガールズイベントの戦略は何が
　新しいのか？　第3章 どうしてガールズイベントは
　人気があるのか？　第4章 市場の主役はギャルから
　ガールズへ　第5章 ファッションで見るガール
　ズマーケット　第6章 人気の高い東京ガールズブランド
　第7章 ガールズマーケットのこれから―百貨店に行
　かない彼女たちの消費行動　　　　　　　　〔2962〕

◇感じる服考える服―東京ファッションの現在形
　高木陽子、成実弘至、西谷真理子、堀元彰編著
　以文社　2011.10　243p　23cm〈会期・会場：
　2011年10月18日「火」-12月25日「日」　東京
　オペラシティアートギャラリーほか　英文併
　載〉2800円　Ⓘ978-4-7531-0293-8　Ⓝ589.2
　内容 ジャパニーズファッションの30年―ブランド、
　スタイル、リアル　現代日本のファッションとロー
　カルの伝統　インディペンデント、脱パリコレ、コム
　デ ギャルソン。東京ファッションの構成要素　今日
　のファッションを展示する―ファッションと建築の新
　しいコラボレーション　会場構成で考えたこと　感
　じる服 考える服：東京ファッションの現在形 東京
　オペラシティアートギャラリー展示構成プラン　展
　示10ブランドのデザイナーインタビュー　　〔2963〕

◇Tokyo fashion map with Uniqlo―1000人のス
　タイルで伝える東京のリアル　グラフィティマ
　ガジンズ　2009.3　112p　30cm〈発売：ロン
　グセラーズ　日英両文併記　『Tokyo graffiti』
　特別編集〉457円　Ⓘ978-4-8454-4000-9
　Ⓝ593.3　　　　　　　　　　　　　　　　〔2964〕

◇ファッション都市論―東京・パリ・ニューヨー
　ク　南谷えり子、井伊あかり著　平凡社　2004.

10　186p　18cm　（平凡社新書）720円
　Ⓘ4-582-85246-7　Ⓝ589.2
　内容 序章 都市とファッション　第1章 パリとファッ
　ションの幸福な関係（パリの愉しみ　パリ・コレク
　ション ほか）　第2章 ニューヨーク、ファッション
　という名のマーケティング（ドレス・フォー・サクセ
　ス　マーケティングからファッションが生まれる ほ
　か）　第3章 浮遊都市東京（表参道―ファッションの
　縮図　渋谷―若者の文化と風俗 ほか）　結び ファッ
　ションから見える都市の姿　　　　　　　　〔2965〕

◇東京コレクション　2002春夏　モードェモード
　社　2002.2　81p　30cm　（Mode et mode 別
　冊Mプレス no.7）571円　Ⓝ593.3　　〔2966〕

◇江戸Tokyoストリートファッション　遠藤雅弘
　著　ギャップ出版　1999.10　206p　20cm
　1800円　Ⓘ4-901594-04-4　Ⓝ383.1
　内容 第1景 スーパー江戸ティシズム（ヴァーチャルお
　江戸の歩き方　大江戸ヒストリー ほか）　第2景 八
　百八町の超ファッション（町人　町娘 ほか）　第3景
　大江戸ウルトラカルチャー（ライバルは関西人　偽
　ブランドを取り締まれ！ ほか）　第4景 江戸→東京
　（真大江戸ファッション奇考　ここがヘンだよ江戸っ
　子 ほか）　　　　　　　　　　　　　　　　〔2967〕

《食・グルメ》

◇東京パン職人　Beretta著　雷鳥社　2016.8
　253p　19cm　1500円　Ⓘ978-4-8441-3698-9
　Ⓝ588.32
　内容 東京都千代田区 VIRON MARUNOUCHI　東
　京都中央区 サンドウィッチパーラーまつむら人形町
　本店　東京都新宿区 ポワ・ド・ヴァンセンヌ　東京
　都新宿区 パン家のどん助　東京都文京区 パーネエ
　オリオ　東京都文京区 ボンジュール・モジョモジョ
　東京都台東区 ホームベーカリーあんですMATOBA
　東京都台東区 浅草 花月堂　東京都台東区 ぶれーす
　東京都台東区 ペリカン〔ほか〕　　　　　　〔2968〕

◇呑めば、都―居酒屋の東京　マイク・モラス
　キー著　筑摩書房　2016.8　389p　15cm　（ち
　くま文庫 も27-1）900円　Ⓘ978-4-480-43368-
　8　Ⓝ673.98
　内容 第1章 セーラー服とモツ焼き（溝口）　第2章 お
　けら街道のヤケ酒（府中・大森・平和島・大井町）　第
　3章 パラダイス三昧（洲崎・木場・立川）　第4章 カ
　ウンター・カルチャー（赤羽・十条・王子）第5章
　八軒ハシゴの一夜（お花茶屋・立石）　第6章 焼き台
　前の一等席（西荻窪・吉祥寺）　第7章 Le Kunitachi
　（国立）　　　　　　　　　　　　　　　　　〔2969〕

◇江戸前魚食大全―日本人がとてつもなくうまい
　魚料理にたどりつくまで　冨岡一成著　草思社
　2016.5　365p　19cm〈文献あり　索引あり〉
　1800円　Ⓘ978-4-7942-2201-5　Ⓝ383.81361
　内容 第1章 なぜ江戸だったのか？　第2章 江戸の始
　まりから魚河岸ができるまで　第3章 海に生きた人々
　―漁業はいつどのように始まったのか　第4章 江戸
　前漁業のシステム―漁村の漁法と流通　第5章 賑わ
　う江戸の魚河岸―江戸っ子のルーツを探る　第6章
　日本人と魚食、知られざる歴史　第7章 関東風の味

暮らし・生活　　　　　　　　　　　　　　　　　　　　暮らし

由　第8章 江戸前料理の完成　第9章 楽しみと恐怖、江戸人の水辺空間　第10章 江戸から東京へ、江戸前の終焉　付録 魚河岸の魚図鑑　　　　　〔2970〕

◇東京ソウル・バー物語　高畠保春著・写真撮影　シンコーミュージック・エンタテイメント　2016.1　183p　21cm　1500円　Ⓘ978-4-401-64252-6　Ⓝ673.98
内容　ディスコは飲み放題食べ放題だったから、食事をしに行っていたようなものね―LOVING POWER ラビングパワー（下北沢）　実は若いころ、ソウルと焼き鳥のコラボのおぼろげな未来像は見えてたんです―FUNKY CHICKEN BAR ヤキトリ もりげん（渋谷）　50歳くらいのときに、音楽バーをやりたいな、なんて思っちゃったんですね（笑）―SOUL JOINT ソウルジョイント（新宿）　一緒に店をやりましょう、が最初にあって、自然に一緒になったんです―Rice'n'Ribs ライスンリブス（吉祥寺）　新宿はガキっぽいしトラブルが多かった。金はかかるけどやはり六本木です―WHAT'S UP？　ワッツアップ？（六本木）　札幌でも、もっと若い連中にソウルバーをやってもらいたいよね―JIM CROW ジムクロウ（札幌）/CHAP チャップ（札幌）　クリントンに言われてからは、マスターと呼んでもらわないようにしています―Zip ジップ（大阪）　黒人音楽が好きやけど、文化や歴史も勉強したいと思ってたから本も読み漁った―GOODIE'S グッディーズ（福岡）　私が72歳になったとき、ママと一緒になったなって、きっと思うんだろうなあ―George's ジョージズ（西麻布）　ソウルバーのオーナーたちは仲がいい。ロックやジャズにはないんじゃないかな―MIRACLE ミラクル（赤坂）　　　　　　　　　　　〔2971〕

◇東京煮込み横丁評判記　坂崎重盛著　中央公論新社　2015.12　285p　16cm　（中公文庫 さ71-1）〈知恵の森文庫　2010年刊の加筆、追加〉　760円　Ⓘ978-4-12-206208-5　Ⓝ673.98
内容　浅草橋「プロローグ」と―まずは浅草橋の名店へ　阿佐ヶ谷 阿佐ヶ谷「立吞風太くん」のもつ煮　小岩 小岩の「dada」でダダ話の一夜　新橋 新橋地下街迷路くぐり　立石「煮込み激戦区」京成・立石へ行こう！　浅草 浅草「煮込み街道」巡礼　赤羽 赤羽の居酒屋で羽を伸ばす　北千住 何度も来たい北千住　森下・門前仲町 森下、門仲「モツの細道」を巡る　銀座 銀座世界の一軒地・銀座で表davis？　上野 上野・山下、煮込みを食べに 神楽坂 昨今のブームがくやしい神楽坂　三ノ輪、日本堤 三ノ輪から日本堤へ…夜は深い　王子「ニコミ王子」を求めて王子へ　立石 立石再訪、危うし「吞んべ横町」　八広・鐘ヶ淵 並じゃないこの濃さ、八広から鐘ヶ淵へ　曳舟 煮込みにひかれて曳舟めぐり　各駅停車のクロスロード・町屋で煮込み　大井町の飲み屋横丁　三ノ輪 三ノ輪再訪　浅草 締めは浅草で吉田類さんと　番外編・巣鴨 いつも素顔の巣鴨の古典居酒屋に最敬礼　番外編・麻布十番 古町・麻布十番の老舗居酒屋と納得の泡酒　　〔2972〕

◇東京の喫茶店―琥珀色のしずく77滴　川口葉子著　実業之日本社　2015.11　239p　16cm（じっぴコンパクト文庫）〈2011年刊の修正〉　800円　Ⓘ978-4-408-45660-7　Ⓝ673.98
内容　第1章 読書と語らいの空間　第2章 一杯の珈琲からたちのぼるもの　第3章 喫茶空間のスタイル　第

4章 魅惑の一皿・喫茶店の名物メニュー　第5章 神田神保町・古本街の喫茶店　第6章 ジャズ喫茶・名曲喫茶の時代　　　　　　　　　　〔2973〕

◇二十世紀酒場　1　東京・さすらい一人酒　多田欣也著　旅と思索社　2015.10　158p　16cm（Tabistory Books 1）〈文献あり〉1500円　Ⓘ978-4-908309-01-4　Ⓝ673.98
内容　母を尋ねて一人酒　はしご酒で酒場論　東京のラビリンスで迷いたい　もつ煮込みの匂いに誘われて　この道一筋は、偉いことです　カクウチは誇るべき日本文化である　安いんだから、しようがないここはいったい何屋さんだろう？　大衆食堂で昼から堂々と　私の選んだ世界遺産　　　　〔2974〕

◇江戸の食卓に学ぶ―江戸庶民の"美味しすぎる"知恵　車浮代著　ワニ・プラス　2015.6　191p　18cm（ワニブックス│PLUS│新書 140）〈文献あり　発売：ワニブックス〉900円　Ⓘ978-4-8470-6083-0　Ⓝ383.8136
内容　第1章 日本料理の発祥（日本最古の料理は『日本書紀』にあり　日本料理は「切る」文化 ほか）　第2章 江戸料理とは？（始まりは家康が持ち込んだ三河の田舎料理　江戸料理こそおかずのルーツ ほか）　第3章 江戸っ子の食生活（1日3食の始まり―大火事が変えた江戸の食生活　江戸っ子は朝、上方は昼に1日分の飯を炊く ほか）　第4章 江戸前の四天王屋（屋台は江戸のファストフード　蕎麦がきから蕎麦切りへ ほか）　第5章 禁断の肉食文化（肉食はなぜ禁じられたのか　符丁でごまかす獣肉食い ほか）　第6章 江戸の外食産業（フランスより100年も前に、レストランがあった江戸　まるで大人の遊園地！　高級料亭の楽しみ方 ほか）　付録 江戸の食材事典　　　　　　　　　　　　　　〔2975〕

◇東京の老舗を食べる―予算5000円以内！　安原眞琴文・写真　亜紀書房　2015.6　203p　19cm〈画：冨永祥子〉1600円　Ⓘ978-4-7505-1449-9　Ⓝ673.97
内容　1 親孝行に、接待に、デートに、とっておきの隠れ家（両国・ちゃんこ川崎―ちゃんこ　東京・嶋村一合庵 ほか）　2 食通も唸る珍しい食材に出会える店（淡路町・いせ源―あんこう　京橋・伊勢廣―焼き鳥 ほか）　3 毎日通いたい老舗（浅草・大黒家天麩羅―天ぷら　銀座・煉瓦亭―洋食 ほか）　4 観光気分も味わえる名店（入谷・大多福―おでん　御徒町・井泉―とんかつ ほか）　　　　　　　　　〔2976〕

◇東京ロック・バー物語　和田静香著　シンコーミュージック・エンタテイメント　2015.2　183p　21cm　1500円　Ⓘ978-4-401-64035-5　Ⓝ673.98
内容　「飄々と下北沢でロック・バー」ハゲないための努力は続く イート・ア・ピーチ/トラブル・ピーチ（下北沢）　2度目の終わりはきっと3度目の始まり転がり続ける新宿の古参ロック・バー Rock In ROLLING STONE（新宿）　哀愁の秋葉原に霧は降るのだ―。味わい深過ぎるロック立ち飲み 立ち飲み処しょっとおかめ（秋葉原）　自由が丘でロックをさえぎるブラックホーク・チルドレン バードソングカフェ（自由が丘）　千葉の稲毛に、日本のロック・バーのゴッドファーザーがいた フルハウス（稲毛）　渋谷のある場所にずっとあり続けてくれることの奇跡 B.Y.G（渋谷）　西荻窪のルーキー（でも4年目）は放課後の音楽

暮らし　　　　　　　　　　　　　　　　　　　　　　　　　暮らし・生活

教室?! こだわりの音楽性と内装で勝負 furacoco★
rock（西荻窪）　「わたしの部屋」そのままのロック・
バーが新橋にあった！　燃えサントラ＆泣きロック
酒場 Bar＆茶館・新橋人形の館（新橋）　音楽は、世
界を変える。中野も、世界を変える…のか？　サロン
ゴ（中野）　新宿にしかロックはない―ロック・バー
を辞めないと決めた男の2度目の挑戦 Upset the ap-
ple・cart（新宿）　わたしはこうやってロック・バー
を始め、経営しています―バー・イッシー（千駄木）
70年代、20歳頃。ロック喫茶とは何だったのか？
　　　　　　　　　　　　　　　　　　　　　〔2977〕

◇東京百年レストラン　3　幸せになれる43の料
　理店　伊藤章良著　dZERO　2015.1　282p
　19cm〈2の出版者：亜紀書房　発売：インプレ
　ス〉1800円　Ⓘ978-4-8443-7667-5　Ⓝ673.97
　内容 序章 食への多大な興味、そして小さな問題意識
　で今に至る　第1章 駅からの街並みを堪能して、エン
　トランスへと吸い込まれる　第2章 その人の作る料
　理がすばらしいことは、あえて書くまでもない　第3
　章 創造的な皿が不思議で楽しくて、そしてたまらな
　くおいしい　第4章 研ぎ澄まされた酒の世界に、酔
　いつぶれるまで浸る　第5章 その店の進化を愉しみ、
　未来を想像するだけで幸せになれる　　　　〔2978〕

◇今夜も孤独じゃないグルメ　さくらいよしえ著
　交通新聞社　2014.12　159p　21cm　〈散歩の
　達人POCKET〉　1200円　Ⓘ978-4-330-52114-
　5　Ⓝ291.361
　内容 第1章 人気の街で（粋な芸妓が行き交う花街で
　年下男子をエスコートするつもりが…in神楽坂　ハ
　イソな角打ちからワイン＆獣肉へ　乙女おじさんのお
　気どりナイトin恵比寿　平日夜の静けさを満喫する　カ
　ントリーロマンな女子の夢in自由が丘　思い出の小
　劇場からタイ27飯へ　部長キャラな20代女子のココロ
　は IN 北沢　"奥渋谷"にてかつてのトリオ復活の夜
　四十路と五十路の王道はあるか？ in渋谷）　第2章
　観光気分で（東京で一番あの世に近い寺町で　いとこ
　とたどる横丁と故郷の気配in谷根千　戦火をまぬが
　れた古きよき街 魔除け男と小2さんぽin人形町　コ
　リアンタウンというかほぼコリア おんな同士の1泊
　2日のハイダウェイin新大久保　昔も今も懐深きレト
　ロモダンの街で 文学の薫りとコバライに極上酒in
　銀座）　第3章 意外な街で（宿場町に御殿山、歴史ス
　ポット以外にも… 将軍様と財閥の "ご近所さん"in
　品川　ほどよい住宅街こそじつは穴場 夜更けの住宅
　街にアツい系昼呑in笹塚）　第4章 中央線沿線お好みで
　（井の頭の森に横丁、商店街を回遊して ファンクな
　おとなと「はな子」を語らうin吉祥寺　沿線屈指の
　おとな可愛さ、だけじゃない 仲直りはワールドワイ
　ドな横丁で in西荻窪　ロングな商店街をめぐりぼっ
　ち散歩 愛ある感じでほっといてin阿佐ケ谷　住めな
　いなとかつて思ったカオスな街で 死角の路地にへぐ
　ぐるはしご in高円寺）　番外編 ちょっと遠征 "酒都"
　で（ハマの孤高のフライからバーまで 野生児と飲み
　流れる港の夜更けin野毛）　　　　　　　　〔2979〕

◇江戸東京幕末維新グルメ―老舗店に伝わる幕末
　維新の味と物語　三澤敏博著　竹書房　2014.9
　175p　21cm　1200円　Ⓘ978-4-8124-8996-3
　Ⓝ673.97
　内容 勝海舟のスポンサーを務めた―ちくま味噌　靖
　共隊の証文が残る―にんべん　明治天皇に抹茶アイ
　スクリームを届けた―銀座平野園　西郷隆盛がスイ

カを買い求めた―千足屋総本店　寛永寺輪王寺宮ゆ
かりの老舗豆腐―根ぎし笹乃雪　明治天皇即位の折
りに納められた蒲鉾―神茂　福沢に学んだ丸善創始
者考案の名物―丸善の早矢仕ライス　無血開城談判
の際に届けられた寿司―蛇の目鮨　元土佐藩士が開
業した銀座の老舗喫茶―カフェーパウリスタ　寛永
寺に漬物を納入していた―酒悦〔ほか〕　　〔2980〕

◇江戸前の素顔―遊んだ・食べた・釣りをした
　藤井克彦著　文藝春秋　2014.6　263p　16cm
　〈文春文庫 ふ39-1〉〈初版：つり人社　2004年
　刊　文献あり〉530円　Ⓘ978-4-16-790130-1
　Ⓝ383.81361
　内容 第1章 食通も知らない本当の江戸前の味　第2章
　ウナギ（鰻）と江戸前　第3章 天ぷらと江戸前　第4
　章 鮨と江戸前　第5章 江戸前が育んだ魚食文化　第
　6章 豊饒の漁場・江戸前　第7章 江戸前の釣り　第
　8章 「江戸前」の定義と復活の息吹　　　　〔2981〕

◇米国人一家、おいしい東京を食べ尽くす　マ
　シュー・アムスター＝バートン著、関根光宏訳
　エクスナレッジ　2014.5　349p　19cm〈文献
　あり〉1700円　Ⓘ978-4-7678-1806-1　Ⓝ291.
　361
　内容 お茶 中野 ラーメン 世界一のスーパー 朝
　ご飯 豆腐 東京のアメリカンガール ラッシュ
　アワー 焼き鳥 ほっとする街 天ぷら チェーン
　店 うどんとそば カタカナ 鮨 肉 鍋物 お風
　呂 餃子と小籠包 お好み焼き 居酒屋 たこ焼き
　洋菓子 うなぎ 浅草 帰国する　　　　　　〔2982〕

◇食べて飲んで遊んで！　山手線ガード下は大人
　女子のワンダーランド　ヒラマツオ著　JTBパ
　ブリッシング　2014.4　125p　21cm〈索引あ
　り〉1000円　Ⓘ978-4-533-09700-3　Ⓝ673.97
　内容 1章 新発見☆こんなガード下もあったんだ！
　（ガード下でドイツ＆スペイン　大人数でワイワイす
　るなら　24時間営業の大衆食堂）　2章 ガード下地
　方グルメの旅（産直メニューを一挙に味わう　体と心
　を癒す異空間）　3章 これぞTHEガード下！（外国
　人にも人気のお店　ツウに愛されるガード下の名店
　知る人ぞ知る、おでんの名店　ちょっとディープな
　ガード下　上野の雑踏に老舗あり）　4章 まだある！
　ガード下の楽しみかた（ランチだって楽しめる　大人
　女子におすすめのバー　ガード下の歴史が詰まった
　バー）　　　　　　　　　　　　　　　　　〔2983〕

◇昭和・東京・ジャズ喫茶―昭和JAZZ文化考現
　学　シュート・アロー著　DU BOOKS　2014.
　2　299p　19cm〈発売：ディスクユニオン〉
　1500円　Ⓘ978-4-925064-94-1　Ⓝ673.98〔2984〕

◇東京いつもの喫茶店―散歩の途中にホットケー
　キ　泉麻人著　平凡社　2013.8　269p　19cm
　1500円　Ⓘ978-4-582-83632-5　Ⓝ673.98
　内容 第1章 2010年5月～12月（2番目に古い商店街―
　ベースキャンプ（台東区台東）　天神前の絶品プリン
　―がまぐちや（文京区湯島）　ほか）　第2章 2011年1
　月～6月（ピザトーストの元祖―紅鹿舎（千代田区有楽
　町）　水天宮前の雨傘―シェルプール（中央区日本橋
　蠣殻町）　ほか）　第3章 2011年7月～12月（宿に泊ま
　って深川歩き―カフェ東亜サプライ（江東区門前仲町）
　中劇で映画を観る前に―セブン（世田谷区三軒茶屋）
　ほか）　第4章 2012年1月～6月（トキワ荘の町の雁之

〔2978～2985〕　　　　　　　　　　「東京」がわかる本 4000冊　　233

暮らし・生活　　　　　　　　　　　　　　　　　　　　　　暮らし

助マスターーナルセ(豊島区南長崎)　迷路の町の
日本茶喫茶ーつきまさ(世田谷区代沢)　ほか　第5
章　2012年7月～12月(旧中山道を歩きながら―紙風
船(板橋区仲宿)　ホットドックと天然果汁―みどり
や(江東区扇橋)　ほか〕　　　　　　　　　　〔2985〕

◇東京カフェ散歩―観光と日常　川口葉子著　祥
　伝社　2012.12　303p　16cm　(祥伝社黄金文
　庫 Gか17-2)〈索引あり〉838円　①978-4-
　396-31591-7　Ⓝ673.98
　内容 観光編(渋谷今昔物語　代官山の地霊　下町と
　イースト東京　銀座百年の記憶　表参道けやき散歩
　ほか)　日常編(代々木パークライフ　東京コーヒー
　と東京エスプレッソ　三軒茶屋から世田谷線に乗っ
　て　中央線喫茶文化　古書店街の喫茶店　ほか)
　　　　　　　　　　　　　　　　　　　　　〔2986〕

◇東京百年レストラン　2　通えば心が温まる40
　の店　伊藤章良著　亜紀書房　2012.11　252p
　19cm〈1の出版社:梧桐書院〉1500円　①978-
　4-7505-1229-7　Ⓝ673.97
　内容 鮨　フランス料理　イタリア料理　日本料理
　中国料理　その他各国料理　焼鳥・そば・ラーメン・
　焼肉・鉄板焼　居酒屋　バー　対談 佐藤尚之×伊藤
　章良　　　　　　　　　　　　　　　　　　〔2987〕

◇昔のグルメガイドで東京おのぼり観光　地主恵
　亮著　アスペクト　2012.3　223p　18cm
　1100円　①978-4-7572-2043-0　Ⓝ673.97
　内容 第1章 昔のガイドブックで銀座ブラブラ(洋食
　屋さんの定番を作った粋な老舗に感謝したい―煉瓦
　亭　強烈なインパクトで天ぷら界の激戦を勝ち抜い
　た店―銀座ハゲ天　美味しさのレベルが高層ビル並
　みの日本料理―中嶋　ほか)　第2章 昔のガイドブッ
　クでごはん巡り(世紀の発明家が老舗のうな丼に
　挑む―野田岩　憧れの粋が息づくお蕎麦屋さん―か
　んだやぶそば　マドンナ的幻網染み(ドジョウ)がと
　ろとろに溶けていく―飯田屋　ほか)　第3章 昔のガ
　イドブックでおやつのじかん(夏目漱石も食べた団子
　とウンチクで、モテたい―羽二重団子　くず餅の美
　味しさこそ感動に値する―船橋屋　こぼれるほどに
　笑顔が生まれる栗ぜんざい―梅園　ほか)　〔2988〕

◇東京スナック飲みある記―ママさんボトル入り
　ます!　都築響一著　ミリオン出版　2011.12
　311p　21cm〈索引あり　発売:大洋図書〉
　2600円　①978-4-8130-2165-0　Ⓝ673.98
　内容 品川区・武蔵小山飲食街　世田谷区・三軒茶屋
　三角地帯　杉並区・高円寺エトアール通り　葛飾区・
　呑んべ横丁　北区・赤羽駅東口　江東区・亀戸6丁目
　中央区・人形町　豊島区・池袋駅東口　目黒区・学
　芸大学大十字街商店街　大田区・西蒲田〔ほか〕
　　　　　　　　　　　　　　　　　　　　　〔2989〕

◇東京でお酒を飲むならば　甲斐みのり著　名古
　屋　リベラル社　2011.11　143p　21cm〈発
　売:星雲社〉1400円　①978-4-434-16201-5
　Ⓝ673.97
　内容 1章 浅草―浅草生まれと浅草飲み　2章 吉祥寺・
　阿佐ケ谷―ちょっと近所の酒場まで　3章 中目黒・
　渋谷―毎晩、酒場で、晩ごはん　4章 新宿―新宿、待
　ち合わせ道楽　5章 神田・神保町―文豪きどりで老
　舗酒　6章 銀座―背伸びはするけど、無理はせず
　　　　　　　　　　　　　　　　　　　　　〔2990〕

◇トーキョーはらへり散歩　倉田真由美マンガ,深
　澤真紀コラム　双葉社　2011.9　131p　21cm
　1000円　①978-4-575-30351-3　Ⓝ291.361
　内容 1 東京エスニック編(新大久保リトルコリア&ハ
　ラルフード　池袋リトルチャイナ　高田馬場リトル
　ミャンマー　西葛西リトルインド　錦糸町リトルタ
　イ　上野リトルコリア&アメ横)　2 東京お買い物編
　(築地市場　かっぱ橋&浅草橋問屋街　銀座アンテナ
　ショップ　代々木公園フードフェスティバル　地方
　物産展)　　　　　　　　　　　　　　　　　〔2991〕

◇郷愁の喫茶を訪ねて―東京ノスタルジック喫茶
　店 2　塩沢槙文・写真　茉莉花社　2011.7
　285p　18cm〈イラスト:山田裕穂　発売:河
　出書房新社〉1600円　①978-4-309-90915-8
　Ⓝ673.98
　内容 序 昭和喫茶よ、永遠に在れ!　第1章 戦争が
　終わったとき、僕は少年だった　第2章 やっと一生
　の仕事に出会えた　第3章 若いときから喫茶ひとす
　じ人生　第4章 夫婦で。いつだって二人だった　第
　5章 家族でいたからやってこられた　第6章 受け継
　がれていく喫茶の魂　　　　　　　　　　　〔2992〕

◇江戸前のさかな―食文化の足跡をたどる　金田
　禎之著　成山堂書店　2011.6　146p　21cm
　〈文献あり　索引あり〉1800円　①978-4-425-
　88541-1　Ⓝ383.81361
　内容 前編(江戸前の定義　江戸前漁業の歴史)　後編
　(握り鮨　天麩羅　浅草海苔　佃煮　鰻　鯊　白魚
　鱚　真鯛　鰹　鯨　穴子　ほか)　　　　　〔2993〕

◇東京シネマ酒場―あの名作と出逢える店を酔い
　歩く　高橋渡著　祥伝社　2011.5　223p
　19cm〈索引あり〉1400円　①978-4-396-
　62077-6　Ⓝ673.98
　内容 第1章 「地獄の黙示録」をトリハイで―港区・
　中央区・中野区　第2章 「ネバーセイ・ネバーアゲ
　イン」をジェムソンで―千代田区・品川区・目黒区・
　大田区　第3章 「過去のない男」をエビスビールで
　―渋谷区・世田谷区　第4章 「夜行列車」をズブロッ
　カで―新宿区・杉並区　第5章 「野性の証明」をホッ
　ピーで―葛飾区・江東区・台東区・墨田区・世田谷
　区　第6章 「乱」を一乃井出で―豊島区・北区・武
　蔵野市・国分寺市・神奈川県　　　　　　　〔2994〕

◇東京百年レストラン―大人が幸せになれる店
　伊藤章良著　梧桐書院　2010.12　222p　19cm
　1600円　①978-4-340-10008-8　Ⓝ673.97
　内容 鮨　フランス料理　イタリア料理　日本料理
　中国料理・天ぷら・焼鳥・焼肉・お好み焼き　居酒
　屋　バー　　　　　　　　　　　　　　　　〔2995〕

◇東京・横浜リトル・カフェ物語　塩沢槙文・写
　真　茉莉花社　2010.9　349p　18cm〈発売:
　河出書房新社〉1800円　①978-4-309-90886-1
　Ⓝ673.98
　内容 東京篇(下町、川の手…、新旧の東京が入り交じ
　る町で　都心、山手線のなかの繁華街、東京の最先
　端で　山の手、世田谷…、町の暮らしの彩りであり
　たい　池袋、江古田、早稲田、雑司ヶ谷…、大学もあ
　る町で　中央線に乗って郊外へ、西荻、吉祥寺、多
　摩　エキゾチック・シティ、横浜は永遠の憧れの町)
　横浜篇　　　　　　　　　　　　　　　　　〔2996〕

暮らし　　　　　　　　　　　　　　　　　　　　　　　暮らし・生活

◇東京カフェを旅する―街と時間をめぐる57の散
歩　川口葉子著　平凡社　2010.7　159p
21cm〈索引あり〉1500円　Ⓘ978-4-582-
54437-4　Ⓝ673.98
内容　第1章 東京カフェの歴史―ジャズ喫茶から二〇
一〇年のカフェへ　第2章 東京カフェの現在―いま、
街角に香る56のコーヒー時間（東京カフェ第一世代
次のステージ―第一世代がつくる新しいカフェ　カ
フェと喫茶店の系譜―受け継がれてゆくもの　コー
ヒーの現在形　再生とロングライフデザイン　おも
てなしのかたち　日々のごはん　お菓子の幸福、パ
ンの幸福　遠い街の匂いを伝える　カフェが拓く可
能性　アートと本とカフェの関係）　　　　〔2997〕

◇東京・食のお作法　マッキー牧元著　文藝春秋
2010.7　175p　16cm　（文春文庫）　476円
Ⓘ978-4-16-777388-5　Ⓝ596
内容　コロッケそばのお作法　立石のお作法　茶漬け
のお作法　新宿駅のお作法　とんかつのお作法　苺
のお作法　フライのお作法　中野駅前のお作法　ち
らし寿司のお作法　居酒屋サラダのお作法〔ほか〕
　　　　　　　　　　　　　　　　　　　　〔2998〕

◇東京ふつうの喫茶店　泉麻人著　平凡社
2010.5　247p　19cm〈索引あり〉1500円
Ⓘ978-4-582-83471-0　Ⓝ673.98
内容　第1章 仕事の合間のおさぼり喫茶　第2章 私鉄
沿線ぶらり途中下車　第3章 下町散歩のコーヒーブ
レイク　第4章 学生街の喫茶店　第5章 旅先で立ち
寄った素敵なお店　第6章 休日は愛読書を持って…
　　　　　　　　　　　　　　　　　　　　〔2999〕

◇「江戸前」の魚（さかな）はなぜ美味しいのか
藤井克彦著　祥伝社　2010.4　250p　18cm
（祥伝社新書 199）〈文献あり〉780円　Ⓘ978-
4-396-11199-1　Ⓝ383.81361　　　　　　　〔3000〕

◇天国は水割りの味がする―東京スナック魅酒乱
都築響一著　廣済堂あかつき　2010.3　868p
19cm　（読んどこ！　books）　2900円　Ⓘ978-
4-331-51443-6　Ⓝ673.98
内容　新宿2丁目　銀　湯島　羽衣　四谷　ピグミー　赤
羽　マカロニ　湯島2丁目　ゆしま　西新宿　ニューセ
ンチュリー　六本木　栃の木　銀座　バッカス　歌舞
伎町　向日葵　高円寺　優〔ほか〕　　　　　〔3001〕

◇東京ノスタルジック喫茶店　塩沢槙文・写真
茉莉花社　2009.4　309p　18cm〈発売：河出
書房新社〉1800円　Ⓘ978-4-309-90822-9
Ⓝ673.98
内容　序 永遠のマイベスト喫茶店を求めて　第1章 ノ
スタルジックが止まらない　第2章 家族の死を乗り越
えて、愛と再生の物語　第3章 喫茶店女主人 細腕繁
盛記　第4章 喫茶店稼業は男子一生の仕事です　第
5章 昭和喫茶は人間万華鏡　第6章 移ろいゆく街と
ともに生きる　第7章 伝説のノスタルジック・ロス
ト　　　　　　　　　　　　　　　　　　　　〔3002〕

◇「完本」大江戸料理帖　福田浩, 松藤庄平著
新潮社　2006.3　127p　21cm　（とんぼの本）
1400円　Ⓘ4-10-602140-4　Ⓝ596.21
内容　春の膳―江戸の春は“初物”から　鰹料理三種―
女房を質に置いても　夏の膳―花火、祭に鮎、初茄

子　もどき―食べてビックリ“もどき”料理　秋の膳
―食べ物の一年が始まる季節　菓子―砂糖の和菓子
は贅沢品　冬の膳―食べ物がいちばん旨い「寒」　正
月―雑煮は家長が汲んだ若水で　　　　　　　〔3003〕

◇東京まんぷく商店街　柳生九兵衛著　ぴあ
2006.3　181p　19cm　（漫画：桜木さゆみ）
1200円　Ⓘ4-8356-1614-6　Ⓝ672.136
内容　赤羽一番街商店街　ウルトラマン商店街　巣鴨
地蔵通り商店街　高円寺庚申通り商店街　沖縄タウ
ン　アメ横　戸越銀座商店街　たこ公園商店街　谷
中銀座商店街　高田馬場西商店街〔ほか〕　　〔3004〕

◇宮部みゆきの江戸レシピ　福田浩料理・解説
ぴあ　2006.3　95p　22cm　1600円　Ⓘ4-
8356-1621-9　Ⓝ596.21
内容　あかんべえの世界 白と黒の料理　第1章 料理屋
の料理　第2章 居酒屋・飯屋の料理　第3章 屋台・総
菜屋の料理　第4章 江戸庶民の食卓　対談・宮部み
ゆき×福田浩「みゆき物語」を食しながら　　〔3005〕

◇江戸前漁撈と海苔　平野榮次著, 坂本要, 岸本昌
良, 高達奈緒美編　岩田書院　2005.8　403p
22cm　（平野榮次著作集 2）〈年譜あり　著作
目録あり〉9900円　Ⓘ4-87294-340-6　Ⓝ384.
36
内容　東京都の漁業　魚の捕採に関する習俗　旧大井
御林浦漁業聞書　羽田沖の魚撈習俗　大田区糀谷地
区の魚撈習俗　港区金杉地区の魚撈習俗　品川区浜
川地区の魚撈習俗　魚の取引の関する習俗　海苔の
取引の関する習俗　大森海苔習俗聞書　　　　〔3006〕

◇東京ビジネス解析30の新視点―「東京」の動き
に隠されたビジネスヒントを見逃すな！　矢
田晶紀著　週刊住宅新聞社　2004.7　243p
19cm　1500円　Ⓘ4-7848-1657-7　Ⓝ675
内容　第1章 今、なぜ東京なのか？　地方も東京も視
点を変えてビジネスチャンスを得る（日本の未来像を
象徴する東京）　第2章 “世界の中の日本・東京”日本
を牽引する東京の力と地方との新しい関係（東京の特
殊性と東京人の現実性　「地方の時代」は終焉を迎
えたのか？　ほか）　第3章 キーワードで見る東京サ
クセスビジネスの新視点はこれだ！（思わぬ敵　高
める（ほか）　第4章 東京の動向から見た東京サクセ
スビジネスの近未来予測（職住近接傾向で起こる大
変化　地域を一変させる可能性を見逃すな ほか）
　　　　　　　　　　　　　　　　　　　　〔3007〕

◇江戸前の素顔―遊んだ・食べた・釣りをした
藤井克彦著　つり人社　2004.2　255p　19cm
1800円　Ⓘ4-88536-514-7　Ⓝ383.81361
内容　第1章 食通も知らない江戸前の味　第2章 ウナ
ギ（鰻）と江戸前　第3章 てんぷらと江戸前　第4章
鮨と江戸前　第5章 江戸前の食文化　第6章 豊饒の
漁場・江戸前　第7章 江戸前の釣り　第8章 「江戸
前」という言葉を検証する　　　　　　　　　〔3008〕

◇どっちがうまい!? 東京と大阪・「味」のなるほ
ど比較事典―味の好み・料理法・食べ方から
ネーミングの違いまで　前垣和義著　PHP研究
所　2002.2　326p　15cm　（PHP文庫）　571
円　Ⓘ4-569-57695-8　Ⓝ383.81
内容　1章 東と西・味の好みに、この違い　2章 東と

〔2997〜3009〕　　　　　　　　　　　　　　　「東京」がわかる本 4000冊　235

暮らし・生活　　　　　　　　　　　　　　　　　　　　　暮らし

西・料理法に、この違い　3章 東と西・食べ方に、この違い　4章 東と西・呼び名に、この違い　5章 東と西・立地と気質で、この違い　6章 東と西・食べ物の発祥はどっち　　　　　　　　　　　　〔3009〕

◇食器にみる江戸の食生活―江戸遺跡研究会第14回大会 発表要旨　江戸遺跡研究会編　江戸遺跡研究会　2001.1　279p　26cm〈会期・会場：2001年1月27日～28日　江戸東京博物館〉Ⓝ383.81361　　　　　　　　　　　　　〔3010〕

◇江戸の食文化　江戸遺跡研究会編　吉川弘文館　1992.1　309p　22cm〈各章末：参考文献〉5300円　Ⓘ4-642-03305-X　Ⓝ383.8
|内容| 江戸の食生活と料理文化　江戸時代の陶磁史と社会動向　江戸で使用された瀬戸美濃窯産の食器　出土陶磁器に探る食文化　近世「徳利」の諸様相―瀬戸・美濃産灰釉系徳利をめぐる型式学的考察　焙烙の変遷　焼塩壺　大名屋敷出土の焼塩壺　漆椀の製作と民俗　近世の漆椀について―その器種と組み合わせを考える　江戸時代初期の宴会の食器類―東京大学医学部附属病院中央診療棟建設予定地点「池」出土の木製品　江戸の動物質食料―江戸の街から出土した動物遺体からみた　加賀藩上屋敷「御貸小屋」における食生活の一端　遺跡出土の動物遺体からみた大名屋敷の食生活―動物遺体分析の成果と問題点　「江戸遺跡研究会」第1回大会全体討議記録　　〔3011〕

◇おいしい東京の手みやげ　2　京都　淡交社　1991.6　143p　21cm（うるおい情報シリーズ11）　1800円　Ⓘ4-473-01192-5　Ⓝ596.04
＊帰省に出張に、「さて何をみやげにしようか」と迷われるかた。もう迷わずにすみます。数ある東京の味の店の中から、いま話題の品、江戸の伝統を残す品と取り混ぜてこの1冊にまとめました。お年寄りやご病人のお見舞いに、またパーティーにとバラエティーに富んだおいしい手みやげの数々。チョコレートやパンの店は数多く、一流ホテルの自信商品も加えて、こだわって贈りたい味のプレゼント。　　　　　　　　　　　　　　　　　　〔3012〕

《住・リビング》

◇昭和の郊外　東京・戦後編　三浦展編　柏書房　2016.7　796p　27cm　20000円　Ⓘ978-4-7601-4705-2　Ⓝ361.785
|内容| 第1章 総説　第2章 多摩ニュータウン　第3章 東急多摩田園都市　第4章 団地研究など　第5章 東京都三多摩　第6章 埼玉県　第7章 千葉県　第8章 神奈川県　　　　　　　　　　　　　　　　〔3013〕

◇荻窪家族プロジェクト物語―住む人・使う人・地域の人みんなでつなぐ多世代で暮らす新たな住まい方の提案　荻窪家族プロジェクト編著　横浜　萬書房　2016.5　222p　19cm〈年譜あり〉　1800円　Ⓘ978-4-907961-08-4　Ⓝ365.3
|内容| 荻窪家族プロジェクトの特徴と意味〈ソフトから見て〉澤岡詩野著　荻窪家族プロジェクトの特徴と意味〈ハードから見て〉連健夫著　建設へのきっかけ 瑠璃川正子著　専門家・賛同者としての関わり 澤岡詩野著　建築家としての関わりと設計プロセス 連健夫著　事前リノベーション ツバメアーキテクツ

著　建設以前の活動、コンセプトの検討 河合秀之著　百人力サロン 関屋利治著　荻窪暮らしの保健室 上野佳代著　チョコっと塾、ふらっとお茶会 瑠璃川正子著　地域開放型・多世代・シェアという新しい高齢者居住 澤岡詩野著　新しいビルディングタイプに適した参加のデザインの有効性とその力 連健夫著 入居者の生活、今思うことと今後 瑠璃川正子著　新しい高齢者居住・多世代居住を考えるシンポジウム 連健夫 司会　瑠璃川正子、山道拓人、関屋利治 ほか述　疋田恵子、松村拓也、小原隆 コメンテーター　〔3014〕

◇昭和の郊外　東京・戦前編　三浦展編　柏書房　2016.5　953p　27cm　20000円　Ⓘ978-4-7601-4704-5　Ⓝ361.785　　　　　　　　〔3015〕

◇東京どこに住む？―住所格差と人生格差　速水健朗著　朝日新聞出版　2016.5　193p　18cm（朝日新書 564）〈文献あり〉720円　Ⓘ978-4-02-273666-6　Ⓝ361.78
|内容| 第1章 東京の住むところは西側郊外から中心部へ（東と西で分断されている東京の「住民意識」　「西高東低」で示される東京の住宅地人気 ほか）　第2章 食と住が近接している（「閑静な住宅街」というマジックワード　バルブームと都市 ほか）　第3章 東京住民のそれぞれの引っ越し事情（ままならない住まい場所選びの本質　私鉄沿線のニュータウンの落とし穴 ほか）　第4章 なぜ東京一極集中は進むのか（東京内一極集中という現象　人口集中と規制緩和 ほか）　第5章 人はなぜ都市に住むのか（人はなぜ他人の近くで暮らすのか　都市に住むと人は頭が良くなる!? ほか）　　　　　　　　　　　　〔3016〕

◇住空間の経済史―戦前期東京の都市形成と借家・借間市場　小野浩著　日本経済評論社　2014.3　184p　22cm〈索引あり〉5400円　Ⓘ978-4-8188-2326-6　Ⓝ365.3
|内容| 課題と方法　第1部 関東大震災以前（震災以前の建物ストックと住宅需給　大戦景気期の量的住宅難　1920年恐慌後の絶対的住宅難）　第2部 関東大震災以後（関東大震災後の絶対的住宅難　慢性不況下の経済的住宅難　戦間期のRC造アパートの実践と木造アパート市場の形成）　総括　　　　〔3017〕

◇東京高級住宅地探訪　三浦展著　晶文社　2012.11　219p　19cm〈年表あり〉1800円　Ⓘ978-4-7949-6787-9　Ⓝ365.33
|内容| 第1章 田園調布―高級住宅地の代名詞　第2章 成城―閑静さと自由さと　第3章 山王―別荘地から住宅地へ　第4章 洗足、上池台、雪ヶ谷―池上本門寺を望む高台　第5章 奥沢、等々力、上野毛―東京とは思えぬ自然と豪邸　第6章 桜新町、松陰神社、経堂、上北沢―世田谷の中心部を歩く　第7章 荻窪―歴史が動いた町　第8章 常盤台―軍人がいなかった住宅地　　　　　　　　　　　　　　〔3018〕

◇郊外はこれからどうなる？―東京住宅地開発秘話　三浦展著　中央公論新社　2011.12　238p　18cm（中公新書ラクレ 404）〈索引あり 文献あり〉840円　Ⓘ978-4-12-150404-3　Ⓝ361.785
|内容| 第1章 第四山の手論　第2章 東京は増加する人口を吸収してきた　第3章 山の手の条件　第4章 郊外の文化論　第5章 郊外の歴史と問題　第6章 郊外の未来　　　　　　　　　　　　　　　〔3019〕

236　「東京」がわかる本 4000冊　　　　　　　　　　〔3010～3019〕

暮らし　　　　　　　　　　　　　　　　　　　　　　　　　　　　　　　　　　暮らし・生活

◇東京のどこに住むのが安心か　山崎隆著　大震
災改訂版　講談社　2011.11　287p　19cm〈初
版（2007年刊）のタイトル：東京のどこに住むの
が幸せか〉1500円　Ⓘ978-4-06-217365-0
Ⓝ365.33
内容　第1章 東日本大震災で分かった「安全に住む」
大事さ　第2章 震災後の東京に住むのは安心なのか
第3章 衰退する街とサステイナブルな街の分岐点　第
4章 東京7ブロック56エリア別「この街に住んで安心
か」（山手線南部の都心系住宅地　山手線北部から隅
田川流域　隅田川以南の臨海部　東急線沿線　小田
急線・京王線沿線　中央線・西武新宿線沿線　西武
池袋線・東武東上線沿線）　　　　　　　　　〔3020〕

◇東京いい街、いい家（うち）に住もう　織山和久
著　NTT出版　2009.8　304p　19cm　1800円
Ⓘ978-4-7571-5070-6　Ⓝ365.33
内容　第1章 街選びで将来の暮らしが決まる！　第2
章 スペック情報では抜け落ちる街の実態―「交通
案内図」「周辺施設」に頼らない　第3章 頭のよい子
が育つ街　第4章 高層街に住む前に知っておくべき
こと　第5章 震災で燃える街　第6章 低層街の魅力
第7章 街が育つために　　　　　　　　　　　〔3021〕

◇東京土地のグランプリ　セオリープロジェクト
編　講談社　2008.12　189p　19cm　（セオ
リーブックス）　1000円　Ⓘ978-4-06-215180-1
Ⓝ365.33
内容　住宅街には栄枯盛衰がある（これから伸びる町
ダメになる町の見分け方・沖有人）　第1部 あなたの
町は選ばれましたか 決定！ 都内最高の住宅街はこ
こだ（高級住宅街ベスト30　アーバンライフベスト
10　エンジョイタウンベスト15 ほか）　第2部 完全
保存版 東京23区ロ別ベスト町丁目200（港区―再開
発ラッシュによって地価は23区随一の急上昇　渋谷
区―台地に高級住宅街が展開し低地には若者に人気
の繁華街が　世田谷区―国分寺崖線に沿って成城な
どの大邸宅街が続く ほか）　第3部 初公開！ 東京
の金持ちが住んでいる町　　　　　　　　　　〔3022〕

◇東京のどこに住むのが幸せか　山崎隆著　講談
社　2007.11　249p　19cm　（セオリーブック
ス）〈文献あり〉1400円　Ⓘ978-4-06-214340-0
Ⓝ365.33
内容　第1章 衰退する街と繁栄し続ける街の分岐点（都
心に住めば大丈夫なのか？　高級住宅街は武家屋敷
跡にある ほか）　第2章 歴史を知らないと東京の街
はわからない（400年の歴史が教えてくれる東京の将
来　産業の発展と大震災によって現在の東京が完成
した ほか）　第3章 本当に資産価値が高い物件の見
抜き方（土地そのものには価値などない　不動産の価
値も選ばれる「最有効利用」とは ほか）　第4章 東京7
ブロック55エリア別「この街に住んで幸せか」（山手
線南部の都心系住宅地　山手線北部から隅田川流域
ほか）　　　　　　　　　　　　　　　　　　〔3023〕

◇東京の住宅政策―地域居住政策の提言2006　東
京住宅政策研究会編　東京自治問題研究所
2006.7　142p　21cm〈共同刊行：板橋・生活
と自治研究所ほか〉477円　Ⓘ4-902483-08-4
Ⓝ365.31
内容　1 住宅政策から地域居住政策へ　2 地域居住政
策の各論（防災と居住保障　都民の居住実態と都営住

宅　都営住宅の建替え問題　都営住宅再生とコミュ
ニティ　都営住宅の意義と今後の方向　住宅セーフ
ティネットの検討　東京のマンション問題と対策 ほ
か）　3 東京都二三区の住宅政策と自治体の役割　4
東京の地域居住政策二〇〇六・20の提言　　〔3024〕

◇都市居住環境の再生―首都東京のパラダイム・
シフト　尾島俊雄監修　彰国社　1999.3　215p
26cm　2857円　Ⓘ4-395-51065-5　Ⓝ518.8
内容　第1章「心」―都心居住環境を築く大深度地下
ライフライン　第2章「点」―ドミノ災害を防止する
救援拠点広場　第3章「線」―クールアイランドを
創出する河川再生　第4章「面」―市民参加型木造
密集住宅地の事前復興　第5章「超」―超法規的な
ハイパービルによる新都市計画　第6章「歴」―東京
の歴史と文化を継承するランドマーク　第7章「遷」
―首都機能移転による東京再生の是非　　　　〔3025〕

◇ハウジング・プロジェクト・トウキョウ　都市
環境構成研究会著　東海大学出版会　1998.11
66p　21×30cm　2400円　Ⓘ4-486-01446-4
Ⓝ518.8
内容　1 住宅でできた都市（ハウジング・プロジェク
ト・トウキョウに向けて　これまでの東京プロジェ
クト ほか）　2 都市論的集合住宅タイポロジー（集
合住宅に与えられる二重の定義　タイポロジーの境
界条件としての都市環境 ほか）　3 集合住宅による
都市環境再構成への手法（都市環境をリプログラミ
ングする集合住宅　「集合住宅」の形態特性 ほか）　4
ハウジング・プロジェクト・トウキョウ　　　〔3026〕

◇東京区部における住宅マスタープランの目標、
構成内容とその評価に関する研究―KJ法によ
る分析を通じて　日端康雄, 小林隆著, 第一住宅
建設協会編　第一住宅建設協会　1995.8　64p
30cm　（調査研究報告書）　非売品　Ⓝ365.31
〔3027〕

◇東京白書―東京に住むということ　東京自治研
究センター編　第一書林　1995.2　174p
22cm〈都政の動き・略史：p160～167〉2000
円　Ⓘ4-88646-104-2　Ⓝ302.136
内容　第1章 東京の大地　第2章 集まる―東京の魅力
第3章 育つ―東京の子ども　第4章 働く　第5章 ファ
ミリースタイル　第6章 住む―新しい地域主体へ
第7章 日本にやってきた人々　第8章 病気になった
ら　第9章 老境　第10章 死　　　　　　　　〔3028〕

◇家主さんの大誤算―地主・家主の役割からみ
た、江戸東京の住まいと暮らし。　鈴木理生著
三省堂　1992.8　206p　19cm　（三省堂選書
169）　1500円　Ⓘ4-385-43169-8　Ⓝ213.6
内容　1 地主と家主（地主とは何か　市民意識の底辺
定住と非定住　家主登場　家主の大誤算―近世と近
代のはざまで　祭りの意識―地主の三厄の一つ祭礼
について　商家の意識）　2 ヨーロッパ中世との比較
―ある書評を借りて日本の意識を見る　3 江戸の大
名屋敷　　　　　　　　　　　　　　　　　　〔3029〕

自然・環境　　　　　　　　　　　　　　　　　　自然科学

自然科学

自然・環境

◇高尾山の自然図鑑　前田信二著　メイツ出版
　2015.9　176p　19cm　（ポケット版ネイチャー
　ガイド）〈2008年刊の加筆・修正　文献あり
　索引あり〉1580円　①978-4-7804-1659-6
　Ⓝ462.1365
　内容 高尾山　裏高尾　北高尾　南高尾　奥高尾　高
　尾山の自然図鑑（植物　シダ・コケ・キノコ　動物）
　　　　　　　　　　　　　　　　　　　〔3030〕

◇多摩川自然めぐり―美しい生きものたちとの出
　会い　藤原裕二文写真　立川　けやき出版
　2012.5　231p　21cm　〈文献あり〉1500円
　①978-4-87751-465-5　Ⓝ462.1365
　内容 第1章 源流域の山地と渓流（多摩川の源頭「水
　干」と「笠取山」　「水干沢」から水干に遡る　多
　摩川流域最高峰「唐松尾山」　ほか）　第2章 人里近
　くの山と川（奥多摩町）の自然と人間生活　「海沢」
　の自然と訪問者　絶景の「鳩ノ巣渓谷」と「数馬峡」
　ほか）　第3章 都会を流れる川の水辺（川と人との関
　わりが増す「羽村」付近　「多摩川の達人」になる
　講習会　福生南公園で出会った「自然を楽しむ釣り
　人」ほか）　　　　　　　　　　　　　〔3031〕

◇東京の自然史　貝塚爽平著　講談社　2011.11
　327p　15cm　（講談社学術文庫　〔2082〕）〈索
　引あり　文献あり〉1050円　①978-4-06-
　292082-7　Ⓝ454.9136
　内容 1 東京の自然　2 武蔵野台地の土地と水　3 氷
　河時代の東京　4 下町低地の土地と災害　5 東京湾
　の生いたち　6 むすび―過去の東京から未来の東京
　へ　　　　　　　　　　　　　　　　　〔3032〕

◇小笠原自然観察ガイド　有川美紀子文、宇津孝
　写真　改訂版　山と溪谷社　2010.11　127p
　18cm　〈文献あり　索引あり〉1048円　①978-
　4-635-42042-6　Ⓝ402.91369
　内容 1 クジラとイルカ　2 海に生きる　3 植物　4
　陸の生きもの　5 歴史と人の暮らし　6 さらに島へ
　小笠原フィールドガイド5　　　　　　　〔3033〕

◇東京「風景印」散歩365日―郵便局でめぐる東
　京の四季と雑学 ビジュアル図解　古沢保著
　同文舘出版　2009.10　197p　21cm　（Do
　books）〈地域の名所をめぐる特製マップ付き
　文献あり〉1700円　①978-4-495-58601-0
　Ⓝ693.8
　内容 春―東京は文字通り花の都だった（4月・名所23
　連発、今年の桜に悔いはなし　5月・近藤が逝き、芭蕉
　は旅立つ）　夏―祭りだ、花火だ、東京だ（6月・雨ニ
　モ負ケズ花メグリ　7月・花火大会で夏本番　8月・行

〈夏を惜しむ阿波踊り）　秋―新旧文化が層を成す東
　京（9月・旧街道と超高層ビルの谷間を　10月・都電
　沿線と文化薫る秋祭り　11月・銀杏色づく東京の街
　並み）　冬―東京で和を意識する（12月・東京タワー
　と師走の築地　1月・初詣と大相撲初場所　2月・寒
　中の神事と梅の花　3月・歌舞伎を知って、再び春）
　風景印めぐりマップ東京23区　　　　　　〔3034〕

◇高尾自然観察手帳　新井二郎著　JTBパブリッ
　シング　2009.4　159p　18cm　（大人の遠足
　book　自然手帳）〈文献あり　索引あり〉1400
　円　①978-4-533-07489-9　Ⓝ402.91365
　内容 グラビア 高尾山の自然と文化　高尾山ってど
　こ？　高尾山・陣場山の自然　月別おすすめ自然観
　察コース　高尾山ガイドマップ　高尾データブック
　　　　　　　　　　　　　　　　　　　〔3035〕

◇三宅島の自然ガイド―エコツーリズムで三宅島
　復興！　Birder編集部編　文一総合出版
　2007.6　71p　26cm　（Birder special）〈年表
　あり〉1200円　①978-4-8299-0125-0　Ⓝ402.
　91369
　内容 三宅島の自然を知る（三宅島の野鳥図鑑　三宅
　島の海洋生物図鑑　三宅島の植物図鑑　ほか）　三宅
　島へ行こう！（島内一周島見三昧！　のぞいてびっ
　くり、潜って感動！　三宅島のダイビングスポット
　森めぐり花めぐり三宅島　ほか）　三宅島ナビ（三宅
　島マップ　三宅島四季のイベント・風物詩　とって
　おきの三宅島、教えます　ほか）　　　　〔3036〕

◇江戸の自然誌と小石川　加瀬信雄著　我堂
　2006.2　164p　21cm　〈タイトルは標題紙によ
　る〉Ⓝ291.361　　　　　　　　　　　　〔3037〕

◇皇居の森　姉崎一馬, 今森光彦, 叶内拓哉ほか著
　新潮社　2005.3　127p　21cm　（とんぼの本）
　1300円　①4-10-602125-0　Ⓝ462.1361
　内容 グラフ 絢爛たる森の四季（道潅濠―静寂漂う水
　辺の移ろい　蓮池濠―いにしえを映す蓮華の水面　東
　御苑・二の丸雑木林―武蔵野の面影を求めて）　特別
　寄稿（「いきもの」のための庭園管理　昭和天皇の遺
　産、吹上の森　吹上の天皇ご一家　ほか）　撮影を終
　えて（水辺の自然　都市の中の“人里”　皇居の野鳥）
　　　　　　　　　　　　　　　　　　　〔3038〕

◇多摩川二十四節気絵つづり　小坂陽子著　立川
　けやき出版　2004.6　207p　21cm　1300円
　①4-87751-245-4　Ⓝ462.136
　内容 立春　雨水　啓蟄　春分　清明　穀雨　立夏
　小満　芒種　夏至〔ほか〕　　　　　　　〔3039〕

◇みどりの風―武蔵野の自然通信　佐藤まゆみ編
　著　立川　けやき出版　2004.6　111p　30cm
　900円　①4-87751-244-6　Ⓝ462.1365

自然科学　　　　　　　　　　　　　　　　　　　　　　　　　　　　　　自然・環境

内容 1 始まり―1990・5～1995・7（創刊号―ユリノキ・ハナミズキ 26号―サルトリイバラ・ホタル 39号―ヒオウギズイセン） 2 花に呼ばれて―1995・8～2003・5（105号―ロウバイ・ネコヤナギ 17号―クリスマスローズ・鳥の巣 129号―アオキ・ノシラン・スズメ ほか） 3 ひとりの楽しみをみんなの楽しみに（49号―ゾウムシ・ルリボシカミキリ 89号―ミクロのスライディングショウ 74号―エゴノキによせて ほか）　　　　　　　　　　　〔3040〕

◇鳥よ、人よ、甦れ―東京港野鳥公園の誕生、そして現在　加藤幸子著　藤原書店　2004.5　305p　19cm〈年表あり〉2200円　Ⓘ4-89434-388-6　Ⓝ519.8136

内容 わが町の自然性　都市の神話　わが町の自然誌「小池しぜんの子」前史　母親参加の幕開き　大井埋立地との出会い　大井埋立地の自然の仲間たち　自然保護大作戦　埋立地に野鳥の森ができるまで　運動前線のおんなたち　署名の季節は暑かった　卸売市場との攻防戦　野の鳥は残った　開園から十五年　　　　　　　　　　　　　　　　　　〔3041〕

◇大江戸花鳥風月名所めぐり　松田道生著　平凡社　2003.2　244p　18cm　（平凡社新書）〈文献あり〉780円　Ⓘ4-582-85171-1　Ⓝ402.9136

内容 春（根岸の里のウグイスの声　ウメ香る梅屋敷 ほか）　夏（上野の森に鳴くフクロウ　暘ならすコウノトリ、葛西 ほか）　秋（秋の七草香る百花園　ウズラ鳴く駒場野 ほか）　冬（江戸に舞う鴇色の翼　江戸前の磯の香りはアサクサノリ ほか）　〔3042〕

◇高尾山と多摩丘陵　ネイチャーネットワーク企画編集室著　ネイチャーネットワーク　2002.4　120p　17cm　（自然ウォッチング・ガイド 7）　1200円　Ⓘ4-931530-09-5　Ⓝ462.1365

内容 高尾山（1号路（表参道）　2号路（対照的な森を見る）　3号路（暖帯林を中心とした森） ほか）　奥高尾と陣馬山（高尾山山頂～小仏峠　陣馬山～高尾山縦走路　陣馬山への各ルート）　多摩丘陵（城山湖と周辺　七国峠と周辺　足蹟桜ヶ丘から原峰公園へ ほか）　　　　　　　　　　　　　　　　　　〔3043〕

◇多摩丘陵の自然と研究―フィールドサイエンスへの招待　土器屋由紀子ほか編著　立川　けやき出版　2001.10　134p　21cm　1800円　Ⓘ4-87751-147-4　Ⓝ402.91365

内容 1章「波丘地」の歴史（なぜ「波丘地」とよばれたか）　2章 波丘地の土壌と渓流水（波丘地土壌の物理性と水循環　渓流水の富栄養化とN2O発生　大気降下物による土壌酸性化）　3章 波丘地の大気（波丘地の気象の記録　波丘地の降水の化学成分　波丘地の地表オゾン濃度）　4章 波丘地の植物（植物の四季　クロムヨウランに始まり、クロムヨウランに終わった8月　アズマネザサの調査　波丘地の畑地としての土壌―放棄畑地の回復への試み）　5章 波丘地の動物（波丘地の鳥　昆虫：特に蛾と性フェロモンについて）　　　　　　　　　　　　　　　　　〔3044〕

◇地球環境と東京―歴史的都市の生態学的な再生をめざして　河原一郎著　筑摩書房　2001.4　284p　20cm　2800円　Ⓘ4-480-86061-4　Ⓝ518.8

内容 第1部 世界に誇るべき歴史的都市を破壊した政治経済と公共工事の後始末（南まわりでイタリアへ

渡り、都市と人間に目覚める　日本には六つの世界的都市計画を導入した素晴しい都市の歴史があった ほか）　第2部 地球環境時代における東京の再生五〇年のシナリオ（東京の危機克服には財政再建と環境整備と規模縮小が不可欠である　自然エネルギー、リサイクル、無公害の環境技術でアジアとの協力をはかる ほか）　第3部 水系別にみた歴史的地域空間の補修改造と活性化（世界を知り日本を知り自分自身を知る場としての首都都心千代田　山の手の河川流域に広がる葉脈状の、生態学的な生活空間を再生する ほか）　第4部 都市文明の中に住みやすく美しい東京の生態学的ヴィジョンを探る（ヨーロッパの都市の生態系と世界制覇の手法　アジアの都市文明の中に東京再生のヴィジョンを探る ほか）　〔3045〕

◇江戸東京の自然を歩く　唐沢孝一著　中央公論新社　1999.10　202p　20cm　1750円　Ⓘ4-12-002944-1　Ⓝ291.361

内容 第1章 動物たちから見た江戸東京（スズメと日本人の桜観―花異変を探る　東京でトキを見る―有害鳥獣だった朱鷺 ほか）　第2章 植物から見た江戸東京（花も団子も花菖蒲―今もにぎわう堀切菖蒲園　恐れ入谷の朝顔市―奇種珍種を生んだ江戸の朝顔 ほか）　第3章 人々の生活と江戸東京―生産と生業（浅草海苔と大森・品川海岸　東京湾の海苔漁場 ほか）　第4章 人々の生活と江戸東京―運河や湧水を訪ねて（占春園と都心の湧水　飛鳥山と名主の滝 ほか）　　　〔3046〕

◇野猿峠―多摩丘陵自然の移り変り　下嶋彬著　八王子　かたくら書店　1999.9　141p　18cm　（かたくら書店新書 44）　950円　Ⓘ4-906237-44-4　Ⓝ462.1365　　　　　　　　　　　〔3047〕

◇玉川上水自然散策―身近な生きものたちとの共生の喜び　阿久津喜作著・写真　光陽出版社　1999.3　191p　21cm　2500円　Ⓘ4-87662-238-8　Ⓝ462.1365　　　　　　　　　　　〔3048〕

◇小笠原自然年代記　清水善和著　岩波書店　1998.12　158,4p　19cm　（自然史の窓 3）　1900円　Ⓘ4-00-006663-3　Ⓝ462.1369　〔3049〕

◇東京の自然をたずねて　大森昌衛監修　新訂版　築地書館　1998.5　259p　19cm　（日曜の地学4）　2200円　Ⓘ4-8067-1034-2　Ⓝ455.136

内容 第1章 下町低地の自然　第2章 武蔵野台地の自然　第3章 丘陵の自然　第4章 山地の自然　第5章 伊豆諸島の自然　第6章 東京の自然史　第7章 東京の自然スポット情報　　　　　　　　　〔3050〕

◇いるか丘陵の自然観察ガイド　岸由二編　山と渓谷社　1997.5　191p　19cm〈参考文献：p190〉1400円　Ⓘ4-635-42010-8　Ⓝ291.37

内容 「いるか丘陵」を知っているか　「いるか丘陵」を歩く（いるかのあたま　いるかのおなか　いるかのせなか　いるかのしっぽ　「いるか丘陵」の生きものたち）　　　　　　　　　　　　　　　　〔3051〕

◇雲取山よもやま話　新井信太郎著　浦和　さきたま出版会　1996.9　181p　20cm　1800円　Ⓘ4-87891-107-7　Ⓝ462.136

内容 1 雲上の日々　2 星空に仰ぐ　3 花のいのち　4 蝶よ、鳥よ　5 けものみち　6 草木の表情〔3052〕

〔3041～3052〕　　　　　　　　　　　　　　　　　　　　「東京」がわかる本 4000冊　　239

地学　　　　　　　　　　　　　　　　　　　　　　　　　　自然科学

◇東京いきいき雑木林　〔1996〕　雑木林探偵団
編　八王子　のんぶる舎　1996.6　186p
21cm　1500円　Ⓘ4-931247-39-3　Ⓝ629.4136
〔3053〕

◇隅田川のほとりによみがえった自然―下町の原
風景を求めて　野村圭佑著　三鷹　プリオシン
1993.11　236,25p　19cm　〈発売：どうぶつ社
付：文献〉　1500円　Ⓘ4-88622-552-7　Ⓝ519.
8136
内容 第1章 工場跡地によみがえった自然　第2章 ト
ンボ公園（自然体験園）建設運動の始まり　第3章 ア
ンケート調査で現代自然度チェック　第4章 一喜一憂
の運動　第5章 トンボ公園の実現へ一歩前進　第6章
荒川区の自然の歴史　第7章 自然は『どこから』戻っ
てきたのか　第8章 トンボのすむ環境づくり　第9章
公園実現化をめざして　　　　　　　　　　　　〔3054〕

◇高尾山　茅野義博著　山と渓谷社　1993.6　1
冊（頁付なし）　19×25cm　〈おもに図〉　1900円
Ⓘ4-635-54003-0　Ⓝ748
＊高尾の森が帰ってきた。いまふたたび見直される身
近な自然。　　　　　　　　　　　　　　　　　〔3055〕

◇東京の自然　毎日新聞社編, 矢野亮ほか著　毎
日新聞社　1993.6　207p　22cm　2000円
Ⓘ4-620-60354-6　Ⓝ402.9136
内容 目覚めの季節　花開くころ　命の盛りに　実り
と眠り　　　　　　　　　　　　　　　　　　　〔3056〕

◇検証緑の時代―多摩の自然とくらし　アサヒタ
ウンズ編　立川　けやき出版　1990.3　325p
19cm　1200円　Ⓘ4-905845-71-8　Ⓝ519.8136
内容 第1章 侵食すすむ原風景　第2章 変貌多摩、こ
の6年　第3章 生態を追う　第4章 いとしきものたち
を見つめて　第5章 伝承、自然を育む心　第6章 開
発、様々な試み　第7章 ルポ・圏央道建設と裏高尾
の人々　　　　　　　　　　　　　　　　　　　〔3057〕

地学

◇東京スリバチ地形入門　皆川典久, 東京スリバ
チ学会著　イースト・プレス　2016.3　207p
18cm　（イースト新書Q Q013）　800円
Ⓘ978-4-7816-8013-2　Ⓝ454.91361
内容 パーフェクトな窪地の町―荒木町、白金台、幡ヶ
谷 谷町とギンザの意外な関係―戸越銀座 窪みを
めぐる冒険―鹿島谷（大森駅）　スリバチ・コードの
謎を解け―大久保、池袋 整形されたスリバチ―弥
生2丁目、大森テニスクラブ、高輪4丁目 地形鉄の
すすめ―銀座線、丸ノ内線、山手線、東急東横線、東
急大井町線 肉食系スリバチとは―等々力渓谷、音
無渓谷―東武練馬駅 地形が育むスリバチ
の法則とは？―白金、麻布台 公園系スリバチを世
界遺産に！ 神と仏の凹凸関係―麹町、清水坂、高
輪〔ほか〕　　　　　　　　　　　　　　　　　〔3058〕

◇地形のヒミツが見えてくる体感！　東京凸凹地
図　東京地図研究社編・著　技術評論社
2014.5　143p　26cm　（ビジュアルはてなマッ
プ）〈文献あり　索引あり〉　1880円　Ⓘ978-4-

7741-6423-6　Ⓝ454.9136
内容 1章 凸凹体感！　2章 水と先人の知恵　3章 山
地と台地　4章 東京の真ん中　5章 崖と丘陵　6章
びっくり地形　7章 東京から少し離れて　　　〔3059〕

◇対話で学ぶ江戸東京・横浜の地形　松田磐余著
国分寺　之潮　2013.12　247p　21cm　〈文献あ
り　索引あり〉　1800円　Ⓘ978-4-902695-21-2
Ⓝ454.91361
内容 第1章 都心部の地形―日本橋台地・江戸前島・日
比谷入江　第2章 山の手台地を開析する谷の地形と
地盤　第3章 横浜市中心部の地形　第4章 横浜市金
沢低地の地形　第5章 山の手台地東北部（赤羽付近）
の地形　第6章 多摩川低地の形成　第7章 東京23区
と周辺の地形発達史　第8章 東京・横浜の地形を理
解するための基礎　　　　　　　　　　　　　　〔3060〕

◇東京「スリバチ」地形散歩―凹凸を楽しむ　2
皆川典久著　洋泉社　2013.9　247p　21cm
〈文献あり〉　2200円　Ⓘ978-4-8003-0230-4
Ⓝ454.91361
内容 1「スリバチ」を楽しむ―スリバチ再入門（スリバ
チ地形のおさらい スリバチの楽しみ方の深化 ス
リバチが教えてくれたこと）　2「スリバチ」を歩く―
断面的なまち歩きのすすめ2（都心の気になる谷　地
形マニアの悦楽 台地と低地の狭間で スリバチの
本場 スリバチ学会の遠征）　　　　　　　　　〔3061〕

◇デジタル鳥瞰 江戸の崖 東京の崖　芳賀ひらく
著　講談社　2012.8　207p　21cm　（The
New Fifties）〈文献あり〉　1800円　Ⓘ978-4-
06-269289-2　Ⓝ454.91361
内容 第1章 江戸の崖 東京の崖　第2章 「最も偉大」
な崖―日暮里周辺　第3章 崖棲み人と動物たち―麻
布　第4章 崖沿いの道と鉄道の浅からぬ関係―大森
第5章 崖から湧き水物語―御茶ノ水　第6章 崖縁の
城・盛土の城―江戸城　第7章 切り崩された「山」の行
方―神田山　第8章 崖の使いみち―赤羽　第9章 論
争の崖―愛宕山　第10章 「かなしい」崖と自然遺産
―世田谷ほか　第11章 隠された崖・造られた崖―渋
谷ほか　最終章 愚か者の崖―「三・一一」以後の東
京と日本列島　　　　　　　　　　　　　　　　〔3062〕

◇東京「スリバチ」地形散歩―凹凸を楽しむ　皆
川典久著　洋泉社　2012.2　207p　21cm　〈文
献あり〉　2200円　Ⓘ978-4-86248-823-7　Ⓝ454.
91361
内容 1「スリバチ」とはなにか―スリバチ概論（東京
は谷の町　見えがくれする谷　スリバチの法則と類
型 スリバチの楽しみ方）　2「スリバチ」を歩く―
断面的なまち歩きのすすめ（都心にひそむ谷　スリ
バチコードで巡る谷　住宅地の知られざる谷　埋も
れた谷）　　　　　　　　　　　　　　　　　　〔3063〕

◇等々力渓谷展―渓谷の形成をめぐって：平成23
年度特別展図録　世田谷区立郷土資料館編　世
田谷区立郷土資料館　2011.10　77p　30cm
〈会期：平成23年10月29日―11月27日〉　Ⓝ454.
54　　　　　　　　　　　　　　　　　　　　　〔3064〕

◇江戸・東京地形学散歩―災害史と防災の視点か
ら　松田磐余著　増補改訂版　国分寺　之潮
2009.3　318p　19cm　（フィールド・スタディ

240　　「東京」がわかる本 4000冊　　　　　　　　　　　　　〔3053～3065〕

自然科学　　　　　　　　　　　　　　　　　　　　　　　　生物

文庫 2）〈文献あり〉2800円　①978-4-
902695-09-0　⑩454.91361
　内容 第1章 武蔵野台地と東京低地の形成（関東平野と
　周辺部の地形・地質の配列　氷河性海面変動 ほか）
　第2章 地形成史を訪ねて（愛宕山 自由が丘―住
　原台（S面）と久が原台（M2面）ほか）　第3章 災害
　の跡を訪ねて（東京の水害　金町駅から桜堤―カス
　リーン台風による外水氾濫 ほか）　第4章 災害対策
　を訪ねて（荒川放水路と岩淵水門　神田川下流部の水
　害対策 ほか）　　　　　　　　　　　　　　　〔3065〕

◇地べたで再発見！『東京』の凸凹地図　東京
　地図研究社著　技術評論社　2006.1　127p
　26cm　1680円　①4-7741-2605-5　⑩454.91361
　　　　　　　　　　　　　　　　　　　　　〔3066〕

◇東京都地学のガイド―東京都の地質とそのおい
　たち　貝塚爽平監修,東京都地学のガイド編集
　委員会編　新版　コロナ社　1997.7　279p
　19cm　（地学のガイドシリーズ 13）〈文献あ
　り〉2600円　①4-339-07541-8　⑩455.136
　内容 1 東京の地形と地質　2 都会の地学　3 下町低
　地と山の手台地　4 武蔵野の原―東京の近郊　5 丘
　陵―低い山々　6 奥多摩の山―高い山々　7 東京の
　島々　8 資料　　　　　　　　　　　　　　　〔3067〕

気象

◇石川啄木夫妻東京時代の気象表―明治42年6月
　―明治45年4月　真田英夫編　改訂版　〔出版
　地不明〕〔真田英夫〕　2013.4　148p　22×
　30cm　⑩451.9136　　　　　　　　　　　　〔3068〕

◇「樋口一葉の日記」気象表―明治24年4月～明
　治29年7月　真田英夫編　〔札幌〕〔真田英
　夫〕　2008.2　150p　22×30cm〈肖像あり〉
　非売品　⑩451.9136　　　　　　　　　　　〔3069〕

水

◇水循環における地下水・湧水の保全　東京地下
　水研究会編,国分邦紀ほか著　信山社サイテッ
　ク　2003.11　254p　23cm　〈発売：大学図書〉
　3500円　①4-7972-2573-4　⑩452.95
　内容 第1章 序論　第2章 地下水・湧水の調査と定量
　評価　第3章 東京の地下水・湧水　第4章 地下水障
　害と汚染　第5章 地下水の水収支および地下水・湧水
　の保全　第6章 日本各地の湧水　第7章 地下水・湧
　水保全の今後の展開　　　　　　　　　　　　〔3070〕

◇東京の湧水―水を訪ねる小さな旅　平松純宏写
　真・文　八王子　のんぶる舎　1998.5　119p
　21cm　1800円　①4-931247-53-9　⑩452.95
　　　　　　　　　　　　　　　　　　　　　〔3071〕

◇東京湧水探訪―等々力渓谷、深大寺、はけの道
　など44コース　百瀬千秋著　立川　けやき出版
　1995.7　181p　20cm　1500円　①4-905942-74-
　8　⑩452.9　　　　　　　　　　　　　　　〔3072〕

◇多摩の湧水めぐり　百瀬千秋著　立川　けやき
　出版　1992.9　63p　21cm　（けやきブック
　レット 6）　500円　①4-905942-10-1　⑩452.
　95
　内容 はじめに 湧水は都会のオアシス　野川公園　大
　沢の水車とワサビ田　はけの道　お鷹の道と殿ケ谷
　戸庭園　矢川からママ下湧水へ〔ほか〕　　〔3073〕

◇新・東京の自然水　早川光著　農山漁村文化協
　会　1992.6　236p　19cm《『東京の自然水』
　（1988年刊）の改訂・増補　付：参考文献〉
　1200円　①4-540-92036-7　⑩452.95　　〔3074〕

◇名水巡礼東京八十八カ所　早川光著　農山漁村
　文化協会　1992.1　187p　22cm　1980円
　①4-540-91103-1　⑩452.9
　＊江戸時代から飲料水の確保に苦慮してきた東京の住
　民たちは、数少ない名水、名井たちに真摯な信仰を
　寄せ、日々の暮らしの中で守り続けてきた。そして
　今も、湧水の脇に祀られた祠に花を供え、人知れず
　清掃をするお年寄りの姿や、うまい自家醸造の日本
　酒、気のおけない井戸水の銭湯、瓶詰めにして売れ
　るほどの名水がある一方で、高層ビル建設や地下鉄
　工事による涸渇が後を絶たない。本書は、おそらく
　21世紀の前半に完全にその姿を消す「名水」たち
　への、愛惜の念を込めた純粋な記録である。〔3075〕

◇とり戻そう東京の水と池　森まゆみ著　岩波書
　店　1990.9　62p　21cm　（岩波ブックレット
　no.167）　310円　①4-00-003107-4　⑩519.
　8136
　内容 不忍池の地下駐車場　荒川トンボ王国　向島の
　路地尊　野川の水源を守れ　隅田川と神田川
　　　　　　　　　　　　　　　　　　　　　〔3076〕

生物

◇東京消える生き物増える生き物　川上洋一著
　メディアファクトリー　2011.12　203p　18cm
　（メディアファクトリー新書 043）〈文献あり〉
　740円　①978-4-8401-4346-2　⑩462.1361
　内容 序章 生き物を見れば街がわかる　第1章 大都
　会で生き残るには　第2章 東京を狙う来邦者　第3
　章 しがみついた都心　第4章 野生の王国・江戸　第
　5章 それでも街は生きている　　　　　　　〔3077〕

◇東京いきもの図鑑　前田信二著　メイツ出版
　2011.4　255p　19cm〈文献あり　索引あり〉
　1900円　①4-7804-0982-6　⑩462.136
　内容 動物（ほ乳類　は虫類　両生類　鳥類　魚類
　甲殻類　軟体動物（貝類）　扁形動物　刺胞動物　ム
　カデ ザトウムシ クモ　昆虫）　植物（草本　木
　本）　キノコ・シダ・コケ　　　　　　　　　〔3078〕

◇小笠原諸島に学ぶ進化論―閉ざされた世界の特
　異な生きものたち　清水善和著　技術評論社
　2010.7　215p　19cm　（知りたい！　サイエン
　ス）〈文献あり　索引あり〉1580円　①978-4-
　7741-4268-5　⑩462.1369
　内容 第1章 海洋島の生物相と進化の法則（大陸島と
　海洋島　ホットスポットと島弧活動 ほか）　第2章

生物　　　　　　　　　　　　　　　　　　　　　　　　　　　　　　　　自然科学

小笠原諸島の歴史と生物の由来（小笠原の位置：北・南・西からの視点　小笠原の範囲：広大な海域に点在する島々　ほか）　第3章　小笠原諸島のユニークな生物たち（非調和な小笠原の生物相　唯一の哺乳類：オガサワラオオコウモリ　ほか）　第4章　脆弱な島への生物の侵入と保護（恐れ知らずの動物たち　防御機構をもたぬ植物（武装しない植物）　ほか）　第5章　世界遺産申請とこれからの小笠原（世界遺産に向けて　3つのクライテリア　ほか）　　　　　　　　　〔3079〕

◇東洋のガラパゴス小笠原―固有生物の魅力とその危機 特別展図録・解説　小田原　神奈川県立生命の星・地球博物館　2004.7　169p　30cm〈会期：2004年7月17日～10月31日〉　Ⓝ462.1369　　　　　　　　　　　　　〔3080〕

◇東京都の生きもの―日本生物教育会第56回全国大会東京大会記念誌　「東京都の生きもの」編集委員会編　日本生物教育会第56回全国大会東京大会実行委員会　2001.8　271p　26cm〈共同刊行：東京都生物教育研究会〉　Ⓝ462.136　　　　　　　　　　　　　　　　　　　〔3081〕

◇皇居・吹上御苑の生き物　国立科学博物館皇居生物相調査グループ編　世界文化社　2001.5　255p　22cm　2400円　Ⓘ4-418-01303-2　Ⓝ462.1361　　　　　　　　　　　〔3082〕

◇小笠原の島の進化論　青山潤三写真・文　白水社　1998.8　168,4p　20cm　2000円　Ⓘ4-560-04063-X　Ⓝ462.1369

内容　1 遙かなる緑の島へ―プロローグ　2 血のつながらない兄弟―メグロとメジロ　3 地上を歩く鳥と空飛ぶ哺乳類―アカガシラカラスバトとオガサワラオオコウモリ　4 マリンブルーの妖精―父島のオガサワラシジミは絶滅したのか？　5 血のつながらない兄弟―ハワイアンブルーとオガサワラシジミ　6 進化の断面を開く―「二つ」のオガサワラゼミ　7 「デンドロカカリヤ」―タンポポの木とキキョウの木　8 残された最後の一株―ムニンツツジと帰化生物たち　9 兄もまた父と同じ道をたどるのか？―小笠原空港建設をめぐって　10 原生林に忍び寄る足音―乳房山と石門カルスト台地　11 小笠原の未来へ―エピローグ　　　　　　　　　　　　　　　　　　〔3083〕

◇東京湾の生物誌　沼田真,風呂田利夫編著　築地書館　1997.2　411p　22cm　（東京湾シリーズ）〈各章末：参考文献〉　4944円　Ⓘ4-8067-2195-6　Ⓝ462.1

内容　第1部 海域の生物（東京湾の生態系と環境の現状 プランクトン 底生動物 魚類 水産生物 海藻と海草 帰化動物 海岸環境の修復）　第2部 湾岸陸域の生物（都市生態系と沿岸の問題 湾岸のフロラと植生 植物群落 コケ植物 動物相 鳥類相 鳥類にみられる汀線を境にした変化 海岸性昆虫 属肉小動物 土壌動物 空中微生物 陸域の自然復元）　　　　　　　　　　　　　　　　　　　〔3084〕

《植物》

◇小笠原諸島固有植物ガイド　豊田武司著　横浜ウッズプレス　2014.12　623p　21cm〈文献あ

り〉　3500円　Ⓘ978-4-907029-03-6　Ⓝ472.1369　　　　　　　　　　　　　　　　〔3085〕

◇皇居東御苑の草木帖　木下栄三著・画　技術評論社　2014.4　209p　21cm〈文献あり　索引あり〉　1880円　Ⓘ978-4-7741-6384-0　Ⓝ472.1361

内容　1 大手門～中雀門跡周辺　2 二の丸庭園～汐見坂周辺　3 平川門～梅林坂周辺　4 松の芝生～天守台周辺　5 本丸休憩所～ケヤキの芝生周辺　6 野草の島周辺　　　　　　　　　　　　　　　　〔3086〕

◇高尾山の花名さがし　遠藤進,佐藤美知男著,高尾山の花名さがし隊編集　増補改訂版　（八王子）　高尾山の花名さがし隊　2013.2　71p　19cm　（高尾山の本）〈平成21年度市民企画事業補助金交付事業　タイトルは奥付・背・表紙による.標題紙のタイトル：Wild flowers in Mt.Takao area　索引あり　発売：揺籃社（八王子）〉　952円　Ⓘ978-4-89708-324-7　Ⓝ477.038

内容　すみれの花　春の花　夏の花　秋の花　草の実、木の実　花の用語図解　花と蝶のイラスト　高尾山周辺ハイキングコース　番外編いろいろ　〔3087〕

◇東京の花と緑を楽しむ小さな旅―カラー版　寺本敏子著　平凡社　2012.8　175p　18cm　（平凡社新書 652）〈索引あり〉　920円　Ⓘ978-4-582-85652-1　Ⓝ472.1361

内容　木々をゆらす風の道―皇居一周、霞が関官庁街　小石川植物園と文学散歩―小石川から本郷へ　神田上水をたどる道―江戸川公園からお茶ノ水へ　都心の小さな日本庭園―目白・早稲田から鬼子母神へ　"憧れ"の西洋文明―新宿御苑から明治神宮外苑へ　花菖蒲の神宮御苑と代々木公園―原宿、渋谷界隈　江戸の香りが残るまち―日比谷から浜離宮へ　日本庭園と西洋庭園―王子から駒込・巣鴨へ　サクラとツツジの名所―上野公園から千駄木・根津へ　山野草を探しに行く―東武練馬から赤塚植物園・赤塚公園へ　荷風が愛したまち―上野・隅田公園から南千住へ　江戸情緒が漂うまち―柳橋から木場公園へ　東京湾に臨む野鳥の楽園―西葛西から葛西臨海公園へ〔3088〕

◇高尾山花手帖　黒木昭三著　立川　けやき出版　2012.3　215p　17cm〈索引あり　文献あり〉　1300円　Ⓘ978-4-87751-461-7　Ⓝ472.1365

内容　春の花　スミレ　夏の花　秋の花　ラン　樹木の花　　　　　　　　　　　　　　　　　　　〔3089〕

◇徹底皇居花めぐり―ガイドマップ付　中野正皓写真・文　講談社　2011.3　143p　21cm〈文献あり　索引あり〉　1700円　Ⓘ978-4-06-216843-4　Ⓝ477.021361

内容　皇居桜めぐり　皇居東御苑（春 夏 秋 冬）　皇居外苑（春 夏 秋 冬）　北の丸公園（春 夏 秋 冬）　　　　　　　　　　　　　　　　〔3090〕

◇御所のお庭　『皇室』編集部編　扶桑社　2010.12　301p　22cm〈索引あり〉　2286円　Ⓘ978-4-594-06301-6　Ⓝ472.1361

内容　乾門から内苑門に至る道での両陛下　皇居の鳥類調査での両陛下と紀宮殿下（現黒田清子さん）ほか　夏（軽井沢への思い　南庭での両陛下）　秋

242　「東京」がわかる本 4000冊　　　　　　　　　　　　　　　　　　　　　　　　　　〔3080～3091〕

自然科学　　　　　　　　　　　　　　　　　　　　　　　　　　　　　　生物

（皇居東御苑でアカネをご覧になる両陛下　御所の野菊　ほか）　冬（寒香亭前の梅林での両陛下　早春のころ—春の訪れを待つお庭　ほか）　　〔3091〕

◇皇居東御苑の草木図鑑　菊葉文化協会編、近田文弘解説・写真　大日本図書　2010.5　141p　19cm〈索引あり〉2500円　①978-4-477-02097-6　Ⓝ472.1361
[内容] 1 この図鑑について　2 草木の話　樹木編　草編　シダ植物編　　　　　　　　　　　　〔3092〕

◇皇居の四季・花物語　平馬正写真・解説　講談社　2009.9　151p　21cm〈チクマ秀版社平成18年刊の改訂版　文献あり　索引あり〉1500円　①978-4-06-215658-5　Ⓝ477.021361
[内容] 皇居外苑・外周（春の皇居外苑・外周　夏の皇居外苑・外周　秋の皇居外苑・外周　冬の皇居外苑・外周）　皇居東御苑（春の皇居東御苑　夏の皇居東御苑　秋の皇居東御苑　冬の皇居東御苑）　北の丸公園（春の北の丸公園　夏の北の丸公園　秋の北の丸公園　冬の北の丸公園）　　　　　　〔3093〕

◇ぼれぼれ高尾山観察記—遊び心で探す自然のたからもの　黒木昭三著　立川　けやき出版　2009.1　127p　26cm〈索引あり〉1500円　①978-4-87751-375-7　Ⓝ472.1365
[内容] 1 葉桜編　2 シモバシラ編　3 百花繚乱（花の世界）　4 考える植物　5 番外編（何でもみてやろう）　6 果実　　　　　　　　　　　〔3094〕

◇小笠原の植物フィールドガイド　2　小笠原野生生物研究会著　風土社　2008.4　95p　18cm　1000円　①978-4-938894-90-0　Ⓝ472.1369
[内容] 1 シダ植物（マツバラン　ナンカクラン　ほか）　2 稀少植物（タイヨウフウトウカズラ　オオヤマイチジク　ほか）　3 人里の植物（アサヒカズラ（ニトベカズラ）　ギンネム（ギンゴウカン）　ほか）　4 海岸の植物（トキワギョリュウ（トクサバモクマオウ）　ナハカノコソウ　ほか）　5 山地の植物（シマゴショウ　クワ科イチジク属の2種　ほか）　　　　〔3095〕

◇ののはなさんぽ—原寸図鑑　多摩丘陵のいちねん　五味岡玖壬子絵・文　立川　けやき出版　2008.3　126p　19cm　1300円　①978-4-87751-358-0　Ⓝ472.1365
[内容] はる（福寿草　蕗　大犬の陰嚢　ほか）　なつ（姫女苑　捩花　露草　ほか）　あき（水引　紫狗尾草　狗尾草　ほか）　　　　　　　〔3096〕

◇皇居の花々—東御苑　産経新聞社会部編著　産経新聞出版　2007.3　149p　21cm　1800円　①978-4-86306-000-5　Ⓝ477.021361
[内容] 春（ボケ　アセビ　ほか）　夏（イワガラミ　ウツギ　ほか）　秋（オミナエシ　ツルボ　ほか）　冬（ムラサキシキブ　コウシンバラ　ほか）　　　〔3097〕

◇皇居吹上御苑、東御苑の四季　近田文弘著　日本放送出版協会　2007.3　189p　27cm〈折り込1枚　文献あり〉2900円　①978-4-14-081185-6　Ⓝ472.1361
[内容] 序章 都心に浮かぶ緑の島、皇居　第1章 吹上御苑とその周辺（巨木が茂る森　生物多様性の保存庫である水辺と草地　武蔵野の植物が生える草地とク

ヌギ林　ほか）　第2章 東御苑とその周辺地域（竹林　菖蒲園　バラ園　ほか）　第3章 皇居外延地区と北の丸　　　　　　　　　　　　〔3098〕

◇街草みつけた—東京野草図鑑　上條滝子絵・文　東京新聞出版局　2007.2　207p　21cm　1600円　①978-4-8083-0864-3　Ⓝ472.1365
[内容] ハコベ　ツワブキ　コウホネ　タンポポ　フキ　フキノトウ　オランダミミナグサ　ヨモギ　スミレ　ギシギシ　ナノハナ　〔ほか〕　　〔3099〕

◇高尾・奥多摩植物手帳　新井二郎著　JTBパブリッシング　2006.4　191p　18cm　（大人の遠足book）　1300円　①4-533-06297-0　Ⓝ472.1365
[内容] 高尾と奥多摩の植物　すみれ　白〜黄色の花　赤〜赤紫色の花　青〜青紫色の花　緑〜茶色の花　実・葉　　　　　　　　　　　　　　〔3100〕

◇皇居の花—四季折々の「花めぐり」　都心のオアシスに咲く　中野正皓著　学習研究社　2005.3　160p　24cm　1800円　①4-05-402573-0　Ⓝ477.021361
[内容] 春3〜5月（特集 桜のビューポイント　ソメイヨシノ　ほか）　夏6〜8月（ハナショウブ　ナツグミ（実）　ほか）　秋9〜11月（ミズヒキ　キンミズヒキ　ほか）　冬12〜2月（ナンテン（実）　マンリョウ（実）　ほか）　　　　　　　　　　　　　〔3101〕

◇高尾山の野草313種—歩きながら出会える花の手描き図鑑　開誠文・絵　近代出版　2004.9　319p　17cm　1700円　①4-87402-104-2　Ⓝ472.1365
[内容] 春咲く野草（黄色系の花　紅紫青色系の花　白色系の花　その他の色の花）　夏咲く野草　秋咲く野草　　　　　　　　　　　　　　〔3102〕

◇癒しと安らぎの東京名木を訪ねて　読売新聞東京本社社会部編　東洋書院　2003.6　127p　21cm　1048円　①4-88594-328-0　Ⓝ653.2136
[内容] 春（3〜5月）（馬込文士村のクスノキ（大田区）　代々続く農家のクスノキ（葛飾区）　ほか）　夏（6〜8月）（倉沢の千年ヒノキ（奥多摩町）　古石場保育園の桜（江東区）　ほか）　秋（9〜11月）（善養寺の大榧（世田谷区）　善福寺の逆さイチョウ（杉並区）　ほか）　冬（12〜2月）（「ぶどうの木幼稚園」のモミの木（大田区）　石神井幼稚園の「いのみ」（練馬区）　ほか）　　　　　　　　　　　　　　〔3103〕

◇季節のたより—多摩ニュータウンの植物　五味岡玖壬子著　立川　けやき出版　2003.4　87p　30cm〈手作りの月刊新聞『季節のたより』1994年6月〜2001年1月の縮刷版〉800円　①4-87751-199-7　Ⓝ472.1365
[内容] アジサイ・ビヨウヤナギ・シナサワグルミ（創刊にあたって）　ヤマユリ・ハキダメギク・シラゲガヤ・コヒルガオ・ハグマノキ（植物雑記「ネジバナ」）　ヘクソカズラ・キツネノマゴ・チヂミザサ・サルスベリ（植物雑記「ムラサキツユクサ」）　ヒガンバナ・キンモクセイ・アキニレ（松が谷小学校の野草園）　コシオガマ・モクレン（「私とムクロジ」）　トウカエデ（リースの作り方）　モミジバフウ・タチカンツバキ・メジロ　シジュウカラ・ジョウビタキ（草の冬ごし・

〔3092〜3104〕　　　　　　　　　　　　　　　　　　　　　「東京」がわかる本 4000冊　　243

生物　　　　　　　　　　　　　　　　　　　　　　　　　　　　　　　　　　自然科学

「プラタナスという木」） フキ・オオイヌノフグリ・ウメ（早春蕾情報） シュンラン・キブシ・ハクモクレン・ヒイラギナンテン・ダンコウバイ〔ほか〕
〔3104〕

◇小笠原植物図譜—Flora of bonin islands　豊田武司編著　増補改訂版　鎌倉　アボック社　2003.2　522p　20cm〈付属資料：図1枚：小笠原植物観察マップ　文献あり〉9524円　①4-900358-56-8　Ⓝ472.1369
〔3105〕

◇小笠原の植物フィールドガイド　小笠原野生生物研究会著　風土社　2002.6　95p　18cm　1000円　①4-938894-59-9　Ⓝ472.1369
内容 1 シダ植物（木生シダ ホラシノブ属のシダ2種 ほか）　2 稀少植物（エビネ属のラン2種 オガサワラシコウラン ほか）　3 人里の植物（ホナガソウ ムラサキカタバミ ほか）　4 海岸の植物（テリハボク モモタマナ ほか）　5 山地の植物（ムニンシャシャンボ ムニンヒメツバキ ほか）
〔3106〕

◇高尾山花と木の図鑑—高尾山の植物巡りに最適の決定版ガイドブック　菱山忠三郎著　主婦の友社　2001.9　231p　19cm〈発売：角川書店　コース別植物一覧表つき　平成2年刊の改訂　折り込2枚〉2100円　①4-07-231969-4　Ⓝ472.1365
内容 春の部（四季の移り変わり 温帯林と暖帯林 ブナとイヌブナ ほか）　夏の部（モミとカヤ ラン マタタビ類 ほか）　秋から冬の部（紅葉 明るいところの花 林下の花 ほか）　高尾山で最初に発見され、発表された植物
〔3107〕

◇高尾山・陣馬山花ハイキング　いだよう写真・文　八王子　のんぶる舎　2000.5　124p　19cm　1200円　①4-931247-75-X　Ⓝ472.1365
〔3108〕

◇「明治神宮の森」の秘密　明治神宮社務所編　小学館　1999.8　240p　15cm　（小学館文庫）552円　①4-09-411251-0　Ⓝ652.1361　〔3109〕

◇東京樹木めぐり　岩槻邦男著　海鳴社　1998.6　209p　19cm　1600円　①4-87525-187-4　Ⓝ653.2136
内容 世田谷区（五島美術館庭園のコブシ 二子玉川園）　目黒区（東京大学・駒場キャンパス）　港区（旧芝離宮恩賜庭園 国立科学博物館附属「白金」自然教育園 善福寺の逆さイチョウ 表参道の街路樹）〔ほか〕　渋谷区（明治神宮の杜 青山学院）〔ほか〕
〔3110〕

◇花と緑の四季だより　東京都公園協会編　明石書店　1998.3　133p　21cm　（東京新発見 1）1000円　①4-7503-1015-8　Ⓝ291.36
＊オールカラーで誰もが知っているサクラから初めて目にする花まで紹介。"緑の相談員"たちによる花と緑をめぐる心暖まるエピソードを満載。グリーン情報と公園マップで見ごろ、見どころをていねいに教えてくれる、使って役立つガイドブック。〔3111〕

◇高尾山の花—高尾山・陣馬山・景信山・南浅川・その周辺　近藤篤弘著　立川　けやき出版　1996.4　220p　17cm　（ポケット図鑑）〈監

修：菱山忠三郎　付：参考文献〉1500円　①4-905942-89-6　Ⓝ477.038
内容 高尾山と植物 写真と解説 花ウォッチング・野草との出会い 高尾山と自然保護 花の美しい撮り方 花の色の不思議 索引
〔3112〕

◇東京四季の花名所図鑑—都会のなかの自然探し折り折りに訪ねる散歩道　婦人画報社　1996.4　127p　21cm　（Ars books 30）1600円　①4-573-40030-3　Ⓝ291.36
内容 青梅探梅 調布探梅 梅の名所 街路樹のある散歩道 庭園の美しい美術館 都心桜めぐり 上野桜めぐり 新宿桜めぐり 城北桜めぐり 小石川桜めぐり 桜の名所 野草園と薬草園
〔3113〕

◇武蔵野の花120選　森野川渡著　京都　淡交社　1995.3　127p　21cm　1800円　①4-473-01391-X　Ⓝ477.038
内容 1 草原の花　2 川辺の花　3 湿地の花　4 池沼の花　5 丘陵の花　6 山間の花　7 海辺の花
〔3114〕

◇小笠原は楽園—森と農地のボニノロジー　星典著　鎌倉　アボック社出版局　1995.2　189p　19cm　2800円　①4-900358-33-9　Ⓝ472.136
内容 第1章 私のみた小笠原の森と農地　第2章 小笠原諸島における有望な木々　第3章 小笠原の植物保護について　第4章 小笠原諸島の資源植物　第5章 小笠原でみられる樹木の開花と結実期一覧
〔3115〕

◇東京巨樹探訪—いのちの声を聞くとき　平松純宏写真・文　立川　けやき出版　1994.12　150p　20cm　1800円　①4-905942-60-8　Ⓝ653.2
〔3116〕

◇奥多摩讃花　安原修次著・写真　長野　ほおずき書籍　1994.11　188p　22cm〈発売：星雲社〉2800円　①4-7952-1983-4　Ⓝ477
＊うかびあがる野の花の凛々しさあざやかさ全183点オールカラー。
〔3117〕

◇図説・東京下町花散歩　杉崎光明著　河出書房新社　1993.4　127p　22cm〈主要参考文献：p127〉1600円　①4-309-72485-X　Ⓝ291.36
＊35ポイントの花名所と四季おりおりの花一。生粋の東京下町育ち・緑のプロ20年の著者が、花の魅力と情緒豊かな下町の歴史を探索する異色の下町散歩ガイド。
〔3118〕

◇Tokyoグリーン情報　第1集　グループ・Tokyoグリーン情報局著　東京都公園協会　1993.3　133p　21cm〈背・表紙の書名：東京グリーン情報〉Ⓝ291.36
〔3119〕

◇東京・花の散歩道—四季花の名所と名園全案内　大貫茂写真・文　講談社　1993.3　126p　21cm　（講談社カルチャーブックス 71）1500円　①4-06-198075-0　Ⓝ291.36
＊東京近郊日帰りフラワーハイクガイドつき。首都圏の花名所29個所を地図つきでご紹介。
〔3120〕

◇図説東京樹木探検　下　周周縁編　東京樹木探検隊著　河出書房新社　1991.3　127p　22cm

244　「東京」がわかる本 4000冊　　　　　　　　　　　　　　　　　　　〔3105〜3121〕

自然科学　　　　　　　　　　　　　　　　　　　　生物

1600円　Ⓘ4-309-26142-6　Ⓝ653.2
＊樹木のプロが案内する都心緑・全27コース意外探検。
全コース散策地図付き。主要樹木イラスト＋解説。
巻末・コース別緑のデータ。　　　　　　　〔3121〕

◇図説東京樹木探検　上　都心編　東京樹木探検
隊著　河出書房新社　1991.3　127p　22cm
1600円　Ⓘ4-309-26141-8　Ⓝ653.2
＊樹木のプロが案内する都心・全24コース意外探検。
全コース散策地図付き。主要樹木イラスト＋解説。
巻末・コース別緑のデータ。　　　　　　　〔3122〕

◇高尾山花と木の図鑑―高尾山ならではの植物
555種を808枚の写真で解説　菱山忠三郎著　オ
リジン社　1990.5　231p　19cm　〈発売：主婦
の友社〉　1950円　Ⓘ4-07-935943-8　Ⓝ472.136
内容高尾山ハイキングコース　ハイキングコース別
見られる植物一覧表　高尾山周辺のハイキングコー
ス　高尾山と植物　春の部(四季の移り変わり　温
帯林と暖帯林　ブナとイヌブナ　カツラとフサザク
ラ　ほか）　夏の部(モミとカヤ　ラン　マタタビ類
寄生植物　キイチゴ類　シダ　明るいところの野草
林下の野草　木々の花）　秋から冬の部(紅葉　明る
いところの花　林下の花　木の実　キジョラン　ヤ
ドリギ類　シモバシラ）　高尾山で最初に発見され発
表された植物　　　　　　　　　　　　　〔3123〕

◇東京の花名所―四季の花をたずね歩く　朝日新
聞社編　朝日新聞社　1990.4　155p　25cm
（朝日ハンディガイド）　1200円　Ⓘ4-02-
258461-0　Ⓝ291.36
＊本書では、東京都内の江戸時代から知られる名苑を
はじめ花名所として知られる庭園や公園、植物園の
ほか、花と緑の豊かな神社や寺院、霊園、並木道な
どを紹介しました。　　　　　　　　　　〔3124〕

◇樹―東京の巨樹　東京都環境保全局自然保護部
緑化推進室　1990.3　92p　30cm　〈参考文献：
p91〉Ⓝ653.2　　　　　　　　　　　　　〔3125〕

《動物》

◇都心の生物―博物画と観察録　2　中野敬一著,
中山れいこ編集・解説,藤崎憲治総監修,塚谷裕
一植物監修　本の泉社　2016.3　95p　26cm
〈文献あり　索引あり〉2000円　Ⓘ978-4-7807-
1263-6　Ⓝ486.021361
内容都心の植物帯　興味深き日常は研究の入り口
緑地の管理　都市の緑と虫　都市港区の路上で確
認された昆虫について2005～2011年7年間の観察結
果　都市屋外に生息するゴキブリの実態2011～2014
年港区における路上調査から　都市屋外に生息する
ゴキブリ　屋外に生息するゴキブリの種と生息場所
の観察　ゴキブリ豆知識　身近な緑と虫　中央アメ
リカ中部「ホンジュラス共和国」での媒介動物対策
の経験について　アトリエモレリの観察録：都市公
園の生物2011～2015年　　　　　　　　　〔3126〕

◇高尾山の昆虫430種！―季節ごとに探せる！
藤田宏文,山口茂著　むし社　2015.8　128p
18cm　（〔月刊むし増刊号〕）　1296円　Ⓝ486.
021365　　　　　　　　　　　　　　　　〔3127〕

◇都心の生物―博物画と観察録　中野敬一著,中
山れいこ編集・解説　本の泉社　2015.7　79p
26cm　〈文献あり　著作目録あり　索引あり〉
1800円　Ⓘ978-4-7807-1237-7　Ⓝ486.021361
内容都心の春の植物　都市の植物　街路樹　東京都
港区におけるプラタナスグンバイの目視観察2004年
6～8月　プラタナスグンバイ成虫の越冬状況2007年
2月　雑草について　公開空地や緑地と雑草　都市の
植物の変遷　都市温暖化　緑地や街路樹の外来種、益
虫と害虫〔ほか〕　　　　　　　　　　　　〔3128〕

◇高尾山野鳥観察史―75年の記録と思い出　清水
徹男著　立川　けやき出版　2012.11　277p
21cm　〈文献あり〉1500円　Ⓘ978-4-87751-
483-9　Ⓝ488.21365
内容第1部　高尾山の野鳥観察小史（戦前～戦中の高尾
山　戦後1970年までの高尾山　1970年以降の高尾山
二十一世紀の高尾山）　第2部　高尾山の野鳥の観察
記録（年代別確認記録　鳥獣センサスの記録　月例
探鳥会の記録　TBSの記録）　第3部　種類ごとの説
明　第4部　高尾山憧憬―思い出いろいろ　〔3129〕

◇蝶たち、東京にくる―企画展　パルテノン多摩
編　〔多摩〕　パルテノン多摩　2012.6　33p
図版9p　21cm　〈会期：2012年3月16日～7月9
日〉Ⓝ486.8　　　　　　　　　　　　　　〔3130〕

◇東京都の蝶　西多摩昆虫同好会編　新版　立川
けやき出版　2012.5　198p　21cm　〈文献あり
索引あり〉1800円　Ⓘ978-4-87751-466-2
Ⓝ486.8
内容アゲハチョウ科　シロチョウ科　シジミチョウ
科　テングチョウ科　マダラチョウ科　タテハチョ
ウ科　ジャノメチョウ科　セセリチョウ科　滅びゆ
くチョウ、飛んでくるチョウ　資料編(東京都の蝶相
観察地の案内　さらに詳しく知りたい人へ　東京都
蝶類分布一覧表)　　　　　　　　　　　　〔3131〕

◇東京湾の魚類　加納光樹,横尾俊博編,河野博監
修　平凡社　2011.12　374p　21cm　〈索引あり
文献あり〉3200円　Ⓘ978-4-582-54243-1
Ⓝ487.5213
内容総説　無顎口上綱　顎口上綱(軟骨魚綱　硬骨
魚綱)　　　　　　　　　　　　　　　　　〔3132〕

◇東京みちくさ猫散歩　一志敦子画・文　日本出
版社　2011.5　127p　21cm　1400円　Ⓘ978-
4-7984-1075-3　Ⓝ645.7
内容谷中　日本橋　亀有　猫はどこ？　阿佐ヶ谷北
口　阿佐ヶ谷南口　湯島・上野御徒町　中野　雑司
が谷　北千住　トルコ・イスタンブール　イスタン
ブールの猫と人　イラストで紹介したお店　〔3133〕

◇多摩のどうぶつ物語―ほ乳類が見た地域の歴史
パルテノン多摩歴史ミュージアム特別展　パル
テノン多摩編　多摩　パルテノン多摩　2010.9
73p　30cm　〈会期：平成21年3月20日～5月24
日〉Ⓝ482.1365　　　　　　　　　　　　〔3134〕

◇東久留米で見られた野鳥―高橋喜代治写真集
高橋喜代治著　立川　けやき出版　2010.3
99p　16×21cm　1800円　Ⓘ978-4-87751-411-

「東京」がわかる本　4000冊　　245

生物　　　　　　　　　　　　　　　　　　　　　　　　　　　　　　　　　　　　　　自然科学

2　Ⓝ488.21365　　　　　　　〔3135〕

◇東京路地猫まっぷ　一志敦子画・文,「猫びより」
編集部企画・編集　日本出版社　2007.4　127p
21cm　1400円　Ⓘ978-4-89048-950-3　Ⓝ645.7
　内容　神田淡路町　根岸　上野公園　柴又　門前仲町
　代官山　三軒茶屋　西荻窪　吉祥寺　川越　〔3136〕

◇東京湾魚の自然誌　河野博監修, 東京海洋大学
魚類学研究室編　平凡社　2006.7　253p
21cm〈文献あり〉2800円　Ⓘ4-582-52730-2
Ⓝ487.5213
　内容　第1章　東京湾とはどんなところだろう（東京湾の
　地形と流入河川　埋立てと人工海浜　東京湾の水環
　境）　第2章　どのように研究を行うのだろう（葛西臨
　海公園の仔稚魚相の研究　仔稚魚の採集方法　ほか）
　第3章　魚類相の研究─仔稚魚を中心に（東京湾の魚類
　研究史　干潟域の魚類　ほか）　第4章　東京湾の魚の
　おもしろ生活史（江戸前ずしの代表─コノシロ　湾口
　部で最も多い魚─カタクチイワシ　ほか）　〔3137〕

◇東京を騒がせた動物たち　林丈二著　大和書房
2004.3　237p　21cm〈年表あり〉2000円
Ⓘ4-479-39107-X　Ⓝ213.61
　内容　雷獣の巻　狸狐の巻　狐の巻　狸の巻　狢の巻
　獺の巻　鼬の巻　鼠の巻　馬の巻　牛の巻〔ほか〕
　　　　　　　　　　　　　　　　　　　　　〔3138〕

◇里山生きもの博物記　荘司たか志写真・文　山
と渓谷社　2003.4　95p　21cm　（Nature
discovery books）　1600円　Ⓘ4-635-31016-7
Ⓝ482.1365
　内容　冬から春（カエル王国　冬を乗り越えた虫たち
　ほか）　春から夏（水辺がにぎわう季節　初夏の宝石
　ほか）　夏から秋（里山の哺乳類　虫の宝庫　ほか）
　秋から冬（空の王者　初冬に現れるガ　ほか）〔3139〕

◇江戸動物図鑑─出会う・暮らす・愛でる　開館
二十周年記念特別展　港区立港郷土資料館編
港区立港郷土資料館　2002.10　103p　30cm
〈会期：平成14年10月18日─11月17日〉Ⓝ642.
1361　　　　　　　　　　　　　　　　　　〔3140〕

◇よみがえれ生きものたち─空堀川の水生生物
小林寛治著　立川　けやき出版　2001.12　92p
21cm　1200円　Ⓘ4-87751-156-3　Ⓝ482.1365
　内容　空堀川の特徴　空堀川の魚について　空堀川の
　水生生物　生物の多様性について　魚の好む河川環
　境　行政が目指している将来の空堀川　空堀川の河
　川の生物調査　魚の放流とユスリカの駆除　河川工
　事が生物を消滅させている　河川行政の変化の兆し
　水生生物にとってきれいな水、汚い水とは　水の汚
　れと目安となる生物の関係、指標生物　魚の面白い
　話　魚の特徴　川づくりに対する私の提言　〔3141〕

◇東京少年昆虫図鑑　泉麻人文, 安永一正絵　新
潮社　2001.7　195p　16cm（新潮OH！文
庫）　638円　Ⓘ4-10-290105-1　Ⓝ486.02136
　内容　正月のアカタテハ　リビングのカマキリ　テン
　トウムシの野　住宅街のスワロウテイル　「ブーフー
　ウー」とモンキチョウ　カミキリムシとイチジクの
　光景　縁側のシオカラトンボ　ニイニイゼミの初鳴
　き　ギンヤンマ柱　神社のタマムシ〔ほか〕〔3142〕

◇東京湾の鳥類─多摩川・三番瀬・小櫃川の鳥た
ち　桑原和之ほか編　流山　たけしま出版
2000.10　557p　26cm〈「多摩川河口域におけ
る水鳥相の解析」（とうきゅう環境浄化財団刊）
の改題　文献あり〉9000円　Ⓘ4-925111-10-8
Ⓝ488.6　　　　　　　　　　　　　　　　　〔3143〕

◇「都市動物」奮闘記─東京生き物マップ　佐々
木洋監修,「東京アニマルズ」研究会編　彩流社
2000.10　168,5p　21cm　（オフサイド・ブック
ス 13）　1200円　Ⓘ4-88202-613-9　Ⓝ482.136
　内容　1「都市動物」たちの昨日・今日・明日（お腹が
　せ動物の「事件簿」─ヘタなドラマよりずっと面白
　い、動物と人間が引き起こすドタバタ騒動　「カラス
　の帝国」の意外な真実─案外憎めないこんな話だっ
　てある　「新参もの」が街（とうきょう）を制するま
　で─外来種が在来の生き物を駆逐する　アニマルズ・
　バトル─なわばり争いと動物園の居候　"江戸っ子"
　アニマルズ盛衰記─かつて東京の自然を代表した彼
　らは、いまどこにいるのか？　ほか）　2 ここに行け
　ば「都市動物」たちに会える（本邦初公開！東京で
　生き物と出会うための五箇条─貴重な「東京アニマ
　ルズ」に出会える秘策あり！公園・庭園ならここ
　だ　河川敷・水辺を探れ　神仏は生き物の味方　意
　外な場所の意外な奴ら　近隣県のポイント〕〔3144〕

◇奥多摩に生きる動物たち─Wild animals living
in Tokyo 山小屋の撮影日記より　久田雅夫写
真・文　立川　けやき出版　2000.5　127p
21cm　1800円　Ⓘ4-87751-107-5　Ⓝ482.1365
　内容　私が出会った野生動物たち（テン　ハクビシン
　アナグマ　タヌキ　ほか）　野生動物と私（山小屋「ア
　トリエ翔童」　人と野生動物のボーダーライン　野
　生動物を愛し、敬う思想の原点を考える　定点撮影
　の意義　ほか）　　　　　　　　　　　　〔3145〕

◇川辺の昆虫カメラ散歩─多摩川水系250種の虫
たち　海野和男, 森上信夫, 水上みさき著　講談
社　1999.5　246p　16cm　（講談社+α文庫）
1200円　Ⓘ4-06-256342-8　Ⓝ486.02136
　内容　第1章　上流の虫たち（多摩川源流の四季　一ノ
　瀬高原　ほか）　第2章　中流の虫たち（拝島自然公園
　（「春」「夏」「秋」）　多摩丘陵の思い出　ほか）
　第3章　下流の虫たち（二子玉川園　大井のウスバキ
　トンボ　ほか）　第4章　昆虫撮影のすすめ（昆虫写真
　の楽しみ　昆虫をストロボで撮る　ほか）　〔3146〕

◇バードウォッチング散歩─東京の探鳥地27選
松田道生著　浦和　幹書房　1997.4　127p
21cm〈監修：日本野鳥の会〉1800円　Ⓘ4-
944004-40-0　Ⓝ488.2136
　内容　バードウォッチング散歩MAP　明治神宮　新宿
　御苑　小石川植物園　六義園　谷中墓地　上野不忍
　池　浜離宮　目黒自然教育園　浮間公園　清澄庭園
　〔ほか〕　　　　　　　　　　　　　　　〔3147〕

◇江戸・東京暮らしを支えた動物たち　立川　東
京都農業協同組合中央会　1996.3　208p
22cm〈発売：農山漁村文化協会　年表：p200
～204〉2500円　Ⓘ4-540-95078-9　Ⓝ642.136
　内容　第1章　家畜からみる江戸・東京の歴史　第2章
　東京から広がった乳肉卵食と畜産　第3章　乳・肉・卵
　の生産技術の発展─東京畜産の努力　第4章　人と動

246　「東京」がわかる本 4000冊　　　　　　　　　〔3136～3148〕

自然科学　　　　　　　　　　　　　　　　　　　　　　　　　　生物

物と環境の調和　　　　　　　　　　〔3148〕

◇どっこい生きてる！―東京の野生動物大探険
中島るみ子著　文芸春秋　1994.7　246p
16cm　（文春文庫　ビジュアル版）　680円
Ⓘ4-16-811405-8　Ⓝ482.136
内容 第1章 江戸時代から平成まで都心の野生動物は
どう変わった？　第2章 都心の観察スポットをガイ
ドする　第3章 架空座談会 多摩川のイタチ、キツネ、
ノウサギ、大いに語る　第4章 東京タヌキ事情　第5
章 山間部で野生動物ウォッチングを試みる〔3149〕

◇東京23区動物探検　泉麻人著　講談社　1993.
11　233p　15cm　（講談社文庫）　420円
Ⓘ4-06-185501-8　Ⓝ482.136
内容 イワツバメのマンション 千住・高島平　アブラ
ゼミ危機 四谷・青山　街角のカエルたち 音羽・光
が丘・駒場　明治神宮野鳥パラダイス 明治神宮　新
宿クモ御殿 中落合　銀座のカラス戦争 銀座　新春
鳥見宴会 成増　ペット病院探訪 池尻大橋　バンク
なカモ野郎 上野不忍池　多摩ニュータウンの野ウサ
ギ 川崎市黒川　東京ウッドペッカー 板橋・石神井・
馬事公苑　WHAT'Sカルガモ？　大手町　インコの
なる樹 九品仏・深沢・洗足池　原宿アオマツムシ・
ストリート 目白おとめ山・原宿　対談 虫のいる東
京が好きだ　　　　　　　　　　　〔3150〕

◇東京湾の渡り鳥　石川勉著　晶文社　1993.5
246.7p　20cm　2300円　Ⓘ4-7949-6120-0
Ⓝ488.21
内容 1 干潟の四季　2 干潟の渡り鳥たち　3 バード
ウォッチングの旅　付録 谷津干潟周辺の鳥類リスト
　　　　　　　　　　　　　　　　〔3151〕

◇東京のサル　井口基著　どうぶつ社　1991.12
138p　20cm　1600円　Ⓘ4-88622-419-9
Ⓝ489.9
内容 第1章 東京のサルを追う　第2章 東京の自然を
見る　第3章 ニホンザルを知っていますか　第4章
東京のサルに歴史あり　第5章 人の歴史と彼らの運
命　第6章 東京のサルと暮らすには　　〔3152〕

◆動物園・水族館

◇井の頭自然文化園の70年―1942-2012　東京動
物園協会編　東京動物園協会　2012.10　206p
26cm　〈年表あり〉　Ⓝ480.76　　〔3153〕

◇昔々の上野動物園、絵はがき物語―明治・大
正・昭和……パンダがやって来た日まで　小宮
輝之著　求龍堂　2012.10　223p　21cm　2200
円　Ⓘ978-4-7630-1231-9　Ⓝ480.76
内容 絵はがきへの歩み『上野動物園案内』絵はがき
への歩み『上野動物園動物画面帖』　明治から大正
へ―写真による絵はがき年代考　大正から昭和へ―
カラー絵はがきの登場　戦争の時代へ―厳しい現実
戦後の復興と動物園の発展　　　　　〔3154〕

◇井の頭自然文化園ガイド　東京動物園協会編
東京動物園協会　2012.5　47p　19×19cm　〈年
表あり〉　Ⓝ480.76　　　　　　　　〔3155〕

◇動物たちの130年―上野動物園のあゆみ　小宮
輝之解説・監修,持丸依子,中川成生,小宮輝之

編　東京動物園協会　2012.3　63p　29cm〈年
表あり　発売:ハッピーオウル社〉　1800円
Ⓘ978-4-902528-42-8　Ⓝ480.76
内容 国立動物園の時代―明治15年（1882年）～大正
13年（1924年）　市立動物園の時代―大正13年（1924
年）～昭和18年（1943年）　都立動物園・昭和の時代
―昭和18年（1943年）～昭和64年（1989年）　都立動
物園・平成の時代―平成元年（1989年）～平成24年
（2012年）　年表―上野動物園130年のあゆみ
　　　　　　　　　　　　　　　　　〔3156〕

◇パンダがはじめてやってきた！―カンカンとラ
ンランの記録　中川志郎著　中央公論新社
2011.7　253p　16cm　（中公文庫 な61-1）
〈『カンカンとランランの日記』（芸術生活社
1973年刊）の改題、再構成〉　686円　Ⓘ978-4-
12-205510-0　Ⓝ489.57
内容 1 康康と蘭蘭の飼育日記　2 飼育日記の舞台裏
（ニーハオパンダ 北京式飼育法 パンダの健康管
理）　3 パンダ・ブーム余録　　　　〔3157〕

◇物語上野動物園の歴史―園長が語る動物たちの
140年　小宮輝之著　中央公論新社　2010.6
292p　18cm　（中公新書 2063）〈文献あり〉
880円　Ⓘ978-4-12-102063-5　Ⓝ480.76
内容 第1章 開園前後　第2章 宮内省の動物園　第3
章 東京市の動物園に　第4章 平和の回復　第5章 復
興から発展へ　第6章 新たな百年、そして二一世紀
へ　第7章 上野動物園の目指すこと　〔3158〕

◇葛西臨海水族園20周年記念誌―1989-2009　東
京都,東京動物園協会編　東京都　2009.10
222p　26cm　〈共同刊行：東京動物園協会　年
表あり〉　Ⓘ978-4-87601-898-7　Ⓝ480.76〔3159〕

◇飼育係が見た動物のヒミツ51　多摩動物公園著
築地書館　2008.5　231p　19cm　1600円
Ⓘ978-4-8067-1369-2　Ⓝ480.76
内容 アフリカ園（ライオン―動物園での子育て、最
大の難関は？　サーバル―三メートルジャンプで飛
んでいる鳥をつかまえる ほか）　アジア園1（オラン
ウータン―大人気、オランウータンのスカイウォーク
スリランカ園―多摩動物公園オープンからずっと
います ほか）　オーストラリア園（コアラ―母親の
糞は赤ちゃんコアラの離乳食 エミュー―メスは産
むだけ、オスが卵を温めヒナを育てる ほか）　アジ
ア園2（インドサイ―世界に二〇〇〇頭しかいない、
貴重な動物 イヌワシ―ヒナのピンチ―台風で巣が
落ちた！ ほか）　昆虫園（グローワーム―洞窟を星
空に変える虫 コノハムシ―擬態する昆虫 ほか）
　　　　　　　　　　　　　　　　　〔3160〕

◇多摩動物公園50年史　東京都,東京動物園協会
編　東京都　2008.5　229p　26cm　〈共同刊行：
東京動物園協会　年表あり〉　Ⓝ480.76　〔3161〕

◇多摩動物公園50年史　資料編　東京都,東京動
物園協会編　東京都　2008.5　126p　26cm
〈共同刊行：東京動物園協会〉　Ⓝ480.76〔3162〕

◇上野の山はパンダ日和―泣いて、笑って、喜ん
で、いま　佐川義明著　東邦出版　2007.10
180p　19cm　1400円　Ⓘ978-4-8094-0643-0

〔3149～3163〕　　　　　　　　　　「東京」がわかる本 4000冊　247

医療　　　　　　　　　　　　　　　　　　　　　　　　　　自然科学

Ⓝ489.57

内容 第1章 ジャイアントパンダがやってきた（偶然が重なって　手探り状態から始まったパンダ飼育　パンダのかわいらしさの秘密　飼育係の一日、パンダの一日）　第2章 パンダフィーバーのそばで（パンダは人気者　パンダとタイヤの意外な関係　ランランとカンカン結婚ゴールイン　ランランとカンカンの死　ホァンホァンとフェイフェイとの日々）　第3章 赤ちゃんパンダ、ついに誕生（ホァンホァンの発情とはじめての人工授精　13年目の達成と残念な結果チュチュ　待ちに待った赤ちゃんの誕生　成長するトントン　元気なトントンに人間たちは右往左往　ホァンホァン、トントンの子離れ　ユウユウ誕生）　第4章 飼育係のパンダの見方（パンダと離れて気づいたこと　11年ぶりのパンダ舎と、大人になったトントン　リンリンとシュアンシュアンのお見合い大作戦　パンダの繁殖について、思うこと　わたしが考える"動物園"とは　21歳になったリンリンと定年退職）　第5章 パンダと過ごした時間　〔3163〕

◇今日も動物園日和―飼育係がガイドする上野動物園　小宮輝之監修　角川学芸出版　2007.3　127p　21cm　〈発売：角川グループパブリッシング〉1200円　Ⓘ978-4-04-621054-8　Ⓝ480.4

内容 東園（レッサーパンダ ジャイアントパンダ エゾシカ アジアゾウ ホッキョクグマ ほか）　西園（アイアイ ツチブタ ホフマンナマケモノ ハダカデバネズミ ヒメハリテンレック ほか）　〔3164〕

医療

◇脳病院をめぐる人びと―帝都・東京の精神病理を探索する　近藤祐著　彩流社　2013.10　338p　19cm　〈文献あり　年譜あり〉2500円　Ⓘ978-4-7791-1919-4　Ⓝ498.16

内容 第1部（初期癲狂院　正系としての帝国大学医科大学・呉秀三・府立巣鴨病院　脳病院の登場　郊外へ）　第2部（芥川龍之介の小さな世界　辻潤または飛翔するニヒリスト　家族はどうしたのか―高村光太郎と長沼智恵子　ここは、かの、どんぞこの―太宰治の分岐点　中原中也 暴走する精密装置）〔3165〕

◇行ってもイイ精神科、ダメな精神科―東京23区精神科潜入記　ひろ新子著　バジリコ　2013.9　267p　19cm　1500円　Ⓘ978-4-86238-202-3　Ⓝ493.7

内容 新宿区―精神科の旅第一歩は、出来過ぎでした　中野区―3分間診療で4種類もの薬を！　渋谷区―「脳の障害なので少し入院するのも良いと思うんですが」　千代田区―初めて心を開いたクリニック　文京区―救急車も受け入れる本格的精神科で躁うつ病と診断される　杉並区―心理的問題には一切踏み込まない不思議な精神科　目黒区―自然体で話せた素敵な女医さん　世田谷区―薬漬けにして患者を縛り付ける悪徳商法クリニック　豊島区―簡単に結論を出さない良心的な暖かいクリニック　足立区―何も質問しないで唐突に診断を下す医師〔ほか〕　〔3166〕

◇近代医学のヒポクラテスたち―洪庵、知安、そして鷗外：平成24年度特別展図録　文京ふるさと歴史館編　文京ふるさと歴史館　2012.10　60p　30cm　〈会期：平成24年10月27日―12月9

日　森鷗外生誕150年記念事業　文献あり〉Ⓝ490.21361　〔3167〕

◇「お玉ケ池」散策―お玉ヶ池種痘所と三井記念病院周辺余話　清瀬闊著　中央公論事業出版　2008.12　242p　20cm　〈文献あり〉1800円　Ⓘ978-4-89514-312-7　Ⓝ493.82

内容 お玉ヶ池種痘所―種痘の果たした功績　お玉ヶ池について　江戸開府余話　お玉ヶ池故事　創作 宵の満月　日本における初めての解剖　将軍吉宗の二つの功績（神田付近に関連して）　神田和泉町付近の昔の病院など　関東大震災時の三井慈善病院の記録　行啓記事　三井慈善病院歌について　〔3168〕

◇村医者と医者村―多摩の医療奮闘記 パルテノン多摩歴史ミュージアム特別展　パルテノン多摩編　多摩　パルテノン多摩　2008.3　79p　30cm　〈会場：2008年3月20日―5月25日　年表あり〉Ⓝ498.021365　〔3169〕

◇江戸の養生所　安藤優一郎著　PHP研究所　2005.1　228p　18cm　（PHP新書）〈文献あり〉720円　Ⓘ4-569-64159-8　Ⓝ498.021361

内容 プロローグ 江戸の養生　第1章 大都会・江戸の医療事情　第2章 町奉行大岡忠相と小石川養生所　第3章 養生所の入所生活　第4章 寛政の医療改革―養生所と医学館・町会所　第5章 養生所の病巣―劣悪な療養環境　第6章 養生所改革の挫折　エピローグ 養生所の遺産　〔3170〕

◇東京地域医療実践史―いのちの平等を求めて　東京民主医療機関連合会50年史編纂委員会編　大月書店　2004.3　402p　21cm　〈年表あり〉3000円　Ⓘ4-272-36047-7　Ⓝ498.16

内容 第1部 黎明期―路地裏からの命の民主化（第2次大戦前の無産者医療運動の伝統　澎湃として起こった民主的医療運動と民主診療所の設立　東京民医連創立後の50年代の苦闘（現綱領確定まで））　第2部 成長期―広範な市民層に拡がった医療活動（東京民医連の過渡期の時代―1960年代　青年医師らの大量参加で新たな運動高揚期に―1970年代　困難と危機を乗り越えて前進―1980年代　医療体制の整備・拡大と福祉への展開―1990年代）　第3部 連携の時代―いのちの絆を街にめぐらす（21世紀の新たな前進をめざして）　資料編　〔3171〕

◇絵で読む江戸の病と養生　酒井シヅ著　講談社　2003.6　174p　22cm　〈文献あり〉2000円　Ⓘ4-06-211792-4　Ⓝ498.021361

内容 1 江戸の病をさぐる　2 病人と医者の風景　3 江戸人の一生　4 多彩な治療法　5 江戸のくすり文化　6 病をふせぐ　7 養生―江戸人の知恵　8 近代医学の夜明け　〔3172〕

◇東京都医療マップ　2003年度版　グレイゼ　2003.4　143p　29cm　〈発売：星雲社〉880円　Ⓘ4-434-03044-2　Ⓝ498.16　〔3173〕

◇迷ったときの医者選び東京　河口栄二著　広島南々社　2000.11　453p　21cm　1800円　Ⓘ4-931524-02-8　Ⓝ498.16

内容 がん　がん治療を正しく理解するために　循環器内科　心臓血管外科　脳神経外科　消化器　生活

248　「東京」がわかる本 4000冊　　　　　　　　〔3164〜3174〕

自然科学　　　　　　　　　　　　　　　　　　　　　　　　　　　　医療

習慣病・内分泌代謝　腎臓・泌尿器　呼吸器　整形
外科　膠原病・リウマチ・熱帯病・エイズ　眼科　耳
鼻咽喉科　歯科・口腔外科　皮膚科　子どもの病気
形成外科　産科・婦人科　精神科　心療内科　神経
内科　ペインクリニック（痛み治療）　救命救急　看
護・ホスピス・ターミナルケ　老人病院・老人介護
より良い治療を求めて　　　　　　　　　　　〔3174〕

◇東京23区　医療マップ　1998年版下期　グレイ
　ゼ　1998.5　127p　29cm〈発売：星雲社〉820
　円　Ⓓ4-7952-6991-2　Ⓝ498.16
　[内容]あなたのための介護保険　知っておきたい私た
　ちの年金制度　あらゆる病気の食事療法　これなら
　受けたい人間ドック　美しい歯・健康な歯を保つた
　めに　有料老人ホームはこんなところ　病気あれこ
　れ　看護婦募集コーナー　　　　　　　　　〔3175〕

◇東京都下医療マップ　1998年版　上期　グレイ
　ゼ　1998.2　92p　29cm〈発売：星雲社〉780
　円　Ⓓ4-7952-6989-0　Ⓝ498.16
　[内容]健康保険法はこう変った　生命保険・医療保険
　の種類　有料老人ホームはこんなところ　美しい歯・
　健康な歯を保つために！　　　　　　　　　〔3176〕

◇都市化と健康づくり—東京の挑戦　東京保健医
　療研究会編著　ぎょうせい　1995.12　251p
　21cm　2100円　Ⓓ4-324-04721-9　Ⓝ498.1
　[内容]第1章 東京の保健医療　第2章 地域における保
　健サービスの総合的展開を図る　第3章 適正な保健
　医療を確保する　第4章 生活環境をより快適に　第
　5章 21世紀の保健医療に向けて　　　　　　〔3177〕

◇東京・こころのお医者さん—カラーマップ付き
　東京病院案内最新版　博雅堂出版　1990.11
　206p　21cm　（Tokyoデータマップ・シリー
　ズ）　1200円　Ⓓ4-938595-01-X　Ⓝ498.16
　[内容]第1部 病院・医院マップ　第2部 "こころの病
　気"ア・ラ・カルト　第3部 病院・医院・ドクター紹
　介　第4部 こころの健康相談・こころの電話　第5部
　こころのセルフヘルプ　資料編　　　　　　〔3178〕

◇東京圏マップ—健康都市への道　高野健人, 中
　村桂子編　ぎょうせい　1990.9　364p　26cm
　〈付（1枚）〉20000円　Ⓓ4-324-02261-5
　Ⓝ498.059
　[内容]1章 訂正死亡率・乳児死亡率　2章 年齢階級別死
　亡率　3章 死因別死亡率　4章 人口・土地　5章 世
　帯　6章 就業構造　7章 産業構造　　　　　〔3179〕

〔3175〜3179〕　　　　　　　　　　　　　「東京」がわかる本 4000冊　**249**

技術・工業　　　　　　　　　　　　　　　　　　　　　　　　　技術・工業

技術・工業

技術・工業

◇深海8000mに挑んだ町工場―無人探査機「江戸っ子1号」プロジェクト　山岡淳一郎著　かんき出版　2014.9　207p　19cm〈文献あり　年表あり〉　1400円　①978-4-7612-7028-5　Ⓝ558.3
　内容　第1章　「ガラス球」の懐かしい未来へ（「まいど一号」がつないだ夢　プロジェクトを動かしたキーパーソン　ほか）　第2章　試行錯誤（消えかけていたフリーフォールの魅力　海中で電波を飛ばす!?　ほか）　第3章　奮闘する黒衣たち（技術の谷間に見た光　基板は語る　ほか）　第4章　深海八〇〇〇メートルの先（杉野を襲った「神の一撃」　掻き消された木霊　ほか）　第5章　世界市場に挑め！（海洋探査史における系譜　もう一つの生態系研究　ほか）〔3180〕

◇下町ボブスレー――世界へ、終わりなき挑戦　伴田薫著　NHK出版　2014.1　270p　19cm　1500円　①978-4-14-081625-7　Ⓝ536.85
　内容　第1章　模索―なぜ日本選手は外車に乗っているのか？　第2章　始動―勝つための設計図　第3章　製作―いい仕事をして、勝利をつかもうぞ　第4章　滑走―氷上のボブピース　第5章　選手―速いそりをつくるだけでは勝てない　第6章　結束―広がる応援の輪　第7章　悲願―終わりなき挑戦〔3181〕

◇東京・城南のモノづくり企業「飛翔する」―光る技術をもつ製造業の現場レポート　日刊工業新聞社南東京支局取材班編　日刊工業新聞社　2014.1　203p　21cm　1800円　①978-4-526-07193-5　Ⓝ509.21361
　内容　第1部　東京・城南のトピックス（中小企業を支援する大田・品川）　第2部　「飛翔する」モノづくり企業（加工技術―モノづくりの源流　部品・品質・性能を支える　完成品―世に送り出す）〔3182〕

◇下町ボブスレー―東京・大田区、町工場の挑戦　細貝淳一著　朝日新聞出版　2013.12　268p　19cm　1500円　①978-4-02-331253-1　Ⓝ536.85
　内容　第1章　プロジェクトはたった2枚の資料から始まった　第2章　時速130キロ以上で走るマシンをつくれ！　第3章　総力をあげて高品質・短納期を実現！　第4章　選手が乗りやすいソリへと改造せよ！　第5章　オリンピックでの日本選手の活躍を後押ししたい！　第6章　下町ボブスレー2号機・3号機をつくれ！　終章　ソチオリンピックの先には、平昌オリンピックがある！〔3183〕

◇下町ボブスレー―僕らのソリが五輪に挑む　大田区の町工場が夢中になった800日の記録　奥山睦著　日刊工業新聞社　2013.12　278p

19cm　（B&Tブックス）〈文献あり　年表あり〉　1400円　①978-4-526-07180-5　Ⓝ536.85
　内容　第1章　それは2枚の書類から始まった　第2章　わずか10日間で150点の部品が集まる　第3章　思いは確信に一長野でレコードを叩き出す！　第4章　男子2人乗り用の2・3号機開発に向けて　第5章　2度目の夏、2・3号機製作が始まる　第6章　五輪への挑戦権〔3184〕

◇どっこい大田の工匠たち―町工場の最前線　小関智弘著　現代書館　2013.10　238p　20cm　2000円　①978-4-7684-5715-3　Ⓝ509.21361
　内容　「不可能を可能に」は親ゆずり―田中隆さん　"ひとり親方"大田の代表格―岩井仁さん　静かなる熟練の先―平瀬光信さん　スティールパンづくりをきわめた―園部良さん　兄弟で工匠に―中井達郎/徳三さん　平成を生きる鍛冶職人―小林政明さん　高精度な要望ほど挑戦したくなる―小宮秀美さん　蒲田で江戸切子の伝統を―鍋谷馨/聰さん　玩具で雌伏、そして雄飛―高田栄一さん　空洞化に負けないで―古沢勝男さん　「仕事の仏ですよ」―添知薫さん　超微細加工で世界一をめざす―平船淳さん　NC言語を豊かにする工匠―幸保榮さん　美意識の高いTig溶接―浪田野寿好さん　多品種少量生産時代のNC職人―伊奈勲さん〔3185〕

◇明治の銀座職人話　野口孝一編著　新装版　青蛙房　2012.7　283p　22cm　（青蛙選書63）〈文献あり〉　2800円　①978-4-7905-0163-3　Ⓝ213.61
　内容　葛篭職人として　銀座の街　わが町・彌左衛門町　鎗屋町　西紺屋町　銀座通り一〜四丁目　銀座通り五〜八丁目　数寄屋橋通り南側　丸屋町、八官町　日吉町界隈　数寄屋橋、有楽町界隈　銀座暮らしあれこれ　銀座の夜店、縁日　寄席、大道芸〔3186〕

◇東京町工場散歩　Beretta P-08著　中経出版　2012.1　254p　15cm　（中経の文庫　ベ-1-1）〈『東京町工場』（雷鳥社2008年刊）の改題、再編集〉　800円　①978-4-8061-4279-9　Ⓝ509.2136
　内容　「キューポラのある街」で鋳物の炎を燃やし続ける―株式会社宿谷鋳工所・川口市・製菓機械用鋳物部品　金銀銅メダリストが使用した砲丸を生み出す神業の工場―有限会社辻谷工業・富士見市・砲丸　誤差50ミクロン以内の金属加工であらゆる顧客ニーズに応える―株式会社浜野製作所・墨田区・半導体関連部品　日本の人工心臓研究を支える「ものづくりのコンビニ」―有限会社安久工機・大田区・医療機器・精密機器の試作品　大量生産が及ばない緻密な手作業から生み出される車両部品―株式会社フナミ電機製作所・目黒区・車両ユニット・接触器　自由な町工場を実践している非球面レンズの研磨工場―生田精密研磨株式会社・大田区・ガラス製非球面レン

250　　「東京」がわかる本　4000冊　　　　　　　　　　　　　　〔3180〜3187〕

技術・工業　　　　　　　　　　　　　　　　　　　　　　　　技術・工業

ズ　新幹線から芸術作品まで形作る金属曲げ加工の技術―有限会社昭立製作所・大田区・金属パイプ曲げ加工　20年後も形を変えずに使われる高品質のバネ作りを目指す―有限会社森野バネ製作所・墨田区・線バネ・線材曲げ加工製品　ミリ単位の複雑なビスをオーダーメイドできめ細かく作り出す―石橋製作所・足立区・真鍮特殊部品　新幹線制御シリンダーのパイオニア―有限会社岩井製作所・大田区・水処理用ポンプ〔ほか〕　　　　　　　　　　　〔3187〕

◇国際化と戦う中小企業―大田区の事例研究にみる　山崎敦子,石井正著　万来舎　2011.4　95p　21cm　〈文献あり〉　1500円　Ⓘ978-4-901221-49-8　Ⓝ509.21361
　内容　第1章　グローバル化における中小製造業の経営環境　第2章　大田区の中小製造業調査と対象企業の概要　第3章　中小企業の取引先の変化　第4章　技術力と試作　第5章　知的財産戦略　第6章　海外進出の現状　第7章　大田区の中小製造業の経営とこれから
　　　　　　　　　　　　　　　　　　　　　〔3188〕

◇多摩のものづくり22社―独自技術で成長する企業群　山本明文著　ダイヤモンド社　2011.4　230p　19cm　1500円　Ⓘ978-4-478-01591-9　Ⓝ509.21365
　内容　金、銀、プラチナの世界的リサイクル市場がターゲット―相田化学工業　価格競争に巻き込まれないブランド力を構築―アッデン　4分野にわたる医療システムの構築で地域の健康に貢献する―稲葉マグループ　品質の高い椿油にこだわり口コミで信頼を勝ち取る―大島椿本舗　メーカーを問わず電子機器製品をサポートする―京西テクノス　世界初の回転バレル式三価クロムめっきを開発―京王電化工業　設計からメンテナンスまで一貫体制を築く―交通システム電機　顧客のニーズに沿った計器を開発し国内シェア7 6割を誇る―コスモ計器　印刷会社の枠を超え企画力・営業力でフィールドを広げる―ジャパンプリント　顕微鏡の心臓部アパーチャープレートで世界シェア8割を握る―大和テクノシステムズ〔ほか〕〔3189〕

◇モノづくりの老舗に息づく伝統と革新―京浜工業地帯創成の主役たち　日刊工業新聞南東京支局特別取材班編　日刊工業新聞社　2011.4　163p　19cm　1600円　Ⓘ978-4-526-06683-2　Ⓝ509.21361
　内容　第1部　今"老舗"が注目される理由(Spirit of SHINISE協会会長・福澤武氏　帝国データバンク史料館学芸員・後藤佳菜子氏　明治学院大学経済学部教授・神田良氏　慶應義塾大学総合政策学部准教授・飯盛義徳氏)　第2部　老舗企業の強さの秘密に迫る((株)石川精器―「カム」を追い求める研究開発型町工場　大川精螺工業(株)―冷間鍛造技術で車部品の高度化に貢献　(株)オリエンタル工芸社―自社製品を手掛ける不屈の下請け企業　(株)勝水電機製作所―顧客ニーズに対応し電力の安定供給に貢献　ほか)
　　　　　　　　　　　　　　　　　　　　　〔3190〕

◇小澤典代の東京ハンドメイド　小澤典代著　TOKIMEKIパブリッシング　2010.11　111p　21cm　〈発売：角川グループパブリッシング〉　1400円　Ⓘ978-4-04-899002-8　Ⓝ673.7
　内容　使うhandmade(イイホシ・ユミこさん/器作家　米田倫子さん/プロデューサー　宇南山加子さん/プロダクトデザイナー)　飾るhandmade(金森美也子

さん/ぬいぐるみ作家　イイノナホさん/ガラス作家sunui/アートワークユニット)　装うhandmade(石澤敬子さん/服飾作家　松信七重さん/帽子デザイナー　山本亜由美さん/アクセサリー作家)　　　〔3191〕

◇東京・城南のモノづくり挑戦者たち―不況に負けない製造業の現場レポート　日刊工業新聞社南東京支局取材班編　日刊工業新聞社　2010.3　201p　21cm　1800円　Ⓘ978-4-526-06442-5　Ⓝ509.21361
　内容　第1章　製造業の町「大田区」のモノづくり最前線―企業紹介　この分野なら絶対に負けない　オンリーワン、ナンバーワン企業(ウォーターハンマー防止型逆止弁のパイオニア―(株)石崎製作所　全国から依頼が舞い込む熱処理の駆け込み寺―(株)上島熱処理工業所　ほか)　第2章　再開発で生まれ変わる「品川区」の都市型モノづくり―企業紹介　研究開発型ならわが社が一番(電気・メカトロの総合エンジニアリング企業―(株)エイト産業　極小穴あけ加工で大手企業が一目置く―(株)信栄テクノ　ほか)　第3章　次世代技術と国際化でビジネスチャンスを獲得せよ―企業紹介　次世代ビジネスで勝負する(オンリーワンのロボットエンジニアリングメーカー―(株)オージーエー　受託加工から部品メーカーへ―(株)テクニスコ ほか)　第4章　地域ネットワークで勝ち残りを目指せ！―企業紹介　技術で勝負するサプライヤー企業(技術商社として広く社会に貢献する―愛知産業(株)　ケミカル製品でニッチトップを狙う―(株)オーデック ほか)　第5章　城南のモノづくりの未来―企業紹介　城南のモノづくりチャレンジャーたち(カム加工を得意技に事業を展開する―(株)石川精器　技術力・製品力で世界と戦う技術屋集団―(株)東京テクニカル ほか)　　　　　　　〔3192〕

◇創々たる!! 小さな世界企業―技術が光る！　東京のスマートカンパニー物語　中央線沿線楽会編　日本地域社会研究所　2009.12　347p　19cm　(〔コミュニティ・ブックス〕)　1800円　Ⓘ978-4-89022-910-9　Ⓝ509.2136
　内容　「IMPACT工法」のインパクトで匠の技が花開く―久保金属株式会社　特殊めっきで世界を拓く―株式会社特殊鍍金化工所　ユニバーサル・カップリングに秘められた機械設計技術の神髄―アサ電子工業株式会社　あらゆるものをくるむガラス質の膜ヒートレス・グラス・システムで急成長―株式会社コスモテクノロジー　携帯電話のカメラ機能を使えなくするシールで起業―株式会社アール　包めないものは何もない！―カネパッケージ株式会社　鉄の温度を正確に測定し、30年壊れない信頼の二色幅射式温度計で世界市場へ―シグマ電子工業株式会社　塑性加工の常識を変え「世界最精密」を実現―株式会社井口一世　創業以来の技術力・開発力を武器に世界と戦う―日本ガーター株式会社　荻窪から夜光塗料で世界に躍進―根本特殊化学株式会社　特別鼎談若者よ、自分を活かせる中小企業をめざせ!!〔3193〕

◇伝統に生きる―あらかわの伝統技術展の歩み　あらかわの伝統技術展第30回記念　荒川区立荒川ふるさと文化館編　荒川教育委員会　2009.12　36p　30cm　Ⓝ509.21361　　　〔3194〕

◇日本のモノづくりイノベーション―大田区から世界の母工場へ　山田伸顯著　日刊工業新聞社　2009.1　233p　21cm　(B&Tブックス)　〈文献

技術・工業

あり　索引あり〉 1800円　ⓘ978-4-526-06196-7　Ⓝ509.21361

内容 第1章 日本のモノづくりと大田区の産業特性　第2章 中小製造業のグローバル化とIT化への対応　第3章 モノづくりかゴミづくりか　第4章 人口減少社会における産業構造の変化　第5章 中小企業の広域展開とグローバル分業　第6章 町工場のイノベーション　第7章 モノづくりを担う現場力　第8章 新たな挑戦　〔3195〕

◇メイド・イン・大田区―ものづくり、ITに出会う　奥山睦著　改訂版　浜松　ITSC静岡学術出版事業部　2008.7　185p　18cm　（ものづくり新書）〈初版の出版者：サイビズ〉 1000円　ⓘ978-4-903859-16-3　Ⓝ509.21361

◇東京町工場　Beretta P-08著　雷鳥社　2008.5　239p　19cm　1500円　ⓘ978-4-8441-3493-0　Ⓝ509.2136

内容 株式会社宿谷鋳工所（川口市 製菓機械用鋳物部品）　有限会社飯島金型工業所（伊勢原市 プラスチック金型）　有限会社辻谷工業（富士見市 砲丸）　赤塚刻印製作所（大田区 精密刻印・ナンバーリング）　株式会社浜野製作所（墨田区 半導体関連部品）　有限会社安久工機（大田区 医療機器・精密機器の試作品）　株式会社フナミ電機製作所（目黒区 車両ユニット・接触器）　生田精密研磨株式会社（大田区 ガラス製非球面レンズ）　有限会社昭立製作所（大田区 金属パイプ曲げ加工）　有限会社森野バネ製作所（墨田区 線バネ・線材曲げ加工製品）〔ほか〕　〔3197〕

◇職人の作り方―ものづくり日本を支える大田区の「ひとづくり」　奥山睦著　毎日コミュニケーションズ　2008.3　234p　18cm　（マイコミ新書）　780円　ⓘ978-4-8399-2701-1　Ⓝ336.47

内容 第1章 中小企業で学ぶ高校生（日本版デュアルシステムの導入　地域産業の生き残りの道としての長期就業訓練　ほか）　第2章 中小企業の実情―日本・大田区の現状から読み解く（国内事業所数を大幅に減少させている中小製造業　生産拠点を海外へ移転したことによる代償　ほか）　第3章 キャリア教育とは（キャリアとは何か　労働力の「量」から「質」の時代へ　ほか）　第4章 ものづくりの町・大田区の挑戦（職場体験実施に必要な地域ぐるみの取り組み　大田区ならではの「安全教育」　ほか）　第5章 未来型中小企業を目指して（プロダクトアウトからマーケットインへ　中小企業がグローバルスタンダードに対応するために　ほか）　〔3198〕

◇手仕事の現在―多摩の織物をめぐって　田中優子編　法政大学出版局　2007.5　352p　22cm　（法政大学地域研究センター叢書 6）　5500円　ⓘ978-4-588-32125-2　Ⓝ586.72136

内容 第1部 手仕事をめぐる談話―シンポジウムとインタビューより（真綿をつくる　「多摩シルクライフ21研究会」とは？　多摩の織物史―八王子織物を中心に　中国・ブラジルの生糸が八王子へ　八王子で養蚕を極める　農村の生活技術を継承する手仕事の思想　布を織る技術者―絹の社会的意味を求めて　生活とものづくり―織物と農業と自然　色は生きている―「草木染」の本来　手仕事の現在を語る）　第2部 布を考える―論文と資料（テキスタイル研究の視座―自然、文化、人間の関係から　日本蚕糸外史

多摩の織物をめぐって　明治・大正八王子織物の生産様式―『八王子織物図譜』に描かれた歴史　蚕糸・絹の道を歩む　繊維博物館の役割―これまでとこれから）　〔3199〕

◇大田区スタイル―産官学連携×ITでものづくりの復活！　奥山睦著　アスキー　2006.11　159p　19cm　1600円　ⓘ4-7561-4826-3　Ⓝ509.21361

内容 第1章 IT化失敗からの復活（第三セクターの失敗から民連携のIT化支援ビジネスへ　区内商工業のニーズに最適化した出張型IT講習とは？）　第2章 大田区製造業者の横顔（ものづくり第一世代　ものづくりIT経営革新企業　ほか）　第3章 大田区製造業の「今」（タイに日本初の自治体支援による海外集合工場「オオタ・テクノ・パーク」完成！　「優れた機械工業の技術の集積」を象徴する「大田ブランド」がスタート！　ほか）　第4章 ものづくりを支援する（経営とITの両面に精通したITコーディネータが大田区の中小製造業をサポート「モノづくり応援隊in大田区」　「空」に夢を馳せる産官学連携を結ぶNPO「大田ビジネス創造協議会」）　第5章 ものづくりの未来へ（中学生の職場体験を地域ぐるみでサポート「大田区の中学生職場体験を支援する会」　若者と中小企業のマッチング「若者と中小企業とのネットワーク構築事業」）　〔3200〕

◇東京職人　Beretta P-05著　雷鳥社　2005.4　301p　22cm　〈英語併記〉 2800円　ⓘ4-8441-3429-9　Ⓝ509.2136

内容 村山大島紬（田房染織有限会社・田代隆久）　東京染小紋（富田染工芸・佐藤勇三）　本場黄八丈（黄八丈ゆめ工房・山下誉/山下芙美子）　江戸木目込人形（株式会社柿沼人形・柿沼正志）　江戸木目込人形（塚田工房・塚田進）　東京銀器（東浦銀器製作所・石黒光南）　東京手描友禅（染の高孝・高橋孝之）　多摩織（有限会社沢井織物工場・沢井栄一郎）　東京くみひも（江戸流組紐家元・藤知克）　東京くみひも（横塚紐工芸・横塚石鳳）〔ほか〕　〔3201〕

◇東京元気工場　竹内宏編著　小学館　2003.12　219p　15cm　（小学館文庫）　476円　ⓘ4-09-405522-3　Ⓝ509.21361

内容 第1章 俺の考えって売れるんだ！―偶然から生まれた「発信型工場」（株式会社新興セルビック代表取締役 竹内宏）　第2章 モノづくりは人生を投資することだ―金属との語らいからできた「指を切らないプルトップ缶」（有限会社谷啓製作所会長 谷内啓二）　第3章 ないモノはつくれ―異材質同士をくっつける技術で“脱・常識”モノづくり（大成プラス株式会社代表取締役 成富正徳）　第4章 一つの技術でビジネスが無限に広がる―独自の半導体チップによる省配線システム発明で一気に開花（株式会社アイオイ・システム代表取締役 多田潔）　第5章 他社がやらないことをしよう―産学協同と稼業の重視オンリーワンで世界に発信（日進精機株式会社副会長 加藤忠郎）　第6章 できる、やれば絶対できる―「技術」から「技能」を生み出し、超精密エンジン部品を製造（タマチ工業株式会社代表取締役 田中邦博）　第7章 人間をもっとよく知りたい―バーチャルとアクチュアルの融合を目指す、技術にとらわれない新型町工場（株式会社メタ・コーポレーション・ジャパン代表取締役 高沖英二）　〔3202〕

◇江戸の職人その「技」と「粋」な暮らし　鈴木

252　「東京」がわかる本 4000冊

技術・工業　　　　　　　　　　　　　　　　　　　　　　公害・環境問題

章生監修　青春出版社　2003.1　204p　18cm
（プレイブックスインテリジェンス）　667円
Ⓘ4-413-04047-3　Ⓝ384.3
内容 第1部 江戸の職人文化（江戸の職人の暮らしぶ
り　職人と江戸っ子文化　江戸の職人の歴史）　第2
部 江戸職人の伝統の技（和装あれこれ　暮らしの道
具　娯楽と遊具　季節を彩る）　　　　　　〔3203〕

◇大森界隈職人往来　小関智弘著　岩波書店
2002.8　315p　15cm　（岩波現代文庫 社会）
1000円　Ⓘ4-00-603066-5　Ⓝ509.21361〔3204〕

◇東京の職人―技と誇りを伝える百人の匠たち
大森幹久写真,福地国士文　新版　京都 淡交
社　2002.2　206p　21cm　1800円　Ⓘ4-473-
01870-9　Ⓝ384.3
内容 纏（岡本史雄）　押絵羽子板（西山幸一郎）　ガラ
スペン（佐瀬勇）　鋏鍔（三浦孝之）　たわし（佐柄真
一）　提灯（五十嵐肇）　彫金（野沢忠義）　浮世絵版
木（長尾広朗）　カスタムナイフ（相田義人）　桶（片
寄志夫）〔ほか〕　　　　　　　　　　　　　〔3205〕

◇町工場職人群像―松本俊次写真集　松本俊次著
大月書店　2001.8　223p　21cm　2300円
Ⓘ4-272-62024-X　Ⓝ509.21361
内容 第1章 仕事場　第2章 後継者　第3章 母さんの
働き　第4章 町並みと暮らし　第5章 職人の肖像
　　　　　　　　　　　　　　　　　　　　〔3206〕

◇江戸の手わざ―ちゃんとした人、ちゃんとした
物　田中敦子著,渋忠之写真　文化出版局
2001.4　103p　23cm　1600円　Ⓘ4-579-20761-
0　Ⓝ509.21361
内容 1 江戸指物　2 江戸袋物　3 江戸小物細工　4
江戸小紋　5 江戸切子　6 江戸桶　7 江戸銅器　8
江戸からかみ　9 江戸団扇　10 東京友禅　〔3207〕

◇銀座の職人さん　北原亞以子著　文藝春秋
2000.11　231p　16cm　（文春文庫）　495円
Ⓘ4-16-757603-1　Ⓝ384.3
内容 鼈甲細工　ハンドバッグ　鰻の蒲焼　浴衣の型
付　江戸指物　帽子　鮨　江戸千代紙　足袋　カス
テラ　紳士靴　ステッキ　クラシックギター　宝飾
アイスクリーム　江戸切子　カジュアルシャツ　飾
り菓子　腸線染　かつらの地金　テンプラ　アンパ
ン　手縫い草履　象牙細工　　　　　　　　〔3208〕

◇あらかわと職人の歴史世界―平成11年度企画展
東京都荒川区教育委員会,東京都荒川区立荒川
ふるさと文化館編　荒川区教育委員会　1999.9
20p　19×26cm　〈共同刊行：荒川区立荒川ふる
さと文化館　折り込1枚〉　Ⓝ384.3　　　〔3209〕

◇江戸の職人―伝統の技に生きる　中江克己著
中央公論社　1998.1　238p　16cm　（中公文
庫）　648円　Ⓘ4-12-203043-9　Ⓝ384.3
内容 べっ甲細工―磯貝庫太　浮世絵摺り―長尾直太
郎　釣竿―中根喜三郎　組紐―深井理一　江戸扇子
―鳥塚徳治　弓―小山茂治　煙管―吉田省吾　押絵
羽子板―野口清市　提燈―五十嵐鉄雄　三味線―石
村定夫　　　　　　　　　　　　　　　　　〔3210〕

◇モノづくりに生きる―大田区・町工場の職人た

ちの歩みと気概　松本俊次文と写真　蒲田民商
マイスター発刊委員会　1996.3　137p　21cm
1800円　Ⓝ509.21361　　　　　　　　　　〔3211〕

◇町工場の履歴書―1994年度特別展図録　東京都
豊島区立郷土資料館編　〔東京都〕豊島区教育
委員会　1994.9　111p　26cm　〈会期：1994年9
月9日～11月20日〉　Ⓝ509.2136　　　　〔3212〕

◇工場まちの探検ガイド・大田区工業のあゆみ―
特別展　東京都大田区立郷土博物館編　大田区
立郷土博物館　1994.7　95p　21cm　〈会期：
1994年7月3日～8月28日〉　Ⓝ509.2136　〔3213〕

◇東京の職人―百職百人　清沢一人文,大森幹久
写真　京都 淡交社　1992.1　207p　21cm
1800円　Ⓘ4-473-01234-4　Ⓝ384.3
内容 額縁 吉田岳治　纏 田口義雄　手びねり 杉立孝
喜　江戸扇子 鳥塚徳治　半纏 高橋欣也　だるま 内
野雅夫　石工 新川昇　和菓子 青山信雄　押絵羽子
板 西山幸一郎　桐下駄 山中平蔵　和簑篭 大川良夫
金槌 沖田勝信　篠崎ざる 草薙秋男　剣道武具 平光
康男　今戸焼 白井靖二郎〔ほか〕　　　　　〔3214〕

公害・環境問題

◇オーラル・ヒストリーの可能性―東京ゴミ戦争
と美濃部都政　中村政則著　御茶の水書房
2011.5　61p　21cm　〈神奈川大学評論ブック
レット 32　神奈川大学21世紀COE研究成果叢
書 神奈川大学評論編集専門委員会編〉　800円
Ⓘ978-4-275-00925-8　Ⓝ518.52
内容 第1章 静岡県沼津市史の執筆経験　第2章 東京
ゴミ戦争―江東・杉並区の場合　第3章 江東区の立場
第4章 ゴミ戦争宣言一周年　第5章 都民意識の変化
第6章 和解―杉並清掃工場建設問題　第7章 和解余
項　補論 文字資料と非文字資料のはざま―オーラ
ル・ヒストリーの可能性　　　　　　　　　〔3215〕

◇東京都キャップ＆トレード制度―総量削減義務
と排出量取引 図解早わかり　月刊環境ビジネ
ス編　日本ビジネス出版　2010.7　181p
21cm　〈文献あり　発売：宣伝会議〉　2000円
Ⓘ978-4-905021-00-1　Ⓝ519.1
内容 1 東京都キャップ＆トレード制度の全体像（東
京都に聞く制度の狙い―総量削減が主体。C&Tは補
完のための手段　東京都C&T制度の流れと期限 ほ
か）　2 地球温暖化対策計画書（総量削減義務の対象
複数の建物・施設を一事業所とみなす場合 ほか）　3
地球温暖化対策報告書（報告書提出か、計画書提出か
地球温暖化対策報告書の見方 ほか）　4 検証機
関、グリーン電力、省エネ法・温対比比較（登録検証
機関の検証が必要な事項　東京都登録検証機関一覧
ほか）　　　　　　　　　　　　　　　　　〔3216〕

◇東京都の温室効果ガス規制と排出量取引―都条
例逐条解説　小澤英明,前田憲生,浅見靖峰,諸
井領児,柴田陽介,寺本大輔著　白揚社　2010.1
643p　22cm　〈索引あり〉　5800円　Ⓘ978-4-
8269-9047-9　Ⓝ519.1
内容 第1章 都条例制定の背景（温室効果ガスに対する

公害・環境問題　　　　　　　　　　　　　　　　　　　　　　　　　　技術・工業

国際的取組み　温室効果ガスに対する国レベルの取組み　東京都における条例改正に至る議論について）　第2章　都条例改正の意義と概要（都条例改正の意義　都条例改正の概要）　第3章　環境確保条例(抄)逐条解説（第五条の五（地球温暖化対策の推進）　第五条の六（勧告）　第五条の七（用語の定義）ほか）　第4章　Q&A（条例外の制度との関係　条例の解釈　条例に影響を受ける私法関係 ほか）　　　　〔3217〕

◇ごみゼロへの道―町田市と物理学者の挑戦　広瀬立成著　第三文明社　2009.4　221p　19cm　1200円　Ⓘ978-4-476-03299-4　Ⓝ518.52
　内容　第1章　共有地の悲劇を救え！　第2章　ごみゼロ会議代表へ　第3章　280回にもおよぶごみゼロ市民会議　第4章　ごみ削減奨励社会へ　第5章　もったいない文明を目指す　特別対談『足元からはじめる環境貢献―もったいない文明への転換』(斉藤鉄夫×広瀬立成)　　　　　　　　　　　　　　　　　〔3218〕

◇遺跡からみた江戸のゴミ―江戸遺跡研究会第17回大会　発表要旨　続　江戸遺跡研究会編　江戸遺跡研究会　2004.1　246p　26cm　〈会期・会場：2004年1月31日～2月1日　江戸東京博物館　文献あり〉　Ⓝ518.52　　　〔3219〕

◇遺跡からみた江戸のゴミ―江戸遺跡研究会第16回大会　発表要旨　江戸遺跡研究会編　江戸遺跡研究会　2003.2　246p　26cm　〈会期・会場：2003年2月1日～2日　江戸東京博物館　文献あり〉　Ⓝ518.52　　　　　　　　〔3220〕

◇杉並病公害　川名英之,伊藤茂孝著　緑風出版　2002.12　316p　20cm　2500円　Ⓘ4-8461-0217-3　Ⓝ518.52
　内容　第1章　「杉並病」の大発生　第2章　被害者・支援者の運動　第3章　問題多い行政の対応　第4章　公調委での活動　第5章　被害者自ら原因究明　第6章　杉並病の原因裁定　第7章　今後の課題　　〔3221〕

◇東京の環境を考える　神田順,佐藤宏之編　朝倉書店　2002.6　223p　21cm　〈執筆：佐藤宏之ほか〉　3400円　Ⓘ4-254-26625-1　Ⓝ518.8
　内容　1　人はどのような環境に住むか　2　都市空間を知るために　3　我々のつくった環境　4　自然との対応のために　5　社会文化環境の構築へ向けて　　　　　　　　　　　　　　　　　　〔3222〕

◇東京湾の環境問題史　若林敬子著　有斐閣　2000.9　408p　22cm　6000円　Ⓘ4-641-07632-4　Ⓝ519.213
　内容　第1章　海岸線の変貌と埋立て地の造成　第2章　入浜権運動からナショナル・トラストへ　第3章　干潟をめぐる開発と保全の攻防　第4章　東京湾埋立て開発構想をめぐる攻めと守り　第5章　東京都内湾における埋立てと漁業興亡史―東京湾の歩み　第6章　東京湾をめぐる埋立て開発史と京浜工業地帯―神奈川県川崎市・横浜市　第7章　東京湾をめぐる埋立て開発史と京葉工業地帯―千葉県内湾　第8章　浦安漁民闘争史　結び　　　　　　　　　　〔3223〕

◇ふゆいちごの森がみていた―日の出ゴミ最終処分場問題史　宮入容子著　リサイクル文化社　1999.4　283p　21cm　〈発売：星雲社〉　2200円　Ⓘ4-7952-5919-4　Ⓝ518.52

内容　第1章　谷戸沢処分場汚水漏れ疑惑　第2章　第二処分場計画　第3章　問題は司法の場へ　第4章　青島都知事誕生　第5章　一部データ開示とその内容　第6章　第二処分場、工事着工　第7章　厚生大臣の汚水漏れ調査要請をめぐる波紋　第8章　突然出てきた電気伝導度データ　第9章　第二処分場予定地での攻防と予備折衝　第10章　東京都収用委員会公開審理始まる　第11章　第二(二ツ塚)処分場、開場　　〔3224〕

◇あなたの隣にある「杉並病」―化学物質過敏症があなたを襲う　宮島英紀,神谷一博著　二期出版　1998.7　303p　19cm　1500円　Ⓘ4-89050-371-4　Ⓝ518.52
　内容　第1部　現地密着ルポ　“杉並病”を徹底検証する―化学物質過敏症があなたを襲う　第2部　日本のごみを徹底総括する―ごみ列島があなたを襲う（あなたの出したごみは、どう処理されるか　ごみ処理で発生する害とは　このごみが、こんな有害物質を出す、つくる　化学物質はどんな症状を起こすか　「どう捨てる」は「どう買う、使う」から）　　〔3225〕

◇日の出ごみ処分場問題―解決への提言　日の出処分場問題市民合同調査団編著　リサイクル文化社　1996.4　176p　21cm　〈発売：星雲社〉　1500円　Ⓘ4-7952-5904-6　Ⓝ518.52
　内容　第1章　日の出処分場問題解決への提言　第2章　市民公聴会発言記録　　　　　　　〔3226〕

◇東京湾の汚染と災害　河村武編　築地書館　1996.2　208p　22cm　（東京湾シリーズ）　〈各章末：参考文献〉　3502円　Ⓘ4-8067-2194-8　Ⓝ519.213
　内容　第1章　東京湾における地震と津波　第2章　東京湾の高潮と高波　第3章　東京湾の海水の汚染　第4章　都市河川の災害と汚染　第5章　地下水障害　第6章　都市気候と大気汚染　第7章　東京湾の大気環境　　　　　　　　　　　　　　　　　　〔3227〕

◇環境アセスメントは、これでよいのか―東京都の環境アセスメント条例の12年間を検証する　東京弁護士会公害環境特別委員会編　国分寺　武蔵野書房　1994.10　201p　26cm　（わかりやすい環境アセスメントシリーズ 22）　2987円　Ⓝ519.15　　　　　　　　　　　　　〔3228〕

◇かけがえのない東京湾を次世代に引き継ぐために―東京湾の望ましい水域環境を実現するための方策について　環境庁水質保全局編　大蔵省印刷局　1990.10　70p　26cm　〈東京湾水域環境懇談会中間報告〉　900円　Ⓘ4-17-153900-5　Ⓝ519.4
　内容　東京湾の今後の望ましい水域環境像（基本的な視点　望ましい水質　望ましいなぎさ環境）　東京湾における今後の水域環境保全・再生方策（東京湾への関心を呼ぶための方策　水質保全方策　なぎさ環境の保全・再生方策　水域環境保全・再生推進のための体制や仕組みの整備）　提言の背景（東京湾の水域環境の現状と水質保全対策　東京湾を取り巻く社会経済動向　東京湾の有する機能）　文献一覧　用語解説　　　　　　　　　　　　　　　　　　〔3229〕

254　　「東京」がわかる本　4000冊　　　　　　　〔3218～3229〕

技術・工業　　　　　　　　　　　　　　　　　　　　　建設・土木技術

建設・土木技術

◇江戸の開府と土木技術　江戸遺跡研究会編　吉
川弘文館　2014.12　271p　22cm　6500円
Ⓓ978-4-642-03466-1　Ⓝ291.361
内容 江戸の地形環境─武蔵野台地と利根川デルタ
「静勝軒寄題詩序」再考　「江戸」成立前夜の山の
手地域─中世後期の村落と水資源　徳川家康の江戸
入部と葛西　丸の内を中心とした近世初頭の遺跡に
ついて　小石川本郷周辺の自然地形と近世土木事業
の実態　江戸を支える土─西久保城山土取場跡　江
戸、下町の造成─東京都中央区の遺跡を中心として
江戸城をめぐる土木技術─盛土と石垣構築　近世に
おける石積み技術　近世をきりひらいた土木技術─
胴木組と枠工法護岸施設　　　　　　　　　〔3230〕

◇江戸をつくった土木技術─江戸遺跡研究会第22
回大会 発表要旨　江戸遺跡研究会編　江戸遺
跡研究会　2009.2　190p　26cm〈会期・会場：
2009年2月7日─8日　江戸東京博物館　文献あ
り〉Ⓝ510.92136　　　　　　　　　　　　〔3231〕

◇東京をつくった話─東京土木建築業者団体結成
百十五年並びに社団法人東京建設業協会設立五
十周年記念　東京建設業協会編　日本経済評論
社　1998.5　401p　20cm　3300円　Ⓓ4-8188-
0987-X　Ⓝ510.92136
内容 序章 大江戸の建設　第1章 近代都市東京の建設
第2章 東京の近代化と関東大震災　第3章 激動の時
代　第4章 甦る東京　第5章 東京大改造　第6章 オ
イルショックとその影響　第7章 バブル経済とその
崩壊　　　　　　　　　　　　　　　　　　〔3232〕

◇東京建設年表　東京建設業協会　1998.5　273p
22cm〈団体結成百十五年設立五十周年記念〉
非売品　Ⓝ510.92136　　　　　　　　　　〔3233〕

◇江戸の下水道　栗田彰著　青蛙房　1997.7
261p　20cm〈文献あり〉2400円　Ⓓ4-7905-
0450-6　Ⓝ911.45
内容 下水と「どぶ」　「流し」と井戸端　雨と「湯」
下水のゆくえ　つけたり 雪隠と小便所　　〔3234〕

◇芭蕉庵桃青と神田上水　酒井憲一, 大松騏一共
著　近代文芸社　1994.12　135p　20cm　1200
円　Ⓓ4-7733-3708-7　Ⓝ911.32
内容 第1章 宗匠と工事従事の奇妙な組み合わせ　第
2章 根本資料『風俗文選』『筠庭雑録』『奥の細道菅菰
抄』第3章 許六説を裏づける事実　第4章 芭蕉は関
口に起居したか　第5章 問題点を問題にしていく研
究　第6章 芭蕉と女性関係─正妻説まで　第7章 上
水時代の江戸俳壇での芭蕉　第8章 枯枝に烏のとま
りたるや論　第9章 神田川芭蕉の会のこと　第10章
総合芭蕉学の構築とまちづくり　　　　　　〔3235〕

《水道・水路》

◇玉川上水羽村堰─今に生きる先人の知恵と工夫
羽村市郷土博物館三十周年記念事業　平成二十
七年度特別展　羽村市郷土博物館編　羽村　羽
村市郷土博物館　2015.8　120p　30cm〈会

期・会場：平成27年8月15日─12月23日　羽村
市郷土博物館　文献あり〉Ⓝ517.21365〔3236〕

◇武蔵野・江戸を潤した多摩川─多摩川・上水徒
歩思考　安富六郎著　農山漁村文化協会
2015.3　199p　21cm　（ルーラルブックス）
〈索引あり〉1700円　Ⓓ978-4-540-14263-5
Ⓝ517.2136
内容 第1部 多摩川源流を訪ねて（序 源流へのみちの
り　河口は多様な生きものの生息場所　河口周辺の
今昔　多摩川と江戸を結ぶ羽田の大堰　東海道の大
橋─六郷橋と多摩川大橋 ほか）　第2部 武蔵野・江
戸を潤した多摩川の上水・用水（玉川上水の謎　野火
止用水開通の風景　まぼろしの青山上水　千川上水
再発見　三田上水紀行）　　　　　　　　　〔3237〕

◇玉川上水の分水の沿革と概要　小坂克信著　と
うきゅう環境財団　2014.11　150p　30cm
（研究助成・一般研究 vol.36 no.210）Ⓝ213.6
〔3238〕

◇滅びゆく水の都江戸・東京─甦るか水路と橋
岩井是道著　国分寺　之潮　2013.3　10,162p
19cm〈文献あり〉1000円　Ⓓ978-4-902695-
19-9　Ⓝ517.21361
内容 第1章 江戸のなりたち　第2章 江戸の水路と橋
がたどった運命　第3章 明治二十三年の水の都東京　第
4章 水の都の町づくりを支えた橋　第5章 水の都ヴ
ェネツィアの旅　第6章 いま水の都は甦るのか　第
7章 不可能を可能にした人たち　　　　　　〔3239〕

◇地形を楽しむ東京「暗渠」散歩　本田創編著
洋泉社　2012.12　239p　21cm（『東京ぶらり
暗渠探検』(2010年刊)の改題、増補・改訂　文
献あり〉2400円　Ⓓ978-4-8003-0004-1　Ⓝ517.
21361
内容 序 東京の暗渠　1 渋谷川支流の暗渠　2 神田川
支流の暗渠　3 目黒川支流の暗渠　4 呑川支流の暗
渠　5 石神井川支流の暗渠　6 上水・用水の暗渠
〔3240〕

◇江戸の水道　野中和夫編　同成社　2012.6
354p　20cm　（同成社江戸時代史叢書 31）
〈文献あり〉3700円　Ⓓ978-4-88621-600-7
Ⓝ518.1
内容 第1章 地理的視点から見た江戸の水事情　第2
章『上水記』を解く　第3章 江戸の井戸　第4章 上
水の普請修理記録　第5章 江戸城中枢部の上水・給
水事情　第6章 発掘された水利施設　第7章 町屋の
水事情　第8章 江戸城御殿を中心とする下水路　第
9章 上水施設を自然科学分析で解析する　〔3241〕

◇外濠─江戸東京の水回廊　法政大学エコ地域デ
ザイン研究所編　鹿島出版会　2012.4　178p
24cm〈文献あり〉2500円　Ⓓ978-4-306-
07296-1　Ⓝ517.21361
内容 第1章 外濠のなぜ（外濠前史　外濠のかたち　外
濠の近代、そして未来へ）　第2章 外濠を知る（つく
られた外濠　外濠のまわり　外濠の文化と生活　水が
もたらす環境）　第3章 外濠をみる（外濠を歩く　水
を楽しむ）　第4章 外濠の未来（水を活かす　水をよ
くする　外濠を拓く　コラム 外濠アルバム）
〔3242〕

〔3230〜3242〕　　　　　　　　　　　　　「東京」がわかる本 4000冊　**255**

建設・土木技術　　　　　　　　　　　　　　　　　　　　　技術・工業

◇江戸の上水道と下水道　江戸遺跡研究会編　吉
川弘文館　2011.10　218p　22cm　5500円
Ⓘ978-4-642-03449-4　Ⓝ518.1
内容 江戸の水—基調報告　江戸の上下水と堀—江戸
城外郭を中心に　四谷～牛込地域の上水遺構　江戸
遺跡における上水道の構造と目的について　江戸の
町屋の上下水—東京都中央区の町屋の遺跡から　台
東区内遺跡調査検出の上水・下水関連遺構　ネット
ワークとしての江戸の上水—玉川上水以前を考える
江戸上水の御普請について—「玉川上水留」を読む
江戸の下水史料　　　　　　　　　　　　　　〔3243〕

◇江戸上水道の歴史　伊藤好一著　吉川弘文館
2010.10　215p　20cm　（歴史文化セレクショ
ン）〈1996年の復刊〉1700円　Ⓘ978-4-642-
06367-8　Ⓝ518.1
内容 1 江戸水道の成立（城下町の建設と江戸の水事
情　水道開設）　2 江戸水道の経営・管理（江戸の水
道網　近世前期の水道経営　享保期の遺跡から　近
世後期の水道経営　水道組合）　3 江戸の水道問題
（水量と水質　江戸の水と村の水）　　　　　〔3244〕

◇東京水路をゆく—艪付きボートから見上げる
TOKYO風景　石坂善久著　東洋経済新報社
2010.10　243p　19cm　〈文献あり〉1600円
Ⓘ978-4-492-04396-7　Ⓝ517.21
内容 水路をめぐる愉しみ、あれやこれや（水路徘徊者
"道楽船頭"のこだわり　水路めぐりは水門めぐりで
もある　沖積低地の守護者、水門。3つのタイプ　オ
トコの水をかなえる装置、閘門 ほか）　心が躍る水
上散歩！　地区別水路のご案内（江戸川・中川・綾瀬川
流域　荒川可航域とその派川　江東デルタ地帯　隅
田川西岸の河川群 ほか）　　　　　　　　　〔3245〕

◇三河島と日本初下水処理施設—平成21年度荒川
ふるさと文化館第2回企画展　荒川区教育委員
会、荒川区立荒川ふるさと文化館編　荒川区教
育委員会　2010.2　79p　30cm　〈会期：平成22
年2月13日—3月22日　「旧三河島汚水処分場喞
筒場施設」国重要文化財指定記念　共同刊行：
荒川区立荒川ふるさと文化館　文献あり〉
Ⓝ213.61　　　　　　　　　　　　　　　　〔3246〕

◇江戸・東京の水利探訪—水利遺産探訪　大橋欣
治著　大橋欣治　2009.5　52p　図版1枚
30cm　　　　　　　　　　　　　　　Ⓝ517.2136　　〔3247〕

◇玉川上水「水喰土」伝承をめぐる諸説の検証パ
ネルディスカッション—福生古文書研究会主催
「福生・水との共生ミュージアム」事業　福生
古文書研究会編　〔福生〕　福生古文書研究会
2007.9　40p　29cm　〈会期・会場：平成19年2
月10日　扶桑会館2階会議室〉Ⓝ213.6　〔3248〕

◇江戸下水の町触集　栗田彰編著、柳下重雄監修
日本下水文化研究会　2006.12　36,343p　21cm
（下水文化叢書 9）　Ⓝ518.2　　　　　　　〔3249〕

◇千川上水・用水と江戸・武蔵野—管理体制と流
域社会　大石学監修、東京学芸大学近世史研究
会編　名著出版　2006.7　532,71p　22cm
（東京学芸大学近世史研究会調査報告 2）

8500円　Ⓘ4-626-01702-9　Ⓝ213.6
内容 千川家の概観—江戸から武蔵野へ　千川上水の
開設　元禄期における将軍御成と白山御殿　千川上
水と江戸の町　御用留に見る千川家の職務と社会的
地位　死体見分における千川家の役割　千川用水の
用水組合　水料米について　千川用水の分水口　明
和・安永期の分水口明け運動　宝暦・天明期の千川
上水再興運動　寛政期一橋家小石川屋敷への千川用
水引き入れ計画　千川用水と板橋宿　幕府の新大砲
製造所建設政策の実現過程と千川用水　　　〔3250〕

◇江戸の上水・下水—江戸遺跡研究会第19回大会
発表要旨　江戸遺跡研究会　江戸遺跡研究会
2006.1　141p　26cm　〈会期・会場：2006年1月
28日—29日　台東区生涯学習センター　文献あ
り〉Ⓝ518.1　　　　　　　　　　　　　　　〔3251〕

◇玉川上水をあるく　改訂第6版　武蔵野　武蔵
野市教育委員会　2005.3　51p　19cm　〈折り込
1枚〉Ⓝ291.365　　　　　　　　　　　　　〔3252〕

◇江戸の下水道を探る—享保・明和・安永の古文
書から　柳下重雄著　日本下水文化研究会
2005.2　196p　21cm　（下水文化叢書 8）
Ⓝ518.2　　　　　　　　　　　　　　　　　〔3253〕

◇用水を総合的な学習に生かす—日野の用水を例
として　小坂克信著　玉川上水と分水の会
2004.5　162p　26cm　〈とうきゅう環境浄化財
団刊の増刷　年表あり〉1000円　Ⓝ213.65
　　　　　　　　　　　　　　　　　　　　　〔3254〕

◇千川上水考　加瀬順一著　加瀬順一　2004.3
36p　27cm　〈折り込1枚〉Ⓝ213.61　〔3255〕

◇上水記考　恩田政行著　青山第一出版　2003.
11　66p　21cm　〈文献あり〉Ⓝ213.6　〔3256〕

◇玉川上水三五〇年の軌跡展示図録—特別展　羽
村市郷土博物館編　羽村　羽村市教育委員会
2003.9　55p　30cm　〈会期：平成15年9月27日
—12月21日　玉川上水開削三五〇周年記念事業
文献あり〉Ⓝ213.6　　　　　　　　　　　　〔3257〕

◇玉川上水論集　2　羽村市郷土博物館編　羽村
羽村市教育委員会　2003.9　217p　21cm　（羽
村市史料集 8）　Ⓝ213.65
内容 上水記ノート（保坂芳春著）　玉川上水起元再見
（保坂芳春著）　玉川上水を土木技術の立場から調べ
る（角田清美著）　「玉川上水留」にみる幕末期の江
戸における玉川上水の水工構造認識と設計法（神吉和
夫著）　維持管理の体制と経理（篶森康治郎著）　明
治初期の多摩地方における水利用（天野宏司著）　水
車にみる用途の移り変わり（小坂克信著）　玉川上水
通船の一要因（保坂芳春著）　玉川上水の補修および
名勝小金井（サクラ）の回復について（米谷開司朗著）
玉川上水現況調査報告に関する提言（東京都教育庁生
涯学習部文化課著）　玉川上水の蝶（久保田繁男著）
解説（肥留間博著）　　　　　　　　　　　　〔3258〕

◇玉川上水の謎を探る　渡辺照夫著　〔小平〕
〔渡辺照夫〕　2002.10　66p　26cm　Ⓝ213.6
　　　　　　　　　　　　　　　　　　　　　〔3259〕

256　「東京」がわかる本 4000冊　　　　　　　　　〔3243～3259〕

技術・工業　　　　　　　　　　　　　　　　　　　　　　　　　　　　　　　　　　　　建設・土木技術

◇玉川上水外伝—失敗堀綺譚と出典　恩田政行著
　青山第一出版　2002.5　51p　22cm　Ⓝ213.6
　　　　　　　　　　　　　　　　　　　　〔3260〕

◇変貌する玉川上水　恩田政行著　青山第一出版
　2002.2　47p　21cm　Ⓝ518.1　　　〔3261〕

◇野火止用水—野火止用水・玉川上水の歴史を
　辿って　特別展図録　東村山市教育委員会, 東村
　山ふるさと歴史館編　東村山　東村山市教育委
　員会　2001.3　32p　30cm〈共同刊行：東村山
　ふるさと歴史館　文献あり〉Ⓝ213.65　〔3262〕

◇江戸上水の技術と経理—玉川上水留：抄翻刻と
　解析　榮森康治郎, 神吉和夫, 肥留間博編著　ク
　オリ　2000.8　309p　26cm〈「玉川上水の維持
　管理技術と美観形成に関する研究」(2000年刊)
　の改題〉3600円　Ⓝ518.1　　　　〔3263〕

◇東京近代水道百年史　東京都水道局　1999.11
　3冊　30cm〈「通史」「部門史」「資料・年表」に
　分冊刊行〉Ⓝ518.1　　　　　　　〔3264〕

◇江戸城下町における「水」支配　坂誌智美著
　専修大学出版局　1999.4　352p　22cm　4500
　円　Ⓘ4-88125-105-8　Ⓝ322.19361
　内容　序章　第1章 江戸上水と支配管理(上水　下水
　堀　ほか)　第2章 水の支配管理と江戸幕府の職制(道
　奉行　町奉行　本所奉行　ほか)　第3章 塵芥処理と
　屎尿処理の問題(塵芥処理　屎尿問題)　終章　参考
　資料 享保撰要類集「上水之部」　　　〔3265〕

◇水—江戸・東京「水」の記録　清水龍光著　西
　田書店　1999.3　205p　22cm　2000円　Ⓘ4-
　88866-293-2　Ⓝ213.6
　内容　水への想い(水の星「地球」　水と私たちのかか
　わり)　武蔵野の湧水(武蔵野東端部の湧水　武蔵野
　の成立　武蔵野台地の湧水 ほか)　武蔵野東縁の河
　川(神田川(平川)　弦巻川　水窪川　ほか)　江戸の
　上水(神田上水　千川上水　その他の上水)　水と人
　びとの生活(縄文・弥生期　奈良・平安期　鎌倉・室
　町期　ほか)　　　　　　　　　　　〔3266〕

◇玉川上水隠れ綴　恩田政行著　青山第一出版
　1998.7　65p　21cm　Ⓝ213.6　　　〔3267〕

◇幻の玉川上水　恩田政行著　青山第一出版
　1997.5　73p　22cm　Ⓝ213.6　　　〔3268〕

◇千川上水三百年の謎を追う　大松騏一著　東銀
　座出版社　1996.4　233p　19cm「千川上水関
　連年表：p224〜225　参考図書一覧：p229〜
　233」1700円　Ⓘ4-938652-75-7　Ⓝ213.61
　　　　　　　　　　　　　　　　　　〔3269〕

◇玉川上水起元剖検—幻の玉川上水　恩田政行著
　青山第一出版　1996.3　130p　21cm　Ⓝ213.6
　　　　　　　　　　　　　　　　　　〔3270〕

◇江戸・東京の下水道のはなし　東京下水道史探
　訪会編　技報堂出版　1995.5　157p　19cm
　〈東京下水道行政年表・参考文献：p145〜154〉
　1854円　Ⓘ4-7655-4407-9　Ⓝ518.2

◇内容　第1章 江戸時代・明治維新期の下水史料を猟歩
　する(江戸の町に下水道があったのか　江戸の町の下
　水道の仕組みは ほか)　第2章 新聞にみる明治・大
　正時代の下水道事情(神田下水に着手する ほか)　第
　3章 東京の下水道史を語る(下水道事業の今昔　下水
　管資材の移り変わりほか)　　　　　〔3271〕

◇玉川上水に纏うぎ惑　恩田政行著　青山第一出
　版　1995.5　71p　21cm〈参考資料・文献：
　p66〜67〉Ⓝ213.6　　　　　　　〔3272〕

◇玉川上水散策　羽村市郷土博物館編　〔羽村〕
　羽村市教育委員会　1995.3　95p　26cm〈文：
　坂上洋之　写真：桜井保秋　玉川上水関係年
　表：p5　付：参考文献〉Ⓝ291.36　〔3273〕

◇玉川上水—光と影の錯節　恩田政行著　青山第
　一出版　1994.7　105p　22cm〈参考文献：
　p102〜103〉Ⓝ291.36　　　　　　〔3274〕

◇玉川上水—橋と碑と　蓑田偶者著　クオリ
　1993.11　194p　19cm〈参考資料：p183〜
　184〉1957円　Ⓝ291.36　　　　　〔3275〕

◇水談義　堀越正雄著　論創社　1993.1　227p
　20cm　2060円　Ⓘ4-8460-0104-0　Ⓝ518.1
　内容　第1部 水とともに生きる　第2部 文学にみる水
　と暮らし　第3部 歴史のなかの水　　〔3276〕

◇江戸上水配水樋配管路の復現図作成について
　福沢昭著　〔福沢昭〕　〔1993〕　53p　26cm
　〈背の書名：江戸上水配管図復元　電子複写
　付(図3枚　袋入)　限定版〉Ⓝ518.1　〔3277〕

◇玉川上水—親と子の歴史散歩　伊藤好一監修,
　肥留間博著　再版　国立　たましん地域文化財
　団　1992.5　304p　19cm　(多摩郷土文庫)
　〈文献あり〉1165円　Ⓝ517.2136　〔3278〕

◇千川上水展—うつりゆく流域のくらしと景観
　特別展図録　東京都豊島区立郷土資料館編
　〔東京都〕豊島区教育委員会　1992.2　59p
　26cm〈'91年度・冬期特別展　会期：平成4年2
　月14日〜3月29日　略年表・参考文献：p56〜
　58〉Ⓝ213.6　　　　　　　　　　〔3279〕

◇玉川上水—親と子の歴史散歩　肥留間博著　国
　立　たましん地域文化財団　1991.10　14,304p
　19cm　(多摩郷土文庫)〈監修：伊藤好一　参
　考文献：p298〜300〉1200円　Ⓝ291.36〔3280〕

◇玉川上水—水と緑と人間の賛歌　アサヒタウン
　ズ編　増補　立川　けやき出版　1991.6　333p
　19cm〈折り込み図1枚　関連年表：p312〜328〉
　1500円　Ⓘ4-905845-86-6　Ⓝ291.36
　内容　第1章 玉川上水、その光と影　第2章 四季、水
　辺の営み　第3章 次代への遺産　私と玉川上水　付
　木もれ陽さんぽ　玉川上水関連年表　〔3281〕

◇江戸上水・東京水道400周年記念事業記録　江
　戸上水・東京水道400周年記念事業記録編集委
　員会編　東京都水道局　1991.5　99p　26cm

〔3260〜3282〕　　　　　　　　　　　　　　　「東京」がわかる本 4000冊　257

建設・土木技術　　　　　　　　　　　　　　　　技術・工業

Ⓝ518.1　　　　　　　　　〔3282〕

◇千川上水の今と昔―練馬古文書研究会十周年記
念誌　練馬古文書研究会編　練馬古文書研究会
1991.1　59,19p　26cm〈はり込図1枚　各章
末：参考文献〉非売品　Ⓝ213.6　　　〔3283〕

◇どうなっているの？　東京の水―市民の手によ
る水白書　東京・生活者ネットワーク，東京の
水を考える会著　北斗出版　1990.5　246p
21cm　1900円　Ⓘ4-938427-49-4　Ⓝ517
内容　第1章　水環境の回復と水源自立を求めて―誌上
シンポジウム　第2章　つくられた「水不足」　第3章
都市の自己水流「地下水」　第4章　水道水の水質　第
5章　使った水はどこにいくの？　第6章　甦えれ多摩
川　第7章　水道料金と下水道料金　私たちの調査レ
ポート　私たちからの政策提案　　　　　　〔3284〕

◇野火止用水―歴史と清流復活の讃歌　斎藤利夫，
大谷希幸著　有峰書店新社　1990.4　231p
20cm〈主な参考文献：p229〜231〉1800円
Ⓘ4-87045-189-1　Ⓝ213.6
内容　第1章　野火止用水序曲（3世紀を経た文化遺産）
第2章　知恵伊豆（戦乱の島原　幕政支えた新官僚）
第3章　野火止用水以前（玉川上水）　第4章　野火止新
田と用水（新田の夜明け　野火止用水物語）　第5章
平林寺（信綱の記念碑　嵐に立つ丘）　第6章　清流よ
再び（さようなら用水　水辺の復権　環境保全の下
で）　　　　　　　　　　　　　　　　　〔3285〕

《橋》

◇隅田川の橋―"水の東都"の今昔散歩　東京今昔
町あるき研究会編　彩流社　2013.11　77p
26cm〈文献あり〉1800円　Ⓘ978-4-7791-
1939-2　Ⓝ515.02
内容　第1部　新神谷橋から千住大橋へ（新神谷橋　新
田橋　豊島橋＋新豊橋　小台橋　ほか）　第2部　水神
大橋から両国橋へ（水神大橋＋千住汐入大橋　白鬚
橋　桜橋　言問橋　ほか）　第3部　新大橋から勝鬨橋
へ（新大橋　清洲橋　永代橋＋隅田川大橋　相生橋
ほか）　　　　　　　　　　　　　　　　〔3286〕

◇東京今昔橋めぐり　東京今昔研究会編著　ミリ
オン出版　2013.1　142p　22cm〈文献あり
発売：大洋図書〉1600円　Ⓘ978-4-8130-2205-
3　Ⓝ515.02
内容　第1章　隅田川北部の橋　第2章　隅田川南部の橋
第3章　都心部の橋　皇居周辺の橋　第4章　城南・城
西の橋　第5章　消えた橋・新しい橋　　　〔3287〕

◇江戸・東京橋ものがたり　酒井茂之著　明治書
院　2011.4　218p　19cm　（学びやぶっく 54
しゃかい）〈文献あり　索引あり〉1200円
Ⓘ978-4-625-68464-7　Ⓝ515.02
内容　其之1　江戸 "橋" ものがたり（江戸時代の橋　出
会いと別れのランドマーク　橋が生み出す江戸情緒
東京初の鉄橋　伝説に彩られた橋）　其之2　江戸・東
京の橋（江戸城郭の御門橋　日本橋川と，その川筋の
橋　神田川と，その川筋の橋　江戸時代に架橋された隅田川の
橋　墨田区，江東区の橋　台東区　古川（赤羽川，金
杉川）と，その川筋の橋（港区）　品川区，目黒区，世

田谷区、杉並区、板橋区の橋）　　　　　〔3288〕

◇隅田川を遡る―橋梁物語　NPO市民フォーラム
著　ヒューマン・クリエイティブ　2010.2
239p　18cm　（Creative book bird's eye　首
都圏人 no.10）〈索引あり　発売：揺籃社（八
王子）〉1200円　Ⓘ978-4-89708-287-5　Ⓝ515.
02　　　　　　　　　　　　　　　　　　〔3289〕

◇江戸の橋　鈴木理生著　角川学芸出版　2008.9
302p　15cm　（角川文庫　シリーズ江戸学）
〈発売：角川グループパブリッシング〉705円
Ⓘ978-4-04-406304-7　Ⓝ515.02
内容　第1章　隅田川の橋　第2章　橋はどのように造ら
れたか　第3章　日本橋界隈の橋　第4章　堀と橋　第
5章　銀座界隈の橋　第6章　橋の昔と今　　〔3290〕

◇大江戸橋ものがたり　石本馨著　学習研究社
2008.3　302p　19cm〈文献あり〉1500円
Ⓘ978-4-05-403723-6　Ⓝ213.61
内容　第1章　隅田川　第2章　江戸城御門　第3章　日本
橋川　第4章　神田川　第5章　京橋・銀座・麻布・目
黒　第6章　上野・浅草　第7章　本所・深川　〔3291〕

◇消えた大江戸の川と橋―江戸切絵図探索　杉浦
康著　小学館スクウェア　2008.3　223p
20cm〈文献あり〉1429円　Ⓘ978-4-7979-
8721-8　Ⓝ515.02　　　　　　　　　　　〔3292〕

◇「論考」江戸の橋―制度と技術の歴史的変遷
松村博著　鹿島出版会　2007.7　9,218p　22cm
〈年表あり　文献あり〉3800円　Ⓘ978-4-306-
09387-4　Ⓝ515.02
内容　1章　江戸築城と街道整備　2章　江戸の町の拡大
と隅田川への架橋　3章　享保の改革による御入用橋の
民間への移管　4章　両国橋の構造と建設　5章　両国
橋の管理と運営　6章　組合橋（町橋）の維持管理　7
章　御入用橋管理の推移　8章　永代橋落橋と政策の変
化　9章　御入用橋架け換えの手順　10章　江戸の橋の
構造デザインと施工　　　　　　　　　　〔3293〕

◇空堀川橋ものがたり　小林寛治著　立川　けや
き出版　2006.3　137p　22cm〈折り込1枚　年
表あり〉1800円　Ⓘ4-87751-306-X　Ⓝ515.02
内容　第1章　橋はどうして必要になったのでしょう
第2章　橋の名前はどこから来たのでしょう　第3章
空堀川に架かる橋（橋の歴史と名前の由来　上流端か
ら武蔵村山地区へ　武蔵村山地区から東大和地区へ
東大和地区から東村山地区へ　東村山地区から清瀬
地区へ）　第4章　橋を楽しむ　第5章　橋の歴史と変遷
第6章　いろいろな橋（猿橋　錦帯橋　五条大橋　九州
の石橋　瀬田の唐橋伝説　本四架橋）　　　〔3294〕

◇東京湾アクアラインの検証　久慈力著　緑風出
版　1999.7　229p　19cm〈年表あり〉1800円
Ⓘ4-8461-9909-6　Ⓝ515.7
内容　第1章　アクアライン恐怖の三題噺　メリットが何もな
かった神奈川県　最大の環境破壊要因―「海ほたる」
大災害の危険―トンネルと橋梁　ゼネコンが利権を
むさぼり尽くす　盛り上がらない千葉県のイベント
通過点になってしまった木更津市　何もメリットが
ない千葉市民　財政が破綻している国と東京都　道
路公団と横断道路株式会社の癒着関係〔ほか〕

258　「東京」がわかる本 4000冊　　　　　　〔3283〜3295〕

技術・工業　　　　　　　　　　　　　　　　　　　　　　　建築

◇巨大芸術東京湾アクアライン―計画から完成までの16年間の軌跡 21世紀への贈り物　内田恵之助著　日刊建設通信新聞社　1998.6　176p　19cm　1500円　Ⓘ4-930738-58-X　Ⓝ515.7
　内容 序章 ようやく開通を迎えた　第1章 東京湾を結ぼう　第2章 具体化　第3章 川崎側、橋・沈埋トンネルからシールドへ　第4章 民間会社で　第5章 川崎人工島　第6章 道路トンネル、初のシールド　第7章 地震に耐え、水漏れのないトンネルに　第8章 木更津人工島・浮島　第9章 海ほたるを結ぶ橋　第10章 ベイエリアに合わせて優雅な景観―風の塔　第11章 安全・環境に配慮して　〔3296〕

◇東京湾アクアライン―海を渡る道　千葉　千葉日報社　1997.12　215p　26cm　1600円　Ⓘ4-924418-28-5　Ⓝ515.7　〔3297〕

◇東京湾横断道路のすべて―東京湾アクアライン　日経コンストラクション編　日経BP社　1997.9　191p　28cm　〈日経コンストラクションブックス〉〈発売：日経BP出版センター〉4800円　Ⓘ4-8222-2009-5　Ⓝ515.7
　内容 第1部 着工から完成までの3000日（全体工程と事業の全容　人工島　トンネル　橋梁　景観）第2部 見えないプロジェクト記録（構想浮上の経緯　シールドへの転換　第三セクターによる事業遂行　事業変更の足跡　防災計画 ほか）第3部 プロジェクトの評価　〔3298〕

◇隅田川橋の紳士録　白井裕著　東京堂出版　1993.9　135p　26cm　〈監修：伊東孝　参考文献：p134〉2900円　Ⓘ4-490-20215-6　Ⓝ515.02
　内容 橋への誘い　隅田川の橋―魅力と文化　隅田川に架かる橋（勝鬨橋　佃大橋　相生橋　霊岸島水位観測所　中央大橋　永代橋 ほか）　第一橋梁とは（海幸橋　西仲橋　南高橋　練兵橋 ほか）　橋灯アラカルト　橋を水上バスから　橋の形式について　橋の用語解説〔ほか〕　〔3299〕

建築

◇シブいビル―高度成長期生まれ・東京のビルガイド　鈴木伸子著，白川青史写真　リトルモア　2016.9　127p　21cm　〈年表あり〉1700円　Ⓘ978-4-89815-445-8　Ⓝ526.9
　内容 1 有楽町と新橋はシブいビルの聖地である（東京交通会館―戦後復興プロジェクトの目玉　有楽町ビル・新有楽町ビル―いいビルには、いい喫茶店 ほか）　2 ショッピングはナウでおしゃれな空間で（日本橋高島屋増築部分―象の高子ちゃんも踏みしめた優雅な階段　中野ブロードウェイ―クールジャパン的買い物天国と伝説のラグジュアリーマンション ほか）　3 娯楽の時間はゴージャス&レトロで楽しく（ホテルニューオータニ―戦艦大和の主砲台の技術を応用した回転ラウンジ　ロサ会館―池袋の娯楽の花園 ほか）　4 颯爽と歩きたくなるオフィスビルヂング（パレスサイドビル―東洋一のオフィスビル　三会堂ビル―農林水を象徴する優雅な意匠 ほか）〔3300〕

◇TOKYOインテリアツアー―東京は内面こそが面白い！　浅子佳英，安藤僚子著　LIXIL出版　2016.6　175p　21cm　2000円　Ⓘ978-4-86480-023-5　Ⓝ526.67
　内容 TOKYOインテリアツアーへようこそ！　インテリアがつくる東京の姿　インテリアガイド（銀座　丸の内　表参道・原宿　渋谷　恵比寿・白金　代官山・中目黒　祐天寺・駒沢・自由が丘　新宿　中央線）　インテリアデザイン（内面の設計）　インテリア・データ　〔3301〕

◇東京の近代建築　西宮　武庫川女子大学出版部　2016.2　63p　30cm　〈武庫川女子大学東京センター主催講演会シリーズ　わが国の近代建築の保存と再生 第11回〉〈会期・会場：2014年11月15日　日本工業倶楽部会館2階大会堂〉500円　Ⓝ521.6
　内容 水の側から見た東京の都市空間の変遷と近代建築 陣内秀信述　近代の建築を通して見る東京の歴史 藤岡洋保述　〔3302〕

◇丸の内における都市建築空間の形成とストリートスタイルの創造―日本で活躍した建築家が果たした役割を踏まえて　法政大学デザイン工学部建築学科岡本哲志研究室著，法政大学デザイン工学部建築学科岡本哲志研究室編　法政大学エコ地域デザイン研究所　2015.9　89p　30cm　Ⓘ978-4-9907970-2-7　Ⓝ523.136　〔3303〕

◇東京の近代建築―ここだけは見ておきたい　2　23区東部と下町　小林一郎著　吉川弘文館　2014.9　150p　21cm　〈文献あり　年表あり〉1800円　Ⓘ978-4-642-08252-5　Ⓝ523.136
　内容 A 日本橋・銀座・築地エリア―西洋建築の写し→日本趣味への読み替え→独自の建築へ　B 本郷エリア―近代＝西洋化と近代＝民主化　C 上野エリア―建築の宝庫 上野の森　D 雑司が谷・池袋エリア―虚空に向かうたてものと地平に広がるたてもの　E 王子エリア―軍都と東京 一低い山と工業地帯　F 本所・深川エリア―復興の街　水門/看板建築〔3304〕

◇私たちの「東京の家」　尾形一郎，尾形優著・写真　羽鳥書店　2014.9　159p　25cm　〈翻訳：カレン・サンドネスほか　英語併記〉5400円　Ⓘ978-4-904702-47-5　Ⓝ523.1
　内容 グアテマラ―巨大地震の記憶を建築現場に重ねる　メキシコ―写真が内包する宇宙を建築に変換する　日本―迷宮な大型プリントで再構築する　ナミビア―二人の原風景を一つにする　中国―ディスレクシアの世界を鉄道模型で再現する　ギリシャー「東京の家」を再発見する　〔3305〕

◇東京の近代建築―ここだけは見ておきたい　1　皇居周辺・23区西部・多摩　小林一郎著　吉川弘文館　2014.7　150p　21cm　〈文献あり　年表あり〉1800円　Ⓘ978-4-642-08251-8　Ⓝ523.136
　内容 A 皇居周辺エリア　B 神田エリア　C 赤坂・高輪エリア　D 中野・渋谷エリア　E 目黒・世田谷エリア　F 多摩エリア　〔3306〕

◇表参道を歩いてわかる現代建築　米田明，内野

| 建築 | 技術・工業 |

正樹, 押尾章治, 後藤武著　大和書房　2014.6
120p　21cm　〈文献あり〉　2000円　①978-4-
479-39254-5　Ⓝ523.1361
内容　根津美術館―隈研吾　岡本太郎記念館―坂倉準
三　コレッツィオーネ―安藤忠雄　プラダブティッ
ク青山店―ヘルツォーク＆ド・ムーロン　スパイラル
―槇文彦　フロム・ファーストビル―山下和正　旧山
田守自邸―山田守　R・MINAMIAOYAMA―平田
晃久＋吉原美北古　395―北川原温＋ILCD　サニー
ヒルズ・ジャパン―隈研吾〔ほか〕　〔3307〕

◇構造デザインマップ東京　構造デザインマップ
編集委員会編　総合資格　2014.6　259p
26cm　〈索引あり〉　1900円　①978-4-86417-
121-2　Ⓝ524
内容　1 丸の内・銀座　2 渋谷・青山　3 六本木　4 品
川・三田　5 新宿　6 上野・文京　7 湾岸・隅田川
8 都心その他　9 武蔵野・多摩　10 神奈川　11 千
葉　12 首都圏その他　〔3308〕

◇世界に誇れる東京のビル100　宮元健次著　エ
クスナレッジ　2013.11　175p　26cm　〈文献あ
り　索引あり〉　1800円　①978-4-7678-1671-5
Ⓝ526.9
内容　1章 時代を超えて愛されるランドマークビル
(GINZA KABUKIZA (歌舞伎座、歌舞伎座タワー)
東京駅丸の内駅舎　ほか)　2章 一度見たら忘れられ
ないユニークビル (モード学園コクーンタワー　東
急プラザ表参道原宿　ほか)　3章 思わず見とれるス
タイリッシュビル (電通本社ビル　ヒルサイドテラス
ほか)　4章 魅力的なファサードのオリジナルビル
(ルイ・ヴィトン銀座並木通り店　国立新美術館　ほ
か)　〔3309〕

◇東京たてもの伝説　森まゆみ, 藤森照信著　岩
波書店　2012.10　265p　19cm　〈岩波人文書
セレクション〉〈1996年刊の再刊　文献あり
年譜あり〉　2200円　①978-4-00-028564-3
Ⓝ523.136
内容　同潤会アパート七〇年 (住利共同住宅見て歩き
下町同潤会巡礼記　ほか)　昭和を生きた住宅 (平塚
千鶴子邸拝見　住み続けて六五年 (平塚千鶴子氏に聞
く))　森鷗外も出入りした洋館をたずねる (旧亀井
茲明伯爵邸 (遠藤剛邸) 拝見　亀井茲明、森鷗外と丸
山町 (亀井茲氏に聞く))　残す東京、残る東京 (江
戸東京たてもの園案内　安田楠雄邸拝見)　〔3310〕

◇東京レスタウロ歴史を活かす建築再生　民岡順
朗著　ソフトバンククリエイティブ　2012.6
247p　18cm　(ソフトバンク新書 195)　880
円　①978-4-7973-6875-8　Ⓝ523.1361
内容　1章 大胆にコンバージョン (SCAI THE
BATHHOUSE―老舗の銭湯が現代アートギャラ
リーに変身　2k540 AKI・OKA ARTISAN―鉄道
高架下を「ものづくりの街」として再生　ほか)　2章
身近な建物を蘇らせる (compound cafe―直階段の
ある雑居ビルをフレンチ風にレスタウロ　base cafe
―キャバレーの控え室をオーガニックカフェに　ほ
か)　3章 和の伝統を守り・活かす (なんてんcafe―
建築事務所の1階を古民家カフェに復活　カヤバ珈
琲―大正時代の町家が復活、再び町のシンボルに　ほ
か)　4章 歴史的意匠を継承する (文房堂―ロマネス
ク風の典雅なファサードを保存　表参道ヒルズ同潤

館―旧同潤会青山アパートの記憶を継承　ほか)　5
章 テクノロジーで美を支える (自由学園明日館―F.
L.ライトの遺産を半解体修理で動態保存　三菱一号
館美術館 (Café 1894)―J.コンドル設計の煉瓦建築
を復元　ほか)　〔3311〕

◇銀座建築探訪　藤森照信文, 増田彰久写真　白
揚社　2012.5　277p　21cm　2800円　①978-
4-8269-0164-2　Ⓝ523.1361
内容　ウォートルス、煉瓦街、そして銀座 (銀座煉瓦街
を本当に失敗だったのか　謎の建築家ウォートルス
を追って　煉瓦街はどう造られたか　銀座はいつ日
本橋を抜いたのか　ほか)　銀座建築探訪 (和光―な
ぜか誰でも知っている銀座のシンボル　数寄屋橋―
三角破風のギリシャ神殿風で出発して三度変貌、さ
らに今…　二葉鮨―鮨屋台を再現するなど江戸の名
残を今に伝える　泰明小学校―建築家・佐野利器が
万難を排し震災復興計画を貫いて　ほか)　〔3312〕

◇東京デザインガイド　『デザインの現場』編集
部編　増補改訂版　美術出版社　2011.4　151p
26cm　2500円　①978-4-568-50441-5　Ⓝ523.
136
内容　青山エリア―青山・表参道・原宿　六本木エリ
ア―六本木・麻布・赤坂　銀座エリア―銀座・日比
谷・汐留　渋谷エリア―渋谷・駒場・世田谷　目黒
エリア―目黒・恵比寿・代官山・自由が丘　新宿エ
リア―新宿・代々木・飯田橋・神楽坂　上野エリア
―上野・谷中・根津・千駄木・本郷・王子　東京エリ
ア―東京・神田・秋葉原・御茶ノ水・神保町　品川エ
リア―品川・五反田・羽田　池袋エリア―池袋・目
白〔ほか〕　〔3313〕

◇東京の歴史的邸宅散歩　和田久士写真, 鈴木博
之監修　JTBパブリッシング　2010.12　143p
21cm　(楽学ブックス　文学歴史 14)　〈文献
あり　年表あり〉　1600円　①978-4-533-08050-
0　Ⓝ523.1
内容　皇室の邸宅 (迎賓館　東京都庭園美術館　ほか)
華族の邸宅 (清泉女子大学本館　旧前田候爵家駒場本
邸　ほか)　財界人・文化人の邸宅 (旧岩崎邸庭園　三
井八郎右衛門邸　ほか)　政治家の邸宅 (高橋是清邸
鳩山会館　ほか)　〔3314〕

◇東京建築散歩　矢部智子著　アスペクト　2010.
9　175p　15cm　〈『TOKYO　KENCHIKU
SAMPO』(ブルース・インターアクションズ
2004年刊) の改題　文献あり〉　762円　①978-4-
7572-1800-0　Ⓝ523.1361　〔3315〕

◇TOKYO METABOLIZING　北山恒, 塚本由
晴, 西沢立衛著　TOTO出版　2010.7　143p
21cm　〈日英両文併記〉　1500円　①978-4-
88706-312-9　Ⓝ523.1361
内容　Tokyo in Theory (21世紀初頭、東京の既成市
街地のなかに見られる変容について　非寛容さとス
パイラルから抜け出すために―ヴォイド・メタボリズ
ムにおける第4世代住宅)　Tokyo in Practice: Ate-
lier Bow・Wow (アトリエ・ワンによる第4世代の住
宅　塚本由晴インタヴュー)　Tokyo in Practice:
Ryue Nishizawa (森山邸―7つの新建築要素　西沢
立衛インタヴュー)　Tokyo in Practice: Koh Ki-
tayama (洗足の連結住棟/祐天寺の連結住棟)
〔3316〕

技術・工業　　　　　　　　　　　　　　　　　　　　　建築

◇目利きの東京建築散歩―おすすめスポット33　小林一郎著　朝日新聞出版　2010.5　208,3p　18cm　（朝日新書 238）〈文献あり　索引あり〉740円　Ⓘ978-4-02-273338-2　Ⓝ523.1361
〔3317〕

◇建築セレクション東京　日経アーキテクチュア編　日経BP社　2010.3　154p　26cm〈英文併記　発売：日経BP出版センター〉2800円　Ⓘ978-4-8222-6673-8　Ⓝ523.136
内容 根津美術館　多摩美術大学図書館（八王子キャンパス）　東京大学情報学環・福武ホール　丸の内パークビルディング/三菱一号館　国立新美術館　21・21 DESIGN SIGHT　東京ミッドタウン　サントリー美術館　赤坂サカス　Ao（アオ）〔ほか〕
〔3318〕

◇叢書・近代日本のデザイン　22　森仁史監修　ゆまに書房　2009.5　521p　22cm〈複製〉22000円　Ⓘ978-4-8433-3054-8　Ⓝ757.021
内容 新しい東京と建築の話　時事新報社 編〔時事新報社大正13年刊〕　解説 藤谷陽悦著
〔3319〕

◇東京遺産―保存から再生・活用へ　森まゆみ著　岩波書店　2008.8　232,8p　17×11cm　（岩波新書）〈第3刷〉780円　Ⓘ4-00-430858-5　Ⓝ523.1361
内容 1 名建築を残したい！（上野の奏楽堂とパイプオルガン　赤レンガの東京駅　湯島の岩崎久彌邸　上野ステエション）　2 原風景と都市景観（丸ビルと日本工業倶楽部　谷中の五重塔　上野不忍池水合戦　地べたから見える富士山）　3 さまざまな物語を背負って（同潤会の残したもの　千駄木・安田邸　サトウハチロー邸）　4 暮らしの中にいきづく建物（谷中の吉田屋酒店　はん亭とふるかわ庵　谷中小学校の冒険）
〔3320〕

◇Tokyo建築50の謎　鈴木伸子著　中央公論新社　2008.7　221p　18cm　（中公新書ラクレ）740円　Ⓘ978-4-12-150285-8　Ⓝ521.6
内容 第1章 技術に関する謎　第2章 移動・輸送に関する謎　第3章 和風に関する謎　第4章 住居に関する謎　第5章 流行に関する謎　第6章 再生・循環に関する謎　第7章 場所に関する謎　第8章 歴史に関する謎　第9章 奇想に関する謎　第10章 建築用語に関する謎
〔3321〕

◇東京建築物語　北井裕子著, 木村直人写真,Real Design編集部編　枻出版社　2008.6　223p　21cm　1500円　Ⓘ978-4-7779-1037-3　Ⓝ523.136
〔3322〕

◇近代建築散歩　東京・横浜編　宮本和義,アトリエM5著　小学館　2007.12　255p　21cm　2900円　Ⓘ978-4-09-387695-7　Ⓝ523.1
内容 皇居周遊コース　銀座・築地コース　日本橋コース　神田・お茶の水コース　両国・浅草コース　上野の森コース　西ヶ原・王子コース　東京大学コース　小石川・音羽コース　目白通りコース〔ほか〕
〔3323〕

◇東京ミッドタウン　三井不動産株式会社, 東京ミッドタウンマネジメント株式会社監修　新建築社　2007.12　230p　30cm〈英語併記〉

6800円　Ⓘ978-4-7869-0207-9　Ⓝ523.1361
内容 第1章 都市再生と東京ミッドタウン　巻頭対談：時代の象徴としての東京ミッドタウン（小泉純一郎×岩沙弘道）　第2章 東京ミッドタウン・ウォーキング　第3章 街づくりのプロセスとデザイン・チームの活動　第4章 東京ミッドタウン：アーキテクト・アンド・デザイナー　第5章 東京ミッドタウン・レコード
〔3324〕

◇出会いたい東京の名建築　歴史ある建物編　三舩康道著　新人物往来社　2007.9　299p　21cm　2000円　Ⓘ978-4-404-03497-7　Ⓝ523.1361
内容 千代田区の建築　中央区・台東区・墨田区・江東区・葛飾区の建築　港区の建築　文京区東部の建築　文京区西部の建築　新宿区・渋谷区・豊島区・北区の建築　目黒区・品川区・大田区の建築　練馬区・杉並区・世田谷区の建築　三鷹市・立川市・昭島市・国立市・東久留米市の建築　付録 東京都の文化財建造物一覧
〔3325〕

◇東京ミッドタウンのアートとデザイン　三井不動産株式会社, 東京ミッドタウンマネジメント株式会社総合監修, 清水敏男監修　東京書籍　2007.8　155p　22cm　1800円　Ⓘ978-4-487-80186-2　Ⓝ523.1361
内容 東京ミッドタウン―アート&デザインの街　アートワーク配置図　第1章 アートワーク（東京ミッドタウンのアートワーク　アーティスト・インタビュー　清水敏男×ジャン＝ユベール・マルタン/アートディレクターインタビュー）　第2章 ガレリア（ガラスコレクション　小彫刻コレクショク　ガレリアガラスと小彫刻のコレクション）　第3章 アートとデザインの空間（21_21DESIGN SIGHT　サントリー美術館　FUJIFILM SQUARE　Fuji Xerox Art Space　Tokyo Midtown Design Hub）　第4章 建築とデザイン（マスタープラン　ランドスケープ　ガレリア　サイン計画　ホテル　ロゴデザイン）
〔3326〕

◇建築を読む―アーバン・ランドスケープTokyo-Yokohama　梅本洋一著　青土社　2006.12　243p　20cm〈文献あり〉1900円　Ⓘ4-7917-6309-2　Ⓝ523.136
内容 1部 TOKYO（トーキョー・ランドスケープ―丹下健三のあとに　北山恒, あるいは状況と伴走すること ほか）　2章 日付のあるスナップショット（小津安二郎の『早春』は、きょうの昼も続いている―丸の内八重洲ビル　あの頃、表参道には、まだ歩道橋が一本もなかった―勇駒荘 ほか）　intermezzo 服部良一の「銀座」（『銀座カンカン娘』相馬アパートへ ほか）　3部 YOKOHAMA（風景から遠く離れて―横浜、二〇〇四　獅子文六の「横浜」）
〔3327〕

◇建築map東京mini　2　ギャラリー・間企画・編集　TOTO出版　2005.11　359p　17cm　1000円　Ⓘ4-88706-261-3　Ⓝ523.136
内容 青山・渋谷　六本木・赤坂　広尾・代官山　新宿・四谷　御茶ノ水・神田　銀座・日本橋　浅草　池袋・荒川　目黒・品川　湾岸　中央線沿線　西武線沿線　京王線沿線　小田急線沿線　東急線沿線　総武線沿線
〔3328〕

◇光のタトゥー―Tokyo乱反射スケープ　川畑博

〔3317～3329〕　　　　　　　　「東京」がわかる本 4000冊　**261**

建築　　　　　　　　　　　　　　　　　　　　　　　　　　　　　　　技術・工業

哉著・デザイン　デザインオフィースケイ
2005.9　127p　20cm　（リアルトーキョーガイ
ド 2）〈英語併記〉1700円　Ⓘ4-902684-05-5
Ⓝ523.1361
[内容] 6：00a.m.東雲―the glow of sunrise　9：00a.
m.上 午 ―a morning sunshine　12：00p.m.日 永
―an afternoon sunshine　4：00p.m.黄 昏 ―the
glow of sunset　光のタトゥー―MAP―Reflections
of Tokyo Map　巻末付録 動くタトゥー―Supple-
ment A flowing light
〔3329〕

◇記憶としての建築空間―イサム・ノグチ/谷口
吉郎/慶應義塾　慶應義塾大学アート・セン
ター編　慶應義塾大学アート・センター　2005.
1　227p　21cm　（慶應義塾大学アート・セン
ター/ブックレット 13）〈年表あり　文献あ
り〉667円　Ⓝ526.37
[内容] 慶應義塾と建築家・谷口吉郎（藤岡洋保著）　慶
應義塾との絆（由良滋著）　工芸財団フィルム・アー
カイブにおけるイサム・ノグチ（森仁史著）　新萬來
舎（ノグチ・ルーム）に関連する3つの照明彫刻（柳井
康弘著）　万人のための芸術（新見隆著）　萬來喫茶
イサム（熊倉敬聡著）　イサム・ノグチと谷口吉郎の
精神性の継承と新たな創造（吉田和夫著）　新たな拠
点にふさわしい対話の場の創造（芝山哲也著）　「新
萬來舎」の解体（河合正朝著）　記憶としての造形空
間とカウンター・モニュメント（前田富士男著）
〔3330〕

◇建築map東京mini　ギャラリー・間企画・編集
TOTO出版　2004.9　357p　17cm〈付属資
料：拡大シートレンズ1枚〉1000円　Ⓘ4-
88706-244-3　Ⓝ523.136
[内容] 青山・渋谷　六本木・赤坂　広尾・代官山　新
宿・四谷　御茶ノ水・神田　銀座・日本橋　上野・浅
草　池袋・荒川　目黒・品川　湾岸〔ほか〕〔3331〕

◇東京遺産な建物たち　東京新聞「東京遺産選定
委員会」監修、山田真由美, 新紀元社編集部編
新紀元社　2004.9　191p　21cm〈撮影：田中
丸豊次, 船渡川由夏〉1800円　Ⓘ4-7753-0312-0
Ⓝ521.6
[内容] 伝統芸能―歌舞伎座　百貨店―日本橋三越本店
国立国会図書館―国際子ども図書館　美術館―東京
都庭園美術館　どじょう屋―駒形どぜう　居酒屋―
鍵屋　鰻屋―小柳　天麩羅屋―土手の伊勢屋　茶房
―古桑庵　甘味処―竹むら〔ほか〕〔3332〕

◇東京和館―古き良き日本の家　京都　淡交社
2004.6　127p　21cm　1600円　Ⓘ4-473-03179-
9　Ⓝ521.6
[内容] 旧古河邸本館　旧岩崎邸庭園和館　横山大観記
念館　台東区立朝倉彫塑館　子規庵　ふるかわ庵　は
ん亭　ルリスダンラバレ　鳳明館本館・台町別館　雑
司が谷寛〔ほか〕
〔3333〕

◇繁華街の近代―都市・東京の消費空間　初田亨
著　東京大学出版会　2004.4　278,10p　22cm
3200円　Ⓘ4-13-061126-7　Ⓝ521.6
[内容] 序　繁華街からみた近代都市　第1章　意図せぬ発
展をみた商店街・銀座　第2章　土蔵造りの建物が並ん
だ商店街　第3章　遊覧の場になった商店　第4章　街

衝鑑賞を楽しむ商店街　第5章　都市生活に潤いを与
える商店　第6章　サラリーマンの都市　第7章　刺激
的な都市の魅力
〔3334〕

◇Tokyo kenchiku sampo―特別な時間の流れる
25の空間　矢部智子編集・執筆, 宮坂恵津子写
真　ブルース・インターアクションズ　2004.3
143p　21cm　1800円　Ⓘ4-86020-089-6
Ⓝ523.1361
[内容] 第1章 光があふれるところ（東京日仏学院　メゾ
ンエルメス ほか）　第2章 静けさを感じるところ（東
京カテドラル聖マリア大聖堂　自由学園明日館 ほか）
第3章 眺めのいいところ（東京シティビュー　東京国
際フォーラム ほか）　第4章 タイムトリップできる
ところ（岡本太郎記念館　東京大学総合研究博物館
小石川分館 ほか）　第5章 水の音が聞こえるところ
（葛西臨海公園レストハウスクリスタルビュー　目黒
区総合庁舎 ほか）　この本に登場する建築家11人の
人としごと　TOKYO KENCHIKU mini BOOK
〔3335〕

◇東京古き良き西洋館へ―典雅なお屋敷から閑雅
なレストランまで味わいさらに深い西洋館案内
京都　淡交社　2004.2　127p　21cm　1600円
Ⓘ4-473-03146-2　Ⓝ523.136
[内容] 池袋・雑司が谷　王子・駒込・白山　上野・谷
中　御茶ノ水・本郷　音羽・早稲田・新宿　駒場・渋
谷・代官山　三田・赤坂・六本木　目黒・五反田・品
川　皇居周辺・銀座・両国　荻窪・三鷹　〔3336〕

◇建築map東京 2　ギャラリー・間編　TOTO
出版　2003.8　359p　26cm　1800円　Ⓘ4-
88706-226-5　Ⓝ523.136
[内容] 青山・渋谷　六本木・赤坂　広尾・代官山　新
宿・四谷　御茶ノ水・神田　銀座・日本橋　上野・浅
草　池袋・荒川　目黒・品川　湾岸〔ほか〕〔3337〕

◇建築map東京　ギャラリー・間企画・編集　改
訂版　TOTO出版　2003.1　357p　26cm
1600円　Ⓘ4-88706-220-6　Ⓝ523.136　〔3338〕

◇消えたモダン東京　内田青蔵著　河出書房新社
2002.2　143p　21cm　（らんぷの本）〈年表あ
り〉1400円　Ⓘ4-309-72715-8　Ⓝ523.1361
[内容] 第1章 都市と郊外とモボとモガ（銀座の街並み
勧工場の出現と"銀ブラ"　都市交通網の発達　郊外
の発見と郊外文化　都市文化と銀座　モボ・モガの
出現）　第2章 大正・昭和住まいの風景（「文化住宅」
の誕生　山の手から広がる「文化住宅」　都市型住
宅の嚆矢同潤会アパート）
〔3339〕

◇東京の近代建築　後藤治, 三船康道監修, 歴史・
文化のまちづくり研究会編　地人書館　2000.
12　194p　26cm　2400円　Ⓘ4-8052-0672-1
Ⓝ523.1361
[内容] 総説 今、なぜ近代建築か？　座談会 東京の近
代建築―近代建築をどのように見るか、何を学ぶか
文京区（平野家住宅　金沢家住宅 ほか）　台東区（須
賀邸　比留間歯科医院 ほか）　千代田区（赤坂プリン
スホテル旧館（旧李王家邸）　松本家住宅 ほか）　新宿区
（一瀬家住宅　林芙美子記念館 ほか）　渋谷区（ザ・
ハウス・オブ・一九九九　羽沢ガーデン（旧中村是公
邸）ほか）〔ほか〕
〔3340〕

262　「東京」がわかる本 4000冊　　　　　　　　　　　　　　　　　〔3330～3340〕

技術・工業　　　　　　　　　　　　　　　　　　　　　　　　　　建築

◇完本・建築探偵日記―東京おんりい・いえすた
　でい　藤森照信著　松戸　王国社　1999.8
　286p　20cm　2000円　Ⓘ4-900456-68-3
　Ⓝ523.136
　内容　日本の高さを決める水準原点標庫　都庁のテー
　ノービル　築地のナンデモヤ　高輪の火の見は残っ
　た　国会裏の住宅群　乃木邸の西洋館の謎　蜂須賀
　侯爵邸の抜け穴　鳥居坂の旧小田良治邸　池袋のアー
　リー・アメリカン　鳩山家の音羽御殿〔ほか〕
　　　　　　　　　　　　　　　　　　　　　〔3341〕

◇帝都復興せり！―『建築の東京』を歩く　1986
　～1997　松葉一清著　朝日新聞社　1997.5
　260,17p　22cm　（朝日文庫）　820円　Ⓘ4-02-
　261188-X　Ⓝ523.1
　内容　序　『建築の東京』を歩く　1　都市の位相(地下鉄
　同潤会　復興小学校　田園都市　ターミナル)　2　表
　現の位相(「自由」と「倫理」　拡散の様式　収斂の
　様式　押し寄せる国粋主義)　　　　　　　〔3342〕

◇建築ガイド　6　東京　長尾重武著　丸善
　1996.7　126p　22cm　2472円　Ⓘ4-621-04179-
　7　Ⓝ523
　内容　江戸時代まで　明治から関東大震災まで　関東
　大震災から第二次世界大戦まで　第二次世界大戦か
　ら東京オリンピックまで　東京オリンピック以後
　　　　　　　　　　　　　　　　　　　　　〔3343〕

◇「近代東京の住まい」報告書　東京都江戸東京
　博物館分館江戸東京たてもの園　江戸東京歴史
　財団編　小金井　東京都江戸東京博物館分館江
　戸東京たてもの園　1995.3　202p　26cm　（江
　戸東京たてもの園セミナー　第2回）〈共同刊
　行：江戸東京歴史財団　会期・会場：平成6年8
　月11日～13日,16日～18日　武蔵野公会堂〉
　Ⓝ527　　　　　　　　　　　　　　　　　〔3344〕

◇建築探偵日記―東京物語　藤森照信著　王国社
　1993.7　204p　20cm　1600円　Ⓘ4-900456-30-
　6　Ⓝ523.1　　　　　　　　　　　　　　〔3345〕

◇東京都新庁舎―フォトドキュメント＋計画・技
　術スタディ　彰国社編　彰国社　1992.1　154p
　31cm〈新庁舎建設年譜：p152〉3950円　Ⓘ4-
　395-11070-3　Ⓝ526.31
　内容　対談　東京の構造と新都庁舎の計画とデザインを
　めぐって(丹下健三VS鈴木博之)　東京新都庁舎フォ
　トドキュメント　計画・技術スタディ(全体計画　外
　装計画　オフィス計画　特別用途室家具エレメント
　構造計画　設備計画　インテリジェント計画　ライ
　トアップ計画　サイン計画　アートワーク計画)
　　　　　　　　　　　　　　　　　　　　　〔3346〕

◇東京建築懐古録　3　読売新聞社編　読売新聞
　社　1991.12　263p　21cm　2000円　Ⓘ4-643-
　91125-5　Ⓝ523.1
　内容　九段会館　同和病院　古本長屋　林芙美子旧宅
　早稲田大学大隈講堂　スコットホール　浅草常盤座
　東京国立文化財研究所本館(黒田記念館)　福島質店
　光友倶楽部(旧伊藤博文別邸)　日本民芸館本館　電
　通「八星亀」(旧林愛作邸)　日本獣医畜産大学本館
　成蹊大学　峰岸家の「新車」(水車)〔ほか〕　〔3347〕

◇東京建築懐古録　2　読売新聞社編　読売新聞
　社　1991.3　223p　21cm　1700円　Ⓘ4-643-
　91017-8　Ⓝ523.1
　内容　第一生命館　カトリック神田教会　築地本願寺
　防衛庁第20号館　綱町三井倶楽部　旧岩崎家邸　サ
　トウハチロー記念館　横山大観記念館　森鴎外旧居
　（鴎外荘）　上野図書館　星薬科大学本館　駒沢大学
　旧図書館　古賀政男記念博物館　東京女子大学　渋
　沢史料館　北村西望アトリエ　国際基督教大学本館
　武者小路実篤旧邸　旧高橋是清邸・仁翁閣　がす資
　料館〔ほか〕　　　　　　　　　　　　　　〔3348〕

◇東京の肖像　ピーター・ポパム著,高橋和久訳
　朝日新聞社　1991.1　277p　20cm〈参考文
　献：p276～277〉1950円　Ⓘ4-02-256184-X
　Ⓝ291.36　　　　　　　　　　　　　　　〔3349〕

《東京タワー》

◇東京スカイツリーと東京タワー―「鬼門の塔」
　と「裏鬼門の塔」　細野透著　建築資料研究社
　2011.10　309p　19cm〈文献あり　年表あり〉
　1600円　Ⓘ978-4-86358-119-7　Ⓝ520.21361
　内容　第1部　首都と鬼門と「聖なる森」(鬼門とは何か
　江戸の鬼門対策　鬼門と明治維新)　第2部　丹下健三
　の「不思議な回り道」(世界の「タンゲ」一代記　富士
　山に魅せられた建築家　西郷隆盛像の大きな目　東
　京都庁舎を巡る「点と線」)　第3部　東京スカイツリー
　と東京タワー(鬼門の塔、裏鬼門の塔　将門の塔　凌
　雲閣の悲劇　『作庭記』の予言　桔梗の塔)〔3350〕

◇東京タワー50年―戦後日本人の"熱き思い"を
　鮫島敦著,日本電波塔株式会社監修　日本経済
　新聞出版社　2008.12　309p　15cm　（日経ビ
　ジネス人文庫　473）〈文献あり〉900円
　Ⓘ978-4-532-19473-4　Ⓝ523.1361
　内容　はじめに　東京タワーに届いた一通の手紙　第1
　章　職人魂が燃えた地上一二〇メートルの離れ業　第
　2章　浪花のメディア王と東京タワー　第3章　東京タワー
　設計に秘められた塔博士のロマン　第4章　新名所に
　押し寄せる人、ひと、人　第5章　久吉の言霊がタワー
　を支える　第6章　夜空に光る東京タワー、想いを灯す
　使命を　おわりに　被写体「東京タワー」―フィルム
　に凝縮された"そのとき"　あとがき　皆さまにとっ
　ての"時代の記憶"であり続けたい　　　　〔3351〕

◇東京タワーが見た日本―1958-2008　堺屋太一
　編著,日本電波塔株式会社監修　日本経済新聞
　出版社　2008.11　255p　21cm〈年表あり〉
　1900円　Ⓘ978-4-532-16673-1　Ⓝ210.76
　内容　第1章　復興完了、さあ成長だ　1958・1967(東京
　タワーに眼があれば…　東京タワーの完成　ほか)
　第2章　高度成長真っ最中　1968・1977(運命の女・
　1974(昭和49年)の話　東京タワーに蝋人形館オープ
　ン　ほか)　第3章　ジャパン・アズ・No.1　1978・
　1987(ステイン・アライブ―六本木1978　ちょっと
　変わったタワー内水族館登場　ほか)　第4章　バブル景
　気と最後の昭和　1988・1997(東京タワーが見えます
　か。　東京タワー、ライトアップ開始　ほか)　第5章
　金融大不況と団塊定年　1998・2007(東京タワー/希
　望の灯　タワー完全リニューアル　ほか)　〔3352〕

「東京」がわかる本　4000冊　263

建築　　　　　　　　　　　　　　　　　　　　　　　　　　　　　　技術・工業

◇東京タワー99の謎　東京電波塔研究会著　二見
書房　2006.8　219p　15cm　（二見文庫）
600円　Ⓘ4-576-06117-8　Ⓝ523.1361
内容 1 戦後復興の象徴だった東京タワーの真実　2
もうすぐ50歳！　いろんな出来事があった　3 東京
タワーは超一流のエンターテイナー　4 高いからこ
そ備えは万全！　5 東京タワーは名所の中の名所　6
まだまだある東京タワーの雑学　番外編 他にもある
ぞ各地のタワー——全日本タワー協議会加盟塔 〔3353〕

《東京スカイツリー》

◇634（ムサシ）の物語——東京スカイツリー見聞録
山岸滋著　名古屋 ブイツーソリューション
2013.11　93p　27cm　〈文献あり　発売：星雲
社〉　1500円　Ⓘ978-4-434-18421-5　Ⓝ526.54
内容 1 634mへの記録　2 「634」の勇姿　3 北十間
川からの出会い　4 隅田川からの出会い　5 「634」
と競演　6 ホットスポットから　7 不思議な雲と　8
夕焼けの中に　9 "世界一"からの視界 〔3354〕

◇東京スカイツリー——天空に賭けた男たちの情熱
山田久美著　マガジンハウス　2012.9　254p
19cm　〈文献あり　年譜あり〉　1400円　Ⓘ978-
4-8387-2486-4　Ⓝ526.54
内容 第1章 東京スカイツリーが作られたそもそもの
理由（東京スカイツリーはなぜ必要だったか　東京
スカイツリーの主な構造 ほか）　第2章 設計 未知の
領域への挑戦（地下3キロメートルまでの地盤を緻密
に調査　気球で600メートル上空の風を調査 ほか）
第3章 建設準備全国19カ所の工場で鉄骨を製作（建
設手順は「下から上へ」ではなく「外側から内側へ」
高強度で溶接にも向く鋼材の開発から ほか）　第4
章 建設開始高さ634メートルへの挑戦が始まる（地
下50メートルに節つきの根を下ろす　低層棟を先に
建設することで敷地の狭さを克服 ほか）　第5章 300
メートル超え未知の領域へ突入（2010年3月、遂に東
京タワー超え　超高所で活躍するタワークレーン ほ
か） 〔3355〕

◇東京スカイツリーの科学——世界一高い自立式電
波塔を建てる技術　平塚桂著　ソフトバンクク
リエイティブ　2012.8　222p　18cm　（サイエ
ンス・アイ新書 SIS-251）　〈文献あり　索引あ
り〉　952円　Ⓘ978-4-7973-5956-5　Ⓝ526.54
内容 第1章 東京スカイツリーってなに？（なんのた
めに建てたの？　「自立式電波塔として世界一」って
どういうこと？ ほか）　第2章 どうやって設計した
の？（どうしてねじれて見えるの？　「五重塔」が
モデルって本当？ ほか）　第3章 どうやって建てた
の？（工期が3年半って、短くなかったの？　あん
なに狭い場所でどう工事したの？ ほか）　第4章 設
備はどうなってるの？（どんなエレベータを使って
いるの？　どんな省エネルギー対策をしているの？
ほか） 〔3356〕

◇図解東京スカイツリーの秘密　レッカ社編著
PHP研究所　2012.5　221p　15cm　（PHP文
庫 れ2-38）　629円　Ⓘ978-4-569-67806-1
Ⓝ526.54
内容 第1章 誰もが気になる素朴な疑問（建設の総事

業費はいくら？　地震が来ても大丈夫？　雷が落
ちても問題ないの？　積雪対策はどのようなもの？
そもそも、なんのためにつくられた？ ほか）　第
2章 東京スカイツリーはどうやって設計された？
（東京スカイツリーを設計したのは誰？　東京スカ
イツリーのデザインのアイデアは？　建設前に気球
を飛ばしたのはなんのため？　東京スカイツリーの
デザインはどのようにして決まった？　東京スカイ
ツリーはなぜ見る方向で形が変わる？ ほか） 〔3357〕

◇東京スカイツリー——世界一を創ったプロフェッ
ショナル：東京スカイツリー公認本　NHK出版
編　NHK出版　2012.5　205p　19cm　〈年譜あ
り〉　1300円　Ⓘ978-4-14-081542-7　Ⓝ526.54
内容 1章 2003年始動 構想を形にする（東京の新タ
ワー 日本らしさを体現するタワーデザイン 数々
の課題を解決する構造設計の技 「粋」と「雅」の照
明デザイン）　2章 2008年着工 最先端の技術を駆使
して（東京スカイツリーの全容 スケジュールと工程
管理 地下を支える基礎の秘密 鉄骨を積み上げる
「タワークレーン」 3万700ピースの鉄骨
で構成された塔体 世界一を建てる建築現場の日々
高所での作業を避けた「リフトアップ工法」 すべ
ての技術を結集した日本一の建築 それぞれの3.11）
3章 2012年完成 時空を超えたランドスケープ（東京
にできた新タワー 新タワーと都市・江戸 新しい
時代と東京スカイツリー 日本のシンボルとして） 〔3358〕

◇東京スカイツリー完成までの軌跡　日本経済新
聞出版社編　日本経済新聞出版社　2012.5
141p　19cm　952円　Ⓘ978-4-532-31802-4
Ⓝ526.54
内容 第1章 時空を超えたランドスケープ　第2章 三
角から円へ　第3章 現代に生かされる五重塔の英知
第4章 技巧あふれる施工の現場　第5章 未知の高さ
への挑戦　第6章 新しい日本の未来へ 〔3359〕

◇東京スカイツリー万華鏡　共同通信社, 広重昌
彦編　共同通信社　2012.5　88p　26cm　952
円　Ⓘ978-4-7641-0634-5　Ⓝ526.54
内容 1 谷川俊太郎——「地上350メートルの立ち話」×
天野祐吉——ときどきは、鳥の目になろう。　2 わた
しのスカイツリー、みんなのスカイツリー——ひとりひ
とりのワクワクが、古さと新しさが一緒に生きる、み
んなの東京原風景をつくっていく。　3 なるほどス
カイツリー——世界一を支える "世界初の工夫" や "伝
統の知恵"　4 展望台から、明日が見える一人は、な
ぜ、高いところに登りたがるのか。時には、塔に登っ
て、都市を一望しながら、昨日を、今日を振り返る。 〔3360〕

◇東京スカイツリー六三四に挑む　片山修著　小
学館　2012.5　254p　19cm　1400円　Ⓘ978-
4-09-346087-3　Ⓝ526.54
内容 序章 "下町タワー"の事始め　第1章 時空を超
えたランドスケープ　第2章 世界一ノッポへの挑戦
第3章 鉄に秘められた技術力　第4章 和の照明は「陰
翳礼讃」　第5章 "ミリ"と戦う鉄骨加工の現場　第
6章 ハイテクを支える職人技　第7章 大手メーカー
の「底力」　終章 タワーを快適にする 〔3361〕

◇東京スカイツリー論　中川大地著　光文社

技術・工業　　　　　　　　　　　　　　　　　　　　　　　建築

2012.5　361p　18cm　（光文社新書 583）〈文献あり〉950円　Ⓘ978-4-334-03686-7　Ⓝ526.54
内容 序章 坂の上のスカイツリー　第1章 インフラ編—東京スカイツリーに背負わされたもの　第2章 タワー編—世界タワー史のなかのスカイツリー　第3章 タウン編—都市と日本史を駆動する「Rising East」　第4章 コミュニケーション編—地元ムーブメントはいかにスカイツリーを“拡張”したか　第5章 ビジョン編—スカイツリーから構想する“拡張近代”の暁
〔3362〕

◇世界が驚いた！　スカイツリー45の秘密　樫野紀元監修　青春出版社　2012.4　187p　15cm（青春文庫 か-24）〈文献あり〉638円　Ⓘ978-4-413-09538-9　Ⓝ526.54
内容 第1章 これを知ったらツウ！ スカイツリー、知られざる魅力の大発見（実は他に「新電波塔」の候補地があった　新東京タワーが「東京スカイツリー」になった訳 ほか）　第2章 ここがスゴい！ 日本のプロジェクト頭脳が生んだ超絶技術（未知の上空、気象条件を克服した技術力　スカイツリーが「三角形」から「円形」になっているフシギ ほか）　第3章 まさか、そんな苦労が！ スカイツリー、知られざる建設秘話（東京タワーからスカイツリーへ　スカイツリーと並行して建設された地下階 ほか）　第4章 地上六〇〇メートルで作業中！「巨木」はあの大地震にどう耐えたか（スカイツリーを守る「多重の地震対策」地震対策・その1＝堅固な基礎をつくる ほか）　第5章 知っておきたい！ スカイツリーの見どころ・遊びどころ・ビューポイント（「東京ソラマチ」の魅力のポイント　「シャトルバス」の利用で楽しみが三倍に ほか）
〔3363〕

◇634（ムサシ）の魂—東京スカイツリー公認：The Parts of TOKYO SKYTREE　磯達雄著　徳間書店　2012.4　129p　20cm　1300円　Ⓘ978-4-19-863398-1　Ⓝ526.54
内容 日立電線・地上デジタル波放送用送信アンテナ—YKK AP・カーテンウォール—“3000万人に会える空”を切り取る窓枠へのこだわり　IHI運搬機械・大林組・特別仕様タワークレーンJCC・V720AH—日本中が注目した建機の実力　荏原冷熱システム・高効率ターボ冷凍機RTBF135—地下で稼動する“エコな”空調システム　パナソニック・LED照明エバーレッズ—闇夜を演出する“粋”で“雅”な照明の技術　駒井ハルテック・鋼管—約3万7000ピースの鋼管が出来るまで　三菱重工鉄構エンジニアリング・制振装置TMD（チューンド・マス・ダンパー）—最頂部で“巨大な装置”が揺れているという真実　東芝エレベータ・超高速エレベーター—天望デッキへと誘う“当たり前”ではない乗り物の正体　日建設計・意匠設計—下町にそびえ立つタワーに求められたデザイン　日建設計・構造設計—限られた敷地でも倒れない理由　大林組・特殊工法　大林組・人材管理
〔3364〕

◇東京スカイツリー成長記—匠の技で天空へ　東京新聞編　東京新聞　2012.3　119p　26cm　1333円　Ⓘ978-4-8083-0958-9　Ⓝ526.54
内容 プロローグ 下町に東京スカイツリーがやって来る　2009年3月—タワーの地上工事が始まり、東京の空が少しずつ変わっていく　2009年4月—タワー建設が本格化。“赤いキリン”がツリーを育てる　2009年5

月—継いでは溶接を繰り返して成長　2009年6月—ツリーを支える三本脚をドッキング　2009年7月—着工一年を迎えて、伝統色をまとった塔の姿が出現　2009年8月—全長一〇〇メートルに。来夏は花火の高さも超えて　2009年9月—鉄骨すべてオーダーメード。搬入から仕上げまで二カ月半　2009年10月—墨田区で最も高くなったスカイツリー。鉄骨は深夜から早朝に搬入　2009年11月—二〇〇メートルを超えた。世界一の高さを支える安全技術〔ほか〕
〔3365〕

◇東京スカイツリーの誕生—徹底検証　山田泰雄著　鳳書院　2012.3　189p　19cm〈文献あり〉1238円　Ⓘ978-4-87122-166-5　Ⓝ526.54
内容 第1章 スカイツリーの基礎知識—何のために造られたのか　第2章 スカイツリーがテレビを変える！—もっとテレビを楽しむために　第3章 電波再編、放送と通信の融合—スカイツリーはケータイのため、は本当か？　第4章 スカイツリーの経済学—儲かる業界はどこ？　第5章 スカイツリーの周辺散歩 江戸情緒と下町人情を求めて—下町は見どころたっぷり、さあ出かけよう！　終章に代えて 6つの提案
〔3366〕

◇東京スカイツリー物語—東京スカイツリー公認　松瀬学著　ベストセラーズ　2012.2　206p　19cm　1400円　Ⓘ978-4-584-13373-6　Ⓝ526.54
内容 杉 世界一のタワーに込めたポエムの世界—東武タワースカイツリー前社長・宮杉欣也　景 絵はがきになる美しいタワーを—株式会社日建設計会長・中村光男　粋 時代を超越する日本の心の色—照明コンサルタント・戸恒浩人　志 ものづくり職人の「志」—駒井ハルテック鉄構富津工場副工場長・塚本勝雄　楽 世界に冠たる日本人の匠の象徴たれ—彫刻家デザイン監修・澄川喜一　輪 無限の世界へ。スターウォーズの憧憬—日建設計意匠設計部長・吉野繁　夢 夢ふくらむ出会いの場に—博報堂アートディレクター・一倉徹　人 世界一の絶景 一畳の“異次元空間”—大林組クレーンオペレーター・辺見厚志　希 誠実な現場の人々の熱と技の結晶—大林組作業所長・田淵成明　立 安全第一。地震に強い心柱制振—日建設計構造設計部門技師長・慶伊道夫　望 世界一愛されるツリー 笑顔のお花畑に—東武タワースカイツリー社長・鈴木道明
〔3367〕

◇東京スカイツリーと東京タワー——「鬼門の塔」と「裏鬼門の塔」　細野透著　建築資料研究社　2011.10　309p　19cm〈文献あり　年表あり〉1600円　Ⓘ978-4-86358-119-7　Ⓝ520.21361
内容 第1部 首都と鬼門と「聖なる森」（鬼門とは何か　江戸の鬼門対策　鬼門と明治維新）　第2部 丹下健三の「不思議な回り道」（世界の「タンゲ」一代記　富士山に魅せられた建築家　西郷隆盛像の大きな目　東京都庁舎を巡る『点と線』）　第3部 東京スカイツリーと東京タワー（鬼門の塔、裏鬼門の塔　将門の塔　凌雲閣の悲劇　『作庭記』の予言　桔梗の塔）〔3368〕

◇東京スカイツリー　平塚桂著　ソフトバンククリエイティブ　2011.8　174p　18cm（Science・i picture book SPB-3）〈写真：小野寺宏友ほか〉900円　Ⓘ978-4-7973-6607-5　Ⓝ526.54
内容 第1章 東京スカイツリーってなんだ？（東京スカイツリーってなんだ？　なんのために建てたの？

建築   技術・工業

傾いて見えるんだけどだいじょうぶ？）　第2章 東京
スカイツリーができるまで（どうしてこの場所に建て
られたの？　建設前に気球でなにを調査した？　ツ
リーの基礎や根元はどうなっている？　未知の高さ
のタワーをつくる技術）　第3章 東京スカイツリーの
内部に迫る（スカイツリーの中はどうなっているの？
肝心要となる心柱の秘密　なんで鉄骨でつくられて
いるの？　第1展望台はどうなっている？　第2展望
台はどうなっている？）　第4章 夜に見る東京スカイ
ツリー（スカイツリーの照明は？）　第5章 東京スカ
イツリーの楽しみ方（鉄道と東京スカイツリー　船や
川と東京スカイツリー　人と東京スカイツリー　四
季と東京スカイツリー）　　　　　　　　　　〔3369〕

産業　　　　　　　　　　　　　　　　　　　　　　　　　　　農業

産業

産業・職業

◇江戸の仕事づくし　竹内誠監修　学習研究社　2003.10　128p　24cm　（Gakken graphic books deluxe 33　図説江戸 7）　1600円　Ⓘ4-05-401992-7　Ⓝ384.3
　内容 第1章 町人の仕事（江戸の商家　広告の天才・山東京伝 ほか）　第2章 武士の仕事（直参武士の仕事　江戸の三奉行 ほか）　第3章 さまざまな仕事（芝居関係の仕事　芸人 ほか）　第4章 江戸近郊の仕事（江戸近郊の農業・漁業　江戸近郊の製造業）　〔3370〕

◇江戸東京職業図典—風俗画報　槌田満文編　東京堂出版　2003.8　227p　27cm　3800円　Ⓘ4-490-10639-4　Ⓝ384.3
　内容 A「江戸市中世渡り種」（大竹政直画）　B「新撰百工図」（尾形月耕画）　C「風俗画讃」より　D「江戸の花」　E「消防図会」　F「陸軍服制図絵」　G「当世商人尽」ほか　H「新撰東京名所図会」など　I「当世女百姿」（浜田如洗画）より　〔3371〕

◇東京の産業遺産—23区　金子六郎著　アグネ技術センター　1994.6　253p　21cm　（産業考古学シリーズ 3）〈発売：アグネ　文献：p234～242〉　2060円　Ⓘ4-7507-0837-2　Ⓝ602.136
　＊人々の暮らしとともに、現代日本の発展に寄与した「産業」。遺物となりながらも、その時代、その土地の人々の営みを現在に物語る。しかし急速な時代の流れの中で、その産業遺産も忘れ去られ、失われようとしている。23区にのこる産業遺産を巡るのに便利な一冊。　〔3372〕

農業

◇東京農業人　Beretta著　雷鳥社　2015.4　239p　19cm　1600円　Ⓘ978-4-8441-3680-4　Ⓝ611.7
　内容 ミツバチが繋ぐ人々と地域の絆　金色に輝く百花蜜—中央区/銀座ミツバチプロジェクト　南青山都会の真ん中で、幸せを届ける屋上菜園レストラン—港区/リビエラダイニンググランブルー青山　現代に蘇る江戸の銘品 寺島なす復活プロジェクト—墨田区/寺島なす　東京という地を活かして 人とのふれあい溢れるりんご農園—世田谷区/内海果樹園　東京23区内にもまだ在った ブランド『ありが豚』養豚場—世田谷区/吉実園　園芸に魅せられ60有余年 花木は愛情に応え育っていく—杉並区/野田園芸　グリグリ・プロジェクト 自然と人々が織りなす交流畑—豊島区/芸術家と子どもたち　本来のなすの味 甘みが特徴 東京江戸野菜雑司ヶ谷なす—練馬区/加藤農園　幻の東京ブランド柿と共に 受け継がれる柿農園—練馬区/荘埜園　モノ作りからコト作りへ 地域コミュニティ

としての農業—練馬区/亀戸大根〔ほか〕　〔3373〕

◇東京農場—坂本多旦いのちの都づくり　松瀬学著　論創社　2013.3　197p　19cm〈文献あり〉　1200円　Ⓘ978-4-8460-1222-9　Ⓝ611.7
　内容 第1章 東京農場構想（東京農場の発想　東京農場開発研究会 ほか）　第2章 六次産業・船方総合グループ（坂本多旦とは　法人農場、始動 ほか）　第3章 東京の農業（東京の農業の歴史　新しい東京農業 ほか）　第4章 東京農業実現化へ（農業・農政 地球再生のシンボル ほか）　〔3374〕

◇江戸東京野菜　図鑑篇　大竹道茂監修　農山漁村文化協会　2009.10　159p　21cm〈文献あり〉　2800円　Ⓘ978-4-540-09109-4　Ⓝ626
　内容 仕掛け人、語る（「農」大竹道茂　「流通」野田裕「食」野永喜一郎）　江戸東京野菜図鑑（亀戸大根　練馬大根　大蔵大根　金町小かぶ　東京長かぶ　馬込三寸人参　谷中しょうが　滝野川ごぼう　伝統小松菜　しんとり菜　のらぼう菜　下山千歳白菜　新宿一本ねぎ　馬込半白きゅうり　奥多摩わさび　東京うど　つまもの）　〔3375〕

◇江戸東京野菜　物語篇　大竹道茂著　農山漁村文化協会　2009.10　207p　21cm〈文献あり　年表あり〉　1600円　Ⓘ978-4-540-09108-7　Ⓝ626
　内容 第1章 四百年の歴史を伝える江戸東京野菜（江戸東京野菜とは　江戸で生まれた食文化 ほか）　第2章 暮らしに息づく江戸東京野菜（やっちゃ場の歴史　江戸の舟運 ほか）　第3章 江戸の食の"杜"は江戸生まれの野菜—食文化研究者・江原絢子氏に聞く（殿様も庶民も日常の食事の形はあまり変わらない　江戸庶民の食生活 ほか）　第4章 江戸東京野菜復活の取り組み（復活のきっかけ　復活に向けて動き始める ほか）　〔3376〕

◇小松菜の里—東京の野菜風土記　亀井千歩子著　新装版　彩流社　2009.1　174p　20cm　1800円　Ⓘ978-4-7791-1406-9　Ⓝ291.361
　内容 第1章 小松川と芭蕉の句（「小松川」物語—亀井鳴瀬　芭蕉と小松川の句）　第2章 青菜の食物史（小松菜のこと　文献に見る「青菜」—菘菜、蕪菜、蔓菁　「青菜」を食べる）　第3章 小松菜誕生（葛飾、葛西、小松川の歴史　江戸時代の畑作　小松菜の特性）　第4章 江戸ッ子と小松菜（江戸文学の中の小松菜　小松菜雑記帳）　〔3377〕

◇東京「農」23区　髙橋淳子著　文芸社　2007.6　115p　22cm　2000円　Ⓘ978-4-286-02928-3　Ⓝ612.1361
　＊かつて東京は農業生産の拠点だった。はたしてその面影はあるのだろうか？　わずかな情報を頼りにたどり着いた田んぼや畑は、往時を偲ぶ郷愁に満ちた

〔3370～3378〕　　　　　　　　　　　　　　　　「東京」がわかる本 4000冊　267

農業　　　　　　　　　　　　　　　　　　　　　　　　　産業

光景でもなく、廃れた風景でもなかった。それは、そこに関わる人々の思いの詰まった、かけがえのない―「農」の現実だった。都市に息づく農業の姿を求めて歩き、そこで出会った東京23区のもう一つの姿に迫る写真集。　　　　　　　　　　〔3378〕

◇あらかわとお野菜　都市とお野菜―平成18年度荒川ふるさと文化館企画展　解説図録　荒川区教育委員会, 荒川区立荒川ふるさと文化館編　荒川区教育委員会　2006.10　59p　30cm〈会期：平成18年10月21日―11月26日　共同刊行：荒川区立荒川ふるさと文化館〉Ⓝ626.021361
　　　　　　　　　　　　　　　　　　　　〔3379〕

◇江戸の野菜―消えた三河島菜を求めて　野村圭佑著　荒川クリーンエイド・フォーラム　2005.9　245p　20cm〈発売：八坂書房　文献あり〉2400円　Ⓘ4-89694-861-0　Ⓝ626
　内容　第1部　江戸の野菜とその産地（見立番付に見る江戸の料理と野菜　『武江産物志』に見る江戸の野菜）　第2部　消えた三河島菜（三河島菜を求めて　三河島菜の産地（近郊農村の生活））　第3部　野菜の改良と広がり（野菜の渡来と品種改良　飢饉に備えた救荒野菜　明治政府による野菜の普及）　　〔3380〕

◇都市農業in東京　柴岡信一郎著　池田出版　2003.9　79p　27cm〈おもに図〉1800円　Ⓘ4-990142-04-7　Ⓝ612.1361　　　　〔3381〕

◇東京農業史　仲宇佐達也著　立川　けやき出版　2003.1　347p　21cm〈年表あり〉2800円　Ⓘ4-87751-181-4　Ⓝ612.136
　内容　東京農業の夜明け　農地は誰のものか　主食の生産　田んぼの米づくり　おかぼ・むぎ・いも　戦後の化学肥料と農業機械　下肥元歌　ハイテク産地ア・ラ・カルト　多摩のお蚕さま　島の農業　市場へ　東京牛乳事情　潰れゆく農地　変わる都市農業　JAのあゆみ　東京農業年表　　　　〔3382〕

◇江戸・東京農業名所めぐり　立川　JA東京中央会　2002.8　223p　22cm〈発売：農山漁村文化協会〉2429円　Ⓘ4-540-02060-9　Ⓝ612.136
　内容　東京都心（わが国黎明期の牧場―千代田区永田町・日枝神社　徳川幕府の御薬園―文京区白山・小石川植物園など　ほか）　江東（檜前の牧令―台東区浅草・浅草神社　入谷朝顔発祥之地―台東区下谷・入谷鬼子母神　ほか）　城北・城南（雑司ヶ谷ナス―豊島区雑司が谷・大鳥神社　花と植木の里、染井―豊島区駒込・染井吉野桜記念公園　ほか）　多摩地域（粟の古里一号―奥多摩町小丹波宮ノ下・熊野神社　奥多摩ワサビ―奥多摩町氷川・奥氷川神社　ほか）　伊豆諸島・小笠原諸島（新島の薩摩畑跡―新島村ミコノハナ・新島村ふれあい農園　伊豆諸島のサツマイモ感謝の碑―大島・神津島・八丈島・三宅島　ほか）　〔3383〕

◇江戸・東京の四季菜―商品作物・漬物の生産と板橋　特別展　板橋区立郷土資料館編　板橋区立郷土資料館　2001.10　87p　30cm〈会期：平成13年10月13日―12月2日〉Ⓝ612.1361
　　　　　　　　　　　　　　　　　　　　〔3384〕

◇東京から農業が消えた日　薄井清著　草思社　2000.3　262p　20cm　1900円　Ⓘ4-7942-0955-

X　Ⓝ612.136
　内容　1　農地解放の熱気のなかで―昭和24年～昭和33年（全国一若い農業改良普及員　「緑の自転車」で農家めぐり　ほか）　2　高度成長価下、迫られた農業近代化―昭和33年～昭和42年（八王子転勤と花芯ハクサイ　お上に仕える普及員のつらさ ほか）　3　農業の近代化がもたらした現実―昭和42年～昭和47年（恐怖の農薬パラチオン　都市化の波と畜産の疎開　ほか）　4　農業の未来に光はあるか―昭和47年～平成12年（減反政策が生んだ「緑の砂漠」　後継者がいない「営農団地」　ほか）　　　　〔3385〕

◇練馬の農業を支えた女性たち　練馬農業協同組合「練馬の農業を支えた女性たち」編纂委員会　1999.4　248p　22cm〈発売：農山漁村文化協会〉2381円　Ⓘ4-540-98212-5　Ⓝ612.1361
　内容　明治時代に生まれた人（父の急死で家のあと取りに、女手で戦時を乗り切る　東京五輪の聖火台の菊づくりから、東京五輪の聖火台の菊づくりまで）　大正時代に生まれた人（まわりは家もなく、電気もきていないお茶専門農家に嫁いで　麦に、陸稲に、大根に、ごぼう…右手で「だら肥」、左手で炊事　子だくさんの農家、空襲や学童疎開の中での助け合い　ほか）　昭和時代はじめに生まれた人（戦後のお嫁入りは、父の運転するオート三輪車で　何種類もある鍬の使い方　人目につかぬ朝早くに男から伝授　朝どり・朝出荷の小かぶ、夜二時に畑で不審尋問されたことも　ほか）　　　　　　　　　　　　　〔3386〕

◇あすへ息づく東京「農」の風景―写真集　東京都農業協同組合中央会編　家の光協会　1997.11　151p　31cm　3800円　Ⓘ4-259-54526-4　Ⓝ612.136
　内容　東京「農」の風景春～夏（コンテスト入選作品）　レポート・東京農業の現場から　東京「農」の風景秋～冬（コンテスト入選作品）　　〔3387〕

◇東京農業はすごい　嵐山光三郎編　創森社　1994.10　255p　19cm　1500円　Ⓘ4-88340-001-8　Ⓝ612.136
　内容　1　東京農業APPEAL（東京農業の意外なしたたかさ―そのルーツは「江戸農業」　ホントウの住居・都市にはかならず「農」がある　ほか）　2　東京農業MESSAGE（あえて消費者が首都圏の地場消費にこだわる理由　東京農業こそ食・農・教育を結ぶ生きた教材　ほか）　3　東京農業DATA（立地条件を存分に生かした東京農業の全体像を探る　消費者の台所に結びついた東京農畜産物オン・パレード）〔3388〕

◇東京農業伝承誌　山本勇著　立川　けやき出版　1993.8　224p　19cm〈各章末：参考文献〉1500円　Ⓘ4-905942-36-5　Ⓝ612.136
　内容　稲作の起源と伝承　品種改良篤農家　農耕儀礼　甘藷の渡来と普及　ふるさと野菜　伝統果樹　やっちゃば物語　江戸風物詩　除疫信仰　狭山茶　酪農の歩み　奥多摩の林業　　　　　　〔3389〕

◇江戸・東京ゆかりの野菜と花　JA東京中央会　1992.10　211p　22cm〈発売：農山漁村文化協会〉2500円　Ⓘ4-540-92065-0　Ⓝ626
　内容　第1章　江戸が育てた日本の野菜と花　第2章　全国をリードした東京農業　第3章　江戸・東京ゆかりの農作物物語　　　　　　　　　　　　〔3390〕

産業　　　　　　　　　　　　　　　　　　　　　　　　　　　水産業

◇農が語る東京百年―写真集　農協法施行40周年・東京都農協記念事業実行委員会　1991.11　231p　31cm　Ⓝ612.136　〔3391〕

◇東京に農地があってなぜ悪い　原剛ほか著　学陽書房　1991.2　188p　19cm　1300円　Ⓓ4-313-81057-9　Ⓝ612.136
内容 第1章 宅地並み課税しても地価は下がらない　第2章 どこの国でも首都圏に農地と緑がたっぷりある　第3章 江戸は世界最大の田園都市だった　第4章 東京に農地があってなぜ悪い　〔3392〕

林業

◇江戸東京木材史―組合創立百周年記念出版　東京木材問屋協同組合100年史編纂委員会編著　東京木材問屋協同組合　2009.11　1488p　27cm　〈文献あり〉Ⓝ657.06　〔3393〕

◇江戸東京木材史―別冊資料　組合創立百周年記念出版　東京木材問屋協同組合100年史編纂委員会編著　東京木材問屋協同組合　2009.11　723p　27cm　〈年表あり〉Ⓝ657.06　〔3394〕

◇東京原木50年史―1952-2002　東京原木50年史特別委員会編纂　東京原木協同組合　2002.12　276p　27cm　〈年表あり〉Ⓝ651.6　〔3395〕

◇東京の水源・奥多摩の緑を語る会―生態系の環自然と共生スル社会実現のために　森林文化政策研究会議〔2001〕　56p　26cm　〈会期・会場：2001年11月24日　奥多摩文化会館〉2002年国際山岳年プレイベント　共同刊行：奥多摩町ほか〉Ⓝ652.1365　〔3396〕

◇東京の水源林　堀越弘司著　立川　けやき出版　1996.6　63p　21cm　（けやきブックレット21）　800円　Ⓓ4-905942-97-7　Ⓝ652.136
内容 1 山に森があるだけでよいのか　2「水源林」での仕事　3 私の考える水源林のすがた　〔3397〕

◇東京の森林―あるいて・みて・かんがえる　東京市町村自治調査会編　公人社　1995.11　242p　20cm　2266円　Ⓓ4-906430-50-3　Ⓝ652.1365
内容 第1章 東京の森林とは、どういうところか　第2章 東京の森林は、どのような役割を果たしているのか　第3章 いま、東京の森林はどうなっているのか　第4章 東京の森林を守るために　〔3398〕

◇東京圏に森は残るか―フォラソン西多摩'92　府中（東京都）　東京市町村自治調査会　1992.6　95p　30cm　〈会期：1992年5月25日〉Ⓝ652.1365　〔3399〕

◇おいでよ森へ―都民の森ガイドブック　東京都監修,日本林業技術協会編　立川　東京都森林整備公社　1990.3　110p　21cm　Ⓝ652.136　〔3400〕

水産業

◇江戸内海猟師町と役負担　出口宏幸著　岩田書院　2011.10　273p　22cm　（近世史研究叢書28）　6400円　Ⓓ978-4-87294-711-3　Ⓝ213.6　〔3401〕

◇江戸前の魚喰いねぇ！―豊饒の海東京湾　磯部雅彦編,東京湾の環境をよくするために行動する会監修　東京新聞出版部　2010.12　231p　21cm　1238円　Ⓓ978-4-8083-0937-4　Ⓝ663.9
内容 巻頭インタビュー 東京湾を豊かにし,食文化を豊かにするために料理人が動く―三國清三シェフに聞く　江戸前東京湾の食と環境（驚きの江戸前の魚　江戸前魚,そして江戸前料理　東京湾の現状と課題―なぜ東京湾はなかなか豊かにならないのか）　明るい未来のための社会システム（なぜ「江戸前の魚を食べると日本の未来が明るくなる」のか　私たちの「すべきこと」「できること」「したいこと」―江戸前東京湾の魚を食べて、日本の未来を明るくしよう）　明日の江戸前東京湾のために（楽しいことから始めよう。楽しんでいるうちに海を豊かにすることが「したいこと」に　「楽しみ」「人」「知恵」「取り組み」のつながりを広く深くするシステムづくり　漁業は21世紀型産業―みんなで育てる漁業　科学技術的取り組みと公的取り組みの変革と強化　おわりに）　〔3402〕

◇海苔のこと大森のこと　元大森海苔漁養殖業者+編集委員会編　ノンブル社　2010.12　166p　31cm　（海光文庫）〈折り込3枚　文献あり〉2800円　Ⓓ978-4-903470-52-8　Ⓝ664.8
内容 第1章 海苔のこと（海苔漁の一年　収穫期の海苔漁家の忙しい一日　海苔漁業を支えてくれた人たち　海苔漁業を支えた仕事と道具・仕事着　海苔漁の歴史）　第2章 大森のこと（大森の地名の由来と歴史　大森と文化・芸能活動（映画・民謡））　第3章 二十一世紀の大森　第4章 資料一覧　〔3403〕

◇よみがえれ東京湾―江戸前の魚が食べたい！　一柳洋著　ウェイツ　2008.7　255p　21cm　2000円　Ⓓ978-4-901391-95-5　Ⓝ662.13
内容 巻頭グラビア（きれいな海と汚れた海　様々な生き物が観察される潮溜まり　夜の海水浴場の海中で繰り広げられる生き物たちの七変化　岩礁に棲む様々な生き物の珍しい姿）　1章 夏の海で気持ちよく泳げないか―東京湾汚濁の構造とその解決策は（海はなぜ汚れるのか　霞ヶ関華麗なる転身　自然のメカニズム　行政が出す数値の読み方　埋め立てで消失した浅海　自然再生へ方向転換）　2章 東京湾漁業クライシス―江戸前料理・文化が失われる（健康でおいしく豊かな海　豊かな東京湾が生んだ数々の漁法　資料から見る東京湾漁業衰退史　どうするこれからの東京湾漁業）　3章 東京湾の海を「見る食べる」―いろいろな海の楽しみ方（横須賀の海を見るなら　東京湾・横須賀の海と地魚を楽しむには）　4章 東京湾・横須賀の魚―こんなにも様々な生き物が棲んでいる（砂地の魚　岩礁の森に棲む魚　魚類以外の水産物　トロピカルフィッシュ　サンゴの仲間）　〔3404〕

◇うまい江戸前漁師町　眞鍋じゅんこ取材・文　交通新聞社　2003.1　141p　21cm　（散歩の達人ブックス　大人の自由時間）〈文献あり〉

〔3391～3405〕　　　　　　　　　　「東京」がわかる本 4000冊　269

1429円　Ⓘ4-330-75202-6　Ⓝ662.13
内容 久里浜・鴨居・安浦　小柴　子安・生麦・本牧　羽田・大森　金杉・築地・江戸川　浦安・行徳　船橋　木更津　富津・大貫・萩生・金谷　〔3405〕

◇ちょっと昔の江戸前　塩屋照雄著　日本図書刊行会　1997.6　161p　20cm〈発売：近代文芸社〉1300円　Ⓘ4-89039-330-7　Ⓝ662.136
内容 江戸前の海坊主　猿島異聞　片目のボラ　羽田のフグちょうちん　夢の跡　江戸前最後の製塩　漁船の近代化昔話　一尺のシャコ　おわい船（汚穢船）とシャコ　東京湾の底曳網と仏様〔ほか〕　〔3406〕

商業

◇大江戸商い白書―数量分析が解き明かす商人の真実　山室恭子著　講談社　2015.7　227p　19cm　（講談社選書メチエ 602）　1600円　Ⓘ978-4-06-258605-4　Ⓝ672.1361
内容 はじめに 熊吉についてわかるすべてのこと　第1章 五坪に四人―江戸の人口密度を推計する　第2章 江戸商人データ解析（江戸商人データベースの作成　平均存続わずか一五・七年　株の五割は非血縁譲渡　店の五割は米屋か炭屋　番組編成の三類型）　第3章 競争と共生（地区別店舗分布　大江戸ショッピングガイド　本所・深川の米流通網　御用金をいくら出す？）　第4章 江戸の完全競争市場（薄利寡売の茨道　江戸の完全競争市場　リサイクルショップとファストフード）　第5章 大江戸商い模様（桜吹雪の町奉行　豆腐屋甚吉の町売り攻勢　肴屋松五郎の鰤一〇〇本　三人の両替商　髪結常吉と三〇〇人の仲間　湯屋のぬくもり）　〔3407〕

◇東京百年老舗　Beretta P-13著　雷鳥社　2013.8　255p　19cm　1600円　Ⓘ978-4-8441-3640-8　Ⓝ673
内容 書肆高山本店―神田神保町（古書）　九段下玉川堂―神田神保町（書道具）　大屋書房―神田神保町（和本・浮世絵・古地図）　ビヤホールランチョン―神田神保町（洋食）　神田まつや―神田須田町（そば）　天野屋―外神田（甘酒）　とらや―赤坂（和菓子）　総本家更科堀井―元麻布（そば）　美術陶器茂吉―浅草橋（陶器・アンティーク）　松根屋―浅草橋（扇子・団扇・カレンダー）〔ほか〕　〔3408〕

◇TOKYOキラリと光る商店街―専門家が診るまちづくり成功のポイント　商店街研究会編著　同友館　2013.3　195p　19cm〈別タイトル：東京キラリと光る商店街〉1500円　Ⓘ978-4-496-04918-7　Ⓝ672.136
内容 第1章 スタンプ、イベント、キャラクターでもてなす　第2章 環境・高齢者・防災対策で安心・安全を提供する　第3章 ブランド・逸品を育てる　第4章 先端ITを駆使した絆づくり　第5章 レトロな外観、雰囲気で情緒を楽しむ　第6章 アンテナショップによる交流づくり　〔3409〕

◇近世江戸商業史の研究　賀川隆行著　吹田　大阪大学出版会　2012.2　372p　22cm〈索引あり〉5600円　Ⓘ978-4-87259-392-1　Ⓝ672.1361
内容 第1章 江戸下り酒問屋小西屋の経営と大名金融　第2章 江戸下り酒問屋山田屋五郎助店の経営　第3章 江戸畳表問屋西川甚五郎家の経営構造　第4章 関東呉服問屋奈良屋の経営　第5章 都市商業の発展　第6章 三井家の同族組織　〔3410〕

◇明治商売往来　続　仲田定之助著　筑摩書房　2004.1　542p　15cm　（ちくま学芸文庫）〈文献あり　年譜あり〉1500円　Ⓘ4-480-08806-7　Ⓝ382.136
内容 みせがまえ（鰹節のにんべん　守随度量衡店 ほか）　くすり・こあきない・てじょく（浅田飴　徳田のあせしらず ほか）　そのほか（四つ手網船　通い番頭 ほか）　わたしのきりゑづ（日本橋「六の部」　四日市 ほか）　〔3411〕

◇明治商売往来　仲田定之助著　筑摩書房　2003.12　382p　15cm　（ちくま学芸文庫）　1300円　Ⓘ4-480-08805-9　Ⓝ382.136
内容 1 みせがまえ　2 こあきない・てじょくにん　3 ゆうらく　4 のみもの・たべもの　5 のりもの・ともしび　6 きぐすり　7 そのほか　〔3412〕

◇東京名物　早川光著　新潮社　2002.12　207p　15cm　（新潮文庫）　629円　Ⓘ4-10-138131-3　Ⓝ675.1
内容 名物篇（槍かけだんご（かどや）　元祖梅ジャム（梅の花本舗）　植田のあんこ玉（植田製菓工場）　江戸風鈴（篠原風鈴本舗）　定康の包丁（小林打刃物製作所） ほか）　縁起物篇（火防奴凧守（王子稲荷神社）　招福猫児（豪徳寺）　お姿（被官稲荷神社）　あさがお守り（入谷鬼子母神（真源寺））　巳成金の御守（不忍池弁天堂） ほか）　〔3413〕

◇Tokyo消費トレンド―時代のコンセプトが手にとるようにわかる！　川島蓉子著　PHP研究所　2002.6　207p　21cm　1400円　Ⓘ4-569-62246-1　Ⓝ675.2
内容 第1章 モノ・コト・ヒトの環境が変わる　第2章 個化する―自立・個別化の進化　第3章 省く―不要・無駄の逓減　第4章 モバイルする―持ち歩く利便性　第5章 ゆるめる―くつろぎ・やすらぎの重視　第6章 つながる―人とのつながり感の希求　第7章 家族する―新しい家族スタイルの模索　〔3414〕

◇明治の東京商人群像―若き創業者の知恵と挑戦　白石孝著　文眞堂　2001.12　202,6p　20cm　2500円　Ⓘ4-8309-4405-6　Ⓝ672.1361
内容 1 過去の栄光―老舗白木屋盛衰史　2 堀越角次郎三代と福沢諭吉　3 洋反物の国産化をめざして　4 呉服屋から百貨店への道　5 西洋小間物商の挑戦　6 渡辺治右衛門家の夢と破綻　7 明治の群小銀行の破綻　8 明治の商人の知恵と心意気　〔3415〕

◇東京老舗の履歴書　樋口修吉著　中央公論新社　2001.5　300p　16cm　（中公文庫）　743円　Ⓘ4-12-203823-5　Ⓝ673
内容 三十間堀のボルドー　旧木挽町八丁目の竹葉亭　元黒門町の空也　銀座五丁目の壱番館洋服店　谷中三崎坂のいせ辰　三田三丁目の大坂家　根岸芋坂の羽二重団子　旧尾張町二丁目の銀座くのや　神田須田町一丁目のまつや　〔3416〕

◇がんばれ！　商店街―しながわ夢さん橋イベント物語　網嶋信一著, 金丸弘美構成　日経BP出

産業　　　　　　　　　　　　　　　　　　　　　　　　　　　　商業

版センター　1994.6　223p　19cm　1500円
Ⓘ4-8227-4004-8　Ⓝ672.136
内容 第1部 イベント実践編（四万人集める『品川夢さん橋』山手線大崎発大崎止まりノンストップ電車　一万人の長屋の花見『桜新道みんな〜でお花見』町おこしは若者の自主性から始まった　ほか）　第2部 コミュニティー活動編（『グリーンサイクロン』商店街に"緑の台風"を巻き起こす　『かきましょ会』汗かき、恥かき、行動し体験する交流会　コミュニティー誌『ふれしま』地域の人々の息づかいを伝えたい）　第3部 検証─商店街の生き残り（商店街生き残り戦争を勝ち抜くために）　　　　　　　　　　　〔3417〕

◇東京マーケット・マップ30街区─売上高ベスト・エリアの分析からつかむビジネス情報　大友由紀夫著　日本実業出版社　1991.6　206p　21cm　1800円　Ⓘ4-534-01747-2　Ⓝ672.136
内容 東京改造の波　新宿　池袋　銀座・有楽町　渋谷　東京・日本橋　室町　上野・御徒町　吉祥寺　変貌する街はおもしろい〔ほか〕　　　　　〔3418〕

《築地市場》

◇築地の記憶─人より魚がエライまち　冨岡一成文, さいとうさだちか写真　旬報社　2016.5　223p　21cm〈文献あり　年表あり〉1700円　Ⓘ978-4-8451-1460-3　Ⓝ675.5
内容 1章 築地今昔（よそ者　河岸　卸売市場のしくみ─価格形成の今昔　ほか）　2章 市場百景（人より魚がエライまち　シマ　若い衆とお姐さん　ほか）　3章 河岸追想（また来たな　市場人の休日　小僧上がり　ほか）　　　　　　　　　　　　　〔3419〕

◇築地市場─クロニクル1603-2016　福地享子, 築地魚市場銀鱗会著　朝日新聞出版　2016.3　223p　21cm〈文献あり　年譜あり〉2500円　Ⓘ978-4-02-331462-7　Ⓝ675.5
内容 第1章 築地市場24時間の鼓動　第2章 日本橋と京橋、ルーツはふたつの河岸に　第3章 巨大復興建築としての点景　第4章 激動の昭和、開場・戦争・復興　第5章 築地400年の時空散歩　第6章 伝統と慣習、日々是好日　第7章 昭和の宿題、豊洲市場への道　　　　　　　　　　　　　　　　　〔3420〕

◇ありがとよ築地─魚河岸と生きた四十年　芝山孝著　廣済堂出版　2015.8　204p　19cm〈文献あり〉1400円　Ⓘ978-4-331-51954-7　Ⓝ675.5
内容 第1章 私と築地（築地魚市場はこんな所　初めての築地　ほか）　第2章 おじいさんと築地（全ては芝山寅蔵から始まった　日本橋の魚市場はこんなところだった ほか）　第3章 築地を離れて（芝専をくびになる　京都へ行く ほか）　第4章 神勝時代（神勝入社　結婚して家族を持つ ほか）　第5章 芝専とともに生きる（芝専に戻る　自分にできる仕事は何かほか）　　　　　　　　　　　　　　　　〔3421〕

◇築地を考える人─世界を動かす魚市場におくる52人のメッセージ　月刊ソトコト編集部編　木楽舎　2011.4　135p　26cm　1143円　Ⓘ978-4-86324-035-3　Ⓝ675.5
内容 築地市場を考える　隈研吾×福岡伸一　世界の市

場からの手紙（上海　周妙徳─2020年の再会を期してニューヨーク　デビッド・サミュエルズ─市場再生、ニューヨークの場合　ロンドン　クリストファー・レフトウィッチ─長期的視野でクリアなヴィジョンを）　緊急特別寄稿（カルロ・ペトリーニ─一つの街の記憶　テオドル・ベスター─グローバリゼーションと共同体　横川潤─トーキョー・フード・ストーリー　ほか）　築地やあ、やあ、やあ！（山崎康弘─ツキジフィッシュマーケットの多様性　山崎浩二─長い時をかけて築いてきたもの　小槻義夫─「なぜ旨いのか」を伝えられる存在 ほか）　　　　　　　　〔3422〕

◇検証築地移転─汚染地でいいのか　日本の食文化を守れ！　築地移転を検証する会編　花伝社　2011.3　82,4p　21cm〈年表あり　発売：共栄書房〉800円　Ⓘ978-4-7634-0599-9　Ⓝ675.5
内容 歴史と伝統と文化を受け継ぐ築地市場　1部 築地市場移転問題 これまでの経緯（鈴木都政の失政　青島都政の無策　石原都政の暴走）　2部 本当に移転して大丈夫なのか─山積する未解決の問題（史上最悪の土壌汚染　移転にからむ利権問題　失われる日本の食文化）　　　　　　　　　　　　　〔3423〕

◇ザ・築地─ルポ　魚食文化の大ピンチを救え！　川本大吾著　時事通信出版局　2010.3　218p　19cm〈文献あり　発売：時事通信社〉1600円　Ⓘ978-4-7887-1053-5　Ⓝ675.5
内容 第1部 世界の魚市場、築地が変わる（変貌する築地市場の姿　産直ははやらないわけは「築地にあり」 ほか）　第2部 築地市場・最新事情─魚河岸に吹く新風（揺れ動く市場移転問題　大人気、マグロ競り見学 ほか）　第3部 「捨てたもんじゃない」─魚の価値を最大限に（「もてない魚」を人気者に　雑魚や混獲魚、猫またぎの汚名返上へ ほか）　第4部 漁師消滅の危機、とにかく日本の魚を食べよう！（かつての水産大国、今は魚より肉　漁師たちがキレた─一斉休漁 ほか）　　　　　　　　　〔3424〕

◇聞き書き築地で働く男たち　小山田和明著　平凡社　2010.2　253p　18cm（平凡社新書510）780円　Ⓘ978-4-582-85510-4　Ⓝ675.5
内容 誠実な商売は儲からないけど、気持ちがいい─仲卸業者「堺浜」・羽生津勲さん　商売というのは人が集まってこそ─元「東都水産」加工品部部長・清水秀夫さん　すべてはパンク修理から始まった─「榊オート」相談役・榊幸彦さん　セリバはコミュニケーションの場─元仲卸業者「小山田」社長・小山田正明さん　入った頃の築地は戦争のようだった─元「大都小揚」社長・白石洋右さん　商売は人のつながりで広がりをもつ─元「東京空器」社長・石渡陽二さん　一台の小車に全霊をかける─「桐生製車」・桐生源三さん　いまも昔も築地は生活の基だった─仲卸業者「堺周」配達員・菊地薫さん　　　　　　〔3425〕

◇たまらねぇ築地場所築地魚河岸　生田與克著　学研教育出版　2010.2　222p　18cm（学研新書066）〈文献あり　発売：学研マーケティング〉720円　Ⓘ978-4-05-404383-1　Ⓝ675.5
内容 1章 築地の人々（築地の素顔　魚河岸の人と仕事　ここでなら生きていける面々）　2章 築地魚河岸の内側（魚河岸の役割　セリの現場　魚河岸の道具）　3章 魚河岸四百年の歴史から見えるもの（魚河岸の歴史、イッキ語り　日本の築地から世界のTSUKIJIへ）　4章 仲卸が語る魚の流通・経済学（「魚っ喰い」が支

〔3418〜3426〕　　　　　　　　　　　　　　　　　　　　　　「東京」がわかる本 4000冊　271

交通　　　　　　　　　　　　　　　　　　　　　　　産業

える魚食文化　一番美味しい魚は一番安い魚　魚に
ブランドはない）　5章 魚食スペシャリスト検定は
こうして始まった（魚を知らない日本人が増えている
魚食は文化だ　魚を絶滅させないために）　〔3426〕

◇築地魚河岸ことばの話─読んで味わう「粋」と
「意気」　生田與克, 冨岡一成著　大修館書店
2009.9　152,6p　19cm　〈文献あり　索引あり〉
1400円　①978-4-469-22204-3　Ⓝ675.5
内容 第1章 基本編─約四世紀にわたり育まれてきた
独特の "粋" と "意気" を肌で感じるために、まずは押
さえたい基本の一三八語。　第2章 応用編─魚河岸
での威勢良いやりとりや、表からは見えない入りく
んだ仕組みを正しく理解するための、応用編五〇語。
第3章 よもやま編─映画、文学、歴史…築地の本当
の深みを極めるための、ガイドブックには載ってい
ない、ちょっと深めのうんちく一八話。　第4章 美
味い魚の話─仲卸人だからこそ知っている、読んで
美味しい、魚にまつわる常識破りのエピソード一〇
四。　〔3427〕

◇「築地」と「いちば」─築地市場の物語　森清
杜著　都政新報社　2008.9　215p　21cm　〈文
献あり　年表あり〉　1600円　①978-4-88614-
175-0　Ⓝ675.5
内容 第1章「築地」という土地　第2章 日本海軍発
祥の地　第3章 築地居留地　第4章 魚河岸前史　第5
章 日本橋魚河岸　第6章 明治から大正へ　第7章 築
地市場開場　第8章 戦後の復興　第9章 再整備と移
転　〔3428〕

◇築地魚河岸嫁ヨメ日記　平野文著　小学館
2008.6　197p　18cm　（Big comics special）
743円　①978-4-09-182050-1　Ⓝ675.5　〔3429〕

◇築地　テオドル・ベスター著, 和波雅子, 福岡伸
一訳　木楽舎　2007.1　643p　20cm　〈文献あ
り〉　3800円　①978-4-907818-88-3　Ⓝ675.5
内容 第1章 東京の台所　第2章 掘られた港　第3章
埋立地が築地市場に変わるまで　第4章 生きのと火
を通したもの　第5章 見える手　第6章 家族企業
第7章 取引の舞台　第8章 丸　〔3430〕

◇築地で食べる─場内・場外・"裏"築地　小関敦
之著　光文社　2004.12　226p　18cm　（光文
社新書）　700円　①4-334-03285-0　Ⓝ673.97
内容 第1章 美食の街「築地」の幻想（近くて遠い街
「築地」　築地は寿司を食べるためのところ？　ほか）
第2章 いつから築地は旨いものの街になった？（築
地と築地市場のいまむかし　四代将軍家綱が埋めた
てた土地　ほか）　第3章 築地で美味しいものを食べ
るための十カ条（キチンと情報を集める　場内市場
を見逃さない　ほか）　第4章 築地に来たらここで食
え！　場内市場ではここで食え！　場外市場では
ここで食え！　"裏"築地はここで食え！　築地周
辺はここで食え！）　付録 築地に関するQ&A
〔3431〕

◇築地のしきたり　小林充著　日本放送出版協会
2003.11　217p　18cm　（生活人新書）　〈文献
あり〉　680円　①4-14-088088-0　Ⓝ675.5
内容 田山花袋の魚河岸　築地のファッション　四年
に一度のお引っ越し　売り方・買い方の流儀とコツ
魚河岸と築地本願寺　活け締めの極意　茶屋の歴史

「ギョクをつまみにシャリを少なめに…」は通なの
か？　マグロはバクチ！　日本人のトロ信仰　セリ
場の楽しみ方　セリ人の生活　築地の名物食堂　築
地三景　築地のゆくえ　〔3432〕

◇築地魚河岸猫の手修業　福地享子著　講談社
2002.3　252p　19cm　1500円　①4-06-211201-
9　Ⓝ675.5
内容 1章 押しかけ「猫の手」志願（初めて河岸に足を
踏み入れた日　魚は食わなきゃ、わかんねぇ　ほか）
2章 魚河岸の四季（初春、初売り模様　二月の河岸は
春爛漫　ほか）　3章 魚河岸、見たり聞いたり（河岸
というところ　河岸の制服　ほか）　4章 魚河岸時空
散歩（築地の履歴書　心に留めておきたい町並み　ほ
か）　〔3433〕

◇魚河岸怪物伝─築地市場を創建・隆盛にした
人々とその展望　尾村幸三郎著　かのう書房
1994.2　312p　20cm　1545円　①4-905606-81-
0　Ⓝ675.5
内容 田口達三の巻　塩沢達三の巻　松永寅吉の巻
坪野房治の巻　相沢常吉の巻　相沢喜一郎の巻　長
谷川秀雄の巻　〔3434〕

◇東京都中央卸売市場史　続編　東京都中央卸売
市場環境整備協会編　東京都中央卸売市場
1993.3　2冊（別冊とも）　22cm　〈別冊(104p)：
年表〉Ⓝ675.5　〔3435〕

交通

◇大東京ぐるぐる自転車　伊藤礼著　筑摩書房
2014.10　343p　15cm　（ちくま文庫　い84-1）
〈東海教育研究所　2011年刊に書き下ろし「堀
切菖蒲園」を加えて再刊〉　880円　①978-4-480-
43209-4　Ⓝ291.36
内容 第1章 話を始めるにあたってのいくつかの話（年
寄りがしきりに自転車に乗るのは正しいことか　無方
針にハンドルを切るとどういうことになるか　ほか）
第2章 やや研究的な話（「新上水」という水路があっ
たということ　『デジタル標高地形図』によって谷田
川跡を走ったこと　ほか）　第3章 主として見知らぬ
町を訪ねた話（わが国の公衆便所の進化のこと、附、
東海道品川の宿探訪記　ペースメーカーを装着して
スカイツリー見物に行ったこと　ほか）　第4章 東京
の南を走った話（横浜まで　精神的なものを求めて自
由民権資料館見学を立案したこと、及び、その他の話
ほか）　第5章 東京の北、及び西を走った話（北方回
遊を企画して新河岸川まで行ったこと　北方探検に
出発し石神井公園に到着したこと　ほか）　〔3436〕

◇都営地下鉄・都電・都バスのひみつ　PHP研究
所編　PHP研究所　2014.3　223p　19cm　〈文
献あり　索引あり〉　1524円　①978-4-569-
81741-5　Ⓝ681.8
内容 1章 都営交通のひみつ　2章 都営地下鉄のひみ
つ　3章 都電、日暮里・舎人ライナーのひみつ　4章
都バスのひみつ　5章 都営交通トリビア　6章 都営
交通を探訪する　〔3437〕

◇都営交通100年のあゆみ　東京都交通局　2011.
7　119p　30cm　〈年表あり〉　1600円　Ⓝ681.8

産業　　　　　　　　　　　　　　　　　　　　　　　　　　交通

〔3438〕

◇東京自転車散歩案内—サイクリングで巡る東京
40コース　港サイクリングクラブ編　山海堂
1994.4　197p　21cm　1600円　Ⓘ4-381-10201-
0　Ⓝ786.5
＊ちょっと一日あいたとき、日頃走り慣れた近所から
足を延ばし、自転車で都内をひと巡りしてみません
か？　東京サイクリングのスペシャリスト達が魅力
一杯のコースをご案内いたします。
〔3439〕

◇東京の交通問題　東京大学工学部交通工学研究
共同体編　技報堂出版　1993.3　218p　19cm
〈各章末：参考文献〉2060円　Ⓘ4-7655-1532-
X　Ⓝ681.8
内容 第1章 東京の都市構造と交通問題—巨大都市が
かかえる悩み　第2章 交通環境—深刻化する環境問
題と代替エネルギーの未来　第3章 道路渋滞—緩和の
方策はあるか　第4章 物流—システムを地下へ　第
5章 通勤鉄道—混雑解消は可能か　第6章 鉄道端末
輸送—不便な駅までの交通　第7章 東京湾海上交通
と船舶—交通の場としての東京湾　第8章 航空交通
—東京で飛行機を使うために　第9章 新幹線と高速
バス—東京と地方を便利に結ぶ　第10章 東京の交通
問題—まとめと展望
〔3440〕

◇東京ベイ交通ネットワーク—東京パステラス構
想　交通の未来を考える会編著　鹿島出版会
1990.1　114p　22cm〈参考・引用文献：p114〉
3399円　Ⓘ4-306-07171-5　Ⓝ681.1
内容 序章 東京臨海副都心開発計画の概略　第1章 交
通ネットワーク整備の基本方針　第2章 交通ネッ
トワーク整備計画　第3章 複合交通ターミナル整備
計画　第4章 段階整備計画の検討
〔3441〕

《道路》

◇都バスの不思議と謎—車窓から見える東京いま
むかし　風来堂編　実業之日本社　2016.5
199p　18cm　（じっぴコンパクト新書 291）
〈文献あり〉850円　Ⓘ978-4-408-00887-5
Ⓝ685.5
内容 第1章 都バスおもしろ路線とバス停の不思議
第2章 庶民の街を縦横無尽!? 下町をゆく都バス系統
の不思議　第3章 新たな東京の姿が見える都心と湾
岸をゆく系統の不思議　第4章 都バスの歴史から知
る系統の変遷のヒミツ　第5章 目覚ましい進化に驚
く都バスの車両と仕組みの謎　第6章 知っていると
自慢できる!? 都バスのおもしろトリビア
〔3442〕

◇都営バス　越谷　BJエディターズ　2015.9
68p　19cm　（バスジャパンハンドブックシ
リーズS 87）〈発売：星雲社〉1000円　Ⓘ978-
4-434-20264-3　Ⓝ685.5
内容 車両編（都営バスの車両たち）　歴史編（都営バ
スのあゆみ　都営バスの路線エリア）　紀行編（都心
を貫く"銀71"系統　終点の構図 平井操車所　明治・
大正・昭和の余韻）
〔3443〕

◇京王バス　西東京バス　越谷　BJエディターズ
2014.12　68p　19cm　（バスジャパンハンド
ブックシリーズS 86）〈発売：星雲社〉1000円

Ⓘ978-4-434-19866-3　Ⓝ685.5
内容 車両編（京王バス・西東京バスの車両たち）　歴
史編（京王バスのあゆみ　西東京バスのあゆみ　京王
バス・西東京バスの路線エリア）　紀行編（終点の構
図 美山町　多摩の水辺の散歩道）
〔3444〕

◇図解・首都高速の科学—建設技術から渋滞判定
のしくみまで　川辺謙一著　講談社　2013.11
246p　18cm　（ブルーバックス B-1840）〈文
献あり 索引あり〉900円　Ⓘ978-4-06-
257840-0　Ⓝ685.7
内容 第1章 首都高速の原点＝都心環状線　第2章 首
都高速ネットワーク　第3章 建設技術の発展＝羽田・
横羽線と湾岸線　第4章 交通管制システム　第5章
新しい首都高速＝中央環状線　第6章 山手トンネル
の技術　第7章 ジャンクションと立体構造　第8章
首都高速の維持管理と未来
〔3445〕

◇首都高速の謎　清水草一著　扶桑社　2011.3
285p　18cm　（扶桑社新書 089）〈文献あり〉
760円　Ⓘ978-4-594-06367-2　Ⓝ685.7
内容 第1章 首都高を造った男　第2章 恨みの東京外
環道　第3章 名古屋にできて、なぜ東京にできなかっ
たのか？　第4章 幻の延伸計画　第5章 牛歩で進ん
だ渋滞対策　第6章 首都高はなぜ揺れる？　第7章
レインボーブリッジを封鎖せよ!?—交通管制　第8章
新規開通時の舞台裏　第9章 大橋JCTはなぜ渋滞す
るのか　第10章 首都高は高いのか？
〔3446〕

◇「はとバス」六〇年—昭和、平成の東京を走る
中野晴行著　祥伝社　2010.7　217p　18cm
（祥伝社新書 208）〈文献あり〉760円　Ⓘ978-
4-396-11208-0　Ⓝ213.61
内容 第1章 二〇一〇年TOKYOの旅　第2章 発車
オーライ　第3章 昭和三〇年代を走る　第4章 はと
バスガールたち　第5章 東京オリンピック前後　第
6章 オイルショックとバブル前後　第7章 バブル景
気に踊って
〔3447〕

◇東京の道事典　吉田之彦, 渡辺晋, 樋口州男, 武
井弘一編　東京堂出版　2009.4　265p　22cm
〈文献あり 索引あり〉2800円　Ⓘ978-4-490-
10757-9　Ⓝ685.2136
＊東京の生活道・通称道路の成り立ち・特色を初めて
明らかにする！　起点・終点・延長距離・生まれた
経緯・変遷・現状などを、地理・歴史の両面より詳
述した事典。周辺の道についても多数取り上げて解
説。
〔3448〕

◇小田急バス・立川バス　越谷　BJエディターズ
2008.9　68p　19cm　（バスジャパンハンド
ブックシリーズ R65）〈発売：星雲社〉1000円
Ⓘ978-4-434-11565-3　Ⓝ685.5
内容 紀行編（小さなギャラリー＆ミュージアム　終
点の構図 けやき台団地）　歴史編（小田急バス・立川
バスのあゆみ　小田急バスの路線エリア　立川バス
のあゆみ）　車両編（小田急バス系の車両の概要　立
川バス系の車両の概要　現有車両写真集　現有車両
一覧表　現有車両車種別解説）
〔3449〕

◇ザ・首都高速道路　エイベックス・エンタテイ
ンメント著　実業之日本社　2008.9　1冊（ペー
ジ付なし）17×19cm　1900円　Ⓘ978-4-408-

〔3439〜3450〕　　　　　　　　　　　　「東京」がわかる本 4000冊　273

交通　　　　　　　　　　　　　　　　　　　　産業

10741-7　Ⓝ685.7
内容 大都会の中の巨大オブジェ1 橋、梁、架　大都会の中の巨大オブジェ2 ジャンクション　大都会の中の巨大オブジェ3 トンネル　首都高を彩るキーエリア　料金所&PA　陰で指揮する首都高の頭脳　密着24時！　交通管制室　首都高を守る前線部隊　特殊車両～働く車たち　　　　　　　　　　　　　〔3450〕

◇都バスの90年史　佐藤信之著　グランプリ出版
2007.12　199p　21cm　2000円　Ⓘ978-4-87687-299-2　Ⓝ685.5
内容 序章 青バスの創業・東京都心部でのバスこと始め　第1章 東京市によるバス前夜のバス　第2章 戦時体制への移行　第3章 戦後の復興期から　第4章 高度成長期の都バスの厳しい経営　第5章 厳しい運行状況と現在の問題　都営バス現有車両　　　　〔3451〕

◇公共事業と市民参加―東京外郭環状道路のPIを検証する　江崎美枝子、喜多見ポンポコ会議著　京都　学芸出版社　2007.6　191p　21cm〈年表あり〉2000円　Ⓘ978-4-7615-2406-7　Ⓝ518.84
内容 第1章 道路計画にどう向き合うか　第2章 現状を知る　第3章 PIに参加する　第4章 事業者の主張をチェックする　第5章 過去の事例を検証する　第6章 市民が道路計画に参加する意義と課題　〔3452〕

◇東京高速道路五十年のあゆみ―この二十年（昭和56年～平成13年）　東京高速道路　2001.12　166p　29cm　非売品　Ⓝ685.7　　　　〔3453〕

◇東京バスの旅　中島るみ子、畑中三応子著　文藝春秋　2001.9　270p　18cm（文春新書）790円　Ⓘ4-16-660193-8　Ⓝ291.361
内容 第1部 都心南部（大都会を貫く渋谷川・古川の橋めぐり　神宮から御苑へ、三大オアシスを結ぶ ほか）　第2部 都心北部（市谷の文豪旧宅と目白の“ハイソ”探索　熟年パワーだ、巣鴨とげぬき地蔵界隈 ほか）　第3部 城東・城北（向島七福神で幸せ祈願　相撲と回向院の両国しらみつぶし ほか）　第4部 城南・城西（東海道品川宿の今と昔　目黒で虫、世田谷でイヌ・ネコと仲良くなる ほか）　　　　　　〔3454〕

◇大東京バス案内　泉麻人著　講談社　2001.3　371p　15cm（講談社文庫）〈実業之日本社1997年刊の増補〉629円　Ⓘ4-06-273115-0　Ⓝ291.36
内容 目黒の彼岸をバスは往く　タカ番とサンマの里に向って　「ハルノウラーラー」のある町　なめし皮の町を歩く　汐入―小津映画の路地を徨う　「ヤカタフェロモン」に包まれて　サイバーパンクな市場へ向って　一文字停留所「雷」を訪ねる　目黒の路地裏をヘビのように走る　東京タワーにバスで行く〔ほか〕　　　　　　　　　　　　　〔3455〕

◇まるごとはとバス！　ベストセラーズ編　ベストセラーズ　2000.12　207p　21cm〈年表あり〉1200円　Ⓘ4-584-16524-6　Ⓝ291.36
内容 はとバス情報のGETの仕方がわからない方は、こちら（ようこそ、はとバスへ！―Welcome to HATOBUS）　誌上体験してみたい方は、こちら―ワクワク、ドキドキ体験リポート（「東京三名所」「寅さんのふるさと柴又と都電の旅」　「お台場まるごと一日」 ほか）　もっともっと、他のコースが知り

たい方は、こちら（「はとバスの昼・夜コース」　「季節のデパート春夏秋冬コース」　「魅惑のナイトスポットをもっと体験！」）　　　　　　　〔3456〕

◇首都高はなぜ渋滞するのか!?―愛すべき欠陥ハイウェイ網への提言　清水草一著　三推社　2000.5　207p　19cm〈発売：講談社〉1600円　Ⓘ4-06-210191-2　Ⓝ685.7
内容 首都高編（都心環状線―信じがたい“成り行き”設計　中央環状線―恐るべき欠陥道路　中央環状王子線・新宿線―設計段階から渋滞確定　中央環状品川線―完成は2015年前後？ ほか）　日本道路公団編（外環道―石原都知事もの必要性を叫んでいる！　圏央道―都心を走る大動脈をめぐるスッタモンダ　中央道―絶望的なレジャー渋滞はいつまで続く!?　千葉方面―慢性的渋滞が千葉県民を苦しめる ほか）　　　　　　　　　　　　　　　　　　〔3457〕

◇東京路線バスの旅　パート2　トラベルジャーナル　1995.7　212p　21cm（TRAJAL books）1650円　Ⓘ4-89559-342-8　Ⓝ291.36
内容 亀26系統 亀戸駅前―今井 見知らぬ街を歩き、辺境のドラマの中へ（枝川公一）　北47系統 足立清掃工場前―北千住駅前 足立区縦断富士塚めぐり（森伸之）　都03系統 新宿駅西口―晴海埠頭 人が行き交うバス舞台。そして、なにも起こらない（イッセー尾形）　西10系統 西荻窪駅北口―吉祥寺駅北口 霊験あらたか!? 神様の乗るバス（三善里沙子）　早81系統 渋谷駅東口―早大正門 早大生気分の挫折と満腹（土橋とし子）　業10系統 新橋―業平橋駅前 下町遊覧、一時間の悦楽（川本三郎）〔ほか〕　　〔3458〕

◇東京路線バスの旅　トラベルジャーナル　1994.5　193p　21cm（TRAJAL books）1500円　Ⓘ4-89559-311-8　Ⓝ291.36
内容 田園調布から一九〇円で台湾へ（宮脇俊三）　下町を切り裂いていく意外性にしびれる（枝川公一）　目黒の路地裏をヘビのように走る（泉麻人）　バスで知る、船で知る、途中下車（田中小実昌）　いくつも川をこえ、思い出にひたるバス（石川文洋）　多摩のせせらぎ、幽霊のささやき（畑田国男）　祖母の思い出はバスとともに（林家こぶ平）　椿咲く大島へ極楽のミニ・トリップ（ヒサクニヒコ）　待たされてつづけて涙する、昼下がりの最終バス（早川光）　初めてのはとバスで水辺の東京を味わう（園田恵子）　一日一本のバスで将門伝説ゆかりの地をめぐる（木部与巴仁）　男くささに夢のせて、天国行きの無料バス（亀和田武）　フェロモン・バスで一〇分トリップ（沼田元気）　　　　　　　　　　　　　　　　〔3459〕

《鉄道》

◇地図で解明！　東京の鉄道発達史　今尾恵介著

産業　　　　　　　　　　　　　　　　　　　　　　　　　　　　　　　交通

JTBパブリッシング　2016.3　175p　21cm
〈文献あり〉1300円　①978-4-533-10954-6
Ⓝ686.2136
内容 1 馬力と人力から始まった鉄道―首都東京の都
市交通事始め　2 街に通すのではなく通す街を創る
―東急電鉄と新しい街　3 都心を目指した私鉄の夢
と現実―越えられない「万里の長城」　4 乗客をよ
り早く目的地へ―これぞ鉄道の王道 幻に終わった
東京大環状線計画―東京山手急行電鉄　5 絡み合う
路線に絡み合う歴史あり―西武の複雑路線網の理由
6 時代が変われば目的も変わる―京急空港線と京王
高尾線　7 貨物を運ぶはずが人間を運ぶことに―…
首都圏貨物線の大変貌　　　　　　　　　　〔3460〕

◇首都東京地下鉄の秘密を探る―歴史・車両・駅
から見た地下路線網　渡部史絵著　交通新聞社
2015.12　238p　18cm　（交通新聞社新書
084）〈文献あり〉800円　①978-4-330-62615-4
Ⓝ686.21361
内容 第1章 首都を走る地下鉄の歴史（東京メトロと
都営地下鉄の始まり　地下鉄の建設）第2章 東京メ
トロ（営団地下鉄）（“日本初”が多い銀座線　謎めい
た地下の路線 ほか）第3章 都営地下鉄（都営初の
路線・浅草線　三田線の話 ほか）第4章 未成線と
地下鉄のこれから（果たせなかった地下鉄の路線 東
京メトロ　果たせなかった地下鉄の路線 都営地下鉄
ほか）　　　　　　　　　　　　　　　　　〔3461〕

◇東京鉄道遺産100選―カラー版　内田宗治著
中央公論新社　2015.8　210p　18cm（中公新
書 2335）〈文献あり〉1050円　①978-4-12-
102335-3　Ⓝ686.2136
内容 第1章 江戸時代との出会い　第2章 煉瓦建築時
代の鉄道遺産　第3章 多摩川砂利でのコンクリート
都市建設　第4章 軍用線と戦災　第5章 鉄道と都
市、都市のインフラ　第6章 駅舎と駅の施設　第7章
現役列車と保存車両　　　　　　　　　　　〔3462〕

◇東京の鉄道ネットワークはこうつくられた―東
京を大東京に変えた五方面作戦　髙松良晴著
交通新聞社　2015.6　365p　18cm（交通新聞
社新書 080）〈文献あり〉880円　①978-4-330-
57115-7　Ⓝ686.2136
内容 第1章 東京都市鉄道、基礎的ネットワークの誕生
第2章 地下鉄との相互直通運転を提言、都市交通審
議会答申第1号　第3章 通勤輸送対策を柱に、石田礼
助国鉄総裁の決断　第4章 東京から大東京へ、国鉄
の東京五方面作戦　第5章 拡がり行く大東京、民鉄
の東京五方面作戦　第6章 鉄道自営電力の確保、信
濃川水力と川崎火力　第7章 変化への対応、これか
らも続く東京五方面作戦　　　　　　　　　〔3463〕

◇地図と鉄道省文書で読む私鉄の歩み　関東1
東急・小田急　今尾恵介著　白水社　2014.10
223p　19cm〈文献あり〉1600円　①978-4-
560-08386-4　Ⓝ686.21
内容 東京急行電鉄の誕生　人口急増
する東京郊外　並行線・池上電気鉄道　かなわぬ都
心直結への夢　念願の東京・横浜直結　柿ノ木坂の
立体交差　戦時態勢へ）小田急電鉄（地下鉄道から
郊外へ　一流の高速電気鉄道　江ノ島線と林間都市
砂利と軍都計画　海老名にある厚木駅）　〔3464〕

◇東京メトロ建設と開業の歴史―パンフレットで
読み解く 永久保存版　東京地下鉄株式会社編
著　実業之日本社　2014.4　223p　26cm
2800円　①978-4-408-11060-8　Ⓝ516.171361
内容 銀座線　丸ノ内線　日比谷線　東西線　千代田
線　有楽町線　半蔵門線　南北線　副都心線
　　　　　　　　　　　　　　　　　　　　〔3465〕

◇図説街場の鉄道遺産　東京23区 編　松本典久
文,岡倉禎志写真　セブン＆アイ出版　2014.3
71p　26cm〈文献あり〉1000円　①978-4-
86008-633-6　Ⓝ686.21
内容 第1章 都心部の鉄道遺産（中央線旧万世橋駅　中
央線万世橋架道橋 ほか）第2章 城東・城北の鉄道
遺産（東武伊勢崎線浅草駅　東武伊勢崎線隅田川橋梁
ほか）第3章 山の手の鉄道遺産（山手線原宿駅　山
手線ほか白金桟道橋 ほか）第4章 城南・湾岸の鉄
道遺産（東海道線貨物支線東京市場町跡　東京都港湾
局専用線晴海橋梁 ほか）　　　　　　　　〔3466〕

◇鉄道が創りあげた世界都市・東京　矢島隆,家
田仁ほか編著　計量計画研究所　2014.3　328p
21cm〈年譜あり〉　発売：全国官報販売協同組
合〉2500円　①978-4-9900731-6-9　Ⓝ686.
2136
内容 東京：都市の成果は鉄道に因る、鉄道の成功は都
市に因る　第1章 比類無きトランジット・メトロポ
リス東京（鉄道が支える東京　パリを凌ぐトランジッ
ト・メトロポリス東京　鉄道が創りあげた東京　日
本型TODの展開　輝ける郊外から輝きを失った郊外
へ）第2章 東京の都市化と鉄道網の形成（東京の都
市化と鉄道・道路網形成の時間的関係　都市鉄道の発達と
その背景　東急電鉄の鉄道網の発達とその背景　地
下鉄網の発達とその背景）第3章 鉄道整備と一体の
都市開発（都市交通施設整備と都市開発　鉄道ターミ
ナルの形成―多心型の都市構造　多心型の都市構造
の実現を求めて（池田講演）　民間鉄道による郊外開
発　国鉄・JRによるターミナル開発）第4章 持続
可能なトランジット・メトロポリス東京（日本型TOD
概念の総括と再点検　交通条件を加味した東京都市
圏の将来人口予測　持続可能なトランジット・メト
ロポリス東京に向けたキーコンセプト　トランジッ
ト・メトロポリス再構築に向けた検証ノート）第5
章 座談会：トランジットコリドーが導く都市再生
　　　　　　　　　　　　　　　　　　　　〔3467〕

◇東京鉄道遺産―「鉄道技術の歴史」をめぐる
小野田滋著　講談社　2013.5　202p　18cm
（ブルーバックス B-1817）〈文献あり　年表あ
り〉索引あり〉1000円　①978-4-06-257817-2
Ⓝ686.21361
内容 1 駅をめぐる（新橋駅―汽笛一声の面影　東京
駅―帝都の玄関 ほか）2 橋梁をめぐる（小石川橋
通り架道橋―ドイツ生まれのトラス橋　神田川橋梁
―コンクリート橋梁の普及 ほか）3 高架橋をめぐ
る（新永間市街線―帝都の赤絨毯　万世橋高架橋―
神田川に映える赤煉瓦 ほか）4 トンネルをめぐる
（永峯トンネル―関東地方で最初の鉄道トンネル　旧
御所トンネル―都心に残る明治のトンネル ほか）
　　　　　　　　　　　　　　　　　　　　〔3468〕

◇品川鉄道事始―陸蒸気が品川を走る：品川歴史
館特別展　品川区立品川歴史館編　品川区立品

交通　　　　　　　　　　　　　　　　　　　　　　　　　　　　産業

川歴史館　2012.10　150p　30cm　〈会期：平成
24年10月14日─11月25日　鉄道開通一四〇周年
記念〉　Ⓝ686.21361
　　　　　　　　　　　　　　　　　　　　　〔3469〕

◇山手線に新駅ができる本当の理由　市川宏雄著
メディアファクトリー　2012.8　197p　18cm
（メディアファクトリー新書 055）　740円
Ⓘ978-4-8401-4696-8　Ⓝ518.8
内容　はじめに　新駅は「日本再生」シナリオの舞台と
なる　第1章 50年ぶりにできる新駅　第2章 駅はな
ぜつくられるのか？　第3章 計画はどう進められる
のか？　第4章 駅の開業による経済効果は？　第5
章 利便性はどうなるのか？　第6章 日本の未来を
見据えて　おわりに　未来予想・品川が国際都心にな
る日
　　　　　　　　　　　　　　　　　　　　　〔3470〕

◇高架鉄道と東京駅　下　レッドカーペットと中
央停車場の誕生　小野田滋著　交通新聞社
2012.2　219p　18cm　（交通新聞社新書 039）
800円　Ⓘ978-4-330-26812-5　Ⓝ516.171361
内容　第5章 レッドカーペットの誕生（建設の体制を
整える　赤煉瓦の高架橋）　第6章 中央停車場の誕生
（中央停車場から東京駅へ　辰野金吾の登場　東京駅
にたずさわった人々）　第7章 東京駅の完成（東京駅
本屋の建設　東京駅の開業）
　　　　　　　　　　　　　　　　　　　　　〔3471〕

◇高架鉄道と東京駅　上　レッドカーペットと中
央停車場の源流　小野田滋著　交通新聞社
2012.2　204p　18cm　（交通新聞社新書 038）
〈索引あり　文献あり〉　800円　Ⓘ978-4-330-
26712-8　Ⓝ516.171361
内容　序章 東京の高架下　第1章 新橋駅と上野駅（新
橋駅から幹線鉄道へ　上野駅の誕生　東海道本線の
全通）　第2章 市区改正と中央停車場（市区改正の始
まり　官庁集中計画と中央停車場　市区改正と高架
鉄道）　第3章 日本鉄道と総武鉄道の市街線（日本鉄
道秋葉原貨物線と日本鉄道市街線　最初の高架鉄道
となった総武鉄道市街線）　第4章 もうひとつのレッ
ドカーペット（万世橋延長線と万世橋高架橋　万世橋
駅の誕生）
　　　　　　　　　　　　　　　　　　　　　〔3472〕

◇今だから話せる都営地下鉄の秘密　篠原力著
洋泉社　2011.10　207p　19cm　1400円
Ⓘ978-4-86248-769-8　Ⓝ516.72
内容　第1章 個性豊かな都営地下鉄四路線　第2章 な
ぜ東京には二つの地下鉄があるのか─東京の地下鉄の
基礎知識　第3章 こんなに違う！　都営四路線の基本
計画と実際　第4章 時代に翻弄された大江戸線　第
5章 私が見てきた様々な地下鉄工事現場　第6章 駅
の設計・建設の知られざる工夫　第7章 車庫・車両
基地と線路の謎にせまる！
　　　　　　　　　　　　　　　　　　　　　〔3473〕

◇新交通システム建設物語─日暮里・舎人ライ
ナーの計画から開業まで　「新交通システム建
設物語」執筆委員会編著　成山堂書店　2011.3
255p　21cm　〈文献あり　索引あり〉　2400円
Ⓘ978-4-425-96191-7　Ⓝ516.171361
内容　第1部 日暮里・舎人ライナー開業までの道のり
第2部 インフラの建設─土木構造物を中心に　第3部
駅舎・連絡通路の建設　第4部 電気施設　第5部 車
両・検査修繕施設　第6部 軌道施設　第7部 安全対
策　第8部 車両基地の建設
　　　　　　　　　　　　　　　　　　　　　〔3474〕

◇日暮里・舎人ライナー秘話─私の見てきた三十
六年間　三原將嗣著　産経新聞出版　2011.3
290p　19cm　〈文献あり〉　1600円　Ⓘ978-4-
86306-082-1　Ⓝ516.171361
　　　　　　　　　　　　　　　　　　　　　〔3475〕

◇東京の鉄道遺産─百四十年をあるく　下（発展
期篇）　山田俊明著　〔立川〕　けやき出版
2010.3　211p　19cm　〈文献あり　年表あり〉
1400円　Ⓘ978-4-87751-413-6　Ⓝ686.2136
内容　第1章 産炭と水瓶のための鉄道とその遺産（青
梅鉄道の遺産　五日市鉄道とその遺産 ほか）　第2
章 戦争の影を宿した鉄道遺産（軍施設が集中してい
た北区に残る軍用線跡　軍需工場の引込線から生ま
れた「武蔵野競技場線」 ほか）　第3章 私鉄の軌跡
を歩く（旧市内をめざした京成の苦闘　新宿を拠点と
した京王・小田急 ほか）　第4章 都電の残影を求め
て（都電が消えるまで　江東地区に残る廃線跡─城東
電気軌道の遺産 ほか）　第5章 駅舎とメールウォッ
チング（誰でも気軽に見ることができる鉄道遺産　古
レールを探る楽しみ ほか）
　　　　　　　　　　　　　　　　　　　　　〔3476〕

◇東京の鉄道遺産─百四十年をあるく　上（創業
期篇）　山田俊明著　〔立川〕　けやき出版
2010.3　201p　19cm　〈文献あり　年表あり〉
1400円　Ⓘ978-4-87751-412-9　Ⓝ686.2136
内容　第1章 鉄道創業の地を歩く（最古の駅、品川とそ
の界隈　日本の鉄道の原点、新橋停車場 ほか）　第2
章 市街高架線は巨大な東京遺産（レトロな高架線は
都市の年輪　赤煉瓦の連続アーチ高架橋 ほか）　第
3章 私鉄の発達と郊外への夢（巨大都市東京の発展を
支えた私鉄　老舗私鉄、東武鉄道の遺産 ほか）　第4
章 地下鉄浪漫（銀座線に始まる地下鉄の歴史　昭和
浪漫漂う開業時の遺産 ほか）
　　　　　　　　　　　　　　　　　　　　　〔3477〕

◇東京電車地図─通勤通学を楽にする知恵　松尾
定行著　ランダムハウス講談社　2009.3　190p
19cm　1300円　Ⓘ978-4-270-00475-3　Ⓝ686.
213
内容　1章 新しい電車の実力チェック（池袋─渋谷を約
10分でいく方法─副都心線　目黒線は南北線直通で
快適通勤─目黒線　大井町線急行に乗り換えてラッ
シュを避ける─大井町線 ほか）　2章 “電車のぬけ
道”をあるく（東京駅のぬけ道1「行幸通り」─二重橋
前駅、大手町駅へ　東京駅のぬけ道2「八重洲通り」
─日本橋駅、京橋駅へ　築地駅のぬけ道「新大橋通
り」─新富町駅へ ほか）　3章 電車の乗り入れを上
手に使う（りんかい線の乗り入れ─埼京線　特急ロマ
ンスカーの乗り入れ1─有楽町線　池袋線の乗り入れ
1─西武有楽町線、有楽町線 ほか）
　　　　　　　　　　　　　　　　　　　　　〔3478〕

◇終戦直後東京の電車─昭和20年代の鉄道風景
浦原利穂写真集　浦原利穂著、岩堀春夫編　西
宮　ないねん出版　2006.4　176p　26cm
3800円　4-931374-52-2　Ⓝ686.2136　〔3479〕

◇東京のあな─地下鉄絵本　星空満天堂著　朱鳥
社　2005.7　551p　15cm　〈発売：星雲社〉
1000円　Ⓘ4-434-06575-0　Ⓝ686.53　〔3480〕

◇東京の地下鉄がわかる事典─読む・知る・愉し
む　青木栄一監修, 日本実業出版社編　日本実
業出版社　2004.7　350p　19cm　〈文献あり〉
1500円　Ⓘ4-534-03765-1　Ⓝ686.2136

276　　「東京」がわかる本 4000冊　　　　　　　　　　　　　　　　〔3470〜3481〕

産業　　　　　　　　　　　　　　　　　　　　　　　　　　　　　　　　交通

内容 序章 地下鉄の走る都市、東京　第1章 地下鉄の歴史をひもとく　第2章 地下鉄の路線にまつわる話　第3章 地下鉄の車両にまつわる話　第4章 地下鉄の駅にまつわる話　第5章 地下鉄の運転にまつわる話　第6章 地下鉄の運賃にまつわる話　第7章 地下鉄の建設にまつわる話　第8章 その他の地下鉄にまつわる話　　　　　　　　　　　　　　　　　　〔3481〕

◇東京の鉄道がわかる事典―読む・知る・愉しむ　武田忠雄監修　日本実業出版社　2002.10　237p　19cm　1500円　Ⓘ4-534-03463-6　Ⓝ686.2136
内容 1両目 あの路線・名称はこうして生まれた（埋め立て地の上に建設された新橋～品川間の鉄道　日本初の鉄道開業区間は品川～横浜間だった!? ほか）　2両目 駅の生い立ち（開業当時の乗降客数は約50人だった新宿駅　「品川」駅なのになぜ駅は港区にある？　ほか）　3両目 東京の鉄道を支える技術とシステム（鉄道の歴史が垣間見える古レール製の柱　新橋～横浜間のゲージが鉄道の方向性をつくった？　ほか）　4両目 歴代車両に見る東京の鉄道史（郵便物だけを運ぶ専用地下鉄　事業者の気概があふれる地下鉄車両1001型 ほか）　5両目 東京の鉄道未来地図（都心と成田空港間を結ぶ成田新高速鉄道　さいたま市と横浜市緑区を結ぶ鉄道計画 ほか）　　〔3482〕

◇環状線でわかる東京の鉄道網　藤本均著　たちばな出版　2000.12　237p　19cm　1500円　Ⓘ4-8133-1281-0　Ⓝ686.21　　　〔3483〕

◇東京1980's―山口雅人のアルバム　鉄道青年の頃　山口雅人著　イカロス出版　2000.4　124p　26cm　（イカロスmook　鉄道情景シリーズ 1）　1500円　Ⓘ4-87149-266-4　Ⓝ686.2136　〔3484〕

◇多摩幻の鉄道廃線跡を行く　山田俊明著　八王子 のんぶる舎　1999.7　169p　21cm　〈文献あり　年表あり〉　1600円　Ⓘ4-931247-69-5　Ⓝ686.2136
内容 第1章 多摩の廃線跡を歩く（産業遺産としての鉄道廃線跡　中央本線の廃線区間 ほか）　第2章 橋梁と隧道および煉瓦構造物（明治期の錬瓦製英国式橋梁―中央本線多摩川橋梁　「明治」のロマンを伝える赤煉瓦 ほか）　第3章 古レールウォッチング（レールは語る　八王子駅ホームの古レール ほか）　第4章 多摩のユニークな駅舎たち（高尾駅―大正天皇大喪の遺産　青梅駅―元は青梅電気鉄道の本社 ほか）　　　　　　　　　　　　　　　　　　　　　〔3485〕

◇東京超元気―山手線地下鉄化が日本を救う　山田雅夫著　新潟 西村書店　1997.5　190p　20cm　〈文献あり〉　1600円　Ⓘ4-89013-559-6　Ⓝ518.84
内容 第1章 山手線地下鉄化が財政赤字を解消　第2章 巨大消費都市ののるつぼ、東京は病んでいるか　第3章 東京超元気化計画　第4章 新東京人の暮らし方　　　　　　　　　　　　　　　　　　　〔3486〕

◇社史に見る東京の私鉄を歩く　藤本均著　冬青社　1994.7　239p　20cm　（江戸東京シリーズ 3）〈主な参考資料：p234～235〉2300円　Ⓘ4-924725-22-6　Ⓝ686.213
内容 私鉄電車理解のために　京成はJRに対抗できるか　東武はターミナルで苦しむ　西武の実質主義は

続く　東急ランドは不滅か　京王は身近な感覚　小田急はラッシュに悲鳴　京急は必死に走る　相鉄も大手の仲間入り　営団と都営があるわけ　営団各線のプロフィル　都営地下鉄の歩み　東京の路面電車たち　モノレールと新交通システム　どうやって走り、止まるのか　私鉄電車今後の展望　オーソドックスなハマの地下鉄　　　　　　　　〔3487〕

◇多摩の鉄道百年　野田正穂ほか編　日本経済評論社　1993.11　306p　21cm〈各章末：参考文献　年表：p299～306〉2884円　Ⓘ4-8188-0692-7　Ⓝ686.2136
内容 序章 多摩の鉄道への視点　第1章 多摩の夜明けと鉄道（産業革命の進展と甲武鉄道　川越鉄道と青梅鉄道　鉄道国有化と多摩の鉄道）　第2章 多摩の産業と鉄道（生糸と鉄道　砂利と鉄道　石灰石と鉄道）　第3章 多摩の郊外化と鉄道（第一次大戦後の郊外化の進展と鉄道　郊外電車の発展　行楽地・別荘地としての多摩　昭和初期の不況と鉄道　バスの発達と鉄道）　第4章 多摩の都市化と鉄道（第二次大戦下の再編成と戦後　高度経済成長と鉄道の役割　私鉄の沿線開発と住宅地化　多摩ニュータウンの建設と鉄道　首都圏の成立と外環状線　私鉄資本とバス事業）　第5章 多摩の現状と鉄道（鉄道の輸送力強化レジャーと鉄道　駅と駅前の再開発　南北交通問題と鉄道）　終章 多摩の将来と鉄道の役割　付録 多摩地方の鉄道網発達史年表　　　　　　　〔3488〕

◆駅・沿線

◇JR中央線・青梅線・五日市線各駅停車　山田亮著　洋泉社　2016.5　222p　19cm〈文献あり〉1600円　Ⓘ978-4-8003-0858-0　Ⓝ686.53
内容 第1章 中央線各駅停車（東京　神田　御茶ノ水 ほか）　第2章 青梅線各駅停車（西立川　東中神　中神 ほか）　第3章 五日市線各駅停車（熊川　東秋留　秋川 ほか）　　　　　　　　　　　　　〔3489〕

◇東急今昔物語　宮田道一著　戎光祥出版　2016.4　240p　21cm　1600円　Ⓘ978-4-86403-180-6　Ⓝ686.21
内容 揺籃期の郊外電車の洗練された車両とサービス―東急創業期の車両と前身会社の沿革　東京西南部に続々と開業する電気鉄道―東京横浜電鉄と池上電気鉄道の設立・開業　路線延伸と新型車両の投入―隆盛期を迎えた目黒蒲田電鉄と池上電気鉄道　東横線の全線開通とキハ1形の登場―東京横浜電鉄の発展と東横車輌電設の誕生　首都圏に誕生した大私鉄―小田急、京王、京急を併呑す大東急の誕生　戦争の甚大な被害と東急の復興―復興への太平洋戦争と復興への第一歩　空襲被害の復旧を早める策として五島慶太氏の判断―大東急の分割と東急・京急・小田急・京王の再編成　昭和30年代、東急は本格的成長軌道に―飽くなき技術開発とステンレスカーの登場　ステンレスカー王国の土台が着々と形成される―本格的なステンレスカー時代の到来　五島慶太氏の描いた多摩田園都市構想が実現へ―田園都市線の開業と相次ぐ新型車両の投入 ［ほか］　　　〔3490〕

◇小田急沿線の近現代史　永江雅和著　クロスカルチャー出版　2016.3　171p　21cm　（CPCリブレ エコーする〈知〉 no.5）〈年表あり　文献あり〉1800円　Ⓘ978-4-905388-83-8　Ⓝ686.213　　　　　　　　　　　　　〔3491〕

〔3482～3491〕　　　　　　　　　　　　　「東京」がわかる本 4000冊　277

交通　　　　　　　　　　　　　　　　　　　　　　　　　　　産業

◇東京でぃ〜ぷ鉄道写真散歩―歩いて見つけた都
会の線路　山口雅人著　交通新聞社　2016.2
127p　21cm　（DJ鉄ぶらブックス　線路端のた
のしみを誘う本 009）　1400円　①978-4-330-
65916-9　Ⓝ686.21361
内容 山手線とその内側の駅（JR御茶ノ水駅界隈　JR
水道橋駅界隈　JR千駄ケ谷駅界隈　ほか）　山手線の
外側の駅（JR錦糸町駅界隈　JR上中里駅界隈　東武
鉄道浅草駅界隈　ほか）　ウォーターフロント（JR越
中島貨物駅界隈　東京メトロ深川車両基地界隈　東
京メトロ新木場車両基地界隈　ほか）　　〔3492〕

◇東急電鉄各駅停車　藤原浩著　洋泉社　2016.1
222p　19cm　〈文献あり〉　1500円　①978-4-
8003-0798-9　Ⓝ686.213
内容 第1章 東横線・みなとみらい線各駅停車　第2章
田園都市線・こどもの国線・大井町線各駅停車　第
3章 目黒線・東急多摩川線各駅停車　第4章 池上線
各駅停車　第5章 世田谷線各駅停車　巻末付録 東急
電鉄の歴史を彩った車両図鑑　　　　　　　〔3493〕

◇山手線 駅と町の歴史探訪―29駅途中下車地形
と歴史の謎を解く カラー版　小林祐一著　交
通新聞社　2016.1　223p　18cm　（交通新聞社
新書 087）〈文献あり　年表あり〉900円
①978-4-330-63216-2　Ⓝ686.21361
内容 山手線と東京（山手線略年表　山手線駅一覧）
山手線29駅途中下車の旅（東京駅　有楽町駅　新橋
駅　浜松町駅　田町駅　ほか）　　　　　　　〔3494〕

◇小田急電鉄各駅停車　辻良樹著　洋泉社
2015.11　222p　19cm　〈文献あり〉1500円
①978-4-8003-0789-7　Ⓝ686.53
内容 第1章 小田原線各駅停車（新宿　南新宿 ほか）
第2章 箱根登山鉄道箱根登山各駅停車（箱根板橋
風祭 ほか）　第3章 多摩線各駅停車（五月台　栗平
ほか）　第4章 江ノ島線各駅停車（東林間　中央林間
ほか）　　　　　　　　　　　　　　　　　〔3495〕

◇京王線・井の頭線沿線の不思議と謎　岡島建監
修　実業之日本社　2015.9　191p　18cm
（じっぴコンパクト新書 271）〈文献あり〉850
円　①978-4-408-45569-3　Ⓝ686.2136
内容 第1章 おもしろスポット目白押し！ 沿線ぶら
り途中下車の旅（井の頭公園のスワンボートに一隻だ
け交じる「オス」の謎　もともと多摩動物公園をつ
くる予定はなかった!? ほか）　第2章 意外と知らな
い!? 京王電鉄その歴史と歩み（京王電鉄が味わった
四年間の「東京急行電鉄営業局」時代　井の頭線は
「お情け」で東京の路線となった!? ほか）　第3章 思
わず行きたくなる沿線ミステリーマップ（京王線はか
つて甲州街道の北側を走っていた！　ホーム下に眠
る遺構が伝える新宿駅ヒストリー ほか）　第4章 豊
かな自然が育んだ不思議と謎（同じ「北沢」なのに、
遠く離れている不思議 多摩川の両岸になぜ同一地
名が存在している!? ほか）　第5章 ルーツを知れば
ナットク！ 京王電鉄駅名トリビア（かつての駅名は
「火薬庫前」！　明大前は危険な場所だった？　ど
こにもお寺はないのに、どうして「吉祥寺」!? ほか）
　　　　　　　　　　　　　　　　　　　　〔3496〕

◇京王電鉄各駅停車　辻良樹著　洋泉社　2015.9
223p　19cm　〈文献あり〉1500円　①978-4-

8003-0723-1　Ⓝ686.53
内容 カラー写真で見る昭和の京王線・井の頭線　第1
章 京王線各駅停車（新宿　初台　幡ヶ谷 ほか）　第
2章 京王線の支線各駅停車（京王多摩川　京王稲田堤
京王よみうりランド ほか）　第3章 井の頭線各駅停
車（渋谷　神泉　駒場東大前 ほか）　巻末付録 京王
線・井の頭線の歴史を彩った車両図鑑　　〔3497〕

◇京急沿線の不思議と謎　岡田直監修　実業之日
本社　2015.8　189p　18cm　（じっぴコンパク
ト新書 268）〈文献あり〉850円　①978-4-408-
45567-9　Ⓝ686.213
内容 第1章 訪れてみたい・見てみたい京急の不思議な
駅　第2章 沿線の今と昔がわかる都市の変遷史　第3
章 地図から浮かびあがってくる路線の秘密　第4章 電
車に乗っていざ出発！ 京急で行く新名所巡り　第
5章 駅員さんに聞いてみたい京急電鉄のヒミツ　第
6章 由来を知ると一層楽しい！ 駅名・地名案内
　　　　　　　　　　　　　　　　　　　　〔3498〕

◇東急電鉄―街と駅の1世紀　生田誠著　アル
ファベータブックス　2015.8　95p　26cm
（懐かしい沿線写真で訪ねる）　1900円　①978-
4-86598-803-1　Ⓝ686.213
内容 東横線　目黒線　田園都市線　大井町線　池上
線　東急多摩川線　世田谷線　玉電廃線　　〔3499〕

◇東京モノレールのすべて　東京モノレール株式
会社監修　戎光祥出版　2015.8　208p　21cm
〈文献あり　年譜あり〉1600円　①978-4-
86403-134-9　Ⓝ686.91361
内容 第1章 東京モノレールの魅力　第2章 東京モノ
レールの路線　第3章 東京モノレールの車両　第4章
東京モノレールの駅　第5章 東京モノレールナレッ
ジ　第6章 東京モノレールの歴史　　　　　〔3500〕

◇京急電鉄各駅停車　矢嶋秀一著　洋泉社
2015.7　223p　19cm　〈文献あり〉1500円
①978-4-8003-0684-5　Ⓝ686.53　　　　　〔3501〕

◇総武線・京葉線―街と駅の1世紀　生田誠著
アルファベータブックス　2015.7　87p　26cm
（懐かしい沿線写真で訪ねる）　1850円　①978-
4-86598-802-4　Ⓝ686.2136
内容 東京　新日本橋・馬喰町　錦糸町　亀戸　平井
新小岩　小岩　市川　本八幡　下総中山〔ほか〕
　　　　　　　　　　　　　　　　　　　　〔3502〕

◇山手線謎解き街歩き―ぐるり29駅からさんぽ
清水克悦著　実業之日本社　2015.6　183p
18cm　（じっぴコンパクト新書 263）〈文献あ
り〉800円　①978-4-408-00873-8　Ⓝ213.61
内容 新宿駅　代々木駅　原宿駅　渋谷駅　恵比寿駅
目黒駅　五反田駅　大崎駅　品川駅　田町駅　浜
松町駅　新橋駅　有楽町駅　東京駅　神田駅　秋葉
原駅　御徒町駅　鶯谷駅　日暮里駅　西日
暮里駅　田端駅　駒込駅　巣鴨駅　大塚駅　池袋駅
目白駅　高田馬場駅　新大久保駅　　　　　〔3503〕

◇地下鉄で「昭和」の街をゆく大人の東京散歩
鈴木伸子著　河出書房新社　2015.4　231p
15cm　（河出文庫 す12-3）〈「東京の地下鉄ぶ
らぶら散歩」（実業之日本社　2009年刊）の改

産業　　　　　　　　　　　　　　　　　　　　　　　　　　　　　交通

題、加筆改訂〉660円　①978-4-309-41364-8
Ⓝ291.361
内容 変貌中の街に行ってみる　今、町歩きが楽しい街
山の手の街の洗練されたエリアへ　今り町のオフィス街を
見に行く　花柳界のある街と下町そぞろ歩き　スカ
イツリーを見上げる街　学生街には地下鉄で　江戸
以来の盛り場は今　皇居周辺を巡る　　　　　〔3504〕

◇駅激戦区　人×商業─大改造が進む東京の注目
駅を追う　産業タイムズ社　2015.2　110p
26cm　（商業施設新聞ハンドブック）　4700円
①978-4-88353-230-8　Ⓝ672.136
内容 第1章 東京で進む大型開発と新交通ネットワー
ク動向　第2章 開発活況の駅動向（開業100年を迎え
た日本の玄関口─東京駅　東西自由通路と南口整備
─新宿駅　駅周辺3大事業が進行─渋谷駅　駅前に
大型施設が並ぶ─池袋駅 ほか）　第3章 主要駅動向
（JR・私鉄6路線乗り入れ─北千住駅　駅北側で20年
度に新駅─品川駅　都内JR駅で6番目の乗客数─新
橋駅　関東の交通結節点を担う大型駅─秋葉原駅 ほ
か）　　　　　　　　　　　　　　　　　　　　〔3505〕

◇小田急沿線の不思議と謎　浜田弘明監修　実業
之日本社　2015.1　191p　18cm　（じっぴコン
パクト新書 243）〈文献あり　年譜あり〉850
円　①978-4-408-45543-3　Ⓝ686.213
内容 第1章 過去があるから今がある！　歴史がわか
る都市開発物語　第2章 一度は訪れてほしい沿線の
名物・名所案内　第3章 思わず下車したくなる、不
思議な駅を探せ！　第4章 何がどうしてこうなっ
た？　謎の路線の形成史　第5章 誰もが知りたかっ
た！　小田急電鉄の秘密　第6章 思わず乗ってみた
くなる！　魅力いっぱいの車両たち　第7章 どちら
がはじまり？　地名と駅名のふか～い関係　〔3506〕

◇東急沿線の不思議と謎　浜田弘明監修　実業之
日本社　2014.11　191p　18cm　（じっぴコン
パクト新書 221）〈文献あり　年表あり〉850
円　①978-4-408-45534-1　Ⓝ686.213
内容 第1章 都市の移ろいがわかる東急沿線の歴史
第2章 必ず訪れてみたくなる！　おもしろスポット
第3章 地図から浮かび上がる路線の不思議　第4章
いろんな顔が勢ぞろいユニーク駅案内　第5章 誰も
知らなかった東急電鉄のヒミツ　第6章 なぜこうなっ
た？　駅名・地名驚きの由来　　　　　　　　〔3507〕

◇総武線120年の軌跡─東京・千葉を走る列車と
駅のあゆみ　三好好三著　JTBパブリッシング
2014.3　175p　21cm　（キャンブックス　鉄道
139）　1800円　①978-4-533-09631-0　Ⓝ686.
21361
内容 第1章 カラーで見る総武線　第2章 総武線の歴
史（総武鉄道の創立　国有化で「総武本線」に ほか）
第3章 総武線各駅探見（東京　新日本橋 ほか）　第4
章 総武線を走った車両（モハ30系　モハ31系 ほか）
第5章 総武線沿線の鉄道（東武鉄道亀戸線　都営地下
鉄新宿線 ほか）　　　　　　　　　　　　　　〔3508〕

◇京成の駅今昔・昭和の面影─100年の歴史を支
えた全駅を紹介　石本祐吉著　JTBパブリッシ
ング　2014.2　175p　21cm　（キャンブックス
鉄道 137）〈文献あり〉1800円　①978-4-533-
09553-5　Ⓝ686.53

内容 上野線 京成上野‐青砥　京成本線 青砥‐京成
津田沼　成田線 京成津田沼‐京成成田　空港線 京
成成田‐成田空港ほか　押上線 押上‐青砥　白鬚線
（廃止）　金町線 京成高砂‐京成金町　千葉線 京成
津田沼‐千葉中央　千原線 千葉中央‐ちはら台
〔3509〕

◇JR中央線あるある　増山かおり著, 福島モンタ
画　TOブックス　2014.1　159p　18cm　1100
円　①978-4-86472-218-6　Ⓝ686.2136
内容 第1章 中央線「駅と電車」あるある　第2章 中
央線「街と風景」あるある　第3章 中央線「人」ある
ある　第4章 中央線「カルチャー」あるある〔3510〕

◇京急沿線謎解き散歩　洞口和夫編著
KADOKAWA　2013.12　319p　15cm　（新人
物文庫 ほ-2-1）〈年譜あり〉857円　①978-4-
04-600092-7　Ⓝ291.37
内容 第1章 「京急電鉄」っておもしろい！　第2章
泉岳寺駅～六郷土手駅・羽田空港国内線ターミナル
駅編　第3章 京急川崎駅～神奈川駅・小島新田駅編
第4章 横浜駅～金沢八景駅・新逗子駅編　第5章 追
浜駅～浦賀駅編　第6章 堀ノ内駅～三崎口駅編
〔3511〕

◇怪しい駅 懐かしい駅─東京近郊駅前旅行　長
谷川裕文, 村上健絵　草思社　2013.8　181p
19cm　1600円　①978-4-7942-1996-1　Ⓝ291.
36
内容 西東京編（なぜ大石がこんなにゴロゴロしてい
るのか─東横線・祐天寺駅　どうしてこんなに狭い
谷間にあるのか─井の頭線・神泉駅　西口かそれと
も東口か─小田急線/目黒線・田園調布駅　懐かしのド
アカットが見られる─大井町線・久品仏駅　なぜ、こ
こまで深く掘り下げたのか─山手線・目黒駅　銀座
線へのアクセスがこうも悪い理由─副都心線・渋谷
駅）　東京編（ああ、堂々の頭端式プラットホーム
─東武伊勢崎線・東武浅草駅　かつての栄光の名残
りが駅舎に残る─総武線・両国駅　聖と俗の大パノ
ラマが揃う─山手線・鶯谷駅　ひとつの車線に二
輌編成ひとつだけ─東武大師線・大師前駅　戦後の
駅前風景がしぶとく息づく─京成押上線・京成立石
駅）　郊外編（ここはかつて遠足のメッカだった─中
央線・相模湖駅　ヤミ米の運び込まれた流通ルート
─都電・旧splay西橋停留所　「花の精」「無能の人」の
舞台─西武多摩川線・是政駅　戦時中に山小屋風駅
舎とはこれしか何に─青梅線・奥多摩駅　不遇の山水
にたたずむ寒駅─青梅線・白丸駅）　　　　　〔3512〕

◇京成沿線歴史散歩　中津攸子著　市川 エピッ
ク　2013.8　189,14p　19cm　1500円　①978-
4-902911-07-7　Ⓝ291.361　　　　　　　　〔3513〕

◇京王線謎解き散歩　私鉄沿線散歩の会著　新人
物往来社　2012.7　190p　15cm　（新人物文庫
し-9-1）〈文献あり　年譜あり〉800円
①978-4-404-04218-7　Ⓝ291.36
内容 京王線（新宿　初台　幡ヶ谷 ほか）　高尾線（京
王片倉　山田　めじろ台～狭間 ほか）　相模原線（京
王多摩川～京王稲田堤　京王よみうりランド　稲城
ほか）　井の頭線（渋谷　神泉　駒場東大前 ほか）
〔3514〕

◇地下鉄で行（い）く江戸・東京ぶらり歴史散歩

東京歴史研究会編　かんき出版　2011.8　158p
21cm〈タイトル：地下鉄で行く江戸・東京ぶ
らり歴史散歩　文献あり〉1500円　①978-4-
7612-6766-7　Ⓝ291.361
内容 江戸城—家康の天下普請を垣間見る皇居東御苑
浅草—花吹雪山谷堀を歩いて艶やかな町人文化の跡
をたずねる　日本橋—水の都・江戸のシンボルから
現代版七つ立ち　麹町—新宿—江戸城の搦め手を固
めた武家街から宿場女郎の内藤新宿まで歩く　上野
～谷中—寛永寺の野望と彰義隊の悲劇が眠る忍岡の
杜と御免富天王寺　両国—岡場所で名を売った江戸
の下町を歩く　雑司ヶ谷～音羽—今に残る江戸時代
の道筋を辿りながら　早稲田—神楽坂—首なし正雪
地蔵の謎を思いながら虫封じから牛込御門まで　巣
鴨—本郷—振袖火事の真説に触れる菊見の里から本
郷追分　小石川—徳川家康生母於大の方の傳通院周
辺を歩く　湯島—駿河台—湯島天神・妻恋神社—神
田明神、色街が彩る結界ストリート　青山—三軒茶
屋—五色不動は江戸時代にあったのか、目青不動の
不思議　芝—高輪—墨衣と薩摩藩士がいそいそ通っ
た高輪岡場所と三田の寺町　北品川—参勤交代大名
行列ご一行様に泣かされた東海道品川宿　目黒—江
戸の代表的行楽地をぐるりとひと回り　　〔3515〕

◇京王沿線ぶらり歴史散歩—全69駅網羅　東京歴
史研究会編　かんき出版　2011.3　187p
21cm〈文献あり　年表あり　索引あり〉1600
円　①978-4-7612-6735-3　Ⓝ291.36
内容 1 京王線(新宿—「中野長者伝説」と淀橋・十
二社熊野神社　初台～幡ヶ谷—甲州街道の道標に往時
の人々の信仰を偲ぶ　ほか)　2 高尾線(京王片倉～
山田—横山氏から大江氏へ片倉城址と広園寺　めじ
ろ台～狭間—湯殿川伝承の龍見寺と八王子城落城の
供養寺　ほか)　3 相模原線(京王多摩川—調布市郷
土博物館の解説シートと歴史散歩　京王稲田堤—多
摩川の渡しを見ていた馬頭観音　ほか)　4 井の頭線
(渋谷～神泉—円山町を興した「弘法の湯」　駒
場東大前—「近代農業」駒場野公園と「加賀百万石」
駒場公園　ほか)　　　　　　　　　　　〔3516〕

◇JR全駅駅前　東京都・神奈川県　千原伸樹文撮
影デザイン　データハウス　2011.3　269p
19cm　1500円　①978-4-7817-0076-2　Ⓝ686.
53
内容 山手線　東海道本線　中央本線　南武線　青梅
線　京浜東北線　横浜線　根岸線　相模線　京葉線
鶴見線　五日市線　埼京線　八高線　御殿場線　横
須賀線　総武線　総武線快速　常磐線　武蔵野線
東北本線　東京モノレール　　　　　　　〔3517〕

◇東京「駅名」の謎—江戸の歴史が見えてくる
谷川彰英著　祥伝社　2011.2　280p　16cm
(祥伝社黄金文庫　Gた16-4)　600円　①978-4-
396-31534-4　Ⓝ686.53
内容 駅名から「江戸城」がわかる　駅名から「江戸の
町」がわかる　下町は「橋」でつながっていた　江
戸は「坂」の町だった—「坂」の駅名　江戸には「谷」
も多かった—「谷」の駅名　「数」でわかる東京—
「数」のつく駅名　「人」にちなんだ駅名　信仰の町
江戸・東京　ふるさとゆかりの駅名　動物にちなん
だ駅名　東京の発展を象徴する駅名　東京で一度は
行ってみたい駅　　　　　　　　　　　　〔3518〕

◇旅する駅前、それも東京で!?　カベルナリア吉

田著　彩流社　2010.12　365p　19cm　1800円
①978-4-7791-1576-9　Ⓝ291.36
内容 プロローグ—JR中央線・御茶ノ水駅、午前9時
前。旅の始まり(か?)　JR青梅線その1 石神前駅/
二俣尾駅—東京きっての秘境路線 しかも特に小さい
駅で下りてみた　JR青梅線その2 古里駅/鳩ノ巣駅/
白丸駅—駅前が寂れるほど出会いが深まる不思議 最
果て路線の奥の、そのまた奥へ　JR五日市線 東秋留
駅—渓谷から車用機まで、「ローカル」の一言ではく
くれない!?　JR八高線 東福生駅—ローカル線で基地
の街へ 褄雑な一夜を期待したが　JR高尾線 山
田駅—高尾山の手前で途中下車。再会の旅…のはず
がハプニング発生!　多摩都市モノレール 上北台駅
—モノレール終着駅発、鉄道が通らない街・武蔵村山
市の旅　京王競馬場線 府中競馬正門前駅—競馬場に
行くためだけのギャンブラー駅に 競馬のある日とな
い日、両方行ってみた　西武多摩川線 新小金井駅/
多磨駅/是政駅—西武王国のみそっかす路線で、多摩
ニュータウンの手前まで行ってみる　東京メトロ丸
ノ内線方南町支線 方南町駅—地下鉄の端っこ駅で、
地下鉄らしからぬ人情が待っていた　東京モノレー
ル 昭和島駅—人がいない、店もない! SF感漂う無
機質な駅前にただボー然!　〔ほか〕　　　〔3519〕

◇中央線思い出コレクション　沼本忠次著　〔立
川〕けやき出版　2010.11　125p　21cm
1300円　①978-4-87751-426-6　Ⓝ686.2136
内容 楽しいじゃん! 私のお宝コレクション(本日、
お宝「蔵出し」 まだまだあります! 私の宝物 ほ
か)　各駅散歩中央沿線はパラダイス(東京 神田 ほ
か)　鉄道人生四十年中央線の思い出(東京駅—「東
京駅と私」 中央線—「煉瓦のアーチが美しい駅」「万
世橋駅」「交通博物館として再出発」 ほか)　鉄道ひ
とつばなし(駅長の制帽　トンネルの話 ほか)
　　　　　　　　　　　　　　　　　　　〔3520〕

◇自由が丘駅、緑が丘あたり—衾案内 1　久里
ぼん著　東京図書出版会　2010.9　147p
18cm　(TTS新書)〈発売：リフレ出版〉800
円　①978-4-86223-413-1　Ⓝ291.361
内容 東急東横線自由が丘あたり(自由が丘駅南口
から大井町線上野毛駅まで約六キロコース)　東急大
井町線緑が丘あたり(緑が丘駅から大音寺往復五百
メートルコース　緑が丘から九品仏駅一キロコー
ス 杉の谷から都立大学駅六キロコース　大岡山駅
から池上本門寺六キロコース)　　　　　　〔3521〕

◇鉄道沿線をゆく大人の東京散歩　鈴木伸子著
河出書房新社　2010.9　230p　15cm　(河出文
庫 す12-2)　660円　①978-4-309-41038-8
Ⓝ291.361
内容 JR篇(中央線—沿線色も各駅も個性的　総武線
—隅田川のあちらとこちら　山手線—東京の一大展
望装置　京浜東北線—山手線のライバル? 　常磐線
—長距離列車でどこまでも 埼京線—池袋、板橋、十
条、赤羽)　私鉄篇(小田急線—モダン東京とロマン
スカー 京王線—行楽地へ一直線　東横線—近代都
市モデルを担った沿線　京浜急行—赤い電車は唄う
京成電鉄—川を越えて空の駅へ　東武伊勢崎線—乗
れば旅気分　西武新宿線—高田馬場、下落合、中井、
新井薬師前　西武池袋線—池袋－大泉学園　東武東
上線—大山、ときわ台、成増)　　　　　　〔3522〕

◇山手線お江戸めぐり　安藤優一郎著　潮出版社

280　「東京」がわかる本 4000冊　　　　　　〔3516～3523〕

産業　　　　　　　　　　　　　　　　　　　　　　　　　　　　交通

2010.6　235p　19cm　1300円　Ⓘ978-4-267-
01849-7　Ⓝ291.361
内容　山手線（東京駅―巨大な大名屋敷が立ち並んだ
丸の内　神田駅―江戸のガイドブック『江戸名所図
会』　秋葉原駅―ITの町も昔は青物市場　御徒町駅―
御徒組が将軍の警備担当　上野駅―不忍池のモデル
は琵琶湖　ほか）　総武線（御茶ノ水駅―名水が湧き
出ていた地　水道橋駅―小石川後楽園に光圀も住ん
でいた　飯田橋駅―西の守り牛込御門　市ヶ谷駅―
防衛省はもと尾張徳川家の上屋敷跡　四ツ谷駅―服
部半蔵ゆかりの地　ほか）　　　　　　　　　〔3523〕

◇東京思い出電車旅―のんびりと自由時間の街歩
き　野村正樹著　東洋経済新報社　2010.1
246p　20cm〈年表あり〉1600円　Ⓘ978-4-
492-04364-6　Ⓝ291.36
内容　プロローグ　一枚の古い写真から　第1景　渋谷道
玄坂　第2景　新宿西口ターミナル　第3景　銀座通り
と東京タワー　第4景　赤坂見附交差点　第5景　山の
手・私鉄沿線めぐり　第6景　多摩川と隅田川　第7景
荒川線・途中下車の旅　第8景　武蔵野散歩　エピロー
グ　友と家族と歩く歳月　　　　　　　　　　〔3524〕

◇中央線街と駅の120年　三好好三編著　JTBパ
ブリッシング　2009.12　159p　30cm　2800円
Ⓘ978-4-533-07698-5　Ⓝ686.2136
内容　開業120周年にあたって　絵葉書で見る甲武鉄
道・中央線の沿線風景　歴史史料で見る甲武鉄道・中
央線の歴史　甲武鉄道～中央線明治・大正・昭和の
鉄道遺構　地図で見る駅周辺の変化　時刻表の変遷
中央線の運転士さん訪問　オレンジ色の電車の記録
きらめく星座　昭和・平成中央線の車両アルバム　各
駅の中央線駅前写真で見る今昔　中央線電車のたび
町地図の中央線銭湯めぐり　荻原二郎氏開き書き　中
央線に木造店舗が走っていた頃　中野駅　甲武
鉄道の匂いのするところ　　　　　　　　　　〔3525〕

◇ぐるり一周34.5キロJR山手線の謎　松本典久編
著　実業之日本社　2009.8　222p　18cm
（じっぴコンパクト新書 043）〈文献あり〉762
円　Ⓘ978-4-408-10773-8　Ⓝ686.21361
内容　第1章　山手線はいつからエンドレス？―命名100
周年、山手線のおもしろ知識（命名100周年の山手線
数字でおさらいする山手線の現状　ほか）　第2章
汽笛一声の陸蒸気から山手線まで（日本最初の鉄道が
明治5年に開業　日本最初の巨大私鉄・日本鉄道の誕
生　「品川線」としてまず建設された山手線　ほか）
第3章　山手線29駅物語（品川―ゴジラが日本に初上
陸したプレート（？）が残る、山手線最古の駅　大崎
―運転士が乗り換わる、山手線保守整備の駅　五反田
―東急池上線を通せん坊したような線路配置　ほか）
　　　　　　　　　　　　　　　　　　　　　〔3526〕

◇小田急線沿線の1世紀　鎌田達也構成・文,生方
良雄監修　世界文化社　2009.6　175p　31cm
〈文献あり　年表あり〉4000円　Ⓘ978-4-418-
09211-6　Ⓝ213.6
内容　小田急線ストーリー　小田原線―各駅停車沿線
の1世紀　箱根登山鉄道―高級保養地を身近な存在に
した山岳鉄道　多摩線　江ノ島線―各駅停車沿線の
1世紀　八〇年の星霜―旧版地形図に見る昭和初期の
駅周辺　　　　　　　　　　　　　　　　　　〔3527〕

◇東急の駅今昔・昭和の面影―80余年に存在した

120駅を徹底紹介　宮田道一著　JTBパブリッ
シング　2008.9　192p　21cm　（キャンブック
ス　鉄道 89）　1900円　Ⓘ978-4-533-07166-9
Ⓝ686.53
内容　東横線　横浜高速鉄道みなとみらい線　目黒線
東急多摩川線　池上線　大井町線　田園都市線　こ
どもの国線　　　　　　　　　　　　　　　　〔3528〕

◇多摩の鉄道沿線―古今御案内　今尾恵介著　立
川　けやき出版　2008.7　317p　19cm　1700
円　Ⓘ978-4-87751-365-8　Ⓝ213.65
内容　1 私鉄編（北多摩郡に汽車が来た　府中の鉄道
史に始まった　京王沿線・日野市南部の
激変　大栗川はこんなに蛇行していた！　ほか）　2
JR・モノレール編（立川と奥多摩街道　東京・神奈川
の境界はこんなに蛇行していた！　すべての道は青
梅に通ず　JR青梅線―青梅～奥多摩　ほか）　〔3529〕

◇たのしい中央線　5　デコ有限会社編　太田出
版　2008.5　159p　21cm　952円　Ⓘ978-4-
7783-1129-2　Ⓝ291.36
内容　リリー・フランキー―「中トラ」カバンの中身
チェック　わくわくガールズと行く大月の温泉　銀
杏BOYZと「中央線」5　HIROMIX―高円寺で生ま
れ、育ちました。　「中野」と「中央線」を最も有効
利用した芸人―カンニング竹山　未井昭の「スエイ
式実戦漫画家アシスタント」3―吉祥寺の西原理恵子
先生に弟子入り　さようなら旧中野・丸井　増子直
純（怒髪天）―中央線・〔俺039界隈〕事件簿マップ～そ
のとき歴史が動いた　いましろたかし―持ち込みの
頃　中野ブロードウェイの全て〔ほか〕　　　〔3530〕

◇街と駅80年の情景―東急電鉄記録写真　東横線・
池上線・大井町線80周年記念フォトブック　関
田克孝監修　東急エージェンシー出版部
2008.5　63p　30cm〈年表あり〉1600円
Ⓘ978-4-88497-106-9　Ⓝ686.21
内容　東横線の80年（渋谷　代官山/中目黒/祐天寺
学芸大学/都立大学　自由が丘　田園調布　多摩川
新丸子　武蔵小杉　元住吉　日吉　綱島　大倉山
菊名/妙蓮寺　白楽/東白楽/反町　横浜　高島町　桜
木町）　池上線の80年（五反田　大崎広小路　戸越銀
座　荏原中延　旗の台　長原　洗足池　石川台/雪が
谷大塚　御嶽山　久が原/千鳥町　池上　蓮沼/蒲田）
大井町線の80年（大井町　下神明/戸越公園　中延/
荏原町　旗の台/北千束　大岡山　緑が丘/自由が丘
九品仏　尾山台/等々力　上野毛　二子玉川）〔3531〕

◇たのしい中央線　4　デコ有限会社編　太田出
版　2007.6　159p　21cm　952円　Ⓘ978-4-
7783-1076-9　Ⓝ291.36
内容　中央線つけめん天国―たのチュー厳選25軒つけめ
んカタログ　中央線のラーメン概要（石山勇人・ラー
メンデータバンク））　脳出血と立川と映画「ワルボ
ロ」（ゲッツ板谷）　中央線江戸前ライン（山本益博）
中央線アジア料理紀行（増子直純（怒髪天））　西荻に
「登亭」があった　中央線400円定食　中
野生活（リリー・フランキー×峯田和伸）　中央線中
吊り広告は俺が吊る！（安孫子真澄）　高円寺は「は
み出し者」の街（森本レオ×村井司）　高円寺阿波お
どり修行（チン村村）　高円寺の面白さは住まないと
わからない（大槻ケンヂ）　嫌いじゃないけど、苦手
かもしれない中央線（坪内祐三）　毒を喰わなきゃ物

〔3524～3532〕　　　　　　　　　　　　「東京」がわかる本 4000冊　281

交通　　　　　　　　　　　　　　　　　　　　　　　　　　　産業

なんて作れない（曽根賢（ビスケン））　立川で見たかもしれない3億円強奪グループ（信藤三雄）　国分寺から始まった東京生活（タナカカツキ）　さらば201系（ロビン西）　私達が中央線沿線で暮らさない理由＋［中トラ］ボーイズCheck！（安彦麻理絵×魚喃キリコ）　めくるめく中央線フォークの世界　高田渡とフォークと吉祥寺（高田漣×大森元気（残像カフェ））　スエイ式実戦漫画家アシスタント　安部慎一先生に会いに行く（安部慎一×末井昭）　　　　　〔3532〕

◇見て読んで歩く山手線29駅―カメラ散策　磯部隼一著　文芸社ビジュアルアート　2007.5　79p　21cm　900円　Ⓘ978-4-86264-188-5　Ⓝ291.361
　内容　山手線とは　東京　神田　秋葉原　御徒町　上野　鶯谷　日暮里　西日暮里　田端〔ほか〕〔3533〕

◇たのしい中央線　3　デコ有限会社編　太田出版　2006.11　159p　21cm　952円　Ⓘ4-7783-1042-X　Ⓝ291.36
　内容　特集・漫画と街と「中央線」（江口寿史―何気ない幸せ感。西荻・吉祥寺　やまだないと―西荻とパリと漫画と私　よしながふみ―阿佐ヶ谷にブラ下がる目の前のニンジン　東海林さだお―中央線にはカビが住み着いている？　東陽片岡×末井昭―スエイ式実践漫画家アシスタント第1回・東陽片岡先生に弟子入り　中央線沿線書店が選ぶ―「中央線ライフがたのしくなる漫画」ランキング　安部コウセイ×安部光広（スパルタローカルズ）―両親の阿佐ヶ谷、俺たちの東京　羽生生純―高円寺ティッシュ25時　じゅんじゅん×川島小鳥―　中央線沿線・飲屋街Photosession　マキシマムザ亮君（マキシマムザホルモン）―中央線版マキシマム亮君　赤い疑惑一実戦！　中央線フリーター―　銀杏BOYZと「中央線」3（大久保ニュー×安孫子真哉―ゲイと音楽と中央線　村井守―「ジブリ」と私・クロニクル　チン中村―中央線で漫画家デビュー）　　　　　　　　〔3534〕

◇中央線の詩　下　朝日新聞東京総局著　武蔵野出窓社　2006.6　253p　21cm〈文：三沢敦, 写真：千葉康由〉1600円　Ⓘ4-931178-57-X　Ⓝ291.36
　内容　第1章　西荻窪―ともしび　第2章　荻窪―星霜　第3章　阿佐ヶ谷―青雲　第4章　高円寺―青春　第5章　中野―世代　第6章　新宿―源流　第7章　吉祥寺―終章　　　　　　　　　　　　　　　　〔3535〕

◇井の頭線沿線の1世紀―写真で甦る沿線100年の記録　生活情報センター編、鎌田達也構成・文　生活情報センター　2006.5　157p　31cm（Archive series）〈年表あり〉3800円　Ⓘ4-86126-255-0　Ⓝ213.6
　内容　第1章　井の頭線ストーリー（「井の頭へ！」の声高らかに―帝都電鉄線開業　吉祥寺への延伸、そして戦禍からの復興　今も牧歌的な路線をゆく「虹色」の電車　井の頭線切符コレクション　井の頭線車両図鑑　時代を駆け抜けた名車たち）　第2章　各駅停車懐かしの沿線風景（新旧と大小が同居する魅惑の街―吉祥寺　人待ち顔の似合う愛すべき駅―井の頭公園　今も漂う古きよき時代の香り―三鷹台　通信機メーカーと学生の街―久我山　ほか）　　〔3536〕

◇たのしい中央線　2　デコ有限会社編　太田出版　2006.4　159p　21cm　952円　Ⓘ4-7783-

1012-8　Ⓝ291.36　　　　　　　　　　　　〔3537〕

◇図説駅の歴史―東京のターミナル　交通博物館編　河出書房新社　2006.2　159p　22cm（ふくろうの本）〈年表あり〉1800円　Ⓘ4-309-76075-9　Ⓝ686.53
　内容　1章　汽笛一声から―ターミナル創成期（新橋駅―文明開化のターミナル　上野駅―北への玄関口　新宿駅―巨大ターミナルへのあゆみ　飯田町駅―甲武鉄道のターミナル　万世橋駅―幻のターミナル　両国駅―房総方面へのターミナル）　2章　中央停車場・東京駅の誕生（中央停車場計画―ターミナル形成の集大成　東京駅の開業―明治国家の記念碑）　3章　ターミナルの進化（上野駅―ふるさとを結ぶ駅　東京駅―全国鉄道網の頂点へ　新宿駅―ゲタ電ターミナルから中心駅へ）　東京の主要駅　　　　　〔3538〕

◇たのしい中央線　デコ有限会社編　太田出版　2005.4　159p　21cm　952円　Ⓘ4-87233-937-1　Ⓝ291.36
　内容　西原理恵子×ゲッツ板谷　リリー・フランキー　高田渡　みうらじゅん　角田光代　南馬越一義×松村逸夫　石坂マサヨ　シリース・スエイさんと怖い店へ行く　豆千代　松下弘子と高円寺〔ほか〕　　　　　　　　　　　　　　　　〔3539〕

◇中央線の詩　上　朝日新聞東京総局著　武蔵野出窓社　2005.2　253p　21cm〈文：三沢敦, 写真：千葉康由〉1600円　Ⓘ4-931178-52-9　Ⓝ291.36
　内容　第1章　吉祥寺―ハーモニカ横丁　第2章　三鷹―クリエイターズ　第3章　小金井―慕情　第4章　国分寺―60's　第5章　国立―わが街　第6章　立川―おもかげ　第7章　日野―家路　第8章　八王子―ふる里　　　　　　　　　　　　　　　　　〔3540〕

◇世田谷線の車窓から　東京急行電鉄株式会社, 世田谷区都市整備公社まちづくりセンター編集・企画　東京急行電鉄　2004.10　106p　21×21cm〈発売：学芸出版社（京都）　共同刊行：世田谷区都市整備公社まちづくりセンター〉1238円　Ⓘ4-7615-1194-X　Ⓝ686.91361
　内容　インタビュー　世田谷線の車窓から　今、路面電車が見直されています　特別寄稿　住民参加と路面電車（望月真一）　特別寄稿　なぜ路面電車なのか？（家田仁）　世田谷線の生い立ち　最近の世田谷線の取り組み　座談会　地上最強のローカル線になるために　世田谷線の沿線ガイド　世田谷線の車窓から　上町～山下駅間がもっと楽しくなるアイデアコンクール（概要　入賞作品集　全応募作品集）　　〔3541〕

◇大江戸線をゆく　菊地由紀著　鷹書房弓プレス　2004.6　246p　19cm〈史跡をたずねて各駅停車〉1300円　Ⓘ4-8034-0484-4　Ⓝ291.361
　内容　光が丘　練馬春日町　豊島園　練馬　新江古田　落合南長崎　中井　東中野　中野坂上　西新宿五丁目（清水橋）〔ほか〕　　　　　　　　〔3542〕

◇タイムスリップ中央線　巴川享則, 三宅俊彦, 塚本雅啓著　大正出版　2003.7　193p　26cm　3800円　Ⓘ4-8117-0651-X　Ⓝ686.2136
　内容　中央線電車区間の進展　中央線の消えた駅と線路　戦前の中央線電車と機関車　あの日あの頃の中央

282　　「東京」がわかる本　4000冊　　　　　　　　　　　　〔3533～3543〕

産業　　　　　　　　　　　　　　　　　　　　　　　　　　　　　　　交通

線（東京から四ッ谷へ　四ッ谷から新宿へ　新宿から
中野へ　中野から三鷹へ　三鷹から立川へ　立川か
ら高尾へ　中央沿線 気になる路線と車両）　中央線
の遠距離列車と電車・機関車　中央線電車の一世紀
タイムスリップ中央線　　　　　　　　　　　　　〔3543〕

◇JR山手線物語―心のふるさと東京ガイドブック
関根光男著　再版　そうよう　2003.6　130p
26cm　1500円　Ⓘ4-7938-0170-6　Ⓝ686.21361
　　　　　　　　　　　　　　　　　　　　　　　〔3544〕

◇中央線なヒト―沿線文化人類学　三善里沙子著
小学館　2003.6　253p　15cm　（小学館文庫）
〈ブロンズ社2000年刊の増訂〉533円　Ⓘ4-09-
418331-0　Ⓝ382.136
　内容 中央線王道人間図鑑　中央線ってナンだ？　中
央線の甘い罠　ディープな中央線案内　各駅の中央
線度　巻末付録・中央線な人々座談会　対談 中央線
的漂泊生活のススメ　　　　　　　　　　　　　〔3545〕

◇回想の東京急行　2　荻原二郎,宮田道一,関田
克孝著　大正出版　2002.8　153p　25cm
3800円　Ⓘ4-8117-0641-2　Ⓝ686.21
　内容 目蒲線郊外電車時代の風景（目黒　不動前　武
蔵小山 ほか）　大井町線郊外電車時代の風景（大井
町　下神明　戸越公園 ほか）　回想の電車たち（戦
前期に活躍した車両―大東急成立以前に消えた車両
戦前・戦後に活躍した車両―大東急成立後も活躍し
た電車　大東急時代に登場した車両―混乱期の新製
車と転入車 ほか）　　　　　　　　　　　　　〔3546〕

◇東京都電回廊の自然―荒川線　小野誠一郎,
佐々木洋著　冬青社　2001.9　123p　22cm
2000円　Ⓘ4-924725-96-X　Ⓝ291.361
　内容 早稲田　面影橋　学習院下　鬼子母神前　雑司
ケ谷　東池袋四丁目　向原　大塚駅前　巣鴨新田
庚申塚（ほか）　　　　　　　　　　　　　　　〔3547〕

◇回想の東京急行　1　荻原二郎,宮田道一,関田
克孝著　大正出版　2001.5　152p　25cm
3800円　Ⓘ4-8117-0640-4　Ⓝ686.21
　内容 回想のトピックス（東急線を走ったガソリンカー
戦下の新車―大東急時代の夢の標準車 ほか）　東横
線郊外電車時代の風景（黎明期の東横線　渋谷 ほか）
池上線郊外電車時代の風景（黎明期の池上線　五反田
ほか）　　　　　　　　　　　　　　　　　　　〔3548〕

◇大中央線主義―史上最強の沿線裏ファイル　豊
中康次著　情報センター出版局　2000.6　262p
19cm　1200円　Ⓘ4-7958-3232-3　Ⓝ291.36
　内容 新宿　中野　高円寺　阿佐ケ谷　荻窪　西荻窪
吉祥寺　三鷹　武蔵境　武蔵小金井・武蔵小金井　国
分寺　国立　立川　日野・豊田　八王子　　　　〔3549〕

◇中央線の呪い　三善里沙子著　扶桑社　1999.2
263p　16cm　（扶桑社文庫）543円　Ⓘ4-594-
02636-2　Ⓝ291.36
　内容 第1部 中央線文化大革命の灯（中央線人の深層
心理　中央線には「十の呪い」がある）　第2部 中央
線の呪いとタタリ（大日本帝国主義の呪い　神々の愛
でし土地　掘りあてた「私小説」という龍脈）　第3
部 中央線魔界ガイド（一般世間との断絶地帯　魔界
のファームエリア）　エピローグ 中央線よ、永遠な
れ！　　　　　　　　　　　　　　　　　　　　〔3550〕

◇山手線の東京案内―鉄道と地図のフォークロア
木本淳著　新装版　批評社　1997.7　203p
21cm　（Series地図を読む 2）1900円　Ⓘ4-
8265-0229-X　Ⓝ686.2136
　内容 山手線―品川駅　東北本線―田端駅・
東京駅　東海道本線―東京駅・品川駅　中央本線―
御茶ノ水駅・千駄ヶ谷駅　山手線の歴史　山手貨物
線　東京の地下鉄　　　　　　　　　　　　　　〔3551〕

◇ぶらり散策山手線　藤井雄三著　大阪　保育社
1996.12　153p　15cm　（カラーブックス
894）721円　Ⓘ4-586-50894-9　Ⓝ291.361
　内容 東京　神田　秋葉原　御徒町　上野　鶯谷　日
暮里　西日暮里　田端　駒込　巣鴨　大塚　池袋（ほ
か）　　　　　　　　　　　　　　　　　　　　〔3552〕

◇新幹線「上野駅」誕生秘話―三原方式が結んだ
上野の夢　元新幹線上野駅設置作戦本部編　ホ
ワイトルーム　1996.5　331p　19cm〈関係年
譜：p324～329〉1500円　Ⓘ4-938891-01-8
Ⓝ601.361　　　　　　　　　　　　　　　　　〔3553〕

◇山手「感情線」―山手線ぐるり一周人間模様
檀上完爾著　交通新聞社　1993.11　200p
19cm　1200円　Ⓘ4-87513-027-9　Ⓝ686.2136
　内容 第1章 初電から終電まで（的確な連係プレー　初
めての御召列車　女性専門店アトレ　休日の改札止
め　ステーションギャラリー　深夜のゴミ一掃作戦
終電車 ほか）　第2章 人と人とのふれあい（駅長へ
の道　らくがきコーナー　学生の街　輸送主任と指
輪　有楽大黒　鉄道マニア ほか）　第3章 山手線の
力持ち（車掌誕生　線路巡回　車椅子と機動班　便
宜乗車　乗務開始まで　広告の現場で三十年 ほか）
第4章 人間模様あれこれ（空襲警報発令　人間大好き
軽食喫茶エリゼ　高架橋下の赤ちょうちん　駅前旅
館の意地 ほか）　　　　　　　　　　　　　　〔3554〕

◇ぶらり東京山手線　篠宮幸男著　三一書房
1992.10　259p　19cm　1500円　Ⓘ4-380-
92241-3　Ⓝ291.36
　内容 1章 有楽町散歩　2章 銀座の変遷　3章 山手線
スケッチ　4章 落ち着きをとり戻した暮らし　5章
不夜城化する東京　　　　　　　　　　　　　　〔3555〕

◇京王線歴史散歩　関根治子,滝沢仁志著　鷹書
房　1990.8　250p　19cm　（史跡をたずねて各
駅停車）1010円　Ⓘ4-8034-0372-4　Ⓝ291.36
　＊超高層ビルが立ち並ぶ新都心新宿から伝説に彩られ
た深大寺、新選組が活躍した多摩川原、南北朝の古
戦場を経て千人同人の八王子までひた走る京王線。
その豊かな歴史を訪ねての小旅行を。　　　　　〔3556〕

◇空から各駅停車　中央線　東京地勢堂編集部編
東京地勢堂　1990.1　125p　30cm〈おもに図〉
2580円　Ⓘ4-88691-102-1　Ⓝ291.36
　＊モザイクみたいに美しい空からのTOKYO、道路や
橋やビルの谷間で名前のあるアナタが見える。空で
視る、眼で知るグラビアの冒険記。東京駅発、空か
らの中央線各駅停車は、過去から未来へと続くワタ
クシたちの大きな時間の流れを読む美しい32ストー
リー。　　　　　　　　　　　　　　　　　　　〔3557〕

〔3544～3557〕　　　　　　　　　　　　　　　　「東京」がわかる本 4000冊　**283**

交通　　　　　　　　　　　　　　　　　　　　　　　産業

◆東京駅

◇東京駅100周年東京駅100見聞録　佐々木直樹著
日本写真企画　2014.12　111p　21cm　926円
Ⓘ978-4-86562-006-1　Ⓝ686.53
内容 東京駅開業式典　20年ぶりの剣璽御動座　菊の
ご紋を付けたお召列車　住所は八重洲!?　丸の内!?
高層化できないワケ　開業前からある鉄柱のナゼ　辰
野金吾の3つの夢　創建当時に再現したレリーフ　辰
野建築1 日本銀行本店本館　辰野建築2 旧盛岡銀行
本店〔ほか〕　　　　　　　　　　　　　　　〔3558〕

◇東京駅「100年のナゾ」を歩く―一図で愉しむ「迷
宮」の魅力　田村圭介著　中央公論新社　2014.
12　221p　18cm　（中公新書ラクレ 514）〈文
献あり〉　840円　Ⓘ978-4-12-150514-9　Ⓝ686.
53
内容 1章 迷ってしまうあなたに、東京駅を10秒で分
かる方法　2章 波打ちぎわの東京駅―丸の内は、な
ゼシカク？　3章 日本国をしょった東京駅―中央線
は「日本一」じゃない!?　4章 古くて新しい東京駅―
コビベのコビベの赤レンガ　5章 近くて遠い東京駅
―プラットホーム群に「抜け道」あり　6章 高くて
低い東京駅―250メートルも離れた「双子」のタワー
7章 未完の東京駅プロジェクト　　　　　　　〔3559〕

◇100年のプロローグ―東京駅開業100周年記念
鉄道博物館第10回特別企画展図録　鉄道博物館
学芸部、アート・ベンチャー・オフィスショウ
編　〔さいたま〕　鉄道博物館　2014.11　87p
21×30cm　（企画展図録 no.10）〈会期・会
場：2014年11月22日―2015年2月16日　鉄道博
物館スペシャルギャラリー　年表あり〉Ⓝ686.
53　　　　　　　　　　　　　　　　　　　〔3560〕

◇東京駅開業とその時代―第36回企画展 東京駅
開業百年記念　佐藤美知男監修　東日本鉄道文
化財団　c2014　56p　21cm　〈会期・会場：
2014年12月9日―2015年3月22日　旧新橋停車
場鉄道歴史展示室　編集：河野真理子　年表あ
り〉Ⓝ686.53　　　　　　　　　　　　　　〔3561〕

◇東京駅一〇〇年の記憶―東京駅開業百年記念
東京ステーションギャラリー　c2014　191p
26cm　〈会期・会場：2014年12月13日―2015年3
月1日　東京ステーションギャラリー　編集：
冨田章ほか　年表あり　文献あり〉Ⓝ686.53
　　　　　　　　　　　　　　　　　　　　〔3562〕

◇東京駅　別冊宝島編集部編　完全保存版！
宝島社　2013.4　125p　21cm　1300円
Ⓘ978-4-8002-0976-4　Ⓝ686.53
内容 第1章 東京駅（中央部　南ドーム　ほか）　第2章
東京駅と新幹線の歩み（0系ひかり　0系 ほか）　第3
章 東京駅に発着する列車たち（「山手線」E231系500
番台　「中央線」E233系 ほか）　第4章 東京駅を彩っ
たなつかしの在来線（燕　EF53形 ほか）　第5章 東
京駅と鉄道の歴史（前史・日本の鉄道の始まり―日本
の鉄道事業のスタート ほか）　　　　　　　〔3563〕

◇駅員も知らない!? 東京駅の謎　話題の達人倶楽
部編　青春出版社　2012.10　206p　15cm
（青春文庫 わ-30）〈文献あり〉686円

Ⓘ978-4-413-09555-6　Ⓝ686.53
内容 第1章 駅員もビックリ！　東京駅建設までの歴
史の真実（東京駅の設計は日本人じゃなかったって
ホント？　竣工から100年近い東京駅がいまでも機
能している深～いワケは ほか）　第2章 知ってる
ようで知らない東京駅開業の秘密（開業当時、東京駅
の出入口は丸の内側しか存在しなかった　密約説ま
で流れた八重洲口を開設しなかった、深～い事情 ほ
か）　第3章 それってホント？　東京駅の舞台裏とそ
の謎（東京駅に蘇る桜吹雪ってなんだ？　丸の内南
口改札にある首相暗殺の標識 ほか）　第4章 なんと
馬車まで走ってる　現代東京駅の不思議（なぜ東京駅
には、11～13番線ホームがないのか　開業時の柱
がいまも残っているホームとは？　ほか）　第5章 な
んといっても日本の顔　復原工事と東京駅（東日本大
震災で生き残った資材が使われた復原工事　ドーム
の壁の内装は豊臣秀吉の兜をモチーフにしていた ほ
か）　　　　　　　　　　　　　　　　　　〔3564〕

◇進化する東京駅―街づくりからエキナカ開発ま
で　野崎哲夫著　交通研究協会　2012.10
210p　19cm　（交通ブックス 120）〈文献あり
年表あり　索引あり　発売：成山堂書店〉1600
円　Ⓘ978-4-425-76191-3　Ⓝ686.53
内容 序章 東京駅の時空へ　第1章 東京駅の新しい
街、エキナカ「グランスタ」　第2章 エキゾト「大手
町・丸の内・有楽町地区」「八重洲・日本橋地区」か
らの街づくり　第3章 東京駅―日本の鉄道中央駅と
しての誕生と進化　第4章 丸の内、八重洲、日本橋
を一体的につなぐ駅都市「ステーションシティ」開
発　第5章 エキナカ「グランスタ」の店舗開発戦略
（MD論）　終章 東京駅と街の次の100年　　〔3565〕

◇東京駅の履歴書―赤煉瓦に刻まれた一世紀　辻
聡著　交通新聞社　2012.10　218p　18cm
（交通新聞社新書 048）〈文献あり　年表あり〉
800円　Ⓘ978-4-330-32412-8　Ⓝ686.53
内容 第1章 東京駅開業前史（上野ターミナルの開設
丸の内の移りかわり　高架線の建設と東京駅の設
計）　第2章 東京駅の開業（大正元年12月ついに開業
ステーションホテルの開業とビジネス街の発展　鉄
道開通50周年と関東大震災）　第3章 昭和戦前・戦中
期（昭和戦前の幕あけ　つかの間だった戦前の黄金
期）　第4章 昭和戦後期（敗戦と占領期の混乱　高度
経済成長下の輸送力増強　新幹線時代の到来）　第
5章 JR時代の東京駅（日本国有鉄道の終焉　東京ス
テーションシティ）　　　　　　　　　　　　〔3566〕

◇東京駅誕生―お雇い外国人バルツァーの論文発
見　島秀雄編著　復刻版　鹿島出版会　2012.9
258p　21cm　〈1990年刊の複製〉2500円
Ⓘ978-4-306-09418-5　Ⓝ686.53
内容 第1部 バルツァー論文の発見　第2部 バルツ
ァー論文「東京の高架鉄道」（路線の設定　架道橋に用
いる鉄製構造物　陸橋（アーチ橋）の構造　駅施設）
第3部 東京駅を中心とした鉄道建設・改良の変遷―
バルツァー以前・以後（江戸の街づくりと丸の内の形
成　鉄道の創設とお雇い外国人の協力　東京周辺の
鉄道建設　東京駅の誕生　東京駅開業後の変遷）　第
4部 フランツ・バルツァーとその時代の鉄道人（バル
ツァーの写真があった　フランツ・バルツァー　ヘ
ルマン・ルムシュッテル　岡田竹五郎　五つの工区着
工と仙石貢　辰野金吾と名監督今村信夫　後藤新平
と仙石貢　島安次郎　島の広軌実験の成功と一番電

284　「東京」がわかる本 4000冊　　　　　　　　〔3558～3567〕

産業　　　　　　　　　　　　　　　　　　　　　　　　　　　　　　交通

車の事故　古川阪次郎　那波光雄　国沢新兵衛　十
河信二とポッターの論文　特別寄稿・祖父岡田竹五
郎のこと）　第5部　この本が出るまでのいきさつ（
この本が出版されるまでの物語　鉄道博物館と日本鉄
道技術協会の旧事務所　東京のJR電車運転用の電気
マンモス駅『東京』）　　　　　　　　　　　〔3567〕

◇八角屋根の東京駅赤レンガ駅舎　エスエス編
エスエス　2009.9　79p　25cm〈年表あり〉発
売：朝日新聞出版）　2800円　Ⓘ978-4-02-
100170-3　Ⓝ686.53
内容 東京駅丸の内駅舎　東京ステーションホテル
東京ステーションギャラリー　資料　　　　〔3568〕

◇東京駅はこうして誕生した　林章著　ウェッジ
2007.1　281p　19cm（ウェッジ選書 24）
〈文献あり〉1400円　Ⓘ978-4-900594-98-2
Ⓝ686.53
内容 第1章 東京と鉄道以前　第2章 鉄道がやってく
る　第3章 汽笛一声　第4章 帝都の表玄関とパス・
スルー　第5章 中央停車場建設　第6章 走り出す東
京駅　第7章 疾走する大東京　第8章 大転換と大変
容　　　　　　　　　　　　　　　　　　　〔3569〕

◇幻の東京赤煉瓦駅―新橋・東京・万世橋　中西
隆紀著　平凡社　2006.8　204p　18cm（平凡
社新書）〈文献あり〉700円　Ⓘ4-582-85337-4
Ⓝ686.21361
内容 第1章 新橋、馬車鉄道から始まる　第2章 東京
最長の遺産　第3章 駅を回転させた泉鏡花　第4章
踏切なき水辺（万世橋 - 新宿）　第5章 神田、幻の駅
第6章 芥川『餓鬼窟日録』と『みかど』　第7章 広
瀬・杉野『軍神』像の謎　エピローグ ホームだけが
残った　　　　　　　　　　　　　　　　　〔3570〕

◇東京駅歴史探見―古写真と資料で綴る東京駅90
年の歩み　長谷川章、三宅俊彦、山口雅人著
JTB　2003.12　159p　21cm（JTBキャン
ブックス）〈年表あり〉1700円　Ⓘ4-533-
05056-5　Ⓝ686.53
内容 開業直前の東京駅全景　開業前夜　東京駅開業
東京駅を発車した列車たち　東京駅とその周辺で開
催された『盛大な祝典』東京駅を中心とした『都市交
通』　未曾有の災害が帝都を襲う　昭和初期の東京
駅周辺　戦後の復興　特急の復活国鉄黄金時代　マ
ンモスステーションへの変貌　　　　　　　〔3571〕

◇赤レンガの東京駅　赤レンガの東京駅を愛する
市民の会編　岩波書店　1992.6　63p　21cm
（岩波ブックレット No.258）〈東京駅保存運動
年表：p62〜63〉350円　Ⓘ4-00-003198-8
Ⓝ526.68
内容 1 東京駅に思う？　2 建築とその歴史的価値
3 欧米に見られる駅舎保存について　　　　〔3572〕

◆路面電車

◇東京市電・都電―宮松金次郎・鐵道趣味社写真
集　宮松金次郎撮影、井口悦男監修、萩原誠治、
宮崎繁幹、宮松慶夫編集　ネコ・パブリッシン
グ　2015.12　144p　22×31cm〈文献あり〉
8000円　Ⓘ978-4-7770-5387-2　Ⓝ686.91361
内容 馬車鉄道　王子電車　城東電車　向こう岸の電

車　ナローゲージの都電　単車400形の足跡　三扉車
の系譜　電車日本橋を行く　中型車の活躍　電車は
何処から　新型車の時代　貨物電車　私の心の師匠
宮松金次郎さんのこと　　　　　　　　　　〔3573〕

◇都電残照'67―あるカメラマンが見届けた都電ラ
ストラン　平成27年度秋期企画展　北区飛鳥山
博物館編　東京都北区教育委員会　2015.10
71p　30cm〈会期・会場：平成27年10月24日―
12月13日　特別展示室・ホワイエ〉Ⓝ686.
91361　　　　　　　　　　　　　　　　　〔3574〕

◇都電跡を歩く―東京の歴史が見えてくる　小川
裕夫著　祥伝社　2013.6　339p　18cm（祥伝
社新書 322）〈文献あり〉880円　Ⓘ978-4-396-
11322-3　Ⓝ686.91361
内容 序章 都電と出会う　第1章 1系統―日本の鉄道
史に彩られた路線　第2章 22系統―"元祖1系統"と
もいうべき路線　第3章 8系統―東京の都市計画を
体現した路線　第4章 13系統―新宿に繁栄をもたら
した路線　第5章 10系統―時代の波に翻弄された路
線　第6章 17系統―池袋を発着した唯一の路線　第
7章 14系統―山手線の駅から西へと向かう唯一の路
線　第8章 2系統・18系統・41系統―都電最長の路線
第9章 都電荒川線―唯一、生き残った路線　〔3575〕

◇都電荒川線に乗って―平成23年度荒川ふるさと
文化館企画展　荒川区教育委員会, 荒川区立荒
川ふるさと文化館編　荒川区教育委員会
2011.11　71p　30cm〈会期・会場：平成23年
11月3日―12月11日　荒川区立荒川ふるさと文
化館1階企画展示室ほか　都電荒川線100周年記
念事業　共同刊行：荒川区立荒川ふるさと文化
館〉Ⓝ686.91361　　　　　　　　　　　　〔3576〕

◇鉄道今昔よみがえる玉電―車両・停留場・街角
の記憶　井口悦男、三瓶嶺良著　学研パブリッ
シング　2011.10　159p　26cm〈発売：学研
マーケティング〉1900円　Ⓘ978-4-05-404987-
1　Ⓝ686.91361
内容 玉電情景　玉電の歴史は、世田谷発展の歴史　玉
電、思い出のグッズ　玉電沿線図と時刻表　玉電・世
田谷線1世紀の記憶　玉電車両名車の思い出〔3577〕

◇都電―都営交通100周年都電写真集　東京都交
通局　2011.7　159p　30cm　3800円　Ⓝ686.
91361　　　　　　　　　　　　　　　　　〔3578〕

◇鉄道今昔よみがえる都電―車両・停留場・街角
の記憶　井口悦男、白土貞夫著　学研パブリッ
シング　2011.6　159p　26cm〈発売：学研
マーケティング〉1800円　Ⓘ978-4-05-404986-
4　Ⓝ686.91361
内容 業平橋・両国　浅草・向島　上野・御徒町　錦
糸町・亀戸　門前仲町・砂町　銀座・築地　日
本橋　神田・九段　丸の内・日比谷　新橋・芝・六
本木　品川・五反田　渋谷・青山・赤坂　新宿追分・
四谷　淀橋・中野・杉並　本郷・小石川　池袋・板橋
王子・赤羽　町屋・千住　トロリーバス　〔3579〕

◇都電が走っていた懐かしの東京　小川裕夫監修,
レッカ社編著　PHP研究所　2010.9　202p

〔3568〜3580〕　　　　　　　　　　「東京」がわかる本 4000冊　285

交通　　　　　　　　　　　　　　　　　　　　　　　産業

21cm〈文献あり〉648円　①978-4-569-79168-5　Ⓝ213.61

内容 第1章 写真で振り返る都電今昔物語（序文 都電が生活の足だった昭和三十年代　電車案内図　日本橋・京橋―歴史ある町には都電が似合う ほか）　第2章 車両で振り返る都電（序文 都電車両の歴史　都電おもいで広場に残る旧型車両　『三丁目の夕日』のモデルとなった都電 ほか）　第3章 現存する都電荒川線の魅力（序文 現在も快走する都電荒川線　都電荒川線路線図　これだけは知っておきたい路面電車10の疑問 ほか）　　　　　〔3580〕

◇よみがえる東京―都電が走った昭和の街角　三好好三編・著　学研パブリッシング　2010.5　191p　26cm〈年表あり　発売：学研マーケティング〉2800円　①978-4-05-404572-9　Ⓝ686.91361

内容 第1部 山の手編（東京駅・銀座・日比谷・京橋・日本橋・芽場町　品川・田町・五反田・目黒・中目黒・恵比寿　渋谷・青山・広尾・麻布・赤坂・六本木・金杉橋　新宿・中野坂上・高円寺・荻窪　四谷・信濃町・三宅坂・牛込・早稲田・高田馬場 ほか）　第2部 下町編（巣鴨・滝野川・板橋・千駄木・本郷　上野・秋葉原・万世橋・須田町・神田　両国・森下・門前仲町・月島・築地　浅草・千住・向島・蔵前・浅草橋　三ノ輪橋・町屋・王子・神谷・志茂・赤羽 ほか）　　　　　　　　　　　　　　　　〔3581〕

◇今よみがえる玉電の時代と世田谷の街　武相高校鉄道研究同好会編著　TAC出版事業部　2009.7　166p　27cm　2500円　①978-4-8132-3282-7　Ⓝ686.91361

内容 今よみがえる玉電の時代と世田谷の街（玉川線砥線　今よみがえる旧型電車時代の世田谷線（三軒茶屋　西太子堂　若林　松陰神社前　世田谷　上町　宮の坂　山下　松原　下高井戸　世田谷線沿線散歩）　今日ものんびり世田谷線〔3582〕

◇1960年代の東京―路面電車が走る水の都の記憶　池田信写真　毎日新聞社　2008.3　239p　26cm〈解説：松山巖〉2800円　①978-4-620-60632-3　Ⓝ213.61

内容 日本橋、兜町、箱崎町、人形町　京橋、銀座　築地、明石町、佃島、月島　新橋、芝、三田、白金　赤坂、青山、六本木、麻布　目黒、品川、大森、田園調布　三軒茶屋、等々力、和泉　渋谷、代々木、表参道、初台、千駄ケ谷　新宿　飯田橋、神楽坂、早稲田　本郷、小石川、池袋、板橋、王子　上野、浅草、千住、柴又　神田　丸の内、日比谷、有楽町、永田町　　　　　　　　　　　　　　　　　〔3583〕

◇あの日、玉電があった―玉電100周年記念フォトアルバム　玉電アーカイブス研究会編　東急エージェンシー出版部　2007.3　38p　30cm〈年表あり〉952円　①978-4-88497-103-8　Ⓝ686.91361

内容 昭和40年代の玉電　イラストで見る車両の変遷　玉電路線案内　時代を感じて　沿線風景　雪景色　渋谷駅　運転台から　ある日の駅員・乗務員　見習運転士　玉電が行く　国道246号を走る　いろいろな形式　こんな姿も　さようなら玉電　〔3584〕

◇都電が走った昭和の東京―40年前、僕らは都電

を足に暮らしていた　荻原二郎編　生活情報センター　2006.9　222p　31cm　3800円　①4-86126-294-1　Ⓝ213.61

内容 三田・芝・麻布　渋谷・青山・赤坂　新宿・牛込・荻窪　本郷・小石川・板橋　浅草・千住・向島　深川・本所・小松川　消えた路線・残った路線　　　　　　　　　　　　　　　　　〔3585〕

◇東京都電―懐かしい風景で振り返る　イカロス出版　2005.10　146p　26cm　1714円　①4-87149-744-5　Ⓝ686.91361

内容 東京都電、なつかしカラーグラフ　都電が走った東京の名所めぐり　東京の路面電車略史　町並みから振り返る都電系統案内　グラフさよなら都電　都電車両概説　　　　　　　　　　〔3586〕

◇都電懐かしの街角―昭和40年代とっておきの東京　天野洋一撮影、BRCプロ編著　明元社　2004.12　179p　26cm〈年譜あり〉1600円　①4-902622-03-3　Ⓝ686.91361　　　　〔3587〕

◇懐かしの都電41路線を歩く　石堂秀夫著　有楽出版社　2004.9　190p　21cm〈発売：実業之日本社〉1600円　①4-408-59232-3　Ⓝ686.91361

内容 品川駅前～上野駅前　三田～曙町　品川駅前～飯田橋　五反田駅前～銀座二丁目　目黒駅前～永代橋　渋谷駅前～新橋　四谷三丁目～品川駅前　中目黒～築地　渋谷駅前～浜町中ノ橋　渋谷駅前～須田町〔ほか〕　　　　　　　　　　〔3588〕

◇東京都電慕情　林順信著　JTB　2002.4　159p　26cm　（ヴィークル・グラフィック）〈年表あり〉2000円　①4-533-04257-0　Ⓝ686.91361

内容 懐かしの洋風建築　いまは昔の瓦葺商家　水の東京に架かる橋　坂を愛でる　江戸の華江戸の由緒　お愉しみは此処　伝統の学び舎　追憶の電車車庫　火の見櫓礼讃　意気揚々と渡る専用軌道　行き交う分岐・交叉点　駅前での出会い　終点・折返し情景　トロリーバスと併走　　　　　　〔3589〕

◇ありし日の玉電　宮田道一、関田克孝著　ネコ・パブリッシング　2000.10　47p　26cm　（RM library 15）　1000円　①4-87366-213-3　Ⓝ686.91361

内容 渋谷の街を後にして　たまでんの心臓大橋工場　たまでんの最後の8形式　三軒茶屋から246を西へ　桜新町から用賀へ旧道を行く　坂を下って二子玉川へ　プールゆき電車のこと　砧線たまでんの中の鉄道線　たまでん最後の日　　〔3590〕

◇東京市電名所図絵―総天然色石版画・絵葉書に見る明治・大正・昭和の東京　林順信著　JTB　2000.8　175p　21cm　（JTBキャンブックス）1700円　①4-533-03562-0　Ⓝ686.91361

内容 日本橋　銀座・新橋　濠をめぐる　万世橋・お茶の水界隈　隅田の五大橋　市電が走った街　東京のターミナル　　　　　　　　〔3591〕

◇今日ものんびり都電荒川線―チンチン電車でめぐる駅前銭湯と下町の風景　武相高校鉄道研究同好会編著　竹内書店新社　1999.11　200p　26cm　1700円　①4-8035-0079-7　Ⓝ291.361

286　「東京」がわかる本 4000冊　　　　　　　　　　　　　〔3581～3592〕

産業　　　　　　　　　　　　　　　　　　　　　　　　　　　　　交通

内容 早稲田　面影橋　学習院下　鬼子母神前　雑司
ヶ谷　東池袋四丁目　向原　大塚駅前　巣鴨新田
庚申塚〔ほか〕　　　　　　　　　　　　　　〔3592〕

◇玉電が走った街今昔―世田谷の路面電車と街並
み変遷一世紀　林順信編著　JTB　1999.9
174p　21cm　（JTBキャンブックス）　1600円
Ⓘ4-533-03305-9　Ⓝ686.91361
内容 渋谷（傾斜地に栄えた私鉄の町　三番線まであっ
た玉電渋谷駅　専用軌道には垣顔が咲いていた）　上
通（玉電の風格があった）　大坂上（上通～大橋）
（富士の見えた絶景も今は絶望　歩道橋から激変の街
を見下ろす）　氷川神社前（上通～大橋）（山手通りか
らトロリーの架線が交わる）　大橋（大坂ゆえに大橋
なのかな　車庫前の複雑なポイントに魅力）〔ほか〕
　　　　　　　　　　　　　　　　　　　　〔3593〕

◇世田谷・たまでん時代　宮脇俊三, 宮田道一編
著　大正出版　1994.5　158p　25cm　3500円
Ⓘ4-8117-0606-4　Ⓝ686.9
内容 世田谷線・彩時季　玉電時代の記録　思い出の
玉電　地上駅のころの渋谷駅　「玉川勝地」と玉電
玉電グラフィティ　戦前生まれの玉電車両たち　座
談会　戦前戦後の玉電意外史　激変する玉電今昔対比
玉電メモリアル　「玉電」図録を制作して　砂利が取
り持った縁　玉電と東京市電　玉電に見る電車のスタ
イル考　イラストで見る玉電の運転台としくみ　運
転間隔0分の記録〔ほか〕　　　　　　　　〔3594〕

◇都電荒川線歴史散歩　鈴木亨著　鷹書房弓プレ
ス　1991.9　250p　19cm　（史跡をたずねて各
駅停車）　1010円　Ⓘ4-8034-0378-3　Ⓝ291.36
＊青春の町、早稲田を起点に、江戸の名所鬼子母神・
飛鳥山に遊び、雑司ヶ谷霊園と巣鴨・とげ抜き地蔵
に詣で、王子稲荷や下町情緒の尾久・町屋を散策し、
大関横丁賑わう三ノ輪橋まで唯一残る都電でのんび
り歴史紀行。　　　　　　　　　　　　　　〔3595〕

《航空交通》

◇羽田vs.（バーサス）成田　唐津雅人著　毎日コ
ミュニケーションズ　2011.2　239p　18cm
（マイコミ新書）〈タイトル：羽田vs.成田　文
献あり〉　830円　Ⓘ978-4-8399-3803-1　Ⓝ687.
91
内容 第1章　余裕の羽田・必死の成田　第2章　成田の
憂鬱・羽田の苦悩　第3章　ハブ空港の条件と日本の現
状　第4章　インチョンという大きな壁　第5章　オー
プンスカイと日本の空港の未来　第6章　羽田・成田
のタッグはなるか　第7章　"羽田・成田"から真の"新
東京"へ　　　　　　　　　　　　　　　　〔3596〕

◇羽田―新国際ハブ空港のすべて―D滑走路・新
管制塔・新ターミナル完成　国政情報センター
2010.10　107p　21cm　1500円　Ⓘ978-4-
87760-193-5　Ⓝ687.91361　　　　　　　〔3597〕

◇羽田日本を担う拠点空港―航空交通と都道府県
酒井正子著　成山堂書店　2005.6　196p
22cm　2600円　Ⓘ4-425-86141-8　Ⓝ687.21
内容 第1章　わが国の航空輸送市場と世界の航空の動
向（航空は平和と繁栄が大前提　国内航空路線の構造

ほか）　第2章　規制緩和と空港整備（わが国の航空政
策の変遷　国内航空の市場構造の変化　ほか）　第3
章　羽田路線と地方間路線の供給・需要分析（空港容
量制約の有無による旅客需要の現れ方　羽田空港に
おける潜在需要の試算　ほか）　第4章　都市間の社会
的距離の変化と航空の役割（地図上の距離とは別の
社会的距離　電話通話量と総旅客流動量のデータ比
較　ほか）　第5章　21世紀日本における羽田路線と地
方間路線（多頻度運航を実現させる空港容量の必要性
「親近性」の日本地図を飛ぶ航空路線　ほか）〔3598〕

◇検証・羽田空港―ハネダ・エアベースから跡地
53ヘクタールまで　有川靖夫著　早稲田出版
2004.4　198p　20cm　〈年表あり〉　1500円
Ⓘ4-89827-276-2　Ⓝ687.91361
＊国際空港として再開発計画が進む東京国際空港（羽
田空港）。強制退去、騒音、跡地利用問題を抜きに
羽田を語ることはできない。その歴史と、返還予定
の空港跡地が減らされていく現状を、戦後処理の節
目に放つ山形平次の国家諫暁。現役の区議会議員が
斬る！衝撃のノンフィクション・ノベル。〔3599〕

◇羽田再拡張と首都圏第3空港　港湾空港タイム
ス編　都市計画通信社　2001.12　198p　21cm
5000円　Ⓘ4-924532-23-1　Ⓝ687.91361
内容 序章　首都圏第3空港を巡るこれまでの調査の動き
第1章　羽田空港再拡張各提案の概要（13年度内に基本
計画　国土交通省航空局案B滑走路案　船舶航行
調査　ほか）　第2章　首都圏第3空港候補地選定（候補
地8ゾーンを絞り込み　首都圏第3空港の候補地概要
木更津沖ほか）　第3章　諸調査の実施状況（首都圏
空港調査　海上空港施工技術調査　海上空港設計技
術基礎調査　ほか）　　　　　　　　　　　〔3600〕

◇開港七十年「新・羽田空港」をデザインする　酣
燈社　2000.12　144p　26cm　（別冊航空情報）
1905円　Ⓘ4-87357-069-7　Ⓝ687.91361　〔3601〕

◇「空の玄関・羽田空港70年」図録　大田区立郷
土博物館編　大田区立郷土博物館　〔2000〕
128p　30cm〈特別展：平成12年7月21日―9月3
日　タイトルは奥付による〉　Ⓝ687.91361
　　　　　　　　　　　　　　　　　　　　〔3602〕

◇羽田空港物語―極限に挑んだ技術者たち　上之
郷利昭著　講談社　1997.3　254p　20cm
1648円　Ⓘ4-06-208026-5　Ⓝ517.9
内容 第1部　超軟弱地盤に挑む男たち（ヘドロと建設
残土の海　「羽田マヨネーズ層」の生い立ち　「沖
展」はわれらの手で　ほか）　第2部　逆マラソン工事
（巨大な鳥の誕生　錯綜する第二期工事　先刻主義を
超えて　ほか）　　　　　　　　　　　　　〔3603〕

◇新羽田空港の景観設計　沿岸開発技術研究セン
ター　1995.11　92p　31cm〈英語書名：
Haneda　design　works　英文併記　監修：運
輸省第二港湾建設局〉　8800円　Ⓝ517.9〔3604〕

◇羽田開港60年―東京国際空港1931-1991　航空
ジャーナリスト協会編　東京国際空港60周年記
念行事実行委員会　1991.8　72p　26×26cm
〈東京国際空港（羽田）関連の年表：p64～70〉
Ⓝ687.9　　　　　　　　　　　　　　　　〔3605〕

「東京」がわかる本 4000冊　　287

情報・通信　　　　　　　　　　　　　　　　　産業

《水上交通》

◇東京湾パイロット100年史　東京湾パイロット100年史編集委員会編　横浜　東京湾水先区水先人会　2007.3　486p　27cm〈年表あり〉Ⓝ557.6　　　　　　　　　　　　　　　〔3606〕

◇石原慎太郎と巨大港湾利権—東京湾有明北埋立事業の無謀　石原慎太郎研究会著　こうち書房　2001.3　237p　19cm〈発売：桐書房〉1600円　Ⓓ4-87647-518-0　Ⓝ601.1361
内容 第1章「不必要な公共事業は見直す」—海洋土木利権と石原の運輸省人脈　第2章「東京臨海地域は都市活動を牽引する」—石原都政と巨大港湾利権　第3章「退くも、進むも地獄」—暴走する石原の臨海副都心開発　第4章「首都圏の発展に資する」—なぜ、石原は有明北埋立を強行するのか　第5章「ハゼはどこかに移るでしょう」—海の生態系に無知な石原都知事　　　　　　　　　　　　　　　〔3607〕

◇陸運水運20世紀—東京湾をめぐる交通事情　袖ケ浦市郷土博物館編　袖ケ浦　袖ケ浦市郷土博物館　2000.3　36p　30cm〈特別展：2000年3月15日—5月7日〉Ⓝ682.13　　　　　　〔3608〕

◇新時代の東京湾—東京湾港湾計画の基本構想　運輸省第二港湾建設局編　大蔵省印刷局　1997.4　14,53p　30cm　1900円　Ⓓ4-17-219620-9　Ⓝ683.91
内容 第1章 東京湾地域の空間形成の方向（東京湾地域の再構築—質の高い湾空間の形成と将来世代への継承　高度な国際交易・交流空間の形成　自然と共生し、アメニティ豊かな空間の創造　安全と安心を支える空間の形成）　第2章 東京湾の港湾整備の基本方針と主要施策（中枢国際港湾にふさわしい交易・交流機能の高度化　豊かで潤いのある環境の創造　湾空間の安全性と防災機能の強化　臨海部の再開発の推進）　第3章 実現に向けて　　　　　　〔3609〕

◇江戸内湾の湊と流通　西川武臣著　岩田書院　1993.10　239p　22cm　6077円　Ⓓ4-900697-07-9　Ⓝ683.21　　　　　　　　　　　　〔3610〕

◇東京港—きのう今日あした　東京港開港50周年記念事業実行委員会　1991.5　179p　37cm〈東京港開港50周年記念　英語書名：Port of Tokyo　英文併記　監修：磯村英一、高橋俊竜　東京湾略年表：p178〉非売品　Ⓝ683.92136　　　　　　　　　　　　　　　　　　　　〔3611〕

情報・通信

◇Techno Tokyo年鑑　2006　Techno Tokyo年鑑2006編集委員会編　ゴマブックス　2006.1　235p　19cm　1300円　Ⓓ4-7771-0273-4　Ⓝ007.35
内容 巻頭インタビュー ベンチャートップの研究　第1章 ITにかかわる全ての人のために　第2章 IT企業グループ　第3章 技術開発型企業　第4章 知的ソリューション企業　第5章 社会変革・理念型企業　第6章 価値創造型企業　第7章 モバイル企業　第8章 サ

イバー広告企業　　　　　　　　　　　　〔3612〕

◇離島とメディアの研究—小笠原篇　前納弘武編　学文社　2000.2　339p　22cm　5714円　Ⓓ4-7620-0927-X　Ⓝ699.8
内容 第1部 研究と政策（小笠原における社会・生活とメディア—研究課題と問題状況　離島政策の展開と小笠原村　小笠原におけるテレビ地上波導入の経緯）　第2部 小笠原からの発言（激動20余年の不安と不満—終戦帰島から返還まで　「小笠原CATV」の盛衰とその存在意義　テレビと活字 ほか）　第3部 メディアと変容（テレビ地上波導入による情報行動の変容—情報行動変容の一断面　視聴番組の変容と新聞閲読行動変容—情報行動変容の一断面　テレビ地上波導入による娯楽情報の浸透—情報欲求変容の一断面 ほか）　　　　　　　　　　　　　　　　　　　〔3613〕

◇臨海副都心ソフトウエア基地物語—東京インフォマート24　岩淵明男著　コンピュータ・エージ社　1991.12　270p　20cm〈参考文献：p270〉1800円　Ⓓ4-87566-109-6　Ⓝ518.8
内容 プロローグ 変貌する東京湾ウオーターフロント　第1章 "マイタウン東京構想"と"情報サービス産業村"に託した夢　第2章 浮上した臨海副都心開発と東京テレポート構想　第3章 民間活力の導入ムードの中の臨海副都心開発計画　第4章 通産省の情報化未来都市構想と一体化した東京都の臨海副都心開発計画　第5章 情報サービス産業業界期待の巨大プロジェクト「情報サービス産業村」の建設　第6章 動き出したソフトウエア産業のシンボル「東京インフォマート24」建設計画　第7章 第3セクターの運営会社「タイム24」の設立　第8章 東京テレポートタウン進出希望企業の企画コンペの実施　第9章 10兆円の臨海副都心開発計画の見直しへ　第10章 世界への情報発信基地・東京インフォマート24　エピローグ 21世紀の基幹産業への飛躍を目指して　　　　　　〔3614〕

◇東京パソコンマップ　1990　SE編集部編　翔泳社　1990.2　197p　21cm（PC-page 8）1200円　Ⓓ4-915673-55-3　Ⓝ549.09
内容 SETUP編 パソコンを買う（パソコンが欲しい　ショールーム ショップ レンタル・リース）　HELP編 パソコンを知る（パソコンを知りたい　パソコン教室 パソコン教室体験記　メーカー　あるサポートセンターから）　KNOWLEDGE編 パソコンを究める（パソコンを使いこなしたい　図書館・資料室 書店 雑誌 出版社　1990年ショー・フェア開催予定）　NETWORKING編 パソコンの世界を広げる（パソコンで仲間を作りたい　BBS ユーザーズグループ）　　　　　　　　　　　　〔3615〕

288　「東京」がわかる本 4000冊　　　　　　〔3606〜3615〕

芸術・芸能

芸術・芸能

芸術・美術・文化活動

◇TOKYO 1/4が提案する東京文化資源区の歩き方—江戸文化からポップカルチャーまで　東京文化資源会議編　勉誠出版　2016.3　284p　21cm　2700円　①978-4-585-20042-0　Ⓝ709.136

内容 わたしの文化資源　伊藤滋, 森まゆみ, 中村政人述　東京文化資源区　吉見俊哉著　文化・学術の地、上野とその地霊　渡邉由利子著　東京は野外博物館　三舩康道著　谷根千小ギャラリーの展開　矢嶋桃子著　古い建物の活用　宮崎晃吉述　近代日本の出版文化史を彩る神保町の魅力　野上暁著　大学の文化資源を利用する　藤江昌嗣著　神田小川町になぜスポーツ用品店街ができたのか？　角谷幹夫述　私的カレーライス考　小野員裕著　暮らしに埋もれた宝探し　矢嶋桃子著　外国人とワカモノの視点文化資源を楽しむ　サム・ホルデン 司会進行　パトリック・W・ガルブレイス, 潘夢斐, 木村めぐみ　ほか述　ソーシャル・デザイン・プロジェクト「とびらプロジェクト」の〈言葉と仕組み〉　伊藤達矢著　文化資源の多様性を活かすためのプログラムづくり　柳与志夫著　江戸東京の文化資源の魅力を守る, 育む, 環境づくり　椎原晶子著　ラーニング・デザイン・プロジェクト「ミュージアムスタートあいうえの」　稲庭彩和子著　都市の透き間で自分らしく居こなす　三友奈々著　観光で結ぶ、文化資源　小泉秀樹 司会進行　押見寸康, 澤功, 高野明彦述　　　　　　　　　　　　　〔3616〕

◇としまアートステーションZのつくりかた　佐藤慎也監修, 石幡愛, 冠那菜奈, 池田あゆみ, 内野孝太, 神田亜利紗編集・執筆　としまアートステーション構想事務局　2016.3　62p　21cm　〈豊島区×一般社団法人オノコロ×東京アートポイント計画　としまアートステーション構想〉Ⓝ702.19361　　　　　　　　　　　〔3617〕

◇めぐろ芸術文化振興プラン　平成28年度―平成37年度　目黒区文化・スポーツ部文化・交流課編　目黒区　2016.3　64p　30cm　Ⓝ709.1361　　　　　　　　　　　　　　　　〔3618〕

◇はじまるようではじまらない、でもはじまっている―タマのカーニヴァルの言葉　documentation 2013.7-2014.3　小金井　アートフル・アクション　2015.10　81p　21×30cm　Ⓝ702.1936　　　　　　　　　〔3619〕

◇千代田区文化芸術プラン　第3次　千代田区区民生活部文化スポーツ課編　千代田区区民生活部文化スポーツ課　2015.3　56p　30cm　〈第3次のタイトル関連情報：さらなる千代田区の「文化力」の向上を図ります〉Ⓝ709.1361〔3620〕

◇都展50年のあゆみ　東京都民美術展運営会　2015.3　186p　30cm　Ⓝ706.9　　　〔3621〕

◇三宅島大学誌―「三宅島大学」とは何だったのか　加藤文俊監修, 三宅島大学誌プロジェクト編著　東京都歴史文化財団東京文化発信プロジェクト室　2015.3　119p　19cm　〈東京文化発信プロジェクト　年表あり〉Ⓝ702.19369　　　　　　　　　　　　　　　　〔3622〕

◇練馬アトリエ村と周辺の人びとのその後　中井嘉文編　中井嘉文　2014.8　135p　30cm　〈年譜あり　文献あり〉Ⓝ702.16　　　〔3623〕

◇ぐるぐるヤ→ミ→プロジェクト―2010-2013　富塚絵美, 森司, 坂本有理監修　東京都歴史文化財団東京文化発信プロジェクト室　2014.3　111p　21cm　〈折り込　2枚　付属資料：60p：ぐるヤミ観察日記/中島裕美著〉Ⓝ702.19361　　　　　　　　　　　　　　　　〔3624〕

◇東京アートポイント計画が、アートプロジェクトを運営する「事務局」と話すときのことば。の本　森司監修, 坂本有理, 佐藤李青, 熊谷薫編　東京文化発信プロジェクト室　2014.3　95p　22cm　〈年表あり〉Ⓝ702.1936　　〔3625〕

◇100人先生―2012-2014　開発好明, 上地里佳, 吉田武司, 大内伸輔, 長尾聡子著　東京文化発信プロジェクト室　2014.3　1冊（ページ付なし）21cm　Ⓝ702.19365　　　　　　　　〔3626〕

◇三宅島ポスタープロジェクト―三宅村×三宅島大学プロジェクト実行委員会×東京アートポイント計画　加藤文俊, 森司企画・監修, 慶應義塾大学加藤文俊研究室編　東京文化発信プロジェクト室　2014.3　21枚　42cm　〈東京文化発信プロジェクト　未装丁〉Ⓝ727.6　　　〔3627〕

◇GTS観光アートプロジェクト2012記録集―藝大・台東・墨田　GTS観光アートプロジェクト実行委員会編　GTS観光アートプロジェクト　2013.3　120p　30cm　Ⓝ702.19361　　〔3628〕

◇墨田のまちとアートプロジェクト―墨東まち見世2009-2012ドキュメント　NPO法人向島学会×東京アートポイント計画 東京文化発信プロジェクト　向島学会「墨東まち見世部会」監修, 墨東まち見世編集部編　東京文化発信プロジェクト室　2013.3　173p　21cm　〈年表あり〉Ⓝ702.19361　　　　　　　　　　　　　　　　〔3629〕

〔3616〜3629〕　　　　　　　　　　　　　　　　「東京」がわかる本 4000冊　289

芸術・美術・文化活動　　　　　　　　　　　　　　　　　　　　　　　芸術・芸能

◇パフォーマンスキッズ・トーキョーフォーラム
　—報告・記録　vol.2　創造性とコミュニケー
　ション—創造性はどこから来るのか？　自閉・
　発達障害傾向の子供の特性から考える　あめの
　もりさえこ編集デザインイラスト　芸術家と子
　どもたち　2013.3　48p　30cm〈会期・会場：
　平成25年2月11日　アーツ千代田3331東京文化
　発信プロジェクトROOM　302　東京文化発信
　プロジェクト〉Ⓝ707
　内容　基調講演　芸術が果たす心理臨床的役割　林知
　代述　実践報告　児童養護施設でのアーティスト・
　ワークショップを通して　早川悟司述　ミニ・ワーク
　ショップ　野村誠述　調査報告　芸術家と子供た
　ちの出会いから生まれるもの　吉本光宏　パネルディ
　スカッション　発達の凸凹のある子どもとアーティ
　スト　林知代ほか述　　　　　　　　　　　〔3630〕

◇港区文化芸術振興プラン—文化芸術の薫るま
　ち・港区　平成25年度—平成29年度（2013年度—
　2017年度）　港区産業・地域振興支援部国際
　化・文化芸術担当編　港区　2013.3　102p
　30cm　Ⓝ709.1361　　　　　　　　　　　〔3631〕

◇三宅島大学の試み五十嵐靖晃「そらあみ—三宅
　島—」を事例に—誰もが先生、誰もが生徒　五
　十嵐靖晃, 猪股春香, 大内伸輔, 長尾聡子編　東
　京文化発信プロジェクト室　2013.3　97p
　30cm〈三宅村×三宅島大学プロジェクト実行
　委員会×東京アートポイント計画〉Ⓝ702.
　19369　　　　　　　　　　　　　　　　　〔3632〕

◇Yakiniku-アーティスト・アクションin枝川—
　ドキュメント　明石薫, 安海龍, 任炅娥, 塩崎登
　史子, 瀬山岬, 崔誠圭, 辻耕, 仲野誠, 西中誠一郎,
　韓興鉄, 平岡ふみを編　［出版地不明］　Artist
　Action　2013.3　273p　30cm〈会期：2010年
　12月26日—29日〉2000円　Ⓘ978-4-9906776-1-
　9　Ⓝ702.19361　　　　　　　　　　　　　〔3633〕

◇Res Artis General Meeting 2012 Tokyo—
　new horizons for creative platforms,
　constellation of cultures-Asia, Middle East
　and global network report　レズ・アルティス
　総会2012東京大会日本実行委員会事務局編　レ
　ズ・アルティス総会2012東京大会日本実行委員
　会　2013.3　142p　26cm〈日本語・英語併記〉
　Ⓝ709.136　　　　　　　　　　　　　　　　〔3634〕

◇東京の条件—戯曲　岸井大輔執筆, 齋藤恵太, 羽
　鳥嘉郎, 井尻貴子, 大川原脩平, 東京アートポイ
　ント計画編　東京文化発信プロジェクト室
　2013　1冊　19cm　Ⓝ702.1936　　　　　〔3635〕

◇GTS観光アートプロジェクト2011記録集—藝
　大・台東・墨田　GTS観光アートプロジェクト
　実行委員会編　GTS観光アートプロジェクト
　2012.3　120p　30cm〈英語併記〉Ⓝ702.19361
　　　　　　　　　　　　　　　　　　　　　〔3636〕

◇ひののんフィクション—ドキュメント　東京文
　化発信プロジェクト　2011　東京都歴史文化財

団東京文化発信プロジェクト室　2012.3　45p
　30cm〈会期・会場：2011年11月—2012年3月
　仲田公園〉Ⓝ702.19365　　　　　　　　　〔3637〕

◇都市から郊外へ—1930年代の東京　世田谷文学
　館　2012　221p　22cm〈会期・会場：2012年2
　月11日—4月8日　世田谷文学館　共同刊行：世
　田谷美術館　年表あり〉Ⓝ702.19361　　　〔3638〕

◇文化によるまちづくりで財政赤字が消えた—都
　市再生豊島区篇　溝口禎三著　めるくまーる
　2011.6　230p　20cm〈年表あり〉1524円
　Ⓘ978-4-8397-0145-1　Ⓝ709.1361
　内容　序章　豊島区が文化芸術創造都市に　第1章　有志
　が立ち上がり未来を模索　第2章　豊島区の歴史を見
　直してみたら　第3章　発見と共感が原動力に　第4章
　文化政策を成長戦略に　第5章　加速して動き始めた
　まち　第6章　文化芸術創造都市への道　第7章　豊島
　区の未来を考える　付録　　　　　　　　　〔3639〕

◇GTS観光アートプロジェクト2010記録集—藝
　大・台東・墨田　GTS観光アートプロジェクト
　実行委員会編　GTS観光アートプロジェクト
　2011.3　112p　30cm〈英語併記　奥付のタイ
　トル：GTS観光アートプロジェクト2010記録概
　要集〉Ⓝ702.19361　　　　　　　　　　　〔3640〕

◇ひののんフィクション—ドキュメント　東京文
　化発信プロジェクト　2010　東京都歴史文化財
　団東京文化発信プロジェクト室　2011.3　39p
　30cm〈会期・会場：2010年11月20日—28日
　自然体験広場ほか〉Ⓝ702.19365　　　　　〔3641〕

◇墨東大学の挑戦—メタファーとしての大学
　bockt編著　東京文化発信プロジェクト室
　2011.3　200p　19cm〈「大学まち」のデザイン
　をつうじた地域力の可視化に関する研究：「墨
　東大学」の実践と評価事業記録集〉Ⓝ702.1936
　　　　　　　　　　　　　　　　　　　　　〔3642〕

◇渋谷ユートピア—1900-1945：開館30周年記念
　特別展：図録　渋谷区立松濤美術館編　渋谷区
　立松濤美術館　c2011　271p　27cm〈会期：
　2011年12月6日—2012年1月29日　文献あり
　年表あり〉Ⓝ702.16　　　　　　　　　　　〔3643〕

◇練馬にもあったアトリエ村—長崎アトリエ村の
　流れのなかで　中井嘉文編　中井嘉文　2010.9
　84p　30cm〈練馬区医師会雑誌/医師会「だよ
　り」掲載〉Ⓝ702.16　　　　　　　　　　　〔3644〕

◇練馬区の博物館・美術館の共演—練馬区立石神
　井公園ふるさと文化館開館記念特別展図録　練
　馬区立石神井公園ふるさと文化館　2010.3
　56p　21cm〈会期：平成22年3月28日—5月16
　日〉Ⓝ069.021361　　　　　　　　　　　　〔3645〕

◇ひののんフィクション記録集　長田謙一, 山口
　祥平, 太田泰友, 熊澤修, 藤浪里佳, 佐伯直俊執筆
　日野　サバービア東京プロジェクト　2010.3
　47p　30cm〈東京文化発信プロジェクト〉
　Ⓝ702.19365　　　　　　　　　　　　　　〔3646〕

290　「東京」がわかる本　4000冊　　　　　　　　　　　　　　　　　〔3630〜3646〕

芸術・芸能　　　　　　　　　　　　　　　　　　　　　　　　芸術・美術・文化活動

◇街とアートの挑戦。—多摩川アートライン第一
期の記録　多摩川アートラインプロジェクト実
行委員会編　東京書籍　2010.3　239p　21cm
〈年譜あり〉2000円　Ⓘ978-4-487-80461-0
Ⓝ702.19361
[内容] 多摩川アートライン前夜　美しい駅、美しいまち
座談会「アートラインのこれまでとこれから」　イン
タビュー「街から文化を語る」　インタビュー「文化
から街を語る」　多摩川アートライン作品一覧　「東
京風景シリーズ」　　　　　　　　　　　　　　〔3647〕

◇Lobby—はじまりの場を創る　岸井大輔執筆
東京文化発信プロジェクト室　2010.3　221p
21cm　（東京の条件 book 1）〈東京文化発信
プロジェクト〉Ⓝ702.19361　　　　　　　　　〔3648〕

◇『六森未来図』プロジェクト—森美術館パブ
リックプログラム 六本木にオオカミを放て！
森美術館　2009.3　51p　22cm〈会期：2007年
4月28日ほか　編集：鴻池朋子ほか〉Ⓘ978-4-
902819-22-9　Ⓝ707　　　　　　　　　　　　〔3649〕

◇多摩の美術家　調布　調布画廊　2008.4　88p
30cm　4500円　Ⓝ702.19365　　　　　　　　〔3650〕

◇きょうは、とくべつ……世田谷美術館と学校の
連携プログラム 1996-2006　塚田美紀, 池尻豪
介編　世田谷美術館　2007.3　47p　21cm
Ⓝ707　　　　　　　　　　　　　　　　　　　〔3651〕

◇東京—ベルリン/ベルリン—東京展　森美術館
編　森美術館　2006.1　385p　30cm〈会期・
会場：2006年1月28日—5月7日　森美術館六本
木ヒルズ森タワー53階〉Ⓘ4-902819-10-4
Ⓝ702.16　　　　　　　　　　　　　　　　　　〔3652〕

◇東京美術骨董繁盛記　奥本大三郎著　中央公論
新社　2005.4　305p　18cm　（中公新書）
920円　Ⓘ4-12-101794-3　Ⓝ706.7
[内容] 三渓洞の巻—骨董は世につれ　壷中居の巻—李
朝の陶器と小林秀雄　繭山龍泉堂の巻—中国の古陶
甕堂の巻—美はあらゆるところに　飯田好日堂の巻
—茶篭の小宇宙　吉平美術店の巻—鲁山人は正直で
寂しい人　海老屋美術店の巻—渡りのオランダ　池
内美術の巻—松永耳庵の想い出、美術商の幸福　春風
洞画廊の巻—画の本当の値打ちとは　山中精華堂の
巻—西洋での買い付けの苦労と愉快さ　水戸忠交易
の巻—モダンな陶器の話など　澄心堂の巻—祝は文
人の心の拠り所　小西大閑堂の巻—奈良の仏像　欧
亜美術の巻—パキスタン、アフガニスタンの仏像　平
山堂の巻—岩崎邸の食器　ギャラリー無境の巻—美
術品に境界なし　はせべやの巻—古民具の光沢　小
宮山書店の巻—三島由紀夫の目の光　　　　　〔3653〕

◇東京R計画—re-mapping Tokyo　CET
（Central East Tokyo)編　晶文社　2004.9
223p　21cm　2381円　Ⓘ4-7949-6634-2
Ⓝ518.8
＊CET（Central East Tokyo)とは、かつて東京の中
心部であった地域を、デザインやアートの観点から、
再発見＝創造するための活動体。本書は、CETのガ
イドブックであり、新しいタイプの情報誌であり、
現代都市を読み解くためのマニュアルであり、認識

方法のカタログである。いまここで、何が起ころう
としているのか、それを記録し、ノウハウ化してい
くテキストブックである。都市を見直し、都市を創
り出していくということ。それがRE‐MAPPING
TOKYO。　　　　　　　　　　　　　　　　　〔3654〕

◇六本木ヒルズクリエーター18人の提案　森美術
館企画監修　森美術館　2004.9　172p　24cm
（アート・デザイン・都市 2）〈発売：六耀社
発行所：森ビル〉2800円　Ⓘ4-89737-492-8
Ⓝ518.8
[内容] 港区のまちづくりとパブリックアート　アート
と建築　パブリックアートは存在するか？　スト
リートスケープ・プロジェクト　パブリック・スペー
スに置かれたアート　スケールの違ったものの共存
が世界を変容させる　ディカッション　単純な形態
の中に　無意識の中に隠されているもの　昔慣れ親
しんでいたものを引出す〔ほか〕　　　　　　〔3655〕

◇六本木ヒルズパブリックアートの全貌　森美術
館企画監修　森美術館　2004.9　171p　24cm
（アート・デザイン・都市 1）〈発行所：森ビル
発売：六耀社〉3200円　Ⓘ4-89737-491-X
Ⓝ518.8
[内容] 第1章　パブリックアート（六本木ヒルズという
名所　ルイーズ・ブルジョワ　イザ・ゲンツケン　ほ
か）　第2章　ストリートファニチャー（ドゥルーグ・
デザイン　ジャスパー・モリスン　日比野克彦　ほか）
第3章　「六本木ヒルズ」都市の風景（六本木けやき坂
通り　ヒルサイド　ウェストウォーク　ほか）〔3656〕

◇青梅の名宝—特別展　青梅市郷土博物館編　青
梅　青梅市郷土博物館　2002.3　58p　30cm
〈会期：平成13年9月11日—12月2日　市制施行
五十周年記念〉Ⓝ709.1365　　　　　　　　　〔3657〕

◇当面の東京都文化政策手法の転換と取組　東京
都生活文化局コミュニティ文化部振興計画課
2000.12　23p　30cm　Ⓝ709.136　　　　　　〔3658〕

◇地球的な視点から見た東京の文化・東京の魅力
—東京都文化懇談会（第八次）議事録 東京を魅
力的な文化都市とするために　東京都生活文化
局　1999.3　253p　30cm　Ⓝ709.136　　　〔3659〕

◇文化都市ビジョン—21世紀への提案　東京都生
活文化局コミュニティ文化部振興計画課
1999.1　55p　30cm　Ⓝ709.136　　　　　　〔3660〕

◇東京骨董散歩　別冊太陽編集部編　平凡社
1997.11　142p　22cm　（コロナ・ブックス
34）　1524円　Ⓘ4-582-63331-5　Ⓝ706.7
[内容] 日本橋・京橋・銀座・新橋　六本木　赤
坂・青山　渋谷・目黒・品川　新宿・池袋 湯島・本
郷　中野・杉並　国立・武蔵野　　　　　　　〔3661〕

◇文化は都市の未来を救えるか—都市と文化を考
える　東京都生活文化局コミュニティ文化部振
興計画課　1997.5　76p　21cm〈会期・会場：
平成9年2月28日　都民ホール　東京都文化行政
シンポジウム〉Ⓝ709.136　　　　　　　　　〔3662〕

◇ファーレ立川アートプロジェクト—都市・パブ

〔3647〜3663〕　　　　　　　　　　「東京」がわかる本 4000冊　291

彫刻　　　　　　　　　　　　　　　　　　　　　　　芸術・芸能

リックアートの新世紀　現代企画室　1995.11
322p　30cm〈英語書名：Faret　Tachikawa
art　project　英文併記　監修：木村光宏, 北川
フラム　おもに図〉20600円　Ⓘ4-7738-9516-0
Ⓝ518.8
＊1994年度日本都市計画学会賞を受賞したプロジェ
クトの全貌。新しい都市とパブリックアートのあり
方を考えるマニュアルの決定版。都市計画・建築計
画・地方自治体関係者、美術教育関係者必携の1冊。
〔3663〕

◇20世紀多摩の文化運動―戦後福生の文化運動を
中心に　戦後50年　特別展　福生市郷土資料室編
〔福生〕　福生市教育委員会　1995.3　19p
26cm〈多摩の文化運動歴史年表：p17　参考文
献：p19〉Ⓝ702.1936
〔3664〕

◇東京アートガイド―建築＋屋外彫刻＋美術館・
画廊　美術ガイド　美術出版社　1993.3　165p
21cm　2500円　Ⓘ4-568-43033-X　Ⓝ706.9
内容 建築ウォッチング　屋外彫刻ウォッチング　美
術館・画廊（ひとつの場所でぜいたくにすごす　ちょっ
と遠出の現代美術　独自の空間で雰囲気にひたる　美
術館でスタンダードにきわめてみる　ギャラリー・ク
ルージングにでかけよう　変化球だからたのしめる
さまざまなジャンルに挑戦する　ひとりの作家を想
い知る）　美術館・画廊地図
〔3665〕

◇ぶらり骨董散歩―東京古美術店案内　京都　淡
交社　1990.11　139,4p　21cm　（うるおい情
報シリーズ 9）　1545円　Ⓘ4-473-01161-5
Ⓝ706.7
＊本書は、東京に店舗を持って活動する60数店の古美
術店を取材しました。美術館や博物館の展示品クラ
スの逸品を主に扱うところ、日常の楽しい食器を主
に扱うところ、書画・仏教美術・西洋アンティーク
などを専門に扱うところまで、さまざまなお店が登
場します。どれも日本の古美術市場の第一線で活動
するお店ばかりです。
〔3666〕

彫刻

◇開発を見つめた石仏たち―多摩ニュータウン開
発と石仏の移動：多摩市教育委員会＆パルテノ
ン多摩共同企画展　パルテノン多摩編　多摩
パルテノン多摩　2011.9　54p　21cm〈会期：
2010年3月20日―7月5日〉Ⓝ718.4　〔3667〕

◇東京仏像さんぽ　宮澤やすみ著　明治書院
2009.10　190p　19cm　（学びやぶっく 20
しゃかい）　1200円　Ⓘ978-4-625-68430-2
Ⓝ718.02136
内容 1 日本橋・深川エリア　2 上野・浅草エリア　3
谷中・根岸エリア　4 目白エリア　5 本駒込・小石
川エリア　6 新宿・中野エリア　7 港区・品川区エ
リア　8 目黒エリア　9 世田谷・渋谷エリア　10 東
京郊外
〔3668〕

◇江戸・東京石仏ウォーキング　日本石仏協会編
ごま書房　2003.11　197p　19cm　1500円
Ⓘ4-341-08256-6　Ⓝ718.4

内容 浅草寺と隅田川周辺―町人文化の華咲いた町　根
岸から谷中界隈―寺と坂の町・谷中　駒込・白山界
隈―中世の江戸郊外を歩く　護国寺から小石川へ―
徳川家ゆかりの社寺　小石川から根津へ―文の京の
石仏たち　池袋から雑司ヶ谷へ―庶民信仰の中心地、
鬼子母神　巣鴨から染井霊園周辺へ―染井吉野のふ
るさと　学習院下から早稲田周辺へ―東京の街に残
る江戸の石仏　新宿から四谷へ―内藤新宿繁栄の跡
恵比寿から渋谷・原宿まで―若者の街・渋谷〔ほか〕
〔3669〕

◇東京アートウォーク―野外彫刻370選　鈴木彰
二著, アートダイジェスト編　京都　京都書院
1998.11　254p　15cm　（京都書院アーッコレ
クション 166 Sculpture 4）　1200円　Ⓘ4-
7636-1666-8　Ⓝ710.87
内容 丸の内/大手町/神田/皇居周辺　日比谷/霞ヶ関
/虎ノ門/溜池　麻布/六本木/芝/芝浦　大井ふ頭中央
公園/台場/有明　青山通り/千駄ヶ谷/道玄
坂　銀座/日本橋/大川端/八重洲　新宿西口/新都心
/都庁舎　池袋駅周辺　文京区　江東区〔ほか〕
〔3670〕

絵画・書・デザイン

◇武蔵府中炎の油画家5人展―図録　反町博彦, 大
森朔衞, 高森明, 戸嶋靖昌, 保多棟人画, 府中市美
術館企画・編集　府中（東京都）　府中市美術館
2015.5　151p　26cm〈会期・会場：2015年5月
16日―7月5日　府中市美術館　年譜あり〉
Ⓝ723.1
〔3671〕

◇浮世絵にみる北区の近代―名所物語　北区飛鳥
山博物館編　東京都北区教育委員会　2014.10
120p　30cm〈会期・会場：平成26年10月28日
―12月14日　北区飛鳥山博物館特別展示室・ホ
ワイエ〉Ⓝ721.8
〔3672〕

◇鏑木清方江戸東京めぐり　宮﨑徹監修・文　求
龍堂　2014.8　110p　22cm〈文献あり　年譜
あり〉2200円　Ⓘ978-4-7630-1437-5　Ⓝ721.9
内容 1章 江戸東京めぐり（向島 "向島の花"　明石町
"築地明石町"　築地川 "築地川"）　2章 羽子板
で辿る明治の風情（かるた（一月）　花見（四月）　氷
店（八月）ほか）　3章 古の風俗を楽しむ（潮 "夕潮"
金魚 "夏の日盛り"　蛍 "蛍" ほか）　〔3673〕

◇浮世絵にみる北区の江戸時代―名所物語　北区
飛鳥山博物館編　東京都北区教育委員会
2013.10　176p　30cm〈会期・会場：平成25年
10月22日―12月23日　北区飛鳥山博物館特別展
示室・ホワイエ　文献あり〉Ⓝ721.8　〔3674〕

◇東京の名画散歩―絵の見方・美術館の巡り方
岩佐倫太郎著　舵社　2013.10　215p　21cm
〈文献あり〉1500円　Ⓘ978-4-8072-1134-0
Ⓝ720.79
内容 自分の美のスタンダードを「印象派」と「琳派」
でつくろう　国立西洋美術館―印象派の巨匠モネ、光
と水の旅　ブリヂストン美術館―ルノワール幸福の
輝きを求めて　ポーラ美術館―ルノワールとモネ、親

292　「東京」がわかる本 4000冊　　　　　　　　〔3664～3675〕

芸術・芸能　　　　　　　　　　　　　　　　　　　　　　　　　工芸

友ここに出合う　パナソニック汐留ミュージアム―
ルオー、キリストの悲しみに救われる　清春白樺美
術館―南アルプスのふもとでルオーに邂逅する　東
京国立博物館本館―日本美術、この国宝絵画の凄さを
何と讃えよう　山種美術館―土牛と御舟―桜と椿の
ものがたり　出光美術館―仙厓の月、光琳の梅かっ
こいい芙子の美意識　東京国立近代美術館―日本の
洋画壇の歴史をたどる　山梨県立美術館―ミレー、バ
ルビゾンの祈りを山梨に見た　　　　　　　　〔3675〕

◇絵画にみる時代の情ращ―絵師からのメッセージ
中央区立郷土天文館第15回特別展　図録　中央
区教育委員会　2013.6　63p　30cm〈会期・会
場：平成25年6月1日―7月7日　中央区立郷土天
文館（タイムドーム明石）特別展示室　編集：増
山一成　共同刊行：中央区立郷土天文館〉
Ⓝ721.025　　　　　　　　　　　　　　　　〔3676〕

◇絵解きあらかわの浮世絵―平成23年度荒川ふる
さと文化館企画展　荒川区教育委員会, 荒川区
立荒川ふるさと文化館編　荒川区教育委員会
2012.2　87p　30cm〈会期：平成24年2月11日
―3月11日　共同刊行：荒川区立荒川ふるさと
文化館　年表あり〉Ⓝ721.8　　　　　　　〔3677〕

◇絵でみて歩く文京のまち　文京ふるさと歴史館
2011.3　48p　26cm　500円　Ⓝ291.361〔3678〕

◇西新井大師大曼荼羅　西新井大師總持寺, 中村
涼應, 中村幸実著　日本放送出版協会　2008.11
203p　38cm〈文献あり〉Ⓝ721.1　　　　〔3679〕

◇新宿ダンボール絵画研究　新宿区ダンボール絵
画研究会編　上尾　スワンプパブリケーション
2005.10　73p　21cm〈年表あり〉500円
Ⓝ720.4　　　　　　　　　　　　　　　　　〔3680〕

◇画家たちが描く大島の風景　藤牧虎雄編集責任
改訂版　〔大島町（東京都）〕　伊豆大島木村五
郎研究会　〔2004〕　183p　30cm　Ⓝ720.28
　　　　　　　　　　　　　　　　　　　　〔3681〕

◇浅草寺界隈　新井利平著　驢馬出版　2003.9
188p　20cm　1500円　Ⓘ4-89802-050-X
Ⓝ728.3　　　　　　　　　　　　　　　　　〔3682〕

◇旅とスケッチ・東京―思い出を一枚の絵に　新
旧織りなす都市風景を描く　婦人画報社
1997.8　128p　21cm　（Ars books 43）　1752
円　Ⓘ4-573-40043-5　Ⓝ725
　Ⓘ内容Ⓘ東京スケッチ集　スケッチのテクニック　一枚
の絵を描く　絵になる場所を探して　　　　〔3683〕

◇新・東京デザインクルーズ　日経デザイン編
日経BP社　1997.6　175p　21cm　（日経デザ
イン別冊）〈索引あり〉1400円　Ⓘ4-8222-
1515-6　Ⓝ291.361
　Ⓘ内容Ⓘ1stクルーズ　最新＆話題の施設　2ndクルーズ
エリア　3rdクルーズ　デザインビル　4thクルーズ
旅人　5thクルーズ　新・東京バーチャルツアーガイ
ド　　　　　　　　　　　　　　　　　　　　〔3684〕

◇絵のなかの東京　芳賀徹編　岩波書店　1993.9

91p　26cm　（ビジュアルブック江戸東京 3）
2000円　Ⓘ4-00-008483-6　Ⓝ720.87
　Ⓘ内容Ⓘ維新から文明開花へ　大正の東京　大震災前後
―大正から昭和へ　戦前・戦中の東京　むすび　絵に
なる街は人の住む街　描かれた地点一覧　図版提供・
所蔵一覧　　　　　　　　　　　　　　　　〔3685〕

写真

◇東京フォトスタジオガイド　ギャップ・ジャパ
ン　2013.4　135p　26cm〈索引あり〉952円
Ⓘ978-4-904577-98-1　Ⓝ740.67
　Ⓘ内容Ⓘ1 フォトグラファー達にリクエスト　こん
な写真を撮りたい　2 コマーシャルフォトグラ
ファー　3 ANOTHER SIDE OF PHOTOGRA-
PHER　4 写真館　5 写真館で家族写真を撮る　6
レンタルスタジオ　　　　　　　　　　　　〔3686〕

◇東京写真　飯沢耕太郎著　INAX　1995.5
261p　26cm　（INAX叢書 10）〈発売：図書出
版社〉2678円　Ⓘ4-8099-1059-8　Ⓝ748
　Ⓘ内容Ⓘ桑原甲子雄―劇場としての都市　ウィリアム・ク
ライン―異邦人の眼　内藤正敏―ネズミの都市　牛
腸茂雄―都市の身体　荒木経惟―「風俗」の真ん中
で　倉田精二―フレームの中の「家族」　森山大道
―網目の世界　宮本隆司―ダンボールの家　都築響
一―幻影のインテリア　長島有里枝―街を走り抜け
て　　　　　　　　　　　　　　　　　　　〔3687〕

工芸

◇東京職人　Beretta P-05著　新版　雷鳥社
2015.8　253p　19cm〈英語併記〉1500円
Ⓘ978-4-8441-3667-5　Ⓝ750.2136
　Ⓘ内容Ⓘ村山大島紬―田房染織有限会社・田代隆久　東
京染小紋―富田染工芸・佐藤勇三　本場黄八丈―黄
八丈ゆめ工房・山下譽/山下芙美子　江戸木目込人形
―株式会社柿沼人形・柿沼正志　江戸木目込人形―
塚田工房・塚田進　東京銀器―東洲銀器製作所・石
黒光南　東京手描友禅―染の高孝・高橋孝之　多摩
織―有限会社澤井織物工場・澤井栄一郎　東京くみ
ひも―横塚紐工芸・横塚広鳳　江戸漆器―白石漆器・
白石敏道〔ほか〕　　　　　　　　　　　　〔3688〕

◇江戸風鈴―篠原儀治さんの口語り　篠原儀治述,
野村敬子著　藤沢　瑞木書房　2014.6　245p
20cm〈発売：慶友社〉2000円　Ⓘ978-4-
87449-187-4　Ⓝ751.5　　　　　　　　　〔3689〕

◇ダイヤモンドと銀座―GINZA TANAKAの120
年　ダイヤモンドと銀座制作委員会著　小学館
2012.12　207p　23cm〈文献あり　年表あり〉
2800円　Ⓘ978-4-09-388280-4　Ⓝ755.3
　Ⓘ内容Ⓘ第1章　『ダイアモンド』という本（古書店で発掘
された幻の本　ダイヤモンドに魅せられた男）　第2
章　日本人とダイヤモンド（文明開化の象徴となった
金剛石　「金剛石」から「ダイヤモンド」へ）第3章
あこがれの町、それは「銀座」（"銀座"はハイカラの
代名詞　銀座の"格別感"は今も昔も）　第4章　その
店は「ダイヤモンドの山崎」と呼ばれた（ダイヤモン

音楽　　　　　　　　　　　　　　　　　　　　　　　　　　　　　芸術・芸能

ドの先駆者　貴金属業界の礎となる）　第5章　燦めく
歴史を受け継いで（銀座に店を構える誇りと責任　創
業百二十年の矜持）　　　　　　　　　　　　　〔3690〕

◇もののみごと―江戸の粋を継ぐ職人たちの、確
かな手わざと名デザイン。　田中敦子文, 渞忠
之撮影　講談社　2012.10　190p　22cm　2000
円　①978-4-06-217792-4　Ⓝ750.2136
　内容 黄楊櫛―竹内勉　江戸切子―小林淑郎　犬張子
―田中作典　江戸筆―亀井正文　江戸指物―戸田敏
夫　江戸扇子―深津佳子　本手打ち毛抜き―倉田義
之　江戸小紋―小宮康正　足袋―石井芳和　東京桐
箪笥―林正次〔ほか〕　　　　　　　　　　　　〔3691〕

◇再発見！　あらかわの匠の仕事―伝統工芸品展
―平成24年度荒川ふるさと文化館企画展　荒川
区教育委員会, 荒川区立荒川ふるさと文化館編
荒川区教育委員会　2012.7　71p　30cm〈会
期・会場：平成24年7月21日～9月2日　荒川区
立荒川ふるさと文化館1階企画展示室　荒川区
文化財保護条例30周年記念　共同刊行：荒川区
立荒川ふるさと文化館〉　Ⓝ750.21361　〔3692〕

◇大日本明治の美―横浜焼、東京焼　田邊哲人コ
レクション　田邊哲人著　増補改訂版　叢文社
2011.8　209p　21cm　2000円　①978-4-7947-
0665-2　Ⓝ751.1　　　　　　　　　　　　　〔3693〕

◇うちおり―糸に託した想い：清瀬市指定有形民
俗文化財　清瀬　清瀬市郷土博物館　2006.10
95p　30cm　Ⓝ753.3　　　　　　　　　　　〔3694〕

◇江戸東京職人の名品　TBS『お江戸粋いき！』
制作スタッフ編　東京書籍　2006.2　207p
20cm　1600円　①4-487-80091-9　Ⓝ750.2136
　　　　　　　　　　　　　　　　　　　　　　〔3695〕

◇Netsuke―東京名工鑑　明治十二年十二月印行
東京府勧業課著, 山口真吾編訳　川口　山口真
吾　2004.3　2,61p　30cm〈英語併記〉　Ⓝ755.
4　　　　　　　　　　　　　　　　　　　　　〔3696〕

◇暮らしに生かす江戸の粋　高田喜佐著　集英社
2003.11　171p　16cm（集英社be文庫）　695
円　①4-08-650049-3　Ⓝ750.21361
　内容 江戸の粋を味わう（台東区浅草・文扇堂の「ポ
チ袋」　中央区銀座・森前の「盆栽」　中央区日本
橋小網町 さるやの「楊枝」　台東区浅草・ふじ屋の
「手ぬぐい」ほか）　エッセイ（着物と私　江戸の粋
をオーダーする）　　　　　　　　　　　　　〔3697〕

◇東京こだわりアート生活　交通新聞社　2002.5
143p　21cm（散歩の達人ブックス　大人の自
由時間）　1429円　①4-330-69802-1　Ⓝ750.
2136
　内容 日常はこんなモノで変わります　何もない一日
のお供に。　おいしいご飯が食べたい時に。　不思
議と心が躍ります。　明日になる前に。　想像の麒
麟が満を持してお届けする夢の歴史帖　海獣と宝モ
ノと足の裏をさがしに　心の洗濯船ギャラリー航海小
日記　進化するニッポンと職人の千年一夜物語　駱
駝に乗ってたどり着く東京まほろし逸品堂　〔3698〕

◇江戸・東京のやきもの―かつしかの今戸焼　葛
飾区郷土と天文の博物館　2001.3　71p　21cm
（かつしかブックレット 12）　Ⓝ573.021361
　　　　　　　　　　　　　　　　　　　　　　〔3699〕

◇東京の伝統工芸品―歴史が育む江戸の技　東京
都労働経済局商工振興部工業振興課, 東京都指
定工芸品産地組合監修　東京産業貿易協会
1999.1　175p　18cm　Ⓝ750.2136　　　　〔3700〕

◇秩父・多摩やきもの歩き―やきものを探す旅
『陶磁郎』編集部編著　双葉社　1997.5　102p
21cm（陶磁郎books）　1500円　①4-575-
28704-0　Ⓝ751.1
　内容 秩父・多摩とやきものの現在　秩父・長瀞　飯
能・東松山　青梅・奥多摩　あきる野・八王子
　　　　　　　　　　　　　　　　　　　　　　〔3701〕

◇浅草上野の名工たち　岡崎豊著　アド下町
1995.8　110p　21cm　1500円　Ⓝ750.28
　　　　　　　　　　　　　　　　　　　　　　〔3702〕

◇技の風景―多摩地域の伝統的工芸品　府中（東
京都）　東京市町村自治調査会　1994.1　107p
26cm〈監修：多摩地域伝統的工芸品調査委員
会　発売：けやき出版（立川）〉　1000円　①4-
905942-39-X　Ⓝ602.136
　内容 多摩織　村山大島紬　青梅夜具地　ネクタイ
小紋染　黒八丈　藍染め　マフラー・スカーフ　押
絵羽子板　和竿　竹かご　和傘　御神酒口　うぐい
す笛　座敷箒　桐下駄　おけ　卒塔婆　農具などの
柄・棒　鋸鍛冶　野鍛冶　軍道紙　だるま　ちょう
ちん　文化財補修　おわりに―多摩地域の伝統的工
芸品　　　　　　　　　　　　　　　　　　　〔3703〕

◇多摩の伝統技芸 2　下島彬著　八王子　中央
大学出版部　1990.10　190p　19cm　1854円
①4-8057-4122-8　Ⓝ750.2136
　内容 伝統の多摩織の風合いを作り出す　工芸品に活
きる竹細工　八王子最後の野鍛冶　大久保流の伝統
を継ぐ四代目お茶師　提灯“丁信”の2代目　仮面の
パントマイム・神話劇里神楽　自然の材料を巧みに
生かす草屋根葺き職人　民俗芸能として残るのか双
盤念仏　仏教民俗文化の卒塔婆作り300年　〔3704〕

◇多摩の伝統技芸 1　下島彬著　八王子　中央
大学出版部　1990.10　190p　19cm　1854円
①4-8057-4121-X　Ⓝ750.2136
　内容 新車人形に取り組む西川古柳一座　木の香りた
だよう桶職人　江戸の“粋”日用美の和傘を作る職人
八王子炭の伝統を守る炭焼職人　創業80余年の手焼
せんべい職人　竹と漆の美に精魂を傾ける竿師　軍
道紙の再開を果たした紙すき職人　写し絵に生涯を賭
けた男　縁起ものの多摩だるまの個性を作り出す
　　　　　　　　　　　　　　　　　　　　　　〔3705〕

音楽

◇東京レコード散歩―昭和歌謡の風景をたずねて
鈴木啓之著　東京ニュース通信社　2016.6
239p　19cm（TOKYO NEWS BOOKS）

294　「東京」がわかる本 4000冊　　　　　　　　　　　　　〔3691～3706〕

芸術・芸能　　　　　　　　　　　　　　　　　　　　　　　　映画・芸能

〈索引あり　発売：徳間書店〉1800円　Ⓘ978-4-19-864162-7　Ⓝ767.8

内容 銀座―銀座の恋の物語　銀座のレコード　有楽町、日比谷―有楽町で逢いましょう　有楽町、日比谷のレコード　六本木―六本木ララバイ　六本木のレコード　赤坂―赤坂の夜は更けて　赤坂のレコード　青山―夜霧の青山通り　青山のレコード〔ほか〕
〔3706〕

◇東京レコ屋ヒストリー　若杉実著　シンコーミュージック・エンタテイメント　2016.4　461p　19cm〈文献あり〉1800円　Ⓘ978-4-401-64274-8　Ⓝ760.9

内容 序章　第1章　一九〇〇年～　第2章　一九二〇年代　第3章　一九三〇年代　第4章　一九六〇年代　第5章　一九七〇年代　第6章　一九八〇年代　第7章　一九九〇年代～
〔3707〕

◇東京芸術劇場の25年　東京都歴史文化財団東京芸術劇場　2016.3　238p　31cm〈年表あり〉Ⓝ760.69
〔3708〕

◇音楽の殿堂―響きあう感動50年　東京文化会館ものがたり　東京新聞編　東京新聞　2011.3　183p　27cm〈文献あり　年表あり〉1524円　Ⓘ978-4-8083-0936-7　Ⓝ760.69

内容 第1部「音楽の殿堂を造った人々」―日本に本格的な音楽ホールが誕生　第2部「東京文化会館と私」（東京文化会館よ、永遠に。（中村紘子）　上野は私を創ってくれた場所だった（小林道夫）　演奏家と聴衆では「響き」の捉え方が違う（外山雄三）　オーケストラを育ててくれたホール（海野義雄）〔ほか〕　第3部「時代を超えて」／私の「東京文化会館物語」（大賀典雄）　演奏家も聴衆も、音楽のイメージを"上野の音"で創った（遠山一行）　初めてづくし、音楽シーンの中心（大友直人）「発信する」「育てる」「学び楽しむ」―主催事業の3本柱〔ほか〕
〔3709〕

◇東京ジャズ地図　交通新聞社　2009.3　159p　21cm　（散歩の達人ブックス　大人の自由時間）〈索引あり〉1600円　Ⓘ978-4-330-05709-5　Ⓝ764.78

内容 1 in cafe and bar喫茶＆バーで。（ジャズレコードを愛しむ独特の文化的装置・ジャズ喫茶　JAZZ IN COFFEE TIME ほか）　2 pilot of jazz streetジャズ道案内。（4GIANT MASTER'S VOICE　OTHER MASTER'S VOICE ほか）　3 in live spotライブスポットで。（『Shinjuku PIT INN』その牽引力の中心　JAZZ IN LIVE BAR ほか）　4 in record shopレコード店で。（音盤的ジャズの細道　JAZZ IN RECORD SHOP ほか）
〔3710〕

◇東京ロック地図　交通新聞社　2009.3　159p　21cm　（散歩の達人ブックス　大人の自由時間）〈索引あり〉1600円　Ⓘ978-4-330-05809-2　Ⓝ764.7

内容 1 喫茶＆バーで。（ロック喫茶という文化　ロックバーという快楽　ROCK IN CAFE & BAR ほか）　2 ロック道案内。（ROCK MASTER'S VOICE）　ライブスポットで。（LOVE YOU LIVE！　ROCK IN LIVE RESTAURANT ほか）　4 専門店で。（コレクターの先にあるもの

ROCK IN RECORD & CD SHOP ほか）
〔3711〕

◇東京クラシック地図　交通新聞社　2007.12　159p　21cm　（散歩の達人ブックス　大人の自由時間）1600円　Ⓘ978-4-330-97507-8　Ⓝ760.4

内容 第1楽章「誘い」―クラシックライフ道案内（クラシック作曲家年表（やわらかめ）　日本クラシック文化の流れ ほか）　第2楽章「憩う」―名曲が流れる隠れ家案内（名曲喫茶　レストラン＆バー ほか）　第3楽章「巡る」―手始めの音楽ホール案内（音楽専用ホール　その他 ほか）　第4楽章「こだわる」―至高のクラシック音楽専門店案内（レコード＆CDショップ　その他 ほか）
〔3712〕

◇〈東京の夏〉音楽祭22年の歩み　アリオン音楽財団〈東京の夏〉音楽祭実行委員会編　国際交流基金　2007.12　104p　30cm　Ⓝ762.136
〔3713〕

◇歌のなかの東京　柴田勝章著　中央アート出版社　1996.10　255p　19cm　2060円　Ⓘ4-88639-736-0　Ⓝ767.8

内容 1 レコードの登場と歌謡曲の勃興　2 敗戦、そしてと占領下　3 日米講和とジャズブーム　4 経済復興と歌謡界の新しい風　5 東京オリンピックと都市の変容　6 東京イメージの崩壊とフォークの台頭　7 「砂漠」から「戦場」へ　8 個人的なそれぞれの東京
〔3714〕

◇銀座はやり歌―1925-1993　保田武宏著　平凡社　1994.3　349p　20cm　2200円　Ⓘ4-582-82404-8　Ⓝ767.8

内容 銀座雀　当世銀座節　銀座行進曲　東京行進曲　洒落男　銀座セレナーデ　モダン篭の鳥　女給の唄　恋の銀座　銀座志ぐれ〔ほか〕
〔3715〕

映画・芸能

◇昭和の東京　映画は名画座　青木圭一郎著　ワイズ出版　2016.4　351p　19cm〈文献あり〉2200円　Ⓘ978-4-89830-299-6　Ⓝ778.09

内容 池袋　新宿　渋谷　有楽町・銀座・築地　総武線・中央線沿線　山手線・京浜東北線・板橋　そのほかの名画座
〔3716〕

◇『東京物語』と日本人　小野俊太郎著　松柏社　2015.11　321p　20cm〈文献あり〉2200円　Ⓘ978-4-7754-0221-4　Ⓝ778.21

内容 はじめに　世界が認めたから偉いのか　第1章 尾道から上京する人々　第2章 東京で待つ人々　第3章 戦争の記憶と忘却　第4章 紀子はどこの墓に入るのか　第5章 『東京物語』の影の下で　おわりに　外に開くものとして
〔3717〕

◇旧日活大映村―銀幕の昭和・文化発祥の里　旧日活・大映村の会編纂　熊谷　編集ラミ　2015.10　288p　21cm〈折り込　4枚〉2000円　Ⓘ978-4-905519-10-2　Ⓝ778.09
〔3718〕

◇映画のなかの御茶ノ水　中村実男著　明治大学出版会　2015.9　267,10p　20cm　（明治大学

映画・芸能　　　　　　　　　　　　　　　　　　　　　　　　　　芸術・芸能

リバティブックス）〈文献あり　作品目録あり
索引あり　発売：丸善出版〉3300円　①978-4-
906811-15-1　Ⓝ778.21
　内容 御茶ノ水という街　御茶ノ水の映画たち　女優
たちの御茶ノ水　巨匠たちのニコライ堂　御茶ノ水
映画地図　映画のなかの御茶ノ水　　　　　〔3719〕

◇アニメーションと多摩―パルテノン多摩歴史
ミュージアム特別展　パルテノン多摩編　〔多
摩〕　パルテノン多摩　2015.5　100p　30cm
〈会期：2015年3月14日―5月24日　年表あり〉
Ⓝ778.77　　　　　　　　　　　　　　　　〔3720〕

◇春風亭一之輔落語のたくり帖―春夏秋冬東京散
歩のしおり　春風亭一之輔,濱田元子著　自由
国民社　2015.5　175p　21cm　〈文献あり〉
1650円　①978-4-426-11930-0　Ⓝ291.361
　内容 1 春の落語をのたくる（「花見の仇討」東京・上
野　「百川」東京・日本橋 ほか）　2 夏の落語をの
たくる（「唐茄子屋政談」東京・浅草　「真景累ヶ淵―
豊志賀の死」東京・根津, 千駄木 ほか）　3 秋の落
語をのたくる（「三方一両損」東京・神田　「野ざら
し」東京・向島 ほか）　4 冬の落語をのたくる（「四
段目」東京・泉岳寺　「明烏」東京・三ノ輪 ほか）
　　　　　　　　　　　　　　　　　　　　〔3721〕

◇杉並にあった映画館―平成26年度杉並区立郷土
博物館分館企画展　杉並区立郷土博物館分館編
杉並区立郷土博物館　2015.3　66p　30cm　〈会
期：平成27年3月28日―5月10日〉　400円
Ⓝ778.09　　　　　　　　　　　　　　　　〔3722〕

◇わが街・中央・シネマの時代　古き良き文化を
継承する会企画・編集　古き良き文化を継承す
る会　2014.10　103p　30cm　〈平成26年度中央
区文化事業助成対象事業「わが街・中央・シネ
マの時代」－歴史と伝統、過去と未来をつなぐ
魅力あふれる映画の世界　年表あり〉　1000円
Ⓝ778.09　　　　　　　　　　　　　　　　〔3723〕

◇三師匠落語訪ねて江戸散歩―隅田川馬石　古今
亭文菊　三遊亭金朝　飯田達哉著　舵社　2014.
7　175p　21cm　1800円　①978-4-8072-1135-
7　Ⓝ291.361
　内容 1之席 浅草, 吉原, 向島を歩く―案内人・隅田
川馬石　2之席 業平, 亀戸, 蔵前を歩く―案内人・隅
田川馬石　3之席 両国, 深川, 佃島を歩く―案内人・
隅田川馬石　4之席 日本橋, 人形町を歩く―案内人・
古今亭文菊　5之席 上野, 湯島, 神田を歩く―案内
人・古今亭文菊　6之席 根岸, 谷中, 根津を歩く―
案内人・古今亭文菊　7之席 丸の内, 山王, 麻布を
歩く―案内人・三遊亭金朝　8之席 増上寺, 芝を歩
く―案内人・三遊亭金朝　9之席 泉岳寺, 品川を歩
く―案内人・三遊亭金朝　　　　　　　　　〔3724〕

◇F/T13ドキュメント　フェスティバル トー
キョー実行委員会事務局編集　フェスティバル
/トーキョー　2014.4　215p　21cm　〈英語抄訳
付　会期・会場：平成25年11月9日（土）-12月8
日（日）東京芸術劇場　あうるすぽっと（豊島区
立舞台芸術センター）ほか　主催：フェスティ
バル/トーキョー実行委員会　東京都ほか　タ

イトルは奥付による　標題紙等のタイトル：
FESTIVAL/TOKYO 13：DOCUMENTS
訳：アンドリューズ・ウィリアム〉1400円
①978-4-9905183-5-6　Ⓝ772.1361　　　〔3725〕

◇小津安二郎と『東京物語』　貴田庄著　筑摩書
房　2013.12　253p　15cm　（ちくま文庫 き
18-2）〈文献あり〉700円　①978-4-480-43129-
5　Ⓝ778.21
　内容 1章 『東京物語』と『明日は来らず』2章 『東
京物語』の脚本執筆　3章 『東京物語』のロケハン
4章 『東京物語』の撮影　5章 『東京物語』の脚本
再考　6章 『東京物語』の封切りと評価　7章 『東
京物語』の欧米デビュー　　　　　　　　　〔3726〕

◇『東京物語』と小津安二郎―なぜ世界はベスト
1に選んだのか　梶村啓二著　平凡社　2013.12
206p　18cm　（平凡社新書 711）　760円
①978-4-582-85711-5　Ⓝ778.21
　内容 外国人映画監督たち　紀子とは誰なのか？　周
吉の旅　笠智衆のこと　子供について　異時同図とし
ての家族　生活人 志げと幸一　東京について　着物
とスーツ　戦争のこと　音と音楽について　夏につ
いて　整理された画面　軽さについて　時間という
王　　　　　　　　　　　　　　　　　　　〔3727〕

◇江戸落語の舞台を歩く―東京まち歩き手帖　河
合昌次著　マイナビ　2013.11　250p　15cm
（MYNAVI BUNKO 013）〈東京地図出版
2009年刊の再刊　索引あり〉720円　①978-4-
8399-4956-3　Ⓝ291.361
　内容 浅草を歩く―江戸いちばんの盛り場を訪ねて　日
本橋を歩く―江戸より続く、経済の中心地　両国・
門前仲町を歩く―富岡八幡宮と著名人の足跡を辿る
亀戸天神を歩く―円朝も住んだ下町を訪ねる　上野
を歩く―徳川家ゆかりの史跡を辿る　吉原を歩く―
色街の名残を求めて　谷中・根津を歩く―江戸の雰
囲気を残す寺院を訪ねる　向島を歩く―江戸の「粋」
を探して　泉岳寺・増上寺を歩く―名刹・名社・大
名の下屋敷を巡る　『松葉屋瀬川』を歩く―今は昔、
義理と人情を想いつつ　『黄金餅』を歩く―金兵衛
の江戸縦断につきあう　　　　　　　　　　〔3728〕

◇F/T12ドキュメント　フェスティバル／トー
キョー実行委員会事務局編　フェスティバル/
トーキョー　2013.4　192p　21cm　〈付属資
料：11p：光のない。（プロローグ？）〉1429円
①978-4-9905183-4-9　Ⓝ772.1361　　　〔3729〕

◇F/T11ドキュメント　フェスティバル／トー
キョー実行委員会事務局編　フェスティバル/
トーキョー　2012.4　207p　21cm　1429円
①978-4-9905183-3-2　Ⓝ772.1361　　　〔3730〕

◇浅草芸人―エノケン、ロッパ、欽ちゃん、たけ
し、浅草演芸150年史　中山涙著　マイナビ
2011.12　287p　18cm　（マイナビ新書）〈文
献あり〉850円　①978-4-8399-4040-9　Ⓝ779
　内容 序章 ビートたけしと浅草　第1章 浅草演芸前
史　第2章 エノケン・ロッパとその周辺　第3章 浅
草六区、全盛期を迎える　第4章 戦争と喜劇人　第5
章 戦後の混乱から生まれたもの　第6章 テレビ時代
の到来　第7章 欽ちゃんの時代、たけしの時代　終

296　　「東京」がわかる本 4000冊　　　　　　　　　　　　　　　　〔3720～3731〕

芸術・芸能　　　　　　　　　　　　　　　　　　　　　　　　映画・芸能

章　浅草の灯を守る者　　　　　　　〔3731〕

◇銀幕の銀座―懐かしの風景とスターたち　川本
三郎著　中央公論新社　2011.10　231p　18cm
（中公新書 2136）　820円　①978-4-12-102136-
6　Ⓝ778.21
　内容　1 戦前のモダン都市東京（東京ラプソディ　女人
哀愁 ほか）　2 戦争の傷跡と復興の熱気（誘惑　お嬢
さん乾杯！ ほか）　3 小春日和の恋人たち（新東京
行進曲　都会の横顔 ほか）　4 高度経済成長で変わ
る風景（ロマンス娘　夜の蝶 ほか）　5 颯爽とした
女たち（女が階段を上る時　東京の暴れん坊 ほか）
　　　　　　　　　　　　　　　　　　〔3732〕

◇F/T10ドキュメント　フェスティバルトー
キョー実行委員会事務局編　フェスティバル/
トーキョー　2011.4　204p　25cm　1429円
①978-4-9905183-2-5　Ⓝ772.1361　〔3733〕

◇麻布十番を湧かせた映画たち―シロウトによる
シロウトの為のシロウト映画談義：十番シネマ
パラダイス　遠藤幸雄著　〔遠藤幸雄〕　2010.
8　302,6p　図版 8p　21cm　Ⓝ778.09　〔3734〕

◇落語地誌―江戸東京〈落語場所〉集成　栗田彰著
青蛙房　2010.8　246p　19cm〈文献あり〉
1900円　①978-4-7905-0253-1　Ⓝ291.361
　内容　上野　下谷　浅草新堀端　浅草観音　観
音様の裏手　新吉原　今戸　神田　丸の内・番町　日
本橋　銀座　大川端　馬喰町・葭町　深川　本所　北
本所・向島　芝　赤坂・麻布・白金・目黒　江戸三宿
所どころ―其の一　所どころ―其の二　〔3735〕

◇F/T09ドキュメント　フェスティバルトー
キョー実行委員会事務局編　フェスティバル/
トーキョー実行委員会　2010.4　267p　25cm
2500円　①978-4-9905183-0-1　Ⓝ772.1361
　　　　　　　　　　　　　　　　　　〔3736〕

◇噺家と歩く「江戸・東京」―こだわり落語散歩
ガイド　長井好弘著　アスペクト　2010.3
191p　19cm〈索引あり〉1500円　①978-4-
7572-1754-6　Ⓝ291.361
　内容　1 五街道雲助「明烏」と浅草散歩　2 古今亭志
ん輔「品川心中」と品川散歩　3 柳亭市馬「転宅」と
人形町散歩　4 柳家喬太郎「結石移動症」と池袋散
歩　5 柳家三三「文七元結」と隅田川散歩　6 春風
亭一之輔「茶の湯」と根岸散歩　　　　〔3737〕

◇江戸東京落語散歩―噺の細道を歩く　柳家小満
ん著　河出書房新社　2009.9　222p　19cm
1600円　①978-4-309-01940-6　Ⓝ291.361
　内容　日本橋界隈とその周辺　上野を中心に　浅草周
辺　隅田川流域と向島　江戸近郊　　　〔3738〕

◇東京落語散歩　吉田章一著　角川書店　2009.3
221p　19cm　（角川文庫 15631）〈青蛙房1997
年刊の再編集、加筆・修正　発売：角川グルー
プパブリッシング〉514円　①978-4-04-
393602-1　Ⓝ291.361
　内容　春（湯島・本郷「片足ァ本郷へ行くわいな」　千
住・王子「人間には気をおつけ、馬の糞かもしれな
い」　麹町「麹町にね、サルのお邸の旦那様があったん

だよ」　上野「清水の観音さまィ、一生懸命信心して
ごらん」　向島「お花見で女の子が騒いでるはまこ
とに風情のあるもので」）　夏（亀戸「祈る神様仏様、
妙見さまへ精進の」　両国「川開きの当日、両国橋は
一杯の人出です。通りかかったたがやさん」　浜町
「長谷川町の三光新道に常盤津歌女文字という」　深
川「深川八幡の祭りがたいそうよくできたという評
判で」　四谷・新宿「はて恐ろしい、執念じゃなァ」）
秋（蔵前・神田「もうすんだか」　目黒「さんまは目
黒にかぎる」　京橋・銀座「お奉行さまという強い
味方が付いていらァ」　日暮里・根津「ざっと拝ん
でおせんの茶屋へ」　谷中・根岸「また茶の湯か」）
冬（牛込「目がうしろにありゃあウシロメの神楽坂
だ」　品川・鈴ヶ森「心中の相手は金ちゃんに決め
よう」　芝・高輪「酒はよそう、また夢になるとい
けねえ」　浅草「十八間四方のお堂に安置したてま
つる聖くわんぜおん菩薩」　麻布「麻布絶江釜無村
の木蓮寺に着いたときにはくたびれた」）〔3739〕

◇ATG映画＋新宿―都市空間のなかの映画たち！
牛田あや美著　我孫子　D文学研究会　2007.12
251p　22cm〈文献あり　発売：星雲社〉3500
円　①978-4-434-11309-3　Ⓝ778.2
　内容　第1章 新宿　第2章 60年代社会とATG映画供給
者たちの時代背景　第3章 新宿にあるATG映画館館
第4章 ATG映画をめぐって　第5章 ATG作品に映し
出される「60年代新宿」の共通項　巻末資料〔3740〕

◇絵本・落語風土記　江國滋著　河出書房新社
2007.9　220p　15cm　（河出文庫）　680円
①978-4-309-40872-9　Ⓝ779.13
　内容　うきよ珈琲こちらでござい―日本橋浮世小路　ぬ
ほんばすの宿―日本橋　従五位上近江守源兵衛藤
原幸利―日本橋・通り一丁目　心学の尾箆骨―長谷川
町三光新道　あらもったいなや―馬喰町　佃の佃煮
―佃島　お忍び視察は古来の伝統？―数寄屋橋　赤
井御門守はご名君―丸の内　民のクレーンにぎわい
にけり―千代田　七ツ屋の終焉―麹町1〔ほか〕
　　　　　　　　　　　　　　　　　　〔3741〕

◇落語で辿る江戸・東京三十六席。―隠居の散歩
居候の昼寝　林秀年著　三樹書房　2006.9
269p　21cm　1600円　①4-89522-482-1
Ⓝ779.13
　内容　明烏　長屋の花見　湯屋番　恪気の火の玉　三
方一両損　たがや　居残り佐平次　目黒のさんま　小
言幸兵衛　宿屋の富　芝浜　御慶　崇徳院　大山詣
り　らくだ　子別れ　堀の内　お七伝三郎　宮戸
川　文違い　王子の狐　品川心中　素人鰻　付き馬
唐茄子屋政談　百川　甲府い　ちきり伊勢屋　今戸
の狐　文七元結　佃祭　井戸の茶碗　鰍沢　黄金餅
蔵前駕籠　柳田格之進　　　　　　　　〔3742〕

◇あらかわと寄席―平成16年度荒川ふるさと文化
館企画展　荒川区教育委員会, 荒川区立荒川ふ
るさと文化館編　荒川区教育委員会　2005.2
48p　30cm〈会期：平成17年2月5日～3月27日
共同刊行：荒川区立荒川ふるさと文化館　年表
あり〉　　　　　　　　　　　　　　　〔3743〕

◇落語地名事典　北村一夫著　文元社　2005.1
391,23p　19cm　（教養ワイドコレクション）
〈発売：紀伊國屋書店　「現代教養文庫」1978
年刊を原本としたOD版　文献あり〉4200円

映画・芸能 　　　　　　　　　　　　　　　　　　　　　　芸術・芸能

◇落語の江戸をあるく　吉田章一著　青蛙房
2004.11　166p　19cm　1800円　①4-7905-
0251-1　Ⓝ779.13
内容 其の1 江戸城めぐり　其の2 茅場町・佃島　其
の3 小石川　其の4 染井・巣鴨　其の5 赤坂　其
の6 築地　其の7 雑司ヶ谷　其の8 板橋　其の9 下谷
七福神めぐり　其の10 神田　　　　　　　　〔3745〕

◇浅草いまむかし　鈴木としお著　台東区民新聞
社　2004.10　206p　20cm〈年表あり　著作目
録あり〉2000円　Ⓝ779.021361　　　　〔3746〕

◇15歳の東京ラプソディ―大江戸舞祭　長谷川き
いち著　ロングセラーズ　2004.8　95p　21cm
〈付属資料：CD1枚（12cm）〉1143円　①4-
8454-2052-X　Ⓝ601.1361
内容 第1章 これが大江戸舞祭だ！　第2章 誕生！
中学生が主役の祭り　第3章 子供が変われば、親が
変わる　第4章 広がる大江戸舞祭～わがまち大江戸
舞祭　第5章 あなたにもできる！　大江戸ダンスか
ら、わがまち大江戸舞祭まで　第6章 21世紀に根づ
く、大江戸舞祭　　　　　　　　　　　　　　〔3747〕

◇小津安二郎をたどる東京・鎌倉散歩　貴田庄著
青春出版社　2003.12　203p　18cm　（プレイ
ブックスインテリジェンス）700円　①4-413-
04078-3　Ⓝ778.21
内容 1 深川界隈を歩く　2 築地界隈を歩く　3 浅草
界隈を歩く　4 上野界隈を歩く　5 両国界隈を歩く
6 人形町界隈を歩く　7 銀座界隈を歩く　8 丸の内
界隈を歩く　9 神田界隈を歩く　10 蒲田界隈を歩く
11 鎌倉界隈を歩く　　　　　　　　　　　　〔3748〕

◇江戸/東京芸能地図大鑑　エービーピーカンパ
ニー編　エービーピーカンパニー　2002.12
79,33p　26cm〈発売：丸善出版事業部　付属
資料：CD-ROM1枚（12cm）＋地図1枚　外箱入
年表あり　文献あり〉15800円　①4-901441-
33-7　Ⓝ772.1361
内容 『江戸が東京となって』―芸能の流れ（能狂言の
復興　歌舞伎と劇場　ほか）　広沢虎造も作家だった
―落語・講談・浪曲の台本作成の工夫のあとをたどっ
て（「清水次郎長伝」の成り立ち　落語は咄す、講談
は読む、浪曲は語る　ほか）　「東京れこnow」に残る
東京の芸能（「東京レコード」の誕生　豊富な寄席芸
ほか）　再現・浅草六区の賑わい（浅草六区の成り立
ち　「十二階」の人気　ほか）　　　　　　　〔3749〕

◇東都芝居風土記―江戸を歩く　矢野誠一著　大
阪　向陽書房　2002.11　173p　22cm　2500円
①4-906108-48-2　Ⓝ772.1
内容 日本橋　二重橋　皇居東御苑　桜田門　三宅坂
靖国神社　神田明神　内幸町　丸の内一丁目　東神
田〔ほか〕　　　　　　　　　　　　　　　　〔3750〕

◇映画の中の東京　佐藤忠男著　平凡社　2002.3
344p　16cm　（平凡社ライブラリー）〈「東京
という主役」（講談社1988年刊）の増補〉1400円
①4-582-76427-4　Ⓝ778.21
内容 第1章 東京の顔―映画監督と東京　第2章 江戸
から東京へ―時代と東京　第3章 山の手と下町―東

京の都市構造と性格　第4章 盛り場の変遷―浅草・
銀座・新宿　第5章 アジア的大都市TOKYO―外国
映画の中の東京　第6章 映画の東京名所　第7章 出
会いと感激の都―私と映画と東京　　　　　　〔3751〕

◇大正・昭和初期の浅草芸能　伊藤経一著　文芸
社　2002.3　103p　20cm　1000円　①4-8355-
3313-5　Ⓝ772.1361
内容 1 浅草七軒町「開盛座」とその時代（開盛座前通
り　開盛座の誕生　開盛座の盛衰　興行師遠州屋の
こと）　2 浅草の庶民文化と芸能（興行街六区の誕生
昭和初期の六区　活動写真と浅草興行街　封切館で
出すプログラムの魅力　六区へ足を運ばせた松竹蒲
田作品　ほか）　　　　　　　　　　　　　　〔3752〕

◇浅草で、渥美清、由利徹、三波伸介、伊東四朗、
東八郎、萩本欽一、ビートたけし…が歌った、
踊った、喋った、泣いた、笑われた。　松倉久
幸著　ゴマブックス　2002.1　223p　20cm
1600円　①4-901465-20-1　Ⓝ779.1
内容 第1幕 戦後に蘇った大衆芸のメッカ浅草（夢の
舞台・浅草六区の誕生　老舗ランプ屋から日本初の
ストリップ専門館ロック座へ ほか）　第2幕 それぞ
れの季節のなかで（浅草六区のハダカ合戦　長門勇
を、生んだ浅草育てたテレビ ほか）　第3幕 装いも
新たに（浅草六区に落ちた影　「浅草新喜劇」の誕生
ほか）　第4幕 最後の灯（浅草フランス座の転身　フ
ランス座消滅 ほか）　フィナーレ 浅草ルネッサンス
をめざし（浅草フランス座の終演　浅草六区とともに
あった浅草芸人たち ほか）　　　　　　　　〔3753〕

◇田楽展―王子田楽の世界　北区飛鳥山博物館編
東京都北区教育委員会　2001.10　200p　29cm
〈北区飛鳥山博物館特別展：平成13年10月6日―
12月2日　文献あり〉Ⓝ773.21　　　　　　〔3754〕

◇映画の街とその時代　立川　立川市教育委員会
2000.3　126p　21cm　（立川の生活誌　第5集）
Ⓝ778.09　　　　　　　　　　　　　　　　　〔3755〕

◇TVドラマここがロケ地だ!!　ドラまっぷプロ
ジェクト著　サンブックス　2000.3　191p
21cm〈発売：星雲社〉950円　①4-434-00088-
8　Ⓝ778.8
内容 1 ジャンル別ロケ地探索（橋・歩道橋　公園・広
場・埠頭　ビル・建物　レストラン・カフェ・居酒屋
ほか）　2 ドラマ別ロケ地探索（オーバータイム　眠
れる森　踊る大捜査線　ロングバケーション ほか）
3 エリア別ロケ地探索（新宿・初台・代々木　原宿・
青山・千駄ヶ谷　渋谷　山手通り・旧山手通り ほか）
　　　　　　　　　　　　　　　　　　　　　〔3756〕

◇はなしの名人―東京落語地誌　池内紀著　角川
書店　1999.8　245p　19cm　（角川選書 308）
1600円　①4-04-703308-1　Ⓝ779.1
内容 野ざらし　品川心中　船徳　百川　愷気の火の
玉　文ちがい　佃祭り　富久　藁人形　芝浜〔ほか〕
　　　　　　　　　　　　　　　　　　　　　〔3757〕

◇銀幕の東京―映画でよみがえる昭和　川本三郎
著　中央公論新社　1999.5　270p　18cm　（中
公新書）800円　①4-12-101477-4　Ⓝ778.21
内容 1 東京の映画（「東京物語」　「流れる」　「洲

298　「東京」がわかる本 4000冊　　　　　　　　　　　　　　　　　　　　　　　　〔3745〜3758〕

芸術・芸能　　　　　　　　　　　　　　　　　　　　　　　　　映画・芸能

崎パラダイス赤信号」　「『春情鳩の街』より渡り鳥
いつ帰る」ほか）　2 映画の東京（有楽町　新橋界
隈　上野　浅草 ほか）　　　　　　　　　　〔3758〕

◇浅草のおんな　鈴木としお著　冬青社　1999.4
222p　20cm　1800円　①4-924725-87-0
Ⓝ779
内容 田村俊子—樋口一葉以来の恋多き天才女流作家
沢村貞子—脇役一筋の名女優　松島詩子—生涯現役
を通した歌い手　市丸姐さん—花柳界出身歌手の草
分け　内海好江—真実と品格を兼ね備えた女流漫才
師　淡谷のり子—ブルースの女王の浅草時代　水の
江滝子—男装の麗人第一号・ターキ　榎本よしゑ—
エノケンを支え続けたひと　朝霧鏡子—喜劇王・シ
ミキンの世話女房　山田五十鈴—生まれながらの女
役者〔ほか〕　　　　　　　　　　　　　　〔3759〕

◇東京落語散歩　吉田章一著　青蛙房　1997.9
166p　19cm　1800円　①4-7905-0250-3
Ⓝ779.13
内容 春（湯島・本郷　千住・王子 ほか）　夏（亀戸
両国 ほか）　秋（蔵前・神田　目黒 ほか）　冬（牛込
品川・鈴ケ森 ほか）　　　　　　　　　　　〔3760〕

◇江戸芸能散歩　東京都高等学校国語教育研究会
編著　水声社　1996.11　198p　21cm　1545円
①4-89176-343-4　Ⓝ772.1
内容 第1章 江戸と江戸っ子（江戸の都市構成様式　江
戸っ子の生活　江戸の食糧事情）　第2章 江戸芸能散
歩（江戸城とその周辺　上野のお山から駒込・王子へ
向島から浅草へ ほか）　第3章 古典芸能ガイド（歌
舞伎　文楽　日本の舞踊 ほか）　　　　　　〔3761〕

◇元祖・玉乗曲芸大一座—浅草の見世物　阿久根
巌著　ありな書房　1994.8　283p　22cm〈玉
乗り関連年表・参考文献一覧：p259〜280〉
4326円　①4-7566-9434-9　Ⓝ779.5
内容 序章 浅草六区、隆盛期に向かって　1 玉乗りの
始まり　2 浅草の玉乗りは、青木から　3 江川一座
の観覧記　4 常打ち小屋　5 青木の花形・お紋ちゃ
ん　6 玉乗りの内幕　7 地方廻りの娘一座　8 園遊
会余興から、映画にも　9 犬の玉乗り　10 見世物案
内　11 青木一座・欧州巡業の顛末　12 ルナパーク
の汽車活動　13 玉乗りの芸人たち　14 江川亀吉談
15 六区の木戸番　16 浅草とサーカス　17 江川姓と
万の字　18 八木節から安来節に　19 浅草の玉乗り
だった　　　　　　　　　　　　　　　　　〔3762〕

◇東京映画名所図鑑　冨田均著　平凡社　1992.2
266p　20cm　1950円　①4-582-82857-4
Ⓝ778.21
内容 傷心のなかをさまよい歩いて何処へ行く　19歳、
都電とともに揺られ揺られて　裕次郎に始まり優作
に終わる　隅田川と東京の海へ向かって敬礼　水の
都の舞台から主役を降りた時計台　山手線の車窓か
ら裕次郎が見えた　さようならばかりが降り積もる
よ　喧噪と孤独を映しつつ東京タワーは立つ　昔の
名前を失くした町を偲ぶ映画双六　後楽園にこだま
した大喚声はいずこ　暴力と活気に満ちた新宿は灰
と化した　振り向けばいつもそこに富士山が…
　　　　　　　　　　　　　　　　　　　　〔3763〕

◇浅草行進曲　広岡敬一著　講談社　1990.12
222p　20cm　1400円　①4-06-205192-3

Ⓝ291.36
内容 1 浅草・吉原ロマネスク　2 バロン薩摩の恋　3
味わう浅草っ子の店　4 三社祭の男と女　5 ストリッ
プ黄金時代　　　　　　　　　　　　　　　〔3764〕

◇写真にみる浅草芸能伝　浅草の会編　浅草の会
1990.10　296p　30cm〈浅草の会40周年記念号
付（1枚）：目次〉3500円　Ⓝ772.1　　〔3765〕

〔3759〜3765〕　　　　　　　　　　「東京」がわかる本 4000冊　299

スポーツ

スポーツ振興

◇東京都における公立スポーツ施設　平成27年度版　東京都オリンピック・パラリンピック準備局スポーツ推進部調整課編　東京都オリンピック・パラリンピック準備局スポーツ推進部調整課　2016.3　200p　30cm〈平成27年10月1日現在〉Ⓝ780.67　　　　　　　　　〔3766〕

◇目黒区スポーツ推進計画—スポーツで拓く未来—豊かな健康ライフで、活力あるひと・まち"めぐろ"　平成28年度—平成37年度　文化・スポーツ部スポーツ振興課編　目黒区　2016.3　82p　30cm　Ⓝ780.21361　　　〔3767〕

◇江東区スポーツ推進計画　江東区地域振興部スポーツ振興課編　江東区地域振興部スポーツ振興課　2015.3　81p　30cm　Ⓝ780.21361〔3768〕

◇東京都における公立スポーツ施設　平成26年度版　東京都オリンピック・パラリンピック準備局スポーツ推進部調整課編　東京都オリンピック・パラリンピック準備局スポーツ推進部調整課　2015.3　202p　30cm〈平成26年10月1日現在〉Ⓝ780.67　　　　　　　　　〔3769〕

◇東京の障害者スポーツガイドブック—enjoy sports life！　いつでもどこでもいつまでも　平成26年度版　東京都障害者スポーツ協会　2015.3　145p　30cm　Ⓝ780　　　〔3770〕

◇東京都における公立スポーツ施設　平成25年度版　東京都オリンピック・パラリンピック準備局スポーツ推進部調整課編　東京都オリンピック・パラリンピック準備局スポーツ推進部調整課　2014.3　195p　30cm〈平成25年10月1日現在〉Ⓝ780.67　　　　　　　　　〔3771〕

◇東京都スポーツ推進計画—power of sport－エンジョイ、チャレンジ、イノベーション　東京都スポーツ振興局スポーツ事業部調整課編　東京都スポーツ振興局スポーツ事業部調整課　2013.5　109p　30cm　Ⓝ780.2136　〔3772〕

◇東京の障害者スポーツガイドブック—enjoy sports life！　いつでもどこでもいつまでも　平成24年度版　施設編　東京都障害者スポーツ協会　2013.3　118p　30cm　Ⓝ780　〔3773〕

◇東京の障害者スポーツガイドブック—enjoy sports life！　いつでもどこでもいつまでも　平成24年度版　クラブ・サークル編　東京都障害者スポーツ協会　2013.3　66p　30cm　Ⓝ780　　　　　　　　　　　　　　〔3774〕

◇東京都における公立スポーツ施設　平成24年度版　東京都スポーツ振興局スポーツ事業部調整課編　東京都スポーツ振興局スポーツ事業部調整課　2013.2　194p　30cm〈平成24年10月1日現在〉Ⓝ780.67　　　　　　　　〔3775〕

◇東京都障害者スポーツ振興計画　東京都スポーツ振興局スポーツ事業部調整課編　東京都スポーツ振興局スポーツ事業部調整課　2012.3　59p　30cm　Ⓝ780.2136　　　　　　〔3776〕

◇東京都における公立スポーツ施設　平成23年度版　東京都スポーツ振興局スポーツ事業部調整課編　東京都スポーツ振興局スポーツ事業部調整課　2012.3　188p　30cm〈平成23年10月1日現在〉Ⓝ780.67　　　　　　　　〔3777〕

◇東京都における障害者スポーツに関する実態調査報告書　東京都スポーツ振興局スポーツ事業部調整課　東京都スポーツ振興局スポーツ事業部調整課　2012.3　206p　30cm　Ⓝ780.2136　　　　　　　　　　　　〔3778〕

◇スポーツ推進委員に関する実態調査報告書　平成23年度　東京都スポーツ振興局スポーツ事業部編　東京都スポーツ振興局スポーツ事業部　2012.2　31p　30cm　Ⓝ780.2136　　〔3779〕

◇勇躍—杉並区体育指導委員制度50周年記念誌　杉並区スポーツ推進委員の会編　杉並区教育委員会事務局社会教育スポーツ課　2011.11　106p　30cm〈共同刊行：杉並区スポーツ推進委員の会　年表あり〉Ⓝ780.6　　　〔3780〕

◇東京の障害者スポーツガイドブック—enjyoy sports life！　いつでもどこでもいつまでも　平成22年度版　東京都障害者スポーツ協会　2011.3　137p　30cm　Ⓝ780　　　〔3781〕

◇東京の障害者スポーツガイドブック—enjoy sports life！　いつでもどこでもいつまでも　平成20年度版　東京都障害者スポーツ協会　2009.3　157p　30cm　Ⓝ780　　　〔3782〕

◇台東区スポーツに関する意識調査報告書　台東区教育委員会青少年・スポーツ課編　台東区教育委員会青少年・スポーツ課　2008.3　270p　30cm　Ⓝ780.21361　　　　　　　〔3783〕

◇東京の障害者スポーツガイドブック—enjyoy

スポーツ　　　　　　　　　　　　　　　　　　　　各種スポーツ関連団体

sports life！　いつでもどこでもいつまでも
平成18年度版　東京都障害者スポーツ協会
2007.3　62p　30cm　Ⓝ780　　　　〔3784〕

◇勇躍―荒川区体育指導委員制度40周年記念誌
40周年実行委員会「記念誌」部会編　荒川区体
育指導委員会　2002.11　96p　30cm
　　　　　　　　　　　　　　　　　　　〔3785〕

◇東京スポーツビジョン―東京都スポーツ振興基
本計画　東京都教育庁生涯学習スポーツ部ス
ポーツ振興課　2002.7　22,6p　30cm〈共同刊
行：東京都教育委員会〉Ⓝ780.2136　〔3786〕

◇健康づくり活動団体に関する調査報告書　目黒
区健康福祉部健康推進課編　目黒区　2001.3
35p　30cm　Ⓝ780.21361　　　　　　〔3787〕

◇足立区における生涯学習社会のためのスポーツ
振興策―答申　第九期足立区社会教育委員会議
編　足立区教育委員会生涯学習課　2000.7
114p　30cm〈付属資料：4p：概要版〉Ⓝ780.
21361　　　　　　　　　　　　　　　　〔3788〕

◇品川区における職域・成人スポーツ振興プログ
ラム策定に関する研究報告　筑波大学体育経営
学研究室編　〔東京都〕品川区教育委員会生涯
学習部社会体育課　1996　120p　26cm
Ⓝ780.21361　　　　　　　　　　　　　〔3789〕

◇燃える―荒川区体育指導委員制度30周年記念誌
東京都荒川区体育指導委員会記念誌部会編　東
京都荒川区教育委員会　1992.11　106p　26cm
Ⓝ780.6　　　　　　　　　　　　　　　〔3790〕

各種スポーツ関連団体

◇東京都体育協会―創立70周年記念特集号　東京
都体育協会　2014.6　65p　30cm　Ⓝ780.6
内容 第68回国民体育大会スポーツ祭東京2013
　　　　　　　　　　　　　　　　　　　〔3791〕

◇豊島区ダンススポーツ協会20周年記念誌　庄司
英子，原澤浩編　〔出版地不明〕　庄司英子
2014.6　68p　30cm　Ⓝ799.3　　　　〔3792〕

◇創立50周年記念誌―友情と笑顔が織りなす、50
年…。　東京都スポーツ少年団創設50周年記念
誌部会編　東京都スポーツ少年団　2014.2
187p　30cm〈年表あり〉Ⓝ780.6　　〔3793〕

◇ティーボール目黒創立15周年記念誌　目黒区
ティボール連盟著　目黒区ティボール連盟
2011.5　172p　30cm〈機関紙「ティーボール
目黒」創刊50号記念　年表あり〉非売品
Ⓝ783.7　　　　　　　　　　　　　　　〔3794〕

◇この10年のあゆみ―創立60周年記念　東京都剣
道連盟　2011.4　163p　31cm〈年表あり〉
Ⓝ789.3　　　　　　　　　　　　　　　〔3795〕

◇残心―世田谷区弓道連盟創立60周年記念誌　世
田谷区弓道連盟　2010.2　104p　30cm〈年表
あり〉Ⓝ789.5　　　　　　　　　　　　〔3796〕

◇武蔵野市体育協会創立60周年記念誌　武蔵野
武蔵野市体育協会　2009.12　104p　30cm〈年
表あり〉Ⓝ780.6　　　　　　　　　　　〔3797〕

◇千代田区軟式野球連盟創立60周年記念誌―1947
～2007　千代田区軟式野球連盟編　千代田区軟
式野球連盟　2008.3　194p　27cm〈タイトル
は奥付による　年表あり〉Ⓝ783.7　　〔3798〕

◇15年のあゆみ―東京都TBG協会15周年記念誌
創立15周年記念誌編集委員会編　東京都ター
ゲット・バードゴルフ協会　2005.5　100p
30cm〈年表あり〉Ⓝ783.8　　　　　　〔3799〕

◇学生弓友―創立五十周年記念特別号　東京都学
生弓道連盟　2005.3　352p　31cm〈標題紙の
タイトル：五十年のあゆみ〉5000円　〔3800〕

◇都体協会報　平成15年度　第2集　創立60周年記
念特集号　東京都体育協会　2004.4　90p
30cm　Ⓝ780.6
内容 第58回国民体育大会2003年new!!　わかふじ国体
　　　　　　　　　　　　　　　　　　　〔3801〕

◇ティーボール目黒7年の歩み―機関紙「ティー
ボール目黒」1号～15号縮刷版　渡部弘著　日
栄印刷　2003.9　280p　24cm　非売品　Ⓝ783.
7　　　　　　　　　　　　　　　　　　〔3802〕

◇創立50周年記念誌　東京都港区剣道連盟編　東
京都港区剣道連盟　2003.8　135p　30cm〈折
り込み1枚　年表あり〉Ⓝ789.3　　　〔3803〕

◇創立50周年記念誌　東京都剣道連盟　2001.10
637　図版16p　27cm　Ⓝ789.3　　　　〔3804〕

◇東京都バドミントン協会50周年記念誌　東京都
バドミントン協会編　東京都バドミントン協会
1999.3　268p　30cm　Ⓝ783.59　　　〔3805〕

◇東京都ソフトボール協会創立50周年記念誌―平
成10年（1998）　記念誌編集委員会編　〔国分
寺〕　東京都ソフトボール協会　1999.1　319p
27cm〈標題紙・奥付のタイトル：創立50周年
記念誌　年表あり〉Ⓝ783.78　　　　〔3806〕

◇創造―創立40周年記念誌　江東区体育協会編
江東区体育協会　1998.12　108p　30cm
Ⓝ780.6　　　　　　　　　　　　　　　〔3807〕

◇50年のあゆみ―杉並区区民体育祭杉並区体育協
会50周年記念誌　平成9年度　東京都杉並区教育
委員会編　杉並区教育委員会　1998.3　128p
27cm　Ⓝ780.6　　　　　　　　　　　〔3808〕

◇東京都豊島区体育協会50周年記念誌　豊島区体
育協会　1997.11　203p　26cm〈奥付のタイト
ル：豊島区体育協会50周年記念誌〉Ⓝ780.6

各種スポーツ関連団体　　　　　　　　　　　　　　スポーツ

〔3809〕

◇東京六大学軟式野球連盟半世紀のあゆみ―50周
　年記念誌　東京六大学軟式野球連盟創立50周年
　記念実行委員会　1997.11　376p　26cm〈奥付
　のタイトル：東京六大学軟式野球連盟創立50周
　年記念誌〉Ⓝ783.7　　　　　　　　〔3810〕

◇東京都サッカー協会五十年史　東京都サッカー
　協会　1996.9　567p　27cm　Ⓝ783.47〔3811〕

◇府中と東京競馬場　JRA競馬博物館編　〔横
　浜〕　馬事文化財団　1995.12　58p　26cm
　〈年表・参考文献：p48～56〉Ⓝ788.5　〔3812〕

◇あゆみ　「あゆみ」編集委員会編　立川　立川
　市体育協会　1995.5　281p　27cm〈立川市体
　育協会創立50周年記念〉4500円　Ⓝ780.6
　　　　　　　　　　　　　　　　　　〔3813〕

◇東村山市体育協会創立30周年記念誌―あゆみ
　東村山市体育協会記念誌編さん実行委員会編
　〔東村山〕　東村山市体育協会　1995.2　219p
　26cm〈背の書名：創立三十周年記念誌〉
　Ⓝ780.6　　　　　　　　　　　　　〔3814〕

◇スポーツの歩み―羽村市体育協会創立30周年記
　念　記念誌編纂部会編　羽村　羽村市体育協会
　1994.10　187p　26cm〈奥付の書名：体協30周
　年記念誌〉Ⓝ780.6　　　　　　　　〔3815〕

◇東京都体育協会史　藤川侃二ほか編　東京都体
　育協会　1993.10　1180p　27cm〈書名は奥
　付・背による　標題紙の書名：財団法人東京都
　体育協会史〉Ⓝ780.6　　　　　　　〔3816〕

◇雄魂―創立40周年記念誌　荒川区体育協会
　1991.6　133p　26cm〈奥付の書名：荒川区体
　育協会創立40周年記念誌〉Ⓝ780.6　〔3817〕

言語・文学

東京のことば

◇断定表現の通時的研究―江戸語から東京語へ
長崎靖子著　武蔵野書院　2012.9　445p
22cm〈索引あり〉12000円　Ⓘ978-4-8386-
0263-6　Ⓝ815.7
　内容 第1部 断定表現研究序説（江戸語・東京語　断定
　表現の通時的研究の意味）　第2部 終助詞「さ」の通
　時的研究（江戸語の終助詞「さ」の機能に関する一考
　察　江戸語の「動詞連用形＋て＋さ」表現形式に関
　する一試論―西部待遇表現「動詞連用形＋て＋指定
　辞」との関係から ほか）　第3部 助動詞「です」の
　通時的研究（江戸後期口語資料に見る助動詞「です」
　の意味―その使い手と語感を通して　歌舞伎台帳に
　見る助動詞「です」の様相―その意味と使用意図に
　関して ほか）　第4部 その他の断定表現（江戸語に
　おける「でございます」　遊里における「でありま
　す」の使用意図―江戸後期の洒落本、人情本の調査
　から ほか）　〔3818〕

◇東京ことば辞典　井上史雄監修, 金端伸江編
明治書院　2012.6　527p　21cm　5500円
Ⓘ978-4-625-60309-9　Ⓝ818.36
　＊東京にも方言がある。下町、山の手、多摩地区の日
　常語を収録。　〔3819〕

◇江戸・東京語研究―共通語への道　土屋信一著
勉誠出版　2009.1　467p　22cm　12500円
Ⓘ978-4-585-03216-8　Ⓝ818.36　〔3820〕

◇東京都のことば　平山輝男編者代表　明治書院
2007.1　260p　21cm　（日本のことばシリーズ
13）〈文献あり〉4500円　Ⓘ978-4-625-62400-1
Ⓝ818.36
　内容 1 総論（位置と区画と歴史　旧市内の方言意識
　―山の手と下町　東京方言の特色　伊豆諸島の方言）
　2 都下の方言と新しい「東京のことば」（言語地図か
　らみる都下の方言「東京」のことば「外」
　とのつながりからみた「東京」のことば）　3 方言基
　礎語彙　4 俚言　5 生活の中のことば（日本橋（現中
　央区）と浅草（現台東区）の女ことば　遊びのことば）
　　〔3821〕

◇東京語ノ成立―新しく発見された保科孝一講義
録　保科孝一述, 小林政吾筆録, 武田佳子翻刻
国書刊行会　2006.12　182p　27cm〈複製を含
む〉3600円　Ⓘ4-336-04819-3　Ⓝ815
　内容 東京語ノ成立（翻刻）　口語法（翻刻）　保科孝
　一講義録（影印版）（東京語ノ成立　口語法　口語法
　研究資料）　〔3822〕

◇とっておきの東京ことば　京須偕充著　文藝春
秋　2006.6　214p　18cm　（文春新書）　720

円　Ⓘ4-16-660512-7　Ⓝ818.36
　内容 1 神田で生まれて（早い話が―江戸っ子は気が
　短かい？　全くの話が　有体に言えば ほか）　2 東
　京人の話し方（ごめんくださいまし　ごめんなさい、
　すいません　ごめん蒙る ほか）　3 東京のあけく
　れ（おめでとう存じます　弥助　たまか ほか）
　　〔3823〕

◇東京方言録―粗野で豪気で質実剛健　下山照夫
編著　歴研　2006.3　279p　21cm　（歴研選
書）　2000円　Ⓘ4-947769-67-X　Ⓝ818.36
　　〔3824〕

◇東京弁辞典　秋永一枝編　東京堂出版　2004.
10　684p　22cm〈年表あり〉12000円　Ⓘ4-
490-10656-4　Ⓝ818.36
　＊江戸語の伝統を引きつぐ東京弁は今や話し手も少な
　くなり、そのために意味がわからなくなり、やがて
　は消えゆく運命にある。明治～昭和にかけて、東京
　人の日常生活をいろどった特色ある言葉9700語を収
　録。　〔3825〕

◇東京っ子ことば　林えり子著　文藝春秋
2004.6　308p　16cm　（文春文庫）〈「東京っ
子ことば抄」（講談社2000年刊）の改題〉562円
Ⓘ4-16-767911-6　Ⓝ818.36
　内容 あいそがない　ありがた山　いんぎがいい　い
　らっしゃい　うれいまみえ　うならかす　えっとこ
　さ　えんきりえのき　おしろこ　おとりもち〔ほか〕
　　〔3826〕

◇町田の方言と俗信・俗謡―町田の伝承　町田市
文化財保護審議会編　町田　町田市教育委員会
2004.3　91p　26cm　Ⓝ818.365　〔3827〕

《江戸語》

◇落語で楽しむ江戸ことば事典　澤田一矢著　川
崎　みやび出版　2012.9　261p　19cm〈発
売：星雲社〉1800円　Ⓘ978-4-434-16951-9
Ⓝ818.36
　内容 合縁奇縁　相方　匕首　逢引　相棒　青緡五貫
　文　青二才　赤鰯　赤螺屋　赤の他人〔ほか〕
　　〔3828〕

◇江戸っ子語絵解き辞典　笹間良彦著画, 瓜坊進
増補改訂・口絵著作　遊子館　2010.10　365p
21cm　（遊子館歴史図像シリーズ 4）〈『絵解
き江戸っ子語大辞典』（2003年刊）の増補改訂新
版〉4800円　Ⓘ978-4-86361-012-5　Ⓝ818.36
　内容 口絵1 江戸のことば遊び　口絵2 江戸庶民のく
　らし　江戸っ子語絵解き辞典　〔3829〕

東京と文学　　　　　　　　　　　　　　　　　　　言語・文学

◇使ってみたいイキでイナセな江戸ことば　柳亭
左龍著　小学館　2008.9　223p　19cm　1300
円　Ⓓ978-4-09-387806-7　Ⓝ818.36
　内容　第1章 長屋のくらし(愛想もこそも尽き果てる
　あたぼう ほか)　第2章 お店の奉公(あかにしや い
　いまのふり ほか)　第3章 商売いろいろ(あじゃらか
　もくれんきゅうらいす あっし ほか)　第4章 吉原
　の遊び(相方 あたびん よか)　第5章 レジャーと
　旅(いかもの うんつく ほか)　　　　　　〔3830〕

◇江戸っ子語のイキ・イナセ―絵で見て楽しむ!
笹間良彦著画, 瓜坊進編　遊子館　2006.8　239,
17p　19cm　(遊子館歴史選書 4)　1800円
Ⓓ4-946525-79-3　Ⓝ818.36
　内容　あなたの江戸っ子語「理解度テスト」　江戸っ
　子のかくしことば　江戸っ子のことわざ・譬え・洒
　落ことば　江戸っ子のしぐさのことば―身振り・顔
　つきなど　江戸っ子のくらしのことば　江戸っ子の
　世間のことば　江戸っ子のあそびのことば―子供の
　あそび　江戸っ子のはなしことば　　　　〔3831〕

◇江戸語事典　三好一光編　新装版　青蛙房
2004.7　931p　20cm　6500円　Ⓓ4-7905-0512-
X　Ⓝ818.36
　＊本書はもっぱら一般庶民, 老若男女の日常語を収録。
　上方文化から脱却した明和期から幕末までの江戸こ
　とば一万語を, 五十音順に配列して解説と写実の戯
　曲, 洒落本ほか例証作品は八百余。　　　　〔3832〕

◇絵解き江戸っ子語大辞典　笹間良彦著画　遊子
館　2003.12　365p　27cm　16000円　Ⓓ4-
946525-55-6　Ⓝ818.36
　＊日本語に活力を与える江戸っ子語の今昔。収録語
　数・四五〇〇余, 絵解き語数・一二〇〇余。江戸・東
　京の風俗と江戸っ子の仕草・表情を細密画で復元。
　　　　　　　　　　　　　　　　　　　　〔3833〕

◇べらんめぇ・お江戸ことばとその風土　横田貢
著　芦書房　1996.4　247p　20cm　2500円
Ⓓ4-7556-1116-4　Ⓝ382.136
　内容　1 べらんめぇことばミニ百科　2 お江戸気質を
　大写しにする　3 江戸べらんめぇの風土　4 大川に
　沿って浅草裏手の町　　　　　　　　　　〔3834〕

《島ことば》

◇しまことば集―伊豆大島方言　藤井伸著, 伊豆
大島文化伝承の会編　大島町(東京都)　藤井晴
子　2013.5　361p　21cm　2000円　Ⓝ818.36
　　　　　　　　　　　　　　　　　　　　〔3835〕

◇消えていく島言葉―八丈語の継承と存続を願っ
て　山田平右エ門著　郁朋社　2010.9　191p
21cm　〈文献あり〉　1500円　Ⓓ978-4-87302-
477-6　Ⓝ818.369
　内容　人体関係　病気関係　凶事関係　家族関係　親
　戚関係　衣類関係　食事関係　穀野菜類　食器関係
　炊事関係〔ほか〕　　　　　　　　　　　〔3836〕

◇神津島のことば―桜井源一遺稿　桜井源一著
〔出版地不明〕　桜井きよ　2009.11　170p
21cm　1050円　Ⓝ818.369　　　　　　〔3837〕

◇小笠原諸島における日本語の方言接触―方言形
成と方言意識　阿部新著　鹿児島　南方新社
2006.12　319p　21cm　(小笠原シリーズ 4)
〈文献あり〉5905円　Ⓓ4-86124-097-2　Ⓝ818.
369　　　　　　　　　　　　　　　　　〔3838〕

◇小笠原ことばしゃべる辞典　ダニエル・ロング,
橋本直幸編　鹿児島　南方新社　2005.5　364p
22cm　(小笠原シリーズ 3)〈付属資料：CD-
ROM1枚(12cm)〉6000円　Ⓓ4-86124-044-1
Ⓝ818.369　　　　　　　　　　　　　　〔3839〕

◇新島方言の記述的研究　大島一郎編著　東京言語
調査研究会　1993.3　139p　26cm〈執筆：大
島一郎ほか　文献あり〉Ⓝ818.369　　〔3840〕

東京と文学

◇浅草文芸ハンドブック　金井景子, 栩沢健, 能地
克宜, 津久井隆, 上田学, 広岡裕著　勉誠出版
2016.5　291,8p　21cm〈索引あり〉2800円
Ⓓ978-4-585-20049-9　Ⓝ910.26
　内容　巻頭インタビュー(作家戌井昭人氏に聞く 浅草
　という体験　「十和田」の冨永照子さんに聞く「浅
　草」をつなぐおかみさんの声)　浅草文芸選(外国人
　の見た幕末・明治の浅草―ロバート・フォーチュン
　『幕末江戸探訪記 江戸と北京』　ピエール・ロチ『秋
　の日本』明治四十一年の江戸情調―木下杢太郎『浅
　草観世音』『浅草公園』　隠蔽する十二階/暴露する
　瓢箪池―室生犀星「幻影の都市」　九月, 浅草の公
　園で―江馬修「奇蹟」　凌雲閣から見えない浅草―
　江戸川乱歩「押絵と旅する男」　ほか)　〔3841〕

◇大田区立郷土博物館所蔵文学関係資料目録　大
田区立郷土博物館　2015.3　156p　30cm
Ⓝ910.29　　　　　　　　　　　　　　　〔3842〕

◇東京×小説×写真　Beretta著　雷鳥社　2014.
6　239p　19cm　1500円　Ⓓ978-4-8441-3662-
0　Ⓝ910.26
　内容　『なんとなくクリスタル』田中康夫―港区 有栖
　川宮記念公園から元麻布への道　『容疑者Xの献身』
　東野圭吾―江戸川区 旧江戸川の堤防　『海底とよば
　れた男』百田尚樹―中央区 出光興産銀座本社跡地
　『武蔵野』国木田独歩―昭島市 啓明学園　『ギャオ
　スの話』町田康―中野区 中野駅北口　『パーク・ラ
　イフ』吉田修一―千代田区 日比谷公園　『インザ・
　ミソスープ』村上龍―新宿区 歌舞伎町　『ダンス・
　ダンス・ダンス』村上春樹―新宿 神宮球場　『東
　京ディープな国』泉麻人―新宿区 神楽坂「和可菜」
　前　『アキハバラ@DEEP』石田衣良―千代田区 秋
　葉原駅前〔ほか〕　　　　　　　　　　　〔3843〕

◇東京詩―藤村から宇多田まで　清岡智比古著
左右社　2009.10　433p　19cm〈文献あり〉
2500円　Ⓓ978-4-903500-19-5　Ⓝ911.5　〔3844〕

◇新宿小説論　横尾和博著　のべる出版企画
2006.5　180p　19cm〈年表あり　発売：コス
モビルズ〉1400円　Ⓓ4-87703-935-X　Ⓝ910.
264

言語・文学　　　　　　　　　　　　　　　　　　　　　　　　　　東京と文学

内容　第1講「新宿小説」誕生―大沢在昌と馳星周（大沢在昌　はぐれ者の詩　馳星周　アンチヒーロー物語）　第2講　新宿小説前史（よき時代の新宿　赤線　新宿は荒野だ―「あ、荒野」寺山修司　ジャズ喫茶と放浪―「青年は荒野をめざす」五木寛之　ほか）　第3講「世紀末新宿小説」はこれだ！（「新宿サーガ」　路地の記憶―「讃歌」中上健次　巨悪を叩け―「警視庁歌舞伎町分室」谷恒生　ほか）　〔3845〕

◇東京を詠んだ詩歌　和歌・狂歌・詩・童謡篇　小林茂多編　流山　小林茂多　2004.3　291p　22cm　Ⓝ911.04　　　　　　　　　　〔3846〕

◇東京文壇事始　巌谷大四著　講談社　2004.1　353p　15cm　（講談社学術文庫）〈文献あり〉　1150円　Ⓘ4-06-159634-9　Ⓝ910.261
内容　1　麹町・神田篇（樋口一葉　田辺花圃　明治女学校と巌本善治　高田半峰と坪内逍遙　日本橋・京橋篇〔日本橋　淡島寒月　銀座八丁　岸田吟香と『東京日日新聞』　ほか）　〔3847〕

◇江戸文学地名辞典　浜田義一郎監修　新装普及版　東京堂出版　1997.9　530p　21cm　〈文献あり〉　3200円　Ⓘ4-490-10476-6　Ⓝ910.25
＊江戸とその周辺の地名、町名、道路、河川、橋、寺社など2000を解説し、江戸の文芸、歌謡、歌舞伎などからの例文をつけ江戸時代の市街を再現。〔3848〕

◇東京文学地名辞典　槌田満文編　新装普及版　東京堂出版　1997.9　405p　21cm　3000円　Ⓘ4-490-10475-8　Ⓝ910.26
＊明治・大正の東京を中心に、主な地名、町名、坂名、橋名、寺社、公園、建築、施設などについて解説。小説、随筆、日記などの豊富な引用と写真、絵画、地図などで当時の印象を再現している。　〔3849〕

◇文学のまち世田谷―世田谷文学館常設展示案内　世田谷文学館編　世田谷文学館　1995.3　79p　26cm　〈監修：進藤純孝〉　Ⓝ910.26　〔3850〕

◇文学作品にえがかれた目黒　東京都目黒区守屋教育会館郷土資料室編　目黒区守屋教育会館郷土資料室　1994.9　21p　30cm　〈付：おもな参考文献〉　200円　Ⓝ910.26　　　　〔3851〕

◇東京記録文学事典―明治元年―昭和二〇年　槌田満文編　柏書房　1994.5　518,17p　22cm　6800円　Ⓘ4-7601-0919-6　Ⓝ910.26
＊本書は、慶応四年・明治元年（一八六八）の『斎藤月岑日記』から昭和二〇年（一九四五）の「八月十五日の記」（「新日本文学」特集）まで、東京の記録文学を三百編あまり選んで解説した編年体の事典である。"記録文学"というジャンルを広義に解して、主として文学者やジャーナリストたちが、東京をリアルタイムに記録したノンフィクションを対象とした。　　　　　　　　　　　　　　〔3852〕

◇大田文学地図　2　染谷孝哉遺稿　染谷孝哉著，城戸昇編　文学同人眼の会　1993.7　203,10p　20cm　（文学同人眼の会叢書）〈著者の肖像あり〉　1500円　Ⓝ910.26　　　　〔3853〕

◇文学のある風景・隅田川―都制50周年記念特別展　東京都近代文学博物館　1993.4　64p

26cm　〈年表：p62～64〉　Ⓝ910.26　　〔3854〕

◇文学のなかの地理空間―東京とその近傍　杉浦芳夫著　古今書院　1992.4　308p　21cm　〈各章末：文献〉　3200円　Ⓘ4-7722-1385-6　Ⓝ291.36
内容　武蔵野幻景―武蔵野台地とは？　江戸の刻印―山の手・下町とは？　鷗外の東京・露伴の東京―公共施設配置とは？　本郷・小石川界隈―認知地図とは？　病める都会人の時計と洋燈―時間地理学とは？　帝都の近郊―農業立地論とは？　田舎教師の「マチ」と「ムラ」―中心地理論とは？　キャラメル工場の道程―空間的相互作用とは？　太陽のない街の形成―工業立地論とは？　光と影の都市空間―住宅立地論とは？　避暑地の出来事―空間選好とは？　噂が運ぶ花づくり―空間的拡散とは？　反乱する岸辺―環境知覚とは？　遠雷の場所―人間・自然環境ゲームとは？　「青べか」の行方―地域産業連関系とは？　　　　　　　　〔3855〕

◇思想としての東京―近代文学史論ノート　磯田光一著　講談社　1990.3　215p　16cm　（講談社文芸文庫）〈著書目録：p213～215〉　790円　Ⓘ4-06-196070-9　Ⓝ910.26
内容　思想としての東京　補論・文学史の鎖国と開国　　　　　　　　　　　　　　　　　　〔3856〕

《文学探訪》

◇池波正太郎を"江戸地図"で歩く　壬生篤著　誠文堂新光社　2016.3　175p　21cm　1500円　Ⓘ978-4-416-51696-6　Ⓝ910.268
内容　第1章　池波正太郎にとっての新宿　第2章　描かなかった赤坂、描いた四谷　第3章　池波正太郎が歩いた麻布―六本木から広尾界隈　第4章　池波時代小説のディープエリア―三田・白金・五反田　第5章　川と田園の渋谷・原宿―池波正太郎が見た、その"原風景"　第6章　江戸が残る町、外神田・湯島　第7章　鶯谷から根岸界隈―池波正太郎にとっての定番の舞台　第8章　「市社会」と青春が渦巻く本所・両国　第9章　川の風光と伝説の浅草橋場界隈　第10章　元浅草・稲荷町界隈―新寺町通りの今昔　　〔3857〕

◇都市空間を歩く―近代日本文学と東京　第3輯　佐藤義雄，長沼秀明，松下浩幸著　明治大学リバティアカデミー　2016.3　82p　21cm　（リバティアカデミーブックレット　Liberty Academy booklet no.31　明治大学リバティアカデミー編）〈文献あり〉　740円　Ⓘ978-4-904943-18-2　Ⓝ910.26　　　　〔3858〕

◇新東京文学散歩―漱石・一葉・荷風など　野田宇太郎著　講談社　2015.8　289p　16cm　（講談社文芸文庫　G2）〈「文学散歩　別巻1・別巻2」（文一総合出版　1979年刊）の改題、抜粋　年譜あり〉　1500円　Ⓘ978-4-06-290281-6　Ⓝ910.26
内容　田端・根岸・龍泉寺・向島・亀戸　武蔵野　追補記　御茶ノ水・神田・九段　東京拾遺　〔3859〕

◇谷根千"寄り道"文学散歩―文京区立森鷗外記念

〔3846～3860〕　　　　　　　　　　　　　　　「東京」がわかる本 4000冊　305

東京と文学　　　　　　　　　　　　　　　　　　　　　　　　　　　言語・文学

館二〇一五年度特別展　文京区立森鷗外記念館
編　文京区立森鷗外記念館　2015.4　50p
30cm〈会期・会場：平成27年4月24日―7月12
日　文京区立森鷗外記念館　折り込　2枚　年
譜あり〉Ⓝ910.26　　　　　　　　　　〔3860〕

◇新東京文学散歩―上野から麻布まで　野田宇太
郎著　講談社　2015.2　287p　16cm　（講談社
文芸文庫　G1）〈「文学散歩　別巻1」(文一総
合出版　1979年刊）の改題、抜粋・訂正〉1500
円　Ⓘ978-4-06-290260-1　Ⓝ910.26
内容　上野・本郷・小石川・お茶の水　日本橋・両国・
浅草・深川・築地　中洲・佃島・銀座・日比谷　飯田
町・牛込・雑司ケ谷・早稲田・余丁町・大久保　高
輪・三田・麻布・麴町　　　　　　　　　　〔3861〕

◇「鬼平」と江戸の町―作品の舞台を訪ねる　今昔
地図付き　壬生篤著　廣済堂出版　2014.5
143p　21cm〈イラスト：善養寺ススム〉1500
円　Ⓘ978-4-331-51828-1　Ⓝ913.6
内容　浅草界隈―「鬼平」に池波正太郎の原点を探して
（取り上げる作品/『妖盗葵小僧』、『女賊』、『夜鷹殺し』
他）　上野山下・池之端―池波正太郎にっての“遊び
の町”で“鬼平”は…？（取り上げる作品/『犬神の権
三』、『猫じゃらしの女』、『殺しの波紋』他）　本所界
隈―平蔵はなぜ「本所の銕」と呼ばれたのか？（取
り上げる作品/『本所・桜屋敷』、『寒月六間堀』、『尻毛
の長右衛門』他）　押上・向島界隈―「鬼平」に描か
れた東京スカイツリー下の町（取り上げる作品/『敵』、
『蛙の長助』、『高萩の捨五郎』他）　日本橋・京橋界
隈―それは日本橋でも、中心街でも…。(取り上げ
る作品/『鯉肝のお里』、『雨隠れの鶴吉』、『大川の隠
居』他）　深川界隈―「鬼平」、「水の町」をゆく（取り
上げる作品/『暗剣白梅香』、『男色一本饂飩』、『深川・
千鳥橋』他）　谷中界隈―「鬼平」で、繰り返し登場
した場所とは…？（取り上げる作品/『谷中・いろは
茶屋』、『狐雨』、『白蝮』他）　根岸から三ノ輪界隈―
「鬼平」の舞台となった寺と裏町今昔（取り上げる作
品/『密偵』、『土蜘蛛の金五郎』、『二つの顔』他）　王
子・滝野川界隈―「王子の狐」と「鬼平犯科帳」(取り
上げる作品/『山吹屋お勝』、『浮世の顔』、『女掏摸お
富』他）　三田・高輪界隈―池波正太郎にとって恩義
ある町、それが「鬼平」では…？（取り上げる作品/
『お高の乳房』、『本門寺暮雪』、『見張りの糸』他）　目黒
界隈―「鬼平」と広重がシンクロする場所（取り上げ
る作品/『おしゃべり源八』、『さむらい松五郎』、『俄
か雨』他）　実録“鬼平”と人足寄場―長谷川平蔵の
“虚”と“実”を検証する（取り上げる作品/『むかしの
女』、『殿さま栄五郎』、『霜夜』）　　　　　　〔3862〕

◇東京の「坂」と文学―文士が描いた「坂」探訪
原征男著、瀧山幸伸編著　彩流社　2014.3
245p　21cm　2500円　Ⓘ978-4-7791-1973-6
Ⓝ291.361
内容　千代田区―旧麴町区・神田区（森田草平、平塚ら
いてうが眺めた中坂上と周辺の坂道　歴史の道、紀
尾井坂と周辺の坂　ほか）　港区―旧芝区・麻布区・
赤坂区（愛宕山から三田の台地へ　高輪台の坂道　ほ
か）　新宿区―旧四谷区・牛込区（風情のある荒木町
と周辺の坂道　四谷から信濃町へ　ほか）　文京区―
旧小石川区・本郷区（徳川の女性の聖地、伝通院周辺
の坂　「太陽のない街」の舞台・千川どぶと周辺の
素敵な坂道　ほか）　台東区―旧下谷区（東北線沿い

の坂の変化による子規の散歩道の消失　谷中の坂道
を訪ねる）「夢」に現れた坂/象徴としての坂（漱石
『夢十夜』と坂の心理学　村上春樹と坂の心理学）
　　　　　　　　　　　　　　　　　　　　〔3863〕

◇東京文学散歩　二松學舍大学文学部国文学科編
新典社　2014.2　143p　21cm　1200円
Ⓘ978-4-7879-7553-9　Ⓝ910.2
内容　23区東部編（番町文人通りを歩く―白樺派の文
学者たちを中心に　皇居から泉岳寺―『忠臣蔵』の
世界を訪ねて　作家の家、曲亭馬琴のすみか―元飯
田町中坂・神田同朋町・茗荷谷　ほか）　23区西部編
（近代初期の留学生教育事情―清国留学生を中心とし
て　漱石の東京　駒場に辿る文学・芸術・歴史―東
大から前田尊経閣文庫まで　ほか）　区内各地・多摩
地域編（三鷹駅から吉祥寺へ、玉川上水を行く　アニ
メの町・田無を歩く　2次元と3次元のあいだ―「耳
をすませば」の舞台となった街を歩く　ほか）〔3864〕

◇池波正太郎の江戸東京を歩く　常盤新平著　ベ
ストセラーズ　2012.8　221p　18cm　（ベスト
新書 378）　800円　Ⓘ978-4-584-12378-2
Ⓝ910.268
内容　第1章　上野、湯島、谷中　第2章　神田、お茶の水
第3章　四谷散歩　第4章　虎ノ門と芝・増上寺　第5章
高輪と泉岳寺　第6章　品川宿を訪ねる　第7章　目黒
散歩　　　　　　　　　　　　　　　　　　　〔3865〕

◇池波正太郎の東京・下町を歩く　常盤新平著
ベストセラーズ　2012.2　221p　18cm　（ベス
ト新書 364）　800円　Ⓘ978-4-584-12364-5
Ⓝ910.268
内容　第1章　浅草　第2章　西浅草・池波正太郎記念文庫
第3章　向島　第4章　本所・両国　第5章　深川　第6章
柳橋から神田川へ　第7章　日本橋から石川島へ
　　　　　　　　　　　　　　　　　　　　　〔3866〕

◇郊外の文学誌　川本三郎著　岩波書店　2012.1
395,14p　15cm　（岩波現代文庫 B195）〈索引
あり〉1220円　Ⓘ978-4-00-602195-5　Ⓝ910.29
内容　序　なぜ郊外か　花袋の代々木、独歩の渋谷　ツ
ツジの里だった大久保界隈　蘆花の田園生活　練兵
場と脳病院の青山　小市民映画の生まれたところ　蒲
田とその周辺　加賀乙彦『永遠の都』の西大久保界
隈　西洋館と軍施設のある一中野　麦畑と雑木林の
残る一荻窪と高円寺　空襲の被害の少なかった一阿
佐ケ谷荒川放水路の向こうに開けた一葛飾柴又界隈　武
蔵野の広がり一小金井界隈　多摩川沿いのサバービ
ア　郊外に憩いあり一庄野潤三論　　　　　〔3867〕

◇鎌倉河岸捕物控街歩き読本　鎌倉河岸捕物控読
本編集部編、佐伯泰英監修　角川春樹事務所
2010.7　203p　16cm　（ハルキ文庫　さ8-34
時代小説文庫）〈文献あり〉571円　Ⓘ978-4-
7584-3488-1　Ⓝ913.6
内容　「江戸の鎌倉河岸・日本橋周辺」の地図　「現代
の東京・日本橋・神田辺り」の地図　『鎌倉河岸捕
物控』の舞台を歩く　江戸の名店　佐伯泰英インタ
ビュー　『江戸名所図会』から生まれた　『鎌倉河岸
捕物控』の舞台　『鎌倉河岸捕物控』×『江戸名所図
会』でみら江戸名所年中行事　江戸のもう一つの道
川と運河　エコボートで行く彦四郎の川　大川の橋
物語　作品紹介と街歩きのポイント　一〜十七巻
　　　　　　　　　　　　　　　　　　　　　〔3868〕

306　「東京」がわかる本 4000冊　　　　　　　　　〔3861〜3868〕

言語・文学　　　　　　　　　　　　　　　　　　　　　東京と文学

◇ぶらり雑司が谷文学散歩　伊藤榮洪著　豊島区
　2010.3　141,4p　19cm　Ⓝ910.2
　　　　　　　　　　　　　　　　　　　　〔3869〕

◇俳枕江戸から東京へ　横浜　あすか社　2009.4
　198p　19cm　（あすか叢書　第1号）　1500円
　Ⓝ911.36
　　　　　　　　　　　　　　　　　　　　〔3870〕

◇東京文芸散歩　坂崎重盛著　角川書店　2009.3
　270p　15cm　（角川文庫 15630）〈『一葉から
　はじめる東京町歩き』（実業之日本社2004年刊）
　の再編集、改題　文献あり　発売：角川グルー
　プパブリッシング〉552円　Ⓘ978-4-04-
　393601-4　Ⓝ291.361
　内容 第1章 一葉、鷗外、晶子が歩いた町へ（竜泉・千
　束 一葉の不滅の名作を生んだ下町へ─樋口一葉『た
　けくらべ』本郷通り 近代日本の誇りをめざした「地
　図」と散歩─森鷗外『青年』『雁』 菊坂 伝説のホ
　テルと一葉の路地の青春─近藤富枝『本郷菊富士ホ
　テル』、宇野千代『生きて行く私』 ほか）　第2章 下
　町 江戸とモダンの散歩道、そして路地、横丁（浅草
　寺「心うきうき」雑踏の優しい町へ─林芙美子『放
　浪記』 浅草六区 ようこそ「十二階」の魔窟へ─谷
　崎潤一郎『秘密』 向島・寺島 江戸以来の艶なる隠
　れ里「墨堤」の今昔─幸田文『おとうと』 ほか）　第
　3章 山の手・武蔵野 幻の郊外、面影の風景を訪ねて
　（渋谷「散歩文芸ここに生まれる」もと水車村─国
　木田独歩『欺かざるの記』『武蔵野』 麻布 街路樹が
　輝いた雨上がりの散歩─梶井基次郎『檬の花』 神
　楽坂 坂と石畳の路地、色香のしみる山の手─永井荷
　風『夏すがた』 ほか）　　　　　　　　〔3871〕

◇都市空間を歩く─近代日本文学と東京　第2輯
　明治大学リバティアカデミー編　明治大学リバ
　ティアカデミー　2008.3　75p　21cm　（リバ
　ティアカデミーブックレット no.10）〈文献あ
　り〉740円　Ⓘ978-4-9903006-7-8　Ⓝ910.26
　　　　　　　　　　　　　　　　　　　　〔3872〕

◇私のなかの東京─わが文学散策　野口冨士男著
　岩波書店　2007.6　220p　15cm　（岩波現代文
　庫 文芸）　900円　Ⓘ978-4-00-602120-7
　Ⓝ910.26
　内容 外濠線にそって　銀座二十四丁　小石川、本郷、
　上野　浅草、吉原、玉の井　芝浦、麻布、渋谷 神
　楽坂から早稲田まで　　　　　　　　　〔3873〕

◇名作と歩く東京山の手・下町　第7集　青木登
　文・写真　立川　けやき出版　2006.4　245p
　21cm　1200円　Ⓘ4-87751-310-8　Ⓝ910.26
　内容 1 目黒不動界隈を歩く─行人坂から大円寺・
　五百羅漢寺・目黒不動尊へ　2 代官山界隈を歩く─
　恵比寿ガーデンプレイスから代官山・西郷山公園へ
　3 日本橋人形町界隈を歩く─水天宮から甘酒横丁・
　玄冶店跡・伝馬町牢屋敷跡へ　4 国会議事堂界隈を
　歩く─日枝神社から議事堂・憲政記念館・首相官邸前
　へ　5 六本木ヒルズ界隈を歩く─氷川神社から勝海
　舟邸跡・志賀直哉旧居跡・六本木ヒルズへ　6 渋谷
　道玄坂界隈を歩く─渋谷駅から道玄坂・文化村・竹
　久夢二居住地跡へ　　　　　　　　　　〔3874〕

◇あの名作の舞台─文学に描かれた東京世田谷百
　年物語　世田谷文学館著　梛出版社　2005.11
　127p　21cm　1200円　Ⓘ4-7779-0478-4

　Ⓝ910.26
　内容 下北沢界隈を歩く　三軒茶屋 太子堂を歩く　作
　家の住む街или城　多摩川べりの道　世田谷線の小さ
　な旅　世田谷異次元への旅　　　　　　〔3875〕

◇東京歴史文学散歩─96コース　黒津一英著　新
　風舎　2005.7　205p　19cm　1600円　Ⓘ4-
　7974-6657-X　Ⓝ291.361　　　　　　　〔3876〕

◇名作と歩く東京山の手・下町　第6集　青木登
　文・写真　立川　けやき出版　2005.7　228p
　21cm　1200円　Ⓘ4-87751-276-4　Ⓝ910.26
　内容 1 椿山荘界隈を歩く─鳩山会館から佐藤春夫旧
　居跡・関口芭蕉庵へ　2 柴又帝釈天界隈を歩く─帝
　釈天参道・柴又帝釈天から山本亭・矢切の渡しへ　3
　お台場界隈を歩く─レインボーブリッジから台場公
　園・潮風公園・フジテレビへ　4 増上寺界隈を歩く
　─芝丸山古墳から東照宮・増上寺・愛宕山へ　5 明
　治神宮界隈を歩く─代々木駅から明治神宮・代々木
　公園へ　6 新宿駅界隈を歩く─都庁から思い出横丁・
　歌舞伎町・新宿ゴールデン街へ　　　　〔3877〕

◇東京「探見」─現役高校教師が案内する東京文
　学散歩　堀越正光著　宝島社　2005.5　223p
　21cm〈文献あり〉1524円　Ⓘ4-7966-4597-7
　Ⓝ910.26
　内容 浅草・向島編（曳船から鳩の街へ　長命寺から
　言問橋へ ほか）　青山・麻布編（青山 六本木 飯
　倉 麻布十番）　新宿編（曙橋から成女学園周辺 抜
　弁天 ゴールデン街 新宿東口 新宿西口）　小石川
　編（菊坂の入口に立って　小石川周辺　日日向をめぐ
　る　関口から面影橋へ）　本郷・谷中編（本郷菊坂あ
　たり　東大から根津へ　千駄木・谷中）　〔3878〕

◇都市空間を歩く─近代日本文学と東京　明治大
　学リバティ・アカデミー編　明治大学リバ
　ティ・アカデミー　2005.3　69p　21cm　（リ
　バティ・アカデミーブックレット no.2）〈文献
　あり〉Ⓝ910.26　　　　　　　　　　　〔3879〕

◇名作と歩く東京山の手・下町　第5集　青木登
　文・写真　けやき出版　2005.2　234p　21cm
　1200円　Ⓘ4-87751-261-6　Ⓝ910.26
　内容 1 隅田川中流を歩く─両国橋界隈から新大橋／
　芭蕉庵史跡展望庭園へ　2 築地界隈を歩く─築地本
　願寺から聖路加国際病院・近衛宮邸賜庭園へ　3 泉
　岳寺界隈を歩く─泉岳寺から東禅寺・明治学院大学・
　八方園へ　4 旧東海道品川宿界隈を歩く─ゼームス
　坂から品川宿・旧東海道、品川駅界隈へ　5 とげぬ
　き地蔵界隈を歩く─真性寺から高岩寺・染井霊園・本
　妙寺・妙行寺へ　6 新宿落合界隈を歩く─林芙美子
　記念館から万昌院功運寺・新井薬師へ　〔3880〕

◇名作と歩く東京山の手・下町　第4集　青木登
　文・写真　立川　けやき出版　2004.11　225p
　21cm　1200円　Ⓘ4-87751-254-3　Ⓝ910.26
　内容 1 小石川界隈を歩く─善光寺坂から伝通院を経
　て小石川後楽園へ　2 六義園界隈を歩く─駒込駅か
　ら六義園へ　3 小石川植物園界隈を歩く─小石川植
　物園から播磨坂桜並木へ　4 東向島界隈を歩く─曳
　舟駅から向島百花園・旧玉ノ井へ　5 新宿御苑界隈
　を歩く─於岩稲荷から四谷大木戸跡・新宿御苑へ　6
　日比谷界隈を歩く─日比谷公園・帝国ホテルから数
　寄屋橋公園、東京国際フォーラムへ　　〔3881〕

東京と文学　　　　　　　　　　　　　　　　　　　　　　　言語・文学

◇文学散歩・東京　東京都高等学校国語教育研究
　会編著　冬至書房　2004.10　207p　21cm
　1200円　Ⓘ4-88582-150-9　Ⓝ910.26
　内容　コース別文学散歩・東京（銀座・築地コース　日
　本橋・浜町コース　神田・お茶の水コース　本郷・小
　石川コース　根津・千駄木コース　谷中・田端コー
　ス　両国コース　浅草・三ノ輪コース　都電荒川線
　沿線コース　早稲田コース　ほか）　文学館・記念館
　案内　霊園案内　　　　　　　　　　　　　　〔3882〕

◇武蔵野文学散歩展―都市のとなりのユートピア
　東京都江戸東京博物館編　東京都歴史文化財団
　2004.9　102p　30cm〈会期・会場：平成16年9
　月14日―11月28日　江戸東京たてもの園　年表
　あり〉617円　Ⓝ910.29

◇東京文学スケッチ散歩―水彩で描いた物語の風
　景　きた・としたか著　日貿出版社　2004.8
　142p　26cm　2300円　Ⓘ4-8170-3381-9
　Ⓝ910.26
　内容　一葉ゆかりの菊坂風景（文京区本郷）　業平竹の
　徳田秋声旧宅（文京区本郷）　炭団坂―日本近代文学
　濫觴の地（文京区本郷）　独りくだる湯島切通し（文
　京区湯島・春日通り）　海が見えた藪下通り（文京区
　千駄木）　団子坂、菊人形の夢去りて（文京区千駄木）
　谷中霊園―『五重塔』（台東区谷中）　芋坂名代の羽二
　重団子（荒川区東日暮里）　根岸の里の侘び住まい―
　子規庵（台東区根岸）　田端駅界隈―煤煙事件（北区
　田端）〔ほか〕　　　　　　　　　　　　　　〔3884〕

◇名作と歩く東京山の手・下町　第3集　青木登
　文・写真　立川　けやき出版　2004.8　218p
　21cm〈文献あり〉1200円　Ⓘ4-87751-246-2
　Ⓝ910.26
　内容　1 根岸・谷中界隈を歩く―笹の雪から子規庵・
　谷中・五重塔跡へ　2 根津界隈を歩く―根津神社か
　ら観潮楼跡・鴎外旧居へ　3 雑司ヶ谷界隈を歩く―雑
　司ヶ谷霊園から鬼子母神へ荒川線の車窓風景　4 早
　稲田界隈を歩く―早稲田大学から漱石公園・多聞院
　へ　5 神楽坂界隈を歩く―飯田橋駅から神楽坂・外
　堀公園へ　6 日本橋界隈を歩く―日本橋から三越・
　日本銀行・丸善・八重洲口へ　　　　　　　　〔3885〕

◇「御宿かわせみ」東京下町散歩　東京かわせみ
　の会編著　ベストセラーズ　2004.7　125p
　21cm　1333円　Ⓘ4-584-18818-1　Ⓝ913.6
　内容　グラビア　大川を下る/下町を歩く　序章「御宿
　かわせみ」の魅力―着物を着ている現代小説　第1章
　「御宿かわせみ」散策コース　第2章「御宿かわせみ」
　お品書き　第3章「御宿かわせみ」美味づくし　第
　4章「御宿かわせみ」お宿帳　第5章「御宿かわせ
　み」の魅力―捕物帳を超えた捕物帳　　　　　〔3886〕

◇東京文学の散歩道　中谷治夫著　講談社
　2004.7　379p　20cm　2300円　Ⓘ4-06-212522-
　6　Ⓝ910.26
　内容　上野・池之端・谷中界隈　千駄木・弥生・本郷
　界隈　牛込・早稲田界隈　市ヶ谷・大久保界隈　渋
　谷・青山界隈　麹町・番町界隈　小石川・小日向界
　隈　池袋・目白・雑司ヶ谷界隈　駿河台・神保町界
　隈　銀座・築地界隈　根岸・龍泉・浅草界隈　日本
　橋・両国・亀戸界隈　赤坂・六本木・麻布界隈　三
　田・高輪・白金台界隈　　　　　　　　　　　〔3887〕

◇東京遊歩東京乱歩―文士の居た町を歩く　磯田
　和一文と絵　河出書房新社　2004.4　93p
　21cm　1500円　Ⓘ4-309-01629-4　Ⓝ291.361
　内容　江戸川乱歩篇　芥川龍之介篇　中原中也篇　向
　田邦子篇　樋口一葉篇　永井荷風篇　巻末付録 池波
　正太郎の書斎探訪記　　　　　　　　　　　　〔3888〕

◇鬼平犯科帳を歩く―彩色江戸名所図会50点収録
　西尾忠久編著　旬報社　2003.11　94p　26cm
　（朝日カルチャーセンター講座シリーズ　14）
　1600円　Ⓘ4-8451-0821-6　Ⓝ913.6
　内容　第1章 長谷川平蔵ゆかりのコース編（鬼平の青
　春、菊川、入江町、法恩寺を歩く　目白台、雑司が
　谷鬼子母神周辺を歩く　ほか）　第2章 池波さん特別
　コース編（池波正太郎が少年期を過ごした地を歩く）
　第3章 宿場・街道筋コース編（東海道、高輪から
　品川を歩く　東海道、品川宿周辺を歩く　ほか）　第
　4章 作品の場面コース編（「唖の十蔵」「蛇の眼」「敵」
　を歩く　「麻布ねずみ坂」「助太刀」を歩く　ほか）〔3889〕

◇俳句で歩く江戸東京―吟行八十八ヶ所巡り　山
　下一海、檜田良枝著　中央公論新社　2003.10
　207p　19cm〈文献あり〉1400円　Ⓘ4-12-
　003448-8　Ⓝ911.304
　内容　新年（発句也松尾桃青宿の春―芭蕉　ちりひぢの
　旅装かしこし初霜―竹下しづの女）　春（佃島渡しの
　跡や鳥曇―石川桂郎　蜆とる浅草川や春寒し―岡野
　知十　ほか）　夏（勝鬨橋梁撥ね上りたり炎夏―永井
　東門居　蝙蝠や竿鳴らし追ふ雨催―富田木歩　ほか）
　秋（菊の花咲くや石屋の石の間―芭蕉　焼けて直ぐ芽
　ぐむちからや棕櫚の露―永田青嵐　ほか）　冬（みな
　出でて橋をいただく霜路かな―芭蕉　年の瀬や水の
　流れも人の身も―其角　ほか）　　　　　　　〔3890〕

◇名作と歩く東京山の手・下町　第2集　青木登
　文・写真　立川　けやき出版　2003.10　255p
　21cm〈文献あり〉1200円　Ⓘ4-87751-212-8
　Ⓝ910.26
　内容　1 皇居東御苑界隈を歩く―大手門から二の丸庭
　園・本丸跡・北の丸公園へ　2 三田・麻布界隈を歩く
　―慶応義塾大学から善福寺・有栖川宮記念公園へ　3
　本郷界隈を歩く―樋口一葉旧居跡から石川啄木旧居
　跡・三四郎池へ　4 旧吉原界隈を歩く―浄閑寺から
　一葉記念館・旧吉原・鷲神社へ　5 麹町界隈を歩く
　―迎賓館から清水谷公園・泉鏡花居住地跡へ　6 銀
　座界隈を歩く―銀座一丁目から八丁目・シオサイト
　へ　　　　　　　　　　　　　　　　　　　　〔3891〕

◇名作と歩く東京山の手・下町　第1集　青木登
　文・写真　立川　けやき出版　2003.5　190p
　22cm〈文献あり〉1200円　Ⓘ4-87751-197-0
　Ⓝ910.26
　内容　1 浅草界隈を歩く―吾妻橋から桜橋・浅草寺へ
　2 隅田川下流を歩く―佃から永代橋・富岡八幡宮へ
　3 無縁坂界隈を歩く―湯島天神から麟祥院・上野公
　園へ　4 神田を歩く―靖国神社から神保町・鳥越淵緑
　道・桜田門へ　5 青山霊園界隈を歩く―高橋是清翁
　記念公園から乃木公園・青山病院跡へ　6 世田谷粕
　谷界隈を歩く―蘆花恒春園から世田谷文学館へ
　　　　　　　　　　　　　　　　　　　　　　〔3892〕

◇東京文学探訪―大正・昭和を見る、歩く　下

308　「東京」がわかる本　4000冊　　　　　　　　　　　　　　〔3882〜3893〕

言語・文学　　　　　　　　　　　　　　　　　　　　　　　　　　　　　　東京と文学

井上謙著　日本放送出版協会　2003.1　158p
21cm　〈NHKシリーズ　NHKカルチャーア
ワー〉〈放送期間：2003年1月―3月　年表あ
り〉850円　Ⓘ4-14-910466-2　Ⓝ910.262〔3893〕

◇東京文学探訪―大正・昭和を見る、歩く　上
井上謙著　日本放送出版協会　2002.10　157p
21cm　〈NHKシリーズ　NHKカルチャーア
ワー〉〈放送期間：2002年10月―12月〉850円
Ⓘ4-14-910465-4　Ⓝ910.262　　　　　　〔3894〕

◇東京文学探訪―明治を見る、歩く　下　井上謙
著　日本放送出版協会　2002.7　250p　16cm
〈NHKライブラリー〉　870円　Ⓘ4-14-084152-
4　Ⓝ910.261
内容　魂の疾走　根岸の里　戦争と人生　自然賛歌
花散れど…　牛飼が歌ふ時　秋風のうた　想いの狭
間　明治の青春　それぞれの団子坂　二羽の蝶　面
影の記　橋の光芒　下町慕情　時の残照　『白樺』の
誕生　鎮魂の園　　　　　　　　　　　　　　〔3895〕

◇東京文学探訪―明治を見る、歩く　上　井上謙
著　日本放送出版協会　2002.3　221p　16cm
〈NHKライブラリー〉　830円　Ⓘ4-14-084147-
8　Ⓝ910.261
内容　近代の夜明け　夢に賭ける　対峙する魂　波涛
を越えて　汽笛一声新橋を…　近代小説萌芽の地　神
田・学生街を行く　歴史は眠る　浮世の花火　早春
の花　坂をめぐる文士たち　湯島幻影　人間模様・
演劇の暦　横浜をめぐる明治　　　　　　　　〔3896〕

◇名作と歩く東京下町・山の手文学散歩　青木登
著　八王子　のんぶる舎　2000.7　149p
21cm　〈奥付のタイトル：名作と歩く下町・山
の手文学散歩　文献あり〉1500円　Ⓘ4-
931247-77-6　Ⓝ910.26
内容　1　維新前の下町（『伊勢物語』と隅田川―在原業
平　『芭蕉俳句集』と深川―松尾芭蕉）　2　明治時代
の山の手（『浮雲』と団子坂―二葉亭四迷　『雁』と
無縁坂―森鷗外　ほか）　3　明治時代の下町（『たけく
らべ』と竜泉寺―樋口一葉　『病牀六尺』と根岸―正
岡子規　ほか）　4　大正昭和時代の下町・山の手（『河
童』と本所両国―芥川龍之介　『忍ぶ川』と木場深
川　三浦哲郎　ほか）　　　　　　　　　　　〔3897〕

◇東急沿線文学散歩　藤井武夫, 本間利夫著　三
水社　2000.6　238p　19cm　1500円　Ⓘ4-
88369-001-6　Ⓝ910.26
内容　洗足池と池上本門寺を訪ねて―池上線　洗足池
池上から洗足へ―池上線　池上　沿線梅ごよみ―目蒲
線　蒲田　お会式から甘藷祭へ―目蒲線　不動前　太
平記と多摩川―目蒲線　武蔵新田　富士山が見える―
東横線　田園調布・多摩川園　明治の横浜を
歩く―東横線　桜木町　桜木から本牧へ―東横線　桜
木町　芝居ゆかりの寺巡り―東横線　中目黒　陽の当
たる邸宅街―東横線・大井町線　自由が丘　〔ほか〕
　　　　　　　　　　　　　　　　　　　　　〔3898〕

◇名作と歩く多摩・武蔵野文学散歩　青木登著
八王子　のんぶる舎　1999.5　195p　21cm
1500円　Ⓘ4-931247-68-7　Ⓝ910.26　　〔3899〕

◇江戸文学ウォーキング―読んで楽しく歩いてみ

よう東京漫歩記　興津要著　ごま書房　1999.3
174p　21cm　1200円　Ⓘ4-341-13050-1
Ⓝ910.25
内容　上野　上野山下　仏店　不忍の池　笠森稲荷
根岸　日暮里　湯島天神　大根畑　本郷　〔ほか〕
　　　　　　　　　　　　　　　　　　　　　〔3900〕

◇続・東京の文学風景を歩く　大島和雄著　風濤
社　1998.9　255p　19cm　1429円　Ⓘ4-
89219-169-8　Ⓝ910.2
内容　1　粕谷・北烏山コース　2　表参道・小伝馬町コー
ス　3　御岳渓谷コース　4　人形町・浜町・築地コース
5　日本橋・京橋・銀座コース　6　両国・横網コース
7　田端・西ヶ原コース　8　二子・溝の口コース　9　新
橋・愛宕・虎ノ門コース　10　武蔵野・小金井コース
　　　　　　　　　　　　　　　　　　　　　〔3901〕

◇東京ハイカラ散歩　野田宇太郎著　角川春樹事
務所　1998.5　282p　16cm　〈ランティエ叢書
17〉　1000円　Ⓘ4-89456-096-8　Ⓝ910.26
内容　1　漱石の坂、一葉の路地―上野・本郷・小石川・
お茶の水界隈　2　谷崎のレストラン、藤村の待合―
日本橋・浅草・深川・築地界隈　3　馬琴の井
戸、須磨子の墓―飯田橋・牛込・雑司ケ谷・早稲田・
大久保界隈　4　荷風先生、今日はどちらへ―高輪・三
田・麻布・麴町界隈　　　　　　　　　　　　〔3902〕

◇多摩文学紀行　山本貴夫著　国立　たましん地
域文化財団　1997.7　310p　19cm　〈発売：け
やき出版（立川）〉1500円　Ⓘ4-87751-010-9
Ⓝ910.26
内容　武蔵野文士村―武蔵野市　太宰治ゆかりの場所
―三鷹市　国木田独歩と『武蔵野』―小金井市　『武
蔵野夫人』の“はけ”を歩く―小金井・国分寺市　失わ
れた『春の道標』を求めて―国分寺・府中市　『けっ
ぱり先生』と『九月の空』―調布市　松本清張と深大
寺・多摩川―調布市　東府中の星条旗―府中市　浅
間山から多磨墓地へ―府中・小金井〔ほか〕
　　　　　　　　　　　　　　　　　　　　　〔3903〕

◇東京の文學風景を歩く　大島和雄著　増補版
風濤社　1996.9　351,7p　19cm　〈索引あり〉
1650円　Ⓘ4-89219-148-5　Ⓝ910.2
内容　駒込・巣鴨コース　青山・六本木・麻布コース
三ノ輪・千束・竜泉コース　早稲田・牛込・神楽坂
コース　小日向・音羽・関口コース　深川・千住コース
千駄木・根津・湯島コース　本郷・後楽コース
白山・向丘・本駒込コース　春日・小石川コース〔ほ
か〕　　　　　　　　　　　　　　　　　　　〔3904〕

◇文学散歩　東京編　関西文学散歩の会編　大阪
関西書院　1993.10　159p　18cm　1000円
Ⓘ4-7613-0162-7　Ⓝ910.26　　　　　　　〔3905〕

◇多摩の文学散歩　佐々木和子著　立川　けやき
出版　1993.6　198p　19cm　1350円　Ⓘ4-
905942-29-2　Ⓝ910.2
内容　陽ざしやわらぐ　一月～三月　みどり薫る日　四
月～六月　風は自在に　七月～九月　落葉を踏んで
十月～十二月　　　　　　　　　　　　　　　〔3906〕

◇東京文学散歩　東京都高等学校国語教育研究会
編　教育出版センター　1992.10　206p　22cm

〔3894～3907〕　　　　　　　　　　　　「東京」がわかる本　4000冊　　309

〈新装版〉800円　①4-7632-7521-6　Ⓝ910.2
＊江戸・東京・文学ゆかりの90余。文学作品と文学者をめぐる世相人情を紹介。地図・交通機関・所要時間・利用案内など付。　　　　　　　　　　〔3907〕

◇半七捕物帳を歩く―ぼくの東京遊覧　田村隆一著　朝日新聞社　1991.6　252p　15cm　（朝日文庫）　460円　①4-02-260649-5　Ⓝ915.6
　　　　　　　　　　　　　　　　　　　　　　〔3908〕

◇三鷹文学散歩　三鷹市立図書館編　三鷹　三鷹市立図書館　1990.3　337p　19cm〈監修：大河内昭爾　折り込図2枚　年表：p321〜329〉Ⓝ910.26　　　　　　　　　　　　　　　　〔3909〕

◇東京のかおり―一足で確かめた東京の文学遺跡　続　浦和市教育研究会国語部編　浦和　さきたま出版会　1990.2　224p　19cm〈監修：鈴木章　主要参考・引用文献一覧：p221〉1500円①4-87891-039-9　Ⓝ910.26　　　　　　〔3910〕

◆文学碑

◇むさし野句碑めぐり　第2集　柳下惇夫著　立川　燎俳句会　2016.5　129p　21cm　Ⓝ910.2
　　　　　　　　　　　　　　　　　　　　　　〔3911〕

◇髙尾山の文学碑探訪　縣敏夫編著　八王子　髙尾山薬王院　2011.11　140p　21cm〈第三十一世貫首山本秀順大和上生誕百周年記念　文献あり〉Ⓝ910.2　　　　　　　　　　　〔3912〕

◇むさし野句碑めぐり　柳下惇夫著　立川　燎俳句会　2011.5　126p　21cm〈奥付のタイトル：句碑めぐり〉Ⓝ910.2　　　　　　　　〔3913〕

◇句碑めぐりひとめぐり―向島百花園　橋本謙一著　金屋竺仙　2009.1　203p　21cm〈文献あり〉Ⓝ911.302　　　　　　　　　　　　〔3914〕

◇多摩文学散歩―文学碑・墓碑を歩く　横山吉男著　有峰書店新社　1996.12　382p　19cm2500円　①4-87045-215-4　Ⓝ910.2
　内容　1　多摩東部　2　多摩南部　3　多摩中央部　4　多摩西部　5　八王子地方　　　　　　〔3915〕

《作家と東京》

◇ここが私の東京　岡崎武志著　扶桑社　2016.4247p　20cm　1600円　①978-4-594-07453-1Ⓝ910.264
　内容　佐藤泰志―報われぬ東京　出久根達郎の月島庄野潤三―三角西小，そして生田　司修の赤羽モンマルトル　開高健を包み込まなかった東京　まんが道とトキワ荘―藤子不二雄A　一九七一年・阿佐ヶ谷・一本道―友部正人　砂町・清瀬・見るべきものを見る俳人―石田波郷　一九六〇年新宿・明日をも知れぬ二人―富岡多惠子　川を二本越えたら自分に戻る八王子―松任谷由実　　　　　　　　　〔3916〕

◇志と仲間たちと―文士たちの石神井、美術家たちの練馬　練馬区立石神井公園ふるさと文化館

分室特別展　練馬区立石神井公園ふるさと文化館分室編　練馬区立石神井公園ふるさと文化館分室　2015.7　55p　30cm〈会期・会場：平成27年7月4日―9月27日　練馬区立石神井公園ふるさと文化館分室　年表あり〉Ⓝ910.29〔3917〕

◇女流作家のモダン東京―花子と白蓮が歩いた街生田誠編著　河出書房新社　2015.1　127p21cm（らんぷの本　mascot）〈文献あり　年譜あり〉1600円　①978-4-309-75014-9　Ⓝ213.61
　内容　第1章　明治の女性と子供たち（女流作家ゆかりの地　花子ゆかりの地　白蓮ゆかりの地）　第2章　大正の東京、ロマンの都（花子・白蓮ゆかりの地　白蓮ゆかりの地　花子ゆかりの地）　第3章　昭和の復興、モガと風俗（花子ゆかりの地　白蓮ゆかりの地　女流作家ゆかりの地）　　　　　　　　　　〔3918〕

◇「花子とアン」のふるさとから―夫婦で歩く馬込文士村ガイド　佐山一郎，佐山真理子著　インプレスR&D　2014.10　128p　19cm（インプレスR&D〈next publishing〉　New thinking and new ways）①978-4-8443-9653-6　Ⓝ291.361　　　　　　　　　　　　　　　　〔3919〕

◇馬込文士村―あの頃、馬込は笑いに充ちていた特別展　大田区立郷土博物館　2014.9　124p30cm〈会期：平成26年9月6日―10月19日　文献あり〉Ⓝ910.29　　　　　　　　　　〔3920〕

◇馬込文学地図　近藤富枝著　改版　中央公論新社　2014.6　275p　16cm（中公文庫　こ21-7)〈文献あり　年表あり〉1000円　①978-4-12-205971-9　Ⓝ910.263
　内容　第1章　風かおる九十九谷　第2章　インテリ作家たち　第3章　ダンスの家　第4章　断髪時代　第5章　ラブソディー　第6章　満目蕭条　第7章　魚眼洞　第8章　「空想部落」再現　第9章　うつりかわり〔3921〕

◇内田百閒文学散歩　備仲臣道著　皓星社2013.9　206p　19cm〈文献あり〉1600円①978-4-7744-0484-4　Ⓝ910.268
　内容　第1章　帝大周辺・揺籃のなか（池之端七軒町　小石川久堅町　本郷向ヶ丘弥生町　蓋平館別荘　小石川指ヶ谷町）　第2章　小石川・冬芽ふくらむ（白山御殿町　駒込曙町　高田老松町四十三番地　高田老松町十七番地　漱石の捨てたもの　小石川雑司ヶ谷町）第3章　市谷、四谷・未踏の地へ（早稲田ホテル　佐藤こひ　市谷仲之町　百鬼園随筆　土手三番町　火の番小屋　三畳御殿）　終章　白玉楼　　〔3922〕

◇上京する文學―漱石から春樹まで　岡崎武志著新日本出版社　2012.10　190p　19cm　1500円①978-4-406-05632-8　Ⓝ910.26
　内容　斎藤茂吉―上野駅のまばゆい明るさに驚いた　山本有三―ぶら下がった鉄橋の彼方は東京　石川啄木―甘ったれの借金王、十二階に登る　夏目漱石―汽車は上京の予行演習だった　山本周五郎―江戸っ子よりも江戸っ子らしく　菊池寛―田舎者が描いたモダン都市東京　室生犀星―東京に「ふるさと」を発見した詩人　江戸川乱歩―暗く怖い東京は乱歩のせい　宮澤賢治―愛用のトランクも一緒に上京　川端康成―浅草で見つけた「大阪」　林芙美子―芙美子

言語・文学　　　　　　　　　　　　　　　　　　　　東京と文学

はいつも長い坂を駆け上がる　太宰治―三鷹陸橋の
上からあの日見た津軽　向田邦子―古く懐かしき東
京山の手を描く　五木寛之―初めての下宿は神社の
床下だった　井上ひさし―軟式ボール欲しさに上京
した少年たち　松本清張―遅れて良かった清張の上
京　村山修司―東京こそが寺山の「家」だった　村
上春樹―見晴らしの良い高台から見た東京〔3923〕

◇日和下駄とスニーカー―東京今昔凸凹散歩　大
竹昭子文と写真　洋泉社　2012.7　237p
19cm　1600円　Ⓘ978-4-86248-966-1　Ⓝ915.6
内容 東京の凸凹を歩く　尾根道・谷道　坂　崖　ガ
ケベリ散歩　地図　樹　水　谷　鮫河橋の荷風　淫
祠　閑地　路地　寺　夕暮〔3924〕

◇漱石と歩く、明治の東京　広岡祐著　祥伝社
2012.4　297p　16cm　（祥伝社黄金文庫 Gひ
11-1)〈文献あり　著作目録あり　年譜あり〉
781円　Ⓘ978-4-396-31575-7　Ⓝ910.268
内容 1章　小石川・白山―江戸・武家地の面影が残る
山の手　2章　浅草・両国―幼年期の漱石が育った下
町と盛り場の変遷　3章　千駄木・本郷―東京帝国大
学と『三四郎』の青春　4章　神田・麹町―橋と鉄道、
新時代の交通の要衝　5章　日本橋・京橋―文明開化
の象徴となった繁華街　6章　早稲田・神楽坂―漱石
が生まれ育ち、漱石山房のあった街　7章　新宿・日
暮里・護国寺―拡大していく帝都・東京とその周縁
〔3925〕

◇荷風と歩く東京いまむかし―文人が住んだ町、
歩いた街、愛したまち　前之園明良著　有楽出
版社　2011.10　215p　19cm〈文献あり　年譜
あり　発売：実業之日本社〉1500円　Ⓘ978-4-
408-59362-3　Ⓝ910.268
内容 向島の風雅　本所　江戸の新開地　亀戸の旧跡
深川　水辺の街　浅草　祭りと歓楽の街　日本橋・銀
座界隈　山の手の台地から　終の棲家の市川
〔3926〕

◇漱石と歩く東京―東京大好きの地理屋さんが書
いた文学散歩　東京の街歩きが楽しくなる漱石
と作品がもっと身近になる　北野豊著　金沢
雪嶺文学会　2011.6　148p　26cm　（雪嶺叢書
第7集)〈年譜あり〉500円　Ⓘ978-4-921217-
03-7　Ⓝ910.268　　　　　　　　　　〔3927〕

◇墨東惜春譜―行路詩社ノート　小池守之著　東
銀座出版社　2011.6　539p　19cm　2381円
Ⓘ978-4-89469-142-1　Ⓝ911.162
内容 序章　東京・下町の行路詩社　第1章　大正改元の
年、本所の鍍金工場にて　第2章　アララギ派との出
会い　第3章　『アララギ』に載る職工の歌　第4章　職
人や学生も仲間となった　第5章　投稿を競い合う青
春　第6章　アララギ派の本所連、本所組　第7章　行
路詩社の仲間たち、それぞれの道へ　第8章　松倉米
吉の恋、病、そして死　終章　行路詩社、その後
〔3928〕

◇三鷹ゆかりの文学者たち―三鷹市市制施行60周
年記念展　三鷹市芸術文化振興財団文芸課編
三鷹　三鷹市芸術文化振興財団　2010.11　72p
21cm〈会期・会場：平成22年11月20日―12月
19日　三鷹市美術ギャラリー　年表あり〉

Ⓝ910.29　　　　　　　　　　　　　　　〔3929〕

◇荷風と明治の都市景観　南明日香著　三省堂
2009.12　240p　20cm〈索引あり〉2800円
Ⓘ978-4-385-36441-4　Ⓝ910.268
内容 序章（景観問題の起源　建築・都市批評の始ま
り）　第1章　明治（一八六八～一九一二年）の首都計
画（江戸を近代首都に―欧米化の志　外国人技術者の
時代―銀座煉瓦街計画と官庁集中計画 ほか）　第2
章　荷風の欧米都市体験（渡米以前―江戸と東京の狭
間　渡米後（一九〇三～〇七年）―シカゴ、ワシント
ンD.C.、ニューヨーク：近代都市のスケール ほか）
第3章　荷風の体感した首都東京（「明治の東京」の衝
撃―帰国後（一九〇八年）から『日和下駄』（一九一五
年）まで　首都の威信―丸の内・日比谷・霞ケ関界隈
ほか）　第4章　荷風の好む東京の景観（建築―「市区
改正」以前・以後：西洋建築二世代　街路―大通り、
路地、坂道：景観と歩行感覚 ほか）　終章　心地よい
都市をめざして（「国土」から「風土」に　点の集合
体から四次元の構造体に ほか）　　　　〔3930〕

◇三鷹という街を書く太宰治―陋屋の机に頬杖つ
いて　Dioの会編　北杜　Dioの会　2009.11
158p　21cm〈文献あり　年譜あり　年表あり
発売：はる書房〉1000円　Ⓘ978-4-89984-111-
1　Ⓝ910.268
内容 第1章　作品より「陋屋の机に頬杖ついて」（辻音
楽師の王国　陋巷のマリヤ）　第2章　三鷹という街を
書く太宰治（作品解説）（「鴎」―散歩とぬめるみ　「乞
食学生」―夢落ち・私小説・三鷹　「おさん」―ずれ
のおかしみ）　第3章　資料篇（年表　三鷹があらわれ
た太宰治作品一覧／略年譜　太宰治　ゆかりの地と半
生の述懐―金木から下曽我まで　「十二月八日」メ
モワール「六升を九分する事にきめて、早速、瓶
を集めて伊勢元に買いに行く」）　　　　〔3931〕

◇松原庵の宗匠―星布と友昇の俳諧　福生市郷土
資料室編　福生　福生市教育委員会　2009.9
48p　30cm〈会期・会場：2009年10月3日―12
月6日　福生市郷土資料室〉Ⓝ911.302　〔3932〕

◇荷風片手に東京・市川散歩　岩垣顕著　街と暮
らし社　2009.4　174p　21cm〈文献あり〉
1700円　Ⓘ978-4-901317-21-4　Ⓝ291.361
内容 第1章『伝通院』片手に小石川散歩　第2章『礫
川徜徉記』片手に再び小石川散歩　第3章『深川の
散歩』片手に深川散歩　第4章『元八まん』片手に
砂町散歩　第5章『放水路』片手に荒川散歩　第6章
『寺じまの記』片手に濹東散歩　第7章『葛飾土産』
片手に真間川散歩　　　　　　　　　　〔3933〕

◇東京の文人たち　大村彦次郎著　筑摩書房
2009.1　343p　15cm　（ちくま文庫 お49-3)
880円　Ⓘ978-4-480-42532-4　Ⓝ910.29
内容 小説家　画家　随筆家　詩歌人　劇作家・劇評
家　役者　　　　　　　　　　　　　　〔3934〕

◇太宰治三鷹からのメッセージ―没後60年記念展
図録　三鷹市芸術文化振興財団編　三鷹　三鷹
市芸術文化振興財団　2008.11　63p　26cm
〈会期・会場：2008年11月22日―12月21日　三
鷹市美術ギャラリー　肖像あり　年譜あり〉
Ⓝ910.268　　　　　　　　　　　　　　〔3935〕

東京と文学　　　　　　　　　　　　　　　　　　　　　　　　　　　言語・文学

◇荷風と私の銀座百年　永井永光著　白水社
2008.7　219p　20cm　2000円　Ⓘ978-4-560-
03186-5　Ⓝ910.268
内容 第1章 荷風の銀座（荷風最後の銀座　銀座ことは
じめ　幼年期の荷風と銀座　青年期の荷風と銀座　ほ
か）　第2章 私の銀座（昭和二十年代の生活　慶應高
校時代　バーテン入門　カールトンでの修業　ほか）
〔3936〕

◇新宿ゆかりの文学者　新宿区生涯学習財団新宿
歴史博物館編　新宿区生涯学習財団新宿歴史博
物館　2007.9　137p　26cm　〈文献あり〉1500
円　Ⓝ910.29
〔3937〕

◇万太郎松太郎正太郎―東京生まれの文士たち
大村彦次郎著　筑摩書房　2007.7　363p
20cm　〈文献あり〉2500円　Ⓘ978-4-480-
82360-1　Ⓝ910.26
内容 1 久保田万太郎　2 川口松太郎　3 池波正太郎
4 水上瀧太郎　5 広津和郎　6 東京下町生まれの文
人たち　7 東京山の手生まれの文人たち
〔3938〕

◇荷風日和下駄読みあるき　岩垣顕著　街と暮ら
し社　2007.3　132p　21cm　〈文献あり〉1400
円　Ⓘ978-4-901317-14-6　Ⓝ291.361
内容 第1 日和下駄の章　第2 淫祠の章　第3 樹の章
第4 地図の章　第5 寺の章　第6 水阿渡船の章　第7
路地の章　第8 閑地の章　第9 崖の章　第10 坂の章
第11 夕陽 附富士眺望の章
〔3939〕

◇ビジュアル馬込文士村　西村敏彦編著，月刊
「おとなりさん」編集部編　ハーツ＆マインズ
2006.6　108p　29cm　（別冊おとなりさん）
1000円　Ⓝ291.361
〔3940〕

◇樋口一葉と歩く明治・東京　野口碩監修　小学
館　2004.12　127p　21cm　（Shotor travel）
〈年譜あり〉1600円　Ⓘ4-09-343187-6　Ⓝ910.
268
内容 第1章 本郷・小石川・お茶の水界隈 一葉の人生
を歩く（一葉の本郷・小石川・お茶の水界隈　本郷―
父も兄もいた夢のような少女時代　本郷―インテリ
帝大生と下宿街　ほか）　第2章 上野・湯島・谷中界
隈 一葉の歩いた下町をゆく（一葉の上野・湯島・谷
中界隈　上野―東京図書館へ向かう緑陰の道　湯島・
千駄木―葉と明治の文豪が歩いた町　ほか）　第3章
竜泉・吉原・浅草界隈 『たけくらべ』が生まれた町
を歩く（一葉の竜泉・吉原・浅草界隈　竜泉―吉原遊
廓の裏で荒物・駄菓子屋を開く　吉原―『たけくら
べ』が生まれた町　ほか）
〔3941〕

◇新宿・大久保文士村界隈　茅原健著　日本古書
通信社　2004.11　290,18p　15cm　1600円
Ⓘ4-88914-020-4　Ⓝ910.29
〔3942〕

◇図説江戸の芭蕉を歩く　工藤寛正編　河出書房
新社　2004.2　118p　22cm　（ふくろうの本）
〈年譜あり〉1800円　Ⓘ4-309-76042-2　Ⓝ911.
32
内容 第1章 芭蕉の故郷・伊賀上野　第2章 芭蕉の江
戸東下　第3章 関口芭蕉庵　第4章 第一次深川芭蕉
庵　第5章 第二次深川芭蕉庵　第6章 第三次深川芭
蕉庵　第7章 近世俳諧の聖地・深川を歩く　第8章 お

くのほそ道・千住宿を歩く　第9章 東京の芭蕉句碑
めぐり　第10章 芭蕉の師と友と門弟（都内のみ）
〔3943〕

◇荷風2時間ウォーキング　井上明久著，薮野健絵
中央公論新社　2004.1　145p　19cm　〈年譜あ
り〉1700円　Ⓘ4-12-003484-4　Ⓝ910.268
内容 荷風を歩く　小石川、九段　余丁町、市ヶ谷　麻
布、築地　浅草、東向島　深川、洲崎　市川、本八
幡　荷風の言葉
〔3944〕

◇田端文士芸術家村　内藤淳一郎調査報告　〔出
版地不明〕　〔内藤恒道〕　〔2004〕　32,14,
37p　26cm　〈折り込 2枚　文献あり〉非売品
Ⓝ910.29
内容 田端文士芸術家村調査報告　第2集 東京都北区
教育委員会社会教育課 編（東京都北区昭和62年刊）
田端文士芸術家村調査報告　第3集 東京都北区教育
委員会社会教育課 編（東京都北区昭和63年刊）　田
端文士芸術家村調査報告　第4集 北区文化振興財団
編（東京都北区平成4年刊　第2刷）
〔3945〕

◇漱石2時間ウォーキング　井上明久著，薮野健絵
中央公論新社　2003.9　183p　19cm　〈年譜あ
り〉1900円　Ⓘ4-12-003436-4　Ⓝ910.268
内容 早稲田、神楽坂　浅草、両国　神田駿河台、神
保町　小石川、白山　本郷、上野　千駄木、根津　松
山、道後温泉　熊本、小天温泉
〔3946〕

◇浅草の昭和を彩った人たち　鈴木としお著　東
京新聞出版局　2001.2　203p　20cm　1500円
Ⓘ4-8083-0724-3　Ⓝ910.264
内容 第1章 下町をこよなく愛した文人たち（池波正太
郎―江戸の香りの職人芸　色川武大＆阿佐田哲也―
エンコを愛した麻雀名人　尾崎秀樹―大衆文学論の
生みの親 ほか）　第2章 六区興行界に輝いた芸人た
ち（成田屋・九世市川団十郎―歌舞伎界の最高峰　市
川右太衛門―時代劇映画の巨星　戦後の大スター・石
原裕次郎―アクションも歌も ほか）　第3章 わが人
生の心のふるさと（石井陽吉郎（元早大球部監督）
「久保田万太郎の句碑」雑感　下町路地裏遊びメンコ、
ベーゴマ ほか）
〔3947〕

◇「杉並文学館―井伏鱒二と阿佐ヶ谷文士」展示
図録　東京都杉並区立郷土博物館編　杉並区立
郷土博物館　2000.3　54p　30cm　〈タイトルは
奥付による　折り込2枚〉700円　Ⓝ910.264
〔3948〕

◇乱歩と東京―1920都市の貌　松山巖著　双葉社
1999.11　298p　15cm　（双葉文庫 日本推理
作家協会賞受賞作全集 49）〈文献あり　年譜
あり〉571円　Ⓘ4-575-65848-0　Ⓝ910.268
内容 1章 感覚の分化と変質　2章 大衆社会の快楽と
窮乏　3章 性の解放、抑圧の性　4章 追跡する私、逃
走する私　5章 路地から大通へ　6章 老人と少年―
30年代から60年代へ
〔3949〕

◇乱歩「東京地図」　冨田均著　作品社　1997.6
263,18p　20cm　〈折り込1枚　索引あり　年表
あり〉2500円　Ⓘ4-87893-278-3　Ⓝ291.361
内容 1 乱歩転々（プロローグ―市電39番線　迷路と
変装―浅草　天女と姦通―上野・千住・千駄木　土

312　「東京」がわかる本 4000冊　　　　　　　　　　　　　　　　　　〔3936〜3950〕

言語・文学 東京と文学

蔵と水底―隅田川　死蠟とロボット―銀座）　2　怪人
二十面相の原像（フィガロと口笛―麻布・麴町・渋谷
仮面と恋愛―戸山ヶ原・代々木の森　古城とカーキ
色―荻窪・世田谷　エピローグ―乱歩の大東京）
〔3950〕

◇文豪の愛した東京山の手―漱石、鷗外、実篤、芥
川を求め歩く　文芸散策の会編　日本交通公社
出版事業局　1996.11　143p　21cm　（JTB
キャンブックス）〈監修：近藤富枝　年表：
p140〜143　付：参考文献〉1597円　Ⓘ4-533-
02582-X　Ⓝ910.26
内容 漱石・鷗外の本郷、小石川　麴町　お屋敷育ちの
白樺派武者小路実篤　芥川の選んだ山の手、田端―
芥川龍之介が固執したブランド "山の手"　〔3951〕

◇永井荷風の愛した東京下町―荷風流独り歩きの
楽しみ　文芸散策の会編　日本交通公社出版事
業局　1996.2　144p　21cm　（JTBキャンブッ
クス）〈監修：近藤富枝　荷風散歩年表：p138
〜142〉1600円　Ⓘ4-533-02378-9　Ⓝ910.268
内容 古き銀座を発見する　日和下駄で歩いた町　永
遠の散歩者永井荷風　永井荷風究極のシングルライフ
通い続けた浅草　歩く荷風　濹東綺譚の路地　傍観
者荷風の表現　〔3952〕

◇世田谷ゆかりの作家たち　世田谷文学館
1995.3　160p　26cm〈監修：進藤純孝，槌田満
文〉Ⓝ910.26　〔3953〕

◇銀座と文士たち　武田勝彦，田中康子著　明治
書院　1991.12　315p　19cm　2800円　Ⓘ4-
625-48056-6　Ⓝ910.26
内容 銀座の花道　江戸から東京へ―森鷗外　江戸っ
子の銀座―夏目漱石　泰明の友垣―北村透谷・島崎
藤村　遊子彷徨―永井荷風　老舗礼賛―谷崎潤一郎
馬車のひびき―芥川龍之介　小商人の街―川端康成
詩歌は流れる　哀傷の街―太宰治　戦中・戦後世代
の銀座―三島由紀夫　数寄屋橋を偲ぶ―井上靖・三
浦哲郎　灯の下で―遠藤周作・立原正秋　〔3954〕

「東京」がわかる本 4000冊　313

書 名 索 引

書名索引　　　あらかわ

【あ】

愛と憎しみの新宿	1304
アウトローたちの江戸時代	1407
青ケ島の神々	0564
青島知事発言集	2664
青島幸男との契約	2667
青山とっておき散歩	2092
青山文化研究	1095
赤坂はこんなにおしゃれになった	2098
赤レンガの東京駅	3572
秋川流域人物伝	1725
昭島市民秘蔵写真集	1554
昭島にも空襲があった	0955
昭島の水物語	1528
昭島の歴史	1445
アキバを創った12人の侍	2769
アキバをプロデュース	2138
アキバが地球を飲み込む日	2137
アキバ系電脳街の歩き方	2141
秋葉原人	2139
アキバ☆コンフィデンシャル	1278
秋葉原完全攻略ガイド	2146
秋葉原コネクション	2144
秋葉原事件	2848
秋葉原主義！	2145
秋葉原パソコンレポート	2147
秋葉原は今	2135
浅草	0605, 1321〜1323, 1325
浅草いまむかし	3746
浅草上野の名工たち	3702
浅草・上野物語	2093
浅草裏譚	1326
浅草芸人	3731
浅草行進曲	3764
浅草子どもの歳時記	0526, 0536
浅草今昔展	1319
浅草三社祭	0535
浅草「三社祭の日」	0525
浅草老舗旦那のランチ	2251
浅草十二階	2252
浅草人力車男子	2248
浅草で、渥美清、由利徹、三波伸介、伊東四朗、東八郎、萩本欽一、ビートたけし…が歌った、踊った、喋った、泣いた、笑われた。	3753
浅草と高尾山の不思議	0599
浅草謎解き散歩	2250
浅草の唄	1699
浅草のおんな	3759
浅草の昭和を彩った人たち	3947

浅草東仲町五番地	1324
浅草風俗二十帖	1327
浅草文芸ハンドブック	3841
浅草木馬館日記	2257
浅草六区繁昌記	1328
浅草はなぜ日本一の繁華街なのか	2249
朝日新聞の記事にみる東京百歳	0859
麻布十番を湧かせた映画たち	3734
アジア独立と東京五輪（オリンピック）	0357
あしたば文化論	1633
アジールとしての東京	0068
あすへ息づく東京「農」の風景	3387
明日への東京宣言	2603
飛鳥山	1252
明日に伝える戦争体験	0967
アスファルトの下の江戸	0433
あたたかい地域社会を築くための指標	2692
足立区史跡散歩	2121
足立区における生涯学習社会のためのスポーツ振興策	3788
足立区の昭和	1062
足立区の法則	2052
足立風土記	1253
新しい旧石器研究の出発点野川遺跡	0703
「新しい公共」と新たな支え合いの創造へ	2717
敦子よ涼子よ輝一よ	1012
あなたの命を守る大地震東京危険度マップ	2883
あなたの隣にある「杉並病」	3225
アニメーションと多摩	3720
あの丘にのぼれば	2132
あの頃	0993
あの日、玉電があった	3584
あの女性がいた東京の街	1720
あの日の浅草	1320
あの日の神田・神保町	1118
あの日の銀座	1282
あの日の新宿	1307
あの日の日本橋	1299
あの日の府中	1415
あの日々の記憶	0942
あの名作の舞台	3875
アメ横の戦後史	1315
あやかしの深川	0537
怪しい駅 懐かしい駅	3512
アユ百万匹がかえってきた	2375
あゆみ	3813
荒川区史跡散歩	2119
荒川区全国一への挑戦	2701
あらかわとお野菜 都市とお野菜	3379
あらかわと職人の歴史世界	3209
あらかわと寄席	3743

「東京」がわかる本 4000冊　**317**

あらかわ　　　　　　　書名索引

荒川の昔 ･･････････････････････ 1096
荒川ふるさと文化館常設展示図録 ･･････ 1164
あらためて東京の景観を考える ･････････ 0165
ありがとよ築地 ････････････････････ 3421
ありし日の玉電 ････････････････････ 3590
歩いて描いて東京風情 ･･････････････ 1915
歩いて楽しむ江戸東京旧街道めぐり ･･････ 1931
歩いて愉しむ大江戸発見散歩 ･････････ 1961
歩いてみたい東京の坂 ･･･････ 1805, 1806
あるく渋谷川入門 ･････････････････ 2366
歩く知る江戸城と大名屋敷 ･･･････････ 0733
歩くヒント ･･･････････････････････ 2556
アール・デコ建築意匠 ･･････････････ 0283
アンダーグラウンドイベント東京 ･･･････ 0403

【い】

家主さんの大誤算 ･････････････････ 3029
家康はなぜ江戸を選んだか ･･･････････ 0825
異議あり！　新国立競技場 ･･･････････ 0383
異議あり！　都立高校の統廃合 ･･･････ 2946
異議あり！　臨海副都心 ･･･････････ 0185
粋なまち神楽坂の遺伝子 ･･･････････ 1082
生きる輝きに共感して ･･････････････ 2841
池波正太郎を "江戸地図" で歩く ･･････ 3857
池波正太郎の江戸東京を歩く ･････････ 3865
池波正太郎の東京・下町を歩く ･･･････ 3866
池袋チャイナタウン ･･･････････････ 2278
池袋西口戦後の匂い ･･･････････････ 1358
池袋のアジア系外国人 ･････････････ 2279
石川光陽写真展 ･･･････････････････ 1032
石川啄木夫妻東京時代の気象表 ･･････ 3068
石に刻まれた江戸・武蔵 ･･･････････ 2494
石原慎太郎くんへキミは「NO」と言えない
　････････････････････････････ 2662
石原慎太郎「5人の参謀」 ･･････････ 2657
石原慎太郎主義賛同!! ･････････････ 2652
石原慎太郎と巨大港湾利権 ･････････ 3607
石原慎太郎と都知事の椅子 ･････････ 2656
石原慎太郎の帝王学 ･･･････････････ 2608
石原慎太郎の東京大改革 ･･･････････ 2615
石原慎太郎の東京発日本改造計画 ･･････ 2611
石原慎太郎の「福祉改革」を徹底解剖する
　････････････････････････････ 2802
石原慎太郎の連隊旗 ･･･････････････ 2649
石原慎太郎「暴走老人」の遺言 ･･････ 2642
石原慎太郎妄言録 ･････････････････ 2643
石原慎太郎よ、退場せよ！ ･････････ 2647
「石原知事と議論する会」実施報告書
　･････････････････････ 2660, 2661
石原知事に挑戦状 ･････････････････ 2650

石原都政の検証 ･･･････････････････ 2601
石原都政副知事ノート ･････････････ 2605
伊豆大島元町民謡集 ･･･････････････ 0556
泉麻人の東京・七福神の町あるき ･･････ 0570
遺跡が語る東京の歴史 ･････････････ 0650
遺跡からみた江戸のゴミ ･･････ 3219, 3220
磯田光一著作集 ･･･････････････････ 0472
いたばし郷土史事典 ･･･････････････ 1165
板橋区史 ･･･････････････････ 1168,
　　　1182, 1196, 1197, 1207, 1220, 1227
板橋区史跡散歩 ･･･････････････････ 2115
板橋区立図書館郷土・行政資料総合目録
　･････････････････････ 0277, 0281
いたばし動物ものがたり ･･･････････ 0448
板橋70年のあゆみ ･･････････ 1152, 1153
板橋の遺跡 ･･････････････････････ 1242
板橋の絵図・絵地図 ･･･････････････ 2469
板橋の近代のあゆみ ･･･････････････ 1186
板橋の平和 ･･････････････････････ 0972
板橋ゆかりの人びと ･･･････････････ 1710
一言申しあげます。 ･･･････････････ 2700
市の音 ･････････････････････････ 0880
五日市憲法草案とその起草者たち ･･････ 2743
五日市憲法草案と深沢家文書 ･････････ 2751
五日市の百年 ････････････････････ 1525
一丁倫敦と丸の内スタイル ･････････ 1110
行ってもイイ精神科、ダメな精神科 ･････ 3166
稲城市史 ･･････････ 1515, 1529, 1542, 1576
稲城のあゆみ ････････････････････ 1573
稲城の覚悟 ･･････････････････････ 2716
井の頭自然文化園ガイド ･･･････････ 3155
井の頭自然文化園の70年 ･･･････････ 3153
井の頭昭和の街並み ･･･････････････ 1397
井の頭線沿線の1世紀 ･･････････････ 3536
命を守る東京都立川市の自治会 ･･･････ 2712
命の山・高尾山 ･･･････････････････ 2336
イマイチ君の東京トボトボ探検隊 ･･････ 2025
今だから話せる都営地下鉄の秘密 ･･････ 3473
今とむかし広重名所江戸百景帖 ･･････ 2473
いまむかし東京町歩き ･････････････ 1855
今よみがえる玉電の時代と世田谷の街 ･･･ 3582
「移民国家日本」と多文化共生論 ･･････ 2214
癒しと安らぎの東京名木を訪ねて ･･････ 3103
イヤーな東京スポットガイド ･･･････ 1988
いるか丘陵の自然観察ガイド ･･･････ 3051
いわゆるポルノ・コミックへの対応につい
て ････････････････････････ 2754

【う】

上野・浅草・隅田川歴史散歩 ･･･････ 1090

318　「東京」がわかる本 4000冊

書名索引　　　　　　　　　　　　　　　　　えとしよ

上野・浅草歴史散歩 ……………………… 1148
上野アンダーグラウンド ……………… 2243
「上野」時空遊行 ………………………… 1316
うえの下町見てある記 …………………… 2244
上野の山はパンダ日和 …………………… 3163
魚河岸怪物伝 ……………………………… 3434
浮世絵と古地図でめぐる江戸名所散歩 … 2497
浮世絵にみる江戸名所 …………………… 2567
浮世絵にみる北区の江戸時代 ………… 3674
浮世絵にみる北区の近代 ……………… 3672
埋もれた江戸 ……………………………… 0827
歌のなかの東京 …………………………… 3714
うちおり …………………………………… 3694
内田百閒文学散歩 ………………………… 3922
美しい東京 ………………………………… 0042
写された大田区 …………………………… 1259
写された港区 ………… 1123, 1132, 1136, 1138
うつりゆく吉祥寺 ………………………… 1627
移りゆく東京のくらし …………………… 0908
うまい江戸前漁師町 ……………………… 3405
海と千代田の6000年 ……………………… 1653
海辺再生 …………………………………… 2370
裏歌舞伎町まりあ横丁 …………………… 2197
海野弘の街あるき館さがし ……………… 0322

【え】

映画のなかの御茶ノ水 …………………… 3719
映画の中の東京 …………………………… 3751
映画の街とその時代 ……………………… 3755
英語で持ち歩く江戸・東京散歩地図 … 1902
ATG映画＋新宿 …………………………… 3740
えがかれた江戸時代の村 ………………… 1594
絵から読み解く江戸庶民の暮らし ……… 0397
駅員も知らない!? 東京駅の謎 ………… 3564
駅激戦区 人×商業 ……………………… 3505
駅名で読む江戸・東京 …………… 1784, 1790
絵暦・江戸の365日 ……………………… 0517
絵図にみる練馬 …………………… 2436, 2438
絵でみて歩く文京のまち ………………… 3678
絵で見る明治の東京 ……………………… 0878
絵で読む江戸の病と養生 ………………… 3172
江戸 ………………………………………… 0774
江戸浅草を語る …………………………… 0636
江戸いまむかし謎とき散歩 ……………… 2560
江戸色街散歩 ……………………………… 0405
江戸内海猟師町と役負担 ………………… 3401
「江戸」を歩く …………………………… 2003
江戸を歩く ………………………………… 1928
江戸を訪ねる東京のんびり散歩 ………… 1881
江戸をつくった土木技術 ………………… 3231

江戸おもしろ瓦版 ………………………… 0826
江戸学事典 ………………………………… 0210
江戸から東京へ ………… 0666〜0674, 0687, 0689
江戸から東京へ大都市TOKYOはいかにして
　つくられたか？ ………………………… 0646
江戸から東京そして今 …………………… 1818
江戸川区史跡散歩 ………………………… 2122
江戸川区の昭和 …………………………… 1072
江戸川区の昭和史 ………………………… 1273
絵解きあらかわの浮世絵 ………………… 3677
絵解き江戸っ子語大辞典 ………………… 3833
〈絵解き〉江戸の暮らしと二十四節気 …… 0479
江戸切絵図を読む ………………………… 2457
江戸切絵図今昔散歩 ……………………… 2431
江戸切絵図と東京名所絵 ………………… 2448
江戸近郊ウォーク ………………………… 1982
江戸近郊道しるべ ………………………… 1848
江戸芸能散歩 ……………………………… 3761
江戸下水の町触集 ………………………… 3249
江戸見物と東京観光 ……………………… 1935
江戸考証読本 ………………………… 0393, 0394
江戸語事典 ………………………………… 3832
江戸古社70 ………………………………… 0598
江戸古寺70 ………………………………… 0625
江戸古地図散歩 …………………………… 2418
江戸暦・江戸暮らし ……………………… 0480
江戸ごよみ十二ヶ月 ……………………… 0491
江戸歳時記 ………………………………… 0423
江戸最盛期の神田祭絵巻 ………………… 0481
江戸三十三観音めぐり …………………… 0634
江戸300年の暮らし大全 ………………… 0395
江戸散歩 …………………………… 1825, 1826
江戸寺社大名庭園 ………………………… 0558
江戸四宿 …………………………………… 0787
江戸四宿を歩く …………………………… 2545
江戸史跡事典 ………………………… 2516〜2518
江戸時代に生まれた庶民信仰の空間 …… 0608
江戸時代に描かれた多摩の風景 ………… 2425
江戸時代の江戸の税制と明治六年地租改正
　法公布 …………………………………… 0820
江戸時代の八王子宿 ……………………… 0829
『江戸市』誕生 …………………………… 1861
絵と写真でたどる台東の文化と観光 …… 1126
江戸城を歩く ……………………………… 0746
江戸城が消えていく ……………………… 2437
江戸城下町における「水」支配 ………… 3265
江戸城三十六見附を歩く ………………… 0770
江戸上水・東京水道400周年記念事業記録
　………………………………………… 3282
江戸上水道の歴史 ………………………… 3244
江戸上水の技術と経理 …………………… 3263
江戸上水配水樋配管路の復現図作成につい

「東京」がわかる本 4000冊　**319**

えとしよ　　　　　　　書名索引

て …………………………… 3277	江戸東京職業図典 ………………………… 3371
江戸城と大名屋敷を歩く ……………… 0786	江戸東京職人の名品 ……………………… 3695
江戸城七不思議 …………………… 0544	江戸Tokyoストリートファッション ……… 2967
江戸城の縄張りをめぐる ……………… 0740	江戸・東京石碑を歩く ………………… 1903
「江戸〜昭和」の歴史がわかる東京散歩地図	江戸・東京石仏ウォーキング ………… 3669
………………………………… 1929	江戸東京千年の土魂を探る …………… 0649
江戸人のしきたり ……………………… 0410	江戸東京大地図 ………………………… 2470
江戸図の世界 …………………………… 2426	江戸東京たてもの園物語 ……………… 0323
江戸隅田川界隈 ………………………… 2387	江戸・東京地形学散歩 ………………… 3065
江戸生活事典 …………………………… 0424	「江戸・東京」地名を歩く …………… 1788
江戸生業物価事典 ……………………… 0438	江戸東京地名事典 ……………………… 1815
江戸大名庭園の魅力 …………………… 0195	江戸東京地名辞典 ……………………… 1772
えどちりquestion …………… 0748, 0750	江戸・東京通物語 ……………………… 1886
江戸っ子語絵解き辞典 ………………… 3829	江戸東京伝説散歩 ……………………… 0571
江戸っ子語のイキ・イナセ …………… 3831	江戸東京における首都機能の集中 …… 0064
江戸っ子歳事記 ………………………… 0487	江戸東京年表 …………………………… 0660
「江戸っ子」事典 ……………………… 0429	江戸・東京農業名所めぐり …………… 3383
江戸っ子の生活 ………………………… 0692	江戸東京の噂話 ………………………… 0543
江戸っ子はなぜ宵越しの銭を持たないの	江戸東京のエコロジー ………………… 0444
か？ …………………………… 0413	江戸・東京の大地震 …………………… 2872
江戸で暮らしてみる …………………… 0440	江戸・東京の下水道のはなし ………… 3271
江戸天下祭絵巻の世界 ………………… 0482	江戸東京残したい地名 ………………… 1767
江戸東京を歩く宿場 …………………… 2561	江戸・東京の三十三所 ………………… 0618
江戸東京をつくった偉人鉄人 ………… 1711	江戸・東京の四季窓 …………………… 3384
江戸・東京を造った人々 …… 0658, 0659	江戸東京の寺社609を歩く ……… 0567, 0568
江戸東京を読む ………………………… 0690	江戸・東京の地震と火事 ……………… 2889
江戸・Tokyo陰陽百景 ………………… 0573	江戸東京の自然を歩く ………………… 3046
江戸東京学 ……………………………… 0053	江戸＝東京の下町から ………………… 0003
江戸東京学への招待 ………… 0069〜0071	江戸東京の下町と考古学 ……………… 0642
江戸・東京学研究文献案内 …………… 0278	江戸・東京の老舗地図 ………………… 1934
江戸・東京学事始め …………………… 0082	江戸東京の庶民信仰 …………………… 0587
江戸・東京学雑誌論文総覧 …………… 0272	江戸・東京の水利探訪 ………………… 3247
江戸東京学事典 ………………………… 0209	江戸・東京の地図と景観 ……………… 1800
「江戸—東京」河岸綺譚 ……………… 2394	江戸・東京の地名 ……………………… 1775
江戸・東京川と暮し …………………… 0682	江戸東京の地名散歩 …………………… 1756
江戸東京《奇想》徘徊記 ……………… 1926	江戸・東京の地理と地名 ……………… 1776
江戸・東京近郊の史的空間 …………… 0657	江戸東京の庭園散歩 …………………… 0198
江戸・東京暮らしを支えた動物たち … 3148	江戸・東京の都市史 …………………… 0095
江戸/東京芸能地図大鑑 ……………… 3749	江戸・東京の「謎」を歩く …………… 1869
江戸・東京語研究 ……………………… 3820	江戸東京の年中行事 …………………… 0511
江戸東京古地図 ………………………… 2443	江戸・東京の被差別部落の歴史 ……… 2791
江戸東京ご利益散歩 …………………… 0580	江戸東京の民俗芸能 …………………… 0523
江戸東京歳時記 ………………………… 0506	江戸・東京のやきもの ………………… 3699
江戸東京坂道事典 ……………………… 1786	江戸・東京の歴史と地理 ……………… 0648
江戸・東京坂道ものがたり …………… 1763	江戸東京の路地 ………………………… 0656
「江戸・東京」坂道物語 ……………… 1785	江戸東京博物館 ………………… 0309, 0326
江戸・東京事件を歩く ………………… 2857	江戸東京博物館 江戸東京たてもの園 20年
江戸東京史跡マップ …………………… 2563	のあゆみ ……………………… 0287
江戸・東京下町の歳時記 ……………… 0483	江戸東京幕末維新グルメ ……………… 2980
江戸〜東京下町の水害 ………………… 2878	江戸・東京橋ものがたり ……………… 3288
江戸東京実見画録 ……………………… 0400	江戸・東京88の謎 ……………………… 1750
江戸東京自由大学 ……………………… 0681	江戸・東京早まわり歴史散歩 ………… 1969

320　「東京」がわかる本 4000冊

江戸東京はやり信仰事典	0584	江戸の自然誌と小石川	3037
江戸・東京百名山を行く	2565	江戸の春秋	0513
江戸・東京百景今昔	2466	江戸の上水・下水	3251
江戸・東京百景広重と歩く	1887	江戸の上水道と下水道	3243
江戸東京文化論	0685	江戸の食卓に学ぶ	2975
江戸東京魔界紀行	0574	江戸の職人	3210
江戸・東京間違いだらけの地名の由来	1744	江戸の職人その「技」と「粋」な暮らし	3203
江戸東京まちづくり物語	0182	江戸の食文化	3011
江戸・東京「名所散策」今・昔	2493	江戸の城と川	2364
江戸東京木材史	3393, 3394	江戸の新興宗教	0588
江戸東京〈もの〉がたり	0436	江戸の神社・お寺を歩く	0565, 0566
江戸東京物語	0661〜0663, 0677, 0678	江戸の神社と都市社会	0592
江戸・東京ものしり図典	0211	江戸の水道	3241
江戸東京野菜	3375, 3376	江戸の醍醐味	2081
江戸・東京ゆうゆう散歩	2496	江戸の大名菩提寺	0603
江戸・東京ゆかりの野菜と花	3390	江戸の大名屋敷	0810, 0817
江戸東京落語散歩	3738	江戸の大名屋敷を歩く	0809
「江戸・東京」歴史人物散歩	1930	江戸の地図屋さん	2445
江戸・東京歴史の散歩道		江戸の手わざ	3207
2537, 2538, 2544, 2546, 2549, 2554		江戸の都市空間	0024
江戸東京歴史文学散歩	2481	江戸の都市計画	0784, 0785
江戸・東京歴史ミステリーを歩く	1875	江戸の土地問題	0758
江戸・東京歴史物語	2540	江戸の夏	0520
江戸・東京はどんな色	0452	江戸のなりたち	0749, 0752, 0753
江戸東京湾事典	1661	江戸の人情「長屋」がわかる	0432
江戸動物図鑑	3140	江戸の橋	3290
江戸と江戸城	0736	江戸の人になってみる	0478
江戸と東京の坂	2420	江戸の風格	0747
江戸と東京風俗野史	0443	江戸の風景	0769
江戸内湾の湊と流通	3610	江戸の町を歩いてみる	0778
江戸ねこ漫歩記	1907	江戸の町並みを描く	2417
江戸の穴	0795	江戸の町並み景観復元図	0761, 0764
江戸の祈り	0577	江戸の町は骨だらけ	0759
江戸の大普請	0815	江戸のミクロコスモス	0818
江戸の陰陽師	0578	江戸の水―玉川上水と新宿	0789
江戸の街道を歩く	2480	江戸のみちはアーケード	0680
江戸の開府と土木技術	3230	江戸の名所	0741
江戸の快楽	2188	江戸の野菜	3380
江戸の川あるき	2385	江戸の闇・魔界めぐり	0547
江戸の川と上水	2386	江戸の夕栄	0756
江戸の川・復活	2369	江戸の幽明	1745
江戸の旧跡 江戸の災害	2886	江戸の養生所	3170
江戸のくらし	0828	江戸のリッチモンド	1139
江戸の下水道	3234	江戸賣笑記	0408
江戸の下水道を探る	3253	江戸・幕末を切絵図で歩く	2427
江戸の古地図で東京を歩く本	2434	江戸発掘	0727
江戸の歳事風俗誌	0502	江戸繁昌記の世界	0461
江戸の祭礼屋台と山車絵巻	0476	江戸百景今昔	2503
江戸の坂	1778	江戸風俗東都歳時記を読む	0522
江戸の坂 東京の坂	1762	江戸風鈴―篠原儀治さんの口語り	3689
江戸のしきたり	0421	江戸深川猟師町の成立と展開	1124
江戸の仕事づくし	3370	江戸府内絵本風俗往来	0392

えとふん　　　　書名索引

江戸文学ウォーキング	3900
江戸文学地名辞典	3848
江戸文化と東京文化	0664
江戸前	1659
江戸前魚食大全	2970
江戸前漁撈と海苔	3006
江戸前の魚喰いねぇ！	3402
江戸前の環境学	2359
江戸前のさかな	2993
「江戸前」の魚（さかな）はなぜ美味しいのか	
	3000
江戸前の素顔	2981, 3008
江戸・町づくし稿	0763, 0765, 0766, 0768
江戸村方騒動顛末記	0824
江戸名刹巡礼	0627
江都名所図会	2471
江戸名所図会を読む	2468, 2477
『江戸名所図会』厳選50景	2441
江戸名所図会事典	2430
『江戸名所図会』でたずねる多摩	2412
『江戸名所図会』でたどる新宿名所めぐり	
	2455
江戸名所図会の世界	2452
江戸名所の謎	2502
江戸名所花暦	2566
江戸名物を歩く	2507
江戸彩東京噂の下町	0465
江戸屋敷三〇〇藩いまむかし	2508
江戸落語の舞台を歩く	3728
江戸はこうして造られた	0782
江戸湾をめぐる中世	1656
江戸湾の歴史	1662
絵のなかの東京	3685
F/T09ドキュメント	3736
F/T10ドキュメント	3733
F/T11ドキュメント	3730
F/T12ドキュメント	3729
F/T13ドキュメント	3725
絵本・落語風土記	3741
MPのジープから見た占領下の東京	1058
エロとまんがと育成条例	2747
縁側のこどもたち	1613
円楽の大江戸なんでも番付	0391

【お】

おいしい東京の手みやげ	3012
おいてけ堀	0549
老いて都市に暮らす	2843
おいでよ森へ	3400
青梅市史	1524

青梅宿	1489
青梅地域史文献目録	0264
青梅の名宝	3657
お江戸案内パッケージツアーガイド	1912
お江戸週末散歩	1956
お江戸超低山さんぽ	1909
お江戸寺町散歩	0612
お江戸の地名の意外な由来	1791
お江戸のニコニコ人情暮らし	0419
お江戸の名所検定	2499
お江戸の名所の意外なウラ事情	2505
お江戸八百八町地下探険図録	0793
大井	1135
大江戸アウトドア	0861
大江戸商い白書	3407
大江戸を歩く	0762
大江戸花鳥風月名所めぐり	3042
大江戸古地図散歩	2423
大江戸今昔マップ	2407
大江戸坂道探訪	1748
大江戸散歩絵図	1990
大江戸事件帖お散歩マップ	2854
大江戸「事件」歴史散歩	2850
大江戸寺社繁昌記	0563
大江戸庶民のあっと驚く生活考	0435
大江戸透絵図	0772
大江戸線をゆく	3542
大江戸タイムスリップ・ウォーキング	0744
大江戸探見	0743
大江戸鳥瞰図	0737
大江戸「伝馬町」ヒストリー	0751
大江戸時の鐘音歩記	2542
大江戸と洛中	0735
大江戸日本橋絵巻	2446
大江戸の正体	0760
大江戸の春	0516
大江戸幕末今昔マップ	2414
大江戸橋ものがたり	3291
大江戸八百八町展	0775
大江戸八百八町と町名主	0745
大江戸100景地図帳	2422
大江戸風俗往来	0428
大江戸ぶらり切絵図散歩	2467
大江戸魔方陣	0586
大江戸めぐり	0620, 0767
大江戸歴史事件現場の歩き方	2852
大江戸路地裏人間図鑑	0546
大岡越前の構造改革	0813
大國魂神社の歳時記	0596
大久保コリアンタウンの人たち	2049
オオクボ都市の力	2211
大澤正雄60年代の東京の図書館を語る	0310

322　「東京」がわかる本　4000冊

書名索引　　　　　かえいけ

大島鎌吉の東京オリンピック ‥‥‥‥‥ 0356
大千住展 ‥‥‥‥‥‥‥‥‥‥‥‥‥‥ 1079
大田区遺跡地図 ‥‥‥‥‥‥‥‥‥‥‥ 0729
大田区ウォーキングガイド ‥‥‥‥‥‥ 2094
大田区古墳ガイドブック ‥‥‥‥‥‥‥ 0728
大田区史 ‥‥ 1208, 1224, 1234, 1254, 1274, 1277
大田区史跡散歩 ‥‥‥‥‥‥‥‥‥‥‥ 2127
大田区・品川区関連の戦国と幕末 ‥‥‥‥ 1107
大田区品川区なつかしの写真館 ‥‥‥‥ 1085
大田区スタイル ‥‥‥‥‥‥‥‥‥‥‥ 3200
大田区の法則 ‥‥‥‥‥‥‥‥‥‥‥‥ 2048
大田区立郷土博物館所蔵文学関係資料目録
　　　‥‥‥‥‥‥‥‥‥‥‥‥‥‥‥ 3842
大田ことがら事典 ‥‥‥‥‥‥‥‥‥‥ 2084
大田文学地図 ‥‥‥‥‥‥‥‥‥‥‥‥ 3853
大昔の大田区 ‥‥‥‥‥‥‥‥‥‥‥‥ 1198
大昔の国分寺 ‥‥‥‥‥‥‥‥‥‥‥‥ 1536
大森界隈職人往来 ‥‥‥‥‥‥‥‥‥‥ 3204
大森蒲田ことがら事典 ‥‥‥‥‥‥‥‥ 2105
小笠原クロニクル ‥‥‥‥‥‥‥‥‥‥ 1636
小笠原ことばしゃべる辞典 ‥‥‥‥‥‥ 3839
小笠原自然観察ガイド ‥‥‥‥‥‥‥‥ 3033
小笠原自然年代記 ‥‥‥‥‥‥‥‥‥‥ 3049
小笠原植物図譜 ‥‥‥‥‥‥‥‥‥‥‥ 3105
小笠原諸島 ‥‥‥‥‥‥‥‥‥‥‥‥‥ 2347
小笠原諸島固有植物ガイド ‥‥‥‥‥‥ 3085
小笠原諸島における日本語の方言接触 ‥‥ 3838
小笠原諸島に学ぶ進化論 ‥‥‥‥‥‥‥ 3079
小笠原諸島母島戦争小史 ‥‥‥‥‥‥‥ 0973
小笠原の植物フィールドガイド ‥‥ 3095, 3106
小笠原100の素顔 ‥‥‥‥‥‥‥ 2349, 2350
小笠原緑の島の進化論 ‥‥‥‥‥‥‥‥ 3083
小笠原は楽園 ‥‥‥‥‥‥‥‥‥‥‥‥ 3115
荻窪家族プロジェクト物語 ‥‥‥‥‥‥ 3014
奥多摩讃花 ‥‥‥‥‥‥‥‥‥‥‥‥‥ 3117
奥多摩・多摩の百山 ‥‥‥‥‥‥‥‥‥ 2303
奥多摩・秩父100の山と峠 ‥‥‥‥‥‥ 2313
奥多摩に生きる動物たち ‥‥‥‥‥‥‥ 3145
奥多摩の世間話 ‥‥‥‥‥‥‥‥‥‥‥ 0540
奥多摩歴史物語 ‥‥‥‥‥‥‥‥‥‥‥ 1553
奥東京湾の貝塚文化 ‥‥‥‥‥‥‥‥‥ 0700
奥山熊雄の八丈島古謡 ‥‥‥‥‥‥‥‥ 0553
桶屋一代江戸を復元する ‥‥‥‥‥‥‥ 0442
お座敷遊び ‥‥‥‥‥‥‥‥‥‥‥‥‥ 2255
小澤典代の東京ハンドメイド ‥‥‥‥‥ 3191
小津安二郎をたどる東京・鎌倉散歩 ‥‥ 3748
小津安二郎と「東京物語」 ‥‥‥‥‥‥ 3726
おそ松さん英語で東京案内 ‥‥‥‥‥‥ 1824
小田急沿線の近現代史 ‥‥‥‥‥‥‥‥ 3491
小田急沿線の不思議と謎 ‥‥‥‥‥‥‥ 3506
小田急線沿線の1世紀 ‥‥‥‥‥‥‥‥ 3527
小田急電鉄各駅停車 ‥‥‥‥‥‥‥‥‥ 3495

小田急バス・立川バス ‥‥‥‥‥‥‥‥ 3449
「お玉ケ池」散策 ‥‥‥‥‥‥‥‥‥‥ 3168
お寺が守る都市の緑地 ‥‥‥‥‥‥‥‥ 0196
お寺で遊ぶ東京散歩 ‥‥‥‥‥‥‥‥‥ 0613
お寺巡り健康法 ‥‥‥‥‥‥‥‥‥‥‥ 0633
大人が選ぶ東京ふれあいサークル ‥‥‥ 2951
大人のための東京散歩案内 ‥‥‥‥‥‥ 1922
大人の東京散歩 ‥‥‥‥‥‥‥‥ 1033, 1872
乙女の東京 ‥‥‥‥‥‥‥‥‥‥‥‥‥ 1916
鬼がゆく ‥‥‥‥‥‥‥‥‥‥‥‥‥‥ 0485
「鬼平」と江戸の町 ‥‥‥‥‥‥‥‥‥ 3862
鬼平犯科帳を歩く ‥‥‥‥‥‥‥‥‥‥ 3889
おはなし世田谷史 ‥‥‥‥‥‥ 1345〜1347
オフィス・ナウ‐東京街語り ‥‥‥‥‥ 0128
オフィス・ナウ‐東京物語り ‥‥‥‥‥ 0143
思川 ‥‥‥‥‥‥‥‥‥‥‥‥‥‥‥‥ 2810
想いDE写真館 ‥‥‥‥‥‥‥‥‥‥‥ 1264
思い出の町汐入 ‥‥‥‥‥‥‥‥‥‥‥ 1137
表参道を歩いてわかる現代建築 ‥‥‥‥ 3307
表参道が燃えた日 ‥‥‥‥‥‥‥ 0934, 0937
お役所サービス（得）ガイド ‥‥‥‥‥ 2582
お役人さま！ ‥‥‥‥‥‥‥‥‥‥‥‥ 2623
オーラル・ヒストリー多摩ニュータウン ‥ 0117
オーラル・ヒストリーの可能性 ‥‥‥‥ 3215
オリンピック・シティ東京 ‥‥‥‥‥‥ 0336
オリンピックの光と影 ‥‥‥‥‥‥‥‥ 0387
オリンピック・パラリンピック大百科 ‥‥ 0330
音楽の殿堂 ‥‥‥‥‥‥‥‥‥‥‥‥‥ 3709
音楽は心で奏でたい ‥‥‥‥‥‥‥‥‥ 2917
女友だちにすすめたいもっと素敵な東京遊
　泳術 ‥‥‥‥‥‥‥‥‥‥‥‥‥‥‥ 1987
「御宿かわせみ」東京下町散歩 ‥‥‥‥ 3886
陰陽道古都魔界ツアー ‥‥‥‥‥‥‥‥ 0579

【か】

解 ‥‥‥‥‥‥‥‥‥‥‥‥‥‥‥‥‥ 2853
絵画にみる時代の情景 ‥‥‥‥‥‥‥‥ 3676
開化の東京を探検する ‥‥‥‥‥‥‥‥ 0891
解決する力 ‥‥‥‥‥‥‥‥‥‥‥‥‥ 2592
開港七十年「新・羽田空港」をデザインする
　　　‥‥‥‥‥‥‥‥‥‥‥‥‥‥‥ 3601
回想の東京急行 ‥‥‥‥‥‥‥‥ 3546, 3548
海賊 ‥‥‥‥‥‥‥‥‥‥‥‥‥‥‥‥ 1654
ガイドブック五日市憲法草案 ‥‥‥‥‥ 2745
ガイドブック東京の戦争・平和 ‥‥‥‥ 0974
ガイドブックには載っていない東京裏観光
　スポット ‥‥‥‥‥‥‥‥‥‥‥‥‥ 1840
開発を見つめた石仏たち ‥‥‥‥‥‥‥ 3667
解＋ ‥‥‥‥‥‥‥‥‥‥‥‥‥‥‥‥ 2849
嘉永・慶応新・江戸切絵図 ‥‥‥‥‥‥ 2428

「東京」がわかる本 4000冊　**323**

かえる　　　　　　　書名索引

変える！ ……………………………… 2618
画家たちが描く大島の風景 …………… 3681
学園都市くにたち‐誕生のころ ……… 1503
学生弓友 ………………………………… 3800
学童疎開空腹物語 ……………………… 0947
学童保育ここに始まる ………………… 2836
神楽坂がまるごとわかる本 …………… 1130
かけがえのない東京湾を次世代に引き継ぐ
　ために ……………………………… 3229
葛西城と古河公方足利義氏 …………… 1364
葛西城とその周辺 ……………………… 1368
葛西臨海水族園20周年記念誌 ………… 3159
火山伊豆大島スケッチ ………………… 2343
風の交叉点 …………… 2824, 2826, 2828, 2829
風の散歩道 ……………………………… 2007
語り継ぐ赤坂・青山あの日あの頃 … 1069, 1088
語り継ぐ東京大空襲いま思い考えること
　……………………………… 1004, 1014, 1015
ガチャピン・ムックのゆっくりゆったり東京
　散歩 ………………………………… 1921
活気にあふれた江戸の町『煕代勝覧』の日本
　橋 …………………………………… 2439
学校が泣いている ……………………… 2936
学校から言論の自由がなくなる ……… 2904
学校に自由の風を！ …………………… 2919
学校は雑木林 …………………………… 2903
葛飾遺跡探訪 …………………………… 1369
葛飾区史跡散歩 ………………………… 2285
葛飾区の昭和 …………………………… 1360
葛飾区の昭和史 ………………………… 1373
葛飾区立図書館所蔵葛飾コレクション図録
　……………………………………… 0258
かつしかの地名と歴史 ………………… 2284
かつしか街歩きアーカイブス …… 1362, 1365
かつしか物語 …………………………… 0468
葛探写真館「かつしか昭和の風景」… 1367
角川日本地名大辞典 …………………… 1807
荷風片手に東京・市川散歩 …………… 3933
荷風と歩く東京いまむかし …………… 3926
荷風と明治の都市景観 ………………… 3930
荷風と私の銀座百年 …………………… 3936
荷風2時間ウォーキング ……………… 3944
荷風日和下駄読みあるき ……………… 3939
歌舞伎町 ………………………………… 2200
歌舞伎町アウトロー戦記 ……………… 2213
歌舞伎町アウトロー伝説 ……………… 2196
歌舞伎町アンダーグラウンド ………… 2229
歌舞伎町アンダーワールド …………… 2232
歌舞伎町案内人 ………………… 2217, 2227
歌舞伎町裏街道 ………………………… 2203
歌舞伎町がもし100人の村だったら … 2230
歌舞伎町シノギの人々 ………………… 2226

歌舞伎町事変 …………………………… 2220
歌舞伎町スナイパー …………………… 2194
歌舞伎町ちんじゃら行進曲 …………… 2239
歌舞伎町と死闘した男 ………………… 2215
歌舞伎町ドリーム ……………………… 2228
歌舞伎町のこころちゃん ……………… 2210
歌舞伎町の住人たち …………………… 2223
歌舞伎町の中国女 ……………………… 2224
歌舞伎町未解決事件 …………………… 2856
歌舞伎町・ヤバさの真相 ……………… 2207
歌舞伎町より愛をこめて ……………… 2204
歌舞伎町ラブホテル夜間清掃員は見た！
　……………………………………… 2198
歌舞伎町はなぜ〈ぼったくり〉がなくならな
　いのか ……………………………… 2191
鏑木清方江戸東京めぐり ……………… 3673
鎌倉河岸捕物控街歩き読本 …………… 3868
ガマちゃんの松島物語 ………………… 1361
カメラと歩く東京の下町 ……………… 1870
烏山寺町 ………………………………… 0607
カラーでよみがえる東京 ……………… 0832
空堀川橋ものがたり …………………… 3294
ガールズ・アー・オールライト ……… 2786
川跡からたどる江戸・東京案内 ……… 2362
河合敦のぶらり大江戸時代劇散歩 …… 2495
「川」が語る東京 ……………………… 2380
川の地図辞典 …………………… 2353, 2358
川辺の昆虫カメラ散歩 ………………… 3146
環境アセスメントは、これでよいのか … 3228
環境革命時代の建築 …………………… 0162
環境貢献都市東京のリ・デザイン …… 0111
観光コースでない東京 ………………… 2534
環状線でわかる東京の鉄道網 ………… 3483
感じる服考える服 ……………………… 2963
元祖・玉乗曲芸大一座 ………………… 3762
元祖諏訪東京ことはじめ ……………… 0890
神奈川河畔物語 ………………………… 2360
神奈川再発見 …………………………… 2368
神田川遡上 ……………………………… 2376
神田祭 …………………………………… 0477
神田万世橋まち図鑑 …………………… 2050
関東戦乱 ………………………………… 0800
関東大震災 ……………………………… 0909
関東大震災を歩く ……………………… 0911
関東大震災と東京の復興 ……………… 0912
関東大震災と復興の時代 ……………… 0910
観音の道に誘われて …………………… 0621
がんばれ青島、くたばれゼネコン政治 … 2625
がんばれ！　商店街 …………………… 3417
「がんばれ！ニッポン！」‐号外は語るふた
　つの東京オリンピック …………… 0338
「完本」大江戸料理帖 ………………… 3003

324　「東京」がわかる本 4000冊

書名索引　　　　　　　　　　　　　きんさも

完本・建築探偵日記 ………………… 3341

【き】

樹 ……………………………………… 3125
消えた大江戸の川と橋 ……………… 3292
消えた街角 …………………………… 0865
消えたモダン東京 …………………… 3339
消えていく島言葉 …………………… 3836
消える「新宿二丁目」………………… 2209
記憶と再生 …………………………… 0298
記憶としての建築空間 ……………… 3330
記憶の中の風景 ……………………… 1344
記憶のなかの街渋谷 ………………… 1356
企画コーナー展示新選組誕生前夜 …… 1089
聞き書き築地で働く男たち ………… 3425
聞き書き・日野の昭和史を綴る …… 1543
技師たちがみた江戸・東京の風景 …… 0116
季節のたより ………………………… 3104
北区を想う …………………………… 1083
北区郷土誌 ………………… 1187, 1243
北区こぼれ話 ………………………… 1078
北区史 ………… 1209〜1215, 1217, 1218,
　　1221, 1228〜1231, 1233, 1235, 1238, 1247, 1248
北区史跡散歩 ………………………… 2113
北区の生いたち ……………………… 1203
吉祥寺が『いま一番住みたい街』になった理
　　由 ………………………………… 1628
吉祥寺消えた街角 …………………… 1630
吉祥寺スタイル ……………………… 2341
吉祥寺ハモニカ横丁のつくり方 …… 2338
吉祥寺「ハモニカ横丁」物語 ……… 2339
吉祥寺横丁の逆襲 …………………… 2340
きちぽん ……………………………… 2342
議長席から見た石原都知事を語る …… 2655
絹の道べに生きて …………………… 1731
希望は生徒 …………………………… 2896
木村ようじの都政エッ！セイ ……… 2604
Q&Aで読む・とうきょうプラン …… 0170
旧浅草區まちの記憶 ………………… 2253
旧日活大映村 ………………………… 3718
教育委員を住民の手で ……………… 2934
教育自治と住民参加 ………………… 2933
教員・公務員の業績評価制度を問う …… 2616
郷愁の喫茶を訪ねて ………………… 2992
教師は二度、教師になる …………… 2902
行政サービス（得）活用法 ………… 2585
強制で、歌声はあがらない ………… 2910
協働のまちづくり …………………… 2724
郷土史檜原村 ………………………… 1517
郷土資料事典 ………………………… 2562

郷土東京の歴史 ……………………… 0675
今日も銀座へ行かなくちゃ ………… 2176
今日も動物園日和 …………………… 3164
今日ものんびり都電荒川線 ………… 3592
きょうは、とくべつ… ……………… 3651
清瀬異聞 ……………………………… 2722
清瀬・村から町へ、そして市へ …… 1416
巨大芸術東京湾アクアライン ……… 3296
巨大地震と大東京圏 ………………… 2884
巨大都市東京の計画論 ……………… 0191
巨大防衛都市・東京の隠された真実 …… 0120
銀座 ………………… 1286, 2172, 2181
銀座一期一会 ………………………… 2182
銀座を歩く …………………………… 2165
銀座が俺の学校だった ……………… 1289
銀座が先生 …………………………… 2155
銀座建築探訪 ………………………… 3312
銀座細見 ……………………………… 2179
GINZAしあわせ ……………………… 2161
銀座・資本論 ………………………… 2153
銀座十二章 …………………………… 1291
銀座上々 ……………………………… 2170
銀座育ち ……………………………… 1292
銀座大好き …………………………… 1288
銀座通§道頓堀通 …………………… 2160
銀座で素人が始めたファンが続々と生まれ
　　る看板のないワインバーの仕組み …… 2149
銀座と資生堂 ………………………… 2159
銀座と戦争 …………………………… 0980
銀座と文士たち ……………………… 3954
銀座にはなぜ超高層ビルがないのか …… 2157
銀座の粋を巡る ……………………… 2168
銀座の神々 …………………………… 0590
銀座の酒場を歩く …………………… 2148
銀座のショーウインドウ …………… 2171
銀座の職人さん ……………………… 3208
銀座の世紀 …………………………… 2174
銀座の達人たち ……………………… 1702
銀座のバーがウイスキーを70円で売れるワ
　　ケ ………………………………… 2150
銀座のプロは世界一 ………………… 2167
銀座の柳物語 ………………………… 1285
銀座はやり歌 ………………………… 3715
銀座101人 …………………………… 2183
銀座百話 ……………………………… 1279
銀座book ……………………………… 1294
銀座マーケティング ………………… 2169
銀座街の物語 ………………………… 1284
銀座ミツバチ奮闘記 ………………… 2158
銀座ミツバチ物語 ………… 2152, 2164
銀座モダンと都市意匠 ……………… 2180
銀座物語 ……………………………… 1290

「東京」がわかる本 4000冊　**325**

きんさよ　　　　　　　　　　　　　書名索引

銀座四丁目交差点 ……………………… 2175
銀座四百年 …………………………… 1283
銀座歴史散歩地図 …………………… 2151
近世江戸商業史の研究 ……………… 3410
近世江戸の「地下室」に関する考古学的研究
　　…………………………………… 0814
近世江戸の都市法とその構造 ……… 0807
近世江戸のはじまり ………………… 0812
近世首都論 …………………………… 0038
近世の開発と村のくらし …………… 1393
近世八王子の研究 …………………… 1612
近代医学のヒポクラテスたち ……… 3167
近代建築散歩 ………………………… 3323
近代戦争のあゆみと戦時下の福生 … 0940
近代東京の下層社会 ………………… 2806
近代東京の私立中学校 ……………… 2935
「近代東京の住まい」報告書 ……… 3344
近代日本と小笠原諸島 ……………… 1634
近代日本の形成と地域社会 ………… 1436
近代文化の原点—築地居留地 … 0886, 0893, 0896
「銀ブラ」の語源を正す …………… 2156
銀幕の銀座 …………………………… 3732
銀幕の東京 …………………………… 3758

【く】

クイズ東京23区格付けチェック ………… 2095
空港のとなり町羽田 ………………… 1225
空撮大東京 …………………………… 1819
空襲記 ………………………………… 0928
空襲に追われた被害者たちの戦後 … 0997
苦難の日々も ………………………… 0975
国立景観訴訟 ………………………… 2860
国立市史 ………………………… 1564, 1586
「くにたち大学町」の誕生 ………… 2291
くにたちの年中行事 ………… 0499, 0503
くにたちの祭り ……………………… 0507
くにたちの歴史 ……………………… 1535
ぐにゃり東京 ………………………… 0035
句碑めぐりひとめぐり ……………… 3914
雲取山よもやま話 …………………… 3052
クラシックカメラ・トイカメラ百機で撮った
　　東京百景 ………………………… 1878
暮らしに生かす江戸の粋 …………… 3697
ぐるぐるヤ→ミ→プロジェクト …… 3624
ぐるり一周34.5キロJR山手線の謎 … 3526
黒い都知事石原慎太郎 ……………… 2644
黒潮の考古学 ………………………… 1642
グローバルフロント東京 …………… 0124
鍬形蕙斎・江都名所図会の世界 …… 2472
軍国昭和東京庶民の楽しみ ………… 0882

群像豊島の文化人 …………………… 1733
〈群島〉の歴史社会学 ……………… 1632

【け】

京王沿線ぶらり歴史散歩 …………… 3516
京王線・井の頭線沿線の不思議と謎 … 3496
京王線謎解き散歩 …………………… 3514
京王線歴史散歩 ……………………… 3556
京王電鉄各駅停車 …………………… 3497
京王バス　西東京バス ……………… 3444
景観にかける ………………………… 2862
京急沿線謎解き散歩 ………………… 3511
京急沿線の不思議と謎 ……………… 3498
京急電鉄各駅停車 …………………… 3501
芸者の粋と意地 ……………………… 0422
京成沿線歴史散歩 …………………… 3513
京成の駅今昔・昭和の面影 ………… 3509
激撮！　歌舞伎町24時 ……………… 2195
激撮!! ストリートスクープ ………… 2225
激動下の教育 ………………………… 2931
激動東京五輪1964 …………………… 0345
激動の時代に ………………………… 2636
激烈、多摩の近代 …………………… 1582
結節点としての渋谷 ………………… 1353
決戦 …………………………………… 0797
決戦！　八王子城 …………………… 1609
決断する力 …………………………… 2594
健康づくり活動団体に関する調査報告書
　　…………………………………… 3787
検証　教育改革 ……………………… 2905
検証築地移転 ………………………… 3423
検証・東京都の「教育改革」………… 2923
検証・羽田空港 ……………………… 3599
検証緑の時代 ………………………… 3057
原色再現江戸名所図会よみがえる八百八町
　　…………………………………… 2429
謙信は立川に新城を造らせた ……… 0798
原水禁署名運動の誕生 ……………… 2861
現代に生きるまち …………………… 0193
建築を読む …………………………… 3327
建築ガイド …………………………… 3343
建築セレクション東京 ……………… 3318
建築探偵日記 ………………………… 3345
建築map東京 …………………… 3337, 3338
建築map東京mini ……………… 3328, 3331
原点としての東京大空襲 …………… 1003

【こ】

小石川の寺院 ………………………… 0619

326　「東京」がわかる本 4000冊

書名索引　　　　こまえか

高円寺 …………………………… 1245	国際化と戦う中小企業 ……………… 3188
高円寺東京新女子街 ………………… 2063	国際都市新宿で何が起きているか ……… 1314
郊外の風景 ………………………… 1799	刻された書と石の記憶 ……………… 1404
郊外の文学誌 ……………………… 3867	国分寺・国立今昔写真帖 …………… 1420
郊外はこれからどうなる？ ………… 3019	国分寺市史 ………………… 1577, 1588
高架鉄道と東京駅 ………… 3471, 3472	ここがヘンだよ石原都政 …………… 2614
好奇心まち歩きすみだ歴史散歩 ……… 1063	ここが私の東京 …………………… 3916
公共事業と市民参加 ………………… 3452	ゴーゴー福生 ……………………… 2304
皇居炎上 …………………………… 0981	志と仲間たちと …………………… 3917
皇居の四季・花物語 ………………… 3093	心つなぐ港戦争展 ………………… 0956
皇居の花 …………………………… 3101	心とカラダが元気になる観音めぐり …… 0609
皇居の花々 ………………………… 3097	こころの浅草 ……………………… 2254
皇居の森 …………………………… 3038	古写真で見る江戸から東京へ ………… 0895
皇居東御苑の草木図鑑 ……………… 3092	50年のあゆみ ……………………… 3808
皇居東御苑の草木帖 ………………… 3086	五十年目の祈り …………………… 0971
皇居・吹上御苑の生き物 …………… 3082	御所のお庭 ………………………… 3091
皇居吹上御苑、東御苑の四季 ……… 3098	個性と実力を伸ばす！　都立高校のすべてが
航空斜写真で見る多摩ニュータウン …… 0109	わかる本 ……………………… 2947
高射砲陣地跡が語る戦争の記憶 ……… 0918	"小僧"のいた頃 …………………… 0916
甲州街道を歩く …………………… 2570	子育て広場武蔵野市立0123吉祥寺 …… 2837
甲州街道府中宿 …………………… 1428	古代から中世の江戸・浅草を探る …… 0734
甲州道中日野宿と新選組 …………… 1468	古代末期の葛飾郡 ………………… 1370
考証江戸の火災は被害が少なかったのか？	古代武蔵国府 ……………………… 0713
2880	古代武蔵国府の成立と展開 ………… 0696
考証江戸の再発見 ………………… 0794	古代武蔵の国府・国分寺を掘る …… 0710
考証江戸武家史談 ………………… 0788	小平市三〇年史 …………………… 1544
考証江戸町めぐり ………………… 0773	小平市史 … 1386, 1387, 1394, 1395, 1398
公助・共助・自助のちから ………… 2719	こだいらの「郷土写真」 …………… 1396
神津島 …………………………… 1651	小平の歴史 ………………………… 1382
神津島村史 ………………………… 1647	古地図で歩く江戸・東京 …………… 2405
神津島のことば …………………… 3837	古地図で歩く江戸・東京歴史探訪ガイド … 2419
構造デザインマップ東京 …………… 3308	古地図で歩く江戸と東京の坂 ……… 2415
江東区史 ………………… 1191, 1199	古地図で謎解き江戸東京「まち」の歴史 … 2408
江東区史跡散歩 …………………… 2126	古地図で読み解く江戸東京地形の謎 …… 2410
江東区スポーツ推進計画 …………… 3768	古地図とめぐる東京歴史探訪 ……… 2424
江東区年表 ……………… 1171, 1172	「孤独」から考える秋葉原無差別殺傷事件
江東区のあゆみ …………………… 1064	2855
江東古写真館 ……………………… 1145	子どもたちを犯罪から守るまちづくり …… 2282
江東事典 …………………………… 2128	子どもといっしょに東京子育てガイド …… 2838
江東に生きた女性たち ……………… 2816	こどもの再発見 …………………… 2840
江東の昭和史 ……………………… 1265	子どもの未来を守る ……………… 2832
江東幕末発見伝！ ………………… 1103	この一冊で江戸と東京の地理がわかる！
江東風俗二十帖 …………………… 0451	1764
高度成長は世界都市東京から ……… 2755	この一冊で東京の地理がわかる！ …… 1797
哈日杏子のニッポン中毒 …………… 1972	この器では受け切れなくて ………… 0638
工場まちの探検ガイド・大田区工業のあゆ	この10年のあゆみ ………………… 3795
み ……………………………… 3213	この都市のまほろば ……………… 0103
小金井この百年 …………………… 1587	小林泰彦の謎と秘密の東京散歩 …… 1846
小金井市史 ………… 1375, 1385, 1424	古板江戸図集成 … 2449～2451, 2454, 2456
五感で楽しむ東京散歩 ……………… 1951	五百年前の東京 …………………… 0790
湖郷 ……………………………… 1414	御府内八十八ヶ所霊場案内 ………… 0622
ご近所富士山の「謎」 ……………… 1896	狛江・語りつぐむかし ……………… 1584

「東京」がわかる本 4000冊　**327**

こまつな　　　書名索引

小松菜の里	3377
ごみゼロへの道	3218
コミュニティ・ミュージアムへ	0292
ご利益散歩に出かけよう	0572
これから5年、東京はこうなる	0012
これからの総合計画	2711
これぞ「大東京」の（珍）スポット	1992
これでいいのか東京	2590
これでいいのか東京都足立区	2037
これでいいのか東京都足立区vs葛飾区vs江戸川区	2075
これでいいのか東京都板橋区	2039
これでいいのか東京都大田区	2040, 2058
これでいいのか東京都葛飾区	2280
これでいいのか東京都北区	2041
これでいいのか東京都杉並区	2043, 2062
これでいいのか東京都世田谷区	2261, 2262
これでいいのか東京都立川市	2293
これでいいのか東京都練馬区	2044
これでいいのか東京都八王子市＆多摩ニュータウン	2320
これでいいのか東京都町田市	2290
これでいいのか東京都武蔵野市三鷹市	2292
これでいいのか東京臨海部開発	0189
今昔四季隅田川	2399
偶有性操縦法（コンティンジェンシーマニュアル）	0367
こんなに楽しい多摩川散歩	2400
今夜も孤独じゃないグルメ	2979

【さ】

再現江戸の景観	1766
最高に楽しい大江戸MAP	2411
最新・多摩あるくマップ	2314
財政支出ゼロで220億円の新庁舎を建てる	2689
再任用制度ハンドブック	2581
再発見！　あらかわの匠の仕事—伝統工芸品展	3692
祭礼行事	0529
祭礼事典	0524
探す！　わがまちの魅力	2695
坂の町・江戸東京を歩く	1913
坂の迷宮	1808
ザ・歌舞伎町	2231
桜・武蔵野	2300
The Greatest Travel Tips TOKYO	1829
ザ・首都高速道路	3450
ザ・築地	3424
ザ・東京湾	2388

里から町へ	2819
里山生きもの博物記	3139
さまよえる埋立地	2402
The丸の内	1266
3月10日、家族6人を失う　さらに少年兵の兄まで	0998
三月十日はぼくの「命日」	1007
三軒茶屋の本	2131
三師匠落語訪ねて江戸散歩	3724
Sanja	0521
残心	3796
三多摩に輝く	1708
三多摩民権運動の舞台裏	0903
サンパウロ・コネクション	2240
三番瀬から、日本の海は変わる	2382
さんぽ、しあわせ。	1904
散歩の学校	1897
山谷崖っぷち日記	2792
山谷ブルース	2793
山谷ヤマの男	2783

【し】

飼育係が見た動物のヒミツ51	3160
椎の木の下で	2827
JR中央線あるある	3510
JR中央線・青梅線・五日市線各駅停車	3489
JR全駅駅前	3517
JR山手線物語	3544
ジオ・フロント構想で東京圏はこう変わる	0194
四季暦江戸模様	0510
史跡でつづる東京の歴史	2552, 2555, 2559
史跡と建築で巡る銀座の歩き方	2154
自然が育んだ江戸東京の都市文化	0127
自然地理学からの提言開発と防災	2876
思想としての東京	3856
時代小説「江戸名所」事典	0742
下町いま・むかし	1954
下町が燃えたあの夜	1000
下町今昔物語	2107
下町讃歌	1884
下町大空襲　炎に包まれた日	0995
下町・中世再発見	0806
下町のオキテ	0441
下町の紋様	0449, 0473
下町ボブスレー	3181, 3183, 3184
下町や東京昭和遠ざかる	1044
自治基本条例をつくる	2750
自治体も「倒産」する	2731
実録！　東京都議会議員	2673

書名索引　　　　　しゆとの

実録噺「東京大空襲夜話」 ……………… 0999
GTS観光アートプロジェクト2010記録集
　　……………………………………… 3640
GTS観光アートプロジェクト2011記録集
　　……………………………………… 3636
GTS観光アートプロジェクト2012記録集
　　……………………………………… 3628
事典江戸の暮らしの考古学 …………… 0402
品川区史 ………………………………… 1329
品川区史跡散歩 ………………………… 2259
品川区における職域・成人スポーツ振興プロ
　　グラム策定に関する研究報告 ……… 3789
品川区の「教育改革」何がどう変わったか
　　……………………………………… 2907
品川宿遊里三代 ………………………… 0406
品川台場史考 …………………………… 1336
品川鉄道事始 …………………………… 3469
品川に100人のおばちゃん見～っけ！ … 2833
品川の学校で何が起こっているのか … 2901
品川の記録 ……………………………… 1331
品川の原始・古代 ……………………… 0712
しながわはじめて物語 ………………… 1335
しなやかな都市東京 …………………… 0075
死ぬまでに東京でやりたい50のこと … 1837
篠原一男経由東京発東京論 …………… 0058
芝・上野と銀座 ………………………… 0783
しばさきあちこち ……………………… 1475
柴又からの贈りもの …………………… 0462
シブいビル ……………………………… 3300
私風俗 …………………………………… 2245
「しぶちか」を語る …………………… 1351
シブヤ遺産 ……………………………… 2270
渋谷をくらす …………………………… 2271
渋谷区史跡散歩 ………………………… 2276
渋谷区地域資料目録 …………………… 0273
「シブヤ系」経済学 …………………… 2275
シブヤ系スタイル徹底研究 …………… 2274
シブヤ系対カマタ系 …………………… 0860
SHIBUYA202X ………………………… 2269
〈渋谷〉の神々 ………………………… 0569
渋谷の神々 ……………………………… 0562
渋谷の考現学 …………………………… 2273
渋谷の今昔アルバム …………………… 1354
渋谷のむかし話 ………………………… 1357
渋谷円山町 ……………………………… 2267
シブヤミライ手帖 ……………………… 2699
渋谷ユートピア ………………………… 3643
渋谷らしさの構築 ……………………… 2268
しまことば集 …………………………… 3835
市民が主役！　まちづくり市長の奮闘記 … 2713
市民がつくった合併問題を考えるあきる野
　　市民白書 …………………………… 2723
市民がつくる東京の環境・公害条例 … 2752

市民がひらく21世紀の日野 …………… 2728
市民環境科学の実践 …………………… 2378
市民による市民のための合併検証 …… 2715
市民のための情報公開 ………………… 2753
市民のための八王子の歴史 …………… 1619
市民の手づくり八王子白書 …………… 2740
しむら …………………………………… 1098
下北沢ものがたり ……………………… 2053
シモキタらしさのDNA ………………… 2046
社会調査でみる災害復興 ……………… 2877
じゃがいも畑へパンプキン …………… 0921
社史に見る東京の私鉄を歩く ………… 3487
写真集ちょっと昔のせたがや ………… 1349
写真で歩く浅草の昭和 ………………… 1318
写真で語り継ぐ平和の願い …………… 0948
写真でたどる福生の百年 ……………… 1507
写真で伝える東京大空襲の傷あと・生き証
　　人 …………………………………… 1005
写真で見るあだちの歩み ……………… 1127
写真で見る稲城今昔 …………………… 1455
写真で見る昭和の狛江 ………………… 1412
写真でみる東京・青山の記憶 ………… 1149
写真で見る東京の激変 ………………… 1782
写真で見るわがまち西東京 …………… 1379
写真展　下町の記憶 …………………… 1129
写真展昭和10年代の青梅 ……………… 1526
写真と地図でめぐる軍都・東京 ……… 0870
写真と地図で読む！　帝都東京地下の謎 … 0112
写真にみる浅草芸能伝 ………………… 3765
写真にみる豊島60年のあゆみ展 ……… 1249
写真は語る ……………………………… 1232
自由が丘駅、緑が丘駅あたり ………… 3521
自由が丘の贈り物 ……………………… 2055
週刊日本遺産 …………………………… 1949
週刊日本の街道 ………………………… 0776
住空間の経済史 ………………………… 3017
15歳が聞いた東京大空襲 ……………… 1013
15歳の東京ラプソディ ………………… 3747
15年のあゆみ …………………………… 3799
住職がつづるとっておき深大寺物語 …… 0624
終戦直後東京の電車 …………………… 3479
首都江戸の誕生 ………………………… 0777
首都圏エリア別防災ガイド …………… 2891
首都圏が危ない ………………………… 2892
首都高速の謎 …………………………… 3446
首都高はなぜ渋滞するのか!? ………… 3457
首都水没 ………………………………… 2869
首都直下地震にいますぐ備える本 …… 2873
首都東京地下鉄の秘密を探る ………… 3461
首都東京の近代化と市民社会 ………… 0046
趣都の誕生 ……………………………… 2136
首都の被爆者運動史 …………………… 2866

「東京」がわかる本 4000冊　329

しゆとは　　　　　　　　書名索引

首都破綻	2600
首都防空網と〈空都〉多摩	0930
春風亭一之輔落語のたくり帖	3721
彰義隊とあらかわの幕末	0816
上京する文學	3923
将軍が撮った明治のすみだ	1177
将軍家の鷹場と杉並	0407
証言調布の戦史	0927
証言	2915
上水記考	3256
城南工業地帯の衰退と地域社会の変容	1333
少年の見たドウリットル空襲と勤労動員学	
徒の空襲体験	0939
縄文誕生	0730
縄文中期のムラ	0720
昭和	1038
昭和酒場を歩く	1868
昭和30年代東京散歩	1054
昭和30年代懐かしの東京	1057
昭和30年代の大田区	1119
昭和30年代の家計簿	0344
昭和30年代の中野・杉並	1122
昭和30年代・40年代の足立区	1120
昭和30年代・40年代の世田谷	1341
昭和30年東京ベルエポック	1061
昭和30年・40年代の板橋区	1111
昭和30年・40年代の江戸川区	1109
昭和30年・40年代の葛飾区	1363
昭和30年・40年代の北区	1108
昭和30年・40年代の江東区	1106
昭和30年・40年代の墨田区	1101
昭和30年代・40年代の練馬区	1113
昭和下町カメラノート	1022
昭和初期の耕地整理と鉄道網の発達	0898
昭和新撰江戸三十三所観音巡礼	0614
昭和・大正・明治の地図でいく東京懐かし散	
歩	0841
昭和東京散歩	0888
昭和・東京・ジャズ喫茶	2984
昭和の記憶	1029
昭和の銀座あれこれ	1280
昭和の暮らしを追ってみる	1056
昭和の郊外	3013, 3015
昭和の多摩	1581
昭和の東京	1025, 1026, 1028, 1035, 1059
昭和の東京 映画は名画座	3716
昭和の東京地図歩き	1027
昭和の風景	1039, 1240
昭和ヒトケタ私の上野地図	1317
昭和40年会の東京案内	1037
職人の作り方	3198
職務質問	2201

女性のくらしとその時代	2817
食器にみる江戸の食生活	3010
女流作家のモダン東京	3918
知られざる軍都多摩・武蔵野を歩く	0879
知られざる東京権力の謎	2681
知られざる東京の史跡を探る	2536
シリーズ明治・大正の旅行	2482
史料が語る明治の東京100話	0902
史料と遺跡が語る中世の東京	0804
史料に見る江戸時代の世田谷	1348
資料・美濃部都知事と聴力障害者の対話集	
会	2845
シルバーパスで東京見物	1918
新江戸東京たてもの園物語	0288
新大久保とK-POP	2061
深海8000mに挑んだ町工場	3180
進化する東京駅	3565
進化する複合再開発	2237
新幹線「上野駅」誕生秘話	3553
新交通システム建設物語	3474
新国立競技場、何が問題か	0385
新国立競技場問題の真実	0370
新狛江市史	1376, 1377, 1381
震災復興後藤新平の120日	0914
震災復興〈大銀座〉の街並みから	2888
震災復興大東京絵はがき	0917
震災復興の経済学	2887
新時代の自治体福祉計画	2807
新時代の東京湾	3609
新下町伝説	2079
神社でたどる「江戸・東京」歴史散歩	0594
真・自由主義を求めて	2796
新宿	2236
新宿裏町三代記	1313
新宿・大久保文士村界隈	3942
新宿女たちの十字路	2821
新宿学	1303
新宿歌舞伎町アンダーワールド	2206
新宿歌舞伎町アンダーワールドガイド	2218
新宿歌舞伎町交番	2221
新宿歌舞伎町マフィアの棲む街	2234
新宿歌舞伎町滅亡記	2199
新宿区史跡散歩	2242
新宿今昔ものがたり	1305
新宿・自治体政策への挑戦	2703
新宿小説論	3845
新宿女性史年表	2809
新宿ダンボール絵画研究	3680
新宿っ子夜話	1312
新宿時物語	1308
新宿二丁目ウォーズ	2205
新宿二丁目ウリセン・ボーイズ	2222

330　「東京」がわかる本　4000冊

書名索引　　　すせつめ

新宿二丁目の文化人類学 …………………… 2193
新宿のアジア系外国人 …………………… 2241
新宿の1世紀アーカイブス …………… 1310
新宿幫 …………………………………………… 2858
新宿風景 ……………………………………… 1306
新宿文化絵図 ………………………………… 1309
新宿・街づくり物語 ……………………… 2233
新宿ゆかりの文学者 ……………………… 3937
新宿歴史に生きた女性一〇〇人 ………… 1704
新・世田谷のおはなし …………………… 1350
新説東京地下要塞 …………………………… 0126
新選組のふるさと日野 …………………… 1452
新立川市史研究 … 1545, 1561, 1567, 1578, 1589
新多摩の低山 ………………………………… 2308
慎太郎よ！ …………………………………… 2645
新地方公会計の実務 ……………………… 2775
新・中央区歴史物語 ……………………… 1216
新・調布案内 ………………………………… 1469
新訂江戸名所図会 ………… 2416, 2459〜2464
新訂江戸名所花暦 ………………………… 2548
新訂東都歳事記 ……………………… 0504, 0505
新・東京圏これから伸びる街 …………… 1859
新・東京デザインクルーズ ……………… 3684
新・東京23区物語 ………………………… 2100
新東京の遺跡散歩 ………………………… 0714
新・東京の自然水 ………………………… 3074
新東京風景論 ………………………………… 0036
新東京文学散歩 …………………… 3859, 3861
新・東京物語 ………………………………… 1722
新・都市論Tokyo ………………………… 0049
新八王子市史 …………………………………
　　　　　1595, 1596, 1598, 1599, 1601〜1605
新八王子の人びと ………………………… 1692
新羽田空港の景観設計 …………………… 3604
新版大東京案内 …………………… 1970, 1971
人物埴輪の時代 …………………………… 0722
「新編」石原慎太郎「5人の参謀」……… 2612
新編「昭和二十年」東京地図 …………… 0863
新編千代田区史 ……… 1179〜1181, 1183, 1184
新編東京の盛り場 ………………………… 0445
新編東京繁昌記 …………………………… 2014
新・変貌する東京圏最後はこうなる …… 0168
新編・谷根千路地事典 …………………… 2108
神保町の蟲 ………………………………… 0306
新・マフィアの棲む街 …………………… 2219
新・ムラ論TOKYO ……………………… 0044

【す】

酔眼のまち・ゴールデン街 ……………… 2216
図絵東京古町百景を歩く ………………… 1941

図解・江戸の暮らし事典 ………………… 0425
図解・首都高速の科学 …………………… 3445
スカイツリー東京下町散歩 ……………… 2060
スカイツリーの街歴史歩き ……………… 2056
図解東京スカイツリーの秘密 …………… 3357
〈図解〉東京直下大震災 …………………… 2882
図解東京都を読む事典 …………………… 2610
素顔の多摩 ………………………………… 2309
杉並区史跡散歩 …………………………… 2129
杉並にあった映画館 ……………………… 3722
杉並の考古展 ……………………………… 0719
「杉並の地図をよむ・描かれたもの隠された
　もの」展示図録 ………………………… 2096
杉並病公害 ………………………………… 3221
「杉並文学館―井伏鱒二と阿佐ヶ谷文士」展
　示図録 …………………………………… 3948
「杉並・老後を良くする会」奮戦記 …… 2842
スケッチしながら東京散歩 ……… 2015, 2018
スケッチで楽しむ東京の坂道散歩 …… 1768
スコ怖スポット …………………………… 1876
洲崎遊廓物語 ……………………………… 0404
図説板橋区史 ……………………………… 1250
図説浮世絵に見る江戸の一日 …………… 0417
図説浮世絵に見る江戸の歳時記 ………… 0514
図説駅の歴史 ……………………………… 3538
図説江戸考古学研究事典 ………………… 0717
図説江戸っ子と行く浮世絵散歩道 …… 2541
図説江戸っ子のたしなみ ………………… 0426
図説江戸・東京の川と水辺の事典 …… 2379
図説江戸の芭蕉を歩く …………………… 3943
「図説」お江戸の地名の意外な由来 …… 1783
図説・河合敦と歩く江戸人物伝 ………… 1698
図説暮らしとしきたりが見えてくる江戸し
　ぐさ ……………………………………… 0427
図説城下町江戸 …………………………… 2433
図説浅草寺 ………………………………… 0626
図説占領下の東京 ………………………… 1049
図説地図で暮らしを読む東京の昭和 …… 0842
図説中央区史 ……………………………… 1190
図説調布の歴史 …………………………… 1482
図説・東京下町花散歩 …………………… 3118
図説東京樹木探検 ………………… 3121, 3122
図説東京大空襲 …………………………… 1016
図説東京の今昔を歩く！ 江戸の地図帳 ‥ 2413
図説東京の福祉実態 ……………………… 2799
図説東京流行生活 ………………………… 2957
「図説」2001年東京圏の豊かさと不安 …… 0030
図説八王子・日野の歴史 ………………… 1432
図説東村山市史 …………………………… 1538
図説街場の鉄道遺産 ……………………… 3466
図説明治の地図で見る鹿鳴館時代の東京
　……………………………………………… 0883

「東京」がわかる本　4000冊　331

すせつれ　　　　　書名索引

図説歴史で読み解く！　東京の地理 ……	1761
須田春海採録 ………………………	2597
スチャラカ東京のオキテ …………	0017
すっぱり東京 ………………………	0020
ステキな東京魔窟 …………………	1927
ストリップ慕情 ……………………	2258
砂川の神社と寺院 …………………	0591
素晴らしき出会い …………………	0640
図表でみる江戸・東京の世界 ……	0676
スポーツ推進委員に関する実態調査報告書	
	3779
スポーツの歩み ……………………	3815
スポーツのチカラ …………………	0335
住みたい遊びたい23区 ……………	1974
隅田川への誘惑 ……………………	0474
隅田川を歩く ………………………	2381
隅田川を遡る ………………………	3289
隅田川をめぐる文化と産業 ………	1065
隅田川をめぐる文化と歴史 ………	1121
隅田川界隈 …………………………	0467
すみだ川気まま絵図 ………………	2354
隅田川と本所・向島 ………………	1076
隅田川の伝説と歴史 ………………	0545
隅田川の橋 …………………………	3286
隅田川のほとりによみがえった自然	3054
隅田川橋の紳士録 …………………	3299
隅田川文化の誕生 …………………	0541
すみだ郷土文化資料館常設展示図録	1173
墨田区・江東区今昔散歩 …………	2059
墨田区史 ………………… 1099,	1100
墨田区史跡散歩 ……………………	2117
墨田区の昭和史 ……………………	1246
すみだクロニクル …………………	1102
墨田のまちとアートプロジェクト …	3629
すみだゆかりの人々 ………………	1734
住みやすい町の条件 ………………	2960
スモール・トーキョー ……………	0002
3D-Tokyo …………………………	1777
図録「東京大空襲展」……………	1011
住んでみたい街づくりの賢人たち ………	2694

【せ】

生活都市の時代 ……………………	0186
世紀の復興計画 ……………………	0915
政策としてのコミュニティ ………	2710
政治こそ経営だ ……………………	2685
成熟都市東京のゆくえ ……………	0166
青春の東京地図 ……………………	1920
世界が驚いた！　スカイツリー45の秘密 …	3363
世界自然遺産と鎮魂 ………………	2344

世界都市・東京のアジア系移住者 ………	0066
「世界都市」東京の構造転換 ………	0073
世界都市東京の創造と課題 ………	0192
世界都市博覧会―東京フロンティア …	0025
世界に誇れる東京のビル100 ……	3309
世界のどこにもない大学 …………	2941
世界の都市の物語 …………………	0029
関戸合戦 ……………………………	0801
世田谷区史跡散歩 …………………	2266
世田谷区の昭和 ……………………	1340
世田谷最古の狩人たち－3万年前の世界 …	0715
せたがや女性史 ……………………	2815
世田谷線の車窓から ………………	3541
世田谷・たまでん時代 ……………	3594
世田谷の土地 ………………………	2260
世田谷の歴史と文化 ………………	1337
せたがや100の素顔 ………………	2264
世田谷ゆかりの作家たち …………	3953
セピア色の風景 ……………………	1618
70's star・dust ……………………	1516
千川上水考 …………………………	3255
千川上水三百年の謎を追う ………	3269
千川上水展 …………………………	3279
千川上水の今と昔 …………………	3283
千川上水・用水と江戸・武蔵野 …	3250
1955-64写真で見る高度成長期の世田谷	1338
1945-54写真で見る戦後復興期の世田谷	1342
1960年代の東京 ……………………	3583
1968新宿 ……………………………	1301
1964年東京オリンピック全記録 ……	0350
1964年の東京オリンピック ………	0352
1964東京オリンピックと杉並 ……	0348
選挙を盛り上げろ！ ………………	2640
戦国期東武蔵の戦乱と信仰 ………	0561
戦国の終わりを告げた城 …………	1626
戦後50年平和への願い ……………	0969
戦後10年東京の下町 ………………	1041
戦後70年昭和の戦争と八王子 ……	0919
戦災の跡をたずねて ………………	0962
戦時下の八丈島 ……………………	0968
戦時下の武蔵野 ……………………	0933
戦時生活と隣組回覧板 ……………	0957
前人木を植え、後人涼を楽しむ ………	2696
全図解東京開発計画 ………………	0146
戦争を歩く・みる・ふれる ………	0958
戦争から学ぶ平和の意味 …………	0987
戦争孤児たちのはじめてのイベント記録集	
	0996
浅草寺界隈 …………………………	3682
「浅草寺社会事業」の歴史的展開 …	0611
浅草寺diary ………………………	0600
戦争と人びとのくらし ……………	0976

332　「東京」がわかる本 4000冊

書名索引 たからさ

戦争の記憶を武蔵野にたずねて ………… 0943
戦争の記憶と平和へのおもい ………… 0963
戦争は国民が泣くだけだ ………… 0985
千駄ケ谷昔話 ………… 1255
全・東京湾 ………… 2384
戦乱の終焉から幕政下の村々 ………… 0965
川柳江戸歳時記 ………… 0457
川柳で読み解く「お江戸」の事情 ……… 0434
占領下の東京下町 ………… 1023

【そ】

叢書・近代日本のデザイン ………… 3319
漱石と歩く東京 ………… 3927
漱石と歩く、明治の東京 ………… 3925
漱石2時間ウォーキング ………… 3946
創設50周年記念誌 ………… 3793
創造 ………… 3807
創々たる!! 小さな世界企業 ………… 3193
総武線・京葉線 ………… 3502
総武線120年の軌跡 ………… 3508
創立50周年記念誌 ………… 3803, 3804
疎開した四〇万冊の図書 ………… 0291
続・東京の文学風景を歩く ………… 3901
祖国へ、熱き心を ………… 0362, 0363
外濠 ………… 3242
そのとき小平では ………… 0925,
　　　　0935, 0945, 0952, 0954, 0960, 0961, 0966
空が燃えた日 ………… 1008
空から各駅停車 ………… 3557
空から東京 ………… 1814, 1817
空から見える東京の道と街づくり ……… 0099
空から見る戦後の東京 ………… 1747
「空の玄関・羽田空港70年」図録 ……… 3602
それは、密告からはじまった ………… 2899

【た】

大河紀行荒川 ………… 2357
代官山 ………… 2097
代官山再開発物語 ………… 2102
大軍都・東京を歩く ………… 0871
体系 都財政用語事典 ………… 2774
大地震あなたのまちの東京危険度マップ
　………… 2874
大地震が東京を襲う! ………… 2895
大正・昭和初期の浅草芸能 ………… 3752
大中央線主義 ………… 3549
大東京ぐるぐる自転車 ………… 3436
大東京写真案内 ………… 1822

大東京探偵団 ………… 2005
大東京23区散歩 ………… 2038
大東京の思想 ………… 0864
大東京の地下99の謎 ………… 0130
大東京の地下400年99の謎 ………… 0122
大東京バス案内 ………… 3455
大東京繁昌記 ………… 1845, 1847, 1981
台東区史 ……… 1155～1160, 1166, 1167, 1195
台東区史跡散歩 ………… 2123
台東区スポーツに関する意識調査報告書
　………… 3783
台東区むかしむかし ………… 1200, 1201
大都市社会のリストラクチャリング …… 0149
大都市東京の社会学 ………… 0051
大都市の卸・小売業の現在と未来 …… 2265
大都市のサブ・センターの変容と再生の可能
　性 ………… 0150
ダイナミック東京 ………… 1820
大日本明治の美 ………… 3693
大名江戸屋敷の建設と近世社会 ……… 0808
タイムスリップ中央線 ………… 3543
タイム・フォー・ブランチ ………… 1936
対訳東京の美学 ………… 0065
ダイヤモンドと銀座 ………… 3690
対話で学ぶ江戸東京・横浜の地形 …… 3060
倒せ、ファシスト石原 ………… 2659
高尾・奥多摩植物手帳 ………… 3100
高尾山 ………… 2334, 3055
高尾山から地球が見える ………… 2337
高尾山・陣馬山花ハイキング ………… 3108
高尾山ちいさな山の生命たち ………… 2330
高尾山と多摩丘陵 ………… 3043
高尾山と八王子城 ………… 1608
高尾山にトンネルは似合わない ……… 2331
高尾山の昆虫430種! ………… 3127
高尾山の自然図鑑 ………… 3030
高尾山の花 ………… 3112
高尾山の花名さがし ………… 3087
髙尾山の文学碑探訪 ………… 3912
高尾山の昔話 ………… 0550
高尾山の野草313種 ………… 3102
高尾山花手帖 ………… 3089
高尾山花と木の図鑑 ………… 3107, 3123
髙尾山薬王院の歴史 ………… 0602
高尾山野鳥観察史 ………… 3129
高尾山ゆっくり散歩 ………… 2332
高尾自然観察手帳 ………… 3035
高尾の森から ………… 2333
たかがアキバされど秋葉原 ………… 2134
高島平 ………… 1175
高山英華 ………… 0114
だから山谷はやめられねえ ………… 2788

「東京」がわかる本 4000冊 **333**

たこくせ　　　　　　　　書名索引

多国籍東京人	0022
太宰治三鷹からのメッセージ	3935
闘う区長	2687
たたかう！　社会科教師	2909
たたかう東京	0096
タダで入れる美術館・博物館	0314
立ちあがる東京	0078
たちかわ	2319
立川・昭島今昔写真帖	1422
立川空襲あれから50年	0977
立川の建物疎開の記録	0970
立川の中のアメリカ	2588
立川の風景昭和色アルバム	1413
立川の祭り	0492
立川の歴史散歩	1590
立川反戦ビラ入れ事件	2864
脱原発区長はなぜ得票率67％で再選されたのか？	2683
田無市史	1537, 1549, 1568, 1579
田無市立図書館所蔵郷土・行政資料目録	0279
田辺茂一と新宿文化の担い手たち	1726
たのしい中央線	3530, 3532, 3534, 3537, 3539
田端文士芸術家村	3945
田端文士・芸術家村と女たち	2823
旅する駅前、それも東京で!?	3519
旅とスケッチ・東京	3683
多文化都市・新宿の創造	2192
食べて飲んで遊んで！　山手線ガード下は大人女子のワンダーランド	2983
多摩	2315
多摩/TAMA	1446
多摩あるある	2289
多摩移管百年展―神奈川県から東京府へ―の記録	2735
多摩一日の行楽	2301
多摩を語る	1488
多摩を作った人々	1481
多摩学	2287
多摩学のすすめ	2310, 2317, 2318
多摩火工廠勤労動員日記	0920
多摩川あそび	2374
多摩川自然めぐり	3031
玉川上水	3274, 3275, 3278, 3280, 3281
玉川上水をあるく	3252
玉川上水外伝	3260
玉川上水隠れ綴	3267
玉川上水起元剖検	3270
玉川上水散策	3273
玉川上水三五〇年の軌跡展示図録	3257
玉川上水自然散策	3048
玉川上水に纏うぎ惑	3272
玉川上水の謎を探る	3259

玉川上水の分水の沿革と概要	3238
玉川上水羽村堰	3236
玉川上水「水喰土」伝承をめぐる諸説の検証パネルディスカッション	3248
玉川上水論集	3258
多摩川に生きる	2404
多摩川二十四節気絵つづり	3039
多摩丘陵の古城址	1556
多摩丘陵の自然と研究	3044
多摩近現代史年表	1550
多摩近現代の軌跡	1527
多摩広域行政史	2726
多摩市史	1490, 1506, 1508, 1509, 1518, 1519, 1530, 1531
多摩・商店ことはじめ	2294
多摩・新選組紀聞	1442
多摩地域の歴史地誌	2286
多摩地方の仕来	0500
玉電が走った街今昔	3593
多摩・東京―その百年	1551
多摩動物公園50年史	3161, 3162
多摩と江戸	1487
多摩と甲州道中	1453
多摩に生きる100人	1732
多摩ニュータウンアーカイブプロジェクト	0115
多摩ニュータウン今昔	0136
多摩ニュータウン開発の軌跡	0163
多摩ニュータウンの公園緑地	0197
多摩ニュータウン物語	0102
玉の井	0411
玉の井という街があった	0396
多摩のお寺めぐり	0631
多摩の近世・近代史	1399
多摩の空襲と戦災	0978
多摩の子育てハンドブック	2835
多摩の古墳	1421
多摩の里山	2299
Tamaの情熱	2669
たまの力	2768
多摩の鉄道沿線	3529
多摩の鉄道百年	3488
多摩の伝統技芸	3704, 3705
多摩のどうぶつ物語	3134
多摩の美術家	3650
多摩の不思議な路地散歩	2297
多摩の文学散歩	3906
多摩のものづくり22社	3189
多摩の湧水めぐり	3073
多摩白書	2720
たまびとの、市民運動から「環境史観」へ	2302
多摩百年のあゆみ	1558

334　「東京」がわかる本 4000冊

書名索引　　　　　　　　　　　　　　ちよたの

多摩文学紀行 ･････････････････････････ 3903
多摩文学散歩 ･････････････････････････ 3915
多摩弁暦 ･････････････････････････････ 0454
多摩幻の鉄道廃線跡を行く ･･･････････ 3485
多摩民具事典 ･････････････････････････ 0456
多摩・武蔵野花の歳時記 ･･･････････････ 2306
たまらねぇ場所築地魚河岸 ･･･････････ 3426
多摩歴史散歩 ･････････････････････････ 2312
多摩はなぜ東京なのか ･･････････････････ 1555
多民族共生の街・新宿の底力 ･･･････････ 2235
弾左衛門と江戸の被差別民 ･･･････････ 0732
単身赴任大阪おやじの東京暮らし ･････ 2955
断定表現の通時的研究 ･････････････････ 3818
探訪日本の古寺 ･･･････････････････････ 0635
探訪武蔵の古墳 ･･･････････････････････ 0721

【ち】

地域学 ･･･････････････････････････････ 2734
地域環境の再生と円卓会議 ･･･････････ 2367
地域再生、八王子からの挑戦 ･･･････････ 2680
地域史・江戸東京 ･････････････････････ 0654
地域社会の構造と変容 ･････････････････ 2733
地域と創る三鷹の教育 ･････････････････ 2900
地域に学ぶ ･･･････････････････････････ 2091
地域の未来が見える ･･･････････････････ 2321
地域の歴史を求めて - 葛西城とその周辺
　･････････････････････････････････ 1372
地域福祉イベントのノウハウ ･･･････････ 2805
地域力の時代 ･････････････････････････ 2688
チェンバレンの明治旅行案内 ･･･････････ 2036
地下からあらわれた江戸 ･･･････････････ 0779
地下鉄で行（い）く江戸・東京ぶらり歴史散
　歩 ･･･････････････････････････････ 3515
地下鉄で「昭和」の街をゆく大人の東京散歩
　･････････････････････････････････ 3504
「地下鉄」で読み解く江戸・東京 ･･･････ 1831
地球環境と東京 ･･･････････････････････ 3045
地球時代の首都経営 ･･･････････････････ 2630
地球的な視点から見た東京の文化・東京の魅
　力 ･･･････････････････････････････ 3659
地形を楽しむ東京「暗渠」散歩 ･･･････ 3240
地形で解ける！　東京の街の秘密50 ･････ 1740
地形のヒミツが見えてくる体感！　東京凸凹
　地図 ･････････････････････････････ 3059
地形由来でみる東京の地名 ･･･････････ 1742
知識ゼロからの大江戸入門 ･･･････････ 0414
地図から消えた東京遺産 ･･･････････････ 1716
地図から消えた東京物語 ･･･････････････ 1843
地図で歩く東京 ･･･････････ 1962〜1964, 1983
地図で解明！　東京の鉄道発達史 ･･･････ 3460
地図でたどる多摩の街道 ･･･････････････ 2288

地図で読み解く江戸・東京 ･･･････････ 2406
地図で読み解く東京五輪 ･････････････ 0333
地図で読む東京大空襲 ･････････････････ 0989
地図と写真から見える！　江戸・東京歴史を
　愉しむ！ ･････････････････････････ 0643
地図と写真で見る東京オリンピック1964
　･････････････････････････････････ 0346
地図と愉しむ東京歴史散歩
　･････････････････ 1833, 1844, 1860, 1874
地図と鉄道省文書で読む私鉄の歩み ･･････ 3464
父が語る五日市人のものがたり ･･･････ 1541
父と子の多摩川探検隊 ･････････････････ 2377
秩父・多摩やきもの歩き ･･･････････････ 3701
地べたで再発見！　『東京』の凸凹地図 ･･ 3066
地方議会議員生態白書 ･････････････････ 2725
地方議会議員奮戦記 ･･･････････････････ 2730
地方行政の達人 ･･･････････････････････ 2704
地方消滅と東京老化 ･･･････････････････ 2761
地名で読む江戸の町 ･･････････････ 1751, 1796
地名に隠された「東京津波」 ･･･････････ 1759
チャレンジ ･･･････････････････････････ 2651
中央区史跡散歩 ･･･････････････････････ 2114
中央区年表 ･････ 1222, 1244, 1260, 1267, 1268, 1276
中央区の昔を語る ･･･････････････････ 1146,
　　1154, 1161, 1163, 1169, 1176, 1192, 1205,
　　1219, 1226, 1236, 1251, 1261, 1262, 1269
中央区立京橋図書館郷土資料室所蔵地域資
　料目録 ･･･････････････････････････ 0280
中央区歴史年表 ･･･････････････････････ 1185
中央区歴史物語 ･･･････････････････････ 1270
中央線思い出コレクション ･･･････････ 3520
中央線がなかったら見えてくる東京の古層
　･････････････････････････････････ 0040
中央線なヒト ･････････････････････････ 3545
中央線の詩 ･･･････････････････････ 3535, 3540
中央線の呪い ･････････････････････････ 3550
中央線街と駅の120年 ･････････････････ 3525
忠臣蔵史蹟事典 ･･･････････････････････ 0811
超感度都市「渋谷」 ･･･････････････････ 2277
蝶たち、東京にくる ･･･････････････････ 3130
調布市史 ･････････････････ 1510, 1569, 1591
調布市史索引 ･････････････････････････ 1434
調布市史年表 ･････････････････････････ 1419
調布読本 ･････････････････････････････ 1513
調布の歴史 ･･･････････････････････････ 1511
千代田区史跡散歩 ･････････････････････ 2124
千代田区女性史 ･･･････････････････････ 2814
千代田区軟式野球連盟創立60周年記念誌
　･････････････････････････････････ 3798
千代田区文化芸術プラン ･･･････････････ 3620
千代田 "新発見" ･･･････････････････････ 1077
千代田の坂と橋 ･･･････････････････････ 2047

「東京」がわかる本 4000冊　**335**

ちよたま　　　　　　　書名索引

千代田まち事典 ················· 1140
ちょっと意外な東京雑学 ········· 2021
ちょっと昔の江戸前 ············· 3406
鎮護国家の大伽藍・武蔵国分寺 ··· 0610
鎮魂の摺鉢山 ··················· 0944
沈黙の社会にしないために ······· 2863

【つ】

追憶の東京 ····················· 1051
追憶の街　東京 ················· 1045
痛快ワンマン町づくり ··········· 2708
痛恨の江戸東京史 ··············· 0653
通訳ガイドがナビする東京歩き ··· 1841
使ってみたいイキでイナセな江戸ことば
 ····························· 3830
築地 ···················· 1114, 3430
築地魚河岸ことばの話 ··········· 3427
築地魚河岸猫の手修業 ··········· 3433
築地魚河岸嫁ヨメ日記 ··········· 3429
築地を考える人 ················· 3422
築地外国人居留地 ··············· 0892
築地市場 ······················· 3420
築地で食べる ··················· 3431
「築地」と「いちば」 ··········· 3428
築地の記憶 ····················· 3419
築地のしきたり ················· 3432
月島再発見学 ··················· 2054
佃に渡しがあった ··············· 0464
つながる ······················· 2950
積み木の都市東京 ··············· 0067

【て】

出会いたい東京の名建築 ········· 3325
庭園美術館へようこそ ··········· 0284
帝都・東京 ····················· 0652
帝都東京を中国革命で歩く ······· 0868
帝都東京・隠された地下網の秘密 ··· 0132, 0134
帝都・東京が震えた日 ··········· 0873
帝都東京・地下の謎86 ··········· 0139
帝都東京の近代政治史 ··········· 2578
帝都の事件を歩く ··············· 2851
帝都の誕生を覗く ··············· 0850
『帝都復興史』を読む ··········· 0913
帝都復興せり！ ················· 3342
帝都復興と生活空間 ············· 2879
ティーボール目黒7年の歩み ····· 3802
ティーボール目黒創立15周年記念誌 ··· 3794
定本武江年表 ·············· 0821〜0823

Techno Tokyo年鑑 ············· 3612
手仕事の現在 ··················· 3199
デジタル時代の都立図書館像 ····· 0296
デジタル鳥瞰　江戸の崖　東京の崖 ··· 3062
徹底皇居花めぐり ··············· 3090
鉄道沿線をゆく大人の東京散歩 ··· 3522
鉄道が創りあげた世界都市・東京 ··· 3467
鉄道今昔よみがえる玉電 ········· 3577
鉄道今昔よみがえる都電 ········· 3579
テリー伊藤のだから東京都民はバカなんだ
 ····························· 2619
TVドラマここがロケ地だ!! ····· 3756
田楽展 ························· 3754
天下祭読本 ····················· 0493
転換点にたつオリンピック ······· 0378
天国は水割りの味がする ········· 3001
伝統都市・江戸 ················· 0738
伝統に生きる ··················· 3194

【と】

東海道を歩く ··················· 2571
東海道・品川宿を駆け抜けた幕末維新 ··· 1334
東急沿線の不思議と謎 ··········· 3507
東急沿線文学散歩 ··············· 3898
東急今昔物語 ··················· 3490
東急電鉄 ······················· 3499
東急電鉄各駅停車 ··············· 3493
東急の駅今昔・昭和の面影 ······· 3528
東京 ························· 0021,
 0062, 0084, 0833, 0854, 1024, 1046, 1773, 2589
東京アーカイブス ··············· 0847
東京アートウォーク ············· 3670
東京アートガイド ··············· 3665
東京アートポイント計画が、アートプロジェ
 クトを運営する「事務局」と話すときのこ
 とば。の本 ··················· 3625
東京あの時ここで ··············· 1036
東京R計画 ····················· 3654
東京アンダーグラウンドパーティ ··· 0430
東京案内 ······················· 1910
東京いい街、いい家（うち）に住もう ··· 3021
東京いいまち一泊旅行 ··········· 1856
東京いきいき雑木林 ············· 3053
東京いきもの図鑑 ··············· 3078
東京遺産 ······················· 3320
東京遺産な建物たち ············· 3332
東京市暦 ······················· 0534
東京一年間 ····················· 1976
東京10000歩ウォーキング ·········
 2483〜2492, 2504, 2506, 2509, 2511,
 2513, 2515, 2519〜2530, 2532, 2533

東京一極集中が日本を救う	0089	ト	0358
東京一極集中の経済分析	2759	東京オリンピック1964・2016	0337
東京一極集中のメンタリティー	0183	東京オリンピックと新幹線	0349, 0361
東京いつもの喫茶店	2985	東京オリンピックの社会経済史	0359
東京いまとむかし	0531〜0533	東京オリンピック・パラリンピックのレガ	
東京イラスト歳時記	0518	シーと大阪経済	0374
TOKYOインテリアツアー	3301	東京おろおろ歩き	2006
東京インテリジェントプレイス	2017	東京改造計画の軌跡	0178
Tokyo・上野とまちづくり戦略	2247	東京改都	0059
東京右往左往	1924	東京が、おもしろい	2019
東京映画名所図鑑	3763	東京花街・粋な街	0418
東京駅	3563	東京科学散歩	1879
東京駅開業とその時代	3561	東京学	0061
東京駅誕生	3567	東京革命	2639
東京駅の履歴書	3566	Tokyo隠れ名店お宝本	1984
東京駅100周年東京駅100見聞録	3558	東京カフェを旅する	2997
東京駅一〇〇年の記憶	3562	東京カフェ散歩	2986
東京駅「100年のナゾ」を歩く	3559	東京鎌倉横浜名庭を歩く	0204
東京「駅名」の謎	3518	東京から考える	0050
東京駅歴史探見	3571	東京から日本経済は走り出した	2757
東京駅はこうして誕生した	3569	東京から農業が消えた日	3385
東京エコシティ	0135	東京ガールズコレクションの経済学	2962
東京江戸紀行	1966	東京―変わりゆく町と人の記憶	1030
東京・江戸散歩おすすめ25コース	1895	Tokyo環境戦略	0147
東京・江戸地名の由来を歩く	1746	東京消えた街角	1115
東京江戸謎とき散歩	2558	東京「消えた山」発掘散歩	1863
東京江戸名所往来	1888	東京消える生き物増える生き物	3077
東京絵本	1925	東京記憶の散歩地図	1830
東京を江戸の古地図で歩く本	2442	東京、きのう今日あした	0125
東京を変える、日本が変わる	2591	東京教員生活史研究	2924
東京をくらす	2952, 2953	東京巨樹探訪	3116
東京を経営する	2595	東京：巨大空間の諸相	0060
東京おさぼりスポット探検隊	1880	TOKYOキラリと光る商店街	3409
東京を騒がせた動物たち	3138	東京記録文学事典	3852
東京を地誌る	1821	東京吟行案内	2027
東京をつくった話	3232	東京銀座グラフィックス	2166
東京を創る人びと	0083	東京近代水道百年史	3264
東京お寺も〜で	0616	東京空襲下の生活日録	0924
東京をどうするか	0110	東京空襲写真集	0922
東京お墓巡り	1908	東京区部における住宅マスタープランの目	
東京を爆撃せよ	0941	標、構成内容とその評価に関する研究	
東京オブジェ	1885		3027
東京お遍路大江戸めぐり	0606	東京暮らし覚え書き	2958, 2959
東京お祭り！ 大事典	0486	東京クラシック地図	3712
東京思い出電車旅	3524	Tokyoグリーン情報	3119
東京を詠んだ詩歌	3846	東京グローバル散歩	2479
東京オリンピック	0353, 0354, 0364	東京計画地図	0113, 2622
東京オリンピックへの遥かな道	0351	東京計画2001	0151
東京オリンピックを迎える学生・社会人のた		東京芸術劇場の25年	3708
めの観光・人流概論	0379	東京元気工場	3202
東京オリンピック1964	0360	東京圏これから伸びる街	0016
東京オリンピック1964デザインプロジェク		東京建設年表	3233

とうきよ　　　　　　　　書名索引

東京建築懐古録 ･････････････ 3347, 3348	東京私生活 ･････････････ 0019
Tokyo建築50の謎 ････････････ 3321	東京市政と都市計画 ･･･････ 0904
Tokyo kenchiku sampo ･････ 3335	東京時代map ･･･････････ 0755
東京建築散歩 ････････････ 3315	東京下町 ･･･････････ 1950
東京建築物語 ････････････ 3322	東京下町おもかげ散歩 ･････ 2512
東京検定 ･･･････････ 1780	東京下町こんな歩き方も面白い ･･ 1866
東京圏に森は残るか ･･･････ 3399	東京下町散策図 ･･･････ 2030
東京圏の環境と生活 ･･･････ 1798	東京下町新富育ち ･･･････ 2008
東京原木50年史 ････････ 3395	Tokyo下町そぞろ歩き ･･････ 2024
東京圏マップ ････････････ 3179	東京下町低地の高潮対策に関する歴史的考
東京港 ･･･････････ 3611	察 ･･･････････ 2871
東京郊外半日散歩 ･･･････ 2034	東京下町に眠る戦国の城・葛西城 ･ 0799
東京高級住宅地探訪 ･･･････ 3018	東京下町100年のアーカイブス ･････ 0845
東京考現学図鑑 ･･･････････ 0409	東京下町山の手 ･･･････ 0039
東京構想2000 ････････ 2613	東京市長日記 ･･･････ 0897
東京高速道路五十年のあゆみ ･･ 3453	東京自転車散歩案内 ･･･････ 3439
東京港の地下地質 ･･･････ 2383	東京市電・都電 ･･･････ 3573
東京・こころのお医者さん ･･････ 3178	東京市電名所図絵 ･･･････ 3591
東京古事記 ････････ 0593	東京老舗の履歴書 ･･･････ 3416
東京五大 ･･･････････ 1827	Tokyo老舗・古町・お忍び散歩 ･･ 1917
東京こだわりアート生活 ･････ 3698	東京シネマ酒場 ･･･････ 2994
東京骨董散歩 ････････ 3661	東京写真 ･･･････････ 3687
東京骨灰紀行 ････････ 1852	東京ジャズ地図 ･･･････ 3710
東京古道散歩 ････････ 2500	東京・自由が丘商店街 ･････ 2099
東京ことば辞典 ････････ 3819	東京集客術 ･･･････････ 0079
東京語ノ成立 ････････ 3822	東京12ヵ月歴史散歩 ･･･････ 2547
東京ご利益散歩 ････････ 0589	東京週末「坂道」散歩 ･････ 1770
東京五輪1964 ････････ 0355	東京樹木めぐり ･･･････ 3110
東京五輪で日本はどこまで復活するのか	東京×小説×写真 ･･･････ 3843
･････････････ 0388	東京・城南のモノづくり企業「飛翔する」･･ 3182
東京五輪マラソンで日本がメダルを取るた	東京・城南のモノづくり挑戦者たち ････ 3192
めに必要なこと ･･･････ 0368	東京少年昆虫図鑑 ･･･････ 3142
東京五輪はこうなる！ ･････ 0369	Tokyo消費トレンド ･･･････ 3414
東京コレクション ････････ 2966	東京情報 ･･･････････ 1959
トウキョウ今昔 ････････ 0846	東京消滅 ･･･････････ 2760
東京今昔江戸散歩 ･･･････ 0739	東京「昭和地図」散歩 ･････ 1858
東京今昔散歩 ････････ 2409	東京職人 ･･･････ 3201, 3688
東京今昔旅の案内帖 ･･･････ 2421	東京・食のお作法 ･･･････ 2998
東京今昔探偵 ････････ 0853	東京抒情 ･･･････････ 1020
東京今昔橋めぐり ･･･････ 3287	東京資料目録 ･･･････ 0263
東京今昔物語 ････････ 0831	東京シルエット ･･･････ 1765
東京コンフィデンシャル ･････ 1787	東京「進化」論 ･･･････ 0047
東京再生 ･･･････････ 0142	Tokyo新川ストーリー ･････ 0188
東京再生情報 ････････ 0155	東京「新思考」宣言 ･･･････ 2628
東京再発見 ････････ 0179	東京人の研究 ･･･････ 0027
東京坂道散歩 ････････ 1779	東京人のしきたり ･･･････ 0007
東京散策108図 ････････ 1937	東京人の横顔 ･･･････ 0011
東京三匹獅子舞事典 ･･･････ 0475	東京水路をゆく ･･･････ 3245
東京詩 ･･･････････ 3844	東京スカイツリー ･････ 3355, 3358, 3369
東京四季の花名所図鑑 ･･･････ 3113	東京スカイツリー完成までの軌跡 ･･･････ 3359
Tokyo事件・芸能マップ ･････ 1978	東京スカイツリー成長記 ･････ 3365
東京市政 ･･･････････ 0843	東京スカイツリーと東京タワー ･････ 3350, 3368

338　「東京」がわかる本　4000冊

書名索引　　　とうきよ

東京スカイツリーの科学	3356
東京スカイツリーの誕生	3366
東京スカイツリー万華鏡	3360
東京スカイツリー六三四に挑む	3361
東京スカイツリー物語	3367
東京スカイツリー論	3362
東京スケッチブック	1760
東京スケッチ漫遊記	1995
東京スケッチ遊覧	2022
東京スタディーズ	0054
東京スナック飲みある記	2989
東京スーベニル手帖	1952
東京スポーツビジョン	3786
東京3D案内	2012
東京「スリバチ」地形散歩	3061, 3063
東京スリバチ地形入門	3058
東京政界地図	2583
TOKYO 0円ハウス 0円生活	2954
Tokyo 1969	1034
東京1964-2020	0332
東京戦後地図	1019
東京千住・深川物語	2085
東京ソウル・バー物語	2971
東京育ちの東京論	0057
東京大空襲	0991, 1001
東京大空襲をくぐりぬけて	0988
東京大空襲体験記	0986
東京大空襲・朝鮮人罹災の記録	1006, 1009
東京大空襲と戦争孤児	1017
東京大見物	2001
東京脱出	2894
東京たてもの伝説	3310
東京タワーが見た日本	3352
東京タワー99の謎	3353
東京タワー50年	3351
東京「探見」	3878
東京探見	1994
東京断想	0037
東京地域医療実践史	3171
東京小さな隠れ名所	1946
東京チャイニーズ	2859
東京超元気	3486
東京直下大地震生き残り地図	2881
東京「地理・地名・地図」の謎	1753
東京・地理の謎	1789
東京珍景録	1803
東京築地居留地百話	0885
東京っ子	2839
東京っ子ことば	3826
東京庭園散歩	0207
東京低地と古代大嶋郷	0697
東京低地の古代	0724

東京低地の中世を考える	0805
東京ディープツアー	1828
東京でぃ〜ぷ鉄道写真散歩	3492
東京ディープな宿	1933
東京で江戸の時代を見つける方法	2531
東京で老いる	2844
東京でお酒を飲むならば	2990
東京で暮らす	2956
東京デザインガイド	3313
東京鉄道遺産	3468
東京鉄道遺産100選	3462
東京手みやげ散歩	1919
東京電車地図	3478
東京伝説	1729
東京都	0655
東京都足立区	2083
東京都板橋区	2082
東京都(板橋区・練馬区)EL新聞記事情報リスト	0213
東京都医療マップ	3173
東京都江戸東京博物館資料目録	0316
東京都大島町史	1643〜1646
東京都トカイナカ探検隊	1851
東京都下医療マップ	3176
東京都葛飾区	2283
東京都(葛飾区・江戸川区)EL新聞記事情報リスト	0214
東京都(北区・荒川区・足立区・葛飾区・江戸川区)人物・人材情報リスト	1665
東京都(北区・荒川区・足立区)EL新聞記事情報リスト	0215
東京都(北多摩I)EL新聞記事情報リスト	0216
東京都(北多摩II)EL新聞記事情報リスト	0217
東京都キャップ＆トレード制度	3216
東京読書	0008
東京都区制度の歴史と課題	2690
東京都特派員	1894
東京読本	2031
東京都江東区EL新聞記事情報リスト	0218
東京都公立図書館関係新聞記事索引	0317
東京どこに住む？	3016
東京都サッカー協会五十年史	3811
東京都市計画史論	0174
東京都市計画の遺産	0094
東京都市計画物語	0153
東京・都市再生の真実	0088
東京都(品川区, 大田区)人物・人材情報リスト	1666
東京都(品川区・大田区)EL新聞記事情報リスト	0219

「東京」がわかる本 4000冊　**339**

とうきよ　　　　　　　　書名索引

東京都渋谷区 ………………………… 2272
東京都渋谷区人物・人材情報リスト ‥ 1667, 1668
東京都渋谷区EL新聞記事情報リスト …… 0220
東京都写真美術館概要 ………………… 0327
東京都写真美術館総合開館20周年史 …… 0282
東京都主税局の戦い …………………… 2779
東京都障害者スポーツ振興計画 ……… 3776
東京都市論 ……………………………… 0056
東京都新宿区 …………………………… 2212
東京都新宿区人物・人材情報リスト ‥ 1669, 1670
東京都新宿区EL新聞記事情報リスト …… 0221
東京都新庁舎 …………………………… 3346
東京都心のグランドデザイン ………… 0172
東京都心部の空間利用 ………………… 1804
東京都杉並区 …………………………… 2078
東京都スポーツ推進計画 ……………… 3772
東京都（墨田区、江東区）人物・人材情報リス
ト ……………………………………… 1671
東京都政 ………………………………… 2607
東京都政五十年史 ……………… 2626, 2631
東京都世田谷区人物・人材情報リスト …… 1672
東京都全域EL新聞記事情報リスト
………………………………… 0222〜0246
東京都戦災誌 …………………………… 0949
東京都ソフトボール協会創立50周年記念誌
………………………………………… 3806
東京都体育協会 ………………………… 3791
東京都体育協会史 ……………………… 3816
東京都台東区人物・人材情報リスト …… 1673
東京都（台東区・墨田区）EL新聞記事情報リ
スト …………………………………… 0247
東京都（立川市・武蔵野市・三鷹市・小金井市・
小平市・国分寺市・国立市・西東京市）人物・
人材情報リスト ……………………… 1674
東京都地学のガイド …………………… 3067
東京都知事 ……………………………… 2670
東京都知事の研究 ……………………… 2654
東京土地のグランプリ ………………… 3022
東京都中央卸売市場史 ………………… 3435
東京都中央区人物・人材情報リスト …… 1675
東京都中央区EL新聞記事情報リスト …… 0248
東京都庁「お役人さま」生態学 ………… 2620
東京都町村会史 ………………………… 2682
東京都千代田区人物・人材情報リスト
…………………………………… 1676, 1677
東京都千代田区EL新聞記事情報リスト
………………………………… 0249, 0250
東京都著名人墳墓略誌 ………………… 1737
東京極上散歩術 ………………………… 2028
東京突破力 ……………………………… 2577
東京都庭園美術館30＋1 ……………… 0285
東京都電回廊の自然 …………………… 3547

東京都電慕情 …………………………… 3589
東京都電 ………………………………… 3586
東京都豊島区 …………………………… 2077
東京都（豊島区・板橋区・練馬区）人物・人材
情報リスト …………………………… 1678
東京都豊島区体育協会50周年記念誌 …… 3809
東京都（中野区・杉並区）人物・人材情報リス
ト ……………………………………… 1679
東京都（中野区・杉並区）EL新聞記事情報リ
スト …………………………………… 0251
東京都謎解き散歩 ……………… 1853, 1854
東京都における公立スポーツ施設
…………… 3766, 3769, 3771, 3775, 3777
東京都における障害者スポーツに関する実
態調査報告書 ………………………… 3778
東京都の生きもの ……………………… 3081
東京都の温室効果ガス規制と排出量取引
………………………………………… 3217
東京都の学校改革 ……………………… 2930
東京都の教育委員会 …………………… 2928
東京都の「教育改革」 …………………… 2925
東京都の教員管理の研究 ……………… 2926
東京都の国際交流 ……………………… 2606
東京都のことば ………………………… 3821
東京都の肖像 …………………………… 2609
東京都の人口 …………………………… 2765
東京都の誕生 …………………………… 0851
東京都の中世城館 ……………………… 0796
東京都の蝶 ……………………………… 3131
東京都の図書館 ………………… 0315, 0320
東京都の不思議事典 …………… 1809, 1810
東京都の歴史 …………………………… 0647
東京都八王子市人物・人材情報リスト …… 1680
東京都バドミントン協会50周年記念誌 …… 3805
東京都美術館ものがたり ……………… 0295
東京都副知事ノート …………………… 2602
東京都（府中市・調布市・町田市・日野市・多
摩市）人物・人材情報リスト ……… 1681
東京都文京区人物・人材情報リスト ……… 1682
東京都（文京区・豊島区）EL新聞記事情報リ
スト …………………………………… 0252
東京都港区人物・人材情報リスト …… 1683〜1685
東京都港区EL新聞記事情報リスト … 0253, 0254
東京都（南多摩I）EL新聞記事情報リスト
………………………………………… 0255
東京都（南多摩II）EL新聞記事情報リスト
………………………………………… 0256
東京都民あるある ……………………… 1743
東京都目黒区人物・人材情報リスト …… 1686
東京都（目黒区・世田谷区）EL新聞記事情報
リスト ………………………………… 0257
東京ドヤ街盛衰記 ……………………… 2785
東京都立大学 …………………………… 2949

340　「東京」がわかる本　4000冊

書名索引　　　　　　とうきよ

東京都立大学五十年史	2948
東京都立多摩図書館行政郷土資料/新聞・雑誌目録	0269
東京都立多摩図書館行政郷土資料目録	0262, 0265, 0274
東京都立中央図書館三十年史	0311
東京都立中央図書館逐次刊行物目録	0260, 0261
東京都立中央図書館東京室所蔵地図目録	1774
東京都立中央図書館東京資料目録	0266〜0268, 0270
東京都立中央図書館20周年記念誌	0325
東京トリビア	1757
東京1980's	3484
東京懐かしの昭和30年代散歩地図	1053
東京懐しの街角	1087
東京南部地蔵参り	0629
東京に関する文献目録	0276
東京煮込み横丁評判記	2972
東京2時間ウォーキング	2080
東京・21世紀への飛翔	2637
東京23区	2709
東京23区　医療マップ	3175
東京23区「教育格差」案内	2906
東京23区区立博物館"辛口"批評	0289
東京23区自治権拡充運動と「首都行政制度の構想」	2693
東京「23区」でてくちぶ	2109
東京23区動物探検	3150
東京23区に司書制度を	0324
東京23区の地名の由来	1739
東京23区ランキング青版	2066
東京23区ランキング赤版	2067
東京2020計画地図	0097
東京2025ポスト五輪の都市戦略	0090
東京にデポジット・ライブラリーを	0308
東京に農地があってなぜ悪い	3392
東京に働く人々	2797
東京人間図鑑	2026
東京年中行事	0527, 0528
東京年輪論	0063
東京のあな	3480
東京の遺跡散歩	0686
東京の市と縁日	0519
東京の1万年	0691, 0693
東京の印象	2023
東京のインフラストラクチャー	0141
東京農業史	3382
東京農業人	3373
東京農業伝承誌	3389
東京農業はすごい	3388

東京農場	3374
東京「農」23区	3378
東京の噂	0032, 0033
東京の駅前富士山	1849
東京の江戸を遊ぶ	0780
東京のえんぎもの	0581
東京のお江戸をめぐる散歩コース50	1906
東京のお寺・神社謎とき散歩	0582
東京の貝塚を考える	0705
東京の貝塚と古墳を歩く	0723
東京の階段	1911
東京の「怪道」をゆく	0557
東京のかおり	3910
東京の隠れ名所を歩く地図	1957
東京の下層社会	2794
東京のかぞえかた	0013
東京の片隅からみた近代日本(にっぽん)	0839
東京の川と水路を歩く	1857
東京の環境を考える	3222
東京の消えた地名辞典	1769
東京の消えた風景	0848
東京の喫茶店	2973
東京の「教育改革」は何をもたらしたか	2898
東京の近現代を歩く	0857
東京の近代建築	3302, 3304, 3306, 3340
東京の近代小学校	2927
東京の近代図書館史	0318
東京の空間人類学	0077
東京の熊野神社	0597
東京のグランドデザイン	0158
東京の地霊(ゲニウス・ロキ)	0651
東京の公園通誌	0205, 0206
東京の公園と原地形	0201
東京の公園120年	0208
東京の交通問題	3440
東京の古墳を歩く	0699
東京の古墳を考える	0709
東京の古墳	0711
東京の坂	1816
東京の坂と橋と文明開化	0881
東京の「坂」と文学	3863
東京の坂風情	1795
東京の盛り場	0469
東京のサル	3152
東京の産業遺産	3372
東京の3・11	2875
東京の私学60年を通して	2911
東京の私学60年の歩み	2916
東京の自然	3056
東京の自然をたずねて	3050
東京の自然史	3032

「東京」がわかる本 4000冊　341

とうきよ　　　　　　　　　　　　　書名索引

東京の老舗を食べる ・・・・・・・・・・・・・・・ 2976	〈東京の夏〉音楽祭22年の歩み ・・・・・・・・・・・・ 3713
東京の島 ・・・・・・・・・・・・・・・・・・・・・・・・ 2345	東京の「年輪」発掘散歩 ・・・・・・・・・・・・・ 0645
「東京」の社会学 ・・・・・・・・・・・・・・・・・・ 0085	東京の農民と筏師 ・・・・・・・・・・・・・・・・ 0554
東京の社会変動 ・・・・・・・・・・・・・・・・・・ 2784	東京の博物館 ・・・・・・・・・・・・・・・・・・・・ 0328
東京の住宅政策 ・・・・・・・・・・・・・・・・・・ 3024	東京の果てに ・・・・・・・・・・・・・・・・・・・・ 0131
東京の障害者スポーツガイドブック ・・・・・・	東京の花と緑を楽しむ小さな旅 ・・・・・・・・ 3088
3770, 3773, 3774, 3781, 3782, 3784	東京の花名所 ・・・・・・・・・・・・・・・・・・・・ 3124
東京の条件 ・・・・・・・・・・・・・・・・・・・・・・ 3635	東京の半世紀 ・・・・・・・・・・・・・・・・・・・・ 0835
東京の常識は世界の非常識 ・・・・・・・・・・・・ 0055	東京の美学 ・・・・・・・・・・・・・・・・・・・・・・ 0076
東京の肖像 ・・・・・・・・・・・・・・・・・・・・・・ 3349	東京の美術館 ・・・・・・・・・・・・・・・・・・・・ 0319
東京の縄文学 ・・・・・・・・・・・・・・・・・・・・ 0695	東京の美術館案内 ・・・・・・・・・・・・・・・・ 0329
東京の職人 ・・・・・・・・・・・・・ 3205, 3214	東京の美術館ガイド ・・・・・・・・・・・・・・・・ 0313
東京の水源・奥多摩の緑を語る会 ・・・・・・・・ 3396	東京の美術館 ・・・・・・・・・・・・・・・・・・・・ 0301
東京の水源林 ・・・・・・・・・・・・・・・・・・・・ 3397	東京の福祉白書 ・・・・・・・・・・・・・・・・・・ 2801
東京ノスタルジック喫茶店 ・・・・・・・・・・・・ 3002	東京の副知事になってみたら ・・・・・・・・・・ 2598
東京のストリート景観と路地空間 ・・・・・・・・ 0087	東京の復興計画 ・・・・・・・・・・・・・・・・・・ 0907
東京の政治 ・・・・・・・・・・・・・・・・・・・・・・ 2629	東京のブランド力 ・・・・・・・・・・・・・・・・・・ 0001
東京の制度地層 ・・・・・・・・・・・・・・・・・・ 2574	東京の文學風景を歩く ・・・・・・・・・・・・・・ 3904
東京の戦後 ・・・・・・・・・・・・・・・・・・・・・・ 1060	東京の文人たち ・・・・・・・・・・・・・・・・・・ 3934
東京の戦前昔恋しい散歩地図 ・・・・・・ 1939, 1947	東京の米軍基地 ・・・・・・・・・・・・・・・・・・ 2572
東京の戦争と平和を歩く ・・・・・・・・・・・・ 0938	東京のホテル ・・・・・・・・・・・・・・・・・・・・ 1943
東京の先端風景 ・・・・・・・・・・・・・・・・・・ 0175	東京の祭り暦 ・・・・・・・・・・・・・・・・・・・・ 0508
東京の空の下、今日も町歩き ・・・・・・・・・・ 1923	東京の道事典 ・・・・・・・・・・・・・・・・・・・・ 3448
東京の第1歩 ・・・・・・・・・・・・・・・・・・・・ 1948	東京の港と海の公園 ・・・・・・・・・・・・・・・・ 2391
東京の大深度地下 ・・・・・・・・・・・ 0161, 0164	東京の宮神輿 ・・・・・・・・・・・・・・・・・・・・ 0595
東京の滝 ・・・・・・・・・・・・・・・・・・・・・・・・ 2395	東京の未来戦略 ・・・・・・・・・・・・・・・・・・ 0101
東京の地下鉄がわかる事典 ・・・・・・・・・・・・ 3481	東京の未来地図 ・・・・・・・・・・・・・・・・・・ 0091
東京の知的障害児教育概説 ・・・・・・・・・・・・ 2929	東京の魅力と活力 ・・・・・・・・・・・・・・・・ 0014
東京の知能遅滞児教育史序説 ・・・・・・・・・・ 2932	東京の名家 ・・・・・・・・・・・・・・・・・・・・・・ 1712
東京の地名 ・・・・・・・・・・・・・・・・・・・・・・ 1749	東京の名画散歩 ・・・・・・・・・・・・・・・・・・ 3675
東京の地名がわかる事典 ・・・・・・・・・・・・ 1793	東京の森林 ・・・・・・・・・・・・・・・・・・・・・・ 3398
東京の地名由来事典 ・・・・・・・・・・・・・・・・ 1811	東京の湧水 ・・・・・・・・・・・・・・・・・・・・・・ 3071
東京の地名由来辞典 ・・・・・・・・・・・・・・・・ 1781	東京の優良103社 ・・・・・・・・・・・・・・・・ 2772
東京の注目20社 ・・・・・・・・・・・・・・・・・・ 2767	東京の流儀 ・・・・・・・・・・・・・・・・・・・・・・ 1991
東京のちょっと昔 ・・・・・・・・・・・・・・・・・・ 1042	東京の漁師と船頭 ・・・・・・・・・・・・・・・・ 0555
東京の地理がわかる事典 ・・・・・・・・・・・・ 1802	東京の歴史 ・・・・・・・・・・・・・・・・・・・・・・ 0840
東京の地理再発見 ・・・・・・・・・・ 1812, 1813	東京の歴史をつむぐ ・・・・・・・・・・・・・・・・ 0855
東京のDEEPスポットに行ってみた！ ・・・・・ 1834	東京の歴史的邸宅散歩 ・・・・・・・・・・・・・・ 3314
東京のディープなアジア人街 ・・・・・・・・・・ 1839	東京の歴史名所を歩く地図 ・・・・・・・・・・・・ 2539
東京の鉄道遺産 ・・・・・・・・・・・・ 3476, 3477	東京のローカル・コミュニティ ・・・・・・・・・・ 2790
東京の鉄道がわかる事典 ・・・・・・・・・・・・ 3482	東京の路地を歩く ・・・・・・・・・・・・・・・・ 2033
東京の鉄道ネットワークはこうつくられた	東京ハイカラ散歩 ・・・・・・・・・・・・・・・・ 3902
・・・・・・・・・・・・・・・・・・・・・・・・・・・・ 3463	東京俳句散歩 ・・・・・・・・・・・・・・・・・・・・ 1942
東京の伝統工芸品 ・・・・・・・・・・・・・・・・ 3700	東京白書 ・・・・・・・・・・・・・ 0138, 2599, 3028
東京の銅像を歩く ・・・・・・・・・・・・・・・・ 1877	東京「幕末」読み歩き ・・・・・・・・・・・・・・ 2501
東京のどこに住むのが安心か ・・・・・・・・・・ 3020	東京はじめて物語 ・・・・・・・・・・・・・・・・ 0858
東京のどこに住むのが幸せか ・・・・・・・・・・ 3023	東京バスの旅 ・・・・・・・・・・・・・・・・・・・・ 3454
東京の都市計画 ・・・・・・・・・・・・・・・・・・ 0108	東京パソコンマップ ・・・・・・・・・・・・・・・・ 3615
東京の図書館百年の歩み ・・・・・・・・・・・・ 0321	TOKYO発奇跡の最終面 ・・・・・・・・・・・・ 0004
東京の土地利用 ・・・・・・・・・・・・・・・・・・ 2764	東京発掘物語 ・・・・・・・・・・・・・・・・・・・・ 0704
東京のなかの朝鮮 ・・・・・・・・・・・・・・・・ 0862	東京発＝中小企業50の挑戦ドラマ ・・・・・・ 2771
東京の謎と不思議を楽しむ散歩術 ・・・・・・・・ 1864	東京発強い中小・ベンチャー ・・・・・・・・・・ 2770

342　　「東京」がわかる本 4000冊

書名索引		とうきよ	

東京・花の散歩道	3120	東京魔界案内	0576
東京版アーカイブス	1047	東京魔界巡礼	0560
東京番外地	1890	東京マーケット・マップ30街区	3418
東京パン職人	2968	東京街角お地蔵・稲荷・石塔めぐり	0559
東京ひがし案内	1883	東京町工場	3197
東京ビジネス解析30の新視点	3007	東京町工場散歩	3187
東京美術骨董繁盛記	3653	東京魔方陣	0585
東京美女散歩	1836	東京万華鏡	2020
東京ビッグバン	2586	東京まんぷく商店街	3004
東京ひとり散歩	1889	東京右半分	1867
東京100年散歩	0830	東京水辺の光景	2389
東京百年老舗	3408	東京みちくさ猫散歩	3133
東京百年レストラン	2978, 2987, 2995	東京ミッドタウンのアートとデザイン	3326
東京百科事典	0212	東京ミッドタウン	3324
東京ファッションクロニクル	2961	東京ミュージアム50ボイス	0294
東京「風景印」散歩365日	3034	東京未来づくり企業	2766
東京風俗三十帖	0453	東京ミレナリオ祭典の「輝」跡	0494
東京風俗志	0446, 0447	東京無用の雑学知識	1823
東京風俗帖	0437	東京迷宮考	1794
東京風土図	2011	東京名刹散歩	0637
東京フォトスタジオガイド	3686	東京名所今昔ものがたり	1842
東京ふしぎ探検隊	1752	東京名物	3413
東京ふつうの喫茶店	2999	東京メトロ建設と開業の歴史	3465
東京復興写真集	1018	東京モデル	0119
東京仏像さんぽ	3668	「東京物語」と小津安二郎	3727
東京府のマボロシ	0872	『東京物語』と日本人	3717
東京府美術館史の研究	0302	東京モノレールのすべて	3500
東京府美術館の時代	0299, 0303	東京問題	0129
東京ぶらり旅	2553	東京問題の経済学	2758
東京府立中学	2943	東京問題の政治学	2579
東京古き良き西洋館へ	3336	東京山の手大研究	0455
東京プロジェクト	0137	東京山の手ハイカラ散歩	1979
東京文学散歩	3864, 3907	東京山の手物語	1771
東京文学スケッチ散歩	3884	東京湧水探訪	3072
東京文学探訪	3893〜3896	東京遊歩東京乱歩	3888
東京文学地名辞典	3849	東京有名人のお墓さんぽ	1690
東京文学の散歩道	3887	東京遊覧	0844
東京文芸散歩	3871	東京湯巡り、徘徊酒	1850
東京文壇事始	3847	東京・横浜リトル・カフェ物語	2996
東京ベイ交通ネットワーク	3441	東京夜ふかし案内	1967
トウキョウ・ベイ、トウキョウ・アーバン	0187	東京四方山ばなし	0463
東京β	0034	東京「夜」散歩	1899
東京へめぐり	2029	TOKYO 1/4が提案する東京文化資源区の	
東京―ベルリン/ベルリン―東京展	3652	歩き方	3616
東京弁辞典	3825	TOKYO1/4と考えるオリンピック文化プロ	
東京変貌	1043	グラム	0331
東京方言録	3824	東京落語散歩	3739, 3760
東京防災	2867	Tokyoリトルアジアの歩き方	1975
東京法則	0018	東京ルール	0010
東京慕情	1040	東京霊感紀行	0575
東京ホリデイ	1955	東京歴史の散歩道	1945
東京本遊覧記	0015	東京歴史文学散歩	3876

「東京」がわかる本 4000冊　**343**

東京レコード散歩	3706
東京レコ屋ヒストリー	3707
東京レスタウロ歴史を活かす建築再生	3311
東京劣化	2762
東京六大学軟式野球連盟半世紀のあゆみ	
	3810
東京路地裏観光	1996
東京路地裏暮景色	1871
東京路地裏横丁	1835
東京路地猫まっぷ	3136
東京路地上細見記	2307
東京路線バスの旅	3458, 3459
東京ロック地図	3711
東京ロック・バー物語	2977
東京ロンリーウォーカー	1973
東京はいつまで東京でいつづけるか	0028
東京わが町宮神輿名鑑	0515
東京は変わったか	2653
東京和館	3333
東京はこう変わる	0171
東京は世界1バブル化する！	2763
東京はなぜ世界一の都市なのか	0043
東京は60秒で崩壊する！	2890
東京湾	2363, 2371, 2392
東京湾アクアライン	3297
東京湾アクアラインの検証	3295
東京湾魚の自然誌	3137
東京湾横断道路のすべて	3298
東京湾学への窓	1658
東京湾岸大型プロジェクト総覧	2401
東京湾岸の地震防災対策	2868
東京湾巨大津波の被害と対策	2870
東京湾航空写真集	2403
東京湾再生計画	2365
東京湾三番瀬	2390
東京湾水土記	1657
東京湾・台場	1652
東京湾と品川	1655
東京湾の汚染と災害	3227
東京湾の環境問題史	3223
東京湾の魚類	3132
東京湾の生物誌	3084
東京湾の地形・地質と水	2396
東京湾の鳥類	3143
東京湾の歴史	1660
東京湾の渡り鳥	3151
東京湾パイロット100年史	3606
東京湾―人と水のふれあいをめざして	2393
東京湾水辺の物語	2398
東京時代	0431
峠と路	2322
どうする！　青島知事	2624

どうする！　東京	2587
同性パートナーシップ証明、はじまりました。	2741
東都芝居風土記	3750
どうなっているの？　東京の水	3284
どうなるどうなる東京	0081
どうなる！　21世紀の東京	0181
動物たちの130年	3156
当面の東京都文化政策手法の転換と取組	
	3658
東洋のガラパゴス小笠原	3080
都営交通100年のあゆみ	3438
都営地下鉄・都電・都バスのひみつ	3437
都営バス	3443
都会の里海東京湾	2352
時の標	0023
ドキュメント東京大空襲	0992
ドキュメント副知事	2593
トーキョー・ストレンジャー	0045
トーキョーの謎は今日も深まる	0006
トーキョーはらへり散歩	2991
徳川家の江戸東京歴史散歩	2498
読書案内大江戸を知る本	0781
特別区財政10年	2780
特別区の地方財政論	2781
特別展「雪ヶ谷貝塚―縄文時代前期の文化と環境」図録	0706
特別展「よみがえる大田区の風景」図録	1170
特別なニーズのある子どもの早期介入と地域支援	2846
都市江戸への歴史視座	0757
都市を経営する	2782
都市を読む・東京2008	0121
都市化と健康づくり	3177
都市から郊外へ	3638
都市居住環境の再生	3025
都市近郊の耕地整理と地域社会	0100
都市空間を歩く	3858, 3872, 3879
都市空襲を考える	0953
「都市動物」奮闘記	3144
都市農業in東京	3381
都市の質を探して	0098
都市のドラマトゥルギー	0415
都市のプランナーたち	0683
都市の緑はどうあるべきか	0200
としまアートステーションZのつくりかた	
	3617
としまF1会議	2684
豊島区行政経営白書	2691
豊島区史	1256, 1257, 1272
豊島区史跡散歩	2112
豊島区史年表	1258

書名索引 　　　にしとう

豊島区ダンススポーツ協会20周年記念誌
……………………………………… 3792
豊島区立中央図書館所蔵地域資料目録 ····· 0271
豊島氏とその時代 ……………………… 0803
図書館を創る力 ………………………… 0290
都心改創の構図 ………………………… 0160
都心活性化地図 ………………………… 0157
都心の生物 ………………… 3126, 3128
都税五十五年史 ………………………… 2777
都政の五十年 …………………………… 2632
都政モニター制度30年のあゆみ ……… 2634
都政六法 ………………………………… 2742
都体協会報 ……………………………… 3801
都知事 …………………………………… 2646
都知事選ウロウロ日誌 ………………… 2648
都知事とは何か ………………………… 2663
都知事の椅子 …………………………… 2666
都庁 ……………………………………… 2635
都庁のしくみ …………………………… 2627
どっこい生きてる！ …………………… 3149
どっこい大田の工匠たち ……………… 3185
どっちがうまい!? 東京と大阪・「味」のなるほ
ど比較事典 …………………………… 3009
とっておきの銀座 ……………………… 2162
とっておきの高尾山 …………………… 2329
とっておきの東京ことば ……………… 3823
都電 ……………………………………… 3578
都電跡を歩く …………………………… 3575
都電荒川線に乗って …………………… 3576
都電荒川線歴史散歩 …………………… 3595
都電型都市空間のすすめ ……………… 0176
都電が走った昭和の東京 ……………… 3585
都電が走っていた懐かしの東京 ……… 3580
都展50年のあゆみ ……………………… 3621
都電残照'67 …………………………… 3574
都電懐かしの街角 ……………………… 3587
等々力渓谷展 …………………………… 3064
都内の学童保育の状況 ………………… 2830
都バスの90年史 ………………………… 3451
都バスの不思議と謎 …………………… 3442
富岡丘蔵文庫目録 ……………………… 0275
都民が悪い ……………………………… 2617
都民女性の戦後50年―通史 …………… 2822
都民女性の戦後50年―年表 …………… 2825
鳥を釣った話 …………………………… 2351
鳥越の夜祭り …………………………… 0501
鳥島漂着物語 …………………………… 1639
都立公園ガイド ………………………… 0202
都立高校と生徒の未来を考えるために … 2939
都立大学に何が起きたのか …………… 2942
都立大学はどうなる …………………… 2944
都立中高一貫校10校の真実 …………… 2937

都立図書館は進化する有機体である …… 0312
都立の逆襲 ……………………………… 2940
とり戻そう東京の水と池 ……………… 3076
鳥よ、人よ、甦れ ……………………… 3041
ドロップアウトのえらいひと～島に渡る～
……………………………………… 1694
ドーンと都政じわじわ革命 …………… 2621
とんとんむかし十二か月 ……………… 0551
とんとん昔話 …………………………… 0548
どんな東京をつくるか ………………… 2580
とんびの独言 …………………………… 0458

【な】

永井荷風の愛した東京下町 …………… 3952
中山道を歩く …………………………… 2568
中野区史跡散歩 ………………………… 2130
中野区・福祉都市への挑戦 …………… 2808
中野区民生活史 ………………………… 1174
なごむ東京 ……………………………… 1977
なぜ江戸っ子を「ちゃきちゃき」と言うのか
……………………………………… 0416
なぜ大田区役所移転か ………………… 2707
なぜ多摩は東京都となったか ………… 2736
なぜ東京五輪招致は成功したのか？ …… 0390
なぜぼくが新国立競技場をつくるのか … 0366
なぜ、舛添要一は辞めたのか？ 次の都知事
は誰だ？ ……………………………… 2638
なつかしい電車風景銀座界隈 ………… 2173
なつかしき東京 ………………………… 0866
懐かしの吉祥寺 ………………………… 1629
なつかしの田無・保谷 ………………… 1411
懐かしの都電41路線を歩く …………… 3588
なつかしや神田 ………………………… 1075
七十年目の鎮魂歌 ……………………… 0982
なんだこりゃ？ 知って驚く東京「境界線」の
謎 ……………………………………… 1741

【に】

新島村史 … 1637, 1638, 1640, 1641, 1648～1650
新島方言の記述的研究 ………………… 3840
新島村・伊豆諸島及び小笠原諸島の文献・雑
録リスト ……………………………… 0259
西新井大師大曼荼羅 …………………… 3679
西多摩ぐらし女のキ・モ・チ ………… 2820
西多摩今昔写真帖 ……………………… 1444
二十世紀酒場 …………………………… 2974
20世紀多摩の文化運動 ………………… 3664
二十世紀の情景 ………………………… 1359
西東京市の事例に見る合併協議の実務 ····· 2727

「東京」がわかる本 4000冊 　345

にしのむ　　　　　　　　書名索引

虹のむこうに森をつくろう …………… 0169
21世紀自由都市・中央区 …………… 2110
21世紀の新しい自治体行政への挑戦 …… 2702
21世紀の都市自治への教訓 ………… 2633
23区格差 …………………………… 2042
23区今昔物語 ……………………… 1105
23区政民主化のための入門都区財政調整制
　度 ………………………………… 2778
2001年の東京 ……………………… 0031
200X東京が変わる自治が変わる ……… 2584
2030年の東京 ……… 0093, 0104, 0105, 0123
2010年東京圏大変貌 ……………… 0144
2014年都知事選挙の教訓 ………… 2641
2020狂騒の東京オリンピック ……… 0371
2020東京五輪へ …………………… 0381
2020東京五輪と日本の皇室 ……… 0380
2020年東京オリンピック・パラリンピック競
　技大会実施に伴う影響等調査報告書 … 0375
2020年東京五輪に参加するために読む本
　…………………………………… 0386
2020年東京五輪の黒いカネ ……… 0382
2000年の八王子 …………………… 2325
日光街道を歩く …………………… 2569
日暮里saiko(最高・再考) ………… 1116
日暮里・舎人ライナー秘話 ………… 3475
日本が世界を救う ………………… 0384
日本近代都市論 …………………… 0080
日本考古学は品川から始まった ……… 0707
日本史探究：東京とその縁辺 ……… 0398
日本に生まれて良かった ………… 0389
日本の首都江戸・東京 …………… 0154
日本の特別地域
　………… 2065, 2068, 2071〜2073, 2076, 2263
日本の美 …………………………… 1758
日本のモノづくりイノベーション …… 3195
日本の歴史 ………………………… 0771
日本橋異聞 ………………………… 1296
日本橋魚河岸物語 ………………… 1295
日本橋絵巻 ………………………… 2440
日本橋界隈の問屋と街 …………… 2189
日本橋・銀座の400年 …………… 1081
日本橋トポグラフィ事典 … 1297, 1298
日本橋・堀留東京織物問屋史考 …… 2190
日本橋街並み商業史 ……………… 2187
日本橋街並み繁昌史 ……………… 2186
日本歴史地名大系 ………………… 1792
ニュートーキョー・パラダイス ……… 0140
ニューパラダイム銀座 …………… 2184
24365東京 ………………………… 0145
人間だけでは生きられない ……… 0376
人間の真の生き方と武道、スポーツの活用
　…………………………………… 0377

【ね】

猫とスカイツリー ………………… 1862
猫の花魁遊び ……………………… 0539
Netsuke …………………………… 3696
練馬アトリエ村と周辺の人びとのその後
　…………………………………… 3623
練馬を往く ………………………… 2103
練馬区史跡散歩 …………………… 2116
練馬区の昭和 ……………………… 1066
練馬区の昭和史 …………………… 1271
練馬区の博物館・美術館の共演 ……… 3645
ねりま50年の移り変わり ………… 1193
練馬にもあったアトリエ村 ……… 3644
練馬の農業を支えた女性たち ……… 3386
練馬ふるさと事典 ………………… 1092
ねりま60 …………………………… 1131
年表・葛飾の歴史 ………………… 1371
年表に見る八王子の近現代史 ……… 1616

【の】

農が語る東京百年 ………………… 3391
脳病院をめぐる人びと …………… 3165
野川流域の旧石器時代 …………… 0708
のせすぎ！　中野ブロードウェイ … 2069
ののはなさんぽ …………………… 3096
野火止用水 ………………… 3262, 3285
呑めば、都 ………………………… 2969
海苔のこと大森のこと …………… 3403

【は】

俳句で歩く江戸東京 ……………… 3890
拝啓青島幸男東京都知事殿 ……… 2668
俳枕江戸から東京へ ……………… 3870
ハウジング・プロジェクト・トウキョウ … 3026
幕末維新 …………………………… 1339
幕末維新江戸東京史跡事典 ……… 2551
幕末・維新の江戸・東京を歩く …… 1882
幕末が生んだ遺産 ………………… 0819
幕末のお江戸を時代考証！ ……… 0412
幕末の八王子 ……………………… 1600
幕末歴史散歩 ……………………… 2535
博覧都市江戸東京 ………………… 0684
はじまるようではじまらない、でもはじまっ
　ている …………………………… 3619
芭蕉庵桃青と神田上水 …………… 3235
破綻！　臨海副都心開発 ………… 0173

346　「東京」がわかる本 4000冊

書名索引　　　　　　　　　　　　　　　　　　　　　　　　　ひのはら

八王子いちょう祭り大作戦 ……………… 0509
八王子空襲 ……………………………… 0951
八王子空襲の記録 ……………………… 0959
八王子今昔物語 ………………………… 1620
八王子三十三観音霊場 ………………… 0632
八王子事典 ……………………………… 2326
八王子市の昭和 ………………………… 1597
八王子城 ………………………… 1606, 2324
八王子城跡御主殿 ……………………… 1614
八王子デモクラシーの精神史 ………… 1615
八王子の今昔 …………………… 1607, 1610
八王子の二十世紀 ……………………… 1617
八王子発見 ……………………………… 2327
八王子・日野今昔写真帖 ……………… 1447
八王子盆地の風景 ……………………… 2323
八王子むかしむかし …………………… 1621
88万人のコミュニティデザイン ……… 2686
八丈島古謡 ……………………………… 0552
八丈島の戦史 …………………………… 0932
八丈島の民話 …………………………… 0538
八角屋根の東京駅赤レンガ駅舎 ……… 3568
発掘！　あらかわの遺跡展 …………… 1104
発掘された八王子城 …………………… 1622
発掘された町田の遺跡 ………………… 1491
発掘物語in Tama ……………………… 1563
発見！　23区 ………………… 2087, 2088
八百八町いきなやりくり ……………… 0450
八百八町の考古学 ……………………… 0725
バードウォッチング散歩 ……………… 3147
「はとバス」六〇年 …………………… 3447
「花子とアン」のふるさとから ……… 3919
噺家と歩く「江戸・東京」 …………… 3737
はなしの名人 …………………………… 3757
花と団子の東京散歩 …………………… 1944
花と俳句の東京散歩 …………………… 1932
花と緑の四季だより …………………… 3111
花の大江戸風俗案内 …………………… 0439
羽田開港60年 ………………………… 3605
羽田空港物語 …………………………… 3603
羽田再拡張と首都圏第3空港 ………… 3600
羽田―新国際ハブ空港のすべて ……… 3597
羽田日本を担う拠点空港 ……………… 3598
羽田vs.（バーサス）成田 ……………… 3596
翔ばたく女性たち ……………………… 2818
パフォーマンスキッズ・トーキョーフォーラ
　ム ……………………………………… 3630
バプテストの東京地区伝道 …………… 0639
はむらの歴史 …………………………… 1592
原宿ecoものがたり …………………… 2090
「春の小川」はなぜ消えたか ………… 2361
ハロランの東京大空襲 ………………… 0994
繁栄Tokyo裏通り ……………………… 1989

繁華街の近代 …………………………… 3334
半七捕物帳を歩く ……………………… 3908
半七捕物帳お江戸歩き ………………… 1940
パンダがはじめてやってきた！ ……… 3157
番町麹町「幻の文人町」を歩く ……… 1865
番町鍋割坂 ……………………………… 1194
反東京オリンピック宣言 ……………… 0365
版になった風景 ………………………… 2550

【ひ】

非営利型株式会社が地域を変える ……… 2698
ピエール瀧の23区23時 ……………… 2057
比較研究江戸名所古地図散策 ………… 2453
東久留米で見られた野鳥 ……………… 3135
東久留米の近代史 ……………………… 1401
東村山郷土のあゆみ …………………… 1477
東村山市史 …………… 1449, 1463, 1471,
　　1483, 1492, 1493, 1504, 1512, 1520, 1521, 1532
東村山市体育協会創立30周年記念誌 … 3814
東大和市史 ……………………………… 1484
東大和市・武蔵村山市・瑞穂町の昭和史 ‥ 1575
東やまとの散歩道 ……………………… 1423
光のタトゥー …………………………… 3329
樋口一葉と歩く明治・東京 …………… 3941
「樋口一葉の日記」気象表 …………… 3069
土方歳三の歩いた道 …………………… 1500
非実在青少年〈規制反対〉読本 ……… 2748
ビジュアル台東区史 …………………… 1204
ビジュアル馬込文士村 ………………… 3940
秘蔵写真で綴る銀座120年 …………… 2177
ビックリ東京変遷案内 ………………… 0849
市民（ひと）輝く狛江へ ……………… 2714
人が変わる、街が変わる ……………… 2718
一粒の麦 ………………………………… 0641
ひと美の江戸東京名所図絵 …………… 2444
日野市史 ……… 1505, 1533, 1546, 1570, 1593
日野市の半世紀 ………………………… 1388
日野周辺歴史散歩 ……………………… 1440
日野、住んでみてよかった …………… 1389
日の出ごみ処分場問題 ………………… 3226
日の出町史 …………… 1438, 1464, 1470
日の出町近代年表・統計資料 ………… 1522
日野の昭和史を綴る …………………… 1572
日野ののろし …………………………… 2729
ひののんフィクション記録集 ………… 3646
ひののんフィクション ………… 3637, 3641
桧原村史研究 …………………………… 1566
桧原村紀聞 ……………………………… 2311
桧原村1993－里に吹く風 …………… 2316
檜原村の女たち ………………………… 2813

「東京」がわかる本 4000冊　**347**

ひのまる　　　　　書名索引

「日の丸・君が代」を強制してはならない ‥ 2912
「日の丸・君が代」強制の次に来るもの ‥ 2913
「日の丸・君が代」強制反対嘱託採用拒否撤
　回裁判 ‥‥‥‥‥‥‥‥‥‥‥‥ 2897
「日の丸・君が代」強制反対嘱託不採用撤回
　裁判一審判決までの記録 ‥‥‥‥‥ 2908
「日の丸・君が代」処分 ‥‥‥‥‥‥‥ 2921
日野流 ‥‥‥‥‥‥‥‥‥‥‥‥‥‥ 1391
100人先生 ‥‥‥‥‥‥‥‥‥‥‥‥‥ 3626
100年のプロローグ ‥‥‥‥‥‥‥‥‥ 3560
100年前の東京 ‥‥‥‥‥‥‥‥ 0900, 0901
百年前の東京絵図 ‥‥‥‥‥‥‥‥‥ 2458
100％東京人 ‥‥‥‥‥‥‥‥‥‥‥‥ 0026
百万都市江戸の経済 ‥‥‥‥‥‥‥‥ 0399
百万都市江戸の生活 ‥‥‥‥‥‥ 0401, 0471
漂流の島 ‥‥‥‥‥‥‥‥‥‥‥‥‥ 1631
日和下駄とスニーカー ‥‥‥‥‥‥‥ 3924
ヒルズ挑戦する都市 ‥‥‥‥‥‥‥‥ 2070
貧困都政 ‥‥‥‥‥‥‥‥‥‥‥‥‥ 2596
貧民の帝都 ‥‥‥‥‥‥‥‥‥‥‥‥ 2789

【ふ】

ファッション都市論 ‥‥‥‥‥‥‥‥ 2965
ファーレ立川アートプロジェクト ‥‥‥ 3663
フィールドワーク浅川地下壕 ‥‥‥‥ 0950
フィールドワーク東京大空襲 ‥‥‥‥ 0990
封印された東京の謎 ‥‥‥‥‥‥‥‥ 0834
風景印でめぐる江戸・東京散歩 ‥‥‥ 1832
フォトガイド東京歩き ‥‥‥‥‥‥‥ 2009
深川江戸散歩 ‥‥‥‥‥‥‥‥‥‥‥ 2133
「深川・木場」下町のぬくもり ‥‥‥‥ 1178
深川木場物語 ‥‥‥‥‥‥‥‥‥‥‥ 1094
深川の祭り ‥‥‥‥‥‥‥‥‥‥‥‥ 0512
深沢・桜新町100年史 ‥‥‥‥‥‥‥‥ 1070
復元・江戸情報地図 ‥‥‥‥‥‥‥‥ 2004
復元文明開化の銀座煉瓦街 ‥‥‥‥‥ 1293
副校長からみた都立高校改革 ‥‥‥‥ 2938
福祉改革石原都政の挑戦 ‥‥‥‥‥‥ 2804
福祉史を歩く ‥‥‥‥‥‥‥‥‥‥‥ 2800
福祉の近代史を歩く ‥‥‥‥‥‥‥‥ 2798
副都心線 ‥‥‥‥‥‥‥‥‥‥‥‥‥ 1898
不思議の町・根津 ‥‥‥‥‥‥‥‥‥ 2106
富士山 ‥‥‥‥‥‥‥‥‥‥‥‥‥‥ 1838
武州高尾山（たかおざん）の歴史と信仰 ‥‥ 0604
武相観音めぐり ‥‥‥‥‥‥‥‥‥‥ 0623
武相近代史論集 ‥‥‥‥‥‥‥‥‥‥ 0836
武相自由民権運動関係年表 ‥‥‥‥‥ 0874
二子玉川アーバニズム ‥‥‥‥‥‥‥ 0159
二つの東京物語 ‥‥‥‥‥‥‥‥‥‥ 0074
府中市女性史 ‥‥‥‥‥‥‥‥ 2811, 2812

府中市の古墳 ‥‥‥‥‥‥‥‥‥‥‥ 0701
府中市の歴史 ‥‥‥‥‥‥‥‥‥‥‥ 1437
府中人物伝 ‥‥‥‥‥‥‥‥‥‥‥‥ 1719
府中と東京競馬場 ‥‥‥‥‥‥‥‥‥ 3812
復活日本一黄金大神輿 ‥‥‥‥‥‥‥ 0530
福生市史 ‥‥‥‥‥‥‥‥‥‥ 1539, 1557
福生市と横田基地 ‥‥‥‥‥‥‥‥‥ 2573
ふっさ福生 ‥‥‥‥‥‥‥‥‥‥‥‥ 1433
福生歴史物語 ‥‥‥‥‥‥‥‥‥‥‥ 1494
ふゆいちごの森がみていた ‥‥‥‥‥ 3224
Future visionの系譜 ‥‥‥‥‥‥‥‥ 0133
部落に生きる部落と出会う ‥‥‥‥‥ 2787
プラタナスと暮らす島 ‥‥‥‥‥‥‥ 2089
ぷらっと東京 ‥‥‥‥‥‥‥‥‥‥‥ 1997
ぶらり骨董散歩 ‥‥‥‥‥‥‥‥‥‥ 3666
ぶらり散策山手線 ‥‥‥‥‥‥‥‥‥ 3552
ぶらり雑司が谷文学散歩 ‥‥‥‥‥‥ 3869
ぶらり東京絵図 ‥‥‥‥‥‥‥‥‥‥ 1993
ぶらり東京山手線 ‥‥‥‥‥‥‥‥‥ 3555
ぶらり、ゆったり、今こそ癒しの街・巣鴨 ‥ 2051
プランツ・ウォーク ‥‥‥‥‥‥‥‥ 1873
ふるさとあきる野・日の出・檜原 ‥‥‥ 1400
ふるさと青梅 ‥‥‥‥‥‥‥‥‥‥‥ 1408
ふるさと国分寺 ‥‥‥‥‥‥‥‥‥‥ 1383
ふるさと国分寺のあゆみ ‥‥‥‥‥‥ 1429
ふるさとせたがや歴史ハンドブック ‥‥ 1343
ふるさと調布 ‥‥‥‥‥‥‥‥‥‥‥ 1380
ふるさと東京 ‥‥‥‥‥‥‥‥‥‥‥ 0694
「ふるさと東京」江戸風物誌 ‥‥‥‥‥ 0495
「ふるさと東京」祭事祭礼 ‥‥‥‥‥‥ 0496
「ふるさと東京」民俗芸能 ‥‥‥‥ 0488, 0490
「ふるさと東京」民俗歳事記 ‥‥‥‥‥ 0497
ふるさと日野 ‥‥‥‥‥‥‥‥‥‥‥ 1390
ふるさと府中 ‥‥‥‥‥‥‥‥‥‥‥ 1384
ふるさと福生・羽村・瑞穂 ‥‥‥‥‥‥ 1405
ふるさと町田 ‥‥‥‥‥‥‥‥‥‥‥ 1425
ふるさと武蔵野 ‥‥‥‥‥‥‥‥‥‥ 1392
古本買い十八番勝負 ‥‥‥‥‥‥‥‥ 0304
古本道場 ‥‥‥‥‥‥‥‥‥‥‥‥‥ 0297
古本屋ツアー・イン・神保町 ‥‥‥‥‥ 0286
フレッド和田勇 ‥‥‥‥‥‥‥‥‥‥ 0347
浮浪児1945− ‥‥‥‥‥‥‥‥‥‥‥ 0923
文学作品にえがかれた目黒 ‥‥‥‥‥ 3851
文学散歩 ‥‥‥‥‥‥‥‥‥‥‥‥‥ 3905
文学散歩・東京 ‥‥‥‥‥‥‥‥‥‥ 3882
文学のある風景・隅田川 ‥‥‥‥‥‥ 3854
文学のなかの地理空間 ‥‥‥‥‥‥‥ 3855
文学のまち世田谷 ‥‥‥‥‥‥‥‥‥ 3850
文化都市千代田 ‥‥‥‥‥‥‥‥‥‥ 1091
文化都市ビジョン ‥‥‥‥‥‥‥‥‥ 3660
文化によるまちづくりで財政赤字が消えた
　‥‥‥‥‥‥‥‥‥‥‥‥‥‥‥‥ 3639

文化のクリエーターたち …………… 1728	本の街神保町古書店案内 …………… 0305
文化は都市の未来を救えるか ………… 3662	
文京区史 ………………………………… 1141	## 【ま】
文京区史跡散歩 ……………………… 2125	
文京のあゆみ ………………………… 1275	馬込文学地図 …………………………… 3921
ぶんきょうの歴史物語 ……………… 1188	馬込文士村 ……………………………… 3920
文豪の愛した東京山の手 …………… 3951	またたびふたたび東京ぶらり旅 ……… 1953
文明開化期の東京と横浜 …………… 0875	まち歩きガイド東京＋ ……………… 1900
文明開化期の横浜・東京 …………… 0884	まちかど写真館inひの ………… 1402, 1426
	街から子どもがやってきた ………… 0929
## 【へ】	街から反戦の声が消えるとき ……… 2865
	街草みつけた …………………………… 3099
平安から戦国の足立郡 ……………… 1151	町工場職人群像 ……………………… 3206
米軍が見た東京1945秋 ……………… 1021	町工場の履歴書 ……………………… 3212
米国人一家、おいしい東京を食べ尽くす ‥ 2982	町田市が変わった …………………… 2739
平成江戸東京風土記 ………………… 2013	町田市今昔写真帖 …………………… 1443
平成「江戸名所百景」 ……………… 1905	町田市の昭和 ………………………… 1374
平成かつしか風土記 ………………… 2281	町田の方言と俗信・俗謡 …………… 3827
平成忠臣蔵・泉岳寺景観の危機 …… 0092	町田の歴史 …………………………… 1585
平成版江戸名所図会 ………………… 2432	町田の歴史をたどる ………………… 1461
平和への祈りをこめて ……………… 0964	町田風土記 …………………………… 1565
べらんめぇ・お江戸ことばとその風土 … 3834	町田歴史人物事典 …………………… 1705
べらんめぇ大江戸講座 ……………… 0754	街とアートの挑戦。 ………………… 3647
変化に挑む …………………………… 2773	街と駅80年の情景 …………………… 3531
変化に直面した教師たち …………… 2914	町の記録が語る戦時中の東村山 …… 0931
変貌する玉川上水 …………………… 3261	まちの力ひとの力 …………………… 1687
変貌する東京圏最後はこうなる ……… 0184	松原庵の宗匠 ………………………… 3932
	マフィアの棲む街 …………………… 2238
## 【ほ】	幻の江戸百年 ………………………… 0791
	幻の玉川上水 ………………………… 3268
保育園でいま何が起こっているのか …… 2831	幻の東京赤煉瓦駅 …………………… 3570
防災という名の石原慎太郎流軍事演習 ‥‥ 2885	幻の東京オリンピック …………… 0341, 0343
防災のまちづくり …………………… 2893	幻の東京オリンピックとその時代 ……… 0342
暴走する石原流「教育改革」 ……… 2920	「幻の東京オリンピック」の夢にかけた男
暴力団排除条例と実務対応 ………… 2746	…………………………………… 0339
ぼくたちが石原都知事を買えない四つの理	幻の東京五輪・万博1940 …………… 0340
由。 ………………………………… 2658	守られなかった奇跡の山 …………… 2328
墨東惜春譜 …………………………… 3928	迷ったときの医者選び東京 ………… 3174
墨東大学の挑戦 ……………………… 3642	まるごと一冊！　東京の地名の由来 …… 1755
僕、トーキョーの味方です ………… 0009	まるごとはとバス！ ………………… 3456
ぼくの浅草案内 ……………………… 2256	「丸の内」経済学 …………………… 2101
ぼくの街に爆弾が落ちた …………… 0979	丸の内における都市建築空間の形成とスト
ぼくらは下町探険隊 ………………… 1958	リートスタイルの創造 …………… 3303
ホテルを楽しもう …………………… 1968	「丸の内」の歴史 …………………… 1112
炎の中、娘は背中で… ……………… 1002	漫画お江戸の風俗帳 ………………… 0420
ぼれぼれ高尾山観察記 ……………… 3094	まんがで綴る田無の歴史 …………… 1499
滅びゆく水の都江戸・東京 ………… 3239	万太郎松太郎正太郎 ………………… 3938
本郷界隈を歩く ……………………… 2543	
本郷台・大東京の街づくり史 ……… 1067	
本当はすごい！　東京の歴史 ……… 0644	

みかわし　　　　　　　書名索引

【み】

三河島と日本初下水処理施設 ……………… 3246
未完の「多摩共和国」………………… 1439
未完の東京計画 ………………………… 0867
御蔵島島史 ……………………………… 1635
水 ………………………………………… 3266
「水」が教えてくれる東京の微地形散歩 ‥ 2356
水循環における地下水・湧水の保全 …… 3070
水談義 …………………………………… 3276
水の郷日野 ……………………………… 2295
水の東京 ………………………………… 2397
水の都市江戸・東京 …………………… 2355
瑞穂町と横田基地 ……………………… 2575
三鷹市史 ………………………… 1474, 1476
三鷹市の子ども家庭支援ネットワーク …… 2834
三鷹という街を書く太宰治 …………… 3931
みたかの今昔 …………………………… 1478
みたかの昔 ……………………………… 1583
三鷹の歴史 ……………………………… 1435
三鷹文学散歩 …………………………… 3909
三鷹ゆかりの文学者たち ……………… 3929
みたびのいのち ………………………… 1010
見て読んで歩く山手線29駅 …………… 3533
水戸佐倉道分間延絵図 ………………… 2478
みどりの風 ……………………………… 3040
港区史跡散歩 …………………………… 2118
港区文化芸術振興プラン ……………… 3631
港区私と町の物語 ……………………… 1133
南多摩郡史 ……………………………… 1540
南の風が吹いていた三日月山の展望台 …… 2348
南武蔵の考古学 ………………………… 0702
美濃部都政の福祉政策 ………………… 2803
脈動する超高層都市、激変記録35年 … 1311
三宅大学誌 ……………………………… 3622
三宅島大学の試み五十嵐靖晃「そらあみ―三
　宅島―」を事例に ………………………… 3632
三宅島の自然ガイド …………………… 3036
三宅島ポスタープロジェクト ………… 3627
都と京（みやこ） ……………………… 0048
宮部みゆきの江戸レシピ ……………… 3005
宮本常一の見た府中 …………………… 1430
魅力発見東京まち歩きノート ………… 0167
みんなのための公園づくり …………… 0203

【む】

むかし〈都立高校〉があった ………… 2945
昔のグルメガイドで東京おのぼり観光 …… 2988
むかしまち地名事典 …………………… 1754

昔々の上野動物園、絵はがき物語 ……… 3154
武蔵考古漫歴 …………………………… 0731
武蔵国分寺のはなし …………………… 0601
武蔵新田縁起 …………………………… 0802
武蔵野・江戸を潤した多摩川 ………… 3237
武蔵野を歩く …………………………… 2298
武蔵野から伝える戦争体験記録集 …… 0936
武蔵野から都市の未来を考える ……… 2732
武蔵野観音霊場三十三札所巡礼スケッチ
　………………………………………… 0617
むさしの国荏原 ………………………… 1332
むさし野句碑めぐり ……………… 3911, 3913
武蔵の国府と国分寺 …………………… 1454
武蔵野古寺巡礼 ………………………… 0630
むさしの桜紀行 ………………………… 2305
武蔵野市史 ………………………… 1403,
　1417, 1431, 1441, 1465, 1495, 1547, 1562, 1580
武蔵野市体育協会創立60周年記念誌 … 3797
武蔵野市百年史 ………………… 1406, 1409,
　1410, 1466, 1470, 1472, 1480, 1502, 1534, 1548
武蔵野ショック ………………………… 2738
むさしの「城跡」ウオーキング ……… 2514
634（ムサシ）の魂 …………………… 3364
武蔵野の遺跡を歩く ……………… 1960, 1965
武蔵野の観音さま ……………………… 0628
武蔵野の花120選 ……………………… 3114
武蔵野文学散歩展 ……………………… 3883
634（ムサシ）の物語 ………………… 3354
武蔵府中炎の油画家5人展 …………… 3671
武蔵村山市史 …………………… 1456,
　1462, 1473, 1479, 1485, 1486, 1496～1498
武蔵村山市と狭山丘陵の考古学 ……… 0716
武蔵村山の弥生時代 …………………… 0698
武蔵名勝図会 …………………………… 2474
無党派知事の光と影 …………………… 2665
ムーバスの思想武蔵野市の実践 ……… 2721
無防備平和条例は可能だ ……………… 2749
村医者と医者村 ………………………… 3169
無漏西游あきる野遍路 ………………… 0615

【め】

名作写真と歩く、昭和の東京 ………… 1048
名作と歩く多摩・武蔵野文学散歩 …… 3899
名作と歩く東京下町・山の手文学散歩 … 3897
名作と歩く東京山の手・下町 ………… 3874,
　3877, 3880, 3881, 3885, 3891, 3892
明治維新期を都市市民はどう生きたか …… 0899
明治期東京府の文書管理 ……………… 2576
明治時代の八王子 ……………………… 1624
明治商売往来 ……………………… 3411, 3412

350　「東京」がわかる本 4000冊

書名索引　　　　　　　　　　　もんしや

「明治神宮の森」の秘密 ･･･････････････････ 3109
明治・大正・昭和東京写真大集成 ･･･････････ 0852
明治大正凸凹地図東京散歩 ･･･････････････ 0869
明治大正東京散歩 ･･･････････････････････ 0889
明治東京下層生活誌 ･･･････････････････ 2795
明治東京崎人傳 ･･･････････････････････ 1689
明治東京歳時記 ･･･････････････････････ 0484
明治東京名所図会 ･･･････････････ 2475, 2476
明治の銀座職人話 ･･･････････････････ 3186
明治の東京 ･･･････････････････････････ 2465
明治の東京計画 ･･･････････････････････ 0887
明治の東京写真 ･････････････････ 0876, 0877
明治の東京商人群像 ･･･････････････････ 3415
明治の東京生活 ･･････････････････････ 0906
名勝小金井桜絵巻 ･･･････････････････ 1501
名勝小金井桜の今昔 ･･･････････････････ 1467
『名所江戸百景』広重の描いた千代田区 ‥ 2447
名所探訪・地図から消えた東京遺産 ･･････ 2557
名所の誕生 ･･･････････････････････････ 2510
名水巡礼東京八十八カ所 ･･･････････････ 3075
メイド・イン・大田区 ･･･････････････････ 3196
メイド・イン・トーキョー ･･･････････････ 0152
名物「本屋さん」をゆく ･･･････････････ 0293
名誉都民小伝 ･･･････････ 1663, 1664, 1688,
　　　1691, 1693, 1695〜1697, 1700, 1701, 1703,
　　　1706, 1707, 1709, 1713〜1715, 1717, 1718,
　　　1721, 1723, 1724, 1727, 1730, 1735, 1736, 1738
目利きの東京建築散歩 ･･･････････････ 3317
目黒区史跡散歩 ･･･････････････････ 2120
目黒区スポーツ推進計画 ･･･････････････ 3767
目黒区のあゆみ ･･･････････････････････ 1142
めぐろ芸術文化振興プラン ･･･････････ 3618
目黒の風景いまむかし ･･･････････････ 1239
目黒の風景100年 ･･･････････････････ 1162
めぐろの昔を語る ･･･････････････････ 1223
目黒・みどりへの誘い ･･･････････････ 0199
目白文化村 ･･･････････････････････････ 1263
目で見る足立・荒川の100年 ･･･････････ 1143
目で見る江戸川区の100年 ･･･････････ 1147
目でみる江戸・明治百科 ･･････････ 0459, 0460
目で見る大田区の100年 ･･･････････････ 1093
目で見る葛飾区の100年 ･･････････････ 1366
目で見る北区の100年 ･･･････････････ 1084
目で見る江東区の100年 ･･･････････････ 1150
目で見る国分寺・国立・小金井・小平の100年
　　　････････････････････････････････ 1458
目で見る品川区の100年 ･･･････････････ 1330
目で見る渋谷区の100年 ･･･････････････ 1352
目で見る新宿区の100年 ･･･････････････ 1300
目で見る杉並区の100年 ･･･････････････ 1086
目で見る墨田区の100年 ･･･････････････ 1134
目で見る台東区の100年 ･･･････････････ 1125

目で見る立川・昭島の100年 ･･･････････ 1460
目でみる多摩の一世紀 ･･･････････････ 1559
目で見る多摩の一世紀 ･･･････････････ 1560
目で見る調布・狛江の100年 ･･･････････ 1450
目で見る千代田の歴史 ･･･････････････ 1241
目で見る豊島区の100年 ･･･････････････ 1073
目で見る中野区の100年 ･･･････････････ 1068
目で見る西多摩の100年 ･･･････････････ 1523
目で見る西東京・東久留米・清瀬の100年 ‥ 1457
目で見る練馬・板橋の100年 ･･･････････ 1144
目で見る八王子・日野の100年 ･･･････････ 1514
目で見る東村山・東大和・武蔵村山の100年
　　　････････････････････････････････ 1459
目で見る府中・多摩・稲城の100年 ･･････ 1451
目で見る文京区の100年 ･･･････････････ 1074
目で見る町田市の100年 ･･･････････････ 1552
目で見る三鷹・武蔵野の100年 ･･･････････ 1448
目で見る港区の100年 ･･･････････････ 1080
目で見る目黒区の100年 ･･･････････････ 1071
メモリーズ・オブ・ユー ･･･････････････ 2035

【も】

もう、税金の無駄遣いは許さない！ ･･･････ 2776
もう取り戻せない昭和の風景 ･･･････････ 1055
もうひとつの小さな戦争 ･･･････････････ 0984
もうひとつ別の東京 ･･･････････････････ 1914
燃える ･･･････････････････････････････ 3790
萌える！ 経済白書 ･･･････････････････ 2756
萌える聖地アキバ ･･･････････････････ 2142
萌える聖地アキバリターンズ ･･･････････ 2140
模型でみる江戸・東京の世界 ･･･････････ 0679
モース博士と大森貝塚 ･･･････････････ 0726
モダン東京の歴史社会学 ･･･････････････ 0041
モダン福生 ･･･････････････････････････ 1427
もち歩き裏江戸東京散歩 ･･･････････････ 0542
元店長が暴露するアキバPCショップの秘密
　　　････････････････････････････････ 2143
物語上野動物園の歴史 ･･･････････････ 3158
物語東京の都市計画と建築行政 ･･･････････ 0180
モノづくりに生きる ･･･････････････････ 3211
モノづくりの老舗に息づく伝統と革新 ･･･････ 3190
モノトーンの記憶 ･･･････････････････ 1418
もののみごと ･･･････････････････････ 3691
森鷗外の「帝都地図」隠された地下網の秘密
　　　････････････････････････････････ 0107
森のなかのスタジアム ･･･････････････ 0372
もんじゃの社会史 ･･･････････････････ 1117

「東京」がわかる本 4000冊　**351**

やえんと　　　　　　　　書名索引

【や】

野猿峠 ……………………………… 3047
Yakiniku－アーティスト・アクションin枝川
　………………………………………… 3633
躍動する多摩の21世紀 ……………… 2737
焼け跡からの出発 …………………… 0946
八塩圭子の山の手4区アド街ふう歩き方 … 1985
谷中スケッチブック ………………… 2111
「谷根千」地図で時間旅行 ………… 2045
谷根千百景 …………………………… 2104
谷根千"寄り道"文学散歩 ………… 3860
山手「感情線」 ……………………… 3554
山と平野のふれあう街 ……………… 1623
山手線 駅と町の歴史探訪 ………… 3494
山手線お江戸めぐり ………………… 3523
山手線謎解き街歩き ………………… 3503
山手線に新駅ができる本当の理由 …… 3470
山手線の東京案内 …………………… 3551
ヤングでよみがえるアメ横商店街超繁盛の
　秘密 ………………………………… 2246

【ゆ】

雄魂 …………………………………… 3817
勇躍 …………………………… 3780, 3785
悠悠逍遙江戸名所 …………………… 2564
湯島本郷百景 ………………………… 2064
豊かで美しい東京湾をめざして …… 2373
豊かな島・御蔵島 …………………… 2346
豊かな東京湾 ………………………… 2372
揺らぐ「結婚」 ……………………… 2744
愉楽の銀座酒場 ……………………… 2163

【よ】

宵越しの銭 …………………………… 0470
洋学と異人さんと八王子 …………… 1625
要塞都市・東京の真実 ……………… 0005
用水を総合的な学習に生かす ……… 3254
吉村作治の街角考古学 ……………… 2002
吉原・道玄坂昔語り ………………… 0466
四谷散歩 ……………………………… 1189
甦る江戸 ……………………………… 0792
よみがえる古代武蔵国府 …………… 1378
よみがえる滝山城 …………………… 1611
よみがえる東京 …………… 0190, 3581
よみがえる明治の東京 ……………… 0905
よみがえれ生きものたち …………… 3141

よみがえれ東京湾 …………………… 3404
40年前の東京 ………………………… 1050
読んで歩いて日本橋 ………………… 2185
四〇〇年目の江戸祭禮 ……………… 0498

【ら】

落語地誌 ……………………………… 3735
落語地名事典 ………………………… 3744
落語で辿る江戸・東京三十六席。…… 3742
落語で楽しむ江戸ことば事典 ……… 3828
落語の江戸をあるく ………………… 3745
ラブミー東京 ………………………… 2032
乱歩「東京地図」 …………………… 3950
乱歩と東京 …………………………… 3949

【り】

陸運水運20世紀 ……………………… 3608
「利権」のカラクリ ………………… 2706
離島とメディアの研究 ……………… 3613
龍宮城 ………………………………… 2208
両国地域の歴史と文化 ……………… 1097
両さんと歩く下町 …………………… 1938
良心的「日の丸・君が代」拒否 …… 2922
臨海副都心開発 ……………………… 0177
臨海副都心ソフトウエア基地物語 … 3614
臨海副都心の過去・現在・未来 …… 0106
臨海副都心物語 ……………………… 0156

【る】

「ルポ」東京再興 …………………… 0148

【れ】

玲子さんの東京物語 ………………… 2010
歴史探訪地図から消えた「東京の町」…… 1801
歴史地図本大江戸探訪 ……………… 2435
歴史と文学の回廊 …………………… 0688
歴史年表事典 ………………………… 0665
歴史のなかの渋谷 …………………… 1355
レンズの記憶 ………………………… 1128

【ろ】

ローカルルールによる都市再生 …… 2074
60歳から始める東京さんぽ ………… 1901

352　「東京」がわかる本 4000冊

書名索引　　　　　TOKY

60年代郷愁の東京 ･･････････････････････ 1031
60年代新宿アナザー・ストーリー ･･･････ 1302
60年代「燃える東京」を歩く ････････････ 1052
『六森未来図』プロジェクト ･････････････ 3649
路地裏の文明開化 ･･･････････････････････ 1237
ロスト・シティ・Tokyo ･･････････････････ 0072
ロスト・モダン・トウキョウ ･･･････････ 0838
六本木ヒルズクリエーター18人の提案 ･･･ 3655
六本木ヒルズパブリックアートの全貌 ･･･ 3656
「論考」江戸の橋 ･･････････････････････ 3293

【わ】

我がふるさと国立 ･･･････････････････････ 1574
わが街・中央・シネマの時代 ････････････ 3723
技の風景 ･･･････････････････････････････ 3703
忘れられた明治人 ･･･････････････････････ 0894
早稲田古本屋街 ･････････････････････････ 0300
私が掘った東京の考古遺跡 ･･････････････ 0718
私だけの東京散歩 ･･･････････････ 1998, 1999
私たちの成城物語 ･･･････････････････････ 1206
私たちの「東京の家」･･･････････････････ 3305
私には夢がある ･････････････････････････ 0118
私の官民協働まちづくり ････････････････ 2697
私の銀座風俗史 ･････････････････････････ 1287
私（わたし）の銀座物語 ････････････････ 1281
わたしの空襲体験とその後 ･･････････････ 0983
私の神保町 ･････････････････････････････ 0307
わたしの高尾山 ･････････････････････････ 2335
私の東京 ･･･････････････････････････････ 0086
私の東京オリンピック ･･････････････････ 0334
私の東京散歩術 ･････････････････････････ 1892
私の東京地図 ･･･････････････････････････ 0837
私の東京風景 ･･･････････････････････････ 0052
私の東京平和散歩（ウォーク）･･････････ 0926
私の東京町歩き ･････････････････････････ 1986
私の東京万華鏡 ･････････････････････････ 1980
わたしの東京物語 ･･･････････････････････ 2000
私の東京物語 ･････････････････ 0856, 2016
私のなかの東京 ･････････････････････････ 3873
私の日本地図 ･･･････････････････････････ 2296
私の「不服従」･････････････････････････ 2918
わたしの文京アルバム ･･････････････････ 1202
私は、練馬から変えたい。････････････････ 2705
わっしょい深川 ･････････････････････････ 0489
悪いのは誰だ！　新国立競技場 ･･･････････ 0373
ワールド・ミステリー・ツアー13 ･･･････ 0583

【ABC】

Accessible Tokyo ･･･････････････････････ 2847
Ginzabout ･････････････････････････････ 2178
Lobby ･････････････････････････････････ 3648
Res Artis General Meeting 2012 Tokyo
　　　　　　　　　　　　　　　　　　 3634
Six strata ･････････････････････････････ 2086
THIS is KABUKI CHO ･･････････････････ 2202
Tokyo colors ･･････････････････････････ 1891
Tokyo edit ･････････････････････････････ 1893
Tokyo fashion map with Uniqlo ･･･････ 2964
TOKYO METABOLIZING ････････････････ 3316

「東京」がわかる本 4000冊　**353**

事 項 名 索 引

事項名索引　　　　おたきゆ

【あ】

青島幸男
　→東京都政 ……………………… 195
　→都知事 ………………………… 199
青山　→23区（歴史）……………… 85
赤坂　→23区（歴史）……………… 85
昭島市　→多摩地域（歴史）……… 102
秋葉原
　→秋葉原（歴史）………………… 95
　→秋葉原（地理）……………… 155
秋葉原無差別殺傷事件　→事件・犯罪 ……… 219
あきる野市
　→多摩地域（歴史）…………… 102
　→多摩地域（政治・行政）…… 206
浅草
　→浅草（歴史）…………………… 99
　→浅草（地理）………………… 166
　→映画・芸能 ………………… 295
足立区
　→23区（歴史）………………… 85
　→23区（地理）………………… 146
アート　→芸術・美術・文化活動 ……… 289
アメ横
　→上野（歴史）…………………… 98
　→上野（地理）………………… 166
荒川区
　→23区（歴史）………………… 85
　→23区（地理）………………… 146
　→23区（政治・行政）………… 203
案内記　→紀行・案内記 ………… 127
家　→住・リビング ……………… 236
医学　→医療 ……………………… 248
育児　→子ども …………………… 217
池袋
　→池袋（歴史）………………… 101
　→池袋（地理）………………… 169
石原慎太郎
　→東京都政 ……………………… 195
　→都知事 ………………………… 199
医者　→医療 ……………………… 248
伊豆諸島　→島嶼部（歴史）…… 113
板橋区
　→23区（歴史）………………… 85
　→23区（地理）………………… 146
五日市憲法草案　→法律・条例 … 209
稲城市
　→多摩地域（歴史）…………… 102
　→多摩地域（政治・行政）…… 206
猪瀬直樹　→東京都政 …………… 195
井の頭自然文化園　→動物園・水族館 ……… 247

井の頭線　→駅・沿線 …………… 277
医療　→医療 ……………………… 248
上野
　→上野（歴史）…………………… 98
　→上野（地理）………………… 166
上野動物園　→動物園・水族館 … 247
浮世絵　→絵画・書・デザイン … 292
歌　→音楽 ………………………… 294
海　→海・川 ……………………… 175
映画　→映画・芸能 ……………… 295
駅　→駅・沿線 …………………… 277
絵図　→名所図会・古地図 ……… 179
江戸
　→江戸・東京 …………………… 1
　→江戸 …………………………… 60
江戸川区
　→23区（歴史）………………… 85
　→23区（地理）………………… 146
　→23区（政治・行政）………… 203
江戸語　→江戸語 ………………… 303
江戸ことば　→江戸語 …………… 303
江戸時代　→近世 ………………… 66
江戸城　→江戸 …………………… 60
江戸東京学　→東京論 …………… 3
江戸東京たてもの園　→文化施設 … 23
江戸東京博物館　→文化施設 …… 23
江戸前
　→食・グルメ ………………… 231
　→水産業 ……………………… 269
演劇　→映画・芸能 ……………… 295
沿線　→駅・沿線 ………………… 277
青梅市
　→多摩地域（歴史）…………… 102
　→多摩地域（地理）…………… 170
大島
　→島嶼部（歴史）……………… 113
　→島嶼部（地理）……………… 174
　→島ことば …………………… 304
大田区
　→23区（歴史）………………… 85
　→23区（地理）………………… 146
　→23区（政治・行政）………… 203
　→技術・工業 ………………… 250
大森貝塚　→考古・原始・古代 … 57
小笠原
　→島嶼部（歴史）……………… 113
　→島嶼部（地理）……………… 174
　→自然・環境 ………………… 238
　→植物 ………………………… 242
　→島ことば …………………… 304
小津安二郎　→映画・芸能 ……… 295
小田急線　→駅・沿線 …………… 277

「東京」がわかる本 4000冊　**357**

おりんひ　　　　　　事項名索引

オリンピック
　→オリンピック ………………………………… 26
　→1940東京五輪 …………………………… 27
　→1964東京五輪 …………………………… 28
　→2020東京五輪 …………………………… 29
音楽　→音楽 …………………………………… 294
温室効果ガス　→公害・環境問題 …………… 253

【か】

海運　→水上交通 ……………………………… 288
絵画　→絵画・書・デザイン ………………… 292
会計　→財政 …………………………………… 212
会社　→経営 …………………………………… 211
貝塚　→考古・原始・古代 …………………… 57
怪談　→伝説・民話 …………………………… 43
火災　→災害・防災・減災 …………………… 221
葛西臨海水族園　→動物園・水族館 ………… 247
下層社会　→社会 ……………………………… 213
学校教育　→学校教育 ………………………… 228
葛飾
　→葛飾（歴史）………………………………… 101
　→葛飾（地理）………………………………… 169
歌舞伎町　→新宿（地理）……………………… 161
川　→海・川 …………………………………… 175
環境　→自然・環境 …………………………… 238
環境問題　→公害・環境問題 ………………… 253
神田川　→海・川 ……………………………… 175
神田祭　→祭礼・年中行事 …………………… 39
関東大震災　→関東大震災 …………………… 75
企業　→経営 …………………………………… 211
紀行　→紀行・案内記 ………………………… 127
技術　→技術・工業 …………………………… 250
気象　→気象 …………………………………… 241
北区
　→23区（歴史）………………………………… 85
　→23区（地理）………………………………… 146
吉祥寺
　→吉祥寺（歴史）……………………………… 113
　→吉祥寺（地理）……………………………… 174
喫茶店　→食・グルメ ………………………… 231
君が代・日の丸問題　→教育 ………………… 224
教育　→教育 …………………………………… 224
教育改革　→教育 ……………………………… 224
教育行政　→教育 ……………………………… 224
教会　→キリスト教 …………………………… 51
京急線　→駅・沿線 …………………………… 277
行政　→政治・行政 …………………………… 194
漁業　→水産業 ………………………………… 269
居住　→住・リビング ………………………… 236

清瀬市
　→多摩地域（歴史）…………………………… 102
　→多摩地域（政治・行政）…………………… 206
キリスト教　→キリスト教 …………………… 51
銀座
　→銀座（歴史）………………………………… 96
　→銀座（地理）………………………………… 157
空港　→航空交通 ……………………………… 287
空襲
　→太平洋戦争 ………………………………… 75
　→東京大空襲 ………………………………… 79
区長　→23区（政治・行政）…………………… 203
国立景観訴訟　→住民運動 …………………… 220
国立市
　→多摩地域（歴史）…………………………… 102
　→多摩地域（地理）…………………………… 170
句碑　→文学碑 ………………………………… 310
暮らし　→暮らし・生活 ……………………… 230
グルメ　→食・グルメ ………………………… 231
経営　→経営 …………………………………… 211
京王線　→駅・沿線 …………………………… 277
景観　→都市開発・都市計画 ………………… 8
経済　→経済 …………………………………… 210
芸術　→芸術・美術・文化活動 ……………… 289
京成線　→駅・沿線 …………………………… 277
芸能　→映画・芸能 …………………………… 295
下水道　→水道・水路 ………………………… 255
言語　→東京のことば ………………………… 303
健康　→医療 …………………………………… 248
減災　→災害・防災・減災 …………………… 221
建設　→建設・土木技術 ……………………… 255
建築　→建築 …………………………………… 259
公園　→緑地・公園・庭園 …………………… 18
公害　→公害・環境問題 ……………………… 253
公害防止条例　→法律・条例 ………………… 209
皇居　→植物 …………………………………… 242
工業　→技術・工業 …………………………… 250
航空交通　→航空交通 ………………………… 287
工芸　→工芸 …………………………………… 293
考古学　→考古・原始・古代 ………………… 57
神津島
　→島嶼部（歴史）……………………………… 113
　→島ことば …………………………………… 304
交通　→交通 …………………………………… 272
江東区
　→23区（歴史）………………………………… 85
　→23区（地理）………………………………… 146
高齢化　→人口・土地 ………………………… 210
高齢者　→高齢者 ……………………………… 218
小金井市
　→多摩地域（歴史）…………………………… 102
　→多摩地域（政治・行政）…………………… 206

358　「東京」がわかる本 4000冊

事項名索引　　　　　　　　　　　　　すいそく

国分寺市　→多摩地域（歴史）‥‥‥‥‥‥‥ 102
古書店　→文化施設 ‥‥‥‥‥‥‥‥‥‥‥‥ 23
子育て　→子ども ‥‥‥‥‥‥‥‥‥‥‥‥ 217
小平市　→多摩地域（歴史）‥‥‥‥‥‥‥‥ 102
古地図　→名所図会・古地図 ‥‥‥‥‥‥‥ 179
骨董　→芸術・美術・文化活動 ‥‥‥‥‥‥ 289
ことば　→東京のことば ‥‥‥‥‥‥‥‥‥ 303
子ども　→子ども ‥‥‥‥‥‥‥‥‥‥‥‥ 217
古墳　→考古・原始・古代 ‥‥‥‥‥‥‥‥‥ 57
狛江市
　　→多摩地域（歴史）‥‥‥‥‥‥‥‥‥ 102
　　→多摩地域（政治・行政）‥‥‥‥‥‥ 206
ごみ　→公害・環境問題 ‥‥‥‥‥‥‥‥‥ 253
ご利益　→宗教・民間信仰 ‥‥‥‥‥‥‥‥‥ 45
五輪
　　→オリンピック ‥‥‥‥‥‥‥‥‥‥‥ 26
　　→1940東京五輪 ‥‥‥‥‥‥‥‥‥‥‥ 27
　　→1964東京五輪 ‥‥‥‥‥‥‥‥‥‥‥ 28
　　→2020東京五輪 ‥‥‥‥‥‥‥‥‥‥‥ 29

【さ】

災害　→災害・防災・減災 ‥‥‥‥‥‥‥‥ 221
再開発　→都市開発・都市計画 ‥‥‥‥‥‥‥ 8
歳時記　→祭礼・年中行事 ‥‥‥‥‥‥‥‥‥ 39
祭礼　→祭礼・年中行事 ‥‥‥‥‥‥‥‥‥‥ 39
坂　→地理 ‥‥‥‥‥‥‥‥‥‥‥‥‥‥‥ 119
魚　→動物 ‥‥‥‥‥‥‥‥‥‥‥‥‥‥‥ 245
酒場　→食・グルメ ‥‥‥‥‥‥‥‥‥‥‥ 231
作家と東京　→作家と東京 ‥‥‥‥‥‥‥‥ 310
産業　→産業・職業 ‥‥‥‥‥‥‥‥‥‥‥ 267
三社祭　→祭礼・年中行事 ‥‥‥‥‥‥‥‥‥ 39
山王祭　→祭礼・年中行事 ‥‥‥‥‥‥‥‥‥ 39
三番瀬　→海・川 ‥‥‥‥‥‥‥‥‥‥‥‥ 175
散歩　→紀行・案内記 ‥‥‥‥‥‥‥‥‥‥ 127
山谷　→社会 ‥‥‥‥‥‥‥‥‥‥‥‥‥‥ 213
寺院　→仏教 ‥‥‥‥‥‥‥‥‥‥‥‥‥‥‥ 49
JR　→駅・沿線 ‥‥‥‥‥‥‥‥‥‥‥‥‥ 277
事件　→事件・犯罪 ‥‥‥‥‥‥‥‥‥‥‥ 219
地震
　　→関東大震災 ‥‥‥‥‥‥‥‥‥‥‥‥ 75
　　→災害・防災・減災 ‥‥‥‥‥‥‥‥‥ 221
史跡　→史跡・名勝 ‥‥‥‥‥‥‥‥‥‥‥ 185
自然　→自然・環境 ‥‥‥‥‥‥‥‥‥‥‥ 238
市長　→多摩地域（政治・行政）‥‥‥‥‥ 206
私鉄　→駅・沿線 ‥‥‥‥‥‥‥‥‥‥‥‥ 277
事典　→事典 ‥‥‥‥‥‥‥‥‥‥‥‥‥‥‥ 19
自転車　→交通 ‥‥‥‥‥‥‥‥‥‥‥‥‥ 272
児童　→子ども ‥‥‥‥‥‥‥‥‥‥‥‥‥ 217
品川
　　→品川（歴史）‥‥‥‥‥‥‥‥‥‥‥‥ 99

　　→品川（地理）‥‥‥‥‥‥‥‥‥‥‥‥ 167
渋谷
　　→渋谷（歴史）‥‥‥‥‥‥‥‥‥‥‥‥ 100
　　→渋谷（地理）‥‥‥‥‥‥‥‥‥‥‥‥ 168
　　→23区（政治・行政）‥‥‥‥‥‥‥‥ 203
島ことば　→島ことば ‥‥‥‥‥‥‥‥‥‥ 304
社会　→社会 ‥‥‥‥‥‥‥‥‥‥‥‥‥‥ 213
社会教育　→社会教育 ‥‥‥‥‥‥‥‥‥‥ 229
社会事業　→福祉 ‥‥‥‥‥‥‥‥‥‥‥‥ 214
写真　→写真 ‥‥‥‥‥‥‥‥‥‥‥‥‥‥ 293
習慣　→民俗・風習 ‥‥‥‥‥‥‥‥‥‥‥‥ 33
宗教　→宗教・民間信仰 ‥‥‥‥‥‥‥‥‥‥ 45
住宅　→住・リビング ‥‥‥‥‥‥‥‥‥‥ 236
住民運動　→住民運動 ‥‥‥‥‥‥‥‥‥‥ 220
首都高速道路　→道路 ‥‥‥‥‥‥‥‥‥‥ 273
樹木　→植物 ‥‥‥‥‥‥‥‥‥‥‥‥‥‥ 242
書　→絵画・書・デザイン ‥‥‥‥‥‥‥‥ 292
障害者　→障害者 ‥‥‥‥‥‥‥‥‥‥‥‥ 219
障害者スポーツ　→スポーツ振興 ‥‥‥‥‥ 300
商業　→商業 ‥‥‥‥‥‥‥‥‥‥‥‥‥‥ 270
商店街　→商業 ‥‥‥‥‥‥‥‥‥‥‥‥‥ 270
情報　→情報・通信 ‥‥‥‥‥‥‥‥‥‥‥ 288
情報公開条例　→法律・条例 ‥‥‥‥‥‥‥ 209
条例　→法律・条例 ‥‥‥‥‥‥‥‥‥‥‥ 209
昭和時代（戦後）　→戦後～現代 ‥‥‥‥‥‥ 81
昭和時代（戦前・戦中）　→明治～戦中 ‥‥‥ 71
食　→食・グルメ ‥‥‥‥‥‥‥‥‥‥‥‥ 231
職業　→産業・職業 ‥‥‥‥‥‥‥‥‥‥‥ 267
職人　→技術・工業 ‥‥‥‥‥‥‥‥‥‥‥ 250
植物　→植物 ‥‥‥‥‥‥‥‥‥‥‥‥‥‥ 242
書誌　→書誌・目録 ‥‥‥‥‥‥‥‥‥‥‥‥ 19
女性　→女性 ‥‥‥‥‥‥‥‥‥‥‥‥‥‥ 215
書店　→文化施設 ‥‥‥‥‥‥‥‥‥‥‥‥‥ 23
人口問題　→人口・土地 ‥‥‥‥‥‥‥‥‥ 210
新国立競技場問題　→2020東京五輪 ‥‥‥‥ 29
震災
　　→関東大震災 ‥‥‥‥‥‥‥‥‥‥‥‥ 75
　　→災害・防災・減災 ‥‥‥‥‥‥‥‥‥ 221
神社　→神道 ‥‥‥‥‥‥‥‥‥‥‥‥‥‥‥ 48
新宿
　　→新宿（歴史）‥‥‥‥‥‥‥‥‥‥‥‥ 97
　　→新宿（地理）‥‥‥‥‥‥‥‥‥‥‥‥ 161
　　→23区（政治・行政）‥‥‥‥‥‥‥‥ 203
新撰組　→多摩地域（歴史）‥‥‥‥‥‥‥‥ 102
神道　→神道 ‥‥‥‥‥‥‥‥‥‥‥‥‥‥‥ 48
人物情報　→伝記 ‥‥‥‥‥‥‥‥‥‥‥‥ 115
新聞記事　→書誌・目録 ‥‥‥‥‥‥‥‥‥‥ 19
神保町　→文化施設 ‥‥‥‥‥‥‥‥‥‥‥‥ 23
森林　→林業 ‥‥‥‥‥‥‥‥‥‥‥‥‥‥ 269
水産業　→水産業 ‥‥‥‥‥‥‥‥‥‥‥‥ 269
水上交通　→水上交通 ‥‥‥‥‥‥‥‥‥‥ 288
水族館　→動物園・水族館 ‥‥‥‥‥‥‥‥ 247

「東京」がわかる本 4000冊　**359**

すいとう　　　　　　　　事項名索引

水道　→水道・水路 ……………………… 255
水路　→水道・水路 ……………………… 255
杉並区
　→23区（歴史） ……………………………… 85
　→23区（地理） …………………………… 146
　→23区（政治・行政） …………………… 203
杉並病　→公害・環境問題 ……………… 253
鈴木俊一　→東京都政 …………………… 195
スポーツ関連団体　→各種スポーツ関連団
　体 ……………………………………………… 301
スポーツ振興　→スポーツ振興 ……… 300
隅田川
　→海・川 …………………………………… 175
　→橋 ………………………………………… 258
墨田区
　→23区（歴史） ……………………………… 85
　→23区（地理） …………………………… 146
生活　→暮らし・生活 …………………… 230
政治　→政治・行政 ……………………… 194
生物　→生物 ……………………………… 241
石仏　→彫刻 ……………………………… 292
世田谷
　→世田谷（歴史） ………………………… 100
　→世田谷（地理） ………………………… 167
　→23区（政治・行政） …………………… 203
千川上水　→水道・水路 ………………… 255
戦国時代　→中世 ………………………… 65
戦争　→太平洋戦争 ……………………… 75
浅草寺　→仏教 …………………………… 49
総武線　→駅・沿線 ……………………… 277

【た】

体育協会　→各種スポーツ関連団体 …… 301
大正時代　→明治〜戦中 ………………… 71
台東区
　→23区（歴史） ……………………………… 85
　→23区（地理） …………………………… 146
太平洋戦争　→太平洋戦争 ……………… 75
大名屋敷　→近世 ………………………… 66
高尾山
　→仏教 ……………………………………… 49
　→高尾山 …………………………………… 173
　→自然・環境 …………………………… 238
　→植物 ……………………………………… 242
太宰治　→作家と東京 …………………… 310
立川市
　→多摩地域（歴史） ……………………… 102
　→多摩地域（地理） ……………………… 170
　→多摩地域（政治・行政） ……………… 206
立川反戦ビラ入れ事件　→住民運動 …… 220

田無市　→多摩地域（歴史） …………… 102
多摩川
　→海・川 …………………………………… 175
　→自然・環境 …………………………… 238
玉川上水　→水道・水路 ………………… 255
多摩丘陵　→自然・環境 ………………… 238
多摩地域
　→多摩地域（歴史） ……………………… 102
　→多摩地域（地理） ……………………… 170
　→多摩地域（政治・行政） ……………… 206
玉電　→路面電車 ………………………… 285
多摩動物公園　→動物園・水族館 …… 247
多摩ニュータウン　→都市開発・都市計画 … 8
地下開発　→都市開発・都市計画 ……… 8
地学　→地学 ……………………………… 240
地下鉄　→鉄道 …………………………… 274
地形
　→地理 ……………………………………… 119
　→地学 ……………………………………… 240
地方議会
　→地方行政・地方議会 ………………… 203
　→23区（政治・行政） …………………… 203
　→多摩地域（政治・行政） ……………… 206
地方行政
　→地方行政・地方議会 ………………… 203
　→23区（政治・行政） …………………… 203
　→多摩地域（政治・行政） ……………… 206
地方財政　→財政 ………………………… 212
地名　→地理 ……………………………… 119
中央区
　→23区（歴史） ……………………………… 85
　→23区（地理） …………………………… 146
中央線　→駅・沿線 ……………………… 277
彫刻　→彫刻 ……………………………… 292
調布市　→多摩地域（歴史） …………… 102
千代田区
　→23区（歴史） ……………………………… 85
　→23区（地理） …………………………… 146
地理　→地理 ……………………………… 119
通信　→情報・通信 ……………………… 288
築地市場　→築地市場 …………………… 271
築地居留地　→明治〜戦中 ……………… 71
庭園　→緑地・公園・庭園 ……………… 18
デザイン　→絵画・書・デザイン …… 292
鉄道　→鉄道 ……………………………… 274
伝記　→伝記 ……………………………… 115
電車　→鉄道 ……………………………… 274
伝説　→伝説・民話 ……………………… 43
伝道　→キリスト教 ……………………… 51
伝統工芸　→工芸 ………………………… 293
東急線　→駅・沿線 ……………………… 277
東京　→江戸・東京 ……………………… 1

360　　「東京」がわかる本　4000冊

事項名索引　　　　　　　　　　　　　　　　　　　はちおう

東京遺産　→建築 259
東京駅　→東京駅 284
東京オリンピック
　→オリンピック 26
　→1940東京五輪 27
　→1964東京五輪 28
　→2020東京五輪 29
東京学　→東京論 3
東京語　→東京のことば 303
東京五輪
　→オリンピック 26
　→1940東京五輪 27
　→1964東京五輪 28
　→2020東京五輪 29
東京スカイツリー　→東京スカイツリー 264
東京大空襲　→東京大空襲 79
東京タワー　→東京タワー 263
東京都写真美術館　→文化施設 23
東京都庭園美術館　→文化施設 23
東京都美術館　→文化施設 23
東京都立中央図書館　→文化施設 23
東京人　→江戸・東京 1
『東京物語』　→映画・芸能 295
東京論　→東京論 3
東京湾
　→東京湾 114
　→海・川 175
　→公害・環境問題 253
　→水産業 269
　→水上交通 288
東京湾アクアライン　→橋 258
陶磁器　→工芸 293
島嶼部
　→島嶼部（歴史） 113
　→島嶼部（地理） 174
同性パートナーシップ条例　→法律・条例 ... 209
動物　→動物 245
動物園　→動物園・水族館 247
道路　→道路 273
都議会　→都議会 202
特別区
　→23区（歴史） 85
　→23区（地理） 146
都市開発　→都市開発・都市計画 8
都市計画　→都市開発・都市計画 8
豊島区
　→23区（歴史） 85
　→23区（地理） 146
　→23区（政治・行政） 203
図書館　→文化施設 23
都政　→東京都政 195
土地　→人口・土地 210

都知事　→都知事 199
都知事選挙　→都知事 199
都電　→路面電車 285
土木技術　→建設・土木技術 255
鳥　→動物 245
鳥島　→島嶼部（歴史） 113
都立学校　→都立学校 228
都立高校　→都立学校 228
都立大学　→都立学校 228

【な】

永井荷風　→作家と東京 310
中野区
　→23区（歴史） 85
　→23区（地理） 146
中野区教育委員準公選制　→教育 224
夏目漱石　→作家と東京 310
新島
　→島嶼部（歴史） 113
　→島ことば 304
西東京市
　→多摩地域（歴史） 102
　→多摩地域（政治・行政） 206
23区
　→23区（歴史） 85
　→23区（地理） 146
　→23区（政治・行政） 203
日本橋
　→日本橋（歴史） 97
　→日本橋（地理） 160
練馬区
　→23区（歴史） 85
　→23区（地理） 146
　→23区（政治・行政） 203
年中行事　→祭礼・年中行事 39
農業　→農業 267
野火止用水　→水道・水路 255

【は】

廃棄物　→公害・環境問題 253
博物館　→文化施設 23
橋　→橋 258
バス　→道路 273
八王子
　→八王子（歴史） 111
　→八王子（地理） 172
　→多摩地域（政治・行政） 206

「東京」がわかる本　4000冊　**361**

はちしよ　　　　　　　　事項名索引

八丈島
　→島嶼部（歴史）………………………… 113
　→島ことば ……………………………… 304
八百八町　→江戸 ………………………………… 60
はとバス　→道路 ……………………………… 273
花　→植物 ……………………………………… 242
羽田空港　→航空交通 ………………………… 287
羽村市　→多摩地域（歴史）………………… 102
パラリンピック
　→オリンピック ………………………… 26
　→2020東京五輪 ………………………… 29
犯罪　→事件・犯罪 …………………………… 219
東久留米市　→多摩地域（歴史）………… 102
東村山市　→多摩地域（歴史）…………… 102
東大和市　→多摩地域（歴史）…………… 102
"非実在青少年"問題　→法律・条例 …… 209
美術　→芸術・美術・文化活動 …………… 289
美術館　→文化施設 ……………………………… 23
日野市
　→多摩地域（歴史）…………………… 102
　→多摩地域（地理）…………………… 170
　→多摩地域（政治・行政）………… 206
日の出ごみ処分場問題　→公害・環境問題 … 253
日の出町　→多摩地域（歴史）…………… 102
檜原村
　→多摩地域（歴史）…………………… 102
　→多摩地域（地理）…………………… 170
病院　→医療 …………………………………… 248
ビル　→建築 …………………………………… 259
ファッション　→衣・ファッション ……… 231
風習　→民俗・風習 …………………………… 33
風俗　→民俗・風習 …………………………… 33
深川祭　→祭礼・年中行事 …………………… 39
服　→衣・ファッション …………………… 231
福祉　→福祉 …………………………………… 214
府中市　→多摩地域（歴史）………………… 102
仏教　→仏教 …………………………………… 49
復興　→災害・防災・減災 ………………… 221
福生市
　→多摩地域（歴史）…………………… 102
　→多摩地域（地理）…………………… 170
仏像　→彫刻 …………………………………… 292
部落　→社会 …………………………………… 213
文化活動　→芸術・美術・文化活動 ……… 289
文学　→東京と文学 …………………………… 304
文学探訪　→文学探訪 ………………………… 305
文学碑　→文学碑 ……………………………… 310
文化施設　→文化施設 ………………………… 23
文京区
　→23区（歴史）………………………… 85
　→23区（地理）………………………… 146
文士　→作家と東京 …………………………… 310

文明開化　→明治～戦中 …………………………… 71
米軍基地　→政治・行政 …………………… 194
保育　→子ども ……………………………… 217
方言
　→東京のことば ……………………… 303
　→島ことば …………………………… 304
防災　→災害・防災・減災 ………………… 221
法律　→法律・条例 ………………………… 209
暴力団排除条例　→法律・条例 …………… 209
保坂展人　→23区（政治・行政）………… 203
墓所　→伝記 ………………………………… 115

【ま】

魔界　→宗教・民間信仰 …………………… 45
馬込文士村　→作家と東京 ………………… 310
舛添要一
　→東京都政 …………………………… 195
　→都知事 ……………………………… 199
町工場　→技術・工業 ……………………… 250
町田市
　→多摩地域（歴史）…………………… 102
　→多摩地域（地理）…………………… 170
　→多摩地域（政治・行政）………… 206
祭り　→祭礼・年中行事 …………………… 39
丸の内　→23区（歴史）…………………… 85
御蔵島
　→島嶼部（歴史）…………………… 113
　→島嶼部（地理）…………………… 174
水
　→水 …………………………………… 241
　→水道・水路 ………………………… 255
瑞穂町　→多摩地域（歴史）……………… 102
三鷹市
　→多摩地域（歴史）…………………… 102
　→多摩地域（地理）…………………… 170
　→多摩地域（政治・行政）………… 206
港　→水上交通 ……………………………… 288
港区
　→23区（歴史）……………………… 85
　→23区（地理）……………………… 146
　→23区（政治・行政）……………… 203
民間信仰　→宗教・民間信仰 ……………… 45
民俗　→民俗・風習 ………………………… 33
民謡　→民謡 ………………………………… 45
民話　→伝説・民話 ………………………… 43
昔話　→伝説・民話 ………………………… 43
武蔵野
　→多摩地域（歴史）…………………… 102
　→多摩地域（地理）…………………… 170
　→多摩地域（政治・行政）………… 206

362　「東京」がわかる本　4000冊

事項名索引　　　　　　　　　　　　　　　　ろめんて

武蔵村山市　→多摩地域（歴史）……………… 102
虫　→動物 ……………………………………… 245
名工　→工芸 …………………………………… 293
明治時代　→明治〜戦中 ………………………… 71
名勝　→史跡・名勝 …………………………… 185
名所図会　→名所図会・古地図 ……………… 179
目黒区
　　→23区（歴史）……………………………… 85
　　→23区（地理）…………………………… 146
木材　→林業 …………………………………… 269
目録　→書誌・目録 ……………………………… 19
ものづくり　→技術・工業 …………………… 250

【や】

野菜　→農業 …………………………………… 267
谷根千　→23区（地理）……………………… 146
山手線　→駅・沿線 …………………………… 277
湧水　→水 ……………………………………… 241

【ら】

落語　→映画・芸能 …………………………… 295
リビング　→住・リビング …………………… 236
料理店　→食・グルメ ………………………… 231
緑地　→緑地・公園・庭園 ……………………… 18
臨海副都心　→都市開発・都市計画 …………… 8
林業　→林業 …………………………………… 269
歴史（江戸）
　　→江戸・東京史 …………………………… 53
　　→江戸 ……………………………………… 60
歴史（近現代）　→東京史……………………… 68
歴史（近世）　→近世……………………………… 66
歴史（原始）　→考古・原始・古代…………… 57
歴史（古代）　→考古・原始・古代…………… 57
歴史（中世）　→中世…………………………… 65
歴史（東京）
　　→江戸・東京史 …………………………… 53
　　→東京史 …………………………………… 68
歴史散歩　→史跡・名勝 ……………………… 185
レコード　→音楽 ……………………………… 294
老人　→高齢者 ………………………………… 218
労働　→労働 …………………………………… 214
路面電車　→路面電車 ………………………… 285

「東京」がわかる本 4000冊　**363**

「東京」がわかる本 4000冊

2016 年 12 月 25 日　第 1 刷発行

発 行 者／大高利夫
編集・発行／日外アソシエーツ株式会社
　　　　　〒140-0013 東京都品川区南大井 6-16-16 鈴中ビル大森アネックス
　　　　　電話 (03)3763-5241 (代表)　FAX (03)3764-0845
　　　　　URL　http://www.nichigai.co.jp/
発 売 元／株式会社紀伊國屋書店
　　　　　〒163-8636 東京都新宿区新宿 3-17-7
　　　　　電話 (03)3354-0131 (代表)
　　　　　ホールセール部 (営業)　電話 (03)6910-0519

　　　　電算漢字処理／日外アソシエーツ株式会社
　　　　印刷・製本／株式会社平河工業社

　　　不許複製・禁無断転載　　　　　《中性紙三菱クリームエレガ使用》
　　　＜落丁・乱丁本はお取り替えいたします＞
　　　ISBN978-4-8169-2636-5　　　　**Printed in Japan,2016**

本書はディジタルデータでご利用いただくことが
できます。詳細はお問い合わせください。

「沖縄」がわかる本6000冊
―歴史・民俗・自然・芸能・暮らし

A5・510頁　定価（本体9,250円＋税）　2016.7刊

1995年以降に刊行された「沖縄」に関する図書を主題ごとに分類した図書目録。米軍基地問題の解説書、琉球語の研究書、旅のガイドブックなど、幅広く6,000冊を収録、沖縄の過去・現在・未来を理解するための図書を一覧できる。

事典・日本の地域遺産―自然・産業・文化遺産

A5・430頁　定価（本体12,000円＋税）　2013.1刊

自然・風景・産業・文化から技術系遺産など、官公庁や地方自治体、国際機関等が選定した「○○遺産」「○○資産」などと呼ばれる地域遺産73種4,700件を通覧できる初のデータブック。種別に登録・選定の趣旨、選定機関、開始年を掲載。

富士山を知る事典　富士学会 企画　渡邊定元・佐野充 編

A5・620頁　定価（本体8,381円＋税）　2012.5刊

世界に知られる日本のシンボル・富士山を知る「読む事典」。火山、富士五湖、動植物、富士信仰、絵画、環境保全など100のテーマ別に、自然・文化両面から専門家が広く深く解説。桜の名所、地域グルメ、駅伝、全国の○○富士ほか身近な話題も紹介。

日本の祭神事典―社寺に祀られた郷土ゆかりの人びと

A5・570頁　定価（本体13,800円＋税）　2014.1刊

全国各地の神社・寺院・小祠・堂などで祭神として祀られた郷土ゆかりの人物を一覧できる。天皇・貴族・武将など歴史上の有名人をはじめ、産業・開拓の功労者、一揆を指導した義民など、地域に貢献した市井の人まで多彩に収録。都道府県ごとに人名のもと、その人物の概略と社寺の由緒や関連行事・史跡等も記述。

民俗風俗 図版レファレンス事典

民俗事典、民具事典、祭礼・芸能・行事事典、図集・図説・写真集に掲載された日本各地の民俗・風俗に関する写真や図を探すことができる図版索引。

衣食住・生活篇

B5・1,120頁　定価（本体45,000円＋税）　2015.11刊

祭礼・年中行事篇

B5・770頁　定価（本体45,000円＋税）　2015.6刊

データベースカンパニー
日外アソシエーツ

〒140-0013　東京都品川区南大井6-16-16
TEL.(03)3763-5241　FAX.(03)3764-0845　http://www.nichigai.co.jp/